Die Blauen Führer

VERLAG
FRITZ
MOLDEN

Mexiko
Guatemala

MIT 60 KARTEN UND PLÄNEN
UND EINER ÜBERSICHTSKARTE

VERLAG FRITZ MOLDEN
WIEN-MÜNCHEN-ZÜRICH-NEW YORK

Titel der französischen Originalausgabe:
Les Guides Bleus–Mexique, Guatemala

Herausgeber: Gérald Gassiot-Talabot
Redaktion: François Monmarché
Kartographie: René Pineau und Alain Mirande

Herausgeber der deutschen Ausgabe:
Dreyfuss & Potyka Verlagsservice, Wien

Deutsche Bearbeitung:
Patricia Dreyfuss-Kahane
Alexander Potyka
Waltraud Barily
Ingeborg Selck

Redaktion:
Patricia Dreyfuss-Kahane
Alexander Potyka

1. Auflage
1.–10. Tausend

Copyright © 1980 by Hachette, Paris
Alle Rechte der deutschen Ausgabe 1981:
Verlag Fritz Molden, Wien-München-Zürich-New York
Verlegt vom Verlag Fritz Molden München GmbH
Hersteller: Volker Pfeifle
Gesamtherstellung: Ernst Kieser GmbH
Graphischer Betrieb, Augsburg

ISBN 3-217-01014-0

An den Leser

Der erste „Guide Bleu" ist im Jahre 1841 erschienen. Seitdem haben Millionen Reisende mit dem kleinen blauen Büchlein in der Hand die sehenswerten Stätten unserer Welt besichtigt. Seit nun schon über hundert Jahren stehen die Blauen Führer an der Spitze aller internationalen Reiseführer, und dies aus verschiedenen Gründen, unter anderen die Genauigkeit der Information, die Liebe zum geschichtlichen und künstlerischen Detail, die klare und verständliche Übermittlung der mühselig zusammengetragenen Information.

Die „Blauen Führer" wurden fast ein Jahrzehnt lang auf der Liste der deutschsprachigen Neuerscheinungen vermißt, doch selbst die alten, teilweise überholten Ausgaben wurden sehr geschätzt.

1978 erwarb der Verlag Fritz Molden die Rechte für die deutschsprachige Welt und seitdem erscheinen die „Blauen Führer" wieder regelmäßig in der neuesten Bearbeitung. Auch sein Erscheinungsbild wurde der heutigen Zeit angepaßt:

☐ Das handliche Format 106 x 173 mm.
☐ Aufgelockerte, noch übersichtlichere Textgestaltung.
☐ Stärkere Betonung der praxisbezogenen Information ohne Einschränkung der bis ins Detail gehenden Beschreibung der Kunst- und Kulturschätze.
☐ Auf den allerletzten Stand gebrachte Information.

Im Rahmen des Geleitweges werden alle nützlichen Fragen der Reise und des Aufenthalts ausführlich behandelt: Anreise und Abreise per Flugzeug (oder auch Schiff), Hinweise über das Reisen im Lande mit Autobus, Zug oder Mietauto, wichtige Telephonnummern, Adressen und Öffnungszeiten der verschiedenen Institutionen, von der Apotheke über das Postamt bis zu den Großbanken.

Der Textteil umfaßt ausführliche Abhandlungen über Geschichte, Kunst und Architektur und führt dann im Rahmen von Routen und Nebenrouten durch das sicherlich an archäologischen Sehenswürdigkeiten reichste Land des amerikanischen Kontinents, wobei immer wieder auf die Geschichte der Orte und der dort lebenden Völker Bezug genommen wird.

Die Redaktion hat sich auch hier wieder das Ziel gesetzt, der Tradition der „Blauen Führer" treu zu bleiben, nämlich einen Reiseführer zu gestalten, der dem Reisenden neben den rein praktischen Informationen die kulturellen Eigenheiten und Schätze näherbringt.
Dadurch soll dem Leser ermöglicht werden, über das Betrachten hinaus mit dem Land, seiner bewegten Geschichte und seinen Bewohnern vertraut zu werden.

Es wurde alles darangesetzt, diesen Band so sorgfältig und genau als möglich zu gestalten. In unserer äußerst aktiven und schnellebigen Zeit ist jedoch kaum zu vermeiden, daß gewisse Daten kurzfristig überholt oder geändert werden. Wir sind unseren Lesern für jeden Hinweis dankbar, der uns helfen könnte, die „Blauen Führer" stets auf dem letzten Stand zu halten.

Patricia Dreyfuss-Kahane
Alexander Potyka
Die Blauen Führer
Verlag Fritz Molden

Schlüssel für die Benützung des Führers

Der vorliegende Blaue Führer verbindet zwei in sich geschlossene Reiseführer: Mexiko und Guatemala. Er ist deshalb in zwei Hauptteile gegliedert, die sich wie folgt zusammensetzen:

Mexiko: A. Eine EINFÜHRUNG, die dem Leser in ausführlicher und doch leicht faßlicher Form alles Wissenswerte über Kultur und Geschichte des Landes bringt;
B. Nützliche Informationen für IHRE REISE, von den Anreisewegen über Reisen im Lande bis zu sachdienlichen Auskünften über den Aufenthalt in Mexiko;
C. Der eigentliche beschreibende Teil, der in Hauptrouten mit vielen Nebenrouten und Abzweigungen eingeteilt ist. So können dem Benützer des Führers alle Sehenswürdigkeiten des Landes schnell und einfach nahegebracht werden.

Guatemala: Der Aufbau entspricht dem obenstehenden.

Zusätzlich enthält dieser Blaue Führer ein ausführliches HOTELVERZEICHNIS mit PRAKTISCHEN HINWEISEN auf lokale Verkehrsverbindungen, besondere Festlichkeiten und handwerkliche Spezialitäten.

Zur rascheren Handhabung des Führers ist darüberhinaus noch ein REGISTER der Ortsnamen und Sehenswürdigkeiten beigefügt.

Wenn Sie über wenig Zeit verfügen:

1. Um den Namen eines Ortes zu finden, schlagen Sie direkt im entsprechenden alphabetischen Verzeichnis (Mexiko oder Guatemala) am Ende des Bandes nach. Hier finden Sie die Seitenangabe über die Stelle, an der dieser Ort detailliert beschrieben wird. Für die praktischen Hinweise verweisen wir auf das Hotelverzeichnis.

2. Für die Auswahl Ihrer Reiserouten empfehlen wir Ihnen, die Übersichtskarte von Mexiko am Beginn, und von Guatemala am Ende des Bandes zu studieren.

– Jede Hauptreiseroute enthält eine durchlaufende Ordnungsziffer, die halbfett in Klammer **(8)** auf jeder linken Seite oben vor dem Kolumnentitel steht.
– Ist eine Route in mehrere Teile gegliedert, ist jeder mit einem Buchstaben gekennzeichnet, z. B. **(8A)**, **(8B)**, usw.

Wenn Sie über genügend Zeit verfügen:

Studieren Sie das Inhaltsverzeichnis (s. S. 9), das Ihnen Aufschluß über die allgemeine Struktur des Führers und seine verschiedenen Teile gibt (Einleitung, Reisetips, Aufzählung der Routen, Städte und Sehenswürdigkeiten).

Studieren Sie die Karten „Sehenswertes in Mexiko" und „Sehenswertes in Guatemala"; sie umfassen die wichtigsten Städte, Straßen und archäologischen Sehenswürdigkeiten.

Die Stadtpläne sind mit Hinweisbuchstaben- und Zahlen versehen, die Sie im Text wiederfinden und die Ihnen die Möglichkeit geben, Sehenswürdigkeiten, Straßen und Hotels leicht zu finden.

Um eine leichte Lesbarkeit und raschere Handhabung des Führers zu gewährleisten, ist der beschreibende Teil in zwei verschiedenen Schriftgraden gesetzt. Der Haupttext steht im normalen Schriftgrad; erläuternde Detailinformationen sowie durch einen Pfeil ●━▶ gekennzeichnete Abzweigungen (Zeichenerklärung s. S. 16) sind im kleineren Schriftgrad abgefaßt.

Hinweis: Zur leichteren Unterscheidung wird der Bundesstaat Mexiko (amtlich: Estados Unidos Méxicanos) „Mexiko" und die Bundeshauptstadt (amtlich: Ciudad de México) „México" geschrieben.

Inhalt

An den Leser 5
Schlüssel für die Benützung des Führers 7
Verzeichnis der Karten und Pläne 13
Abkürzungen und Zeichen 15

A. MEXIKO – Einführung 17
   I. Land und Leute von Henri Enjalbert 19
   II. Die Kulturen Mexikos von Mireille Simoni-Abbat 64
   III. Zeittafel 93
   IV. Kleiner Sprachführer 98
   V. Literatur und Karten 105

B. IHRE REISE 107
   1. Wann (109) – 2. Wissenswertes vor Reiseantritt (110) – 3. Die Anreise (112) – 4. Reisen im Lande (113) – 5. Praktische Reisetips und Tips für das Leben im Lande (131) – 6. Küche und Keller (139).

C. REISEROUTEN DURCH MEXIKO 143

1 – México (Stadt) und Umgebung 145
   1 A – Chapultepec-Park und Anthropologisches Nationalmuseum (168). 1 B – Alameda und Altstadt (231). 1 C – Stadtmuseum und La Merced-Markt (256). 1 D – Nach Tlatelolco, Tenayuca (Schlangenpyramide) und zur Basilica de la Virgen de Guadelupe (262). 1 E – Coyoacán, San Angel, Ciudad Universitaria und Churubusco (271). 1 F – Xochimilco (Schwimmende Gärten) (283). 1 G – Desierto de los Leones (285). 1 H – Tacuba und Wallfahrtskirche Los Remedios (285). 1 I – Tepotzotlán und Tula (288). 1 J – Acolman und Teotihuacán (297). 1 K – Rundfahrt durch den N des Tals von México (315). 1 L – Texcoco (319). 1 M – Chalco und Amecameca (323). 1 N – Chalma (329).

2 – Rundfahrt México–Cuernavaca–Taxco–México 332
   2 A – Von Cuernavaca nach Tepotzlán (337). 2 B – Von Cuernavaca nach Cuautla (340). 2 C – Zum Tequesquitengo-See und nach Xochicalco (344).

3 – Von México nach Acapulco und Zihuatanejo 357
   3 A – Von Iguala nach Huetamo (358). 3 B – Von Chilpacingo nach Tlapa (359).

4 – Von México nach Toluca, Morelia und Guadalajara 368
   4 A – Von Toluca über Naucalpan nach México (374). 4 B – Von Toluca nach Tenango (374). 4 C – Von Toluca zum Nevado de Toluca (375). 4 D – Von Toluca nach San Juan del Río (376). 4 E – Von Toluca nach Valle de Bravo und Tingambato (377). 4 F – Von Morelia nach Cuitzeo und Yuriria (385). 4 G – Von Pátzcuaro nach Apatzingán (395). 4 H – Von Pátzcuaro nach Uruapan, Playa Azul und Zihuatanejo (396). 4 I – Von Carapán nach Uruapan (399). 4 J – Von Zamora über Sahuayo nach Guadalajara (401).

5 – Guadalajara und Umgebung 403
   5 A – Von Guadalajara nach Chapala, Ajijic und Jocotepec (413).
6 – Rundfahrt: Guadalajara – Puerto Vallarta – Manzanillo – Colima – Guadalajara 415
7 – Von Guadalajara über La Piedad nach México 422
8 – Von México nach Querétaro, Guanajuato und San Miguel de Allende 424
9 – Von México auf der Vía Corta nach Tampico 448
   9 A – Von Pachuca nach Calpulalpan (449). 9 B – Von Pachuca nach Tulancingo (450).
10 – Von Tampico über Tamazunchale nach México 457
   10 A – Von Ciudad Valles nach Guadalajara (459). 10 B – Von Xilitla nach San Juan del Río (460). 10 C – Von Ixmiquilpán nach San Juan del Río (462).
11 – Von México nach San Luis Potosí, Monterrey und Nuevo Laredo 464
   11 A – Von Saltillo nach Piedras Negras (470).
12 – Von Monterrey nach Ciudad Valles (México) 475
   12 A – Von Antiguo Morelos nach Huizache (476).
13 – Von Matamoros über Monterrey, Torréon und Durango nach Mazatlán 478
14 – Von Guadalajara nach Saltillo 482
15 – Von México nach Zacatecas, Chihuahua und Ciudad Juárez 486
   15 A – Von Zacatecas nach Durango, Parral und Jiménez (489).
   15 B – Von Chihuahua über Estación Creel nach Parral (493).
   15 C – Von Chihuahua nach Los Mochis (497).
16 – Von Tijuana nach Hermosillo, Mazatlán und Guadalajara 502
   16 A – Von Tijuana nach La Paz (503).
17 – La Paz und Umgebung 532
   17 A – Von La Paz nach Cabo San Lucas (534).
18 – Von México über Poza Rica (El Tajin) nach Veracruz 535
   18 A – Von Poza Rica nach Tampico (538). 18 B – Von Nautla nach Perote (545).
19 – Von Veracruz über Jalapa nach México 550
20 – Von México über die Autobahn nach Veracruz 556
   20 A – Von San Martín Texmelucán über Cholula nach Puebla (557). 20 B – Von Fortín de las Flores nach Jalapa (559). 20 C – Von La Tinaja nach Tuxtepec und La Ventosa (560).
21 – Von Puebla über Tehuacán nach Oaxaca 566
   21 A – Von Puebla nach Tlaxcala und San Martín Texmelucán (574). 21 B – Von Puebla nach Izúcar de Matamoros (577).
22 – Oaxaca und Umgebung 582

22 A – Von Oaxaca nach Puerto Angel (595).
23 – Von Oaxaca über Cuautla nach México 597
23 A – Von Teposcolula nach Pinotepa Nacional (599).
24 – Von Oaxaca nach Tehuantepec 606
25 – Von Acapulco nach Tehuantepec 609
26 – Von Veracruz über Tuxtepec nach Oaxaca 612
27 – Von Tehuantepec nach Tapachula 615
28 – Von Tehuantepec nach Ciudad Cuauhtémoc 617
28 A – Von Chiapa de Corzo nach Villahermosa (620). 28 B – Von San Cristóbal de las Casas nach Ocosingo und Palenque (624). 28 C – Von km 478 (Comitán) zu den Lagunen von Montebello (627).
29 – Von Veracruz nach Villahermosa 629
30 – Von Villahermosa über Escárcega (Palenque) nach Campeche 637
31 – Von Campeche über Ciudad del Carmen nach Villahermosa 648
32 – Von Campeche über Uxmal nach Mérida 651
32 A – Von km 31 nach Mérida (652). 32 B – Von km 148,5 nach Sayil, Xlapak und Labná (654). 32 C – Von Muna nach Felipe Carrillo Puerto(661).
33 – Mérida und Umgebung 664
34 – Von Mérida nach Chichen Itzá und Cancún 671
35 – Von Cancún nach Chetumal 682
36 – Von Chetumal nach Escárcega 689

GUATEMALA 693

A. EINFÜHRUNG 695
I. Land und Leute von Henri Enjalbert 695
II. Zeittafel 704

B. IHRE REISE 707

C. REISEROUTEN DURCH GUATEMALA 715

1 – Von El Carmen nach Ciudad de Guatemala 716
2 – Ciudad de Guatemala und Umgebung 719
3 – Von Ciudad de Guatemala nach La Mesilla 729
3 A – Von Los Encuentros nach Santa Cruz del Quiché und Sacapulas (730). 3 B – Von km 129,5 zum Atitlán-See (733). 3 C – Von km 187 nach Quezaltenango und Mazatenango (737). 3 D – Von Huehuetenango nach San Mateo Ixtatán (738). 3 E – Von Huehuetenango nach Cobán (739).

4 – Von Ciudad de Guatemala nach Flores und Tikal (Copán und Quiriguá) 741
4 A – Von km 85 nach Cobán (742). 4 B – Von km 138 (Zacapa) nach Copán (743). 4 C – Von km 498 nach Ciudad Melchor de Mencos, Belize und Chetumal (749). Abseits der bekannten Pfade (759).

HOTELVERZEICHNIS UND PRAKTISCHE HINWEISE 763
  Mexiko 765
  Guatemala 827
REGISTER 836

Verzeichnis der Karten und Pläne

MEXIKO

Karten

Übersichtskarte der Routen des Führers	Vorsatz
Übersichtskarte der Routen in der Umgebung von México	Nachsatz
Straßenkarte und Sehenswürdigkeiten	am Schluß des Bandes
Karte der wichtigsten archäologischen Stätten	72
Eine Woche in Mexiko	115
Zwei Wochen in Mexiko	115
8 Tage im Yucatán	116
Drei Wochen in Mexiko	117
Drei Wochen in Mexiko (C)	120
Ein Monat in Mexiko	122
Eisenbahnnetz	126
Das Tal von México	147

Pläne

Acapulco	364
Campeche	647
Chichén Itzá	674
Cuernavaca	335
El Tajín	541
Guadalajara I (Zentrum West)	404
Guadalajara II (Zentrum Ost)	407
Guanajuato I (West)	435
Guanajuato II (Ost)	436
Mérida	667
México I (Nord)	160
México II (Süd)	162
México III (Chapultepec)	164
Mexico IV (Zentrum West)	165
Mexico V (Zentrum Ost)	166
México, Anthropologisches Nationalmuseum (Erdgeschoß)	173
México, Anthropologisches Nationalmuseum (Teotihuacán-Saal)	177
México, Anthropologisches Nationalmuseum (Tolteken-Saal)	183
México, Anthropologisches Nationalmuseum (Mexica-Saal)	186

México, Anthropologisches Nationalmuseum (Oaxaca- und Golf von Mexico-Saal)	205
México, Anthropologisches Nationalmuseum (Maya-Saal)	213
México, Anthropologisches Nationalmuseum (Säle des N und des W)	220
México, Anthropologisches Nationalmuseum (Ethnologie, erster Stock)	223
México, Tenochtitlán	241
Monte Albán	591
Monterrey	473
Morelia	383
Oaxaca	585
Palenque	639
Pátzcuaro	389
Puebla	568
Querétaro	431
San Luis Potosí	467
San Miguel de Allende	443
Taxco	347
Teotihuacán	302
Tula	292
Tulum	685
Uxmal	657
Veracruz	563
Xochicalco	343
Zempoala	547

GUATEMALA

Karten
Übersichtskarte der Routen	711
Sehenswertes in Guatemala	710
Allgemeine Karte	708

Pläne
Ciudad de Guatemala	720
Copán (Honduras)	745
Tikal	752

Abkürzungen und Zeichen

Dez.	Dezember
Di.	Dienstag
Do.	Donnerstag
Eintr.	Eintritt
Ew.	Einwohner
Fr.	Freitag
geschl.	geschlossen
ha	Hektar
H	Höhe
Hl.	Heilige(r)
Hll.	Heilige (Mz.)
Jan.	Januar
Jh.	Jahrhundert
Jt.	Jahrtausend
Kfz.	Kraftfahrzeuge
km	Kilometer
km^2	Quadratkilometer
l.	links
m	Meter
Mi.	Mittwoch
Min.	Minuten
Mo.	Montag
n.	nach
n. Chr.	nach Christi Geburt
nachm.	Nachmittag
NO	Nordosten
nördl.	nördlich
NW	Nordwesten
Nov.	November
Nr.	Nummer
O	Osten
Okt.	Oktober
östl.	östlich
Pl.	Plan
r.	rechts
S	Süden
s.	siehe
s. o.	siehe oben
s. u.	siehe unten
S.	Seite

Sa.	Samstag, Sonnabend
Sept.	September
So.	Sonntag
SO	Südosten
Std.	Stunde
südl.	südlich
SW	Südwesten
t	Tonne
tgl.	täglich
ungef.	ungefähr
v.	vor
v. Chr.	vor Christi Geburt
vorm.	Vormittag
u. Z.	unsere(r) Zeit
v. u. Z.	vor unserer Zeit
W	Westen
westl.	westlich
Wo.	Woche
Z	Zimmer

Sehenswürdigkeiten

(Orte, Bauwerke, Kunstwerke und landschaftliche Höhepunkte) werden durch Sterne gekennzeichnet und klassifiziert:

★★★ außerordentlich ★★ sehr interessant ★ bemerkenswert

Wegweiser

Zur schnellen Information dienen die Wegweiser-Zeichen, die auf einen Blick den Verlauf von Haupt- und Nebenrundgängen und -routen bzw. Abzweigungen von diesen erkennen lassen.

☛ Hauptrundgang bzw. -route

☞ Nebenstrecke

●→ Abzweigung

A. EINFÜHRUNG

I. Land und Leute

von **Henri Enjalbert,** (Professor an der Universität Bordeaux III.)

A – Allgemeines

I – Die Bevölkerung Mexikos

Die alten mexikanischen Zivilisationen stammen aus den kalten Ländern des Anáhuac und den warmen Ländern des SO. Im frühen 16. Jh. beherrschten die Spanier diese beiden Regionen, dehnten ihre Gebiete jedoch balb nach N aus. Sie stießen zu den Ursprungsgegenden der mexikanischen Bevölkerung vor. Wir wissen mit Sicherheit nur von pausenlosen Wanderungen nomadischer Völkerschaften aus dem westl. Nordamerika, die in Zentral-oder Südmexiko seßhaft wurden.
Die Ursprünge. – Bei der Ankunft der Spanier war die NO-mexikanische Wüste ziemlich dicht besiedelt. Jesuitische Missionare entdeckten im späten 17. Jh. in Sonora und im 18. Jh. auf der kalifornischen Halbinsel lebende indianische Bevölkerungen, die in der Halbwüste von Sammeln und Kleinwildjagd lebten.

Aus spanischen Berichten aus der Zeit der Konquista geht hervor, daß auch die Hochebenen im Landesinneren besiedelt waren. Es waren indianische Nomaden, *Chichimeken.* Sie waren besser in der Lage, die natürlichen Rohstoffe zu verwerten. Sie ernährten sich von *tuna,* der Frucht des *nopal,* einem ziemlich wertvollen Grundnahrungsmittel, von gesammelten Wurzeln und Früchten sowie von der Kleinwildjagd. Das Land konnte jedoch keine unbegrenzte Einwohnerzahl ernähren, deshalb fanden immer wieder größere Bevölkerungsbewegungen nach S statt, in die Übergangszone zu den feuchten Gegenden.
Die letzten Eroberer aus der Gegend des Tunal waren die **Azteken,** die im 14. Jh. in die Region von Mexiko eindrangen. Sie wurden erst als Untertanen der Tolteken toleriert, emanzipierten sich jedoch bald und unterwarfen die Völker des Anáhuac. Wahrscheinlich hatten schon früher ähnliche Bevölkerungsbewegungen stattgefunden. Ausgrabungen bezeugen, daß die schon seßhaften Bevölkerungen immer wieder Einflüssen aus dem N ausgesetzt waren. In der Region von Mexiko stößt man immer wieder auf Beweise aus dieser Vorgeschichte. Hinweise auf die Entstehungsgeschichte der mesoamerikanischen Zivilisationen wurden vom Archäologen Mac Neish und seinem Team in Tehuacán erbracht. **Tehuacán** liegt in einer trockenen Zone auf der Höhe der temperierten Länder und nahe der heißen und feuchten Regionen des S, und steht außerdem in direkter Verbindung mit dem Tunal Grande, über die wüstenartigen Zonen des Mezquital, des Tlaxcala und des südöstl. Puebla. Die Region ist kalkhaltig mit vielen Höhlen, Felsvorsprüngen und versteinerten Quellen, ideal für die Konservierung von Resten alter Zivilisationen. In den Jahren von 1960–

1963 konnte anhand von Mac Neishs Ausgrabungen die gesamte Protogeschichte Mexikos der letzten 6000 Jahre rekonstruiert werden. Tehuacán lieferte vor allem viele Einzelheiten über den Durchzug nomadischer Stämme, ihr tägliches Leben und den Übergang zur Seßhaftigkeit (im Laufe der letzten zwei Jahrtausende v. Chr.).
Das Abenteuer des Mais. – Der wichtigste Hinweis ist sicher der Beginn des systematischen Anbaus von Lebensmitteln, vor allem von Mais. In Tehuacán stieß man auf alle großen Etappen dieser grundlegenden Eroberung. Mit dem Anbau von Mais stiegen die Bevölkerungszahlen an, Keramik und Weberei traten auf und wurden vielseitiger.
Die Fortschritte gingen sehr rasch vonstatten. Um die Mitte des 1. Jahrtausends v. Chr. gab es in Tehuacán schon Bewässerungsanlagen, und durch verschiedene Kreuzungen konnte auch der Mais veredelt werden. Nach einigen hundert Jahren dieser Arbeit trat der moderne Mais auf. Die Erfahrungen wurden auf Bohnen, Kürbis, Tomaten und Baumwolle angewandt, womit die ungeheure Blüte der mesoamerikanischen Zivilisationen zu erklären ist.
Die in Tehuacán ausgewählten Pflanzen hatten zufälligerweise einen kurzen vegetativen Zyklus von 3–5 Monaten, weshalb sie auch in kälteren Zonen des Anáhuac und in wärmeren Gegenden des Golfs und des Mayalandes gedeihen konnten. Von nun an konnten sich in den beiden Jahrtausenden bis zur spanischen Eroberung im 16. Jh. n. Chr. die blühenden indianischen Zivilisationen entwickeln.

Die verschwundenen Zivilisationen. – Wie kommt es, daß die Zivilisationen der kalten Regionen viel stabiler waren, als jene der warmen und feuchten Gegenden, die im Zuge der Invasionen untergingen? Auf der Hochebene von Anáhuac besteht zwischen der „klassischen" Zivilisation von Teotihuacán (200 v. – 900 n. Chr.) bis zu jener von Tenochtitlán und des aztekischen Reiches (1325–1521), über jene von Tula und des toltekischen Reiches (900–1325) eine klare Einheit. In den warmen Ländern hingegen gelangten die Zivilisationen nur zur kurzlebigen Blüten: Zivilisation der Olmeken im S des heutigen Veracruz (1200 v. – 100 n. Chr.), der Mayas des S, des Alten Kaiserreichs (300–900 n. Chr.), des Yucatáns, oder des Neuen Kaiserreichs (800–1300 n. Chr.).

Die Zivilisationen des Golfs gingen vermutlich aus den olmekischen Zivilisationen der La Venta hervor, in den nahen warmen Gegenden Tehuacáns: die Zivilisationen der Totonaken von Tajín, der Huasteken von Tamuín und jene der Maya-Gruppe. Nach einer kurzen Blütezeit verschwanden sie, der Urwald überwucherte Paläste, Tempel und Städte.
Die Ursachen für diesen Niedergang werfen schon lange Fragen auf. Auffallend ist, daß diese Besiedlungszentren der tropischen Welt vom Tunal Grande sehr weit entfernt waren, während die Hochebene von Anáhuac ganz nahe des Durchzugsweges der nomadischen Wanderungswege liegt. Die Azteken betreffend ist sicher auch die landwirtschaftliche Technologie der Gegend von Mexico von Bedeutung, die *„chinampas"*. Diese Technik besteht aus der Anhäufung der sumpfigen Erdmassen mit Hilfe von Flößen. So entstanden kleine, jedoch unbegrenzt fruchtbare schwimmende Gärten. Mit den *„chinampas"* konnten die Nomaden die Gebiete der seßhaften Bevölkerung ohne Schwierigkeiten infiltrieren und die im Niedergang begriffenen Zivilisationen übernehmen. In den warmen Gegenden hingegen, vor allem im alten Bereich der Maya, sprechen ver-

schiedene Anzeichen für eine gewaltsame Verwüstung der Siedlungen. Außerdem ist noch zu bemerken, daß die Landstriche der Hochebenen um die vulkanischen Bergketten wegen der hohen Fruchtbarkeit ständig bebaut werden konnten. Die Unbillen der Geschichte führten hier höchstens zu zeitweiligen Unterbrechungen der Besiedlung, nicht aber zum völligen Untergang ganzer Völkerschaften. In den tropischen Gegenden mit nomadischer Landwirtschaft war die Lage ganz anders. Die Felder wurden auf abgebrannten Bereichen angelegt, die nach zwei bis drei Jahren wieder von der tropischen Vegetation überwuchert wurden. Also führt es zu nichts, besondere Gründe anzuführen; der Unterschied lag im System der Landverwertung, das in den tropischen Zonen besonders anfällig war. Dazu kommt noch, daß die Stämme nicht besonders groß waren; die Bevölkerungen überstiegen einige Zehn- oder Hunderttausende nicht. Das genügt, um im Laufe von ein oder zwei Jahrhunderten hierarchisierte Gesellschaften zu gründen und einige Meisterwerke monumentaler Baukunst zu schaffen. Da die indianischen Zivilisationen des tropischen Sektors ihre großen Zeiten eine nach der anderen erlebten, scheint denkbar, daß das tropische Mexiko nie mehr als 800.000 bis 1 Mio Einwohner hatte.

Die „Schwarze Legende". – Die feindliche Geschichtsschreibung vor allem der Engländer hat die spanischen Eroberer zu den Zerstörern der indianischen Bevölkerungen Mittelamerikas abgestempelt. Ohne in die Fußstapfen dieser „schwarzen Legende" treten zu wollen, hat die Schule der Historiker und Soziologen von Berkeley gemeint feststellen zu können, daß die indianische Bevölkerung Zentralmexikos in den Jahren 1519–1600 von 25 Mio. auf 2,5 Mio. zurückgegangen ist. Man muß jedoch zugeben, daß diese höchst statistischen Berechnungen unserer amerikanischen Kollegen nicht ganz überzeugend sind. Einmal sind die statistischen Grundlagen nicht eben sehr standfest, zum anderen sind die Folgerungen für den tropischen Sektor wenig wahrscheinlich.

Es gibt ein Beispiel der völligen Ausrottung der Eingeborenen durch die Spanier im östl. Huasteca (1525–1545). Wahrscheinlich handelte es sich jedoch um eine ohnehin schon durch die Angriffe der *Indios bravos* (wilden Indianer) geschwächte Zivilisation. Einige Zehntausende Menschen verschwanden und ihre Bauwerke zerfielen. Es ist keineswegs offensichtlich, daß solch ein lokalisierter Niedergang auf eine ursprüngliche Besiedlung von 8–10 Mio. Menschen im Zentralmexiko des Jahres 1519 schließen läßt.

Auf den Hochebenen war die Besiedlung zwar stärker verankert, doch man kann sich kaum vorstellen, daß die Bevölkerung 2–2,5 Mio. Menschen betragen haben kann. Mit den damaligen beschränkten Mitteln ist Anáhuac unmöglich in der Lage gewesen, 15–17 Mio. Menschen zu ernähren. Die einzige Möglichkeit läge in einer falschen Beschreibung der spanischen Autoren des 16. Jh., die von weitläufigen, heute gerodeten Urwäldern berichteten.

Dieselben Vorbehalte gelten für die Bevölkerung Tenochtitláns, der aztekischen Hauptstadt, die mit ihren Nachbarstädten Tlatelolco und Tacuba 800.000 von den 1519 gezählten 2 Mio. Ew. des Beckens von México umfaßt haben soll. In den Beschreibungen des 16. Jh. und in den archäologischen Funden weist nichts auf solche Zahlen hin. Die Versorgung mit Lebensmitteln konnte nur in sehr kleinem Ausmaß vor sich gehen; es gab keine Zug- oder Tragtiere und alle Transporte mußten auf dem Rücken von Menschen getätigt werden. Außerdem weisen die Informationen über Tenochtitlán auf eine Bevölkerung von 50–60.000 Seelen in der aztekischen Hauptstadt hin (Cortez, 1519). Das Becken von México zählte vermutlich etwa 500.000 Ew. Insgesamt lebten in Zentralmexiko, in den warmen und kalten Gegenden, im frühen 16. Jh. nicht mehr als 3–3,5 Mio. Menschen.

Die spanische Kolonialisierung. – Ein Bevölkerungsrückgang in den Jahren 1519–1600 ist nicht zu bezweifeln, in einer tropischen Zone jedoch auch nicht verwunderlich. Die Verluste fielen umso schwerer ins Gewicht, als die Spanier die stark bevölkerten Gegenden des Zentrums und des Südens nicht kolonialisierten; deshalb kamen erst relativ spät Mischrassen auf. Sie begnügten sich mit der Ausbeutung nach aztekischem Beispiel, in dem sie Tributzahlungen forderten.

Sehr bald verloren ganze Regionen an der Pazifikküste an Bedeutung, so die kakaoproduzierende Colima, die Costa Grande und die Costa Chica auf beiden Seiten des Golfs von Acapulco. Die Spanier siedelten in den Ebenen des Golfs Viehherden an, und die Indios flüchteten in die umliegenden Berge, was sicher auch zu einer Abnahme der Bevölkerung führte. In den tropischen Zonen interessierten sich die Spanier nur für die Marinestützpunkte, so z. B. Veracruz und Acapulco, und für Gegenden mit mildem Klima, die für den Anbau von Zuckerrohr geeignet waren (Cuernavaca und Córdoba).

Ab 1520 fielen im Becken von México zahlreiche Menschen Pocken- und Grippeepidemien zum Opfer. Die großen weiteren Epidemien 1545–1546 und 1576–1579, einschließlich der Typhusepidemien, taten ein Übriges, die Bevölkerung empfindlich zu dezimieren. Die Missionare verschiedener Orden konnten zahlreiche ländliche Gemeinden in Dörfern nach kastilischem Muster umbilden. Diese *„pueblos"* unterstanden nicht mehr der spanischen Verwaltung, sondern direkt dem Vizekönig. Schließlich begannen immer größere Völkerwanderungen zu den neuesten kolonialisierten Gebieten (San Luis Potosí, Aguascalientes, Durango, Parral und Saltillo). Für die im N ab dem 16. Jh. entdeckten Minen waren außerdem Arbeitskräfte notwendig, vorerst in Guanajuato und Zacatecas, etwas später in San Luis Potosí und Santa Bárbara. Aus dem bevölkerten Anáhuac wurden Arbeiter hergeholt. Natürlich verloren so die alten indianischen Gebiete an Bevölkerung. Dennoch zeugen die neuen Städte und Monumente des 16. Jh. (Kirchen, Klöster, Residenzen, Festungen) für einen allgemeinen Wohlstand in den Becken Anáhuacs, und auch für eine ziemlich große Bevölkerungsdichte.

Dieses ist wahrscheinlich das Hauptargument, das den Vertretern der Theorie des katastrophenbedingten Aussterbens der mexikanischen eingeborenen Bevölkerung entgegenzuhalten ist. 1532–1585 entstanden etwa 120 Franziskanerklöster, 40 Dominikanerklöster und mindestens 65 Augustinerklöster. Es ist kaum anzunehmen, daß eine solche Blütezeit der Architektur in einer Zeit des katastrophalen Bevölkerungsrückgangs stattgefunden haben soll. Zu bemerken ist jedoch, daß die größten Monumente zwischen Oaxaca und Guadalajara in der kälteren Zone entstanden.

Die neue Landwirtschaft. – Der relative Bevölkerungsrückgang im alten Land und die spanische Eroberung bisher unbewohnter Gebiete im Bajío und den umliegenden Becken hat die weitläufige spanische Kolonialisierung und die Europäisierung der mexikanischen Landwirtschaft ermöglicht. In den ersten Jahrzehnten der Koloniaära besetzten die Spanier lediglich unbewohnte Landstriche und brachten höchstens Viehherden zum Weiden. Doch die neuen Bedürfnisse der Städte und mehr noch die Minen zwangen sie dazu, europäische Landwirtschaft und Viehzucht einzuführen. Zur Befreiung der geeigneten Gegenden von den Indios war ihnen wohl jedes Mittel recht. Auch hier wurden die Indios von den ungewohnten, großen Viehherden in die Flucht geschlagen. Die neue Landwirtschaft behauptete sich jedoch vor allem in den Nomadengebieten im NW Mexikos.

Mit ihren Festungen drängten die Spanier die Indianer zurück und richteten Bauernhöfe und Güter ein, wo sie europäischen Weizen und Hafer anbauten, aber auch indianischen Mais. Dazu kamen Rinder, Schafe und Ziegen, vor Cortez' Ankunft in Mexiko unbekannt. Die neue Landwirtschaft benutzte eiserne Pflüge und gute Maultiergeschirre, während die Indios ihre Felder mit der Hand bearbeiteten. Unter spanischer Anleitung begannen die Indios nun, ihre Überschüsse zu verkaufen. Aus Europa kam auch die neue landwirtschaftliche Struktur des Großgrundbesitzes *(haziendas, ranchos)*. In der zweiten Hälfte des 16. Jh. wurden die Lehnsgüter zwar reduziert, es entstanden jedoch immer noch sehr weitläufige Haziendas und Ranchos (etwas kleiner, vor allem der Viehzucht gewidmet).

Überall schossen Städte nach spanischem Vorbild aus dem Boden, die dem Handelsaustausch, aber auch den Reichen und Noblen als Residenz dienten. Die beiden reichsten waren die Atlantik- und Pazifikhäfen Veracruz und Acapulco, danach kamen die Hauptstadt und die Minenstädte. Doch jedes größere Becken hatte seine Bezirkshauptstadt, meist durch eine gute Straße mit México verbunden.

Diese Neuverteilung der Bevölkerung erfolgte im 16. und 17. Jh., wobei die spanische Einwanderung nur 200.000 Menschen brachte und einige zehntausende Neger, die als Sklaven mitgeführt wurden. Das kolonialisierte Mexiko blieb also vorwiegend indianisch im östl. Zentrum und im S, während das Zentrum und der N vor allem von Kreolen und Mischlingen bevölkert war, mit nur einigen kleinen Indiogemeinden. Eine rein weiße Bevölkerung gab es nur in den Zonen, in denen die Ranchos überwogen, in den Altos de Jalisco zwischen Aguascalientes und dem Bajío oder in den Bergbauzentren der zweiten Generation, Chihuahua und Sonora. Diese neue Gesellschaft hatte im späten 16. und frühen 17. Jh. Fuß gefaßt. Außer nach N, mit den neuen Bergbauzentren Parral, Santa Eulalia und Batopilas, erweiterte sie sich bis zum Ende der Kolonialisierung kaum. Die jesuitischen Missionare Padre Kinos und später die Franziskaner von Junípero Serra errichteten in Nordsonora und Kalifornien Missionen. Anfang des 19. Jh. konnte von Alexander von Humboldt, dem großen Reisenden, der sich 1803–1804 in Mexiko aufhielt, eine großartige Bilanz aufgestellt werden. Neu-Spanien hatte zu jener Zeit in der Welt wirtschaftlich eine führende Stellung inne, vor allem war es der größte Silberproduzent und konnte über den Hafen von Acapulco regelmäßige Verbindungen mit den Philippinen, China und dem gesamten Fernen Osten unterhalten.

Wachstum und Krise des modernen Mexiko. – Es ist durchaus verständlich, daß die reichen und kultivierten mexikanischen Kreolen das spanische Joch abschütteln wollten, was sie 1810, dem Aufruf der Priester Hidalgo und Morelos folgend, auch in Angriff nahmen. 1821 erreichten sie die Unabhängigkeit und wohnten in den folgenden 50 Jahren einem relativen Rückgang ihres Landes bei, das sich von den alten Kolonialstrukturen nur schwer befreien konnte, während die USA an der N-Grenze immer mächtiger wurden.

Im Krieg 1846–48 verlor Mexiko Kalifornien, Neu-Mexiko und das seit 1835 autonome Texas. Im O am Rio Bravo wurde die neue Grenze gezogen, im W durch die Wüsten und Steppen, die von nomadischen Indianerstämmen bewohnt waren. Ab 1880 übernahmen die Amerikaner die Grenzregionen und begannen mit dem Eisenbahnbau, der ihnen die Ausbeutung der Minen des nördl. Mexiko ermöglichte.

Die mexikanische Regierung sah zu. Sie brauchte nordamerikanisches Kapital, um ihre eigenen Eisenbahnlinien zu bauen. **Porfirio Díaz**, der 1876–1910 an der Spitze des Landes stand, tat alles, um Mexiko zu einer eigenständigen Nation zu entwickeln. Der einzige Fehler war die Unterwerfung einer herrschenden Oligarchie.

Auf Porfirio Díaz' Sturz folgte eine gesellschaftliche Krise, die ein Land in voller wirtschaftlicher und demographischer Expansion traf. 1910 hatte die Republik 15 Mio. Einwohner, México war eine Großstadt, die Eisenbahnen durchzogen das Land und die Bergwerke und Plantagen waren im vollen Aufschwung. Doch dieser Aufschwung hing einzig und allein an Großgrundbesitzern und einheimischen Großindustriellen.

Das Problem des Bodens. – Von allen Problemen, die aus Don Porfirios Politik hervorgegangen sind, ist das Problem des Bodens sicher das gravierendste. 1876–1910 fand ein sprunghafter Bevölkerungsanstieg statt, Hand in Hand mit einer erbarmungslosen Landaneignung von seiten der Großgrundbesitzer. Bis 1860 hatte sich die Grundform der Hacienda, der großen Besitztümer der späten Kolonialzeit, so recht und schlecht halten können. Die Intervention zwang Juárez, an die Massen zu appellieren.

Die alten kreolischen Familien verloren an Prestige. Nach Eintritt des Friedens verschärften die *Haciendados* ihre Systeme. Arbeitskraft war billig und die Abnehmermärkte gesichert. Die Rentabilität stand plötzlich an erster Stelle. Der Landarbeiter *(peón)* ist nur mehr ein an der kurzen Leine gehaltener Proletarier, da er schwer verschuldet und deshalb ausgeliefert ist.

Die Proletarisierung wird zum allgemeinen Phänomen. Unter dem Druck der von den Gesetzgebern unterstützten Grundbesitzer wurden die mittleren und kleinen Bauern von ihren Plätzen verdrängt. Die Ländereien der indianischen Bevölkerung wurden immer kleiner, die Bevölkerung immer größer. Unter Don Porfirios Polizeiregime wurden tausende Landarbeiter in entlegene Gebiete verfrachtet, so zum Beispiel nach Anáhuac, oder in bewässerte Gebiete der Lagune, in die Reisplantagen von Dante Cussi im Tal des Tepalcatepec. So entstand in ganz Mexiko ein Klima der sozialen Spannungen, bis 1910 der Ruf nach „Land und Freiheit" laut wurde.

1910 besaßen 9.000 Grundbesitzer zwei Drittel des bebaubaren Ackerlandes. Im N wurden die Ländereien der Apachen zu Weideland für die Herden der Reichen. Dort gab es auch kleine berittene Gruppen, die alljährlich den Meister wechselten und sich damit ihre Unabhängigkeit beweisen wollten. Einige von ihnen, wie jene *Pancho Villas*, betätigten sich auch als

Viehdiebe. In den neu aufgeteilten Ländereien im Herzen des alten Mexiko war die Lage jedoch viel kritischer. Die Landwirtschaft wurde zum Geschäft und beschäftigte tausende *peónes*. Diese industrialisierte Landwirtschaft mit ihrem eigenen neuartigen Proletariat wurde zum idealen Nährboden für revolutionäre Aufstände und die Agrarrevolte.

II – Das Mexiko des 20. Jh.

Maderos politische Revolte des Jahres 1910 gegen **Porfirio Díaz'** Diktatur wandelte sich innerhalb weniger Monate zu einer sozialen Revolte gegen die Oligarchie. **E. Zapata** aus Morelos und **Pancho Villa** aus dem Norden stellten sich an die Spitze dieser Revolution. Die Rückkehr zur Ruhe nach zehn Jahren des Bürgerkrieges war das Werk **General Obregóns.**

Die Agrarreform. – Im Zuge des Bürgerkrieges wurden die ersten Schritte gegen den Großgrundbesitz unternommen. Ziel war die Auflösung der 9.000 großen Besitze.

Die Reform nahm verschiedene Formen an. Zuerst wurden die Enteignungen des Bürgerkrieges verankert. Sie wurden jedoch je nach Region mehr oder weniger streng in Kraft gesetzt. Kurze Zeit später nahm der Staat die Ausführung in die Hand. Die Verantwortlichen der Jahre 1920–1925 taten ihr möglichstes, um kollektive Methoden zu fördern, stießen jedoch bei den Bauern auf Widerstand, sodaß die Ländereien zum Großteil individuell aufgeteilt wurden, und nicht, wie vorgesehen, an *ejidos* genannte Gemeinden.

In der graphischen Darstellung der Reform für das Jahr 1936 erscheinen drei Hauptgruppen. Die Konzessionen an die *ejidos* blieben begrenzt (etwa 10 Mio ha) und diese wiederum befanden sich in einer kleinen Anzahl von Kantonen. Schließlich gingen sie kaum über die Grenzen des alten Landes, d. h. das zentrale Plateau und seine Randbereiche im S und O, hinaus. In nur wenigen Fällen konnte der Großgrundbesitz völlig ausgeschaltet werden. Meist wurde der Kern der Hacienda nicht angetastet (aufgeteilt auf 150 ha Plantagen, 300 ha normal bebaubares Ackerland und 500 ha Weideland). Der an die *ejidos* abgetretene Boden bestand aus kleinen Parzellen, 4–6 ha bewässertem Boden, 8–10 ha Boden, der nur Regenwasser erhielt.

Die Ausdehnung der Parzellen stand mit den Spannungen in direktem Zusammenhang. Sie standen nur jenen Bauern zu, deren Wohnstätte weniger als 7 km von der aufgeteilten Hacienda entfernt lag. Außerdem mußten sich zur Zusammenstellung eines *ejido* 25 Personen zusammenfinden. Je mehr Empfänger es gab, desto kleiner wurden die Parzellen. Um jedoch keine allzu kleine Parzellen zu schaffen, wurde die Zahl der Nutznießer reduziert und jene, deren Wünsche nicht erfüllt werden konnten, erhielten ein Zertifikat, das am Rande der kolonialisierten Zonen geltend gemacht werden konnte.

Die landwirtschaftliche Landeroberung war durch den Bürgerkrieg schon ab 1912 oder 1913 unterbrochen worden. Privatunternehmen hörten auf, neue Bereiche oder Urwälder zu erobern. Also wurde die Regierung zwangsläufig für die Erweiterung des bebaubaren Ackerlandes verantwortlich, vor allem auch für die Errichtung von Bewässerungsdämmen und die Eröffnung von Wegen in die tropische Zone. Präsident Calles gründete 1926 die „Nationale Bewässerungskommission" und die „Kommission der Bundesstraßen". Gleichzeitig wurden für die Landwirtschaft Finanzierungsorgane wie der Banco Agricola gegründet. 1928 geriet die Landreform ins Stocken, während die Eroberung neuer Landstriche in den Vordergrund gestellt wurde, wodurch zahlreiche potentielle Mitglieder von *ejidos* in den Besitz von Zertifikaten gelangten.

Das Werk von Cárdenas. – Dieser Weg wäre sicherlich weiter verfolgt worden, wären nicht die katastrophalen Ereignisse von 1930 eingetreten. Sie führten zum Zusammenbruch der Exportpreise und im selben Atemzug zu einer radikalen Reduzierung der Mittel der Regierung. Außerdem griff die Kettenreaktion der Weltwirtschaftskrise nun auch auf diese Region über und die nordamerikanischen Autoritäten schickten ihre mexikanischen Landarbeiter wieder nach Hause.

1930–1934 kamen 400.000 Menschen aus Nordamerika zurück; in Mexiko wurden Arbeitslosigkeit und Hunger immer dramatischer. Die schwelenden Unruhen standen wieder unter dem Zeichen der Inhalte der Landreform von 1915 und 1917. Die Zwischenfälle häuften sich, Landarbeiter begannen, die Haciendas zu besetzen. 1934 stellte sich **Lázaro Cárdenas** als Kandidat der Revolutionspartei den Präsidentschaftswahlen und kündigte in seinen Wahlreden die Wiederaufnahme der Agrarreform an. 1936 begann er seinen Angriff auf die Hochburgen des Großgrundbesitzes, vor allem in der Laguna, wo 50 Grundbesitzer über 250.000 ha bewässertes Land herrschten. Auch in den Regionen der Mochis (Zuckerrohr), in der kalifornischen Halbinsel im Tal des Tepalcatepec und in Yucatán wurde alles außer je 100 ha bewässerten Landes oder deren Entsprechung enteignet. Überall wurden *ejidos* eingerichtet. 1934–1940 verteilte Cárdenas 17,6 Mio ha. Trotz seines Radikalismus war er jedoch Realist. Er war sich darüber im Klaren, daß er die großen Plantagen und Viehzuchten, die mit der notwendigen Technologie ausgestattet waren, nicht von der Landkarte streichen konnte. Für die Viehzüchter im N wurde eine Sonderregelung getroffen. Sie erhielten ein auf 25 Jahre befristetes Anrecht auf ihre Weiden, mußten jedoch jährlich zwei Prozent des hinzugekommenen Viehbestandes abgeben, um die *ejidos* mit der Möglichkeit auszustatten, selbst erstklassige Zuchttiere und schließlich eigene Herden zu unterhalten.

Die wirtschaftliche Entwicklung seit 1940. – Wie für Calles vor ihm, war die Bodengewinnung auch für Cárdenas ein besonderes Anliegen. Die Errichtung neuer Bewässerungsdämme und der Straßenbau wurden begünstigt. Durch die Verstaatlichung der Eisenbahnen und des Erdöls schuf er für die Wirtschaft des Landes einen bedeutenden autonomen Zweig. Man gewöhnte sich an die staatliche Intervention, sowohl im industriellen, wie auch im landwirtschaftlichen Bereich. Außerdem stellte sich mit der Zeit wieder ein gewisses politisches Gleichgewicht ein. Cárdenas' Nachfolger machten es sich zunutze, um die Wirtschaft voranzutreiben.

Der sehr brillante **Miguel Alemán** kam 1946 nach einer Reihe von revolutionären Generalen an die Macht. Er baute die Beziehungen zu den USA aus und stützte seine Entwicklungspolitik auf privates Kapital, ohne auf die starke Position des Staates in der Wirtschaft zu verzichten.

Mexiko verdankt ihm eine beispiellose Entwicklung der Politik der großen Bewässerungsanlagen, des Straßenbaus und der Ölraffinerien. Die Industrie wurde besonders begünstigt. In seine Regierungszeit fallen außerdem der Bau der Universität von México und der Ausbau des Touristenzentrums Acapulco.

Seit 1952 hat sich ein neues Gleichgewicht eingependelt. Unter der Präsidentschaft von **López Mateos** (1958–1964) wurde die Agrarreform neuerlich an die Tagesordnung gesetzt, die Elektrizitätsindustrie wurde verstaatlicht, der großangelegte Bau von Straßen und Dämmen hat die Eroberung neuen Bodens beschleunigt und die Industrialisierung des Landes erweitert.

Mexikos landwirtschaftliche und industrielle Entwicklung nach 1940 ist bemerkenswert. Sie erstreckt sich über alle Wirtschaftszweige und beruht auf einer weisen Aufteilung zwischen verstaatlichten und privaten Betrieben. In der Landwirtschaft kontrollieren etwa 23.000 *ejidos* etwas über die Hälfte des Bodens, die andere Hälfte befindet sich in den Händen der „kleinen Grundbesitzer". In der Industrie ist der verstaatlichte oder von der Nacional Financiera überwachte Sektor ungefähr gleich mächtig, wie die mit mexikanischem oder ausländischem Kapital finanzierten Privatunternehmen. Die Regierung kontrolliert den Außenhandel, vertritt jedoch eine ziemlich liberale Währungspolitik.

Die Bundesregierung wacht über die Rechte der *ejidos*, aber auch über jene der besser ausgestatteten Farmbesitzer; sie kontrolliert die Basisindustrie, läßt jedoch auch ausländische Unternehmen ins Land. Die Fremdenverkehrs- und Straßenbaupolitik ist auf den nordamerikanischen (und europäischen) Tourismus ausgerichtet. Die mexikanische Industrie ist zunehmend in der Lage, den heimischen Markt mit Fertigprodukten zu versorgen und entwickelt einen interessanten Exportmarkt. Die in den siebziger Jahren gesunkene Fähigkeit der Landwirtschaft, das Land auf dem Lebensmittelsektor autark zu halten, wird durch die devisenträchtigen Erdölfunde wettgemacht.

Die Bevölkerungsexplosion. – Das große Problem des heutigen Mexiko ist die extrem hohe Bevölkerungszuwachsrate, von 14,5 Mio Ew. 1920 über 35 Mio 1960 auf 79 Mio 1980. Das jährliche Wachstum betrug 1960 eine Million, heute sind es bereits zwei. Verständlich, daß das Erziehungswesen völlig überfordert ist.

Der Kampf dem Analphabetismus kann nur begrenzt zum Erfolg führen. 25–30% der Kinder finden keine Plätze in den Schulen.

Doch die Bevölkerungsexplosion hat noch viel schlimmere Folgen: die Überbevölkerung der traditionellen landwirtschaftlichen Regionen. Die *ejidos* von Cárdenas sind heute mit jungen Leuten überlastet, die keine Hoffnungen für die Zukunft haben. Bis 1965 konnten sie in die USA gehen, sich als Landarbeiter verdingen und ihren Lohn mit nach Hause bringen. Heute ist das in diesem Ausmaß nicht mehr möglich. Die jungen Leute können in Entwicklungsregionen übersiedeln, doch sie laufen immer Gefahr, von Geschäftsmännern überholt zu werden. Eine weitere Möglichkeit liegt in der Zuwanderung in die Ballungszentren, wo sie jedoch nie sicher

sein können, Arbeit und Lohn zu finden. Die Zuwanderung ist so stark, daß sich nur die besserbemittelten durchsetzen können.
Dennoch scheint die Stadtzuwanderung der beste Weg zu sein, die Überschußbevölkerung aufzufangen. Die Industrialisierung schreitet fort. Arbeitsplätze wurden im späten 19. Jh. auch in den entlegenen Bergbaustädten geboten (im N) und in der ziemlich gut entwickelten Textilindustrie in Orizaba, Puebla, Guadalajara; León im Bajío war auf Lederverarbeitung spezialisiert. Ende des 19. Jh. wurde in Monterrey im NO eine Gruppe von Geschäftsleuten tätig, die ihr Kapital in Brauereien, Glas- und Kartonnagenfabriken und vor allem in die Metallindustrie investierten. Dennoch ist México-City der Hauptanziehungspunkt für moderne industrielle Betriebe gewesen.
Seit Beginn des Zweiten Weltkriegs wurde die Ausrüstung der mexikanischen Industrie besonders forciert, um eine größtmögliche **Autonomie im industriellen Bereich** zu erzielen. Ein großer Vorteil sind die **Erdölvorkommen**, mit denen der Eigenbedarf gedeckt werden kann. Die industrielle Entwicklung der letzten Jahre konzentrierte sich vor allem auf die Hauptstadt und ihre Umgebung.
1940–45 wurden neue Manufakturen improvisiert, um den heimischen Markt zu befriedigen. 1946 begann die sogenannte industrielle Inflation. Sie wurde vom *Grupo Nuevo* verursacht, einer Handvoll Industrieller, die in México die verschiedensten Produktionen ansiedelten: Metallindustrie, Zement- und chemische Industrie, sowie Herstellung von Ersatzteilen und kleineren Konsumgütern. Die Metropole México zählt heute bei 15 Mio Ew., ist das Finanz-, Kultur- und Fremdenverkehrszentrum des Landes und stellt allein zwei Drittel der für den inneren Verbrauch bestimmten industriellen Produktion.
Hier beobachtet man im Großen ein in Lateinamerika weitverbreitetes Phänomen. Die Bildung einer Hauptstadt sorgt für einen erstklassigen urbanen Markt; er nimmt die Produkte aus dem ganzen Land auf und sorgt dafür für Fertigprodukte und Dienstleistungen, stellt außerdem jährlich zehntausende Arbeitsplätze für die landflüchtige Bevölkerung zur Verfügung.

B – Die regionale Diversität

Das starke Wachstum Méxicos hat dem gesamten Land viel Gutes gebracht, in dem Maße, in dem der Staat aus weitverstreuten Bevölkerungszentren bestand. Aufgrund der Entfernungen und der rassischen Unterschiede neigten die verschiedenen Gemeinden zu einem ziemlich in sich geschlossenen Leben. Doch die ersten Eisenbahnverbindungen haben für erste Annäherungen gesorgt. Außerdem hat das Straßennetz von Calles, Alemán und López Mateos ein ganzes Gewebe von Verbindungen geschaffen, die das ganze Land bedecken, ihr Zentrum jedoch in México haben, was zu einer **Zentralisierung auf die Hauptstadt** führte. Diese Vorrangstellung mußte durch wirtschaftliche, administrative und kulturelle Dienstleistungen gerechtfertigt werden. Das Wachstum México-Citys in den letzten zwanzig Jahren ist der Beweis für die Fähigkeit der Stadt, diese Funktionen zu erfüllen. Sie koordiniert die verschiedenen nationalen Aktivitäten und wacht auch über die Regionalentwicklung. Mit Ausnahme von Monterrey erhalten die verschiedenen Regionen ihre Impulse, aber auch Kapital in Form von Geld und Technikern, aus der Hauptstadt. Um Mexiko jedoch zu kennen und zu verstehen, muß das Schwergewicht nicht nur auf die regionalen Besonderheiten und die Inselhaftigkeit der verschiedenen Bevölkerungen des Landes gelegt werden, sondern auch die menschliche Komponente des mexikanischen Archipels muß in Betracht gezogen werden. In den vergangenen 600 Jahren wurde die indianische Kultur immer wieder mit der moderneren Technologie der Ranchos konfrontiert. Diese ist kürzlich auf vollmotorisierte Landwirtschaft übergegangen. Pflanzer, Viehzüchter und Groß- und Kleinbauern sind in stark hierarchisierte Klassen aufgeteilt. Um sie zu beschreiben, ist der Hinweis auf ihren Lebensstandard nicht genügend. Hinzu kommen noch der Mischungsgrad zwischen Weißen und Indianern (im S auch mit Schwarzen), die Unbillen der Lokalgeschichte, vor allem auch die Faktoren der Landreform.

I – Die Besiedlung der zentralmexikanischen Hochebenen

Die Hochebenen erstrecken sich über die ganze Region von den kalten Landstrichen von Puebla im O bis zu den temperierten Zonen des Tepic-Beckens im W, über 1 200 km Länge und 200–300 km Breite. Man möchte meinen, diese Hochebenen wären ähnlich wie in den USA und Europa landwirtschaftlich genutzt. Dem ist keineswegs so: das nutzbare Land beschränkt sich auf wenige bebaute Becken inmitten von ausgedehnten Steinwüsten.

Im O endet die **Hochebene von Anáhuac** über den warmen Regionen von Veracruz plötzlich, manchmal mit bis zu 1000 m hohen Abgründen. Im S ist die Grenze komplexer; stellenweise ist das Plateau von hohen vulkanischen Ketten überragt, wie z. B. dem Ajusco-Massiv südl. der Hauptstadt und stellenweise ist es von Becken gesäumt, in die lange, gezackte Abhänge hinabführen. Im W gelangt man stufenweise bis zum Rand des Plateaus mit Vulkanen um das Tepic-Becken hinab. Bis zum Pazifik beträgt das Gefälle nur mehr 900–1.200 m. Im N beginnt die Hochebene mit schluchtenartigen Tälern, die auf der einen Seite zum Tamazunchale-Tal und den Golfebenen zusammenlaufen, auf der anderen zum Cañon des Río Santiago, der die Gewässer des Chapala-Sees aufnimmt. Die anderen, trockeneren Plateaus können nur über Querétaro und den Bajío de Celaya erreicht werden. Diese anderen Plateaus fallen langsam zur zentralen Senke des Bolsón de Mapimi ab. Am Rande der Senke ändert sich die geographische Struktur schon grundlegend. Im W erhöht sich das Relief wieder in der westl. Sierra Madre und im O in der östl. Sierra Madre.

Alle südl. Hochebenen bestehen aus ausgebreitetem vulkanischen Gestein, die den alten Sockel bedecken. Außerdem ragen hier und dort immer wieder jüngere Kegel aus dem Boden, vor allem im O und S. Die relativ regenreichen Hochebenen können mit *temporal* bebaut werden. Es handelt sich hier um die intensivst bebaute und bevölkertste Gegend Mexikos. Dennoch sind die Vulkangesteine zu jung, um andere Pflanzen als

Dornenbüsche zu tragen, am Grunde der Senken ohne Abflußmöglichkeiten wiederum ist der Boden ebenfalls unfruchtbar.
Die Hochebenen des SO entsprechen der direkt von den Azteken beherrschten Region zur Zeit der spanischen Invasionen. Die Besiedlung ist hier sehr alt und die landwirtschaftlichen Ballungszentren stark bevölkert: 80–100 Ew/km², unter Ausschluß der Städte.

Die hohen Regionen der Plateaus von Puebla, México und Toluca. – Sie bilden im O eine vorgeschobene Bastion. Auf beiden Seiten, in 2.100–2.400 m Höhe, zwischen den beiden, von N nach S verlaufenden vulkanischen Achsen; die erste Achse bilden der Popocatepetl und der Ixtaccíhuatl im W. Die zweite Achse besteht aus dem Cofre de Perote und dem Orizaba im O. Zwischen den beiden Bergachsen erhebt sich ein fünfter Vulkan, der 4.400 m hohe *Malinche*, in der Mitte des Plateaus.

Im NO überragt die Plattform mit ihren steilen, ausgezackten Hängen die pueblano-veracruzische Huazteca; im S löst sie sich in Vorsprünge und Becken auf, z. B. Atlixco und Oberes Atoyac. Diese Etappen führen zu den temperierten Zonen des Morelos und den wüstenartigen Gegenden von Tehuacán. Der südl. Teil des Plateaus von Puebla ist relativ trocken, ebenso der NW bei Apan und der NO bei Perote. Die Regenzeit im Sommer ist kurz und die Niederschläge sind unregelmäßig. Der Winter ist frisch, man zählt 60–80 Tage Frost im Jahr, es fällt jedoch auch ein wenig Regen. Der Busch und die Maguey-Agaven-Kulturen (aus denen man das Volksgetränk *Pulque* macht) gedeihen auf dem mageren Boden des Plateaus besser als Weizen oder Mais. Der gute Ackerboden befindet sich auf den Piedmontflächen der großen, mit Vulkansand bedeckten Vulkane. Man baut im N Hafer an, und im O Kartoffeln, während im S zwischen dem Popocatepetl und dem Malinche der Mais vorherrschend ist. Der Sektor nördl. von Cholula am Río Atoyac ist gut bewässert und von Feldern bedeckt. Die starken Bevölkerungsdichten westl. von Puebla und um Tlaxcala kontrastieren stark mit den schwachen in den trockenen Regionen des NO, an der Eisenbahn nach Perote und Jalapa.

Westl. des Popocatepetl und des Ixtaccíhuatl erstreckt sich das weitläufige **Becken von México** (2.240 m) mit Bims- und Vulkangestein. Bis zum Bau verschiedener Kanalsysteme hatte das Becken keinen natürlichen Abfluß für überschüssiges Wasser in Richtung NW und N. Das unaufhaltsame Wachstum der Hauptstadt hat den Wasserverbrauch im Becken um das Zehnfache erhöht. Nach zehn Jahren Arbeit wurde nun ein umfassendes Wasserzubringer- und Abflußsystem fertiggestellt, das in México unterirdisch verläuft. Im Zentrum des Beckens kann der Wasserstand der riesigen Lagune von Texcoco nunmehr bestimmt werden.
Die indianische Bevölkerung war vor allem im O, am Fuße des Ixtaccíhuatl und im SO auf dem Piedmont der langen Sierra angesiedelt, die vom Ajusco (3.950 m) gebildet wird. In den letzten dreißig Jahren hat das Wachstum Méxicos die landwirtschaftliche Struktur auf dem Plateau verändert.
Das Becken von México erstreckt sich im NO bis nach Pachuca, 100 km von der Hauptstadt. Am Fuße des Peña Alta (3.150 m) gab es schon ab dem 16. Jh. auf einer Silbermine eine bedeutende Siedlung. Im NW geht das geschlossene Becken von México in das offene **Becken von Tula** über, dem alten Siedlungszentrum, wo die **Tolteken** ihre Hauptstadt hatten. Jenseits, in den kleinen, vom Río Tula bewässerten Becken, bestanden autonome Siedlungen der Gruppe der Otomí. Die gesamte Region hat ein

trockenes Klima mit einer kurzen Regenzeit im Sommer, und einen nur mittelmäßig fruchtbaren Boden. Nur die mit Abwässern aus México bewässerten Gegenden sind leicht zu bebauen.
Die Lebensweise der **Otomí** hat sich seit dem 16. Jh. trotz der Nähe der Hauptstadt kaum geändert. Diese unbewässerten Zonen dieses Valle de Mezquital zählen zu den ärmsten Gegenden Zentralmexikos. Die Männer dieser Volksgruppe finden in den nahen Zementwerken am Rande des Beckens von México Arbeit.
Westl. der Hauptstadt führen bis zu 3.000 m hohe Pässe zum **Toluca-Becken**, dem höchsten großen Becken Zentralmexikos (2.700–2.500 m). Das überschüssige Wasser wird in Richtung Río Lerma abgeführt, doch der östl. Teil des Beckens ist noch immer sumpfig und wird in der Regenzeit oft überschwemmt. Um diese feuchten Niederungen liegt eine wüstenartige Steppe, im Winter schon sehr kalt, die Rinder- und Schafherden als Auslauf dient. Um das Becken herum konnten dank des leichten und leicht bebaubaren Bodens fruchtbare Felder angelegt werden. Früher wurden Mais, zum Teil auch Weizen und Hafer angebaut, heute dienen diese Gegenden jedoch vor allem der Futtermittelproduktion für Großvieh und dem Kartoffelanbau. Um die Hauptstadt herum haben die Spanier 20 km nordöstl. des Nevado de Toluca (4.558 m), eines großen Vulkans, einen Kranz von dichtbesiedelten Dörfern errichtet.

Der fruchtbare Boden des Bajío. – Dem Lauf des Río Lerma folgend erreicht man zuerst das **Acámbaro-Becken** (1.950 m), und gelangt dann in Salvatierra (1.700 m) in die **Ebenen des Bajío**. Aus México kommend gelangt man durch die Senke von San Juan del Río, deren Wasser mühselig zum Río Tula und zum Atlantik abgeleitet wird, in diese Gegend des Bajío. Das Querétaro-Becken (1.800 m) stellt die Verbindung zum Bajío und der Pazifikküste dar. Aus dem N kommend gelangt man auch über León (1.900 m) und Silao hierher, wo sich die Straße der antiken Bergbaustadt Guanajuato im Herzen einer Sierra gabelt, die den Bajío nach NO abschließt. Die fruchtbare Senke des östl. Bajío, mit ca. 200 Dörfern und den blühenden Städten Celaya, Salamanca und Trapuato hat nur eine mittelmäßige Verbindung nach W, wo der Río Lerma ein jüngeres Lavagebiet durchquert, bevor er den westl. Bajío erreicht, das Becken des unteren Lerma und des Chapala-Sees.

Der östl. Bajío ist eine große Senke, 130 km lang, 30–40 km breit, deren 3 große Ausläufer sich gegen León, Acámbaro und San Juan del Río erstrecken. Vulkanasche hat den Boden fruchtbar gemacht, doch die Regenfälle im Sommer sind gerade reichlich genug (800 mm), um Mais und Weizen anzubauen. Es war das gute Land des kolonialisierten Mexiko und die letzten 300 Jahre die Scheune der Hauptstadt. Es liegt noch im sogenannten „kalten Land", doch ohne große Frostgefahr. Wir wissen, daß dieses fruchtbare Land 1520, bei der Ankunft der Spanier, sehr wenig besiedelt war. Die Spanier machten aus dem Bajío ihre Lieblingsgegend und schufen sehr gute Bewässerungsanlagen. In der jüngsten Vergangenheit wurde das Wasser des Lerma in das Bewässerungssystem einbezogen, um die intensive Kultur zu verbreiten und die Versorgung Mexikos mit Milch, Fleisch und Gemüsen zu verbessern. Rund um diese fruchtbaren Landstriche, auf Flächen, die 2-mal so groß sind, wie jene des urbaren Bajío, liegen skelettartige Ländereien und vulkanische Plateaus. Sie nähren Ziegenherden und man kann einiges Gesträuch abforsten, um Maguey-Agaven anzubauen.

Nach dem östl. Bajío tritt der Río Lerma in eine etwas tiefere Region ein (1.500-1.550 m), wo sich das kleine Becken des westl. Bajío abzeichnet. Der große See, der den Lerma aufnimmt, nimmt davon den tiefsten Teil ein; es ist der Fortsatz von Chapala, der im O von den alluvialen Konstruktionen des Lerma verlängert wird, die zum Teil sumpfig, jedoch fruchtbar und in der Ciénaga ziemlich stark besiedelt sind. 40 km südl. und fast ebenso tief reihen sich von W nach O die Becken von Zamora, mit dem besten Ackerboden von Michoacán. Nordwestl. des Sees von Chapala ist das Becken des Bajío von den immer tiefer werdenden Schluchten des Río Santiago durchzogen, der aus dem See von Chapala ausläuft. An diesem Schnittpunkt, der talwärts von tiefen Schluchten durchzogen ist, endet die Hochebene mit der großen Stadt Guadalajara. Die fruchtbare Region, deren Hauptstadt Guadalajara ist, geht im W zum oberen Becken des Río Ameca über, im SSO, und zu jenem des Río Tuxpan, dessen Klima warm genug ist, um das Reifen von Zuckerrohr zu ermöglichen. Von Guadalajara nach Colima führt der Weg durch kleine Becken, an deren Rand sich ebenfalls fruchtbarer Boden befindet. Diese Becken lösen sich bis zu Ciudad Guzmán ab. Diese ganzen Ebenen sind durch kurze vulkanische Sierras getrennt. Das Klima hier ist ziemlich feucht (900-1.100 mm Wasser), die Regenzeit ist lang genug, von Ende Mai bis Anfang November, und die Temperaturen erreichen im Juli 20°. Wenn man die ziemlich weitläufigen bewässerten Sektoren, wie die Chiénaga und die Umgebung von Tamazula hinzurechnet, versteht man, daß der westl. Bajío in den Staaten Jalisco und Michoacán die größte und bevölkertste landwirtschaftliche Region Mexikos ist.

Die Nachbarn des Bajío: Ober-Nayarit und Mittel-Michoacán. – Das westl. des Bajío gelegene fruchtbare **Ameca-Becken** ist nur mehr 1.200 m hoch. In Richtung NW fällt die Höhe weiter ab, und das Becken von Ixtlán del Río, zwischen den Schluchten des Río Santiago im N und jenen des Río Ameca im S ist nur mehr 1.000 m hoch. Von Ixtlán führen die Eisenbahn und die Panamerikanische Straße zu den Becken von Compostela und Tepic (um 900 m). Der Zuckerrohranbau in diesem Becken kündigt schon die heißen Länder der Golfe von San Blas und Puerto Vallarta an. Das Becken von Tepic wird im W vom herrlichen Vulkan des **Cerro San Juan** (2.000 m) und im O vom noch mächtigeren Vulkankegel des **Sangangüey** (2.400 m) überragt. Diese Berge erhalten genug Regen; das Wasser wird zur Bewässerung der Zuckerrohrplantagen verwendet. Hier gibt es sehr alte Besiedlungen; sie waren bedeutend genug, daß der Staat Nayarit gegründet wurde.

Südöstl. des Sees von Chapala und des Beckens von Zamora werden die beiden Bajíos auf einer höheren Ebene von den **kleinen Becken des Michoacán** abgelöst. Das höchste (2.050 m), doch auch das bevölkerungsärmste, ist jenes von Pátzcuaro, dessen Mittelpunkt von einer riesigen, mit kleinen Vulkanen übersäten Lagune eingenommen wird. Dies ist die Domäne der **Tarasken,** archaischen Bevölkerungen, die sich vom Fischfang und mageren Kulturen ernähren.

Nordwestl. von Pátzcuaro stellt das sehr bevölkerte kleine **Becken von Zacapu** (1.900 m) die Verbindung nach O zum großen **Becken von Cuitzeo** (auf 1.800 m) dar, das, wie das Becken von Pátzcuaro, von einer großen Lagune eingenommen ist. In diesem südl. Teil der Ebene, ähnlich jener von Toluca, gründeten die Spanier **Valladolid**, heute **Morelia**. Für den Reisenden, der über die Plateaus, und nicht über das Bajío nach Guadalajara fährt, ist Morelia die große Etappe im Herzen einer fruchtbaren und etwas weniger hohen Gegend als México. Die Spanier liebten diese Region, die Kastilien etwas ähnlich war, und sorgten schon seit dem späten 16. Jh. für eine oft bemerkenswerte Entwicklung der Hochebenen von Morelia. Ziemlich viel später haben Pioniere kleinere, jedoch ebenfalls gut bewässerte Regionen um Villa Madero, Tacámbaro und Ario de Rosales urbar gemacht. Es gibt hier eine starke Bevölkerung von Mestizen und „kleinen Weißen", die den Wald abforsten und bis zu den Rändern der großen Schluchten die Viehzucht weiterentwickeln. Leider ist dieses Hochland heute überbevölkert. Von hier gingen die meisten Landarbeiter in die USA. Man findet sie heute in den stark bevölkerten Stadtvierteln von Guadalajara wieder. Im oberen Michoacán gibt es zu wenig fruchtbares Land. Südwestl. von Pátzcuaro, unterhalb der zahlreichen Vulkane der Sierra Tarasca, sind die Becken von Uruapán, Taretán und Los Reyes (1.400–1.700 m) besser dran, da sie gut bewässert werden können. Es gibt hier temperierte Zonen, wo Viehzucht und Zuckerrohranbau betrieben wird, und wo sogar sehr guter Kaffee geerntet werden kann.

Der Übergang zum N. – Kehren wir zu den Hochebenen zurück, die das Becken des östl. Bajío von N einfassen. Es gibt zwei Wege; einer geht von Celaya aus und führt über die Becken von San Miguel de Allende und Dolores Hidalgo bis nach San Luis Potosí (1.800 m). Der andere führt von Irapuato und León in Richtung Aguascalientes, Zacatecas und Durango. Beide führen zu den wüstenartigen Randbereichen der zentralmexikanischen Hochebene. Das nutzbare Land beschränkt sich hier auf einzelne Becken am Fuße der Sierras, deren ausgezackte und nackte Abhänge völlig unfruchtbar sind. Die Senken von San Miguel de Allende, Dolores Hidalgo und San Luis de la Paz sind mit genügend gutem Boden ausgestattet, um kleinere Siedlungen zu ernähren. Im späten 18. Jh. war die Bevölkerung aus Mestizen, Viehzüchtern und Maisproduzenten relativ wohlhabend. Sie konnte sich nur schlecht mit der spanischen Herrschaft abfinden. Hier entstand das **„Mexiko der Unabhängigkeit"**, das dem Ruf Pater Hidalgos 1810 folgte.

Im 19. Jh. wurden die Schwächen dieser sowieso schon zu trockenen Gegenden durch die Überbevölkerung offensichtlich. Um 1930 vegetierte dieser gesamte Sektor nur mehr dahin. Seitdem haben Stauwerke am Fuße der Berge und tiefe Bohrungen in den Alluvionsbecken die Wasserversorgung verbessert. Heute sind diese 3 Becken kleine Bajíos an der Straße nach San Luis Potosí.

Die weitläufige Senke, in der die große Kolonialstadt San Luís entstand, ist eigentlich ein breiter Gang von N nach S, in 1.800 m Höhe, zwischen den beiden Bergketten, die ihn um 600 bis 700 m überragen. Das Klima ist schon sehr trocken: Es fallen nur etwa 350–450 mm Regen. Die Regenzeit ist weniger gut definiert als in México und von Jahr zu Jahr sehr verschieden. Deshalb ist die Landschaft beinahe wüstenartig. Es gibt nur sehr wenig Wasser und deshalb sehr wenig Landwirtschaft. Die Spanier bauten

Land und Leute

Weizen und Hafer an, die sie mit Hilfe der Wildbäche aus den umliegenden Bergen bewässerten. Auf diese Weise konnten sie auch Obstbäume züchten. Auf den trockenen Landstrichen ließen sie Rinder oder Ziegen weiden. Auch hier drückt sich die Modernisierung in tiefen Bohrungen aus, die reichlich Wasser bringen, womit Gärten und Felder bewässert werden können, während San Luis Potosí sich immer mehr zum Touristen- und Industriezentrum an der großen Straße des N (1958–1960) entwickelte.

Östl. von San Luis, am Fuße des östl. Abhangs der Sierras und in einer geringeren Höhe, liegen die besser bewässerten Becken des Río Verde (1.000 m).

An der Straße vom Bajio zu den Bergbaustädten des Zacatecas liegt das Becken von Aguascalientes. Auch hier handelt es sich um eine weitläufige, von N nach S verlaufende Senke, in 1.700–1.900 m Höhe. Die Berge rundherum erreichen 3.000 m. Die Regenfälle sind hier reichlicher (670 mm) und die Bewässerung ist besser ausgebaut. Die ländlichen Lebensbedingungen sind deshalb jenen des Bajio ziemlich ähnlich. Das Klima von Aguascalientes, etwas trockener als jenes von Salamanca, ist für den Weinbau ziemlich gut geeignet. Diese Gegend ist heute das größte Weinbauzentrum Mexikos und auch der größte Traubenlieferant. Die ehemalige kleine Thermalstadt, nunmehr Hauptstadt eines Bundesstaates, hat sich zu einem blühenden Zentrum entwickelt.

An den südl. Rändern des Beckens zerfurchen die Nebenflüsse des Río Aguascalientes das Land. Von einem Becken mit flachem Grund geht man zu zerfurchten Regionen über, wo es praktisch keine bewässerbaren Gebiete mehr gibt. Auf den Plateaus über den Schluchten, die zum Río Santiago führen, gibt es keine anderen Ressourcen mehr, als einfache Viehzucht und Landwirtschaft für den Eigenbedarf.

Diese unter dem Namen Altos de Jalisco bekannte Region hat sich um Lagos de Moreno, Encarnación de Díaz, San Miguel el Alto und San Juan de los Lagos organisiert. Diese letzte Ortschaft ist für ihre Wallfahrten berühmt. Das Hochland der Altos, isoliert, trocken und arm, wo der Verkehr immer noch schwer ist, war am Beginn des 16. Jh. praktisch leer. Es wurde erst später von viehzüchtenden Rancheros bevölkert, die eine originelle, gleichzeitig konservative und unabhängige Gruppe bildeten. Gegen Ende des 19. Jh. begannen die Viehzüchter der Altos, nunmehr zu zahlreich, gegen S zu emigrieren, wo sie die bergigen Landschaften des mittleren und südl. Jalisco kolonialisierten. Nach und nach erreichten sie den Colima, den westl. Michoacán und die Pazifikküste. Man kann ihre Spuren anhand der kleinen, rustikalen, doch hübschen Kapellen verfolgen, die sie immer wieder hinter sich gelassen haben.

Ab 1545 dehnte sich die spanische Eroberung von Aguascalientes nach NW aus. Auf der Suche nach Gold- und Silberminen, aber auch nach Landstrichen für Landwirtschaft und Viehzucht, stießen die Spanier immer weiter gegen das Landesinnere vor. Auf einem Hochplateau, am Fuße von bis zu 2.600 m hohen Massiven, entdeckten sie die reichen Silberadern von Zacatecas und Guadalupe. In den kälteren Gegenden des Piedmonts entwickelten die Europäer die Landwirtschaft. Doch die Bewässerungsmöglichkeiten waren nicht gut genug, um diese Eroberungen aufrechtzuerhalten. Sehr bald stellte sich die extensive Viehzucht der großen Haciendas ein. In der letzten Zeit hat der Anbau von Mais und vor allem von Bohnen die alten Weideländer abgelöst. Ab 1920 hatte die Agrarreform den Rancheros große Landstriche zugesprochen.

Über Fresnillo und Sombrerete hat sich die Bergbaukolonialisierung des 19. Jh. bis nach Durango vorgearbeitet. In ihrem Gefolge kamen der Anbau von Getreide und die Viehzucht. Die Prosperität der Bergbauregionen zog eine andere Kolonialisierung nach sich, jene, die man die Kolonialisierung der Cañons nennen könnte. Hier gibt es wieder wärmere Landstriche, wo Zuckerrohr angebaut werden kann. Sie wurden schon zur Kolonialzeit verwendet, um die Minenzentren des Plateaus mit Aquavit und rotem Zucker zu versorgen.

Am Fuße der westl. Sierra Madre, deren Ausläufer bis zu 2.500–3.000 m hoch sind, liegen die Becken von Durango und Nombre de Díos. Sie liegen 1.700–1.900 m hoch. Das Klima ist trocken (460 mm Niederschlag) und die Regenzeit im Sommer nur 3 Monate lang, dennoch kann noch Landwirtschaft betrieben werden. Außerdem sind die Bewässerungsmöglichkeiten ziemlich gut. Im nordöstl. Durango beginnt die Halbwüste, die die Bolsonen von Mapimi-Torreón ankündigen, unfruchtbare Landstriche, die bis zur Mitte des 19. Jh. von nomadischen Indianerstämmen bevölkert waren.

II – Die verstreuten Besiedlungszentren der Wüsten und der Savannen des NO und NW

Beim Verlassen des zentralmexikanischen Plateaus, wo die Bevölkerung weit gestreut, jedoch immer noch dicht ist, und beim Eintreffen in die unfruchtbaren Gegenden des NW und N bemerkt man, wie die Spuren der Kolonialisierung verschwinden und sich das nutzbare Land auf einige Oasen in riesigen Einöden beschränkt. Die Savannen des NO (Tamaulipas) sind keine Ausnahme. Die weiten Landstriche, die sie zwischen Texas und dem N von Veracruz bedecken, hatten lange Zeit keine seßhaften Einwohner. Die Entwicklung der Landbevölkerung begann erst im späten 19. Jh.

Die westliche Sierra Madre. – Der N Mexikos teilt sich in die beiden großen Sierras, die das Zentralplateau umrahmen und die Küstenregionen isolieren. Die westl. Sierra Madre ist von den Cañons des Zacatecas bis zu den Hochebenen des Bavispe in Sonora 1.200 km lang. Sie ist an keiner Stelle weniger als 200–300 km breit, und die höchsten Erhebungen übersteigen 3.000 m. Sie besteht aus altem Vulkangestein, das tafelförmig daliegt und von tiefen Schluchten durchzogen ist. Im Sommer regnet es viel, im Winter gibt es vereinzelte Schneefälle im Zentrum und im N. Diese kalten Regionen tragen schöne Wälder, doch es gibt sehr wenig bebaubaren Boden. In einer Gegend, die so groß ist wie Italien, leben nicht mehr als 30.–40.000 Einwohner.

Im Sektor des Staates Chihuahua leben ziemlich arme Stämme von Tarahumara-Indianern; sie leben von Pflücken und Jagen, eher als von Ackerbau. Diese große Sierra ist ein feindliches Milieu. Der einzige Durchzugsweg ist die lediglich 15 Jahre alte Eisenbahn des Chihuahua-Pazifiks, die in Topolobampo auf den Golf von Cortez stößt. Weiters gibt es eine gute, aber schwierige Straße von Durango nach Mazatlán. Eine Nebenstraße umfährt die nördl. Sierra Madre, ohne auf amerikanisches Territorium zu stoßen. Im Sonora von Cananea und Nacozari geht der Berg in 1.400 m hohe Plateaus über. Auch im S im Nayarit und im Jalisco geht es hinunter, doch hier ma-

Land und Leute

chen die Nebenflüsse des Río Santiago das Bergland unüberwindlich. Hier leben in kleinen Gruppen Indianer der Coras und Tepehuanes. Nur zwei Gegenden werden für die Holzwirtschaft genutzt, der Salto westl. von Durango produziert Bauholz und die Junta-Creel und Junta-Madera westl. von Chihuahua liefern Holz für die Papierwerke in der Nähe von Ciudad Cuauhtémoc.

Die östliche Sierra Madre. – Sie präsentiert sich ganz anders. Sie besteht aus gefaltetem Kalkgestein in Form von stark ausgezackten kleinen Gebirgszügen und bildet nur zwischen Monterrey und Ciudad Victoria (250 km) eine hohe Mauer.

Dieser Sektor ist eine sehr schöne, 3.200–3.800 m hohe Gebirgskette, er ist jedoch beinahe ebenso leer wie die westl. Sierra Madre. Der ganze östl. Abhang erhält viel Regen und ist von dichtem Wald bedeckt. Vom tief gelegenen Urwald geht man bei 900–1.000 m zu Fichten- und Eichenwald über. Im W geht der helle Wald der Abhänge weiter unten in unbewaldete karstige Becken über, wo sich die Alluvionen gesammelt haben. Hier gibt es mittelmäßiges Weideland, das von vereinzelten *ejidos* für ihre Ziegenherden genutzt wird. Um die von der Verwaltung gebohrten Brunnen bauen sie auch Mais an.
Südl. von Ciudad Victoria verlieren die Berge an Höhe. In den bewässerten Alluvionsbecken wird Zuckerrohr gebaut. Stufenweise, von Berg zu Becken, verläuft die Straße von Ciudad Valles über die Küstenebenen der Huazteca zu den Plateaus von San Luís Potosí. Eine weitere Straße führt von Xilitla (Kaffee) zu den Becken von Jalpan, die erst im 18. Jh. von Junipero Serra evangelisiert wurden. Weiter im S, jenseits des Río Santa María, überragen die Hochebenen von Hidalgo und Puebla das Tiefland wieder um 1.500–2.000 m. Am Rande des Plateaus gibt es hier eine stark bevölkerte bergige Gegend. Die huaztekischen Indianer sind schon sehr lange hier, die von den Plateaus gekommenen Pioniere ziemlich kurz. Sie haben entlang der Straße Plantagen angelegt. Fast ohne Übergang gelangt man von den grünenden Regionen der kalten Länder, wo die Maisfelder mit Apfelbäumen eingefaßt sind, in Avocado- und Agrumenplantagen, und, etwas tiefer, zu Guyaven-, Papaya- und Kaffeeplantagen.

Die drei Stufen der inneren Plateaus. – Das Plateau zwischen den beiden Sierra Madres ist immer noch sehr hoch (1.800–2.000 m) und unwegbar; es wird von der Straße nach México in die Vereinigten Staaten durchquert.

Einst waren hier bettelarme und kriegerische chichimekische Nomaden zu Hause. Im späten 19. Jh. besetzten zwei Haciendas hunderttausende ha Land. Außerdem gab es kleine, armselige Bergbausiedlungen. Heute wird Vieh gezüchtet.
Nördl. dieses hohen und massiven Sektors ändert sich das Gesicht der Plateaus. Sie verbreitern sich auf 500 km von W nach O und stufen sich in drei Teile ab. Der höchste Teil liegt im W, am Fuße der Sierra Madre. Es handelt sich hier allerdings nicht um eine Hochebene, sondern um eine Reihe von länglichen, von NNW (Casas Grandes) nach SSO (Hidalgo del Parral) verlaufenden Becken, die durch hohe und spitze Gebirgszüge getrennt sind.
In dieser Art Korridor befand sich im frühen 20. Jh. die erste Viehzuchtgegend Mexikos. Der Winter ist kalt und die sommerlichen Regenfälle sind nicht sehr ergiebig. Doch wurden schon im 19. Jh. Brunnen gebohrt.

Dann kamen die Mennoniten, die sich mit ihren gepflegten Gehöften und Feldern in den Becken um Cuauhtémoc niederließen. Ab 1920 wurden die Haciendas aufgesplittert. Neue Kolonien wurden gegründet. Dennoch blieb die Viehzucht mit ihren eigenen Futtermittelkulturen erhalten.
Unterhalb dieser Korridore und im O, von Torreón im S bis Ciudad Juárez an der Grenze, liegt eine tiefere Zone (1.100–1.500 m). Torreón im S liegt auf 1.150 m, Las Delicias auf 1.100 m, Ciudad Juárez im N auf 1.100 m und Chihuahua im Zentrum auf 1.400 m. Dies ist die Gegend der wüstenartigen Gebiete mit mageren Steppen *(bolsón de Mapimi)*.
Doch diese Gegend ist auch jene der **großen Oasen,** der durch Bewässerung fruchtbar gemachten Weizen- und Baumwollfelder. Die Laguna de Torreón, der Korridor Jiménez-Las Delicias, das Becken von Ciudad Juárez sind heute stark besiedelt. Zur Bewässerung wurden die Gewässer der Sierra Madre des W und jene des Río Bravo verwendet. In Torreón und Las Delicias befinden sich die ersten Bewässerungssysteme Mexikos. Heute lebt hier die dritte bis vierte Generation Menschen, weshalb die Möglichkeiten der Gegend der Erschöpfung nahe sind. Die Oase von Torreón ist gefährlich überbevölkert, vor allem, da einige Jahre besonders trocken waren. Das Wasser, das aus dem Boden gepumpt werden kann, genügt nicht mehr. Deshalb haben sich viele Landwirte von der wasserintensiven Baumwolle auf Weinbau umgestellt.
Der dritte Sektor der inneren Plateaus besteht aus den östl. Gebirgen und Becken (Coahuila). Es gibt hier trostlose Gebiete wie im zentralen Sektor, jedoch auch fruchtbare Inseln, die jenen von Aguascalientes und des Durango in nichts nachstehen. Gegen O nehmen die Niederschläge zu. Das 1.600 m hohe Saltillo-Becken erhält 430 mm Regen. Die Hauptstadt des Coahuila ist wie in Aguascalientes zwischen zwei Bergketten gewachsen. Der Besiedlungskern aus Landwirten, Viehzüchtern und Bergwerksleuten, der sich in der Kolonialzeit um Saltillo gebildet hatte, wurde ab dem späten 16. Jh. von Indianern aus Tlaxcala verstärkt. Diese Besiedlungspolitik wurde im 17. Jh. nicht fortgeführt. Deshalb war Saltillo ziemlich lange in einer von Nomaden bevölkerten Region isoliert. Die verschiedenen Sektoren des südl. Coahuila wurden erst relativ kürzlich entwickelt: Monclovia, Sabinas, Villa Allende, Piedras Negras. Das Don Martín-Stauwerk am Río Salado bewässert ein weitläufiges Gebiet um Ciudad Anáhuac; hier werden Weizen, Baumwolle und Tomaten angebaut, die beiden letzteren werden zum Großteil in die USA ausgeführt.

Die Savannen und Oasen des NO. – In Monterrey öffnet sich in 700 m Höhe ein breiter Korridor durch die östl. Sierras. Er führt zu einem Vorgebirge, dessen Erhebungen wie Inseln aus der großen Ebene im NO aufragen.

Die Hauptstadt mit 1.920.000 Ew. entstand am Ausläufer des Gebirges. Es fallen nur 500 mm Regen und die Gegend ist sehr trocken. Monterrey liegt an der nördl. Grenze der regenreichen Zone am Fuße der Sierra Madre (sehr schöne Wälder). In der Gran Cuenca südöstl. von Monterrey und auf dem gut bewässerten Piedmont der Sierra um Montemorelos und Linares wurden Agrumenplantagen angelegt.
Der gesamte NO leidet unter der Trockenheit. Die Steppen ernähren nur Viehherden. In den Sektoren des Río Sán Juan und des Río Bravo konnten sie durch hydraulische Anlagen verbessert werden. Mit den Staudämmen Falcón (1955) und der Freundschaft (1969) am Río Bravo konnte am Fluß eine der fruchtbarsten Gegenden Mexikos geschaffen werden.

Land und Leute

Weiter südl. waren die Savannen der großen Ebenen des Tamaulipas früher auf große Haciendas aufgeteilt. Wegen der unregelmäßigen Regenfälle konnte sich die Gegend nur mittelmäßig entwickeln. Nur an der Bundesstraße 101 von Matamoros nach Ciudad Victoria entstand nutzbringende Landwirtschaft. In den letzten Jahren haben Bewässerungsarbeiten auf dem östl. Piedmont der Sierra de Tamaulipas (nördl. von Tampico) der trostlosen Gegend von Soto la Marina neues Leben gebracht. In Mante und Xicotencatl wird Zuckerrohr gebaut. Im O, an der Straße von Altamira und Tampico, kann ohne Bewässerung Baumwolle gezüchtet werden. Hier geht man zum tropischen feuchten Mexiko über.

Das „gelobte Land" des NW. – Wenn die Bewässerung im NO des Tamaulipas Wunder vollbracht hat, was kann man über die Regionen des NW Mexikos hinzufügen, wo mitten in der Wüste neue Oasen aus dem Boden geschossen sind.

Die westl. Sierra Madre umfaßt hohe Berge, die die Sommerregen bis in die südlichsten Gegenden der Gebirgskette tragen. Doch die Küstenlandstriche des Sinaloa und des Sonora sind fast immer trocken. In der Umgebung von Los Mochis beschränkt sich die Regenzeit auf 2–3 Monate und 250–350 mm Niederschlag. Gegen N geht man vom trockenen Wald zu buschreichen Savannen und Kaktussteppen über. Von Fuerte zum Yaqui wird die Landschaft immer wüstenartiger. In Guaymas ist man schon am Rand der großen Wüste von Altar, die den gesamten NW des Staates Sonora bedeckt. Auf der ersten Stufe des Plateaus, die um Hermosillo, La Magdalena, Ures und Arispe vom Río Sonora und seinen Nebenflüssen durchquert werden, fällt im Sommer und sogar im Winter etwas Regen. Etwas weiter nach N und NO sind die Niederschläge reichlicher (450 mm in Nogelas in 1.200 m Höhe) und über das ganze Jahr verteilt. Der Bergbau (Kupfer) in Cananea und neuerlich auch in Caridad, sowie die Handelsbeziehungen über die Grenze hinaus haben die Entwicklung dieser Gegend beschleunigt, die ihr Vieh auch an nordamerikanische Phoenix verkauft, jedoch in Cananea auch über eigene Schlacht- und Kühlhäuser verfügt.

In den Küstengegenden des Sinaloa und des Sonora waren nur die Deltas der früh großen, aus der Sierra Madre kommenden Flüsse stark von indianischen, von der Landwirtschaft lebenden Stämmen bevölkert. Sie haben drei große Alluvionszonen gebildet: Yaqui und Mayo im NW, Fuerte und Sinaloa im Zentrum und die Ríos de Culiacán im SO. Die Gruppe der Culiacán-Indianer wurde schon früh hispanisiert. Die Bevölkerung des südl. Sonora (Yaquis und Mayos) leistete jedoch bis ins 20. Jh. erbitterten Widerstand. Die moderne Technologie hat diese Region bewässert. Culiacán, Los Mochis und Ciudad Obregón sind die blühenden Hauptstädte dieses „gelobten Landes". Es liefert im NW Weizen und Baumwolle, im Zentrum und im S Zuckerrohr, um Culiacán Reis, Tomaten und Wintergemüse für den Export nach den USA. Es sind dies die reichsten und bestausgestatteten Provinzen Mexikos.

Jenseits von Guaymas erhalten die Küstenebenen an der Mündung des Río Sonora kein Flußwasser aus der Sierra Madre mehr. Die Bewässerungssysteme um Empalme, Hermosillo und Caborca sind weniger gut ausgestattet. Es gibt jedoch kleine alte Besiedlungszentren aus der Kolonialzeit um kleine Oasen. Hier war im 18. Jh. das Land der jesuitischen Missionen. Padre Kino begann seine Arbeit, die im späten 18. Jh. von den Franziskanern fortgeführt wurde. Zur selben Zeit begannen die schon in Alamos ansässigen Bergbauleute, die Gold- und Silberminen der Gegend um Pitic auszubeuten, im heutigen Hermosillo, der Hauptstadt Sonoras. Die sonorischen Rancheros gelangten bald zu den Grenzen der Möglichkeiten in diesen sehr trockenen Gebieten, die nur schwach bewässert werden können. Die Oase von Hermosillo wird von einem großen Stauwerk unterstützt, das sich jedoch leider nicht genügend füllen kann. Man mußte also auf Grundwasser zurückgreifen.

Jenseits der großen Altar-Wüste hat Mexiko die Territorien der kalifornischen Halbinsel behalten. Sie liegt fast zur Gänze in der heißen Wüste NW-Mexikos. Seit dem Verschwinden der etwa 200.000 Indianer ist die Gegend praktisch menschenleer. Die einzigen Ausnahmen sind zwei Regionen, im S um La Paz und im N um Tijuana. Der südl. tropische Rand empfängt Sommerregen. Die Regenfälle sind jedoch zu unregelmäßig, um eine dichte Bevölkerung zu erhalten. Es gibt hier nur Kleinbauern und Ziegenzüchter. Inmitten der Wüste haben Pioniere jedoch zahlreiche Brunnen gebohrt (zwischen der Sierra de la Giganta im O und der Bucht der Magdalena im W), Pumpwerke installiert und eine richtige Baumwolloase geschaffen.

Der nördl. Rand bei Tijuana zieht die Grenzbevölkerung an. Die Gegend nimmt in Mexiko eine Sonderstellung ein. Sie empfängt Winterregen, doch nicht in ausreichenden Mengen. Der Vorteil von Tijuana ist die unmittelbare Nähe der amerikanischen Grenze und die Tatsache, daß die 9 Mio südkalifornischen Amerikaner den höchsten Lebensstandard der Welt genießen. Tijuana lebt großteils vom Tourismus.

Kürzlich ließ die mexikanische Regierung eine 1.500 km lange Straße von Tijuana nach Cabo San Lucas bauen. So können amerikanische Touristen die alten jesuitischen Missionen der kleinen Oasen der kalifornischen Wüste besichtigen.

Jenseits der Sierra de Juárez, am Golf des „Cortez-Meeres", durchschneidet die Grenze das Colorado-Delta in seiner Mitte. Seit das Wasser des Colorado vom Boulder-Staudamm (1935) kontrolliert wird, hat sich am Delta ein wahres Ägypten entwickelt, und es werden Weizen und Baumwolle angebaut. Auch hier hat sich die Wüste zum „gelobten Land" entwickelt. Die landwirtschaftlichen Einheiten sind ziemlich ausgedehnt (20 ha bei den *ejidos*, 30 ha und mehr bei den neuen Betrieben) und rechtfertigen eine relativ hohe Mechanisierung. Auf der mexikanischen Seite ist die Oase weniger reich als auf der amerikanischen, sie stellt aber für mexikanische Verhältnisse durchaus eine privilegierte Gegend dar.

Aus der Alluvionsebene ragt der kleine Cerro Prieto-Vulkan heraus. Die heißen Dämpfe versorgen eine geothermische Anlage, die die Hauptstadt Mexicali und das gesamte bewässerte Delta mit Energie beliefert.

III – Die Besiedlung im tropischen Bereich Mexikos

Die Küstenlandstriche und die Becken des S und SW. – Der tropische Bereich Mexikos ist ebenso isoliert wie die kargen Steppen im N. Er bedeckt ein gutes Drittel des Landes und könnte in etwa zwanzig natürliche Teilbereiche aufgegliedert werden.

Das klassische Beispiel für die mexikanischen Tropen ist die Küste von Acapulco am 17. Breitegrad. Eine gut definierte feuchte Jahreszeit von Anfang Juni bis Mitte Oktober bringt 1.350 mm Niederschlag. Drei regenlose Monate, von Januar bis März, machen den Wald empfindlich und die gero-

deten Landstriche der nicht seßhaften Landwirtschaft verwandeln sich dadurch in Steppen, wo Rinder- und Ziegenherden weiden.
Die Landschaften der **Sierra Madre del Sur**, die sich vom Cap Corrientes im NW bis zum Isthmus von Tehuantepec im O erstreckt, gehören schon in den heißen Bereich. Diese Gebirgskette aus alten Massiven mit Granitkern ist weder sehr regelmäßig, noch sehr hoch; die Gegenden über 1.500 m sind klein und tragen Nadelwälder und Almen. Tiefer geht die Vegetation zu ziemlich dichten Tropenwäldern über. Die hohen Berggegenden und die Übergänge sind wenig bevölkert. Der Lebensstandard ist sehr niedrig, außer bei den viehzüchtenden Rancheros. Die fruchtbaren und dicht besiedelten Alluvionsbecken sind klein und selten.
Die einzige wichtige Ausnahme sind die **Senken von Colima**, deren Boden mit Vulkanasche bedeckt ist. Sie erhalten von den beiden hohen Vulkanen, die das Tiefland überragen, reichlich Wasser. Der Fuß des 4.300 m hohen **Nevado** ruht im O und S auf der Küstenebene; er ist der mächtigste Vulkan Mexikos. Der kleine Staat Colima entstand auf seinen fruchtbaren Ausläufern um die bescheidene Regionalhauptstadt.
Trotz der günstigen Naturbedingungen ist die Colima ein unterentwickeltes Gebiet, was wohl vor allem an seiner Isolierung und der Entfernung zu México (750 km) liegt, und an der Tatsache, daß sich Guadalajara eher auf den Nayarit ausgerichtet hat. Die Kakao- und Kaffeeplantagen wurden nach der Ankunft der Spanier aufgegeben, heute ist der Ackerbau vor allem dem Eigengebrauch gewidmet. Vor kurzem wurde die Hauptstadt des Jalisco durch eine Straße mit Barra de Navidad am Pazifik verbunden. Seit etwa 15 Jahren werden in der Küstengegend Kokosnüsse produziert.
Die Küste bei Acapulco wird im W, gegen Zihuatanejo zu, **Costa Grande** genannt, im O **Costa Chica**. Sie umfaßt eine Reihe von Ebenen, die von Lagunen und Sandstreifen eingefaßt sind. Jedes dieser kleinen, sehr heißen Täler stellt eine gesonderte Einheit dar. Die fruchtbarsten werden von den Bergen aus bewässert. An den Flanken der Hügel über dem Flachland haben Indianer und Mestizen den Wald zurückgedrängt. Vor einigen Jahren hat der Staat die Kontrolle über das Delta des Balsas übernommen. Für die Versorgung des großen **Infiernillo-Stausees** wurde eine Straße von Uruapán zum Pazifik gebaut. In dieser Gegend, in Las Truchas, wird Metall abgebaut; zur Zeit werden die ersten Teile einer metallverarbeitenden Industrie mit einem Pazifikhafen eingerichtet: **Lázaro Cárdenas**. Ein zweiter hydro-elektrischer Staudamm wurde oberhalb des Deltas in La Villita errichtet. Das Wasser des Stromes ist nun reguliert und Straßen gewährleisten die Verbindung zum übrigen Land, gute Voraussetzungen für die Zukunft dieser einst bevölkerten Gegend.
Der alte Hafen Acapulco erlebt seit 25 Jahren das Schicksal der großen internationalen Ferienparadiese. Eine Autobahn verbindet ihn mit México. Dennoch schlummert wenige Kilometer von den Super-Luxushotels das alte Mexiko. Am Fuße der abgerundeten Hügel wird wie zur Zeit der Azteken Mais von Hand angebaut. Doch an der Autobahn entstehen immer mehr moderne landwirtschaftliche Zentren für die Milch- und Obstproduktion. Die Produkte dieser spekulativen Landwirtschaft sind vor allem auf Acapulco ausgerichtet, doch in wachsendem Maße auch auf die Hauptstadt México.
Nach der Sierra Madre del Sur erstreckt sich die **Senke des Balsas**, ein riesiges, langgestrecktes Becken mit kalkigen Sedimentresten und Konglomeraten und im W vulkanischen Produkten. Der Wasserabfluß geht im O durch den Mezcala vor sich, im W durch den Tepalcatepec, die in der Mitte im Balsas zusammenfließen. Hier, im Schutz der Berge, ist die trockene

Jahreszeit lang und das Wetter im Sommer sehr heiß. Die Regenzeit bringt nicht mehr als 500 oder 600 mm Niederschläge. Da der trockene Wald zum Großteil zerstört wurde, haben Dornenbüsche und Kaktusmassive seinen Platz eingenommen. Außer in den bewässerten Randgebieten gedeiht hier fast nichts. Diese wiederum werden an den Grenzen des Guerrero und des Michoacán und vor allem im heißen Land des Tepalcatepec, wo Dante Cussi zwei riesige Haciendas geschaffen hatte, immer größer. Nachdem Präsident Cárdenas in dieser Gegend die Agrarreform strikt durchzogen hatte, ließ er im Rahmen der Kommission des Balsas die heißen Regionen um Apatzingán entwickeln. Es handelt sich hier um eine der fortschrittlichsten Gegenden Mexikos. Reis, Melonen, Agrumen und hochwertige Viehzucht ermöglichen den *ejidos*, die hier angesiedelt wurden, einen ziemlich hohen Lebensstandard. Eine der erfolgreichsten Spekulationen war die Wintermelone. Heute werden davon 30.–40.000 t in die USA exportiert.

Die Becken des Morelos und des südwestl. Puebla sind schon länger bewässert und bepflanzt (Reis, Zuckerrohr, Obst und Gemüse für die nahe Hauptstadt). Die Bahn- und Straßenverbindungen nach México sind gut. Die tropische Zone Mexikos erstreckt sich nach NW bis zum 24. Breitengrad. Die klimatischen Merkmale sind ähnlich wie in Acapulco. Die Ebenen und die niederen Plateaus im Nayarit, die sehr viel Regen erhalten, sind bis in die Umgebung von San Blas noch mit dichtem, tropischem Wald bedeckt. Erst jenseits von Mazatlán werden die vegetarischen Formationen dürrer. In den ersten Ausläufern der Sierra Madre, die die Sommerregen mit voller Wucht erhalten, verlieren sich die Rodungen der Pioniere in den natürlichen Wäldern. Der Piedmont des südlichen Sinaloa und Nayarit ist viel einladender. Hier werden abwechselnd Mais und Tabak angebaut. Santiago Ixcuintla in der Mitte der Ebene ist ein blühendes Zentrum, während San Blas an der Küste mit seinen Stränden und Bananenplantagen seine Aktivität wiedergefunden hat. Das vitalste Zentrum ist jedoch Puerto Vallarta mit touristischen Schwerpunkten.

Die heißen Länder des Golfs. – Der Übergang von der Pazifikküste zur tropischen Golfzone wird vor allem an der Regenfrequenz ersichtlich. Die Sommerregen sind insgesamt reichhaltiger und regelmäßiger als in Acapulco; in El Potrero, südwestl. von Veracruz, in 600 m Höhe, dauert der Winter 6 Monate, von Mai bis Oktober, und bringt insgesamt 1.800 mm Niederschläge. In Teapa fallen im Winter 800 mm von insgesamt 3.500–4.000 mm Regen. Dieses Klima begünstigt das Entstehen der großen tropischen Wälder, der **Selva.**

Diese Wälder finden sich an den mittleren Läufen des Grijalva und des Usumacinta im südl. Tabasco und nördl. Chiapas, auf dem Piedmont und auf den niederen Abhängen der zentralen Mesa. Man findet ihn jedoch auch auf dem Piedmont und in der unteren Zone der Berge, an der Grenze des südl. Veracruz und von Oaxaca, auf dem mittleren Papaloapan und an der ganzen östl. Sierra Madre. Gegen N lichtet er sich ein wenig am Rande des Zentralmexikanischen Plateaus, das 2.000 m auf das Tiefland von Veracruz abfällt. Dieser große Wald, an dessen Rändern um Palenque eines der großen künstlerischen Zentren des alten Maya-Reiches blühte, doch auch südl. des Veracruz die antiken olmekischen Zivilisationen, war vor 20–30 Jahren noch ein feindliches Milieu. Diese Region wurde erst sehr spät als potentielles Entwicklungsland wahrgenommen. Zu Porfirio

Diaz' Zeiten wurden Geschäftsmännern, denen es nicht gelang, das Land gut auszuwerten, riesige Konzessionen gewährt. Für die Rodungsarbeiten fehlten die Arbeitskräfte. Die einzige Ausnahme waren die Tabakpflanzer des Valle Nacional. An den Grenzen des Chiapas und des Tabasco stießen die Pioniere von der zentralen Mesa aus kommend bis in die Umgebung von Pichucalco und Teapa vor. Doch erst mit dem Bau der Eisenbahn von Veracruz nach Tabasco konnte der Piedmont von Loma Bonita und Rodríguez Clara zum großen Ananasproduzenten Mexikos avancieren (1945). Diese Waldzone wird bis jetzt nur sehr wenig verwertet, doch sie gilt als einer der zukunftsträchtigsten Bereiche Mexikos. Seit etwa 15 Jahren werden Straßen zu den Baustellen des Malpaso-Staudamms, zu den Erdölzentren Macuspana und Ciudad Pemex gebaut, sowie zum archäologischen Zentrum von Palenque. Die Straße auf dem Piedmont von Macuspana nach Campeche verläuft parallel zur Küstenstraße. Diese durch das neugefundene Erdöl finanzierte Infrastruktur wird sicher in den nächsten Jahren zu einer starken Entwicklung dieser Region führen.

Im Inneren Grijalva-Delta schafft der Chontalpa-Plan eine Modell-Landwirtschaft im tropischen Milieu und Villahermosa wird zu einer der bestausgestattetsten und reichsten Städte der amerikanischen heißen Länder. Die gesamte von Chiapas zum Tabasco abfallende Gegend hat einen fruchtbaren, kalkhaltigen Boden und ist zum Teil schon für landwirtschaftliche Zwecke gerodet.

Sobald man sich von den Gegenden entfernt, wo die lokalen Relief- und Klimabedingungen reichhaltige Niederschläge, die sich in den Winter hineinziehen, begünstigen, macht die Selva einem lichteren tropischen Wald Platz, der leichter zu roden ist. Hier findet man offene Park- und Savannenlandschaften. Diese natürlichen Formationen sind in der Golfregion ziemlich verbreitet. Man entdeckt sie im O im gesamten Gebiet der kalkartigen Hochebenen des Quintana Roo und des Campeche, im SO und im SW des Yucatán, wo sie mehr oder wenig leer geblieben sind, jedoch auch in den Küstenebenen Tabascos und Veracruz', die im Gegenteil Plantagenländer sind (Bananen und Viehzucht). Die Siedlungen der ländlichen Bevölkerung sind sehr weit verstreut.

Dasselbe gilt weiter im N, in der Region des Tuxpan-Tampico und von Ciudad Mante-Ciudad Valles, die mehr noch als der Tabasco die große Viehzucht-Gegend Mexikos darstellt. Für die Ernährung der Rinder, die täglich zu hunderten zu den großen Schlachthöfen Mexikos verfrachtet werden, begnügt man sich nicht mit den natürlichen Weideländern. Fruchtbarer Boden wird gerodet und mit Para-Gras oder Guinea-Gras bepflanzt, mit dem pro ha 2 bis 3 Tiere ernährt werden können. Das Erdöl und die intensive Landwirtschaft machen heute aus der Huazteca ein dynamisches, tropisches Land, dessen Hafen Tampico die Verbindung mit der Außenwelt herstellt, während die Asphaltstraßen direkt (wie auch die Erdöl- und Erdgasleitungen) nach Mexiko hinaufführen. Diese bevorzugten Verbindungen konnten erst kürzlich hergestellt werden. Die Achse Mexiko – Tampico ist heute eine der vitalsten Verbindungen des Staates.

Am nördl. Rand der Huazteca sind die Regenfälle weniger reichhaltig und unregelmäßiger. Sobald man sich vom Fuße der Sierra Madre entfernt, wird die Trockenheit durch die dürre Vegetation offenbar. In der zentralen Gegend des Tamaulipas kommen harte Kältewellen vor. Das bedeutet, daß dieser gesamte Sektor schon der subtropischen Wüste angehört.

In den Küstenebenen des zentralen Veracruz ist das Klima an der Küste feucht, wo sich die Regenfälle regelmäßig über das Jahr verteilen, obwohl sie im Sommer ein Hoch verzeichnen. In Veracruz selbst gibt es 5 Monate starken Regen; von Ende Mai bis Mitte Oktober fallen 1.380 mm Niederschläge, in den folgenden 7 Monaten jedoch immer noch 250 mm. Auf den kleinen Bergmassiven in der Nähe der Küste nördl. und südl. von Veracruz nehmen die Regenfälle zu, dem Landesinneren zu nehmen sie jedoch ab. Es gibt zwischen Veracruz und dem Piedmont von Córdoba sogar eine Zone halbtrockener Vegetation. Die weniger gut bewässerte Ebene hinter dem Vulkanmassiv der Tuxtlas erhielt den Namen Sotavento (unter dem Wind); die Vulkane erhalten die Regenfälle aus dem NO mit voller Wucht: Sie sind im Barlovento (im Wind).

Der aktivste und am dichtesten bevölkertste Teil des Staates Veracruz ist zweifelsohne der Piedmont von Córdoba, wo man ohne Übergang in **die temperierten Länder Orizabas** gelangt.

Hier befindet sich das mexikanische Zuckerrohrzentrum, das auch der größte Kaffeeproduzent ist. Die Region verfügt über sehr gute Eisenbahn- und Straßenverbindungen zwischen dem Hafen Veracruz und México. Die landwirtschaftliche Struktur dieser lebenswichtigen Region ist bemerkenswert. Im unteren Piedmont bis 900 m extensive und intensive Viehzucht, verbessert durch Grasanbau und Zuckerrohrplantagen, das Ganze in Verbindung mit Gemüse; zwischen 900 und 1.400 m schattige Kaffeeplantagen, Agrumen und Avocados; bis 1.600 m Maisfelder, Apfelplantagen und Weiden für die Milchproduktion; über 2.300 m findet man noch ausgedehnte Eichen- und Nadelwälder. Von der Straße von Huatusco nach Orizaba kann man bei klarem Wetter den 4.000 m höher liegenden Gipfel in Form eines chinesischen Hutes des **Pico de Orizaba** (5.569 m) sehen, der von ewigem Schnee bedeckt ist. Es ist dies eines der schönsten Naturschauspiele Mexikos.

Die zweite landwirtschaftlich bemerkenswerte Region dieses Staates von Veracruz ist das ehemalige Land der Totonaken zwischen Misantla im S und Tuxpan im N. Es ist ein Hügelland mit den Alluvionstälern der Flüsse, die den Rändern des Plateaus entspringen. Vor 100 Jahren war diese Region noch ziemlich menschenleer, und wie in Palenque hatte der tropische Wald die Ruinen von Tajín begraben.

In dieser ganzen Region hat das Erdöl eine radikale Revolution hervorgerufen. Für die Ausbeutung der Erdölfelder der beiden „Goldgürtel" und die von Poza Rica wurden quer durch den Wald Straßen angelegt. Man mußte ebenfalls zwei große Straßenachsen bauen, um das Tiefland mit den Hochebenen von Mexiko zu verbinden. Entlang der Straßen haben sich Menschen und Kapital zusammengefunden. Rodungsarbeiten greifen überall tief in den Wald hinein. Wir stehen hier vor einer der glänzendsten Leistungen des **„Marsches zum Meer"** des Mexiko der 40-er und 50-er Jahre.

Die unterentwickelten Randgebiete des mexikanischen SO: Oaxaca. – Im Vergleich zum Vorhergegangenen sind die Hochländer Oaxacas zurückgebliebene Provinzen. Sehr hohe und sehr feuchte Berge mit schönen Nadelwäldern trennen die Ebenen des Golfes und die Becken des Inneren. Sie sind mehr als 3.000 m hoch und ihre Orientierung von NW nach SO macht aus ihnen eine Klimabarriere. Während der östl. Abhang sehr viel Regen erhält, ist der westl. schon sehr trocken. Außerdem werden die Sommerregen des Pazifiks von der südl. Sierra Madre aufgehalten, sodaß die Senken, die sich von Tehuacán bis Tehuántepec ablösen, trockene Regionen sind. Sie erhalten weniger als 900 mm Regen, manchmal sogar weniger als 500 mm. Außerdem sind diese kleinen Becken im Winter wie im Sommer sehr heiß.

Im gesamten oberen Becken des Papaloapan findet man die Savannenlandschaft wieder. Die Küstenebene von Tehuantepec trägt ebenfalls die Stigmata der Trockenheit; der Kontrast zu den heißen und feuchten Ländern von Veracruz ist besonders stark. Nördl. von Oaxaca konnten in der Gegend zwischen Tecomavaca und Cuicatlán kleinere Gebiete für die Landwirtschaft erschlossen werden (Zuckerrohr). In der Gegend von Tehuantepec sind die Bewässerungsarbeiten abgeschlossen und man findet hier nunmehr Baumwoll- und Agrumenplantagen. In der oberen Mixteca, dem oberen Becken des Balsas-Mexcala, sind die Besiedlungszentren zahlreich und oft zu dicht. Bis zur Mitte des 19. Jh. wurde in diesen Gebieten nur für den Eigenbedarf angebaut. Als die große inter-amerikanische Straße eröffnet wurde, nahm die Landflucht beängstigende Ausmaße an, ohne jedoch das Problem der Unterentwicklung zu lösen. Tatsache ist, daß der Lebensstandard hier zu den niedrigsten ganz Mexikos zählt; die Emigration ist eine Notwendigkeit, da die lokalen Ressourcen nicht genug Möglichkeiten zur Schaffung neuer Arbeitsplätze bieten.

Die niedere Mixteca umfaßt trockene Becken nördl. und südl. von Oaxaca. Alte indianische Zivilisationen haben bemerkenswerte archäologische Reste hinterlassen: Mitla und Monte Albán. Eigentlich ist dieses Land nur arm, weil es wenig trägt. Eher als eine regionale Metropole ist Oaxaca eine Aufnahmestadt für die Indianer, die kein Spanisch sprechen, und auf ihrem Weg in die Hauptstadt die Sprache erlernen wollen. Die Bundesregierung hat große Bemühungen in Gang gesetzt, um die Gegend zu vitalisieren. Von Oaxaca wurden zwei große Straßen nach Puerto Escondido und Puerto Angel am Pazifik angelegt. Man hofft, daß sie ihre Funktion erfüllen, die Küste bevölkern und das Hochland aus seiner Isolierung befreien werden.

Yucatán. – Man wäre versucht, dasselbe von Yucatán und Chiapas zu sagen. Es sind die „äußeren Provinzen" Mexikos; sie wurden erst vor kurzem mit dem Zentralplateau verbunden: Chiapas durch die Panamerikanische Straße und Yucatán durch die Eisenbahn des SO und die Küstenstraße von Tabasco über Ciudad del Carmen nach Campeche (1961). Die Straße im Landesinneren verläuft ähnlich wie die Eisenbahn.

Wenn man diese Straße entlangfährt bemerkt man, daß sich die Klima- und Landschaftsverbindungen auf dem Weg von Teapa nach Campeche und Mérida radikal verändern. Nach und nach geht man von der äquatorialen Selva zur Savanne über. Gegen N zu vermindern sich die Regenfälle, was hier wegen dem stark kalkhaltigen Boden besonders auffällt. N-Campeche und der Yucatán sind trockene Länder ohne Flüsse und besitzen auf den Kalkplateaus fruchtbare rote Erde. Schon sehr früh setzten sich hier landwirtschaftliche Zivilisationen fest.

Als die Spanier kamen, hatten die Maya die Savannen schon durch ausgedehnte Maisfelder ersetzt. Die Spanier richteten große Viehzucht-Haciendas und einige Zuckerrohrplantagen ein. Im Rahmen dieses latifundischen Systems erfolgte in der 2. Hälfte des 19. Jh. die wirtschaftliche Revolution des Hennequén (Agave mit harten Fibern).

Um Mérida, wo die Niederschläge 900 mm erreichen, ist das Klima für diese Kultur geeignet. Paradoxerweise ist der sehr trockene N-Yucatán heute wegen dem Hennequén eine der mexikanischen Provinzen, wo die Landbevölkerung am dichtesten ist. Die starke Besiedlung begann in den Jahren 1880 bis 1910, ging jedoch von 1915 bis 1945 weiter, als die Agrarreform in mehreren Etappen 3/5 des Landes an die Landarbeiter verteilte. In den letzten Jahren ist die Überbevölkerung zu einem Problem geworden. Der einzige Ausweg liegt in der Entwicklung der Kalksteinplateaus südl. und südöstl. von Mérida. Hier mußte der Staat mit technischer und finanzieller Hilfe einspringen, sei es nun für den Bau von Straßen oder die Bohrung von tiefen Brunnen. Dies wurde mit Erfolg in N-Campeche getan, an der Straße Campeche – Mérida.

In Mérida denkt man natürlich auch an die Vorteile des internationalen Tourismus. Das Yucatán der Maya ist besonders reich an Monumenten und Ausgrabungen; jedes Jahr kommen mehr Besucher.

Chiapas. – Die komplexesten tropischen Regionen des S Mexikos sind sicher jene des Chiapas. Sie gehören in den mittelamerikanischen Bereich, von dem sie bis 1820 abhängig waren.

Südl. des Matías Romero-Passes, wo die Straße und die Eisenbahn des Isthmus von Tehuantepec durchführen, gelangt man in die trockenen Ebenen des östl. Oaxaca. Die natürliche Vegetation besteht aus Savannen und kann einer extensiven Viehzucht als Grundlage dienen. In Richtung SO jedoch wird die Tehuacanische Küstenebene schmäler und nimmt die Form eines Piedmonts an, während die Trockenheit milder wird und die Vegetation die tropische Überschwenglichkeit der Küstenregionen des westl. Oaxaca wiederfindet. In der Nähe der Grenze, im Soconusco, verbreitert sich die Küstenebene, während die Sierra Madre des Chiapas mächtiger und höher wird. Obwohl der Küstenstreifen genug Niederschläge erhält, bleibt er 5 von 12 Monaten trocken. Die natürliche Landschaft besteht aus einer Savanne mit hohen Palmen. Seit 1930 werden immer mehr Bananen- und Kokospalmenplantagen angelegt und seit 1955 ist die Ebene des Soconusco eine der größten baumwollproduzierenden Regionen des tropischen Mexiko. Es handelt sich hier um unbewässerte Plantagen, ähnlich jenen weiter im SO, in Guatemala, El Salvador und Nicaragua.

Der Piedmont der Sierra Madre erhält viel mehr Regenfälle als die Küstenebene. Er ist von tropischen Wäldern bedeckt. In Grenznähe, wo die Berge 4.000 m hoch werden (Vulkan Tacaná), wird das Klima feuchter; in Tapachula, nur 140 m hoch, fallen 2.500 mm Regen; die relativ lange Regenzeit geht von Ende April bis Anfang November; in den Bergen regnet es auch in den Monaten der sogenannten trockenen Jahreszeit, sodaß um 1.500 m Höhe insgesamt schon 5.000–5.500 mm Wasser jährlich errechnet werden. Hier hatten schon die Azteken, die in Soconusco einen regen Handel betrieben, Kakao angebaut.

Im späten 19. Jh. richteten mexikanische, englische, deutsche und sogar einige japanische Grundbesitzer große Kaffeeplantagen ein (400–1.500 m). Weiter unten wird der Kaffee von Kakao abgelöst, der zwischen 200 und 600 m Höhe gedeiht.

Die bemerkenswerte landwirtschaftliche Spezialisierung des Soconusco macht aus diesem „Ende der Welt" Mexikos eine besonders blühende Gegend. Die Verbindung zu Zentralmexiko wird seit dem Beginn des Jahrhunderts durch eine Eisenbahn und seit einigen Jahren durch eine gute Straße gewährleistet; so ist die Integration in die Wirtschaft des Gesamtstaates mehr oder weniger gesichert. Man könnte meinen, daß das Klima

Land und Leute 46

jenseits der Gipfel der Sierra Madre des Chiapas, nicht nur in der Senke des oberen Grijalva, sondern auch an den umliegenden Hängen, trocken ist. Dem ist jedoch nicht so. Die Winde des Antillenmeeres treten in die Senke des Chiapas über den Comitán ein; sie bringen dem nördl. Abhang der Sierra Madre 2000–3000 mm Regen; deshalb gibt es sehr große Kaffeeplantagen, die jenen des Soconusco in nichts nachstehen. Was es hier nicht gibt, sind gut ausgebaute Verbindungen zum Zentrum des Landes hin.

Die weniger gut bewässerte zentrale Senke ist ein offenes Land, mit Savannen und lichtem Wald. Das Becken des Grijalva ist 400–600 m hoch. In Tuxtla Gutiérrez werden durchschnittlich nur 930 mm Niederschläge registriert. Dieses Klima war für die Viehzucht besonders günstig. Die Agrarreform hat die alten Besiedlungszentren verstärkt. Es wurden neue Dörfer gegründet, die die Terrassen und den Grund der Täler bewässern mußten. Zuerst wurden nur kleine Bewässerungszonen geschaffen. Als der demographische Druck vor allem in der Umgebung von Tuxtla Gutiérrez, der Regionalhauptstadt, und Chiapa de Corzo, der alten Kolonialstadt, zunahm, wurden größere Investitionen notwendig: In der schmalen cañonförmigen Schlucht in den Kalkfelsen der Angostura wurde ein großes Bewässerungs- und hydroelektrisches Stauwerk errichtet. Es versorgt nunmehr 100.000 ha mit Wasser. In Tuxtla Gutiérrez gesellt sich dazu auch der neue Reichtum des Erdöls und des Tourismus. Außerdem wurde talabwärts der Stadt, am Ausgang des phantastischen Cañons El Sumidero, zweifelsohne der engste und tiefste der Welt (1.100 m), vor kurzem die große hydroelektrische Zentrale von Chicoasen vollendet. Die neuen Straßen, die dahinführen, öffnen dem Touristen grandiose, gestern noch unerreichbare Landschaften.

Nordöstl. des Grijalva befinden sich die durchschnittlich 1.600 m hohen kalkigen Hochebenen von Comitán. Obwohl 1.200 mm Niederschläge verzeichnet werden, ist die Vegetation vom Typ der Savanne, da der Kalkboden das Wasser aufnimmt. Deshalb gibt es hier weniger Landwirtschaft als Viehzucht. Die Region des Petén jedoch, am östlichsten Ende des Chiapas, ist kaum bewohnt. Die Lacandon-Indianer sind nur mehr eine Handvoll, und inmitten der waldreichen Wildnis wurden die Maya-Ruinen von Bonampak entdeckt.

Während der Petén aus Mangel an Einwohnern eine Wildnis geblieben ist, ist die zentrale **Mesa des Chiapas**, um San Cristobál de las Casas, gefährlich überbevölkert. Die hohen Kalkplateaus (2.300 m) werden von kleinen vulkanischen Massiven mit Nadel- und Eichenwald überragt. Es gibt Bekken und Senken karstigen Ursprungs, deren größte die Stadt San Cristobál beherbergt. In der Umgebung der kleinen Hauptstadt der kalten Länder oder entlang der inter-amerikanischen Straße sieht man Vieh auf den Weiden, Orangenbäume und sogar Pfirsichbäume in den Gärten, Zeichen der Modernisierung der Lebensweise. 20 oder 30 km nordöstl. der Stadt stößt man auf die unveränderten prähispanischen landwirtschaftlichen Techniken der Chamulas. Von allen indianischen Völkerschaften Mexikos haben die Chamulas des Chiapas allen Versuchen der Mexikanisierung am erfolgreichsten widerstanden. Doch ihre archaischen Felder können das Überleben der Bevölkerung nicht gewährleisten. Sie müßten auswandern, sind jedoch in ihrem Land tief verwurzelt. Ganz in ihrer Nähe gibt es die riesigen Landstriche des Petén, die sie kolonisieren könnten, doch sie wagen das Abenteuer nicht und werden von den Mestizen, die ständig auf dem Sprung sind, um Neues zu erleben, immer wieder überholt.

C - Die Wirtschaft des Landes

Im Jahre 1940, am Ende der zweifachen Schwierigkeiten durch die Weltwirtschaftskrise einerseits und die cardenistische Reform andererseits, trat auch Mexiko ins Zeitalter der wirtschaftlichen Modernisierung und Expansion ein. Die Erneuerung, die während der Kriegsjahre noch schleppend vor sich ging, trat ab 1947 immer deutlicher zutage. Einigen Einbrüchen in den Jahren 1954-55 und 1960-61 zum Trotz, dauert der wirtschaftliche Aufschwung nun schon bald dreißig Jahre an. Im Jahre 1971 allerdings wurde er kurze Zeit unterbrochen: Die Landwirtschaft schien ihren Plafond erreicht zu haben und die Industrieinvestitionen nahmen ab. Die Bevölkerung hingegen wuchs ständig weiter. Als dann die Krise von 1974 in einer Kettenreaktion diese Talfahrt beschleunigte, konnte man nur mehr das Schlimmste befürchten. In den Jahren 1975-76 ging es um nichts besser und man mußte sogar den Peso abwerten. Neue Erdölvorkommen in Tabasco, Chiapas und im N von Veracruz tauchten da plötzlich auf und gaben zu neuen Hoffnungen Anlaß. Ein neuer Aufschwung der mexikanischen Wirtschaft war wieder möglich.

I – Der Aufstieg der landwirtschaftlichen Produktion

Die Exportstatistiken der landwirtschaftlichen Produkte bieten recht gute Anhaltspunkte für die gesamte landwirtschaftl. Produktion vor dem Jahr 1971. So kann man daraus ersehen, daß Mexiko seit 1964 größere Mengen an Mais und Weizen exportierte, während es davor diese Produkte hatte importieren müssen. Und das, obwohl Mexiko 1970 48 Mio. Einwohner gegenüber 35 Mio. im Jahr 1960 zählte. Ähnlich gute Ergebnisse konnten auch bei anderen landwirtschaftlichen Produkten, etwa Kaffee und Zucker erzielt werden, obwohl auch hier die Inlandsnachfrage stieg, was auf einen erhöhten Lebensstandard schließen läßt.
Das selbe gilt natürlich für den Export von Baumwolle und Schlachtvieh. So werden allein in Mexiko selbst jährlich 8.000 Rinder geschlachtet und trotzdem geht der größere Teil der Produktion ins nördliche Ausland, also nach den USA. Somit hat auch in der Viehzucht ein unvergleichlicher Aufschwung stattgefunden: In den Jahren von 1950-1970 hat sich die landwirtschaftliche Produktion insgesamt verdoppelt bis verdreifacht.
Dieses sehr positive Gesamtbild mußte ab 1971 einigen Korrektu-

ren unterzogen werden. Schlechte Witterungsbedingungen, aber auch eine Abschwächung der staatlichen Unterstützung, sowie die Furcht „kleiner Grundbesitzer" vor einer Fortsetzung der Agrarreform auf ihre Kosten, führten zu Rückschlägen in nahezu allen Bereichen der Landwirtschaft. So mußten ab 1971 für die Märkte der Städte beachtliche Mengen an Nahrungsmitteln, vor allem Mais, aber auch Bohnen eingeführt und die Käufe von Milchpulver stark erhöht werden (im Jahre 77 wurden 76.500 t importiert), die gesamte Zuckerproduktion wurde am heimischen Markt abgesetzt. Diese Tatsachen waren an sich schon alarmierend, da aber die Bevölkerung außerdem ständig weiter wuchs (fast um 2 Mio pro Jahr), mußte man fürchten, daß die Abhängigkeit von Nahrungsmitteln aus dem Ausland unerträglich werden würde. Gleichzeitig begannen eine staatliche Preisstützungspolitik und eine Politik der kleinen Förderungen und Unterstützungen für die „kleinen Grundbesitzer", sowie eine großzügige Kreditvergabe an die *ejidatarios*; diese Schritte führten zu einer raschen und spürbaren Verbesserung der Lebensmittelproduktion und zu einer neuerlichen Ankurbelung des Exportes.

Die kalten und die temperierten Gebiete des mexikanischen Zentralplateaus

a) Der Ernährung dienende Kulturen.
– Im alten Mexiko des Anáhuac-Plateaus wurden in der prähispanischen Zeit vor allem Mais und Bohnen, die auch die Grundnahrung bildeten, angebaut: Aus ihnen machte man die Maiskuchen (tortillas) und das Bohnenpüree. Nach traditionellen Methoden war der Ertrag eher spärlich: 600 bis 800 kg Mais/ha. Und selbst bei künstlicher Bewässerung erreichte man nur selten mehr als 1200 bis 1500 kg, weil gewöhnlich nur eine Zusatzberieselung durchgeführt und keine Düngemittel verwendet wurden.

Seit 1949 wurden über die „Maiskommission" große Anstrengungen für eine Verbesserung der Erträge unternommen. So begriffen die „kleinen Grundbesitzer" ziemlich rasch, daß eine bessere Bewässerung, die Verwendung von Düngemittel und Unkrautvertilgern, ihnen Erträge bis zu 5 t pro Hektar lieferten. Spät aber doch folgten dann die *ejidatarios* ihrem Beispiel.

Im großen Maßstab wurden dann diese Bemühungen ab 1952 für den gesamten Staat Jalisco unternommen, der mittels eines Modernisierungsplanes zum mexikanischen „Corn Belt" werden sollte. Tatsächlich stieg seine Gesamtproduktion von 600.000 t (1963) bis 1978 auf 2.500.000 t, womit ein Überschuß vorhanden war, mit dem spezialisierte Viehzucht (Geflügel und Schwein) möglich geworden war.

Die Ernte im gesamten Land stieg von 1964 an regelmäßig über 100 Mio. Doppelzentner und erreichte nach mehreren schlechten Jahren dank der oben beschriebenen Wirtschaftspolitik im Jahre 1978 wieder 104 Mio. Doppelzentner.

Dasselbe gilt für die Bohnenproduktion, die jährlich bei 900.000 t lag. Früher wurde sie neben dem Maisanbau betrieben, aber mehr und mehr kleine Grundbesitzer haben sich heute auf Monokultur von Mais umgestellt. Die Bohnenproduktion wurde immer mehr in besonders geeignete Gegenden verlegt: einerseits in temperierte und warme, sehr feuchte Gebiete im S, andererseits ins nördl. Zentrum des Landes, wo es für den Mais zu trocken ist. Dasselbe gilt für die trockenen Gebiete von Durango und Zacatecas. Im Jahre 1978 betrug der Ernteertrag 940.000 t.

b) Spekulative Kulturen. – Am mexikanischen Zentralplateau werden freilich auch Sonderkulturen betrieben. Sie gehören meistens Rancheros, die von den Banken Kredite erhalten und dank des besonders niedrigen Preises der Arbeitskräfte jene Kulturen betreiben können, die besonders intensiv sind und größere Investitionen verlangen. Einige Hundert „kleine Grundbesitzer" und einige Dutzend *ejidos* beliefern so den mexikanischen Markt aber auch das Ausland mit 10.000 t Knoblauch, mehr als 30.000 t Erdbeeren und über 100.000 t Tomaten, neben einer großen Menge Kartoffeln, die paradoxerweise in Mexiko als Luxusgüter gelten und nur in den größeren Städten gegessen werden.

Neben diesen Rancheros, die Sonderkulturen betreiben, gibt es eine noch viel größere Zahl von Milchproduzenten des mexikanischen „Milchbeckens" und der etwas weniger reichen Milchgegenden Guadalajara und León. Bei diesen Milchproduzenten, zu denen noch jene hinzukommen, die für die Milchindustrie selbst produzieren (beim Chapala-See, bei Lagos de Moreno und Altos de Jalisco), muß man zwischen jenen unterscheiden, die rund um die Hauptstadt liegen und nur über beschränkte Weideflächen verfügen, und jenen um Queretaro und Celaya, die ihre Produktion stärker spezialisiert haben. 1.040.000 Kühe (89% davon Holsteinkühe) erzeugen hier mehr als die Hälfte der mexikanischen Milch: 36 Mio hl. (von insgesamt 70 Mio). In den trockensten Gebieten des mexikanischen Zentralplateaus im NW von México bei Apam und Tlaxcala wird seit Jahrhunderten eine spezielle Agave, die Magey angebaut, die das mexikanische Getränk *Pulque* hervorbringt, und neuerdings auch Gerste. Während die Gerste jährlich geerntet werden kann, benötigt die Magey-Agave jeweils sieben Jahre bis zur Reife.

Am anderen Ende des mexikanischen Plateaus, zwischen Guadalajara und Tepic, wird eine andere Agave angebaut, deren Kern einen süßen Saft liefert, der nach seiner Destillierung das mexikanische Getränk Tequila (nach der Hauptstadt benannt) liefert. Hier in Tequila werden täglich 15. bis 20.000 hl. des Schnapses gebrannt. Während der Tequila auch in die USA exportiert wird, bleibt *Pulque* ein nationales Getränk, das mehr und mehr vom Bier verdrängt wird. Pulque wird nach wie vor nach traditionellen Methoden hergestellt, während der Tequila bereits in modernen Fabriken gebrannt wird.

Die heißen Gebiete von Mexiko
a) Milpas, Weiden und kleine Pflanzungen. – Die südl. mexikanischen Provinzen haben sämtliche Schwächen der tropischen Gebiete: Der Lebensmittelanbau wird noch händisch betrieben und die maschinelle Grundausrüstung fehlt, was eine systematische Ausnützung des Bodens unmöglich macht. Es ist daher nicht weiter verwunderlich, wenn das Lebensniveau hier im S besonders niedrig ist.

An sich ist der Anbau der Grundnahrungsmittel Mais und Bohnen hier ertragreicher als in den trockenen Gebieten im N. Als Lohn harter körperlicher Arbeit können die Bauern hier mit einer recht ausgiebigen Maisernte

(Juni-Okt.) und einer geringeren Bohnenernte (Okt.-Jan.) rechnen. Jedenfalls sind im S Hungersnöte ausgesprochen selten und zumeist bleibt noch genug Mais für die Fütterung von Geflügel und Schweinen. Aber neben der Lebensmittelproduktion ist der Horizont des südl. Campesino eher beschränkt. Man gibt sich mit der langwierigen aber äußerst prestigeträchtigen Zucht einiger Rinder und Pferde ab, statt schnellreifende Pflanzen, wie etwa die Bananenstaude, oder langsamreifende wie Mango, Orangen oder Kaffee anzubauen. Dazu wären freilich Kredite und bessere Straßen für den Transport notwendig. Im Campesino zieht man es aber immer noch vor, kein Risiko einzugehen. Wann immer doch Versuche unternommen werden, ist das eingewanderten Pionieren zu verdanken, die über die neue Straße in den tropischen S gelangen. Seit mehr als 40 Jahren wird von ihnen gepachtete Erde nach jeweils den neuesten Methoden bebaut und nach wenigen Jahren wieder an die Eigentümer abgetreten. Das Ergebnis dieser Modernisierungswelle läßt sich an der Landschaft ablesen: Fast überall wurden Wald und Buschwerk zugunsten von Ackerland und verbessertem Weideland zurückgedrängt.

Zwei Pflanzen, und zwar jene mit dem kürzesten Vegetalzyklus, sind in den Händen der lokalen Bevölkerung, der *ejidos* oder einiger verstreuter Ranchos geblieben: der Tabak und der Sesam. Die Ebene von Santiago Ixcuintla im Nayarit wurde zum größten Tabakzentrum von Mexiko, gefolgt von den warmen und feuchten Gebieten von Veracruz und Oaxaca. Diese Winterkultur folgt der Sommerkultur des Mais. Die großen Tabakunternehmen geben Vorschüsse auf die Tabakernte und somit wird dessen Anbau zu einem der Mittel, Kredite zu erlangen. Für die reiche Ernte von über 70.000 t muß dann die gesamte Bevölkerung der Sierra herangezogen werden, die die Trocknung der Blätter nach der Ernte erledigt.

Der Anbau von Ölsaaten wird staatlich gefördert. Allerdings ist der Ertrag an Sesam von 160.000 t im Jahr 1978 auf 133.000 t zurückgegangen; seit diesem Jahr nimmt die Sonnenblume mit 550.000 t mehr und mehr den Platz des Sesams ein. Das selbe gilt für die Copraproduktion an der Pazifikküste. Diese besonders malerischen Palmen bringen Früchte, die von den Schweinen verzehrt werden und aus denen auch ein wenig Speiseöl zu gewinnen ist. Nach und nach wurden diese verstreuten Pflanzen durch ganze Palmenplantagen ersetzt, neben denen da und dort auch Lebensmittel, wie Bananenstauden und Guyavenbäume (vor allem bei Kleingrundbesitzern) gezüchtet werden. Die Copraproduktion des gesamten Landes, also der Pazifikküste und der Golfküste gemeinsam, übersteigt jährlich 200.000 t.

b) Die großen spekulativen Kulturen und die Viehzucht im großen Maßstab in den Tropen. – Vom Beginn dieses Jh. bis 1930 waren die tiefen Aufschüttungsebenen der Tabasco-Flüsse die wichtigste Region der Bananenzucht in Mexiko. Damals wurde nahezu die gesamte Ernte in den USA abgesetzt.

Nach mehreren Krankheiten waren die Plantagen um das Jahr 1940 nicht mehr zu gebrauchen. Sie wurden teilweise erneuert, aber zu einem großen Teil wurden sie überhaupt in andere Regionen des Landes, etwa nach San Blas in Nayarit, an die Küste des Colima und ganz besonders in die Küstenebene von Veracruz verlegt. Die nationale Bananenernte erreicht rund 1.000.000 t pro Jahr. Heute wird die **Banane** in dieser Gegend nur mehr von Kleingrundbesitzern angebaut. Das selbe gilt übrigens für den Kaffee, wenn auch der Kaffeeanbau seit Cárdenas (1936) immer staatlich

Landwirtschaft in den Tropen

gefördert worden ist. Ein Drittel des mexikanischen Kaffees kommt heute aus den *ejidos*, aber ein großer Teil wird immer noch von Kleingrundbesitzern produziert. Der **Kaffee** wird in den temperierten Gebieten, vor allem am Rande des Zentralplateaus, von Uruapán im SW bis Xilitla im NW, angebaut; die Hauptregionen aber liegen am Fuße der Vulkane Orizaba und Perote im renommierten Sektor von Coatepec einerseits und im SO von Chiapas im Soconusco andererseits. In dreihundertzwanzig Beneficios wurden hier im Jahre 1963 174.000 t Kaffee geerntet, im Jahre 1978 waren es bereits 294.000 t. **Kakao,** einstmals eines der wichtigsten mexikanischen Produkte, wird nur in Tabasco-Chiapas angebaut, der jährliche Ertrag liegt bei 25.000 t.

Der Anbau des **Zuckerrohres** ist noch wesentlich älter als der Kaffeeanbau, er wurde aber auch stärker von der Agrarreform betroffen und ist direkter in das Leben des tropischen Mexiko integriert. In allen temperierten Gebieten wurde Zuckerrohr angebaut und gleichzeitig Zucker und Rum produziert. Vor allem in den Bergarbeiterorten fand der Alkohol reißenden Absatz. Aus diesen früheren Zeiten sind noch zahlreiche, über das Land verstreute kleine Mühlen übergeblieben, die den *Piloncillo* herstellen. In der porfirischen Epoche (1876–1910) begann man, die Zuckerindustrie in großem Maßstab auszubauen, und wählte für die großen Investitionen einige „temperierte" Regionen, Morelos etwa, die Gegend von Córdoba bei Veracruz oder die Ebenen im S von Guadalajara, aber auch die Tiefebenen in Sinoloa und Veracruz, wo moderne Plantagen angelegt wurden. Die Agrarkrise und die Revolution zerstörten einen guten Teil dieser kapitalistischen Einrichtungen. Erst ab 1926–28 begannen sich wieder große Zuckerunternehmen zu bilden. Ab 1936 gründete Cárdenas auf der Basis der angeschlagenen Unternehmen **die ersten Zuckerejidos**. Später dann errichtete der Staat Zuckerzentralen in E. Zapata und Tres Valles. In letzterer wird aus der Bagasse noch Papier hergestellt. Der in 68 Fabriken bearbeitete Zucker wird von rund 100.000 Betrieben angebaut, davon sind etwa 85.000 Ejidatarios. Dort werden auf 63% der Gesamtfläche 58% der Gesamtproduktion gewonnen. Von 1960–1973 steigt die Zuckerproduktion ständig an und der Bruch zwichen den USA und Kuba war für die Exportwirtschaft von Mexiko natürlich von erheblichem Vorteil. Da der Staat bemüht war, die Inlandszuckerpreise niedrig zu halten, mußten schon bald zahlreiche Ingenios (Zuckerfabriken) und über sie auch die Landwirte subventioniert werden. In Ermangelung von Gewinnen konnten die Unternehmer nicht investieren, so daß der Staat sich gezwungen sah, die Fabriken wieder in die eigenen Hände zu nehmen. Derzeit kontrolliert er mehr als die Hälfte davon. Nach den Rekordergebnissen von 1972–73 (2,6 Mio. t) ging die Produktion bis 1976 wieder etwas hinunter und erreichte 1978 einen neuen Rekordstand von 2,8 Mio. t.

Die trockenen tropischen Gebiete von Mexiko produzieren den Großteil der mexikanischen **Hartfasern.** Diese früher handwerklich genützten Hartfasern, die aus Sisal-Agaven gewonnen werden, wurden ab 1850 im größeren Maßstab exportiert.

Die große Zeit des Wachstums und der Prosperität der Hartfasererzeuger Mexikos liegt zwischen 1880 und 1930. Yucatán ist seit damals auf diese Produktion spezialisiert. Nur die trockene südl. Region von Tamaulipas kommt in der Ausrüstung halbwegs an Yucatán heran. Während Yucatán 150.000 t jährlich produziert, bringt es die Region von Tamaulipas bloß auf 9.000 t. Seit 1930 wurde aber die internationale Konkurrenz immer schärfer. Erst eine Vereinbarung 1967 ließ nach einer langen Periode des Preiskampfes auf bessere Preise und ein internationales Gleichgewicht hoffen.

Land und Leute

Tatsächlich konnte Yucatán auch mit Unterstützung durch das Land seine Produktion steigern und vor allem neuerdings mehr Sisalfertigprodukte als Rohsisal exportieren. Da Yucatán aber überbevölkert ist, steht seine Wirtschaft nach wie vor auf tönernen Füßen. Den tropischen Regionen Mexikos, in denen **Viehzucht** betrieben wird, geht es deutlich besser. Noch mehr als im Kaffeesektor haben hier Privatunternehmer die besten Weiden für sich gewonnen und sie zudem noch mit verbesserten Grassorten aufgewertet.

Seit den Zeiten der Eroberung galten die Golfebenen von Huasteqe bis Tabasco als für die extensive Viehzucht besonders geeignet. In großen Haciendas wurde bis ins 19. Jh. diese Art der Viehzucht betrieben. Erst zu Beginn unseres Jh. begann man mit den ersten Verbesserungen, etwa durch die Einfuhr indischer Zebus, die mit anderen Rinderarten gekreuzt wurden. Erst zwischen 1930 und 1940 zeitigten diese Vesuche erste Erfolge: Denn nach der Agrarreform, die die Freiflächen einschränkte und dem Straßenbau, der eine weitere Verminderung zur Folge hatte, bildete Huasteqe das Hauptversuchsgebiet für die neue Viehzucht, einen Mittelweg zwischen extensiver und intensiver Viehzucht.

In Tabasco und im N von Chiapas setzte die Modernisierung erst später ein. Hier war es die Entdeckung der Erdölvorkommen und wieder der Straßenbau, die neue Methoden notwendig machten. Nach und nach greifen diese innovatorischen Methoden auch auf die tropischen Gebiete am Pazifik und ins Zentrum von Chiapas über.

Die trockenen Gebiete und die Oasen im Norden

a) Extensive Viehzucht. – Viehzucht war immer schon – nach den Gruben freilich – das große Geschäft im N, so daß man vom 16. zum 20. Jh. eine Verschiebung der extensiven Viehzucht und danach auch des Ackerbaus in Richtung N verfolgen kann.

Für die Ernährung jedes einzelnen Zuchttieres braucht man riesige Weideflächen; 4–6 ha bei besten Gräsern, 12–15 bei schlechteren Wiesen. Da eine Ranch nach dem Agrarkode bis zu 500 Tiere besitzen darf, kann ihre Fläche im N leicht 5.000 bis 6.000 ha groß sein (gegen 500 bis 600 ha in Huasteque). Die besten Viehzuchtgebiete liegen in Sonora um Cananea und im S von Nogales, in Chihuahua, in den großen Korridoren zwischen den parallel gereihten Bergketten an der Sierra Madre, in Durango und Zacatecas, auf den Plateaus, die von den Altos de Jalisco bis Hidalgo del Parral reichen.

Jedes Jahr werden 300.000 bis 500.000 Tiere in die USA verfrachtet, 250.000–350.000 wandern in die Schlachthäuser und Konservenfabriken im N, 200.000 etwa gehen in die S.

b) Spekulative Kulturen. – In Anbetracht des steigenden Bedarfes in der Hauptstadt ist abzusehen, daß die Viehzucht im N des Landes immer mehr Futtermittel aus den bewässerten Gegenden benötigen wird. Ursprünglich waren sie für Baumwoll- und Getreideplantagen, die für die Ejidos nicht viele Schwierigkeiten boten, herangezogen.

Es ist sehr verwunderlich, daß diese eher wertlosen landwirtschaftlichen Produkte vom Staat gefördert werden, und nicht in diesen bewässerten Gegenden wertvollere Produkte, etwa Gemüse angebaut wird, wie das in den angrenzenden amerikanischen Oasen geschieht.

Landwirtschaft im Norden

Aber für diese verschiedenen Produkte gibt es keinen Markt: Die Nordgrenze ist streng bewacht und das Konsumzentrum México-City ist zu weit entfernt. Bestenfalls kann Culiacán hoffen, Wintertomaten in die vom Frost geplagten USA zu verkaufen. In den Oasen von Sonora und der kalifornischen Halbinsel wird Spargel angebaut, den amerikanische Konservenkonzerne einkaufen dürfen (6.000 t im Jahr). Am unteren, mexikanischen Río Bravo wird nur Futtergetreide angebaut, das auch vorwiegend in die USA wandert. Die Laguna, und in wesentlich größerem Maßstab Aguascalientes, setzen auf den Weinbau, wie auch die alten Oasen Saltillo und Parral, die den Weinen aus der kalifornischen Halbinsel einen harten Konkurrenzkampf liefern. In der bewässerten Umgebung von Sonora und Sinaloa im N hatte man an Reis und Kichererbsen gedacht, aber die harte Konkurrenz aus dem S hat diese beiden Zweige auf ein Minimum reduziert. So ist hier hauptsächlich der Getreide- und Baumwollanbau beheimatet geblieben.

Beim Weizen hat man gute Ergebnisse vorzuweisen, oft liegt der Ertrag bei über 3 t pro ha, selbstverständlich bei starker Mechanisierung der Landwirtschaft. Bis 1962 konnte Mexiko über seinen Eigenbedarf hinaus Überschüsse produzieren, die zu Verlustpreisen im Ausland abgesetzt werden mußten, was zu einer Kürzung der Unterstützung durch die Regierung führte. Aber seit 1972 nimmt der pro-Kopf-Verbrauch wieder zu und der Weizenanbau wird wieder gefördert (2,6 Mio. t im Jahre 1978). Die Baumwollernte im N brachte immerhin (1974–75) 324.000 der 592.000 im Lande produzierten Tonnen. Ein Großteil dieser Baumwolle wurde exportiert. Die Baumwollkulturen brachten hervorragende Ergebnisse, wenn auch eine ständige Erhöhung des Salzgehaltes in der Erde in Nieder-Colorado und die Senkung des Grundwassers in Hermonsillo und Santo Domingo ernste Probleme aufwarfen. Verschiedene Krankheiten und Wassermangel setzten auch den übrigen Regionen der Baumwollzucht enorm zu. Im Jahre 1975 schließlich gingen eine generelle Wirtschaftskrise und ein Preissturz der Weltbaumwollpreise Hand in Hand. Sofort sank die Produktion im Lande auf die Hälfte, 235.000 t. Die Regierung reagierte mit einer drastischen Reduzierung der Exportabgaben und einer erhöhten Stützung der Baumwollzüchter. Im Jahre 1978 erreichte die Gesamtproduktion des Landes auch wieder 416.000 t, von denen 230.000 aus dem NW kamen. Nur am Río Bravo kam man nicht mehr zur Baumwolle zurück, hier hatte man bereits andere ertragreiche Kulturen angebaut: Sorgho, von dem Mexiko 1978 insgesamt 1,4 Mio. t produzierte und mehr und mehr auch Soja, von dem das Land im selben Jahr immerhin 330.000 t produzierte. Dazu kommt noch der Futtergetreideanbau für die Milchkuhzucht. Ohne Baumwolle bleibt der NW Mexikos ein Land mit großer Zukunft.

c) Fischfang. – Im Gegensatz zu den europäischen und nordamerikanischen Staaten, in denen der Fischfang weitestgehend industrialisiert ist, wird er in Mexiko immer noch vorwiegend nach althergebrachtem Vorbild bewältigt.

So etwa der **Wasserschildkrötenfang**, der an der Felsküste und den Stränden von Puerto Angel im S von Oaxaca im Jahre 1967 durchschnittlich 2.000 große Tiere täglich erbrachte. Das selbe gilt auch für den **Riesenkrabbenfang** auf den Lagunenstränden von Sinaloa-Sonora, dem östl. Chiapas-Oaxaca und von Tabasco-Campeche. Der Fang wird von tausenden kleinen Kähnen aus getätigt und geht großteils in den Export. So werden jährlich mehr als 30.000 t *Camarones* (Krabben) in die USA exportiert.

Trotz aller Anstrengungen der Regierung ist die Großfischerei nach wie vor unterentwickelt. In México und auf den Hochlandplateaus wird wenig Fisch gegessen. Auf dem Land sind die Meeresprodukte überhaupt unbekannt. Ein Großteil der 20.000 t Sardinen, die bei der kalifornischen Halbinsel gefischt werden, wandern direkt nach Nordamerika. Und wenn die USA ihre Käufe reduzieren, so schlägt sich das direkt auf den Fischfang nieder. So ging der Thunfischfang von 60.000 t im Jahre 1960 auf 30.000 t zwischen 1964 und 1965 zurück. In den letzten Jahren allerdings stieg die Nachfrage nach Thunfisch wieder; Mexiko produziert nun immerhin 100.000 t und ist damit einer der größten Thunfischproduzenten der Erde. Im Jahre 1971 gründete der Staat die *Propemex* (Productos Pesqueros Mexicanos), die 22 Fabriken zur Herstellung von Fischkonserven, Fischmehl und Tiefkühlfisch gründete. Gleichzeitig wurden zahlreichen Kooperativen großzügige finanzielle Unterstützungen gewährt, die ihnen helfen sollten, ihre Boote zu erneuern oder zu modernisieren. Tatsächlich hat sich die Gesamtfischmenge des Fischereiertrages in Mexiko seit 1970 auf 280.000 t verdoppelt. Im Jahre 1975 wurde die Fischereizone auf 200 Meilen erweitert.

II. – Der Fortschritt der Industrialisierung

Die industrielle Entwicklung Mexikos setzte spät ein und ist heute noch schlecht ausgeglichen. Immerhin aber stellt das Land nunmehr eine industrielle Macht dar. Denn die Fabriken, die vorerst für die eigene Marktsättigung arbeiteten, verkaufen seit 1973 verstärkt ins Ausland und haben in diesem Jahr auch das Erdöl als größten Exportposten verdrängt. Diese Industrie ist aber schon wieder erneuerungsbedürftig. Die Ausrüstungsteile, die ihr fehlen, sind aber teuer und wiegen schwer auf der mexikanischen Handelsbilanz.

Die industrielle Struktur Mexikos. – Bis zur Mitte des 19. Jh. beschränkte sich das industrielle Leben Mexikos eigentlich auf Minen und Handwerk. In der porfirischen Phase nahm die Textilindustrie in der Region von Puebla-Orizaba, in México und in Guadalajara einen sagenhaften Aufschwung. Die gesamte Branche wurde von französischen Einwanderern, den *Barcelonnettes* beherrscht. Zur selben Zeit entwickelten sich an den selben Stellen mechanische Unternehmen, sowie metallverarbeitende Betriebe, Porzellan-, Glas- und Schuhindustrie; Brauereien und Zuckerraffinerien wurden zu großen Geschäften und die Minen im N wurden modernisiert. Hierbei handelte es sich allerdings um amerikanische Konzerne, die einen großen Teil der Metallindustrie beherrschten. 1903 wird in Monterrey ein Stahlkombinat errichtet: Es arbeitet mit der Kohle aus Sabinas und dem Eisen aus Durango. In den letzten zehn Jahren des Porfiriats (1900–1910) entstehen die Bohrtürme von Tampico und die ersten Wasserkraftwerke am Rande des mexikanischen Plateaus; das Eisenbahnnetz war beinahe komplett. Die Revolution zerstörte die großen Industrialisierungsprojekte der Cientificos, der guten Freunde des Porfirio Díaz. Mit Mühe konnten die Schäden, die der Bürgerkrieg 1926–30 angerichtet hatte, beseitigt werden. Die Krise von 1930 stellte dann die gesamte industrielle Entwicklung wieder in Frage. Mitten in dieser Krise beschloß Cárdenas nun die Verstaatlichung von Erdöl und Eisenbahn (1938). Diese Maßnahme begründete einen größeren verstaatlichten Sektor in der Industrie. Es handelt sich dabei um ein System staatlich finanzierter Regien und Industriesektoren, in denen die privaten Anteile durch die „*Nacional Fianciera*", eine Agentur des Bundesstaates, vertreten werden. Cárdenas Nachfolger, allen voran Miguel Alemán (1946–1952), fördern private Investitionen aus dem In- und Ausland ohne aber die breite öffentliche Unterstützung abzubauen. Durch die Verstaatlichung der Elektrizitätswirtschaft im Jahre 1960 konnte die Position der Staatsbetriebe weiter gefestigt werden. Zur selben Zeit erhielt der staatliche Ölkonzern Pemex bedeutende europäische Kredite. Aus Europa und Japan stammt auch ein großer Teil der elektrischen und hochtechnischen Ausrüstung.

In einer Bilanz nach einem Vierteljahrhundert Industrialisierung erkennt man, daß dem Staat rund drei Fünftel der Schwerindustrie (Hochöfen von Monclova, Stahlwerke von Consolidada in México und Rohrwerke von Veracruz) zukommen. Im Eisenbahnbereich ist der Staat durch die Herstellung nahezu aller Waggons – die Lokomotiven kommen aus dem Ausland –, im Straßenverkehr etwas weniger durch die *Dina* (Diesel Nacional mit der Fabrik in Ciudad Shagún) präsent. Die Erdölprodukte, wie chemische Basisprodukte und Düngemittel, werden fast ausschließlich von der Nacional Financiera erzeugt. Diese hat auch den amerikanischen Unternehmen die Aktienmehrheit der schwefelerzeugenden Betriebe im Golf abgekauft. Auch Soda- und Papierfabriken werden vorwiegend vom Staat kontrolliert. Bei Schwierigkeiten in der Industrie greift der Staat häufig ein, finanziert die nötigen Investitionen und den Neubeginn; so gelangt die Nacional Financiera in den Besitz immer neuer Anteile an wichtigen Sektoren des Wirtschaftslebens.

Das bedeutet aber nicht, daß die Privatwirtschaft auf ein Schattendasein beschränkt wäre. Vielmehr konzentriert sie sich auf neue Produkte, für die nicht nur Kapital und Fachkräfte notwendig sind, sondern auch Lizenzen, Patente, Maschinen, die aus dem Ausland beschafft werden müssen und Marktforschung, die erst durch Werbung unterstützt werden muß. Somit fallen trotz der starken staatlichen Präsenz nahezu sechzig Prozent der industriellen Produktion auf Privatbetriebe, die man aber in zwei Gruppen teilen muß: die Filialen amerikanischer Konzerne, von Coca-Cola bis zu den Elektronikherstellern, zu denen auch noch die europäischen Firmengruppen zu zählen sind, und daneben die mexikanischen Kapitalgruppen. Letztere sind besonders dynamisch. Dieser Neokapitalismus kämpft gemeinsam mit dem staatlichen Sektor für eine weitestgehende „Mexikanisierung" der Industrieproduktion. So wurden etwa kürzlich die großen Metallminen im N des Landes den amerikanischen Konzernen wieder durch mexikanisches Kapital abgenommen.

Die Energiequellen. – Mexiko verfügt über keinerlei große Kohlevorkommen. Für den Betrieb der Eisenbahnlinien wurden im 19. Jh. importiertes Holz und importierte Kohle verwendet.

Schließlich wurden doch im N von Saltillo Kohlenlager gefunden, die eine nordamerikanische Gruppe und später die Fundidora de Monterrey für den Betrieb der Zink- und Bleihochöfen ausbeuteten. Auch die Hochöfen

von Monclova sind auf die Nähe zu den Kohleminen ausgelegt. Die Kohleproduktion nimmt ständig zu und erreicht zur Zeit etwa 5 Mio t.
Ab den Jahren 1905–08 konnte Mexiko seine ganzen Hoffnungen auf das **Erdöl** richten. Nahezu überall, in den niederen Hügeln wie in den Ebenen des Golfes, fand man *Chapopoteros*, die Erdölsinterungen.
Bohrungen in den Jahren 1908–12 ließen unvermutete Reichtümer erkennen. Den großen ausländischen Konzernen wurden Bohrkonzessionen erteilt. Diese organisierten die Ausbeutung mit Blick auf den internationalen Markt. Sehr rasch wurde Mexiko zu einem der großen internationalen Erdölexporteure und lieferte in den Jahren 1921–25 jährlich die damaligen Rekordtonnagen von 25 Mio t. Aber die besten Lagerstätten, jene des „Goldenen Gürtels", waren bald erschöpft und man mußte langwierige weitere Probebohrungen unternehmen, während die Produktionsmengen rapide sanken. Es kam zu Spannungen zwischen den Ölkonzernen und dem Staat. Als Präsident Cárdenas 1938 die Verstaatlichung der Ölproduktion verkündete, förderte Mexiko nur mehr 4 Mio t. pro Jahr.
Nun begann eine lange und schwere Phase der Umstrukturierung. Geologen und Ingenieure mußten herangebildet werden, und die Forschungs- und Sucharbeiten von neuem und auf Kosten des Staates unternehmen. Das mexikanische Erdöl mußte der mexikanischen Industrie zugeführt werden, und dazu mußte man Raffinerien und Pipe-Lines errichten. Nach vier Jahren absoluter Opposition fanden sich die mittlerweile im Weltkrieg involvierten Amerikaner 1942 bereit, Mexiko ihre Unterstützung teilweise zu lassen. Auch Shell fand sich dazu 1948 bereit, was zum raschen Aufschwung von Poza Rica führte. Nach und nach wurden auch die Gebiete rund um die Vorkommen von Pánuco und den neuen Goldenen Gürtel nördl. von Veracruz ausgebaut. Auch die Lagerstätten südl. von Veracruz, Chiapas und Tabasco wurden nun in Betrieb genommen. Seit 1973 wurde der Sektor Chiapas-Tabasco dank neuer Vorkommen zum größten Produzenten des Landes (80% der Gesamtproduktion). Auch im NW und im Meeresgürtel wurden neue Vorkommen entdeckt. Aber die wirklich zukunftsträchtigen Vorkommen befinden sich im S von Tampico, wo riesige Täler aus dem Kreidezeitalter im Tertiär mit Sand, Schiefer und Sandstein verschüttet wurden und riesige Ölreserven bergen. Insgesamt werden die Erdölreserven, die 1973 auf 0,8 Milliarden t geschätzt worden waren, heute von der Pemex mit 5,5 Milliarden t angegeben, was Mexiko zwar hinter Saudi-Arabien und die UdSSR, aber noch vor die USA stellt.
Unter diesen Umständen hat man sich gefragt, warum die mexikanische Erdölproduktion, die von 23,2 Mio t im Jahre 1973 auf 69 Mio im Jahre 1979 gestiegen ist, nicht noch schneller gewachsen ist. Im selben Zeitraum wuchs das Volumen an verarbeitetem Erdgas von 19 auf 28 Milliarden m³. Diese geringere Wachstumsrate der Gasproduktion erklärt auch die Bremsung bei der Erdölförderung. Schließlich muß bei der Förderung des Öls auch das Erdgas irgendwie verarbeitet werden. Mexiko hatte geplant, dieses Erdgas an die USA zu verkaufen. Eine große Gaspipeline sollte gebaut werden, da aber 1977 keine Einigung über den Gaspreis mit den USA erzielt werden konnte, wurde der Bau gebremst; immerhin konnte die Pipeline 1979 eröffnet werden. Nun wird nicht viel mehr Öl gefördert, als an Gas in die USA abgesetzt werden kann.
Zudem möchte Mexiko das Erdöl für seine eigene industrielle Entwicklung nützen. Daher wird versucht, die Produktion auf den eigenen Bedarf und auf die eigene Transportfähigkeit (Pipeline ins Zentrum des Landes), aber natürlich auch auf die Verarbeitungskapazität der eigenen Raffinerien und petrochemischen Industrien zu beschränken.

Während also die Vorkommen von Chiapas-Tabasco das doppelte Handicap der großen Entfernung und der Tiefe tragen, bedürfen jene der tertiären Täler im N von Veracruz besonderer aufwendiger Einrichtungen, weil der Imprägnierungsgrad hier relativ tief liegt. Die Förderung wird hier teuer und nur in Etappen durchführbar sein. Daher ist man auch mit der Förderung in Chiapas-Tabasco eher zurückhaltend. Immerhin aber haben die Öl- und Gasvorkommen Mexiko eine „neue Dimension" verliehen. Während das Erdöl nur 4% des Außenhandelsvolumens von 1974 ausmachte, erreichte es 1979 bereits 36%. Man kann jedenfalls sagen, daß die Modernisierung des Landes aus dem Erdöl bezahlt wird und werden wird.

Dazu kommt freilich die **Wasserkraft** die schon gegen Ende des 19. Jh. von den mexikanischen Industriellen bei Puebla, Orizaba und Guadalajara ausgebaut wurde.

Schon sehr bald reichten die ersten, leichten Ausbauten nicht mehr aus. So mußte man an die Verbauung wilderer Wasserläufe denken, die etwa in die tiefen Schluchten der Sierras bei Veracruz hinabstürzen. Ausländisches Kapital und ausländische Techniker mußten auch hier wieder herhalten, um etwa in Necaxa im NO Mexikos jenes Kraftwerk zu errichten, das die Hauptstadt ab 1908 mit Strom versorgte. Auch hier sind Bürgerkrieg und Revolution für einige Verspätungen in der Entwicklung verantwortlich.

Der Energieverbrauch stieg schon bald regelmäßig an und das Erdöl konnte den Bedarf des Landes bald nicht mehr decken. Also wurde von den staatlichen Elektrizitätswerken ein systematischer Ausbau der Wasserkraft beschlossen. So entstand das große Projekt Miguel Alemáns, das das Gefälle von insgesamt 1800 m auf dem Ixtapantongo im SW von México, dann den Apulco-Fluß im NO Pueblas ausnützte.

Auch die großen Flüsse außerhalb des Plateaus mußten genutzt werden. Das System Lopez Mateos' stattete den Balsas in Infiernillo mit einem Kraftwerk von 672.000 KW aus. Dazu kam ein Staudamm und das La Villita-Kraftwerk mit 304.000 KW. Schließlich nutzte man auch den fernen Grijalva in einer ersten Ausbaustufe mit dem Kraftwerk von Malpaso (1.100.000 KW). Ein weiteres Kraftwerk wird zur Zeit vollendet (bei Chicoasen). Es wird zu den zwanzig größten Kraftwerken der Erde gehören und soll eine Leistung von 2,4 Milliarden KWh liefern. Ein Stück weiter flußaufwärts befindet sich das La Angostura-Kraftwerk, das auch schon 0,9 Milliarden KWh leistet. Eine letzte Anlage ist noch ein Stück vor Malpaso geplant. Damit wird der Fluß freilich voll ausgebaut sein. Somit werden die feuchten Tropen in den Dienst des temperierten mexikanischen Plateaus gestellt. Insgesamt verfügte Mexiko im Jahre 1978 über 12,5 Mio. KWh (40% aus Wasserkraft). In den kommenden Jahren will man auch auf Atomenergie zurückgreifen: In der Nähe von Veracruz soll das AKW Laguna Verde 600.000 KWh liefern. Bei Cerro Prieto auf der kalifornischen Halbinsel wurde ein geothermisches Kraftwerk errichtet.

Die Basis-Industrie. – Wie man weiß, fußte der Reichtum Mexikos in der Kolonialzeit auf dem Besitz von Edelmetallen. Gegen Ende des 19. Jh. kam noch die Erzeugung von Buntmetallen dazu.

Seit 1930 ist diese Minenindustrie ein wenig in den Hintergrund geraten. Die Produktionskosten liegen hoch, die Unternehmen müssen staatlich gestützt werden. Immerhin aber fördert Mexiko alljährlich 6.000 Kg Gold, 1.500 t Silber, 170.000 t Blei, 240.000 t Zink und bereits 84.000 t Kupfer aus seinem Boden. Vier andere Minenprodukte erreichen ebenfalls Weltbedeutung: Fluorit (830.000 t), Schwefel (1.760.000 t) Schwerspat (212.000 t) und Salz (3 Mio. t); letzteres wird aus den Küstenlagunen der kalifornischen Halbinsel mitten in der Wüste gewonnen und großteils in die USA exportiert.

Mexiko fördert derzeit 3,5 Mio Tonnen Eisenerz jährlich; ein Großteil davon kommt aus Cerro del Mercado, der Rest aus Peña Colorada und aus las Truchas. Eisenerz wird in den Hochöfen von Monclova und Monterrey geschmolzen. Die beiden Schwermetallgruppen im NO sind auch die Hauptstahlproduzenten des Landes; 1978 erzeugten sie 6,7 Mio t. Ende 1976 kam noch die metallverarbeitende Gruppe von Lázaro Cárdenas an der Pazifikküste bei Balsas dazu. Die großen metallverarbeitenden Industrien liegen in Monclova, Monterrey und México. Auch Veracruz verfügt seit einigen Jahren über eine große verarbeitende Stahlindustrie. Die Aluminiumindustrie wurde vor wenigen Jahren in Veracruz eingerichtet. Die Produktion von 42.000 t ist aber ungenügend. Derzeit wird ein großer Teil Aluminium aus Jamaica importiert, er soll später aus den neuen Fabriken wieder an Jamaica zurückgeliefert werden.

In der Eisenindustrie sind in den letzten Jahren einige Schwierigkeiten aufgetaucht. Die Reserven sind nicht ausreichend und es müssen größere Mengen importiert werden. Auch Stahl muß aus dem Ausland herbeigeschafft werden. Die Fabrik von Balsas muß Koks importieren; Produktionsziffern dieser Fabrik hinken immer noch den Erwartungen nach. Der Staat mußte auch mehrere, in Schwierigkeiten geratene private Unternehmen in der staatlichen Sidermex vereinen und gleichzeitig die Inlandsstahlpreise erhöhen.

In der Schwerindustrie werden gleichzeitig mit den Buntmetallen jährlich 1,8 Mio t Schwefelsäure, 200.000 t Soda und 420.000 t Zellulose hergestellt (in den Fabriken in San Rafael, Tuxtepec, Atenquique und Celulosa). Außerdem werden aus Abfallprodukten insgesamt 1,6 Mio t Papier hergestellt.

Die mexikanische chemische Industrie produziert jährlich 2,4 Mio t Düngemittel (hauptsächlich in Monclova und bei den Erdölraffinerien). Im N Mexikos befinden sich die größten Zementfabriken des Landes; es werden jährlich 13 Mio t Zement hergestellt. Seit kurzem verfügt Mexiko auch über eine Kautschukfabrik; trotzdem muß das Land Kautschuk importieren, um jährlich 6 Mio Reifen herzustellen. Die Glasindustrie liegt hauptsächlich in Monterrey und México. Sie liefert jährlich 10 Mio m² Fensterglas und 1,5 Mrd. Flaschen und Glasbehälter.

Alle diese Zahlen belegen eindeutig, daß die mexikanische Schwerindustrie stark und relativ gesund ist. Der mexikanische Schwachpunkt liegt in den Ausrüstungsindustrien, die teilweise wegen des nahegelegenen US-amerikanischen Marktes und teilweise wegen eines Mangels an Kapital und Technikern nur sehr schwach entwickelt sind. Sie reichen kaum für den Bedarf der Schwerindustrie und der Konsumgüterindustrie, wenn auch in den letzten 20 Jahren in den polytechnischen Zentren von Monterrey und México große Anstrengungen unternommen worden sind, um Ingenieure heranzubilden.

Differenzierte Industriezweige
a) Motoren und Fahrzeuge. – Aufgrund der Nachbarschaft der Vereinigten Staaten hat Mexiko nach dem Bürgerkrieg hauptsächlich amerikanische Autos aus Detroit importiert. 1926 gab die Bundesregierung den Straßenverkehr frei, hielt die Benzinpreise

Differenzierte Industriezweige

niedrig und begann ein großzügiges Straßenbauprogramm. Das Abkommen mit den Vereinigten Staaten begünstigte den Import von Autos; im Jahre 1955 waren es 310.000, im Jahre 1962 schon 540.000. Im selben Jahr fuhren auf Mexikos Straßen 390.000 Lastwägen. Gleichzeitig lähmte der Vertrag von 1942 jeden Versuch, eine selbständige nationale Autoproduktion aufzuziehen. Deshalb wurde 1960 eine vollkommen neue Politik in dieser Richtung begonnen; sie sollte zuerst einmal die Errichtung von Montagehallen in Mexiko fördern.

Nun konnten europäische Firmen mit den amerikanischen in Konkurrenz treten. Mexiko wählte aus 54 Automarken 17 aus. Zur selben Zeit wurden die Direktimporte stark reduziert und kontingentiert. In einer 2. Etappe wurden die Montagehallen zu Fabriken umgewandelt, die einen hohen Prozentsatz der Montageteile selbst produzieren sollten und so Platz für mexikanische Kapitalanleger und den Staat schaffen sollten. Damit wurden in den Fabriken von Renault, Volkswagen, Datsun und Valiant insgesamt 200.000 Arbeitsplätze in modernen Fabriken in México, Toluca, Puebla, Ciudad Sahagún, Monterrey und Cuernavaca geschaffen. Insgesamt sollen jährlich 250.000 Fahrzeuge gebaut werden, der Direktimport ist auf rund 10.000 Fahrzeuge begrenzt. Die VW-Käfer werden übrigens nur mehr hier in México gebaut und von hier in die Bundesrepublik Deutschland exportiert.

Gleichzeitig werden in México von den Firmen Ford, General Motors und kleineren anderen rund 130.000 Lastwägen und Autobusse montiert. Dasselbe gilt für Traktoren und landwirtschaftliche Maschinen, die in Saltillo und Monterrey gebaut werden (12.000 pro Jahr).

b) Mechanische Produkte. – Hier wurde die Politik einer Verbesserung des Arbeitsmarktes betrieben, wobei insbesondere auf eine verbesserte Ausbildung von Arbeitern und gelernten Arbeitern geachtet wurde. In 5 großen Unternehmen werden etwa „Handwerkzeuge", die früher zur Gänze aus den Vereinigten Staaten importiert werden mußten, hergestellt.

Im Bereich der Elektro- und Elektronikindustrie muß man das große spezielle Produktionsmaterial, das Transformationsmaterial, Kabelmaterial, die alle immer noch großteils importiert werden, vom Gebrauchsmaterial, das in inländischen Filialen großer Konzerne hergestellt wird, unterscheiden. In diesen Filialen sind zehntausende Arbeiter beschäftigt.

Außerdem arbeiten aber etliche mexikanische Unternehmen mit fremden Lizenzen: Bügeleisen, Mixer, Heizgeräte, Kühlschränke, Waschmaschinen, die noch vor rund 15 Jahren importiert werden mußten, können heute schon zu einem großen Teil exportiert werden.

Dasselbe gilt für Radio- und Fernsehgeräte. Neben den 35 bis 40 ausländischen Herstellerfirmen, die ihre Geräte in Mexiko montieren lassen, gibt es auch bereits mexikanische Firmen, die entweder Geräte selbst herstellen oder zumindest Teile dazuliefern. Jedenfalls werden 80–90% der Apparate in Mexiko selbst erzeugt. Sicherlich hat vor allem die billige Arbeitskraft die internationalen Konzerne nach Mexiko gelockt. Mexiko exportiert jedenfalls seit einiger Zeit eine große Zahl elektrischer Geräte, und neuerdings auch Schallplatten, die insbesondere nach Lateinamerika verkauft werden.

Land und Leute

c) Pharmazeutische Industrie. – Eine ganz ähnliche Struktur bietet der pharmazeutische Markt Mexikos. In mehr als 700 Labors werden Medikamente hergestellt oder zusammengemischt.

An ihrer Spitze stehen 11 große Fabriken. Es sind die Filialen der weltweiten Pharma-Konzerne: Bayer, Ciba, Roussel, u. a. Auch hier wird ein Großteil der Produktion nach Lateinamerika exportiert.
Insektizide, die früher auch importiert werden mußten, werden jetzt im Inland produziert. Ein kleiner Teil davon wird neuerdings sogar exportiert. In Mexiko werden jährlich mehr als 5.000 t DDT hergestellt.
Dasselbe gilt für den gesamten Markt an Farbstoffen und Farben. Die Rohstoffe dafür müssen zwar importiert werden, aber die Fertigprodukte werden bereits im Inland hergestellt.

d) Stoffe und Schuhe. – Im Bereich der Textilindustrie hatte Mexiko bereits gegen Ende des 19. Jh. eine größere Autonomie erreichen können, aber die Mode und neue Bedürfnisse haben den Filialen großer ausländischer Firmen, insbesondere den Erzeugern synthetischer Materiale, einen großen Marktanteil gesichert.

In Mexiko gab es schon lange Zeit vor der Entdeckung durch Cortez ein gut entwickeltes Handwerk, Teppich- und Textilerzeugung. Im 16. und 17. Jh. wird es noch mit spanischen Herstellungsweisen zur Verarbeitung der Wolle und Seide verfeinert, aber im 19. Jh. erobern die englischen Stoffe den Weltmarkt und das Textilhandwerk verschwindet fast vollkommen aus dem mexikanischen Alltagsleben. Englische Techniker hatten den glücklichen Einfall, die natürlichen Wasserfälle rund um Orizaba in den Dienst von Textilfabriken zu stellen und importierten zu diesem Zweck Webstühle aus Großbritannien. Unter dem Porfiriat erlebte die mexikanische Textilindustrie einen neuerlichen Aufschwung, eingewanderte Franzosen und Spanier ersetzten die Engländer. Die Revolution und die Krise von 1930 konnten diesen Industriesektor nur leicht beeinträchtigen, aber Werkzeuge und Webstühle waren veraltet und nur durch gebrauchte Webstühle aus Neuengland ersetzt.
Das enorme Bevölkerungswachstum in Mexiko seit 1960 hat die Textilnachfrage nach Erzeugnissen sprunghaft ansteigen lassen. Gleichzeitig hat eine Veränderung des Geschmacks stattgefunden: Es werden bereits mehr Kunststoffe (57 %) als natürliche Fasern verarbeitet. Seit 1970 hat zwar die Zahl der Textilfabriken abgenommen (2.030 im Jahre 1978 anstelle von 2.210), aber die Zahl der Arbeitskräfte ist gestiegen: von 195.000 auf 229.000, dasselbe gilt für den verarbeiteten Rohstoff: statt 231.000, 350.000 t. In der Baumwollbranche, die immer noch bedeutend ist – sie verarbeitet immerhin 146.000 t Rohmaterial – gibt es 2 Arten von Betrieben: einerseits mehrere hundert kleine Fabriken mit 20–50 Arbeitskräften, die zu billigen Preisen aber mit alten Geräten arbeiten, auf der anderen Seite rund 50 größere Betriebe, die insgesamt mehr als die Hälfte der 120.000 Baumwollarbeiter beschäftigen. Aber selbst in diesen größeren Betrieben sind mehr als die Hälfte der Maschinen veraltet. Orizaba ist immer noch das größte Baumwollzentrum von Mexiko. Hier wird mehr als die Hälfte der modernen Webstühle und Verarbeitungsgeräte des gesamten Landes eingesetzt. Allerdings sind Puebla und seit kurzem auch México auf der Überholspur; in Guadalajara und Guanajuato sind hauptsächlich veraltete Fabriken tätig. Der Textilimport nimmt zwar ab, erreicht aber immer noch (1978) 20.000 t im Jahr.

Wolle nimmt in Mexiko nur eine sehr bescheidene Rolle ein. Sie wird hauptsächlich in Kleinstbetrieben verarbeitet, die insgesamt 20.000 Arbeiter beschäftigen. Qualitätsstoffe werden großteils importiert, aber bereits 2/3 der Wollproduktion, also 4.000 t, werden für die Herstellung von Kaschmirstoffen herangezogen. Diese hochwertigen Materialien werden hauptsächlich in México City verarbeitet; die übrigen Unternehmen sind in Puebla und Guadalajara konzentriert. Seit 1960 nimmt die Kunststofferzeugung einen regelmäßigen Aufschwung und seit 1973 handelt es sich um eine Explosion: Die synthetischen Materiale sind von 46.000 t im Jahr 1973 auf 200.000 t im Jahr 1978 gestiegen. Es handelt sich dabei teilweise um mexikanische Unternehmen, aber auch um holländische und italienische Betriebe, die alle zusammen 90.000 Arbeiter beschäftigen.

Ein wenig im Schatten steht die Erzeugung von Seilerwaren, die aber immerhin insgesamt jährlich 60.000 t Seile und 20.000 t weitere Seilerprodukte hervorbringt. 2/3 dieser Produktion werden exportiert.

Die mexikanische Lederindustrie kann vorwiegend auf eigene Rohstoffe zurückgreifen: Ziegen- und Rindsleder. Diese Industrie ist seit dem 16. Jh. im Zentrum Mexikos beheimatet. Sie hat in 800 Betrieben mit insgesamt 15.000 Arbeitskräften Jahre überlebt.

Wie in zahlreichen anderen Ländern hat in der Schuherzeugung eine Revolution stattgefunden, als zur Jahrhundertwende amerikanische Produktionsmaschinen importiert wurden. Derzeit liefern 50.000 Arbeiter insgesamt 180 Mio Paar Schuhe jährlich. 10 Mio davon gehen in den Export. Dazu ist noch eine größere Menge von Lederprodukten für amerikanische Touristen zu rechnen. Ihr Verkauf kompensiert den Import von Schuhen und Ledererzeugnissen aus den Vereinigten Staaten und Italien.

e) Andere Produkte. – Über die Möbel- und holzverarbeitende Industrie, die 30.000 Arbeitskräfte beschäftigt, ist nichts besonderes zu sagen. Seit rund 7 Jahren findet eine Umstrukturierung statt und rund 20 größere Betriebe übernehmen einen Großteil des Marktes.

Besonders kräftig und leistungsstark ist dafür das **Druck- und Verlagswesen** in Mexiko, das in den Jahren 1936–1945 von den Verwüstungen des Bürgerkriegs in Spanien und einer langen und erschütternden Krise in Argentinien von den Jahren 1954–1960 profitiert hat. México-City hat damit Barcelona und Buenos Aires überholen können. Dabei hat das internationale Prestige der nationalen autonomen Universität UNAM auch einen beträchtlichen Anteil am Erfolg der mexikanischen Bücher und Zeitschriften gehabt. Im Druck- und Verlagswesen sind mehr als 50.000 Arbeiter beschäftigt, davon 3/4 in México-City.

Dasselbe gilt für die **Film- und Kinoindustrie.** Sicherlich kann sie es nicht mit der amerikanischen Produktion aufnehmen, sie beschränkt sich fast gänzlich auf die spanische Synchronisation amerikanischer Filme. Zwei Filmproduktionsgruppen arbeiten mit der Unterstützung des Staates und versuchen ein Bild Lateinamerikas in die Welt hinauszutragen. Die **Lebensmittelindustrie** nimmt in den mexikanischen Statistiken den 2. Rang ein, nach der Textilindustrie aber noch vor der Schwerindustrie.

Land und Leute

Auch hier herrscht das Kleinhandwerk immer noch vor. In hunderten kleiner Mühlen wird das Mehl gemahlen, in winzigen Bäckereien das Brot gebacken, Schokolade, Fruchtkonserven, Obstsäfte, Gemüsekonserven, Gelees und Marmeladen werden in Kleinstbetrieben hergestellt. Daneben gibt es freilich auch die Großunternehmen wie z. B. Coca-Cola und Pepsi-Cola. Diese multinationalen Konzerne verkaufen rund 60 Mio Flaschen ihres Getränkes in Mexiko. Auch die Bierindustrie nimmt einen Spitzenrang ein: mehr als 18 Mio hl Bier werden jährlich in Mexiko erzeugt und konsumiert.

Noch vor einem halben Jahrhundert war der Tabakkonsum im Lande sehr beschränkt. Heute ist er ebenso wie der Bierkonsum stark entwickelt. Rund 30 moderne Fabriken in den größten Städten Mexikos stellen jährlich mehr als 2 Mrd. Zigarettenpackungen her.

III – Transportwesen und Fremdenverkehr

Eisenbahnlinien. – Von der porfirischen Epoche hat Mexiko ein dichtes Eisenbahnnetz geerbt, dessen Hauptwege von Veracruz nach México City über 2 verschiedene Strecken führen, von México über Torreón und Ciudad Juárez, bzw. von Monterrey und Nuevo Laredo in die Vereinigten Staaten. Von Celay und Irapuato führen 2 verschiedene Strecken zu den Häfen von Tampico und Manzanillo.

Insgesamt verfügt Mexiko derzeit über 23.600 km Eisenbahnstrecken, auf denen 2.000 Passagierwaggons und 25.000 Güterwaggons, die von 1.050 Lokomotiven gezogen werden, verkehren.

Straßen und Flughäfen. – Das Eisenbahnnetz allein kann natürlich nicht den Bedarf in Mexiko decken. Seit dem Jahre 1926 wurde daher eine groß angelegte Straßenbaupolitik verfolgt, die auch die abgelegensten Dörfer mit den Ballungszentren verbinden soll. Damit wurde freilich auch die Grundlage für den Massentourismus aus den Vereinigten Staaten, aber auch die Zentralisierung der Wirtschaftslenkung im Lande geschaffen.

In Mexiko besteht auch ein dichtes Netz an Flugverbindungen, im Inland genauso wie ins Ausland. Straßen- und Flugverbindungen haben, wie schon gesagt, den Ausbau und Aufschwung des Fremdenverkehrs stark gefördert.

Tourismus. – Mexiko empfängt jährlich 3.200.000 ausländische Touristen, von denen immerhin 1,2 Mio aus dem N, also aus den Vereinigten Staaten oder Kanada mit dem eigenen Auto anreisen. Der Fremdenverkehr fließt hauptsächlich in 3 Ballungszentren: in die nördl. Grenzstädte, hier vor allem Tijuana und Ensenada auf der kalifornischen Halbinsel, dann die Strände im S von Mazatlán bis Puerto Vallarta, sowie von Zihuatanejo bis Acapulco, und schließlich die Städte im Inneren wie Chapala, Pátzcuaro, Ixtapan de la Sal, Cuernavaca und Tehuacán. Auch Mérida darf nicht vergessen werden, das einen Anziehungspunkt für alle archäologisch interessierten Touristen bildet.

Export – Import. – Der Fremdenverkehr stellt selbstverständlich den Hauptanteil des Devisenflusses nach Mexiko dar. Jährlich nimmt das Land rund 850 Mio $ an Devisen über den Fremdenverkehr ein. Damit kann ein Teil des Außenhandelsdefizits abgedeckt werden, das im Jahre 1975 insgesamt rund 3,2 Mrd. $ betrug. Mit Hilfe der Erdölexporte konnte es im Jahr 1977 sogar auf 1,2 Mrd. $ verringert werden.

II. Die Kulturen Mexikos

Von **Mireille Simoni-Abbat**
Leiterin der Amerika-Abteilung des Musée de l'Homme (Völkerkundemuseum) in Paris.

... Denn es ist etwas ganz anderes, mit eigenen Augen eine solche Stadt in ihrer Macht und Größe zu sehen, als eine Beschreibung wie die meine zu lesen.

(B. Diaz del Castillo, Wahre Geschichte der Eroberung Neu-Spaniens, 1568).

Es würde zweifellos bedeuten, einen Dämon des mexikanischen Pantheons zu reizen, wollte man eine erschöpfende Liste all der Kulturen aufstellen, die auf dem Boden Mexikos entstanden, vorüberzogen und vergingen. Dies ist ein Boden aus so vielen Sedimenten, daß es keine wirklich befriedigende Bezeichnung für sie oder die repräsentativsten Zivilisationen seiner Vergangenheit gibt.
Gibt es also einen Rahmen, der weit genug ist, alle diese Kulturen zu umfassen, bei gleichzeitiger Herauslösung gemeinsamer Konstanten gerade durch ihre Verschiedenheit? Man kann in der Tat unter der Bezeichnung *Mesoamerika* Zivilisationen aufweisen (wie dies zu einem früheren Zeitpunkt P. Kirchhiff tat): eine Ernährung, die auf dem Mais basiert, eine Hieroglyphenschrift, die häufig auf Büchern aus Pflanzenfaserpapier oder Hirschhaut niedergelegt wurde, Karten, einen Kalender, der auf der Kombinierung des 260 Tage umfassenden Priesterkalenders mit einem Sonnenjahr von 365 Tagen basiert, überragende Kenntnisse auf dem Gebiet der Astronomie, das Praktizieren des Ballspiels, des Krieges mit dem Ziel, Kriegsgefangene für die Menschenopfer zu machen, die Beichte und die Bestrafung durch Selbstverstümmelung – ein vielschichtiges Pantheon, in dem man ständig einen Regengott und einen Kulturheros antrifft.
Das Gebiet der Maya zum Beispiel gehört vollständig in dieses Mesoamerika, dessen wichtigste Konstanten wir herauszuschälen versuchen wollen. Ungeachtet dessen zeigt es charakteristische Züge. Dies ist in der Tat ein weitgedehntes Gebiet, das vom Süden Mexikos bis nach Honduras und Salvador eine große kulturelle Einheit bildet, gegenüber der Zersplitterung des übrigen Landes.
Wenn die Spanier ein einziges Reich, das aztekische, vorfanden, so herrschte dieses mit Gewalt über ein Gemisch von Völkern und Rassen, von denen jede ihre eigene Kultur besaß. Ungeachtet der

Wechselfälle ihrer Geschichte, finden wir bei den Maya dagegen eine Sprachfamilie, eine Rasse und eine Kultur.
Es wäre falsch, sich jede dieser Welten als hermetisch, auf sich selbst bezogen, vorzustellen: Einflüsse und Strömungen, Grundlagen und Gedankengut sind von alters her mobil. Wir sehen, wie die Maya bestimmte olmekische Traditionen übernehmen, den Einfall der Teotihuacaner, der Tolteken und dann der Azteken erleiden und wie sie selbst ihre nördlichen Nachbarn beeinflussen. Statt aber wieder einmal das Prozedere der Herkunft oder die Verwandtschaft zwischen den zahlreichen Zivilisationen aufzurollen, zeigen wir hier die wichtigsten Etappen auf, die das Schicksal des mexikanischen Volkes vor der spanischen Eroberung markierten, ein Schicksal, das durch die Entdeckungen der Archäologen, die Entzifferung der vorcortezischen Kodizes, täglich genauer bestimmt wird.
Desgleichen möchten wir jene Perioden beleuchten, in denen der Mexikaner sich mit größter Originalität und Kraft in seinen Institutionen und seiner Kunst ausdrückte; die letzte von ihnen, die vielleicht die größte Strahlkraft hatte, erlebte einen jähen Niedergang.
Die Welt, die Cortez bei Anbruch des 16. Jh. entdecken sollte, ist bereits die Erbin einer langen Vergangenheit, und die aztekische Kultur zweifellos die strahlende und zerbrechliche letzte Synthese der Kulturen, die der mexikanische Mensch bis zum Auftauchen des spanischen „Kentauros" erlebte.

Der Amerikanische Mensch der Vorgeschichte

Kaum ein Thema war Anlaß so vieler Kontroversen und Studien wie die Besiedlung des amerikanischen Kontinents. Trotz gewisser örtlicher Einflüsse, die heute möglich erscheinen (wie jener direkten der Zivilisation Jomon des japanischen Neolithikums auf die Kultur von Valdivia in Ecuador), glauben die meisten Forscher heute, daß die Besiedlung Amerikas während der letzten Periode des Pläistozens größtenteils über die Behringstraße erfolgte. Während dieser Epoche, die sich ungefähr von 70.000 – 9.000 v. Chr. erstreckte, gelangten Jägerhorden trockenen Fußes von Sibirien nach Alaska (der Wasserspiegel der Ozeane lag damals viel tiefer). Es dürfte sich um zahlenmäßig kleine Horden von Jägern und Sammlern mit sehr einfachen Steinwerkzeugen gehandelt haben, die auf der Jagd nach Nahrung immer weiter in den neuen Erdteil vordrangen. Auf diesem Kontinent gibt es noch keinen Beweis für menschliches Leben. Die aufgefundenen anthropologischen Spuren gehören zu einer aus Asien stammenden Bevölkerung.

Prähistorische Funde. – In Mexiko sind prähistorische Funde noch selten. Die in Hueyatlo und Tlapacoya gefundenen Gebeine scheinen über 15.000 Jahre alt zu sein. Die älteste Spur menschlichen Lebens ist zweifellos in einer Art Speerspitze zu sehen, die auf der Erdoberfläche im NW von Mexiko in der Nähe der Stadt Durango gefunden wurde und die man, anhand von Vergleichsstücken, mit 11.000 v. Chr. datieren kann.

1870 entdeckte der mexikanische Naturalist Bercena in Tequixquiac ein „Lama-Sacrum" (*Palaeuchenia Mexicana*). Dieses Sacrum, in der Gestalt eines Tierkopfes geschnitzt, dürfte aus dem Zeitraum von 9.000 – 7.000 v. Chr. stammen. Unter den Funden aus jüngster Zeit sei noch der *„Mensch von Tepexpan"* erwähnt, den man 1949 fand und der mit dem vorhergehenden zeitgleich zu sein scheint. Im Jahre 1952 legte eine Gruppe von mexikanischen Prähistorikern ebenfalls bei Tepexpan ein Mammutskelett frei, das Werkzeuge umgaben. Wenngleich andere Funde aus der selben Zeit es auch gestatten, die Präsenz des Menschen in Mexiko mit Sicherheit nachzuweisen, geben sie uns doch wenig Aufschluß über die Lebensweise dieser Jäger und Sammler, die schlecht bewaffnet und den Unbillen der Witterung ausgesetzt, vom Wechsel der Jahreszeiten und der Wanderung des Wildes abhängig waren.

Auf diese erste Periode folgte ein einschneidender Klimawechsel: Die Temperaturen stiegen an und ein großer Teil des amerikanischen Kontinents wurde zur Wüste. Die meisten der großen prähistorischen Spezies verschwinden (Mastodonten, Mammuts, usw). Der Mensch jedoch überlebt und setzt sein häufig bedrohtes Nomadenleben fort, Wurzeln und wilde Früchte sammelnd, Kleinwild jagend. Er sucht Zuflucht in Höhlen. Die Keramik ist noch unbekannt. Die Suche nach Nahrungspflanzen führt zu dem, was man als große amerikanische Revolution bezeichnen könnte: dem Maisanbau. Mehr als um eine „Revolution" dürfte es sich in Wirklichkeit um eine langsame Anpassung gehandelt haben, die sich über lange, lange Jahre streckte. Die Bemühungen der modernen Archäologie haben sich zum Teil auf dieses Problem konzentriert. Immer zahlreichere Funde erlauben es, das Auftreten der ersten kultivierten Ähren und ihre Entwicklung zu bestimmen. Es hat den Anschein, als sei der kultivierte Mais zwischen 3700 und 3000 v. Chr. an der Nordgrenze Mexikos im Tamaulipas erschienen. Weiter im S, im heutigen Bundesstaat Puebla, im Herzen des künftigen Mesoamerika, haben jüngste, von R. Mac Neish durchgeführte Ausgrabungen Maisdepots zutage gefördert, die aus den Jahren 5200 – 3400 v. Chr. stammen. Die Kolben waren noch sehr klein und hatten die Größe einer Erdbeere.

Mit dem Mais veränderten sich die Lebensbedingungen. Das Leben war nicht mehr so bedroht, die Nomadenstämme wurden seßhaft. Andere Kulturen tauchten auf, die bis zum heutigen Tage die Grundlage der Ernährung Mexikos bilden sollten: Erbsen, Kürbisse, Chilipfefferschoten.

Die vorklassische Periode
(1 500 v. Chr. – 300 n. Chr.)

Wir treten nun in eine Ära ein, die man lange Zeit „archaisch" nannte, für die sich inzwischen jedoch die Bezeichnung **„formative" oder „vorklassische Periode"** durchgesetzt hat, während der Terminus „archaisch" der Lebensweise der Jäger und Sammler vorbehalten bleibt. In der Terminologie der europäischen Vorgeschichte erfolgt der Übergang vom Mesolithikum ins Neolithikum. Dieser „Horizont" begann in Amerika **zwischen 1500 und 1000 v. Chr.** Über das Leben des Menschen in jener Zeit haben wir Kennt-

Die vorklassische Periode

nis durch bedeutende Funde, die im México-Tal in Siedlungen wie El Arbolillo, Tilcomais oder Zacatenco gemacht wurden. Die Bewohner dieser Orte waren Ackerbauer, die sich zusätzlich von der Jagd und dem Fischfang ernährten. Ihre Werkzeuge sind sehr einfach: Sie jagen mit Lanzen, die in Obsidianspitzen enden. Sie leben in Hütten und kennen die Keramik. Sie modellieren kleine, häufig weibliche Figuren, die naiv, aber sehr hübsch gestaltet sind, jedoch nicht mit absoluter Sicherheit interpretiert werden können. **Es gibt noch keine identifizierbare Gottheit**, die wir aus späteren Perioden kennen. Es wurden verschiedene Hypothesen aufgestellt: Handelt es sich um Figuren, die mit einem Fruchtbarkeitskult in Verbindung stehen, wie dies ihre Nacktheit und ihre ausladenden Hüften vermuten lassen? Sind es vielleicht Porträts? Aus dem, was die Archäologie zutage fördert, lassen sich einige Rückschlüsse ziehen. Es handelte sich um kleine Gemeinschaften von Ackerbauern mit einer noch sehr rudimentären sozialen Hierarchie, mit einer einfachen Religion, die ihre Götter verehrten, ohne ihnen Tempel zu errichten. Ihre Verstorbenen bestatteten sie meist in einfachen Gruben unter ihren Häusern, manchmal auch in Friedhöfen. Die Bestattung erfolgte in hockender Stellung, in eine geflochtene Matte eingehüllt. Der Leichnam war von Opfergaben umgeben, die bereits auf einen Jenseitsglauben hinweisen.

Diese erste „alt-formative" Periode endet vermutlich um 800 v. Chr., in dem Augenblick, als auf den anderen Gebieten der glänzende **Einfluß der Olmeken** einzusetzen beginnt.

Die repräsentativste Siedlung dieser Phase ist **Tlatilco**, die eine Vielzahl von archäologischen Dokumenten lieferte, unglücklicherweise selten unter wissenschaftlicher Kontrolle. Es wurden über dreihundert Gräber gefunden. Hier handelt es sich nicht mehr um eine einfache Gruppe von Bauern, sondern um ein echtes weitgedehntes Zeremonialzentrum. In Tlatilco finden wir die schönsten Keramikfiguren. Die Erscheinungsformen sind vielgestaltig, nicht nur mehr Frauen, sondern Darstellungen von Szenen aus dem Alltagsleben, Mütter mit Kindern im Arm, usw. Daneben ist eine Erscheinungsform vertreten, die sich in Mexiko seit jeher großer Beliebtheit erfreut, Monster. Auch die Gesichter verändern sich; man sieht pausbäckige Figuren auftauchen, das olmekische „Baba-Fale". Die jüngsten Forschungsarbeiten geben Anlaß, einen direkten Einfluß der Olmeken der Golfküste auf die Völker des Hochplateaus anzunehmen: Den Einfluß von Kaufleuten, die bereits einer „zivilisierten" Rasse angehörten und das Land auf der Suche nach wertvollem Material wie Jade durchstreiften, vielleicht auch den Einfluß olmekischer „Missionare", die den Jaguar-Kult predigten.

Daran schließt eine Periode von **300 v. Chr. – 300 n. Chr.,** die die vorhergegangene fortsetzt. Die Keramik wird farbiger, ihre Formen vielfältiger. Die Tempel sind keine Hütten mehr, die in ihrer Bauart den Häusern ähneln, sondern „feste" Bauten. Von ihnen besitzen wir ein hervorragendes Zeugnis und gleichzeitig ein gesichertes Datum. Der im Süden der mexikanischen Hauptstadt gelegene Xitle brach 300 n. Chr. aus und begrub den **Tempel von Cuicuilco**. Dieser Tempel vermittelt uns ein Bild von der Architektur der Zivilisationen am Ende der vorklassischen Periode. Es han-

delt sich um eine vierstufige Pyramide (die gemäß eines durch die älteren Horizonte zu verfolgenden Brauchs über einem älteren zweistufigen Bau errichtet wurde), deren Höhe 25 m betragen haben dürfte. Ihr Grundriß ist fast rund, die Mauern der nachfolgenden Pyramiden weisen eine Neigung von 45° auf. Schließlich trug die oberste Plattform kleinere Gebäude, die Götterbilder umschlossen.
Im Götterhimmel beginnen sich Gestalten abzuzeichnen, so der alte Gott Huehueteotl, von den Azteken auch Xiuhtecuhtli oder „Gott des Feuers" genannt, was in einer Gegend mit reger vulkanischer Tätigkeit keineswegs überrascht.
Im Süden beobachten wir eine parallel verlaufende Entwicklung bei den Maya, die – ebenfalls von den Olmeken beeinflußt –, die Grundzüge ihrer Kultur entstehen sehen. Eine Veränderung macht sich vor allem auf religiösem Gebiet bemerkbar, das sich zu organisieren beginnt. Es entstehen die ersten Kultzentren und die ersten Sakralbauten: Hügel in Pyramidenform, die als Grabstätten benutzt werden. Es hat den Anschein, als könne man auf einen Beginn der sozialen Stratifikation schließen, angesichts der Macht und des Reichtums, die sich in den Händen einiger weniger, möglicherweise den Mitgliedern der Priesterklasse, konzentrierten. Der Kult bleibt auf einfache Götter der Jahreszeiten und des Ackerbaus ausgerichtet, das Ritual folgt dem landwirtschaftlichen Kalender.
Zu dieser Zeit entsteht im Gebiet der Maya ein eigenartiger Kult, von dem uns nur wenig bekannt ist: der Kult der Pilzsteine. In der Tat findet man zahlreiche pilzförmig skulptierte Steine, die im allgemeinen in Verbindung mit Reibsteinen auftreten. Sie konnten als Bestandteil eines Kults der halluzinogenen Pilze identifiziert werden, von den Azteken *Teonanacatl, Göttliche Pilze* genannt, die farbige Visionen auslösen und es erlauben, mit der Gottheit in Verbindung zu treten.
Die Archäologen förderten eine bereits sehr schöne Keramik zutage, auf der man noch kleine Figuren erkennt, die häufig – wie in Zentralmexiko – Ungeheuer darstellen oder bekleidete Gestalten mit einem Turban auf dem Kopf und Weihrauchbecken, in denen man den Göttern zu Ehren Copal abbrannte. Auch die Verarbeitung von Halbedelsteinen erreicht einen hohen Grad der Perfektion. Aus dieser Periode stammt auch der Brauch, Datumsstellen zu errichten, um große Ereignisse oder astronomische Entdeckungen zu begehen, ein Brauch, der uns wertvolle chronologische Elemente zur Datenbestimmung der Kultur der Maya liefert.

Die ersten Zivilisationen

Wir haben gesehen, daß die formativen Zivilisationen Mexikos sehr weit auseinander lagen und doch von den Olmeken beeinflußt waren. **Wer aber waren diese „Olmeken"**, die eine so beherrschende Rolle spielten? Schon der Name **„Olmeken"** ist ungenau, da er die Völker bezeichnet, die zur Zeit der Konquista das Gebiet des Golfes von Veracruz bewohnten und die die Azteken „Leute des Gummilands" nannten. Seit langem kannte man Zeugnisse ihrer Kunst, vor allem die meisterlich verarbeitete Jade, die man in weit voneinander entfernten Gebieten fand und die alle eine so offensichtliche Stilähnlichkeit aufweisen, daß man sie nur einer Kultur zuweisen konnte. Von dieser Kultur ist wenig bekannt. Man vermutet, daß sich ihr Herz im ungesunden Djungel der Golfküste befand (obgleich man es nacheinander auf der Mesa Central und im heutigen Bundesstaat Guerrero ansiedelte). Von dem mexikanischen Historiker W. Jimérez Moreno stammt der Vorschlag, sie mit dem Namen *Tenocelome* zu belegen, „die mit dem Jaguarmund". In der Tat ist dies das auffallendste Merkmal sämtlicher olmekischer Werkstücke: Sie stellen pausbäckige Gestalten mit meist dickleibigen Körpern und raubkatzenförmigem Mund dar. Die Häufigkeit dieser Darstellung gab Anlaß zur Vermutung eines Kults, der einem Zwitterwesen, halb Mensch und halb Jaguar, gewidmet war, eine Hypothese, die unlängst durch die Entdeckung einer Skulptur in Potrero Nuevo bestätigt wurde. Sie zeigte einen Jaguar, der sich mit einer Frau vereinigt. Aus dieser Verbindung soll die Menschheit entstanden sein.

Welche Sprache sprachen die Olmeken? Hierfür gibt es keinerlei Hinweise. Es wurde die Hypothese von der Auswanderung eines Zweigs der Maya-Familie vorgebracht, der lange vor dem christlichen Zeitalter die ganze Golfküste besiedelt haben soll. Die bedeutendste Siedlung, die man ihnen heute zuschreiben kann, ist La Venta im heutigen Bundesstaat Tabasco. Um einen großen rechteckigen Platz erhebt sich ein Komplex von Pyramiden, darunter eine sehr hohe Pyramide aus *Adqbes* (Lehmziegel). Ferner sieht man einige eindrucksvolle Kolossalhäupter mit fast negroiden Zügen, die Zeugnis von einem wahren Kraftakt ablegen: Der Basalt, aus dem sie hergestellt wurden, stammt aus einer Entfernung von über 100 km; sie wiegen über 30 t und wurden in einem Land hergestellt und aufgerichtet, das weder Rad, noch Zug- oder Lasttiere kannte. (Diese Skulpturen befinden sich heute nicht mehr in La Venta: Sie wurden in einem Park gleichen Namens in Villa Hermosa aufgestellt). La Venta war zweifellos ein Zeremonialzentrum mit einer bereits organisierten Priesterschaft.

Wir wissen, daß es seit jener Epoche organisierte Handelsstraßen gab, in deren Rahmen olmekische Kaufleute das ganze Land durchstreiften und Erzeugnisse aus den heißen Zonen gegen begehrte Nahrungsmittel, Jade oder Serpentin tauschten.

Der kulturelle Beitrag der Olmeken ist unschätzbar. Sie waren die ersten, die Halbedelsteine wie z. B. Jade suchten, und sie bearbeiteten: Sie sind meist dreidimensional, damit man sie aus jeder Sicht betrachten kann. Charakteristisch ist auch das sogenannte „Baby-Face", sofern es einen Kult vertrit, den sämtliche vorhergegangenen Zivilisationen kannten. Man konnte in der Tat nachweisen, daß der Jaguar-Gott der Olmeken der Ahnherr sämtlicher Regen- und Vegetationsgötter Mexikos war: der *Tlaloc* der Azteken, der *Cocijo* der Zapoteken, der *Chac* der Maya. Vermutlich verdankt man den Olmeken auch die Schrift und den Kalender, der seine größte Exaktheit durch die Maya erreichte. Einige ihrer Stelen und Figurinen konnten anhand des Maya-Kalenders datiert werden.

Von den Rätseln, die dieses Volk noch immer aufgibt, ist das seines Endes bei weitem nicht das kleinste. In der Tat scheint diese Kultur, die sich früh entwickelte und die Landbevölkerung der mittleren formativen Periode (800 bis 400 v. Chr.) beeinflußte, die zu diesem Zeitpunkt die Hochländer besiedelte, ein jähes Ende gefunden zu haben. Durch einen Krieg, eine Invasion? Vielleicht werden wir eines Tages erfahren, was diese erste wirkliche Zivilisation zerstörte.

Der religiöse und künstlerische Einfluß der Olmeken hörte jedoch nicht

auf. Einige Kulturen, die kaum älter waren, leiteten sich davon ab, wie z. B. die Kultur des Monte Albán I.
Im Zentrum des heutigen Bundesstaats Oaxaca befindet sich auf einer 1300 m über dem Tal gelegenen Erhebung in einer größtenteils klassischen Siedlung ein Tempel, der sogenannte „Templo de los Danzantes" auf dem auf einhundertvierzig Steinplatten Gestalten in seltsamer Haltung dargestellt sind, die zu tanzen scheinen und die unbestreitbar olmekische Charakterista aufweisen. Man findet hier auch Stelen, die Daten und erste Schriftzüge tragen.

Die klassischen Zivilisationen (300–900 n. Chr.)

Wir treten jetzt in das **„Goldene Zeitalter der mexikanischen Kulturen"** ein, die Periode ihres vollen Glanzes und ihrer größten Blüte. An mehreren Stellen des Landes entstehen etwa zur gleichen Zeit Kulturen, die zahlreiche Gemeinsamkeiten aufweisen und deren Entfaltung auf ähnliche Bedingungen zurückzuführen ist. Die seßhaft gewordene Bevölkerung vermehrt sich. Die kleinen Bauerndörfer werden größer. Die Grundnahrungsmittel, Mais, Bohnen, Kürbisse sichern größtenteils das Überleben. Dazu kommen die Erträge aus Jagd und Fischfang. Im Gegensatz zu Europa geht die landwirtschaftliche „Revolution" nicht Hand in Hand mit der Zähmung von Tieren. In diesem Teil der neuen Welt gab es nur wenige für die Zähmung geeignete Tiere: den Hund, der durch eine eigenartige, fette und haarlose Rasse vertreten war und den aus diesem Gebiet stammenden Truthahn. Das Fehlen von Zug- oder Lasttieren macht das von den Völkern der klassischen Periode geleistete Werk noch wertvoller. Auch ihre Werkzeuge sind sehr einfach und können gut und gerne mit jenen des alt-mexikanischen Neolithikums verglichen werden, da die **Einführung des Metalls** erst am Ende dieser Periode, **um 900 n. Chr.** erfolgte. Die monumentalen Kunstwerke, die wir noch heute bewundern können, wurden ausschließlich mit Steinwerkzeugen hergestellt.

Diese klassische Periode schafft neue Strukturen. Es war wohl eine Epoche des Friedens – keines der Zentren ist noch befestigt – ein Friede, der es den Künsten erlaubte, sich zu entwickeln: Skulptur, Keramik und Weberei erreichen ihre größte Perfektion. Am Ende der vorklassischen Periode werden die Götter vielgestaltiger und durch ihre Persönlichkeit identifizierbar. Sie nehmen jetzt das Gesicht an, das sie zum Zeitpunkt der Konquista zeigen (wir nennen sie hier mit ihren aztekischen Namen): *Tlaloc*, den alten Regengott, der aus dem Jaguar-Gott der Olmeken hervorging, seine Frau *Chalchiuhtlicue*, „Die mit dem grünen Edelsteinrock", die Göttin des Wassers usw. und schließlich *Quetzalcoatl* „Kostbare Feder-Schlange". Es sind noch immer einfache Götter, die mit dem jahreszeitlichen Rythmus zusammenhängen. Von jetzt an nimmt der ihnen erwiesene Kult feste Gestalt an, man könnte sagen, er „spezialisiert" sich. Es bildet sich eine Priesterschaft, Tempel entstehen und religiöses Leben erwacht. Lange Zeit nannte man diese Periode die der ersten Städte. Abgesehen von Teotihuacán und sogar in La Venta waren diese ersten „Städte" eher religiöse Zentren, in denen eine Elite von Anführern und Priestern, umgeben von Tempelpersonal und spezialisierten Handwerkern lebten, während die übrige Bevölkerung sich im wesentlichen aus Bauern zusammensetzte. Handelte es sich vielleicht um theokratische Zivilisationen, wie noch vor kurzem vermutet? Neue und bedeutende Funde im Gebiet der Maya scheinen dies zu entkräften. Schließlich – ein letzter gemeinsamer Zug dieser Zivilisation – endeten sie alle jäh um das Jahr 900, ohne daß man bis heute eine befriedigende Erklärung für ihren Niedergang geben könnte.

Teotihuacán. – Die erste und eindruckvollste dieser großen klassischen Kulturen ist unbestreitbar die von Teotihuacán im México-Tal, ungefähr vierzig Kilometer von der Hauptstadt entfernt. Der Komplex der beiden gigantischen Pyramiden, der Sonnen- und der Mondpyramide, ist so gewaltig, daß die Völker Mexikos einst glaubten, diese seien von Riesen oder von den Göttern selbst erbaut worden. Die Bedeutung des aztekischen Worts gibt diese Vorstellung wieder: *Teotihuacán* kann in der Tat mit „Ort, wo die Götter leben" oder „Ort, wo die Götter entstanden" übersetzt werden. Ein auf uns überkommener Mythos berichtet von der Entstehung unserer Erde. In jener Zeit herrschte nur Kälte und Finsternis. Die Götter versammelten sich in Teotihuacán, um die Sonne zu schaffen. Sie fragten „Wer übernimmt die Aufgabe, die Erde zu erhellen?" Zwei Götter traten hervor: *Tecucziztecatl* und *Nanauatzin*. Der erste nahm viermal nacheinander einen Anlauf, sich ins Feuer zu stürzen, während der zweite dies gleich beim ersten Mal tat: Er wurde zur Sonne, Tecucziztecatl zum Mond. Die Versammlung der Götter wurde dann jedoch Gewahr, daß die Gestirne am Himmel kein Leben hatten... Sie beschlossen sich alle zu opfern, um mit ihrem Blut die Gestirne zu speisen. Dieses erste Opfer gibt einen Hinweis und **eine Ahnung von der mexikanischen Religion.** Lange Zeit Zeit war man der Ansicht, daß die Erbauer dieses riesigen Komplexes die Tolteken waren, ein Kulturvolk, dessen schöpferische Kraft von der Überlieferung gerühmt wurde. Heute weiß man, daß die Tolteken jene Völker ablösten, die Teotihuacán erbauten. Gewisse Stilähnlichkeiten lassen vermuten, daß die Teotihuacaner von der Golfküste, aus totonakischem Gebiet stammten. Wie dem auch sei, **wir wissen nichts über ihre Sprache und wenig über ihre Bräuche.** Der Ort ist seit der spätformativen Periode besiedelt. Seine größte Periode ist die „Teotihuacán III."-Zeit, auch alt-klassische Periode (300–600 n. Chr.) genannt. Zu diesem Zeitpunkt werden die beiden großen Pyramiden gebaut, wovon die imposantere, die **Sonnenpyramide,** zweifellos **das monumentalste Bauwerk der Neuen Welt** ist. Auf einer Plattform von 500 m Seitenlänge erhebt sie sich auf vier (und nicht, wie eine mißglückte Rekonstruktion vermuten läßt, auf fünf) übereinanderliegenden Massiven bis zu einer Höhe von 70 m und umfaßt einen Rauminhalt von einer Million m³. Sämtliche Monumente sind auf die sie beherrschende 40 m breite „Totenstraße" ausgerichtet. Wir können hier nicht alle Monumente aufzählen. Erwähnen müssen wir jedoch den im Inneren der „Zitadelle" errichteten Quetzalcoatl-Tempel. Seine ganze Fassade ist abwechselnd mit Köpfen des Regengottes *Tlaloc* und Köpfen von stilisierten Schlangen geschmückt.

Um diese zentrale Allee erstreckt sich die Stadt über mehrere Quadratkilometer und umfaßt neben den eigentlichen Sakralbauten einen Komplex von Palästen mit kleinen abgetrennten Wohnräumen, die vermutlich für das Personal des Sakralzentrums oder als Unterkunft für Würdenträger geschaffen wurden. Hier begegnen wir zum ersten Mal „Profanbauten", die für eine Bevölkerung von mindestens 25.000 Ew. vorgesehen waren.

Das charakteristische Element der Architektur von Teotihuacán ist der so-

Die Kulturen Mexikos

genannte *talud-tablero*, eine Schrägmauer mit vertikal aufgesetzter Tafelfüllung. Teotihuacán verkörpert einen neuen wichtigen Beitrag Amerikas, den Beginn einer Stadtzivilisation um ein Sakralzentrum. Die riesigen Paläste, von denen Tag für Tag neue freigelegt werden, dürften nicht nur eine Elite beherbergt haben, sondern darüber hinaus eine große Zahl von – in den Augen einer Agrargesellschaft – „Nichtproduktiven" Elementen wie Priester, Tempelpersonal und Kunsthandwerker, die sich damit beschäftigten, die Wohnstätten der Götter zu schmücken. Die Zeugnisse, die uns letztere hinterließen, sind zahllos und zeigen einen hohen Perfektionsgrad. Die Wände von mehreren Palästen sind mit Fresken in leuchtenden Farben auf Stuckgrund geschmückt. Auch die häufig freskobemalte Keramik ist sehr schön. Diese Technik erfanden die Kunsthandwerker von Teotihuacán ebenso wie die Verwendung von Gußformen. Schließlich seien unter den charakteristischen Gegenständen die Totenmasken erwähnt, die in Jade, Serpentin, Basalt u. a. geschnitten wurden und sich durch ihre klaren Linien hervorheben.

Zu dieser Zeit, 300–600 n. Chr., konnte sich keine Macht mit jener von Teotihuacán vergleichen. Wie früher die Kunst der Olmeken, wurde die von Teotihuacán weit vom Zentrum entfernt geschätzt und nachgeahmt. Ihr Einfluß findet sich in so weit entfernten Gebieten wie in Guatemala, wo eine Stadt wie Kaminaljuyú eine wahre „Kolonie" von Teotihuacán gewesen zu sein scheint. Die Gräber (die Einäscherung war die häufigste Bestattungsart) vermitteln eine nur ungenügende Kenntnis vom Leben dieses Volkes. In der protoklassischen Epoche kannte es wahrscheinlich die Schrift und den Kalender. Der sehr zentralistische, möglicherweise theokratische Staat mußte sehr stark gewesen sein, um so vielen Menschen eine „Fron" aufzuerlegen. Die Religion mit einer zahlreichen, gut organisierten Priesterschaft scheint auf Vegetationsgötter ausgerichtet gewesen zu sein. Ein sehr schönes Fresko zeigt das grüne Paradies des Tlaloc, genannt Tlalocan der Azteken.

Um 600 n. Chr. verfällt **Teotihuacán** anscheinend von selbst. Die Stadt wird teilweise niedergebrannt, die Gebäude werden zerstört. Alle anderen klassischen Zivilisationen sollten dasselbe Schicksal erleiden, allerdings 300 Jahre später. Es ist denkbar, daß Teotihuacán die erste Invasion der Barbaren aus dem Norden erlebte, der Otomís vielleicht, die anschließend mehrmals Mexiko überschwemmen sollten. Die Stadt wird aufgegeben. Ein Teil seiner Bewohner läßt sich in Atzcapotzalco, im W des Sees nieder, wo die Kultur von Teotihuacán eine zeitlang weiterlebt. Die großartige Stadt wird von neuen Völkerschaften besetzt, teilweise wiederaufgebaut und bis zur aztekischen Epoche als „Ort, wo die Götter wohnen" und religiöses Zentrum beibehalten.

Die Kulturen der Golfküste. – Die Golfküste, die bereits die erste der großen Zivilisationen, die der Olmeken erlebt hatte, sollte während der klassischen Periode auch noch andere erblühen sehen. Eine von ihnen ist die noch wenig bekannte **Zivilisation der „Totonaken"**, wobei auch hier der Irrtum wiederholt wurde, eine Zivilisation der Vergangenheit mit dem Namen eines Volkes der betreffenden Periode zu belegen. Hauptzentrum dieser Kultur war zeifellos *El Tajín* im N des heutigen Bundesstaats Veracruz, unweit von Papantla. Sie scheint zu Beginn der klassischen Periode einen direkten Einfluß auf Teotihuacán gehabt zu haben. Ungeachtet dessen scheint der Austausch mit dem Gebiet der Maya

Die Totonaken

häufiger gewesen zu sein. El Tajín präsentiert eine Gruppe von Monumenten, von denen die „Nischenpyramide" das erstaunlichste Bauwerk ist. Sie setzt sich aus sieben zunehmend kleiner werdenden Plattformen zusammen, deren jede mit Nischen versehen ist, insgesamt 365. Bargen die *Braseros*, aus denen der Weihrauch zum Gott von Tajín emporstieg? Die Zahl 365 läßt vermuten, daß bei einem so gläubigen Volk wie diesem die Nischen an die 365 Tage des Jahres erinnerten.

Diese noch immer geheimnisvolle Zivilisation scheint auf zwei religiöse Pole ausgerichtet gewesen zu sein: **Todesbesessenheit** und **Besessenheit vom Heiligen Ballspiel.** Der Todesgott ist überall präsent. Die vollkommensten Zeugnisse von der Kunst dieses Volkes sind uns in der Einheit von Joch-Hacke-Palme erhalten, Namen, die lediglich der Beschreibung dieser Objekte dienen, deren Gebrauch umstritten ist. Die „Joche" sind Werkstücke aus Stein, häufig Basalt in Form eines Hufeisens und im allgemeinen meisterlich skulptiert. Lange Zeit glaubte man, daß sie mit den Menschenopfern in Verbindung standen; hierfür gibt es keinerlei Beweise. Man fand ein Joch um den Hals eines Toten in einem Grab; darin erblickte man eine Art Totenkranz. Es erscheint wahrscheinlicher, daß sie mit dem Ballspiel zusammenhingen. Dieses Spiel, das aztekische *tlachti*, geht vermutlich auf die Olmeken zurück und wurde in ganz Alt-Mexiko mit wahrer Leidenschaft gespielt, bis zur Konquista, als es von katholischen Priestern strengstens verboten wurde, die sehr gut verstanden hatten, daß es sich dabei mehr um ein Ritual als um ein Spiel handelte.

Die Chronisten berichten, mit welcher Leidenschaft *tlachtli* gespielt wurde. So mancher Adelige setzte sein Vermögen und manchmal sogar seine Freiheit aufs Spiel. Flachreliefs, die in El Tajín um den Ballspielplatz gefunden wurden, zeigen einen Spieler, zweifellos den Besiegten, der vor dem Totengott geopfert wird. Dieser Sport wurde auf einem Spielfeld in Form eines großen I praktiziert. Die Teilnehmer mußten einen harten Gummiball ins gegnerische Feld schleudern und dazu lediglich Hüften oder Ellenbogen benutzen. Die Bewegung des Balles erinnerte dabei an die der Sonne am Himmel: **Die religiöse Bedeutung dieses Spiel ist eindeutig.** Die Beliebtheit, der sich dieses Spiel bei den Völkern in Veracruz erfreute, wird durch die Zahl der Spielplätze bestätigt, die man in diesem Gebiet fand, die Schönheit und Vielfalt der Skulpturen, aber auch in jener Einheit von Joch-Hacke-Palme, die damit zweifellos in Verbindung stand: Sie sind steinerne Ausführungen der Holz- und Lederausrüstung, die die Spieler zu ihrem Schutz trugen. Das Joch stellt den Gürtel dar, der um die Hüften getragen wurde, die „Palme" bedeckte vermutlich die Brust und die „Hacke" den Leib. Einige Spezialisten sind noch heute der Ansicht, daß sie ungeachtet ihres Gewichts tatsächlich getragen wurden. Das Gewicht der Ausrüstung sei dabei durch die Schlagkraft, die man damit den Bällen geben konnte, ausgeglichen worden. Zu welchem Zweck diese Objekte auch immer benutzt wurden, sie sind ein Zeugnis einer der vollkommensten Künste Mexikos: skulptierte Joche in Gestalt von stilisierten Tieren, seitlich zusammengepreßte menschliche Häupter, Spitzenwerk aus Stein. In demselben Gebiet, im Bundesstaat Veracruz, erscheinen am Ende der klassischen Epoche eigenartige Figuren, die man lange Zeit als „totonakisch" bezeichnete, die man aber eher nach dem Ort benennen sollte, an welchem sie meist gefunden werden: *Las Remojadas*. Es sind dies die berühmten hohlen, gegossenen **„Lächelnden Gesichter"**, die junge aber auch ältere Gestalten mit zahnlosem Mund und unveränderlichem Lächeln darstellen. Einige stellen den Gott *Xipe Totec,* den Gott der Vegetation und der Geschundenen dar, dessen Kult somit erstmals belegt wird. Erwähnt seien ferner die kürzlich entdeckten großen Keramikskulpturen, die aus derselben Epoche stammen und oft hockende Göttinnen darstellen und zu den perfektesten künstlerischen Schöpfungen der neuen Welt gehören. Sie stammen aus dem Gebiet von El Zapotal (Veracruz).

Bevor wir die Golfküste verlassen, ist noch einiges über eine andere Zivilisation zu sagen, die ebenfalls in diesem unwirtlichen Gebiet, etwas weiter im N beheimatet war (im heutigen Bundesstaat San Luis Potosí und im N des Staates Veracruz). Dieses Gebiet, das nach den Huaxteken benannt wurde, stellt ein Phänomen dar, dem wir bisher noch nicht begegnet sind: das einer außerordentlichen künstlerischen und kulturellen Kontinuität. Die sprachliche Verwandschaft der Huaxteken mit den Maya gibt Anlaß zu der Vermutung, daß es sich um einen lange vor unserer Zeit ausgewanderten Zweig dieser Familie handelt. Die ersten Zeugnisse der Keramik, die wir besitzen, stammen weitgehend aus der präklassischen Epoche. Diese Kultur setzt sich durch die Jahrhunderte fort, ohne – wie es scheint – am Ende der klassischen Periode wie ihre Zeitgenossinnen einen Niedergang zu erleben. Sie war zur Zeit der aztekischen Epoche sehr lebendig und besteht heute noch. Ihre Architektur ist ziemlich unbekannt, ihre Kunst jedoch hat außerordentlich eindrucksvolle Arbeiten hinterlassen, wie den sehr schönen „Jungen Mann" von Tamuin, vermutlich eine Darstellung von Quetzalcóatl, der den Sonnenknaben auf seinem Rücken trägt. Während der klassischen und nachklassischen Periode waren die Huaxteken in ganz Mexiko für ihre Frivolität (und ihre leichten Sitten) bekannt. Die Statuen bestätigen den geübten Brauch der Gesichts- und Körperbemalung sowie der Tätowierung. Sie haben die Religion um den Kult der Tlazolteotl bereichert, der Göttin der Fleischeslust und der Fruchtbarkeit. Ihre Keramik ist ungeachtet zeitlicher Veränderungen mit ihren eigenartigen Formen und dem schwarzen Dekor auf weißem Grund charakteristisch.

Die Zapoteken. – Das Tal von Oaxaca weist ebenfalls eine spezifische Entwicklung auf. Wir haben bereits festgestellt, daß sich während der vorklassischen Periode die Olmeken dort niederließen. Dann kam der Einfluß der Mayas, vermutlich einer kleinen Gruppe von Eindringlingen, die nach und nach mit der Bevölkerung verschmolzen, später der Einfluß von Teotihuacán, der in der Architektur und der Keramik zu erkennen ist. Während der klassischen Periode trat überraschend eine neue eigenständige Entwicklung ein. Eingeschlossen in ihr Tal, stellen die Zapoteken dort eine große Zahl von Monumenten auf, deren Vielgestaltigkeit und Schönheit Zeugnis von einer bereits **hochentwickelten Zivilisation** ablegen. Es konnten mindestens zweihundert Siedlungen verzeichnet werden, viele davon sind noch nicht erforscht. Die spektakulärste von allen ist der **Monte Albán,** der 1.300 m über dem Tal aufragt und durch seine „künstliche" Anlage beeindruckt. Hier wurde alles von den Menschen noch einmal überdacht. Um eine riesige Fläche ordnen sich die einzelnen Bauten und verbergen den eigentlichen Hügel. Eine für uns wichtige Tatsache: Die Zapoteken begruben ihre Toten. Man legte viele Gräber mit reichen Beigaben frei. Die Wände sind häufig mit Fresken bedeckt, die jenen von Teotihuacán ziemlich nahekommen. Die Gräber enthalten insbesondere eigenartig gestaltete Urnen, deren Vorderseite modellierte Götterbilder zeigt. Vom Götterhimmel zeichnen sich einige Gestalten ab: der Fledermaus-Gott, der Regengott Cocijo, der seinerseits vom Raubtiergott der Olmeken abstammt,

Pitauo Cozobi, der Maisgott, usw. Der Kalender scheint eine große Rolle gespielt zu haben, desgleichen die Schrift. Wenn wir auch keine Manuskripte aus jener Epoche haben, existieren doch zahlreiche Flachreliefs, Gefäße und Urnen mit Hieroglyphen. Die Zivilisation des Monte Albán entwickelte sich während der klassischen Periode langsam und stetig, um auch ihrerseits ein jähes Ende zu nehmen. Der Ort wird von den Völkern, die auf die Zapoteken folgten, den Mixteken zum Beispiel, nur noch als Kultstätte und Friedhof genutzt. Der Monte Albán wurde vermutlich durch einen Einfall der Mixteken zur Ruine. Die beiden Völker, Sieger und Besiegte, leben heute zusammen.

Der Westen Mexikos. – Dieses Gebiet muß archäologisch erst noch erforscht werden. Es erlebte zwischen dem Ende der vorklassischen Epoche und dem Beginn der protoklassischen Periode (100 v. Chr. – 300 n. Chr.) seine Blütezeit. Der Westen Mexikos umfaßt die Gegend des Rio Balsas, die heutigen Bundesstaaten Colima, Jalisco, Nayarit und Guerrero. Es handelt sich hier um ein Randgebiet, weit von den strahlenden Zentren Mexikos entfernt, das aber nichtsdestotrotz verschiedenen Einflüssen ausgesetzt war. Während der „formativen" Periode tauchen im Gebiet des Rio Balsas unzählige olmekische Jadegegenstände auf. Man vermutet sogar, daß sich die bisher nicht lokalisierten Jadevorkommen in dieser Region befanden. Mit dem Beginn der klassischen Ära taucht der **„Mezcala-Stil"** auf, der durch sehr schlichte und ausdrucksstarke Figuren aus Halbedelsteinen charakterisiert wird, die den Einfluß von Teotihuacán verraten.
Diese Zone ist auch vor allem für ihre zahlreichen Keramikfiguren bekannt, die dort leider oft ohne wissenschaftliche Kontrolle ausgegraben wurden. Als Pendant zu den „lächelnden Gesichtern" der Atlantikküste, findet man am Pazifik unzählige Gestalten, in denen eine Art von Humor und Daseinsfreude zum Ausdruck kommen, die man in Alt-Mexiko verhältnismäßig selten findet. Die Keramik des Nayarit liefert uns zahlreiche von Hand modellierte Statuetten (im Gegensatz zu jenen von Las Remijadas, die in Gußformen hergestellt wurden). Sie zeigen Männer und Frauen in Alltagsszenen. Wiederum sind keine religiösen Vorstellungen zum Ausdruck gebracht, die Figuren verkörpern vielmehr Musikanten, Tänzer, Häuser mit ihren Bewohnern, die ihrer alltäglichen Arbeit nachgehen, Mütter mit ihren Kindern. In Colima ist die große Zahl von Hunden zu erwähnen, die man in den Gräbern fand, und die die Verstorbenen ins Jenseits begleiten sollten. Es sind kleine, gemästete, haarlose Hunde. Alles in allem setzt dieses Gebiet zu Beginn der klassischen Periode die Tradition der vorklassischen Epoche fort, was sich aus seiner Abgelegenheit erklärt. Man kann auch eine andere Hypothese über den einzigartigen Charakter dieser Kultur vorbringen: Die offenkundige Verwandtschaft dieser Keramiken mit anderen, die aus Südamerika, Kolumbien, Ecuador und Nordperu stammen, läßt einen Handelsstrom vermuten, eine Art Küstenfloßfahrt entlang der Pazifikküste.

Die Kultur der Maya. – Während die Hochplateaus an der Atlantikküste die Abfolge und den Niedergang dieser großen klassischen Kulturen erlebten, entfaltete sich im Gebiet der Maya **eine eigene Kultur, die im Keim schon vollständig in der vorklassischen Periode enthalten war.** Während sich im übrigen Land die verschiedenen Völker unter einer großen zentralistischen Macht wie Teotihuacán entfalteten, verläuft bei den Maya der Prozeß anders. Hier ist es eine Unzahl von Städten, innerhalb ein und dersel-

Die Kulturen Mexikos 78

ben Kultur, die wachsen und sich den Vorrang streitig machen. Sie sind alle religiöse Zentren, was ihre gemeinsamen Züge hinsichtlich ihrer Anlage und Konzeption erklärt. **Eine sehr eigenständige Kultur, zweifellos die vollkommenste von Amerika**, sollte sich in diesem Gebiet entwickeln und zwei Blütezeiten erleben: die erste während der klassischen Epoche in den Wäldern des Chiapas und des Petén (Guatemala), die zweite unter dem Einfluß der Tolteken in den kreidehältigen Niederungen des Yucatán. Um sie zu bezeichnen, sprach man lange Zeit von einem alten und einem neuen Reich. Diese Bezeichnungen hat man inzwischen aufgegeben. Das gesamte Gebiet der Maya war besiedelt, es kannte zur selben Zeit dieselbe Kunst und Kultur.

Das Territorium der Maya, das in Mexiko die Bundesstaaten Chiapas, Tabasco, Campeche, Yucatán und Quintana Roo umfaßt, Guatemala, einen Teil von Honduras und Salvador, kann grob in drei Zonen eingeteilt werden: ein Gebiet im Süden, das die Hochländer Guatemala, Salvador und die Pazifikküste umfaßt, ein Gebiet im Zentrum mit Nordguatemala, Chiapas und Tabasco und ein Gebiet im Norden schließlich mit Yucatán. Wir können hier nicht einzeln auf jede dieser Zonen eingehen, weshalb wir uns darauf beschränken, das „Wesen der Maya" in seiner Gesamtheit zu betrachten.

Es wäre absurd, sich diese lange klassische Periode auf diesem riesigen, über 1.000 km langgestreckten Gebiet in Zeit und Raum als Einheit vorzustellen. Noch heute kann man lediglich Hypothesen über die Geschichte dieser Völker aufstellen. Es hat den Anschein, daß sich der Einfluß von Teotihuacán am Beginn der klassischen Ära (300–700 n. Chr.) ausbreitete. Dieser Einfluß macht sich in der Kunst, und der Architektur zum Beispiel bemerkbar, insbesondere auf den Hochländern in der typischen Verbindung des *Talud-Tablero*. Noch stärker tritt er auf dem Gebiet des Glaubens und der Riten hervor. Die Religion, die während der vorklassischen Periode vollständig auf den personenbezogenen Kult und „kleine Götter" der Jahreszeiten bezogen war, organisiert sich. Man könnte meinen, daß dieser Wechsel für die herrschende Klasse entscheidender war, die direkt den aus Teotihuacán gekommenen Priestern unterstellt war, als für das Volk, das eine Ausbreitung der Kultstätten nach dem neuen, komplizierten und „fremden" Pantheon nur schwer begriff und die gleichen Götter weiter anbetete. Nach dem Fall von Teotihuacán erfolgte ein Wiederaufleben der ursprünglichen Maya-Bräuche, so als hätte sich das Volk glücklich gepriesen, sich vom Zwang der Eindringlinge befreien zu können.

In der Tat erlebte das Gebiet der Maya dreimal unter verschiedenen Formen den Einfall von Völkern, die Nahuatl sprachen. Das erste Mal um das Jahr 400 kamen die Teotihuacaner aus dem Süden. Es war eine ziemlich friedlich erscheinende Invasion, mit hauptsächlich religiösen und wirtschaftlichen Zielen. Die zweite Welle, 700–900 n. Chr., nahm einen heftigen Verlauf. Sie wurde durch die Teotihuacaner ausgelöst, die die Stadt nach ihrem Fall verließen, in den „Kolonien" wie El Tajín halt machten und blutige Rituale einführten (Enthauptung in Verbindung mit Ballspiel). Sie lösten eine Ortsveränderung der Bevölkerung aus und verschmolzen schließlich mit den eingeborenen Völkern. Schließlich werden wir an der nachklassischen Epoche Zeugen einer dritten Invasion, die entscheidend sein sollte.

Welchen Verlauf auch immer die Geschichte dieses Volkes nahm, es zeigt zweifellos eines der hochstehendsten, wissenschaftlich und künstlerisch talentiertesten Völker „Mesoamerikas", vielleicht sogar des amerikanischen Kontinents überhaupt. Es würde zu weit führen, hier alle Leistungen

Die Maya

der Maya-Kunst aufzuzählen. Wir möchten jene Epoche herausgreifen, in der sie ihre schönsten Schöpfungen in den tropischen Djungeln schuf, die architektonischen Wunderwerke von Tikal im Petén oder von Palenque im Chiapas. Hoch aufragende Pyramiden (die in Tikal spitzer sind als in Palenque) werden von einem Tempel überragt, dessen Dach eine „*Cresteria*" (Dachkamm) krönt.

Die Architekten der Maya stellten erstaunliche Talente unter Beweis; bedingt durch ihre Lage hatte jede Stadt eine eigene Problematik, die sie zu lösen wußten. In Palenque zum Beispiel durchquert ein Aquädukt die Stadt. Sie waren die Erfinder des sogenannten „falschen" Maya-Gewölbes, das durch Übertragen der Steinreihen des oberen Teiles der Innenwände entstand und durch Schlußsteine verbunden wurde, woraus sich eine Erklärung für die Kleinheit der Sanktuarien ableiten läßt. Die Kunst der Maya beschränkt sich jedoch nicht auf die Architektur. Im Stuck und in der Steinverarbeitung erzielten sie wahre Wunder, die die Tempelfassaden und Paläste schmücken, wobei der Stil in Chiapas realistischer und in Yucatán geometrischer und stilisierter ist, wo der Rüssel des Gottes Chal Wände und Voluten bedeckt. Seit einigen Jahren erst kennt man den Tempel von Bonampak mit seinen prachtvollen Fresken. Sie geben uns Aufschluß über die Ästhetik der Maya, die in Perfektion der Zeichnungen und Farben zum Ausdruck kommt, daneben informieren sie uns aber auch über das Leben der Würdenträger jener Zeit: Szenen von Kämpfen, das Leben Leben am Hofe der Herrscher, prunkvolle Gewänder, Schicksal der Gefangenen – es ist der Film ihres Lebens, der sich vor unseren Augen abspult. Die „kleine" Kunst ist nicht weniger gut vertreten. Die Steinschneider der Maya hinterließen uns prachtvolle Jadearbeiten, die Keramiker (der Toteninsel Jaina vor Yucatán zum Beispiel) Figuren von solcher Schönheit und Grazie, die man nur mit jenen von Tanagra vergleichen kann.

Auf einem anderen Gebiet haben die Maya ebenfalls einen extrem hohen Grad an Verfeinerung erreicht: auf den Gebieten der **Astronomie** und des **Rechnens**, die wir hier nur kurz streifen können. Dieses Wissen war vermutlich ausschließlich der Priesterschaft eigen und wurde vom Volk nicht geteilt. Seit der klassischen Epoche verraten manche Inschriften eine technische Ungeschicktheit, so als hätte der Kopist den von ihm wiedergegebenen Text nicht verstanden. Bei der Ankunft der Spanier waren die auf den Stelen eingravierten Daten für die Maya unentzifferbar. Diese Schrift war tatsächlich sehr kompliziert und konnte bis heute nicht entziffert werden, mit Ausnahme einer gewissen Anzahl von Glyphen, die sich auf die Zeitberechnung, Namen von Dynastien und auf historische Ereignisse bezogen. Die Maya legten ihre Archive in Büchern aus Pflanzenpapier oder Haut an. Unglücklicherweise sind davon nur wenige erhalten: Der Bischof Diego de Landa ordnete ein gigantisches Autodafé dieser ketzerischen Zeugnisse an. Der Brauch, Stelen am Ende eines Katun (Zeitraum von zwanzig Jahren) zu errichten oder zur Erinnerung wichtiger Ereignisse, ein Brauch, der schon früh in der vorklassischen Periode einsetzt, hat uns in den Besitz einer langen Reihe von Daten gebracht. Als unsere Welt die Null noch nicht kannte, erfanden sie die Maya und bedienten sich ihrer für äußerst komplizierte Berechnungen. Manche ihrer Bauten wie zum Beispiel der „Caracol" von Chichen Itzá können nur Observatorien gewesen sein. Die Maya studierten den Lauf der Sterne, die Äquinoktien, und kannten die Bewegungen der Venus über fünf Jahrhunderte. Sie gaben unserer Welt (und damit der Zeitberechnung) ein Ursprungsdatum von 3113 v. Chr.

Das Ende der klassischen Kulturen. – Das jähe Ende aller klassischen Kulturen um das Jahr 1000 ist immer noch ein Rätsel, obwohl es einige Gemeinsamkeiten gibt. Sie empfingen alle den Einfluß der Olmeken und bewahrten davon die Verehrung eines Regengottes mit raubtierförmigem Mund. Alle waren aus kleinen Gruppen von Landbauern hervorgegangen und errichteten „ländlichen" Göttern große religiöse Zentren, was eine bereits stark hierarchische und zentralistische Gesellschaft voraussetzt. Schließlich wurden auch alle von Teotihuacán, seiner Kunst und seinen Institutionen stark beeinflußt. Die Macht und die Ausdehnung seines Einflusses, seine grandiosen Ruinen lassen vermuten, daß sein „Reich" noch größer war, als sieben Jahrhunderte später das der Azteken. Bei seinem ersten Niedergang um das Jahr 600 wurde die kleine über dieses riesige Territorium verstreute „Lehnsherrlichkeit" sich selbst überlassen. Um das Jahr 900 verschwanden sie alle. Es ist denkbar, daß die wiederholten Einfälle der Barbaren aus dem N dabei eine Rolle spielten. Es sind aber auch andere Interpretationen möglich. Das in Mexiko verbreitetste Agrarsystem ist das der *Milpas*, das darin besteht, eine Parzelle Landes abzuholzen, zu roden und für einige Jahre zu bepflanzen. Dieses System erschöpft den Boden und zwingt die Bauern zum Vordringen in immer entferntere Gebiete. Für eine Metropole wie Teotihuacán mußte ein Augenblick kommen, wo diese Entfernung fatal wurde. Möglicherweise kamen je nach Gelände auch andere Gründe dazu. Es ist auch anzunehmen, daß das Ende der großen Kulturen soziale Gründe hatte. Diese mächtige und „unproduktive" Hierarchie mußte eine zu große Last für das Volk gewesen sein. Die religiösen Zentren wurden aufgegeben, die Elite besiegt oder zur Auswanderung gezwungen.

In diesem zerteilten und zerstückelten Land entstand ein neuer kriegerisch ausgerichteter Mythos und die nachklassische Epoche erlebte eine neue, diesmal kriegerische und auf Expansion ausgerichtete Einheit. Die Götter, die den Rhythmus der Jahreszeiten und der Ernten bestimmten, wurden durch streitbare und blutrünstige Götter ersetzt.

Tula und die nachklassischen Kulturen

Hier beginnt das neue Abenteuer der **kleinen kriegerischen Barbarenstämme**, die sehr schnell eine hohe Kulturstufe erreichten. Man muß sich das Mexiko des Jahres 1000 vorstellen: Seine großen Städte lagen in Trümmern, seine Kulturstätten waren aufgegeben und im N drohten die barbarischen Völker, die auf der Kulturstufe eines Nomadenvolkes stehengeblieben waren. Diese „Wilden" aus den Küstengebieten des N sprachen Sprachen der uto-aztekischen Sprachfamilien. Sie standen plötzlich vor der Türe der seßhaften, Ackerbau betreibenden Völker, die schon eine Gesellschaftsordnung und zweifellos eine stärker entwickelte berufliche Spezialisierung kannten. Diese von Unruhen bestimmte Zeit ist uns besser bekannt, als die vorangegangenen. Hier dringen wir tatsächlich in die „Geschichte" ein. Die Mehrheit dieser wandernden Völker führte Annalen über ihre Wanderungen und Niederlassungen, einige davon sind erhalten.

Zum ersten Mal trat ein neuer Architekturtyp in Erscheinung: die Wehrarchitektur. Die Befestigungsanlagen deuten auf eine Zeit der Unruhen. Die

Kunst hatte darunter zu leiden. Die kriegerische Ideologie der Neuankömmlinge spiegelte sich auf allen Gebieten wieder.
Diese aus dem N gekommenen Völker waren **Chichimeken** („vom Hundegeschlecht" aztekaischer Ethymologie), die sich in Tierfelle kleideten, in Höhlen und Grashütten lebten. Ihre Waffen waren Bogen und Pfeile. Zweien von ihnen war ein besonderes Schicksal bestimmt: zunächst den Tolteken, später den „eigentlichen" Chichimeken, den Azteken.
Was wir über die **Tolteken** wissen, liegt meist im Grenzbereich zwischen Geschichte und Legende. Nach dem Niedergang von Teotihuacán stellten sie eine große Macht dar, ein vereinigendes Element. Ihre Stadt, das „legendäre" *Tula* oder Tollan, bestand nur noch in der Erinnerung. Lange Zeit dachte man, daß die grandiosen Pyramiden von Teotihuacán nur von ihnen errichtet worden sein konnten, und beharrte somit auf einem Irrtum, der die Erfolge der Archäologen verzögerte. Heute weiß man mit Sicherheit, daß Tula sich im heutigen Bundesstaat Hidalgo befand. Die Völker, die es zur Zeit seiner größten Blüte bewohnten, setzten sich aus verschiedenen ethnischen Elementen zusammen: den vor kurzem noch „Wilden", den Tolteken-Chichimeken und den Nonoalco, zweifelois Vertreter eines Volkes einer höherstehenden Kulturstufe aus Puebla oder der Golfküste, oder eventuell einer verbliebene Handvoll Menschen des Reichs von Teotihuacán. Die beiden Völker sprachen nicht dieselbe Sprache, doch die Nonoalco, Künstler und Kunsthandwerker, führten die Chichimeken in die Kunst und die Technik ein.
Die Chichimeken, die von ihrem Anführer und Helden *Mixcoatl*, „Wolkenschlange", angeführt wurden, ließen sich im Jahre 980 n. Chr. zunächst in Colhuacán nieder. Als Mixcoatl starb, wurde er zum Gott der Jagd erhoben. Sein Sohn *Topiltzin* folgte ihm nach. Er sollte zur bedeutendsten Figur Mexikos werden. Sein vollständiger Name lautet *Ce Acatl* („Eins Rohr", nach dem Datum seiner Geburt), *Topiltzin* („Unser Fürst"), *Quetzalcóatl* („Kostbare Federschlange"). Der Name dieses Herrschers enthält bereits seine Geschichte. Als großer Priester des Gottes Quetzalcoatl wurde er häufig mit diesem verwechselt. In Wirklichkeit lag der Ursprung des Quetzalcóatl-Kults weit vor den Tolteken. In der Epoche, die uns gerade beschäftigt, herrschte der junge Fürst Quetzalcóatl über die Tolteken. Er übte die edelsten Tugenden aus und aus einer Art geschichtlichem Widerspruch, da ja auch er von den „Barbaren" der Chichimeken abstammt, pries er die höchsten Eigenschaften der Zivilisation. Er war ein erbitterter Gegner der Menschenopfer, „denn er liebte seine Untertanen". So berichtet ein Chronist und zieht es vor, diese durch Schmetterlings- und Wachtelopfer oder durch Selbstkasteiung zu ersetzen, wobei er sein eigenes Blut den Göttern opfert. Hatte sein Volk genug von diesem pazifistischen Prinzip, das in einem Augenblick, als die Religion jeder metaphysischen Grundlage entblößt war zuviel von ihm verlangte? Wie dem auch sei, ein schrecklicher Kampf entbrannte zwischen Quetzalcóatl und dem Hohepriester von Tezcatlipoca, „rauchender Spiegel", dem kalten und kriegerischen Gott der Völker des N, dem Schutzpatron der jungen Krieger und der Gewalt, dem fanatischen Anhänger der Menschenopfer. Nach langen Kämpfen wurde Quetzalcóatl-Topiltzin bezwungen und mußte seine Stadt verlassen.
Er ging nach O und, einigen Versionen seiner Heldenlieder nach, warf er sich nach seiner Ankunft am Golf von México in einen Scheiterhaufen: Seine Asche stieg zum Himmel empor, er wurde zum Gott des Morgensterns. Anderen Versionen zufolge soll er mit einigen Getreuen die Staaten Veracruz, Tabasco nach Yucatán durchquert haben, wo er der Kultur der Maya

zu einer neuen Blüte verholfen und die Stadt Chichén Itzá gegründet haben soll. Die Erinnerung an ihn, eng verbunden mit der seines Gottes Quetzalcóatl, blieb sehr lebendig. Er galt als Erfinder sämtlicher Künste und Techniken. Sein Kult wurde in den letzten Jahren des Reiches der Mexica immer mächtiger.

Kehren wir nun aber nach Tula zurück, wo Tezcatlipoca als Sieger zurückblieb. Kein Staat Mexikos erlebte eine solche Blüte. Die Chronisten berichten von einer prächtigen Stadt mit ihren Palästen aus Gold und Jade und sogar kostbaren Federn, riesigen Maiskolben in Überfülle, Baumwolle, die in mehreren Farben wächst. Aber es herrschte eine blutige Mystik: Die alte Oberschicht, vermutlich teotihuacanischen Ursprungs, wurde von einer neuen Oberschicht von Kriegern und Militärorden beherrscht, die Tezcatlipoca gehorchten. Tula unternahm Eroberungszüge in immer entlegenere Gegenden. In der Stadt selbst häuften sich die Kämpfe. Der letzte König von Tula, Huemac, flüchtete nach Chapultpec, wo er sich das Leben nahm. 1168 wurde die Stadt zerstört, vermutlich von einer neuen Welle der Chichimeken. Die Tolteken verstreuten sich über das ganze Land, wobei sie ihre Kunst und ihre Riten beibehielten.

Die Kunst dieser Zivilisation ist sehr charakteristisch. Eines der bedeutendsten Elemente sind die gigantischen Pfeiler in Form von Atlanten, als Krieger gekleidet. Die Architektur verbindet Pyramiden mit Kolonnaden. Durch die Kolonnaden entstanden große Säle, die den vielen Kriegern Platz für ihre Versammlungen boten. In Tula finden wir noch einen anderen Säulentypus in Gestalt einer Schlange, deren Haupt auf dem Boden liegt, während der aufgerichtete Körper das Dach trägt. Es gibt also eine ganze Reihe von typisch toltekischen Merkmalen in Chichen Itzá findet man sie wieder, die Stadt kann also nur von den Tolteken wiederaufgebaut worden sein.

Die Tolteken in Yucatán. – Wie wir sahen, verließ Quetzalcóatl seine Stadt unter Tränen. Er kam auf seiner langen Wanderung durch Cholula, Veracruz, Tabasco und Campeche, an die Mündung des Rio Usumacinta. Maya-Chroniken zufolge blieb er 30 Jahre in Tlapallan, bevor er Yucatán erreichte, wo er mit seinen Getreuen die Dynastie der Xiuh Cocomitzá begründete. Es ist dies die **dritte Invasion von Nahuatl sprechenden Völkern**, die zu einer Maya-Renaissance führte. Quetzalcóatl wird in der Maya-Sprache Kukulcan „Gefiederte Schlange" genannt und die Überlieferung berichtet, daß er zwischen 947 und 987 in Yucatán verweilte. Er lebte in Chichén Itzá, einer Stadt aus der klassischen Epoche, und errichtete darüber eine andere Stadt, in der sich toltekische – und Mayaelemente vermischten. Die heiligen Bücher der Maya, die alte Traditionen aufgriffen, beschreiben die Furcht der eingesessenen Bevölkerung vor diesen kriegerischen und besser bewaffneten Eindringlingen. Quetzalcóatl, der friedliche, soll den Maya hier seltsamerweise das Menschenopfer auferlegt haben und führte einen Kriegsmythos ein. Im Laufe der Zeit jedoch übernahmen die Eindringlinge die Bräuche der Bewohner dieses Gebietes.

Der Friede war stets gefährdet und die Mehrheit der neuen Orte wurde befestigt, wie Tulum an der Karibischen See oder Mixco Viejo in Guatemala. Eine Zeit lang konnten die Itzá ihre Vormachtstellung halten; sie wurde ihnen von Mayapán entrissen. Es folgte eine Zeit der inneren Auseinandersetzungen. Als die Spanier in dieses Gebiet vordrangen, lebte die Macht der Maya nur noch in den Erinnerungen fort. Doch die Eroberer hatten Mühe, den Widerstand dieser kleinen, durch Sprache und Traditionen eng verbundenen Gruppen zu brechen. Erst im Jahre 1697 wurde die letzte Insel des Widerstands der Maya erobert.

Zapoteken und Mixteken. – Im heutigen Bundesstaat Oaxaca entwickelte sich die Kultur der Zapoteken fast unabhängig vom übrigen Mexiko. Nun erlebte er den Aufstieg der mixtekischen Bergvölker, die nach und nach sämtliche zapotekischen Orte besetzten und zur gleichen Zeit sowohl eine kriegerische, als auch eine Bündnispolitik zwischen den Herrscherhäusern verfolgten. Den Mixteken verdanken wir die schönsten vorcortesischen Bilderschriften, die die Geschichte ihres Volkes, bzw. ihrer Anführer erzählen, wie beispielsweise die des großen Fürsten „8-Hirsch". Unter den Mixteken erblühte die Goldverarbeitung zum erstenmal zu einem Kunsthandwerk. Die Metallverarbeitung war von der Pazifikküste, sehr wahrscheinlich aus Mittelamerika und davor aus Peru eingeführt worden, und gelangte gegen Ende der klassischen oder zu Beginn der nachklassischen Periode nach Mexiko. Im Gegensatz zur alten Welt verursachte das Metall keine eigentliche technologische Revolution; es wurde ziemlich selten eingesetzt. Das Gold, das die Völker Mexikos ebenfalls von ihren südlichen Nachbarn (vermutlich aus Kolumbien) bezogen, wurde schon von den Tolteken verarbeitet, aber den Mixteken verdanken wir die schönsten Arbeiten. Einer ihnen eigenen Gewohnheit zufolge besiedelten die Mixteken die von den Zapoteken erbauten Orte neu, wobei sie in Mitla die Fassaden mit Steinmäandern schmückten und ihre Toten in Gräber legten, die schon andere Verstorbene aufgenommen hatten.

Dieser Gewohnheit verdankt die Archäologie die Entdeckung (durch Dr. A. Caso) von Grab 7 des Monte Albán, das u. a. den Leichnam eines Fürsten mit seinen Dienern, die ihm in den Tod folgten, enthielt und einen unermeßlichen Schatz an Schmucksachen aus Kristall, Jade und Gold.

Als die Mixteken schließlich weiter nach N vordrangen, zum Beispiel in die Gegend von Cholcula, schufen sie die sogenannte **„Mixteca-Puebla" Keramik,** deren Schönheit in Mexiko unübertroffen dasteht. Trotz ihrer regen Handelsbeziehungen zu den Azteken, spielten die Isolationsbedingungen, die die Entwicklung der zapotekischen Kultur erst ermöglicht hatten, bis zuletzt eine wichtige Rolle. Zapoteken und Mixteken ließen sich von der aztekischen Invasion nicht überrollen und unterwarfen sich nicht dem Gesetz des Mexica-Reiches.

Die Azteken

Die Zeit der Wanderungen. – Als Tula im México-Tal seine Kultur den Eindringlingen nicht mehr entgegenstellte, strömten weitere barbarische Horden in Mittelmexiko ein. Die eingesessenen Kulturen setzten sich jedoch durch, und nach und nach übernahmen die Eindringlinge deren Traditionen. Das war bei den Otomí der Fall, die sich in Xaltocan niederließen, bei den Acolhua in Coatlinchan, den wilden Tepaneken in Atzcapotzalco (einer Stadt, die von Auswanderern aus Teotihuacán gegründet wurde). Die meisten dieser Völker sprachen Nahuatl. Unter ihnen sehen wir erstmals einen Stamm in Erscheinung treten, der eine große Rolle spielen sollte: **die Mexica, oder Azteken,** die von den Chichimeken abstammten. Den Annalen dieses Stammes zufolge brach diese kleine Gruppe von Jägern unter Leitung ihres Anführers

Xolotl 1168, im Jahr des Falles von Tula, nach S auf. Sie behaupteten, aus Aztlán (vermutlich im heutigen Bundesstaat Nayarit) zu stammen, wo sie tausend Jahre gelebt hätten. Sie machten sich auf den Weg, an der Spitze ihres Zuges wurde ihr Gott Huitzilopochtli von vier Priestern getragen. Der Herrscher der Tolteken, Colhuacan, erlaubte ihnen, sich auf seinem Territorium niederzulassen, wo sie ein gefährdetes Dasein fristeten, zumal er diese gefürchteten Jäger als Leibeigene benutzte. Im Jahre 1323 jedoch vermählte er seine Tochter mit dem Anführer der Azteken Nopaltzin, der versprach, die Prinzessin „wie eine Göttin" zu behandeln, was darauf hinauslief, daß er die Unglückliche opferte, um aus ihr eine Göttin des Krieges zu machen. Die Azteken wurden erneut vertrieben und setzten ihr Umherirren fort, in dem unerschütterlichen Glauben an die Prophezeiung ihres Gottes: eines Tages einen Adler auf einem Nopalkaktus zu sehen, der eine Schlange verschlingt. (Diese Darstellung wurde von der mexikanischen Republik als Staatswappen übernommen). Die Mexica erblickten dieses „Zeichen" schließlich am Westufer des Sees von México auf sumpfigem, völlig unwirtschaftlichem Gebiet, wo sie sich 1345 niederließen. Das Schicksal von Tenochtitlán begann. Die Azteken sollten aber noch eine schwierige Phase durchlaufen. Sie wurden weiterhin von ihren mächtigeren Nachbarn so recht und schlecht geduldet und ihre Armut zwang sie, sich als Söldner des brutalen Tepanekenherrscher zu verdingen. Sie mußten den grausamen Tyrannen Maxtla erleiden, mit ihrem vierten Herrscher Itzcoatl und seinem Berater Tlacaelel jedoch rebellierten sie gegen die Tepaneken und schlugen sie. Tenochtitlán wurde Metropole des mächtigsten Reiches in diesem Teil der Welt.

Die neue Ordnung der Azteken. – Nach ihrem Sieg über die Tepaneken errichteten die Azteken eine neue Ordnung. Itzcoatl wurde 1427 zum *tlatoani*, „Sprecher" gewählt, was die Spanier mit „Kaiser" übersetzten. Itzcoatl, der ein sehr beherzter Soldat und Politiker mit neuen großen Ideen war, begründete vermutlich 1429 einen Dreibund, in welchem sich die Schwesterstädte Tlacopan und Texcoco mit Tenochtitlán zusammenschlossen. Es begann eine auf Expansion und Eroberung ausgerichtete Politik. Nach und nach unterwarfen die Mexica sämtliche Provinzen und scheiterten nur im Süden von Yucatán, in Tlaxcala und im Michoacán. Es handelte sich weniger um ein „Reich", als um ein Bündnis von Stämmen, die eine gewisse Selbständigkeit bewahrten, die jedoch dem Dreibund und insbesondere dessen Anführer, dem Tlatoani der Mexica, zu Gehorsam und Tributleistungen verpflichtet waren.

Gleichzeitig mit der Entwicklung der Politik nach außen begründete im Inneren Tlacaelel (der drei Herrschern diente), der erste große Gesetzgeber, neue Institutionen. Er zerstörte die „Archive", d. h. die Bücher sämtlicher eroberter Völker und prägte das Bild vom auserwählten Volk, Erbe der Tolteken, das dazu ausersehen ist, die Sonne zu speisen. Unter der Regentschaft von Moctezuma I. begründete er eine Einrichtung eigener Art, "Blumenkriege", deren Bedeutung wir nachstehend erläutern.

Kaum eine Geschichte ist interessanter als die dieses kleinen Volkes von Ausgestoßenen, dem es in weniger als 200 Jahren (Gründung ihrer Stadt

1345, Eroberung durch Cortés von 1521) gelang, ein Reich zu errichten, das vom Atlantischen zum Pazifischen Ozean reichte.

Mythen und Geschichte. – Wenn man die Geschichte dieses kleinen Volkes verstehen will, muß man seine Mythen verstehen, denn selten sind beide so eng miteinander verflochten wie hier. Die Geburt von Huitzilopochtli, des Stammesgottes der Azteken, ist bereits ein Hinweis auf die Berufung seines Volkes. Die Chroniken berichten, daß die Göttin des Wassers Coatlicue, „Die mit dem Schlangenrock", in der Sierra von Coatepel spazieren ging, als ein Ball aus Federn in ihre Brust eindrang und sie schwanger wurde. Die Kinder, die sie bereits geboren hatte *Coyolxauhqui*, und die *Centzon Huitznahua*, die „400 Sterne des Südens", waren erzürnt über diese Schande und wollten ihre Mutter töten. Das Kind aber, das sie trug, gab ihr Sicherheit; vollständig bewaffnet ging es aus dem Leib der Mutter hervor und tötete seine Geschwister. Dieser Mythos, nach einem bei den Azteken üblichen Gedankengang, spielte sich auf mehreren Ebenen ab. Auf der Ebene der kosmologischen Sicht berichtet er vom Sieg des Jungen Sonnengottes, der die Finsternis und die Sterne bezwingt. Geschichtlich gesehen bedeutet er den Sieg des jungen aztekischen Stammes über alte Mächte, der die Mission des Volkes von Huitzilopochtli rechtfertigt.

Die Azteken, die als letzte in das Tal von México gekommen waren, waren zum Zeitpunkt der Konquista in religiöser und politischer Sicht in voller Entwicklung. In ihren *Calmecals* (religiösen Schulen) versuchten die Priester die Mythen und eine Vereinheitlichung der Göttergestalten unter einen Hut zu bringen.

1. Gott ist in allem

Die aztekische Religion kennzeichnet zunächst ein unbegrenzter Polytheismus. Dieser Polytheismus ist im Mythos enthalten. Einigen Quellen zufolge soll das erste Paar, *Ometecuhtli* und *Omecihuatl*, „Der Herr und die Herrin der Zweiheit", einem Opfermesser das Leben geschenkt haben, das, als es in die Ebene im Norden niederfiel (woher – wie wir wissen – die Nahuatl sprechenden Leute kamen) seinerseits 400 mal 4 = 1 600 (= unzählige) Götter gezeugt haben soll. Daraus folgte, daß Gott in allem war. Die Azteken „töteten" niemals einen Gott, auch keinen besiegten, im Gegenteil, sie übernahmen ihn. Die Priester bemühten sich, seine göttliche Gestalt in die eines bereits vorhandenen eingehen zu lassen. Wenn das nicht gelang, wurde im Sakralbereich von Tenochtitlán allen Göttern der unterworfenen Völker ein eigener Tempel errichtet. Daraus erklärt sich zum Zeitpunkt der Konquista die ungewöhnliche Bereitschaft der Indios, sich massenhaft zu dem neuen Glauben zu bekennen und gleichzeitig die Schwäche des Glaubens an Christus, der in ihren Augen lediglich ein neu dazugekommener Gott war, der die alten Götter nicht verdrängte.

2. Die Welt ist dem Untergang bestimmt

Die *„Leyenda de Los Soles"* (Legende der Sonnen), die in verschiedenen Versionen überliefert ist, berichtet von Zeitaltern, oder „Sonnen", die unserer Zeit vorangingen und zugrunde gingen. Als erste kam die Sonne *Nahui Ocelotl* „4-Jaguar", die an einem Tag „4-Jaguar" unterging; die Wesen der Erde wurden von Jaguaren verschlungen. Es folgte *Nahui Eecatl*, „4-Wind". Bei ihrem Untergang wurden die Lebewesen von schrecklichen Winden davongetragen. Dann kam die Sonne *Nahui Quiahuitl*, „4-Regen", und ein Feuerregen zerstörte Menschen und Dinge. Als *Nahui atl*, „4-Wasser", unterging, zerstörte eine Sintflut die Welt, die einzigen Überlebenden waren ein Mann und eine Frau. Wir leben gegenwärtig im Zeitalter der 5. Sonne (5 ist die Zahl des Zentrums, der Unstabilität), die das Zeichen *Ollin* „Erdbewegung" trägt. Unsere Welt wird wie die vier vorangegangenen untergehen. Die einander ablösende Menschheit war unvollkommen, auch die unsere ist es.

3. Der Mensch – insbesondere der aztekische Mensch – ist für die Götter verantwortlich

In Teotihuacán opferten sich also die Götter, um die Welt und die Gestirne mit Leben zu speisen. Dieses erste Opfer der Götter muß von den Menschen nachvollzogen werden. Sie müssen die Sonne am Leben erhalten. Der Priester, der einem Geopferten das Herz aus dem Leib schnitt, hob es zur Sonne empor und brachte ihr „die kostbare Tuna" (Kaktusfeige) des Adlers dar. Dies erklärt, warum zum Zeitpunkt der Konquista in Mexiko das Blut in Strömen floß. Erhielten die Götter nicht was ihnen zustand, Geschenke, Weihrauch und Opfergaben, darunter die wichtigste, „kostbares Wasser", nämlich das Blut von Menschen, konnte es geschehen, daß sie vergaßen, ihren „Vertrag" mit den Menschen einzuhalten. Die Zahl der anläßlich der Erneuerung des großen Tempels von Mexico Geopferten wurde auf 20.000 berechnet, eine ungeheure Zahl für ein zahlenmäßig noch verhältnismäßig kleines Volk. Die Spanier sahen die Tzompantlis, jene makabren Plattformen, auf denen die Schädel der Geopferten aufgespießt wurden, von Schädeln überquellen. Die Notwendigkeit, keinesfalls eine überflüssige Grausamkeit, veranlaßte die Azteken zur Schaffung einer sehr seltsamen Einrichtung, sogenannten *Xochiyaoyotl*, „Blumenkriegen", die in Wahrheit ein *Bündnis* zwischen den drei Schwesterstädten Tenochtitlán, Texcoco und Tlacopan einerseits, und Tlaxcala und Huexotzingo andererseits waren und dazu dienten, sich Gefangene für die Opfer auf den Altären zu sichern. Sogar Adler-Krieger und Jaguar-Krieger, die Mitglieder der beiden militärischen Eliteorden, die sich der Sonne geweiht hatten, waren stolz, daraus ihren Gott zu speisen, bevor sie selbst auf den Opfersteinen getötet wurden.

Was die Götter, insbesondere Huitzilopochtli, gegeben hatten, konnten sie jederzeit zurücknehmen: Hieraus erklärt sich die große Unsicherheit der Welt. Jedes Mal, wenn ein aztekisches „Jahrhundert" zu Ende ging, alle 52 Jahre, erstarrte das Volk in der Furcht, der Gott könnte seinen Vertrag mit den Menschen nicht mehr erneuern. Sämtliche Feuer wurden gelöscht, man verbrachte die Nacht in Angst und Schrecken, bis schließlich – endlich – *Yohuate Cuhtli* am Himmel emporstieg und ein Priester über dem Leib eines Gepardes das Neufeuer entzündete. Jetzt konnte das Leben weitergehen. Zu keiner Zeit brauchten die Götter den Menschen mehr als damals.

4. Alles ist in den Büchern des Schicksals niedergeschrieben

Als Folge dieser Unterwerfung des Menschen unter den göttlichen Willen sind die *tonalmatl* („Buch der Tage"), eine Art Wahrsagekalender, das einzige Element, das der Mensch besitzt, um diesen göttlichen Willen zu ergründen. Diese Bücher spielten eine bedeutende Rolle. Bei der Geburt eines Kindes oder vor jedem wichtigen Ereignis wurden die *tonalponhque* („Zähler der Tage") konsultiert. Jedes Jahr, jeder Monat, jeder Tag gehörte einem Gott und war dadurch Bestandteil einer bestimmten Ordnung des Universums. Erinnern wir in großen Zügen an den Kalender der Azteken. Jeder Tag trug ein Zeichen aus einer ununterbrochenen Reihe von 20 (Wasserungeheuer, Wind, Haus, Eidechse usw.) und eine Ordnungszahl, die von 1–13 ging. Es mußten 20 mal 13 = 260 Tage vergehen, damit das gleiche Zeichen mit derselben Zahl wieder zusammentraf. Dieser Zeitraum (260 Tage) wurde als *tonalpohualli* (Zählung der Tage"), Grundeinheit des altmexikanischen Kalenders, bezeichnet. Die Jahre trugen eines der folgenden vier Zeichen: *acatl* (Rohr), *tecpatl* (Steinmesser), *calli* (Haus) und *tochtli* (Kaninchen) und erschienen ebenfalls in Verbindung mit den Zahlen 1–13. Es mußten 4 mal 13 = 52 Jahre vergehen, bis das gleiche Zeichen mit derselben Zahl wieder zusammentraf. Dieser Zeitraum wurde als *Xiuhmolpilli*, „Jahresverknüpfung", das aztekische Jahrhundert, bezeichnet.

Neben diesem Priesterkalender kannten die Azteken ein weiteres Kalendersystem, das sich aus 18 Monaten zu 20 Tagen = 360 Tagen zusammensetzte und fünf "überschüssigen" Tagen, den *nemontemi,* die kein Zeichen trugen und als unheilvoll galten. Zu diesen beiden Kalendern tritt ein dritter hinzu, der auf der Umlaufzeit des Planeten Venus basierte. Das Venus-Jahr umfaßt einen Zeitraum von 584 Tagen. Am Ende von 56 Venusjahren, 104 Sonnenjahren (2 „Jahrhunderten") fallen die drei Kalendersysteme am gleichen Tag zusammen. Diese Periode, die längste, hieß huehuetilitzli, „Alter".

Die Aufgabe der Wahrsager: Bei der Geburt eines Kindes mußten sie sämtliche Einflüsse und Zusammenhänge feststellen, die es erhalten hatte und sein Leben bestimmen würden, seinen Beruf, manchmal auch seinen Tod. Jede Stunde hatte einen Gott als Herrn, jeder Gott herrschte über eine Richtung, eine Farbe mit einer guten (positiven) oder bösen (negativen) Konnotation. Ein Kind konnte sich nicht über sein in den „Büchern" enthaltenes Schicksal hinwegsetzen. Jede wichtige Entscheidung wurde der Zustimmung der Weisen unterbreitet, die die Omen zu deuten versuchten. Die letzten Jahre der Regentschaft von Moctezuma waren von unheilvollen Prophezeiungen verdüstert: Kometen zogen über den Himmel, eine Feuersbrunst brach ohne ersichtlichen Grund im Tempel des Huitzilopochtli aus, Menschen mit zwei Köpfen wurden geboren, Fische trugen auf der Stirn einen Spiegel, in welchem sich die schrecklichsten Bilder zeigten. Der Herrscher lebte in Angst vor der Zukunft und beriet sich mit Wahrsagern, bereit sie zu töten, wenn ihre Prophezeiungen allzu pessimistisch waren. Da der Herrscher jedoch tiefgläubig und dem göttlichen Willen ergeben war, war er von der Nachricht der Ankunft von Cortes tief beeindruckt und faßte ihn als ein von Gott gesandtes „Zeichen" auf.

5. Die alten Götter der Erde im Kampf gegen die jungen Götter des Krieges

Es ist offenkundig, daß sich dieses Volk, das sich erst vor kurzer Zeit von der Barbarei befreit hatte, noch in voller Entwicklung befand und daß das Jahr 1519 sowohl auf politischer wie auf religiöser Ebene eine Übergangsperiode war. Nach Tlacaelel, der die Berufung seines Volkes als auserwähltes Volk der Sonne beweisen wollte, unternahm die Priester in den *Calmecacs* (religiösen Schulen) den Versuch, diesen unbegrenzten Pantheon zu rationalisieren und eine Ordnung in das göttliche Chaos zu bringen. Schon bei den Tolteken mußte der gute und weise König Quetzalcóatl gegen Telcatlipoca, den Gott der Krieger des Nordens, kämpfen. Und der Kampf endete mit seiner Niederlage. Bei den Azteken ist es Huitzilopochtli, der „Kolibri von links", der junge siegreiche Krieger, die Sonne im Zenit, der triumphiert (bei ihnen sind oder werden alle Götter zu Sonnenwesen). Wieder einmal reflektiert sich die Geschichte im Mythos. Die seßhaften Völker der Hochplateaus verehrten schlichte Götter, die mit den

Die Kulturen Mexikos

Jahreszeiten in Verbindung standen oder Naturkräfte verkörperten: *Tlaloc*, den Regengott, in einem Gebiet, das von Dürreperioden bedroht war, *Xiuhtecuhtli*, den Feuergott, in einem Land, in welchem die Erde bebte. Mit der Ankunft der Völker aus dem N, deren Götter Jäger und Krieger waren, begann eine neue Zeit. Die Bemühungen der aztekischen Theologen liefen darauf hinaus, die neuen Götter der eroberten Stämme in bereits vorhandene Göttergestalten zu integrieren. Die alten Erdgöttinnen und die Göttermütter nehmen kriegerische Züge an und der große Tempel von Tenochtitlán wurde mit zwei Tempeln, dem des Huitzilopochtli und dem des Tlaloc, geschmückt.

Die Spanier waren zum Zeitpunkt der Konquista über den Mangel an „Geistigkeit" dieser Religion äußerst überrascht, die von jeglicher Moralvorstellung frei zu sein schien. Was wir über die Mythen sagten, erklärt dies vielleicht. Wenn die Azteken andererseits an ein Weiterleben glaubten, so dachten sie, daß ihr Schicksal in der anderen Welt durch die Todesart bestimmt wurde (die häufig schon am Tag der Geburt feststand) und durch ihr Verdienst auf Erden. Ein Mensch, der ertrank, war von Tlaloc auserwählt, um diesem in sein Paradies zu folgen. Das begehrteste Schicksal, das der aztekischen „Berufung" am nächsten kam, war im Kampf oder auf dem Opferstein sein Leben zu lassen. Auf diese Art folgte man der Sonne auf ihrem Siegeszug. Die jungen Krieger wurden zu „Begleitern des Adlers". Im Zenith schlossen sich ihrem Siegeszug die *Cihuateteo* an, die im Kindbett verstorbenen Frauen, die ihrerseits gekämpft hatten, um einen Krieger zu gebären. Nichts destotrotz wäre es ungerecht zu glauben, daß diese Religion jedweder Moralvorstellung entbehrte. Zwei Vorstellungsströme beherrschten sie: der eine bezog sich auf Huitzilopochtli und Tezcatlipoca, vollständig auf den Kampf ausgerichtet, der andere, auf Quetzalcóatl bezogene, orientierte die Gläubigen zur Meditation und zur Frage nach dem „Warum"? Wir haben gesehen, daß Quetzalcóatl ein Gegner der Menschenopfer war, trotz der Versuchungen der Dämonen, „Nie gab er nach, noch stimmte er zu, denn er liebte seine Untertanen". ER opferte den Göttern Wachteln, Truthähne und Nattern anstelle von Menschen, vor allem aber auch sein eigenes Blut. Die rituelle Selbstkasteiung bestand darin, sich zum Beispiel die Zunge mit Magueykolben zu durchstechen, um ihr Blut zu entziehen. Dies ist die Grundidee eines persönlichen Opfers (Selbstaufopferung).

Dieser Brauch, der Spanier aufs äußerste entsetzte, der rituelle Kannibalismus, ist in Wirklichkeit die Verbindung mit einer spirituellen Idee, eine echte Kommunion. Der geopferte Gefangene verkörperte den Gott, war der Gott selbst. Sein Leib wurde in einer Zeremonie in Stücke geteilt, einen Teil erhielt der Herrscher, der Rest wurde unter den Gästen aufgeteilt. Auch ein so tief im christlichen Glauben verankerter Begriff wie die Sünde war den Azteken nicht fremd. Strafen sind in ihrer Geschichte häufig. Die Göttin Tlazolteotl, die von den Völkern am Golf übernommen worden war, wurde „Esserin von Abfall" genannt. Sie hatte die Macht, Sünden zu verzeihen, insbesondere Verstöße gegen die Gesetze der Fleischeslust. Ihr zu Ehren wurden Konfessionsriten abgehalten. Die *temazcalli*, Gebäude in denen rituelle Waschungen stattfanden, waren ihr geweiht. In diesen Jahren, die dem Ende einer Welt vorangingen, ist es möglich, daß der persönliche Vormarsch Einzelner sie zu einer höheren Auffassung ihrer Religion geführt hat. Wir kennen die religiöse Auffassung des Königs von Texcoco, *Netzahualcoyotl*, des Priesters und Philosophen, der nicht einen einzigen, sondern einen höchsten Gott suchte und der „reinen Idee" einen Turm errichten ließ. Trotz des ziemlich „äußerlichen" Charakters dieser Mystik

läuft sie auf eine äußerst rigorose Moral hinaus. Wir sind im Besitz von Texten, die teilweise von Bernhardino de Sahagún, einem der ersten Mönche in Neuspanien, zusammengetragen wurden. Diese Aufzeichnungen umfassen Überlieferungen, die den Jungen von ihren Eltern und den Weisen immer wieder erzählt wurden. Sie hielten ihnen vor Augen, wie sie ihr Leben zu gestalten hätten, die Schwere ihrer Aufgaben, die Unterwerfung unter Gott, was sie ihrer Menschenwürde schuldig sind.
Cortes selbst empfand für Moctezuma tiefe Bewunderung und war berührt von der Würde, die der Herrscher bis zuletzt zeigte. Als er starb: „Trauerte Cortes um ihn und alle unsere Anführer und Soldaten, und es gab nicht einen unter uns, der ihn gekannt und nicht um ihn wie um seinen Vater geweint hätte".

Ein „neues Venedig". – Unter der Führung seiner Götter war es diesem kleinen, noch gestern umherirrenden Volk gelungen, aus einem erbärmlichen Marktflecken mitten im Schilf Tenochtitláns die schönste Stadt der Welt erstehen zu lassen, ein „Neues Venedig" nach den Worten der Eroberer, die es zerstören sollten.

Die Anfänge des Stammes waren unsicher. Ohne Land und in der Lagune zusammengedrängt, bewiesen die Mexica dieselbe Genialität wie zur Zeit ihrer Wanderung, in der sie sich fast ausschließlich von Maguey-Agaven ernährten. Um sich urbares Land zu beschaffen, legten sie *Chinampas* an (die man noch heute in Xochimilco sehen kann). Dieses Verfahren, das zeifellos von den Teotihuacanern entwickelt worden war, besteht darin, große Flöße aus leichtem Holz und Flechtwerk zu produzieren und sie mit Wasserpflanzen zu befestigen. Auf diese Flöße gab man den Schlamm vom Seegrund, der sehr fruchtbar war. Die Mexica kultivierten darauf etwas Mais, Pfefferschoten, Kürbisse, Bohnen und auch Blumen. Ursprünglich konnten die Chinampa treideln, nach und nach aber verwuchsen sie mit dem Seegrund. Die Stadt war somit auf einer Art Archipel aus kleinen natürlichen Inseln erbaut. Die Straßen von Tenochtitlán waren im allgemeinen halb Damm halb Kanal. Im 16. Jh. gab es einen echten aztekischen „Städtebau" und die Konquistadoren waren von seinen Schöpfungen überrascht. Drei große Dämme verbanden die Stadt mit dem Festland. Sie waren so breit, daß acht Reiter nebeneinander Platz hatten. Ein Aquädukt führte Trinkwasser von Chapultepec in die Stadt. Die Brücken und Deiche waren wahre Kunstwerke. Aber lassen wir B. Diaz del Castillo beschreiben, was er als einer der ersten Europäer entdeckte: „Als wir diese schöne Straße sahen, die direkt nach México führte, alle auf der Lagune und auf dem Festland errichteten Städte und Dörfer, waren wir starr vor Erstaunen und sagten uns, daß dies alles den verzauberten Städten gliche, von denen das Buch von Amadis berichtet. Auf dem Wasser errichtete Türme und Tempel, Gebäude aus Stein und Kalk: unsere Soldaten glaubten zu träumen. Und wundert euch nicht, wenn ich dies berichte, denn ich untertreibe noch, weiß aber nicht, wie ich dies beschreiben soll; und erst die Paläste, in denen wir untergebracht wurden; sie sind groß, aus soliden Steinen, Zedern- und anderem Holz erbaut, mit Höfen und Räumen, die mit Baumwollstoffen tapeziert sind! Und als wir die Gärten besichtigten, welche Freude... Ich wiederhole, ich war so voll der Begeisterung, daß ich nicht glauben konnte, es könne auf der ganzen Welt einen schöneren Fleck Erde geben als diesen...."

Das Zentrum der Stadt befand sich genau an der Stelle, an welcher der Stamm das „Zeichen" Huitzilopochtlis erblickt hatte: einen Adler, der eine

Schlange verschlingt. Jahr um Jahr baute das Volk seinem Stammesgott einen immer schöneren und größeren Tempel. Dieser Tempel, der auf Anordnung von Cortes geschleift wurde, befand sich hinter der Kathedrale von México, die aus seinen Steinen errichtet wurde. Bis auf den heutigen Tag kennt man den Sakralbereich von Tenochtitlán lediglich aus den Zeugnissen der Chronisten. Die jüngste (Feb. 1978) zufällige Entdeckung einer Steinscheibe, die der Coyauxauhqui geweiht war, hat die mexikanischen Behörden bewogen, Ausgrabungen am Platz des großen Tempels durchzuführen. Der mehrfach überbaute große *teocalli* bestand 1519 aus einer Pyramide, die man auf drei Treppenläufen von je 120 Stufen (3 mal 120 = 360 Tage des Jahres, die fünf unheilvollen übrigen Tage nicht mitgerechnet) erreichte und auf der sich der Doppeltempel des Huitzilopochtli und des Tlaloc erhoben. Den großen Tempel umgaben eine Reihe anderer Sakralbauten, die gesamte Anlage der heiligen Stadt umschloß eine befestigte Umfriedung, die Schlangenhäupter krönte, die sogenannte „Schlangenmauer", *coatepantli*. Um diesen heiligen Bezirk gruppierten sich die Stadt, der Palast des Herrschers, die prächtigen mit Blumen geschmückten Paläste der Würdenträger. Die Stadt selbst war in Viertel, *calpulli*, eingeteilt, die eine territoriale Einheit zu bilden schienen. Jedes hatte seinen gewählten Vorsteher, seinen eigenen Tempel und eigene Schulen.

Die aztekische Gesellschaft. – Wir sind jetzt schon weit von dem kleinen umherirrenden Stamm entfernt. Die Inbesitznahme eines so ausgedehnten Reiches durch die Azteken ist nur vorstellbar unter der Voraussetzung einer bereits strukturierten und hierarchisierten Gesellschaft mit Beamten, spezialisierten Handwerkern und einem Verwaltungsapparat. Auf diesem Gebiet befand sich die aztekische Gesellschaft noch mitten in ihrer Entwicklung. Wir haben keine Kenntnis von der Organisation des Stammes während seiner Wanderschaft. Sie scheint jedoch einfach gewesen zu sein: Die Familienoberhäupter bildeten einen Rat, der eine Art Autorität und Macht verkörperte, die von den Huitzilopochtli-Priestern ausgeübt wurde. Zum Zeitpunkt der Konquista hatten sich die Dinge weiterentwickelt. Die aztekische Gesellschaft umfaßte damals mehrere Klassen.

An der Spitze der Pyramide stand der *tlatoani*, der Herrscher, der im allgemeinen von den Mitgliedern der Familie gewählt oder ernannt wurde. Ihm standen vier Ratgeber zur Seite. Die sehr zahlreiche und mächtige Priesterschaft, die im *Calmecac* ausgebildet wurde, hatte an ihrer Spitze die beiden Oberpriester des Huitzilopochtli und des Tlaloc. Die hohen Staatsämter wurden mit Männern besetzt, die durch ihre Verdienste zum *tecuhtli* (Herrn) aufgestiegen waren. Mit der Priesterschaft war dies die einzige Klasse, die nicht steuerpflichtig war. Der Sohn eines *tecuhtli* erbte grundsätzlich kein übertragbares Gut. Gegen Ende dieser Periode jedoch machte sich eine gewisse Wandlung bemerkbar, die Söhne der tecuhtlis wurden durch Geburt *pilli*, was die Spanier mit „hidalgo" (= Sohn jemandes) übersetzten. Sie verloren diese Eigenschaft, wenn sie sich ihrer als unwürdig erwiesen. Sie wurden in *tepochcalli*, Kriegsschulen erzogen, deren Schutzpatron Tezcatlipoca, der Gott der jungen Krieger war. Unter den Möglichkeiten sich auszuzeichnen oder Güter zu erwerben, war die häufigste und angesehenste die, im Krieg Verdienste zu erwerben. Jeder Krieger, der mindestens vier Gefangene gemacht hatte, empfing besondere

Ehren und stieg zum *tecuhtli* auf – Krieger, denen es nicht gelungen war sich im Kampf auszuzeichnen, blieben *macehualli*, gemeine Soldaten.
Unter dem Adel und der Priesterschaft gab es zahlreiche Klassen. Eine davon hatte eine besondere treibende Kraft, und zwar die *pochteca*, Kaufleute, die durch das Reich zogen und seltene Güter zurückbrachten, die auf den riesigen Märkten von México verkauft wurden. Sie waren keine einfachen „Handelsreisenden". Ihre Aufgaben waren vielfältig: Sie waren auch als Spione unterwegs, die dem Herrscher Nachrichten aus den entlegenen Gebieten brachten. Durch sie erfuhr Moctezuma, daß sich an der Küste seltsame Dinge zutrugen, daß man dort „Berge, die sich bewegen" sah (die ersten europäischen Schiffe). Sie spielten eine bedeutende Rolle während der Konquista, indem sie ganze Städte gegen Cortes aufbrachten, Gerüchte verbreiteten usw. Sie waren ständig bewaffnet, da sie ihre Schätze gegen etwaige Überfälle verteidigen mußten und stellten eine Art Vorhut der Truppe dar. Die Institution dieser spionierenden Kaufmannschaft ist sehr alt. Man glaubte sie auf die Olmeken zurückzuführen zu müssen, was die weite Verbreitung ihrer Kunstwerke erklären könnte. In den letzten Jahren stellten sie eine zunehmende Macht dar, die vom Adel gefürchtet und beneidet wurde. Sie stellten eine eigene Zunft dar, mit eigenen Göttern, eigenen Festen und eigenen Regeln.
Auch die Handwerker bildeten eine eigene Gilde. Man nannte sie *tolteca*, zur Erinnerung an jenes Volk, das als Erfinder sämtlicher Künste galt. Die alten Texte enthalten nur wenige Details über die Gruppe der einfachen Berufe und sprechen nur von Kunsthandwerkern: Federverarbeitern, Bildhauern, Goldschmieden, Webern. Sie wohnten in eigenen Vierteln, hatten eigene Götter und Feste und genossen das Ansehen der Allgemeinheit, wenn sie sich auf ihr Handwerk verstanden. Die Zunft der Goldschmiede z. B. verehrte insbesondere den Gott *Xipe Tótec* „Unseren Herrn, den Geschundenen". Ihr Gott *Xipe Tótec*, der ursprünglich ein Gott der Vegetation und des Wiedererwachens der Natur war, war einem typisch mexikanischem Gedankengang zufolge zum Gott der Goldschmiede geworden: die Haut eines Geopferten, mit der sich der Priester bekleidete, wurde gelb und welk und erinnerte an Goldfolie.
Außerhalb dieser privilegierten Klassen stand das Volk, das sich weder im Krieg, noch durch irgendwelche Verdienste oder eine besondere Befähigung auszeichnete, die Masse der sogenannten *macehualli*, der Gemeinfreien, die Steuer bezahlen und Frondienst leisten mußten. Einem Mann, der sich verheiratete, stand eine Parzelle innerhalb seines *calpullis* zu, die er bebauen durfte. Wie bereits erwähnt, konnte er jedoch, wenn er Verdienste erwarb, in eine andere Klasse aufsteigen und, selbst wenn er *macehualli* blieb, ein gewisses Ansehen gewinnen. Als Greis wurde er von allen gehört und spielte eine bedeutende Rolle im Rat des Viertels. Auch für Sklaven gab es keinen sozialen Determinismus. Man konnte aus freien Stücken Sklave werden, sich wieder freikaufen und Kindern das Leben schenken, die frei waren.
Aus diesen wenigen Zügen sehen wir eine dynamische, an hohen moralischen Werten orientierte und Göttern zugetane Gesellschaft, die indessen schon den Keim der Unruhe in sich trägt. Im Inneren macht sich eine „Bürokratie" breit, mit der zunehmender Druck der Kaufmannschaft gegen den Adel. Von Außen drückt die Ungeduld der Verbündeten oder durch Gewalt unterworfenen Stämme, die das Gewicht der aztekischen Lehnsherrschaft als zu schwer empfinden. Ihren Ressourcen entsprechend mußte jede Provinz dem aztekischen Herrscher eine Menge zur Verfügung stellen, die uns noch heute gewaltig erscheint: Baumwollbal-

Die Kulturen Mexikos

len, kostbare Federn des Quetzal, Goldbarren und vor allem Menschen, die geopfert wurden. Der politischen Begabung von Cortes und seinem Ehrgeiz kamen die Untertanen des Herrschers zu Hilfe. Nach einer Periode des Zauderns, in welcher der Konquistador für einen Gott gehalten wurde und nach einem heroischen Widerstand sollte Cortés die aztekische Macht vollständig zerschlagen. Später unternahm er den Versuch, die indianische mit der spanischen Kultur in Einklang zu bringen und die schwierige Synthese zu verwirklichen, aus der das moderne Mexiko hervorging.

III. Zeittafel

1492 **Entdeckung der Neuen Welt durch Christoph Kolumbus.**

1512 Erster Kontakt zwischen Spaniern und Mayas bei einem Schiffbruch. Einer der Schiffbrüchigen, Jéronimo de Aguilar, er lernt die Maya-Sprache und dient **Hernán Cortés** später als Dolmetscher.

1517 Hernández de Córdoba erforscht die Ostküste Yucatáns bis zur Bucht von Asunción.

1518 Juan de Grijalva erforscht die Küste des Golfs von Mexiko, von Yucatán bis in die Gegend von Veracruz.

1519 **Hernán Cortés** verläßt Kuba im Januar an der Spitze einer Expedition aus 11 Schiffen mit 500 Soldaten, 10 Kanonen und 17 Pferden an Bord. Nach einer Zwischenlandung auf der Insel Cozumel, wo er Jéronimo de Aguilar an Bord nimmt, landet Cortés an der Küste von Tabasco und trifft dort auf den Widerstand der Maya. Bei seinem Aufbruch begleitet Cortés eine junge aztekische Sklavin, **Malitzin**, von den Spaniern Marina getauft, die ihm (durch Vermittlung von Aguilar) bei seinen Verhandlungen mit den aztekischen Botschaftern als Dolmetscherin dient. **Er geht an der Küste des Golfs von Mexiko,** in der Gegend des heutigen Veracruz **an Land.** Dort empfängt er die Abgesandten **Moctezumas II,** der in ständiger Furcht vor der Wiederkehr Quetzalcoátls lebte (Hernán Cortés und seine Begleiter werden eine Zeitlang als Abgesandte des Gottes angesehen). Als Gast des Kaziken von Zempoala wird Cortés Zeuge der **Feindseligkeit gegenüber den Azteken seitens der von ihnen unterworfenen Völker.** Im August bricht Cortés auf zum **Marsch in das Tal México.** Erbitterte Kämpfe gegen die Tlaxkalteken, die sich seiner Expedition zuletzt anschließen. Eroberung von Cholula; erbarmungsloses Massaker von Eingeborenen als Vergeltungsmaßnahme für eine angeblich von Moctezuma angestiftete Verschwörung.
Im November erreicht Cortés México-Tenochtitlán, wo er von Moctezuma empfangen wird. Moctezuma wird gefangengenommen.

1520 In Abwesenheit von Cortés, der den vom Gouverneur von Kuba gegen ihn ausgesandten Truppen unter Panfilo de Narváez entgegenzieht (Schlacht von Zempoala), läßt Pedro de Alvarado bei einem religiösen Fest im Teocalli von Tenochtitlán Tausende von Indianern ermorden. Cortés schlägt Narváez und kehrt nach Te-

Zeittafel

nochtitlán zurück; im Palast von Axayácatl belagert und eingeschlossen, befiehlt er den Rückzug (**Noche Triste** – Traurige Nacht) und erleidet schwere Verluste. Am 7. Juli schlägt Cortés bei Otumba eine aztekische Armee in die Flucht. Es gelingt ihm, nach Tlaxcala zurückzukehren, von wo aus er die Belagerung von Tenochtitlán vorbereitet.

1521 **Belagerung von Tenochtitlán,** das nach 3 Monaten erbitterter Kämpfe fällt. Der letzte *tlatoani mexica* (Aztekenkaiser), **Cuauhtémoc,** wird gefangengesetzt und später auf einer von Cortés nach Honduras unternommenen Expedition hingerichtet. Die Besetzung der Mesa Central, die ab 1521 in Angriff genommen worden war, wird von Cortés und seinen Konquistadoren fortgesetzt.

1522 **Cortés,** der inzwischen von Kaiser Karl V. zum **Gouverneur** und **Oberkommandierenden Neuspaniens** ernannt worden war, läßt Tenochtitlán, das künftig den Namen **México** tragen wird, wiederaufbauen.

1523 Cristóbal de Olid, von Cortés mit der Eroberung von Honduras beauftragt, erhebt sich gegen den Anführer der Konquistadoren, der sich gezwungen sieht Mexiko zu verlassen, um den Rebellen niederzuwerfen.

1524 **Eroberung Guatemalas** durch Pedro de Alvarado. Franziskanermönche lassen sich in Mexiko nieder, um **Neuspanien zum Christentum zu bekehren** und errichten Klöster und Missionen.

1526 Die Dominikaner kommen nach Mexiko.

1527 Entsendung eines Untersuchungsbeamten nach Mexiko, der Licht in die Cortés nachgesagten Machenschaften bringen soll. Cortés selbst begibt sich nach Spanien, um sich zu rechtfertigen. Dort wird ihm von der Bevölkerung ein triumphaler Empfang zuteil und er erhält den Titel Marqués de Oaxaca, aber **die Regierung von Mexiko wird einer Audiencia übertragen**, einer Kommission aus fünf mit administrativen und juristischen Vollmachten ausgestatteten Mitgliedern, die durch ihren Machtmißbrauch traurige Berühmtheit erlangen soll. Francisco de Montejo unternimmt den Versuch der **Eroberung Nord-Yucatáns,** stößt aber auf den heftigen Widerstand der Maya, die erst 1542 durch Francisco de Montejo d. J. besiegt werden.

1530 Cortés kehrt nach Mexiko zurück und unternimmt mehrere Streifzüge entlang der Pazifik-Küste. Einsetzung der zweiten Audiencia Neuspaniens in Guadalajara.

1535 **Don Antonio de Mendoza** wird von Karl V. zum **Vizekönig** ernannt; er übt sein Amt bis 1550 aus, als erster von 62 Statthaltern, die Neuspanien bis zu seiner Unabhängigkeit im Jahre 1821 regieren.

1571 Das **Inquisitionstribunal** wird in Mexiko eingesetzt.

1572 Jesuiten kommen nach Mexiko und gründen Schulen für junge Kreolen, u. a. in Tepotzotlán.

1598 Juan de Oñate besetzt Neu-Mexiko. Am Ende des 16. Jh. haben die Spanier im ganzen Gebiet des heutigen Mexiko Fuß gefaßt, mit Ausnahme einiger Inseln.

1765	Der zum „Visitador" ernannte José de Gálvez kommt nach Mexiko, um die **Möglichkeit einer Verwaltungsreform** zu **untersuchen.** Nach seiner Rückkehr nach Spanien (1775) wird er zum Minister für Indien ernannt und als solcher beauftragt, die empfohlenen Reformen durchzuführen. Die zweihundert Corregidores (Amtmänner) bzw. Alcaldes Mayores (Oberbürgermeister) Neuspaniens werden durch zwölf mit ausgedehnten finanziellen, wirtschaftlichen und politischen Befugnissen ausgestattete Intendanten ersetzt.
1767	Ausweisung der Jesuiten.
1796	Spanien, das mit dem die Weltmeere beherrschenden England Krieg führt, sieht sich gezwungen, die Häfen seiner Kolonien neutralen Schiffen zu öffnen, in diesem Fall nordamerikanischen Matrosen und Kaufleuten, die die Gelegenheit wahrnehmen, das durch den amerikanischen Unabhängigkeitskrieg und die französische Revolution freigesetzte Gedankengut zu verbreiten.
1808	**Neuspanien verweigert Joseph Bonaparte,** dem von Napoleon eingesetzten „König von Spanien und Indien" **die Anerkennung** und hält dem abgesetzten Bourbonenkönig Ferdinand VII. die Treue. Dadurch kommt es zu einem **Konflikt zwischen europäischen und mexikanischen Spaniern.**
1810	Im September organisiert eine Gruppe von mexikanischen Spaniern unter Anführung des Priesters **Miguel Hidalgo** ein Komplott zur **Vertreibung der europäischen Spanier** (Gachupines) und zur Bildung einer Regierung im Namen Ferdinands VII. Die Bewegung, die von der Mehrheit der Indios und Mestizen unterstützt wird, nimmt ein von den mexikanischen Spaniern nicht vorhergesehenes Ausmaß an. Abschaffung der Sklaverei.
1811	Niederlage der Aufständischen. Hidalgo, der verraten und gefangengenommen worden war, wird im Juli hingerichtet. José María Morelos und Vicente Guerrero setzen den Kampf gegen die Royalisten fort und können Erfolge verzeichnen.
1813	Der in Chilpancingo einberufene Kongreß proklamiert die **Unabhängigkeit** Mexikos und ernennt José María Morelos zum Generalissimus; die Gleichheit aller Rassen wird verordnet.
1814	**Ausrufung der mexikanischen Republik** durch die vom Kongreß angenommene **Constitución de Apatzingán.**
1815	Niederlage von José María Morelos durch die Royalisten.
1821	Plan von Iguala. General **Iturbide,** ein ehemaliger Anführer der Royalisten, verkündet den Plan der „Drei Garantien" und erreicht die Einigung der in Mexiko geborenen Spanier. Am 24. August unterzeichnet Vizekönig O'Donojú den **Vertrag von Córdoba,** der die **Unabhängigkeit Mexikos anerkennt.** Agustín de Iturbide zieht als Sieger in die Hauptstadt ein und bildet eine Regierung.
1822	Iturbide läßt sich zum **Kaiser von Mexiko** ausrufen.
1823	Abdankung von Iturbide (19. März). General **Santa Ana,** der im Dezember 1822 in Veracruz die Republik ausgerufen hatte, schlägt die politische Laufbahn ein.

Zeittafel

1824 **Mexiko** gibt sich nach dem Vorbild der USA eine Verfassung und wird **föderalistische Republik**. Guadelupe Victoria, ein ehemaliger General der Freiheitsarmee, wird zum Präsidenten gewählt.

1825 Mexiko erlebt eine Phase der politischen Unstabilität, während **Santa Ana mehrmals hintereinander Präsident** wird.

1836 Von texanischen Siedlern besiegt, muß Santa Ana die Unabhängigkeit von Texas anerkennen, das im Februar 1845 in die amerikanische Union aufgenommen wird.

1846–1848 Krieg zwischen Mexiko und den Vereinigten Staaten. Mexiko verliert Texas endgültig und muß auch Neu-Mexiko und Oberkalifornien abtreten.

1854 Der **Plan von Ayutla** wird verkündet, der die **Reform** (1854–1872) einleitet, deren Hauptakteur **Benito Juárez** ist. Die Abschaffung der Privilegien, insbesondere derer des Klerus, löst einen Bürgerkrieg zwischen Liberalen und Konservativen bzw. Klerikalen aus.

1861 Sieg der Liberalen. **Benito Juárez** wird **Präsident der Republik**. Um die katastrophale finanzielle Lage Mexikos in Griff zu bekommen, ordnet er die Einstellung der Schuldenzahlungen an das Ausland an. Daraufhin kommt es zur militärischen **Intervention Englands, Spaniens und Frankreichs.**

1862 England und Spanien ziehen ihre Truppen aus Veracruz ab. **Napoleon III.** aber, der das Ziel verfolgt, den Habsburger **Erzherzog Maximilian** mit Hilfe der Konservativen auf den mexikanischen Thron zu bringen, hält sein Expeditionskorps aufrecht.

1863 Mexiko wird durch die Armee Napoleons III. besetzt. Eine Versammlung der Notablen (Konservative) trägt **Maximilian** von Habsburg **die Kaiserkrone** an, die er annimmt.

1864 Maximilian geht in Mexiko an Land und kann sich nur dank der Präsenz französischer Truppen an der Regierung halten.

1865 Ende des Sezessionskrieges in den Vereinigten Staaten, die **Benito Juárez** unterstützen und den Abzug des französischen Expeditionskorps im Namen der Monroe-Doktrin („Amerika den Amerikanern") fordern.

1866 Das französische Expeditionskorps räumt Mexiko.

1867 Mit der Erschießung Maximilians in Querétaro endet das „kaiserliche Abenteuer". **Benito Juárez** wird erneut zum Präsidenten der Republik gewählt.

1872 Tod von **Benito Juárez.**

1876 **Porfirio Díaz** ergreift die Macht. Während der langen „Porfirischen Regierungszeit" nimmt Mexikos Wirtschaft einen ungeahnten Aufschwung, allerdings zugunsten einer privilegierten Oberschicht und ausländischer Investoren.

1911 Díaz wird gestürzt und geht ins Exil. **Francisco Madero,** ein Liberaler voll der besten Absichten, wird Präsident. Es ist sein Traum, Mexiko zu Freiheit und Demokratie zurückzuführen; er ist aber nicht stark genug, das Land durch die von ihm eingeleitete Agrar- und Sozialreform zu führen.

Zeittafel

1913 Von General Huerta verraten, wird Madero gefangengenommen und erschossen. Der **Bürgerkrieg** flammt wieder auf. Das Land wird von gegnerischen Truppen verwüstet und zerstört (**Pancho Villa, Emiliano Zapata** und **Venustiano Carranza** führen gemeinsamen Kampf gegen Huerta).

1914 **Venustiano Carranza,** der Anführer der konstitutionellen Streitkräfte, besiegt Huerta. Pancho Villa und Emiliano Zapata dagegen kämpfen weiter.

1915 Im Bunde mit **Alvaro Obregón** verordnet Carranza eine Agrarreform und zieht im Juli in die Hauptstadt ein.

1917 Verkündung der **Verfassung von Querétaro.**

1920 Carranza wird ermordet, **Alvaro Obregón** im November zum Präsidenten gewählt.

1927 **Aufstand der „Cristeros"** gegen die antiklerikalen Maßnahmen der Regierung.

1934 In der Amtszeit von **General Cárdenas** (1934–1940) wird die **Agrarreform** kräftig vorangetrieben. Die ausländischen Ölgesellschaften werden 1938 verstaatlicht.

1942 Mexiko erklärt Deutschland, Japan und Italien den Krieg.

1943 Der 1940 zum Präsidenten gewählte **Avila Camacho** trifft mit dem amerikanischen Präsidenten Roosevelt zusammen. Fortsetzung der Landvergabe an die Bauern.

1946 **Miguel Alemán** wird Präsident. Er setzt die Agrarpolitik seines Vorgängers fort, fördert den Bau großer Bewässerungsanlagen und die Industrialisierung des Landes.

1952 Wahl von Präsident **Ruíz Cortinez.**

1958 **Adolfo López Mateos** wird zum Präsidenten gewählt. Er fördert die Errichtung von Staudämmen und den Straßenbau.

1964 Unter **Díaz Ordaz** wird die Agrarreform durch Unterstützung der Bauern mit moderner Technik und landwirtschaftlichem Gerät sowie durch die Gründung einer Nationalbank für Landwirtschaft fortgesetzt.

1970 **Luis Echeverria Alvárez** wird Präsident.

1976 Am 4. Juli wird **José Lopez Portillo,** der jetzige Präsident Mexikos gewählt, der sein Amt am 1. Dezember desselben Jahres antritt. Die Inflationsrate erreicht 49%, die Arbeitslosigkeit 11%.

1977 49%-iger Anstieg des Ölverkaufs.

1978 Entdeckung eines Ölfelds vor der Küste Jucatáns (16 Mrd. Faß) – Inflation auf 20% gesunken.

1979 Größte Ölkatastrophe der Geschichte vor der Küste Jucatáns.

IV. Kleiner Sprachführer

Die spanische Sprache, die die Konquistadoren den indianischen Volksstämmen aufzwangen, ist mit dem Fortschreiten der Eroberung, Kolonialisierung und Bekehrung zur heute offiziellen Landessprache Mexikos geworden und man kann sagen, daß sie von der Mehrheit der Bevölkerung dieses Landes gesprochen wird. Die meisten Eingeborenenidiome sind noch immer lebendig, wenngleich sie zuweilen auch nur von Minderheiten gesprochen werden.

Das in Mexiko gesprochene Spanisch ist um zahlreiche Vokabeln aus dem Nahua und anderen Sprachen bereichert, während sich der Sinn bestimmter spanischer Wörter verändert hat, so daß gegenüber dem reinen Kastilianisch gewisse Unterschiede bestehen. Der Spanischsprechende wird sich auf jeden Fall ohne Schwierigkeiten verständigen können. Englisch wird von den meisten Empfangschefs der größeren Hotels gesprochen.

Von den ungefähr 3.500.000 Indios, die eine der Eingeborenensprachen beherrschen, stellt die Gruppe der Mexica bzw. Nahua, die sich auf die Bundesstaaten México und Morelos konzentriert, die wichtigste dar. Es folgen die Gruppe der Mixteken (hauptsächlich im Staat Oaxaca), die Gruppe der Maya (auf der Halbinsel Yucatán), die reines Maya, daneben aber noch andere Idiome sprechen, die zur Maya-Sprachfamilie gehören, wie Tzotzil, Tzeltal usw. (im Bundesstaat Chiapas), die Gruppe der Zapoteken (Oaxaca), der Otomí (Bundesstaaten México, Querétaro, Hidalgo, Veracruz usw.), der Mazateken (Puebla und Oaxaca) usw. Aufgrund der fortschreitenden Integration der Indios in die mexikanische Nation, Wirtschaft und Kultur ist ein Rückgang der nur mehr einsprachigen Indios festzustellen, d. h. solcher, die Spanisch nicht beherrschen. Indio-Gemeinschaften leben als Minoritäten häufig sehr verstreut bzw. isoliert in nur schwer zugänglichen Gebieten.

Aussprache

C vor **e** und **i** wie th im englischen thing (die meisten Mexikaner sprechen allerdings ein s); **ch = tsch**; **g** vor **e** und **i** guttural, dasselbe gilt für **j** (wie im Deutschen: nach); **ll** wird mouilliert, fast wie **li** gesprochen; **ñ = gn**; **r** wird gerollt (vor allem am Anfang eines Wortes bzw. bei Doppel-r); **v** und **b** klingen fast ähnlich (verschmelzen aber weniger stark als in Spanien); **z** wird wie **c** ausgesprochen.

Betont wird im allgemeinen auf der vorletzten Silbe bei Wörtern, die auf einen Vokal, auf einen Diphthong bzw. auf **n** oder **s** enden; auf der letzten Silbe bei Wörtern, die auf einen (anderen als n oder s lautenden) Konsonanten enden. Bei einer Abweichung von dieser Regel wird die betonte Silbe durch einen Accent aigu gekennzeichnet.

Die Höflichkeitsform ist die dritte Person Singular „Usted", eine Zusammenziehung aus den Wörtern Vuestra Merced (Euer Gnaden): da Vd. bzw. im Plural Ustedes geschrieben wird.

Geographisches Institut der Universität Kiel Neue Universität

Häufig gebrauchte Wörter

Zahlen

Cero	Null	Un millón	Eine Million
Uno,a	Ein,e	Mil millones	Eine Milliarde
Dos	Zwei	Primero	Erster
Tres	Drei	Segundo	Zweiter
Cuatro	Vier	Tercero	Dritter
Cinco	Fünf	Cuarto	Vierter
Seis	Sechs	Quinto	Fünfter
Siete	Sieben	Sexto	Sechster
Ocho	Acht	Séptimo	Siebter
Nueve	Neun	Octavo	Achter
Diez	Zehn	Noveno	Neunter
Once	Elf	Décimo	Zehnter
Doce	Zwölf		
Trece	Dreizehn	**Die Zeit**	
Catorce	Vierzehn		
Quince	Fünfzehn	Domingo	Sonntag
Diez y seis	Sechzehn	Lunes	Montag
Diez y siete	Siebzehn	Martes	Dienstag
Diez y ocho	Achtzehn	Miércoles	Mittwoch
Diez y nueve	Neunzehn	Jueves	Donnerstag
Veinte	Zwanzig	Viernes	Freitag
Veintiuno	Einundzwanzig	Sábado	Samstag, Sonnab.
Veintidos	Zweiundzwanzig	Enero	Januar
Treinta	Dreißig	Febrero	Februar
Cuarenta	Vierzig	Marzo	März
Cincuenta	Fünfzig	Abril	April
Sesenta	Sechzig	Mayo	Mai
Setenta	Siebzig	Junio	Juni
Ochenta	Achtzig	Julio	Juli
Noventa	Neunzig	Agosto	August
Ciento	Hundert	Septiembre	September
Doscientos	Zweihundert	Octubre	Oktober
Quinientos	Fünfhundert	Noviembre	November
Mil	Tausend	Diciembre	Dezember
		El invierno	der Winter

La primavera	der Frühling	Una hora	eine Stunde
El verano	der Sommer	Un minuto	eine Minute
El otoño	der Herbst	¿ Qué hora es?	Wie spät ist es?
Candelaria	Lichtmeß	La una	ein Uhr
Navidad	Weihnachten	Las dos, usw.	zwei Uhr, usw.
Semana Santa	Karwoche, Ostern	Las doce	Mittag
Pentecosta	Pfingsten		

Gebräuchliche Redewendungen

In der Eisenbahn

Buenos días	Guten Morgen	Ferrocarril	Eisenbahn
Buenas tardes	Guten Tag (am Nachmittag)	La estación	der Bahnhof
		La parada	der Halt, die Haltestelle
Buenas noches	Gute Nacht		
Hasta luego	Auf Wiedersehen	Empalme	Anschlußstation, Knotenpunkt
Hoy	Heute	¿ A qué hora llega el a ...?	Wann kommt der Zug in ... an?
Ayer	Gestern		
Mañana	Morgen		
Sí	Ja	¿ Cuánto tiempo paramos aquí?	Wie lange halten wir hier?
No	Nein		
Eso es	So ist es		
	Ganz richtig	El boleto	die Fahrkarte
Estamos de acuerdo	Wir sind einverstanden	Boleto de andén	Bahnsteigkarte
Por favor	Bitte	La taquilla	der Schalter
Dispénseme, discúlpeme	Entschuldigen Sie bitte, Verzeihung	El equipaje	das Gepäck
		La llave	der Schlüssel
		Los equipajes de mano	das Handgepäck
Gracias	Danke		
Muchas gracias	Vielen Dank	La maleta	der Koffer
Oiga, Señor	Hören Sie! Hallo!	Maletero	Gepäckträger
		El coche, el carro	der Waggon
¿ Habla Vd alemán?	Sprechen Sie deutsch?		
		El carro dormitorio	der Schlafwagen
¿ Cómo se llama Vd?	Wie ist Ihr Name?		
		Portezuela	Abteiltüre
¿ Qué desea Vd?	Was wünschen Sie?	Ventanilla	Fenster
		Sala de espera	Wartesaal
No entiendo	Ich verstehe nicht		
		Entrada	Eingang
No sé	Ich weiß nicht	Salida	Ausgang
¿ Cómo se dice en español?	Wie sagt man auf Spanisch?	¿ Dónde hay que cambiar de tren?	Wo muß man umsteigen?
¿ Qué pasa?	Was gibts?		
Deme Vd ..	Geben Sie mir ..		

Redewendungen

In der Stadt

Población, ciudad	Stadt
Las afueras	die Umgebung
Barrio	Viertel
Calle	Straße
Alameda	Baumallee
Paseo	Promenade
Glorieta	Rondell
Bocacalle	Straßenmündung
Camino	Weg
Puente	Brücke
Estacionamiento	Parkplatz
Iglesia	Kirche
Señor, lléveme a …	Chauffeur, fahren Sie mich nach …
¿ Cuánto para una dejada?	Was kostet die Fahrt?
¿ Cuánto le debo?	Was macht das?
El cambio	Kleingeld
La propina	Trinkgeld

Auf der Straße

Carretera	Landstraße
Brecha	Spur
¿ Es ésta la carretera de?	Ist das die Straße nach?
¿ Adónde va esta carretera?	Wohin führt diese Straße?
¿ Está lejos de aquí?	Ist das weit von hier?
¿ A cuántos kilómetros?	Wieviel Kilometer entfernt?
¿ Se puede pasar por aquí?	Kann man hier durch?
Gasolineria	Tankstelle
¿ Dónde se puede encontrar agua?	Wo gibt es Wasser
A la derecha	Rechts
A la izquierda	Links
A la vuelta	Gleich ums Eck
Más lejos	noch weiter
Bajada	Weg abwärts
Subida	Weg aufwärts
Curva	Kurve
Campo	Feld, Land
Pueblo	Dorf
Puerto	Hafen, Paß
Fuente	Quelle
Río	Fluß
Vado	Furt
Chalana	Fähre
Cordillera	Kordillere, Gebirgskette

Im Hotel

Hotel	Hotel
Cuarto, habitación	Zimmer
Cama	Bett
Cama matrimonial	Doppelbettzimmer
Cama doble	Zweibettzimmer
Cobija, cobertor	Bettdecke
Almohada	Kopfkissen
Sábana	Bettuch
Baño	WC
Camarero	Ober
Camarera, criada	Zimmermädchen
¿ Cuánto por día?	Wieviel pro Tag?
Servicio includo	Inklusive Service
Más barato	Sehr preiswert
El piso	Stockwerk
Tenga la bondad de despertarme	Wecken Sie mich bitte
Haga el favor de darme la cuenta	Geben Sie mir die Rechnung, b.

Im Restaurant

Comida	das Essen
Desayuno	Frühstück
Almuerzo	Mittagessen
Cena	Abendessen
Menu	Menü
Carta	Karte
Plato	Teller
Vaso	Glas
Copa	Weinglas
Cuchillo	Messer
Cuchara	Löffel

Kleiner Sprachführer 102

Tenedor	Gabel	Mendudo	Suppe aus Kalbs-innereien
Servilleta	Serviette		
Cubierto	Besteck, Gedeck	Cabrito	Ziege
Sal	Salz	Carnitas	Grieben
Pimienta	Pfeffer	Albóndigas	Fleischbuletten
Mostaza	Senf	Chiles rellenos	überbackene Chilipfefferschoten
Aceite	Öl		
Vinagre	Essig	Mole poblano	Truthan oder Huhn in Molesauce (aus Schokolade, Chilipfeffer, Mandeln, usw.)
Mantequilla	Butter		
Pan	Brot		
Vino tinto, blanco, rosado	Rotwein, Weißwein, Rosé		
Botella	Flasche		
Agua	Wasser	Enchiladas	Tortillas in Chilipfeffersauce mit Fleisch und Käse
Cerveza (clara, oscura)	Bier (hell, dunkel)		
Refresco	Erfrischungsgetränk ohne Alkohol	Huevos rancheros	Gebratene Eier mit Ranchersauce
		Salsa (ranchera, mexicana)	Sehr pikante Tomatensauce
		Picante	scharf, pikant (d.h. mit Chilipfeffer)

Vorspeisen

Ceviche	Marinierter Fisch
Coctel de Frutas	Fruchtcocktail
Guacamole	Avocadosalat
Coctel de camarones	Krabbencocktail
Huevo	Ei

Meeresfrüchte und Fische

Atún	Thunfisch
Langostino	Garnele
Almeja	Miesmuschel
Ostiones	Austern
Huachinango	Brassenart
Langosta	Hummer
Camarón	Riesengarnele
Lenguado	Seezunge

Mexikanische Spezialitäten

Chilaqueles	Tortillastreifen in sehr pikanter Sauce
Pozole	Schweineragout mit Mais
Birria	Hammel- oder Ziegenragout

Fleisch und Geflügel

Carne	Fleisch
Res	Rind
Ternera	Kalb
Carnero	Lamm
Cerdo (carne de puerco)	Schweinefleisch
Pollo	junges Huhn
Gallina	Henne
Conejo	Hase
Pato	Ente
Pavo	Pute
Asado	Gegrillt
Al Horno	Braten
Filete	Filet
Chuleta	Kotelett

Beilagen

Arroz	Reis
Frijoles	Bohnen
Ajo	Knoblauch
Cebolla	Zwiebel
Aguacate	Avocado
Ejotes	Schnittbohnen
Elote	Maiskolben
Papas	Kartoffeln
Chicharros	Erbsen

Desserts

Queso	Käse
Helado	Eis
Nieve	Sorbet
Flan	Pudding, Karamellkrem
Duraznos en amíbar	Pfirsiche in Sirup
La cuenta	die Rechnung

Auto und Zubehör

Acumulador, batería	Akkumulator, Batterie
Recargar	(wieder) aufladen
Desarreglado	Gestört, unregelmäßig laufend
Amortiguador	Stoßdämpfer
Tapón	(Tank-) Deckel
Bujía	Kerze
Sucia	Verschmutzt
Limpiar	Säubern
Carburador	Vergaser
Tapado	Verstopft
Cadena	Kette
Cámara	Kammer
Calentar	Erwärmen, erhitzen
Llave	Schlüssel
Gato	Wagenheber
Desembrague	Auskuppeln
Desinfladar	Luft herauslassen, verlieren
Desarmar	Abmontieren
Aflojar	Lockern, lösen
Dirección	Richtung
Embrague	Kupplung
Freno	Bremse
Garage	Garage
Inflar	Aufpumpen
Engrase	Schmieren, ölen
Grasa	Schmiermittel
Aceite	Öl
Llanta	Felge, Reifen
Estar flojo	Spiel haben
Martillo	Hammer
Motor	Motor
Trasero	Rückwärtsgang, Heck
Delantero	Vorwärtsgang, Vorderteil, Kühler
Herramiente	Werkzeug
Parada forzada, avería	Panne
Pinzas	Zangen
Bomba	Pumpe
Radiator	Kühler
Refacción	Ersatz, Reserve
Arreglar	Einstellen, justieren
Remolcar	Abschleppen
Compostura	Reparatur
Déposito	Tank, Kanister
Apretar	(Schraube) fester anziehen
Rueda	Rad
Válvula	Ventil
Desarmador	Schraubenzieher
Tubo	Rohr
Velocidad	Geschwindigkeit
Coche, carro	Auto, Wagen
Volante,	Steuer

Topographische Termini

Acantilado	Steilküste, Klippe, Felswand
Acequía	Bewässerungsgraben
Aduana	Zoll
Alameda	Baumallee
Aldea	Weiler, Dorf
Alto	Höhe
Altura	Höhe ü. M.
Arroyo	Bach
Autopista	Autobahn
Ayuntamiento	Gemeinde
Bahía	Bucht
Balneario	Strand
Balsa, barca	(Fluß-, Strom) Fähre
Barranca	Schlucht
Barrio	Viertel
Cabo	Kap
Calzada	Chaussee
Calle	Straße
Callejón	Gasse
Camino	Weg
Campo	Feld
Cantera	Steinbruch
Carretera	Landschaft
Castillo	Schloß

Kleiner Sprachführer

Cemeterio	Friedhof	Marisma	Sumpf, Moor
Cerro	Anhöhe, Hügel	Meseta	Hochebene
Chalana	Fähre	Monte	Berg
Ciudad	Stadt	Muelle	Kai
Colina	Hügel	Nacimiento	Quelle (eines Flusses)
Cordillera	Kordillere		
Cuenca	Flußbett	Orilla	Flußufer
Cuesta	Küste	Pantano	Morast, Talsperre
Cueva	Höhle	Panteón	Friedhof
Cuota	Straßen-(benützungs-) Gebühr	Paseo	Promenade
		Paso	Paß
Cumbre	Gipfel	Paso a nivel	schienengleicher Bahnübergang
Desembocadura	Flußmündung		
Embalse	Talsperre	Peña	Fels
Ensenada	Reede	Periférico	Umgehungsstraße
Entronque	Gabelung, Abzweigung	Pico	Gipfel
		Plaza	Platz
Ermita	Einsiedelei	Plaza mayor	Hauptplatz
Estación	Bahnhof	Población	kl. Marktflecken
Estanque	Teich	Presa	Schleuse, Staudamm
Estrecho	Meerenge		
Ferrocarril	Eisenbahn	Pueblo	Dorf
Fuente	Brunnen, Quelle	Puente	Brücke
Garganta	Schlucht	Puerto	Hafen, Paß
Huerta	Bewässerte Ebene	Punta	Spitze, Landzunge
Iglesia	Kirche	Ribera	Ufer, Strand
Isla, islote	Insel, kleine Insel, Eiland	Río	Fluß
		Sierra	Sierra, Gebirgskette
Lago	See		
Laguna	Lagune		
Loma	Anhöhe	Suburbio	Vorstadt
Lugar	Ort	Vado	Furt
Llano, llanura	Ebene	Zócalo	Hauptplatz
Mar	Meer		

V. Literatur und Karten

Bücher

Nachstehend nennen wir Ihnen die Titel einiger Bücher, deren Lektüre zur Vertiefung Ihres Wissens über Mexiko beitragen kann. Die Aufstellung erhebt keinen Anspruch auf Vollständigkeit. Die Auswahl wurde nach den in diesem Führer berührten geschichtlichen und kulturellen Themen getroffen. Sie soll Ihnen eine Hilfestellung bieten, wenn Sie sich vor Ihrer Reise nach Mexiko eingehender mit diesem Land beschäftigen möchten.

Geographie:

Sandner G./Steger H.-A.
Lateinamerika, S. 136–175
(Mexiko und Zentralamerika)
Fischer Länderkunde, Fischer Taschenbuch

Geschichte:

Cortés, H.
Die Eroberung Mexikos,
Eigenhändige Berichte an
Kaiser Karl V., 1520–1524
Horst Erdmann-Verlag

Prescott, W. H.
Die Eroberung von Mexiko
Herbig-Verlag

Kunst, Kunstgeschichte, Architektur:

Anton, F.
Alt-Mexiko und seine Kulturen. Seemann-Verlag, Leipzig

Honoré, P.
Ich fand den weißen Gott
Bastei-Lübbe Taschenbuch
Bd. 64 043

Krickeberg, W.
Altmexikanische Kulturen
Safari-Verlag, Berlin

Soustelle, J.
Die Olmeken, Ursprünge der mexikanischen Hochkulturen
Edition Antike Welt, Atlantis-Verlag

Stingl, M.
Die indianischen Kulturen Mexikos. W. Dausen-Verlag, Hanau

Stierlin, H.
Das alte Mexiko
Office du Livre, Fribourg

Stierlin, H.
Maya. Office du Livre, Fribourg

Literatur, Reiseberichte:

Paz, O.
Das Labyrinth der Einsamkeit
Bibliothek Suhrkamp

Kisch, E. E.
Entdeckungen in Mexiko
Aufbau-Verlag, Berlin

Literatur und Karten

Merian
Mexiko (Heft 9/24. Jahrgang)
Hoffmann und Campe-Verlag,
Hamburg

Nicholson, I.
Mexiko heute
Econ-Verlag, Wien–
Düsseldorf

Bildbände:

Aubert, H. J./Müller V. E.
Mexiko. Bruckmann-Verlag,
München.

Time & Life Bücher
Mexiko City

Kartenmaterial

Außer der Straßenkarte, die Sie am Ende dieses Bandes finden, könnte sich Kartenmaterial in kleinerem Maßstab als nützlich erweisen. Wir empfehlen die Straßenkarte **Mapa Túristica de Carreteras**, die von der **Secretaria de Obras Públicas** in Zusammenarbeit mit dem Ministerium für Transport und Verkehr (**Secretaria de Comunicaciones y Transportes**), der Secretaria de Turismo und der Pemex (**Petroleos Mexicanos**) herausgegeben wird. Diese Karte (1 : 3,5 Mill. mit einer Vergrößerung von 1 : 750 000 des Zentralgebiets von Mexiko) wird alljährlich auf den neuesten Stand gebracht und ist bei den Informationsbüros für Touristen kostenlos erhältlich.
Ferner verweisen wir auf die vom Verlag **Patria** herausgegebenen Karten: **República Mexicana Carreteras**, 1 : 4 Mill., sowie die Straßenkarten und Karten der verschiedenen mexikanischen Bundesstaaten (im Maßstab von 1 : 200 000 bis 1 : 1 Mill.) mit Vergrößerungen und Stadtplänen.

B. IHRE REISE

1. Wann?

Obgleich der Wendekreis des Krebses ungefähr mitten durch Mexiko verläuft, erfreut sich der größte Teil des Landes eines gemäßigten Klimas. Tatsächlich bestehen zwischen dem Klima der heißen Zonen (*Tierras Calientes*) in den Tiefländern und den im Landesinnern gelegenen Hochplateaus eine ganze Skala von verschiedenen Klimawerten.

Auf den über 2.000 m hoch gelegenen **Hochplateaus**, wo sich die meisten großen Städte und mehrere archäologische Stätten befinden, herrscht praktisch das ganze Jahr hindurch ein **Klima, das man mit dem der Mittelmeerküste vergleichen könnte**. In México City sind die wärmsten Monate der April, der Mai und der Juni, unmittelbar vor der Regenzeit (mit Durchschnittswerten von 17-18°C); die Abende und Nächte sind jedoch immer sehr kühl. Die Regenzeit, die normalerweise von Juni bis September dauert, stellt keine Einschränkung für den Fremdenverkehr dar, da sich die Niederschläge meist auf wenige Stunden am Nachmittag konzentrieren. Die Monate Oktober, Februar und März sind zweifellos die angenehmsten.

In tiefer gelegenen Regionen, d. h. zwischen 1.000 und 2.000 m, ist das **Klima wesentlich wärmer**, jedoch **während sämtlicher Jahreszeiten noch erträglich**. Die Niederschläge fallen zur selben Zeit wie auf den Hochplateaus. Die wärmsten Monate sind auch hier der April und der Mai (mit Durchschnittswerten von 22-23° C in Cuernavaca und 24° in Taxco). Entlang der **Atlantik- und Pazifikküste** sowie in Yucatán, d. h. in den Gebieten, wo die Höhenlage nicht durch den Breitengrad ausgeglichen wird, herrscht während der Sommermonate und vor der Regenzeit ein **heißes, trockenes Klima**. (Die Durchschnittstemperaturen betragen 27-28°C und erreichen in Mérida Höchstwerte bis 42°; in Acapulco ebenfalls durchschnittlich 27-28°, maximal 39° C; in Veracruz 26-27° im Durchschnitt und maximal 36° C.) An der Küste dagegen wehen im allgemeinen frische Meeresbrisen. Je nach Region können die Niederschläge beachtlich schwanken. Die Täler am Usumacinta und am Rio Grijalva, wo sich einige bedeutende Maya-Stätten wie Palenque befinden, verzeichnen praktisch das ganze Jahr über Höchstniederschlagsmengen (fast 5.000 mm jährlich). Wie auf den Hochplateaus dauert die Regenzeit theoretisch von Juni bis Ende September. Die Küsten des Golfs von Mexiko werden im Winter von einem heftigen Wind, dem *norte*, geschüttelt, der mehrere Tage lang einen kalten, unangenehmen Regen mit sich führt.

Für Reisen in dieses Gebiet sind die Monate November bis März am besten geeignet.

Im Nordteil des Landes, wo – insbesondere im Osten – nur selten Niederschläge fallen, hat das **Klima** einen ausgesprochen **kontinentalen Charakter**. Die Winter sind dort kälter (14° C Durchschnittstemperatur in Monterrey und Tiefstwerte um 10°; in Mexicali 10° im Durchschnitt und Tiefstwerte bis −2° C) und die Sommer sehr warm, manchmal glühend heiß (in Monterrey mit Durchschnittswerten von 29° und Höchsttemperaturen bis 42° C).

2. Wissenswertes vor Reiseantritt

Für die Einreise nach Mexiko genügt die **Touristenkarte**, die Sie von jedem mexikanischen Konsulat bzw. von Ihrer Fluggesellschaft kostenlos ausgestellt bekommen. Die Gültigkeit der Touristenkarte beträgt 90 Tage. Ihr Besitz befreit den Inhaber jedoch nicht von der Vorlage eines gültigen Reisepasses bei der Ein- bzw. Ausreise. Wenn Sie Ihren Aufenthalt verlängern möchten, wenden Sie sich 14 Tage vor Ablauf der Gültigkeit Ihrer Touristenkarte an die **Secretaria de Gobernación** (Departamiento de Imigración), Av. Juárez 92, México, D. F.

Mexikanische Vertretungen in Deutschland

Botschaft: Rathausgasse 30, 5300 **Bonn** 1, Tel. 0228/631 226.
Generalkonsulat: Hallerstr. 70, 2000 **Hamburg**, Tel. 04 448 774.
Konsulate: Eberhard Bauer-Str. 48, 7300 **Esslingen**;
Kurgartenstr. 37, 8510 **Fürth/Bay.**;
Am Marsstall 18–24, 3000 **Hannover**;
Sternwartstr. 2, 8000 **München** 80. Die Konsulate in Berlin, Bremen, Düsseldorf und Frankfurt sind z. Z. nicht besetzt.

Mexikanische Vertretung in Österreich

Botschaft: Renngasse 4, 1010 **Wien** Tel. 0-222-661260.

Mexikanische Vertretungen in der Schweiz

Botschaft: Bernastr. 57, 3005 **Bern**, Tel. 431 875.

Konsulate: Rue Marziano 10, 12 **Genf**; Zollikerstr. 228, 8 **Zürich**.

Einreise. – Für die Einreise nach Mexiko benötigen Sie eine **Touristenkarte**, die Sie gegen Vorlage des Reisepasses kostenlos bei jedem mexikanischen Konsulat und bei fast allen Mexiko anfliegenden Fluggesellschaften erhalten.
Touristen, die über die USA nach Mexiko einreisen, besorgen sich die Touristenkarte entweder in Deutschland oder auf einem der zahlreichen mexikanischen Konsulate in den Vereinigten Staaten.

Impfungen sind nicht vorgeschrieben. Die Malariaprophylaxe wird empfohlen.

Devisenbestimmungen. – Keine Einschränkungen (weder Ein- noch Ausfuhr).

Elektrogeräte. – Die Steckdosen in den Hotels sind für Flachstecker vorgesehen. Es ist ratsam, einen Zwischenstecker mitzunehmen. Rasierapparat, Föhn usw. werden mit 110 Volt Spannung betrieben.

Gesundheit. – Der europäische Reisende sollte eine gut bestückte Reiseapotheke mit sich führen (fragen Sie Ihren Hausarzt). Beim Genuß von Rohkost ist erhöhte Vorsicht geboten. Vermeiden Sie möglichst, Leitungswasser zu trinken (es ist zwar in den meisten Fällen Trinkwasser, kann aber zu Verdauungsstörungen führen, doch auch zu „Montezumas Rache" und verschiedenen Vergiftungen). In vielen Hotels und Restaurants wird destilliertes Wasser (*electropura*) und Mineralwasser angeboten.
Die Höhenlage ist auch für junge Menschen nicht völlig problemlos. Rechnen Sie mit ein bis zwei Tagen der Akklimatisierung, bevor Sie sich auf große Touren oder Ausflüge begeben.

Kleidung. – Ungeachtet der Jahreszeit und des Gebiets, das Sie bereisen wollen, sollten Sie grundsätzlich leichte möglichst strapazierfähige Kleidung mitnehmen. Vergessen Sie nicht, einen Regenmantel und Wollsachen einzupacken, da die Abende im mexikanischen Hochland recht kühl sein können. Für den mexikanischen Winter empfiehlt sich am Tage Übergangskleidung und abends ein leichter Mantel. Feste Schuhe mit rutschfesten Sohlen sind für den Besuch der archäologischen Stätten wichtig. Zum Erklimmen der sehr hohen Pyramidenstufen wird Damen das Tragen von Hosen empfohlen.

Kreditkarten. – Allgemein anerkannt in Mexiko sind „American Express"- und „Diner's Club"-Kreditkarten. Als sehr nützlich können sich auch „Euroschecks" erweisen.
Erkundigen Sie sich vor der Abreise bei Ihrem Bankinstitut über die jeweiligen Modalitäten.

Ihre Reise 112

Zoll. – Touristen, die nach Mexiko einreisen, werden von der Zollbehörde äußerst zuvorkommend behandelt. Zollfrei eingeführt werden können alle Gegenstände des persönlichen Bedarfs. Desgleichen pro Person ein Fotoapparat oder eine Filmkamera mit je zwölf Filmen, ein tragbares Radio- oder Fernsehgerät, Camping- oder Angelausrüstung sowie Sportgeräte usw. Verboten ist die Einfuhr von Lebensmitteln (inkl. Schokolade) Pflanzen und Blumen.
Verboten ist die Ausfuhr von Gold und Antiquitäten mit Ausnahme der zahlreichen Kopien. Die Ausfuhr von Gemälden aus der Kolonialzeit unterliegt einer ausdrücklichen Genehmigung.
Bei der Wiedereinreise in Ihr Heimatland müssen Sie die entsprechenden Zollvorschriften beachten.

3. Die Anreise

Per Flugzeug
Die deutsche Lufthansa fliegt gegenwärtig dreimal wöchentlich (Mo, Mi und Sa) von Frankfurt nach México (Direktflug).
Die mexikanische Fluggesellschaft Aeroméxico ist in Frankfurt (Schuberstr. 27, Tel. 748 081/82) vertreten, führt jedoch nur von Paris bzw. Madrid aus (Direkt-)Flüge nach Mexiko durch.
Aus Österreich drei wöchentliche Verbindungen über Frankfurt, aus der Schweiz ist New York am günstigsten.
Wenn Sie von Mexiko nach Guatemala weiterreisen wollen, empfiehlt es sich, das Ticket für Guatemala erst in Mexiko zu kaufen.

Folgende Fluggesellschaften fliegen von Europa nach Mexiko: Lufthansa (Frankfurt/Main), Pan American (Frankfurt/Houston), Air France (Paris), KLM (Amsterdam), Iberia (Madrid), British Airways (London), Aeroméxico (Paris, Madrid).

Per Eisenbahn
Von sämtlichen nordamerikanischen bzw. kanadischen Städten aus gibt es Eisenbahnverbindungen nach Mexiko. Die Einreise nach Mexiko per Eisenbahn konzentriert sich auf drei Orte: **Nuevo Laredo** (*Laredo*), **Ciudad Juárez** (*El Paso*) und **Nogales**. Der *Texas Eagle* verkehrt täglich von Saint-Louis (Missouri) aus; er wird abgelöst vom *Aguila Azteca*, einem Schnellzug, der von Laredo aus über Monterrey, Saltillo, San Louis Potosí, San Miguel de Allende und Querétaro nach México City fährt. Sämtliche Züge auf dieser Strecke verfügen über Schlaf-, Speise- und Raucherwagen usw. Einige Waggons sind klimatisiert.
Das Eisenbahnnetz der **Southern Pacific Railway** hat in **Ciudad Juárez** (El Paso) Anschluß an das Netz der **Ferrocarriles Nacionales de México** und in Nogales (Linie Nogales-Guadalajara) an das des **Ferrocarril del Pacifico**.

Per Schiff
Eine Schiffsreise von Europa nach Mexiko (aber auch von den USA bzw. Kanada) ist mit Sicherheit nicht der bequemste, schon gar nicht der schnellste Weg. Es gibt keinen regelmäßigen Linienverkehr für Passagiere, allenfalls verkehren Frachtschiffe, deren Anlegeplätze je nach Ladung variieren. Die **Compagnie Générale Transatlantique**, die in Mexiko und in den Vereinigten Staaten unter dem Namen **French Line** bekannt ist und neben der Schiffslinie Le Havre–Southampton–New York eine Linie betreibt, die Le Havre mit den nordamerikanischen und kanadischen Pazifikhäfen über den Panamakanal verbindet, kann auf dieser Linie jeweils 12 Passagiere an Bord nehmen. Erwähnt seien auch die Schiffahrtslinien der italienischen Gesellschaft **Sidarma** und die **Compañia Transatlántica Española**.

Wir verweisen auch – von den U.S.A. aus – auf die Pazifiklinie, die von der **Westfal Larsen Line** zwischen Vancouver, Portland, San Francisco, Los Angeles und den mexikanischen Häfen Ensenada, Manzanillo und Acapulco betrieben wird. Von Los Angeles aus gibt es Kreuzfahrten in den Pazifik mit Zwischenlandung in Puerto Vallarta, Acapulco und, auf dem Rückweg, Manzanillo, Mazatlán und Cabo San Lucas (wenden Sie sich an **Sitmar Cruises**, 10100 Santa Monica Boulevard, Los Angeles CA 90067). Von Port Everglades (Florida) aus gibt es Kreuzfahrten in die Karibik mit Zwischenstation in Cozumel bzw. Cancún. Zwischen Miami und Puerto Morelos (Quintana Roo) regelmäßiger Ferryboat-Verkehr durch die beiden Gesellschaften *Bolero* und *Azteca*.

4. Reisen im Lande

Sehenswertes in Mexiko. – Die am Ende des Bandes befindliche Karte „Sehenswertes in Mexiko" erlaubt Ihnen, sich einen Überblick über die geographische Lage der Schätze des Landes zu verschaffen, seien es archäologische Stätten, Baudenkmale und andere Kunstwerke, landschaftliche oder folkloristische Sehenswürdigkeiten. Sie werden in der Wahl der Schriftgrade und der Kennzeichnung mit Sternen an der entsprechenden Textstelle erkennen, ob die betreffende Route lohnend, sehenswert bzw. unbedingt sehenswert ist.

Vorschläge für einige Routen. – Anhand der Karte „Sehenswertes in Mexiko" können Sie Ihr Reiseprogramm selbst zusammenstellen. Um Ihnen dabei behilflich zu sein, machen wir Ihnen nachstehend einige Routenvorschläge.

Wenn Sie sich insbesondere für Archäologie und die Kunst der mexikanischen Kolonialzeit interessieren, verweisen wir darauf, daß das **Instituto Nacional de Antropología y Historia** unter der Leitung mexikanischer Historiker und Archäologen Exkursionen durchführt, bei denen archäologische Stätten, Monumente aus der Kolonialzeit und Schöpfungen Moderner Kunst besichtigt werden. Gute Spanischkenntnisse sind hierfür natürlich unabdingbar. Die sich meist über mehrere Tage erstreckenden Exkursionen werden zu sehr vorteilhaften Preisen angeboten. Bei mehrtägigen Exkursionen, die im allgemeinen zweimal pro Monat von Mitte Februar bis Ende November durchgeführt werden, dürfen Sie allerdings nicht mit allzu großem Komfort rechnen. Lassen Sie sich das Jahresprogramm vom Instituto Nacional de Antropología y Historia (I.N.A.H.), Córdoba 45, México D.F. zusenden.

Programm von 7 Tagen ab México City (800 km): **1. und 2. Tag**: * * * **México** (s. Rte 1).
3. Tag (100 km): **México-* Kloster Acolman** und * * * **Teotihuacán** (s. Rte 1J)–**México**.
4. Tag (200 km): **México-* * * Taxco** (s. Rte 2 bis km 192), Besichtigung von * * * **Xochicalco** und der * * **Höhlen von Cacahuamilpa**.
5. Tag (210 km): **Texco-Toluca** (s. Rte 2 von km 192 bis km 318,5 dann Rte 4B in umgekehrter Richtung), Besichtigung von * * **Malinalco** und * * **Teotenango** (Tenango del Valle).
6. Tag (230 km): **Toluca-México**, auf Rte 4D bis km 40 (nach Tula s. Angaben), dann auf Rte 1I in umgekehrter Richtung mit Besichtigung von * **Calixtlahuaca** (s. Umgeb. v. Toluca), * * **Tula** und * * **Kirche** und **Vizekönigliches Museum von Tepotzotlán** (s. Rte 1I bei km 40).
7. Tag (40 km): von **México** aus nach **Xochimilco** (s. Rte 1F) und zurück über **San Angel** und **Coyoacán** (s. Rte 1E). Diese Exkursion ist vorzugsweise an einem Sonntag vorzunehmen.

Programm von 8 Tagen ab Cancún (ungef. 2.220 km): **1. Tag** (555 km): * * **Cancún-* * * Uxmal** (s. Rte 35 bis km 236, dann Rte 32 C in umgekehrter Richtung und schließlich Rte 32 in umgekehrter Richtung von km 192 bis km 175,5); unterwegs Besichtigung von * * **Xel Ha**, * * **Tulum** und * * **Cobá** (s. Rte 35).
2. Tag (225 km): **Uxmal-* Campeche** (s. Rte 32 in umgekehrter Richtung ab km 175,5), mit Besichtigung von * * **Kabah**, * * **Sayil** und * * **Etzná**.
3. Tag (380 km): **Campeche-* Villahermosa**, auf einer vor allem ab Champotón (s. Rte 31) sehr schönen * * **Küstenstraße**.
4. Tag (150 km): **Villahermosa-* * * Palenque** (s. Rte 30 bis km 114).
5. Tag (375 km): **Palenque-Campeche** (s. Rte 30 ab km 114).
6. Tag (195 km): **Campeche-* * Mérida** (s. Rte 32 bis km 31, dann Rte 32A und wieder Rte 32, von km 238 bis km 254).
7. Tag (125 km): **Mérida-* * * Chichén Itzá** (s. Rte 34 bis km 121).
8. Tag (215 km): **Chichén Itzá-* * Cancún** (s. Rte 34 ab km 121).

Programm von zwei Wochen (ungef. 1.800 km): **1. und 2. Tag**: * * * **México** (s. Rte 1).
3. Tag (215 km): **México-* * * Puebla** über * **Acolman** und * * * **Teotihuacán** (s. Rte 1J), dann auf der Straße nach Otumba und Ciudad Sahagún (s. am Ende von Rte 1J die Rundfahrt von Teotihuacán, bis km 3,3; Otumba und Ciudad Sahagún liegen bei km 10 bzw. km 26,5 der Rundfahrt); von Ciudad Sahagún aus auf Rte 9A ab km 47 bis Calpulalpan, dann Rte 19 in umgekehrter Richtung von km 343 bis km 289,5, von dort aus kommen Sie nach * **Tlaxcala** (s. Rte 21A bei km 35) und Puebla (Rte

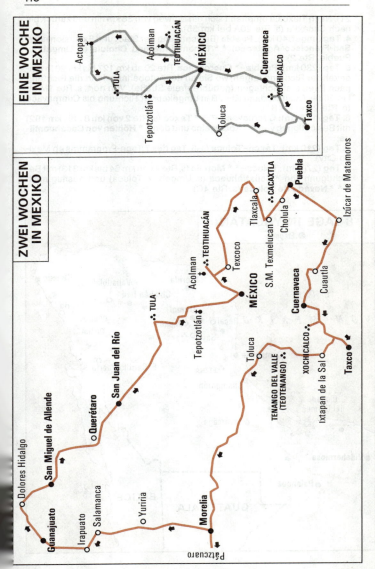

21). Nach Tlaxcala empfiehlt sich ein Umweg von 36 km hin und zurück bis nach Cacaxtla (s. Rte 20A bei km 55).

4. Tag (ungef. 40 km): **Puebla** (Besichtigung der Stadt und Exkursion nach **San-Francisco Agatepec**) ★★**Tonantzintia** und **Cholula** (s. Umgeb. v. Puebla, Rte 2).

5. Tag (230 km): **Puebla**–★ **Cuernavaca**. Rte 20 ab km 127 bis km 20 in umgekehrter Richtung folgen, wo Sie an der Autobahnausfahrt die Richtung nach Puebla einschlagen (gebührenfreie Straße). Von dort, s. Rte 1M ab km 20 bis Cuautla, dann Rte 2B in umgekehrter Richtung bis Cuernavaca (s. Rte 2 bei km 81).

6. Tag (115 km): **Cuernavaca**–★★★ **Taxco** (s. Rte 2 von km 81 bis km 192) mit Besichtigung von ★★**Xochicalco** und den ★★**Höhlen von Cacahuamilpa**.

7. Tag (210 km): **Taxco–Toluca** (s. 5. Tag des 7 Tage-Programms ab México City).

8. Tag (270 km): **Toluca**–★★ **Morelia** (s. Rte 4 von km 64 bis km 313) mit Besichtigung von ★**Calixtlahuaca** (s. Umgeb. v. Toluca) und Ausflug nach ★★★**Nevado de Toluca** (s. Rte 4C).

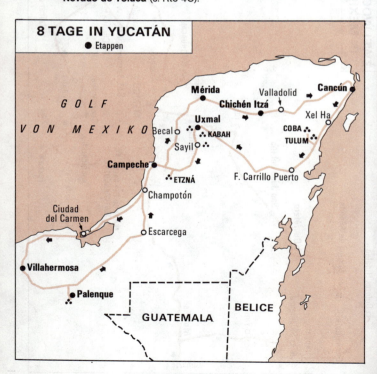

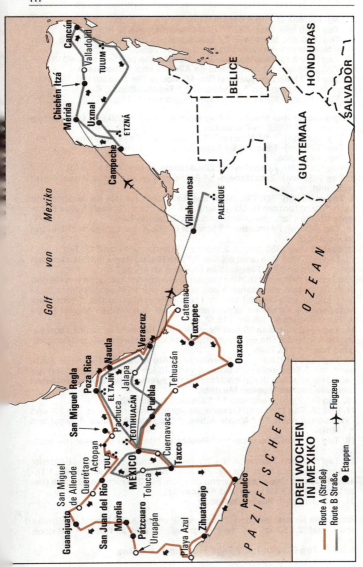

9. Tag: **Morelia** (s. Rte 4 bei km 313).
10. Tag (140 km): **Morelia–** * * **Pátzcuaro–Morelia** (s. Rte 4).
11. Tag (170 km): **Morelia–** * * * **Guanajuato** (s. Rte 4F bis * * **Yuriria**, dann nach **Salamanca** und von dort Rte 8 ab km 285).
12. Tag (210 km): **Guanajuato–San Juan del Rio** (s. Rte 8 ab km 348) mit Besichtigung von * * **San Miguel de Allende** und * **Querétaro**.
13. Tag (175 km): **San Juan del Rio–México** (s. Rte 8 ab km 552,5), unterwegs Besichtigung von * * **Tula** und * * **Tepotzotlán** (s. Rte 1I).
14. Tag (40 km): **México** (s. 7 Tage-Programm, 7. Tag).

Programm für drei Wochen (Programm A; ungef. 3.850 km: **1. bis 3. Tag** (100 km): s. 2-Wochen-Programm.
4. Tag (200 km): * * * **México-** * * * **Taxco**; s. 7 Tage-Programm, 4. Tag.
5. Tag (275 km): **Taxco-** * * * **Acapulco** (s. Rte 3 ab km 180).
6. Tag: **Acapulco**.
7. Tag (241 km): **Acapulco-** * * **Zihuatanejo** (s. Rte 3 ab km 413).
8. Tag (435 km): **Zihuatanejo-** * * **Pátzcuaro** (s. Rte 4H in umgekehrter Richtung).
9. Tag (100 km): von Pátzcuaro aus, Exkursion zur **Isla de Janitzio** und nach * **Tzintzuntzan** (s. Umgebung von Pátzcuaro, 2) nach * **Villa Escalante** (Santa Clara del Cobre) und zum **Zirahuén-See**.
10. Tag (60 km): **Pátzcuaro-** * * **Morelia** (s. Rte 4 in umgekehrter Richtung ab km 373,5).
11. und 12. Tag (380 km): s. 2 Wochen-Programm, 11. und 12. Tag.
13. Tag (325 km): **San Juan del Rio-** * * **San Miguel Regla** mit Besichtigung von * * **Tula** und * * **Tepotzotlán** (s. Rte 8 ab km 552,5).
Von Tepotzotlán nach (60 km) Tlahuelilpa (unter der Autobahn von México nach Querétaro durchfahren) und von dort Rte 1K in umgekehrter Richtung folgen, von km 193 bis km 116 mit Besichtigung des * * **Klosters Actopan**. Sie erreichen dann Pachuca und danach San Miguel Regla (s. Rte 9 von km 97 bis km 118,5).
14. Tag (340 km): **San Miguel Regla-Nautla**. Kehren Sie zurück nach Pachuca, folgen Sie Rte 9B, dann Rte 18 von km 97 bis km 349, mit Besichtigung von * * * **El Tajin**.
15. Tag (185 km): **Nautla-** * * **Veracruz** (s. Rte 18 ab km 349) mit Besichtigung von * **Zempoala;** ein Umweg von 148 km hin und zurück führt Sie nach **Jalapa** (s. Rte 19 von km 37 bis km 111) **zu einem der interessantesten archäologischen Museen Mexikos.**
16. Tag (435 km): **Veracruz-** * * * **Oaxaca** (s. Rte 26).
17. und 18. Tag (130 km): **Oaxaca;** Besichtigung der Stadt (s. Rte 22) und Exkursionen nach * * * **Monte Alban**, * **Cuilapán**, * **Dainzú**, * **Yagul** und * * **Mitla.**
19. Tag (350 km): **Oaxaca-** * * * **Puebla** (s. Rte 21 in umgekehrter Richtung).
20. Tag (160 km): **Puebla** (s. Rte 21); Besichtigung der Stadt und Exkursionen in die Umgebung (s. Umgeb. 2), nach * **San Francisco Acatepec**, * **Tonantzintla** und **Cholula** und, wenn möglich, Rte 21A nicht versäumen (Besichtigung von * **Tlaxcala** und * **Cacaxtla**).
21. Tag (130 km): **Puebla-México.**

Programm für drei Wochen (Programm B; ungef. 3.600 km auf der Straße und ungef. 2.150 km mit dem Flugzeug): **1. und 2. Tag**: * * * **México** (s. Rte 1).
3. bis 5. Tag (735 km): s. 7 Tage-Programm, 4.-6. Tag.

Reisen im Lande

6. Tag (280 km): **México - Poza Rica** mit Besichtigung des * **Klosters Acolman** und * * * **Teotihuacán** (s. Rte 1J), dann weiter auf Rte 18.
7. Tag (255 km): **Poza Rica-* * Veracruz** (s. Rte 18) mit Besichtigung von * * * **El Tajin** und * **Zempoala**.
8. Tag (300 km): **Veracruz-* * * Puebla** auf Rte 19 bis km **211,5**, oder auf der Straße nach Puebla, die (50 km) auf die gebührenpflichtige Autobahn von México nach Córdoba trifft (s. Rte 20 bei km 168) und (54 km) die Autobahn von Puebla nach Oaxaca über Tehuacán (s. Rte 21 bei km 41,5).
9. und 10. Tag (290 km): s. 3 Wochen-Programm **A**, 20. und 21. Tag.
11. Tag (Flug; Aeroméxico oder Mexicana de Aviación): **México-* Villahermosa** (s. Rte 29 bei km 489) mit Besichtigung des Museums und archäologischen Geländes von La Venta.
12. Tag (300 km): **Villahermosa-* * * Palenque-Villahermosa** (Taxi oder Autobus; Hin- und Rückfahrt ungef. 4 Std.; s. Rte 30 bis km 114).
13. Tag (Flug; Aeroméxico): **Villahermosa-* * Mérida** (s. Rte 33).
14. Tag (125 km): **Mérida-* * * Chichén Itzá** (s. Rte 34 bis km 121).
15. Tag (215 km): **Chichén Itzá-* * Cancún** (s. Rte 34 ab km 121).
16. Tag (555 km): **Cancún-* * * Uxmal**; s. 8 Tage-Programm, 1. Tag.
17. Tag (90 km): Besichtigung der Stätte von Uxmal, und in der Umgebung, * * **Kabah**, * * **Sayil**, **Xlapak** und * **Labná** (mieten Sie sich für die drei zuletzt genannten Orte einen Jeep mit Chauffeur).
18. Tag (215 km): **Uxmal-* Campeche** (s. Rte 32 in umgekehrter Richtung ab km 175,5) mit der Besichtigung von * * **Etzná**.
19. Tag (195 km): **Campeche-Mérida**; s. 8 Tage-Programm, 6. Tag.
20. Tag (Flug; Aeroméxico oder Mexicana de Aviación): **Mérida-México**.
21. Tag (40 km): **México**; s. 7 Tage-Programm, 7. Tag.

Programm für drei Wochen (Programm C; 3.300 km auf der Straße, 2.000 km per Flug und 653 km per Eisenbahn): **1. und 2. Tag: * * * México** (s. Rte 1).
3. Tag (320 km): **México-Poza Rica** (s. 3 Wochen-Programm B, zuzüglich der Besichtigung von * * * **El Tajin**.
4. Tag (300 km): **Poza Rica-* Tampico** (s. Rte 18A).
5. Tag (390 km): **Tampico-* * San Miguel Regla** (s. Rte 9 in umgekehrter Richtung bis km 118,5).
6. Tag (350 km): **San Miguel Regla-Tamazunchale;** s. Rte 9 in umgekehrter Richtung, von km 118,5 bis km 97 (von Pachuaca weiter in Richtung Actopan), dann Rte 10 in umgekehrter Richtung von km 560 bis km 253, unterwegs Besichtigung des * * **Klosters Actopan** (s. Rte 1K bei km 152).
7. Tag (330 km): **Tamazunchale-San Juan del Rio** auf der herrlichen Straße der Sierra Gorda (s. Rte 10 in umgekehrter Richtung von km 253 bis km 208, dann Rte 10b).
8. Tag (190 km): **San Juan del Rio-* * * Guanajuato** (s. Rte 8 von km 161 bis km 348).
9. Tag (300 km): **Guanajuato-* * Guadalajara** (s. Rte 8 in umgekehrter Richtung von km 348 bis km 308; Irapuato durchqueren und von dort Rte 7 in umgekehrter Richtung, ab km 252).
10. Tag (ungef. 150 km): **Guadalajara**; Besichtigung der Stadt (s. Rte 5) und der Umgebung, Exkursionen nach Zapopan, Tlaquepaque und Ajijic (s. Umgeb. v. Guadalajara 1, 2 und 4).
11. Tag (350 km): **Guadalajara-* * Puerto Vallarta** (s. Rte 6 bis km 346).
12. Tag: Puerto Vallarta.
13. Tag (265 oder 340 km): **Puerto Vallarta-* * Bahia Santiago** oder **Tecoman** (s. Rte 6 von km 346 bis km 611 oder 681,5).

Ihre Reise   120

14. Tag (340 km oder 270 km): **Bahía Santiago** oder **Tecoman-Guadalajara** (s. Rte 6 von km 611 oder 681,5 bis km 947).
15. Tag (Flug; Aeroméxico): Guadalajara-Chihuahua.
16. Tag (Eisenbahn): Chihuahua-Est. Creel (s. Rte 15C).
17. und 18. Tag: von der **Estación Creel** aus Exkursionen im Jeep, zu Pferd oder zu Fuß in die Cañons der Tarahumara (★★★ **Barranca del Cobre**).
19. Tag (Eisenbahn): Est. Creel-EL Divisadero (s. Rte 15C).
20. Tag (Eisenbahn): El Divisadero-Los Mochis (s. Rte 15C).
21. Tag (Autobus und **Flug): Los Mochis-Culiacán-México.**

Programm für einen Monat (Programm A; ca. 5.300 km auf der Straße und 2.150 km Flug): **1.–21. Tag**: s. 3-Wochen-Programm **A**.
22. Tag (Flug; Aeroméxico oder **Mexicana de Aviación): México-* Villahermosa-★★★ Palenque-Villahermosa** (s. Rte 29 bei km 489 und Rte 30 bis km 114); wenn Sie mit dem ersten Flug der Aeroméxico oder der Mexicana de Aviación aufbrechen, kommen Sie frühzeitig an, um an einem Tag den Ausflug (300 km hin und zurück, im Taxi oder Autobus) nach Palenque

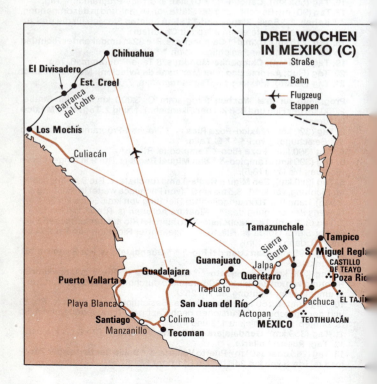

zu machen. Wenn Sie am darauffolgenden Tag nachmittags nach Mérida aufbrechen, bleibt Ihnen Zeit für die Besichtigung des Archäologischen Museums von Tabasco und des archäologischen Geländes von La Venta (in Villahermosa).
23.-30 Tag: s. 3-Wochen-Programm B, 13. bis 20. Tag.

Programm für einen Monat (Programm B; ca. 7.000 km auf der Straße):
1. und 2. Tag: * * * **México** (s. Rte 1).
3. Tag (180 km): **México-* Cuernavaca** (s. Rte 2) mit Besichtigung von * * **Tepoztlán** (s. Rte 2A) und * * **Xochicalco** (s. Rte 2 bei km 103,5).
4. Tag (330 km): **Cuernavaca-* * * Acapulco** (s. Rte 3).
5. Tag: Acapulco.
6. Tag (275 km): **Acapulco-* * * Taxco** (s. Rte 3 in umgekehrter Richtung von km 413 bis km 180).
7. Tag (200 km): **Taxco-México** (s. Rte 2 von km 192 bis km 391).
8. Tag (150 km): **México-* * San Miguel Regla** mit Besichtigung des * **Klosters Acolman** und * * * **Teotihuacán** (s. Rte 1J). Folgen Sie dann Rte 18 bis zur Straße von Pachuca nach Calpulalpan (s. Rte 9A bei km 29,5–30), der Sie in entgegengesetzter Richtung, nach Pachuca, folgen, dann weiter auf Rte 9 von km 97 bis km 118,5.
9. Tag (385 km): **San Miguel Regla-* Tampico** (s. Rte 9 ab km 118,5) auf einer der schönsten Straßen Mexikos.
10. Tag (370 km): **Tampico-Nautla** (s. Rte 18A in umgekehrter Richtung, dann Rte 18 von km 275 bis km 349) mit Besichtigung von * * * **El Tajin.**
11. Tag (180 km): **Nautla-* * Veracruz:** s. 3-Wochen-Programm A, 15. Tag.
12. Tag (490 km): **Veracruz-* Villahermosa** (s. Rte 29).
13. Tag (150 km): **Villahermosa-* * * Palenque** (s. Weg 30 bis km 114).
14. Tag (375 km): **Palenque-* Campeche** (s. Rte 30 ab km 114).
15. Tag (215 km): **Campeche-* * * Uxmal** (s. Rte 2 von km 175,5) mit Besichtigung von * * **Etzná** und * * **Kabah.**
16. Tag (80 km): **Uxmal-* * Mérida** (s. Rte 32 ab km 175,5 und Rte 33).
17. Tag (125 km): **Mérida-* * * Chichén Itzá** (s. Rte 34 bis km 121).
18. Tag (215 km): **Chichén Itzá-* * Cancún** (s. Rte 34 ab km 121).
19. Tag: Cancún (Exkursion zur * * **Isla Mujeres**).
20. Tag (470 km): **Cancún-Chetumal** (s. Rte 35) mit Besichtigung von * * **Xel Ha**, * * **Tulum** und * * **Cobá.**
21. Tag (455 km): **Chetumal-Ciudad del Carmen** (s. Rte 36, dann Rte 30 von km 299,5 bis km 274, wo Sie die Straße nach Sabancuy einschlagen und schließlich Rte 31 von km 132 bis km 210); sehenswert ist vor allem die archäologische Stätte * **Kohunlich.** Sehr früh von Chetumal aufbrechen, da möglicherweise lange Wartezeit bei Fähre zwischen Isla Aguada und Paso Real (s. Rte 31 bei km 173).
22. Tag (480 km): **Ciudad del Carmen-Villahermosa-* * San Cristóbal de las Casas** (s. Rte 31 ab km 231, dann Rte 28A in umgekehrter Richtung bis km 19 und schließlich Rte 28 von km 326 bis km 376,5).
23. Tag (290 km): von **San Cristóbal de las Casas** Exkursion nach * **Chinkultic** und zu den * * * **Lagunen von Montebello** (s. Rte 28 von km 376,5 bis km 478, dann Rte 28C).
24. Tag (420 km): **San Cristóbal de las Casas-Tehuantepec** (s. Rte 28 in umgekehrter Richtung ab km 376,5); Exkursion zum * * * **Sumidero,** empfehlenswert ab **Tuxtla Gutiérrez.**
25. Tag (265 km): **Tehuantepec-* * * Oaxaca** (s. Rte 24 in umgekehrter Richtung) unterwegs Besichtigung von * * **Mitla,** * **Yagul** und * **Dainzú** (s. Rte 22, Oaxaca).

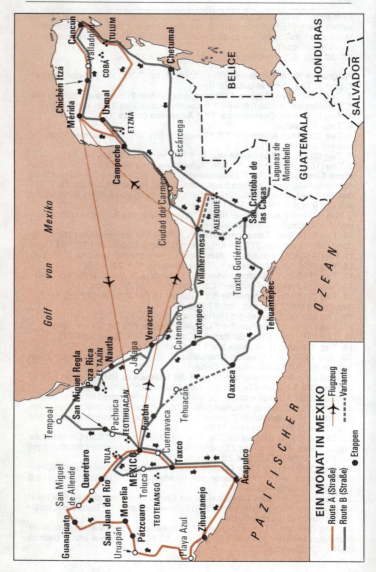

26. Tag (40 km): **Oaxaca**; Besichtigung der Stadt (s. Rte 22) und ★★★**Monte Albán**.
27. Tag (380 km): **Oaxaca-Fortin de la Flores** (s. Rte 26 in umgekehrter Richtung bis km 199,5, dann Rte 20C in umgekehrter Richtung ab km 78 und schließlich Rte 20 in umgekehrter Richtung von km 356,5 bis km 288), auf einer phantastischen Bergstraße, zwischen Oaxaca und Tuxtepec.
28. Tag (165 km): **Fortin de las Flores-★★★Puebla** (s. Rte 20 in umgekehrter Richtung von km 288 bis km 127).
29. und 30. Tag: s. 3-Wochen-Programm **A**, 20. und 21. Tag.

Verkehrsmittel in Mexiko

In Mexiko, wo die in der Eisenbahn oder im Auto zurückzulegenden Strecken endlos erscheinen, leistet ein gut ausgebautes Netz von Flugverbindungen, das verschiedene mexikanische Gesellschaften betreiben, hervorragende Dienste.

Die Flugverbindungen sind preiswert. Man sollte nicht zögern, sie so häufig wie irgend möglich zu benutzen, zumal wenn man darauf angewiesen ist, in nur kurzer Zeit möglichst viel zu sehen.

Innermexikanische Flugverbindungen. – Die von **Aeroméxico** und **Mexicana de Aviación** (den beiden größten Gesellschaften) geleisteten Dienste sind äußerst zufriedenstellend.
Nachstehend finden Sie die wichtigsten innermexikanischen Flugverbindungen, die von Aeroméxico (**AM**) und Mexicana de Aviación (**MX**) betrieben werden.

Von Acapulco: **AM**-Flüge nach Cozumel, Guadalajara, Mérida, México, Oaxaca, Puerto Vallarta und Villahermosa; **MX**-Flüge nach México.

Von Cancún: **AM**-Flüge nach Mérida und México. **MX**-Flüge nach México.

Von Chihuahua: **AM**-Flüge nach Ciudad Juárez, Durango, Guadalajara, Hermosillo, México, Monterrey, Tijuana und Torreón.

Von Ciudad Juárez: **AM**-Flüge nach Chihuahua, Léon, Mazatlán, México und Torreón.

Von Cozumel: **AM**-Flüge nach Acapulco, Chetumal, Mérida, México, Monterrey, Oaxaca, Veracruz und Villahermosa. **MX**-Flüge nach Mérida und México.

Von Guadalajara: **AM**-Flüge nach Acapulco, Chihuahua, Ciudad Obregón, Culiacán, Durango, Guaymas, Hermosillo, La Paz, Manzanillo, México, Monterrey, Puerto Vallarta, Tijuana und Torreón. **MX**-Flüge nach Hermosillo, Mazatlán, Mexicali, México und Puerto Vallarta.

Von La Paz: **AM**-Flüge nach Culiacán, Durango, Guadalajara, Mazatlán, Mexicali, México, Monterrey, Puerto Vallarta, Tijuana und Torreón.

Von Mazatlán: **AM**-Flüge nach Ciudad Juárez, Durango, La Paz, Léon, México, Monterrey, Tijuana und Torreón. **MX**-Flüge nach Guadalajara, Hermosillo, Mexicali und México.

Von Mérida: AM-Flüge nach Acapulco, Cancún, Cozumel, México, Monterrey, Oaxaca, Veracruz und Villahermosa. **MX**-Flüge nach Cozumel und México.

Von Mexicali: AM-Flüge nach Culiacán, La Paz, México und Tijuana.

Von México: AM-Flüge nach Acapulco, Cancún, Chetumal, Chihuahua, Ciudad del Carmen, Ciudad Juárez, Ciudad Obregón, Cozumel, Culiacán, Durango, Guadalajara, Guaymas, Hermosillo, La Paz, León, Manzanillo, Matamoros, Mazatlán, Mérida, Mexicali, Monterrey, Oaxaca, Puerto Vallarta, Reynosa, Tapachula, Tijuana, Torreón, Tuxtla Gutiérrez, Villahermosa und Zihuatanejo. **MX**-Flüge nach Acapulco, Cancún, Cozumel, Guadalajara, Hermosillo, Mazatlán, Mérida, Mexicali, Minatitlán, Monterrey, Nuevo Laredo, Oaxaca, Puerto Vallarta, Tampico, Tuxtla Gutiérrez, Veracruz, Villahermosa und Zihuatanejo.

Von Monterrey: AM-Flüge nach Chihuahua, Cozumel, Guadalajara, Hermosillo, La Paz, Manzanillo, Mazatlán, Mérida, México, Tijuana, Torreón und Veracruz. **MX**-Flüge nach México, Nuevo Laredo und Tampico.

Von Oaxaca: AM-Flüge nach Acapulco, Cozumel, Mérida, México und Villahermosa. **MX**-Flüge nach México und Tuxtla Gutiérrez.

Von Puerto Vallarta: AM-Flüge nach Acapulco, Guadalajara, La Paz, Manzanillo, México und Tijuana. **MX**-Flüge nach Guadalajara, Mazatlán und México.

Von Tijuana: AM-Flüge nach Chihuahua, Ciudad Obregón, Culiacán, Durango, Guadalajara, Guaymas, Hermosillo, La Paz, Manzanillo, Mazatlán, Mexicali, México und Puerto Vallarta.

Von Villahermosa: AM-Flüge nach Acapulco, Ciudad del Carmen, Cozumel, Mérida, México, Oaxaca und Tapachula. **MX**-Flüge nach México, Minatitlán und Veracruz.

Daneben vervollständigen im Ortsbereich weitere Gesellschaften dieses dichte Flugliniennetz: **Aeronaves del Norte y Aeronaves del Oeste** (Niederkalifornien, Los Mochis), **Aeronaves del Mayab** (Mérida-Cozumel-Isla Mujeres), **Aeronaves del Sureste** (México-Pinotepa-Nacional-Puerto Espandido-Oaxaca),**Aeronaves del Este** (Ciudad Valles-Ciudad Victoria), **Aeronaves del Centro** (México-Aguascalientes-Zacatecas-San Luis Potosí) und **Aeronaves del Sur** (Morelia-Arcelia-Altamirano-Uruapán-Colima-Apatzingán-Manzanillo). Die **Lineas del Pacifico** stellen die Verbindung Los Mochis-La Paz her, **Aerovías Caribe** befliegt mehrere Strecken auf der Halbinsel Yucatán (von Mérida nach Cancún, Cozumel, Tulum und Tizimín).

Eisenbahnverbindungen. – Das mexikanische Eisenbahnnetz umfaßt eine Strecke von insgesamt 23.790 km mit verschiedenen Nebenlinien. Der größte Teil dieses Netzes (17.057 km) wird von den **Ferrocarriles Nacionales de México** befahren, einer staatseigenen Gesellschaft. Von den sechs Gesellschaften, die sich in das restliche Streckennetz (6.733 km) teilen kommen nur drei für den Tourismus in Betracht: die **Compañia del Ferrocarril del Pacifico** (2.565 km; von Guadalajara nach Nogales), die **Compañia Chihuahua-Pacifico** (1.644 km; Los Mochis-Chihuahua-Ojinaga) und die **Compañia del Ferrocarril del Sureste** S.C.T. (803 km; Linie Coatzacoalcos-Mérida). Zwar sind die verschiedenen Streckennetze miteinander verbunden, manchmal jedoch muß man umsteigen. Auf den meisten großen Strecken verkehren Schnellzüge (*Pasajeros rápidos*) und Personenzüge (*trenes de Pasajeros*). Im Ortsbereich verkehren ausschließlich Personenzüge (Pasajeros) und gemischte Züge (mixtos), in Wirklichkeit Bummelzüge. Auch die Schnellzüge, deren Durchschnittsgeschwindigkeit als recht mäßig zu bezeichnen ist, sind lediglich auf einigen Strecken interessant. Am bequemsten sind die Nachtzüge: wenn man México am späten Nachmittag bzw. bei Einbruch der Nacht verläßt, kommt man am darauffolgenden Morgen ausgeruht am Ausgangspunkt einer Besichtigungs- bzw. Exkursionstour an.

Die Personenzüge setzen sich meist aus 1.- und 2. Klasse-Waggons zusammen, die gemischten Züge aus 2. Klasse-Waggons. Die tagsüber verkehrenden Schnellzüge umfassen 1.- und 2. Klasse-Waggons, während die Nachtschnellzüge sich im allgemeinen aus Schlafwägen und 1. Klasse-Waggons zusammensetzen. Reisen Sie nur 1. Klasse und geben Sie nach Möglichkeit einem Schlafwagen vor einem einfachen 1. Klasse-Waggon den Vorzug. Neben den Schlafwägen (*carros dormitorios*) haben große Schnellzüge einen Speisewagen (*carro comedor*) und einen Aussichtswagen (*carro observatorio*), der gleichzeitig Bar und Raucherwagen ist (in den übrigen Waggons ist Rauchen verboten).

Die **Ferrocarriles Nacionales de México** geben kostenlos ein Kursbuch (*Itinerarios y Informes*) heraus, in welchem Sie die An- und Abfahrtszeiten sowie die Tarife sämtlicher Eisenbahngesellschaften finden.

Strecke: México-Guadalajara (610 km in 11 Std. 50 Min.; Nachtzug).
Strecke: México-Monterrey (1.022 km in 15 Std. mit dem **Regiomontano**; Abf. von México bzw. Monterrey am späten Nachmittag).
Strecke: México-Morelia (371 km in 8 Std. 40 Min.; Nachtzug).
Strecke: México-Veracruz über Córdoba (433 km in 10 Std. 15 Min. ungef.; Nachtzug).
Strecke: México-Veracruz über Jalapa (472 km in ungef. 11 Std. 30 Min.; Nachtzug).
Strecke: México-Oaxaca (579 km in ungef. 14 Std. 45 Min.; Abf. von México bzw. Oaxaca am späten Nachmittag).
Strecke: México-Puebla (213 km in ungef. 3 Std.).
Strecke: México-Zacatecas-Chihuahua-Ciudad Juárez (1.971 km in ungef. 33 Std. 30 Min.).
Strecke: México-Nuevo Laredo (1.290 km in ungef. 23 Std. 50 Min.).

Überlandautobusse, Taxis und Peseros bilden ein weiteres, dichtes Verkehrsnetz. Zahlreiche Unternehmen konkurrieren in Bezug auf Pünktlichkeit und Schnelligkeit. Sie ermöglichen es, sämtliche Städte und *pueblos* des Landes preisgünstig zu erreichen.

Jede größere Stadt hat einen **Autobusbahnhof,** wo Sie Reservierungen vornehmen können. Die Abfahrt in den kleineren Orten ist am Hauptplatz. Auf den größeren Strecken werden Pausen von 10 bis 20 Minuten eingelegt, damit sich die Passagiere die Beine vertreten und einen Imbiß zu sich nehmen können.

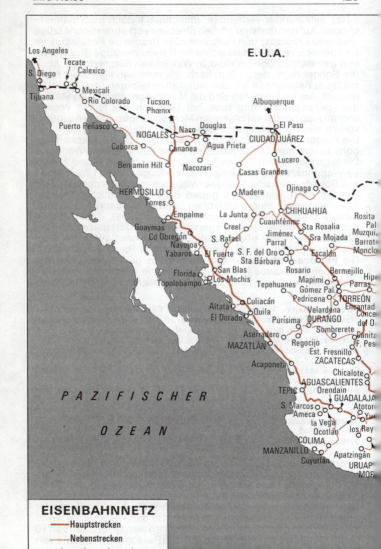

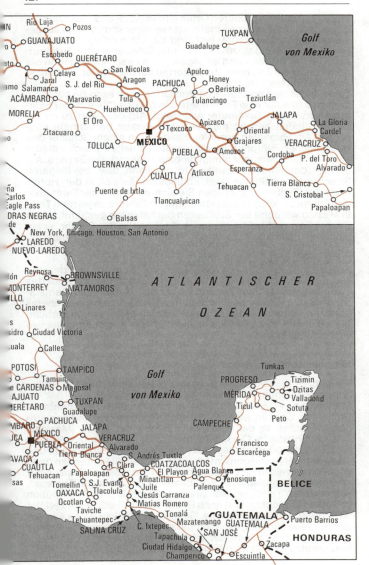

In México und den größeren Orten gibt es Auto- und Trolleybusse, die je nach Unternehmen mehr oder weniger komfortabel ausgestattet sind. In der Hauptstadt sind sie während der Stoßzeiten (von 8-10, 13-14 und 18-20 Uhr) nur unter Schwierigkeiten zu benutzen. Die Haltestellen sind im allgemeinen beschildert (geben Sie dem Fahrer ein Zeichen); der Zielort ist auf der Vorder- und Rückseite des Busses angegeben.

Taxis findet man an allen größeren Orten, man kann sie auf Stundenbasis bzw. für eine Fahrt mieten. In México City wird der Fahrpreis von einem Taxameter angezeigt. Auf der Fahrt zu einem Stadtflughafen bezahlt man eine pro Person berechnete Pauschale. Am Flughafen bezahlen Sie dann an einem Schalter den tatsächlichen Fahrpreis. Im allgemeinen erhalten Taxichauffeure kein Trinkgeld, ausgenommen für einen besonderen Service. Außerhalb der Städte bezahlen Sie pro Fahrt bzw. bei längeren Strecken einen Stundentarif. Erkundigen Sie sich in den Hotels nach den Tarifen bzw. einigen Sie sich vor Antritt der Fahrt über den Fahrpreis. Wegen der sehr niedrigen Fahrpreise werden Taxis in México während der Stoßzeiten buchstäblich gestürmt. Wenn Sie ein Taxi rechtzeitig mieten, entgehen Sie der Gefahr, einen längeren Fußmarsch zu Ihrem Hotel zurücklegen zu müssen. Wenn Ihnen für die Stadtbesichtigung nur wenig Zeit zur Verfügung steht, sollten Sie ebenfalls ein Taxi mieten.

Auf einigen Hauptstraßen von México, vor allem aber auf dem Paseo de la Reforma werden Sie einer interessanten Variante des Taxis begegnen, dem **Pesero**. Es handelt sich um ein Gemeinschaftstaxi mit einer bestimmten Route, das Sie aber fast überall anhalten können. Jeder Fahrgast bezahlt eine geringe Gebühr. Sie erkennen diese Taxis unschwer an der Aufschrift *collectivo* vorne auf dem Dach.

Mit dem Auto unterwegs

Einfuhr. – Erkundigen Sie sich über die entsprechenden Bedingungen bei einem Automobil- oder Touringclub.

Mietwagen. – In México City, in den großen Touristenorten (Acapulco, Cancún, Mérida, Mazatlán, Guadalajara) und den größeren Städten in der Nähe der Grenze der U.S.A. (Mexicali, Tijuana, Ensenada, Ciudad Juárez, Chihuahua, Monterrey) können Sie tage- oder wochenweise Leihwagen mieten. Namen und Adressen der jeweiligen Unternehmen finden Sie unter den praktischen Hinweisen für jede Stadt. Wenn Sie nicht im Besitz einer international anerkannten Kreditkarte (z. B. „American Express", „Diner's Club") sind, müssen Sie den Mietpreis zuzüglich Kaution im voraus entrichten. Erst nach Rückgabe des Fahrzeuges erfolgt die Endabrechnung. Manche Gesellschaften wie Avis usw. gewähren eine Wochen-, manchmal eine Monatspauschalsumme mit unbegrenzter Kilometerzahl, was sehr vorteilhaft ist, unter der Voraussetzung, daß man täglich durchschnittlich 100 km fährt.

Mit dem Auto unterwegs

Benzin und Schmiermittel. – Pemex, die staatliche Erdölgesellschaft (Petroleos Mexicanos) unterhält zahlreiche Tankstellen in den großen Städten und entlang der Hauptverkehrsstrecken, weniger dagegen auf den Nebenstrecken und fast keine in schwer zugänglichen Gebieten. Es empfiehlt sich, vor Antritt größerer Fahrten in abseits gelegene Gebiete immer voll aufzutanken. Pemex vertreibt zwei Kraftstofftypen. Die Preise variieren je nach Oktangehalt, aber auch nach der Entfernung zur Verteilerstation. Pemex ist auch mit eigenen Schmiermitteln auf dem Markt vertreten, die wesentlich günstiger sind als ausländische Fabrikate, vor allem nordamerikanische, die in Mexiko unter Lizenz hergestellt und von Privattankstellen vertrieben werden.
Benzin und Schmiermittel werden pro Liter verkauft. Der Reifendruck wird in Kilogramm gemessen. An den Tankstellen sind Schilder angebracht, die dazu auffordern nachzusehen, ob der Zähler der Benzinpumpe vor dem Auftanken tatsächlich auf Null steht. Diese Vorsichtsmaßnahme ist in der Tat häufig angezeigt.

Die Straßen. – Das mexikanische Straßennetz kann in seiner Gesamtheit als recht gut bezeichnet werden. Von Jahr zu Jahr sind Verbesserungen und erhebliche Erweiterungen festzustellen. Die Halbinsel Yucatán weist jetzt ein ausgezeichnetes Netz von Asphaltstraßen auf. Niederkalifornien kann von Nord nach Süd auf der Transpeninsular durchquert werden, einer Straße, die an die Stelle einer recht schlechten Piste zwischen San Quintín, La Paz und Cabo San Lucas getreten ist. Die Straße entlang der Pazifikküste zwischen Puerto Angel und Salina Cruz (Tehuantepec) soll in naher Zukunft fertiggestellt werden.
Die noch wenigen Autobahnen haben nicht immer getrennte Fahrspuren. Die drei Hauptstrecken sind México-Irapuato (in Richtung Guadalajara), México-Córdoba (in Richtung Veracruz) und México-Iguala (in Richtung Acapulco).
Sämtliche Autobahnen (ausgenommen die Stadtautobahnen und Umgehungsstraßen) sowie einige Brücken sind gebührenpflichtig (**cobro** = Gebühr); man bezahlt nacheinander an mehreren Mautstellen (**casetas de cobro**).
Insgesamt gesehen ist die **Beschilderung** zufriedenstellend.
Wenn Sie auf einer Fernstraße eine **Panne** haben, rufen Sie telefonisch den von der Secretaria de Turismo eingesetzten *Straßenhilfsdienst* bzw. bitten Sie einen Autofahrer dies für Sie zu tun. Die Fahrer dieses Hilfsdienstes, die sogenannten **„Angelos Verdes"** („Grüne Engel") patrouillieren auf bestimmten Streckenabschnitten. Reparaturen werden von ihnen gratis ausgeführt (Ersatzteile müssen bezahlt werden). Fahrzeuge, die nur in gut ausgerüsteten Reparaturwerkstätten instandgesetzt werden können, werden von ihnen abgeschleppt. Falls erforderlich, können Sie von ihnen Benzin und Motoröl zum Einkaufspreis kaufen. Die „Angelos Verdes" führen eine Ärztetasche bei sich, um bei Unfällen Erste Hilfe leisten zu können. Wenden Sie sich auch an sie, wenn Sie Aus-

kunft über den Straßenzustand oder touristische Informationen benötigen.

Verkehrsregeln. – In Mexiko herrscht **Rechtsverkehr**.
Der Straßenverkehr ist nicht ganz unproblematisch, vor allem wegen des umherirrenden Viehs, das manchmal völlig unerwartet auftaucht. Selbst auf gebührenpflichtigen Autobahnen, die von dem sie umgebenden Weideland nicht durch Stacheldrähte oder andere Zäune getrennt sind, ist man vor solchen Begegnungen nicht sicher. Auf sämtlichen Straßen und Autobahnen ist die Geschwindigkeit begrenzt (im allgemeinen 80-100 km bzw. 110 km/h; in Wirklichkeit wird diese Begrenzung aber nur selten eingehalten). Der Verkehr bei Nacht ist schwierig, weil viele Fahrzeugführer nicht abblenden, während Karren, Fahrräder und manchmal sogar Autos gänzlich ohne Beleuchtung fahren.
Der Straßenverkehr in den Städten, vor allem in México, ist verwirrend. Im allgemeinen wird er von Ampeln oder Verkehrspolizisten geregelt, deren Anweisungen jedoch nicht immer eindeutig sind. Die Verkehrsampeln sind manchmal an recht ungewöhnlichen Stellen angebracht und schlecht sichtbar (manchmal regelt eine einzige Ampel den Verkehr einer ganzen Kreuzung; sie kann dann sowohl vor wie nach einer Querstraße rechts, aber auch links angebracht sein).
Einbahnstraßen sind mit einem weißen Pfeil (der angibt, in welche Richtung Sie fahren dürfen) und dem Wort **Tránsito** gekennzeichnet. Eine Vorfahrtstraße trägt – ebenfalls in einem weißen Pfeil – die Bezeichnung **Preferencia;** die Vorfahrt ist bei Nebenstraßen gegeben, die mit Pfeilen beschildert sind, auf denen das Wort **Circulación** erscheint.
In México und vielen anderen Orten gibt es Parkuhren. Dessen ungeachtet ist das Parkplatzproblem nicht gerade einfach zu lösen. Die Schilder, die eine Halteerlaubnis oder ein Parkverbot aussprechen, sind eindeutig, so daß es keiner weiteren Erklärung bedarf. Die Autofahrer möchten wir darauf hinweisen, daß manche mexikanische Polizeibeamte „auf dem flachen Land" nicht – wie bei uns üblich – mit Notizbuch und Kugelschreiber, sondern mit Schraubenzieher und Zange arbeiten. Mit Hilfe dieser Werkzeuge entfernen sie die Nummernschilder des verbotswidrig geparkten Fahrzeugs. Dem Fahrzeughalter, der einem solchen Streich zum Opfer fällt, bleibt nichts anderes übrig, als den *Vigilante* (Hilfspolizist) zu rufen bzw. mit dem nächstbesten Polizisten zu verhandeln und sich darauf zu berufen, daß er ein unwissender Tourist sei. Andernfalls muß er sich aufs Polizeirevier begeben und eine Gebühr (*multa*) entrichten, um das Nummernschild zurückzubekommen. Häufig werden unvorschriftsmäßig geparkte Autos auch abgeschleppt.

5. Praktische Reisetips und Tips für das Leben im Lande

Badeorte. – Mexiko wurde von der Natur ganz besonders begünstigt. Es hat zwei prachtvolle Meeresküsten mit zahllosen Stränden. Man findet dort eine breite Skala von Badeorten, angefangen beim strahlenden, weltberühmten Acapulco über Puerto Vallarta, Mazatlán, Ensenada, Bahía Santiago, Zihuatanejo und Cancún, einer der erstaunlichsten Schöpfungen des modernen Städtebaus, bis hin zu den anspruchslosen Stränden wie zum Beispiel Puerto Angel, kaum mehr als bescheidene Fischerdörfer an Kieselstränden im Schatten prächtiger Kokospalmen.

Camping. – Die Zahl der Campingplätze ist noch gering, da dieser Urlaubsstil in Mexiko nicht sehr verbreitet ist.

Caravaning dagegen ist wesentlich weiter verbreitet. Entlang der großen Fernstraßen, die die USA mit der mexikanischen Hauptstadt verbinden und am Rande der Fremdenverkehrszentren findet man perfekt ausgestattete **Trailer parks** (mit fließ. Wasser, Strom, manchmal sogar Telefon usw.). In der Nähe der größeren Trailer parks befinden sich häufig ein Restaurant, ein Supermarkt, ein Schwimmbad, sofern die Parks nicht in der Nähe eines Strandes liegen. In México City gibt es mehrere Unternehmen, die Wohnwägen mit Anhänger vermieten (s. Praktische Hinweise für México).

Hotels. – Vom Dorfgasthaus über einfache Familienpensionen bis zur Luxusherberge bietet die mexikanische Hotellerie ein reiches Angebot im Hinblick auf Komfort und Preise. Für México City empfiehlt es sich, Zimmer so früh wie möglich im voraus zu reservieren, vor allem während der Hauptsaison (ungefähr von Mitte Dezember bis Mitte April).
Für die Hotels werden von den Behörden Maximalpreise festgesetzt, die in den Zimmern angeschlagen sind. In diesen Preisen sind im allgemeinen Abgaben und Bedienungsgeld enthalten.
In einigen Orten wie Acapulco, Mazatlán, Puerto Vallarta usw. gewähren die Hotels in der Zeit zwischen Mitte April bis Mitte Dezember einen Preisnachlaß von 10%.
In Teotihuacán (s. S. 300), Cholula (s. S. 558), Chichén Itza (s. S. 672), Uxmal (s. S. 656) und Cobá (s. S. 686) befinden sich Unterkünfte des *Club Méditerranée* in komfortablen Hotels bzw. Villen, die in unmittelbarer Nähe der berühmten archäologischen Stätten liegen. Diese Villen sind auch für Nichtmitglieder des Clubs zugänglich. Reservierungen können in den beiden Feriendörfern des Clubs in Mexiko (Cancún (s. S. 680) und Playa Blanca (s. S. 418) sowie in México City (*Hoteles Villas Archeológicas Operadora de Aldeas Vacacionales*, Calle Leibnitz 34, 3. St. México D.F., Tel. 533-48-00) vorgenommen werden. Für Ende 1980 ist die

Eröffnung einer Villa in San Cristobal de Las Casas (s. S. 621) vorgesehen, für April 1981 eine in Palenque (s. S. 638) und Oaxaca (s. S. 582).

Preiswerte Unterkünfte. – In den zahlreichen Pensionen der Badeorte aber auch in México City kann man preiswert unterkommen, im allgemeinen allerdings immer nur für mehrere Tage. Die Freie Universität von México (Ciudad Universitaria) und die meisten anderen Landesuniversitäten vermitteln an Studenten, die sich auf der Durchreise befinden oder sich für einen Sommerkurs eingeschrieben haben, die Adressen von mexikanischen Familien, bei denen man preiswert wohnen kann.

Restaurants. – In den meisten Städten und entlang der Fernstraßen finden Sie ohne Schwierigkeiten geeignete Restaurants. Im Süden des Landes und auf der Halbinsel Yucatán sind Restaurants seltener bzw. gar nicht vorhanden.
Die Meinungen über die mexikanische Küche sind sehr geteilt. Wir sind begeisterten Anhängern begegnet, die versicherten, die mexikanische Küche gehöre zu den besten der Welt, und Pessimisten, die nur Schlechtes zu berichten wußten. Die einen schwärmen für jenes typisch mexikanische Gericht, die aus Maismehl zubereiteten *tortillas*, die ein Hauptbestandteil der Ernährung sind. Andere wiederum verabscheuen den eigentümlichen Geschmack der tortillas, an dem der zu ihrer Herstellung verwendete Kalk nicht unbeteiligt ist.
Einige Proben genügen, um sich selbst ein Urteil zu bilden. Die Anhänger der mexikanischen Küche sollten die kleinen, beim Volk beliebten Restaurants, Kantinen und Snack-Bars aufsuchen und sich an Tacos, Enchiladas und Saucengerichten gütlich tun. Sieht man von den kleinen Restaurants ab, bleiben – México City ausgenommen, wo es zahlreiche andere Möglichkeiten gibt – die Restaurants mit Neonbeleuchtung und Plastikdekor, die Hotelrestaurants mit ausländischer Stammkundschaft, die eine Küche „à l'américaine" bieten und einige – häufig denaturierte – mexikanische Spezialitäten. In den Restaurants dieser Kategorie erlebt man jedoch meist angenehme Überraschungen, was die Zubereitung des Fleisches angeht.
Die Möglichkeiten, die México City und andere Großstädte (Guadalajara, Puebla, Veracruz, Acapulco, Mérida usw.) bieten, sind, wie bereits erwähnt, größer. Sie werden keinerlei Schwierigkeiten haben, Restaurants mit einer Küche zu entdecken, deren Qualität Sie mehr als zufriedenstellt. Das gilt sowohl für typisch mexikanische Restaurants, wie für jene, die sich ihrer „internationalen" Küche rühmen.

Reisebudget. – Die mexikanische Währung ist der Peso, sein Schriftzeichen ist $. Ein Peso sind 100 Centavos. Das Zeichen $ für Peso ist nicht mit dem Zeichen $ für US-Dollar zu verwechseln. In Umlauf befinden sich gegenwärtig 10, 20 und 50 Centavo- so-

wie 1, 5 und 10 Pesomünzen. An Papiergeld gibt es 10, 20, 50, 100, 500 und 1000 Pesoscheine.
Für diejenigen, die Mexiko auf eigene Faust entdecken möchten, dürfte es nicht ganz einfach sein, die Reisekosten zu berechnen. Eine allzu präzise Angabe der Kosten könnte sich angesichts der anhaltenden Inflation, die Mexiko ebenso wie viele andere Länder trifft, innerhalb kürzester Zeit als hinfällig erweisen, weshalb wir uns darauf beschränken, die Kosten anhand von Vergleichen zu veranschlagen. Die Kosten für Hotel und Restaurant dürften in México City ebenso hoch sein, wie in Paris in Häusern miteinander vergleichbarer Kategorien wohlgemerkt. In der Provinz, mit Ausnahme der großen Badeorte (Acapulco, Puerto Vallarta, Mazatlán, Bahía Santiago, Cancún usw.), wo das Preisniveau dem der Hauptstadt gleichkommt, liegen die Kosten für Hotel und Restaurant wesentlich niedriger (um ungefähr 20%), mit einigen, scheinbar nicht berechtigten Ausnahmen. Die Kosten für einen Mietwagen belaufen sich auf annähernd dieselbe Summe, die Sie auch in Westeuropa zu zahlen hätten. Wenden Sie sich in Ihrem Land an eine internationale Agentur (z. B. Avis, Hertz usw.), wo Sie genauere, eventuell sogar exakte Preisangaben erhalten. Die übrigen Verkehrsmittel (Flugzeug, Überlandautobus, Eisenbahn) sind billiger. Dasselbe gilt für Benzin. Wenn Sie die Kosten für Hotel, Restaurant und Transportmittel bereits an den Reiseveranstalter bezahlt haben, brauchen Sie nur noch mit geringen zusätzlichen Nebenkosten (für Getränke, Rauchwaren, Postkarten, Eintrittskarten in Museen, archäologische Stätten usw.) zu rechnen, die weniger hoch sind als in westeuropäischen Ländern. Auch das heimische Kunsthandwerk ist sehr preisgünstig.

Unterhaltung. – Während eines nur kurzen Aufenthalts in Mexiko werden Sie sich sicherlich vom Lokalkolorit angezogen fühlen. Sie werden sich für Volkstänze, mexikanisches Rodeo, Mariachi-Musik und Stierkämpfe interessieren. Wenn Sie darüberhinaus die Mentalität der Mexikaner kennenlernen wollen, sollten Sie auch Volksveranstaltungen wie Fußball, Jai alai und Hahnenkämpfe besuchen, aber auch ins Kino, und – wenn Ihre Spanischkenntnisse es erlauben – ins Theater gehen. Selbstverständlich sollten Sie auch alle Gelegenheiten wahrnehmen, die der mexikanische Veranstaltungskalender bietet.

Theater. – Das mexikanische Theater wurde kurz nach der Revolution geboren. Vorher und noch bis 1930 spielten spanische Ensembles auf Tournee durch Mexiko hauptsächlich Stücke, die in Madrid erfolgreich waren, vor einem Publikum, das sich ausschließlich aus der spanischen Kolonie der Hauptstadt zusammensetzte. Die Schaffung eines Lehrstuhls für Dramatische Kunst an der Fakultät für Philosophie und Literatur an der Freien Universität von Mexiko bedeutete einen entscheidenden Schritt für die Entstehung eines rein mexikanischen Theaters, das Werken und Experimentierstücken aus dem Ausland Tür und Tor öffnete. México City zählt gegenwärtig ungefähr zwanzig Theater, darunter über ein Dutzend Privatbühnen, von denen das **Teatro Fabregas** eine besondere Stellung einnimmt. Zu den Staatstheatern zählen der **Palacio de Bellas Artes** (Palast der Schönen Künste) und das **Auditorio Nacional**. Verschiedene Ensembles führen Werke von mexikanischen Autoren bzw. mexikanischen Avantgarde-Autoren auf. Unter ihnen befindet sich das Theater der Universität (das über einen prachtvollen Saal verfügt) und andere. Erwähnt seien ferner das **Teatro de l'Instituto Nacional de Segura Social** und die Theateraufführungen des **Poliforum Cultural Siqueiros**. Die Aufführungen finden selbstverständlich meist in spanischer Sprache statt. Den Spielplan erfahren Sie aus den großen Tageszeitungen. Außerhalb der Hauptstadt konnten die **Entremeses cervantinos** von Guanajuato ihren Erfolg bestätigen. Sie lassen die bezaubernde Stadt alljährlich einen Monat lang zur Hauptstadt des mexikanischen Theaters werden. Die hier aufgeführten Stücke sind dem klassischen spanischen Repertoire entnommen. Sie werden unter freiem Himmel vor der St. Rochus-Kirche von Studenten der Schauspielschule der Universität von Guanajuata aufgeführt. Die Vorstellungen finden in zwei Zyklen, vor und nach der Regenzeit statt und werden durch Plakate angezeigt.

Oper und Konzert. – Der Palacio de Bellas Artes ist Austragungsort internationaler Opernfestspiele, in deren Rahmen weltbekannte Ensembles Gastvorstellungen geben.
Das **Mexikanische Symphonieorchester,** das vor mehr als zwanzig Jahren vom Komponisten Carlos Chávez gegründet wurde, der größten Künstlerpersönlichkeit der zeitgenössischen mexikanischen Musik, unter dessen Leitung es noch heute steht, tritt ebenfalls im Palacio de Bellas Artes unter der Leitung von mexikanischen bzw. ausländischen Dirigenten auf. Diese Konzerte werden auf Plakaten oder in den Tageszeitungen angekündigt.

Ballett. – Die Bühne des Palacio de Bellas Artes steht ferner ausländischen Ballettkompanien und regelmäßig dem mexikanischen Folkloreballett zur Verfügung (Vorstellungen So. 9.30 und 17 Uhr, Mi. 21 Uhr).

Kino. – Seit der Aufführung des Films *Maria Cendelaria* von Emilio Fernandéz mit Dolores del Rio in der Hauptrolle, der 1946 beim Festival in Cannes gezeigt wurde, hat Europa den mexikanischen Film entdeckt. Danach kamen die Filme *Enamorada, La Perla* und *Los Olvidados* von Luis Buñuel, dem es als Nichtmexikaner gelang, die zuweilen tragische Atmosphäre seiner Wahlheimat so treffend wiederzugeben. Mit Dolores del Rio, Maria Félix, Mario Moreno, Cantinflas genannt, und Pedro Armendariz hat Mexiko weitere wohlverdiente Erfolge errungen. Die Anziehungskraft, die verdunkelte Säle auf Mexikaner ausüben, hat zum Aufschwung dieser Industrie beigetragen, die in Churubusco über riesige Studios verfügt. In den meisten Kinos werden natürlich mexikanische bzw. lateinamerikanische Filme gezeigt. Man sieht aber auch zahlreiche amerikanische Filme, manchmal in Originalfassung, seltener europäische Filme. Im Herbst finden die **Filmfestspiele von Acapulco** statt, an denen mehrere europäische Länder teilnehmen.

Mexikanisches Rodeo. – In den größeren Städten, ausgenommen im Süden des Landes und auf der Halbinsel Yucatán, kann man sonntags mexikanisches Rodeo sehen, das dem amerikanischen Rodeo ziemlich nahekommt. Bei den Teilnehmern am mexikanischen Rodeo ist der Sinn für theatralische Gesten womöglich noch ausgeprägter. Die Darbietungen umfassen Vorführungen von dressierten Pferden, die sich kooperativ verhalten, Balancekunststücke auf dem Rücken von Färsen, die sich diesem Sport gegenüber aufsässiger zeigen, den Aufmarsch von Amazonen in raschelnden, vielfarbigen Röcken, Lassokunststücke, mexikanische Tänze, insbesondere den *jarabe ranchero* usw. Beachten Sie die praktischen Hinweise für jede Stadt.

Stierkämpfe. – México-Stadt ist stolz auf seine *plaza de toros*, mit 50.000 Plätzen größte Stierkampfarena der Welt, ein Beweis für die Popularität der Stierkämpfe, die mit der Konquista Einzug in Mexiko hielten. Die Saison der Berufskämpfer (*corridas formales*) dauert von November bis März, ungefähr fünf Monate. Außerhalb dieser Zeit finden Corridas statt, bei denen sich *novilleros* produzieren, d. h. Toreros, die zum ersten Mal kämpfen.

Wie in Spanien umfaßt jede Corrida sieben Kämpfe, der erste beginnt gegen 16 bzw. 17 Uhr. Die Eintrittspreise variieren, je nach Sitzreihe, Schatten- (*sombra*) oder Sonnenplatz (*sol*). *Aficionados* bevorzugen Plätze in der ersten Reihe (*delanteras*), in unmittelbarer Nähe der Arena und die Logenplätze (*palcos*) im ersten Rang.

Mariachis. – Mariachis sind Musiker-Ensembles, denen Sie in den meisten Landesteilen begegnen. Ihre malerische Aufmachung besteht aus einer schwarzen, prächtig herausgeputzten Hose, einem knappen, ebenfalls phantasievoll verzierten, boleroähnlichem Westchen, einem riesigen Sombrero, Halsschleife, Stiefeln mit hohen Absätzen, Reminiszenz an eine Zeit, in der man Sporen vom Durchmesser einer Untertasse trug. Der Ursprung dieser typisch mexikanischen Orchester geht auf die Zeit der französischen Besetzung zurück, als die Bürgerschaft von Guadalajara – in Nachahmung französischer Lebensart – bei Hochzeitsgesellschaften Musikanten aufspielen ließ. In Abwandlung des französischen Wortes *mariage*, Hochzeit, nannte man diese Musiker schon bald *mariachis*. Ein Mariachi-Ensemble setzt sich im allgemeinen aus zwei oder drei Gitarristen zusammen, zwei oder drei Geigern, einem oder zwei Flötisten und vor allem aus zwei Trompetern, gelegentlich bereichert um einen oder zwei Sänger.

In **México City** befindet sich das Hauptviertel der Mariachis um die Plaza Garibaldi, in **Guadalajara** beim Mercado Libertad (**Plaza de los Mariachis**). Für den Betrag von ungefähr 50 Pesos erfüllen die Mariachis Zuhörerwünsche. Der Preis sollte vorher vereinbart werden. Mariachi-Kapellen können Sie auch in den Bars großer Hotels, in Xochimilco usw. hören.

Jai alai. – Auf seinem Weg über den Atlantischen Ozean hat das berühmte baskische Pelotaspiel den kubanischen Namen **Jai alai** angenommen. Bekanntlich spielte man in ganz Mexiko bis hinauf in den äußersten Norden (Casas Grandes) und sogar im Süden der Vereinigten Staaten vor Cortés Ankunft ein Pelotaspiel, das die Azteken *tlachtli* nannten. Dieses Spiel diente übrigens nicht der Zerstreuung, sondern war vielmehr die Darstellung einer heiligen Handlung, deren Akteure übernatürliche Wesen verkörperten, die im Himmel (eigentliches Symbol des Ballspiels) mit dem Mond bzw. der Sonne (dem Ball) spielten.

Jai alai wird von den Bewohnern der Hauptstadt außerordentlich geschätzt (es wird aber auch in anderen Städten, namentlich in Acapulco, Tijuana usw. gespielt).

Lassen Sie sich bei Ihrem Aufenthalt in Mexiko dieses interessante Spiel nicht entgehen. An dem Wettkampf, der höchste Konzentration und Energie erfordert, nehmen zwei gegnerische Paare teil, die den harten, mit Leder überzogenen Gummiball mittels eines am Arm festgebundenen

Weidenkorbes auf die drei Wände (frontón) des Spielfeldes schmettern müssen.

Hahnenkämpfe *(peleas de gallos)* sind vor allem auf dem Lande beliebt, aber auch in der Hauptstadt gibt es eine Arena für die uns grausam anmutende Darbietung, die den Zuschauern Gelegenheit gibt, Wetten abzuschließen.

Nachtleben. – Ein Nachtleben im eigentlichen Sinn kennen praktisch nur México City und während der Hauptsaison (von Dezember bis März bzw. April) Acapulco, Tijuana, Ensenada und die meisten Städte an der Grenze der Vereinigten Staaten. In einigen Nightclubs der Hauptstadt treten international bekannte Künstler auf, im allgemeinen aber ist die Qualität der Darbietungen ziemlich mittelmäßig.

Veranstaltungskalender. – Außer dem Verzeichnis der religiösen Feste, das am Beginn jeder Reiseroute aufgeführt ist, geben wir Ihnen nachstehend in chronologischer Reihenfolge eine Liste der offiziellen Feiertage.

1. Januar: **Neujahr.**

21. März: **Geburtstag von Benito Juárez** (1806), dem Begründer der Reform.

Gründonnerstag und **Karfreitag.**

1. Mai: **Tag der Arbeit.**

16. September: Tag der von Miguel Hidalgo (1810) verkündeten **Unabhängigkeitserklärung.**

1. November: **Allerheiligen.**

20. November: **Jahresgedenktag der Revolution von 1910** gegen den Diktator Porfirio Díaz.

25. Dezember: **Weihnachten.**

Das vom Verkehrsamt der Hauptstadt kostenlos herausgegebene **México City Daily Bulletin** nennt Datum und Ort bevorstehender religiöser und anderer Feste im ganzen Land.

Sport und Freizeit. – Gleichgültig, ob Sie Sich selbst sportlich betätigen, oder damit begnügen, an Sportveranstaltungen als Zuschauer teilzunehmen, das Sportleben Mexikos wird Sie nicht enttäuschen. Im ganzen Land gibt es Golf- und Tennisplätze, aber auch Schwimmbäder, ganz zu schweigen von den unzähligen Stränden. Die Gemeinschaftsanlagen sind in einwandfreiem Zustand. Nachdem México 1968 die Olympischen Spiele hervorragend ausgetragen hat, verfügt es nunmehr über alle erdenklichen Anlagen.

Baseball. – Zusammen mit Fußball ist Baseball in Mexiko die populärste Sportart, vor allem in Studentenkreisen.

Fußball ist mit Sicherheit der verbreitetste Volkssport. Er wird bis in die kleinsten Dörfer gespielt, vor allem in höher gelegenen Gebieten sowie im Norden des Landes.

Golf. – Die meisten größeren Städte und Touristenorte verfügen über mindestens einen Golfplatz, der meist zu einem Privatclub bzw. Hotel gehört. (Ausländer auf der Durchreise sind im allgemeinen gern gesehene Gäste.)

Schwimmen. – An den Küsten und Stränden Mexikos ist Baden und Schwimmen praktisch während des ganzen Jahres möglich. An manchen Stränden ist Vorsicht vor gefährlichen Strömungen geboten.
Im übrigen haben praktisch alle großen Hotels in den Städten und Touristenorten Schwimmbäder.

Fischfang. – Mexiko gilt mit seinen 9.219 km Küsten an drei Meeren (davon 6.608 km am Pazifik und 2.611 km an der Karibik) bei den Nordamerikanern als Paradies für Hochseeangler. Daneben findet man in Mexiko zahllose Binnengewässer mit manchmal überreichen Fischbeständen.
Die erforderlichen Formalitäten sind unkompliziert: Angelausrüstung kann zollfrei eingeführt werden. Für den Hochseefischfang genügt eine Erlaubnis, die Sie direkt bei der örtlichen Finanzverwaltung oder in Häfen bei einem Sportverein erhalten. Angelscheine für das Binnenland stellt die örtliche Fischereigenossenschaft aus. Die Scheine haben unterschiedliche Gültigkeitsdauer (drei Tage, einen Monat, drei Monate oder ein Jahr). Erkundigen Sie sich bei den örtlichen Fischereigenossenschaften nach den zu beachtenden Vorschriften.

Jagd. – Dank seiner abwechslungsreichen klimatischen Bedingungen und seiner ausgedehnten dünnbesiedelten Landstriche bietet Mexiko für Jäger eine Fülle von Möglichkeiten. (Erkundigen Sie sich bei einer mexikanischen Vertretung an Ihrem Wohnort nach den Einfuhrbedingungen für Waffen.)
Praktisch ist die Jagd während des ganzen Jahres möglich. Es gibt jedoch Einschränkungen, die je nach Gebiet und Wildart variieren. Auskunft erteilt die Dirección General de Fauna Silvestre, Aquiles Serdán 28, México D.F. 3.

Wie Sie es vermeiden, als „Gringo" zu erscheinen. – Wenn Sie nicht von vornherein für einen Gringo gehalten werden möchten, sollten Sie nicht nur Spanisch sprechen, sondern darüber hinaus eine Reihe von Verhaltensregeln beachten. Als erstes sollten Sie es vermeiden, allzu viel Eile an den Tag zu legen. Das gilt auch für Verabredungen. Überstürzen Sie nichts. **Machen Sie keinen übermäßigen Gebrauch vom „abrazo"**, jener heftigen Form der lateinamerikanischen Umarmung, es sei denn, Sie begrüßen einen sehr guten Freund. In anderen Fällen begnügen Sie sich lieber mit einem kräftigen Händedruck. Bei einer geschäftlichen Besprechung sollten Sie nicht sofort „in medias res" gehen, sondern zunächst einige Minuten lang freundlich und geistreich über alles und nichts plaudern. Denken Sie daran, daß in **Behörden** (in México und den meisten Großstädten des Landes) von 8–15 Uhr gearbeitet wird, in der Privatwirtschaft von 8–13 und 15–19 Uhr. (Es gibt aber auch den Arbeitstag von 9–17 Uhr durchgehend). Festhalten sollten Sie außerdem die **Schalterstunden der Banken:** wochentags von 9–13.30 Uhr. Die **Geschäfte** öffnen um 10 Uhr und schließen um 19 Uhr.

Einkaufen. – Es gibt kaum ein Land, das es mit der Volks- und Handwerkskunst von Mexiko aufnehmen kann, die sich durch ihren Formen- und Einfallsreichtum sowie ihre künstlerische Qualität auszeichnen. Sämtliche, bzw. fast alle Materialien werden von Künstlern verarbeitet: Ton, Holz, Eisen, Kupfer, Silber, Halbedelsteine, Federn, Palmfasern, Schilf usw. Der mexikanische Kunsthandwerker besitzt eine schier unerschöpfliche Phantasie, die – gepaart mit einem angeborenen Sinn für Form- und Farbharmonie – ihn zu einem wahren Verwandlungskünstler werden läßt. Die Einkaufsmöglichkeiten, die Ihnen die lokalen Märkte bieten, finden Sie entweder innerhalb des Textes oder unter den praktischen Hinweisen der jeweiligen Orte.

Im Zusammenhang mit den Reiseandenken ist es wohl unvermeidlich, auch ein Wort über das Handeln zu verlieren. Allem Anschein nach gibt es ein ungeschriebenes Gesetz, das das Aushandeln von Reiseandenken auf Märkten bzw. bei fliegenden Händlern vorschreibt. Ohne aber mit der Wimper zu zucken bezahlt man in Geschäften für die gleichen Souvenirs einen zwei- bis dreifach höheren Preis. Zwischen der Haltung für dumm verkauft zu werden, weil man nicht um den Preis feilscht und der Ausbeutung kleiner Händler und Kunsthandwerker, denen oft das Nötigste fehlt, scheint es einen Mittelweg zu geben, der in einem angemessenen Preis besteht, über den man eine Vorstellung gewinnt, wenn man die Preise bei den Händlern studiert, mit denen man nicht zu diskutieren wagt. Man wird dann feststellen, daß es oft ungerecht ist, um einen Preis zu feilschen.

Briefe und Postkarten. – Sie können Ihre Post an Ihr Hotel bzw. als „Poste restante" adressieren lassen, müsssen sie dann aber bei der Hauptpost abholen (*Lista de Correos*; geöffnet: Mo. – Sa. von 9–13 und 15–18 Uhr; in großen Städten auch sonntags von 9–12 Uhr). Briefmarken bekommen Sie auch an der Rezeption Ihres Hotels. Telegramme geben Sie nicht bei der Post, sondern bei den staatlichen *oficinas de telegrafos* auf (erkundigen Sie sich in Ihrem Hotel. Fernverbindungen (*larga distancia*) innerhalb Mexikos, nach den USA und nach Europa funktionieren im allgemeinen einwandfrei. Das Vermittlungspersonal spricht Englisch. Internationale Ferngespräche: 09. Ferngespräche in Mexiko: 02. Notruf: 07. Polizei: 06.

Zeit. – Im größten Teil von Mexiko gilt die sogenannte „Hora del Centro", sieben Stunden früher als die MEZ. Im Westen gilt die „Hora de la Montaña", acht Stunden früher, im Nordwesten die „Hora del Pacifico", neun Stunden früher als MEZ.

Informationsmaterial und weitere Auskünfte erhalten Sie

In Deutschland beim

Staatlichen Mexikanischen Verkehrsamt
Wiesenhüttenplatz 26, 6000 Frakfurt, Tel. 253 413.

Die Zentrale des Mexikanischen Verkehrsamtes (Consejo Nacional de Turismo) für Europa befindet sich in: 34, Ave. George V, 75008 Paris.

In der Schweiz beim

Consejo Nacional de Turismo de México
Délégation Honoraire pour la Suisse
Gare Cornavin, 1211 Genève 2, Tel. 325372.

Wenn Sie Hilfe in Mexiko benötigen, wenden Sie sich an die jeweilige Vertretung Ihres Landes:

Deutsche Vertretungen in Mexiko

Botschaft: Embajada de Alemaña, Calle Lord Byron 737, México D.F. Tel. 545 66 55.
Konsulate in Acapulco, Chihuahua, Guadalajara, Mazatlán, Mérida, Monterrey, Tampico, Tijuana und Veracruz.

Österreichische Vertretungen in Mexiko

Botschaft: Campos Eliseos 305, México D.F., Tel. 540 34 15.
Konsulate in Guadalajara, Monterrey und Veracruz.

Schweizer Vertretungen in Mexiko

Botschaft: Calle Hamburgo 66, México D.F., Tel. 533 07 35.
Konsulate in Acapulco, Guadalajara, Mérida und Veracruz.

6. Küche und Keller

Einige der urmexikanischen Gerichte haben eine lange Vergangenheit, die bis in vorkolumbische Zeiten zurückreicht. **Mole poblano**, eine der besten Spezialitäten der mexikanischen Küche, wurde bereits unter etwas anderer Form an der Tafel der aztekischen Herrscher gereicht. Die **Tortilla**, die seit undenklichen Zeiten hergestellt wird, ist noch heute das Hauptnahrungsmittel der meisten Mexikaner. Zu ihrer Herstellung verwendet man Maiskörner, die in mit Kalk vermengtem Wasser aufgeweicht und dann auf dem *metate*, einem Maisreibstein, mit dem *molcajete* zerstoßen werden, bis daraus ein Teig, die *masa* entsteht. Dieser Teig wird dann (der Tradition gemäß von Hand) geknetet und flachgedrückt, bis er eine Art Pfannkuchen bildet, der auf einer Ton- bzw. Eisenplatte (*comal*) gebacken wird.

Tortillas benötigt man zur Herstellung von Tacos, Enchiladas, Quesadillas, d. h. für die **antojitos**, die Gaumenfreuden der meisten Mexikaner.

Tacos sind mexikanische Sandwiches aus Tortillas, die mit Schweine- oder Rinderhack, Wurst oder Käse gefüllt werden.

Enchiladas sind in Chilipfeffer-, Tomaten- oder Zwiebelsauce gelegte, mit Hühnerfleisch oder Käse gefüllte und mit Chorizos gebratene Tortillas. **Enchiladas suizas** werden mit saurer Sahne garniert, in kleinen Pfannen serviert.

Quesadillas sind mit Käse gefüllte Tortillas, die mit Hackfleisch oder frittierten Bohnen (*frijoles refritos*) garniert werden.

Zu den hervorragendsten Spezialitäten der mexikanischen Küche zählen:
Puntas de filete de res a la tampiqueño, Rinderfiletspitzen (bzw. gegrilltes Rindfleisch) à la Tampico mit Bohnenmus (aus schwarzen frijoles), **Guacamole** (einem Salat aus Avocado-Früchten, Tomaten und Zwiebeln) und kleinen, knusprigen Tortillas, das Ganze mehr oder weniger stark mit Chilisauce gewürzt, die getrennt gereicht wird.

Guajolote con mole poblano, Truthahn mit Molesauce, deren Zubereitung mindestens drei Tage in Anspruch nimmt. In die reichhaltige Mixtur gibt man vier verschiedene Chilipfeffersorten (die von den Sierras des Bundesstaats Puebla kommenden genießen einen besonderen Ruf), Knoblauch, Zimt, Gewürznelken, Pfeffer, Koriander, Kümmel, Rosinen, Mandeln, Erdnüsse, Zwiebeln, Sesamkörner usw. und Kakao.

Huachinango a la veracruzana, Fischfilets (mit Goldbrassen vergleichbar) à la Veracruz, die im Ofen gebacken, mit einer Sauce aus Tomaten, Chilipfefferschoten, Zwiebeln, Oliven usw. gereicht werden.

Chilis rellenos. Chilipfefferschoten (meist von den Sierras des Bundesstaats Puebla) mit einer Füllung aus Hackfleisch, gemahlenen Mandeln, aber auch Käse, die – in Omeletteteig getaucht – gebraten werden. **Chiles en nogada** werden mit einer Sauce aus gemahlenen Nüssen serviert.

Zu den besten Gerichten der Küche Yucatáns, die weniger stark würzt als die Küche der Hochplateaus, gehören: *Ceviche*, rohe Fischstückchen, die in Zitronensaft mariniert werden; **Pollo pibil**, Huhn, in Bananenblättern geschmort; **Pipian de pato** (bzw. **de venado**), Ente (bzw. Ziege), in Bananenblättern geschmort, dazu wird eine Sauce aus Kürbiskernen gereicht; **Papatzules**, Tortillas, die mit hartgekochten Eiern gefüllt, mit einer Sauce aus Sonnenblumenkernen und Epazote serviert werden.

In ganz Mexiko werden **tamales** verzehrt, Pasteten aus Maisteig mit süßer oder scharf gewürzter Füllung, die, in Mais- oder Bananenblätter gewickelt, mehrere Stunden lang gedämpft werden.

Zu den Besonderheiten gehören die Blätter des **Nopaskaktus**, die man zur Herstellung von verschiedenen Gerichten verwendet, wie die **Ensalada de nopalitos**, ein Salat aus gedünsteten Nopalblättern, Zwiebeln, Koriander und Chilipfefferschoten, gewürzt mit Olivenöl und Essig.
Gusanos de maguey sind Würmer von der Länge eines kleinen Fingers, die auf Maguey-Agaven gedeihen und gebraten zum Aperitif bzw. als Vorspeise gereicht werden. Seltener werden die Eier oder das sehr geschätzte Fleisch von Leguanen verzehrt.

Mexiko ist ein **Paradies für tropische Früchte**: **Ananas** und verschiedene Arten von **Bananen** sind die bekanntesten, aber auch **Papayas** erfreuen sich großer Beliebtheit und **Mangos**, die zu den saftigsten Früchten zählen, sowie **Guyavas**. Weniger bekannt sind der **chico zapote** (Sapotillapfel), Zuckerbirnen (*chirimoyas*), die *pitahaya* (eine Kaktusfrucht), die **granadilla** usw. Ferner gibt es das ganze Jahr über im Bajío geernteten **Erdbeeren**, Zitrusfrüchte (vor allem saftige und sehr süße **Grapefruits**, *toronjas*, mit rosafarbenem Fruchtfleisch), **Trauben** (ziemlich mittelmäßige), ausgezeichnete **Melonen**, **Wassermelonen**, **Mispelfrüchte**, **Tunas** (die Früchte des Nopalkaktus), **Feigen** (*higos*) usw.

Getränke. – **Tequila**, **Mezcal** und **Pulque** sind die drei Nationalgetränke Mexikos, die alle drei aus Agavensaft gewonnen werden. Während die beiden ersten Branntweine sind, die durch Destillation des gegorenen Saftes entstehen, ist das dritte ein Produkt der eigentlichen Gärung. Nur der Pulque – ein leicht alkoholisches Getränk – ist vorkolumbischen Ursprungs, ebenso der Kakao, der bei den Azteken, die ihn **xoco-atl** (daher der Name Schokolade) nannten, sehr begehrt war. Das Getränk wird noch heute geschätzt. Mit **chocolate mexicano** wird ein Getränk bezeichnet, das aus Kakao, Zimt und Vanille zubereitet wird.

Glücklicherweise gibt es aber auch noch andere Getränke, zum Beispiel **Bier** (cerveza), dessen Qualität, ob hell (clara) oder dunkel (oscura) im allgemeinen sehr gut ist. In den meisten Restaurants und Hotels der Hauptstadt sowie in den großen Fremdenverkehrsorten wird den Gästen *electropura* (destilliertes Wasser) angeboten.

Die mexikanischen Weine kommen meist aus Regionen in Niederkalifornien, um Aguascalientes, Hidalgo, Querétaro und Coahuila (Gebiet von Saltillo). Sie wurden in den letzten Jahren erheblich verbessert und sind manchmal recht gut. Sie sind relativ teuer, jedoch billiger, als die chilenischen oder die aus Europa importierten Weine.

Der Kaffee, von dem Mexiko verschiedene Sorten produziert, ist meist uninteressant, mit Ausnahme des Espressos, den man oft nur in Restaurants und erstklassigen Cafés der Hauptstadt bekommt. Überall sonst muß man sich mit *café americano* begnügen.

Unterwegs erfrischt man sich mit Sodawasser mit Fruchtgeschmack (refrescos), Fruchtsäften (hauptsächlich Orangensaft) und Coca-Cola bzw. Pepsi-Cola. An den größeren Pemex-Tankstellen findet man manchmal Apparate, die Eiswürfel (grundsätzlich aus electropura-Wasser) enthalten.

C. REISEROUTEN DURCH MEXIKO

1 – México (Stadt) und Umgebung

12.000.000 Ew. (Schätzung von 1979). – 2.240 m ü.M. – Hauptstadt der Estados Unidos de México. – Erzbistum. – Universitätsstadt. Die Hauptstadt liegt auf dem Gebiet des Distrito Federal, der, losgelöst vom Bundesstaat Mexiko (Hauptstadt Toluca), eine Fläche von 1.482 km² bedeckt.

México, zwischen zwei bewaldeten Gebirgszügen im Tal von Anáhuac bzw. dem Tal von México liegend, das wegen der beiden Vulkankegel des Ixtaccíhuatl (5.272 m) und des Popocatépetl (5.349 m) zu einer der schönsten Landschaften der Welt zählt, ist eine unermeßlich große Stadt. Sie erstreckt sich mit einer Länge von fast 40 km von N. nach S. und einer Breite von ungefähr 30 km von O. nach W., vom nahezu ausgetrockneten See von Texcoco bis zu den ersten Ausläufern der Cordillera de las Cruces. Die auf dem Gebiet des Distrito Federal liegende Stadt reicht mit ihren Vororten Azcapotzalco (bzw. Atzcapotzalco), Naucalpan, Tlanepantla usw. bereits in das Territorium des Bundesstaats Mexiko hinein.

Das Zentrum der Stadt liegt größtenteils auf dem Grund eines ausgetrockneten Sees, wo die Azteken auf Inseln ihre Hauptstadt *Tenochtitlán*, das Venedig der Neuen Welt, errichtet hatten. Die Problematik, die sich aus der Unstabilität des Bodens ergibt, wird durch die rege Erdbebentätigkeit in diesem Gebiet noch verstärkt, was jedoch den Wagemut der Architekten keinesfalls mindert. Ein Beweis dafür ist der Lateinamerikanische Turm.

Die heftigen Kämpfe bei der Eroberung der Stadt im Jahre 1521 und die Zerstörungswut der spanischen Eroberer haben das vorkolumbische Erbe der mexikanischen Metropole auf wenige Überreste reduziert. Von dem gewaltigen Untergang blieben nur einzelne verstreute Spuren zurück und lediglich der freigelegte und rekonstruierte Komplex von Tlateloloco ermöglicht es uns, den erlittenen Verlust zu ermessen. Aus seiner kolonialen Vergangenheit blieben México eine beachtliche Anzahl von Gebäuden erhalten, von denen die meisten aus *tezontle* errichtet wurden, einem vulkanischen Gestein, das der Architektur dieser Epoche ihr charakteristisches Aussehen verleiht. In der Umgebung des

Zócalo und den alten Vierteln von San Angel und Coyoacán finden Sie dafür die schönsten Beispiele. Wenn Sie diese Viertel durchstreifen oder über den Paseo de la Reforma schlendern, eine der Prachtstraßen der Welt, werden Sie eine Ahnung von der Schönheit dieser Stadt bekommen, die inzwischen von einer Bevölkerungsexplosion ohnegleichen mit einer Flut von Beton- und Stahlkonstruktionen überschwemmt wurde. Was México mehr fehlt als ein Fluß, der es zu einer der bezauberndsten Städte hätte werden lassen, ist ein stetiges und kontrolliertes Wachstum. Aber auch die Gewöhnlichkeit der Viertel an der Peripherie vermag nicht die beispielhaften städtebaulichen Leistungen zu schmälern, wie sie die Universitätsstadt, der Platz der Drei Kulturen, die Gartenstadt des Pedregal, das Poliforum Cultural Siqueiros und die neue Basilika Nuestra Señora de Guadelupe darstellen.

Die Geschichte der Stadt

Die Stadt des Nopalkaktus und des Adlers. – Herkunft und Bedeutung des Doppelnamens der aztekischen Metropole **México-Tenochtitlán** haben verschiedene Hypothesen entstehen lassen. Einigen Autoren [1] zufolge ist der doppelte Ortsname auf den Hauptgott der Azteken Mexitl (im allgemeinen Huitzilopochtli genannt) zurückzuführen und auf den großen Priester Ténoch, der das Volk der Mexica auf seiner Wanderung anführte. Für andere Exegeten [2] ist dieser Name eine Zusammensetzung aus der Bezeichnung des Ortes, an dem der Feigenkaktus (*tenochtli*) wächst und dem Namen des Gottes Mextil. Die Nahua-Glyphe, die die Aztekenmetropole bezeichnet, zeigt einen auf einem Felsen wachsenden Nopalkaktus, auf dem ein Adler (Symbol des Mexitl-Huitzilopochtli) mit einer Schlange im Schnabel sitzt. Diese Glyphe stellt das heutige Staatswappen von Mexiko dar. Erwähnt sei noch eine dritte Interpretation [3], derzufolge México-Tenochtitlán „in der Mitte des Mondes" bzw. „(die Stadt) in der Mitte des Mond(-Sees)" bedeuten soll, von *xictli*, dem Mittelpunkt und *metzli*, dem Mond, eine Bezeichnung, die an den alten Namen der Lagune von Texcoco bzw. Metztliapán erinnert.

Mythos und Legende. – Der Ursprung dieser Stadt, die zum Zeitpunkt ihrer Entdeckung die dichtbevölkertste des Kontinents war, war äußerst bescheiden, wird aber vom Ruhm der Legende überstrahlt.
Mündlichen Überlieferungen zufolge, hatten die sieben Nahuastämme, die die Mesa Central besiedelten, einen gemeinsamen Ursprung: sie seien aus einem Land jenseits des die Erde umgebenden Meeres gekommen, bzw. aus *Chicomoztoc*, dem „Ort der sieben Höhlen", womit vermutlich ausgedrückt werden sollte, daß sie Ureinwohner waren. Die sieben Höhlen entsprachen den sieben Nahuastämmen der Acolhua, der Chalca, der Chinampaneca, der Colhua, der Tepaneca, der Tlahuica und der Tlatepotzca.

---

[1] s. **Ignacio Marquina, Arquitectura Prehispánica**, S. 180.
[2] s. **H. Beyer, The original meaning of the Mexican coat and arms**, Mexico Antiguo, Bd. II, S. 192–193.
[3] s. **Lawrence Ecker**, Mexico Antigo, Bd. V, S. 198–201. – **A. Caso, El Ombligo de la Luna**, Tlatoani, Nr. 5–6, S. 74.

(1) México (Stadt) und Umgebung

Die „Leute von Aztlán". – Die Azteken, die, obleich sie ihre Verwandtschaft mit den anderen Nahuastämmen nicht leugneten, nahmen für sich einen abweichenden Ursprungsort in Anspruch, den sie nach Aztlán (von *azatl* = Held und der Nachsilbe *-an* = nahe, bei), auf eine Insel verlegten, auf der es Chinampa, „Schwimmende Gärten" gab, wo Fischer und Jäger lebten, die Wasservögel jagten. Der Kodex Boturini berichtet, wie die Azteken auf Geheiß von Huitzilopochtli im Jahre „ein Messer" (1168 ?) ihre Insel verließen. Zur Erinnerung an ihren Ursprungsort bezeichneten sich die Bewohner von Tenochtitlán gelegentlich als Azteken (Azteca), d. h. „Leute von Aztlán". Diese Bezeichnung wurde von ihnen nur in dieser begrenzten Bedeutung gebraucht, nie als Stammesname. Sie nannten sich vielmehr *Mexica,* nach ihrem Stammesgott Mexitl (Huitzilopochtli). Der Name *Azteken,* den die ersten spanischen bzw. einheimischen Chronisten des 16. Jh. benutzten, hat sich inzwischen eingebürgert, obwohl die Bezeichnung *Mexica* die korrektere wäre.

Der Einfall der Chichimeken. – Die großen Wanderungen der Nahuastämme erklären sich aus der Tatsache, daß umherziehende Nomadenvölker, sogenannte Chichimeken, ins zentrale Hochplateau von Mexiko einfielen. Die von Xólotl angeführte Invasion war zweifellos die Ursache für den Niedergang und die Zerstörung von Tula im ersten Drittel des 13. Jh. n. Chr. Durch die Berührung mit den Tolteken, die den Massakern entgangen waren und sich an verschiedenen Punkten im Tal von México, namentlich in Colhuacan wieder zusammengeschlossen hatten, hörten die Chichimeken auf, „Wilde" zu sein: sie übernahmen einen Teil des kulturellen Erbes der von ihnen Besiegten. Tenayuca, ein Vorort im N. der mexikanischen Hauptstadt, wurde ihr Mittelpunkt. Alle sieben aus Chicomóztoc hervorgegangenen Stämme hatten sich im Tal von Anáhuac niedergelassen: die Acolhua mit ihrer Hauptstadt Texcoco, die Chalca im Gebiet von Chalco, die Chinampaneca auf den Chinampas, die Colhua mit ihrer Hauptstadt Colhuacán, die Tepaneca auf dem Pedregal (Lavafeld) San Angel, die Tlahuica im Gebiet von Cuernavaca und die Tlatepotzca auf dem Territorium von Tlaxcala und Huexotzinco.

Die kümmerlichen Anfänge der Mexica. – Die Azteken, die verhältnismäßig spät ins Tal von México eingedrungen waren, waren trotz ihrer Verwandtschaft mit den benachbarten Stämmen überall unerwünscht. Sie irrten mehrere Jahrzehnte umher und dokumentierten durch Plünderungen schon früh ihre kriegerische Gesinnung, die vermutlich die Grundlage ihres politischen Aufstiegs war. Der Überlieferung nach ließen sich die Azteken 1256 auf dem Felshügel nieder, auf dem sich heute das Schloß von Chapultepec erhebt. Von dort wurden sie von den im Tal von México ansässigen Nahuastämmen vertrieben, denen die Raubzüge der Eindringlinge lästig fielen. Da ihr König Huitzilhuitl d. Ä. gestorben war, blieben die Mexica bis 1375 ohne Herrscher. Die Macht über den Stamm wurde von Priestern ausgeübt.

Auf einem Nest kostbarer Federn. – Schließlich duldete man, daß sich die Mexica auf einigen schilfbewachsenen Inseln und am W-Ufer der Lagune von Metztliapán (Texcoco-See) niederließen. Vielleicht um die Demütigungen zu vergessen, die sie im Laufe ihrer langen Wanderung durch das Tal von México hatten ertragen müssen, behaupteten die Azteken, ihre Stadt sei göttlichen Ursprungs. Der Ort, an dem die Mexica, angeführt von ihrem großen Priester Quauhcóatl ihre Hauptstadt gründeten, war ihnen von ihrem Stammesgott bezeichnet worden. Huitzilopochtli hatte sie angewiesen, die Stadt an der Stelle zu gründen, wo sie auf einem Kaktus einen Adler mit einer Schlange im Schnabel erblicken würden. Die Crónica Mexicayotl, eine nach der Konquista in Nahuatl abgefaßte Textsammlung, beschreibt die Freude der Azteken beim Anblick des göttlichen Zeichens und des mit kostbaren roten und blauen Vogelfedern gefüllten Nestes, das zur ersten Wohnstatt der Gottheit wurde.

Das Gründungsdatum der Aztekenmetropole ist sehr umstritten. Die Crónica Mexicayotl verlegt sie in das Jahr „zwei Rohr" (1325), nach den von Paul Kirchhoff [1] aufgestellten Berechnungen kann sie aber keinesfalls vor 1370 erfolgt sein. Eine México-Tenochtitlán benachbarte Insel im Texcoco-See war jedoch, wie aus archäologischen Funden hervorgeht, bereits zu Beginn des 13. Jh. besiedelt. Die unter dem Namen Tlatelolco bekannte Insel konnte bis 1473 ihre Unabhängigkeit wahren.

Die „Eroberung" der Chinampas. – Die Mexica errichteten an dem Platz, an dem sie Huitzilopochtlis „Zeichen" erblickt hatten, ein kleines Heiligtum (*ayauhcalli*). Der bescheidene Bau mußte fortwährend vergrößert und erneuert werden. Bei Cortés' Ankunft umfaßte er eine imposante Anlage, die den Konquistador in Erstaunen versetzte. Auf ihren Inseln und dem morastigen Seeufer mangelte es den Mexica praktisch an allem: es gab weder Steine noch Holz, womit sie ihre Häuser und Tempel bauen konnten und auch kein bestellbares Land. Sie lebten vom Fischfang und der Jagd auf Wasservögel. Da die Erträge dieser Tätigkeiten anfangs jedoch nicht ausreichten, mußten sich die Bewohner von Tenochtitlán, insbesondere die weniger begünstigte Bevölkerungsschicht, von Wasserfliegen (axayacatl), Kaulquappen (atepocatl), Fröschen (axolotl), Wasserlarven (aneneztli) usw. ernähren. Als aber einhundertfünfzig Jahre später die Spanier den Boden Mexikos betraten, geboten die Herrscher der Azteken über ein mächtiges Reich, dank der Zähigkeit, des Muts und der Intelligenz eines kleinen, verachteten Volkes. México-Tenochtitlán zählte vermutlich eine halbe Million Einwohner, zahlreiche Tempel und gewaltige Paläste. Noch nie hat ein Volk, dessen Anfänge so armselig waren, innerhalb so kurzer Zeit einen so glänzenden Aufstieg genommen.

Ihre ersten Eroberungen machten die Mexica auf friedliche Art, indem sie die berühmten „Schwimmenden Gärten", die Chinampas, in der Lagune von Texcoco anlegten. Sie beluden Schilfflöße mit Erde und befestigten sie an Pfählen. Auf diese Weise verschafften sie sich einige Morgen bebaubaren Lands, das die Natur ihnen vorenthalten hatte.

Über die Geschichte von Tenochtitlán während der zwei bzw. drei Jahrzehnte nach seiner Gründung weiß man fast nichts. Bekannt ist jedoch, daß sich die Mexica an den Fürsten der Nachbarstadt Colhuacán wandten, die als die Nachfolgerin von Tula galt, und ihn um einen Herrscher baten. Dieser König, Acamapichtli, spielte eine nur unbedeutende Rolle, keine größere als der König der Nachbarstadt Tlatelolco. Beide mußten die Lehnsherrschaft des Königs von Atzcapotzalco anerkennen, einem Ort, der sich so nahe bei der kleinen Aztekenmetropole befand, daß er heute innerhalb der Grenzen von Groß-México liegt.

Im Schatten von Atzcapotzalco. – Das Königreich von Atzcapotzalco, in dem der Nahuastamm der Tepaneken lebte, wurde von dem Tlatoani Te-

---

[1] s. **Paul Kirchhoff, The Mexican calendar and the founding of Tenochtitlán-Tlatelolco**, in Transaction of the New York Academy of Sciences, Serie II Bd. XII–4, New York, 1960.

(1) México (Stadt) und Umgebung

zozómoc regiert, der der Überlieferung nach von 1343-1426 geherrscht haben soll. Die Länge dieser Regentschaft gibt zu der Vermutung Anlaß, daß es mindestens zwei Herrscher dieses Namens gegeben haben muß. Den Tepaneken gelang es, eine Vormachtstellung gegenüber den anderen Stadtstaaten im Tal von México einzunehmen. Der älteste Sohn von Tezozómoc (der erste dieses Namens) bestieg im Jahre 1350 den Thron von Tlatelolco. Gegen Ende des 14. Jh. erweiterte Tezozómoc (der zweite Tlatoani, der diesen Namen trug) seinen Herrschaftsbereich unter Zuhilfenahme von aztekischen Söldnern. Der zweite Herrscher der Mexica, Huitzilihuitl bzw. „Kolibrifeder" (1396-1417), konnte ebenfalls seine Macht dank des ihm von Atzcapotzalco gewährten Schutzes festigen. Er brachte sich in den Besitz von Tzaltocán, Cuauhtitlán (1408), Tulancingo und Oaxtepec. Chimalpopoca bzw. „Rauchender Schild" (1417-1427) erhielt anläßlich seiner Thronbesteigung vom König von Atzcapotzalco die Stadt Texcoco, in Anerkennung der von den Mexica bei der Eroberung dieser Stadt geleisteten Dienste. Bei dieser Gelegenheit waren der Herrscher von Texcoco ermordet und sein Sohn, der berühmte Netzalhualcóyotl, zur Flucht in die Berge gezwungen worden.

Der Aufstieg der Azteken zur poltischen Macht. – Der Tod von Tezozómoc im Jahre 1426 lieferte den unterworfenen Städten den Anlaß, das Joch Atzcapotzalcos abzuschütteln, dank einer durch Maxtlalon, einen Sohn des Verstorbenen verursachten Krise, der seinen älteren Bruder vom Thron entfernte. Die Mexica, die den legitimen Thronanwärter unterstützten, wurden besiegt, Chimalpopoca ermordet, ebenso der König von Tlatelolco. Dies war der Beginn eines erbarmungslosen dreijährigen Krieges zwischen dem Usurpator und den neuen Königen von Tenochtitlán und Tlatelolco, denen sich Netzahualcóyotl anschloß. Itzcóatl, der König von México-Tenochtitlán, Cuauhtlatohua, der König von Tlatelolco und Netzahualcóyotl bemächtigten sich 1430 Atzcapotzalcos und zerstörten das Reich der Tepaneken.

Die Ausschaltung von Atzcapotzalco bezeichnete einen Wendepunkt in der Geschichte der Azteken, die während der Kämpfe eine beherrschende Stellung eingenommen hatten. Der Weg war nun frei für ihre Vormachtstellung im Tal von México. Da sie noch zu schwach waren, um ihr ehrgeiziges Ziel allein zu verwirklichen, mußten sie sich nach dem errungenen Sieg mit Tlacopán und Texcoco verbünden. Itzcóatl, der ebenfalls ein Thronräuber war, ließ – wie die Überlieferung bestätigt – sämtliche historischen Aufzeichnungen seiner Vorgänger verbrennen, zweifellos, um seine Thronbesteigung in den Augen der Nachwelt zu rechtfertigen. Der mit einer ungewöhnlichen Tatkraft ausgestattete Herrscher war in den Augen der nachfolgenden Generationen der Schöpfer des aztekischen Reiches. Während seiner Regentschaft begann sich eine Kriegerkaste herauszubilden, die mit Ländereien beliehen wurde, die man den Tepaneken entrissen hatte.

Die Eroberungen des „Himmelsschützen". – Der Nachfolger von Itzcóatl, Moctezuma I. (1440-1469), der den Beinamen *Ilhuicamina*, „Himmelsschütze" trug, verhalf der Macht der Azteken zum Durchbruch. Der Name Moctezuma, der auf eine Vereinfachung des Nahuatl-Wortes *mo-tecuhzoma* zurückgeht und „der aufbrausende (zürnende) Fürst" bedeutet, war eigentlich ein Beiname des Feuergottes, dessen Symbol daher in den Kodizes zur Hieroglyphe für den Namen Moctezuma wurde. Moctezuma, der von einer Prinzessin aus Cuauhnáhuac geboren worden war, hatte eine ausgesprochene Vorliebe für das Tal von Morelos und ließ sich in Huaxtepex (Oaxtepec) einen Erholungsort anlegen. Er führte den von seinem Vorgänger begonnenen langen Kampf gegen die Chalca erfolgreich zu Ende und bemächtigte sich deren Hauptstadt Chalco. Seine Eroberungszüge setzte er weiter nach O fort und sicherte sich dabei die Kontrolle der großen Karawanenstraße, die das Tal von Anáhuac über Cholula und Orizaba mit dem Golf von Mexiko verband. Im S führte Moctezuma I. in Oaxaca Krieg, wo er Tilantongo, die Hauptstadt des oberen Mixtekenreiches, belagerte und eroberte.

Der „Blumenkrieg". – Dr. Miguel León-Portilla[1] hebt in seinem Werk über die in Nahuatl verfaßten Chroniken und Gedichte die Rolle des Bruders von Moctezuma I., Tlacaelel, hervor, der der wichtigste Berater (Cihuacóatl bzw. „Weibliche Schlange") des Tlatoani war. Er sei der Urheber der „Blumenkriege" (xochiyaóyotl), jener zwischen aztekischen und tlaxkaltekischen Kriegern regelmäßig wiederkehrenden Waffengänge, die ausschließlich dem Zweck dienten, einen Vorrat von Kriegsgefangenen für die Menschenopfer auf den Altären des Stammesgottes der Mexica, Huitzilopochtli, zu sichern. Diese von einer kriegerisch-mystischen Weltsicht inspirierte religiöse Erneuerung, die Menschenopfer für die Aufrechterhaltung der kosmischen Ordnung forderte, war eine der wichtigsten Stützen des aztekischen Imperialismus. Sie brachte in Mesoamerika gegenüber Tenochtitlán einen Haß zum Gären, den Cortés zur Durchsetzung seiner Pläne geschickt zu nutzen verstand.

Der Marktplatz des Kaiserreichs. – Der siebente Tlatoani Axayácatl (1469-1481) festigte das Reich. 1473 klärte er die Frage der Vormachtstellung zwischen der aztekischen Metropole und dem kleinen Nachbarkönigtum Tlatelolco durch die Beseitigung seines Königs. Doch hütete sich der Herrscher der Mexica davor, die Stadt zu zerstören, die als erste nach der Seßhaftwerdung der Chichimeken im Tal von Anáhuac einträgliche Handelsbeziehungen mit den entferntesten Gegenden Mesoamerikas aufgenommen hatte. Nach seiner Eingliederung in das aztekische Reich wurde Tlatelolco wichtigstes Handelsviertel der Aztekenmetropole und Sitz mächtiger Kaufmannszünfte, denen erst zu Beginn des 16. Jh. durch die Gründung einer aztekischen Kaufmannsgilde eine Konkurrenz erwuchs. Bei der Ankunft der Spanier war Tlatelolco noch Haupthandelsplatz des Reiches.
Im W. unterwarf Axayácatl die Matlazinken des Tals von Toluca, wobei er sich ihre internen Streitigkeiten zunutze machte. Die Kozides Mendoza und Durán spielen mit einigen Abbildungen auf diesen Krieg an, namentlich der zweite, der Matlazinken zeigt, die in Gegenwart von Axayácatl von Jaguarkriegern, den Mitgliedern einer der beiden aztekischen Militärorden, in einem rituellen Kampf getötet werden. Dieser erinnert bis zu einem gewissen Grad an die Gladiatorenkämpfe des Alten Rom mit dem Unterschied allerdings, daß die mit Holzwaffen versehenen Gefangenen auf große Steinscheiben (temalacatl) gefesselt waren, während die Jaguar- bzw. Adlerkrieger sich völlig frei bewegen konnten.

Der Aufbruch zur Eroberung aller vier Himmelsrichtungen. – Auf seinem Vormarsch nach W. geriet Axayácatl in Streit mit den Purépecha (bzw. den Tarasken), deren Reich sich in etwa mit dem heutigen Gebiet des Michoacán deckte. Im Jahre 1479 bemächtigten sich die Mexica des Grenz-

---

[1] s. **M. León-Portilla, Los Antiguos mexicanos a través de sus Crónicas y Cantares** (Fondo de Cultura Economica, Mexico, 1961).

(1) México (Stadt) und Umgebung

gebiets von Tajimaroa, mußten sich aber, nachdem sie eine blutige Niederlage erlitten hatten, zurückziehen.

Tezozómoc, ein einheimischer Historiker des 16. Jh., berichtet, mit welchen Worten die Priester Huitzilopochtlis die Krieger der Mexica zur Eroberung der vier Himmelsrichtungen aufforderten, um sie sich untertan zu machen, selbst wenn das ihr Leben kosten sollte. In Wirklichkeit waren die Stämme des Dreibunds zu keinem Zeitpunkt in der Lage, eine größere Zahl von Kriegern und Siedlern in die Wüste zu stellen. Die an strategisch wichtigen Punkten errichteten Garnisonen hatten die Karawanenstraßen freizuhalten, auf denen Waren aller Art sowie die den unterworfenen Reichen auferlegten Tributleistungen nach Tenochtitlán geschafft wurden. Die Errichtung einer aztekischen Kolonie in Calixtlahuaca, mitten im Territorium der Matlazinken im Jahre 1476 während der Regentschaft von Axayácatl, war eine durch die Umstände gebotene seltene Ausnahme von dieser Regel. Nach der Eroberungsphase, die in Wirklichkeit auf die Unterwerfung der Besiegten abzielte und die Festnahme von Gefangenen für die Menschenopfer, intervenierten die aztekischen Truppen nur noch, um ihren Kaufleuten (*pochteca*) freien Weg zu sichern. Zu deren Aufgaben gehörte gelegentlich auch, säumige Schuldner zu mahnen und Städte, die offen aufbegehrten, wieder zu Vernunft zu bringen.

Tizoc (1481-1486), einer der Brüder Axayácatls, trat dessen Nachfolge an. Er führte namentlich in der Gegend von Nautla und in Oaxaca Krieg, wo er Yanhuitlán unterwarf. 1484 schlug er einen Aufstand der Matlazinken nieder, was ihm Gelegenheit gab, den *teocalli* (Tempel) von Tenochtitlán durch die Opferung zahlreicher Gefangener mit Blut zu besudeln. Tizoc zu Ehren wurde ein Jahr nach seinem Tod am Fuße des Haupttempels von Tenochtitlán ein Gedenkstein aufgestellt, auf dem rühmend erwähnt wurde, daß er die Grenzen seines Reichs erweitert habe.

Die Blütezeit von México-Tenochtitlán. – Das Reich der Azteken erfuhr seine größte Ausdehnung unter Ahuizotl (1486-1502), der Eroberungszüge an den Isthmus von Tehuantepec und darüber hinaus bis an die Grenzen des heutigen Guatemala unternahm.

Eine bilderschriftliche Tributliste, die die von den Azteken geforderten Lieferungen enthält, nennt uns die Namen der unterworfenen Städte und läßt die Ausdehnung des Aztekenreiches in seiner Blütezeit erkennen. Anhand dieses Dokuments entwarf R. H. Barlow[1] eine Karte der von den Mexica unterjochten bzw. kontrollierten Gebieten. Das Reich der Azteken umfaßte 38 tributpflichtige bzw. direkt von den Mexica besetzte Bezirke, die manchmal weit voneinander entfernt oder völlig isoliert lagen. Auf der Mesa Central gab es mehrere Kleinstaaten wie Tlaxcala, Metztitlán bzw. Teotitlán del Camino, die ihre Unabhängigkeit dadurch wahren konnten, daß sie sich der aztekischen Herrschaft mit Waffengewalt widersetzten, oder auch – wie einige Autoren[2] behaupten – aufgrund der zwischen den Herrschern getroffenen geheimen Absprachen, die den Azteken im Rahmen der „Blumenkriege" (*xochiyaóyotl*) die Festnahme von Gefangenen für die Menschenopfer garantierte. Zehn Jahre nach der Entdeckung der Neuen Welt durch Christoph Kolumbus ertrank Ahuizotl bei einer Überschwemmung, die durch den plötzlichen Anstieg des Wasserspiegels der Lagune von Texcoco verursacht wurde.

---

1) s. **R. H. Barlow, The extent of the Empire of the Culhua Mexica** Ibero Americana, Bd. XXVIII, Berkeley, 1949.
2) s. **Laurette Séjourné, Pensamiento y religión en el Mexico antiguo,** Brevarios del Fondo de Cultura Economica Nr. 128 (Segunda edición, Mexico, 1964), S. 38 ff.

Die Rückkehr von Quetzalcóatl oder der tragische Irrtum. – Moctezuma II. (1502-1520), der auch *Xocoyotzin*, „der Jüngere" genannt wurde, übernahm bei seiner Thronbesteigung nicht nur die schönste Stadt der Neuen Welt, sondern auch ein riesiges Reich. Moctezuma, der zumindest bei Beginn seiner Regentschaft die von den Spaniern drohende Gefahr völlig verkannte, erweiterte die Grenzen seines Reiches durch Feldzüge ins Land der Chinanteken und ins Gebiet der Mixteken. Nachdem er einen Aufstand der Matlazinken niedergeschlagen und Tecaxic im Jahre 1510 zerstört hatte, nahm er zweimal nacheinander die Eroberung des taraskischen Reichs in Angriff. Ebenso wie sein Vorgänger Axayácatl mußte er zwei vernichtende Niederlagen hinnehmen. Ungeachtet dieser Mißerfolge sandte der Tlatoani, der Huitzilopochtli glühend verehrte, weitere Expeditionen aus, um seinem Gott noch mehr Menschen opfern zu können. Von Alpträumen gequält, die ihm den Untergang des Aztekenreiches ankündigten, maß Moctezuma Prophezeiungen und Vorzeichen eine übertriebene Bedeutung bei und flüchtete sich in einen religiösen Fanatismus und eine grenzenlose Hingabe an einen unersättlichen, blutfordernden Gott. Huitzilopochtli, für den er so großzügig das Blut von Menschen vergoß, mußte stark genug sein – zumindest glaubte das der König – um die gefürchtete Rückkehr Quetzalcóatls zu verhindern, des alten bärtigen Gottes der Tolteken, der der Legende zufolge eines Tages zurückkehren und der Knechtschaft und den Menschenopfern Einhalt gebieten würde. Eben zu diesem Zeitpunkt ging in Moctezumas Reich ein Gerücht vom Erscheinen seltsamer Fremder im Golf von Mexiko um. Diese Nachricht, die vermutlich von den Maya in Yucatán verbreitet wurde, die mehrmals die großen weißen Segel der spanischen Karavellen in der Nähe ihrer Küste gesehen hatten, bestärkte den Monarchen in seiner Überzeugung von der unmittelbar bevorstehenden Rückkehr des alten Gottes, den Tezcatlipoca, der düstere Gott des Nachthimmels, durch Zauberkraft aus seinem Reich vertrieben hatte. Zweifellos war Moctezuma nicht überrascht, als man ihm im April 1519 die Nachricht von der Landung seltsamer bärtiger Männer in der heutigen Reede von Veracruz überbrachte. Die Prophezeiungen von der Rückkehr Quetzalcóatls waren also in Erfüllung gegangen und Cortés wurde allem Anschein nach zunächst als Abgesandter des alten Toltekengottes, wenn nicht als der Gott selbst angesehen. Moctezuma entsandte Botschafter, die Cortés einen Kopfschmuck aus Quetzalfedern (*apanecáyotl*) überbrachten, Symbol göttlicher und königlicher Würde. Der von Cortés nach Spanien gesandte Kopfputz gehört heute zu den Sammlungen der Wiener Museen.

Der Marsch der Spanier nach Tenochtitlán. – Bei seiner Ankunft in Mexiko verfügte Cortés über eine Armee von 553 Soldaten, 32 Armbrust-, 13 Bogenschützen, 110 Seeleute, ungefähr ein Dutzend Pferde und Artilleriegeschütze sowie 200 aus Kuba mitgeführte Indianer. In dieser Truppe befand sich auch Jerónimo de Aguilar, der 1511 an der Küste von Yucatán Schiffbruch erlitten und von Cortés aufgelesen worden war, sowie *Doña Marina, la Malinche*, die Tochter eines Nahua-Kaziken, die in Tabasco unter den Maya als Sklavin gelebt hatte. Durch die Vermittlung von J. de Aguilar, der während seiner Gefangenschaft die Sprache der Maya erlernt hatte und Doña Marinas, die sowohl Maya als Nahuatl sprach, konnte Cortés mit den Abgesandten Moctezumas und den Kaziken verhandeln, denen er auf seinem Marsch nach México begegnete. Nachdem er die ersten Abgesandten des aztekischen Herrschers empfangen hatte, nahm Hernán Cortés die Einladung der Totonaken in eine ihrer Städte – Zem-

(1) México (Stadt) und Umgebung

poala – an. Kurz nach seiner Ankunft in dieser Stadt konnte sich der Anführer der Konquistadoren von der Arroganz überzeugen, mit der die Azteken die von ihnen unterworfenen Völker behandelten. Er verstand es, Vorteil aus dem Haß zu ziehen, der den Mexica von Seiten der Stämme entgegenschlug, die es leid waren, auf den Altären von Tenochtitlán mit ihrem Leben bezahlen zu müssen. Cortés, der zum Beweis dafür, daß es für ihn kein Zurück gab, seine Schiffe verbrennen ließ, brach am 16. August 1519 zum gefahrvollen Marsch nach Tenochtitlán auf. Der Weg der Expedition, die '400 Infanteristen, 15 Kavalleristen, 7 Artilleriegeschütze und eintausend totonakische Träger umfaßte, führte durch Jalapa und Tlaxcala, eine der Städte auf der Mesa Central, die mitten im Herrschaftsbereich der Azteken ihre Unabhängigkeit hatte bewahren können. Die Bewohner von Tlaxcala mißtrauten den Spaniern, denen sie feindselig begegneten. Nach drei erbitterten Schlachten jedoch waren Xicoténcatl und Maxixcatzin, die dem Rat von Tlaxcala angehörten, bereit, sich mit den Konquistadoren zu verbünden. Ixtlilxóchitl, der nach Metztitlán geflüchtete Thronprätendent, kehrte in aller Eile zurück, um sich den Spaniern und den tlaxkaltekischen Kontingenten anzuschließen.

Moctezuma selbst schwankte zwischen zwei Haltungen. Einerseits erwies er Cortés, den er noch immer für Quetzalcóatl hielt, Ehrfurchtsbezeugungen, andererseits beschwor er ihn aber durch die Entsendung von Botschaftern, sich nicht nach Tenochtitlán zu begeben, wo er ihn – wie er sagte – nicht gebührend empfangen könne. Nachdem er von einem Hellseher erfahren hatte, daß der vermeintliche Gott mit seiner Begleitung in Cholula den Tod finden würde, ermutigte Moctezuma Cortés, seinen Weg über diese Stadt zu nehmen, während die Bewohner von Tlaxcala zum direkten Weg über Huexotzinco rieten. Cortés, der beschlossen hatte, dem Weg nach Cholula zu folgen, glaubte sich dort von Moctezuma in einen Hinterhalt gelockt. Er ließ am 18. Oktober den Tempel in Brand setzen und befahl ein Massaker, dem zwischen drei- und sechstausend Menschen zum Opfer fielen.

Zwei Wochen später, nachdem Cortés mit seinem Gefolge am 3. November den Paß zwischen Popocatépetl und Ixtaccíhuatl überschritten hatte, bot sich das Tal von Anánhuac mit der sagenhaften Aztekenmetropole auf den stillen Wassern der Lagune von Texcoco zum ersten Mal den Blicken der Konquistadoren. Es wird berichtet, daß die Konquistadoren beim Anblick der in schimmerndes Mondlicht getauchten Pyramiden und Paläste die Stadt aus purem Silber erbaut wähnten.

Die Spanier, die ihren Marsch fortsetzten, durchquerten Amequemecan (Amecameca), Cuitláhuac (Tláhuac) und Ixtapalapa, bevor sie an dem Damm gelangten, der Tenochtitlán mit dem S-Ufer des Sees von Texcoco verband. Am 8. November zog Cortés mit seinen Konquistadoren in der Hauptstadt der Azteken ein, wo ihn Moctezuma mit allen Ehren empfing.

Ein führerloses Reich. – Moctezuma wies den Spaniern Quartier in einem Palast an, der von seinem Vorgänger Axayácatl erbaut worden war. Am 14. November ließ Cortés unter dem Vorwand, daß der Gouverneur der Provinz von Nauhtla (Nautla) es gegenüber der am Golf von Mexiko zurückgelassenen spanischen Garnison zu Feindseligkeiten habe kommen lassen, Moctezuma ergreifen und gefangensetzen. Von dort sandte der Anführer der Konquistadoren mehrere Expeditionen aus, die in Oaxaca nach Gold und an der mexikanischen Golfküste geeignete Plätze für die Anlage von Häfen suchten.

Anfang 1520 verließ Cortés Tenochtitlán, um sich einer Strafexpedition unter der Leitung von Pánfilo de Narváez entgegenzustellen, die der Gouverneur von Kuba, Diego Velásquez, ausgesandt hatte. Mit dem Kommando über die in der Aztekenmetropole zurückgelassene spanische Garnison wurde Pedro de Alvarado betraut. Alvarado, der sich in dem von Spaniern belegten Palast eingeschlossen wähnte, verlor die Selbstbeherrschung. Am 23. Mai kam es zu einem blutigen Drama. Um einem Angriff zuvorzukommen, überfiel Alvarado mit seiner Truppe den heiligen Bezirk von Tenochtitlán, während dort das Tóxcatl-Fest stattfand, und ermordete die Elite der aztekischen Oberschicht. Daraufhin mobilisierte sich der Widerstand gegen die Spanier, die zurückgedrängt und im Palast des Axayácatl belagert wurden.

La Noche Triste. – Nach der Rückkehr von Cortés am 24. Juni überschlugen sich die Ereignisse. Am 27. Juni versuchte Moctezuma, der noch immer gefangengehalten wurde, die aufgebrachte Menge zu beschwichtigen; er wurde jedoch gesteinigt. An seine Stelle trat Cuitláhuac, aber noch am gleichen Tag unternahmen die Spanier einen weiteren Angriff auf den Teocalli (Tempel). Von allen Seiten eingeschlossen und ohne Hoffnung auf Hilfe beschloß Cortés, die Stadt in der Nacht des 30. Juni zu räumen. Die wegen des mitgeführten Beuteguts nicht so bewegliche spanische Truppe versuchte, über den kurzen Ostdamm zu entkommen, der die Aztekenmetropole mit Tlacopán (Tacuba) verband. Die Konquistadoren, die verfolgt und an den Flanken von Kriegern in leichten beweglichen Booten angegriffen wurden, fanden sämtliche Brücken zerstört vor und mußten schwimmend mehrere Kanäle durchqueren, unter Zurücklassung ihrer Pferde, der Artillerie und des größten Teils ihres Beuteguts. Die Überlebenden vereinigten sich in Tlapocán und strömten zurück nach Norden. Im Laufe dieser „Traurigen Nacht" (Noche Triste) verloren die Spanier über die Hälfte ihrer Leute. Am 7. Juli versuchte eine aztekische Armee Cortés bei Otumba den Rückweg abzuschneiden. Die Spanier aber trugen den Sieg davon und konnten Tlaxcala zurückerobern, wo sie ihre Verwundeten pflegten und den endgültigen Angriff auf die Aztekenmetropole vorbereiteten.

Die Vorbereitungen der Belagerung. – Die Stabilität des Bündnisses zwischen Tlaxkalteken und Spaniern läßt sich ermessen, wenn man berücksichtigt, in welch prekärer Situation sich Cortés nach der Noche Triste befand. Die Azteken selbst hatten sich wieder gefaßt und riefen ihre Verbündeten zusammen, die Hilfstruppen zur Verfügung stellten. Der vom Tlatoani der Mexica nach Tlaxcala entsandten Abordnung gelang es nicht, diese zum Bruch mit den Spaniern zu bewegen. Der seit über einem Jahrhundert gegen die Azteken aufgestaute Groll war zweifellos sehr stark. Wohl gab es Zusammenstöße zwischen Spaniern und Tlaxkalteken, aber dank seines diplomatischen Geschicks gelang es Cortés, sämtliche Schwierigkeiten beizulegen, allerdings nicht immer ohne Gewalt, vor allem nicht, als er den ihm feindlich gesinnten Xicoténcatl d.J. ergreifen und hinrichten ließ. Cortés bereitete systematisch die Vergeltung der Noche Triste vor, indem er Verstärkung anforderte, seine Artillerie und Kavallerie wiederaufbaute und eine kleine Flotte von 13 Brigantinen bauen ließ. Nachdem die erste Phase der Vorbereitungen beendet war, begaben sich die Spanier Ende Dezember 1520 von Tlaxcala nach Texcoco. Coanacochtzin, der König dieser Stadt, die dem Dreibund angehörte, floh nach Tenochtitlán. Die Brigantinenflotte wurde von Tlaxcala nach Texcoco transportiert, wo man sie zu Wasser ließ und mit kleinen Geschützen bestückte. Von Texcoco aus bereitete Cortés die Isolierung von Tenochtitlán

(1) México (Stadt) und Umgebung

vor, indem er Expeditionen bis nach Cuauhnáhuac (Cuernavaca) und Malinalco aussandte, wo sich im Tal von Toluca eine bedeutende aztekische Militärkolonie befand, sowie nach Ixtapalapa, an den Anfang des Süddamms, der Zugang zur Aztekenmetropole gewährte.

Die Belagerung von 1521. – Als alle Vorbereitungen abgeschlossen waren, begann Cortés am 26. Mai 1521 mit einer Armee von 650 spanischen Infanteristen, ungefähr vierzig Kavalleristen, etwa zehn Artilleriegeschützen und mehreren tausend tlaxkaltekischen, totonakischen und matlazinkischen Soldaten, die Stadt zu belagern.
Trotz der Blockade durch die Brigantinenflotte und die Besetzung sämtlicher Dammeingänge durch Cortés' Armee, hielt Tenochtitlán beinahe drei Monate lang der Belagerung stand. Der erdrückenden Überlegenheit der Waffen, über die die Spanier mit ihren Kanonen, Armbrüsten, Rüstungen, Eisenschwertern usw. verfügten, konnten die Azteken nur ihre Holzschwerter entgegensetzen, in die Obsidianklingen eingelassen waren, Schilde aus Holz bzw. Fell, Streitkeulen, Pfeile, gepolsterte Baumwolljacken und ihre zerbrechlichen Kanus. Während Cortés an Bord einer Brigantine den Kampf von der Lagune aus befehligte, griff Cristóbal de Olid von Ixtapalapa und Coyoacán aus über den Süddamm, Pedro de Alvarado von Tlacopán (Tacuba) über den Westdamm und Gonzalo de Sandoval von Tepeyaca (Tepeyac) über den Norddamm.
Die von aztekischen Kriegern verteidigten Dämme wurden nach harten Kämpfen erobert. Die Spanier, die immer weiter vorrückten, schütteten die Kanäle zu, um Wege für ihre Artillerie und Kavallerie zu schaffen und um sich den Rückzug zu sichern. Nacht für Nacht schaufelten die Azteken die Kanäle wieder frei. Eine Pockenepidemie, die zur Zeit der von Pánfilo de Narváez angeführten Strafexpedition von einem Negersklaven nach Mexiko eingeschleppt worden war, wütete unter den Hilfstruppen der Belagerer und der Belagerten. Der Aztekenkönig Cuitláhuac, der ihr als einer der ersten – nach nur 24-tägiger Regentschaft – zum Opfer fiel, wurde durch einen jungen Krieger aus der Herrscherfamilie ersetzt, Cuauhtémoc, der zum Symbol des Widerstands wurde, der Tenochtitlán beseelte.
Die Situation der Belagerten, denen es an Trinkwasser mangelte (das Wasser der Lagune war zu salzhaltig und daher ungenießbar) spitzte sich dramatisch zu. Angst vor Spionen grassierte, was die Bewohner von Xochimilco, die sich nach Tenochtitlán geflüchtet hatten, am eigenen Leib erfahren mußten. Sie wurden des Verrats angeklagt und bis auf den letzten Mann hingerichtet. Überall hielt der Tod reiche Ernte und die ins Wasser des Sees geworfenen bzw. sich in den Straßen anhäufenden Leichname verwandelten die Stadt in ein einziges übelriechendes Leichenhaus.

Das Ende einer Kultur. – Cuauhtémoc, der die hoffnungslose Lage der Stadt erkannte, verließ Tenochtitlán an Bord eines Schiffes, um den Widerstand mit Hilfe der Truppen zu organisieren, die ihm außerhalb der Stadt zur Verfügung standen. Von einer Brigantine verfolgt, wurde er von García de Holguín eingeholt und vor Cortés gebracht. Nach zwei verlustreichen Angriffen fiel Tenochtitlán am 13. August 1521. Cihuacóatl Tlacotzin, der wichtigste Berater des Tlatoani, warf sich Cortés zu Füßen, um seine Unterwerfung zu bekunden. Die letzten Kämpfe scheinen auf dem Hauptplatz von Tlatelolco stattgefunden zu haben.
Einem Wunsch Cuauhtémocs nachkommend, erlaubte der Anführer der Konquistadoren den Überlebenden die Stadt zu verlassen, die von den Spaniern auf der Suche nach Gold, Frauen und Sklaven geplündert wurde. Die verlassene Stadt wurde in Brand gesetzt. Das spärlich vorhandene

Geschichte

Baumaterial veranlaßte die Spanier, noch stehende Gebäude zu zerstören, umso mehr, als Cortés beschlossen hatte, die Hauptstadt Neuspaniens an der Stelle der Aztekenmetropole zu errichten. Verbissen machten sie sich daran, sämtliche architektonischen und bildnerischen Zeugnisse zu beseitigen, die die überlebenden Indios an ihre alten religiösen, politischen und sozialen Einrichtungen erinnern konnten. Cortés, der enttäuscht darüber war, daß er nicht so viele Schätze fand, wie er sich vorgestellt hatte, ließ Cuauhtémoc foltern, in der Hoffnung, ihm den Ort des vermeintlichen Aztekenschatzes zu entreißen. Der letzte Aztekenkaiser schwieg beharrlich und wurde später auf einer 1525 von Cortés von Mexiko nach Honduras unternommenen Expedition hingerichtet.

Die Eroberung von Tenochtitlán bedeutete die Vernichtung einer Kultur und die von den Azteken unterworfenen Völker, die wegen ihres Hasses gegenüber den Mexica die Spanier unterstützt hatten, erkannten schon bald, daß der Sieg der Konquistadoren auch den Verlust ihrer Freiheit und den Untergang ihrer eigenen Kultur bedeutete.

Zwischen Konquistadoren und Missionaren. – Hernán Cortés, der die Expedition nach Mexiko ohne die ausdrückliche Zustimmung Karls V. geleitet hatte, wurde dessen ungeachtet von der Spanischen Krone zum Gouverneur von Neuspanien ernannt, allerdings unter die Aufsicht von vier Beamten gestellt, die direkt dem König unterstanden.

Der Wiederaufbau der früheren Hauptstadt, der künftig den Namen México tragen sollte, wurde Anfang 1522, noch vor Beendigung der Aufräumungsarbeiten in Angriff genommen. México bevölkerte sich wieder und zählte 1524 bereits 30.000 Einwohner (gegenüber einer Bevölkerungszahl zwischen 300.000 und 500.000 vor der Konquista). 1524 wurden die ersten Missionare, Franziskanermönche, von Cortés empfangen. Sie gingen ans Werk und gründeten in Tlatelolco (1535) eine Missionsstation mit einem Kolleg, in welchem jungen Männern der aztekischen Oberschicht eine höhere Bildung vermittelt wurde. Der 1529 nach Mexiko gekommene Frater Bernardino de Sahagún, Verfasser der „Allgemeinen Geschichte über die Angelegenheiten Neuspaniens", lehrte an diesem Kolleg und erhielt von seinen Schülern Unterricht über die Sitten und Gebräuche der aztekischen Gesellschaft vor der Konquista.

Im Jahre 1537 belief sich die Bevölkerungszahl nach Pater Motilinia auf über 100.000 Einwohner, unter denen sich 2.000 Spanier befanden. Dennoch hatte die Anarchie, die unter der Regierung von Salazar und Chirino geherrscht hatte, während Cortés die guatemaltekische Selva (Wald) erforschte, die Entwicklung Méxicos nicht begünstigt, das einer Chronik von 1526 zufolge noch immer eine häßliche Stadt mit vom Einsturz bedrohten Gebäuden war. Später wetteiferten Konquistadoren und reich gewordene Encomenderos (Grundbesitzer) miteinander in der Zurschaustellung eines prahlerischen Luxus, so daß Karl V. das Tragen von Gold und Seidenkleidung verbieten mußte. México wurde 1528 Bischofssitz, Juan de Zumarraga zum ersten Bischof der Stadt ernannt.

Die Hauptstadt von Neuspanien. – Mit der Einführung des Vizekönigtums im Jahre 1535 normalisierte sich das Leben. Die Hauptstadt Neuspaniens wurde 1546 in den Rang eines Erzbistums erhoben und erhielt 1551 eine Universität. Ein Inquisitionstribunal bekam sie im Jahre 1571. México kam in den Genuß so vieler Privilegien, daß es zur bedeutendsten Stadt Amerikas wurde, der Stadt mit dem regsten Geistesleben. Der Gelehrte Carlos de Sigüenza y Gongora, der königlicher Karthograph war, gründete dort im Jahre 1693 die erste mexikanische Zeitung, den Mercurio Volante, auf den

(1) México (Stadt) und Umgebung

die Gaceta de México (1722) folgte. Anfang des 17. Jh. hatte der Ingenieur Enrico Martínez vergeblich versucht, die Seen des Tals von México auszutrocknen aber México lag noch zu Beginn des 18. Jh. auf einer Insel.

Der Unabhängigkeitskrieg. – Gegen Ende des 18. Jh. riefen das von den französischen Philosophen verbreitete Gedankengut, der Unabhängigkeitskrieg der englischen Kolonien in Nordamerika gegen das Mutterland und die Französische Revolution unter der kreolischen Bevölkerung (den in Mexiko geborenen Spaniern) schwere Unruhen hervor. Der Einmarsch der napoleonischen Truppen in Spanien im Jahre 1808 trieb die allgemeine Erregung auf einen Höhepunkt. Mehrere Verschwörungen wurden aufgedeckt, der geplante Aufstand der mexikanischen Spanier durch einen Staatsstreich der „Gachupines" (im Mutterland geborene Spanier) erstickt, die im September den Vizekönig Iturrigaray absetzten und die Hauptstadt fest in Händen hielten.
Der am 16. September von dem Prister Miguel Hidalgo in Dolores ausgerufene Aufstand hatte die Wirkung einer Pulverspur, aber den Aufständischen gelang es nicht, sich der Hauptstadt zu bemächtigen. Ende 1811 bedrohte Morelos die Stadt, die bis 1821 in den Händen der Royalisten blieb. General Agustín de Iturbide, der – nachdem er Morelos hartnäckig verfolgt hatte – ins Lager der Anhänger der Unabhängigkeitsbewegung übergewechselt war, hielt am 27. September triumphalen Einzug in México.

Die Ära der Interventionen. – Mit der Unterzeichnung des Vertrags von Córdoba, der im übrigen von Ferdinand VII. nicht anerkannt wurde, hatte México seine Unabhängigkeit erlangt. Die Hauptstadt wurde ein Zentrum der Intrigen zwischen Liberalen und Konservativen über die Machtübernahme und länger als ein halbes Jahrhundert war México ein Opfer der von den beiden rivalisierenden Parteien hervorgerufenen Wirren. Diese Periode war zudem von der Intervention zweier ausländischer Mächte gekennzeichnet. Während des Krieges gegen die Vereinigten Staaten, die Texas annektiert hatten, marschierte General Wilfried Scott, der am 7. März 1847 in Veracruz an Land gegangen war, auf México zu, das am 14. September – nicht ohne dem Eindringling einen erbitterten Widerstand geleistet zu haben – kapitulierte. Später beschloß Napoleon III., der den Sezessionskrieg zu seinem Vorteil nutzte, sich in die inneren Angelegenheiten Mexikos einzumischen. Als Vorwand diente ihm der von Benito Juárez gefaßte Beschluß, die Zahlung der mexikanischen Auslandsschulden einzustellen. Am 10. Juni 1863 marschierten französische Truppen in México ein. Als diese Armee immer weiter vorrückte, führte man eine Volksabstimmung durch, mit dem Ziel, Maximilian von Habsburg zur Annahme der Kaiserkrone zu bewegen, die ihm einige intrigierende Konservative anboten. Maximilian nahm diesen Vorschlag im April 1864 an und begab sich noch im Juni dieses Jahres nach Mexiko. Dieses Abenteuer fand am 19. Juni 1867 auf dem Cerro de las Campañas in Querétaro, wo Maximilian erschossen wurde, ein unrühmliches Ende. México wurde wenige Tage danach zurückerobert und Benito Juárez zog im Triumphzug in die Stadt ein.

Das „Porfiriat". – Die Kämpfe gegen die französischen Streitkräfte hatten einen General ans politische Ruder gebracht, Porfirio Díaz, der 1876 die Nachfolge des im Jahre 1872 verstorbenen Benito Juárez und von Sebastián Lerdo de Tejada antrat. Porfirio Díaz konnte sich dank der Anwendung diktatorischer Methoden bis 1910 an der Präsidentschaft halten.

Unter seiner Autorität erlebte das Land eine lange Periode der Stabilität. Mexiko verwandelte sich unter dem Einfluß der „Cientificos", einer Gruppe ehrgeiziger Politiker, die sich zu Vorkämpfern des Fortschritts durch die Wissenschaft erklärt und die Ministerien besetzt hatten. Mexiko öffnete sich nordamerikanischem und europäischem Einfluß und Kapital. Von dem so offensichtlichen Wohlstand wurde eine ansehnliche Kolonie von Ausländern angezogen. Franzosen gründeten Kaufhäuser und monopolisierten die Webereien, während Amerikaner und Engländer sich für Bodenschätze, Zucker und Kaffee interessierten. México, das sich das Paris Haussmans zum Vorbild nahm, modernisierte sich rasch und konnte sich rühmen, die „Lichterstadt" Amerikas zu sein.

México und die Revolution. – Diese Euphorie nahm 1910 ein jähes Ende. Die Revolution brach aus und México erlebte wiederholt tragische Augenblicke, wie zum Beispiel während der „zehn blutigen Tage" vom 9. bis 18. Februar 1913, als es General Victoriano Huerta, einem der ärgsten mexikanischen Diktatoren gelang, an die Macht zu kommen.

Die Zeit nach der revolutionären Romantik. – Nach einem letzten Aufbäumen der Revolution erfuhr México einen neuen Aufschwung und während der Präsidentschaft von Plutarco Elias Calles wurden 1924 umfangreiche städtebauliche Arbeiten in Angriff genommen. Als sich mit dem Auftauchen der ersten Wolkenkratzer das Gesicht der Stadt zu verändern begann, erstellte man 1932 einen Städtebauplan.

Ab 1945 begann die Industrialisierung Mexikos. Der damalige Präsident Miguel Alemán förderte große Bauvorhaben wie die Errichtung der Universitätsstadt und den Ausbau des Straßennetzes. Diese tatkräftige Politik fand ihre Fortsetzung unter Adolfo López Mateos und dem 1964 gewählten Präsidenten Gustavo Díaz Ordaz in der Verwirklichung des bedeutenden Wohnungsbauprogramms von 15.000 Einheiten in Nonoalco-Tlatelolco, dessen Schmuckstück der Platz der Drei Kulturen ist, und dem noch nicht abgeschlossenen Bau eines Stadtumfahrungsringes.

Während der Amtszeit von Präsident Luis Echeverria wurden gigantische Entwässerungsarbeiten unter den Stadtgebieten durchgeführt, die über der abflußlosen Senke des Tals von México liegen. Die Gründung einer Universität für die Dritte Welt, die am 14. September 1976 in Gegenwart des UNO-Präsidenten Kurt Waldheim eröffnet wurde, schlägt ebenfalls auf der Habenseite von Echeverria zu Buche.

Stadtbesichtigung

Zwei Tage in México sind ein äußerstes Minimum; eigentlich kann man Wochen hier verbringen, ohne alles gesehen zu haben. Am Morgen des **ersten Tages** sollten Sie das Nationalmuseum für Anthropologie besuchen (s. Rte 1A), dann die Viertel der Altstadt um den Zócalo aufsuchen (s. Rte 1B) und sich dort auf das Wesentliche beschränken. Am Nachmittag das Poliforum Cultural Siqueiros besichtigen, San Angel, die Universitätsstadt und, wenn Sie noch Zeit haben, das Anahuacalli-Museum (s. Rte 1E).

Am **zweiten Tag** sollten Sie nach Teotihuacán fahren (s. Rte 1J), bzw. – wenn diese Exkursion, die Sie keinesfalls versäumen dürfen, nicht ohnedies auf Ihrem Programm steht – nach Xochimilco, möglichst an einem

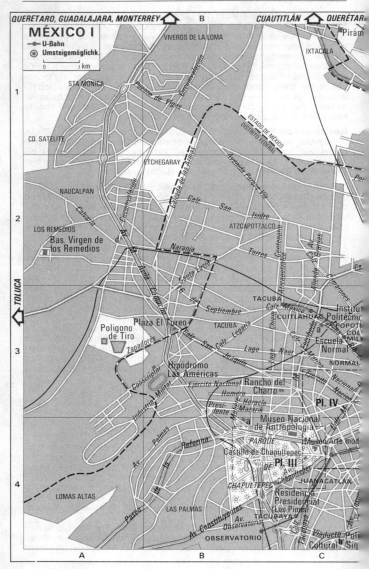

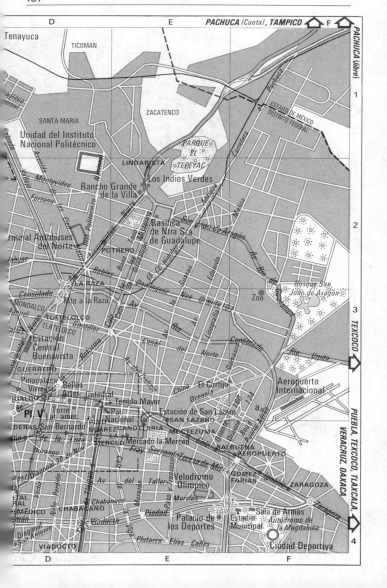

(1) México (Stadt) und Umgebung

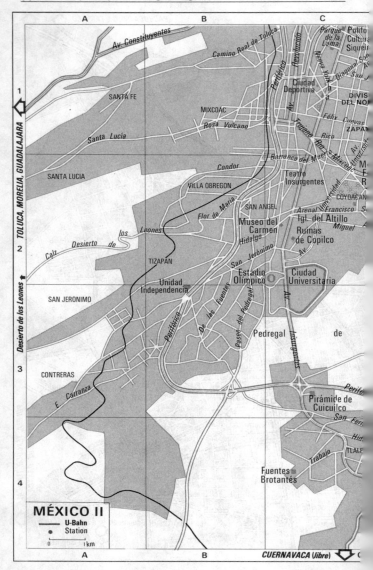

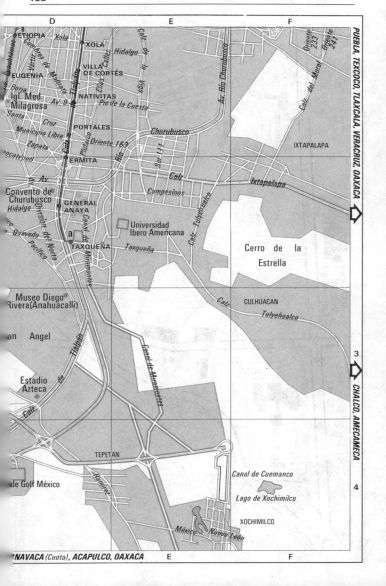

(1) México (Stadt) und Umgebung

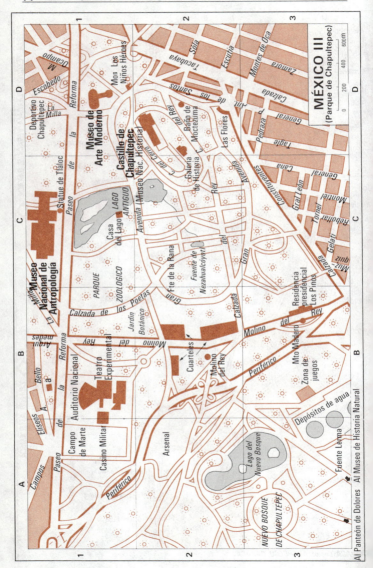

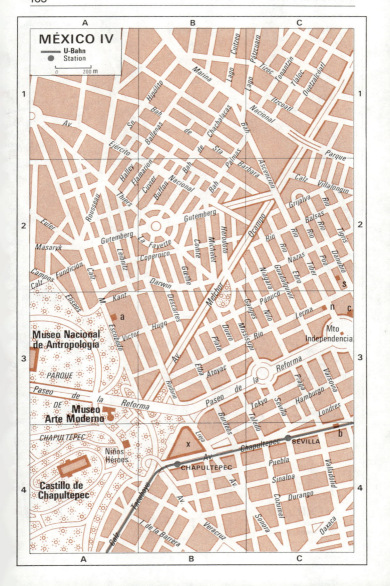

(1) México (Stadt) und Umgebung 166

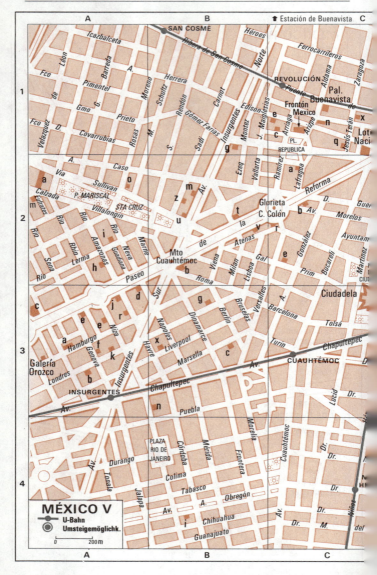

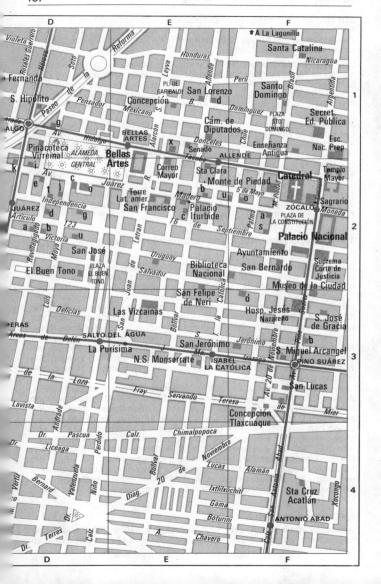

(1) México (Stadt) und Umgebung

Samstag oder Sonntag, oder aber nach Tepotzotlán und Tula (s. Rte 1I).
Am Nachmittag können Sie dann flanieren oder Einkäufe machen, zum
Beispiel in der Zona Rosa (s. Beginn von Rte 1A) oder in den Vierteln zwischen Alameda und Zócalo.

Drei Tage in México: erster Tag, vormittags Besichtigung des Nationalmuseums für Anthropologie und der Hauptsehenswürdigkeiten im Chapultepec-Park (s. Rte 1A). Am Nachmittag Besichtigung der alten Viertel um den Zócalo (s. Rte 1B), ergänzt – wenn Sie Zeit dazu haben – durch den Platz der Drei Kulturen und der Basilika Nuestra Señora de Guadelupe (s. Rte 1D).
Am **zweiten Tag,** morgens Besichtigung von Coyoacán, San Angel, der Universität (s. Rte 1E), dann, möglichst an einem Samstag oder Sonntag, Xochimilco (s. Rte 1F) und nach dem Mittagessen das Museum Anahuacalli (s. Rte 1E). Am späten Nachmittag können Sie in der Zona Rosa oder in der Avenida Juarez Ihre Einkäufe erledigen.
Am **dritten Tag** sollten Sie Rte 1K folgen, die die Besichtigung von Teotihuacán vorsieht (s. Rte 1J), das Kloster Actopan (s. Rte 1K), Tula und Tepotzotlán (s. Rte 1I). Zur Durchführung dieses Programms ist ein Auto unerläßlich. Andernfalls sollten Sie sich auf den Besuch von Teotihuacán, Tepotzotlán und Tula beschränken.

1 A – Chapultepec-Park und Anthropologisches Nationalmuseum

Durch die Stadt. – Damit Sie nicht schon erschöpft beim Anthropologischen Nationalmuseum ankommen, sollten Sie ein Taxi (oder ein Pesero) nehmen und sich über den Paseo de la Reforma (Pl.I, C/E3/4) in Richtung Chapultepec-Park (Pl.I, B/C4) fahren lassen. Sie werden so den Herzschlag der Stadt auf einer Hauptverkehrsader zu spüren bekommen, die für México das ist, was die Champs-Elysées für Paris bedeuten, nicht nur wegen der prachtvollen Perspektive, sondern auch dank der **Zona Rosa**, dem zwischen Insurgentes, Paseo und Rua Florencia gelegenen Dreieck, wo sich Luxusgeschäfte, Restaurants und Cafés aneinanderreihen, die von der wohlhabenden Bevölkerung der Stadt frequentiert werden. Sie werden sicherlich dorthin zurückkehren, wenn Sie México nicht mit leeren Händen verlassen wollen.
Lassen Sie sich direkt zum Anthropologischen Nationalmuseum fahren, dessen Besichtigung nicht mehr als drei Stunden in Anspruch nehmen dürfte, wenn Sie sich nicht allzu lange aufhalten (ideal wäre ein wiederholter Besuch). Anschließend sollten Sie einen Streifzug durch den Chapultepec-Park machen, zu Fuß oder per Taxi – falls Sie der Besuch des Museums zu sehr beansprucht hat – zum Schloß (Castillo) von Chapultepec (Pl. III/C/D1) und zum Museum für Moderne Kunst (Pl. III, D1). Wenn Sie den Chapultepec-Park eingehend besichtigen wollen, benötigen Sie für diesen ganzen Tag, wobei Sie entweder im Luxusrestaurant del Lago (Lago del Nuevo Bosque, Pl. III, A3), oder, etwas bescheidener, im Restaurant des Nationalmuseums für Anthropologie zu Mittag essen können.

Sie interessieren sich für:

Präkolumbische Kunst: Das ★★★ **Anthropologische Nationalmuseum** birgt absolut einmalige Sammlungen, die für sich alleine einen Besuch Méxicos lohnen.

Mexikanische Malerei, die während der Revolution entstand: Sehen Sie sich die von *David Alfaro Siqueiros* geschaffenen Fresken in einer Dependance des Chapultepec-Schlosses und im Nationalmuseum für Geschichte (ebenfalls im Schloß) an; ein anderer großer Künstler der Revolutionsmalerei, *Clemente Orozco,* hat ein satirisches Fresko im Salon des Hotels Maria Isabel-Sheraton (Pl. IV, c in C3) gemalt, während Diego Rivera Gemälde im Gesundheitsministerium (Secretaria de la Salubridad; Pl. IV, x in B4) schuf.

Historische Sammlungen: Besuchen Sie das * **Nationalmuseum für Geschichte** und das * **Schloß von Chapultepec.**

Eine Einführung in die Ethnologie: Gehen Sie in die Abteilung, die sich mit den wichtigsten Volksstämmen befaßt, die heute in Mexiko leben; im ersten Stock des Anthropologischen Nationalmuseums.

Das Ecke **Paseo de la Reforma** und **Avenida Insurgentes** gelegene Hotel Continental México (P. V, b in B2) stellt einen Orientierungspunkt dar, den Sie sowohl im Gelände wie auf dem Stadtplan unschwer ausmachen.

Einige der Prunksäle des **Hotels Continental México** schmücken **Fresken und Mosaiken** *von Rafael Muñoz Lopez* und *José Maria Servín.* Die Fresken im Tlatelli-Saal stellen die teotihuacanische Zivilisation dar, sofern sie nicht Kopien von Gemälden sind, die man im Palast von Tetitla (Teotihuacán) fand.

Am Beginn der **Calzada Manuel Villalongín,** die unweit des Paseo de la Reforma in Höhe des Hotels Plaza Visita Hermosa auf eine Kreuzung mit der Insurgentes mündet, stellen sonntags von 9.30 bis 16.30 Uhr Künstler ihre Werke, insbesondere Gemälde aus.

Der **Paseo de la Reforma,** eine der Prachtstraßen der Welt, wurde von Kaiser Maximilian angelegt, um eine Verbindung zwischen seiner Residenz von Chapultepec und der Stadt herzustellen. Der Paseo wurde erst unter dem Diktator Porfirio Diaz zu Beginn des 20. Jh. fertiggestellt und befindet sich im übrigen in ständiger Erneuerung. Die ehemaligen Privatvillen, die in einer Zeit entstanden, als México unter Porfirio Díaz den Pariser Baustil kopierte, werden laufend durch ultramoderne Bürohäuser ersetzt.

Von der Kreuzung Paseo/Insurgentes bis zum Park von Chapultepec sehen Sie im Vorbeifahren kleine Statuen der großen Männer Mexikos des 19. Jh., die dem Paseo seinen Namen des „Boulevard der berühmten Persönlichkeiten" verliehen haben, vor allem aber eindrucksvolle Monumente inmitten der wichtigsten Kreuzungen oder Glorietas, als erstes das **Denkmal von Cuauhtémoc** (Pl. V, B2), des letzten Herrschers der Azteken, das von *Miguel Moreña* geschaffen und 1887 enthüllt wurde.

Auf der zweiten Glorieta erhebt sich das **Unabhängigkeitsdenkmal, Engelssäule** genannt, eine übergroße Freiheitsstatue auf einer fast 45 m hohen Säule. (*Antonio Rivas Mercado,* 1910). Am Fuß, allegorische Darstellungen und Statuen aus Carrara-Marmor, die Helden des Unabhängigkeitskampfes Hidalgo, Guerrero, Mina und Nicolás Bravo.

In Höhe des Engelsrondell liegt das **Hotel Maria Isabel** (Pl. **IV**, c in C3). Einer der Salons, der sogenannte *Orozco Room,* birgt ein von *Clemente Orozco* geschaffenes **großes Fresko** mit einer satirischen Darstellung der Tafelfreuden.

(1) México (Stadt) und Umgebung

Auf der l. S. des Paseo de la Reforma befindet sich in Nr. 476 das **Instituto del Seguro Social** *(Institut der Sozialversicherung),* dessen Eingang Skulpturen von *Jorge Gonzáles Camarena* schmücken. Diesem Künstler verdankt man auch ein „Mexiko" genanntes Fresko, das die Verschmelzung der spanischen mit der indianischen Kultur darstellt. Im zehnten Stock **Fresken** von *Frederico Cantú,* von denen eines Quetzalcóatl als Wohltäter seines Volkes darstellt.

Etwas weiter befindet sich das **Gesundheitsministerium** *(Secretaria de Salubridad;* Pl. IV, x in B4) für das *Diego Rivera* mehrere Fresken sowie Fenster geschaffen hat, auf denen die vier Elemente, Erde, Wasser, Luft und Feuer dargestellt sind.

Den Eingang zum Chapultepec-Park markieren die einen Brunnen schmückende Bronzestatue der Diana und, l., **das Denkmal der Niños Héroes** (Pl. III, D1) mit seinen sechs eigenartigen Säulen, das zur Erinnerung an den heroischen Opfertod von Kadetten der Militärakademie errichtet wurde, die im Jahre 1847 das Schloß von Chapultepec so tapfer gegen die Amerikaner verteidigten.

Der ★**Park von Chapultepec** (s. Pl. III, in der Nahuatl-Sprache heißt chapultepec **„der Hügel der Heuschrecke")** ist der schönste und größte Park Méxicos. Er bedeckt eine Fläche von ungefähr 400 ha. Im Park befinden sich mehrere Museen, ein Zoo, botanische Gärten, Sportplätze, verschiedene Seen, usw. Es sind dort zahlreiche Bäume aus gemäßigten und subtropischen Gegenden angepflanzt, insbesondere die ehrwürdigen, mit Flechten und Lianen überzogenen *ahuehuetes* (Sumpfzypressen).

Die Ursprünge des Parks reichen weit zurück: er soll im 15. Jh. von Netzahualcóyotl, dem Dichter und König von Texcoco angelegt worden sein. Im Ostteil erhebt sich ein Felshügel, gekrönt vom Palast Maximilians, auf dem der Stamm der Mexica, die damals noch umherziehende Nomaden waren, ab 1256 für kurze Zeit siedelte. Später, unter Moctezuma I. (1440-1469), wurde der Hügel, auf dem sich bereits eine Festung und ein Tempel befanden, in einen Sommersitz der „tlatoani" umgewandelt und das Wasser der dort sprudelnden Quelle über ein Aquädukt zum Teocalli (Tempel) von Tenochtitlán geführt. Verschiedene Herrscher der Azteken, angetan mit dem Gewand des Gottes Xipe, das sie in Kriegszeiten trugen, ließen ihr Porträt in die Felswand meißeln. Man erkennt auch noch stark verwitterte Überreste von Skulpturen am Fuß des Hügels.

Am Eingang des Parks, wo sich das Anthropologische Nationalmuseum befindet, erhebt sich ein gewaltiger Monolith aus Coatlinchán, eine **Tlaloc-Statue** (Pl. III, C1), die wegen ihrer archaischstrengen Gestaltung in der teotihuacanischen Epoche anzusiedeln sein dürfte, d. h. in den ersten Jh. unserer Zeitrechnung.

Die 167 Tonnen schwere und 7 m hohe Figur mißt an ihrer Basis 4 m. Für den Transport von Coatlinchán, einem 5 km von Texcoco entfernten Dorf, in den Park von Chapultepec, d. h. über eine Entfernung von 48 km, mußte ein Spezialschlepper von 45 Tonnen mit 72 Rädern konstruiert werden. Die Statue, die auf einem Marmorsockel ruht, ist verhältnismäßig gut erhalten, obgleich die Erosion ihre Identifizierung erschwerte. Zweifellos handelt es sich um den eine Maske tragenden Regengott Tlaloc.

Park von Chapultepec

Das ★★★ **Anthropologische Nationalmuseum** (Pl. I, C4; Pl. III, B/C1; Pl. IV, A3), das 1964 von Präsident Lopez Mateos eröffnet wurde, ist ein äußerst eindrucksvolles Gebäude. Es kann als gelungenes Beispiel für die zeitgenössische mexikanische Architektur gelten und ist zweifellos der geeignetste Rahmen, der weltweit konzipiert wurde, um Antiken eindrucksvoll und lebendig zu präsentieren.

Unter Leitung des Architekten *Pedro Ramirez Vasques*, von dem der Entwurf stammt, und unterstützt von den Architekten *Rafael Mijares* und *Jorge Campuzano* wurde das Museum innerhalb von 19 Monaten, von 1963-1964 erstellt. Vor Beginn der Bauarbeiten wurde ein Modell in Naturgröße aus leichten Materialien hergestellt, um die Größenverhältnisse zwischen den verschiedenen Bautrakten beurteilen zu können – den „Regenschirm" nicht zu vergessen – und um die Wahl des geeignetsten Materials für die Verkleidung der Wände zu erleichtern. Das Gebäude ist eine Konstruktion aus Stahl und Eisenbeton. Die meisten Wände sind mit Marmor aus Santo Tomás (Staat Puebla) verkleidet, mit kaffeebraunem Tepeaca-Marmor, Kalktuffstein aus Apasco und Puebla, weißem Carraramarmor, usw.
Besucher, die sich auf das Wesentliche beschränken möchten, sollten sich damit begnügen, die großgedruckten Passagen zu lesen, die der Vorstellung von Antiken gewidmet sind, die ästhetisch, ikonographisch, religiös und historisch bemerkenswert sind. In kleinem Druck beschrieben werden nicht ganz so interessante Werke und Einzelheiten.
Die Beschreibung der Anthropologie-Säle (mit Ausnahme der vier ersten) wird von Plänen begleitet. Die verschiedenen Antiken, Vitrinen, usw. sind je nach ihrem Standort mit Nummern versehen. Jeder einzelnen Nummer entspricht eine Notiz.

Öffnungszeiten: Di.-Sa. von 9-19 Uhr, sonn- und feiertags von 10-18 Uhr, ermäßigter Eintritt an Sonn- und Feiertagen; freier Eintritt für mexikanische Studenten bei Vorlage des Ausweises. Fotografieren gegen Bezahlung einer Gebühr (Blitzlichtaufnahmen sind verboten). Führungen (alle 30 Minuten) in Spanisch (gratis), Deutsch, Englisch und Französisch. Das Restaurant ist Di.-Sa. von 10-21 Uhr, sonn- und feiertags von 10-19 Uhr geöffnet. Bewachter Parkplatz (Zufahrt unter dem Museumsvorplatz).

Eingangshalle. – Durch den Eingang, den ein Giebel aus Carrara-Marmor mit dem Symbol Méxicos schmückt – einem Adler mit einer Schlange im Schnabel – betreten Sie die mit Marmor ausgelegte Eingangshalle.
Auf der r. Seite der Halle eine Abteilung, in der Antiken gezeigt werden, die von jüngsten Ausgrabungen stammen oder Neuerwerbungen des Museums sind. Unter der Galerie ein Saal, der ebenfalls **Wechselausstellungen** zeigt, l. eine **Bibliothek** für Kunst und Geschichte und ein **Verkaufsraum**, wo man Kopien von Antiken und mexikanisches Kunsthandwerk erwerben kann.
Im **Innenhof** wird Ihnen der riesige „Regenschirm" auffallen, der den hinteren Teil des Patio vor den Unbilden der Witterung schützt und gleichzeitig ein dekoratives Element darstellt. Die Konstruktion besteht aus einer Eisenbetonsäule, die mit Hilfe von Spannern aus Spezialstahl ein 1640 t schweres, mit Aluminium verkleidetes Stahldach trägt. An den Rändern ist das Dach 16,80 m hoch; es senkt sich zur Mitte, rings und die Säule, auf

(1) México (Stadt) und Umgebung

10,80 m ab, so daß das Regenwasser in das am Fuß der Säule angelegte Becken ablaufen kann. Die überdachte Fläche bedeckt fast 4.400 m², d.h. ein Rechteck von 82 x 54 m. Die mit Reliefs geschmückte Säule, die vom Wasserschleier eines Springbrunnens eingehüllt wird, ruht auf 44 22 m hohen Pfeilern aus Stahlbeton, die in den Boden eingelassen sind.
Beachten Sie die dekorative Wirkung der Aluminiumjalousien an den Fenstern der Säle im 1. Stock.

Einführung in die Anthropologie. – Dieser Saal birgt Sammlungen, die es dem unkundigen Besucher ermöglichen, Grundkenntnisse über die Anthropologie zu erwerben. Er kann sich hier einen Überblick über die Erscheinungsform der Menschenrassen, die Entwicklung der Sprache, die Archäologie usw. verschaffen, die ihm den Besuch des Museums wertvoll werden lassen. Das Museum wurde nicht zu dem ausschließlichen Zweck geschaffen, mit der Zusammentragung und Präsentation von Antiken weit zurückreichende Ursprünge der Kulturen dieses Landes aufzudecken. Nach der Vorstellung seiner Schöpfer soll es vielmehr eine dreifache Funktion erfüllen, die der Definition von Jaimes Torres Bodet zufolge ästhetischer, didaktischer und sozialer Natur zu sein hat. Seine didaktische Aufgabe löst das Museum geschickt und übersichtlich mit Hilfe von Diaramen, Modellen und Karten, die es dem Besucher ermöglichen, die meisten der in den verschiedenen Sälen ausgestellten Werke in ihren naturbedingten Rahmen und in ihr ethnisches und historisches Umfeld einzuordnen. Die von bekannten mexikanischen Malern geschaffenen Fresken legen in gewisser Weise den Standpunkt der Künstler dar, die Gelegenheit hatten, in Vergessenheit geratene Mythen wiederzuentdecken und geschichtlichen Ereignissen oder Tatsachen eine poetische Dimension zu verleihen.

Mesoamerika-Saal. – Sammlungen, Diaramen, Modell, Karten usw. stecken das Gebiet ab, wo sich – zum größten Teil auf mexikanischem Boden – die mesoamerikanischen Kulturen entfalteten, denen wir den Anbau von Mais, Tomaten, Kakao, Tabak usw. verdanken.
Gegenüber dem Eingang, **Altarfragment** aus Chichén Itzá, einen Atlanten darstellend. R. an der Wand Tafeln, Fotografien, Muster, usw., die die **Entwicklung des Ackerbaus** in Mesoamerika zeigen. Daneben, eine kleine Abteilung, die dem Thema Jagd gewidmet ist, mit einer **Waffensammlung:** Pfeile und Bögen, Wurfspeere, *atlatl* oder Quirlbohrer, Blasrohre, usw. Darunter, in einer Vitrine, **Tonfiguren von Tieren, die gejagt wurden,** Leguan, Hase, Truthahn, Jaguar, Hirsch, Gürteltier, Nabelschwein, Adler, Ente, Ara, Quetzal, usw. und die Fleisch, Felle für Bekleidung und Schmuckfedern lieferten.
Es folgen Fotografien, die den **Menschentypus** Mesoamerikas darstellen und, gegenüber, zwei skulptierte aztekische Steinplatten mit der Darstellung eines Jaguars (Tenochtitlán).
Entlang der nächsten Wand sehen Sie ein Diarama mit Darstellungen aus dem **Alltagsleben,** dann die Nachbildung **verschiedener Bestattungsarten** (v.l.n.r.: Bestattung in Urnen, in Hockerstellung, horizontal in Bauchlage, horizontal in Rückenlage) und eine Abteilung, die dem Thema **Feste** gewidmet ist, mit einem nachgedruckten Kodex und, in einer anderen Vitrine, einige Musikinstrumente und Figurinen (Pelotaspieler, Trommler, usw.).
An der dritten Wand, eine Ausstellung, die **Kenntnissen auf geistigen Gebieten** gewidmet ist, mit nachgedruckten Kodexseiten, einer Tafel, die das Zahlensystem der Azteken darstellt; verschiedene Dokumente über

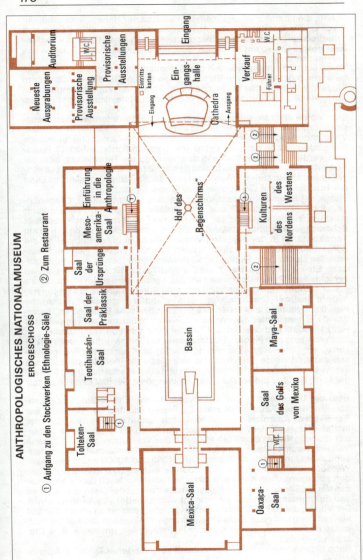

(1) México (Stadt) und Umgebung

Schrift, die Literatur im allgemeinen; Kenntnis der Naturphänomene; die Medizin, die Architektur, usw. Anschließend Urkunden über **Kriege und Tributleistungen** mit Waffen, Skizzen, usw. Dann eine Vitrine, die der **Malerei** gewidmet ist, mit bemalten Gefäßen und Kopien von Fresken aus Teotihuacán.

Wenn Sie sich eingehender mit den Sammlungen in der Mitte des Saales befassen möchten, kehren Sie an die Stelle gegenüber dem Eingang zurück, wo Sie die in eine Marmorplatte aus Carrara eingravierte **Karte Mexikos** mit den Namen der wichtigsten altmexikanischen Kulturen sehen.

Eine Vitrine zeigt **freiwillig vorgenommene Körperdeformationen:** Schädeldeformationen, Verstümmelung der Zähne, vorsätzlichen Strabismus, Verstümmelung der Beine, usw. Sämtliche Deformationen stellten soziale Rangunterschiede dar oder entsprachen einem Schönheitsideal. Praktiziert wurde auch die Enthaarung des Gesichts, die Tätowierung oder die Körperbemalung; man rasierte sich den Schädel vollständig oder ließ einige Haarsträhnen stehen; manchmal wurden die Zähne (vor allem im Land der Huaxteken) mit Chapopote oder Erdpech geschwärzt.

Vitrine mit **Schmuckgegenständen**: Halsketten, Armbänder, Ohrgehänge, Lippen- und Nasenpflöcke, usw. **Gefäße** unterschiedlicher Herkunft (Mixteca, Yucatán, Mexiko-Tal, usw.). In zwei weiteren Vitrinen ebenfalls **Schmuckgegenstände** aus Gold und aus Knochen. Zwei Figurinen und ein Terrakottakopf in der nächsten Vitrine geben ein gutes Beispiel für die Körpertätowierung. Die beiden letzten Vitrinen befassen sich mit **Steinarbeiten** (Joche und „Palmas" aus totonakischem Gebiet, Äxte, verschiedene Steinwerkzeuge, usw.) und der Architektur. Einige Modelle geben **verschiedene Pyramidenformen** wieder: vorne l. Modell der Hütte, die als erster Tempel diente, dann von l.n.r.: eine Rundpyramide, die Mayapyramide in Tikal, der „Cresteria"-Tempel in Palenque (klassische Epoche), die Kukulkánpyramide in Chichén Itzá (maya-toltekische Epoche); im Hintergrund r. Pyramidentempel von México-Tenochtitlán mit den Tempeln des Huitzilopochtli und des Tlaloc, l. Sonnenpyramide von Teotihuacán.

Beim Ausgang zum Innenhof l. **Stele von Izpa** (Chiapas), die zu Beginn u. Z. von einem olmekischen Künstler geschaffen bzw. von der Kunst der Olmeken inspiriert wurde. Sie stellt eine männliche Gottheit dar, mit Füßen in Form von stilisierten Schlangenköpfen und einer Maske mit einem Schlangenkopf; darüber die Maske eines Jaguars, dem Symbol des Himmels.

Saal der Ursprünge. – Dokumentation, die die Entwicklung der mesoamerikanischen Kulturen darstellt. Ein Fresko erläutert den **Ursprung der Bevölkerung Amerikas** durch Völkerwanderungen aus Asien während der letzten Eiszeit, als der Festlandsockel, der Asien mit Nordamerika verbindet (Behringstraße) durch ein Absinken des Wasserspiegels der Ozeane freigelegt wurde. Man nimmt an, daß dieser Festlandsockel mehrere tausend Jahre lang, vermutlich zwischen 24000 und 10000 v. Chr. über dem Wasser lag, eine enorm lange Zeitspanne, während der die asiatischen Völker den amerikanischen Kontinent erreichen konnten. Nach dem Abschmelzen der großen Gletscher stieg der Wasserspiegel der Ozeane wieder an und der nordamerikanische Kontinent wurde wieder von Asien getrennt. Die Völker, die zu Fuß über die Behringstraße gekommen waren, dürften nur sehr langsam nach Süden vorgedrungen sein, dennoch war die Südspitze des amerikanischen Kontinents, Patagonien, um das 9. Jh. v. Chr. schon besiedelt.

Nach diesem Fresko kann man anhand verschiedener Tafeln und Steinwerkzeuge die **Entwicklung der prähistorischen Gesellschaft** verfolgen. Anschließend ein Fresko, das einige Tiere der amerikanischen Fauna um das Jahr 10000 v. Chr. darstellt. Daneben Überreste von **Tierfossilien**, darunter der Rückenpanzer eines Riesengürteltiers. Gegenüber, in einer Grube, **Skelettfossil eines Mammuts** (Mamuthus Archidiscodon Imperator Leidy), das 1952 in Santa Isabel Itzapan, unweit von Teotihuacán gefunden wurde. Das Alter dieser Fossilienreste konnte dank einer Radiokarbonuntersuchung, auf annähernd 250 Jahre genau, mit 9000 v. Chr. bestimmt werden. Die Lage des Skeletts und die in seiner unmittelbaren Umgebung gefundenen, von Menschenhand gefertigten Werkzeuge lassen vermuten, daß das Tier auf der Jagd erlegt und an Ort und Stelle auseinandergenommen wurde.

Wenn Sie den Rundgang im Uhrzeigersinn fortsetzen: **versteinerte menschliche Schädel**, dann ein Diarama mit einer **Mammutjagd** in einem Sumpf.

Die anschließenden Vitrinen sind den **Kulturen im Tal von México** gewidmet, angefangen vom Archäolithikum (etwa 25000 bis 12000 v. Chr.) bis zum Protoneolithikum, das in diesem Teil Amerikas auf ungefähr 5000 bis 2500 v. Chr. datiert wird, eine Periode, in der man den Beginn des Ackerbaus ansiedelt. In Vitrinen und auf Tafeln werden die verschiedenen Erzeugnisse des einsetzenden Ackerbaus gezeigt; schon damals wurden Mais und Bohnen angebaut.

Saal der vorklassischen Periode. – Die Sammlungen dieses Saales, die von Zeit zu Zeit ausgewechselt werden, geben Gelegenheit, die kulturelle Entwicklung der Völker zu verfolgen, die während der vorklassischen Periode, von 1800 bis ungefähr 200 v. Chr. auf dem zentralen Hochplateau lebten. Der Ackerbau, der während des Protoneolithikums (5000 bis etwa 2500 v. Chr.) und des Neolithikums (2500 bis ungefähr 1700 v. Chr.) aufgekommen war, nahm einen wichtigen Platz ein. Im Tal von México und in den heutigen Bundesstaaten Morelos, Tlaxcala und Puebla waren bereits Dörfer entstanden. Die Religion, die u. a. durch einen Totenkult erwiesen ist, erlangt während dieser Epoche zunehmende Bedeutung. Die Architektur und das Kunsthandwerk treten in Erscheinung. Es wird Tonware hergestellt, Gewebe aus Baumwolle, Maguey-und Yuccafasern, Schmuck aus Jade, Knochen, Türkisen, Muscheln, usw. Der Totenkult forderte die Herstellung von Statuetten aus Terrakotta als Grabbeigaben; die in Tlatilco gefundenen zählen zu den schönsten, die Mesoamerika hervorgebracht hat. Gegen Ende des zweiten Jt. v. Chr. drangen Volksstämme der Olmeken von der mexikanischen Golfküste in das Altiplano vor, wo sie sich niederließen und eine bereits hochentwickelte Kultur einführten. Zwischen dem México-Tal und den tropischen Golfküstengebieten entstanden Handelsbeziehungen. Während dieser Epoche wurden die Gemeinschaften von Magiern bzw. Zauberern angeführt, die nach und nach die herrschende Kaste bildeten. Dies begünstigte das Aufkommen theokratischer Gesellschaften, die während des ersten Jt. n. Chr. an die Macht kamen, um Gesellschaften Platz zu machen, die von Kriegerkasten beherrscht wurden.

(1) México (Stadt) und Umgebung

Beachten Sie vor allem (r.) die **★ Figurinen aus Tlatilco** 1), einer archäologischen Stätte in einem Vorort von México, wo man in Gräbern zahlreiche Statuetten aus Terrakotta fand, die hauptsächlich Frauen darstellen. Von diesen Figuren aus der frühen präklassischen Periode (1800 bis 1300 v. Chr.) sind die zum Typ „mujer bonita" („schöne Frau") gehörenden vermutlich die schönsten aus dieser Zeit.

Die Figuren vom Typ „mujer bonita" stellen junge Frauen mit kindlichem Gesichtsausdruck und bemaltem Körper (in gelb vor allem, seltener in schwarz, violett oder weiß) dar, deren Extremitäten und Haare rot gefärbt sind. Sie sind reich geschmückt und tragen elegante Frisuren, so als ob sie ein Fest besuchten. Diese Merkmale lassen vermuten, daß es sich um eine Darstellung des Maises in menschlicher Gestalt handelt, oder um junge Mädchen, die an einer Zeremonie zu Ehren dieser Getreideart teilnehmen, die eine Hauptrolle in der Ernährung und Zivilisation Amerikas spielte. Dank einer Beschreibung des Paters Bernardino de Sahagún wissen wir, daß fast 3.000 Jahre später auch die Azteken Feste zu Ehren des jungen Maises, dargestellt durch die Göttin Xilonen, feierten. Ein junges Mädchen, das ebenso reich geschmückt war wie die „mujeres bonitas" aus Tlatilco, mit gelb und rot bemaltem Gesicht, roten Sandalen an den Füßen und einem Kopfputz aus Quetzalfedern, bestickten Kleidern und einem Türkishalsband mit einer goldenen Scheibe als Anhänger, verkörperte die Göttin bzw. nahm deren Gestalt an, nachdem es am Ende der Zeremonie im *Cinteopan*, dem Maistempel, von einem Priester geköpft worden war. Unter den Figuren aus Tlatilco finden sich verhältnismäßig wenige Darstellungen von Männern; sie beschränken sich fast immer auf Krüppel, Bucklige und Zwerge. Abgesehen vom Typ der „mujer bonita" präsentieren sich die übrigen Frauenfiguren in unzähligen Haltungsvarianten.

L. in einer Vitrine Kultgegenstände aus der *frühen und mittleren präklassischen Periode* (1300 bis 800 v. Chr.), darunter auch einige Terrakottafiguren aus Tlatilco. Einige der letzteren bekunden unverkennbar einen olmekischen Einfluß, erkennbar an der plastisch-realistischen Gestaltung des Körpers, der unteren Gesichtshälfte, insbesondere des Mundes mit den Raubtierzügen und an der Schädeldeformation.

Anschließend, in einer Vitrine, die sogenannte **★★ Akrobatenvase**, die in Tlatilco in Grab 154 gefunden wurde. Das in cremefarbenem Ton modellierte Gefäß ist die Sensation dieses Saals und **eines der bedeutendsten Werke des Museums**. Es stammt aus der mittleren präklassischen Periode und zeigt die naturgetreue Darstellung eines Akrobaten mit den für die Kunst der Olmeken charakteristischen Merkmalen. Dargestellt ist ein Akrobat, der bei Kulturzeremonien im Zusammenhang mit Ackerbauriten seine etwas possenhaften Kunststücke darbot. Ein Teil des Friedhofs von Tlatilco, wo man dieses einzigartige Stück entdeckte, ist in die-

---

1) **M. Covarrubias, Tlatileo, El arte y la cultura preclásica del Valle de México**, Cuadernos Americanos, no. 3, México, 1962. – **Román Pina Chan, Tlatileo y la cultura preclásica del Valle de México**, Anales del Instituto Nacional de Antropologia e Historia t. IV; pp. 33–43. – **Muriel N. Porter, Tlatilco and the Pre-Classic cultures of the New World**, Viking Fund Publications and Anthropology, t. XIX, New York, 1953. – **R. Pina Chan, A. Romano et E. Pareyón, Tlatilco: Nuevo estilo preclásico de la cuenca de México**. Tlatoani, t. I, nos, 3–4, México, 1952.

sem Saal rekonstruiert. (Die ausgestellte Akrobatenvase ist eine Kopie.)

Beachten Sie die in einer Vitrine beim Ausgang ausgestellten Keramiken, Tonsiegel und Figuren der späten frühklassischen Periode aus Cuicuilco (unweit der Universität von México). Erwähnenswert unter den Tonfiguren sind vor allem die mit einem Brasero (Kohlebecken) dargestellten. Es sind Vorläufer der Darstellung von Huehuetéotl, dem alten Feuergott (von *huehue* = alt, und *téotl* = Gott), der ältesten Gottheit der Nahua-Religion, den die Azteken in Gestalt eines Greises mit verwittertem Gesicht und einem Kohlebecken auf dem Kopf verehrten.

Teotihuacán-Saal (s. Pl.).

1: **Zielmarke des rituellen Ballspiels**, aus la Ventilla (Teotihuacán).
2: **Modell** des Kultzentrums von Teotihuacán.
3: Sammlung sämtlicher **Keramiktypen**, die in Teotihuacán und den umliegenden Stätten gefunden wurden und aus derselben Zeit stammen. Die Sammlung vermittelt ein Bild von der Entwicklung der Keramik seit der sogenannten vorteotihuacanischen Periode bis zum Untergang der Hauptstadt des Tals von México im ersten Jt. n. Chr.

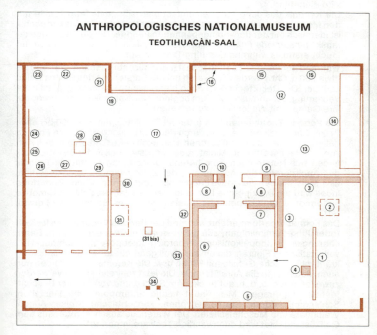

(1) México (Stadt) und Umgebung

Die vorteotihuacanische Periode, die sich ungefähr vom Jahr 200 v. Chr. bis zum Beginn unserer Zeitrechnung erstreckt, wird in zwei Phasen eingeteilt. In der ersten (Tezoyuca-Periode, von 200 bis etwa 100 v. Chr.) sind die Gefäße im allgemeinen einfarbig. Die Dekortechnik umfaßt plastische Verzierungen, die den Gefäßen nachträglich aufgesetzt wurden, mit Hilfe von Stäbchen vor dem Brand eingeritzte schlichte Linienmuster, Negativmalerei (hauptsächlich in rot). Im allgemeinen sind die Motive geometrisch. Während der Patlachica-Periode (etwa 100 v. Chr. bis zum Beginn des 1. Jh. n. Chr.) kannte man engobierte und nicht engobierte Keramik. Die Dekortechnik ist abwechslungsreich und umfaßt Negativmalerei, gezeichnete oder plastische Verzierungen, glänzende Polierung usw. Die Motive sind meist geometrisch.

Die Periode Teotihuacán I (von 0 bis etwa 150 n. Chr.), auch Alt-Tzacualli (von 0 bis etwa 100 n. Chr.) und Jung-Tzacualli (von 100 bis etwa 150 n. Chr.) genannt, entspricht den Anfängen der teotihuacanischen Zivilisation, die als klassische Periode der Kulturen gilt, die sich auf dem zentralen Hochplateau Mexikos entfalteten. Die Dekortechnik der Tzacualli-Keramik besteht hauptsächlich aus plastischen Verzierungen, eingeritzten Linienmustern, Hohlzackenverzierungen, Ausschabmotiven, die geometrische Muster bilden. Es sind ein- und zweifarbige sowie mehrfarbige Gefäße vertreten. Orange- und graubemalte Tonware wurde in das Tal von México eingeführt.

Die Keramik des Jung-Tzacualli umfaßt plastisch gestaltete Gefäße mit den Merkmalen bzw. Symbolen des Regengotts Tlaloc. Die Dekortechnik ist identisch mit der der vorangegangenen Periode. Die „feine Orangekeramik" (*anaranjada fina*) und die rote Keramik auf rosafarbenem Grund taucht erstmals während des Jung-Tzacualli auf.

Während der Periode Teotihuacán II (auch Miccaotli genannt; von 150 bis etwa 250 n. Chr.) werden Tonwaren mit der Darstellung des Gottes Tlaloc häufiger. Die Dekortechnik ist auch hier dieselbe: Bemalung, plastische Verzierung, Schabmuster. Zudem beginnen die Keramiker dieser Periode, ihre Gefäße mit Wellenlinien zu versehen.

Die Periode Teotihuacán II–A (oder Alt-Tlamimilolpan; von 250 bis etwa 375 n. Chr.) ist in der Keramik durch den Fortbestand derselben Formen gekennzeichnet, daneben tauchen aber auch neue Gefäßtypen auf: Kerzenleuchter mit Öffnung, Miniaturgeschirr, usw. Auch in der Dekortechnik finden sich Neuerungen; zum bereits vorhandenen kommt die Technik des Applizierens, des Aussparens, der Zackenverzierung, Inkrustation, usw. Meist bleiben die Motive geometrisch, das ikonografische Repertoire indes wird um symbolische Darstellungen des Jahres, Schlangenmotive, Federmotive, anthropomorphe Darstellungen (des Gottes Tlaloc) erweitert.

Das Formenrepertoire erfährt während der **Periode Teotihuacán II–A–III** (oder Jung-Tlamimilolpan; 375 bis etwa 450 n. Chr.) eine weitere Bereicherung durch doppelkonische Braseros (Kohlebecken), geschmückt mit vollplastischen Figuren, die ein kunstvoll gearbeitetes Motiv (*resplandor*) krönt, zylindrische Gefäße mit Füßen usw. Die Keramiker verwenden nun auch Modeln und die Anreißtechnik. Die jetzt zahlreichen Motive werden zuweilen a secco, d. h. auf trockenem Stuckgrund von feinster Beschaffenheit aufgetragen. Man findet häufig anthropomorphe Gestalten, Schlangen, Federn, Sterne, Glyphen, konzentrische Kreise, Augen, Weichtiere und Muschelschalen. Der Warenaustausch ist rege: aus dem Golfküstengebiet wird dünnwandige Tonware importiert.

Die Periode Teotihuacán III (bzw. Alt-Xolalpan, von 450 bis etwa 550 n. Chr.) ist vom Fortbestand der Keramik der vorhergehenden Periode gekennzeichnet; hinzu kommen Totenmasken und Miniaturgeschirr. Die Dekoration a secco auf Stuckuntergrund mit erweitertem Formenschatz ist ebenfalls verbreitet. Zu den Abbildungen des Gottes Tlaloc gesellen sich jetzt Darstellungen des Gottes Xipe, Bucklige, Häuser, Vögel, Glyphen, die verschiedene Begriffsinhalte wiedergeben, u. a. den Gesang, Priester, usw. aber auch Schlangenmotive werden beibehalten.

In der **Periode Teotihuacán III–A** (bzw. Jung-Xolalpan, von 550 bis etwa 650 n. Chr.) kommen so eigenartig geformte Tongefäße zur vollen Entfaltung, wie sie die Braseros oder Totenurnen mit konischem Deckel darstellen. Sie sind jetzt ohne ersichtlichen Grund mit den verschiedenartigsten Verzierungen geschmückt: Vögeln, Schmetterlingen, Muscheln. Die gemalten Motive auf den Gefäßen sind abwechslungsreicher, figürliche Darstellungen häufiger: Abbildungen des Gottes Tlaloc, Priesterprozessionen, Affen, Blumen, Schmetterlinge, Masken, Federn, Sterne, usw. Die Keramiker dieser Zeit verwenden die Techniken des Applizierens, des Anreißens, der Gravur; sie benutzen Modeln und arbeiten a secco oder in Negativmalerei.

Eine interessante Neuerung taucht mit dem Spielzeug aus Keramiktieren auf Rädern auf. Wegen des Fehlens von Haustieren, die stark genug waren, um Lasten zu ziehen, zogen die vorkolumbischen Völker aus einer so beachtlichen Erfindung wie dem Rad keinerlei Gewinn. Aus dem Vorhandensein dieses Spielzeugs läßt sich zumindest vermuten, daß einige Völker dessen Funktionsprinzip kannten.

Die Keramiker der **Periode Teotihuacán IV** (bzw. Metepec, von 650 bis etwa 750 n. Chr.) setzen die Tradition ihrer Vorgänger fort. Wir finden jetzt importierte Ware aus den Maya-Ländern (klassische Periode).

Nach der Zerstörung von Teotihuacán wurde über zwei Jahrhunderte lang eine Keramik hergestellt, in deren Stil und Formenreichtum die teotihuacanische Tonware weiterlebte. Unter den ursprünglichsten Formen der **Protocoyotlatelco-Periode** (bzw. Oxtoticpac, von 750 bis etwa 800) finden wir eigenartige, zweifellos zu Kultzwecken bestimmte Gerätschaften, die großen, langstieligen Löffeln ähneln. Es wurde auch mehrfarbige Keramik aus Cholula oder huatekische Tonware importiert.

Man findet annähernd dieselben Typen und Formen während der **Coyotlatelco-Periode** (bzw. Xometla, von 800 bis 1000), bevor in diesem Teil Mexikos toltekische Keramik auftaucht. Die Motive bekunden den Niedergang der teotihuacanischen Keramik; man findet S-förmige Motive, Scheiben, Gittermuster, Wellenlinien, usw.

4: **Keramik**, darunter eine Totenvase, mit Maske und Nasenschmuck im Hintergrund einer Nische auf einer Urne in Form einer Tempelfassade (Teotihuacán III bzw. Alt-Xolalpan).

5: Darunter eine Reihe Fachreliefs, die das Alltagsleben in Teotihuacán darstellen, eine **Ausstellung über die handwerklichen Techniken**, die von den Einwohnern Teotihuacáns auf den Gebieten der Architektur, Malerei, Schmuckherstellung usw. angewendet wurden. Von l. n. r. die **Architektur** (beachten Sie die Äxte, Steinhämmer etc.), die **Malerei** (hier durch Keramik vertreten), die **Bildhauerkunst** (oder Steinbearbeitung; beachten Sie den schönen Steinkopf, dem die Inkrustationen fehlen, die die Augenhöhlen bildeten), **Arbeiten aus Perlmutt und aus Knochen**, die **Keramik** und die **Kunst des Modellierens** (Figurinen aus Terrakotta).

(1) México (Stadt) und Umgebung

Die Wände der Paläste und Tempel schmückten Malereien, die a fresco, d. h. auf feuchtem Untergrund aufgetragen waren. Die Umrisse der Figuren wurden gezeichnet, nachdem der Malgrund (Mörtel oder Gips) die aufgetragenen Farben absorbiert hatte. In Teotihuacán bediente man sich auch der a secco-Technik, bei der die Farben auf trockenem Untergrund aufgetragen werden. Diese der Wandmalerei eigenen Techniken fanden auch bei der Keramik Verwendung. In der Vitrine, die sich mit der Technik der Malerei befaßt, sehen Sie einige Farbmuster, die die Künstler in Teotihuacán benutzten, einen Mörser zum Zerstoßen der Farbpigmente, einen Behälter mit Näpfen zum Auflösen der Farben. Für die Steinbearbeitung verfügten die Bildhauer und Steinmetze über Meißel, Bohrer, Schabeisen und Polierscheiben; sämtliche Werkzeuge waren aus Stein und hatten Holzgriffe. Für die Feinbearbeitung wurde Sand als Schleifmittel verwendet.

6: **Keramik und Figurinen** (darunter einige mit Gliedmaßen) der Periode Teotihuacán III und IV. Bemerkenswert, ein Brasero aus Terrakotta.

7: **Keramik** der Periode Teotihuacán IV.

Anschließend kommen Sie durch eine Türe, deren Pfosten und Türsturz gemalte Reproduktionen aus Teotihuacán schmücken.

8: Nach dieser Türe sehen Sie die Kopie eines Gemäldes, auf dem das **„Paradies von Tlaloc"** dargestellt ist, ein Ort der Glückseligkeit, vergleichbar mit der Darstellung des Paradieses in den Katakomben Roms oder dem Garten der Glückseligen des Herakles. Auf der Komposition entspringt ein Wasserlauf einem Berg und ergießt sich in einen See. An den mit Bäumen bepflanzten Ufern erkennt man einen Koyoten oder Lagunenhund und verschiedene Badende. Überall sieht man spielende oder laufende menschliche Gestalten, manche fangen Schmetterlinge, andere lagern unter Bäumen. R. eine Gestalt, die einen Zweig hält und unter Tränen eine Hymne singt. L. sieht man Spieler mit Schlaghölzern, ein Beweis dafür, daß man in der klassischen Periode Teotihuacáns das Ballspiel kannte.

Neben dem „Paradies von Tlaloc" bergen Vitrinen eine Sammlung von Gegenständen, die mit der **Religion der teotihuacanischen Epoche** zusammenhängen. Der Götterhimmel umfaßt namentlich Tlaloc, einen dickbäuchigen (span. *gordo*), an der mexikanischen Golfküste beheimateten Gott, Huehuetéotl, den Gott des Feuers, Xipe tótec, eine Vegetationsgottheit, Chalchiuhtlicue, die Göttin des Wassers, Quetzalpapáotl („Gefiederter Schmetterling"), Yacatecuhtli, den Gott der Kaufleute usw.

9: **Brasero** aus Terrakotta. Auf dem Bauch und Oberteil des Gefäßes sieht man eine Maske mit verschiedenen dekorativen Motiven: Quetzalfedern, Glyphen, Schmetterlinge, Blumen, Nasenschmuck, Chalchihuites (Jadescheiben, die das Wasser symbolisieren) usw. Die Figur in der Mitte, die einen Nasenschmuck in Form eines stilisierten Schmetterlings trägt, stellt vermutlich Quetzalpapáotl dar, höchstwahrscheinlich eine Sonnengottheit, da der Quetzal ein Symbol der Sonne ist, während der Schmetterling die Flamme symbolisiert und mit dem Kult des Feuergotts assoziiert wird.

10: ★ **Statue von Xipe tótec** („Unser Herr, der Geschundene"), eine der männlichen Vegetationsgottheiten und Frühlingsgott. Der Gott ist mit einer abgezogenen Menschenhaut bekleidet, Symbol der frisch aufsprießenden Vegetation im Frühling. Dieser

Anthropologisches Nationalmuseum

Gott, der in Teotihuacán und bei anderen Völkern der klassischen Epoche auf dem Altiplano verehrt wurde, stand auch bei den Azteken im Mittelpunkt eines Kults, seit Axayácatl ihn im 15. Jh. in México-Tenochtitlan eingeführt hatte. Bekanntlich trugen die Herrscher der Azteken im Krieg das Kostüm des Xipetótec.
Die Statue, die in Tlamimilolpan (Teotihuacán) gefunden wurde, präsentiert sich in drei Teilen, die durch steinerne Zapfen miteinander verbunden sind.

11: Stufenzinne, aus einem Steinblock gemeißelt und mit Glyphen geschmückt, die das Jahreszeichen darstellen.
12: Tlaloc-Relief, eine nahezu abstrakt wirkende Darstellung.
13: Fragment einer Zielmarke des rituellen Ballspiels (möglicherweise aber auch eines Altars bzw. einer Zinne) aus Terrakotta, deren Hauptmotiv vermutlich die Zeit darstellt.

14: Teilkonstruktion in Naturgröße **des Tempels von Quetzalcóatl** aus drei nach oben zurückspringenden Geschoßen, geschmückt mit Tlaloc-Masken und Quetzalcóatlhäuptern („Gefiederte Schlangen") über Schlangenkörpern in Flachrelief.

15: Nachbildungen von Gemälden, die man auf dem Unterbau des von Gefiederten Schnecken geschmückten Palastes von Quetzalpapálotl (Quetzalschmetterling) in Teotihuacán fand.
16: Nachbildungen von Fresken vom Tempel des Ackerbaus und aus Atetelco, auf denen man zwei als Koyoten verkleidete (unten) bzw. reichgekleidete Priester (oben) mit Tlaloc-Attributen sieht.

17: Statue der Chalchiuhtlicue, der Mais- und Wassergöttin, vom Mondplatz (Teotihuacán).
19: Totenschädel, vermutlich eine Darstellung des Gottes Mictlantecuhtli. Die Nasen- und Augenhöhlen waren vermutlich mit Jade und Obsidianinkrustationen ausgelegt. Die Statue war in rot, der Trauerfarbe bemalt. Sie stammt vom Platz der Sonnenpyramide in Teotihuacán.
20: Statue des alten Feuergottes Huehuetéotl.

21: Reproduktion eines Gemäldes vom Tempel des Ackerbaus in Teotihuacán.
22: Große **Fotografie vom Mondplatz** und, darunter, **Nachbildung eines Freskos** aus Tetitla mit Symbolen des Gottes Tlaloc.
23: Stilisierter Jaguarkopf (Schmuckelement der Treppenbalustrade einer Pyramide).
24: Fotografie der Sonnenpyramide und, darunter, **Nachbildung eines Wandgemäldes** aus Teotihuacán, eine Prozession von Priestern darstellend.

25: Statue des Huehuetéotl, einen Brasero (Feuerbecken) tragend.

26: Relief aus den Tunnels von Teotihuacán, auf dem man Motive der von Tlaloc über der unteren Gesichtshälfte getragenen Halbmaske und die gespaltene Schlangenzunge erkennt.
27: Fotografie der Zitadelle von Teotihuacán mit dem Quetzalcóatltempel. Darunter sieht man einen **Fries** mit vier Adlern.

(1) México (Stadt) und Umgebung

28: **Fragment einer Steinsäule** deren Schaft Chalchihuites schmücken, Symbole der Jade und des Wassers.
29: **Stele** aus dem Quetzalpapálotl-Palast (Teotihuacán) mit reichgekleideter Figur.
30: **Keramik aus Cholula**, polychrom; darunter ein sehr schönes Gefäß mit einem Adlerkopf als Schnabel. Beachten Sie den skulptierten Kopf mit Nasenschmuck.
31: **Modell der Pyramide von Cholula**, die von der teotihuacanischen bis zur aztekischen Epoche ständig überbaut wurde. Das Modell zeigt die Pyramide in ihrer Gestalt zur Zeit der teotihuacanischen Epoche, die von späteren Bauschichten überdeckt wurde.
31 a: In einer Vitrine sehen Sie zwei glänzend polierte **Keramikvasen** mit der Darstellung von Buckligen, die vermutlich beim Tod ihrer Herren geopfert wurden, um diese ins Jenseits zu begleiten.
32: Zinne aus Stein, die die Fassade der Sonnenpyramide schmückte. Der Knoten in der Mitte versinnbildlicht die „Jahresverknüpfung", d. h. das Ende eines 52 Jahre-Zyklus. Die Flammen im unteren Teil der Zinne stehen in Verbindung mit dem Feuerkult.

33: Eine ****Sammlung von Masken**, die vermutlich bei Totenfeiern Verwendung fanden. Die Masken, die im allgemeinen aus Basalt (die größeren), Jade, Andesit usw. hergestellt wurden, wirkten durch die Perlmutt- und Obsidianeinlagen der Augenhöhlen noch realistischer. Beachten Sie die mit einem Mosaik aus Türkisen, Korallen und Perlmutt verzierte **Maske** (vermutlich aus dem Staat Guerrero, jedoch in der teotihuacanischen Epoche anzusiedeln und wahrscheinlich im Zentrum des Altiplano entstanden). Bemerkenswert ist auch die *** Jaguarstatue aus Alabaster** mit einem stilisierten Schmetterling auf der Stirn und der Jahresglyphe auf dem Schwanz. Der Jaguar war eines der dem Regengott Tlaloc zugehörenden Tiere. Der Gott selbst wurde während der klassischen Periode Teotihuacáns als höchstes Wesen verehrt und gebot über die Naturkräfte, die Wasser des Himmels, der Erde, der Meere, über die Wolken, den Blitz, die Fauna und die Vegetation.
Betrachten Sie die prachtvolle *** Vase aus Diorit** mit der Darstellung des Regengottes Tlaloc, erkennbar an den Augenringen und seinem Raubtiergebiß. Der Gott hält in seiner Rechten einen Blitz, ein weiteres Tlaloc-Symbol, in der anderen Hand einen Gegenstand, der einem Kopalbeutel (Xiquipilli) ähnelt und von Priestern bei Zeremonien verwendet wurde.
34: Glänzend polierte, *** vollplastische Skulptur** (Periode Teotihuacán II ?). R. Fragment einer **Scheibe** vom Platz der Sonnenpyramide mit einem Totenschädel. Die Skulptur mit den zwei Gesichtern fand vermutlich bei Kulthandlungen zu Ehren des Totengottes Mictlantecuhtli Verwendung.

Tolteken-Saal (s. Pl.). – **1**: **Stele der vier Kalenderglyphen** mit zwei Nahua- (oben) und zapotekischen Glyphen (unten).
Nach dieser Skulptur beginnt ein Ausstellungsabschnitt, der Xochicalco gewidmet ist:

2: **Zielmarke eines Ballspiels** mit dem Kopf eines Ara.

3: ★ **Stelen aus Xochicalco**. Das Hauptmotiv der Stelen 1 und 3 zeigt Quetzalcóatl im Rachen einer Schlange.

Stele 1 schildert (von unten nach oben) die verschiedenen Phasen des 584 Tage zählenden Venuszyklus; den Aufgang („7 Reptilauge" bzw.

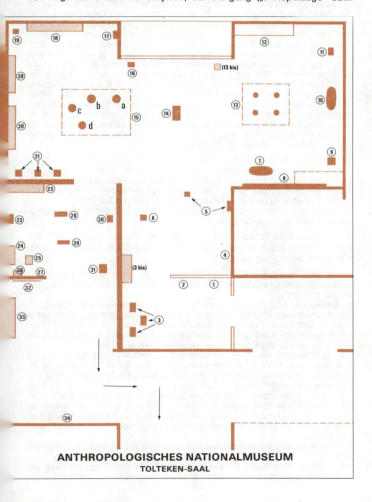

ANTHROPOLOGISCHES NATIONALMUSEUM
TOLTEKEN-SAAL

(1) México (Stadt) und Umgebung 184

„7 Wind") des Morgenstern im Reich Tlahuizcalpantecuhtlis, wenn er aus der Unterwelt, dargestellt von einem Jaguarrachen, emporsteigt, bis zu seinem Untergang als Abendstern, wenn er in die Unterwelt, dargestellt von einer Natter, zurückkehrt.

Stele 3 zeigt den Hund Xólotl, den Zwillingsbruder Quetzalcóatls, der als gutartiger Zerberus ins Erdinnere hinabsteigt, um dort den Mais zu holen, vor allem aber als Symbol des Opfertods des Quetzalcóatl in Teotihuacán, der damit das „Fünfte Weltalter" (die „Fünfte Sonne") begründete.

Der mesoamerikanischen Kosmogonie zufolge gingen der „Fünften Sonne" bzw. „Sonne der Bewegung" vier andere Sonnen voraus, die alle erloschen sind. Die Erste Sonne, die Sonne der Nacht, die ein Jaguar symbolisiert, stellte die Welt der toten Materie dar, von deren Bewohnern keiner den Untergang überlebte. Die Zweite Sonne, die Sonne der Luft, war die Welt der Geister. Wie der ersten Sonne war auch ihr der Untergang bestimmt. Ihre Bewohner aber wurden in Affen verwandelt. Die Dritte Sonne, die Sonne des Feuerregens, hinterließ nur Vögel, während beim Verlöschen der Vierten, der Sonne des Wassers, Meere und Flüsse von Fischen wimmelten. Den vier ersten Sonnen, in denen jeweils nur eins der Lebenselemente, Erde, Luft, Feuer oder Wasser vorhanden war, war der Untergang bestimmt. Der Fünften und letzten Sonne kommt es zu, die vier lebensspendenden Elemente dauerhaft zu vereinen.

Stele 2 schließlich zeigt die Maske Tlalocs.

3 a: Einrichtung eines Opferraums in Xochicalco. Beachten Sie r. ein **Steinjoch** und, daneben, ein **Opfergefäß** aus Alabaster, auf dem ein herabstürzender Quetzal, vermutlich ein Symbol der Sonne, zu sehen ist.

4 und 5: **Kleine** toltekische **Atlanten**, die einen Altar trugen.

6: **Basaltkopf**, vermutlich eine Darstellung Quetzalcóatls, des Priesterkönigs der toltekischen Chroniken.

7: **Statue eines Chac-mool**, d. h. einer göttlichen Wesenheit, deren Identität noch unbestimmt ist: Götterboten, Feuer-, Fruchtbarkeits- oder Pulquegott?

8: An der Wand toltekische Flachreliefs mit den Merkmalen eines schwungvollen, energischen Stils, der die Tradition der teotihuacanischen Plastik fortsetzt.

9: **Bannerhalter** in Gestalt eines Jaguars mit rekonstruiertem Banner.

10: **Nachbildung eines Chac-mool** aus dem niedergebrannten Palast in Tula. An der Wand, Fresko mit den Gebäuden Tulas.

11: **Bannerträger** aus Tula; die über der Brust gefalteten Hände bilden ein Loch, durch das der Bannermast eingeführt werden kann.

12: **Nachbildung der Zeremonialbank** aus dem eingeäscherten Palast von Tula. Darüber **Wandgemälde** von *Alfredo Zalce*, das toltekische Steinmetze und Akkordarbeiter beim Aufrichten eines Riesenatlanten auf Tlahuizcalpantecuhtli-Tempel in Tula zeigt.

13: Eine Sammlung von Figuren, die toltekische Krieger darstellen.

13 a: **Skulptierte Steinplatte** vom Coatepantli bzw. der Schlangenmauer in Tula mit der Darstellung einer Schlange, die eine halbskelettierte Gestalt verschlingt. Das Relief beschwört vermutlich den Mythos des Planeten Venus.

14: **Nachbildung eines Atlanten** aus dem Tlahuizcalpantecuhtli-Tempel in Tula.

15: Mehrere **Skulpturen** auf einem kleinen Podest; a: Fragment eines bis zum Gürtel erhaltenen Atlanten; – b: Säulenfragment; – c: weiteres Frag-

ment eines Atlanten; – d: Säulentrommel, geschmückt mit Federschlangen.
16: **Zinne** (Original) in Form einer Schnecke.
17: **Stele** mit der Darstellung eines Pelotaspielers, der einen Federkopfputz und ein typisch huaxtekischen Nasenschmuck trägt.
18: **Toltekische Keramik**.

19: * **Brasero** aus Atzcapotzalco, einen Priester mit der Maske des Gottes Tlaloc darstellend.

20: Toltekische Keramik.
21: **Nachbildung von drei Pfeilern**, die das Dach des hinteren Teils des Tlahuizcalpantecuhtli-Tempels in Tula trugen.

22: Metallfarbene **plastisch gestaltete** * **Gefäße**, die während der toltekischen Epoche im heutigen Staat Chiapas und in Guatemala hergestellt wurden.

23: **Statue** einer Frau bzw. Göttin mit dreieckigem Quechquémitl.
24: **Mexica-Keramik** des 15. Jh. aus Tula, aus der Zeit der Wiederbesiedlung des Ortes, der (1165) aufgegeben worden war.

25: * * **Perlmuttmosaik einer Raubkatze**, mit einer menschlichen Maske im Rachen.

26: **Travertingefäß**, halbfertig, das zeigt, wie die damaligen Künstler Geschirr mit Hilfe von Kupferwerkzeugen aus dem Stein schnitten.
27: **Stele eines Jaguars**. Das Tier galt als Symbol des Nachthimmels und der Unterwelt.
28: **Skulptur** in Gestalt einer doppelköpfigen Schlange.
29: **Stele eines Kriegers**, der vermutlich im Kampf fiel; ein auf der Brust dargestellter Vogel spielt vermutlich auf seine Verwandlung in einen Vogel mit prächtigen Federn an, nachdem er die Sonne vier Jahre lang auf ihrem Weg zum Zenit begleitet hat.
30: **Skulptierter Kopf** mit dreieckigem Kopfputz. Dieser Kopf ist charakteristisch für das Erscheinungsbild der Tolteken und, ganz allgemein gesehen, für die Bewohner des zentralen Hochplateaus. Bekanntlich vermischten sich die Tolteken, die von den Nahua (insbesondere den Otomí) abstammten, mit den Völkerstämmen, die bei ihrer Ankunft gegen Anfang des 10. Jh. n. Chr. auf dem Altiplano lebten, und mit den Nonoalca von der mexikanischen Golfküste. Dahinter, an der Wand, Fresko, das einen toltekischen Markt darstellt.
31: Stark beschädigte **Statue,** eine Frühlingsvegetations-Gottheit darstellend, erkennbar am Zeichen „Blume" im Haar.
32: **Kodex** mit der Genealogie der Könige von Texcoco, beginnend bei Tzoltzin, dem Gründer von Texcoco und Neffen von Xólotl, endend mit dem letzten König, Don Fernando Corés Ixtlixochitzin.
33: **Keramik aus Teneyuca,** Azteca II genannt.
34: **Modell** der Pyramide in Tenayuca.

Mexica-Saal (s. Pl.). – **1**: * **Ocelotl-Cuauhxicalli**, Kultgefäß, das die Herzen von Menschenopfern aufnahm. Das Gefäß, das den Gattungsnamen *cuauhxicalli*, d. h. Adlerschale führte, präsentiert sich hier in der Gestalt eines Jaguars oder Ozelot (*ocelotl*).

Beachten Sie im Innern des Gefäßes das Symbol des kostbaren Blutes, des Opferbluts, das Adlerfedern und Edelsteine schmücken, d. h. in die

(1) México (Stadt) und Umgebung

Wandung des Gefäßes eingeschnittene Motive, die Edelsteine darstellen sollen. Auf dem Boden des Gefäßes erkennt man die Götter Huitzilopochtli und Tezcatlipoca bei der rituellen Blutentziehung, indem sie sich die Ohrläppchen durchstechen. Dieser Cuauhxicalli versinnbildlicht in seiner Jaguargestalt die „Erste Sonne" (s. Tolteken-Saal, Nr. **3**) bzw. die erste der fünf Welten, die der mesoamerikanischen Kosmogonie zufolge unterging, ohne sichtbare Spuren zu hinterlassen. Der Jaguar, der als Nachttier

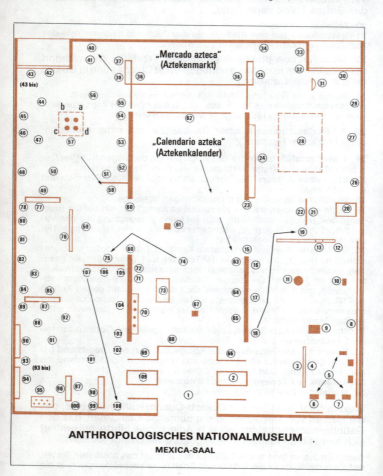

ANTHROPOLOGISCHES NATIONALMUSEUM
MEXICA-SAAL

galt, war auch Symbol der untergehenden Sonne (tlalchitonatiuh, bzw. „Erdnahe Sonne") und in dieser Eigenschaft verlieh er vermutlich seine Gestalt dem Gefäß für einen Kult, dessen Hauptzweck darin bestand, die Sonne mit menschlichem Blut zu nähren und ihr somit das Schicksal der vier ihr vorangegangenen Welten zu ersparen.

2: ★ ★ **Teocalli des Heiligen Krieges,** ein Steinblock in Form eines pyramidenförmigen Tempels (teocalli), den Reliefs schmücken. Auf dem oberen Teil vorne sieht man das Sonnengestirn zwischen zwei in Anbetung versunkenen Gottheiten: Huitzilopochtli und Tezcatlipoca, den Symbolen des Tages- und des Nachthimmels.

An den Seitenwänden der Pyramide zwei weitere Götterpaare, die sich kasteien, um die Sonne mit ihrem Blut zu nähren: Tláloc und Tlahuizcalpantecuhtli (r.), Xiuhtecuhtli und Xochipilli (l.). Vor dem Mund jedes Gottes erkennt man die Glyphe „Krieg" (daher auch der Name „Teocalli des Heiligen Krieges", den Alfonso Caso diesem Monolith gab), dargestellt von einem Feuer- und Wasserstrom. Das Gebäude ist als ein Aufruf zum Heiligen Krieg zu sehen, eine Ermahnung der Götter an die Menschen, das Sonnengestirn mit dem Blut von Kriegsgefangenen zu nähren. Auf den beiden Balustraden der Treppe, die zur oberen Plattform des Teocalli führt, sehen Sie Darstellungen von Opfergefäßen und die Jahresglyphen „Ein Hase" und „Zwei Rohr", die sich auf das Erscheinen der „Fünften Sonne" beziehen, d. h. auf das Zeitalter in welchem wir leben. Auf der Rückseite des Monuments sehen Sie dann noch die Glyphe México-Tenochtitláns (einen Adler auf einem Kaktus mit einer Schlange im Schnabel) im Rachen des Erdungeheuers.

3: Mehrere Skulpturen, darunter ein Mexica-Atlant, toltekischen Atlanten ähnlich.

4: Dokumentation über die Völkerwanderung und Ansiedlung der Mexica auf einer Insel im Texcoco-See und im Tal von México. Es handelt sich hierbei um einen 24seitigen **Kodex,** bekannt unter dem Namen **Tira de la Peregrinación.** Auf diesem nach der Konquista in aztekischer Schrift abgefaßten und bebilderten Dokument markieren Fußabdrücke den Weg, den der Stamm der Mexica unter Anführung seiner Priester einschlug. Diesen Weg hatte ihnen ihr Stammesgott, Huizilopochtli, gewiesen.

5: Verschiedene in einer Ecke des Saals aufgestellte **Statuen** repräsentieren **die physischen Typen der Mexica.** Vertreten sind einfache Leute aus dem Volk (macehualtin, im Singular macehualli), Priester, Frauen, Greise, usw. Die Statuen wirken lebensecht, einige von ihnen weisen krankheitsbedingte oder absichtliche Körperdeformationen auf.

Auf der obersten Stufe der sozialen Rangordnung finden wir den tlatoani (wörtlich „Sprecher", abgeleitet vom Nahua-Wort tlatoa, sprechen), den König, der ebenso wie seine vier Ratgeber vom tlatocan, dem Staatsrat gewählt wurde. Palastvorsteher (Huey Calpiyqui), hohe Verwaltungsbeamte (calpixque), Offiziere, Führer von Stadtvierteln (oalpullec), Provinzstatthalter usw. waren berechtigt, den Titel tecuhtli (Würdenträger) zu führen. Desgleichen die ehemaligen Herrscher von Städten, die besetzt und dem Reich einverleibt worden waren. Ein Soldat, der mindestens vier Kriegsgefangene gemacht hatte, wurde ein tequihua (Tributbesitzer) und gleichzeitig tecuhtli. Priester führten den Titel tecuhtli seltener; aber auch sie kannten eine Rangordnung, die der ziviler Laufbahnen nicht nachstand. An der Spitze finden wir den tlenamacac, der eine der beiden Rollen großer Priester übernahm (Huizilopochtlis oder Tlalocs). Tecuhtli und tlena-

(1) México (Stadt) und Umgebung

macac wurden im allgemeinen von den Angehörigen der Oberschicht, den *pilli* gestellt, was ziemlich genau mit dem spanischen Wort „*hidalgo*" („Sohn jemandes") wiedergegeben werden kann. Der pilli war also Sohn eines tecuhtli und stand in der sozialen Rangordnung der Mexica unmittelbar unter diesem. Er wurde nicht im *telpochcalli* („Kriegerhaus") erzogen, sondern im *calmecatl* („Priesterhaus"), in einer von Priestern geleiteten Schule, die auf hohe Staatsämter oder das Priesteramt vorbereitete. Auch Frauen konnten Priesterinnen werden; sie wurden in Tempeln ausgebildet. Das „Priesterhaus", direktes Sprungbrett in die soziale Oberschicht, stand auch den Söhnen der Kaufleute (*pochteca*) offen, allerdings nur, sofern freie Plätze vorhanden waren, während die *pilli* jederzeit aufgenommen werden mußten. Söhne der *macehualtin*, die sich im *telpochcalli* ausgezeichnet hatten, konnten auf Fürsprache ihrer Lehrer im *calmecatl* aufgenommen werden. Die Kaufleute (*pochteca*, im Singular *pochtecatl*) nahmen ebenfalls eine privilegierte Stellung ein, den *tecuhtli* nachgeordnet, aber über den *macehualtin*. Und sie unterlagen ihrer eigenen Gerichtsbarkeit, im Gegensatz zum *tecuhtli* oder *macehualli*, die jeweils vor dem mit der Untersuchung des Streitfalls befaßten Gerichts zu erscheinen hatten. Diese aus sozialer Sicht privilegierte Klasse war in sich vielleicht noch geschlossener als der Adel. Ein Sohn aus dem Volk, der für den Krieg oder den Hofdienst tauglich war, konnte damit rechnen, dort Aufnahme zu finden. Aber nur der Sohn eines *pochtecatl* konnte die Geschäfte seines Vaters weiterführen. Die Familien der Kaufleute lebten in eigenen Vierteln. Ehen wurden nur zwischen Angehörigen dieses Stammes geschlossen. Die *pochteca* hatten ihre eigenen Götter, eigene Zeremonien und Feste. Sie konnten bei ihren privaten oder öffentlichen Zeremonien Sklaven opfern und waren von körperlicher Arbeit und dem Waffendienst befreit. Sie mußten Steuern in Form von Waren bezahlen, durften ihren Besitz jedoch nicht zur Schau stellen, denn darauf stand die Todesstrafe bzw. die Beschlagnahme ihrer Güter. Außer der Einfuhr von Waren, auf die die aztekische Oberschicht nicht mehr verzichten wollte (die Masse der *macehualtin* dagegen mußte sich meist mit heimischen Erzeugnissen begnügen), erwiesen die *pochteca* den Herrschern der Mexica mancherlei Dienste, wenn sie als Kundschafter durch die verschiedenen Länder reisten. Sie deckten Verschwörungen und aufrührerische Bewegungen auf und mußten sich häufig mit Waffengewalt verteidigen. Ein *pochtecatl*, der auf einer Expedition den Tod gefunden hatte, verwandelte sich in einen Stern, der die Sonne stark machte, wie die auf den Altären geopferten Krieger oder Gefangenen.

Die in Zünfte zusammengefaßten Handwerker folgten in der sozialen Rangordnung der Mexica unmittelbar danach. Die geschicktesten unter ihnen erfreuten sich eines gewissen Ansehens, vor allem, wenn sie ein so begehrtes Handwerk ausübten wie die Goldschmiedekunst, die Herstellung von Schmuck und die Schmuckfedernverarbeitung. Ihre Privilegien aber waren begrenzter als die der *pochteca*. Eine Stufe tiefer folgten die *macehualtin*, die Gemeinfreien oder Arbeiter (genauer gesagt die, die arbeiteten, um sich verdient zu machen), die Frondienste leisteten und Steuern bezahlten, die aber auch ein Stück Land besaßen, das sie bestellen und auf dem sie ihr Haus bauen konnten. Die soziale Stellung des *macehualli* war verschieden, je nachdem ob er auf dem Land lebte, in einer Provinzstadt oder in der mexikanischen Metropole. Nur letzterer konnte damit rechnen, einen kleinen Anteil der bei Kriegszügen zusammengerafften Beute zu erhalten. Seine Söhne wurden im *telpochcalli* erzogen und die, die sich besonders hervorgetan hatten, in den *calmecatl* aufgenommen. Die Situation der *macehualtin* war also nicht hoffnungslos; diejenigen, die sich im Krieg ausgezeichnet und mindestens vier Gefangene gemacht hatten, konnten in den Rang eines *tecuhtli* aufsteigen. Noch tiefer in der sozialen Rangordnung folgte der *tlalmaitl* („der seine Hände gebraucht" oder Landarbeiter), der nicht die Freiheiten des *macehualli* besaß. Er war gewissermaßen einem Herrn unterstellt, erwarb aber aufgrund von Naturalleistungen oder anderen Dienstbarkeiten die er ihm erwies, das Recht, Ackerland zu bestellen. Diese landwirtschaftlichen Hilfskräfte waren Leibeigene und die Rechte, die ihre Besitzer über sie hatten, gingen auf deren Nachfolger über. Ebenso wie der *macehualli* war der *tlalmaitl* zum Kriegsdienst verpflichtet, bezahlte aber keine Steuern und unterlag nicht der Fronarbeit, die Städte bzw. *calpullis* auferlegten. Eine gewisse Freiheit genoß er insofern, als er der Gerichtbarkeit des Königs unterstellt und nicht der bloßen Willkür seines Besitzers ausgeliefert war. Auf der untersten Stufe der sozialen Rangordnung finden wir schließlich die *tlatlacotin* (tlacotli im Singular) die Sklaven, deren Lage sich unterschied, je nach ihren Verdiensten, der Person ihres Besitzers, vor allem aber durch den Grund, der ihren sozialen Abstieg verursacht hatte. Kriegsgefangene z. B., die man nicht sofort auf den Altären den Göttern der Mexica geopfert hatte, waren nichts anderes als Todeskandidaten mit Gnadenfrist. Die meisten von ihnen, die auf dem Markt von Tlatelolco oder Atzcapotzalco verkauft wurden, endeten auf den Pyramiden, bei öffentlichen oder privaten Zeremonien. Sie konnten sogar von reichen Kaufleuten gekauft werden, die sie bei ihren Banketten opferten und ihr Fleisch verzehrten. Dagegen hatten die Sklaven, die keine Kriegsgefangenen waren, einen eindeutig besseren Status. Die meisten waren ehemalige Freie, die aufgrund strafbarer Handlungen oder eines Verbrechens ihre Rechte verwirkt oder sich wegen unglückseliger Umstände freiwillig in die Abhängigkeit von Gläubigern begeben hatten. Im übrigen wurden sie frei, wenn die Schuld oder der Kaufpreis zurückerstattet worden war.

6: Karte über die Verbreitung der Nahuatl-Sprache, die von den Mexica und mehreren anderen Völkern im Zentrum Mexikos gesprochen wurde. Sie gehört zur Nahuatlana-Familie, die wiederum der Gruppe der uto-aztekischen Sprachen angehört, die im Nordosten Mexikos, namentlich von den Tarahumaras, gesprochen wurden und werden. Die Nahuatl-Sprache ist eine agglutinierende Sprache. Sie zeichnet sich durch ihre Geschmeidigkeit in der Aneinanderreihung von Phonemen aus, die sie gelegentlich recht komplexe Wörter bilden läßt. Sämtliche Vokale werden wie im Spanischen ausgesprochen. Es gibt keine harten Konsonanten wie **b, g, d** und **r**, dafür aber die Konsonanten **tl, tz, ch** (**x** geschrieben), **tch** (ch geschrieben). Das **Z** wird wie ein Zischlaut gesprochen, **h** ist ein Spirant, **ll** wird nicht wie im spanischen mouilliert. **Qu** wird vor **e** und **i** wie **k** ausgesprochen und **kw** (wie **w** in Tramway) vor **a. An, en, in** und **on** werden wie im spanischen ausgesprochen.

7: Statue der Göttin Teteo innan, der Göttermutter, der die Mexica in Tenochtitlán einen Tempel geweiht hatten. Beachten Sie bei dieser sehr gut erhaltenen Skulptur die Perlmuttinkrustationen der Augen und, auf dem Rock, die Glyphe „Drei Affen". Teteo innan war die Patronin der Dampfbäder, die von schwangeren Frauen zur Erleichterung der Geburt besucht wurden.

8: Nachbildung eines Kodex, der die Völkerwanderung der Mexica darstellt bzw. sich auf die Gründung von Tenochtitlán bezieht, sowie Doku-

(1) México (Stadt) und Umgebung

mentation über die „tlatoani" (Könige) der Azteken, das aztekische Reich, usw.

9: Kultschale, sogenannter **Stein der Krieger**, in México City gefunden. Krieger nähern sich, zwei Reihen bildend, einem Gefäß in dem Maguey-(Agaven)kolben aufbewahrt wurden, mit denen sie sich kasteiten, indem sie sich die Ohrläppchen durchstachen.

10: **Glyphe des großen Wasserhundes**, Symbol des „tlatoani" Ahuizotl, des achten Aztekenherrschers (1486-1502).

11: * **Stein des Tizoc**, ein großer reliefbedeckter Steinzylinder, der sich am Fuß der Treppe des Haupttempels von Tenochtitlán befand. Der Monolith mit seinen 2,65 m Durchmesser erinnert an die Weihe dieses Tempels. Dem Kodex Telleriano-Remensis zufolge legte Tizoc im Jahr *nani acatl* („vier Rohr"; 1483) den Grundstein für den neuen Tempel von Tenochtitlán, der aber erst unter seinem Bruder und Nachfolger, Ahuitzotl, fertiggestellt und 1487 mit einer Zeremonie eingeweiht wurde, bei der Hunderte von Gefangenen geopfert wurden.

Den Stein schmücken Basreliefs, die zu den bedeutendsten Arbeiten der Mexica zählen. Dargestellt sind die beiden Herrscher bei der rituellen Blutentziehung, die die Weihe des Tempels einleitete. Die beiden tlatoani sind durch ihre jeweiligen Glyphen bezeichnet, während die Glyphe *chicuei acatl* („acht Rohr"; 1496) das genaue Datum der Einweihungszeremonie angibt. Die Hauptgruppe des Reliefs stellt fünfzehn Figurenpaare dar. Die erste Gestalt ist Tizoc, dargestellt in der Tracht von Huitzilopochtli (der Name des Königs wird später aber wiederholt), während die zweite Gestalt jeweils einen Repräsentanten der fünfzehn dem aztekischen Reich zur Zeit Tizocs tributpflichtigen Völker oder Gebiete verkörpert. Letztere sind durch eine geographische Glyphe und ein ethnographisches Symbol dargestellt. Unter der Prozession erkennt man das Symbol der Erde in Gestalt eines Krokodils. Der Stein ist ein Denkmal zu Ehren Tizocs und seiner Eroberungen im Namen des Sonnengestirns, das im oberen Teil des Monoliths dargestellt ist. Man sieht dort auch eine Aussparung mit einer Abflußvorrichtung, die vermutlich erst später herausgemeißelt wurde und deren Zweck unklar ist.

12: Der **Acuecuexatl-Stein** erinnert an die Fertigstellung des Aquädukts, das das Wasser der Acuecuexatl-Quelle in Coyoacán, heute ein Stadtviertel der mexikanischen Metropole, nach México-Tenochtitlán führte. Der Inschrift entnehmen wir, daß die Inbetriebnahme im Jahr „sieben Rohr" (1499) unter Ahuitzotl stattfand, der bei der rituellen Blutentziehung (Durchstechen der Ohrläppchen) zugegen war. Beachten Sie die gefiederte Schlange, die hier ein Symbol des Wassers ist.

13: **Männlicher Torso** eines Adlerkriegers im Federkostüm, Symbol des Heiligen Krieges und der Menschenopfer.

15: Vollplastische Statue des sogenannten **Indio Triste**, des „Traurigen Indianers", die bei Ausschachtungsarbeiten an der Ekke der Straßen Seminario/Guatemala, unweit des Zócalo in México City gefunden wurde. Es handelt sich um einen Bannerträger, der vermutlich zur Hauptpyramide des Teocalli von Tenochtitlán gehörte.

Die Figur stellt einen sitzenden Mann mit in Kniehöhe gefalteten Händen dar. Durch eine in die Hände der Figur eingearbeitete Öffnung konnte bei religiösen Zeremonien der Fahnenmast eingeführt werden. Bannerträger befanden sich auf dem oberen Teil der Balustraden, die die Treppe zur oberen Plattform der aztekischen Tempel einfaßten.

16: Adler (quauhtli), Nagual[1] des Sonnengestirns und der Krieger, die Gefangene machten, um mit deren Blut die Sonne zu speisen.

17: Statue eines Jaguarkriegers, Mitglied eines der beiden aztekischen Kriegerorden (neben den Adlerkriegern).

Die beiden Kriegerorden, die die der Sonne geweihten Elitekämpfer vereinten, führten als Symbole selbstverständlich den Adler, Nagual des Sonnengestirns und den Jaguar, Attribut der „Erdnahen Sonne" (*tlalchitoniatuh* bzw. untergehende Sonne). Die Jaguarkrieger, Soldaten Tezcatlipocas, des Hauptgotts der Nahuastämme im Osten des Mexiko-Tals, bekleideten sich mit einem Jaguarfell, während die Adlerkrieger eine Helmmaske mit einem Adlerkopf trugen. Den Mitgliedern der beiden Orden wurde häufig das Privileg zuteil, an „Kampfopfern" teilzunehmen, wobei sie einen an eine schwere Steinscheibe gefesselten Gefangenen bekämpften, dem man Holzwaffen gab. Die Krieger selbst konnten sich frei bewegen und verfügten über die zu dieser Zeit gebräuchlichen Streitwaffen (Schwertkeulen mit Obsidianklingen, die scharf wie Rasiermesser waren, usw.). Die Vermutung liegt nahe, daß diese Kriegerkaste auf einen religiösen Orden zurückgeht, dessen Mitglieder nach ihrer Initiation mystische Erkenntnisse besaßen, die für Nichteingeweihte absolut esoterisch waren. Vor ihrer Einführung wurden die Novizen, so berichtet der Chronist des 16. Jh., Muñoz Camargo, 30 oder 40 Tage lang in einen Tempel eingeschlossen, wo sie die Zeit mit Gebeten, Fasten und Kasteiungen zubrachten, bevor sie sich zur Initiation in den großen Tempel begaben. Im Bundesstaat México, unweit Malinalcos (s. Rte 2 bei km 306), wurde ein befestigtes religiöses Zentrum entdeckt, das vermutlich einem dieser Kriegerorden gehörte.

18: Flachrelief, das an die Weihe des neuen Haupttempels von Tenochtitlán erinnert, die am Tag „ein Rohr" des Jahres „acht Rohr" (1496) unter Ahuitzotl stattfand. Der Herrscher und sein Vorgänger Tizoc sind bei der Zeremonie der rituellen Blutentziehung dargestellt, die die Weihe des Tempels einleitete.

19: Nachbildung des Stadtplans von Tenochtitlán, sogenannter **Cortés-Plan,** der kurz nach der Konquista entstanden sein dürfte und Cortés zugeschrieben wird. Der Plan wurde erstmalig 1524 in Nürnberg veröffentlicht, zur selben Zeit wie einige von Hernán Cortés an Karl V. gerichtete Briefe. Der Plan war dem zweiten Brief beigelegt. Er zeigt in der Mitte den großen Teocalli, umgeben von verschiedenen Vierteln der Stadt, die sich über mehrere Inseln erstreckte. Daneben mehrere Stadtpläne; auf einem von ihnen sehen Sie Tenochtitlán inmitten des heutigen Groß-Mexiko.

---

[1] Der Nagual, ein aus der Tier- oder Pflanzenwelt entlehnter Schutzgeist, verkörpert in gewisser Weise das „andere Ich" eines Gottes oder Menschen. Der Nagualismus, der in Mesoamerika noch bis zum heutigen Tag in vogue ist, namentlich bei den Maya in Honduras und Guatemala, beruht auf dem Glauben einer sehr engen Beziehung zwischen einer Person und seinem Nagual, die von Geburt an besteht und erst mit dem Tod endet. Stirbt der Nagual, teilt auch die an ihn gebundene Person dieses Schicksal. Hieraus erklärt sich auch die große Verehrung, die man dem Nagual erweist.

(1) México (Stadt) und Umgebung

20: Nachbildung eines Kopfputzes aus Federn, darunter sehen Sie große grüne Federn des Quetzal, den man noch bis zum heutigen Tag in den Bergländern mit tropischer Vegetation des Chiapas und der Altos de Guatemala antrifft. Die Schmuckfedernindustrie, die eine der Spezialitäten des aztekischen Kunsthandwerks darstellte, umfaßte auch die Herstellung von Federkostümen und Zierat, die dem König, hohen Würdenträgern und jenen vorbehalten blieben, die sich durch besondere Leistungen ausgezeichnet hatten. Man nähte Federn vom Quetzal, von Papageien und anderen exotischen Vögeln auf Stoffstücke auf, es wurden aber auch ganze Mosaike aus Federn hergestellt.

Beachten Sie am Fuß dieser Vitrine ein Dekorelement, das ein Gebäude in Tenochtitlán schmückte. Dahinter sehen sie die Zinnen eines aztekischen Bauwerks, beide in Form einer stark stilisierten doppelköpfigen Schlange.

21: Fragmente von Skulpturen, die verschiedene Gebäude in Tenochtitlán schmücken: Schlangenhäupter, Wasserspeier in Gestalt von Affen zwischen zwei Schlangenhäuptern, Zinnen in Form von Muschelschalen, usw.

22: Xiuhcóatl bzw. **Feuerschlange,** Fragment einer Monumentalskulptur in Form eines Schlangenhaupts, das eine der Plattformecken des Haupttempels von Tenochtitlán schmückte.

Beachten Sie die Krone aus Sternen auf dem Kopf des Ungeheuers, die die Sternbilder symbolisieren. **Xiuhcóatl** verkörperte die Schlange des Tageshimmels, die die Sonne auf ihrem Weg über das Himmelsgewölbe begleitete. Die Götter Xiuhtecuhtli, Huitzilopochtli und Tezcatlipoca werden gelegentlich in Gestalt einer Feuerschlange dargestellt. Einige Autoren glauben, in Xiuhcóatl die Türkisschlange zu erkennen, Symbol des Erdfeuers und der Sonnenstrahlen, die Huitzilopochtli zu Hilfe kam, als er gegen den Mond und die Sterne kämpfte. Auf manchen Darstellungen sieht man den Körper Xiuhcóatls in dreizehn Segmente unterteilt, die den dreizehn mexikanischen Tierkreiszeichen entsprechen.

23: Fragment eines Bannerhalters, einer Kolossalfigur auf einem mit menschlichen Schädeln geschmückten Sessel. Ein Loch am Fuß des Sessels nahm den Bannermast auf. Beachten Sie den mit (skulptierten) Edelsteinen geschmückten Schwanz der Gestalt und die Ohren in Form von Klappern.

24: Fragment einer Bank, die vermutlich ein Nebengebäude der Hauptpyramide in Tula schmückte, von den Azteken jedoch im Teocalli von Tenochtitlán verwendet wurde; unter einem mit Federschlangen geschmückten Gesims, Relief eines Kriegerfrieses mit der Darstellung einer Zweierprozession von Kriegern, die einem „zacatapayolli" entgegenziehen, einem Gefäß, das Magueykolben für die rituelle Blutentziehung enthielt.

26: Gigantisches Schlangenhaupt, das sich an der Basis der Treppenbalustrade einer Pyramide in Tenochtitlán befand.

27: Fresko, das Tenochtitlán in der Mitte des Texcoco-Sees zeigt. Die einzelnen Stadtviertel können Sie mit Hilfe einer Skizze ausmachen, die sich auf einem Apparat befindet, der Erläuterungen über den Teocalli von Tenochtitlán in Spanisch abgibt (s. u., **28**).

28: Modell des Teocalli bzw. „heiligen Bezirks" von Tenochtitlán (hierzu gibt ein Apparat Erläuterungen in Spanisch ab; s. topographische Angaben über die Umgebung des Zócalo von México-City, Rte 1B).

29: Riesiges Schlangenhaupt, das den unteren Teil der Treppenbalustrade einer Pyramide in Tenochtitlán schmückte. Das Schlangenhaupt zieren Adlerfedern, Symbole des Sonnengestirns.

30: Sockel, der vermutlich einen großen Zeremonialbrasero trug; er wurde unlängst an der Ecke der Straßen Brazil/Guatemala gefunden. In seinem Umkreis fand man außerdem die Schädel von zwölf Enthaupteten.

31: Schlangenkörper aus Basalt mit vier Klappern. Der Körper ist mit Haken gespickt, zwischen denen sechs Maiskolben stecken. Dieses Dekorelement schmückte ein Gebäude in Tenochtitlán.

32: Mit Maiskolben verziertes **Ritualgefäß,** das bei Erntedankzeremonien benutzt wurde.

33: Skulptur einer Schildkröte. Das Fleisch dieses Tieres wurde sehr geschätzt; den Panzer verwendete man zur Herstellung von Schmuck und Schlaginstrumenten, die bei Kulthandlungen gespielt wurden. Dahinter, **Schautafel** mit der Darstellung der Produkte, von denen sich die Azteken, hauptsächlich das gemeine Volk (*macehualtin*) ernährten: sie verzehrten Wasserfliegen (*axayacatl*), Kaulquappen (*atepocatl*), Frösche (*axolotl*), Wasserlarven (*aneneztli*), Algen (vor allem in der ersten Zeit, nach der Gründung der Stadt, aber auch in Notzeiten), Wasserfliegen (*amoyotl*), Garnelen (*acociltin*) usw. Sie jagten auf der Lagune Wasservögel, die sie in beutelartigen Handnetzen fingen, wie einer Darstellung des um 1550 entstandenen Kodex von Uppsala zu entnehmen ist.

34: Skulptur einer Schlange (*cóatl*), die in México City gefunden wurde.

35: Vitrine, die Erzeugnisse zeigt, die im Mittelpunkt der **Handelsbeziehungen** zwischen México-Tenochtitlán und den übrigen mittelamerikanischen Ländern standen.

Die Azteken führten in der Hauptsache Rohstoffe ein und exportierten gewerbliche Erzeugnisse. Die Kaufleute der Azteken (bzw. aus Tlatelolco) stellten Handelskarawanen zusammen, die sie vor allem in die heißen Golfküstengebiete, an den Pazifik bis zum Isthmus von Tehuantepec und sogar bis Xoconochco, an die Grenze des heutigen Guatemala führten; sie exportierten Stoffe, Gewänder, die mit Federn, kostbaren Steinen und Gold reich verziert waren. Werkzeuge aus Obsidian und Kupfer, Medizinalkräuter, Essenzen, Koschenillefarbe, usw. Von ihren Expeditionen brachten sie Erzeugnisse mit, die für die aztekische Oberschicht bestimmt waren (Kakao, Vanille, Salz) oder für die Herstellung von Zierat (Quetzal-, Papageienfedern, usw.) und Schmuck (Jade, Smaragde, Türkise), ferner Muscheln, Schildkrötenpanzer, Jaguarfelle, Kopal u. v. m.

Die Aufzählung der hauptsächlichen Importgüter gibt ein unzureichendes Bild vom Umfang des Warenaustausches zwischen den verschiedenen Landschaften des aztekischen Reichs und seiner Metropole. Tatsächlich gingen zahlreiche landwirtschaftliche Erzeugnisse und Bodenschätze wie Baumwolle, Kakao oder Gold als Tributleistungen nach Tenochtitlán. Diese Auflagen waren manchmal so hoch, daß sich ein eventueller Export von selbst verbot, sofern nicht ohnedies ein staatliches Monopol bestand.

36: Diarama des Hauptmarkts von México-Tenochtitlán, der sich im Vorort Tlatelolco befand, einer ehedem freien Stadt, die 1473 unter Axayácatl der aztekischen Hauptstadt eingegliedert worden war.

(1) México (Stadt) und Umgebung

Der Anblick des Marktes von Tlatelolco, der täglich von über 60.000 Menschen besucht wurde, war für die spanischen Eroberer eines der faszinierensten Schauspiele. Der Hauptplatz des Marktes, der nach dem Bericht von Cortés zweimal so groß war wie die Stadt Salamanca, bot eine verschwenderische Fülle von Waren: Gold, Silber, Edelsteine, Schmuckfedern in allen Farben, tropische Früchte, exotische Speisen, Jaguar-, Puma-und Ozelotfelle; Sklaven; Bekleidung, Tonware, usw.

Im Vordergrund des Dioramas I. sehen Sie fast haarlose, gemästete Hunde, die zum Verkauf angeboten wurden. Ihr Fleisch wurde sehr geschätzt und selbst von hochgestellten Personen nicht verschmäht. Tote oder lebende Schlangen werden angeboten, Gemüse und Puter (*huexotl; totolin* = Pute), die schon lange Haustiere waren. Man sieht Vogelsteller und Fischhändler; Zierat, Stoffe, Garn, Keramik, Blumen, Sandalen, Korbwaren. Im Hintergrund wird ein auf frischer Tat ertappter Dieb drei Richtern vorgeführt, die während der gesamten Dauer des Marktes tagten.

37: Statuetten von Ackerbaugöttern: Centéotl, Der Gott des reifen Maises, **Xilonen,** die Göttin des jungen Maises; von Wasser- und Maisgöttinnen, wie **Chicomecóatl** („Sieben Schlange"), die eine mit Rosetten geschmückte Krone aus Amatepapier trägt, oder **Centeocihuatl.** Die Göttinnen halten einen Maiskolben in der Hand, der als gesticktes Motiv ihren Quechquémitl schmückt. Ihr Attribut war ein Rasselstab (*chicahuaztli*, „womit man stark macht"). Man benutzte ihn bei Sühneopfern, die abgehalten wurden, um die Milpas (Maisfelder) mit Fruchtbarkeit zu segnen. Die große Zahl dieser im Tal von México gefundenen Statuetten ist ein Beweis für die außerordentliche Beliebtheit der Maisgöttinnen bei der Landbevölkerung.

Im September wurde beim Fest der Getreideernte das Schauspiel von der Zeugung und Geburt des Maises aufgeführt, wobei ein in die abgezogene Haut einer Frau gekleideter Priester, Symbol der Erdgöttin Tlazoltéotl, die Geburt des Maisgottes, des Sohnes der Sonne, äußerst realistisch darstellte. Ein anderer Priester, der den jungen Maisgott verkörperte, focht symbolische Kämpfe mit allen, die die Maisernte gefährdeten.

38: Statue eines Mannes, der ein Idol der Göttin des Ackerbaus trägt.

40: Bild der aztekischen Gesellschaft, das die einzelnen Lebensabschnitte von der Geburt bis zum Tod darstellt, usw. Vor der Wand, **Basaltstatue eines Macehualli,** eines einfachen Mannes bei den Azteken.

41: Sehr interessante ★ **Statue einer Göttin,** der, urteilt man nach der Zahl der dargestellte Wasser- und Feuersymbole, vermutlich eine ganze Reihe von Eigenschaften zukam. Das Idol dürfte einem **Cihutetéotl** (einem „weiblichen Gott") geweiht worden sein bzw. **Cihuacóatl-Quilatzi,** der Schutzgöttin der Cihuateteo (Plural von Cihuateteotl), der im Kindbett verstorbenen Frauen, oder aber auch einer Fruchtbarkeitsgöttin.

Die mit einem Umhang und einem Rock bekleidete Göttin hält eine Glokke und eine Schlange in der Hand, beides Wassersymbole, wovon das erste mit Donner und Regen, das zweite mit Regen und Blitz assoziiert ist. Andere Motive stellen eine Anspielung auf das Wasser dar: Mäander (*xicalcolhuiqui*) auf dem Rock und drei *Chalchiuhtlicue* in Gestalt von Federschlangen auf der Rückseite des Umhangs und unten. Aus dem Rückgrat einer Schlange sprießen Federn, die den Umhang schmücken.

Kleine, zwischen die Federn gesetzte Figuren stellen vermutlich Schmetterlinge (Symbol des Feuers) oder Schlangenhäupter dar. Ganz unten sehen Sie die Klaue eines Adlers, des mit der Sonne assoziierten Raubvogels. Sämtliche Motive spielen auf die Funktion der Cihuateteo an, die in Quetzalfedern gekleidet als „Krieger in weiblicher Gestalt" die Sonne auf ihrem Weg begleiteten.

42: Steinscheiben, die vermutlich bei „Sacrificios gladiatorios" („Kampfopfern") benutzt wurden (s. Mexica-Saal, **17**).

43: Hundefigur (itzcuintli), eine Darstellung Xólotls, Zwillingsbruder bzw. eine der Verkörperungen Quetzalcóatls. Bei den Azteken war Xólotl der Gott der Zwillinge und der Doppelerscheinungen.

Aztekischer Überlieferung zufolge soll Xólotl der Menschheit das Leben geschenkt haben, als er aus dem Totenreich einen Knochen stahl. Die Mexica pflegten ihren Toten einen Hund mit gelbrotem Fell mitzugeben, nachdem sie ihn durch einen in die Kehle gestoßenen Pfeil getötet hatten, damit er den Toten heil über den „Neunfachen Strom" in die Unterwelt bringe. Sogar die Sonne bedurfte eines solchen Begleiters, wenn sie unterging.

43 a: Tlahuizcalpantecuhtli in der Tracht des Todesgottes Mictlantecuhtli, in Trauerkleidung und mit einer Maske in Form eines Totenkopfs.

44: Relief des Tlahuizcalpantecuhtli, des „Herrn im Haus der Dämmerung", Gott des Planeten Venus, Verkörperung Quetzalcóatls in Gestalt des Morgensterngottes, als der er auch auf einem teotihuacanischen Fresko erscheint.

Die Annalen von Cuauhtitlán berichten, wie Quetzalcóatl, durch die Magie Tezcatlipocas besiegt, aus seinem Reich Tollan (Tula) vertrieben wird und sich vier Tage im Totenreich aufhält. Während der folgenden vier Tage wird er mit Pfeilen bewaffnet, bevor er, verwandelt in den Morgenstern, d. h. in Gestalt von Tlahuizcalpantecuhtli, wieder emporsteigt. Auf einigen teotihuacanischen Gemälden, die sich auf eine ältere, vor der Gründung Tollans existierende Tradition berufen, trägt der mit Tlahuizcalpantecuhtli identifizierte Gott eine schwarze Maske, Symbol der Gestirngötter, und als Himmelskämpfer die Pfeile, mit denen er sich im Totenreich bewaffnete. Vermutlich wegen seiner Herkunft aus der Unterwelt war Tlahuizcalpantecuhtli mit dem Odium des Unheilvollen behaftet. Gelegentlich tritt er als Bote des Todesgottes Mictlantecuhtli mit einer Maske in Form eines Totenkopfs auf.

45: Zeremonialbrasero aus Stein (tlecuil). Das Gefäß wurde bei Kulthandlungen zu Ehren des Feuergotts Xiuhtecuhtli benutzt. Braseros verwendete man zum Abbrennen von Weihrauch (Kopal) aber auch um während des 52 Jahre-Zyklus das heilige Feuer in Gang zu halten.

46: Drei Sonnenscheiben, deren Schmuckelemente, kostbare Steine und Federn, an Menschenopfern erinnern.

47: Relieffragment mit der Darstellung der **Geburt Tezcatlipocas**, einem der ersten und gefürchtetsten Götter der Azteken. Das Relief zeigt den Gestirngott, dessen linker Fuß von der Sonne verschlungen wird. Beachten Sie über dem Kopf die Jahresglyphe „zwei Rohr". Man erkennt auch noch eine andere Gestalt, den Gott Tlatecuhtli, den Herrn der Erde.

Tezcatlipoca vereinte zahlreiche Wesenheiten, vor allem aber war er für die Azteken, zusammen mit deren Stammesgott Huitzilopochtli, der Gott der jungen Krieger und in dieser Eigenschaft göttlicher Patron der „Kriegerhäuser" (telpochcalli). Wie Quetzalcóatl sah man ihn als einen Kulturheros an, der sich in den Polarstern bzw. den Großen Bären verwandelte, um den Menschen das Feuer zu bringen. Tezcatlipoca wurde häufig mit abgerissenem Fuß dargestellt (wie auf diesem Relief), weil die Mexica das Sternbild des großen Bären als „einbeiniger Mann" deuteten. Eine der Manifestationen Tezcatlipocas war der Erd- und Höhlengott (*tepeyolloti* = „Herz der Berge") hauptsächlich aber galt er als Richter und Rächer, allwissend und allgegenwärtig, der jede Untat unnachsichtig verfolgte.

48: Fragment eines Reliefs, das **Toniatuh,** den Sonnengott in kniender Haltung zeigt. Der Gürtel wird hier von einer Sonnenscheibe geschmückt.

49: Kultinstrumente, u. a. zwei * **Obsidianmesser** mit kostbar gefaßten Griffen aus Perlmuttmosaik (die Griffe wurden nachgebildet). Beachten Sie auch die kegelstumpfförmigen Opfersteine, die Schneiden der Steinmesser, sowie verschiedene moderne Darstellungen von Opferszenen.

50: Flachrelief mit Zacatapayolli aus Huitzuco (Bundesstaat México); dargestellt ist ein Heuballen (bzw. „zacate"), in den man Magueykolben steckte, die für die rituelle Blutentziehung bestimmt waren. An den Seiten sehen sie mehrere Priester sowie die Glyphen der Orte Chicomóztoc und Colhuacán, die im Bericht über die Völkerwanderung der Azteken ins Tal von México erwähnt werden. Der erste soll Herkunftsort der sieben Nahuastämme sein, der zweite nach dem Einfall der Chichimeken von einem Herrschergeschlecht toltekischen Ursprungs regiert worden sein, von dem die Azteken abzustammen glaubten.

51: Skulptur einer **Federschlange**.

52: Atlanten in der Tracht des Windgotts (Ehécatl), die vermutlich einen dieser Gottheit geweihten Altar trugen. Beachten Sie die Halbmaske über der unteren Gesichtshälfte in Form eines Vogelschnabels; sie ist charakteristisch für den Gott Ehécatl.

53: Monumentalskulptur einer zusammengerollten Federschlange, die den Gott Quetzalcóatl verkörpert; beachten Sie an der Vorderseite das Symbol des „Blumenkriegs" (xochiyaóyotl), dargestellt durch einen sich vermengenden Feuer- und Wasserstrom. Daneben zwei weitere gefiederte Schlangen, die ebenfalls Quetzalcóatl symbolisieren.

54: Gefiederte Schlange, Quetzalcóatl darstellend, mit einem steinernen Opfermesser auf der gespaltenen Zunge.

Quetzalcóatl, der populärste aller mexikanischen Götter, ist ein Gott von außerordentlich komplexer Wesenheit, da in ihm die verschiedensten Göttergestalten zusammenfließen. Für die Völker des mexikanischen Altiplano war er der Urheber aller Dinge, der dem Menschen, zu dessen Erschaffung er den Anstoß gegeben hatte, Mais und Kleidung gab und ihn lehrte, Musikinstrumente herzustellen. Er verlieh ihm Verstand und Gewissen, kurz, er zivilisierte ihn.

Die Naturgrundlage dieses Gottes ist unklar. Im allgemeinen identifiziert man ihn mit einem Priesterkönig der Tolteken, Ce acatl Topiltzin, der im 10. Jh. n. Chr. regierte und der unter dem Namen Quetzalcóatl (bzw. Kukulkán, wie er im N. Yucatáns genannt wurde, das er besiegte) tatsächlich auf die Nachwelt gekommen zu sein scheint. Es fällt schwer zu glauben, vor allem wenn man auf der einen Seite die ethische Rolle dieses Gottes berücksichtigt und andererseits die Kriegslust der Tolteken, daß Quetzalcóatl, ob mystischen Ursprungs oder nicht, sein zivilisatorisches Werk so spät erst und innerhalb eines Volkes durchgeführt haben soll, das als Initiator von Menschenopfern in einem bis dahin unbekannten Ausmaß erscheint. Die seit mehreren Jahrzehnten in Teotihuacán durchgeführten Ausgrabungen lassen von Tag zu Tag die große Bedeutung dieses religiösen und kulturellen Zentrums klarer erkennen, dessen räumliche und zeitliche Ausstrahlung so bedeutend war, daß man seine Rolle unmöglich von der Entfaltung der Kulturen trennen kann, die auf der Mesa Central nach seiner Zerstörung bis zur Eroberung durch die Spanier entstanden. So wie die Azteken sich als natürliche Nachfolger der alten Tolteken ausgaben, die nach dem Einfall der Chichimeken die Funktion des zivilisatorischen Ferments unter den Neuankömmlingen – nomadisierenden „Barbaren" – hatten, scheint es vorstellbar, daß dieselben Tolteken ihrer Tradition den Kulturheros der teotihuacanischen Zivilisation einverleibten, deren Nachfolge sie in Wirklichkeit doch rein zufällig antraten. Nur so kann man sich den eklatanten Widerspruch erklären, der einerseits in den von ethischen Grundsätzen und höchstem moralischem Anspruch durchdrungenen lyrischen Texten, Gebeten, Predigten und Legenden zum Ausdruck kommt, die die Azteken kannten und schätzten und andererseits in den Greueln, die sie fortwährend unter dem Grundsatz begingen, daß es für den Menschen oberstes Gesetz sei, durch sein eigenes Blut für den Fortbestand der Sonne zu sorgen. Manche Forscher [1] konnten deshalb von einem Verrat an Quetzalcóatl sprechen. Vielleicht finden wir in diesem Verrat an der Gesinnung des Gottes eine Erklärung für die Furcht, die Moctezuma vor der möglichen Rückkehr des Gottes beherrschte, den der böse Zauber Tezcatlipocas vertrieben hatte.

Neben seiner Rolle als Kulturheros ist Quetzalcóatl, dessen Name „die mit Quetzalfedern bedeckte Schlange" bedeutet, auch der Gott der im Frühling aufsprießenden Vegetation, Gott des Windes, Gott des mexikanischen Tierkreises, Morgensterngott in der Eigenschaft des „Herrn der Morgenröte", usw.

56: Sonnenstein, Monolith mit der Darstellung eines der bedeutendsten Mythen der mexikanischen Kosmogonie: Entstehung und Untergang der vier Sonnen, die der unsrigen vorangingen (s. Tolteken-Saal, 3). Hieroglyphen bezeichnen den Untergang der jeweiligen Gestirne.

57: Kultgefäße, darunter ein Quetzalcóatl geweihter *cuauhxicalli* („Adlerschale"), der die Herzen von Menschenopfern aufnahm. Beachten Sie die beiden Federschlangen an der äußeren Wandunug des Gefäßes. Weiter r. ein mit Mäandern (*xicalcoliuhqui*) geschmücktes Gefäß. Es folgt ein Steinzylinder (*tlachtimalácatl*),

---

[1] **Laurette Sejourné, Pensamiento y Religión en el México antiguo** (México, segunda edición, 1964).

der bei den bereits geschilderten „Sacrificios gladiatorios" (Kampfopfern) verwendet wurde (s. Mexica-Saal, **17**). Daneben ein weiterer mit Schädeln geschmückter *cuauhxicalli*; im Innern des Gefäßes sehen Sie einen Heuballen (zacate) mit zwei Maguey(Agaven-)kolben, mit denen sich die Azteken bei der rituellen Blutentziehung Ohren, Zunge und Wangen durchstachen. Beachten Sie ferner die ★ **Chac-mool Statue**, auf deren Bauch sich kein Opfergefäß, sondern eine mit Symbolen geschmückte Scheibe befindet.

58: Statue der Yolotlicue, der Erdgöttin, die einen Rock aus menschlichen Herzen trägt. Kopf und Arme der Statue, die von Schlangen gebildet waren, sind nicht mehr vorhanden. Die Füße stellen Adlerklauen dar.

59: ★ Statue der Coatlicue, „der mit dem Schlangenrock" (Erdgöttin); eines der bedeutendsten Werke der aztekischen Plastik, sowohl hinsichtlich seiner Symbolik, die den Ursprung der mexikanischen Götter in geraffter Form zeigt, wie auch seiner Gestaltung.

Die 2,5 m große Statue wirkt wegen ihres Umfangs und totemähnlichen Aussehens – an der Grenze zwischen Schönheit und Monstrosität – wahrhaft beeindruckend. Sie wurde in México City gefunden und dürfte im „Schwarzen Haus", d. h. im Tempel der Coatlicue gestanden haben, der sich in Teocalli von Tenochtitlán befand. Coatlicue ist in erster Linie Erdgöttin, die Mutter von Huitzilopochtli, dem Stammesgott der Mexica. Sie schenkt Menschen und Pflanzen das Leben, ist aber gleichzeitig jenes unersättliche Ungeheuer, das alles Lebendige verschlingt. Der dramatische Dualismus dieser Auffassung kommt in der Statue überzeugend zum Ausdruck. Dem abgeschlagenen Haupt der Göttin entspringen zwei Blutströme in Gestalt von Schlangenhäuptern, Symbole des Hochgotts *Tonacatecuhtli* („Herr unseres Fleisches") und seiner Gemahlin *Tonacacihuatl* („Herrin unseres Fleisches"). Das Götterpaar, das auch *Ometecuhtli* und *Omecihuatl* („Herr und Herrin der Zweiheit") genannt wurde, ließ die Kinderseelen vom obersten Himmel „herabtropfen" und in den Leib der Mütter eingehen. Dieses Doppelsymbol ist auch Ausdruck des Sternwesens der Coatlicue, die als Mondgöttin bei ihrem Kampf mit der Sonne geköpft wurde.

Unter den beiden Schlangenköpfen sehen Sie zwischen zwei mächtigen Klauen ein breites, abwechselnd von Händen und Herzen gebildetes Ornament, Symbol der Menschenopfer und des für Huitzilopochtli als Sonnengott vergossenen Blutes.

Weiter unten ein menschlicher Schädel (ein weiterer befindet sich auf der Rückseite der Statue), Symbol des Todes, dann der Rock mit den ineinander verschlungenen Schlangen, dem diese Statue ihren Namen verdankt. Das Kleidungsstück wird von einem mit zwei Gottheiten geschmückten Gürtel gehalten und symbolisiert die Menschheit, der Coatlicue das Leben schenkt. Auf der Rückseite der Statue sehen Sie dreizehn Haarzöpfe; sie stellen die dreizehn Himmel dar, in die die Mexica die Götter ihres Pantheons und die Naturgeister versetzten, die ihr Leben auf der Erde bestimmten.

Mit den gewaltigen Klauen ihrer unteren Gliedmaßen scheint Coatlicue

Anthropologisches Nationalmuseum

die Erde zu bestellen oder aus der Unterwelt emporzusteigen, dem Schattenreich des Todesgottes Mictlantecuhtli.

60: Große **Braseros** aus Terrakotta.

61: **Eigenarte Skulptur**, die bei Ausschachtungsarbeiten der Metro gefunden wurde und eine Gottheit mit weiblichen und männlichen Attributen darstellt, die **Coatlicue** und **Huitzilopochtli** entlehnt wurden und Vorstellungen vom Leben und Tod der Menschen, der Götter und dem Universum vereinen.

Die Hände der Figur, die nach Art der Eingeborenen mit überschlagenen Beinen kauert, sind als Adlerklauen ausgebildet. Sie trägt einen mit Schädeln (die auf dem Gürtel wiederkehren) und Gebeinen verzierten Rock und ein Pektorale, das Hände und menschliche Herzen schmücken.

62: Im Hintergrund des Mitteltrakts dieses Saales sehen Sie auf einem Sockel aus Carraramarmor den ★★**Sonnenstein** bzw. **Kalender der Azteken**. Der gewaltige, 24 t schwere Basaltmonolith, dessen Durchmesser 3,35 m beträgt, entstand unter Moctezuma II. (1502–1520). In der Mitte des Steins erkennt man das Symbol der Sonne, das mehrere Kreise mit Hieroglyphen umgeben. Man sieht die Glyphe „Vier (Erd-) Bewegung", d. h. die des Tages an welchem die „Fünfte Sonne" aufging, die Glyphen der vier ersten Sonnen, der Tagundnachtgleichen, der Solstitien, der Tage, Monate, Jahrhunderte, der vier Himmelsrichtungen usw. Der äußere Rand wird von zwei Türkisschlangen (*xiuhcóatl*) gebildet, den Symbolen des Tageshimmels.

Der Kalenderstein, der auf dem Transport vom Steinbruch zum Teocalli von Tenochtitlán vermutlich auseinanderbrach, ruhte vor der Sonnenpyramide auf einem Sockel, unter einem von acht Pfosten getragenen Baldachin.

Die Azteken kannten drei Kalendersysteme. Das unserem Kalender am nächsten kommende System begründete auf dem Sonnenjahr, aztekisch *xihuitl*, das in 18 *cempohuallis* („Monate" von je 20 Tagen) und fünf „leere Tage" zerfiel, die als besonders unheilvoll galten. Jeder der Monate hieß nach einem Fest, das am letzten Tag des cempohualli stattfand. Auch die Tage trugen Namen, die dem religiösen Kalender oder *tonalpohualli* („Zählung der Tage") entlehnt waren und Tiere, Naturerscheinungen, Gegenstände, abstrakte Begriffe oder Pflanzen bezeichneten. Jedes Jahr des Sonnenkalenders wurde nach dem Tag des Jahresanfangs benannt. Da das Jahr aber in 365 Tage zerfiel, bzw. in 18 × 20 Tage mit unveränderlicher Reihenfolge, und fünf Schalttage, die mitgezählt wurden, ergab sich jährlich eine Verschiebung um fünf Stellen gegenüber dem Jahresanfang des abgelaufenen Jahres. Deshalb trugen die Jahre die Namen von nur vier Tageszeichen des tonalpohualli, nämlich „Rohr" (*acatl*), „Steinmesser" (*tecpatl*), „Haus" (*calli*) und „Kaninchen" (*tochtli*).

Durch die Kombination der Grundzahlen (1 bis 13) des tonalpohualli, die den dreizehn Himmeln der mexikanischen Kosmogonie entsprachen, mit den vier obengenannten Tageszeichen, erhielt man Perioden von 52 Jahren, die einen sogenannten großen Zyklus bzw. ein aztekisches „Jahrhundert" bildeten, an dessen Ende man die „Jahresverknüpfung" vornahm, wobei die Menschen vor dem Gedanken, die Sonne könne nicht wieder

(1) México (Stadt) und Umgebung

emporsteigen, vor Angst zitterten. Die „Jahresverknüpfung" wurde durch ein Rohrbündel symbolisch dargestellt.

Daneben kannten die Azteken ein Kalendersystem, das zweifellos von den Bewohnern des Gebiets von Puebla entlehnt war, wo sich, vermutlich in Tehuacán, ein Observatorium befand. Und einen von den Mixteken entwickelten Kalender, der auf dem 584 Tage zählenden Venusjahr begründete.

Am wichtigsten war für die Azteken zweifellos der religiöse Kalender, der tonalpohualli, der aus der Kombination der zwanzig Tageszeichen mit den Ziffern 1 bis 13, 20 Reihen zu je 13 Tagen oder 260 Tage ergab. Einige Forscher sind der Ansicht, daß diese Zahl auf die normale Dauer einer Schwangerschaft (tatsächlich 261 Tage) anspielt. Ein weiterer Aspekt für die Symbolik des religiösen Kalenders ergibt sich aus seiner Einteilung der Tage in 13 Tag- und 9 Nachtstunden, die den 13 Himmeln bzw. 9 Unterwelten der altmexikanischen Kosmogonie entsprachen.

Unter den verschiedenen Kombinationsmöglichkeiten zwischen den zwanzig Tageszeichen und den dreizehn Himmeln bzw. Stundengöttern erschien jede Kombination nur ein einziges Mal im Jahr. Das bedeutet, daß der tonalpohualli 260 verschiedene Kombinationen umfaßte. Jede der Dreizehnerreihen konnte glückbringend, unheilvoll oder neutral sein, je nach der Bedeutung des ersten Tages. Auch die einzelnen Tageszeichen hatten ihre eigene Bedeutung, was von den Priestern neben anderen Zusammenhängen entsprechend berücksichtigt wurde. Im religiösen Kalender und im Sonnenjahr kam es zu keinen Wiederholungen, beide Systeme waren präzise festgelegt. Je nach System können die jeweiligen Daten hieroglyphischen Inschriften entnommen werden.

63: Große gefiederte **Steintrommel**.

64: **Statue der Mictecacihuatl**, der Todesgöttin, die zusammen mit Mictlantecuhtli über das Totenreich, Mictlan, herrschte. Sie sehen die Göttin mit fleischlosem Gesicht, starren Augen und hervortretendem Brustkorb.

65: Großes **Kultgefäß,** auf dem Itzpapálotl („Obsidianschmetterling") dargestellt ist, die Göttin der alten Chichimekenstadt Quauhtitlán, auch Erdgöttin mit kriegerischen Zügen. Auf ihren Flügeln sehen Sie Steinmesser, die die Seelen der im Kindbett gestorbenen Frauen symbolisieren. An den Seiten des Gefäßes sehen Sie Symbole der Menschenopfer (Feuer- und Wasserstrom).

66: **Relief des Tlatecuhtli**, des „Herrn der Erde", auch Gott der Totenfeiern, mit umgekehrtem Kopf dargestellt.

67: Totenkopf.

68: **Statue der Cihuapipiltin**, der Göttin des Abends (Himmelsrichtung), nach Art der Eingeborenen hockend mit entblößten Brüsten dargestellt. Beachten Sie den fleischlosen Mund und über dem Kopf die Hieroglyphe „ein Affe" (ce ozomatli).

69: **Altar**, Tlaltecuhtli geweiht, dem Gott der Nacht, der Erde und der Totenfeiern, dargestellt auf dem Sockel des Monoliths. Die vier senkrechten Seiten des Altars schmücken Tiergestalten: eine Eule, eine Spinne, ein Schmetterling und ein Skorpion.

70: **Statuen der Cihuateteo** („weibliche Götter"), d. h. im Kindbett gestorbener Frauen, die man auch mocihuaquetzque („Krieger in weiblicher Gestalt") nannte. Wie die im Kampf gefallenen oder auf den Altären geopferten Krieger traten sie in den Dienst der Sonne und begleiteten sie vom Zenit bis zum Untergang. Nachts verwandelten sie sich in Dämonen, die Vorübergehenden auflauerten und sie erschreckten.

71: Statue der Coatlicue, nach Art der Eingeborenen hockend. Beachten Sie das Pektorale mit den zwei Händen, Symbol des Lebens und die Krone aus Schädeln, Symbol des Todes (Calixtlahuaca, Bundesstaat México).

72: Cihuacóatl, „weibliche Schlange", Erdgöttin und Beschützerin der im Kindbett gestorbenen Frauen.

73: Tzompantli, bzw. **„Schädelgerüst"**, auf das man die Schädel der Geopferten steckte. Das Monument schmücken menschliche Schädel und gekreuzte Gebeine. Auf der Innenseite erkennt man zwei Rohrbündel, Symbol der „Jahresverknüpfung", bzw. Ende des großen (52 Jahre-) Zyklus des Sonnenkalenders.

74: Statue der Coatlicue in Gestalt einer Frau, vermutlich einer Priesterin, die deutlich die Attribute dieser Erdgöttin zur Schau trägt, als Lebensspenderin und -zerstörerin. Beachten Sie die Maske, Symbol des Todes, mit dem Türkismosaik auf den Wangen und den noch vorhandenen Perlmuttinkrustationen auf der Nase und im Mund als Zähne. Das Pektorale zeigt das Edelsteinmotiv, Symbol des geopferten Kriegers. Die Statue stammt aus Tehuacán (Bundesstaat Puebla).

75: Kolossalkopf der Coyolxauhqui, Schwester des Stammesgottes der Mexica, Huitzilopochtli, in Gestalt der Mondgöttin. Auf den Wangen sehen Sie Klapperschlangen, daher auch der Name der Göttin. Ihr Antlitz mit den geschlossenen Augen gleicht dem einer Toten. Sie trägt einen kunstvoll gearbeiteten Kopfputz aus Federn, großen Ohrenschmuck und einen Lippenpflock, Symbol eines Sonnenstrahls. Auf der Unterseite sehen Sie die Hieroglyphen des Heiligen Krieges und der Menschenopfer.

76: Rohrbündel, Symbol der „Jahresverknüpfung".

77: Eine Sammlung von Figurinen, Räucherlöffeln (tlemaitl), auf denen man Kügelchen aus wohlriechenden Harzen, Kopal und oder Liquidambar verbrannte. Davor, Figurinen von Ackerbaugöttinnen: Xilonen, die Göttin des jungen Maises, Centeocihuatl, die Göttin des reifen Maises.

78: Statue des Nappatecuhtli, unter dessen Namen man den Regengott Tlaloc anrief.

80: Statuen der Chicomecóatl („7 Schlange"), Göttin der Nahrungspflanzen und wichtigste Gottheit des Ackerbaus, nur mit einem Rock und einem Quechquémitl bekleidet.

81: Sammlung kleiner Altäre.

82: Ein dem Kult der Astrologie geweihter **Altar**, den Symbole schmücken.

83: Darstellung eines **Kaktus**.

84: Kleine Zeremonialkassette aus Stein, auf der man den Schwanz einer Feuerschlange (*xiuhcóatl*) erkennt.

85: Verschiedene **Reliefs**, Architekturelemente, Zeremoniensessel aus Stein.

87: ★ **Aztekische Keramik**, Figurengefäße, Weihrauchbecken, Gefäß in Gestalt eines Grabes, usw.

88: **Statue des Ehécatl-Ozomatli**, die bei Ausschachtungsarbeiten der Metro an der Station Pino Suarez gefunden wurde. Der Windgott, den man an seiner Halbmaske in Gestalt eines Vogelschnabels erkennt, ist als Affe mit schlangenförmigem Schwanz dargestellt. Um das r. Bein des Gottes ringelt sich ebenfalls eine Schlange.

Die Statue war bemalt: der Körper schwarz, die Maske, ein Teil des Gesichts, Ohren und Hände rot, die Handgelenke und Augenhöhlen türkis. Der Affe, den man häufig in Kodizes und auf Gefäßen sieht, die von der mexikanischen Golfküste und aus den Maya-Ländern stammen, ist auch ein Tageszeichen des aztekischen Kalenders. Er verkörpert den Nachthimmel und folglich auch den Tod. Der Affe war auch Begleittier des Gottes der Tänze, Blumen und Spiele.

89: Naturgetreue Skulptur einer Schlange.

90: **Aztekische Keramik**: große mehrfarbig bemalte Räucherlöffel (tlemaitl), in der Art der Vasenmalerei von Cholula; beachten Sie die prachtvolle anthropomorphe Vase.

91: Kleiner ★★ **Obsidianbehälter** in Gestalt eines Affen. Das Gefäß ist eines der Meisterwerke der aztekischen Plastik und erinnert an die auf der Isla de Sacrificios vor Veracruz gefundenen Alabastergefäße. Dieses Gefäß stammt aus Texcoco. Der Affe war das Begleittier des Gottes der Tänze, Blumen und Spiele (Macuilxóchitl).

92: **Gefiederter Koyote**, Nachttier und Unglücksprophet in der aztekischen Mythologie.

93: **Kalebasse aus Diorit**, Darstellung einer der ältesten Kulturpflanzen Mesoamerikas.

93a: **Statue eines Macehualli**.

94: Vitrine, die der Steinbearbeitung durch die Azteken gewidmet ist.

95: **Sammlung von Tieren aus Stein**: Hunde, Kaninchen, Insekten, Schlangen, usw.

96: Vitrine mit **Schmuckgegenständen**: Spiegel aus geschliffenem Pyrit, Halsketten aus Jade und Bergkristall, Schmuck aus Gold, das aus dem Gebiet von Oaxaca und Guerrero eingeführt wurde.

97: **Zungentrommel** (*teponaztli*) mit eingeschnitztem Gesicht des Gottes der Tänze, Blumen und Spiele, Macuilxóchitl.

98: **Musikinstrumente**, die hauptsächlich bei religiösen Zeremonien zur Begleitung der rituellen Tänze gespielt wurden. Es gab Flöten, Klappern, Pfeifen, Trompeten aus Meerschneckengehäusen, Okkarinas, Schellen, große Holztrompeten, Zungentrommeln aus Holz, usw. Beachten Sie vor allem den anthropomorphen teponatzli. Zungentrommeln wurden aus dem ausgehöhlten Stück eines Baumstamms geschnitzt und mit zwei Klöppeln geschlagen. Sie tönten nachts von den Plattformen der Pyramiden herab, um die Priester an ihre Nachtwachen zu erinnern.

99: Große **Fellpauke** (*huehuetl*) aus Tenango (Bundesstaat México), geschmückt mit der Darstellung eines Adlers (*quauhtli*) und eines Geiers (*cozcaquauhtli*), die einander in Kampfstellung gegenüber stehen. Vor dem Schnabel des Adlers sehen Sie die Hieroglyphen des Heiligen Krieges und vor dem des Geiers jene des Feuers.

100: Statue des Macuilxóchitl, aus einem Schildkrötenpanzer hervorkommend. Im oberen Teil der Figur, Hieroglyphe aus dem religiösen Kalender: „Fünf Blume".

101: * * **Statue des Xochipilli**, eine der schönsten aztekischen Plastiken. Sie stellt den Gott der Blumen, der Liebe, des Tanzes und der Dichtkunst dar, der mit übergeschlagenen Beinen auf einem mit Blumen, Schmetterlingen und Girlanden geschmückten Sessel sitzt und eine Maske trägt. In seinen Händen hielt er vermutlich Blumen und das Szepter mit herzförmiger Spitze, mit dem man ihn häufig in Kodizes dargestellt sieht.

102: **Altar** in Gestalt eines Jaguars.

103: **Skulptur einer Schlange mit Klapper.**

104: **Skulptur einer zusammengerollten Schlange.**

105: **Koyote aus Stein**, Unglücksprophet aber auch Symbol für Feste und Tänze.

106: **Skulptur eines zum Gott erhobenen Jaguars**, erkennbar am Federputz des Kopfes und den hervortretenden Rippen des Tieres.

107: **Skulptur eines** zum Gott erhobenen **Koyoten**.

108: **Säulenfragment**, geschmückt mit einem Relief Tlaltecuhtlis, des „Herrn der Erde". Das Fragment war beim Bau der Kathedrale von México City wiederverwendet worden.

109: **Zum Gott erhobener Jaguar** und, auf der Rückseite der Stellwand, **Kopf eines Adlerkriegers** (s. Mexica-Saal, **17**), geschmückt mit einem Helm in Gestalt eines Adlerkopfs.

Oaxaca-Saal (s. Pl.). – **1**: **Urne** mit der Darstellung der Göttin „13 Schlange". Dahinter, ein Mauerfragment mit geometrischen Motiven, das ein Baudenkmal der Zeremonialstätte in Mitla schmückte.

2: Keramik vom Monte Albán, der sogenannten Periode Monte Albán I bis Monte Albán IV.

3: **Modell des Dorfes Montenegro** (Bundesstaat Oaxaca), etwa 800 v. Chr.).

(1) México (Stadt) und Umgebung

4: **Nachbildung einer Stele vom Monte Albán** mit einer auf den Kalender bezogenen hieroglyphischen Inschrift aus der Periode Monte Albán II (200 v. Chr. bis 200 n. Chr.).

5: Nachbildungen von reliefgeschmückten **Stelen**, die auf dem Monte Albán gefunden wurden (sogenannte Danzantes, „Tänzer"), s. Monte Albán (Rte 22).

6: Vitrine, der **ersten Periode des Monte Alban** (etwa 800 bis 200 v. u. Z.) gewidmet. Sie enthält Gebrauchskeramik, mit Ritzmustern versehene Tonware, Graburnen, sehr schöne anthropomorphe Gefäße, Figurinen usw.
Die Keramik der Periode Monte Albán I ist durch ihren verhältnismäßig schlichten Dekor gekennzeichnet, ihren großen Formenreichtum und ihre kunstvolle Bearbeitung. Die Dekoration besteht in der Hauptsache aus Ritzmustern auf graufarbigem Ton. Daneben gibt es auch aufgemalte Motive. Der Einfluß der olmekischen Kunst ist unverkennbar (La Venta-Stil).

7: **Nachbildungen von Flachreliefs,** sogenannte Danzantes, vom Monte Albán.

8: Vitrine, der **zweiten Periode des Monte Albán** (200 v. Chr. bis etwa 200 n. Chr.) gewidmet: Keramik, Figurinen und Masken mit Verzierungen der Mundpartie.
Die Keramik der Periode Monte Albán II weist den Einfluß neuer Stilrichtungen auf, die vermutlich auf Chiapas und Guatemala (Petén) zurückgehen. Die alten Formen werden beibehalten, doch tauchen bereits neue Keramiktypen auf, die die Formenvielfalt bereichern. Die Ritzmuster verschwinden, an ihre Stelle treten Motive, die durch Polieren entstehen. Auch der Sinn für Proportionen wandelt sich. Häufig sind die Gefäße mit Freskomalerei bedeckt. Man neigt mehr und mehr dazu, große Gefäße herzustellen, insbesondere Graburnen, die von sehr ausdrucksstarken Masken mit menschlichen Zügen geschmückt sind.

9: **Gefäß mit flachem Boden** (mit Spuren von Freskomalerei).

10: **Vollplastische Skulptur**, in Relieftechnik gearbeitet. Sie stellt eine Gestalt mit verschränkten Armen und stark hervortretendem Brustkorb dar. Beachten Sie den hohen, mit Voluten geschmückten Kopfputz.

11: **★★Maske**, in verschiedenen Grüntönen, aus Stein gearbeitet, die den Fledermausgott darstellt. Sie wurde auf dem Monte Albán in Grab H gefunden.

12: Von l. n. r. sehen Sie ein **dreifüßiges Gefäß** (auf dem obersten Regal, eine Graburne), eine **Urne** mit dem Motiv eines Gottes, der eine Halbmaske in Gestalt eines Vogelschnabels trägt (aus dem Tempel „7 Hirsch"), **männliche Figurinen** mit ausgebreiteten Armen und Helmen mit Tierköpfen (Monte Albán, Grab 114–A) und schließlich, am Fuß des Regals, eine weitere **Graburne**.

13: Ehemals bemalte ★★**Graburne** aus Terrakotta **in Gestalt eines Jaguars** (Monte Albán, W-Plattform).

14: *Graburne* mit der Darstellung der Göttin „13 Schlange" (die Augen mit Perlmuttinkrustationen; Monte Albán, Grab 109).

Anthropologisches Nationalmuseum

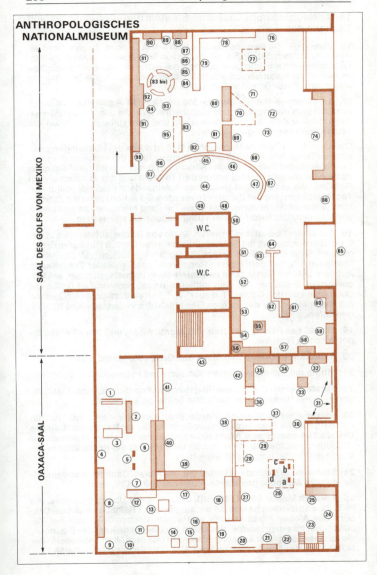

(1) México (Stadt) und Umgebung

15: **Anthropomorphe Graburne**. Sie stellt den alten Gott „5-F" mit Tierhelm dar.

16: Vitrine, die der **Periode Monte Albán II-IIIA** (3. Jh. u. Z.) gewidmet ist, während der sich der Einfluß der Kultur von Teotihuacán geltend machte. Es handelt sich um eine Übergangsphase, in der sich eine eigenständige zapotekische Kultur herausbildete. In der Vitrine unten r., aus Teotihuacán importierte Keramik; unten l., Keramik vom Monte Albán.

17: Große Vitrine, die der **Periode Monte Albán III-A** gewidmet ist, während der sich die zapotekische Kultur entfaltete, die aus der Verschmelzung früherer Kulturen des Monte Albán und dem kulturellen Einfluß von Teotihuacán hervorgegangen war.

Die Keramik der Periode Monte Albán III–A ist durch das Überwiegen graufarbiger Tongefäße mit Ritzdekor gekennzeichnet, der während der zweiten Phase dieser Periode (Monte Albán III–B) verschwindet, den Rückgang der von Guatemala (Petén) inspirierten Tonware und das Auftauchen von Gefäßen, die in Form und Dekor das Aufeinandertreffen der Kultur von Teotihuacán mit der der Zapoteken verraten. Sie sehen die für die Zapoteken typischen Aschenurnen mit ihren Tier- und Menschendarstellungen und ihren komplizierten Mustern überwiegend Quetzalfedern.

18: Auf einem Podest aus Travertin, **Stele von Bazán**, auf der man in der Gestalt eines Jaguars mit Schlangendiadem den Gott „3 Türkise" erkennt; auf der l. Seite dieses Flachreliefs, die Gottheit „8 Türkise" (Monte-Albán, Monticolo 10). Auf dem oberen Regal, reliefgeschmückter **Tonzylinder**. Auf dem unteren Regal, **Urne in Gestalt eines Jaguars**; darüber, **anthropomorphe Graburne**. Auf dem mittleren Regal, zoomorphes Gefäß mit der Darstellung des Gottes „1 Jaguar". R. ★ **Terrakottafigur** einer Gottheit mit Halbmaske über der unteren Gesichtshälfte in Gestalt eines Schlangenkiefers.

19: **Modell** des Palasts aus Grab 105, Monte Albán, und Modell eines zapotekischen Tempels.

20: **Reproduktion eines Gemäldes** aus Grab 105, Monte Albán.

21: Vitrine mit **Schmuckstücken** aus Jade und Perlmutt.

22: **Türsturz** eines Grabes aus Huajapan de Léon (Bundesstaat Oaxaca), den eine mit Hieroglyphen bedeckte Schlange schmückt.

23: **Statue einer Gottheit** mit über der Brust verschränkten Armen. Auf der r. und l. Seite der Figur zwei Treppenfluchten, die zur **Rekonstruktion des Grabes 104 vom Monte Albán** führen. Über dem Türsturz zapotekische Graburne, l. skulptierte Stele und, im Inneren, das mit reichhaltigem Bestattungsinventar umgebene Skelett.

24: **Statue** einer sitzenden Gestalt (Monte Albán). Dahinter **Wandgemälde**, das die Akropolis des Monte Albán um 700 n. Chr. zeigt.

25: **Keramik Monte Albán IIIA–IIIB**, d. h. aus einer Übergangsphase, die im 7. Jh. anzusiedeln ist und die wir aufgrund der Beigaben aus zwei Gräbern des Monte Albán kennen und einem dritten Grab, das bei Yucuñudahui freigelegt wurde. Beachten Sie die Aufstellung der Figurinen, die zu einer Totenfeier angeordnet wurden (mit dem Mumienbündel in der Mitte), darunter Musikanten und der Alte Gott (in der letzten Reihe l.).

26: Verschiedene **Stelen**: a – mit der Darstellung einer „8 Hirsch" genannten Gestalt, deren Eroberungszüge von einigen mixtekischen Kodizes erwähnt werden; b – weitere, grob behauene *Stele*; c – reliefgeschmückte *Stele* auf der zwei Gestalten dargestellt sind; d – Stele, die eine Gottheit auf einem Berg zeigt; in einer Umrahmung, der Gott des Feuers.

27: lange Vitrine, die der **Periode Monte Albán IIIB** (7. Jh.) gewidmet ist: Aschenurnen, Figurinen usw.

Die Keramik Monte Albán IIIB ist durch eine Überfülle graufarbiger Tonware, das Verschwinden einiger Gefäßformen des teotihuacanischen Stils und das Vorhandensein von Gefäßen in Gestalt von Jaguartatzen und reichgestalteten Graburnen gekennzeichnet.

28: * **Kopf** aus Ton (Monte Albán IV), auf den bestimmte Vorstellungen von Leben und Tod ausgedrückt sind. **Brasero** mit der Darstellung des Gottes Xipe tótec, der eine Maske aus menschlicher Haut trägt, Symbol der Erneuerung der Vegetation (Monte Albán, Grab 58). Auf dem unteren Regal r., **Krug** mit kugelförmigem Bauch aus grauem Ton, charakteristisch für die zapotekische Keramik der Periode Monte Albán IIIB. Weiter r. **Urne** mit der Darstellung eines Gottes, der einen Haarknoten trägt und eine Gottheit des Ackerbaus und des Maises verkörpert; dann, **Jaguarhaupt**, das den „Gott L" darstellt, mit Maske und Kopfputz, auf dem man die Glyphe „C" sieht und, ganz r., **eine als Ziege verkleidete Gestalt** mit einem Pektorale in Gestalt einer Blume auf der Brust (Monte Albán, Grab 124).

29: **Türsturz aus Monte Albán**, geschmückt mit einem Flachrelief, das Priester zeigt, die dem auf einem Sessel thronenden Priesterkönig entgegenziehen. Anhand einer gemalten Reproduktion kann man die einzelnen Gestalten einordnen. R. **Stele** mit fünf Figuren, vor deren Mund die Hieroglyphe „Wort" bzw. „Gesang" zu sehen ist.

30: **Stele aus Río Grande** (Bundesstaat Oaxaca), die das Brustbild einer Gestalt mit Maske und hohem Kopfputz zeigt.

31: **Reproduktion des nachcortesischen Mixteken-Kodex**. Darunter Nachbildung eines Mosaiks aus Mitla.

32: **Mixtekischer Schmuck**, meist aus Gold, gelegentlich mit echten Perlen verziert.

33: * **Mehrfarbiges Gefäß**, auf dessen Rand ein Kolibri sitzt (Zaachila, Grab Nr. 2, mixtekisch).

34: **Nachbildung des Grabes Nr. 6** von Calixtlahuaca (Bundesstaat Oaxaca) mit dem in Hockerstellung gebrachten Leichnam, den ein Gewebe aus Palmfasern umhüllt (Mumienbündel); auf dem Gesicht sehen Sie eine Maske.

35: Sehr schöne, **mehrfarbig bemalte mixtekische Keramik**.

36: **Vierfüßiges Gefäß** aus Stein.

37: Große **spätmixtekische Keramiken**; darunter einige Graburnen.

38: **Stele von Tlaxiaco**, mit einem Gefäß geschmückt.

39: Werkzeuge der **Metallbearbeitung**, der **Goldschmiedekunst** und der **Juwelierkunst** der Mixteken. Beachten Sie die Schmuckgegenstände aus Jade und Gold sowie die Pektorales aus Knochen, Bergkristall usw.

40: Eine Sammlung von **Keramiken** und geschnitzten **Holztrommeln**.

41: **Nachbildung von Stuckarbeiten**, die man in einem Grab in Zaachila fand (Götter und Tiere, die in Zusammenhang mit dem Totenkult standen).

42: **Nachbildung einer Stele** aus Cuilapan mit der Jahreshieroglyphe und verschiedenen Kalenderinschriften.

43: **Stele von Tilantongo** mit der Darstellung einer reichgekleideten Gestalt, die einen hohen Federkopfputz trägt (mixtekische Epoche).

Saal des Golfes von Mexiko (s. Pl.). – **44**: **Statue eines Jaguarmenschen**, olmekisch, aus San Lorenzo Tenochtitlán (wie die fünf folgenden Ausstellungsstücke). Die Maske zeigt die Züge eines Feliden.

45: **Vollplastische Skulptur** eines Feliden (Raubkatze) vermutlich.

46: * **Azephale Statue eines Mannes**, der mit einem Knie den Boden berührt. Die überlebensgroße Figur hatte bewegliche Arme (aus Holz?). Auf der Brust sehen Sie ein konkaves Pektorale (Spiegel aus Pyrit?) mit einem blumen- (bzw. stern-)förmigen Motiv.

47: **Olmekischer Kolossalkopf**.

48: **Skulptiertes Riesenhaupt**, vorklassische Epoche (1200–900 v. Chr.), vermutlich von einer Statue abgetrennt.

49: **Skulptierte Stele**, grob behauen, auf der ein Jaguarhaupt dargestellt ist (l.).

50: **Statue einer kauernden Gestalt** (La Venta), die man nach einer methodisch vorgenommenen Zertrümmerung eingegraben hat. Derartige Bestattungen, die in San Lorenzo Tenochtitlán dokumentiert wurden, erfolgten am Ende der vorklassischen Periode (1200–900 v. Chr); am zuletztgenannten Ort waren sie in nord-südl. und süd-westl. ausgerichteten Reihen beigesetzt.

51: **Statuetten aus La Venta**, die erstaunlich realistisch wirken, vor allem was die Darstellung der Geschlechtsmerkmale betrifft.

52: **Hochrelief aus La Venta**, das die Maske einer skelettierten Gestalt zeigt.

53: * **Äxte und** glänzend polierte **Jadefiguren**.

54: * **Relief** aus La Venta mit einem Priester, der einen Helm in Gestalt eines Jaguars mit einer Schlange trägt.

55: Außergewöhnliche * * **Opfergabe, bestehend aus sechs Zeremonialäxten und sechzehn olmekischen Figurinen** aus Jade und Serpentin, vermutlich Priester mit Schädeldeformationen darstellend (s. Text über die absichtlich vorgenommenen Körperdeformationen, Mesoamerikanischer Saal). Beachten Sie auch die Raubtierzüge der Gesichter. Die Aufstellung der Statuetten zeigt das Bild einer religiösen Zeremonie.

56: Keramik und Figurinen, insbesondere vom Typ „baby face", die Gestalten mit kindlichen Gesichtszügen, vollen, leicht aufgeworfenen Lippen und so stark nach unten gezogenen Mundwinkeln darstellen, daß man sie für Jaguarjunge halten könnte. Diese Zwitterwesen, die nach einem Mythos aus der Verbindung zwischen Menschenfrauen und Jaguaren hervorgegangen sein sollen, dürften Regen- und Donnergottheiten gewesen sein. Daneben sehen Sie eine bemerkenswerte Sammlung von Schmuckstücken, hauptsächlich aus Jade, und die Kopie einer Jadestatuette aus San Andrés Tuxtla, die ein menschliches Haupt mit einem Entenschnabel zeigt, auf dem sich eine Inschrift befindet (162 n. Chr.).

57: ★★ Statue eines Athleten, aus dem S. des Bundesstaates Veracruz, eines der Meisterwerke der präkolumbischen Plastik (olmekische Kultur).

58: Gegenstände aus Jade.

59: Figurinen und Gefäße aus Jade, olmekisch, aus Tlatilco und Tlapacoya im Tal von México.

60: Bemerkenswerte **Sammlung von Figurinen und Objekten**, größtenteils aus **Jade**. Beachten Sie die anthropomorphisierten Schneiden der Äxte, den prachtvollen ★ **Kopf aus Jade**, eine Figurine aus feinkörnigem schwarzen Stein, die in El Tejar gefunden wurde, und einen in Indiomanier hockenden Mann darstellt. Bei allen diesen Statuetten sehen Sie die bereits erwähnten charakteristischen Züge des Typs „baby face" und vor allem den felidenartigen Mund.

61: Figurinen und Gegenstände aus Jade und anderen Halbedelsteinen: Miniaturmodell eines olmekischen Kahns aus Jade, Steinplatte mit einem im Profil dargestellten tätowierten Kopf (beachten Sie den Mund mit den tiefgezogenen Mundwinkeln und das Stirnornament).

62: Stark beschädigte **Skulptur**, vermutlich einen Priester darstellend, der ein „Jaguarkind" auf dem Armen trägt.

63: Stark beschädigte **Skulptur**, die vermutlich den Mythos der Verbindung zwischen einer Menschenfrau und einem Jaguar darstellt.

64: Stele von Alvarado (Bundesstaat Veracruz) mit der Darstellung einer Gestalt, die ein kunstvoll gearbeitetes Diadem trägt und einer zweiten Figur, die mit gefesselten Händen um Gnade bittet. Es handelt sich um eine Siegesstele.

65: Draußen, vor dem Fenster, olmekische Skulptur, die ein **Erdungeheuer** darstellt, und ein olmekischer **Kolossalkopf** (San Lorenzo Tenochtitlán; Veracruz) mit negroiden Zügen, der einen anderen Menschentypus verkörpert, als den von den Miniaturfiguren dargestellten.

(1) México (Stadt) und Umgebung

66: Dokumentation über die Orographie, die Hydrographie, die Flora und die Fauna des totonakischen Gebiets (Bundesstaat Veracruz, im N. des gleichnamigen Hafens).

67: Terrakottastatue des Alten Gottes bzw. Feuergottes (Huehuetéotl), der nach Art der Indios hockt und einen großen Brasero auf dem Kopf trägt (Cerro de las Mesas; klassische Kultur, Zentralveracruz).

68: Dokumentation über die Bevölkerung im Zentralgebiet des Staates Veracruz, von 1500 v. Chr. bis 1500 n. Chr.

69: Zwei große **anthropomorphe Urnen** aus dem Zentralgebiet des Staates Veracruz.

70: Modell eines Teiles der archäologischen Stätte El Tajín.

71: Große **Figurine** aus Terrakotta, eine alte niedergekauerte Frau darstellend.

72: Große aus Lehm modellierte **Figurine**, die eine vermutlich in ein Jaguarfell gekleidete Gestalt darstellt. Die Figur ist dreiteilig.

73: Skulptierte Stele; ein reichgekleideter Priester in einem Krokodilsrachen.

74: Keramiksammlung, darunter anthropomorphe und zoomorphe Gefäße; Figurinen aus Terrakotta des Typs „cara sonriente" (lächelndes Gesicht), von denen einige Körperdeformationen (plattgedrückte Schädel) und Verstümmelungen (zugefeilte Zähne) erkennen lassen, die die Bewohner des Zentralgebiets von Veracruz praktizierten.

76: Sehr schönes **Relief eines Pelotaspielers**, den eine andere Gestalt ankleidet. Beachten Sie den Federkopfputz des Spielers, die um Bizeps und Handgelenke gewickelten Bandagen und den Knieschutz (Tepatlaxco; Bundesstaat Veracruz; klassische Kultur des Zentralgebiets von Veracruz).

77: Modell der Nischenpyramide von El Tajín.

78: Steinjoche in Hufeisenform, die bis zu 45 cm lang und 30 cm breit sein können und deren Verwendungszweck ungeklärt ist. Manche Forscher vertreten die Ansicht, daß sie Gefangenen bei Opferzeremonien um den Hals gelegt wurden; andere behaupten, sie hätten eine Art Totenkranz gebildet, auf den man die Köpfe von Toten legte, oder wären ungeachtet ihres Gewichts bei Ballspielen als Gürtel verwendet worden.

79: Eine Sammlung „Palmas", eigenartige Objekte aus Stein, die in ihrer Form an ein Palmblatt erinnern, deren Verwendungszweck aber noch ungeklärt ist. Nach Ekholm sollen sie beim rituellen Ballspiel verwendet worden sein. Die Palmas schmücken reiche Reliefverzierungen, die größtenteils aus Ranken auf der Rückseite und Menschen- und Tierdarstellungen auf der Vorderseite bestehen.

Anthropologisches Nationalmuseum

80: Polychrome **Keramik**, Gefäße aus Alabaster, usw.

81: Große Stele (Castillo de Teayo; Bundesstaat Veracruz), die Quetzalcóatl darstellt, erkennbar an seinem Pektorale in Gestalt einer Muschel, seinem Ohrenschmuck, der Halskette aus Muscheln usw. Beachten Sie den konischen, typisch huaxtekischen Kopfputz, den Nasenschmuck und die Papierwickel auf dem Kopf. In der Linken hält er eine Handvoll Magueykolben für die Selbstkasteiung.

82: Statue eines Jünglings (mit Schädeldeformation), die vermutlich als Bannerhalter diente (Ajalpan, Bundesstaat Hidalgo; huaxtekische Kultur).

83: Vollplastische Statue eines Priesters mit den Attributen Quetzalcóatls; der fächerförmige Kopfputz ist ebenfalls typisch huaxtekisch.

83 a: * * **Jünglingsstatue** aus Tamuín (San Luis Potosí), eines der schönsten Werke der mesoamerikanischen Bildhauerkunst. Der Schädel läßt eine Deformation erkennen, während der halbgeöffnete Mund eine Verstümmelung der Zähne zeigt, die in präkolumbischer Zeit in diesem Teil Mexikos häufig anzutreffen war, jedoch aus dem Gebiet von Oaxaca zu stammen scheint, wo die ältesten Fälle in das 6. Jh. v. Chr. zurückreichen. Auf den Armen, dem Körper und den Beinen sehen Sie Ehécatl dargestellt, den Gott des Windes, Hieroglyphen, darunter einige Maya-Hieroglyphen, verschiedene Symbole, z. B. Schlangen (cipactli), Jadescheiben (chalchihuites), Maiskolben usw. Von der Hüfte hebt sich in Hochrelief eine kleine Gestalt ab, die vermutlich mit der Sonne identifiziert werden kann. Die Statue stellt demnach einen Quetzalcóatl-Priester oder den Gott selbst als Abendstern dar, der in das Todesreich, Mictlan, hinabsteigt, in das er seinen Sohn, die Sonne mitnimmt (huaxtekische Kultur).

84: Dokumentation über die Orographie, die Hydrographie, die Flora und die Fauna des huaxtekischen Gebietes.

85: Fragment einer **Skulptur**, die einen menschlichen Körper mit dem Gesicht in einem Vogelschnabel darstellt.

86: Beidseitig **skulptierte Stele**; auf einer Seite ein Greis (Spuren von roter Bemalung, Symbolfarbe der Sonne), auf der anderen Seite ein Vogel, ebenfalls ein Sonnensymbol.

87: Statue eines Quetzalcóatl-Priesters mit großem Federkopfputz (huaxtekische Kultur, klassische Periode, 600 – 900 n. Chr.).

88: Figurinen, von denen einige die von den Huaxteken praktizierten Körperdeformationen zeigen.

89: Huaxtekische Gottheit mit konischem Diadem und Attributen, die eine Anspielung auf bestimmte Vorstellungen vom Leben und Tod darstellen (Naranjo; Bundesstaat Veracruz).

90: Weibliche Figurinen.

(1) México (Stadt) und Umgebung

91: Huaxtekische Keramik, Figurinen, Gegenstände aus Perlmutt, darunter ein sehr schönes Pektorale; aus Palmillas ein Brasero mit zoomorphen bzw. Jagdmotiven, auf dem Rand sind Muscheln dargestellt; der Rest der Vitrine ist Arbeiten aus Knochen gewidmet, Schmuck usw.

92: *Stele von Huilozintla (Bundesstaat Veracruz), die einen Quetzalcóatl-Priester bei der Selbstkasteiung mit Hilfe eines Stäbchens darstellt, mit dem er seine Zunge durchbohrt; ein kleines Ungeheuer l. fängt das Blut in seinem Rachen auf; beachten Sie den Kopfputz, der in langen Federbüschen auf den Rücken fällt und die Tätowierung auf Armen und Beinen (klassische Periode des Zentralgebiets von Veracruz).

93: Statue der Xilonen, Göttin des jungen Maises, nach Art der Eingeborenen hockend, mit einem geflochtenen Papierdiadem, das Maiskolben schmücken (huaxtekische Kultur, spätklassische Periode).

94: Statue der Göttin Xochiquetzal, Göttin der Schönheit, der Fruchtbarkeit und der Blumen, die den Einfluß der aztekischen Religion und Kunst im Land der Huaxteken erkennen läßt.

95: Verschiedene Skulpturen, von l. n. r. erkennt man eine Vegetations- und Erdgöttin mit dem charakteristischen konischen Kopfputz und dem Federfächer; einen buckligen Greis, auf einen Phallus gestützt; eine weitere Göttin des Ackerbaus, eine weitere entstellte Gestalt mit je einem Buckel auf Brust und Rücken und schließlich eine ergreifende Darstellung des Todes (Tierra Blanca, Veracruz) in der Gestalt Mictlantecuhtlis mit konischem Diadem, Gesicht und Brust skelettiert, die Arme über den Knien verschränkt.

96: *Stele von Tepetzintla (Bundesstaat Veracruz), die Quetzalcóatl in seiner Eigenschaft als Morgenstern (Tlahuizcalpantecuhtli) nach seiner Flucht aus Tula darstellt. Hier scheint das Gestirn von der Erde aus zum Firmament emporzusteigen.

97: **Statue des Pulquegottes (9. Jh. n. Chr.), aus Castillo de Teayo (Bundesstaat Veracruz), dessen Kult vermutlich von einer Volksgruppe der Tolteken in diesen Teil des Landes eingeführt wurde; beachten Sie auf der Stirn des Gottes die Glyphe „Zwei Kaninchen" (ome Tochti).

98: Statue einer Fruchtbarkeitsgöttin (Castillo de Teayo).

Maya – Saal. – 1: Reliefkarte, die die Orographie des Gebietes zeigt, in dem sich die Kultur der Maya entfaltete.

2: Dokumentation über die geographische Umwelt.

3: Skulptur von Cumpich, die eine Gestalt mit tätowiertem Gesicht und hypertrophem Geschlechtsorgan darstellt.

4: Stele 1 von Izapa (Bundesstaat Chiapas), die eine Gestalt auf einem Schlangenhaupt und über dem Wasser zeigt (etwa 200 v. Chr.; protoklassische Periode).

5: Dokumentation und modernes Fresko über die Flora des Maya-Landes.

6: **Türsturz 26 von Yaxchilán**, klassische Periode, mit der Darstellung einer Frau, die einem Würdenträger eine Maske oder ein Jaguarhaupt überreicht (datiert von 726).

7: ★★ **Stuckkopf aus Palenque** (klassische Periode; 450 – 750 n. Chr.)

8: **Stele von Jonuta** (Tabasco): Priester, der Vögel opfert (klassische Periode; 600–900 n. Chr.); der Priester kniet und trägt einen üppigen Kopfputz aus Papageienfedern und ein Phallussymbol auf der Brust.

9: **Eine Sammlung von Gegenständen**, die sämtliche Möglichkeiten der **Maya-Technologie** vorführt, insbesondere eine zapfenförmige Ausbuchtung der aus Obsidianschneiden gebildeten Äxte, die man häufig als Opfergabe am Fuße eines Altars oder einer Stele findet.

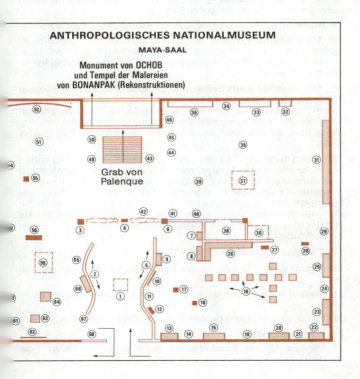

10: Gemälde von *E. Alvárez* mit den verschiedenen sozialen Schichten der Maya.

11: In Stuck modellierter * **Kopf** aus Comalcalco (klassische Periode; 200–900 n. Chr.).

12: * **Türsturz 53 von Yaxchilan**, auf dem ein Würdenträger (bzw. Priester) einer vornehmen Dame ein Szepter reicht (vermutlich 766; spätklassisch).

13: * **Figurinen** aus Terrakotta, von denen einige Spuren polychromer Bemalung zeigen. Die Figurinen dieser Vitrine stellen verschiedene Trachten, Frisuren und schmückendes Beiwerk dar, die von den Maya der klassischen Epoche, entsprechend ihrem sozialen Rang, getragen wurden. Beachten Sie die Gewebefragmente und, daneben, die Statuette einer Frau vor einem Webstuhl.

14: Stele 15 von Yaxchilán, 600 n. Chr., die einen Kriegsherrn mit einem Gefangenen darstellt (Symbol des Sieges).

15: Figurinen, Musikinstrumente; Dokumentation über religiöse Feiern.

16: * **Ornamental–„Tubus"** aus Terrakotta, der vermutlich einer Opfer- oder Weihrauchschale als Auflage diente; er ist mit Masken des Sonnengottes, Fabelwesen, Schlangen- und Vogelmotiven geschmückt.

17: * **Steinscheibe aus Chinkultic** (Chiapas), deren Durchmesser 55 cm beträgt und auf der ein Pelotaspieler mit kunstvoll gearbeitetem Federkopfputz, breitem Gürtel und Knieschutz dargestellt ist; einer der Arme ist bandagiert; rundherum eine Reihe von Hieroglyphen; weitere Hieroglyphen sehen Sie im Mittelfeld (590 n. Chr.).

18: In den in diesem Teil des Saales aufgestellten Vitrinen sehen Sie in der ersten eine * **polychrome Schale**, auf der eine Wildbretjagd dargestellt ist (Yucatán, klassische Periode); in der zweiten * **Figurinen** kauernder Gestalten und ein Gefäß in Gestalt einer Meeresschnecke, aus der ein Greis hervorkommt; in der Reihe der quergestellten Vitrinen sehen Sie eine * **polychrome Schale** von der Isla de Jaína (spätklassisch) und zwei * **polychrome Gefäße** aus Yucatán.

19: Türsturz 48 von Yaxchilán (534).

20: Figurinen aus Terrakotta, die Musikanten und Tänzer darstellen.

21: Türsturz 47 von Yaxchilán mit einer hieroglyphischen Inschrift (5. Jh. n. Chr.).

22: Vitrine, die der **Schrift** gewidmet ist; Figurinen und Kodizes.

23: Vitrine mit Zierrat.

24: Türsturz 18 von Yaxchilán, mit hieroglyphischen Motiven geschmückt.

25: ★★**Terrakottafigurinen** aus Jalna, Jonuta, Nebaj, usw. Auf der l. Seite sehen Sie zwei Pelotaspieler, die Schutzgürtel angelegt haben; r. sehr schöne Statuetten von der Isla de Jaine, darunter ein Würdenträger auf einem Thron, ein Priester mit ausladendem Kopfputz (die ursprünglichen Farben sind größtenteils erhalten) usw.

26: Türsturz von Campeche, vermutlich vom Ende der spätklassischen Periode.

27: Türsturz von Yaxchilán mit zwei sitzenden Gestalten.

28: Maya-Keramik, nach Zeitabschnitten geordnet, von der Entstehung bis zur spanischen Eroberung.

29: Türsturz 32 von Yaxchilán (vermutlich 756).

30: Urne bzw. **Brasero** aus Chinkultic, mit der Darstellung eines mythologischen Vogels, aus dessen Schnabel ein menschlicher Kopf hervorkommt; auf dem Rand des Gefäßes eine sitzende Figur.

31: ★**Böschenmauer** einer Pyramide aus dem Bundesstaat Campeche bzw. Quintana Roo, mit Stuckmotiven, die den Einfluß Teotihuacáns erkennen lassen. In der Mitte große Maske des Sonnengottes über einer Darstellung des Regengottes. An den Seiten Bilder des alten Feuergotts, der einen Brasero auf dem Kopf trägt; auf seinen ausgestreckten Händen die Glyphen Sonne (kin), Jaguar (balam) und Mais (imix).

32: Modell des Zeremonialzentrums von Uaxatún (Guatemala).

33: Modell des Zeremonialzentrums von Copán (Honduras).

34: Stele von Campeche, die eine reichgekleidete Gestalt mit kunstvoll gearbeitetem Kopfputz darstellt; unten r. eine kleine Figur in einem Motiv, dessen älteste bekannte Darstellung sich auf der Platte von Leyden befindet (spätklassisch ?).

35: Stele 18 von Yaxchilán (klassische Periode).

36: Modell von Yaxchilán.

37: Türsturz 54 von Yaxchilán (765 n. Chr.) mit der Darstellung eines Priesters, der von einer Frau eine Opfergabe erhält.

38: Skulptierte Steintafel aus dem Laubkreuztempel von Palenque; zwischen zwei Priestern, eine zum Gott erhobene Maispflanze, auf der sich ein Quetzal niederläßt; einer der Priester überreicht ein Bild des Regengottes Chac; neben der Maske des Sonnengottes die Inschrift 642 n. Chr.

39: Stele 51 von Kalakmul (Campeche), 731 n. Chr., auf der ein *halach uinic*, ein Priesterkönig in Kriegskleidung seinen Fuß auf einen besiegten Feind setzt.

40: Stele 10 von Yaxchilán (766 n. Chr.); oberer Teil.

41: Stele 10 (unterer Teil) zeigt einen reichgekleideten Krieger, den Gestalten in ehrfurchtsvoller Haltung umgeben.

(1) México (Stadt) und Umgebung 216

42: **Türsturz 58 von Yaxchilán** (756 n. Chr.); zwei Priesterkönige (halach uinic), die stolz ihr Szepter tragen.

43: **Türsturz 9 von Yaxchilán** (687 n. Chr.), mit zwei szeptertragenden Figuren.

44: **Türsturz 43 von Yaxchilán**, (772 n. Chr.), auf dem ein Priester eine Opfergabe oder eine Tributleistung entgegen nimmt.

45: **Türsturz 12 von Yaxchilán** (741).

46: **Türsturz 33 von Yaxchilán**.

Verlassen Sie den Saal und begeben Sie sich zur Nachbildung eines Bauwerkes aus Yucatán. Bevor Sie es erreichen sehen Sie l. eine *Nachbildung der skulptierten Stele E von Quiriguá* (Guatemala), die eine reichgekleidete Gestalt zeigt (das Original datiert von 771 n. Chr.).

Das Maya-Gebäude im Garten ist die aus einem Steinbruch von Yucatán stammende Rekonstruktion des **Monuments von Hochob** (Bundesstaat Campeche) im Chenes-Stil, der sich gegen Ende der klassischen Periode (zwischen 600 und 900) herausbildete und aus dem der Puuc-Stil entstand. Der Chenes-Stil ist durch die Verwendung von Steinplatten für die Fassaden gekennzeichnet, die wie zu einem Mosaik zusammengefügt erscheinen. Beachten Sie die große Maske des Regengottes Chac, dessen weit aufgerissener Rachen den Eingang zu einem Raum bildet, der ein Gewölbe trägt, das sogenannte falsche Maya-Gewölbe, für das man Steinplatten so aufstellte, daß sie einander überkragten. Auf beiden Seiten der Maske sehen Sie die Rekonstruktion eines primitiven Tempels in Gestalt einer Hütte; auf dem Dach die aus Gips geformte Maske eines Gestirngottes. Das Gebäude wird außen von einer eigenartigen, dekorativen Konstruktion aus zwei durchbrochenen Paneelen überragt, die sich – wie bei einem Kartenhaus – oben gegenseitig abstützen. R., nach etwa 20 m, **Rekonstruktion eines Tempels von Bonampak** (Chiapas), den Wandgemälde schmücken (ebenfalls Reproduktionen), die von Rina Lazo ausgeführt wurden. Beginnen Sie die Besichtigung mit dem am l. Ende gelegenen Raum.

Saal 1: Szenen einer religiösen Zeremonie mit prächtig gekleideten Priestern, über die von Dienern große Sonnenschirme gehalten werden. Begleitet von Musikanten führen maskierte Tänzer ein Ballett auf. Ein anderes Bild zeigt die Vorbereitungen der Priester, die sich für die Zeremonie ankleiden, während Diener Kopfputze aus Quetzalfedern bereithalten. Wieder auf einem anderen Bild sieht man ein Kind, vermutlich den Sohn des Priesterkönigs (halach uinic), der der versammelten Menge vorgeführt wird.

Saal 2: Kriegsszene und Szene von einer Gefangenenopferung.

Saal 3: Siegesfeiern; die Hauptperson wohnt der Zeremonie in einer Sänfte bei; man sieht vier junge Frauen bei der Selbstkasteiung, während das Fest mit den Darbietungen von Akrobaten, Tänzen und Konzerten seinen Höhepunkt erreicht.

Kehren Sie in den Maya-Saal zurück und steigen Sie die Treppe hinunter, die zum Untergeschoß führt. R. Kindergrab in Gestalt eines großen Tonkrugs. Gegenüber, Rekonstruktion eines ausgehobenen Grabes. R., in einer Vitrine, **Maske aus einem Jademo-**

saik mit Perlmuttinkrustationen der Augenhöhlen; Schmuck aus Jade, Halsketten, Ringe, aus Maya-Gräbern.
Beachten Sie das **Modell** der Zeremonialstätte von Palenque, ferner zwei in Stuck modellierte **★ ★ Köpfe** aus der Grabkammer des Priesterkönigs vom Inschriftentempel in Palenque. Sie stellen möglicherweise die Herrscher von Palenque dar. Besichtigen Sie anschließend die **Rekonstruktion der Grabkammer des Priesterkönigs** vom *Inschriftentempel* in Palenque.

Wieder im Saal:

49: Skulptur im Puuc-Stil, aus Oxkintok (spätklassisch, die eine dickbäuchige Figur, vermutlich einen Gott darstellt).

50: **Kopf** aus Kabah mit Tätowierung bzw. Vernarbung auf der l. Wange (Zeichen der Vornehmheit).

51: Skulptiertes **Architekturdetail aus Uxmal**, das zur Wahrsagerpyramide gehörte; im Rachen einer Schlange ist der Kopf eines Priesters dargestellt (Puuc-Stil).

52: **Wandmalerei** (Erschaffung des Maya-Menschen).

53: **Stele** aus Chiapas (spätklassisch).

54: **Architekturdetail aus Kabah** (Yucatán) im Puuc-Stil: stark stilisierte Maske des Gottes Chac, die ein unter dem Namen Codz Poop bekanntes Gebäude schmückte (Codz Poop bedeutet zusammengerollte Schlange, eine Anspielung auf die rüsselförmige Nase der großen Maske des Gottes Chac, die als Eingangsstufe in das Gebäude diente).

55: Skulptur aus Uxmal (Yucatán), die einen menschlichen Kopf mit einem Helm in Gestalt einer Schlange darstellt.

56: **Chac-mool-Skulptur** aus der Ruine des Venustempels in Chichén Itzá.

57: **Nachklassische Maya-Keramik**, darunter einige metallfarbene Exemplare, vermutlich in den Hochländern des S. (Salvador, Altos de Guatemala) hergestellt; feine Orangekeramik mit Ritzmustern, die ebenfalls eingeführt wurde, desgleichen die Alabastergefäße aus Ulúa (Honduras).

58: **Skulptur**, die ein menschliches Haupt im Rachen eines Tieres darstellt.

59: **Modell** der Zeremonialstätte von Tulum.

60: **★ Kultgegenstände** aus Chichén Itzá; drei Scheiben mit Mosaiken aus Türkisen, Pyriten und Perlmutt, die Xiuhcóatl (Feuer- oder Türkisschlange) darstellen; Äxte, die in einer Art Zapfen auslaufen, aus dünnen Obsidian- bzw. Silexschneiden, und deren Verwendungszweck noch ungeklärt ist; Schmuck und Figurinen aus Gold.

61: **Atlanten** *aus Chichén Itzá*, die im Tempel der Krieger den Altartisch trugen (900–1200 n. Chr.).

62: **Reproduktion eines Freskos** *aus Chichén Itzá* (Jaguartempel): Eroberung einer Maya-Siedlung durch toltekische Krieger.

(1) México (Stadt) und Umgebung 218

63: *Zeremonialurne, den Regengott Chac darstellend, mit einem Kopfputz aus Federn und Schlangenhaupt; in den Händen hält er ein kleines Gefäß mit Reinigungswasser und eine Kugel aus rauchendem Kopalharz; Spuren polychromer Bemalung (späte nachklassische Periode; 1250–1400); aus Mayapan (Yucatán).

64: Alabastergefäß mit einer menschlichen Maske (frühe nachklassische Periode).

65: Stele 5 von Sayil (Yucatán): reichgekleideter Priesterkönig (halach uinic) mit Szepter und rechteckigem Schild (Puuc-Stil; von 800–950 n. Chr.).

66: Keramik, spätklassisch, aus Yucatán.

67: Haupt einer Federschlange, Architekturdetail, vermutlich aus Chichén Itzá.

68: Jaguar, ein menschliches Herz verschlingend; Relief vom Adlertempel in Chichén Itzá.

Nordmexiko – Saal (s. Pl.).

1: Felszeichnungen aus vorspanischer Zeit, von *Nadine Prado* nach Originalen in den Trockengebieten Nordmexikos kopiert.

2: Dokumentation über die Kulturen Nordmexikos.

3: Geräte und Waffen, die zur Jagd und zum Einsammeln von wildwachsenden Früchten von den Ureinwohnern Nordmexikos benutzt wurden.

4: Dokumentation über **Kunst und Handel** (Tauschhandel) zwischen den Völkern Nordmexikos und jenen des Hochplateaus.

5: Eine Sammlung von Gegenständen, die die von den Ureinwohnern Nordmexikos praktizierten **Bestattungsriten** veranschaulichen.

6: Grabbeigaben, die neben den Körper des Verstorbenen gelegt wurden (Waffen, Werkzeuge, Stoffe usw.).

8: Hausrat, von den Indios in den Trockengebieten angefertigt; rudimentäres Mobiliar nomadisierender Jäger (Steinwerkzeuge zum Maismahlen, Gewebe, Waffen, wasserdichte Korbwaren, die man zum Kochen benutzte).

9: Keramik *aus Los Morales* (Bundesstaat Guanajuato), zeitgleich mit den ersten Phasen der Kultur von Teotihuacán.

10: Keramik aus San Miguel de Allende (Guanajuato); aus El Coporo (Guanajuato) Gegenstände aus Stein, Halsketten aus Knochen, Pfeifen, usw., die den Einfluß der Kultur von Teotihuacán und Westmexikos (Colima, Jalisco und Nayarit) belegen.
Im Tal des Río Laja (Guanajuato) befinden sich zahlreiche Stätten, deren Hügel Pyramiden, Ballspielplätze, Plattformen und Siedlungen bedecken, die zwischen dem Beginn u. Z. und dem 10. Jh. von Völkern errichtet wurden, die etwas später die toltekische Kultur entwickelten.

11: Keramik und **Steinwerkzeuge** aus El Tunal Grande (Bundesstaat San Luis Potosí).

12: Sammlung von Pfeifen, Steinwerkzeugen, Pfeilspitzen, Figurinen, Keramik, usw. aus verschiedenen Orten im N. des Bundesstaats Querétaro und dem Tal des Río Verde (San Luis Potosí), Gegenden, die ebenfalls dem Einfluß der Kultur von Teotihuacán, aber auch jenem der mexikanischen Golfküste (Land der Huaxteken und totonakisches Gebiet) ausgesetzt waren, wie dies die dort gefundenen Steinjoche und Palmas bekunden. Die in Mesoamerika seltenen Steinpfeifen sind in dieser Gegend häufig anzutreffen, ihre Herkunft aber muß man bei den Völkern suchen, die in den weiten Ebenen des S. O. der Vereinigten Staaten lebten.

13: Vitrine mit **Keramik** aus den Staaten Zacatecas und Durango, häufig mit stark stilisierten, anthropomorphen Motiven oder Tierdarstellungen geschmückt. Sie sehen Figurinen und einige sehr schöne in Cloisonné-Technik ausgeführte Gefäße.

14: Steingeschirr und **Dekorelemente** aus Stein von einem Gebäude, das den Einfluß des totonakischen Gebiets erkennen läßt.

15: Keramik, darunter drei sehr schöne Schalen der Hohokam-Kultur, die im Wüstengebiet des südl. Arizona und nördl. Sonora (Mexiko) entstand.

16: Keramik der Anasazi-Kultur (entwickelte sich auf den Hochplateaus von Arizona, Neu-Mexiko, Colorado und in Utah, in den Vereinigten Staaten).

17: Ausstellung über Casas Grandes, wo sich von 1000 bis etwa 1200 eine Zivilisation entwickelte, der eine Synthese der Kulturen von Mogollon, Hohokam und Anasazi gelang. Diese Vitrine enthält Gegenstände aus Perlmutt, aus Türkismosaiken, grünem, glänzend poliertem Schichtgestein, Keramik usw.

18: Keramik aus Casas Grandes; zahlreiche anthropomorphe bzw. mit menschlichen Masken geschmückte Gefäße.

19: Keramik aus Casas Grandes.

20: Modell einer Gebäudegruppe aus Casas Grandes mit mehrstöckigen Bauten.
Der hintere Teil dieses Saales ist der Konquista und der Kolonisierung Nordmexikos vom Beginn des 17. Jh. bis zum Ende des 19. Jh. gewidmet.

Westmexiko – Saal (s. Pl.). – **21:** * **Figurine aus Terrakotta** des sogenannten „Chinesco" Typs, die in einem Grab in Las Cebollas-Tequilitan (Nayarit) gefunden wurde und aus dem 3. Jh. n. Chr. stammt. Es handelt sich bei der meisterhaft modellierten Figur um die Darstellung einer in Indiomanier kauernden Frau.

22: Keramik aus Chupícuaro (Bundesstaat Guanajuato), archaische Epoche (Preclásico Formativo). Die zoomorphen Gefäße sind sehr zahlreich; sie stellen Hunde, Vögel, Schildkröten usw. dar.

23: Keramik aus El Opeño (Michoacán, r.) und aus San Jerónimo (Guerrero, l.), archaische Epoche (Preclásico Formativo), die man in freigelegten Gräbern fand, und zahlreiche Figurinen. Die aus El Opeño stimmen in einigen Merkmalen mit verschiedenen Typen überein, die zur selben Zeit im Tal von México entstanden sind.

24: Figurinen aus Chupícuaro, meist mit ziemlich flacher Form. Die Ge-

(1) México (Stadt) und Umgebung

sichtszüge (beachten Sie die schräggestellten mandelförmigen Augen) wurden aus Ton geformt. Einige der Figurinen zeigen Körperbemalungen.

24 a: **Figurinen** aus El Opeño (mittlere präklassische Periode; um 1300 v. Chr., nach einer in diesem Grab durchgeführten Radiokarbonuntersuchung).

25: **Keramik**, zwei- und mehrfarbig aus Chupícuaro; beachten Sie auch die zwei kleinen bemalten Figurinen.

26: **Rekonstruktion** eines Grabes von Chupícuaro, in welchem sich mehrere Skelette und Bestattungsinventar befanden.

27: ★ **Figurinen** der Kulturen von Colima, Jalisco und Nayarit, klassische Periode (Clásico Evolutivo Teocrático). Die Figuren geben uns einen Einblick in das Alltagsleben der Bewohner in diesem Teil Mexikos zu Beginn u. Z. Man sieht Frauen mit Kindern in den Armen, andere, die Mais auf einem „metate" zu Mehl verarbeiten, Träger; in Sänften getragene und auf Ruhebetten lagernde Vornehme; Modelle von Tempeln und Hütten; Musikanten, Akrobaten, Tänzer. Ferner Krieger, Pelotaspieler, usw.

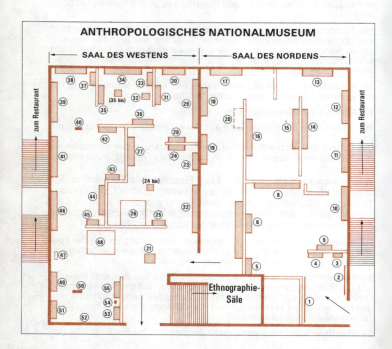

Anthropologisches Nationalmuseum

28: **Figurinen** aus Jalisco, r.; aus Nayarit in der Mitte der Vitrine und aus Colima l. Die Statuetten aus Jalisco sind im allgemeinen weiß bemalt bzw. weiß auf rotem Grund. Die dargestellten Personen kennzeichnet eine stark vorspringende Nase und ein Schädel mit stark verlängerten Proportionen. Die aus Nayarit stammenden Figuren sind häufig polychrom bemalt, die aus Colima einfarbig. Zuweilen weisen die Terrakottafiguren aus Colima eine schwarze Körperbemalung auf. Die Augen und der kaffeebohnenförmige Mund sind aus Ton geformt.

29: * **Große Figurinen** und Keramik aus Colima (klassische Periode). Sie sehen Figuren der berühmten fast haarlosen Hunde, von Enten, Schildkröten, Fischen, Vögeln, sowie Dreifußgefäße. Sämtliche Gegenstände fand man ausschließlich in Gräbern, was vermuten läßt, daß sie eventuell nur für die Ausübung eines Totenkults hergestellt wurden.

30: **Keramik** mit cloisonnéartigem Dekor, den man mit Hilfe von Farbmischungen erzielte, die mit Kopal- oder einem anderen Harz fixiert wurden.

31: Anthropomorphe und zoomorphe **Figurinen** aus der klassischen Periode.

32: * **Figurine** einer mißgebildeten Gestalt (Colima).

33: **Große Figurinen** aus dem Staat Jalisco (klassische Periode).

34: * **Polychrome Figurinen** aus dem Bundesstaat Nayarit (klassische Periode), häufig mit karikaturistischen Zügen.

35: * **Große Hohlfiguren** aus Jalisco und Nayarit.

35 a: * **Statuette eines Pelotaspielers.**

36: **Figurinen** aus Jalisco, Colima und Nayarit; Weihrauchgefäße aus Stein zum Abbrennen von Kopal- und anderen Harzen, Masken usw. Beachten Sie das Gefäß in Gestalt eines haarlosen Hundes mit menschlichem Gesicht.

37: Vitrine, die mit Gegenständen im teotihuacanischen bzw. olmekischen Stil zeigt, die aus dem Tal von México und dem Zentralen Hochplateau kommend auf Westmexiko einwirkten, insbesondere auf das Gebiet von Mezcala (Guerrero), Colima, San Gregorio (Michoacán) und die Ciudad Altamirano (Guerrero). Der Einfluß Nordmexikos ist wesentlich geringer, in bestimmten Gebieten aber unverkennbar, insbesondere in Chalchihuites (Bundesstaat Zacatecas) und in San Gregorio (Michoacán), vor allem bei der Keramik.

38: Vitrine, die der **Steinbearbeitung** in der klassischen Periode (Clásico Formativo) gewidmet ist, vor allem im Gebiet von Mezcala (Guerrero), wo man hauptsächlich Jadeit, Serpentin und andere echte Steine verarbeitete (200 v. Chr. – etwa 800 n. Chr.). Im l. Teil der Vitrine sehr schöne Steinmaske und eine große Schale, ferner Äxte in Gestalt von stark stilisierten menschlichen Gesichtern.

39: Gegenstände aus dem Río Balsas-Becken: Muscheln, ein Dreifußgefäß aus Alabaster, Keramik usw.

40: **Stele von Acapulco** mit grob gearbeitetem Relief auf einer Seite.

(1) México (Stadt) und Umgebung

41: Vitrine, die der Kultur des Gebietes von Apatzingán (Michoacán) gewidmet ist, klassische und nachklassische Periode: Figurinen im toltekischen Stil, Schmuck aus Knochen und Muscheln, schöne polychrome Dreifußgefäße.

42: Verhältnismäßig plumpe **Keramik** mit geometrischen Mustern bzw. Zeichnungen geschmückt, verschiedene Objekte aus der nachklassischen Kultur des Guerrero.

43: Keramik, polychrom.

44: Keramik des Sinaloa (800–1200), nachklassisch.

45: Eine **Sammlung von Gefäßen**, gelegentlich mit menschlichen Masken auf dem Bauch oder Rand des Gefäßes; Figurinen mit schräggestellten Augen und flachgedrückter Form, charakteristisch für den Bundesstaat Nayarit, woher alle diese Gegenstände kommen; einfarbig und mehrfarbig bemalte Gefäße usw.

46: Miniaturkeramik, glänzend polierte Tonware, darunter zahlreiche Dreifußgefäße, Gefäße mit langem Ausgußschnabel, Pfeifen aus Terrakotta aus taraskischem Gebiet (Michoacán; nachklassische Periode).

47: Thron in Gestalt eines Koyoten (taraskische Kultur); dahinter, Reproduktion des *Lienzo de Jucutacato*, Gemälde aus dem 16. Jh., das wie die Kodizes die Wanderung einer Gruppe von Goldschmieden aus dem Golfküstengebiet ins Reich der Tarasken kommentiert.

48: Modell der Plattform und der Yácata (Stufenpyramide) von Tzintzuntzan (taraskisches Reich).

49: Vitrine, die der taraskischen Technologie gewidmet ist: Bearbeitung von Metall (Kupfer, Gold, Silber), Obsidian, Perlmutt, Pyrit, Silex, Türkisen.

50: * **Chac-mool-Statue** aus Ihuatzio (Michoacán), ziemlich grob bearbeitet.

51: Sammlung von Pfeifen, Gegenstände aus Metall und Obsidian aus taraskischem Gebiet. In der Vitrine r. Kupfermaske einer mit Xipe identifizierten Gottheit, Göttin der Vegetation aber auch der Goldschmiede.

52: Wandgemälde von *Pablo O'Higgins*: eine Zeremonie auf der Plattform von Tzintzuntzan.

53: Vitrine mit **Zierat**: Halsketten, Armbänder, Ringe, Ohrenschmuck aus Bergkristall, Perlmutt, grünem Stein, Türkisen und Metall aus dem Gebiet von Apatzingán bzw. der Umgebung von Pátzcuaro (Gebiet der Tarasken, bzw. der Purépecha).

54: Statuette aus Stein, einen Koyoten darstellend.

55: Schmuck aus Gold, Silber und Kupfer, gefunden in Lo Arado (Bundesstaat Jalisco).

** **Nationalmuseum für Ethnologie** (s. Pl.). – Der Saal der Kulturen Westmexikos beendet die der Anthropologie gewidmete Ausstellungsserie. Die **ethnologische Ausstellung** finden Sie im ersten Stock. Es empfiehlt sich, den Rundgang mit dem rechten Flügel zu beginnen (hinter der Eingangshalle, vom Innenhof aus).

Einführung in die Ethnologie – Beginnen Sie die Besichtigung auf der r. Seite und gehen Sie entgegen dem Uhrzeigersinn vor. Sie sehen Figurinen aus Terrakotta, die verschiedene physische Typen verkörpern. Dokumentation über die Linguistik, die Demographie. – Vitrine über Textilien und Farbstoffe. – Dokumentation über das Siedlungswesen. – Gegenstände, die sich auf den Ackerbau beziehen (beachten Sie den ausgehöhlten Magueystumpf, einen *mezontete*, der zur Aufbewahrung von Maiskörnern diente). – Verschiedene Typen mexikanischer Häuser. – Maissilo aus Tetelzingo, das die Form der vorspanischen Maisscheuer (*cuezcomatl*) beibehalten hat. Vitrinen, die dem Fischfang, der Jagd, der Ernährung, dem Kunsthandwerk gewidmet sind. Die anschließende Vitrine birgt Gegenstände, die den menschlichen Lebenszyklus veranschaulichen, dann Ausstellungen, die dem Tod, der Religion, der Magie, dem Tanz und der Musik gewidmet sind.

Coras und Huicholes – Saal – Beginnen Sie die Besichtigung auf der r. Seite und setzen Sie den Rundgang gegen den Uhrzeigersinn fort. Auf Diapositiven sehen Sie einige von den Coras und den Huicholes bewohnte Landschaften (Gebirgsgegenden). – Dokumentation über die Wirtschaft, den Fischfang, die Jagd; Miniaturmodell einer Huicholes-Hütte. – Vitrinen über Feste und Zeremonien. – In einer Rotunde, Sammlungen, die magischen und religiösen Riten sowie den Göttern der Huicholes gewidmet

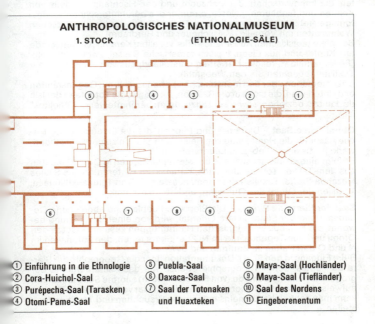

(1) México (Stadt) und Umgebung

sind. – Dioramas, die die Zeremonie des gerösteten Maises zeigen; Vitrine, die dem Zeremonialzentrum von Ocota gewidmet ist; Miniaturmodell eines Tempels mit Strohdach, der zahlreiche Opfergaben birgt; unter dem Portikus und vor dem Tempel Puppen in Huicholes-Trachten.
Vitrine über die Peyotl-Pflanze mit einigen Exemplaren des halluzinogenen Gewächses, auf dessen Suche die Huicholes bis in den Bundesstaat San Luis Potosí pilgern. – Ausstellung über das Kunsthandwerk der Huicholes (Wollstoffe, Zierrat aus Perlen, Gürtel, Taschen usw.). – Vitrine über das Alltagsleben – Photographien, Instrumente, kunsthandwerkliche Erzeugnisse, usw.

Purépecha – Saal – Beginnen Sie die Besichtigung auf der r. Seite: Photographie, die die drei wichtigsten Landschaftstypen des taraskischen Landes zeigt, die Berge, das Tal und die Küstengebiete, in denen die Purépecha leben. Anschließend Dokumentation über die geographische Umwelt, die Purépecha-Sprache, die mit der maya-totonakischen Sprachgruppe verwandt ist, und über die Geschichte. In einer Vitrine einige Kleidungsstücke der taraskischen Tracht (u. a. ein Quechquémitl; ein Poncho, den man über die Schultern streift), alte Masken, Lacktruhen usw. In der Mitte dieser Abteilung, Puppen, die in die traditionelle Tracht der Tarasken gekleidet sind. Photographien über die Kolonialarchitektur dieses Gebietes.
Dokumentation über die Nutzung der Wälder, die Entenjagd in den Sümpfen, die Landwirtschaft, die Viehzucht und den Fischfang; Modelle von Kähnen und Einbäumen; Netze, darunter das berühmte schmetterlingsförmige Netz; Miniaturmodelle bzw. Rekonstruktionen von taraskischen Wohnstätten mit Vorhalle, Maisscheuer und Herdraum.
Beispiele taraskischen Kunsthandwerks, vor allem Keramik, Gegenstände aus Kupfer und aus Eisen, typisch taraskische Sessel, zwei prachtvolle „Federgemälde", religiöse Themen darstellend, aus vorspanischer Zeit; Textilien (beachten Sie den Webstuhl).
Dokumentation über den menschlichen Lebenszyklus mit Gegenständen und Unterlagen, die sich auf die Religion, die Magie, die Totenfeier der Isla de Janitzio beziehen, sowie auf Tänze, deren berühmtester der „Viejitos" ist.

Otomí-Pame Saal – Dioramas und Puppen, die die Erzeugung der Magueyfaser für die Herstellung von Seilen und Stoffen zeigen. Kunsthandwerk: Korbwaren, Web- und Lederarbeiten.
Es folgt eine kleine Hauskapelle der Mazahua. Puppen in Otomí-Trachten aus dem Tal von Toluca-Ixtlahuaca, Keramik. Im Hintergrund des Saales Mazahua-Stoffe, Textilien der Otomí aus dem Tal von Toluca-Ixtlahuaca, Textilien der Otomí des Querétaro und deren Keramik.

Saal der Sierra de Puebla – Die Sierra de Puebla, eine abgelegene Gebirgsgegend der Sierra Madre Oriental, wird von einer Bevölkerung bewohnt, die sich aus vier ethnischen Hauptgruppen zusammensetzt: den Otomí und den Tepehua, die im NO der Sierra leben, den Totonaken im N und O den Nahua im Zentrum und SW.
Beim Eingang in den Saal r. Dokumentation über die Geographie der Sierra de Puebla, deren Topographie ebenso wie das Klima aufgrund der großen Höhenunterschiede (von 500 bis 2.500 m) enorme Schwankungen aufweist. Ungeachtet dieser Unterschiede und der verschiedenen Rassen kann man zahlreiche Gemeinsamkeiten in Brauchtum und Tradition feststellen.

Dokumentation über den sozialen Aufbau, die Bevölkerung, die Wirtschaft (vor allem die Landwirtschaft), die Religion und die Magie. Modell einer Otomí-Hütte mit Schilfdach. Mexikanische (Nahua-), Tepehua- und Totonaken-Behausungen. Textilien und Hausrat. Puppen in Kostümen des in verschiedenen totokanischen– und Nahuadörfern praktizierten Negritotanzes (I. sehen Sie einen als Frau verkleideten Mann, der die Malinche darstellt). In einer der Kunst und dem Kunsthandwerk gewidmeten Vitrine, Gegenstände aus Pappmaché, ausgeschnittenem Papier, usw. Am Ausgang des Saales, Puppe im Kostüm des Quetzaltanzes.

Oaxaca – Saal, Zapotekische Abteilung – Gegenüber des Eingangs, Puppen in Volkstrachten. Daneben Vitrine mit Trachten des Isthmus von Tehuantepec. Dokumentation über die Linguistik und die Demographie des zapotekischen Gebietes.
Karren auf Holzrädern; Vitrinen, die dem Ackerbau, dem Fischfang, dem Kunsthandwerk, dem menschlichen Lebenszyklus, dem sozialen Aufbau, der Religion gewidmet sind.
– Wichtigste Erzeugnisse des zapotekischen Kunsthandwerks: schwarze Keramik aus Coyotepec, Serapes aus Teotitlán del Valle, grüne Glaskeramik aus Atzompa, Töpfe aus rotem Ton aus Ocotlán, Rebozos aus Mitla, wo man auch Wollstoffe auf Webstühlen herstellt, die seit der Kolonialzeit unverändert sind.
Kräuterkunde, die Musik, der Tanz.
Dokumentation über die verschiedenen Stämme Oaxacas: Mixe, Chinanteken, Cuicateken und Mazateken; Photographien, Karten, Fischfanggeräte (Netze, Einbaum). – Die Wissenschaft, die Magie, der Tanz.
Mixtekische Abteilung: Hausrat, Puppen in Trachten aus dem oberen und unteren Land der Mixteken und der Pazifikküste, Gegenstände aus Palmfasern, Kunsthandwerk (Stoffe, Keramik, Silberschmuck, Holzarbeiten, Korbwaren, usw.), die Jagd und der Fischfang, der Ackerbau, heidnische Riten. – Der soziale Aufbau der Mixteken; die Musik und der Tanz.

Saal der Totonaken und Huaxteken – **In der totonakischen Abteilung**, (I.): Webstuhl, Stoffe, Kleidung, Bambushütten, Musikinstrumente, Spielzeug aus Keramik, Hauskapelle mit Opfergaben; der Tanz (der Negritos; der Guaguas, der an den Volador erinnert; der Mauren und Christen; des Volador; der St. Jakobs-Ritter).
In der den Huaxteken gewidmeten Abteilung: Photos von charakteristischen Landschaften des huaxtekischen Gebiets. R., Zapupe (Agavenfaser-) Erzeugung mit Puppen; Korbwaren; Keramik; der Tanz (Musikinstrumente: Trommel, Violine, Gitarre, Indioharve); die Zeremonie des neuen Maises; gegenüber, huaxtekische, meist reichbestickte Trachten.

Maya – Saal – R., Bambushütte der Chontales-Indianer, mit Palmblättern bedeckt; Photographien über die Tiefebenen.

Abteilung der Chontales, ein in den sumpfigen, feuchtheißen Niederungen lebendes Maya-Volk, in deren Gebiet das Boot ein unerläßliches Kommunikationsmittel darstellt. Hausrat: Metates aus Stein (zum Maismahlen), Herdräume, Keramik, Kalebassen, Korbwaren, Hängematten aus Ixtlefaser usw.

Abteilung der Lacandones: Technologien (Pfeile, Webstühle, Spinnrokken), die Musik, die Religion usw.

Abteilung der Choles: Technologie (Waffen, Werkzeuge, Textilien usw).

(1) México (Stadt) und Umgebung 226

Maya-Abteilung: Diorama einer Ackerbau-Zeremonie (Anrufung des Regengottes, lt. einer im Dorf Chan Kon, Yucatán, erhaltenen Auskunft); der soziale Aufbau, die Bevölkerung; mit Palmblättern bedeckte Laubhütten aus den Niederungen; die Wirtschaft (insbesondere die Landwirtschaft), die Sisalerzeugung, Basisprodukt der Wirtschaft Yucatáns. –
Dokumentation (Karten, Graphiken, Photographien usw.) über die Hochländer, die Linguistik, die Demographie, die Vorgeschichte.

Abteilung der Tzeltales und Tzotziles: Hütte mit Mobiliar, politisch-religiöser Aufbau; Puppen in Tzeltales- und Tzotziles-Trachten. Der Ackerbau, die Jagd und der Fischfang, Verarbeitung von Palmfasern, Holz und Ixtle (Agavenfaser), Textilien; der Karneval (Kostüme, die Tzeltales und Tzotziles trugen, um den Karneval zu feiern). Gegenüber die auf Christentum und lokalen heidnischen Glauben begründete Religion. – Dokumentation über die Tojolabales und die Mames.

Nordmexiko – Saal – Die Technologie der Seris (Werkzeuge und Gerätschaften für den Fischfang und die Jagd, zur Herstellung von Korbwaren, Trachten usw.) – Dokumentation über die Tarahumaras.

Der letzte Saal des Nationalmuseums für Ethnologie beschäftigt sich mit dem „Eingeborenentum" und zeigt einige der schönsten Beispiele des mexikanischen Kunsthandwerks.

Die **Nationalbibliothek für Anthropologie**, vormals Bibliothek des Nationalmuseums, die 1831 von Lucas Alamán gegründet, aber erst unter der Regentschaft Kaiser Maximilians verwirklicht wurde, birgt wertvolle Manuskripte und Kodizes.

☞ Um das Schloß von Chapultepec auf direktem Weg zu erreichen (zu Fuß oder per Taxi) durchqueren Sie am besten den Park gegenüber dem Museumseingang und biegen dann nach l. in die Gran Avenida ein. Sie kommen durch die Calzada del Cerro, wo Sie r. einige erhaltene Bögen des **Aquädukts von Chapultepec** aus der Kolonialzeit sehen. Dieses Aquädukt, das eine von den Azteken erbaute Wasserleitung ersetzte, führte das Wasser der am Fuß des Cerro (Hügel) von Chapultepec entspringenden Quelle in die Hauptstadt. Diese Quelle speiste auch die Moutezuma zugeschriebenen Bäder im S.O. des Hügels von Chapultepec.

☞ **Variante vom Museum zum Schloß von Chapultepec** – Dieser Weg ist wesentlich länger und in der Hauptsache dazu vorgesehen, verschiedene Ansichten des Parks von Chapultepec kennenzulernen. Er ist für diejenigen gedacht, die sich dafür mindestens eine bis eineinhalb Stunden Zeit nehmen können (und dazu ein Auto benutzen).
Der Paso de la Reforma führt l. am **Auditorio Nacional** (Pl. III B1) vorbei, einem riesigen Theater mit 13.000 Plätzen, wo auch Ausstellungen stattfinden. Etwas weiter erstreckt sich das Marsfeld, **Campo Marte**, auf dem Militärparaden abgehalten werden.
Den **Periférico** (sechsspurige Umgehungsstraße) unter sich lassend, biegen Sie nach l. in den **Nuevo Bosque de Chapultepec** ein (Pl. III, A3), wo Sie an einem See (Rudermöglichkeit) vorüberkommen und wo sich die **Fuente Lerma** (Pl. III A3) befindet, ein gewaltiger Springbrunnen mit Kieselsteinmosaiken und einem **Unterwassergemälde** von *Diego Rivera* (im

Mittelfeld), dem **Naturhistorischen Musueum** (Pl. III A3), dem **Technischen Museum** (unweit der Russischen Berge) und dem **Pantheon der berühmten Persönlichkeiten**. Sie kommen jetzt in den alten Teil des Parks zurück, indem Sie den Periférico erneut so überqueren, daß Sie an der alten Mühle, **Molino del Rey** (Pl. III B2) vorbeikommen. Biegen Sie nach der Kaserne l. ab, wobei Sie r. den Präsidentenpalast **Los Pinos** (Pl. III B3) hinter sich lassen.

▶ Die Av. Molino del Rey, eine Verlängerung der Av. Lira, führt in Richtung **Observatorio Meteorologico** (Pl. I, B4), das die im Tal von Mexiko auftretenden seismologischen und meteorologischen Erscheinungen registriert (*Öffnungszeiten:* 8 bis 15 Uhr; Lichtbildervortr. Sa. 10 Uhr).

☞ Die **Gran Avenida**, in die Sie l. einbiegen, führt l. am **Botanischen Garten** und dem **Zoo** (Pl. III B/C1) vorbei, r., an der **Calzada de los Filósotos**, einem schmalen Weg, der durch einen der schönsten Abschnitte des Parks führt. Er ist gesäumt von prachtvollen *ahuehuetes*, deren Äste über und über von Flechten bedeckt sind. R., in der Nähe eines kleinen Teiches, befindet sich der *Netzahualcóyotl-Brunnen* (Pl. III, C 2) mit einem Relief, das die Namensglyphe des berühmten Königs und Dichters von Texcoco trägt.

▶ **★ Schloß von Chapultepec** (Pl. III, C/D1) – Auf der Calzada (Pl. III, D1), gelangen Sie auf den Hügel von Chapultepec, den Heuschreckenhügel, wo sich mehrere aztekische Ruinen befinden (vom Eingangsgitter aus verkehren alle 15 Minuten Minibusse).

Am Osthang der teilweise senkrecht abfallenden Felswand fand man die Reste von Porträts, die aztekische Herrscher vermutlich während der zwei oder drei Jahrzehnte, die der Konquista vorausgingen, in den Stein meißeln ließen. Sie wurden 1539 auf Anordnung von Juan de Zumárraga, dem ersten Bischof von México zerstört. Die wenigen noch sichtbaren Fragmente gehören vermutlich zum Porträt von Moctezuma II. (1502–1520), der es 1519 in Auftrag gegeben haben dürfte. Der in ganzer Gestalt dargestellte König war in die Tracht des Gottes Xipe gekleidet; sie bestand aus einem Hemd aus rosa Reiherfedern, Symbol für die Haut eines Geschundenen, einem Schurz aus Quetzalfedern und einer Krone aus Reiherfedern. Diese Aufmachung wurde durch einen Schild mit drei Feldern vervollständigt, ebenfalls ein Symbol des Gottes, und einer Rückendevise in Gestalt einer vergoldeten Trommel. Der „Lienzo de Tlaxcala", ein indianisches Gemälde, zeigt einen Krieger, der auf seinem Rücken eines dieser eignartigen Gebilde – eine Reiherdevise – trägt, ungeachtet der daraus bei Kämpfen entstehenden Schwierigkeiten. Der Krieger war damit dem Schutz des durch sein Symboltier verkörperten Stammesgottes unterstellt. In der Nähe dieser Überreste befinden sich noch verschiedene Symbole und drei Daten.

Noch vor dem Eingangsgitter zum Schloß kommen Sie am **Museum „Kampf des mexikanischen Volkes für die Freiheit"** (*Öffnungszeiten:* tgl. von 9 bis 18 Uhr; Eintritt frei) vorbei, wo anhand von Diaramen, Modellen usw. die wichtigsten Episoden der Geschichte Mexikos kommentiert werden. Im „México Independiente"-Saal, **Fresko** von *Juan O'Gorman;* im „Constitucionalismo"-Saal ein **Gemälde**, das den Anführer der Konstitu-

(1) México (Stadt) und Umgebung

tionalisten, Venustiano Carranza, zeigt, portraitiert von *Gonzáles Camarena*; im „Revolución"-Saal ein von *David Alfaro Siqueiros* von 1966–1967 geschaffenes **Fresko**.

Etwa einhundert Meter vom Museum entfernt, großer Platz vor dem **Schloß** (herrlicher Blick auf México), das ab 1785 vom Conde de Gálvez errichtet wurde, um den Vizekönigen von Neuspanien als Sommersitz zu dienen. Es wurde an der Stelle der Sommerresidenz der aztekischen Herrscher und einer im Jahre 1554 vom Vizekönig Luis de Velasco gebauten Eremitage errichtet.

1841 wurde der Palast in eine Militärschule umgewandelt, deren Kadetten den Truppen des Generals Winfield Scott bei ihrem Einmarsch in Mexiko (1847) erbitterten Widerstand leisteten. 1863–1864 wurde es mit großem Kostenaufwand umgestaltet, um Kaiser Maximilian als Residenz zu dienen. Das Schloß wurde dann 1881 von Präsident Manuel Gonzales erneut restauriert. Im Jahre 1884 machte es Porfirio Díaz zu seiner Sommerresidenz. Danach beherbergte es verschiedene staatliche Dienststellen und diente mehreren Präsidenten als Wohnsitz, u. a. auch Francisco Madero, der es 1913 auf Anordnung von General Huerta verlassen mußte, um vor ein Exekutionskommando gestellt zu werden. Im Jahre 1940 schließlich wurde es in ein historisches Museum umgewandelt, das jedoch erst 1944 eröffnet wurde.

Beginnen Sie mit der Besichtigung des Schlosses und des **Nationalmuseums für Geschichte** im Erdgeschoß.

Öffnungszeiten: Di.–Sa. von 9 bis 17.30 Uhr; So. von 10 bis 13.30 Uhr.

Im Hof, nach der Eingangshalle, spanische Kanonen aus dem Fort San Juan de Ulúa in Veracruz, aus der Zeit der französischen Intervention und des Kaiserreichs. Steinwappen des Kaziken von Tacuba.

Saal 1 (*Vorgeschichte der spanischen Konquista*): eine Sammlung präkolumbischer Gegenstände, Kodex-Reproduktionen usw.

Saal 2 (*Die Konquista*): Waffen aus der Zeit der Konquista; Gemälde, größtenteils aus dem 18. und 19. Jh., mit der Darstellung von Episoden aus der Konquista (angeblich aus der Zeit der Konquista stammendes auf Brokat gemaltes Banner, 16. Jh.). Ein von *Jorge Gonzales Camarena* gemaltes Fresko symbolisiert die Verschmelzung der indianischen mit der spanischen Kultur des 16. Jh. Das Porträt von Cortés ist eine Kopie des im Hospital Jesús in México-Stadt aufbewahrten Originals. Der mit zwölf Szenen von der Einnahme Tenochtitláns durch die Spanier bemalte Wandschirm stammt vom Ende des 17. Jh. und befand sich im Besitz der Herzöge von Moctezuma, d. h. der Nachkommen des aztekischen Tlatoani (König), der Cortés am 8. November 1519 empfing.

Saal 3: Dokumente, Pläne und Karten aus der Zeit der spanischen Herrschaft, die die Entwicklung der Stadt México zeigen. Einer der Pläne wird Cortés zugeschrieben, ein anderer (1555) Alonso de Santa-Cruz.

Saal 4 A und 4 B (*Säle des Vizekönigtums*): im ersten Reiterporträt des Conde de Gálvez (1976; *Pater Pablo de Jesús;* weiße Arabesken auf schwarzem Grund); Porträtsammlung.

Im zweiten Saal Porträts der Vizekönige von Neuspanien, der spanischen Könige (meist Kopien), darunter das Porträt Philipps IV., das von *Mateo Herrera* nach einem Original von Velásquez (Prado) angefertigt wurde; Holztruhe, 18. Jh., mit chinesisch inspiriertem Dekor (Mexiko).

Schloß von Chapultepec

Saal 5 (*Saal der Unabhänigkeit*): Erinnerungsstücke an den Unabhängigkeitskrieg und seine Helden: Miguel Hidalgo, Ignacio Allende, Morelos, Guerrero u. a. Das Wandgemälde wurde 1961 von *Juan O'Gorman* ausgeführt: die erste Gruppe stellt den Zustand Mexikos am Ende der Kolonialzeit dar; die zweite Persönlichkeiten, die in Schriften und Taten die Befreiung Mexikos förderten; die dritte Miguel Hidalgo inmitten seiner Befreiungsarmee und die vierte verschiedene Anführer des Unabhängigkeitskrieges und die Abgeordneten des Kongresses von Chilpancingo.

Saal 6 (*Das unabhängige Mexiko*): im ersten Teil Porträt von Agustín de Iturbide, der sich am Tage nach der Befreiung zum Kaiser von Mexiko ausrufen ließ (ein Gemälde zeigt die Krönungszeremonie in der Kathedrale von México City am 21. Juli 1822); Porträts von mexikanischen Politikern und Staatspräsidenten. Im zweiten Teil Gemälde und Dokumente, die sich auf die mexikanische Reform beziehen. Ein 1948 von **Orozco** geschaffenes **Wandgemälde** trägt den Titel „Juárez und die Reform." Der dritte Teil befaßt sich mit der französischen Intervention und dem Kaiserreich unter Maximilian: Gemälde von Schlachten, Porträts von Maximilian von Habsburg und Kaiserin Charlotte (1865, München); von Napoleon III. und Kaiserin Eugénie (*Clavé*).

Saal 7 (*Porfiriat*): 1967 wurde das Mobiliar aus der Zeit von Porfirio Díaz durch einen Brand zerstört.

Saal 8: Fahnen und Porträts mexikanischer Generale.

Saal 9 (*Die Mexikanische Revolution*): Andenken an die mexikanische Revolution und ihre Hauptprotagonisten: Madero, Pino Suárez, Venustiano Carranza, Pancho Villa, Emiliano Zapata, Alvaro Obregón usw. **Fresken** von **Siqueiros**, die sich auf die Revolution beziehen. Das Gemälde mit dem Titel „Vom Porfiriat zur Revolution" wurde vom Künstler 1957 begonnen und 1964, nach seiner Rückkehr aus dem Gefängnis, beendet. Es vereint die großen Akteure der mexikanischen Revolution, daneben aber auch Bakunin (l.), Marx, das „Kapital" in Händen haltend, Louise Michel im Profil vor einem mit Leichen übersäten Hintergrund in einer Wüstenlandschaft.

Gehen Sie aus Saal 9 zurück in die Halle und steigen Sie die *monumentale Treppe* hinauf (Wandgemälde, die die Einnahme von Puebla am 2. April 1867 durch General Porfirio Díaz zeigen und eine Allegorie der mexikanischen Revolution von *E. Solares*; 1933).

Saal 10 (*Religiöse Kunst*): Gemälde, die hauptsächlich aus dem 17. und 18. Jh. stammen; Kirchenmobiliar, geschnitzte Stühle aus dem 18. Jh., Kanzel des 17. Jh. usw.

Saal 11 (*Saal der Malachite***)**: Werkstücke aus Malachit (Gefäße, Brunnen), Uhren, Porzellan aus Sèvres und Meissen, Bronzestatuen, Mobiliar u. a. aus dem 19. Jh.

Saal 12 (*Ikonographie des 18. Jh.*): Porträts, Sessel des 18. Jh., chinesische Keramik.

Saal 13 (*Gemälde und mexikanische Keramik*): Keramik des 18. und 19. Jh. aus Puebla, Guanajuato und México City; Porträts hochgestellter Persönlichkeiten, von mexikanischen Künstlern des 18. Jh.

Saal 14 (*Kunstgewerbe*): Verschiedene Gegenstände, darunter „Steigbügel eines Konquistadors", 18. Jh.; Arbeiten aus Metall, Holz, Lack, Elfenbein, Textilfasern und Leder, 18. Jh.

(1) México (Stadt) und Umgebung 230

Saal 15 (*Kleidung*): Trachten der gehobenen mexikanischen Gesellschaft des 18. und 19. Jh., Möbel aus der gleichen Zeit, Porträts.

Saal 16 (*Numismatik*): Münzen aus der Sammlung Karls III. von Spanien, bereichert durch die Sammlung von Ramón Alcazár, die eher der zeitgenössischen Numismatik gewidmet ist.

Saal 17: Medaillons, Elfenbeinschmuck, Fächer, Kämme, Goldschmuck, Emaillearbeiten aus Limoges (16. bis 19. Jh., Vitrine XV), Schachspiele, Uhren.

Saal 18 (*Die bildenden Künste im Mexiko des 18. und 19. Jh.*): Gemälde, das die Plaza Mayor (Zócalo) in México City am Beginn der zweiten Hälfte des 18. Jh. zeigt; Keramik aus Puebla und Guanajuato, Möbel, Lithogravüren der mexikanischen Hauptstadt im 19. Jh.

Am Fuß der Treppe im Erdgeschoß geht es nach links.

Saal 19 (*Historische Karrossen*): Wagen **1** und **2** gehörten Benito Juárez; er benutzte sie für seine häufigen Reisen in den N des Landes zur Zeit der französischen Invasion in Mexiko. Die von Cesare Sala in Mailand hergestellte Prunkkutsche (**8**) wurde zweimal von Kaiser Maximilian und Kaiserin Charlotte benutzt. Alltagskutsche (**11**) des Kaisers und der Kaiserin.

Anschließend gelangen Sie in den **Alcazar**, d. h. in jenen Teil des Schlosses von Chapultepec (neuklassisch), in dem Maximilian und Charlotte residierten und später Porfirio Díaz und verschiedene andere mexikanische Staatspräsidenten. **Saal 9**, der chinesische Salon, ist mit chinesischen Teppichen und Seidentapeten ausgestattet. **Saal 25**, im ersten Stock, war Empfangssalon der Botschafter; Teppich aus Aubusson (mit Park und Hügel von Chapultepec), chinesisches und japanisches Porzellan des 18. und 19. Jh.

Von den **Terrassengärten des Alcazars** hat man eine einmalige ★★ Sicht. Sie können von dort aus die ganze Stadt überblicken, über der die beiden Vulkankegel des Popocatépetl und des Ixtaccuhuatl aufragen.

★ **Museum der Modernen Kunst** (Pl. **III**, D1) – Die Sammlung ist in einem harmonischen, lichtdurchfluteten Gebäude untergebracht, das sich hervorragend in die Landschaft einfügt und für die dort gezeigten Ausstellungen den idealen Rahmen bildet. Im Park, der das Museum umgibt, bemerkenswerte Sammlung moderner Plastiken.

Öffnungszeiten: Di – So von 10 bis 17 Uhr.

Die Wechselausstellungen lösen einander häufig ab. In der ständigen Ausstellung sehen Sie (Saal 1) **Gemälde von José Maria Velasco** (1840–1912), dem Maler des Tals von México, der er verstand, den Zauber der in strahlende Helligkeit getauchten Landschaften des mexikanischen Altiplano mit sehr viel Einfühlungsvermögen, Zartgefühl und einem besonders entwickelten Sinn für Proportionen wiederzugeben. Zu seinen Schülern zählten Diego Rivera und andere hochbegabte Maler.

➤ Bevor Sie ins Stadtzentrum zurückkehren, können Sie sich im Park gegenüber der Avenida Chapultepec den schönen **Brunnen aus der Kolonialzeit** ansehen (Ende des 17. Jh.), der an der Ecke der Avenidas Arcos de Belén und San Juan de Letrán befand. In der **Avenida Chapultepec** kann man die an Ort und Stelle gefundenen **Überreste eines aztekischen Aquädukts** besichtigen (Pl. **IV**, b in C4).

1 B – Alameda Central und Altstadt

Durch die Stadt. – Sie sollten diesen Weg in seiner gesamten Länge keinesfalls zu Fuß zurücklegen. Nehmen Sie stattdessen ein Taxi oder ein Pesero und lassen Sie sich von der Kreuzung Insurgentes aus den Paseo de la Reforma entlang zur Alameda Central fahren. Auf dem Weg dorthin werden Sie den Wunsch verspüren, auf diese so schnell durchfahrene Hauptverkehrsader zum Flanieren zurückzukehren. Vielleicht nur, um im Museum für Volkskunst (Museo de Artes e Industrias Populares) oder in einer Verkaufsausstellung für mexikanisches Kunsthandwerk in der Av. Juárez, die beim Gebäude der Loteria Nacional vom Paseo abzweigt, einzukaufen, oder um sich am überwältigenden Anblick dieser Prachtstraße satt zu sehen, auf der sich unabsehbare Menschenmengen drängen: Geschäftsleute, Straßenhändler, Müßiggänger, unfreiwillige Nacheiferer der Sanchez – einer bekannten soziologischen Erhebung –, Touristen und Indios, die von ihren Sierras herabgestiegen sind und sich durchzuschlagen versuchen und die in ihrer Aufmachung zuweilen eine armselige Folklorenummer bieten.

Von Alameda Central, dem Zentralpark (Pl. V, D1/2) aus, erreichen Sie zu Fuß den Zócalo (Pl. V, F2), den Hauptplatz der Altstadt, wenn Sie der Av. Madero folgen, wobei Sie einen Abstecher durch die Calle Isabel la Católica (Pl. V, E2) und die Carranza-Straße (Pl. V, E2/3) machen sollten, um die Fassade eines der schönsten Kolonialgebäude Alt-Méxicos zu bewundern.

Am Zócalo angekommen, sollten Sie eine kleine Rast einlegen, sich z. B. auf die Terrasse des Grand Hotel de la Ciudad de México (Pl. V, s in F2) setzen, wo Sie die topographischen Notizen über México-Tenochtitlán durchlesen und gleichzeitig die dort erwähnten Orte ausfindig machen können.

Nach der Besichtigung der Bauwerke des Zócalo folgen Sie der Calle de la Moneda (die vom Zócalo ausgehend an der N-Seite des Palacio-Nacional entlangführt). Die dritte Straße (Loreto) nach dem San Carlos-Museum führt Sie (nach l.) zur Kirche Nuestra Señora de Loreto. Biegen Sie beim Verlassen der Kirche nach r. in die Calle de San Ildefonso; sie führt zur Escuela Nacional Preparatoria und zur Secretaria de Educación Pública, dem Ministerium für Erziehungswesen (Pl. V, F1). Von dort aus gehen Sie in derselben Richtung weiter. Dann in die erste Straße (Brasil) r. einbiegen, die Sie zur Plaza Santa Domingo (Pl. V, F1) bringt, auf der an Wochentagen das Geklapper der Schreibmaschinen von öffentlichen Schreibern zu hören ist. Gehen Sie von diesem Platz zurück in die Brasilstraße und biegen Sie an der zweiten Straße (Donceles) l. ab, wo Sie an der Kirche Enseñanza Antigua (Pl. V, F1) vorüberkommen, dann in die erste Verkehrsader (Argentina) nach r., die Sie zurückbringt zum Zócalo, vorbei am Ethnographischen Museum (Pl. V, F2), wo Sie hauptsächlich Überreste des alten Tenochtitlán sehen. Lassen Sie sich vom Zócalo im Taxi zur Alameda Central (Pl. D1/2) fahren, wo Sie abschließend noch die Vizekönigliche Pinakothek (Pl. V, D1) besuchen können.

Für den vorgesehenen Rundgang benötigen Sie sechseinhalb Stunden Zeit, ohne die Abstecher vom Hauptweg, d. h. fast einen Tag mit der erforderlichen Ruhepausen. Für denselben Weg, der sich auf die Hauptsehenswürdigkeiten beschränkt, den Palacio de Bellas Artes, die Kathedrale, den Sagrario, Nuestra Señora de Loreto, die Escuela Nacional Preparatoria, das Ministerium für Erziehungswesen, die Plaza Santo Domingo und die Vi-

(1) México (Stadt) und Umgebung

zekönigliche Pinakothek, benötigen Sie etwa vier Stunden, wobei Sie noch Zeit für andere Sehenswürdigkeiten haben, nicht aber für eingehende Besichtigungen, vor allem des Palacio Nacional.

Sie interessieren sich für...

.. die Architektur der Paläste und Kirchen der Kolonialepoche: gehen Sie durch die Av. Madero über den Zócalo und besichtigen Sie die Kathedrale, den Sagrario und die Kirche Nuestra Señora de Loreto.

.. den Elan der mexikanischen Revolutionsmalerei: Sehen Sie sich die Fresken von Rivera, Siqueiros und Orozco im Hotel del Prado, im Palacio de las Bellas Artes, im Nationalpalast, in der Ecscuela Nacional Preparatoria und im Ministerium für Erziehungswesen an.

.. oder den schillernden Glanz der Gemälde aus der Kolonialzeit: Besuchen Sie die Vizekönigliche Pinakothek (Pinacoteca Virreinal).

Von der Kreuzung Insurgentes (s. Rte 1A) in Richtung Alameda Central folgen Sie dem **Paseo de la Reforma**, von dessen Lebendigkeit und moderner Architektur Sie überrascht sein werden.

An der Ecke Paseo- und Parisstraße sehen Sie das von den Architekten *Hector Mestre* und *Manuel de la Colina* errichtete Gebäude der Versicherungsgesellschaft **La Comercial** mit seiner Rauchglas- und Aluminiumfassade, die Gebäude der Versicherungsgesellschaft **Monterrey** (von den Architekten *Enrique de la Mora* und *Alberto Gonzáles Pozo),* der **Banco Internacional** (Reforma 156), dessen Halle Fresken (1965) von *Juan O'Gorman* schmücken, sowie das Gebäude der **„Wasserreserven"**, auf der l. Seite des Paseo, auf Nr. 69. Wegen des unsicheren Bodens dieses Stadtteils, der sich über einem ehemaligen See befindet (der Lagune von Texcoco), und wegen der Erdbeben wurden die Fundamente dieser Gebäude tief in Beton verankert.

In der Mitte des ersten Rondells, der *Glorieta de Christobal Colón* (Pl. **V**, C2), ragt seit 1877 die Kolumbusstatue empor, die *Charles Cordier* in Paris für Don Antonio Escandón goß. Um die auf einem Sockel aus russischem Marmor errichtete Figur sehen Sie die Statuen von Bartolomé de las Casas, dem ersten Bischof von Chiapas und Beschützer der Indios; von Juan Pérez de Marchena, dem Prior des Klosters La Rábida bei Huelva, der die Expedition des genuesischen Seefahrers unterstützte; von Frater Pedro de Gante, einem Flamen, der 1529 das Colegio San Juan de Letran in México gründete und schließlich von Diego de Deza, dem Beichtvater der Katholischen Könige, der an der Ratsversammlung von Salamanca teilnahm, auf der Christoph Kolumbus seine Pläne darlegte.

Von der Glorieta Christobal Colón führt die Ramirez-Straße l. zur **Plaza de la Republica** (Pl. **V**, C1), wo sich das **Denkmal der Revolution** befindet, ein riesiges Bauwerk, das die neue Abgeordnetenkammer unter Präsident Porfirio Díaz beherbergen sollte, nach dem Sturz des Diktators aber der Revolution von 1910 geweiht wurde. Im SW-Pfeiler befinden sich die sterblichen Überreste von Venustiano Carranza, im NO-Pfeiler die von Francisco Madero, zwei ehemaligen mexikanischen Staatspräsidenten zur Zeit der Revolution.

Unter den Gebäuden an der Plaza de la Republica sehen Sie auf der N-Seite den Nobelbau der **Filmindustriegewerkschaft** (Architekt *Manuel Rosen Morrison*), eine Eisenbetonkonstruktion mit lichtabweisender Glas-

und Aluminiumfassade. Im Hof eine Metallskulptur von *Herbert Hofmann Ysenbourg.*

☞ Etwas hinter der Glorieta Colón befindet sich l. eines der **Sanborn-Geschäfte**, wo **Rufino Tamayo** zwei **Fresken** schuf, eine im Restaurant, die andere in der Parfümerieabteilung, die den Titel „Tag und Nacht" trägt und als eines seiner besten Werke gilt. Noch weiter, ebenfalls l., erhebt sich an der Kreuzung Av. Juárez/Paseo de la Reforma das Gebäude der **Lotería Nacional,** an deren Ziehungen (Montag, Mittwoch und Freitag um 20 Uhr), die im Winter von Konzert- und Music-Hall-Darbietungen umrahmt werden, jedermann kostenlos teilnehmen kann.

Ungefähr 65% der Lotterieeinnahmen kommen als Preise zur Verteilung. Der Rest, abzüglich der Betriebskosten (5%) und der Löhne für die Losverkäufer (10%) geht auf ein Sonderkonto des Finanzministeriums und wird für Arbeiten im sozialen Bereich verwendet.

Von der Kreuzung, an der sich das Gebäude der Lotería Nacional befindet, lassen Sie die Verlängerung des Paseo de la Reforma l. zurück, um der Av. Juárez in Richtung Alameda Central zu folgen. An der Kreuzung erhob sich einst das Reiterstandbild Karls IV. (s. unten). Kurz hinter dem Beginn der **Avenida Juárez**, einer breiten Verkehrsader, die von Hotels, Kinos, Luxusgeschäften und „Mexican curios"-Läden gesäumt ist, kommen Sie an einem Gebäude vorüber, das teilweise vom Secretaría de Turismo belegt ist. Gegenüber, in der Av. Juárez Nr. 92, ist die Información Turistica (Touristeninformation) in einem Ausstellungssaal für mexikanisches Kunsthandwerk untergebracht.

Etwas weiter r. befindet sich das **Hotel del Prado** (Pl. **V, E** in D2); (in der Halle **Wandgemälde** von *Diego Rivera* mit dem Titel „Ein Traum im sonntäglichen Alameda-Park" (Führungen dienstags und samstags um 10 und um 23 Uhr, donnerstags um 17.30 und um 22 Uhr; So. nach Vereinbarung).

Dieses meisterhafte Fresko, das der Künstler von 1947–1948 schuf, stellt die Geschichte Mexikos in geraffter Form dar, von der Konquista bis zur Revolution von 1910-1920. L. sehen Sie Hernán Cortés mit blutbefleckten Händen, dann Juan de Zumárraga, den ersten Bischof der Stadt México (1528), Don Luis de Velasco, den Schöpfer des Alamedaparks (von 1590–1595 war er Vizekönig), Mitglieder des Inquisitionsgerichts (das 1571 in Neuspanien eingesetzt wurde) und Schwester Inés de la Cruz, die größte mexikanische Dichterin der Kolonialzeit (sie wurde 1651 in Nepantla, im Tal von México, geboren).

Die dann folgenden Gestalten erinnern an das unabhänigige Mexiko, mit Don Agustín de Iturbide, der sich 1822 nach dem Abzug der Spanier und seinem triumphalen Einzug in México zum Kaiser ausrufen ließ, General Santa Ana, der mehrmals nacheinander Diktator war und auf dem Gemälde die Schlüssel von Texas zurückgibt (eine Anspielung auf den Verlust des früheren mexikanischen Gebietes im Jahre 1836, das im Februar 1845 in die amerikanische Union aufgenommen wurde); Don Benito Juárez, der die Verfassung von 1857 (die sogenannte „Reforma") in Händen hält; Sie sehen ihn zwischen den beiden Dichtern Ignacio Altamirano (l.) und Ignacio Ramírez (r.). Letzterer hält ein Blatt Papier in Händen, auf dem man folgendes lesen kann: Konferenz de Akademie von Latran 1836; die Inschrift wurde von Diego Rivera unterzeichnet (Dios no existe – es gibt keinen Gott), was einen Skandal verursachte. Daneben sehen Sie Kaiser Maximilian von Habsburg, die Indianerin Bonita und den General Miguel Miramón, der am 19. Juni 1867 an der Seite des Kaisers und von General Mejía auf dem Cerro de las Campanas in Querétaro erschossen wurde. Weiter r., General Mariano Escobedo, der die Übergabe des Kaisers in Querétaro entgegennahm, und ein Soldat seiner Armee.

In der Bildmitte sehen Sie zwischen zwei elegant gekleideten Damen in Kostümen von 1900 und einer nicht minder eleganten Allegorie des Todes den Maler selbst, der sich als Kind dargestellt hat. Dahinter, r., befindet sich seine Frau, Frida Kahlo, eine ebenfalls talentierte Malerin (ihr Geburtshaus in Coyoacán wurde in ein Museum umgewandelt; s. Rte 1E) und l. der kubanische Patriot und Dichter José Martí (1853–1895), Gründer der kubanischen Revolutionspartei, der für die Befreiung seines Landes von der spanischen Vormundschaft kämpfte.

Die elegante Erscheinung in Blau, die man l. von Diego Rivera sieht, ist die Tochter des Malers; noch weiter l., der mexikanische Dichter Duque Job, mit einer Kamelienblüte im Knopfloch, der seinen Zylinder zieht. R., neben der Allegorie des Todes, erkennt man José Guadelupe Posada, einen berühmten mexikanischen Karikaturisten und, über einem verabschiedeten General, der stolz seine Orden zur Schau stellt, General Porfirio Díaz mit einem von weißen Federn geschmückten Zweispitz, neben der Montgolfiere von Joaquin de la Cantolla, der 1903 den ersten Flug von Puebla nach México durchführte. Noch weiter r. endlich kommen berühmte Persönlichkeiten der mexikanischen Revolution mit Präsident Francisco Madero, der die mexikanische Fahne entrollt und seine Melone zieht, so als wolle er drei seiner Anhänger begrüßen.

Auch andere Maler haben zur Ausgestaltung dieses Hotels beigetragen, insbesondere *Roberto Montenegro* (Fresken in der Bar und in der Eingangshalle), *Miguel Covarrubias* (zwei illustrierte Karten von Mexiko) und schließlich *Fernandez Ledesma* (Dekoration des Frühstücksalons der Hotelgäste).

Der * **Alameda-Park** (s. Pl. **V**, D1/2) wurde 1592 von Vizekönig Luis de Velasco an der Stelle eines ehemaligen *tianguiz* (Markt) angelegt. In diesem schönen Park fanden ab 1571 die Autodafés des Inquisitionsgerichts statt. Hier wurden Ketzer in Gegenwart des Vizekönigs, vor Beamten und der Volksmenge verbrannt, daher auch der Name *Plaza del Quemadero* (Platz des Scheiterhaufens), wie er lange Zeit vom Volk genannt wurde. Seinen Skulpturenschmuck verdankt er zum größten Teil französischen Künstlern vom Ende des 19. und dem Beginn des 20. Jh. Vom Jahresende bis zum Dreikönigsfest bietet dieser Platz – ebenso wie die Hauptstraßen der Stadt – ein Schauspiel von außerordentlicher Lebendigkeit.

Gegenüber dem Alameda-Park beherbergt die ehemalige **Corpus Christi-Kirche** das **Museum für Volkskunst**, wo Sie einige der schönsten Erzeugnisse des mexikanischen Kunsthandwerks kaufen können (*Öffnungszeiten:* wochentags von 10–18 Uhr; Eintritt frei). Die Kirche gehörte zu einem Klarissinenkloster, das 1724 von Vizekönig Baltasar de Zúñiga, Marqués de Valero, begründet wurde. Die Nonnen wurden 1867 von dort vertrieben.

* Palacio de las Bellas Artes (Pl. **V**, E2), der Palast der Schönen Künste, ein monumentaler Bau aus Carraramarmor, den Statuen aus Bronze und Schmiedeeisen schmücken; er beherbergt das Staatstheater, einen Konzertsaal und das Museum für Moderne Kunst. Ferner befinden sich dort eine Sammlung von Wandgemälden sowie Ausstellungssäle.

Die Errichtung des Gebäudes, dessen Stil die unterschiedlichsten Kommentare hervorrief, wurde 1900 von dem italienischen Architekten *Adam Boari* begonnen; die Eröffnung fand aber erst 1934 statt. Die Pläne wurden mehrmals abgeändert, zunächst von *Antonio Muñoz*, der Adam Boari 1919 ablöste, dann ab 1930 von *Frederico Mariscal*. Seit 1946 befindet sich dort der Sitz des von Miguel Alemán geschaffenen Instituto Nacional de Bellas Artes, das mehrere Jahre lang von dem Komponisten *Carlos Chávez* geleitet wurde. Seit seiner Fertigstellung ist der Palast, der auf morastigem Grund errichtet wurde, bereits um fast 4 m abgesunken.

Der Konzert- und Theatersaal, der 3.500 Zuschauern Platz bietet, ist mit einem Glasvorhang ausgestattet, der nach einem Entwurf von *Gerardo Murillo* von Tiffany ausgeführt und 1910 installiert wurde. Er zeigt eine Landschaft des Tals von México, das von den beiden Vulkankegeln des Popocatépetl und des Ixtaccíhuatl überragt wird. Der beleuchtete Vorhang bewirkt die Illusion eines Sonnenaufgangs über den Bergen. Man kann dieses Schauspiel am Sonntagmorgen vor dem Auftritt des Folkloreballets bewundern.

Die **Kunstgalerie des Palastes der Schönen Künste** befindet sich im ersten (mexikanische Maler vom Ende des 19. und dem Beginn des 20. Jh.) und im zweiten Stock (Fresken von Diego Rivera, Clemente Orozco, David Alfaro Siqueiros, Rufino Tamayo, Juan O'Gorman, Gonzáles Camarena, usw.).

Öffnungszeiten: wochentags von 10–17.30 Uhr, sonntags von 10–13.30 Uhr.

Im zweiten Stock, nach dem Verlassen des Lifts nach l. wenden und im Uhrzeigersinn vorgehen: **Fresko** von **Diego Rivera**: „Der Mensch am Scheideweg", 1934 gemalt und eine Zweitanfertigung des von dem berühmten mexikanischen Maler für das Rockefeller-Center in New York geschaffenen Originals, das wegen der ideologischen Einstellung des Künstlers zerstört wurde; dann drei große **Gemälde** von **David Alfaro Siqueiros** mit dem Titel „Die neue Demokratie". Diese drei Arbeiten wurden mit der Spritzpistole „gemalt", wobei der Künstler Farben auf der Basis von Pyroxylin verwendete und nach den Prinzipien der polyangulären Komposition arbeitete, so daß sich die Perspektive je nach dem Standort des Betrachters ändert.

Dann folgen ein **Fresko** von **Clemente Orozco**, 1934 geschaffen, sowie zwei weitere Arbeiten von Siqueiros. Das erste zeigt die Folterung Cuauhtemocs durch die Spanier, das zweite die Wiedergeburt Cuauhtemocs. Hinter dem Palast der Schönen Künste, Ecke Tacuba/San Juan de Letrán, befindet sich das *** Reiterstandbild Karls IV. von Spanien**, das trotz seiner außerordentlichen Größe (4,75 m Höhe) **El Caballito** (Pferdchen) genannt wird. Das Bronzestandbild wurde von dem mexikanischen Architekten und Bildhauer *Manuel Tolsa* 1803 geschaffen.

Am Beginn der *** Avenida Madera** (Pl. **V**, E2) ragt der **Torre Latinoamericana**, der Lateinamerika-Turm empor (*Öffnungszeiten:*

(1) México (Stadt) und Umgebung

tgl. von 10–24 Uhr; Eintrittsgebühr, mit Ausnahme des Café-Restaurants), das höchste Gebäude der Stadt (177 m). Vom letzten, 42. Stockwerk, **★★ herrlicher Blick** über die Stadt und das Tal von México. Auch bei Nacht bietet der Anblick der Lichterstadt unter dem Sternenhimmel ein einmaliges Schauspiel.

Die **★ Iglesia San Francisco** (Pl. **V**, E2) auf der r. Straßenseite ist der verbliebene Rest eines 1524 gegründeten Klosters, das Clavijero zufolge von Moctezuma an der Stelle einer Menagerie errichtet wurde. Das Kloster war Stammhaus des Franziskanerordens in Mexiko. Die im churrigueresken Stil erbaute Kirche wurde 1716 geweiht.

Dieses Kloster wird erstmals in einer Urkunde des Cabildo vom 2. Mai 1525 erwähnt, der die Existenz von zwei Klöstern dieses Namens vermerkt. Eines der beiden, *el viejo*, das alte, befand sich in der Nähe des Palais von Alonso de Avila, unweit des Ortes, wo vor der Konquista der Haupttempel des Teocalli von Tenochtitlán war; das andere, *el nuevo*, an der Stelle, an der sich die Kirche erhebt. Das große Atrium vor der Kirche war an drei Seiten von Kapellen umgeben, von denen nur die Erinnerung blieb. In einer von ihnen fand das erste Konzil der mexikanischen Bischöfe statt. Unter der Bezeichnung Capilla de San José de los Naturales, später unter dem Namen Las Servitas, stieg sie durch ein von Karl V. erteiltes und von Philipp II. erneuertes Privileg vorübergehend in den Rang einer Kathedrale auf. Nach der Zerstörung des Klosters (1860) wurde die Kirche zum Reitstall eines Zirkusses, diente später dem methodistischen Kult und war ab 1895 wieder katholische Kirche.

Abgesehen von seinen großzügigen Proportionen bietet das Kircheninnere wenig Interessantes. Das **Portal**, an der Av. Madero liegt, ist **eines der schönsten Beispiele churrigueresker Kunst** in Mexiko.

Der Kirche gegenüber liegt die **Casa de los Azulejos**, das „Haus der Kacheln", mit seiner prachtvollen Fassade. Die Fliesen stammen aus Puebla. Das Haus ist charakteristisch für den Mudejar-Stil. Gegenwärtig beherbergt das Gebäude, das 1596 errichtet wurde und das Azulejos aus dem 18. Jh. schmücken, ein Sanborn-Restaurant. Das **Wandgemälde** über der Monumentaltreppe (vom Restaurant aus sichtbar), wurde 1925 von *Orozco* geschaffen. Etwas weiter, auf der r. Straßenseite, in Nr. 17 der **Palacio de Iturbide** (Pl. **V**, E2), den der Architekt *Francisco Guerrero Torres* für den Marqués de Jarral de Berrio und die Grafen de San Mateo de Valparaiso erbaute. Er wurde 1821–1822 von Agustín de Iturbide bewohnt. Am 18. Mai 1822 versammelte sich vor dem Palast – vermutlich von Iturbide selbst angestiftet – eine riesige Menschenmenge, die ihn bat, sich zum Kaiser von Mexiko ausrufen zu lassen. Der Prachtbau mit seiner reichverzierten Fassade wurde auf Kosten des **Banco Nacional de México** restauriert, der dort verschiedene seiner Büros untergebracht hat (keine Besichtigung).

Der **Banco Azteca** in Nr. 32, birgt ein Fresko von *Fermín Revueltas*. Etwas weiter, an der Ecke der Isabel la Católica, die **Iglesia La Profesa** (Gelöbniskirche), die 1720 von der Gesellschaft Jesus an der

Stelle eines 1585 errichteten Tempels gebaut wurde; schönes, von zwei Türmen flankiertes Barockportal. Die Klosterbauten wurden 1861 demoliert. Ein Brand zerstörte vor wenigen Jahren den Altaraufsatz von Manuel Tolsá.
Biegen Sie nach dem Verlassen der Kirche nach r. in die *Isabel la Católica*. Sie kommen am Sitz des **Banco Nacional de México** (Nr. 44) vorüber, der in einem ebenfalls von *Francisco de Guerrero* errichteten **Palais** (1722) untergebracht ist (keine Besichtigung). Das Gebäude ist vielleicht eines der besten Beispiele der mexikanischen Architektur des späten 18. Jh.

●→ Nicht weit davon befindet sich die **Biblioteca Nacional** (Pl. **V**, E2), die Nationalbibliothek, in der ehemaligen San Agustín-Kirche (*Öffnungszeiten:* wochentags von 9–22 Uhr; sonntags von 9–13 Uhr). Die Kirche gehörte zu einem 1541 von Augustinermönchen gegründeten Kloster. Sie wurde 1676 bei einem Brand zerstört, im barocken Stil wieder aufgebaut und 1692 geweiht. Der Kreuzgang des ehemaligen Klosters blieb erhalten. Die aufgelassene Kirche wurde 1884 ihrer heutigen Bestimmung übergeben.

Der ★★★ **Zócalo** (Pl. **V**, F2), einer der schönsten Plätze der Welt, der in seiner architektonischen Geschlossenheit **das städtebauliche Juwel Lateinamerikas** darstellt, wird Sie begeistern. Das ehemalige Forum der Kolonialzeit, das Säulengänge einrahmen, wurde auf den Grundmauern des Teocalli (heiliger Bezirk) von Tenochtitlán errichtet.
Wenn Sie nicht unmittelbar ins nahe gelegene (s. Rte 1C) Stadtmuseum (Pl. **V**, F2) gehen, sollten Sie einen Rundgang um den Zócalo im Uhrzeigersinn machen und r. das **Nuevo Ayuntamiento** (Pl. **V**, F2), das neue, 1948 errichtete Rathaus hinter sich zurücklassen. Der alte **Palacio Municipal** (wenn man von der Av. Madero auf den Zócalo kommt, l.) wurde von 1692–1724 an der Stelle des 1532 gegründeten ersten Cabildo (Stadtrat) de México errichtet. Etwas weiter kommen Sie zur **Galeria de Mercaderes** (Platz der Kaufleute), die vom Hotel de la Ciudad de México (Pl. **V**, **a** in F2) und dem Hotel Majestic gesäumt wird. Von den Terrassen beider Hotels kann man den Zócalo, der offiziell **Plaza de la Constitución** (Platz der Verfassung), genannt wird, gut überblicken. Wenn Sie sich dort niederlassen und etwas zu sich nehmen, können Sie sich gleichzeitig anhand nachstehender Anmerkungen mit der Geschichte des Zeremonialzentrums (Teocalli) von Tenochtitlán vertraut machen.

Das Werk eines in der Geometrie versierten Konquistadors. – Nachdem Cortés beschlossen hatte, die Hauptstadt Neuspaniens an der Stelle der alten Aztekenmetropole zu errichten und die Spanier mit Hilfe des Feuers die Viertel des Zentrums gereinigt hatten, wo sich seit jenen tragischen Tagen, an denen der Widerstand der Azteken gebrochen worden war, die Toten ansammelten, wurde Anfang 1523 der ehemalige Marktplatz (*tianguiz*) Tenochtitláns, der sich in unmittelbarer Nähe des heiligen Bezirks (Teocalli) befand, zum Mittelpunkt, um den die Kolonialstadt entstand. Alonso Garcia Bravo, ein in der Geometrie bewanderter Konquistador,

(1) México (Stadt) und Umgebung

wurde von Cortés beauftragt, eine Stadt aufzubauen, die wie ein Schachbrett konzipiert war. Die ehemaligen Dämme wurden zu Hauptverkehrsadern, während das Viertel von Tlatelolco, wo man einen bedeutenden Markt beibehielt, zum religiösen Zentrum wurde. Man legte ein Wohnviertel, die Traza an, die eigens für Spanier reserviert war, denen die Behörden untersagt hatten, sich außerhalb dieses Bereichs niederzulassen, ausgenommen entlang der Av. Tacuba, die hohe und, abgesehen von zwei Türmen, rigoros auf gleicher Höhe gehaltene Häuser säumten.

Für den Fall eines Indianeraufstandes verfügten die Spanier zudem über sogenannte *ataranzas*, bestehend aus einem Arsenal, einer Kaserne und einem Flottenstützpunkt auf der Lagune von Texcoco. Cortés hatte sie kurz nach der Einnahme der Stadt vorrangig anlegen lassen. Was den Hauptplatz betrifft, wurde er teilweise an der Stelle der großen Pyramide von Tenochtitlán (sie befand sich an der NO-Ecke des heutigen Platzes) angelegt, die ebenso wie die übrigen Gebäude der ehemaligen Aztekenmetropole nach und nach abgetragen wurden. Der unsichere Boden behinderte die Erbauer der Stadt erheblich, ebenso die häufigen Überschwemmungen, und wiederholt stellte sich die Frage der Verlegung der Hauptstadt Neuspaniens an einen anderen Ort, so auch 1552, als sie nach Texcoco kommen sollte.

Die Struktur einer Stadt. – Die Südseite des Platzes war von einem Kanal gesäumt, den Brücken überquerten. Entlang der Ostseite ragte der Palast des Vizekönigs empor. Im W erhoben sich die Galería de Mercaderes und weiter im N der ehemalige Palast Axayácatls, in den Moctezuma die Spanier einquartiert hatte und der umgebaut bzw. rekonstruiert wurde, um Cortés und seiner Familie als Residenz zu dienen. Gegen 1560 mußte die Galería de Mercaderes wiederaufgebaut werden. Das Ayuntamiento nahm die S-Seite des Platzes ein und die 1573 begonnene Kathedrale einen Teil der N-Seite. Die so abgegrenzte riesige Fläche, in deren Mitte sich der Galgen erhob, wurde mit Platten ausgelegt, die man aus dem ehemaligen aztekischen Teocalli herausgebrochen hatte und der somit sozusagen gänzlich verschwand.

Diese räumliche Anordnung wurde weder während der Kolonialzeit noch nach der Unabhängigkeit wesentlich verändert. Eine erwähnenswerte Veränderung erfuhr der Platz erst, als man das Reiterstandbild Karls IV., das sich in der Mitte des Zócalo befand, entfernte und schließlich 1920, als man die Bäume fällte, die sich an verschiedenen Stellen des Platzes erhoben.

Das politische Zentrum der Republik. – Seit seiner Entstehung bis zur Zeit Kaiser Maximilians war der Zócalo das eigentliche politische Zentrum der Hauptstadt. Als Maximilian von Habsburg seine Residenz im Schloß von Chapultepec aufschlug, war dies in gewisser Weise der Auftakt zur Zersplitterung, die sich seit mehreren Jahrzehnten durch die Errichtung von Ministerien an verschiedenen Punkten der Stadt noch verstärkt. Der offizielle Amtssitz des mexikanischen Staatspräsidenten befindet sich jedoch noch immer im Palacio Nacional, und es ist nach wie vor der Zócalo, auf dem die Nationalfeiertage mit großer Festlichkeit begangen werden und wo in der Nacht vom 15. auf den 16. September der *Grito de Dolores* ertönt, zur Erinnerung an den 1810 in Dolores von dem Priester Miguel Hidalgo ergangenen Aufruf der Erhebung gegen die Spanier.

Im Laufe seiner langen Geschichte war dieser Platz unter verschiedenen Namen bekannt. Während der Kolonialepoche war die Bezeichnung *Plaza Real* (Königsplatz) die geläufigste; er wurde aber auch *Plaza Major* und

Plaza de Armas genannt. 1821 wurde die offizielle Bezeichnung *Plaza Real* abgeändert in *Plaza de la Constitución*, die noch heute in Gebrauch ist, zu Ehren der Neuen Verfassung, die die Cortés unter Mitwirkung von Vertretern verschiedener amerikanischer Kolonien der spanischen Krone angenommen hatten. Seine populäre Bezeichnung *Zócalo* erhielt der Platz, als man dort den Sockel (span.: zócalo) eines von Miguel Hidalgo entworfenen Denkmals der Unabhängigkeit aufstellte, das aber nie zur Ausführung kam.

Das Venedig der Indios. – Dank der Schilderungen der ersten Spanier, die Tenochtitlán sahen, der Funde und zufälligen Entdeckungen, die man beim Bau von Häusern oder der Metro machte – ohne die Arbeiten zu vergessen, die gegenwärtig am Ort des Haupttempels durchgeführt werden (s. S. 241), kann man den Grundriß der Aztekenmetropole teilweise rekonstruieren. Den Kern Tenochtitláns bildete eine kleine felsige Insel, die sich in einer Bucht der Lagune von Texcoco, mitten im Sumpf erhob. Hier wurde Huitzilopochtli der erste Tempel errichtet, an der Stelle, die dem Volk der Mexica von dessem Stammesgott bezeichnet worden war. Es handelte sich dabei um eine zumindest am Anfang bescheidene Gebetsstätte (*ayauhcalli*). Später sahen die aufeinanderfolgenden Herrscher ihre Hauptaufgabe in der Vergrößerung und Verschönerung des Heiligtums.
Aufgrund ihrer Zähigkeit gelang es den Mexica, ihr Territorium durch die Anlage von „Schwimmenden Gärten" (*chinampa*) auf morastigem Grund zu vergrößern. Die Lage von Tenochtitlán war somit vergleichbar mit derjenigen Venedigs inmitten seiner Lagune, mit seinen Kanälen und den auf dem Wasser verlaufenden oder auf festem Land angelegten Wegen.

Eine ständig bedrohte Stadt ohne Schutzwall. – Diese Lage befreite die Mexica davor, einen Schutzwall um die Stadt zu ziehen, wie dies die Bewohner von Tlaxcala getan hatten; andererseits bot sie einen entscheidenden Nachteil, nämlich den drohenden Überschwemmungen. Einer der Aztekenherrscher fand im Jahre 1502, als das Wasser der Lagune katastrophal anstieg, den Tod. Auch die Spanier hatten mehrmals unter Überschwemmungen zu leiden. Dazu kam es hauptsächlich in regenreichen Jahren, wenn durch die heftigen Ostwinde große Wassermassen in den Westteil der Lagune abgedrängt wurden. In normalen Zeiten genügte die Verdunstung als Ausgleich der von den Flüssen herbeigeführten Wassermenge.

Die Dämme Tenochtitláns. – Um einerseits eine ständige Verbindung mit den Städten an der Küste des Sees zu garantieren, und um Überschwemmungen möglichst zu verhindern, begannen die Azteken unter der Regentschaft von Itzcóatl (1427–1440), ein Netz von Deichen zu errichten, die gleichzeitig Dämme waren. Sehr früh schon war die kleine Insel, auf der sich das Zeremonialzentrum von Tenochtitlán befand, durch eine Brücke mit der kleinen Insel Tlatelolco verbunden worden, einem kleinen, damals unabhängigen Stadtstaat, der den bedeutendsten Handelsplatz im Tal von México beherbergte.
Verlauf und Anzahl der Dämme, die den W-Teil der Lagune durchzogen, sind ziemlich umstritten. Sicher ist dagegen, daß ein langer Deich Tenochtitlán mit Ixtapalapán im S verband. Dieser Damm war so breit, daß beim Einzug der Konquistadoren im Jahre 1519 acht Reiter nebeneinander Platz hatten. Der Damm nach Ixtapalapán gabelte sich vermutlich auf einer kleinen Insel; von dort führte ein Teil nach Ixtapalapán, der andere nach SW, nach Coyoacán. Wie alle anderen Deiche war auch dieser an ei-

(1) México (Stadt) und Umgebung

nigen Stellen durchbrochen, um Booten Durchlaß zu gewähren. Bei einem Angriff auf die Stadt wurden diese Kanäle geschlossen. Über sie führten Brücken, die – wenn es die Lage erforderte – ein- oder hochgezogen werden konnten. Bei ihrem Rückzug in der „Noche Triste" am 30. Juni 1520 wurde dies den Spaniern zur schrecklichen Gewißheit: sie mußten fast die Hälfte ihrer Beute sowie einen Teil der schweren Ausrüstung zurücklassen, um sich schwimmend zu retten. Der Rückzug fand an jenem Deich statt, der die Umfriedung des Teocalli von Tenochtitlán mit dem W-Ufer verband.

Ein anderer, kürzerer Deich verband die Aztekenmetropole mit dem N-Ufer des Sees, wo sich der Ort Tepeyacac, heute Tepeyac, befand, jene Stelle, an der sich die Kirche der Jungfrau von Guadelupe erhebt. Berücksichtigt man eine Trasse, die nördl. des W-Deichs verläuft, hat es den Anschein, als könne man vom Vorhandensein eines weiteren Deichs ausgehen, der vom Hauptplatz von Tlatelolco geradewegs nach Tlacopán führte.

Die ersten drei Dämme liefen auf den heiligen Bezirk zu. An jedem Damm lag ein Eingang in diesen Bereich.

Süßwasser und stehendes Wasser. – Es dürfte nicht gerade leicht gewesen sein, diese mitten in einer brackigen Lagune gelegene Stadt mit Süßwasser zu versorgen, vor allem nicht in der letzten Zeit. Als sich die Mexica dort niederließen, reichte vermutlich das Wasser der Quelle im Teocalli aus. Nachdem die Stadt sich jedoch vergrößert hatte, wurde es erforderlich, das Wasser der Quelle vom Cerro de Chapultepec ins Zentrum von Tenochtitlán zu führen und Moctezuma I. (1440–1469) ließ ein 5 km langes Aquädukt mit zwei Wasserleitungen über den W-Deich verlegen. Unter der Regentschaft Ahuitzotls unternahm man den Versuch, die Wasserreserven der Stadt zu vermehren. Man errichtete ein zweites Aquädukt zur Quelle Acuecuexatl, die im Gebiet von Coyoacán entsprang. Der Ausstoß einer zu großen Wassermenge, die nicht unter Kontrolle gebracht werden konnte, verursachte schwere Überschwemmungen und die Zufuhrleitungen mußten gesperrt werden.

Das Zeremonialzentrum der Mexica. – Der heilige Bezirk (*teocalli*) der Mexica war von einem mit Zinnen gekrönten Schutzwall umgeben, der ein Rechteck von ungefähr 350 x 300 m umschloß, im S von der Monedastraße begrenzt, weiter im W von der Straße, die an der Apsis der Kathedrale vorbeiführt, im W von der Monte de Piedad – und der Santo Domingo – Straße, im N von der Ildefonso und im O von der Carmel und der Correo Mayor-Straße.

Diese Umfriedung befand sich auf einer kleinen felsigen Insel in der Lagune von Texcoco, wo die „Tozpalatl" genannte Quelle entsprang, die die Spanier zumauern ließen und 1528 wieder öffneten.

Durch die Tore der Umfriedungsmauer im S, W und N gelangte man auf den Damm nach Ixtapalán (etwa auf der Trasse der heutigen Av. Pino Suarez), nach Tlacopán (Tacuba-Straße) und Tepeyacac (Tepeyac), der eine Verlängerung des Damms nach Ixtapalán bildete. Diese drei Dämme treffen auf dem Vorplatz der Hauptpyramide zusammen, die ungefähr die Stelle einnahm, die von der Guatemala-Straße (im S), der Argentina (im W), der Justo Sierra (im N) und der Verlängerung der Verdad (im O) begrenzt wird. Im übrigen ergibt sich beim Durchstreifen dieses Viertels die Gelegenheit, einige Überreste dieser Pyramide an der Ecke Seminario/Guatemala zu sehen, die zur SW-Ecke des monumentalen Bauwerks gehörten.

Pater Bernardino de Sahgún zufolge, umfaßte der Teocalli nicht weniger als 78 Gebäude, darunter 25 Pyramiden; vermutlich meinte er sämtliche Gebäude der Stadt und nicht nur den heiligen Bezirk, der nach Durán 8 oder vielleicht 9 Pyramiden zählte und eine Reihe von Nebengebäuden. Tatsächlich dürfte der Teocalli von Tenochtitlán etwa vierzig Tempel und Altäre umfaßt haben, die nicht nur aztekischen Gottheiten geweiht waren, sondern auch den Göttern der eroberten Städte, die im Pantheon der Mexica ebenfalls Anspruch auf einen Platz hatten.

Die Umfriedung säumte im S der Hauptplatz von Tenochtitlán, der sich ungefähr an der Stelle des heutigen Zócalo befand. Dieser Platz wurde im O begrenzt von Moctezuma Xocoyotzins „Neuen Häusern" (an der Stelle

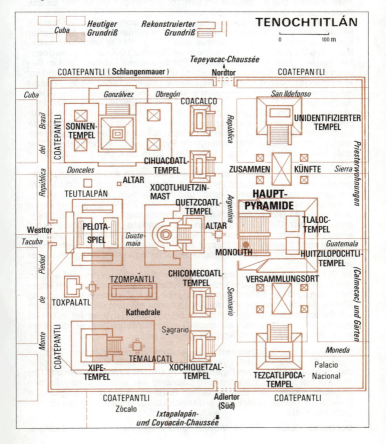

(1) México (Stadt) und Umgebung

des Palacio Nacional), im S von einem Kanal, der eine Zeitlang in Händen der Spanier war, und im W von Häusern von Würdenträgern (an der Stelle der Galeria de Mercaderes) sowie teilweise vom Palast des Axayácatl (an der Stelle des Monte de Piedad), in dem die Spanier von 1519–1520 einquartiert waren.

Die Pyramide des „Kolibri zur Linken", die Hauptpyramide, die sich im östl. Teil des Teocalli, fast in der Mitte erhob, war Tlaloc, dem Regengott und dem Stammesgott der Mexica, Huitzilopochtli, geweiht, dessen Name „Kolibri links" bedeutet (von *huitzil* = Kolibri und *opochtli* = links), das heißt „zurückgekehrter Krieger des Südens", denn die Azteken orientierten sich nach Westen. Der Kolibri war ein Symbol der Krieger, die ihr Blut für das Fortbestehen der Sonne geopfert hatten.

Der Tempel war an der Stelle errichtet, wo den umherziehenden Mexica ein Adler mit einer Schlange im Schnabel erschienen war. Als die Spanier einzogen, sahen sie einen Tempel, den Ahuitzotl 1494 umgebaut hatte. Bei seiner Weihe waren innerhalb von vier Tagen 20.000 Gefangene geopfert worden. Dank der bedeutenden Funde, die seit Februar 1978 im Bereich der Straßen Seminario/Argentina und Guatemala gemacht wurden, kann man jetzt den Aufbau der Hauptpyramide von Tenochtitlán genauer rekonstruieren, ihre Dimensionen erkennen und die aufeinanderfolgenden Bauphasen (Einzelheiten s. S. 241). Die Pyramide wurde in fünf Phasen errichtet, die, rückwärts gerechnet, von 1494 (Pyramide des Ahuitzotl), 1485 (Pyramide des Tizoc) und vom Beginn des 15. Jh. datieren; die beiden ältesten konnten bisher noch nicht datiert werden. Die fast genau nach den Kardinalpunkten ortientierte Pyramide war in ihrer letzten Gestalt vermutlich 100 m lang, an der Basis 80 m breit und ungefähr 30 m hoch.

Die Hauptfassade befand sich im W, wo zwei breite, von Balustraden eingefaßte Treppen zur oberen Plattform führten, auf der sich im S die Huitzilopochtli geweihte „Kapelle" erhob und im N die dem Tlaloc zugeeignete; in beiden befanden sich Idole der beiden Götter. Beide Heiligtümer waren sehr klein und boten lediglich den Tempelpriestern und dem Wartungspersonal Platz. Die Kulthandlungen, insbesondere die Opfer, fanden auf einem Altar statt, einem niedrigen Sockel, der auf der obersten Plattform, fast auf einer Ebene mit der Treppe, errichtet war. Die Pyramide erhob sich über einer Plattform, deren Stützmauern (*coatepantli*) Schlangenhäupter schmückten.

An der SO-Ecke der Umfriedung ragte der Tezcatlipoca-Tempel empor, den Durán an die Stelle des erzbischöflichen Palastes verlegte. Die ungefähr zwanzig Meter hohe Pyramide trug auf der N-Seite eine etwa achtzig Stufen zählende Treppe. Auf derselben Achse mit dem Heiligtum, jedoch auf der anderen Seite der Huitzilopochtli-Pyramide, d. h. an der NO-Ecke des Teocalli, befand sich ein nach S ausgerichteter Tempel, der einer noch nicht identifizierten Gottheit geweiht war.

Der Tempel des Quetzalcóatl. – Gegenüber der monumentalen Doppeltreppe der Huitzilopochtli-Pyramide, im W also, befand sich der Tempel des Quetzalcóatl in seiner Eigenschaft als Gott des Windes (Ehécatl). Der Tempel mit seinem kreisförmigen Grundriß war eine Nachbildung des ungefähr zur gleichen Zeit derselben Gottheit geweihten Heiligtums in Calixtla bei Toluca, einer Stadt, in der sich eine aztekische Kolonie niedergelassen hatte.

Der Ballspielplatz. – An die W-Seite des Quetzalcóatltempels und auf dieselbe Achse verlegte Ignacio Marquina einen Ballspielplatz, der sich von ähnlichen Plätzen in Tula, Xochicalco oder Chichén Itzá nicht wesentlich unterschieden haben dürfte. Das rituelle Ballspiel wurde mit einem Kautschukball auf eigens zu diesem Zweck vorgesehenen Plätzen (*tlachtli*) gespielt, die die Welt darstellten, während der Ball ein Gestirn, vermutlich die Sonne, symbolisierte. Das Spiel wurde in Mexiko seit Urzeiten praktiziert, sowohl auf dem Altiplano wie im Land der Maya, sogar im N Mexikos und in einigen Gegenden im Süden der Vereinigten Staaten. In abgelegenen Gebieten Mexikos, insbesondere im Staat Nayarit, wird es noch heute gespielt. Beim Tlachtli-Spiel standen sich zwei Mannschaften auf einem Spielfeld in Form eines Doppel-„T" gegenüber. Die Spieler, die den Ball weder mit den Händen, noch mit den Füßen berühren durften, wohl aber mit den Knien und den Hüften, versuchten, den Ball ins gegnerische Feld zu schlagen oder besser noch, durch einen der beiden Steinringe, die auf beiden Seiten des Feldes in der Mitte der im allgemeinen geböschten Seitenwände angebracht waren. Der kraftvoll geschleuderte Ball dürfte eine ziemliche Wucht gehabt haben, urteilt man nach der Polsterschicht, die sich die Spieler an exponierten Körperstellen wie Knien und Hüften anlegten, und der Maske, die das Gesicht schützte.

Das Spiel hatte vermutlich eine religiös-mythische Bedeutung und forderte den Tod des Anführers der besiegten (?) Mannschaft, nach einigen Flachreliefs der Maya bzw. von El Tajin zu urteilen, auf denen ein Pelotaspieler mit dem Haupt eines gegnerischen Spielers dargestellt ist

Das Schädelgerüst. – In der Mitte des Teocalli, südl. des Ballspielplatzes, vermuten einige Forscher den *tzompantli*, das heißt das Schädelgerüst, auf dem die Schädel der auf den Altären des *teocalli* Geopferten ausgestellt wurden. Die Schädel waren reihenweise auf senkrechte Stangen gespießt. Bei Urbanisierungsarbeiten, die der Anlage des Platzes der Drei Kulturen vorausgingen, fand man ein Lager mit durchstoßenen Schädeln, die sich auf dem Tzompantli des Zeremonialzentrums von Tlatelolco befunden haben dürften. Die senkrecht aufgerichteten Stangen waren in einen Unterbau eingelassen, den ein Flachrelief mit Schädeln und gekreuzten Totenbeinen schmückte. Von den Offizieren des Armee des Hernán Cortés wurden am Tzompantli und den Beinhäusern des Teocalli von Tenochtitlán über 136.000 Schädel gezählt.

In der SW-Ecke der Umfriedung erhob sich die nach O ausgerichtete Sonnenpyramide. Auf derselben Achse befand sich in der NW-Ecke eine weitere Pyramide. Es gab auch noch einen Xipe totéc geweihten Tempel, die Plattform, auf der die „Sacrificios gladiatorios" stattfanden (s. Rte. 1A, Nationalmuseum für Anthropologie, Mexica-Saal, **17**), das Haus des Adlers, einen Tempel dem Sonnenkult geweiht war und der von Jaguar- und Adlerkriegern bewacht wurde. Dieser Tempel dürfte sich in der Nähe des Tores befunden haben, das auf den Damm von Tacuba führte. Der Teocalli umschloß ferner verschiedene Gebäude, in denen Priester wohnten.

★ **Monte de Piedad** (Pl. **V**, E/F2) – Von der Galeria de Mercaderes aus, wo früher Verkaufsstände waren, die man über verschiedenen aztekischen Bauten aufgeschlagen hatte, darunter vermutlich eine Halle (petlacalco) und das Haus des Stadtviertelvorstehers (calpixcalli), kommen Sie zum Monte de Piedad (wörtlich: Berg des Mitleids), dem Staatlichen Pfandhaus, einem majestätischen Gebäude im Kolonialstil mit Tezontle-Fassade, das vermut-

(1) México (Stadt) und Umgebung

lich über dem Palast des Axayácatl errichtet wurde, wo Cortés und sein Gefolge 1519–1520 einquartiert waren.

Später ließ Cortés den Palast umbauen bzw. rekonstruieren. Das mehrmals vergrößerte Gebäude wurde 1775 von José Romero de Terreros, Conde de Regla und Besitzer einer der reichsten Silberminen Mexikos, in Real del Monte, in den Monte de Piedad umgewandelt.
Die dort stattfindenden Versteigerungen sind recht interessant. Die zum Verkauf kommenden Objekte sind in mehreren Sälen ausgestellt (*Öffnungszeiten:* Mo.–Fr. von 10–14 Uhr und von 17–19 Uhr; Sa. von 10–14 Uhr; Eintritt frei).

Die ★★ **Kathedrale** (Pl. **V**, F2), die größte Kirche Mexikos, wendet dem Zócalo ihre überwiegend im barocken Stil gehaltene Fassade aus grauem Stein zu, hervorgehoben durch die lebhafte Farbe des Tezontle und flankiert von zwei gedrungenen Türmen im neoklassischen Stil. Der barocke Teil der Fassade besteht aus drei von Säulen eingerahmten Portalen, darüber befinden sich Nischen mit skulptierten Ornamenten. Den Abschluß der Fassade dagegen bilden neoklassische Elemente mit Balustraden und Fialen nach französischem Vorbild vom Ende des 18. Jh. Über dem Gewölbebogen des Mitteltrakts schließlich ragt eine monumentale Uhr empor, die drei Statuen schmücken: Glaube, Hoffnung und Nächstenliebe, Arbeiten des Bildhauers und Architekten *Manuel Tolsá*. Der campanileartige Abschluß und das zweite Geschoß der Türme wurden 1786–1793 von dem Architekten *José Damián* ausgeführt.

Die Stilunterschiede, die man an diesem Gebäude feststellen kann, belegen, daß der Bau das Werk mehrerer Generationen von Architekten ist. Mit der Errichtung begann man 1573, nachdem der Calbildo (Domkapitel) König Philipp II. in einer Bittschrift ersucht hatte, die Bewilligung zum Bau einer neuen, dem Reichtum der Neuen Welt angemessenen Kathedrale zu erteilen. Diese Kathedrale sollte die allzu bescheidene Bischofskirche ablösen, die unmittelbar nach der Konquista aus Baumaterial der etwas nordw. der heutigen Kathedrale gelegenen Huitzilopochtli-Pyramide errichtet worden war. Endgültig fertiggestellt wurde der Bau erst 1813. Die ersten Pläne stammten vom Architekten des Königs, *Alonso Peréz de Castaneda*, auf den 1615 *Juan Gomez de Mora* folgte. Eine Überschwemmung im Jahre 1629 unterbrach die Arbeiten bis 1635. Die Kathedrale wurde schließlich 1791 fertiggestellt, mit Ausnahme der Türme, die erst 1813 beendet wurden. Durch einen Brand am 17. Januar 1967 wurde die Kathedrale schwer beschädigt und ist wegen Restaurierungsarbeiten nur vormittags geöffnet.

Das **Innere** der Kirche mit ihren drei Schiffen und dem von einer Kreuzkuppel überwölbten Querschiff wird Sie durch ihre großartigen Proportionen überraschen, die von außen weniger gut sichtbar sind. Das Gotteshaus ist von der Fassade bis zur Apsis 118 m lang und 54 m breit. Das Tonnengewölbe ruht auf in zwei Reihen angeordneten, kannelierten Säulenbündeln, die den Eindruck großer Höhe entstehen lassen.

Gegenüber dem Hauptportal, im Mittelschiff und mit dem Rücken zum Chor, befindet sich die 1737 geweihte **Capilla del Pardón**. Den churrigueresken Altar von *Jerónimo de Balbás* schmückten Gemälde (1967 zerstört) und Skulpturen.

Kathedrale – Palacio Nacional

Wie in allen spanischen Kirchen ist der **Chor** durch Wände und **Gitter** von der übrigen Kirche getrennt. Die Gitter, die im 18. Jh. nach einem Entwurf von *Juan Rodríguez Juárez* in Macao angefertigt wurden, gehören zu den Meisterwerken der Kathedrale, zusammen mit dem 1695–1700 von *Juan de Rojas* geschnitzten **Chorgestühl**, das jedoch durch den Brand von 1967 schwer beschädigt wurde.

Im Inneren der Kathedrale, mit Ausnahme der Fassadenseite, reiht sich eine Kapelle an die andere, von den Seitenschiffen durch schmiedeeiserne Gitter getrennt. In der fünften Kapelle rechter Hand sehen Sie ein Kreuz von Alonso Cano, ein Geschenk Karls V. Sie sollten auch die **Capilla de los Reyes** hinter dem Hauptaltar besichtigen, mit ihrem schönen churrigueresken, aus Holz geschnitzten und vergoldeten Altar, den *Jerónimo de Balbás*, ein Künstler aus Sevilla, 1737 schuf. Beachtenswert in dieser Kapelle sind ferner einige Gemälde von *José Rodríguez Juárez,* darunter eine Anbetung der Könige über dem Altar.

Neben der Dreikönigskapelle birgt die erste Kapelle auf der W-Seite die sterblichen Überreste des Kaisers Agustín de Iturbide. Sie sollten dann noch die **Sakristei** mit ihrem gotischen Gewölbe (16. Jh.) besichtigen, wo verschiedene Gemälde von *Cristóbal de Villalpando* zu sehen sind (darunter „Die triumphierende Kirche", das der Künstler von 1684–1686 schuf) und Gemälde von *Juan Correa,* ferner den **Kapitelsaal** mit seinem gotischen Gewölbe; Ende 16. Jh. In der **Krypta** unter der Dreikönigskapelle ruhen die sterblichen Überreste der meisten Bischöfe Mexikos, darunter auch die des ersten Bischofs der Hauptstadt, Juan de Zumárraga.

★ Sagrario (Pl. **V,** F2) – Bei diesem Gebäude handelt es sich um eine Kirche, in der Kultgerät und Meßgewänder, der Kirchenschatz und das erzbischöfliche Archiv untergebracht wurden. Das von 1749–1768 errichtete Sakramentshaus zeigt eine prachtvolle Fassade im churrigueresken Stil, die von dem Architekten *Lorenzo Martínez* – mit verschwenderisch reichem Reliefschmuck und vollplastischen Skulpturen versehen – in einem Stil konzipiert wurde, dessen Vorläufer in Spanien zu suchen sind, insbesondere am Hospiz von Madrid und im Werk von *Pedro de Rivera.*

Beachten Sie im Inneren der Kirche den Hauptaltar, ein Werk des mexikanischen Bildhauers *Pedro Patiño Ixtolinque* (1829), den Altar der Capilla de la Virgen Dolorosa, der *Manuel Tolsá* (Anfang 19. Jh.) zugeschrieben wird und die Gitter, die die Kapellen von den Seitenschiffen trennen.

★ Palacio Nacional (Pl. **V,** F2), der Nationalpalast, besticht durch seine mehr als zweihundert Meter lange **★ ★ Fassade aus Tezontle**, ein weinrotes, vulkanisches Gestein, dessen natürliche Schönheit durch die schmiedeeisernen Gitter der zahlreichen Balkons, die auf den Zócalo führen, noch gesteigert wird. In diesem Palast, in dem der mexikanische Staatspräsident seinen Amtssitz hat, befinden sich zahlreiche Büros, darunter die Staatskasse, das Staatsarchiv, u. a.

Das Gebäude erhebt sich an der Stelle von Moctezuma Xocoyotzins Neuem Palast, den Cortés 1523 umbauen bzw. rekonstruieren ließ. Später, ab 1562, war er Residenz der Vizekönige, die Mexiko im Namen der Könige Spaniens regierten, noch später Residenz des Generals Agustín de Iturbide, der sich 1822 zum Kaiser ausrufen ließ und schließlich,

(1) México (Stadt) und Umgebung

bis 1884, residierten in ihm die mexikanischen Staatspräsidenten. Benito Juárez starb dort im Jahre 1872.

Der ehemalige Palast von Cortés, der mehrmals vergrößert worden war, wurde 1692 bei einem Aufstand durch einen Brand zerstört und mußte wiederaufgebaut werden. 1820 wurde er erneuert; auch Maximilian von Habsburg nahm einige Veränderungen vor und 1927 wurde ein weiteres Geschoß aufgesetzt.

Sie kommen an der Ehrenpforte vorüber, die den mexikanischen Staatspräsidenten und den Botschaftern, die in Audienz empfangen werden, vorbehalten ist, bevor Sie durch das Hauptportal, über dem sich in einer Nische die Freiheitsglocke befindet, die am 16. September 1810 von Miguel Hidalgo in Dolores (Bundesstaat Guanajuato) geläutet wurde, die Vorhalle erreichen. Jedes Jahr am 15. September um 23 Uhr tritt der Staatspräsident auf den Balkon des Palasts, um den „Grito de Dolores" zu wiederholen und die Freiheitsglocke läuten zu lassen und leitet damit die Feierlichkeiten zum Gedenken an die Unabhängigkeitserklärung ein.

Über der Nische das Wappen der Republik Mexiko: ein auf einem Nopalkaktus sitzender Adler mit einer Schlange im Schnabel, zwischen einem aztekischen Krieger, der ein Holzschwert mit Obsidianklingen und einen Schild trägt, und einem Konquistador in Rüstung.

Das dritte Portal, weiter nördl., Puerta Mariana genannt, wurde von General Mariano Arista, der von 1850–1853 mexikanischer Staatspräsident war, geöffnet.

Im Inneren des Nationalpalasts (*Öffnungszeiten:* tgl. außer Mo. 9–13 Uhr) befinden sich 14 Höfe. Im größten, der von übereinander liegenden Galerien eingefaßt wird, fanden zu Ehren von Cortés am 24. Juni 1526 die ersten in Amerika veranstalteten Stierkämpfe statt. Die Untersuchungen, die man unlängst anläßlich der Restaurierung des Ehrenhofs durchführte, haben – aus archäologischer Sicht gesehen – keine besonderen Ergebnisse gezeitigt: da die Stabilität des Gebäudes nicht gefährdet werden durfte, waren diesen Arbeiten verständlicherweise gewisse Einschränkungen auferlegt.

Sie sollten den **Ballsaal** mit seinen Kronleuchtern und seinem Plafond im Kolonialstil besichtigen, den **Blauen Salon** mit den Seidenbrokattapeten und dem prachtvollen Kronleuchter aus Bergkristall und den mit Satinbrokat ausgeschlagenen **Speisesaal**. Versäumen Sie nicht die **Fresken** von **Diego Rivera**, die er zwischen 1929 und 1945 schuf und auf denen er die Geschichte Mexikos darstellte; sie bedecken eine Fläche von 450 m².

Der Nationalpalast beherbergt im Nordflügel das **Benito Juárez-Museum** (*Öffnungszeiten:* Mo.–Sa. 10–20 Uhr, So. 10–16 Uhr; Eintritt frei), das in der ehemaligen Wohnung des Staatspräsidenten untergebracht ist.

Vom zweiten Innenhof aus gelangt man zur **Bibliothek Miguel Lerdo de Tejada** (*Öffnungszeiten:* Mo.–Fr. 8–20 Uhr und Sa. 8–17 Uhr, die ungefähr 230.000 Bände über Geschichte, Rechtswissenschaft, Wirtschaftswissenschaften umfaßt. Einer der Bibliothekssäle wurde in der ehemaligen vizeköniglichen Münze eingerichtet. Ein weiterer Raum wurde in einen Ausstellungssaal umgewandelt, in dem Gemälde von zeitgenössischen mexikanischen Malern gezeigt werden, deren Arbeiten vom Fiskus anstelle der Einkommenssteuer akzeptiert wurden.

Im Südflügel des Palasts befindet sich dann noch das *Archiv General de la Nación*, das Staatsarchiv (*Öffnungszeiten:* Mo.–Fr. 8.30–14 Uhr; Sa. 8.30–12.30 Uhr; Eintritt frei).

Suprema Corte de la Nacion (Pl. **V**, F2), der Oberste Gerichtshof, ein modernes Gebäude, das 1940 im Kolonialstil an einer Stelle errichtet wurde, an der sich in aztekischer Zeit ein Gebäude befand, das noch nicht identifiziert werden konnte.

Im Inneren, **Fresken von Orozco** (im Treppenhaus) und, am Eingang zur Bibliothek, ein Gemälde des Amerikaners G. *Biddle.*

Die **Calle de la Moneda** (Pl. F2), die in der Nähe der Metrostation auf den Zócalo mündet, führt am Palacio Nacional (r.) und dem **Erzbischöflichen Palais** (l.), an der Ecke der Verdad-Straße entlang. Das aus Tezontle errichtete Gebäude liegt zum Teil an der Stelle, an der sich der Tezcatlipoca-Tempel erhob. Auf der anderen Seite der Verdad-Straße, ein Tezontle-Gebäude aus dem 18. Jh., das an der Stelle eines Hauses errichtet wurde, in dem sich die erste Druckerei Mexikos befand, die der Vizekönig von Neuspanien, Antonio de Mendoza, 1536 eingerichtet hatte.

Die heute aufgehobene **Iglesia de Santa Teresa la Antigua** in der Verdadstraße, r., wurde 1784 fertiggestellt. Sie gehörte zu einem Karmeliterkloster, das 1616 von Schwester Inés de la Cruz, der berühmten Dichterin,und Schwester Mariana de la Encarnación begründet wurde.

Schräg gegenüber dem Erzbischöflichen Palais, in Nr. 13, erhebt sich die **Antigua Casa de la Moneda**, die 1743 aus Tezontle erbaute Alte Münze, die heute das **Museo Nacional de las Culturas**, das Kulturmuseum, beherbergt (*Öffnungszeiten:* tgl., außer Fr. von 9-19 Uhr; die Bibliothek ist Mo. bis Fr. von 10-18 Uhr geöffnet, Sa. von 10-13 Uhr). Es zeigt Kunstwerke (meist Kopien) und Kunsthandwerk aus Asien, Afrika, Amerika und Europa sowie **in einer Wechselausstellung Funde vom Templo Mayor**. Die Calle de la Moneda säumen altehrwürdige Paläste aus Tezontle, größtenteils aus dem 18. Jh., deren Portale und Fenster Einfassungen aus grauem Stein schmücken, die Nischen sind voll seltsamer Wasserspeier. L., in Nr. 16, befindet sich das ehemalige *Conservatorio Nacional de Musica* (im Treppenhaus ein **Fresko** von *Rufino Tamayo*, 1933).
Auf der l. Straßenseite, Ecke Moneda/Academia, die **Iglesia de Santa Inés**, die im 17 Jh. im barocken Stil erbaut wurde. Sie gehörte zu einem Kloster, das heute Wohnzwecken dient.

Das **Museo San Carlos**, gegenüber der Kirche (*Öffnungszeiten:* tgl., außer Mo. 10-18 Uhr), ist in den Räumen der ehemaligen Akademie San Carlos bzw. Academia de las Tres Nobles Artes (Malerei, Bildhauerei, Architektur) untergebracht, die 1783 von Karl III. begründet wurde und an der der Graveur *Jeronimo Antonio Gil* und der Architekt und Bildhauer *Manuel Tolsá* lehrten.

Die Galerie birgt Gemälde von *El Greco* (1541-1614), von *Murillo, Zurbarán, Rubens, Hyeronimus Bosch, Brueghel, van Dyck, Tizian,* usw. Ein Saal ist der Malerei der Kolonialzeit gewidmet (Werke von *Juárez, Correa, Miguel Cabrera,* usw.).

Nach dem Museum setzen Sie den Weg durch die Calle de la Moneda fort.

(1) México (Stadt) und Umgebung

▶ Die erste Straße r. (Jesús María) nach dem Museum führt zu der an der Ecke der Soledad-Straße gelegenen **Iglesia de Jesús María**. Die Kirche gehörte zu einem Kloster, das 1580 mit Bewilligung des Papstes Gregor XIII. gegründet wurde, um dort tugendhafte aber arme Mädchen und die Töchter von Konquistadoren zu erziehen. 1583 wurde es dem Schutz von König Philipp II. unterstellt. Die Kirche, das einzige Gebäude, das erhalten blieb, wurde von 1591–1626 erbaut, mit Ausnahme des Turmes, der von 1673 datiert.

▶ **Iglesia de la Santísima** – Bevor Sie an obiger Kreuzung nach l. in die Loretostraße einbiegen, sollten Sie den Weg einige Meter fortsetzen, um diese prächtige Kirche zu besichtigen, die 1677 von *Lorenzo Rodríguez* erbaut wurde.

Die Kirche, deren churruguereske Fassade ein schlanker Glockenturm mit tiaraförmigem Dachaufsatz flankiert, wurde 1524 an der Stelle einer den Hll. Kosmas und Damianus geweihten Einsiedelei errichtet. Ein Ordenshaus der Klarissinen, 1570 in den Rang eines Klosters erhoben, wurde dort eingerichtet, 1855 wurde das Kloster geschlossen. Einige Bauten blieben erhalten, darunter der Kreuzgang, der heute Wohnzwecken dient. Das Kirchenportal mit seinen schönen Holzschnitzarbeiten stammt aus dem 18. Jh..

▶ Setzt man den Weg durch die Calle de la Moneda fort und biegt dann r. in die vierte Straße ein, kommt man zur **Iglesia de la Santa Cruz y Soledad** (allgemein *Soledad de Santa Cruz* genannt), die gegen Ende des 16. Jh. gegründet und von 1727–1731 erneuert wurde. Nach einem weiteren Umbau (1792) präsentierte sie sich als ein Gebäude im barocken und neoklassischen Stil. Man verehrt dort die in prächtige Gewänder aus Seide und Brokat gehüllte Virgen de la Soledad.

▶ Auf dem Weg zur Iglesia de Loreto durch die Loretostraße kreuzen Sie die Justo Sierra (die zweite Straße nach der Moneda).

▶ Folgen Sie ihr r., dann der San Antonio Tomatlán, ihrer Verlängerung. Biegen Sie jetzt l. in die Bravostraße ein. Sie kommen dann zu der in einem Armenviertel gelegenen **Iglesia de San Antonio Tomatlán**. Die Kirche, die vom Beginn des 18. Jh. stammt, zeigt eine schlichte Barockfassade; im Inneren Seitenaltäre im churruguereskren Stil.

▶ Die **Iglesia Nuestra Señora de Loreto** ist eines der schönsten Beispiele der neoklassischen Architektur Mexikos. Die Kirche erhebt sich auf der **Plaza de Loreto**, die ein von *Manuel Tovar* geschaffener **Brunnen** (18. Jh.) ziert.

Sie wurde 1738 von *Ignacio Castera* und *José Antonio* errichtet, an der Stelle einer Kirche, die eine 1573 erbaute Kapelle ablöste, in der zwei skulptierte Köpfe, der Jungfrau Maria und des Knaben Jesus, aufbewahrt wurden. Der Legende zufolge waren die beiden Skulpturen vom Evangelisten Lukas geschaffen und von dem Jesuiten Juan Zapa nach Mexiko gebracht worden.

Die *** Kirche**, die als Zentralanlage mit fünf kranzförmig angeordneten Apsiden konzipiert wurde, trägt eine elegante, auf Bögen gestützte und von einer Balustrade und mehreren Fialen gekrönte lichte Kuppel. Im Vestibül der Sakristei, eine exakte Kopie des „Heiligen Hauses" von Loreto, verschiedene Gemälde aus der Kolonialepoche von *Miguel Cabrera* und anderen, unbekannten Künstlern. Ein Gemälde, das *Miguel Cabrera* zugeschrieben wird, zeigt den Hl. Ignatius von Loyola, der bei der Belagerung von Pamplona (1521) verwundet wird.

An der Plaza de Loreto befindet sich auch die von 1701–1715 im barocken Stil errichtete **Iglesia de Santa Teresa la Nueva**. Das Gotteshaus, das zu einem Karmeliterkloster gehörte, wurde weitgehend verändert. Sehenswert die Azulejos (Fliesen) in der Sakristei.

●━➤ Von der Plaza de Loreto aus können Sie das Viertel in verschiedenen Richtungen durchstreifen, um sich mehrere Kirchen anzusehen. Gehen Sie zunächst weiter durch die Loretostraße, die linker Hand der **Abelardo Rodríguez-Markt** säumt (Gemälde von verschiedenen Malern, darunter *Pablo O'Higgins, Angel Bracho, Grace* und *Marion Greenwood, Isamu-Noguchi,* usw.).
Biegen Sie nach dem Markt l. in die *Lecumberri-Straße* ein, dann r. in die *Calle del Carmen* und wieder r. in die José Herrera. Rechter Hand, gegenüber einem kleinen Platz, sehen Sie die Barockfassade der **Iglesia de San Sebastián**, die eine geschnitzte Kanzel aus dem 18. Jh. birgt. Im Presbyterium ein bezaubernder Patio.
Vom Sebastiansplatz aus gehen Sie denselben Weg zurück, biegen in die erste Straße (*Girón*) nach r. und kommen zur Plaza de Estudiante. Dort nach l. gehen, dann r., an der W-Seite des Platzes entlang und wieder nach l. Sie kommen so zur **Iglesia Nuestra Señora del Carmen**, die zu einem 1607 gegründeten Kloster der Patres vom Berg Karmel gehörte. Dieser Orden, der 1585 nach Mexiko kam, war bis 1607 im Besitz der Kirche San Sebastián und ihres Presbyteriums. Die 1607 geweihte Kirche wurde von 1900–1903 restauriert. Das Kloster wurde 1861 geschlossen.
Von der Kirche aus kehren Sie zur Hauptroute zurück (s. unten), indem Sie der *Nicaraguastraße* bis zur Argentina folgen, in die Sie l. einbiegen. Unterwegs kommen Sie an der **Iglesia de Santa Catalina de Sena** vorüber, an der Ecke Argentina/Venezuela. Das schlichte Gotteshaus gehörte zu einem 1619–1623 errichteten Nonnenkloster. Kurz nach der Kirche sehen Sie rechter Hand das Gebäude der Secretaría de Educación Pública (Ministerium für Erziehungswesen), s. u.

▰━ **Escuela Nacional Preparatoria** (Pl. **V**, F1), die staatliche Vorbereitungsschule, ist im ehemaligen Jesuitenkolleg San Ildefonso untergebracht, das 1749 aus vulkanischem Gestein (Tezontle) erbaut und von Benito Juárez in eine Lehrerbildungsanstalt umgewandelt wurde. Kurz nach der Revolution wurde es mit **Fresken** geschmückt, die **drei der bedeutendsten zeitgenössischen Künstler Mexikos** (*Orozco, Rivera* und *Siqueiros*) und mehrere andere Maler schufen.

Öffnungszeiten:: wochentags von 9–14 Uhr.

Die **Fresken** an der Nordwand des Hauptpatios, im Treppenhaus und im Erdgeschoß sind von **Clemente Orozco** (1923), der sich hierzu von der Mexikanischen Revolution inspirieren ließ; die des ersten Stocks wurden ebenfalls von Orozco geschaffen und zeigen von l. nach r.: „Das Gesetz und die Gerechtigkeit", „Das Jüngste Gericht", „Die Freiheit", „Die Jagd nach Ehrungen und Auszeichnungen", „Die Kirche und die Reaktion", von Stutzern verkörpert. Im zweiten Stock sehen Sie Szenen, die *Orozco* 1924

(1) México (Stadt) und Umgebung

malte und die sich mit der Welt der Arbeit und dem Revolutionskrieg auseinandersetzen.

Auch andere Maler trugen zur Ausgestaltung dieses Teils der Schule bei, insbesondere *Revueltas* (Gemälde, die die Verherrlichung des Heilands von Chalma und der Jungfrau von Guadelupe darstellen). Im Treppenhaus ein Fresko von *Jean Charlot*, das den Fall Tenochtitláns zeigt.

An den Wänden und Deckengewölben im Treppenhaus weitere Gemälde von *Orozco*, die mit der Darstellung von Cortés, der Malinche und Franziskanermönchen an die Zeit der Konquistadoren und der Missionare erinnern.

Die **Fresken** des kleinen Patios sind von **David Alfaro Siqueiros** (1923–1925). Sie zeigen „Die entfesselte Revolution", „Die Zerstörung der Idole", das „Begräbnis eines Arbeiters", u. a.

Im Vestibül des Simon Bolivar-Hörsaals sehen Sie 10 Arbeiten von **Fernando Leal** (1931–1933), die das Leben des Befreiers von Kolumbien, Venezuelas und Perus darstellen. Über dem Podium des Auditoriums ein riesiges, 110 m² bedeckendes **Fresko**, das **Diego Rivera** von 1921–1922 ausführte und das die Schöpfung darstellt.

In der Aula der Escuela, kostbare Stühle (mit Szenen aus dem Alten und Neuen Testament) aus der St. Augustin-Kirche. Das ehemalige St. Peter und Pauls-Kloster, das der Escuela angegliedert wurde, schmücken **Wandgemälde** (1922) von *Gerardo Murillo* (Dr. Atl) und *Adolfo Best-Maugard*.

Secretaría de Educación Pública (Pl. **V**, F1), das Erziehungsministerium, ist in einem Gebäude im Kolonialstil untergebracht, das 1937 an der Stelle des 1639 gegründeten Klosters de la Encarnación errichtet wurde. Das Kloster wurde 1861 aufgelassen, um der Universität von Mexiko als Fakultät für Rechtswissenschaften und als Lehrerbildungsanstalt zu dienen. Die Anlage des Kreuzgangs des ehemaligen Klosters ist im Innenhof des Ministeriums zu erkennen, den übereinanderliegende Galerien einfassen.

Öffnungszeiten: wochentags von 9-14 Uhr.

Das Gebäude schmücken **Wandgemälde** auf einer Fläche von über 1.600 m², die von **Diego Rivera** (im ersten und zweiten Patio), *Amadeo de la Cueva* (Nordwand des 2. Patio), *Jean Charlot* (Nordwand des 2. Patio), *Juan O'Gorman, Mérida, Amero* (Bibliothek) und *Roberto Negro* (Empfangssaal des Ministeriums) geschaffen wurden. Das Werk von *Diego Rivera*, das 235 Tafeln umfaßt, behandelt die Themen Gewerbe, Landwirtschaft, Handwerk (im ersten Patio), mexikanische Feste und Märkte (tianguiz), im zweiten Patio. Im zweiten Geschoß dieses Patios ein Fresko, das eine populäre Ballade (Corrido) darstellt.

Die Kirche des ehemaligen Klosters, ein Barockbau (1639-1648) der erhalten blieb, birgt die ibero-amerikanische Bibliothek.

Die **Plaza Santo Domingo** (Pl. **V**, F1) zählt zu den Plätzen der Stadt, die das Flair der Kolonialepoche bis heute bewahrt haben. Die Mitte des Platzes, den Palacios aus dem 18. Jh. säumen, schmückt ein hübscher Brunnen. Zwei der Gebäude, r., erheben sich an der Stelle von Palacios, die den Konquistadoren Marqués de Villamayor und Cristóbal de Oñate gehörten. Das erstere diente eine Zeitlang als Zollgebäude (**Antigua Aduana**).

Iglesia de Santo Domingo

In der Cubastraße Nr. 95, in unmittelbarer Nähe des Platzes, erinnert die an einem Gebäude des 18. Jh. angebrachte Gedenktafel an la Malinche, die Dolmetscherin von Cortés, die hier nach ihrer Heirat mit Juan Jaramillo 1527 in einem der Häuser lebte.

An der Westseite des Platzes (l.) stellen an Wochentagen öffentliche Schreiber ihre Dienste den Vorübergehenden zur Verfügung. Gehen Sie jetzt auf die Santo Domingo-Kirche im Hintergrund des Platzes zu. Bevor Sie dort ankommen, sehen Sie linker Hand die **Capilla del Señor de la Expiración**, ein schlichtes Gebäude, das vermutlich gegen Ende des 16. Jh. errichtet wurde.

Die **Iglesia de Santo Domingo** (Pl. **V**, F1), eine prachtvolle Barockkirche, die von einem schlanken Turm überragt wird, ist der verbliebene Rest eines Dominikanerklosters aus dem 16. Jh.

Kurz nach ihrer Ankunft in Mexiko gründeten die Dominikaner 1539 das Kloster Santo Domingo, eines der bedeutendsten und prächtigsten Neuspaniens. Die erste Kirche, die 1575 offiziell ihrer Bestimmung übergeben wurde, wurde bei einer Überschwemmung (1716) zerstört und mußte wiederaufgebaut werden. Die neue Kirche in ihrer heutigen Gestalt wurde am 3. April 1736 geweiht. Das Kloster wurde 1861 zerstört. Die einschiffige Kirche trägt ein Tonnengewölbe. An den Seiten öffnen sich sechs reichgeschmückte Kapellen mit barocken bzw. churriguereskken Altaraufsätzen.

Neben der Kirche, Ecke Brasil/Venezuela-Straße, befindet sich ein nachträglich um ein Geschoß erhöhtes Palais aus dem 18. Jh., das das *Inquisitionsgericht* bzw. *Tribunal del Santo Oficio* und später eine medizinische Fakultät beherbergte.

Das erste Inquisitionsgericht wurde 1229 in Toulouse anläßlich des in dieser Stadt abgehaltenen Konzils zur Verfolgung und Bestrafung von Ketzern, im vorliegenden Fall der Katharer, eingesetzt. Drei der von Papst Gregor IX. zwischen 1231-1233 erlassenen Bullen erweiterten die Zuständigkeit der Inquisition auf die gesamte Christenheit. Das anfänglich mit der Bekämpfung der Ketzerei beauftragte Gericht sah sich bald darauf ermächtigt, über Vergehen wie Abtrünnigkeit, Zauberei und Hexerei zu befinden. In Spanien wurde das 1237 eingesetzte Inquisitionsgericht aufgrund der mißbräuchlichen Auslegung einer Bulle von Papst Sixtus IV. durch Ferdinand von Aragon und Isabella die Katholische ab 1478 zu einer staatlichen Institution. Von da an unterstand der Großinquisitor direkt der spanischen Krone, die auch die Mitglieder des Gerichts und die Fiscales bzw. Staatsanwälte ernannte, die mit der Führung der Prozesse beauftragt waren. Erster Großinquisitor war Tomás de Torquemada.
In Mexiko wurde das Inquisitionsgericht 1571 eingesetzt, die Indios aber entgingen seiner Rechtsprechung. Der erste Scheiterhaufen zur Vollstreckung eines Todesurteils wurde 1574 in der Hauptstadt errichtet. Das Glaubensgericht wurde in Spanien während der französischen Vorherrschaft, von 1808-1814, aufgehoben und von den Cortes im Jahre 1820 endgültig abgeschafft. Beim letzten in Mexiko geführten Prozeß wurde José Maria Morelos, einer der Helden des Unabhängigkeitskrieges, im Jahre 1815 verurteilt. Zwischen 1574 und 1815 beläuft sich die Zahl der Inquisitionsopfer, die auf den Scheiterhaufen Mexikos verbrannt wurden, auf „nur" etwa fünfzig Personen, aber viele der in Mexiko geborenen Spanier (Kreolen) wurden zu geringeren Strafen verurteilt.

(1) México (Stadt) und Umgebung

▶ Folgt man der Brasilstraße über die Plaza Santo Domingo hinaus, kommt man, nachdem man die Nicaragua überquert hat, zur **Iglesia de Santa Catalina** (Pl. **V**, F1), im barocken Stil, die 1740 geweiht wurde. Die Kirche löste zwei ältere Gotteshäuser ab, die zu einem Hospital gehörten, welches 1537 von den ersten spanischen Siedlern gegründet worden war, die sich zu einer Bruderschaft unter dem Schutz der Hl. Katharina vereinigt hatten. Im Inneren der Kirche schöne geschnitzte Kanzel aus der Kolonialzeit.

▶ **Iglesia de la Enseñanza Antigua** (Pl. **V**, F1). Die Kirche des ehemaligen Klosters la *Enseñanza Antigua*, das 1754 unter dem Namen Nuestra Señora del Pilar gegründet worden war, wurde von 1772-1778 errichtet. Das schöne Barockportal schmücken Statuen.

Im Inneren, eine der schönsten * **churrigueresken Altarwände**, die man in Mexiko findet. Die Altarwände der Seitenaltäre und die Kanzel stammen ebenfalls aus der zweiten Hälfte des 18. Jh. Nach der Vertreibung der Nonnen, am 3. März 1863, wurde das Kloster vorübergehend zum Justizpalast und gehört noch heute zu diesem.

Auf dem Rückweg zum Zócalo sehen Sie Ecke Donceles/Argentina einen **Palacio**, den Manuel Tolsá für den Marqués del Apartado zu Beginn des 19. Jh. errichtete; im Innenhof fand man die Reste einer aztekischen Pyramide, des **Coatecalli** vermutlich, der verschiedenen Göttern geweiht war.

Hauptpyramide (Pl. **V**, Templo Mayor, F2). Die zufällige Entdeckung eines prachtvollen Monoliths (s. unten, der „Monolith der Coyoxauhqui") am 21. Februar 1978 Ecke Argentina/Seminario und Guatemala hat das dem Haupttempel von Tenochtitlán geltende Interesse neu belebt. Der Ausgrabung des Monoliths folgten ähnliche, kleinere Funde, Reste von Skulpturen und Bauelementen sowie Depots mit Opfergaben aus verschiedenen Epochen.

Die sehr zahlreichen Depots (es werden immer neue entdeckt) enthielten Figurinen des Regengottes Tlaloc, Statuetten einer sitzenden Gottheit aus Stein, Klapperschlangen aus Kupfer, Meeresschnecken, Bruchstücke von Türkisen aus Pektoralien bzw. Mosaiken, Opfermesser (darunter einige mit dem Técpatl-Motiv, dem Symbol der Menschenopfer), enthauptete weibliche Schädel, Obsidiangegenstände, Steingefäße mit Tlaloc-Darstellungen, Asche und Splitter von verkohltem Holz, Überreste von zeremoniellen Einäscherungen, vermutlich zu Ehren der auf dem großen Monolith dargestellten Gottheit, die Häupter von Krokodilen (*cipactli*), einer Gottheit des Aztekenkalenders, die das im Urmeer schwimmende Erdungeheuer symbolisierte, einen Koyotenschädel (ein Tier, das mit dem Kult des Gottes des Tanzes, des Gesangs und der Freude assoziiert wurde) mit der Obsidianklinge eines Opfermessers zwischen den Kiefern, einen menschlichen Schädel, in welchem anstelle des Nasenbeins ein Opfermesser steckte, das *Mictlantecuhtli,* den Herrn des Totenreichs verkörpert, usw. Diese Opfergaben wurden zum größten Teil vorübergehend dem Museo Nacional de las Culturas überstellt. Die reiche Ernte der mexikanischen Archäologen, deren Arbeiten an der Fundstelle noch lange nicht abgeschlossen sind, war – was Architektur- und Skulpturfragmente angeht – nicht weniger fruchtbar. Zu letzteren gehören die **Bannerhalter**, die am Fuß der Pyramidentreppe unter Erdaufschüttungen in einer Reihe ausgerichtet waren, um sie bei einer Überbauung der Pyramide vor der Zerstörung zu schützen, und ein **Chac mool** der ersten Epoche (den man im August 1979 freizulegen begann). Bei diesen Arbeiten wurden ferner die Reste von fünf übereinanderliegenden Pyramidenstrukturen freigelegt, deren erste vermutlich aus der Zeit der Gründung von Tenochtitlán stammt, bis zur letzten, von 1494, die Ahuitzotl veranlaßte, und die sich den Blicken von Cortés und seiner Männer darbot. Dabei entdeckte man auf der oberen Plattform der von Ahuitzotl 1494 vergrößerten Pyramide zwei „Kapellen", die des Tlaloc, die Spuren einer Bemalung trägt, und die von Huitzilopochtli.

Öffnungszeiten: solange die Ausgrabungen andauern, nur Sa. von 10–12 Uhr.

★★ **Monolith der Coyolxauhqui.** Der prachtvolle, ungefähr acht Tonnen schwere und bemerkenswert gut erhaltene Stein hat die Form einer fast kreisrunden, 0,30 bis 0,35 m dicken Scheibe (sein Durchmesser variiert zwischen 2,98 und 3,26 m). Nur die obere Partie schmücken prächtige **Reliefs**, die Spuren von roter, ockergelber und weißer Bemalung tragen (die Farben hatten im religiösen Leben der Mexikaner der präkortesianischen Zeit eine grundlegende symbolische Bedeutung). Die Darstellung zeigt eine enthauptete und verstümmelte Frauengestalt (außer dem Kopf erkennt man den Torso sowie die abgetrennten Arme und Beine). Die Gestalt trug Sandalen und war mit Symbolen des Regengottes Tlaloc geschmückt, Klappern, Ohren- und Nasenschmuck, Armbändern, Federn, Federstutz und einem Gürtel, Merkmalen, die eine Identifizierung der Gestalt mit **Coyolxauhqui**[1] („der mit den Klapperschlangen auf dem Gesicht") gestatten, d. h. mit dem Mond, obschon keiner der bisher bekannten Texte einen eindeutigen Zusammenhang zwischen der Göttin Coyolxauhqui und dem Mond zuläßt. Die Zuordnung des Monoliths wurde durch einen Vergleich der Steinplatte mit einem Kolossalkopf dieser Göttin im Anthropologischen Nationalmuseum (Mexica-Saal, 75) erleichtert, der dieselben Symbole trägt, insbesondere die Schlangen im Gesicht der Göttin.

1) Die identifizierung Coyolxauhquis mit dem Mond, die auf Forschungsergebnissen des deutschen Archäologen Eduard Seiler basiert, wird jedoch nicht von allen Wissenschaftlern anerkannt. So glaubt Carmen Aguilera (s. Coyolxauhqui, Ensayo iconográfico, Biblioteca Nacional de Antropolígía e Historia, Seria Científica, 2) eine Verbindung zwischen Coyolxauhqui und Cihuacoatl, der „weiblichen Schlange" herstellen zu müssen, einer Manifestation der Göttermutter, auch Citlallinique genannt, „der mit dem Sternenrock", d. h. der Milchstraße.

(1) México (Stadt) und Umgebung

Der *in situ* belassene Monolith lagert auf einer Schicht flacher Steine über einer Aufschüttung aus Tezontle (vulkanisches Gestein) und Lehm und wird von einem kranzförmig angeordneten Stuckpflaster umgeben. Der Stein, der zur dritten Pyramide gehörte (Anfang 15. Jh.), befand sich auf dem ersten Absatz der zur oberen Plattform der Pyramide führenden Monumentaltreppe, gegenüber der „Kapelle" des Huitzilopochtli, der Stammesgottheit der Azteken.

Eine andere, zur vorherigen parallel verlaufende Treppe, endete gegenüber der Tlaloc-Kapelle.

Um die religiöse Bedeutung des Steines besser erfassen zu können, muß man sich den Mythos der Geburt von Huitzilopochtli in Erinnerung rufen. Bekanntlich kam der Stammesgott der Azteken sozusagen zufällig zur Welt bzw. durch eine seltsame Schicksalsfügung. Während seine Mutter, Coatlicue, die Göttin der Erde, den Tempel fegte, drang eine Daunenfeder in ihre Brust ein und befruchtete sie. Coyolxauhqui, die älteste Tochter der Coatlicue und ihre Brüder, die Centzonhuitznahua, die vierhundert Sterne des Südens, die entsetzt waren über diese Schande, wollten die Göttin töten. Huitzilopochtli kam vollständig bewaffnet aus dem Leib der Coatlicue hervor und nahm sofort den Kampf gegen seine Schwestern und Brüder auf. Die Schlacht war zu Ende, nachdem der Gott Coyolxauhqui enthauptet und diejenigen seiner Brüder, die nicht geflohen waren, niedergemetzelt hatte.

Unter der Guatemalastraße sehen Sie eine riesige **Skulptur des Kopfes einer gefiederten Schlange**; sie markierte den Ansatz einer breiten Rampe, die im S. eine der beiden Treppen flankierte, die zur oberen Plattform des Tempels führten.

Sie sehen dann noch verschiedene **Böschungsmauern,** die aus Bruchsteinen der sich hier überlagernden Pyramiden errichtet wurden, weiter westl. (r.), einen Teil der *Schlangenmauer,* **Coatepantli,** die die Verblendung der Stützmauer einer riesigen Plattform bildete, auf der sich die Hauptpyramide erhob.

Das Ethnographische Museum, Ecke Seminario/Guatemala dient heute als Werkstatt und Depot.

Die **Iglesia Santa Teresa la Antigua** (s. S. 247) hinter der Hauptpyramide, auf der anderen Seite der Verdadstraße, soll nach ihrer Restaurierung, die gerade im Gang ist, die Funde des Templo Mayor aufnehmen. Auf dem Rückweg zum Zócalo (Pl. **V**, F2) sehen Sie rechter Hand, in der Nähe des Sagrario, den **Bartolomé de las Casas-Brunnen.**

Wenn Sie im Taxi oder zu Fuß die Donceles-Straße (Pl. **V**, E2) einschlagen, eine Verlängerung der Santa Veracruz, kommen Sie an verschiedenen interessanten Gebäuden vorüber, u. a. an einer Villa aus dem 18. Jh., Ecke Chilestraße.

Etwas weiter r. befindet sich das nach der Schauspielerin *Esperanza Iris* benannte *Theater.* Kurz danach, r., Ecke Donceles/ Allende-Straße, die neoklassische Fassade der *Cámara de Diputados* (Pl. **V**, E2), wo der Staatspräsident alljährlich am 1. September seine Rede zur Lage der Nation hält.

Umgebung des Zócalo

Die Allendestraße führt rechter Hand zum Gebäude der **Lehrergewerkschaft** (Pl. **V, d** in E1), in der Belisario Domínguez Nr. 32 (Fresken von *Aurora Reyes*).

Gegenüber die **Iglesia de San Lorenzo** (Pl. **V**, E1). Die 1785 errichtete, schlichte Barockkirche gehörte zu einem Kloster.

Sie können in diesem Viertel noch die **Iglesia de la Concepción** (Pl. **V**, E1) besichtigen, die zu dem kurz nach der Konquista von Juan de Zumárraga gegründeten gleichnamigen Kloster gehörte. Das 1629 zerstörte Gotteshaus wurde 1655 wiederaufgebaut; das Kloster, das reichste der Stadt, 1861 geschlossen. Außer der Kirche, die eines der schönsten Beispiele barocker Baukunst darstellt, existiert noch ein Kreuzgang, der in den Gebäudekomplex eines Gymnasiums einbezogen wurde. Auf der gegenüberliegenden Seite der **Plaza de la Concepción** liegt die **Capilla de la Concepción Cuecopan**, ein hübscher Barockbau aus der ersten Hälfte des 17. Jh. Die Plaza de la Concepción ist, wie die **Plaza Garibaldi**, ein Haupttreffpunkt der Mariachikapellen. Hier wie dort finden am Abend musikalische Darbietungen statt.

Ein Abstecher von der Donceles-Straße nach l. bringt Sie zur Tacubastraße, in der sich die im barocken Stil (1661) erbaute **Iglesia de Santa Clara** (Pl. **V**, E2) befindet, die in die Bibliothek des Senats umgewandelt wurde. Etwas weiter in der Tacubastraße, in Richtung Alameda-Park, kommen Sie an dem 1797-1813 von *Manuel Tolsá* erbauten **Palacio de Minería** (Haus des Bergbaus) vorüber (unter dem Eingangsportal, vier Meteoriten, deren größter 14 t wiegt; in der Kapelle, Fresken von *Rafael Jimeno y Planes*, Anfang 19. Jh.), dann am Gebäude der **Hauptpost** (Pl. **V**, Correo Mayor, E2), das 1904 von *Boari* nach dem Vorbild italienischer Renaissancepaläste errichtet wurde (im ersten Stock, Briefmarkenverkauf an Sammler; *Öffnungszeiten:* wochentags von 8-14 Uhr; im zweiten Stock das Briefmarkenmuseum, geöffnet wochentags von 9-13 Uhr).

Nach der Cámara de Disputados kommen Sie an der **Cámara de Senadores** (Pl. **V**, E1) vorbei, einem schlichten Gebäude im Kolonialstil (Gemälde von *Jorge Gonzáles Camarena*).

Zurück an der Almeda Central (Pl. **V**, D1/2) sehen Sie an der N-Seite des Parks (Av. Hidalgo, Pl. **V**, D1) zwei Kirchen und auf der kleinen **Plaza Morelos** (bzw. Plaza 2 de Abril) einen Brunnen.

Die erste Kirche, **Iglesia de la Santa Veracruz**, wurde 1568 an der Stelle einer Einsiedelei errichtet, die bis dahin der 1526 von Cortés gegründeten Bruderschaft vom Kreuz als Gotteshaus gedient hatte und deren Mitglieder von den Spitzen der Gesellschaft gestellt wurden. Diese Bruderschaft genoß eine Anzahl von Privilegien, die ihr die Vizekönige, die Könige Spaniens und verschiedene Päpste zugestanden. Das aus dem 16. Jh. stammende Gotteshaus wurde in Tezontle wiederaufgebaut und 1764 in einer feierlichen Zeremonie geweiht. Herrliche Schnitzarbeiten am Hauptportal, im churrigueresken Stil, wie auch an dem Portal gegenüber des Alameda-Parks. Die beiden Glockentürme, die die Fassade flankieren, wurden 1776 errichtet. Das Innere der Kirche, vormals eine der reichsten Mexikos, präsentiert sich heute ohne ihren Goldschatz.

Die zweite Kirche, **Iglesia de San Juan de Dios,** gehörte zu einem Hospital gleichen Namens, das verlassene Kinder aufnahm. Es wurde 1582 von Pedro López gegründet und 1965 geschlossen; das Pflegepersonal wurde dem neuen Hospital in der Mironstraße überstellt.

(1) México (Stadt) und Umgebung

In der Nähe des **Hotel Cortés** (Pl. **V, g** in D1), das in einem Palais der Condes de Villanueva aus dem 18. Jh. untergebracht ist, befindet sich die ★ **Pinacoteca Virreinal** (Pl. **V**, D1), die vizekönigliche Pinakothek, in der ehemaligen, 1594-1621 errichteten **Iglesia de San Diego**, die zu einem Kloster der Barfüßigen Franziskaner gehörte. In diesem Museum sehen Sie Gemälde aus der Kolonialepoche.

Öffnungszeiten: Di.–So. von 10–19 Uhr.

Im Kirchenschiff Gemäldesammlung aus dem 17. Jh. mit Werken des Basken *Baltazar de Echave Orio*, des Sevillaners *Sebastián de Arteaga*, von *Cristóbal de Villalpando*, iberischen Künstlern, die in Mexiko Schulen gründeten und zur Entfaltung und höchsten Blüte der mexikanischen Malerei während der Kolonialzeit beitrugen, insbesondere der religiösen Malerei während der zweiten Hälfte des 17. Jh. Beachten Sie die „**Ungläubigkeit des Hl. Thomas**" von **Sebastián de Arteaga**, das „**Martyrium der Hl. Ursula**" von **Hipólito de Rioja** (2. Hälfte 17. Jh.), die „**Anbetung der Könige**" von **Baltazar de Echave Orio**, die „**Flucht aus Ägypten**" von **Cristóbal de Villalpando**, usw. Im Chor der Kirche, Werke des Flamen **Simon Pereyns** (Ende 16. Jh.) und von **Luis Juárez**.

In der **Capilla de los Dolores** (r.), die ein Fresko von *Frederico Cantú* (1959) schmückt, Franziskanermönche darstellend, die aztekische Traditionen übernehmen, sind Gemälde aus dem 18. Jh. ausgestellt, von *Miguel Cabrera, José de Ibarra, Francisco Juan de Aguilera, Juan Rodríguez Juárez*, usw. Im Kreuzgang, Werke vom Ende des 17. und dem 18. Jh., u. a. von *Francisco Antonio Vallejo, José de Ibarra, Alonso López de Herrera, José María Tresguerras, Rafael Jimeno y Planes*, usw.

Porträtsammlung mit Werken von *Juan Rodríguez, Juárez Rafael Jimeno y Planes, Miguel Cabrera*, usw.

➡️ Nach der Pinakothek können Sie diesen Rundgang beenden, indem Sie der Av. Hidalgo folgen, die sich jenseits des Paseo de la Reforma in der Puenta de Alvarado-Straße fortsetzt. Sie kommen dabei an der **Iglesia de San Hipólito** (Pl. **V**, D1) vorüber, einer geräumigen Barockkirche, Anfang 17. Jh., dann an der 1735-1755 erbauten **Iglesia de San Fernando** (Pl. **V**, D1), die zum Colegio Apostólico de San Fernando gehörte. Beachten Sie die prachtvolle Fassade im churriguereskem Stil und im Inneren die aus dem 18. Jh. stammende Kanzel.

Etwas weiter, in Nr. 50, das ★ **Palais des Marqués de Buenvista** (Pl. **V**, C1), das *Manuel Tolsá* zu Beginn des 19. Jh. im neoklassischen Stil erbaute. Kaiser Maximilian gestand es 1865 General Bazaine zu. Beachtenswert ist es vor allem wegen seiner majestätischen Treppe, dem ovalen Patio mit den zwei übereinanderliegenden Galerien, die im ersten Geschoß von Pilastern und im zweiten von schlanken Säulen getragen werden. Nach der Restaurierung des Gebäudes haben sich hier die **Academia de Artes** und die **Pinacoteca Nacional** etabliert.

1 C – Museo de la Ciudad de México (Stadtmuseum) und Mercado de la Merced (Merced-Markt)

Durch die Stadt – Sie sollten diesen Rundgang, der eine Erweiterung des vorangegangenen darstellt, zumindest teilweise im Auto zurücklegen. Vom Museum aus können Sie zu Fuß die beiden Märkte Mercado de la Merced und Mercado de San Juan erreichen. Auf diesem Weg kommen

Sie durch eins der bezaubernsten Viertel Altmexikos, wo sich noch zahlreiche Gebäude aus der Kolonialzeit erheben.

Wenn Sie sich im Taxi von der Zona Rosa aus (s. Rte 1A) auf den Weg machen, kommen Sie an der Zitadelle (Pl. **V**, C3) vorüber, den Kirchen El Buen Tono (Pl. **V**, D2) und San Felipe Neri (Pl. **V**, E3) und dem Hospital Jesús Nazareno (Pl. **V**, F3).

Die im Jahre 1807 errichtete **Zitadelle** (Pl. **V**, C3) diente den Royalisten als Gefängnis, in das sie José Maria Morelos 1815 vor seiner Hinrichtung einschlossen. 1913 war die Zitadelle zehn Tage lang Stützpunkt der Aufständischen unter der Führung von Felix Díaz, nachdem Bernardo Reyes bei dem Versuch, sich des Palacio Nacional zu bemächtigen, den Tod gefunden hatte. Vom 9. bis zum 18. Februar beschossen sich Aufständische und Verteidiger des Nationalpalasts gegenseitig und fügten dadurch der Stadt großen Schaden zu. Nach dem Ablauf besagter zehn Tage gelang es General Victoriano Huerta, von dem man annahm, daß er die Legalität verteidige, sich mit Felix Díaz zu einigen und eine blutige Gewaltherrschaft zu errichten. Ein Teil der aufgehobenen Zitadelle beherbergt das Nationalinstitut des Handwerks mit Ausstellungs- und Verkaufssälen und die **Biblioteca de México** (*Öffnungszeiten:* Mo.–Fr. 9–14 Uhr und Sa. von 9–13 Uhr).

Die *Enrico Martinez-Straße*, die an der O.-Seite der Zitadelle entlangführt, kreuzt etwas weiter die Manuel Tolsá-Straße. An der Ecke der beiden Straßen liegt die **Talleres Gráficos de la Nación** (staatliche Druckerei); ihre **Wandgemälde** wurden 1936 von *Pablo O'Higgins* (Haupttreppe), *Leopoldo Méndez* und *Alfredo Zalce* geschaffen.

Die **Kirche El Buen Tono** (Pl. **V**, D2) verdankt ihren populären Namen dem Umstand, daß dort die meisten mondänen Hochzeiten der guten Gesellschaft stattfanden. In Wahrheit heißt sie **Iglesia de Nuestra Señora de Guadelupe**. Sie wurde 1912 an der Stelle der ehemaligen Kirche San Juan de la Penitencia errichtet, die zu einem 1598 gegründeten Kloster gleichen Namens gehörte, das 1867 abgetragen wurde. Auf dem Platz befindet sich noch die kleine, 1772 erbaute **Iglesia de San José** (Pl. **V**, D2), deren Kuppel Azulejos schmücken; im Inneren eine geschnitzte Kanzel.

Durch die Salvadorstraße, die altehrwürdige Gebäude und Palais aus der Kolonialepoche säumen, kommen Sie zur **Iglesia de San Felipe Neri** (Pl. **V**, E3), einem 1685 im barocken Stil errichteten Gebäude. Die 1768 durch ein Erdbeben verwüstete Kirche wurde aufgehoben und später Wohn- und Verkaufszwecken zugeführt. Der ehemalige Palacio von Don Pedro Romero de Terreros, Conde de Regla und Gründer des Monte de Piedad (staatl. Pfandhaus), in der Salvadorstraße 59, wurde 1928 restauriert. Er war 1768 erbaut worden. Etwas weiter, in Nr. 81, befand sich das Noviziat des Klosters St. Augustin, mit dem es, durch einen über der Straße angelegten Bogengang, verbunden war. Die Kirche des ehemaligen Klosters San Agostin beherbergt heute die Nationalbibliothek (s. Rte 1B).

Im **Hospital de Jesús Nazareno** (Pl. **V**, F3) sollten Sie die Kirche besichtigen, die zum Hospital de la Purísima Concepción y de Jesús Nazareno gehörte, dem ersten von Cortés in Amerika gegründeten. Eine am Chor der Kirche befestigte Tafel verlegt die **erste Begegnung zwischen Cortés und Moctezuma II.**, am 8. November 1519, hierher.

Zwei Welten stehen einander gegenüber. – Bekanntlich begegneten sich Moctezuma und Cortés auf dem Damm, der von Tenochtitlán nach Ixtapalapán führte, an einer Stelle, wo es auf beiden Seiten der Straße schon Häuser gab. Eine neuerliche Untersuchung der Texte, die sich auf die Ankunft der Spanier beziehen, führt zu der Vermutung, daß diese Begegnung zwischen der Plaza San Lucas (Pl. **V**, F3) und jenem Platz stattgefunden haben dürfte, der heute von der Metrostation Pino Suárez (Pl. **V**, F3) eingenommen wird, wo man Ausgrabungen durchführen ließ, da man dort den *Cihuateocalli* vermutete, den Tempel der Göttin Cihuacóatl (die Reste eines Altars wurden „in situ" in der Metrostation belassen). In den Cihuateocalli verlegen die Historiker die Zeremonie, bei der sich der Aztekenkaiser und der Anführer der Konquistadoren gegenseitig huldigten. Allerdings empfing Cortés von Moctezuma das berühmte Goldschneckenkollier auf dem Platz, auf dem sich das Hospital erhebt, in der Nähe des Tocitítlan, einem Heiligtum, das der Göttin Toci geweiht war.

Die **Kirche** in ihrer heutigen Gestalt wurde 1601 gegründet, aber erst 1668 fertiggestellt. Das von drei Statuen geschmückte Barockportal flankiert ein Turm, dessen Kuppel Azulejos bedecken; sie wird von einer Statue aus Kupfer überragt, die den Hl. Michael darstellt. Im Gewölbe ein 1944 von **Orozco** geschaffenes **Fresko**, das die Apokalypse zum Thema hat. Neben dem Hauptaltar, auf der N-Seite des Gotteshauses l. befindet sich das **Grab von Hernán Cortés**, der 1547 in der Nähe von Sevilla verstarb und dessen sterbliche Überreste 1556 nach Mexiko überführt wurden.

Das **Hospital de la Purísima Concepción y de Jesús Nazareno** wurde 1524 von Cortés gegründet und 1535 fertiggestellt; es wurde bis zuletzt von den Nachkommen des Konquistadors verwaltet. Im Salon des Direktors schöne Decke im Mudejar-Stil. Auf einem **Fresko** ist ein Wunder dargestellt, das sich 1684 ereignete.

Museo de la Ciudad de México (Pl. **V**, F2), das Museum der Stadt México, ist im ehemaligen Palacio der Condés de Santiago untergebracht. In den Bau wurde das Fragment einer aztekischen Skulptur einbezogen, das man Ecke Av. Pino Suárez/Salvadorstraße sehen kann. Das Museum birgt Dokumente, die die Geschichte des Tales von México seit vorgeschichtlicher Zeit veranschaulichen und selbstverständlich die der Stadt selbst, anhand eines Modells vom Teocalli, des heiligen Bezirks von Tenochtitlán; verschiedene Karten, Stiche, usw.

Zum Mercado de la Merced gehen Sie weiter durch die Rep. de San Salvadorstraße, durch ein wegen des Marktes äußerst lebendiges Viertel. Biegen Sie dann nach l. in die *Correo Mayor-Straße*, die erste Verkehrsader nach der Av. Pino Suárez.

Mercado de la Merced

▶ Wenn Sie jetzt nach r. gehen, dann noch einmal nach r., in die *Mesonesstraße*, kommen Sie zur **Iglesia de San José de Garcia** (Pl. **V**, F3), heute eine protestantische Kirche, 1653-1661 erbaut, die zu einem Kloster gehörte, das 1610 unter demselben Namen gegründet wurde und von dem noch einige Reste zu sehen sind.

▶ Ecke Correo Mayor/Uruguay-Straße erhebt sich die 1671 erbaute **Iglesia Nuestra Señora de la Valvanera**; sie gehörte zu einem 1573 gegründeten Kloster gleichen Namens, das 1929 abgetragen wurde. Die im barocken Stil errichtete Kirche wird von einem Turm überragt, dessen oberen Teil Azulejos schmücken.

Gehen Sie anschließend in die **Uruguaystraße**. Drei Cuadras (ungefähr 300 m) von der Iglesia de la Valvanera entfernt, in der Uruguay Nr. 170, befindet sich ein sehr schöner Kreuzgang im barocken und Mudejar-Stil, der verbliebene Rest des **Klosters de la Merced**, das 1634 wiederaufgebaut wurde.

Etwas weiter, in der Nähe der Ecke Uruguay/Av. de Circumvalación, befindet sich linker Hand die gegen Ende des 18. Jh. im barocken Stil errichtete **Capilla de Manzanares** mit ihrer hübschen Fassade, an der Einflüsse des mexikanisch-churrigueresken Stils zu erkennen sind.

Biegen Sie jetzt nach r. ein, in die *Av. de Circumvalación* und kurz darauf nach l., in die *General Anaya-Straße*, die am neuen Gebäude des **Mercado de la Merced** entlangläuft. Das ganze Viertel ist von reger Aktivität erfüllt, die von der ultramodernen, von *Enrique de la Mora* erbauten Markthalle auf die umliegenden Straßen übergreift. Beim Umherschlendern auf diesem lebendigsten Supermarkt Méxicos, über Kisten und Steigen hinweg, die von Früchten und Gemüse aus den Chinampa von Xochimilco bzw. den „Tierras Calientes" überquellen, bietet sich Ihnen ein einzigartiges, malerisches und farbenfrohes Schauspiel.

Wenn Sie die Metro an der Station la Merced nehmen und an der dritten Station (Salto del Agua) in Richtung Observatorio aussteigen, kommen Sie zum Mercado de San Juan und ersparen sich den ziemlich langen Fußmarsch durch ein Viertel, das nicht sonderlich interessant ist (s. unten).

▶ **Zum Mercado de San Juan** folgen Sie der General Anaya-Straße, biegen dann l. in die *Juan de la Granja* ein und kommen zur **Capilla de San Jeronimito**, einem Gebäude, das in seiner Schlichtheit an die kleinen Franziskanerkirchen des 16. Jh. erinnert. Kehren Sie durch die *Candelariastraße* zurück zur Av. de Circumvalación, wobei Sie nach der Capilla de San Jeronimito l. abbiegen. Kurz danach sehen Sie rechter Hand am Rande der Plaza de la Candelaria de los Patos die schlichte **Capilla de la Candelaria**, die vermutlich gegen Ende des 16. bzw. zu Beginn des 17. Jh. erbaut wurde. Zu jener Zeit lebte dieses Stadtviertel von der Entenmast, wovon es auch seinen Namen, Macuitlapico, erhielt. Wenn Sie den Weg durch die Candelariastraße fortsetzen, kommen Sie auf der Av. de Circumvalación heraus, die kurz danach zur *Av. Rocha* wird, in die Sie nach l. einbiegen.

(1) México (Stadt) und Umgebung

Unterwegs kommen Sie in der Nähe der **Iglesia de Santo Tomas la Palma** vorüber, die sich l. im Hintergrund der **Plaza de los Misioneros** erhebt. Über dem Barockportal der vom Beginn des 18. Jh. stammenden Kirche sehen Sie ein Relief mit der Darstellung der Kreuzigung.
Kurz danach kommen Sie auf die **Fray Servando Teresa de Mier**, wo Sie nach r. abbiegen.

➤ Von dieser Kreuzung aus können diejenigen, die die weiter im S.O. gelegenen Viertel durchstreifen wollen, durch die *Calzada de la Viga* weitergehen, die die Av. Rocha nach S. verlängert. Auf dem Weg durch diese Elendsviertel haben Sie Gelegenheit, einige mehr als bescheidene Gotteshäuser zu besuchen, wie die heute aufgehobene **Capilla de San Agustin Zoquiapan**, zu der Sie kommen, wenn Sie nach l. in die *Zoquiapanstraße* einbiegen. Das vermutlich im 16. Jh. gegründete Gotteshaus erhielt im 18. Jh. ein Barockportal. Biegt man nach der Kapelle in die erste Straße (*Calle Ixnahualtongo*) nach r. ein, kommt man zur **Iglesia de la Concepción Ixnahualtongo**, Anfang 17. Jh., an der Ecke der vierten Straße. Die Kirche ist heute aufgehoben, ebenso die etwas weiter, am Ende der gleichnamigen Sackgasse gelegene **Capilla de la Resurreción**. Diese Ruine legt noch heute Zeugnis ab für die solide Architektur der Bauten am Ende des 16. bzw. zu Beginn des 17. Jh.
Geht man nach r. in die Canariosstraße, die die Ixnahualtongo kreuzt, kommt man wieder auf die Calzada de la Viga. Die *Cervantes Algara*, die weiter südl. auf der r. Seite der Calzada de la Viga abzweigt, führt zu einer anderen, sehr bescheidenen, unter dem Namen **Capilla de San Francisquito** bekannten Kapelle, die gegen Ende des 16. Jh. bzw. zu Beginn des 17. Jh. von Franziskanermönchen im ehemaligen Viertel von Tultenco errichtet wurde. Den Hauptaltar schmückt ein in Holz geschnitztes Bildnis des Heiligen Franziskus von Assisi.
Auf dem Rückweg zum Anfang der Calzada de la Viga läßt man linker Hand die *Av. del Taller* hinter sich, wo sich in geringer Entfernung die **Capilla de Santa Cruz Tultenco** befindet, eine schlichte Franziskanerkirche vom Ende des 16. Jh., besser bekannt unter dem Namen **Capilla de Santa Crucita**.

Die dritte Straße, die rechter Hand in die Av. Fray Servando Teresa die Mier einmündet, führt zur **Pfarrkirche San Pablo el Nuevo**, im neoklassischen Stil, die zu Beginn des 19. Jh. von *Antonio Gonzáles Velásquez*, Professor für Architektur an der Academia de las Tres Nobles Artes (Academia de San Carlos) errichtet wurde.
Hinter der Apsis dieser Kirche befand sich die erste ständige Stierkampfarena Mexikos. Die unter dem Namen *Real Plaza de Toros de San Pablo* bekannte Arena datierte aus dem Jahr 1788 und wurde während der Amtszeit von Benito Juárez abgerissen.
Etwas weiter kommen Sie zur Av. Pino Suárez (r.), die von der Av. San Antonio Abad verlängert wird.

➤ Wenn Sie ihr folgen, kommen Sie nach ungefähr 500 m zur **Iglesia de la Santa Cruz Acatlán** (Pl. **V**, F4), die ihren Namen dem ehemaligen Viertel Xochi-atátlan verdankt. Sie wurde 1693 an der Stelle einer kurz nach der Konquista, im Jahre 1533 bzw. 1534 gegründeten Einsiedelei errichtet. Alljährlich finden hier vom 17. Januar bis zum 28. Februar die sogenannten **Bendiciones de San Antonio** statt, bei denen der Stadtpfarrer mit Blumen und Schleifen geschmückte Tiere segnet.

☞ Jenseits der Kreuzung mündet die Av. Fray Servando Teresa de Mier auf einen kleinen Platz, in dessen Mitte sich die **Iglesia de la Concepción Tlaxcuaque** (Pl. **V**, F3/4) erhebt, vormals bekannt unter dem Namen Iglesia de la Preciosa Sangre de Cristo. Sie wurde vermutlich um die Mitte des 17. Jh. errichtet und zu Beginn des 18. Jh. restauriert. Die Kirche mit ihren bescheidenen Proportionen und der schlichten Barockfassade wird l. von einem kleinen Glockenturm flankiert, dessen Kuppel Azulejos schmücken. Das zweiflügelige Holzportal (18. Jh.) zieren Reliefs mit der Darstellung der Jungfrau Maria und des Hl. Josef. Im Inneren sind die Pfeiler, die Bögen und der Tambour, die die Kuppel tragen, mit meisterhaft skulptiertem Flechtwerk, Rosetten und Putten verziert.

Folgen Sie nach dieser Kirche der *Av. 20 de Noviembre* in Richtung Zócalo. Kurz nachdem Sie die Av. Fray Servando Teresa de Mier verlassen haben, sehen Sie rechter Hand, im Hintergrund eines mit Marktständen vollgestopften Platzes, die gegen Ende des 17. Jh. im barocken Stil errichtete **Capilla de San Lucas** (Pl. **V**, F3).

Noch weiter, ebenfalls r., befindet sich in der José Maria Izazaga-Straße die von 1690-1692 im mexikanischen Barockstil erbaute **Iglesia de San Miguel Arcángel** (Pl. **V**, F3). Über dem Säulenvorbau ein Relief aus Marmor mit der Darstellung des Erzengels Michael, der den Drachen niederstreckt. Der Hauptaltar im neoklassischen Stil stammt vom Beginn des 19. Jh.

Folgen Sie dann der **Izazagastraße**. Nach der Isabel la Católica, sehen Sie linker Hand die um 1590 erbaute kleine **Iglesia de Nuestra Señora de Monserrata** (Pl. **V**, F3), die das **Museo de la Charrería** beherbergt, das Ihnen einen Einblick in das Leben der mexikanischen Cowboys gibt. 1614 gründeten hier zwei Benediktinermönche ein Kolleg, dessen Kreuzgang erhalten blieb. Ihr heutiges Aussehen verdankt die im barocken Stil errichtete Kirche einer im 18. Jh. durchgeführten Restaurierung. Wenn Sie zurückgehen zur Isabel la Católica, in die Sie nach l. einbiegen und dann nach r., in die *San Jerónimo-Straße*, kommen Sie zur 1623 geweihten **Iglesia de San Jerónimo** (Pl. **V**, E3), die zu einem Kloster gehörte, in das *Sor Juana Inés de la Cruz*, die berühmte Dichterin, im Jahre 1669 eintrat und wo sie 1695 verstarb.

Sie wurde unter ihrem richtigen Namen Juana de Asbaje am 12. November 1651 in dem Dörfchen San Miguel Nepantla, im SO Mexikos geboren. Schon im Alter von acht Jahren errang sie Preise für ihre Gedichte. Als sie mit 14 Jahren an den Hof des Vizekönigs kam, überraschte sie durch ihre Schönheit und ihr reiches Wissen. Da sie „die vollständige Ablehnung der Ehe" in sich fühlte, trat sie mit 18 Jahren in ein Kloster ein, wo sie sich den zu jener Zeit angesehenen geistigen Betätigungen widmete. Sie hatte stets Zugang zum vizeköniglichen Hof, den sie aber ab 1690 mied. Juana Inés de la Cruz hinterließ ein umfangreiches Werk, das sich durch seinen hohen Gedankenflug auszeichnet und nicht ganz frei ist von gewissen Manierismen, die das 17. Jh. charakterisieren. Sie schrieb Liebesgedichte, zwei Komödien, ein Theaterstück mit religiösem Inhalt, mehrere Weihnachtslieder usw. Der Hof des Vizekönigs verzieh ihr ihren wachen Verstand nicht; so mußte sie kurz vor ihrem Tod ihre geistigen Betätigungen aufgeben.

Von dem 1585 gegründeten Kloster blieben einige Gebäudetrakte erhalten, die in Wohnungen, Ateliers und Geschäfte umgewandelt wurden. Man kann einen Raum besichtigen, den die Dichterin bewohnt haben soll. Die Kirche, die keine architektonischen Besonderheiten aufweist, erhebt

(1) México (Stadt) und Umgebung 262

sich gegenüber einem Gärtchen, wo zu Ehren von Sor Juana Inés de la Cruz eine kleine Statue aufgestellt wurde.
Folgen Sie jetzt der San Jerónimo in Richtung Av. Juan de Letrán. Kurz bevor Sie auf diese breite Verkehrsader kommen, biegen Sie nach r. ab, in die San Ignacio-Straße, an der sich das 1734 gegründete Ex-Colegio San Ignacio erhebt, das unter dem Namen **Las Vizcaínes** (Pl. **V**, E3) bekannt wurde. Die Kapelle ist ein Meisterwerk barocker und churriguereskerArchitektur. Das Portal wird von drei Statuen gekrönt.
Am äußersten Ende der José María Izazaga liegt, mit ihrer Längsseite zur Av. San Juan de Letrán, die um die Mitte des 18. Jh. erbaute **Iglesia de la Purísima** (Pl. **V**, E3). Sie wurde aus grauem Stein und Tezontle errichtet. Das schöne Portal und der obere Teil der Fassade sind reich verziert. Auf dem Platz vor der Kirche befindet sich ein Brunnen, **Salto del Agua** genannt, der einst vom Aquädukt von Chapultepec gespeist wurde. Der alte, aus dem 18. Jh. stammende Brunnen im Kolonialstil wurde 1922 entfernt und im Park von Chapultepec aufgestellt.

☛ Vom Salto del Agua (Pl. **V**, D/E3) gehen Sie zur Av. Arcos de Belén, biegen dann nach r. in die zweite (Aranda) bzw. dritte (Dolores) Straße, um zum **Mercado de San Juan** zu kommen, dessen Anfänge ins 16. Jh. zurückgehen. Der Markt wurde seinerzeit auf der Plaza San Juan bzw. El Buen Tono abgehalten. 1625 wurde er bei einer katastrophalen Überschwemmung zerstört und vor ungefähr fünfzig Jahren wieder geöffnet. 1956 wurden die alten Hallen durch vier große Pavillons ersetzt. Rechter Hand, am Eingang der Av. Arcos de Belén, befindet sich der Obstmarkt. Der **Markt für Volkskunst** liegt an den Straßen Aranda und Dolores (s. o.).

1 D – Nach Tlatelolco, Tenayuca und zur Basilica de la Virgen de Guadelupe

Durch die Stadt – Ungefähr 32 km langer Weg, für den Sie, wenn Sie im eigenen Auto oder im Taxi fahren, einen halben Tag veranschlagen müssen, vor allem dann, wenn Sie nach Tenayuca wollen, wo sich eine voraztekische Pyramide befindet. Dieser Weg bietet Ihnen dann noch die Gelegenheit, die Plaza de las Tres Culturas in Tlatelolco zu besichtigen, wo Sie drei der wichtigsten Phasen der Geschichte Mexikos und die Basilica de la Virgen de Guadelupe nebeneinander finden.
Schlagen Sie 3 km nach der Kreuzung Insurgentes/Paseo de la Reforma die Calzada de Santa Maria la Redonda ein, um auf direktem Weg (4 km) zu dem kurz nach der Av. Nonoalco zu der r. Seite gelegenen Platz der Drei Kulturen zu kommen (Pl. I, Tlatelolco, D3).
Setzen Sie anschließend den Weg in derselben Straße fort, dann in der Calzada Vallejo (Pl. I, D1/2), wobei Sie über den Verkehrsknotenpunkt des Monumento a la Raza (Pl. I, D3) kommen. 6 km danach biegt die Calzada Vallejo nach l.; Sie verlassen sie dort, um geradeaus weiterzufahren. In einer Entfernung von nur noch 2 km befindet sich die Pyramide von Tenayuca (Pl. I, C/D1).
Kehren Sie danach zum Knotenpunkt des Monumento a la Raza zurück und fahren Sie in Richtung der Insurgentes Norte; biegen Sie nach ungefähr 3,5 km nach r., um zur Basilica de la Virgen de Guadelupe zu kommen (Pl. I, E2).

Durch die Calzada de los Misterios (Pl. I, E2) kehren Sie ins Zentrum zurück (8 km von der Basilika entfernt) und passieren dabei das Cuitlahuac-Monument auf dem Paseo de la Reforma.

Mercado de la Lagunilla (Pl. **V**, F1) – Wenn Sie die Kreuzung Insurgentes/Paseo de la Reforma als Ausgangspunkt wählen und 3 km auf dem Paseo zurücklegen, kommen Sie zu einem großen Rondell, von dem r. die Calle de Rayon abzweigt. Folgen Sie ihr noch ein Stück, bis Sie auf der l. Seite den von Touristen stark frequentierten Markt sehen. Die große, von den Architekten *P. Ramírez Vásquez* und *R. Mijares* erbaute Markthalle, in der es hunderte von Verkaufsständen gibt, bedeckt eine Fläche von 8.400 m². Der Markt hat nach der Inbetriebnahme dieses Gebäudes viel von seiner Originalität verloren, in seiner Umgebung findet man jedoch noch zahlreiche Stände unter freiem Himmel, die eine Art Flohmarktatmosphäre umgibt. Sie finden dort Okkasionen, Antiquitäten, Gegenstände aus Bronze, aus Silber, antiquarische Bücher usw.

Von demselben Rondell aus erreichen Sie die **Iglesia de Santa Maria la Redonda**, wenn Sie vom Paseo aus in die erste Straße nach r., die Av. Leyka, einbiegen und von dort, wieder r., in die zweite Straße (Obispo). Die 1677 im barocken Stil errichtete Kirche erhebt sich am Platz einer 1524 von Franziskanermönchen erbauten Kapelle. Sie gehörte zu einem am Ende des 16. Jh. gegründeten Kolleg, in welchem den Indios höhere Bildung vermittelt wurde. Das zweiflügelige, mit Schnitzarbeiten geschmückte Portal stammt aus dem 18. Jh. Die Fassade und der kleine Glockenturm der Capilla de Santa Paula, die bei der Verlängerung des Paseo de la Reforma zerstört wurden, wurden für diese Kirche wieder zusammengefügt.

Die den Paseo de la Reforma kreuzende Calzada de Santa María la Redonda führt, ungefähr 500 m von obigem Rondell entfernt, in der Nähe der **Iglesia de Nuestra Señora de los Angeles** vorüber (300 m entfernt, linker Hand durch die Lunastraße), wo ein Gnadenbild der Jungfrau Maria verehrt wird, das 1580 bei einer Überschwemmung im Viertel von Coátlan angeblich angeschwemmt wurde. Der Kazike des Ortes ließ eine schlichte Kapelle aus Pisee (gestampftem Lehm) errichten, die 1808 vom heutigen Gotteshaus abgelöst wurde. Am 2. August findet in der Kirche und auf dem kleinen Platz die populäre Romería (Wallfahrt) „Las Luces de los Angeles" statt. Das Gnadenbild befindet sich auf dem neoklassischen Hochaltar, der *Manuel Tolsá* zugeschrieben wird.

★★ **Plaza de las Tres Culturas** (Pl. I, D3), der Platz der Drei Kulturen, wurde unter der Leitung des Architekten *Mario Pani* bei der Schaffung des städtebaulichen Ensembles Nonoalco-Tlatelolco an der Stelle des ehemaligen Hauptplatzes der präkolumbianischen Stadt **Tlatelolco** angelegt.

Ein kaiserlicher Handelsplatz. – Tlatelolco, das von einem Zweig der Chichimeken ebenfalls auf einer Insel in der Lagune von Texcoco, jedoch lange vor Mexiko-Tenochtitlán gegründet worden war, hatte bis 1473 sein eigenes, aus Atzcapotzalco stammendes Herrschergeschlecht. In dem nämlichen Jahr wurde Tlatelolco von Axayácatl (1469-1481) dem aztekischen Territorium einverleibt und der König von Tlatelolco, Moquihuixtli, von der großen Pyramide gestürzt. Ungeachtet dieser Annektierung blieb Tlatelolco das bedeutendste Handelszentrum des Tals von Mexiko und der auf dem Hauptplatz – der heutigen Plaza de las Tres Culturas – abge-

(1) México (Stadt) und Umgebung

haltene Markt war noch bei der Ankunft der Spanier äußerst lebendig. Der Markt, der – wie Cortés berichtet – zweimal so groß wie der Hauptplatz von Salamanca und von Arkaden umgeben war, wurde, wie er weiter beteuert, täglich von 60.000 Menschen besucht, die dort Waren jeglicher Herkunft und Art kauften und verkauften.

Bernal Diaz del Castillo, der den Platz von „Tlatelulco" am vierten Tag nach seiner Ankunft besuchte, war „starr vor Staunen, nicht nur über die unübersehbare Menschenmenge und das Aufgebot an Waren, sondern auch über die Ordnung, die man in allen Dingen erkennen konnte". Man fand dort „Gold- und Silberschmuck, Edelsteine, Schmuckfedern, Stoffe, Stikkereien und andere Erzeugnisse; die Zahl der zu verkaufenden Sklaven, Männer und Frauen, war so groß, daß man sie mit der von den Portugiesen aus Guinea herbeigeschafften vergleichen konnte.

Um sie an der Flucht zu hindern, waren die meisten von ihnen in Halsjoche gelegt; einige konnten sich aber auch frei bewegen. Es gab Händler, die einfache Stoffe aus Baumwolle anboten sowie verschiedene Erzeugnisse aus gedrehtem Garn. Auch Kakaohändler konnte man sehen. Es ist ganz genauso wie in meiner Heimat, in Medina del Campo, wo auf den Märkten jede Ware in einer ihr zugewiesenen Straße verkauft wird. Man fand dort auch Häute und Felle von Tigern, Löwen, Fischottern, Schakalen, Rehen, Dachsen und Wildkatzen..."

„An einer anderen Stelle des Platzes sah man verschiedene Spezialitäten, zum Beispiel Bohnen, Chia und anderes Gemüse. Daneben Hühner, Truthähne, Kaninchen, Hasen, Rehe, Enten, kleine Hunde und andere Delikatessen dieser Art, die auf dem Markt ebenfalls ihren eigenen Bereich hatten. Dann gab es noch die Obsthändlerinnen und Frauen, die Gekochtes verkauften, Reste, Innereien usw. Auch sie hatten ihren zugewiesenen Platz. Ferner gab es noch den Geschirrmarkt, wo alles vertreten war, vom riesigen Tonfaß bis zum kleinsten Töpfchen. Wir sahen auch Honig, Kandiszucker und andere, nougatähnliche Leckereien."

„Wieder an einer anderen Stelle wurden Hölzer verkauft, Bretter, altes Bettzeug, Hackbeile, Bänke, alles an seinem Platz... Erwähnen muß ich noch das Papier, das man dort *amatl* nennt und die kleinen, mit Schattenbalsam und Tabak gefüllten Zylinder, desgleichen die gelben, flüssigen Einreibemittel, die zusammen mit den anderen an derselben Stelle verkauft wurden. Unter den Arkaden, die den Platz umgaben, sah man auch sehr viele Koschenille. Es gab auch viele Kräuterhändler... Ich sah sogar Pavillons, in denen drei Richter ihr Amt ausübten und Alguaciles (Kontrolleure), die die zum Kauf angebotenen Waren prüften. Ich vergaß, den Salzmarkt zu erwähnen und die Obsidianmesserhersteller, die dem Publikum vorführten, wie sie sie aus dem Stein gewannen. Und ferner die, die sich mit dem Fischfang beschäftigten" (s. Bernal Diaz del Castillo, „Wahrhafte Geschichte der Eroberung Neuspaniens").

Während der Belagerung von Tenochtitlán im Jahre 1521 wurde Tlatelolco von Spaniern und Verteidigern der Stadt heftig umkämpft. Ende Juni wurde eine kleine Gruppe der Konquistadoren, die den Markt schon in ihren Händen wähnten, gefangengenommen und auf der Hauptpyramide des Teocalli, sozusagen vor den Augen der auf dem Damm zurückgebliebenen Spanier, geopfert.

Nach der Einnahme México-Tenochtitláns wurde Tlatelolco zum religiösen Zentrum, wo Franziskanermönche 1535 ein Kloster gründeten, dem das Colegio Imperial de Santa Cruz angegliedert wurde.

Der Platz der Drei Kulturen war am 2. Oktober 1968 Schauplatz heftiger Zusammenstöße zwischen Studenten und der Polizei, als Reaktion auf den Pariser Mai und wie dort vermutlich ausgelöst von der unklaren Suche nach neuen sozialen Gleichgewichten im Rahmen einer aus der Revolution geborenen, aber seit mehreren Jahrzehnten erstarrten Politik. Man kann dem aber auch – wie Octavio Paz – eine transzendentale Bedeutung beimessen und glauben, daß dies der für den Fortbestand der kosmischen Ordnung zu zahlende Tribut war, eine Möglichkeit, Geschichte als eine Art Ritus zu leben.

Wenn Sie nach r. gehen, kommen Sie zur Terrasse vor der Secretaría de Relaciones Exteriores (Außenministerium), von wo aus Sie die eindrucksvollen **Ruinen des aztekischen Zeremonialzentrums Tlatelolco** sehen können, die **Kolonialkirche Santiago Tlatelolco** (r.), eingerahmt von modernen Gebäuden, die zu dem von *Mario Pani* konzipierten städtebaulichen Komplex gehören. Bei der Anlage dieses Viertels und vor allem der Plaza de las Tres Culturas, die im September 1964 ihrer Bestimmung übergeben wurde, hat es der Architekt verstanden, sich den vorhandenen historischen Kern zunutze zu machen, indem er die bei Ausgrabungen geborgenen bedeutenden Überreste präkolumbischer Bauten und die aus der Kolonialzeit stammende Kirche geschickt in die moderne Gestaltung miteinbezog und so drei Kulturen miteinander verband, die dem heutigen Mexiko sein Gesicht verleihen.

Von der Terrasse des Ministeriums aus können Sie die gesamte, vom Instituto Nacional de Antropologia y Historia unter der Leitung von Francisco Gonzáles Rul und (1962-1966) den Archäologen César A. Sáenz, Victor Segovia und Eduardo Contreras freigelegte, **★ archäologische Stätte** überblicken. Zu ihren Füßen sehen Sie die **Ruine eines Tempels**, wo man Inschriften fand, die sich auf den Priesterkalender bezogen und die zwei nahezu vollständige Reihen von zwanzig Zeichen umfaßten. Sie waren in Form von Orthostaten (große Blöcke der untersten Steinlage bei antiken Gebäuden) über drei Seiten des Gebäudes verteilt. Die Fassade des Tempels, der vermutlich dem Gott der Zeit geweiht war, befand sich im W, wo eine Treppe zur oberen Plattform führte. Die seitlichen Rampen der Treppe schmückten Nischen, die mit mehrfarbigen Terrakottaplatten ausgekleidet waren.

Hinter diesem kleinen Heiligtum sehen Sie die Ruine des in Form einer Pyramide errichteten, ebenfalls nach W orientierten **Haupttempels**. Das Gebäude erhob sich über einer großen Plattform, auf die man über (linker Hand sichtbare) breite Stufen gelangte. Diese Plattform setzt sich nach O (r.) unter dem Atrium der Kolonialkirche fort.

Jenseits der Hauptpyramide sehen Sie einen weiteren großen Tempel, der mit einem Anbau versehen und von der großen Plattform aus über zwei Treppen zugänglich war.

Noch weiter, zwischen der Hauptpyramide und dem Gebäude der Escuela Preparatoria, die den Platz der Drei Kulturen im N begrenzt, verläuft eine von zwei Wällen gebildete **Straße aus vorspanischer Zeit**. Der der Escuela am nächsten gelegene N-Wall wird von kleinen Treppen durchschnitten. Sie führen auf eine Fläche, auf der sich mehrere Doppeltempel erhoben, die, wie bei der „Zitadelle" von Teotihuacán, Rücken an Rücken lagen. Der S-Wall dagegen hat keine Unterbrechungen, weist aber an der Außenwand einige kleinere Plattformen auf. Im Mittelteil der Straße wur-

(1) México (Stadt) und Umgebung

den zwei kleine **Tempel** freigelegt, einer davon mit kreisförmigem Grundriß; er war vermutlich dem Windgott Ehécatl geweiht.
Im O (r.) mündet diese Straße auf ein **Areal**, auf dem sich mehrere restaurierte Gebäude erheben: ein **Rundtempel**, der **Tzompantli** (Schädelmauer) und ein drittes, noch nicht identifiziertes Bauwerk. Beim Tzompantli wurden 170 in gerader Linie ausgerichtete durchstoßene Schädel gefunden. Von der Fläche aus, auf der sich der Tzompantli befindet, führen breite Treppen zu einem höher gelegenen Platz, der an das Atrium der Kirche angrenzt. Im W (l.) wurden unter der Calzada Santa María la Redonda drei **Tempel** freigelegt, darunter ein Rundtempel. An dieser Stelle stieß man auch auf eine Begräbnisstätte, auf der Erstbestattungen und sekundäre Bestattungen (durch Verbrennen) Einzelner und von Gruppen stattgefunden hatten.

Von der Terrasse des Außenministeriums aus erreichen Sie die ★ **Iglesia de Santiago Tlatelolco**, die 1609 an der Stelle einer bescheidenen Kapelle errichtet wurde, die zu einem 1535 gegründeten Franziskanerkloster gehört hatte und 1543 durch einen solideren Bau ersetzt worden war. Die schlichte Barockfassade wird von zwei Glockentürmen eingerahmt. Neben der Kirche erheben sich die um einen Kreuzgang gruppierten Klostergebäude, die das mit Bewilligung Karls V. gegründete **Colegio Imperial de Santa Cruz** beherbergten.

Franziskanermönche unterrichteten dort die Söhne des aztekischen Adels und der Vorsteher der bedeutendsten Orte Neuspaniens. Antonio de Mendoza, der erste Vizekönig, ließ das Kolleg errichten und eröffnete es 1535 in einer feierlichen Zeremonie. Zu Beginn der Kolonialzeit war es die berühmteste pädagogische Institution, die den Indios vorbehalten war. Der 1529 nach Mexiko gekommene Franziskanerpater Bernardino de Sahagún war einer der angesehensten Lehrer dieses Kollegs. Er zog eine Schar junger indianischer Schüler heran, die die spanische Sprache und lateinische Schrift erlernten. Drei seiner Zöglinge, Tezozómoc, Ixtlilxóchitl und Chimalpahin trugen durch ihre Aufzeichnungen dazu bei, unser Wissen über die präkolumbischen Kulturen zu vertiefen. In diesem Kolleg versammelte Bernardino de Sahagún zahlreiche Angehörige der aztekischen Oberschicht und ehemalige Priester um sich und ließ deren Berichte über die Traditionen und Gebräuche der Azteken aufzeichnen. Diese Aufzeichnungen ruhten in den Madrider Archiven, bis sie von dem mexikanischen Forscher Francisco del Paso y Troncoso zugänglich gemacht wurden, der den 1829 in Madrid gedruckten Text mit dem Titel „Allgemeine Geschichte der Angelegenheiten Neuspaniens" überarbeitet, ergänzt und korrigiert hat.

Monumento a la Raza (Pl. **I**, C1) – Das 1964 errichtete gigantische Denkmal in Pyramidenform symbolisiert den Beginn einer Neuen Welt durch die Verschmelzung der europäischen mit der indianischen Rasse. Der „Día de la Raza" wird alljährlich am 12. Oktober begangen, zur Erinnerung an die Entdeckung der Neuen Welt durch Christoph Kolumbus.

In der Nähe des Denkmals befindet sich das **Hospital de la Raza** (schlagen Sie die Av. Rio Consulado ein), mit **Fresken** von **Diego Rivera** und **Siqueiros**. Jene von Rivera zeigen die Geschichte der Medizin seit der aztekischen Epoche.

Pyramide von Tenayuca (Pl. I., C1) –

Das imposante Bauwerk dürfte dem Sonnenkult gedient haben, wie verschiedene Anzeichen vermuten lassen: Skulptierte Hieroglyphen auf den Stufen, die zur oberen Plattform führten, Abweichung der Hauptachse um ungefähr 17 Grad von der Westrichtung nach N, so daß die Sonne zur Zeit ihres Zenitstandes genau gegenüber der Pyramide emporstieg, Türkisschlangen, die auf den N– und S-Seiten des Gebäudes zu sehen sind, u.a.

Tenayuca wurde zu Beginn des 13. Jh. von den Chichimeken gegründet, die unter ihrem Anführer Xólotl in das Tal von México eingedrungen waren und die Stadt Tula zerstört hatten. Die ersten drei Herrscher der Chichimeken (Xólotl, Nopaltzin und Tlotzin) machten Tenayuca zu ihrer Hauptstadt, während der vierte, Quinatzin, den Sitz seines Reiches nach Texcoco verlegte, wo er von 1298 bis 1317 regiert haben soll. Von da an verlor Tenayuca an Bedeutung, war aber bis zur Ankunft der Konquistadoren bewohnt. Die heutige Stadt nimmt den Platz des alten Tenayuca ein. Die Chichimeken waren, als sie im Tal von México ankamen, ein auf niedriger Kulturstufe stehendes Nomadenvolk. Durch den Kontakt mit der am Ort gebliebenen bzw. in die Nachbarschaft abgewanderten toltekischen Bevölkerung konnten sich die Neuankömmlinge eine Kultur erarbeiten, die eine Mischung zwischen toltekischen Traditionen und importierten „barbarischen" Elementen darstellte. Die Kultur der Chichimeken muß somit als eine Fortsetzung der toltekischen erscheinen; allerdings sollte später aus ihr die aztekische hervorgehen. Die Pyramide von Tenayuca stellt daher eine Art Prototyp dar, die den aztekischen Baumeistern als Vorbild diente.

Im Laufe ihrer langen Geschichte, bzw. zumindest solange das Heiligtum seiner Bestimmung diente, wurde die Pyramide von Tenayuca nicht weniger als sechsmal überbaut. Somit haben wir sieben übereinanderliegende Schichten vor uns, die – wie die von mexikanischen Archäologen 1925 durchgeführten Freilegungen ergaben – mit jedem Mal größere Dimensionen erhielten.

Die *erste Pyramide* war ein verhältnismäßig anspruchsloser Bau mit vier nach oben zurückspringenden Geschossen und senkrechten, vermutlich 8 m hohen Wänden. Das von N nach S 31 m lange und von O nach W 12 m breite Gebäude betrat man auf einer 27 m langen, auf der W-Seite zwischen zwei Rampen angelegten Treppe; eine Doppelrampe unterteilte die Treppe in zwei Abschnitte, die sehr wahrscheinlich dem auf der oberen Plattform errichteten zweigeteilten Heiligtum entsprachen. Dieses war vermutlich aus vergänglichem Material und hinterließ keinerlei Spuren.

Die *zweite Pyramide* zeigt denselben Grundriß, hat aber etwas größere Dimensionen (34,5 x 18 m) und eine 30 m breite Treppe. Die Orientierung des Gebäudes weist allerdings eine geringfügige Abweichung auf.

Die *dritte Pyramide* (48 x 22 m; 38 m breite Treppe) hat keine senkrechten, sondern leicht geböschte Wände. Das Gebäude ist merklich höher und erreicht ungefähr 12 m.

Die *vierte Pyramide* ist an der Basis größer (58 x 38 m; Breite der Treppe: 36 m), was auf eine Vergrößerung der Tempel auf der obersten Plattform hinzuweisen scheint.

Die *fünfte Pyramide*, die nach einer für aztekische Bauwerke charakteristischen Technik errichtet wurde, erreicht eine Höhe von 16 m und eine Sei-

(1) México (Stadt) und Umgebung

tenlänge von 60 x 39 m. Die 36 m breite Treppe, die unversehrt geborgen wurde, hat Rampen mit unterschiedlichem Gefälle; die des oberen Teils fällt nahezu senkrecht ab. Die Ecken zwischen den Absätzen der Pyramide und die Blendmauern auf den N- und S-Seiten, die die Treppen begrenzen, werden zum ersten Mal durch nach oben zurückgesetzte Stützmauern verstärkt. Die ersten fünfzig Stufen der Treppe schmückten stucküberzogene Reliefs, jeweils auf jeder vierten Stufe. Möglicherweise gehörten sie zur vierten Pyramide. Diese Reliefs stellten symbolische Ornamente dar, Kreuzspiegel, Jadescheiben, Anhänger usw. Die beiden auf den N- und S-Seiten der Pyramide errichteten Altäre stammen vermutlich aus dieser Bauperiode.

Die *sechste Pyramide* sowie die *Reste der siebten* werden nachstehend beschrieben.

Der Eingang befindet sich gegenüber der von N nach S 62 m langen, von O nach W 50 m breiten und 16 m hohen Pyramide. Die nach W ausgerichtete Hauptfassade nimmt zum größten Teil eine breite Treppe ein, deren unterer Lauf aus der siebten Bauperiode stammt, während der an seiner Basis 43 m breite obere Lauf zum sechsten Stadium der Pyramide gehört. Der untere Treppenlauf dürfte tatsächlich mit einer allerletzten Vergrößerung der Pyramide in Verbindung stehen, die unvollendet blieb, bzw. wegen des Mangels an Baumaterial teilweise abgebrochen wurde. Beachten Sie am Fuß der mittleren Doppelrampe die beiden **Schlangenhäupter**.

Vor der W-Seite der Pyramide stieß man auf eine in der Plattform, die das Bauwerk trägt, angelegte **Vertiefung**, deren Wände Darstellungen schmückten, die Schädel und gekreuzte Totenbeine zeigten. A. Caso zufolge war dies vermutlich **das symbolische Grab des Sonnengestirns**.

Wenn Sie im Uhrzeigersinn um die Pyramide herumgehen, kommen Sie anschließend zur N-Seite, wo Sie auf der Plattform, an der Basis der Pyramide, **Schlangen** sehen, deren Leib aus Mauerwerk besteht, während der Kopf aus Stein gemeißelt wurde. Auch die O- und S-Seiten der Pyramide (sechste Bauphase) sind von Schlangen umgeben (insgesamt blieben 138 erhalten), die zusammen den **Coatepantli**, die „Schlangenmauer" bilden. Die Reptilien der N-Seite waren bis zur Hälfte der angrenzenden O-Seite schwarz und hatten weiße Flecke, alle übrigen waren blau mit schwarz aufgemalten Schuppen. Zählt man die nicht mehr vorhandenen Reptilien hinzu und die, die sich auf den Böschungsmauern der vier Pyramidenabsätze befanden, kommt man insgesamt auf eine Zahl, die sich auf nicht weniger als 800 beläuft.

Etwas weiter, ebenfalls auf der N-Seite der Pyramide, sehen Sie einen niedrigen **Doppelaltar**, dazwischen, eine zusammengerollte **Türkisschlange** ((Xiuhcóatl) aus der fünften Bauperiode der Pyramide. Beachten Sie den von Sternen gekrönten hohen Kamm des Reptils, der die Richtung zu bezeichnen scheint, in welcher die Sonne beim Sommer- und Wintersolstitz am Horizont untergeht.

Die Schlangenmauer setzt sich an der O-Seite der Pyramide fort. Gegenüber befindet sich ein kleines **Museum** mit Skulpturen von Tenayuca (Schlangenhäupter); aus Santiaguito Atepetlac ein Schild mit einem Pfeilbündel; Keramik der Periode Azteca IV (von 1200 bis 1500 n. Chr.) aus Tenayuca und Tula, die mit dem Zeitpunkt der Völkerwanderung der Chichimeken übereinstimmt.

Beachten Sie den **Coatepantli** an der S-Seite der Pyramide und eine weitere **Türkisschlange**.

➡️ 3 km nördl. von Tenayuca liegt die auf der Straße nach **Tlalnepantla** zu erreichende **Pyramide Santa Cecilia Acatitlán**. Die kleine, der untergegangenen Sonne und Tlaloc geweihte vierstufige Pyramide trägt an der W-Seite eine von Rampen flankierte breite Treppe. Der Tempel auf der oberen Plattform der Pyramide wurde rekonstruiert.

In der Nähe der Pyramide wurde ein kleines **Museum** in einem **Gebäude vom Ende des 19. Jh.** mit Mobiliar aus derselben Zeit im Speisezimmer und in der Küche eingerichtet. Neben der Küche befindet sich ein *Tinacal*, ein Raum, wo man den Agavensaft gären ließ, um Pulque zu erhalten. Das eigentliche Museum besteht aus zwei der Archäologie gewidmeten Sälen. Der erste birgt aztekische Skulpturen von Mais-, Wasser- und Windgottheiten sowie Braseros (Kohlebecken) und eine Dokumentation, die den physischen Typ der Bewohner Zentralmexikos während der aztekischen Epoche zeigen.

Der zweite Saal enthält Unterlagen über die Pyramide Santa Cecilia Acatitlán, Statuen der Göttin Chalchiuhtlicue, der „Macehualtin" (einfache Leute aus dem Volk), Steingefäße, einen Brasero aus Terrakotta usw.

In dem hübschen Garten des Museums sind Reliefs und Skulpturen aus der aztekischen Epoche aufgestellt.

★ **Basilica de la Virgen de Guadelupe** (Pl. **I**, E2) – In der im Kolonialstil (1709) errichteten Basilika wird das Gnadenbild der Virgen de Guadelupe verehrt, das sich früher auf dem Platz vor der Kirche befand. Zu diesem Gnadenbild, dem bekanntesten in ganz Lateinamerika, pilgern alljährlich am 12. Dezember unabsehbare Menschenmengen, um den Segen der Schutzpatronin von Mexiko zu erflehen.

Der Überlieferung nach ging ein Indio namens Juan Diego am 9. Dezember 1531 über den Cerro de Tepeyac, als ihm plötzlich die Jungfrau Maria erschien und ihm ihren Wunsch kundtat, an dieser Stelle möge eine Kapelle für sie errichtet werden. Juan Diego wandte sich an den Bischof von Mexiko, Juan de Zumárraga, der ihm jedoch keinen Glauben schenkte. Daraufhin erschien die Jungfrau J. Diego zum zweiten Mal und hieß ihn die Rosen zu pflücken, die er auf dem Hügel finden würde. Wieder ging Juan Diego zum Bischof. Als er vor ihm seinen Umhang ausbreitete, in den er die Rosen gelegt hatte, fand er darauf das Bild der dunkelhäutigen Jungfrau (la Morena), die seither unter dem Namen Virgen de Guadelupe bekannt ist. Dieser Name geht vermutlich auf ein anderes, in Spanien sehr verehrtes Gnadenbild zurück. 1810 ließ Miguel Hidalgo das Bild auf sein Banner malen, als er den Versuch unternahm, Mexiko von der spanischen Vorherrschaft zu befreien.

Die 1533 für das Gnadenbild errichtete erste Kapelle lockte sogleich unendliche Pilgerscharen an, was die Christianisierung der Indios im Tal von Mexiko förderte. Während die Virgen de los Remedios vor allem von der kreolischen Bevölkerung verehrt wurde, beten Indios und Mestizen noch heute zur Jungfrau von Guadelupe. Vor der Konquista erhob sich auf dem Cerro de Tepeyac ein Tempel, der Tonantzin, der Göttermutter geweiht war, was sicherlich mit dazu beitrug, daß die Indios das Bild der Virgen de Guadelupe leidenschaftlich verehrten.

Die Wallfahrten. – Die Feierlichkeiten zur Erinnerung an die zweite Erscheinung der Jungfrau Maria beginnen eigentlich schon eine Woche vor dem 12. Dezember. Die Veranstaltungen, bei denen Frömmigkeit mit einer

(1) México (Stadt) und Umgebung

überschäumenden Freude wetteifert, bieten das anziehendste Schauspiel, das man sich vorstellen kann. Inmitten eines Jahrmarkttrubels, wo sich laute Stimmen, Gelächter und der Lärm von Knallfröschen miteinander vermengen, legen die angereisten Pilger den Weg zur Basilika auf den Knien zurück und bahnen sich durch eine Menschenmenge, deren Begeisterung zuweilen ungeahnte Formen annimmt. Auf diesen Wallfahrten werden Leckereien keineswegs verschmäht; vor allem „Gorditas de la Virgen" (kleine Kuchen aus Maisgrieß) werden, in buntes Papier gewickelt, überall verkauft. Am 12. Dezember gegen Mitternacht wird der Vorplatz der Basilika zur großen Bühne, auf der Tänze aufgeführt werden, wovon der Concheros einer der bekanntesten ist.

Die **Plaza de las Américas** beherrschende **Basilika aus der Kolonialepoche** ist architektonisch nicht sonderlich interessant. Das Innere der Kirche aber beeindruckt durch seine Weitläufigkeit, die massiven, am Fuß mit Bronzeplatten verkleideten Pfeiler, das Gold und den Marmor. Sie soll in ein Museum umgewandelt werden. Die neue Basilika, ein geräumiger, heller Bau aus Beton, Stahl und Holz wurde am 12. Oktober 1976 feierlich geweiht. Sie wurde unter der Leitung des Architekten *Pedro Ramírez Vásquez* erbaut. Hinter dem Hochaltar befindet sich das Gnadenbild der Jungfrau von Guadalupe, vor dem sich Hunderte von Pilgern aus ganz Lateinamerika einfinden.

Sie sollten auch die in eine Pfarrkirche umgewandelte **ehemalige Kapuzinerkirche** besichtigen, das **Museum für religiöse Kunst**, das einen Teil des Kirchenschatzes der Basilika und zahlreiche Exvoto beherbergt, die ehemalige Pfarrkirche, die **Capilla del Pocito**, eine kleine, hinter der Basilika gelegene Kapelle mit Azulejos-Kuppel. Man findet dort eine Quelle, die bei einer ihrer Erscheinungen zu Füßen der Jungfrau zu sprudeln begonnen haben soll. Das Wasser der Quelle, dem Heilkraft zugeschrieben wird, ist ebenfalls Ziel unendlicher Pilgerscharen.

Die Wallfahrer pilgern aber auch zur **Capilla de las Rosas** und zur **Capilla de Tepeyac**, der auf dem Hügel errichteten Kapelle, wo Juan Diego die Rosen pflückte; sie birgt **Fresken** von *Fernando Leal*, die die Gesichter der wunderbaren Erscheinung festhalten.

☛ Entlang der **Calzada de los Misterios**, die Sie ins Stadtzentrum zurückbringt, kommen Sie an insgesamt fünfzehn Gebetsstationen im barocken Stil vorüber, die 1675 für die Wallfahrer errichtet wurden.

Die Calzada de los Misterios führt zu dem vom Paseo de la Reforma und mehreren anderen Straßen gebildeten Rondell, auf dem sich das **Monumento a Cuitláhuac** erhebt, das 1964 zur Erinnerung an den vorletzten Aztekenkaiser errichtet wurde. Er fiel Ende Dezember 1520 einer Pockenepidemie zum Opfer.

☛ Von diesem Rondell aus *(Glorieta de Peralvillo)* können Sie, wenn Sie in die *Santiagostraße* einbiegen, die **Iglesia de Santa Ana** besichtigen. Die Kirche wurde 1754 im barocken Stil anstelle einer Franziskanerkirche mit dem Namen Santa Ana Atenantitech wiederaufgebaut. Die Altarwand des Hochaltars im churriguresken Stil ist eine Nachbildung. Über dem Eingang zur Sakristei sehen Sie eine Statue der Virgen de Guadalupe aus mehrfarbig bemaltem Holz. Das Taufbecken aus Marmor soll bei der Taufe von Juan Diego benutzt worden sein.

Von der Plaza Santa Ana kommen Sie, wenn Sie der *Matamoros* nach O

folgen und dann nach l. in die *Tenochtitlán* einbiegen, zur **Capilla de la Concepción Tequipeuhcan**, die im 18. Jh. am Platz einer von Bernardino de Sahagún erwähnten Einsiedelei errichtet wurde. Aus einer Inschrift geht hervor, daß der letzte Aztekenkaiser, Cuauhtemoc, am 13. August 1521 im Viertel von Tequipeuhcan gefangengenommen wurde.
Von der Matamoros-Straße aus kommen sie auch zur **Iglesia de San Francisco Tepito**, wenn Sie nach r. in die Tenochtitlán einbiegen und dann in die erste Straße nach l., die Bartolomé de las Casas. Die am Ende des 16. Jh. erbaute Kirche wurde mehrmals restauriert. Sie zeigt heute eine Barockfassade, die von einem 1743 errichteten Turm überragt wird.

1 E – Coyoacán, San Angel, Ciudad Universitaria und Churubusco

Durch die Stadt. – Rundfahrt von ungefähr 40 km, die man in einem halben Tag zurücklegen kann, wenn man sich auf die Hauptsehenswürdigkeiten beschränkt (Poliforum Cultural Siqueiros, Frida Kahlo-Museum, San Angel, Ciudad Universitaria, Pyramide von Cuicuilco, Anahuacali-Museum). Ein eingehender Besuch erfordert allerdings einen ganzen Tag. (Der in einer ehemaligen Hazienda des 18. Jh. untergebrachte San Angel Inn ist der ideale Ort für Ihre Mittagspause. Sie finden auf Av. de los Insurgentes aber auch weniger kostspielige Restaurants).

Um schneller voranzukommen, sollten Sie sich ein Taxi mieten (einen Leihwagen nur dann, wenn Sie alle Hindernisse kennen, auf die man in México stoßen kann). Diejenigen, die öffentliche Verkehrsmittel benutzen wollen, möchten wir auf die Linien Bellas Artes–Ciudad Universitaria und Bellas Artes-San Angel hinweisen, über die Av. Juárez und die Insurgentes Sur; die Linie Zócalo–San Angel Inn, über die 5 de Febrero-Straße, die Av. Izazaga, usw.; die Linie nach Coyoacán über den Zócalo, die 5 de Febrero, Churubusco, Juárez (Coyoacán), Arenal, La Paz, Plaza San Jacinto (San Angel); die Linie Tacubaya-Mixcoac – Villa Obrégon, über die Plaza San Lázaro, den Zócalo, 5 de Febrero, Bucareli, Plaza San Jacinto (San Angel); die Linie Villa Obrégon-Bellas Artes, über die Av. Juárez, Insurgentes, über die Plaza San Lázaro, den Zócalo, die 5 de Febrero, Uruguay, Bucareli, Av. Chapultepec, Insurgentes Sur, La Paz, Plaza San Jacinto (San Angel), auf der Straße nach Tizapan.

Bei der Beschreibung dieses Weges geben wir Ihnen ausnahmsweise Hinweise, welchen Strecken Sie am besten folgen sollten.

Sie interessieren sich für:

Archäologie und präkolumbische Antiken: Sehen Sie sich die * Pyramide von Cuicuilco und das * Anahuacalli-Museum an.

Kolonialarchitektur: Besuchen Sie die alten Dörfer Coyoacán und * San Angel, die inzwischen zu Mexiko gehören.

Moderne Architektur: Schlendern Sie durch den * Pedregal de San Angel und das Olympiastadion.

Zeitgenössische Kunst Mexikos: Besichtigen Sie das * Poliforum Cultural Siqueiros, das Frida Kahlo-Museum, die * * Ciudad-Universitaria (Universitätsstadt) und die Secretaría de las Comunicaciones.

Kunsthandwerk: Gehen Sie ins Untergeschoß des Poliforum Cultural Siqueiros oder (samstags) auf den Bazar Sábado de San Angel.

(1) México (Stadt) und Umgebung 272

Von der Kreuzung des Paseo de la Reforma mit der Av. Insurgentes folgen Sie der **Insurgentes Sur**. Diese Verkehrsader, die ihren Namen den Aufständischen verdankt, die sich 1810 gegen die spanische Kolonialherrschaft erhoben, ist die längste Straße der mexikanischen Hauptstadt. Auf dem Rondell Insurgentes/Av. Chapultepec gehen Sie um die aus Tezontle erbaute und mit Maya-Hieroglyphen geschmückte **Metrostation Insurgentes** herum.

Die Insurgentes bietet bald darauf den Anblick einer Straße mit weltstädtischem Flair, mit ihren eleganten Geschäften, Restaurants, Cafés und Kaufhäusern wie dem Puerto de Liverpool, dem Paris-Londres und, abseits der Avenida, dem Palacio de Hierro.

4 km: Nachdem Sie den Viaducto Alemán, eine Stadtautobahn überquert haben, wird das **Hotel de México**, das höchste Gebäude der Stadt, Ihren Blick auf sich ziehen. Halten Sie jedoch danach an, um das rechter Hand liegende, erstaunliche Gebäude zu besichtigen, das im Dezember 1971 eröffnet wurde.

* Poliforum Cultural Siqueiros (Pl. II, C1). – Dieser eigenwillige Bau, der wie ein riesiger buntschillernder Käfer aussieht, konnte dank der Großzügigkeit des schwerreichen mexikanischen Geschäftsmannes Manuel Sánchez errichtet und mit **Fresken** ausgestattet werden, die von einem engagierten Antikapitalismus zeugen und hauptsächlich von **David Alfaro Siqueiros** stammen. Das riesige Gebäude, das Konferenzräume, ein Rundtheater, einen Tanzsaal u.a. enthält, gehört zu einem angrenzenden Hotelkomplex, der ebenfalls von M. Sánchez finanziert wurde. Nimmt man hinzu, daß die Eintrittspreise zu den Veranstaltungen für den „kleinen Mann", dem die Gemälde von Siqueiros huldigen, unerschwinglich sind, erscheint die Verbindung zwischen einem Finanzmagnaten und einem engagierten Revolutionär in einem doppelten Sinne widersprüchlich, was in Mexiko jedoch nicht weiter stört.

Besichtigung: Mit der teureren Eintrittskarte können Sie die **Ton-/Lichtschau** besuchen (um 16 Uhr Spanisch, um 18 Uhr Englisch), sämtliche Säle, Theateraufführungen und das oberste Stockwerk des Hotels, wo das Restaurant bereits in Betrieb ist. Die billigere Eintrittskarte berechtigt zum Besuch der verschiedenen Säle, nicht aber der Ton-/Lichtschau und des obersten Stockwerks.

Von außen präsentiert sich das Poliforum Cultural als zwölfeckiger Bau. Jede der Außenwände (250 m²) schmücken **Gemälde** von insgesamt dreißig mexikanischen und ausländischen Künstlern, abgestimmt auf das im Inneren von Siqueiros entwickelte Hauptthema **„Der Weg der Menschheit"**, im oberen Geschoß; per Lift erreichbar. Auf dem von Menschen wimmelnden riesigen Fresko, das in Pyroxilinfarben ausgeführt wurde, hat der Künstler die Technik der polyangulären Komposition zur Perfektion geführt, bei der sich die Perspektive je nach dem Standort des Betrachters verändert. Allerdings ändert hier nicht der Betrachter seine Position; die Bühne, auf der er steht, vollführt innerhalb von 15 Min. eine vollständige Drehung. Die **Gitter**, die das Gebäude schmücken, wurden ebenfalls von Siqueiros entworfen.

5,5 km: R. die **Ciudad de Deportes** (Pl. II, C1) mit ihrem 65.000 Zuschauer fassenden Fußballstadion; die dahinterliegende **Plaza México** ist die größte Stierkampfarena der Welt (50.000 Plätze).
6 km: R. der **Luis G. Urbino-Park** bzw. **Parque Hundido**, in den klassische Musik übertragen wird; Kopien von präkolumbischen Monumenten und Antiken, nach Gebieten zusammengestellt.
6,5 km:

Zur Linken führt die Av. Félix Cuevas (Pl. II, C1) nach 800 m zum Wohnviertel **Multifamiliar Miguel Alemán**, das unter der Präsidentschaft dieses Politikers gebaut wurde. Auf dem Platz, an der Ecke der Av. Coyoacán, **Entwurf eines Freskos von Orozco**, dessen Ausführung durch den Tod des Künstlers am 7. September 1949 unterbrochen wurde. Daneben die Totenmaske des Künstlers, die der Bildhauer Ignacio Asúnsolo schuf.

7,2 km: Sie verlassen die Insurgentes und biegen nach l. in die **Av. Rio Mixcoac** ein, Richtung Coyoacán.

Wenn Sie geradeaus weiterfahren, sehen Sie nach etwa 1 km das **Teatro Insurgentes** (Pl. II, C2) mit 1.200 Plätzen. Die Fassade schmückt ein großes **Mosaik**, das nach einem Fresko von Diego Rivera ausgeführt wurde.
In der Mitte der berühmte Schauspieler Mario Moreno, Cantinflas genannt, im Bühnenkostüm, auf das der Künstler das Bild der Jungfrau von Guadelupe gemalt hatte. Es kam darauf zum Skandal und das Mosaik wurde ohne das Bild ausgeführt. R. eine Opferszene auf einer präkolumbischen Pyramide; l. Schauplätze der Konquista; darüber sehen sie die Porträts der beiden Helden des Unabhängigkeitskrieges, Miguel Hidalgo und José María Morelos, und des Präsidenten Benito Juárez. Daneben eine Szene, die die Hinrichtung Maximilians in Querétaro zeigt, während Kaiserin Charlotte dem Wahnsinn zu verfallen scheint. R. von Miguel Hidalgo erkennt man Emiliano Zapata.

An der Kreuzung der Insurgentes Sur mit der Av. Rio Mixcoac zweigt r. die Plateros-Straße ab, auf der man ins Viertel von **Mixcoac** (Pl. II, B1) kommt, früher ein stilles Pueblo, heute zur Hauptstadt gehörig. Der Hauptplatz ist seit der Kolonialzeit unverändert.

8,6 km: Verlassen Sie die Av. Rio Mixcoac und fahren Sie nach r. in die Av. Universidad. – **10 km:** Biegen Sie nach l. in die **Francisco Sosa** (Pl. II, C2); an der Ecke dieser Straße und der Av. Universidad befindet sich die im 18. Jh. im barocken Stil erbaute **Capilla de San Antonio**. In der Nähe der Kirche, eine kleine Brücke aus der Kolonialepoche. Die schmale Sosastraße säumen Gebäude aus dem 17. und 18. Jh.; einige von ihnen tragen in Stein gemeißelte Wappen. Kurz nachdem Sie die Av. Universidad verlassen haben, biegen Sie nach r. in die *Carranzastraße*.
11,7 km: Fahren Sie nach l. in die *Carillo Puerto*, die Sie (nach 12 km) auf den Hauptplatz von **Coyoacán** (in Nahuatl: „Ort der Koyoten") bringt, einem ehemaligen unabhängigen Pueblo, das heute zu México gehört und doch den ganzen Zauber der Kolonialepoche bewahren konnte.

(1) México (Stadt) und Umgebung 274

Während der präkolumbischen Epoche war Coyoacán zusammen mit Atzcapotzalco Hauptstadt des chichimekischen Königreichs der Tepaneca, das unter Itzcóatl (1427–1440) dem aztekischen Reich einverleibt wurde. Kurz nach der Konquista ließ sich Hernán Cortés, der während der Belagerung von Tenochtitlán in Coyoacán residiert hatte, hier einen Palast bauen, von wo aus er eine Zeitlang über die neuen Besitztümer der spanischen Krone regierte.

Rechter Hand, im Hintergrund des Platzes, die **Iglesia de San Juan Bautista**, 1583 von Dominikanermönchen anstelle eines bescheidenen Gotteshauses errichtet, das zu einem 1535 von dem Dominikanerpater Ambrosio de Santa Maria gegründeten Kloster gehörte. Mit ihrem massiven Glockenturm stellt diese Kirche ein interessantes Beispiel für die Kolonialarchitektur des 16. Jh. dar. Das Portal des kleinen beim Kloster gelegenen Friedhofs datiert aus dem 16. Jh.; es ist reichverziert mit skulptierten Ornamenten.

Der **Palacio Municipal**, ein schlichtes Gebäude im Kolonialstil, soll der Überlieferung nach von Cortés erbaut worden sein. Das Palais, welches der Anführer der Konquistadoren für sich erbauen ließ und von dem nichts übrig blieb, dürfte sich hinter der Apsis der Dominikanerkirche befunden haben.

Verlassen Sie den Platz durch die *Centenariostraße*, die der Kirche gegenüber ihren Ausgang nimmt. In der *Calle Londres* (vom Platz aus die sechste Straße r.) sollten Sie in Nr. 127 das im Geburtshaus der begabten Malerin eingerichtete **Frida Kahlo-Museum** (Pl. II, C2) besuchen, wo die Künstlerin von 1929–1954 mit ihrem Mann, Diego Rivera lebte (*Öffnungszeiten*: tgl. außer Mo., 10–18 Uhr).

Das Museum birgt zahlreiche Gemälde der Künstlerin, Zeichnungen und Gemälde von *Diego Rivera, José María Velasco, Joaquín Clausell* usw., Skulpturen von *Mardoña Magaña*, eine reiche Sammlung vorspanischer Skulpturen, Gemälde aus der Kolonialepoche des 18. und 19. Jh., eine reiche Sammlung mexikanischen Kunsthandwerks, Gegenstände aus Pappmaché usw.

Nach seiner Ankunft in Mexiko, im Jahre 1937, bewohnte Leo Trotzki eine Zeitlang das Haus von Frida Kahlo und Diego Rivera. Trotzki lebte vier Jahre lang in diesem Viertel, wo er am 20. August 1940 erschossen wurde.

Kehren Sie nach der Besichtigung des Museums zum Hauptplatz von Coyoacán zurück und folgen Sie dann der Sosastraße.
15,5 km: Fahren Sie geradeaus weiter durch die *Arenalstraße*, die sich durch den W des malerischen Viertels von Coyoacán mit seinen von alten Gebäuden gesäumten Straßen zieht, die größtenteils aus dem 18. Jh. stammen.
16,5 km: Sie kommen dann auf die Insurgentes Sur, in der Nähe des **Monumento Alvaro Obregón**, das zur Erinnerung an den ehemaligen Staatspräsidenten errichtet wurde. Alvaro Obregón wurde am 17. Juli 1928 nach seiner Wiederwahl in einem Restaurant erschossen (Skulpturen von *Ignacio Asúnsolo*).
Überqueren Sie die Insurgentes und fahren Sie in der *Av. de la Paz* weiter bis zur Av. Revolución.

Kunstmuseum

17 km: L. der ehemalige **Convento del Carmen** (Karmeliterkloster), der in ein Museum umgewandelt wurde (Pl. **II**, B/C2).

Öffnungszeiten: tgl. von 10–18 Uhr, außer Mo.

Das 1615 gegründete und dem Märtyrer San Angelo geweihte Kloster ist ein schönes Beispiel der sakralen Architektur vom Anfang des 17. Jh. In der ehemaligen Pförtnerwohnung Reste von **Fresken** in drei einander überlagernden Schichten; sie stammen aus dem 17. Jh. (die beiden ersten) und aus der zweiten Hälfte des 18. Jh. (die dritte). Im Hof des **Kreuzgangs**, der mit Amaryllis, Baumfarn und einem Feigenbaum bepflanzt ist, sehen Sie einen mit Azulejos verkleideten **Brunnen**. Sie sollten auch in die **Krypta** hinabsteigen. In der **Kirche**, die noch ihrer Bestimmung dient, Gemälde von **Cristóbal de Villalpando** im Gewölbe vor dem Chor (*Vermählung der Jungfrau Maria*), im Vorraum der Sakristei (*Hl. Josef mit Jesuskind*), in der Sakristei mit Kassettendecke und im Treppenhaus (letzteres vermutlich aus der Werkstatt des Künstlers). Eine Zelle des Klosters wurde mitsamt Mobiliar rekonstruiert.

Vom Museum im Karmeliterkloster sollten Sie zu Fuß durch das alte Viertel **San Angel** gehen, das in vorspanischer Zeit unter dem Namen *Tenanitla* bekannt war (das bedeutet „am Fuß der Steinmauer", eine Anspielung auf den Pedregal = Lavafeld).

In der Av. Revolución Nr. 1608 befindet sich das **Kunstmuseum Alvar y Carmen T. de Carillo Gil** (*Öffnungszeiten:* tgl. 11–19 Uhr, außer Mo.), das **Gemälde** von **Rivera**, **Orozco** und **Siqueiros** beherbergt, daneben aber auch Werke von *Rouault, Kandinsky, Paul Klee, Picasso, Nishizawa, Rodin* u. a.

Folgen Sie dann der **Amargurastraße**, die die vom Kloster kommende Straße jenseits der Av. Revolución fortsetzt.

Rechter Hand, in Nr. 11 befindet sich die **Casa del Mayorazgo de Fagoaga**, ein Gebäude aus dem 18. Jh., das dem Finanzminister Don Francisco Fagoaga gehörte und das Alonso de Haro y Peralta bewohnte, der 1787 Vizekönig von Neuspanien wurde.

Linker Hand mündet die *Calle del Carmen* ein. In Nr. 23 sieht man die **Casa del Mariscal de Castilla** mit ihrer prachtvollen Fassade aus dem 17. Jh. Etwas weiter führt eine Sackgasse (**Cerrada de la Amargura**) auf einen kleinen bezaubernden Platz, auf dem ein Kreuz aus der Kolonialepoche aufragt. Am äußersten Ende der Amargurastraße kommen Sie an der **Casa del Obispo Madrid** aus dem 18. Jh. vorüber, die sich im Besitz des Bischofs von Tanagra, Don Joaquín Fernández de Madrid befand.

Sie kommen dann auf einen kleinen Platz, von dem es nach l. zur **Plaza San Jacinto** geht. Hier befindet sich der **Bazar Sábado** (Samstagsmarkt), ein Zentrum für Kunst und Kunsthandwerk in einem alten Gebäude, in welchem man neben mexikanischem Kunsthandwerk auch moderne Kunst findet (*Öffnungszeiten:* samstags 10–20 Uhr).

Auf der Plaza San Jacinto Nr. 15 ist in der Casa del Mirador bzw. del Risco das **Centro Cultural Isidro Fabela** untergebracht; im Patio, ein Brunnen, den Porzellane verschiedener Herkunft schmücken. Ebenfalls auf dem Platz, auf Nr. 11, sehen Sie die Casa de Orbañanos; 18. Jh..

(1) México (Stadt) und Umgebung

Kehren Sie dann auf den kleinen Platz am äußersten Ende der Armargurastraße zurück. Linker Hand erhebt sich die Kirche des **Ex-Convento de San Jacinto**, der von Dominikanermönchen gegen Ende des 16. Jh. begründet wurde.

Wenn Sie den Kirchgarten verlassen, biegen Sie nach l. in die *Juárezstraße*, die jenseits der ersten Querstraße von der **Hidalgostraße** fortgesetzt wird (Pl. **II**, B2). Wenn Sie dieser kleinen Straße folgen, kommen Sie an der in Nr. 1 gelegenen **Casa Posadas** aus dem 18. Jh. vorüber, dann (in Nr. 43) an der **Casa Blanca**, ebenfalls ein sehr schönes Gebäude im Kolonialstil.

Biegen Sie dann in die *Barronstraße* ein (nach dem Platz, auf dem sich das San Jacinto-Kloster befindet, die zweite Straße r.), die in die *General Riva-Straße* mündet, in die Sie l. abbiegen und unmittelbar darauf nach r. in die **Galeanastraße**, einem weiteren, von alten Gebäuden gesäumten Gäßchen. In diesem Viertel leben zahlreiche Künstler.

Wenden Sie sich am äußersten Ende der Galeana nach l. in die **Lazcano**, die gegenüber dem **San Angel Inn** in die *Av. Altavista* mündet. Das Luxusrestaurant wurde in einer ehemaligen Hazienda aus dem 17. Jh. (Hazienda de Goicoechea) eingerichtet, die dem Marqués de Selva Nevada und den Condés de Pinillos gehörte.

Gehen Sie zurück zur Lazcanostraße. In Nr. 18 befindet sich die **Casa de los Delfines**, eine sehr schöne Villa aus dem 18. Jh. in einem Garten mit exotischen Gewächsen (interessante Waffensammlung, Gemälde aus der Kolonialepoche, Keramik, Münzen). Am äußersten Ende der Lazcano biegen Sie nach r. in die *Calle Reina* und kurz danach nach l. in die General Rivera; sie wird von der Armargura fortgesetzt, die Sie bereits auf den Hinweg benutzt haben und der Sie bis zum Karmeliterkloster folgen, wo Sie wieder Ihr Auto besteigen.

Folgen Sie der *Av. Revolución,* indem Sie das Kloster l. zurücklassen und fahren Sie in der *Av. Ferrocarril del Valle,* der Verlängerung der Av. Revolución, weiter.

17,5 km: Auf der ersten großen Kreuzung fahren Sie nach r. in die *Av. Heroes de Padierna,* die etwas weiter nach l. biegt, wo sie zur *Av. Alcantarilla* wird und (nach 18,5 km) in die *Av. San Jerónimo* mündet; biegen Sie dort nach r. und unmittelbar danach nach l. in den **Paseo del Pedregal** (Pl. **II**, B3).

▶ Fährt man die Av. San Jerónimo weiter, kommt man jenseits des Periférico zur **Ciudad Independencia**, die während der Präsidentschaft von Adolfo Lopez Mateos vom Instituto Mexicano de Segura Social Institut für (soziale Sicherheit) erbaut wurde. Mehrere der Gebäude wurden mit **Mosaiken** und **Flachreliefs** von *Francisco Eppens Helguera, Federico Cantú* und *Luis Ortiz Monasterio* geschmückt.

▶ Der Paseo del Pedregal durchzieht die **Jardines del Pedregal de San Angel,** eines der schönsten Viertel Mexikos, wo auf einem Lavafeld (span.: pedregal) inmitten prachtvoller Gärten

Luxusvillen errichtet wurden. Einige von ihnen sind wahre Meisterwerke der modernen Architektur Mexikos.

Das Lavafeld des Pedregal de San Angel, das bei einer Dicke von 6 bis 8 m eine Fläche von 80 m² bedeckt, riß an einigen Stellen unter dem Druck freiwerdender Gase ein und schwoll an anderen Stellen an, wodurch eine eigenartig geformte Landschaft entstand. Der Ausbruch des Vulkans Ajusco (4.200 m) und insbesondere des Xitle ereignete sich vermutlich kurz vor dem Beginn unserer Zeitrechnung.

Kehren Sie, wenn Sie dieses Viertel durchstreift haben, zum Ausgangspunkt zurück. Biegen Sie dann nach r. in die Av. San Jerónimo, der Sie bis zur Insurgentes Sur folgen. Überqueren Sie diese Straße und biegen Sie in die Av. Copilco ein, dann l. in die Calle Victoria.

Nach ungefähr **20** km (den Streifzug durch die Gärten des Pedregal de San Angel nicht mitgerechnet) befindet sich rechter Hand, in der Calle Victoria 54, der Eingang der **Ausgrabungsstätte Copilco** (Pl. **II,** C2), wo man unter einer ungefähr drei Meter dicken Lavaschicht mehrere Gräber der vorklassischen Epoche (etwa 1500 v. Chr.) barg und Reste von Werkzeugen, Keramik und Figurinen, die eindeutig belegen, daß dieser Ort zu jener Zeit von Menschen besiedelt war.

Die 1917 von *Manuel Gamio* durchgeführten Ausgrabungen haben den Nachweis erbracht, daß Copilco lange vor dem Ausbruch des Xitle aufgeben worden war.

Die Tunnel, die man in die Lavaschicht trieb, um diese Untersuchungen vornehmen zu können, sind heute ein **Museum** (tgl. geöffn.). Dort bieten sich dem Besucher die verschiedenen Belegstücke so dar, wie sie gefunden wurden. Wegen des starken Drucks, dem sie durch die Lavamassen ausgesetzt waren, wurden die Skelette häufig deformiert. In einem der drei Tunnels sehen Sie chronologisch geordnete Keramik und Figuren, *Metates* (Maisreibsteine), Klingen von Obsidianmessern, Nadeln aus Knochen, Zierrat usw.

Kehren Sie nach der Besichtigung des Museums auf die Insurgentes zurück, um als nächstes (21 km) die ★★ **Ciudad Universitaria** (Pl. **II,** C2), die Universitätsstadt zu besichtigen, die von 1950–1955 während der Präsidentschaft von *Miguel Alemán* auf dem Pedregal de San Angel errichtet wurde.

Auf einer Gesamtfläche von ungefähr 300 ha, inmitten von Gärten, Höfen und großen freien Flächen, erhebt sich die mit ihren verschiedenen Fakultäten und Instituten 80 Gebäude umfassende **Universidad Nacional Autonomia de México**, zu der ferner Verwaltungsgebäude wie das Rektorat gehören, die Bibliothek mit ihrer prachtvollen Mosaikfassade, Labors, Spielplätze und Sportanlagen.

Die Universität von Mexiko, die älteste auf amerikanischem Boden, wurde am 25. Januar 1553 gegründet, nachdem *Philipp II* 1551 seine Bewilligung erteilt hatte. Die Vorlesungen wurden am 2. Juni 1553 durch den Vizekönig *Luis de Velasco* feierlich eröffnet. 1597 wurde die Universität durch den Papst *Clemens II* anerkannt und führte von da an den Namen einer Königlichen und Päpstlichen Universität. Zunächst war sie in der Villa Katharinas de Montejo untergebracht, in der Nähe des Platzes, den heute die Basilika einnimmt, wurde dann gegen Ende des 16. Jh. in die Gebäude des Hospitals Jesús Nazareno verlegt, noch später in das Palais, das *Cortés* sich an der Stelle des Palasts von Axayácatl hatte errichten lassen und schließlich in das Gebäude des ehemaligen Conservatorio Nacional de Musica, nördl. des Nationalpalasts, wo sie bis zum Ende des 19. Jh. verblieb.

Im Laufe des 19. Jh., nachdem Mexiko die Unabhängigkeit erlangt hatte, wurde die von Klerikern geleitete Universität wegen der unterschiedlichen politischen Richtungen der einander ablösenden Regierungen mehrmals aufgehoben. In den Jahren 1833, 1857 und 1861 wurde sie von den Liberalen bzw. Anhängern der Reform geschlossen, um von den Konservativen wieder geöffnet zu werden. Auch Präsident *Benito Juárez*, der das Unterrichtswesen reorganisierte und dem Analphabetentum den Kampf ansagte, sah sich 1867 gezwungen, die Universität zu schließen. Sie wurde erst 1910, kurz vor dem Sturz von *Porfirio Díaz*, wiedereröffnet. Die im Mai 1910 neu konstituierte Universität wurde am 22. September von *Justo Sierra* feierlich eröffnet. *Portes Gil*, den der Kongreß nach der Ermordung *Alvaro Obregóns* zum Präsidenten bestimmt hatte, verlieh ihr im Mai 1929 die Autonomie. Seither wird die Universidad Nacional Autonoma de Mexiko von einem 70köpfigen Gremium regiert, das sich aus den Dekanen der Fakultäten und Institute zusammensetzt, den Direktoren des Forschungsinstituts und der Bibliothek, Vertretern der Professoren und Studenten jeder Fakultät, ehemaligen Studenten und einem Vertreter des nicht dem Lehrkörper angehörenden Personals. Der Rektor wird von einem Rat aus fünfzehn Direktoren gewählt, die alle vier Jahre turnusmäßig ausgetauscht werden.

1946 bewilligte Staatspräsident *Avila Camacho* der Universität auf dem Pedregal de San Angel ein Gelände von 730 ha. Die Bauarbeiten für die Ciudad Universitaria wurden 1950 unter Präsident *Miguel Alemán* begonnen und 1955 beendet.

Am Eingang der Universitätsstadt ragt das Gebäude des **Rektorats** empor, das von den Architekten *Mario Pani, Enrique del Moral* und *Salvador Ortega* errichtet wurde. Mit der künstlerischen Gestaltung des Gebäudes wurde **Siqueiros** beauftragt, der auf der S-Wand ein großes **Fresko** in einer Mischtechnik aus Malerei, Plastik und Mosaik schuf. Die Fresken der N- und O-Wand blieben unvollendet.

Nordöstl. des Rektorats befindet sich die ****Biblioteca Central,** die hinsichtlich ihrer architektonischen und künstlerischen Gestaltung zweifellos das gelungenste Beispiel des bemerkenswerten Baukomplexes darstellt. Die nach Plänen der Architekten *Juan O'Gorman, Gustavo Saavedra* und *Juan Martinez de Velasco* errichtete Bibliothek, ein 10geschossiges Quader, ruht auf einem zweistöckigen Sockel. Die Fassade des oberen Teils schmücken Steinmosaike, die *Juan O'Gorman* schuf. Sie stellen – in drei Phasen zusammengefaßt – die Geschichte Mexikos dar: Die vorspanische auf der N-Wand, die koloniale auf der S-Wand und der Neuzeit auf der W-Wand, während uns die O-Wand die Vision des Künstlers von der Zukunft Mexikos zeigt.

Zwischen der Biblioteca Central und der Av. Insurgentes erhebt sich das **Theater.**

Jenseits der Biblioteca Central erstreckt sich die **Plaza Mayor,** eine riesige Fläche, die ein Wasserbecken und **Skulpturen** zieren (die Bronzskulptur, die man in der Nähe der Bibliothek sieht, wurde von *Arenas Betancourt* geschaffen und stellt Prometheus dar, der den Versuch unternimmt, sich des Himmlischen Feuers zu bemächtigen). Die Gebäude auf der N-Seite der Plaza Mayor beherbergen die *philosophische,* die *philologische* und die *juristische Fakultät,* die *Fakultät für Wirtschaftswissenschaften,* für *politische und soziale Wissenschaften,* verschiedene Bibliotheken, ein Forschungsinstitut, ein Auditorium.

Etwas weiter befinden sich die Gebäude der *Naturwissenschaften* mit einem astronomischen Institut. Jedes der Gebäude ist mit einer Ausstellungshalle oder einem Auditorium, einer Bibliothek und Verwaltungsräumen ausgestattet. Die Fassade des großen Auditoriums schmückt ein **Glasmosaik** von *José Chávez Morado,* das die *Eroberung der Energie* darstellt. Vom gleichen Künstler stammt das Mosaik im Hof dieser Fakultät, das die *Rückkehr Quetzalcóatls* zeigt. Quetzalcóatl ist als Windgott Ehécatl in einem Boot dargestellt, das die Form eine Schlange hat. Den Gott umgeben verschiedene Gestalten: ein Franziskanermönch, ein Pharao, ein griechischer Gott, ein assyrischer Herrscher, ein indischer Weiser, ein Buddha und ein Moslim, die die wechselseitigen Beziehungen der verschiedenen Weltkulturen symbolisieren sollen. Das im Hintergrund in einer Pyramide aufgepflanzte Schwert und die Lanzen preisen die Macht der Zivilisation über den Krieg.

Wenn Sie Richtung Plaza Mayor gehen, kommen Sie l. am *Institut für Nuklearphysik* und einem Gebäude vorrüber, das ein Forschungszentrum für kosmische Strahlen beherbergt.

Hinter dem Institut für Nuklearphysik, l., das Gebäude für *Zahnheilkunde* mit einem **Mosaik** von *Francisco Eppens Huelguera;* etwas weiter, an der O-Seite der Plaza Mayor, die Gebäude der *medizinischen Fakultät.* Beachten Sie dort das ebenfalls von *Francisco Eppens Huelguera* geschaffene Mosaik. Die dreifache Maske in der Mitte zeigt die Ursprünge der mexikanischen Zivilisation, umgeben von verschiedenen Symbolen, u. a. dem Regengott Tlaloc, dem Feuergott der Maya usw.

Gehen Sie zum Rektoratsgebäude zurück, entlang der Plaza Mayor und dem S-Teil der Universitätsstadt, wo sich mehrere Sportanlagen befinden: die Form der Frontons erinnert an präkolumbische Bauten. In der Nähe des Fronton-Bereiches finden Sie **Botanische Gärten** *(Öffnungszeiten:* tgl. 9–16.30 Uhr); ein weiterer Botanischer Garten liegt südl. des Olympiastadions (s. unten).

Gegenüber der Universitätsstadt, auf der anderen Seite der Av. Insurgentes, liegt das 80 000 Zuschauer fassende **Olympiastadion** (Pl. **II,** B2), das von den Architekten *Augusto Pérez Palacios, Jorge Bravo Jiménez und Raúl Salinas Moro* erbaut und mit **Reliefs** von *Diego Rivera* geschmückt wurde, die die Geschichte des Sports in Mexiko von der vorspanischen Zeit bis heute darstellen.

Das Stadion mußte teilweise in das Lavafeld des Pedregal de San Angel vertieft werden, so daß es sich von außen wie ein Flachbau, ähnlich den präkolumbischen Pyramiden, präsentiert.

Setzen Sie nun den Weg auf der Insurgentes fort, indem Sie rechter Hand die Zufahrt zu dem der Universität angeschlossenen **Botanischen Garten** hinter sich lassen, wo hauptsächlich Kakteen und Orchideen akklimatisiert werden (Öffnungszeiten tgl. 9–14 Uhr, Sa. 9–13 Uhr und So. 9–17 Uhr).

24,5 km: Kurz nach einer Unterführung unter dem Periférico führt

(1) México (Stadt) und Umgebung

linker Hand eine kleine Straße zur **Ausgrabungsstätte Cuicuilco** (Pl. II, C3), wo man eine Pyramide mit rundem Grundriß freilegte und einen weiteren Bau, der von 1955–1957 von einem Team der University of Southern California ausgegraben wurde.

Öffnungszeiten: tgl. außer Mo. 9–18 Uhr.

Zu der Zeit, als diese Gebäude errichtet wurden, lag Cuicuilco auf einer Halbinsel in der Lagune von Texcoco. Diese Lage erleichterte die Verteidigung des Ortes und begünstigte den Fischfang, der mit dem Ackerbau und der Jagd die Hauptnahrungsquelle der Küstenbewohner bildete. Die Behausungen dürften aus einfachen Hütten bestanden haben; einige von ihnen waren jedoch schon aus grob zusammengefügten Steinen errichtet, wie dies die Ausgrabungen in der Nähe des Cerro del Tepalcate im Tal von Mexiko belegen.

Zu dem Zeitpunkt, als sich der Lavastrom über Cuicuilco ergoß, hatte die Bevölkerung den Ort bereits verlassen, vermutlich wegen der vor der Eruption eingetretenen Ereignisse, dem Aschenregen z. B., von dem man noch zahlreiche Spuren findet.

Die * **Pyramide,** die aus der vorklassischen (oder archaischen) Epoche datiert, wurde ab 1922 von einem Team der Universität von Arizona unter der Leitung von *Byron C. Cummings* freigelegt, der Sprengstoff verwenden mußte, um die 8 m dicke Lavaschicht abzutragen, die das Bauwerk bedeckte. Die auf einer großen künstlichen Plattform errichtete Pyramide war mehrfach verändert und überbaut worden. Nach der Freilegung mußte die durch die Sprengstoffexplosionen in Mitleidenschaft gezogene Pyramide mit Steinen abgestützt werden, wodurch die Dimensionen des Bauwerks eine Änderung erfuhren.

Die Pyramide in ihrer heutigen Gestalt besteht aus vier nach oben zurückspringenden Geschoßen und erreicht eine Höhe von ungefähr 18 m. Sie erhebt sich über einem beinahe runden Grundriß, dessen maximaler Durchmesser 135 m beträgt.

Die Verkleidung des Mauerwerks weist einen Neigungswinkel von 45 Grad auf. Die heute sichtbaren Böschungsmauern gehören nicht zum letzten Stadium der Pyramide, da der größte Teil der Außenverkleidung bis zu einer Tiefe von 4–6 m bei der Freilegung durch Sprengstoff zerstört wurde, wie man am Fuß des Bauwerks feststellen kann, wo Spuren des Umgangs in der Lavaschicht erhalten sind.

Zur oberen Plattform gelangte man über eine nur schlecht erhaltene Treppe an der O-Seite der Pyramide. Auf der W-Seite befand sich eine achsial zur Treppe angelegte breite Rampe zwischen zwei viertelkreisförmigen Stützpfeilern, die bis zur ersten Pyramidenstufe hinaufreichten. Die auf der oberen Plattform geborgenen Reste lassen auf das Vorhandensein einer fünften, heute verschwundenen Stufe schließen, die von einem rechtwinkeligen Aufbau überragt wurde, von dem noch einige Spuren vorhanden sind. Man entdeckte auch Altäre in Ellipsenform, die sich vor der Errichtung der fünften Stufe auf der vierten erhoben und jene, die sich vor dem Bau der vierten Stufe auf der dritten befanden.

Die Pyramide besteht aus einem Kern stark komprimierter, aufgeschütteter Erde, die man durch große, tief verankerte Steinblöcke befestigte. Um diesen Kern herum legte man in Form von konzentrischen Kreisen die verschiedenen Stufen aus Steinen und Erde an, deren Abrutschen man durch tief ins Erdreich eingelassene, 2 m hohe und 1 m dicke Steinblöcke verhinderte.

Auf der O- und W-Seite der Pyramide wurden mehrere Altäre geborgen. Der von 1955–1957 westl. der Pyramide freigelegte Bau war ebenfalls auf einem runden Grundriß errichtet worden. Er ist älter als die Pyramide und wurde teilweise vor dem Ausbruch des Xitle abgetragen. Das Baumaterial wurde vermutlich für andere Bauten verwendet. Ein Teil des gestuften Unterbaus ist erhalten geblieben.

Das **Museum** beherbergt eine Keramiksammlung und Figurinen aus verschiedenen Orten, die zur gleichen Zeit existierten, u. a. vom Cerro de Tepalcate, aus Atzcapotzalco, Tlapacoya im Mexiko-Tal, El Opeño (Michoacán), Chupícuaro (Guanajuato) und aus huatekischen Orten am Golf von Mexiko.

26 km: Tlalpan (in Nahuatl, „Fußspur des Menschen"; Pl. **II**, C4), ein Vorort, der seinen kolonialen Charakter bewahrt hat. Der am Fuß des Vulkans Ajusco gelegene Ort gehört heute zu México, war aber im 19. Jh. eine Zeitlang Hauptstadt des gleichnamigen Staats. Zu Beginn der Kolonialepoche war Tlalpan ein von den Vizekönigen bevorzugter Wohnort. Von 1827 bis 1830 hatte der Ort eine Münze, deren Prägungen heute Seltenheitswert haben.

Auf dem Hauptplatz erhebt sich die 1532 gegründete **Iglesia de San Agustin de las Cuevas.** In unmittelbarer Nähe befindet sich die **Casa Chata** beim Jardín de San Fernando, eine feudale Villa aus dem 18. Jh., die in Kürze in ein Luxusrestaurant umgewandelt werden soll. In diesem Haus war das Kommissariat der Heiligen Inquisition untergebracht. Seinen Namen *chata* (= niedrig, geduckt) verdankt es dem Aussehen eines seiner Flügel.

27,5 km: Verlassen Sie die Straße nach Cuernavaca und schlagen Sie die **Calzada de Tlalpan** ein, die bald danach unter dem Periférico durchführt, der gegenwärtig in Xochimilco endet. Wenig später sehen Sie linker Hand das **Aztekenstadion** (Pl. **II**, D3), das mit seinen 80.000 bis 100.000 Plätzen ein schönes Beispiel für die moderne Architektur Mexikos darstellt.

32 km: Verlassen Sie die Calzada de Tlalpan und fahren Sie in die **Av. División del Norte.**

33,5 km: Die Calle del Museo, die gegenüber der modernen Kirche San Antonio de Padua einmündet, führt zum * **Anahuacalli-Museum** (Pl. **II**, D3), das *Diego Rivera* in der Colonia San Pedro Tepetlapa, Tecuilastr. 150 errichtete.

Das 1944 in Form einer Pyramide aus vulkanischem Gestein errichtete Gebäude am Rande des Pedregal birgt präkolumbische Antiken, die der berühmte Künstler 1957, kurz vor seinem Tod, dem Staat vermachte.

Öffnungszeiten: tgl. 10–18 Uhr, außer Mo.

Die über drei Etagen verteilte Sammlung umfaßt vor allem **Figurien, Keramik** und **Skulpturen,** letztere hauptsächlich aus der aztekischen Epoche. West-Mexiko ist mit zahlreichen anthropomorphen und zoomorphen Keramiken aus Colima, Nayarit und Jalisco ausnehmend gut vertreten. Sie sehen ferner Figurinen aus Tlatilco (s. **Rte. 1A,** Vorklassischer Saal des Nationalmuseums für Anthropologie), aus Huaxteca, aus totonakischem Gebiet („Lächelnde Gesichter") usw. Im großen Saal der ersten Etage sind verschiedene Gegenstände ausgestellt, die sich im Besitz von *Diego Rive-*

(1) México (Stadt) und Umgebung

ra befanden sowie ein unvollendetes Protrait mit Datum vom 24. August 1957.

Nach der Besichtigung des Anahuacalli kehren Sie zur Av. División del Norte zurück, in die Sie l. einbiegen.

34,5 km: Die *Jacarandas*-Straße führt rechter Hand zur **Iglesia del Santo Cristo de la Agonia de Limpias**, die von dem Architekten *Nicolás Mariscal Baros* in Form einer mit Azulejos verkleideten Halbkugel erbaut wurde.

37 km: Die Calle 20 de Agosto führt r. zum **Convento de Churubusco** (Pl. **II**, D2). Das kurz nach der Konquista von Franziskanermönchen begründete Kloster wurde im 17. Jh. neu erbaut und ist heute ein **Historisches Museum** (*Öffnungszeiten:* tgl. außer Mo. 9–13 Uhr und 15–17 Uhr).

Churubusco, das einst am S-Ufer des Sees von Texcoco lag, war – bevor sich die Mexica auf einer Insel der Lagune niederließen – unter dem Namen Huichilat bekannt. Es hatte sich den Wassergott *Opochtli* zum Gott gewählt, der von einer Speerschleuder (*atlatl*) und einem Pfeilbündel symbolisiert wurde. Als diese tepanekische Siedlung von den Azteken erobert wurde, gab man ihr den Namen *Huitzilopocho* (= Ort des Huitzilopochtli, des Nationalgotts der Mexica), den die Spanier in *Churubusco* abänderten. Dieses Stadtviertel ist heute die Hochburg der mexikanischen Filmindustrie.

Das Kloster, das von Gärten umgeben inmitten eines schönen Parks liegt, beherbergt Andenken an den Krieg von 1846–1847 gegen die USA (1847 verschanzte sich dort General *Anaya*) sowie ein **Verkehrsmuseum**, in welchem Sie u. a. die Kalesche des Generals *Santa Ana* sehen können, das Kabriolett von *Pancho Villa*, ein Automobil, das Präsident *Francisco Madero* gehörte usw.

Fahren Sie dann auf die Av. División del Norte, die Sie wieder ins Stadtzentrum bringt.

40 km: Auf einem Rondell erhebt sich die **Iglesia de la Medalla Milagrosa** (Pl. **II**, D1), die von einem hohen, spindelförmigen Campanile überragt wird. Die Kirche wurde von *Félix Candela* aus Stahlbeton errichtet und stellt ein Musterbeispiel der modernen mexikanischen Architektur dar. Von hier aus folgen Sie der Av. Universidad, in die Sie nach r. einbiegen.

42 km: An der Ecke Av. Universidad/Xolastraße befindet sich r. das Gebäude der **Secretaría de las Comunicaciones,** das **Wandgemälde** und **Mosaiken** von *Juan O'Gorman* und *José Chávez Morado* schmücken.

Die an der Av. Universidad gelegene Seite des Gebäudes zeigt ein **Fresko** von *O'Gorman*, auf dem *Miguel Hidalgo* dargestellt ist, der die Fahne seiner Befreiungsarmee mit dem Bild der *Virgen de Guadalupe* schwenkt. Man sieht auch noch verschiedene Symbole, die sich auf das Fernmeldewesen beziehen, eine Darstellung des Regengotts *Tlaloc* usw. An der Xolastraße hat der Künstler die vier Elemente Feuer, Wasser, Luft und Erde dargestellt und in die Komposition verschiedene Gestalten bzw. Gottheiten einbezogen: *Quetzalcóatl, Cuauhtémoc*, den letzten Kaiser der Azteken, *Emiliano Zapata* usw.

Mit der künstlerischen Gestaltung von Gebäude A des Ministeriums wurde *José Chávez Morado* beauftragt, der sich für die Darstellung der Geschichte Mexikos von der vorspanischen Zeit bis zur Revolution von altmexikanischen Kodizes inspirieren ließ.

Fahren Sie dann nach l. in die Xolastraße. – **43** km: Nach r. einbiegen in die **Av. Cuauhtémoc.** – **43,5** km: Wenn man nach l. in die *Av. Obrero Mundial* fährt, kommt man zur **Iglesia de Nuestra Señora de la Piedad,** einer modernen Kirche aus Beton, die Wandgemälde von *Pedro Medina Guzman* schmücken („Die Schöpfung" und „Die Erlösung").

44 km: Rechter Hand sehen Sie das **Centro Médico,** einen riesigen Klinikkomplex, der aus Mitteln der Lotería Nacional in Zusammenarbeit mit dem Instituto Mexicano de Seguro Social erstellt wurde.

Dort kann man **Fresken** von *Siqueiros, José Chávez Morado* und *Luis Nishizawa* bewundern.

In der Nähe befindet sich das Wohnviertel **Ciudad Benito Juárez** (Multifamiliar B. Juárez), dessen zentrales Gebäude ein **Fresko** von *Xavier Guerrero* schmückt.

42,5 km: Rechter Hand mündet die *Dr Márquez-Straße* ein. Das *Hospital Infantil* (Kinderklinik) an der Ecke dieser Straße und der *Calle Dr Jiménez* birgt in der Eingangshalle ein **Gemälde,** das *Diego Rivera* 1953 schuf. Es stellt Kinder dar, die eine „Piñata" zerschlagen und eine Weihnachtsszene (Prozession der Posadas).

Das **Kardiologische Institut** Ecke Av. Cuauhtémoc/Dr Márquez-Straße, r., schmücken ebenfalls **Gemälde** von *Diego Rivera* (im Vestibül des Konferenzsaals), deren Thema die Medizin und insbesondere die Kardiologie ist.

44 km: Biegen Sie nach l. in die Av. Chapultepec. – **45** km: Fahren Sie nach r. in die Av. Insurgentes Sur, die Sie zum Ausgangspunkt zurückbringt.

1 F – Xochimilco

Durch die Stadt. – Sie erreichen diesen hübschen Vorort Méxicos über die Calzada de Tlalpan bzw. den Periférico, je nach dem, von wo Sie aufbrechen.

Dieser Weg ist vorzugsweise an einem Samstag- oder Sonntagvormittag durchzuführen, d. h. dann, wenn die Einheimischen zu Hunderten nach Xochimilco (Pl. **II,** F4) strömen, um dort inmitten der „Schwimmenden Gärten" auf Booten durch die Kanäle zu fahren, dabei den Mariachikapellen zu lauschen oder Blumen zu kaufen und Taquitos zu verzehren, die Indiofrauen in Einbäumen zum Kauf anbieten.

Wenn Sie der Calzada de Tlalpan (Pl. **I,** D4 und **II,** D1) folgen, sehen Sie in Nr. 1779 den **Ciba Konzern** (pharmazeutische Produkte), wo *José Chávez Morado* ein **Wandgemälde** (im Innern) schuf, das die vorspanische Heilkunst darstellt sowie ein **Mosaik** an der Außenwand des Gebäudes mit mehreren aztekischen Göttern: Huitzilopochtli, Tezcatlipoca und Quetzalcóatl. Etwas weiter, auf dem Rondell der Calzada de Tlalpan mit der Heroes de 47, ragt ein Reiterstandbild empor, das zur Erinnerung an General *Anaya* errichtet wurde, der 1847 vom *Convento de Churubusco* aus die Invasiostruppen der Vereinigten Staaten bekämpfte.

Xochimilco (in Nahuatl der „Ort der Blumenfelder") ist ein kleiner Vorort Méxicos, 28 km vom Zentrum entfernt, der überwiegend von Nahua-Indios bewohnt wird und in dessen Nähe sich **die berühmten „Schwimmenden Gärten"** bzw. **Chinampa** befinden. Dort lebt ein ganzes Volk von Gemüseanbauern, das die Hauptstadt mit Früchten und Blumen beliefert.

Xochimilco ist eine alte Siedlung, in die sich die Tolteken nach dem Fall Tulas flüchteten. Der Stamm – so berichtet *Ixtlilxóchitl*, ein indianischer Geschichtsschreiber des 16. Jh. – sprach noch seine eigene Sprache, als die Stadt den Azteken zufiel und war bekannt für seine Steinbearbeitung. Man verehrte dort die Göttin Chantico (das Feuer „im Haus"), dargestellt von einem Schmetterling. Einer der Chichimekenstämme ließ sich dort im 13. Jh. nieder. Die Bewohner, die unter dem Namen *Chinampaneca* bekannt waren, sprachen Nahuatl und waren mit den Azteken verwandt. Sie legten die Chinampa („Schwimmenden Gärten") an den seichten Stellen der Süßwasser-Lagune Xochimilco an, die mit der Brackwasser führenden Lagune von Texcoco in Verbindung stand. Die Stadt wurde von *Hernán Cortés* in Brand gesteckt, als die Spanier Tenochtitlán angriffen.

Auf dem Hauptplatz befindet sich die **Iglesia de San Bernardino**, das ehemalige Gotteshaus des 1525 von Franziskanermönchen in Xochimilco gegründeten Klosters, das erst 1535 fertiggestellt wurde.
Die heutige Pfarrkirche datiert von 1590; die Portale sind im plateresken Stil ausgeführt. Im Innern, **Altarwand** aus dem 16. Jh. und ein **Christus** in „Caña de Maíz", d. h. in einer mit Gummimasse und Kalkstein überzogenen Hülle aus Maisstielen.

Vom Hauptplatz aus geht es dann in die 16 de Septiembre (wenn man vom Stadtzentrum her auf den Platz kommt, r.). Kurz danach kommen Sie auf den von Menschen wimmelnden **Mercado de Xochimilco** mit seinen zahlreichen Tonwarenhändlern.
1 km vom Zentrum Xochimilcos entfernt fahren Sie nach l., wobei Sie eine kleine, 200 m von der Kreuzung entfernt liegende Kolonialkirche zurücklassen.
Ungefähr einen km weiter nach l. abbiegen. Sie kommen dann zum Parkplatz in der Nähe der Anlegestelle der **Trajineras**, flachen, blumengeschmückten Booten, auf denen Sie **eine Spazierfahrt auf den Kanälen zwischen den Chinampa** machen können. (Die Preise sind an der Anlegestelle angeschlagen.)
Die „Schwimmenden Gärten" von Xochimilco, die ihrem Namen so wenig gerecht werden wie die „Hängenden Gärten" von Babylon, zeigen sich von ihrer schönsten Seite im Frühling. Auf den Kanälen herrscht vor allem an Samstagen und Sonntagvormittags ein buntes, lebendiges Treiben. Nach wie vor gehört zur traditionellen Spazierfahrt eine Runde um die der Anlegestelle vorgelagerte Insel. In der Nähe der Anlegestelle befindet sich ein Souve-

nirmarkt, wo Sie – in der Nähe „Rollender Küchen" – *Sarapes* (gewebte Wolldecken), *Rebozos* (lange Woll- oder Seidenschals in lebhaften Farben), Hüte aus Palmfasern oder bunten Federn, *Huaraches* usw. kaufen können.

1 G – Zum Desierto de los Leones

Eine Rundfahrt von ungefähr 50 km Länge, die Sie angenehme Stunden in einem Wald der Cordillera de las Cruces verbringen läßt. Sonntags wird dieser Park von den Picknick-Fans aus der Hauptstadt überschwemmt.

☛ Verlassen Sie Mexiko auf dem **Camino del Desierto de los Leones** (Pl. II, A2), einer schmalen, kurvenreichen Straße.
23 km: ★★ **Desierto de los Leones,** ein riesiger Pinienwald und **Nationalpark** am Cerro de Campamento in 3.000 m Höhe.
26 km: Der 1602 begründete **Convento de Nuestra Señora del Carmen** ist heute eine Ruine (*Öffnungszeiten:* tgl. 7–18 Uhr). In der Nähe der Kirche sehen Sie den Kreuzgang um einen mit Jasmin-, Rosensträuchern und riesigen Bäumen bepflanzten Innenhof. Dahinter führt die Straße weiter durch einen schönen, mit hundertjährigen Tannen bestandenen Wald, in dem früher Pumas ihr Unwesen trieben, daher auch der Name *Desierto de los Leones* („Löwenwüste").
29 km: Straße von Tolula (l.) nach México (r.).
36,5 km: auf der r. Straßenseite liegt **Santa Fe de México,** ein kleiner Ort auf den ersten Ausläufern der Cordillera de las Cruces, wo Vasco de Quiroga, der 1531 nach Mexiko gekommen war, ein heute nicht mehr vorhandenes Hospital begründete, das eine Zeitlang von *Alonso de Borja (Borgia)*, einem Verwandten von Papst Alexander VI geleitet wurde.
Der **Paseo de la Reforma** (Einfahrt auf der Straße nach Toluca, Pl. II, A1), bringt Sie ins Stadtzentrum zurück.

1 H – Nach Tacuba und zur Wallfahrtskirche der Virgen de los Remedios

Dieser Weg hat eine Gesamtlänge von 31 km (hin und zurück) und führt durch die dichtbesiedelten Industriegebiete im NW der Hauptstadt, die den mexikanischen Zeitungen häufig den Stoff für ihre Rubriken „Vermischtes" liefern.

Sie interessieren sich für:

Zeitgenössische Malerei Mexikos, dann sollten Sie sich die von Siqueiros geschaffenen Fresken im Gebäude des Sindicato Mexicano de Electricistas und im Instituto Politécnico ansehen, bzw. die von Orozco in der Escuela Normal de Maestros.

☛ Auf der Kreuzung der Insurgentes mit dem Paseo de la Reforma biegen Sie in die **Insurgentes Norte** ein.

(1) México (Stadt) und Umgebung

0,5 km: L. in der Antonio Casa-Straße 45 befindet sich das Gebäude des *Sindicato Mexicano de Electricistas* (Elektrikergewerkschaft), wo unter der Anleitung von **Siqueiros** ein **Fresko** mit dem Titel „Portrait der Bourgeoisie" entstand, das die marxistische Auffassung des Künstlers von der Gesellschaft wiedergibt.

1 km: Verlassen Sie die Av. Insurgentes Norte und biegen Sie nach l. in die **Av. Ribera de San Cosme** (Pl. I, C/D3), die der Trasse eines ehemaligen Dammes folgt, über den Cortés 1520 entkam.

1,5 km: Ecke Naranjo-Straße/Av. Ribera de San Cosme liegt die **Casa de las Máscaras,** eine Villa im Kolonialstil der Condés d'Orizaba.

2 km: Ecke Melchor Ocampo/Av. Ribera de San Cosme ragt die 1675 im barocken Stil errichtete **St. Kosmas-Kirche** empor.

Fahren Sie dann in der **Calzada Mexiko-Tacuba** (Pl. I, C3) weiter. Kurz nach der Einfahrt in die Straße nach Tacuba liegt r. die **Escuela Nacional de Maestros** (Pädagogische Hochschule; Pl. I, C3), wo man auf der Bühnenwand des Freilichttheaters ein 380 m² großes **Fresko** bewundern kann, das nach einem Entwurf von *Clemente Orozco* ausgeführt wurde. Das Vestibül der Schule wurde vom Künstler mit einem vierteiligen Wandgemälde geschmückt, das den Titel trägt: „Niederlage und Tod der Unwissenheit".

Die *Av. Instituto,* die r., kurz vor der Escuela Nacional de Maestros abzweigt, führt zum *Instituto Politécnico* (Pl. I, C3), von den mehrere Gebäude mit **Fresken** von *Siqueiros* (Biologie-Gebäude) und *Federico Silva* (Architektur-Abteilung) geschmückt wurden. Zum Instituto Politécnico gehört ferner ein Versuchsatelier, wo Fresken ausgestellt sind, die von verschiedenen Künstlern in verschiedenen Techniken unter Anleitung von Professor *José Gutiérrez* ausgeführt wurden, der dieses Atelier von 1945 an zwanzig Jahre lang leitete.

4,3 km: L., im Zentrum von **Tacuba,** sehen Sie den **Arbol de la Noche Triste,** den Baum der „Traurigen Nacht", einen *ahuehuete,* unter dem *Hernán Cortés* – nach seinem überstürzten Rückzug über den W-Damm, der Tenochtitlán mit Tlacopan (heute Tacuba) verband – in der Nacht vom 20. Juni 1520 den Verlust der Hälfte seiner Leute, seiner Artillerie und der Schätze beklagt haben soll, die die Konquistadoren beim Marsch auf Tenochtitlán und in der Aztekenmetropole geplündert hatten.

Tacuba, das ehemalige Tlacopan, schloß sich nach der Zerschlagung des „Reichs" von Atzcapotzalco mit Tenochtitlán und Texcoco zu einem Städtebund zusammen. Zwar wurde dieses kleine Fürstentum der Tepaneken kurze Zeit danach von den Azteken vereinnahmt. Seine Herrscher konnten sich jedoch bis zum Antritt von Moctezuma II auf dem Thron halten.

5,5 km:

R. zweigt die **Av. Atzcapotzalco** ab, die nach 2,5 km **Atzcapotzalco** (Pl. I, B/C2) bzw. **Atzcapotzalco** erreicht, ein Industrieviertel am Rande des Distrito Féderal, das von der zweiten Hälfte des 14. Jh. bis zu seiner Zerstörung im Jahre 1430 die Hauptstadt der Tepaneken war und von einem Nahuastamm gegründet wurde, dessen Herrscher vermutlich von den Matlazinken abstammten. Der Ort wurde im 8. Jh. u. Z., kurz nach der Zerstörung von Teotihuacán besetzt, ebenso der Nachbarort San Miguel Amantla, den *Manuel Gamio* von 1911–1912 freilegte und dessen Ursprünge noch weiter, bis in die vorklassische Epoche zurückreichen. Zur Zeit der Azteken hatte Atzcapotzalco einen bedeutenden Sklavenmarkt. Im 16. Jh. errichteten Dominikanermönche dort ein Kloster.

 Fahren Sie hinter Tacuba in Richtung Toluca weiter, Sie kommen dann (9 km) unter der Autobahn nach Querétaro durch.

10,5 km: Verlassen Sie die Straße nach Toluca (s. Rte 4A) und fahren Sie nach r. in die Circumvalación.

11,5 km: Biegen Sie nach l. in die Calzada Mexiko-San Bartolo.

13 km: Fahren Sie wieder nach l. in die Calzada de los Remedios.

14,5 km: Wallfahrtskirche der Virgen de los Remedios (Pl. I, A2) in der Nähe des Vororts San Bartolo Naucalpan, in der eine Marienstatue verehrt wird, die von einem der Konquistadoren nach Mexiko gebracht wurde. Die Statue verschwand kurz nach der Noche Triste und tauchte zwanzig Jahre später wie durch ein Wunder wieder auf.

Während sich die Anhänger der Unabhängigkeitsbewegung 1810 um das Banner von *Miguel Hidalgo* scharten, das das Bild der Jungfrau von Guadelupe zeigte, zogen die Royalisten mit einem Banner in den Kampf, auf dem die *Virgen de los Remedios, la Gachupína* dargestellt war (nach gachupín, wie die in Mexiko geborenen Spanier ihre im Mutterland geborenen Landsleute nannten).

Die Statue befindet sich auf dem Altar der 1629 neu erbauten Kirche, die Teil des ehemaligen Klosters Nuestra Señora de los Remedios war. Vor der Kirche sehen Sie einen modernen Brunnen, den eine Statue des Erzengels Michael krönt. Von dort aus hat man einen **herrlichen Blick auf ein bewaldetes Tal;** dasselbe gilt von dem mit Eiben bepflanzten Garten hinter der Apsis der Kirche. Beachten Sie die naiven Ex-voto aus Weißblech an den Wänden der **Sakristei,** auf denen die Wundertaten der *Virgen de los Remedios* dargestellt sind. Alljährlich findet am 8. September unter der Teilnahme religiöser Vereine, insbesondere der Concheros das **Fest der Jungfrau de los Remedios** statt.

Etwas oberhalb der Wallfahrtskirche sieht man ein aus der Kolonialepoche stammendes Aquädukt, das zwischen zwei 15 m hohen Türmen und einer schneckenförmigen Rampe das Tal überspannt.

Kehren Sie dann zurück (18,5 km) zur Straße México-Querétaro, in die Sie r. einbiegen.

22 km: L. die Stierkampfarena **El Toreo** (Pl. I, B3) an der Grenze des Distrito Féderal im Bundesstaat Mexiko, der 1947 geschaffen wurde.

23,5 km: Ausfahrt des Periférico zum *Centro Deportivo Olímpico Mexicano* und dem mitten im Grünen gelegenen **Hipodromo de las Américas** (Pl. I, B3), dessen Tribünen 60.000 Zuschauern Platz bieten (Restaurant; Pferderennen Di., Do., Sa. und So. ab 14 Uhr; Rennwette).

Das in der Nähe des Centro Deportive gelegene **Verteidigungsministe-**

(1) México (Stadt) und Umgebung

rium beherbergt ein **Waffenmuseum** (*Öffnungszeiten:* tgl. 10–14 Uhr; Sa von 10–13 Uhr).

26 km: Ausfahrt (des Periférico) auf den Paseo de la Reforma. Zum Stadtzentrum sind es noch 5 km.

Die auf dieser Kreuzung stehende **Fuente de Petroléos** erinnert an die Nationalisierung der Erdölquellen und der angeschlossenen Industrien durch *Lázaro Cárdenas* im Jahre 1938. Der Brunnen stammt von *Mendiola*, die Bronzegruppe von *Juan Olaguíbel*.

1 I – Nach Tepotzotlán und Tula

Weg von 180 km Länge hin und zurück, für den ein halber Tag vorzusehen ist und der mit dem Weg nach Teotihuacán (1J) verbunden werden kann. Wenn Sie Weg 1K folgen, einem ganztägigen Ausflug, haben Sie außerdem noch Gelegenheit, das Kloster Actopan zu besichtigen.

Sie interessieren sich für:

Archäologie, sollten Sie sich die berühmten Atlanten von Tula ansehen, die Ruinen dieser ehemaligen Metropole eines mächtigen indianischen Reiches und mythologisches Zentrum des vorkolumbischen Mexiko.

Barocke Kunst, die im churrigueresken Stil ihren Höhepunkt erreicht: Besuchen Sie die Kirche von Tepotzotlán (und das Museo del Virreinato).

☞ Ausfahrt aus México auf der Autobahn nach Querétaro (Pl. **I,** B1).

14 km: Am Eingang der **Ciudad Satélite** ragen fünf hohe Türme empor (1967).

18,5 km: Gabelung, auf die die von México kommende und über Tlalnepantla führende Calzada Vallejo (Pl. **I,** D1/2), eine Schnellstraße, mündet.

40 km: Verlassen Sie die Autobahn unmittelbar vor dem Gebührenposten und fahren Sie in Richtung Tepotzotlán (1,5 km).

Tepotzotlán, heute eine kleine Stadt im Einzugsbereich Großméxicos, bezaubert durch sein koloniales Fluidum. Es ist stolz auf seine ★★★ **Kirche,** die einst dem **Noviziat der Gesellschaft Jesu** angegliedert war. Die Kirche mit ihrer patinierten Fassade gilt als ein **Meisterwerk des churrigueresken Stils** in Mexiko, der – in Spanien entstanden – hier die eindrucksvollsten Schöpfungen hervorbrachte.

Tepotzotlán, eine ehemalige Siedlung der Otomí, wurde vom Erzbischof von México der Gesellschaft Jesu übertragen, damit diese dort eine Schule für Indios gründe. Das Noviziat der Gesellschaft Jesu befand sich von 1585–1591 in Tepotzotlán, wurde dann nach Puebla de los Angeles verlegt, bevor es von 1606–1767, dem Zeitpunkt der Vertreibung der Jesuiten aus Neuspanien, wieder nach Tepotzotlán kam. Neue Klostergebäude wurden dann ab 1606 errichtet und 1670 vergrößert, als man mit dem Bau der Kirche in ihrer heutigen Gestalt begann. 1682 fand die feierliche Konsekration statt; das Gotteshaus wurde aber erst 1762 fertiggestellt. Nach der Schließung des Noviziats wurde es eine Pfarrkirche, während das Kloster eine Zeitlang leerstand, bevor es auf Anweisung des Erzbischofs von México in ein Königliches Kolleg und Priesterseminar für weltliche Geistliche umgewandelt wurde. Nachdem die Jesuiten nach der Reform für einige Jahre an die Stätte zurückgekehrt waren, wurde das Ex-Noviziat von Tepotzotlán dem Staatlichen Institut für Anthropologie und Geschichte übergeben, das dort ein Museum für Kolonialkunst einrichtete.

Öffnungszeiten: tgl. außer Mo. 10–18 Uhr.

Die 1762 fertiggestellte Kirche mit ihrer prachtvollen Fassade im churrigueresken Stil gilt neben der Iglesia de la Valenciana, in der Nähe von Guanajuato und der Iglesia de Santa Prisca in Taxco als eine der schönsten dieses Stils in Mexiko. Der Campanile zu ihrer Rechten wurde 1760 errichtet. Der kleine zurückgesetzte Glockenturm l. gehört zur Kapelle von Loreto.

Gehen Sie von der Vorhalle nach r. durch den Zisternen-Kreuzgang (Gemälde von *Cristóbal de Villalpando*, die das Leben des Hl. Ignatius von Loyola darstellen) auf direktem Weg zur Kirche. Sie kommen dabei durch zwei Säle, in denen **Gemälde** aus der Kolonialepoche und **Skulpturen** ausgestellt sind, u. a. eine Johannes-Statue von *Jóse de Borja*, 18. Jh.

Das **Innere** der Kirche umfaßt ein einziges weites, jedoch niedriges Schiff. Das Querschiff birgt zwei Kapellen. An Kuppel und Tonnengewölbe blieb der ursprüngliche Dekor erhalten. Die Kirche birgt prachtvolle vergoldete Altartafeln im churrigueresken Stil, die in den Seitenkapellen und im Chor aufgestellt sind. Auf der Altarwand der **Capilla de Nuestra Señora de Guadelupe** (im nördl. Querschiff, durch das Sie die Kirche betreten) sehen Sie ein Gemälde von *Miguel Cabrera* mit dem berühmten Bild der Schutzpatronin Mexikos und ganz oben l. Gitter, hinter denen Kranke den heiligen Handlungen folgen konnten. Beachten Sie auch die schöne Statue in der Capilla de Nuestra Señora de la Luz und, gegenüber, den Aufsatz des Josefaltars.

Begeben Sie sich anschließend in die 1733 geweihte **Loreto-Kapelle** (sie öffnet sich zur R. des Schiffs), in deren Mitte man die Nachbildung des Häuschens sehen kann, das die Jungfrau Maria in Nazareth bewohnt haben soll. Dahinter, eine weitere prächtige Altartafel im churrigueresken Stil mit einer Statue, die Pater Zappa 1676 aus Italien mitbrachte.

Sie betreten einen Raum mit achteckigem Grundriß, den **Camerino**, ein wahres Juwel churrigueresker Kunst, mit seinen Altartafeln, seinen mit Putten, Blumenmotiven, Säulen, Muscheln und Gemälden geschmückten Plafond.

Wieder im Kirchenschiff, sehen Sie r. die 1738 errichtete **Josefskapelle**, die vergoldete Stuckmotive schmücken. Die Gemälde wurden um die Mitte des 18. Jh. von José de Ibarra geschaffen. Beachten Sie die Josefsstatue auf dem Altar.

Zum **Museo del Virreinato**, dem in den Gebäuden des ehemaligen Noviziats untergebrachten Museum des Vizekönigtums kommen Sie, wenn Sie in den von Galerien umgebenen **Patio de los Aljibes** (Zisternen-Kreuzgang) zurückgehen, wo Sie bereits die 1710 von *Cristóbal de Villalpando* geschaffenen Gemälde gesehen haben. Wenden Sie sich am äußersten Ende der Galerie, durch die Sie bereits gekommen sind, nach r. Am Ende der zweiten Galerie, l., sehen Sie das *„Portrait eines Mannes im Pelzmantel"* von *Tintoretto*. (Das Werk stammt aus der Sammlung des San Carlos Museums.)

(1) México (Stadt) und Umgebung

Sie betreten anschließend die Hauskapelle. Im vorgelagerten **Vestibül** befinden sich in einem inkrustierten Holzrahmen (Ende 17. Jh.) Gemälde von *Miguel Cabrera*, die „Heilige Familie" und „Pfingsten".
Die * **Hauskapelle**, die in der zweiten Hälfte des 17. Jh. gebaut und ein Jahrhundert später neu gestaltet wurde, umfaßt ein einziges Schiff, dessen Gewölbe die Wahlsprüche der wichtigsten religiösen Orden schmükken, die sich im Vizekönigtum Neuspanien niederließen: Franziskaner, Dominikaner, Augustiner, Jesuiten und Karmeliter. Hervorhebenswert der Altar mit seinen Statuen: die Jungfrau mit dem Jesuskind, die Jungfrau zwischen den vier Evangelisten, eine Kreuzigungsszene, eingerahmt von Spiegeln und Reliquaren. Die Wände sind mit Seidenbrokat bespannt, eine Nachbildung der ursprünglichen Wandverkleidung.

Außer in der Hauskapelle, der Kirche und ihren Nebengebäuden, die bereits behandelt wurden, sind die Sammlungen des Museo del Virreinato in über drei Etagen verteilten Sälen untergebracht, deren Anordnung etwas verwirrt. Hinzu kommt, daß einige der Säle, die gerade restauriert werden, eine Zeitlang geschlossen bleiben. Wir geben Ihnen deshalb nachstehend eine Aufstellung der interessantesten Säle in der Reihenfolge ihrer Numerierung:

Saal 15: Gemälde und Skulpturen des 16. Jh., darunter eine polychrome Holzstatue des **Apostels Jakob** mit Rüstung zu Pferd sitzend und ein Gemälde des flämischen Malers *Martin de Vos*, das den **Hl. Johannes bei der Aufzeichnung der Apokalypse** darstellt. Daneben sehen Sie **Teile eines Retablos** aus dem Augustinerkloster Acolman und einen polychrom bemalten **Christus am Kreuz** aus Papalotla.
Saal 17: Gemälde und Skulpturen des 17. Jh., darunter eine *Pietro Berrettini da Cortona* (1596–1669) zugeschriebene **Heilige Familie** und ein Gemälde des **Hl. Petrus** von *Pedro Ramírez*.
Saal 18: Gemälde des 17. Jh., u. a. von *Juan Sánchez Salmerón* (tätig von 1666–1680) und von *Juan Correa*.
Saal 19: Jungfrau von Bethlehem, ein *Murillo* zugeschriebenes Gemälde, das jedoch vermutlich aus der Werkstatt des Künstlers stammt. Beachten Sie die beiden schönen Elfenbeinskulpturen aus dem 17. und 18. Jh.
Saal 20: Gemälde des 17. Jh., darunter die **Vermählung der Jungfrau Maria** und *Juan Rodríguez Juárez*.
Nach Saal 21, **Nische von Huayapan** (Staat Morelos), eine polychrom bemalte Holzschnitzarbeit mit Szenen aus der Passionsgeschichte von einem indianischen Künstler, *Higinio José López*, in einem für die Zeit (1828) vergleichsweise archaisierenden Stil.
Saal 24: Mobiliar und Gemälde des 18. Jh., darunter ein Gemälde von *Gabriel de Zúñiga*, im Stil der Schule von *Cuzco*, Peru.
Saal 25: Neoklassische Gemälde aus dem Ende des 18. und dem Beginn des 19. Jh.
Saal 32: Religiöse Goldschmiedearbeiten und Meßgewänder; erwähnenswert ferner eine Leinwand mit einem **Mosaik aus Federn**, Christus als König darstellend, ein von der byzantinischen Kunst des 16. Jh. inspiriertes, in Mexiko entstandenes Werk.
Säle 33 und 34: Reichbestickte **Meßgewänder**.
Säle 35 und 36: Religiöse Goldschmiedearbeiten des 17. und 18. Jh.
Saal 37: Porzellan und emailliertes Steingut (aus Puebla), 17. Jh.
Säle 38 und 39: Bestickte Meßgewänder, 18. Jh.
Saal 40: Lackgegenstände, 17. bis 19. Jh.

Saal 41: Gegenstände aus geschnitztem Elfenbein, darunter eine Statuette der Jungfrau von Guadelupe, polychrom bemalt.
Saal 42: Intarsien aus kostbarem Holz, darunter ein Wandschirm aus dem 17. Jh., dessen Vorderseite eine Schlachtszene gegen die Türken zeigt.
Säle 44 und 45: Religiöse Goldschmiedearbeiten.
Patio de Naranjos (50; die Treppe hinunter, gegenüber Saal 45): in einem der Säle des in der ersten Hälfte des 18. Jh. errichteten Kreuzgangs: die **Jungfrau mit dem Jesuskind**, 16. Jh., eine Arbeit, die in Mexiko entstand.

Sie können dann noch einen **Obstgarten** besichtigen, in dem verschiedene Architekturelemente aus der Kolonialepoche aufgestellt wurden, z. B. der Brunnens des *Salto del Agua* von Mexiko, ein **Krankenzimmer**, **Küchen**, ein **Refektorium** usw.

27 km von Tepotzotlán entfernt, auf der Straße nach San Miguel Cañadas, in die Sie r. abbiegen, befindet sich **Los Arcos del Sitio**, ein im 18. Jh. von den Jesuiten erbautes Aquädukt, welches das Seminar von Tepotzotlán mit Wasser versorgte. An der tiefsten Stelle der Schlucht, die das Aquädukt überspannt, ragen die vier Rundbogenreihen zu einer Gesamthöhe von 60,75 m empor.

Kehren Sie auf die Autobahn zurück und setzen Sie den Weg in Richtung Querétaro fort.

53 km: Verlassen Sie die Autobahn und schlagen Sie die neue Straße ein, die an einer Raffinerie und einem Kraftwerk vorbei nach (**80 km**) Tula führt.
88,5 km: Zur Archäologischen Zone geht es vor einer Brücke nach r.

L. führt die Straße, die den Fluß überquert, nach **Tula** (1,5 km). Auf dem Hauptplatz sehen Sie die 1529 erbaute **Kirche** und ein **Kloster**, die beide von Franziskanermönchen, vermutlich aus dem Bauschutt der präkolumbischen Siedlung und ehemaligen Hauptstadt der Tolteken errichtet wurden.
Das Gebiet wurde ab 1529 von den Franziskanern missioniert, die 3 km von dem vorspanischen Ort entfernt eine neue Siedlung errichteten. *Juan de Alameda* war 1539 Superior des Klosters von Tula, vermutlich aber nicht am Bau der heutigen Kirche und des Klosters beteiligt. Verschiedenen Quellen zufolge wurde das Gotteshaus von 1550–1553 erbaut. Mit ihren Zinnen und kleinen Schilderhäuschen auf den Strebepfeilern ähnelt die Kirche einer Festung. Das **Portal** ist im Platereskstil ausgeführt. Sehenswert im schmucklosen Innern der Kirche: das **Rippengewölbe**, vor allem im Chor, die Kalvarien- und die Sakramentskapelle; letztere steht mit einem achteckigen Saal bzw. **Camarino** in Verbindung, der erst später gebaut wurde. Sie sollten auch den **Kreuzgang** mit den beiden Galerien besichtigen, den **Kapitelsaal**, das **Refektorium** usw.

90 km: ★★**Ausgrabungsstätte Tula**. Die ehemalige Metropole der Tolteken ist heute eine Ruinenstadt. Sie sollten dort vor allem den von Atlanten überragten Tlahuizcalpantecuhtli-Tempel besichtigen.

Eine Gründung „Unseres Herrn Ein Rohr". Tula wurde vermutlich zu Beginn des 10. Jh. u. Z. gegründet, kurz nachdem die aus dem Norden eingedrungenen Stämme der *Chichimeken*, die man als „Barbaren" bezeich-

(1) México (Stadt) und Umgebung

nete, Teotihuacán zerstört hatten. *Mixcóatl*, einer der Anführer dieses wehrhaften Volkes, zog ins México-Tal. Doch erst sein Sohn, *Ce Acatl Topiltzin* („Unser Herr Ein Rohr"), so genannt nach seinem Geburtsdatum, scheint in Tula seßhaft geworden zu sein, das er zu seiner Hauptstadt machte.

Der von zwei Kodizes berichteten Überlieferung nach soll Tula von 856 bis 1168, d. h. 312 Jahre bzw. sechs Zyklen von je 52 Jahren lang von zehn Herrschern regiert worden sein. Tatsächlich kann jedoch nur das zuletzt genannte Datum als gesichert gelten, welches das Ende des toltekischen Reiches infolge des Einfalls der Chichimeken angibt.

Das „Exil" Quetzalcóatls. – *Ce Acatl Topiltzin*, der den Namen *Quetzalcóatl* annahm, war der berühmteste König von Tula. Einer Legende zufolge soll er von 947 bis 999, einen vollen 52-Jahre-Zyklus lang gelebt haben und der Sohn des Himmelsgottes *Mixcóatl* („Wolkenschlange") und der Erdgöttin Chimalman („Ruhender Schild") gewesen sein. Nachdem seine Brüder den Vater getötet hatten, wurde *Quetzalcóatl* 977 zum König gewählt. Durch die Zauberkunst von *Tezcatlipoca* geriet der Priesterkönig von Tula

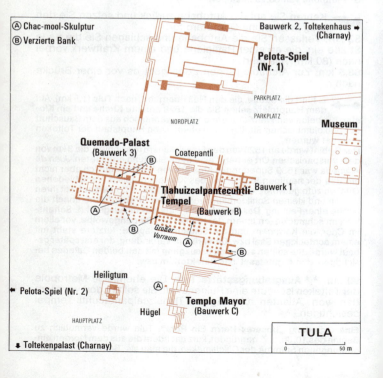

auf Abwege und wurde schließlich aus seinem Reich vertrieben. An die Stelle von *Quetzalcóatl* trat *Huémac*, der die Menschenopfer in das Reich der Tolteken einführte. Einer anderen Legende nach soll *Quetzalcóatl* durch seinen Sohn *Matlacxóchitl* ersetzt worden sein und der alte, zum Gott erhobene König, soll sich in das „Land der Morgendämmerung" *(Tlapallan)* ins Exil begeben haben, wo er sich im Jahr „ein Rohr" auf einem Scheiterhaufen verbrannt und sich in den Morgenstern verwandelt, bzw. auf dem Himmelswasser davongesegelt sein soll, nicht ohne vorher seine Rückkehr prophezeit zu haben, was *Cortés* geschickt für sich zu Nutzen verstand, als er daranging, das aztekische Reich zu erobern.

Diese Überlieferung, die vielleicht einen wahren Kern enthält, wird die Erinnerung an zwei bedeutende Epochen, den theokratischen und den von Kriegerfürsten geführten Staat wachhalten. Noch herrscht Unklarheit darüber, zu welchem Zeitpunkt die Veränderung der toltekischen Gesellschaft einsetzte, vorausgesetzt, sie fand überhaupt statt. *Quetzalcóatl*, den die Überlieferung als friedliebenden Herrscher darstellt, mußte die Eroberung von Yucatán selbst anführen, wo während des *Katún 4 Ahau* des Mayakalenders, d. h. zwischen 967 und 987 ein maya-toltekisches Reich begründet wurde.

Die Meister der Künste. – Die in Tula durchgeführten Ausgrabungen haben ergeben, daß die Hauptstadt der Tolteken um 1165 bei einem Einfall der Chichimeken durch Feuer zerstört wurde. Die Tolteken wurden auf verschiedene Gebiete im Tal von Mexiko zerstreut, einige wanderten bis nach Guatemala, Salvador und Nicaragua, wo ihre Nachkommen, *die Pipiles* bis vor nicht allzu langer Zeit ihren Nahua-Dialekt sprachen. Sie glaubten auch noch an die Rückkehr Quetzalcóatls, wovon sich 1538 Pater Francisco de Bobadilla überzeugen konnte. Für die Azteken waren die Tolteken im Gegensatz zu den Chichimeken *das* Kulturvolk schlechthin, das die Architektur, die Plastik, die Kunst der Federverarbeitung, den Kalender nicht nur erfunden, sondern selbst, bzw. mit Hilfe ihres Gottes *Quetzalcóatl* weiterentwickelt hatte.

Die Ausgrabungen. – Die ersten Ausgrabungen wurden 1873 von *Antonio García Cubas* vorgenommen und 1880 von *Désiré Charnay* fortgesetzt. Eine methodisch betriebene Erforschung der Stätte fand aber erst 1941 durch *Jorge Acosta* statt. 1968 wurde von Professor *Jiménez Moreno* eindeutig bewiesen, daß die Zivilisation von Teotihuacán älter sei, als die Tulas. Gestützt auf die von Torquemada und Ixtlilxóchitl berichtete Überlieferung, hatte man in der Tat geglaubt, daß Tula das politische Zentrum der Tolteken gewesen sei und Teotihuacán das religiöse. Die Freilegungen ließen auch die außergewöhnliche Verbreitung der toltekischen Kultur über ganz Mesoamerika erkennen, bis nach Chichén Itzá in Yucatán, wo man noch heute zahlreiche für die Tolteken charakteristische Architekturelemente findet, wie Chac-mool Statuen, Säulen in Gestalt von Federschlangen, Bannerhalter, muschelförmige Zinnen, schreitende Jaguare auf den Friesen, kleine Altaratlanten usw.

Öffnungszeiten: tgl. 9–18 Uhr.

Vom Parkplatz aus gehen Sie am Museum vorbei auf die Tempelpyramide zu, auf deren Plattform sich die Atlanten erheben.

Der Ort. – Die antike Stadt lag auf einem Hügel, wo sich ein von Pyramiden eingerahmter großer Platz (**Plaza Central**), ein Ballspielplatz usw. befinden. Von dort, wie von den Hängen des kleinen Cerro, hat man einen herrlichen Blick auf das Tal und die Berge der Umgebung.

Als **Bauwerk 1** (s. Pl.) wird ein Palast bezeichnet, der sich an der O-Seite an den Tlahuizcalpantecuhtli-Tempel anschließt. Der Palast hatte einen von Räumen umgebenen Innenhof, dessen zwölf gemauerte Pfeiler das Dach trugen. Das Gebäude, welches nicht weniger als fünfmal überbaut worden war, bedeckte zuletzt eine Fläche von ungefähr 35x40 m und wurde vermutlich von den Priestern des angrenzenden Tempels bewohnt.

Am Bauwerk 1 können Sie noch einen Teil des Relieffrieses sehen der ursprünglich alle vier Seiten des Tlahuizcalpantecuhtli-Tempels schmückte. Man erkennt Jaguare, Pumas, Adler und Geier, die menschliche Herzen in ihren Krallen halten.

★★ **Tlahuizcalpantecuhtli-Tempel.** – Von der Plaza Central aus steigen Sie die Treppe hinauf, die zur oberen Plattform des **Tlahuizcalpantecuhtli-** oder Morgenstern-**Tempels** führt, der auch als *Bauwerk B* bezeichnet wird.

Dem Gebäude war ein weitläufiger Portikus vorgelagert, der die NO-Ecke der Plaza Central einnahm. Sie sehen zahlreiche Pilaster, die rekonstruiert wurden. Der Portikus erhob sich auf einer Plattform, zu der man über eine Treppe gelangte, die achsial zu der auf die Spitze der Pyramide führenden Treppe angelegt war. An der Rückwand des Portikus befand sich eine reliefgeschmückte Steinbank, von der noch Reste zu sehen sind (Pl. **B**). Auf der r. Seite der Treppe sehen Sie eine **Chacmool Statue** (Pl. A), deren Kopf verloren ging.

Der Portikus, der eine Art Vestibül bildete, bestand aus drei Reihen von je vierzehn Säulen und drei weiteren hierzu rechtwinkelig (in Richtung Templo Mayor) angeordneten Reihen von je vier Säulen. Man fand lediglich die Abdrücke dieser Pilaster, die abgetragen und vermutlich als Baumaterial für andere Gebäude verwendet wurden. Außer der Steinbank befanden sich unter dem Portikus zwei kleine Vertiefungen (*tlecuiles*), in denen das Heilige Feuer loderte. Auf der r. Seite der Treppe befand sich noch ein kleiner **Altar**, der mit der Steinbank verbunden war und vermutlich die gleichen Dekormotive trug. an der NW-Ecke des Portikus (l.) kann man ein Fragment der **Steinbank** bewundern, deren gemeißelter und bemalter Dekor erhalten blieb; dargestellt ist eine Prozession von 19 Gestalten, Kriegern bzw. Priestern, die nach r., d. h. zur Treppe der Pyramide ziehen (die auf dem anderen Teil, jenseits der Treppe eingemeißelten Gestalten zogen vermutlich in die entgegengesetzte Richtung); die mit einem mächtigen Federkopfputz geschmückten Gestalten tragen einen Schild, Wurfspieße und einen Stock. Über dem Fries befand sich ein skulptiertes Gesims, das den oberen Teil der Bank bildete; diese Reliefs stellen Federschlangen dar, die sich in Richtung Treppe schlängeln.

Die eigentliche **Pyramide**, an deren Spitze sich auf einer Terrasse ein Tempel erhob, besteht aus fünf nach oben zurückspringenden Geschoßen. Jeder dieser Absätze wurde von einer geböschten Mauer mit einer darübergesetzten senkrechten Mauerverblendung gebildet, die skulptierte Steinplatten schmückten. Reste

davon sind auf der N- und O-Seite (auf der Seite des Bauwerks 1) erhalten geblieben.
Auf diesen Relieffriesen waren – wie wir schon gesehen haben – Pumas und schreitende Jaguare dargestellt sowie Adler und Geier menschliche Herzen verschlingend, die sie in ihren Krallen halten. Die Adler- und Geiermotive wechselten mit menschlichen Häuptern im Rachen von Federschlangen ab. Auf dieser Seite der Pyramide sehen Sie nur noch die in die Futtermauer der fünf Absätze hineinragenden Zapfen, die die Relieffriese trugen. Sie sollten sich auch das Kanalisationssystem ansehen, das das in die Pyramide eingedrungene Regenwasser ableitete.

Die auf einem Grundriß von 40 m Seitenlänge errichtete Pyramide erreicht eine Höhe von 10 m. Bei der Freilegung entdeckte man an der N-Seite des Bauwerks einen breiten Graben, der vermutlich nach der Zerstörung der toltekischen Hauptstadt angelegt worden war, um den Abtransport der Kolossalstatuen auf der oberen Plattform der Tempelpyramide zu erleichtern. Es wurde auch festgestellt, daß die Stützmauern der einzelnen Pyramidenstufen ursprünglich gebäscht waren und bei der zweiten Überbauung senkrecht hochgezogen wurden.
Die fast vollständig restaurierte Treppe, die auf die obere Plattform führte, wurde von zwei Rampen eingefaßt.

Die **Atlanten**, die man im Innern der Pyramide fand, wurden auf der oberen Plattform aufgestellt, dort, wo sie mit dem Gesicht nach S, das Dach des eigentlichen Tempels trugen. Die vier erhaltenen Atlanten **verkörpern den Gott Quetzalcóatl** in seiner Funktion als „Morgenstern". Die zylindrischen Schäfte, die man auf der Terrasse sieht, gehörten zu zwei Säulen, die in Gestalt von gefiederten Schlangen den Tempeleingang flankierten. Am N-Rand der Plattform ragen vier reliefgeschmückte Pilaster empor, auf denen das Dach ruhte.

Die aus vier Teilen zusammengesetzten Atlanten stellen Krieger dar, deren Bekleidung aus einem von einem Gürtel zusammengehaltenen Hüftschurz besteht, den im Rücken ein Kreuzspiegel (*tezcacuitlapilli*) schmückt, eine Scheibe mit einem menschlichen Haupt und vier Schlangen, vermutlich eine Darstellung der untergehenden Sonne. An den Füssen trägt jeder Atlant mit Federschlangen verzierte Sandalen. Beachten Sie die Ornamente auf den Knien und um die Knöchel. Auf der Brust sehen Sie ein Pektorale in Form eines stark stilisierten Schmetterlings. In der Rechten trägt jede der Kolossalstatuen eine Speerschleuder (*atlatl*), eine Handvoll Speere, einen Weihrauchbeutel und ein kleines Schwert in der Linken. Die Kopfbedeckung besteht aus einer hochgestellten Federkrone, die ein netzartiges, im Nacken mit einem Knopf befestigtes Band zusammenhält. Die Schläfen schmücken große Ohrpflöcke.
Auf den reliefgeschmückten **Pilastern** sehen Sie unten das Symbol der Erde (ein Krokodilshaupt), dann einen Krieger in Basrelief und schließlich ein Bündel Waffen, Speere und Sperrschleudern.

Coatepantli. – Beim Verlassen des Portikus gehen Sie am Fuß der Pyramide nach r. und folgen einem zwischen der Pyramide und dem Quemado-Palast (Bauwerk 3) angelegten Gang, durch den

Sie zum **Coatepantli** oder der **Schlangenmauer** kommen, die parallel zur N-und W-Seite der Pyramide verläuft. Die 2,20 m hohe Mauer krönen Zinnen in Gestalt von Schnecken. Die auf beiden Seiten der Mauer angebrachten Reliefs stellen Schlangen dar, die menschliche Skelette verschlingen.

Pelota-Spiel. – Der hinter einem kleinen Platz (Plazoleta Norte) gelegene **Ballspielplatz Nr. 1** ist heute stark zerstört; er war geschmückt mit Reliefs, die reichgekleidete Pelotaspieler zeigten, Hieroglyphen des Planeten Venus und Bannerhalter. Der zum Teil in den Felsen vertiefte Spielplatz wurde in Form eines Doppel-T angelegt, dessen Querbalken einander gegenüber lagen. Der 67 m lange und 12,50 m breite Platz war an jeder Seite von einer Mauer begrenzt, vor der sich eine Bank befand.

Begeben Sie sich anschließend zum **Quemado-Palast**. Seine beiden großen lichten Säle, von denen nur noch die Grundmauern stehen, umgaben einen zentralen Innenhof mit Säulenumgang. Auf der N-Seite befinden sich mehrere Räumlichkeiten, davor ein Portikus; auf der S-Seite, ein weiterer Portikus, der eine Verlängerung des Portikus vor der Tlahuizcalpantecuhtli-Pyramide bildete. Um den W-Saal, der sich auf den Gang öffnet, dem Sie auf dem Weg zum Coatepantli bereits gefolgt sind, zieht sich eine heute weitgehend zerstörte Bank. Sie gehen dann in den mittleren Hof, wo sich zwei **Chac-mool Statuen** (**Pl. A**) befinden, eine davon in der Nähe eines Altars, und, in der NW-Ecke, ein Fragment der reliefgeschmückten **Steinbank** (**Pl. B**), das eine Prozession von dreizehn reichgekleideten Gestalten zeigt. Beachten Sie auch die Federschlangen auf der Bank.

Plaza Central – In der Mitte der Plaza Central erhebt sich ein kreuzförmiges Oratorium (**Adoratorio**) auf einer 1,70 m hohen Plattform, deren Seitenlänge ungefähr 8,50 m beträgt. Auf jeder Seite der Plattform führen Treppen empor. Dort fand man eine Chac-mool Statue, die heute im Museum von Tula ausgestellt ist.

Templo Mayor – Die O-Seite des Platzes beherrscht die stark zerstörte, von Nebengebäuden flankierte Hauptpyramide. Am Fuß der Treppe, die auf die obere Plattform des *Templo Mayor* bzw. des Bauwerks C führt, sehen Sie eine weitere Chac-mool Statue. Auf der r. (fast vollständig zerstörten) Rampe der Treppe sieht man eine Steinplatte, geschmückt mit Hieroglyphen des Planeten Venus, eine der Erscheinungsformen Quetzalcóatls. Auf der l. Seite der Treppe, in der Nähe eines Pyramidenvorsprungs, ist noch ein kleines, stark zerstörtes Oratorium zu sehen, das während der aztekischen Epoche errichtet wurde.

Auf der SW-Seite des Platzes legte *Désiré Charnay* die Reste eines stark zerstörten Gebäudes frei, das er *Toltekenhaus* (s. Pl.) nannte. In der Nähe eines *„Toltekenhauses"* legte der französische Forscher dann noch einen zweiten Ballspielplatz frei.

Das **Museum** birgt Keramiken und Skulpturen der Ruinen.

Im Hof, **Relief eines toltekischen Kriegers** mit kunstvoll gearbeitetem Federkopfputz, in der Mitte eine Maske des Regengotts *Tlaloc*; dann Fragment eines **Chac-mool**, das **Haupt eines „Adler-Kriegers"**, eine doppelköpfige Schlange usw.

Im Saal des Museums, von l., **toltekische Keramik**, 9.–12. Jh., darunter ein Weihrauchlöffel, auf dem Kopalharz abgebrannt wurde, ein großer **Brasero** aus Terrakotta mit einer Tlaloc-Maske, **Bannerhalter** in der Gestalt eines Jaguars, reliefgeschmückte Steinplatten, **Bannerträger** (in aufrechter Haltung), **kleiner Atlant**, der vermutlich einen Altar trug, ein weiterer **Bannerhalter** in Gestalt eines Jaguars, **Modell eines aztekischen Tempels** aus Ton (Original), **Brasero** mit einem Fries menschlicher Schädel, in Tula gefundene **aztekische Keramik**, 12.–16. Jh., **Brasero** mit Tlaloc-Maske und schließlich, beim Ausgang, kleiner Altaratlant.

Ungefähr 1,5 km entfernt befindet sich in der Nähe der Zufahrtsstraße zur Presa Endho (Talsperre; auf der Straße am Ende der Zufahrt zur Archäologischen Zone von Tula nach l.) der sogenannte **El Corral**, ein Bauwerk aus drei miteinander verbundenen, zurückspringenden Geschossen, wovon das mittlere rund ist, die beiden anderen dagegen sind viereckig. Auf der O-Seite, in der Nähe der Treppe, ein kleiner Altar mit teilweise erhaltenem Reliefdekor. Gegenüber der Treppe, Oratorium mit zwei Treppen. Auf der NW-Seite, Reste eines Gebäudes, welches mehrere Räume und einen nach W. offenen Hof umfaßte.

Ungefähr 6 km südöstl. der Archäologischen Zone von Tula sieht man auf einem **El Cielito** genannten Hügel die Ruinen eines Palasts aus der aztekischen Epoche, den nach der Konquista vermutlich *Pedro Moctezuma* bewohnte, einer der Söhne *Moctezumas II*, der, nachdem er am Franziskanerkolleg von Tlatelolco studiert hatte, von den Spaniern zum Kaziken von Tula ernannt wurde.

Auf dem **Cerro de la Malinche**, gegenüber dem Hügel, auf dem sich das Hauptgebäude von Tula erheben, sieht man auf der anderen Seite des Rio Tula einen Felsen, auf dem vermutlich die Wassergöttin *Cintéotl* dargestellt ist und der mit seinem Geschlechtsnamen Ce *Acatl* „Ein Rohr" bezeichnete Priesterkönig von Tula, Quetzalcóatl, gefolgt von den Hieroglyphen „Acht Obsidianmesser" (8 *tépactl*) und „Vier Rohr" (4 *acatl*), Daten, die vermutlich Beginn und Ende der Regentschaft dieses Königs angeben (nach Jiménez Moreno, von 876–890).

1 J – Nach Acolman und Teotihuacán

Eine Halbtagesfahrt, die Sie auch bei kurzem Aufenthalt nicht versäumen sollten.

Sie interessieren sich für:

Präkolumbische Architektur, so wird die Exkursion nach ✱✱✱ Teotihuacán zu Ihren großen Mexikoerlebnissen zählen, denn diese antike Stadt identifiziert sich sozusagen mit der großen klassischen Periode der indianischen Kultur in diesem Teil des amerikanischen Kontinents.

Kolonialarchitektur, dann sollten Sie das kurz nach der Konquista von den Augustinern begründete ✱ Kloster Acolman besichtigen.

Ton-/Lichtaufführungen, sehen Sie sich in Teotihuacán das vom Staat-

(1) México (Stadt) und Umgebung

lichen Mexikanischen Fremdenverkehrsamt in der „Ciudadela" gezeigte Programm an. Tgl., außer Mo. und während der Regenzeit, um 19 Uhr in Englisch, 20.15 in Spanisch. Die Abende in dieser Höhenlage können recht frisch sein, es empfiehlt sich daher, Wollsachen mitzunehmen. Autobusabfahrt um 18 und 19 Uhr von der Plaza de la Republica aus (Reservierung: Tel. 52 15 602).

97 km langer Hin- und Rückweg ohne die Besichtigung von Acolman (von der gebührenpflichtigen Autobahn 1 km hin und zurück), dazu eventuell eine Rundfahrt (7 km) um die Archäologische Zone von Teotihuacán. Der nachstehend beschriebene Weg führt über die gebührenpflichtige Autobahn. Wenn Sie auf der gebührenfreien Straße dorthin fahren wollen, s. Rte 1K. Autobusabfahrt an der Alarcónstraße 19, von 7.30 bis 20.30 Uhr (Tel. 5221 332), Flecha Roja und Prolongación Héroes (Tel. 5834 710).

Ausfahrt aus México auf der **Insurgentes Norte** (Pl. I, D3), vorbei am Hauptbahnhof **Buenavista** (Pl. I, D3), dann am Gebäude des **Banco Nacional Hipotecario**, in welchem auch das Verwaltungszentrum des Viertels Nonoalco-Tlatelolco untergebracht ist.

Das aus Beton errichtete Gebäude zählt 24 Stockwerke. Die sich an der Spitze vereinenden Giebelmauern bestehen aus zwei von vier mächtigen Pfeilern getragenen Membranen. Die Pfeiler verstärkt ein Stahlgerippe, das seismologischen Erschütterungen größeren Widerstand bietet. Aluminiumblenden und lichtabweisendes Glas garantieren optimale Lichtverhältnisse. Die Schrägwände sind mit italienischen Mosaiken verkleidet.

5 km: Monument a la Raza (Pl. I, D3; s. Rte 1D); fahren Sie auf der Insurgentes Norte weiter.
9,5 km: L. **Rancho Grande de la Villa** (Pl. I, E2); am Sonntagvormittag mexikanische Rodeos.

Nach 2 km befindet sich l. das **Instituto Nacional Polytécnico** (Pl. I, D1), wo Sie das *Planetarium Luis Enrique* besichtigen können (Vorführungen: Di – Fr um 13 und 19 Uhr; Sa um 13, 17.30 und 19 Uhr; So um 11, 13, 16, 17.30 und 19 Uhr).

Kurz danach sehen Sie r. und l. der Avenida zwei Bronzestatuen, die sogenannten **Indios Verdes** („Grüne Indianer"; Pl. I, E2), die für die Pariser Weltausstellung im Jahre 1889 gegossen wurden und die beiden *Tlatoani* (Aztekenkaiser) Itzcóatl (1427-1440) und *Ahuitzotl* (1486–1502) darstellen. Rechter Hand ragt der **Cerro de los Gachupines** empor. Der Name kommt von *gachupín*, wie die im Mutterland geborenen Spanier von Kreolen und Mestizen genannt wurden:
15,5, km: Lassen Sie die gebührenfreie Straße nach Pachuca, die ebenfalls nach Teotihuacán führt (s. Rte 1K) r. liegen.
25 km: Lassen Sie l. die Autobahn nach Pachuca liegen und fahren Sie nach r. in Richtung Teotihuacán.
34,5 km: Knotenpunkt nach (0,5 km) **Tepexpan**, wo im **Museum** (*Öffnungszeiten:* tgl. außer Mo 10–18 Uhr) Mammutfossilien ausgestellt sind, die in der einst von Sümpfen bedeckten Ebene von Tepexpan geborgen wurden.

Die Skelettreste konnten dank der Radiokarbonmethode (Messung der Radioaktivität in ursprünglich organischen Körpern) auf ungefähr 8000 v. u. Z. datiert werden. 1952 und 1954 wurden nicht weit von dort, in Santa Isabel-Iztapan weitere Mammutfossilien entdeckt. Ein anderer sensationeller Fund erfolgte am 22. Februar 1947 in der Nähe von Tepexpan, als man ein menschliches Skelett unter einer Caliche- bzw. Lateritschicht barg, die einer vor ungefähr 10 000 Jahren stattgefundenen Dürreperiode entspricht.

In dem kleinen Pueblo Tepexpan befindet sich ein ehemaliges, von Augustinermönchen im 16. Jh. begründetes **Kloster**. Im Atrium, kleine Oratorien **(Posas)**.

38 km: Ausfahrt zum (0,5 km) * **Kloster Acolman**, das als eines der ersten (1539) vom Augustinerorden begründet, aber erst 1560 fertiggestellt wurde. Das Kloster wurde auf einer künstlichen, vermutlich vorkolumbischen Terrasse errichtet, was ihm das Aussehen einer Festung verleiht. Dieser Eindruck wird von der schlichten Schönheit der Kirchenfassade allerdings wieder aufgehoben.

Öffnungszeiten: tgl. 10–13 Uhr und 15–18 Uhr.

Vor dem Kloster befindet sich ein Atrium, wo sich ein schönes, von der präkolumbischen Kunst inspiriertes **skulptiertes Kreuz** aus dem 16. Jh. erhebt. (Beachten Sie den Schädel am Fuß des Kreuzes und die Ornamente am Ende der Querbalken.) Von den alten Oratorien im Atrium, vor denen die Prozessionen bei Zeremonien im Freien halt machten, ist nur noch ein einziges im N der Kirche erhalten.
Die **Kirche**, die zwischen 1558-1560 fertiggestellt wurde, zeigt eine Mischung aus verschiedenen Stilen: gotisch im Innern, während das Äußere im Renaissancestil (plateresken Stil) gehalten ist. Sie wure vermutlich von spanischen Künstlern gestaltet, dem reinen Stil der Fassade nach zu urteilen, an der sich kein einziges indianisches Element feststellen läßt.
Den unteren Teil der Fassade schmückt eine Einfassung im plateresken Stil: Auf Sockel gestellte Säulenpaare tragen ein Gesims. Den so abgegrenzten Raum zieren Reliefs und vollplastische Skulpturen.
Auf der r. Seite der Kirche sehen Sie in Höhe des ersten Klostergeschosses, die sich in einem Korbbogen weit öffnende Kapelle. Im Innern befindet sich ein Fragment eines Wandgemäldes, das die Hl. Katharina darstellt.
Beachten Sie im Hintergrund die weiten Spitzbogengewölbes die gegen Ende des 16. Jh. in Rot, Ocker und Schwarz ausgeführten **Wandgemälde**, die Würdenträger des Ordens darstellen, und das sehr schöne gotische Gewölbe. Die mit Gemälden geschmückte Altarwand datiert aus dem 17. und 18. Jh.; die seitlichen Altarwände wurden im churrigueresken Stil ausgeführt.
Im **Kreuzgang** sehen Sie weitere, weniger gut erhaltene Fresken.

44,5 km: Ausfahrt in Richtung Tulancingo (und Poza Rica; s. Rte 18 bei km 44,5).
48 km: Ende der gebührenpflichtigen Autobahn auf der um das Zeremonialzentrum von Teotihuacán trassierten Circunvalación (Ringstraße).

(1) México (Stadt) und Umgebung

48,5 km: ★★★**Archäologische Zone von Teotihuacán**, die Sie über die Unidad Cultural (Pl. A4) erreichen.

Öffnungszeiten: Zugang 9-17 Uhr (Schließung um 18 Uhr). Für die Besichtigung der Ausgrabungen außerhalb des von der Civcunvalación begrenzten Gebiets müssen Sie im voraus eine Genehmigung bei der Verwaltung des Instituto Nacional de Antropología y Historia beantragen.

Beginnen Sie mit der Besichtigung bei der **Unidad Cultural**, die einen *tianguiz* (Markt) umfaßt, ein Restaurant mit Klimaanlage und das Museum. Außer der Parkfläche bei der Unidad Cultural gibt es zwei weitere Plätze, einen in der Nähe der Mondpyramide (Pl. BC/1) und einen zweiten in der Nähe der Sonnenpyramide (Pl. BC/2).

Teotihuacán war eine in erstaunlichen Dimensionen angelegte Stadt, wovon Sie sich überzeugen werden, wenn Sie das Zeremonialzentrum durchstreifen, das nur einen kleinen, wohl aber den bedeutendsten Teil der Siedlung einnahm, die eine Fläche von nicht weniger als 156,2 km² gegenüber dem heiligen Bezirk mit seinen 4,2 km² bedeckte.

Die **Pyramiden** von Teotihuacán sind **die gewaltigsten des amerikanischen Kontinents** mit Ausnahme der Pyramide von Cholula, in der Nähe von Puebla. Die Ausdehnung der *Straße der Toten*, die das Zeremonialzentrum von N nach S durchzieht, und die Weite der Plätze läßt vermuten, daß an den Zeremonien, die hier stattfanden, unendliche Menschenmengen teilnahmen. Diese Stadt erschien den Azteken so gigantisch, daß sie glaubten, sie sei von Göttern am Anfang des Fünften Weltalters errichtet worden.

Es ist interessant festzustellen, daß Teotihuacán keine Befestigungsanlagen hatte und daß die bis heute gefundenen Gemälde nicht eine einzige brutale Szene zeigen. Es konnten auch keine Anzeichen festgestellt werden, die auf das Vorhandensein von blutigen Riten schließen lassen, wie in Tula oder Tenochtitlán.

Sämtliche Bauten in Teotihuacán sind nach der Achse der Sonnenpyramide ausgerichtet, die so angelegt wurde, daß sie mit der Wanderung der Sonne durch den Zenit zusammenfällt, ein Zeichen für die außerordentliche Bedeutung des Sonnenkults bei der Bevölkerung Teotihuacáns und die Beobachtung der Sterne, einschließlich des Planeten Venus, dessen Umlaufbahn vermutlich eingehend beobachtet und ermittelt wurde. Sie werden überrascht sein vom **gleichmäßig „mathematischen" Charakter** der Bauwerke des Zeremonialzentrums und ihrer streng geometrischen Anordnung, die sich in ihrer Monotonie zur Großartigkeit steigert, wobei man sich gleichzeitig vergegenwärtigen muß, daß die Gebäude mit Skulpturen geschmückt und mit farbigem Stuck überzogen waren und in der Vorstellung die Tempel ergänzen muß, die sich auf der Sonnen- und Mond- und der Quetzalcóatlpyramide in der „Zitadelle" erhoben.

Die Glanzzeit von **Teotihuacán** fällt in die des **Kaiserlichen Roms**; Teotihuacán entstand jedoch bereits im 1. Jh. v. Chr. und wurde erst in der zweiten Hälfte des 7. bzw. 8. Jh. n. Chr. zerstört.

Die meisten Gebäude des Zeremonialzentrums lagen, als *Cortés* mit seinen Konquistadoren in der Nähe vorüberkam, unter einer dicken Erdschicht begraben, so daß er bei seinem Rückzug nach der „Noche Triste" nichts von ihrer Existenz ahnte. Alles, was Sie heute sehen, wurde von Archäologen (bzw. in der ersten Zeit von Forschern) freigelegt, denen noch eine immense Aufgabe bevorsteht, wenn man bedenkt, daß bis heute erst ein Zehntel der Stadt ausgegraben wurde.

Die Stadt der Götter. – Wie die Stadt in der Antike hieß, ist unbekannt; der Name *Teotihuacán* jedenfalls, der aus der Nahuasprache kommt, bedeutet „Ort der Götter". Um diese geheimnisvolle Stadt woben sich zahlreiche Legenden, die von den spanischen Chronisten des 16. Jh. aufgezeichnet wurden. Nur von Göttern oder Riesen, so dachte man, konnten die gewaltigen Bauwerke errichtet worden sein, die man unter den *Montículos* (Hügeln) im Tal von Teotihuacán vermutete.

Archäologisch gesehen und nach den Ermittlungen der Radiokarbonmethode, entstand Teotihuacán vermutlich im 1. Jh. v. Chr.; von einigen Forschern wird die Errichtung der ersten Bauten jedoch auf einen späteren Zeitpunkt verlegt. Bei ihrer Entstehung scheint die Kultur von Teotihuacán eine Fortsetzung der archaischen zu sein, die um die Mitte des zweiten Jt. v. Chr. im Tal von Mexiko aufkam.

Ein Wallfahrtsort des Altertums? – Einer stratigrafischen Untersuchung zufolge unterscheidet man in der Geschichte der Stadt drei Hauptperioden bzw. große Bauphasen. Die ältesten Gegenstände wurden im Innern der Sonnenpyramide gefunden, in das man mit Hilfe von Tunnels vordrang. Sie sind vermutlich älter als die ersten Bauwerke und knüpfen an die archaische Periode an, insbesondere die Keramik, die der im W Mexikos hergestellten ähnelt. Die Siedlungen dürften in jener Zeit in Form von Weilern über das gesamte Gebiet verstreut gewesen sein und wahrscheinlich gab es kein größeres Zeremonialzentrum, möglicherweise jedoch bereits einen gut besuchten Wallfahrtsort (in einer Höhle?).

Zu Beginn unserer Zeitrechnung, während der Periode Teotihuacán (von 0 bis etwa 150 n. Chr.) begann sich die Bevölkerung des Gebiets aus uns unbekannten Gründen in der Aufschüttungsebene von Teotihuacán anzusammeln. Sie war mit der Zeit so stark angestiegen, daß man an die Errichtung gewaltiger Bauten gehen konnte. Als erstes wurde gegen Ende der Tzacualli-Periode die Sonnenpyramide errichtet, dann die Totenstraße angelegt; die Mondpyramide folgte erst später.

Ihre Glanzzeit erreicht die Kultur von Teotihuacán in der dritten Periode (Alt-Xolalpan; 450-550). Hierüber bestehen bei den Spezialisten jedoch voneinander abweichende Meinungen; einige verlegen die Blüte der Stadt ins 2. und 3. Jh. u. Z. Im 7. bzw. 8. Jh. wurden die meisten Bauten von Teotihuacán ein Raub der Flammen, wie man an den verkohlten Balken und rauchgeschwärzten Wänden noch an einigen Gebäude feststellen konnte. Nach den von *Bernardino de Sahagún* bei indianischen Gewährsleuten eingeholten Informationen, glaubten die Azteken, daß in Teotihuacán Könige bestattet und über ihren Gräbern Pyramiden errichtet worden seien. Wir wissen, daß die Herrscher der Azteken vor Huitzilopochtlistatuen verbrannt und die Asche im *Teocalli* von México-Tenochtitlán bestattet wurde. Infolge der engen Verbindung zum Tal von Teotihuacán kam *Moctezuma* alle zwanzig Tage von Priestern begleitet dorthin, um Opfergaben darzubringen.

(1) México (Stadt) und Umgebung

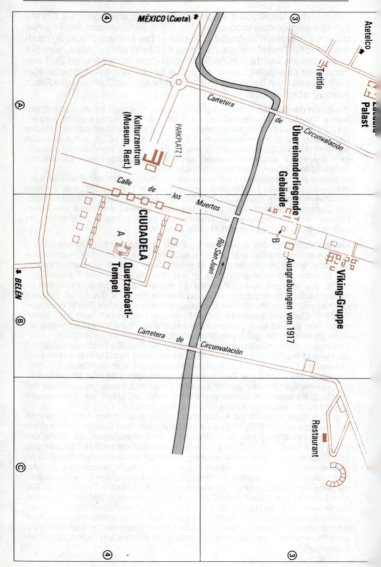

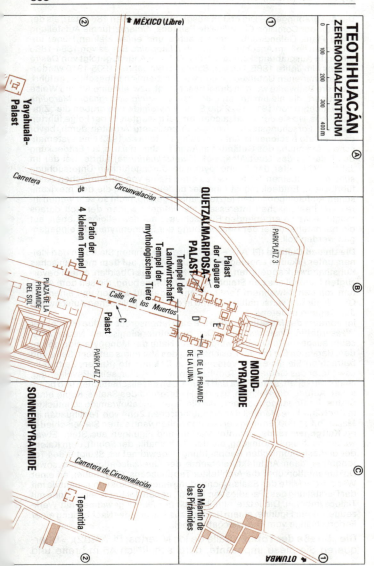

Die Ausgrabungen. – Die ersten Ausgrabungen fanden 1864 statt, als der Direktor der Comisión Científica de Pachuca, *Almaraz*, für die Aufstellung eines Plans Geländeaufnahmen machte und einen kleinen Hügel untersuchen ließ. Im Anschluß daran nahm *Leopoldo Batres* von 1884-1886 die erste Ausgrabungskampagne des Ortes in Angriff, gefolgt von *Désiré Charnay* im Jahre 1885. Die von *Batres* in den Jahren 1905-1910 wiederaufgenommenen Untersuchungen wurden ziemlich ungeschickt geführt, mehrere Bauwerke wurden dabei beschädigt, bzw. auf eine Art und Weise restauriert, die als umstritten galt. *Manuel Gamio* und *Ignacio Marquina* untersuchten von 1917-1922 die Sonnenpyramide und gruben die „Zitadelle" aus, wo sie den Quetzalcóatltempel freilegten. In der Folge führten mehrere Forschungsteams weniger interessante Arbeiten durch, bevor das Instituto Nacional de Antropología y Historia ab 1962 eine systematische Erforschung des Geländes in Angriff nahm, die u. a. zur Entdeckung des Palastes der Quetzalpapalotl (*Quetzalmariposa*) führte. Bei der im Jahre 1971 unter der Sonnenpyramide durchgeführten Untersuchung stieß man auf einen Tunnel, der zu einer Reihe von unterirdischen Sälen führt. Diese Entdeckung ist eine der bedeutendsten, die den mexikanischen Archäologen in den letzten Jahren gelang, nicht so sehr wegen ihres architektonischen Interesses, als vielmehr wegen der sich daraus möglicherweise ergebenden Rückschlüsse auf das religiöse Leben, auf die nachstehend bei der Beschreibung der Sonnenpyramide eingegangen werden soll.

Die Unidad Cultural (Pl. A4). – Zum Museum kommen Sie durch den kleinen, unter Arkaden angelegten *Tianguiz* (Markt), auf dem mexikanisches Kunsthandwerk angeboten wird, u. a. Nippes aus Obsidian, einem bevorzugten Material aus den Steinbrüchen der Umgebung, die seit dem Altertum von den Bewohnern Teotihuacáns abgebaut wurden und einen der Gründe für den wirtschaftlichen und in der Folge politischen Aufschwung der Gegend bildeten.

Im Vorraum des **Museums** sehen Sie eine lebensgroße Statue (Kopie) der Wassergöttin *Chalchiuhtlicue*. Das im Anthropologischen Nationalmuseum ausgestellte Original wurde in der Nähe der Mondpyramide gefunden. Beginnen Sie mit der Besichtigung des Museums auf der r. Seite und betrachten Sie als erstes verschiedene **Dokumente** (Karten, Zeittafeln, usw.) über das Gebiet von Teotihuacán, seine Kultur, seine Bevölkerung, seine Wirtschaft, seine Flora und Fauna, den gesellschaftlichen und politischen Aufbau, die Religion, usw. Im Hintergrund des Saales, Kopie einer Statue des Regengottes Tlaloc, die die Quetzalcóatlpyramide schmückte, in der Nähe ein Modell der Archäologischen Zone von Teotihuacán im Maßstab 1 : 1.000. Entlang der zweiten Seitenwand sehen Sie verschiedene **Kultgegenstände**, darunter Masken und Figurinen aus Stein. Etwas weiter, nach einer Abteilung, die der Mathematik, der Schrift, dem Kalender und astronomischen Beobachtungen gewidmet ist, Skulptur des Totengottes, dann Architekturelemente der Quetzalcóatlpyramide sowie Dokumentation über die Architektur Teotihuacáns. Gegenüber, an einer Wand in der Mitte des Saals, Nachbildung eines Freskos von Tepantitla mit der Darstellung des „Paradies von Tlaloc", neben der Kopie einer Zinne mit Tlalocsymbolen. Die letzte Abteilung ist der Plastik gewidmet, mit Werkzeugen, einer Figurine, einem Brasero aus Ton und der Nachbildung einer Federschlange vom Quetzalcóatltempel.

Die „Straße der Toten" (Calle de los Muertos; Pl. A4/B2). – Überqueren Sie diese imposante, durchschnittlich 45 m breite und

4 km lange Straße, die an der Mondpyramide ihren Ausgang nimmt und schnurgerade nach S verläuft.
Zwischen der Mondpyramide und der „Zitadelle" beträgt die Entfernung 2 km, aber die Straße setzt sich noch weiter nach S fort. Unter den Erdhaufen (*montículos*), die die Bauwerke längs der Straße bedeckten, vermuteten die Azteken die Gräber ehemaliger Könige und Priester, weshalb sie der Straße den Namen *Miccaótli* („Totenweg") gaben.

Zwischen der Mondpyramide und der „Zitadelle" beträgt das Gefälle der Straße, das stellenweise durch eingeschobene Treppen ausgeglichen wird, ungefähr 27 m. Die Straße der Toten wird dadurch in mehrere Abschnitte gegliedert. Vom S her bietet sie von der Zitadelle aus mit der Mondpyramide im Hintergrund einen wahrhaft grandiosen Anblick.
Entlang der Straße reihen sich die meisten Bauwerke des Zeremonialzentrums, die Mondpyramide und der Palast des Quetzalschmetterlings, die Sonnenpyramide und die Zitadelle, nicht gerechnet die ungefähr fünfzig Nebengebäude.

Die „Zitadelle" (Ciudadela; Pl. B4). – Die riesige rechteckige Anlage, die mit einer Seitenlänge von ungefähr 400 m eine Fläche von etwa 6,75 ha bedeckt, wird von vier Plattformen begrenzt (die nördl., östl. und südl. sind zweistufig). Die Plattformen, auf denen sich kleine Pyramiden erheben, umgeben einen großen, tiefergelegenen Platz auf dem der Tempel des Quetzalcóatl emporragt.

Die „Zitadelle" wurde 1917-1920 von *Manuel Gamio, José Reygadas* und *Ignacio Marquina* entdeckt und sorgfältig restauriert. Sie verdankt ihren Namen den Spaniern, die die vier den Hof umgebenden Plattformen für die Mauern einer Festung hielten.
Auf die oberen Plattformen der an der W-Seite gelegenen Pyramiden gelangt man über Treppen von der Straße der Toten aus. Die vier Pyramiden an der N- und S-Seite dagegen sind über Treppen vom Hof her zugänglich.

In den **Innenhof**, in welchem sich während der Zeremonien vermutlich die Gläubigen versammelten, kommen Sie, wenn Sie die breite Treppe an der Straße der Toten hinaufsteigen und dann eine achsial zur ersten angelegte weitere Treppe hinuntergehen.

Der vordere, größere Teil des Hofs (195 m breit und 235 m lang) wird vom hinteren, höher gelegenen Teil durch eine n.-südl. ausgerichtete schmale Plattform getrennt. Im tieferliegenden Hof fand man zwei kleine **Altäre**, von denen der mit strahlenförmig angelegten Treppen auf der O-W-Achse der „Zitadelle" liegt. Im oberen Teil des Hofs grub man **Reste von Gebäuden** aus, **die vermutlich den Priestern als Wohnungen dienten**. Auf der Plattform, die den Hof im O begrenzt, erhoben sich drei kleine Pyramiden.

Zur Besichtigung des Quetzalcóatltempels wenden Sie sich nach r. Sie sehen als erstes eine gewaltigen **Pyramidenbau** (Pl. **A**) mit vier nach oben zurückspringenden Absätzen; zur oberen Plattform kommt man über eine an der W-Fassade angelegte Treppe. An einzelnen Stellen der Pyramide sind noch Spuren der ursprünglichen roten Bemalung zu sehen. Dieses Gebäude (aus der dritten Teotihuacán-Periode) verdeckt fast vollständig einen älteren Bau der zweiten Periode, den sogenannten **Tempel des Quetzalcóatl**. Um die Hauptfassade des Tempels mit ihren **prachtvollen Skulpturen** freilegen zu können, mußten die Archäologen den rückwärtigen Teil der jüngeren Pyramide abtragen. Von dem zwischen den beiden Bauwerken angelegten Gang können Sie die mit Stuck überzogenen **Skulpturen** bewundern.

Auf beiden Seiten der mittleren Treppe sehen Sie die vier, mehr oder weniger vollständigen Stufen der W-Fassade der Tempelpyramide, die ursprünglich vermutlich sechs umfaßte. Die senkrechten „Tableros" jeder Stufe schmücken **gefiederte Schlangen**, deren plastisch gearbeitete Häupter ein Flammenkranz umrahmt, während die Körper als Relief ausgeführt wurden, zwischen Muscheln- und Schneckenmotiven, die das Wasser symbolisieren, in dem diese Reptilien leben. Die Schlangen wechseln mit stark stilisierten **Masken** ab, die manche Forscher für ein Abbild des Regengotts Tlaloc halten und andere für die Darstellung einer Maisgottheit. Die Masken kennzeichnet ein stark vorspringender Unterkiefer mit bedrohlichen Hakenzähnen, die Augen sind als Ringe angedeutet. Das ganze Gesicht ist mit einem Ornament aus plastisch herausgearbeiteten Schuppen bedeckt. Auf den beiden die Treppe flankierenden Rampen sehen Sie ebenfalls **Schlangenhäupter** mit einem Flammenkranz und riesige **Federschlangen** in **Basrelief** auf den geböschten Mauern unter den Tafelfüllungen (*Tableros*).

Sämtliche Skulpturen sind mit einer dünnen Stuckschicht überzogen, die die Unregelmäßigkeiten des Steins kaschiert. Stellenweise sind auf den Skulpturen Spuren der ursprünglichen Bemalung erhalten. Die Schlangenrachen waren rot, die Hakenzähne weiß und die Federn grün (Quetzalfedern), die Pupillen aus Obsidian. Die Muscheln waren rot und gelb bemalt, die Schnecken weiß. Die Mauern, die die Treppenrampen einfaßten, waren blau mit weißen, von Jadescheiben (*chalchihuites*) geschmückten Muscheln.

Unter der Treppe des Quetzalcóatltempels barg man ein Depot mit Opfergaben aus Jadefiguren, Obsidianmessern und Keramik. Im Innern der Pyramide fand man unter einer dicken Muschelschicht Reste menschlicher Knochen, mit Kopalharz gefüllte Muscheln, Jadefigurinen, Tonware usw.

Nach der Besichtigung der Ciudadela gehen Sie auf der Calle de los Muertos in Richtung Mondpyramide. Ungefähr 400 m von der Unidad Cultural entfernt sehen Sie l. ein Ausgrabungsgelände. Sie überqueren dann den kleinen Rio San Juan, den eine Brücke von der Breite der Calle de los Muertos überspannte.

Übereinanderliegende Gebäude (Pl. AB/3). – Auf der l. Seite der Calle de los Muertos sollten Sie dann die 1917 entdeckten Ruinen der **übereinanderliegenden Gebäude** besichtigen, einen weitläufigen Komplex in zwei übereinanderliegenden Bauebenen, deren erste bei der Anlage der jüngeren abgetragen und aufgeschüttet wurde, so daß man nach der Freilegung zwei nacheinander errichtete Anlagen erkennen konnte. An der älteren, für die die Aufschüttung eine Art Schutz darstellte, blieben Reste von Wandgemälden erhalten.

Sie haben die Vorhalle, die zur zweiten Bauebene gehörte, l. hinter sich gelassen (Spuren des von Pfeilern getragenen Daches sind noch sichtbar) und steigen nun eine Eisentreppe hinunter, die Sie zur ersten Bauschicht bringt. Halten Sie sich jetzt r., Sie durchqueren in diesem Untergeschoß einen großen, zum Teil freigelegten Hof, der vermutlich 43 m lang und 13 m breit war und in den man über eine teilweise sichtbare, zum Teil unter der Calle de los Muertos gelegene Treppe gelangte. Die 4,25 m breite, mittlere Treppenflucht flankierten große Sockel.

An der NW-Ecke sieht man noch die Plattform eines kleinen Tempels. Sie besteht aus einer senkrechten Tafelfüllung (Tablero) über einer kleinen geböschten Mauer, auf der sich die **Reste von Fresken** erhalten haben, die auf einer Stuckschicht in Form von roten Bändern mit grünen Jadescheiben (*chalchihuites*), Voluten und Schnörkeln jenen der totonakischen Bauwerke, insbesondere in El Tajin und Zempoala gleichen.

Wenn Sie der mit Holzbrettern ausgelegten Spur folgen, kommen Sie durch eine Reihe von Säulenhallen und Sälen, deren Mauern im Durchschnitt noch 2 m hoch emporragen. Sie kommen auch an einem 12 m tiefen **Brunnen** vorüber, der heute noch Wasser enthält. Unmittelbar danach wenden Sie sich nach l., Sie kommen dann wieder zur Eisentreppe zurück. In einem Hof sehen Sie einen kleinen Tempel mit Resten von Fresken.

In Höhe der übereinanderliegenden Gebäude wird die Calle de los Muertos von zwei querverlaufenden Treppen unterbrochen. Auf der von ihnen gebildeten Plattform erhob sich ein kleiner Altar (Pl. **B**). Auf der r. Seite der Totenstraße, im O, liegen die Ruinen von Gebäuden, die sich über eine Länge von 300 m erstreckten und von denen 1917 lediglich ein kleiner Teil ausgegraben wurde (s. Plan, **Ausgrabungen von 1917**). Dieser Komplex, der ebenfalls in mehreren Phasen errichtet wurde, bestand aus einer Reihe von Unterbauten mit Tableros über geböschten, niedrigen Mauern, auf denen sich pyramidenförmige Tempel, Höfe und Wohnungen befanden.

Eine dieser Pyramiden erhob sich gegenüber dem Altar (Pl. **B**). In Höhe der zweiten Treppe, die auf der Straße der Toten den Platz begrenzt auf dem sich dieser Altar befindet, liegen die Reste eines kleinen Tempels, dem eine Vorhalle mit zwei heute verschwundenen Pilastern vorgelagert war. Von dort aus gelangte man in das eigentliche Heiligtum, in dem sich vermutlich eine Statue auf einem Sockel erhob. Weiter südl., etwas tiefer gelegen, Reste von Höfen, Gängen und Wohnungen. Man fand dort auch Reste von Wandgemälden.

Etwas weiter, vor der dritten Treppe r., säumt die Calle de los Muertos ein halbverfallenes, mit mehreren Treppen und einem zentralen Hof ausgestattetes riesiges Gebäude. Linker Hand sehen Sie eine teilweise restaurierte, geböschte Mauer mit einer Ablaufrinne (Stuckreste).

Die „Viking-Gruppe" (Pl. B3). – Die Ruinen des sogenannten *Grupo Viking* konnten dank der von der gleichnamigen amerikanischen Stiftung zur Verfügung gestellten Mittel ausgegraben werden. Auf diesem Gelände legte man in einem Hof zwei je 6 cm dicke Schichten Glimmer frei, die eine ebenfalls 6 cm dicke Erdschicht voneinander trennte. Sie bedeckten unter einem Zementboden eine Fläche von 29 m². Der Zweck dieser zweifachen

(1) México (Stadt) und Umgebung

Glimmerschicht ist noch ungeklärt, möglicherweise hatte sie eine symbolische Bedeutung.

Die von 1940–1943 freigelegte Viking-Gruppe besteht aus zwei Gebäudekomplexen, die sich um einen nördl. und einen südl. Mittelhof gruppieren. Die Glimmerschichten wurden in einem der Innenhöfe des nördl. Trakts entdeckt. Die beiden Gebäudegruppen wurden an der Straße der Toten von zwei schmalen querverlaufenden Straßen begrenzt und im O von weiteren Gäßchen. Die Dachgesimse schmückten vermutlich Zinnen aus Stein in Form des Jahressymbols und aus Terrakotta mit der Maske des Wassergottes.
Man entdeckte auch hier zwei Bauebenen und an einigen Stellen erkennt man sogar fünf übereinander liegende Schichten, die sich infolge von Restaurierungen und Überbauungen ergaben.

Sie überqueren dann drei auf der Calle de los Muertos angelegte Treppenabsätze, bevor Sie auf einen erhöhten Platz kommen, in dessen Hintergrund das imposante Massiv der Sonnenpyramide aufragt. An der auf den Platz führenden Treppe sehen Sie r. unten die Reste eines kleinen Oratoriums sowie die Reste von verschiedenen Sockeln bzw. Plattformen, die aus jüngerer Zeit (aztekische Epoche) datieren.
Über eine breite Treppe kommen Sie nun auf die **Plaza de la Pirámide del Sol**. Der quadratische Platz, dessen Seitenlänge ungefähr 70 m beträgt, wird im N und S von einer Plattform begrenzt, auf der sich heute stark zerstörte Tempel erheben.

Der einstufige Aufbau in der Mitte des Platzes besteht aus einer Schrägmauer mit darüber gestelltem Tablero; auf der Plattform erhob sich ein Tempel mit zwei Räumen, die sich nach W öffneten.
Auf der N- und S-Seite des Platzes befanden sich zwei, heute ziemlich verfallene **Paläste** mit mehreren Oratorien. Im nördl. wurden Wandgemälde freigelegt.

Die Sonnenpyramide (Pl. B/C2), das eindrucksvollste Bauwerk Teotihuacáns, das vermutlich im 1. Jh. v. Chr. entstand, erhebt sich im O des Platzes auf einer Terrasse mit einer Seitenlänge von 350 m, um die sich auf der N-, O- und S-Seite weitgedehnte Plattformen legen.

Im NW (l.) und im SW (r.) verbreitern sich diese Plattformen zusehends und bilden zwei große Plätze; auf dem r. liegen die Ruinen des **Priesterhauses**, ein aus Höfen, Korridoren und Sälen bestehender Komplex.

Die Sonnenpyramide, die von 1905–1910 von *Leopoldo Batres* freigelegt und restauriert wurde, ist mit ihrer Hauptfassade **nach dem Punkt ausgerichtet, an dem die Sonne am Tag ihres Zenitdurchgangs untergeht**. Daraus ergibt sich eine Abweichung ihrer Hauptachse um 15°30' von der Nordrichtung nach O. Alle anderen Bauwerke des Zeremonialzentrums sowie die Straße der Toten hatten die gleiche Orientierung. Von ihrer Grundfläche her ist diese Pyramide kaum kleiner als die Cheopspyramide in Ägypten (222 x 225 m gegenüber 226,5 m Seitenlänge). Mit einer Höhe, die vermutlich 75 m betrug (einschließlich des sie krönenden Tempels) ist die Sonnenpyramide jedoch bedeutend niedriger als der Pharaonenbau (144,32 m). Tatsächlich sollte man die Sonnenpyramide hinsichtlich ihrer Gestalt und ihren Dimensionen eher mit den Zikkurats bzw. Stufentürmen Mesopotamiens vergleichen, deren berühmtester der Turm von Babel ist. Die Sonnenpyramide ragt heute 63 m empor; ihr Rauminhalt beträgt 1 Mill. m^3. Die Pyramide besteht heute aus fünf übereinander liegenden Massiven mit geböschten Mauern, nach dem die ursprünglich vierte und letzte Überbauung von *L. Batres* willkürlich auseinandergetrennt wurde.

Die Pyramide besteht aus einem Kern aus horizontalen Schichten luftgetrockneter Ziegel (*Adobes*), in den man Tunnels trieb, um ihn untersuchen zu können (für Besucher nicht zugänglich). Dieser Kern wurde mit einem Gerüst aus gemauerten Pfeilern und dicken Baumstämmen gesichert. Man umgab das Adobemassiv mit einem Mantel aus Stein- und Erdschichten, und stützte ihn mit abgeschrägten Strebepfeilern. Das Ganze wurde dann mit Mörtel überzogen (den man rot bemalte), bzw. die Außenwände mit Steinplatten verkleidet, die man mit Hilfe von Zapfen befestigte. Sie sind noch an der Hauptfassade zu sehen. Bei den Mauern der N-, O- und S-Seiten, am Fuß des ersten Pyramidenabsatzes, handelt es sich um Stützmauern, die infolge der von Batres vorgenommenen Abtragung heute sichtbar sind.

Eine der interessantesten Entdeckungen, die den mexikanischen Archäologen in den letzten Jahren gelang, war die Freilegung eines 7 m tiefen **Schachts** am Fuß der Haupttreppe, von dem aus ein unterirdischer Gang zu vier Räumen führt. Die Anlage ist hochinteressant wegen der sich möglicherweise ergebenden Aufschlüsse über das religiöse Leben der Bewohner von Teotihuacán. Auf der Plattform der Pyramide, wo Sie sich vom Aufstieg ausruhen können, bietet sich Ihnen ein einmaliger Blick auf die Ruinenstadt.

Die von zwei breiten Rampen flankierte und in mehrere Aufgänge unterteilte Treppe nimmt an dem der Pyramide vorgestellten dreistufigen Anbau ihren Ausgang, der im 2. bzw. 3. Jh. n. Chr. errichtet wurde und bis zum ersten Pyramidenabsatz emporreicht. Im Gegensatz zur eigentlichen Pyramide, einem Stufenbau, zeigt der ihr vorgelagerte Anbau mit seinen geböschten Mauern und den darübergestellten Tableros die typischen Merkmale der zweiten Teotihuacán-Periode.

Auf der Spitze der Pyramide befand sich der Tempel, die Wohnstatt der Gottheit, deren Gegenwart die auf dem Vorplatz versammelte Menge nur vermuten konnte, hatten zu dem Heiligtum aller Wahrscheinlichkeit nach doch nur Priester Zutritt. Von diesem Heiligtum ist nichts erhalten, dagegen entdeckte man die Reste eines kleinen Altars auf dem dritten Absatz der Pyramide. Auf der Spitze der Pyramide erhob sich eine Statue, die der erste Bischof von Mexiko, Juan de Zumárraga, zerstört haben soll; möglicherweise handelte es sich dabei jedoch um eine aztekische Stuatue und nicht um ein teotihuacanisches Idol.

Die Höhlen der Sonnenpyramide. – Am Fuß der Haupttreppe (im W) entdeckte man 1971 – wie bereits erwähnt – einen 7 m tiefen **Schacht** (für Be-

(1) México (Stadt) und Umgebung

sucher nicht zugänglich), von dem aus ein 103 m langer unterirdischer Gang zu vier Räumen führt, die sich Blütenblättern ähnlich um den Tunnel anordnen. Der Tunnel, dessen Boden eine Stuckschicht bedeckt, ist eine natürliche Höhle, während die an seinem Ende liegenden Räume mehr oder weniger von Menschenhand geschaffen wurden. Zu einem nicht bestimmbaren Zeitpunkt wurde der Tunnel vom rückwärtigen Ende her durch das Einfügen von Trennwänden in einzelne Kammern unterteilt. Es wurden zwischen 25 und 30 derartiger Kammern gezählt, die – wie die Archäologen feststellen konnten – zugemauert waren. Nur im oberen Teil der Trennwände befand sich eine Öffnung, vermutlich von Plünderern auf der Suche nach Beute verursacht.

In den rückwärtigen Kammern fanden die Archäologen Scheiben aus Schiefer, die vermutlich als Spiegel gedient hatten, vereinzelt Keramik, die offensichtlich mutwillig zerbrochen worden war und die von *Acosta* mit der Periode Teotihuacán II bzw. Miccaotli (150 bis etwa 250 n. Chr.) datiert wurde, von *René Millon* dagegen mit der Periode Teotihuacán IIA bzw. Tlamimilolpa (250–350 n. Chr.). Ferner barg man dort Reste von Leitungsrohren aus Stein, die darauf schließen lassen, daß in der Höhle einst eine Quelle sprudelte.

Über die **kultische Bedeutung dieser Anlage** verliert man sich in Mutmaßungen. Allerdings erlauben es uns Texte mit historischem und religiös-mystischem Inhalt, insbesondere die von Geschichtsschreibern (wie Sahagún und Durán) in der ersten Zeit der Konquista verfaßten Berichte, einige **Vermutungen** aufzustellen.

„Ort der sieben Höhlen"? – In den Kodizes mit historischer bzw. religiöser Thematik sind Höhlen im allgemeinen ein Symbol des Ursprungs des Lebens. So gesehen könnten die Felshöhlen unter der Sonnenpyramide als „Ort der sieben Höhlen" (*Chicomóztoc*) gelten, als symbolischer Ort des Ursprungs (eines Volkes zum Beispiel) und als Paradies, ähnlich dem *Tlalocan* (Paradies des Tlaloc), einem Ort der Überseligkeit, von dem es in Teotihuacán ein Gemälde gibt, oder dem *Tamoanchan*, einem anderen, weit im W gelegenen irdischen Paradies.

Eine Orakelstätte? – Die Legenden stellen Höhlen häufig als Orte dar, an denen die Götter sich den Menschen vermittels Orakel offenbaren. Andererseits wissen wir, daß Spiegel häufig zum Wahrsagen verwendet wurden, und ausgerechnet Schieferscheiben, die vermutlich als Spiegel gedient hatten, fand man in den Kammern unter der Sonnenpyramide.

Eine Königsgruft? – Die über die gesamte Länge des Tunnels vorgenommene Unterteilung in Kammern läßt vermuten, daß hier während der klassischen Periode die Könige von Teotihuacán bestattet wurden. Es muß allerdings erwähnt werden, daß man bisher weder Knochen noch Aschenreste entdeckt hat.

Kultstätte einer Wassergottheit? – Die einst in der Höhle sprudelnde Quelle könnte ein Beweis für den einer Wassergottheit erwiesenen Kult sein. Von Motolinias wissen wir, daß die Azteken dem Regengott Tlaloc Kinder opferten, deren Leichname in einer zugemauerten Höhle niedergelegt wurden, wo sie bis zum darauffolgenden Jahr blieben. Die Unterteilung in Kammern könnte diesem Zweck entsprochen haben.

Das „Haus des Nebels"? – Die Azteken opferten der Göttin Xochiquetzal junge unberührte Mädchen, deren Leichname man an einen unterirdischen Ort brachte, der *Ayauhcalli* (Haus des Nebels) genannt wurde und der auch bei den Riten zu Ehren der Wassergottheiten eine Rolle spielte.

Der „Ort der Geschundenen"? – Dank einer Terrakottafigur des Gottes *Xipe tótec*, „Unseres Herrn, des Geschundenen", die sich heute im Nationalmuseum für Anthropologie befindet, wissen wir, daß die Bewohner von Teotihuacán den Kult des Menschenschindens übten. Zur Zeit der Azteken wurden Menschenhäute in einer Höhle unter einer Pyramide aufbewahrt. Dieser Brauch ist vermutlich jedoch noch älter.

Das „Haus des Maises"? – Der Legende von den Weltaltern nach soll sich der Gott Quetzalcóatl, nachdem er im Innern der Erde Knochen gestohlen hatte, um den Menschen erschaffen zu können, in eine Ameise verwandelt haben, um in dieser Gestalt den vierfarbigen Mais zu suchen, der die Menschheit ernähren sollte. Demzufolge könnte man die vier Räume unter der Pyramide mit dem „Haus des Maises" *Cincalco* assoziieren und sie in Verbindung zu den vier Himmelsrichtungen bringen.

Zum Platz der Mondpyramide. – Kehren Sie auf die „Straße der Toten" zurück. Gegenüber der Sonnenpyramide sehen Sie auf der l. Seite der Straße eine Plattform mit den Ruinen von vier kleinen Tempeln (B2).

Etwas weiter kommen Sie r. an einer ungefähr 200 m langen Mauer vorüber, die nach der Zerstörung der Stadt durch die Chichimeken errichtet wurde. Noch etwas weiter, ebenfalls r. können Sie unter einem Schutzdach zwischen zwei Treppen das Fragment eines Wandgemäldes (Pl. **C**) bewundern, das einen riesigen Jaguar darstellt.

Ungefähr hundert Meter weiter sehen Sie linker Hand den **Tempel der Mythologischen Tiere** (Pl. B2), eine ziemlich niedrige, zweistufige Plattform mit einer Treppe im Mittelteil. Auf der Rückseite gelangt man durch einen Eingang zu einem Unterbau, der in Wirklichkeit eine ältere, besser erhaltene Bauebene darstellt. Dort befanden sich heute nicht mehr vorhandene Fragmente von Wandgemälden, die vor allem Tiere, darunter gefiederte Schlangen und Jaguare darstellen.

Den angrenzenden **Tempel der Landwirtschaft** (Pl. B) schmückten Fresken, die am Anfang d. Jh. entdeckt wurden, heute jedoch nicht mehr vorhanden sind, da seinerzeit geeignete Mittel für ihre Erhaltung noch unbekannt waren.

Der Tempel der Landwirtschaft besteht aus drei übereinander liegenden Bauebenen. Ursprünglich umfaßte der Tempel einen Pyramidenbau, dem man im O, an der Calle de los Muertos eine Terrasse vorlegte. Dieser Komplex erhielt dann einen dritten Überbau.

Der Platz der Mondpyramide (Pl. B1). – Der 207,47 m lange und 135,42 m breite Platz, in dessen Hintergrund sich die Mondpyramide erhebt, wird von mehreren, meist vierstufigen heute restaurierten Pyramiden eingefaßt, die ihm ein geschlossenes, fremdartiges Aussehen verleihen. Jedes der Bauwerke, deren letztes Stadium aus der dritten Teotihuacán-Periode datiert, ist über eine auf den Platz orientierte Treppe zugänglich. Die Tempel, die sie krönten, sind nicht mehr vorhanden.

In der Mitte des Platzes befindet sich ein großer Sockel bzw. rechteckiger **Altar** (Pl. **D**) mit einer Treppe auf jeder Seite.

(1) México (Stadt) und Umgebung

Der Palast des Quetzalschmetterlings (Pl. B1). – Der auf der l. Seite des Mondplatzes gelegene Palast wurde ab 1962 freigelegt und mit originalem Baumaterial rekonstruiert. Zu ihm führt eine Treppe empor, die ein riesiges Schlangenhaupt schmückt. Sie kommen als erstes durch einen mit **Fresken** geschmückten Portikus und betreten dann einen mit Zinnen (Jahressymbol) gekrönten und von **Galerien** umgebenen kleinen **Hof**, dessen Pfeiler an drei Seiten außerordentlich qualitätvolle **Reliefs** zieren. Auf den Pfeilern der W-Seite (r.) sieht man vor allem mythologische Tiere, sogenannte Quetzalschmetterlinge (der Quetzal ist ein grüngefiederter, im tropischen Hochland von Chiapas und Guatemala lebender Vogel) und stark stilisierte Vögel (Quetzal?). Die Reliefs waren bemalt und mit Obsidianscheiben eingelegt; einige davon sind noch vorhanden. In den Säulengängen sehen Sie noch **Gemälde** mit stark stilisierten, fast geometrischen Figuren auf rotem Grund.

Diesen Hof umgaben mehrere große Räume. In einem von ihnen (auf der N-Seite, r.) befand sich eine vollplastische Jaguarstatue aus *tecali* (Marmor). Im W-Saal, im Hintergrund, entdeckte man in einem Schacht eine Marmorskulptur. Als man weiter in den Schacht vordrang, fand man Bauelemente vom älteren Tempel der Gefiederten Schnecken (s. unten), der bei der Errichtung des Palasts des Quetzalschmetterlings unter Erdaufschüttungen begraben wurde. Der weitläufige, prächtige Palast war vermutlich als Wohnstatt eines Oberpriesters in unmittelbarer Nähe eines der Zeremonialzentren der heiligen Stadt errichtet worden.

Der Palast der Jaguare (Pl. B1). – Wenden Sie sich beim Verlassen des Quetzalmariposa-Palasts nach r. und gehen Sie um das Gebäude herum. Sie lassen r. den Ausgang des Tempels der Gefiederten Schnecken (s. unten) zurück und folgen einer schmalen, mit Ruinen gesäumten Straße der ehemaligen Stadt. In dem linker Hand gelegenen, zerstörten Gebäude, dessen Mauern noch zu einer Höhe von 1,50 m emporragen, befindet sich ein Mittelhof mit Stuckboden. Wenn Sie sich kurz danach nach r. wenden, kommen Sie in den Hof des Palasts der Jaguare. Auf der O-Seite (r.) wird der Hof von einem zweistufigen, mit geböschten Mauern und Tafelfüllungen versehenen Sockel begrenzt, in dessen Mitte sich eine **Monumentaltreppe** zwischen zwei Rampen befindet, die vermutlich Schlangenhäupter schmückten (am Fuß jeder Rampe befinden sich Klappern aus Stein).

Gegenüber der Stelle, an der Sie den Hof betreten haben, erstreckt sich ein Säulengang mit sehr gut erhaltenen **Wandgemälden**, gefiederte Jaguare darstellend, die ein ebenfalls gefiedertes Musikinstrument in Form einer Seemuschel spielen. Beachten Sie die piktografischen Zeichen, die die von den Instrumenten erzeugten Töne symbolisieren. Darüber sind drei Blutstropfen dargestellt. Unterhalb dieser Komposition sehen Sie einen Fries, auf dem Masken von Wassergottheiten mit Jahressymbolen abwechseln.

Ein Gang an der N-W-Ecke des Hofes (im Hintergrund, l.) führt zu einer Reihe von Räumen. Einen davon schmücken **Fresken** auf weißem Grund mit der Darstellung von Händen, die ein Netz mit gefangenen Raubtieren halten. Vor dem Rachen der Tiere sehen Sie wiederum ein piktografisches Zeichen als Ausdruck des Gebrülls dieser Tiere.

Der Tempel der Gefiederten Schnecken. – Auf der l. Seite der Monumentaltreppe des Palasts der Jaguare führt ein Gang zu den tiefer liegenden, noch sichtbaren Gebäuderesten des Tempels der Gefiederten Schnecken aus dem 2. oder 3. Jh. n. Chr., der bei der Aufschüttung der Plattform für den Palast des Quetzalschmetterlings unter Erdmassen begraben wurde. Zu sehen sind nur noch einige Fassaden vom **Tempel der Gefiederten Schnecken**. Auf einem Sockel, den Seemuscheln mit Federn in mehreren Farben (vermutlich Musikinstrumente) und grüne Vögel (Sittiche?) zieren, aus deren Schnäbeln ein blauer Wasserstrahl aufsteigt, erhebt sich ein in der gleichen Art, aber auch mit vierblättrigen Blumen (auf den Eckpfeilern) geschmückter Bau, auf den eine kleine, in der Mitte des Sockels angelegte Treppe führte.

Im mittleren Teil dieses Gebäudes gewährt ein schmaler Gang (für Besucher nicht zugänglich) Zutritt zu einem Tempel mit einem gut erhaltenen **Altar**, den rote Kreise auf weißem Grund zieren.

Die Mondpyramide (Pl. B/C1). – Am Fuß der Pyramide sehen Sie Gebäudereste (Pl. **E**), die, von Schondube als „Haus der Götter" identifiziert, zehn kleine Altäre bergen, von denen einer in der Mitte und die neun übrigen an den Wänden aufgestellt sind.

Hinter dieser Umfriedung steigt die Monumentaltreppe der **Mondpyramide** empor. Dem imponierenden Bauwerk ist ein fünfstufiger, pyramidenförmiger Anbau (mit geböschten Wänden und darübergestellten Tableros) vorangestellt, der gleichzeitig mit dem Hauptbau errichtet wurde. Dieser besteht wie die Sonnenpyramide aus vier nach oben zurückspringenden Absätzen. Die letzte Stufe ist ohne die ursprüngliche Verkleidung.

Dieses Bauwerk ist nach der Sonnenpyramide das eindrucksvollste des Zeremonialzentrums und hinsichtlich seiner Lage am Ende der Calle de los Muertos möglicherweise das bedeutendste. Aus diesem Grund werden die Ergebnisse der mit modernen wissenschaftlichen Methoden im Inneren der Pyramide durchgeführten Untersuchung mit Spannung erwartet, die feststellen sollen, ob sich unter ihr eine ähnliche Anlage wie unter der Sonnenpyramide befindet. Die Mondpyramide ragt 45,79 m über dem Boden empor. Wegen des Bodengefälles jedoch, liegt ihre Spitze mit der der Sonnenpyramide auf einer Ebene. Sie erhebt sich auf einer Fläche von 140 x 150 m; ihr Rauminhalt beträgt 360.000 m³, der sich durch den vorgelegten Anbau mit einer Seitenlänge von 33 x 53 m und einer Höhe von 17,08 m um ungefähr 20.000 m³ erhöht.

Auf die dritte Stufe der Pyramide (die letzte ist schwer zugänglich) gelangen Sie über eine von Rampen flankierte, in drei Abschnitten unterteilte Treppe (der vierte ist nicht mehr vorhanden). Der unterste Absatz wird von der Plattform des Vorbaus gebildet.

(1) México (Stadt) und Umgebung 314

☞ **Rundfahrt um die Archäologische Zone von Teotihuacán** (7 km; wenn Sie die Archäologische Zone vollständig umfahren, sehen Sie die Sonnen- und Mondpyramide von jeweils verschiedenen Blickwinkeln aus). – Fahren Sie vom Parkplatz in der Nähe der Unidad Cultural auf die gebührenpflichtige Autobahn und biegen Sie nach 300 m nach r.
0,7 km: Brücke über den Rio San Juan. Kurz danach führt ein nach l. abzweigender, schwer befahrbarer Weg zu mehreren Ausgrabungen. Als erstes sehen Sie die ehemaligen Wohngebäude von **Tetitla** (Pl. A3; „Ort der Steine"), ein aus Korridoren, Höfen und Säulenhallen bestehender Komplex. Man entdeckte dort Wandgemälde. Die interessantesten Fresken fand man in verschiedenen Gebäuden um einen Hof, in welchem sich ein kleines Oratorium erhebt.

Ungefähr 400 m westl. von Tetitla liegt der zum Teil rekonstruierte Gebäudekomplex von **Atetelco** (Pl. A3) mit zwei Höfen aus verschiedenen Epochen. Dort fand man ebenfalls **Fresken**, die Priester mit üppigem Federkopfputz, Opfermesser und Speere in Händen haltend darstellen, sowie Krüppel, Jaguare, Koyoten mit Federkopfputz, Vogelköpfe usw. Im Patio Blanco konnte man eine mit Blumen und Federn reichverzierte Komposition sehen, die auch Götter und Priester sowie Tlalocsymbole zeigte.

Etwa 100 m nördl. von Tetitla liegen die Ruinen von zwei Palästen, bekannt unter den Namen **Zacuala** (Pl. A3) und **Yayahuala** (Pl. A2), die – von starken Umfriedungen geschützt – sich aus mehreren Höfen zusammensetzen, um die sich Räume und Säulengänge gruppieren. Der aus der klassischen Periode datierende Palast von Yayahuala wurde von Laurette Séjourné de Orfila freigelegt; er öffnet sich mit einer breiten Treppe nach W, weitere Zugänge befinden sich an der NO- und SO-Ecke. In der Mitte befindet sich ein Hof mit vier an den Seiten verteilten Tempeln.
1,6 km: L., gebührenfreie Straße nach México. – **2,1 km**: L., Zufahrt zum *Parkplatz 3* in der Nähe der Mondpyramide.
3,3 km:

●→ L., Straße nach (10 km) **Otumba** und nach (26,5 km) Ciudad Sahagún (s. Rte 9A bei km 47). Otumba ist ein Pueblo, in dessen Nähe Hernán Cortés einen erbitterten Kampf mit den Azteken führte, als er sich nach der „Traurigen Nacht" von Tenochtitlán nach Tlaxcala zurückzog. Später ließ er sich dort einen heute nicht mehr vorhandenen Palast bauen. Um die Mitte des 16. Jh. begründeten die Franziskaner in Otumba ein **Kloster**, das sich auf einem künstlich angelegten Hügel erhob. Ein Aquädukt gewährleistete die Wasserversorgung. Der **Kirche** und dem Kloster ist ein Atrium vorgestellt, das sich in einem dreiflügeligen, auf Pfeilern ruhendem Portal öffnet. Innerhalb des Atriums befinden sich **Calvarios** (Kreuzwegstationen), die man bei Zeremonien im Freien aufsuchte. Nach der Fassade der Kirche sollten Sie Ihre Aufmerksamkeit dem schönen Portikus im Platereskstil mit seinen majestätischen Bögen zuwenden, unter denen sich, neben einem Baptisterium, eine Kapelle befindet.

4 km nördl. von Otumba liegt in der von Magueyplantagen bedeckten Ebene von Apan das Dörfchen **Axapusco**. Das Gotteshaus im churrigueresken Stil wurde im 18. Jh. errichtet.

☞ **3,9 km**: R. der Straße, Parkplatz nahe der Sonnenpyramide; l. ungefähr 200 m entfernt, die Ruinen des Wohnkomplexes von **Tepantitla** (Pl. C2). In einem der Räume wurde ein **Gemälde** entdeckt, das reichgekleidete Priester, Edelsteine ausstreuend, zeigt. Sie kommen

dann in eine Umfriedung. Zur Rechten des Eingangs wurde ein großes Fresko freigelegt, auf dem der Wassergott Tlaloc aus dem Meer emporsteigt und aus seinen Händen Regen herabtropfen läßt. Der Gott ist von Priestern umgeben, die Lobgesänge anstimmen, symbolisch dargestellt durch blumenbesetzte Voluten.
Auf der Schrägmauer darunter sehen Sie das „Paradies des Tlaloc"; eine Kopie davon ist im Nationalmuseum für Anthropologie (Teotihuacán -Saal, Nr. 8) ausgestellt.
Links vom Eingang wurde ein weiteres Fresko freigelegt, auf dem ein anderer Teil des Paradieses von Tlaloc mit spielenden Gestalten zu sehen ist.
Wieder andere Säle dieser Anlage waren ebenfalls mit Wandgemälden geschmückt, die in drei verschiedenen Rottönen ausgeführt, Wassergottheiten und Priester zeigten.

In der Nähe von Tepantitla befindet sich ferner die **Xolalpan**–Gruppe, ein Komplex, der vermutlich von Priestern bewohnt wurde und wo man ungefähr vierzig, auf mehrere Ebenen verteilte Säle, Gräber usw. freilegte.

5,5 km: R., die „Zitadelle".

Südl. dieser Anlage (auf der l.Straßenseite) wurden in der Nähe von **Teopancalco** die Ruinen der sogenannten **Casa de Barrios** freigelegt, die Fresken mit reichgekleideten Priestern und Kriegern zierten.

●━━▶ Die kleine Straße nach (6 km) Belén (Pl. B4) führt auch zum Dorf **Oxtotipac** (7 km). Seine **Kirche** datiert aus dem 16. Jh. Im vorgelagerten Atrium ragt ein reliefverziertes Kreuz empor. Die im 17. und 18. Jh. umbaute Kirche ist einschiffig. Das Querschiff krönt eine Kreuzkuppel. Die Wand des Hauptaltars datiert aus dem Ende des 17. Jh., die des zweiten vom Ende des 18. Jh.. Neben der Kirche befindet sich ein aus der gleichen Zeit stammendes **Kloster** mit vorgelagertem Portikus, unter dem eine Taufkapelle angelegt wurde. Mehrere Räume gruppieren sich um einen kleinen Hof. Einige Säle schmücken **Gemälde**, die vermutlich am Ende des 18. Jh. ausgeführt wurden.

☞ **7 km:** Rückkehr zum Anfang der gebührenpflichtigen Autobahn.

1 K – Rundfahrt durch den Norden des Tals von México

Dieser Weg, für den Sie einen Tag benötigen, ist vor allem für jene gedacht, die am gleichen Tag Teotihuacán und Tula besichtigen möchten, ohne dazwischen nach México zurückzukehren. Auf dem Weg können Sie dann noch dem Kloster Actopan, einem der besterhaltenen und sehenswertesten in der Umgebung der Hauptstadt, einen Besuch abstatten.

Sie interessieren sich für:

Präkolumbische Archäologie: Besuchen Sie die Ausgrabungen von ✶ ✶ ✶ Teotihuacán (s. Rte 1J) und von ✶ ✶ Tula (s. Rte 1I).

Kolonialarchitektur, besichtigen Sie das ✶ Kloster Acolman (s. Rte 1J) und das ✶ ✶ Kloster Actopan sowie das alte Dorf Zempoala (s. Rte 9A bei km 25,5), die alle auf dem nachstehend beschriebenen Weg liegen, bzw. in dessen Nähe.

(1) México (Stadt) und Umgebung

Flämische Malerei, bewundern Sie die beiden Gemälde von *Marten de Vos* in der Klosterkirche von Cuautitlán.

Die Paläontologie: Sehen Sie sich die Fossilien im Museum von Tepexpan an (s. Rte 1J bei km 34,5).

Der 298 km lange Weg führt auf asphaltierten Straßen durch ein fast ebenes Gelände über das Hochplateau und durch das México-Tal.

Vom Zentrum Méxicos aus bis zur Gabelung der gebührenfreien Straße nach Pachuca, s. Rte 1J bis km 15,5, wo Sie nach r. fahren.
18 km: Santa Clara Coatitla.

R. führt die alte Straße nach Pachuca über (4 km) **Atzacoalco** (skulptiertes Kreuz aus dem 16. Jh.).

22 km: Tulpetlac; Kirche aus dem 16. Jh.; die Fassade ist im Platereskstil.
26,5 km: L., die **Casa de Morelos**, ein kleines **Museum**, nahe der Stelle, an der General *José María Morelos*, einer der Helden des Unabhängigkeitskrieges, im Jahre 1815 erschossen wurde. Das Museum ist in einem ehemaligen Kolonialgebäude untergebracht, in welchem der scheidende Vizekönig seinen Nachfolger zu empfangen pflegte.
30,5 km: L., die gebührenfreie Straße nach Pachuca liegenlassen und in Richtung Teotihuacán weiterfahren.
37 km: L., in einer Entfernung von 200 m, das **Museum von Tepexpan** (s. Rte 1J bei km 34,5).
38 km: Tepexpan (Kloster aus dem 16. Jh.).
42,5 km: An der Ausfahrt nach **Santa Catalina**, Brücke aus der Kolonialzeit.
44 km: ★ **Kloster Acolman** (s. Rte 1J bei km 38).
53 km: San Juan Teotihuacán; Casa de los Arcos, ein Kolonialgebäude des 16. Jh..
56,5 km: Rundkurs um die Archäologische Zone von Teotihuacán; fahren Sie nach r.
58 km: R., Ende der gebührenpflichtigen Autobahn nach Mexiko; linker Hand, Einfahrt zur ★★★ **Archäologischen Zone von Teotihuacán** bei der Unidad Cultural (s. Rte 1J). Beim Knotenpunkt am Ende der gebührenpflichtigen Autobahn fahren Sie in Richtung Tulancingo weiter.
86,5 km: In Calpulalpan (s. Rte 9A bei km 29,5/30) fahren Sie in Richtung Pachuca weiter.
90.5 km: R. liegt **Zempola** (s. Rte 9A bei km 25,5).
116 km: Pachuca (s. Rte 9 bei km 97); fahren Sie weiter in Richtung Actopan.
126 km: Straße von México nach Monterrey über Ciudad Victoria.
145 km: El Arenal; Kirche aus dem 16. Jh. mit einer sich zur Säulenvorhalle öffnenden Kapelle (l.).
152 km: Actopan, große Otomí-Siedlung mit 42.000 Ew. Wenn Sie

Actopan

sich r. halten, kommen Sie zu einem 1548 von Augustinermönchen begründeten ****Kloster**, heute ein Kolonialmuseum.

Öffnungszeiten: tgl. 10–18 Uhr.

Die **Kirche** und das Kloster wurden von *Andrés de Mata* errichtet und dem Hl. Nicolás Tolentino geweiht. Ihre schöne Front (etwa 1550) im plateresken Stil mit den auf Sockeln ruhenden Säulenpaaren, über deren kleinste Gruppe sich fächerförmig eine Archivolte legt, bildet einen eindrucksvollen Kontrast zu der ansonsten schlichten Fassade. Der mächtige quadratische Glockenturm erinnert an die Almohaden-Minarette in Nordafrika und Andalusien. An den Seiten und über den Fronten der Fassade sehen Sie die hohen Zinnen einer Brüstung, die ein rein dekoratives Element darstellen. Bevor Sie das Kloster und die Kirche besuchen, sollten Sie sich nach l. wenden, um dort die *** Boveda d'Actopan** zu bewundern, eine große Offene Kapelle mit **Wandgemälden**, die sich in Restauration befindet. Die Kapelle trägt ein prachtvolles Gewölbe (*Boveda*) von 17 m Spannweite. Die Wandgemälde, die Szenen aus dem Alten Testament und recht realistische Darstellungen der Höllenqualen zeigen, wurden vermutlich von einem Mosaik der Santa Constanza in Rom inspiriert.

Im **Inneren der Kirche** werden Ihnen vor allem die Gewölbe mit den stark hervortretenden spitzbogenförmigen Rippen am Chor und über dem Eingang (Coro Alto-Gewölbe) auffallen.

Der Eingang zum **Kloster** befindet sich r. neben dem Kirchenportal. Sie durchqueren einen großen überwölbten Saal, bzw. eine **Portería**, kommen dann in den l. gelegenen **De Profundis-Saal**, wo Sie ein sehr schönes Fresko sehen, das die Klostergemeinschaften darstellt.

Anschließend gelangen Sie in den **Kreuzgang**, von wo aus es nach r. zu **Küchen** und einem weiten **Refektorium** geht, dessen Kassettendecke in Schwarz und Orange auf weißem Grund gehalten ist. Beachten Sie auch die Kanzel, von der ein Vorleser während der Mahlzeiten die Heilige Schrift kommentierte, und den Weihwasserkessel.

R. führt eine Galerie zu einem (im Hintergrund) von Nebengebäuden gesäumten Garten, die im 16. Jh. errichtet wurden. Dort befindet sich ein **Museum mit Volkskunst der Otomí**.

Wenn Sie zur Galerie des Kreuzgangs zurückkehren, kommen Sie anschließend in den **Kapitelsaal** und, ebenfalls von der Galerie an der O-Seite des Kreuzgangs aus, in einen großen Saal, der vermutlich der sich r. anschließenden Sakristei als Vestibül diente. Die **Sakristei**, die gleichzeitig Taufkapelle war, schmückt ein schönes Rippengewölbe. Zwischen den Gewölberippen sieht man Blumenornamente. In der Mitte befindet sich das Taufbecken, das eine kleine Statue Johannes des Täufers krönt.

Gehen Sie von dort zurück zum Kreuzgang, von wo eine Treppe ins Obergeschoß führt. Im **Treppenaufgang** sieht man ****Wandgemälde** mit der Darstellung von Heiligen und Augustinermönchen, Friese mit Wappentieren, Girlanden usw..

Entlang den mit Gemälden geschmückten Gängen des Obergeschosses öffnen sich Zellen, die am Gewölbeansatz Friese mit symbolischen Motiven zieren. Von Zelle 4 aus kommen Sie zum **Turm**, wo zwei Räume **Gemälde** beherbergen, dann zum **Coro Alto**, einer Tribüne über dem ersten Joch der Kirche, die ebenfalls in Restauration befindliche **Wandgemälde** schmücken.

Von Actopan aus folgen Sie der Straße nach Progreso.

182 km: Mixquiahuala, ein Dorf, in dem die Augustiner um 1750 eine Kapelle errichteten.
193 km: Tlahuelilpa, mit einem kleinen Kloster aus dem 16. Jh.; winziger Kreuzgang und, neben der Kirche, eine sehenswerte Offene Kapelle.

☞ **Von Tlahuelilpa über Cuautitlán nach México** (105 km auf einer fast durchgehend asphaltierten Straße). – **12 km: Atitalaquia** (Barockkirche San Miguel); von dort führt ein schlechter Weg nach (4 km) **Tlamaco** (von Franziskanern erbaute Kapelle aus dem 16. Jh.).
25 km: Apaxco mit seiner von Franziskanern erbauten Kirche (16. Jh.). Auf ihrer Wanderung ins Tal von México siedelten die Azteken vorübergehend im Gebiet von Apaxco.
50 km: Zumpango. Dort setzen Sie ihren Weg in Richtung Cuautitlán auf einer nicht asphaltierten Straße am Südufer des Sees von Zumpango fort.
68 km: L., in einer Entfernung von 2 km, liegt **Tultepec**. Die sich auf einem Hügel erhebende Kapelle wurde vermutlich im 16. Jh. von Vasco de Quiroga begründet.
72 km: Cuautitlán, ehemalige Hauptstadt eines kleinen chichimekischen Reichs, die 1408 bei einem Angriff des Herrschers von Atzcapotzalco verschwand. Danach war Cuautitlán dem aztekischen Reich tributpflichtig und mußte alljährlich viertausend *icpalli* bzw. niedrige Stühle ohne Füße, aber mit Rückenlehne liefern, die von den Würdenträgern der Mexica sehr geschätzt wurden. Man verehrte dort die Göttin Itzapapalotl, dargestellt durch einen mit Opfermessern gespickten Obsidianschmetterling (daher auch der Name der Göttin). Die Franziskaner begründeten nach 1525 in Cuautitlán ein Kloster; in der Kirche, Altarwand mit zwei von **Marten de Vos** (1532–1603) geschaffenen Gemälden; in der Säulenvorhalle, ein großes Kreuz von 1525.

➤ In **San Lorenzo Rio Tenco**, 2 km von Cuautitlán entfernt, Barockkirche (interessantes Seitenportal; Fassade mit Reliefschmuck; barocker Altaraufsatz).

☞ **76 km:** L., 2 km entfernt, liegt **Tultitlan**; Franziskanerinnenkloster aus dem 16. Jh. mit großem, vorgelagertem Atrium, das kleine Oratorien bzw. **Posas** birgt. Für die Errichtung dieses Klosters wurde Baumaterial von vorkolumbischen Bauten verwendet.
91 km: Tlalnepantla, ein Vorort Méxicos, der im 16. Jh. entstand, als sich Otomí und Mexica rund um ein Franziskanerkloster ansiedelten. Das heute noch vorhandene Kloster öffnet sich auf eine Säulenhalle, in der zwei Kapellen, wahrscheinlich für jeden Stamm eine, errichtet wurden. Die vermutlich kurz nach 1583 fertiggestelle **Kirche** wurde später umgebaut und mit barocken Stilelementen ausgestattet.
105 km: México (Zentrum).

➤ **208 km:** R., in einer Entfernung von 1,5 km, Archäologische Zone von **Tula** (s. Rte 1J bei km 90). Nach der Besichtigung fahren Sie vor der Brücke, die nach Tula führt, nach l.
245 km: Gebührenpflichtige Autobahn Mexiko-Querétaro.
258 km: Ausfahrt nach (1,5 km) **Tepotzotlan** (s. Rte 1J bei km 40).
298 km: México (Zentrum).

1 L – Nach Texcoco

Ein nicht ganz so interessanter, 88 km langer Weg (hin und zurück), für den Sie einen halben Tag veranschlagen müssen und den Sie auf der Fahrt nach Teotihuacán (s. Rte 1J) bzw. nach Puebla über Tlaxcala als Variante benutzen können (s. Rte 19 von km 380,5 bis km 289,5 in umgekehrter Richtung und Rte 21A ab Tlaxcala bei km 35, in umgekehrter Richtung).

Sie interessieren sich für:

Mexikanische Wandmalerei, sehen Sie sich die von *Diego Rivera* geschaffenen Fresken in der Landwirtschaftsschule von Chapingo an.

Barockarchitektur: Besuchen Sie die Kirche in Huexotla.

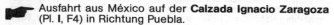 Ausfahrt aus México auf der **Calzada Ignacio Zaragoza** (Pl. I, F4) in Richtung Puebla.

☞ Wenn Sie die Viertel im Zentrum meiden wollen, in denen meist dichter Verkehr herrscht, können Sie auch die **Avenida Rio Consulado** (Pl. I, E/F3) einschlagen. Auf diesem Weg kommen Sie nahe beim **Park San Juan de Aragón** (Pl. I, F3) vorüber, der über einem Teil des ehemaligen, heute größtenteils ausgetrockneten Sees von Texcoco angelegt wurde. Von diesem See blieb ein Teich zurück, der zu den Annehmlichkeiten des Parks beiträgt.
Die Av. Rio Consulado führt durch ein Viertel, in welchem sich die **Plaza de Toreos El Cortijo** (Pl. I, E3) befindet, eine Stierkampfarena, zu der Sie die Calle Damasco bringt. Das angeschlossene kleine **Museum** ist dem Stierkampf gewidmet. (Es empfiehlt sich, im voraus telefonisch einen Besuchstermin zu vereinbaren: Tel. 5229958).

➤ Die l. von der Av. Rio Consulado, kurz vor dem Flughafen in Höhe des **Cerro del Peñón** abzweigende Straße führt – an der kleinen, im N des Flughafens gelegenen felsigen Anhöhe des **Peñón de los Baños** vorüber – direkt nach (23 km) Texcoco. Auf diesem Felsen, der einst inmitten der Lagune von Texcoco aufragte, sieht man **Basreliefs** aus präkolumbischer Zeit, mit Symbolen und Hieroglyphen des aztekischen Kalenders.

➤ **10 km:** In die Calzada I. Zaragoza mündet rechter Hand, in der Nähe der **Ciudad Deportiva de la Magdalena-Mixhuca** (Pl. I, F4), der vom Viaducto Alemán kommende Verkehr ein.

Die riesige Mehrzwecksportanlage umfaßt eine kreisrunden **Sportpalast**, dessen Kupferdach schon beim Anflug auf Mexiko ins Auge fällt. Der Palast, der 22.000 Zuschauern Platz bietet, bedeckt eine Fläche von 65.000 m² und wurde 1968 anläßlich der Olympischen Spiele eröffnet. Zu dem Komplex gehört ferner eine **Olympia-Schwimmanlage** (10.000 Plätze), eine **Olympia-Turnhalle** (5.000 Plätze), eine **Autorennbahn** usw.

Nach der Abzweigung bei km 10 führt die Av. I. Zaragoza an der **Colonia Pantitlán** entlang, einem Viertel, das an der Stelle einer ehemaligen Insel der Lagune von Texcoco liegt.

Während der aztekischen Epoche fanden im Mai, wenn nach der Trockenzeit der erste Regen fiel, Zeremonien statt, bei denen Priester dem Wassergott Kinder opferten, die sie ertränkten. Von den Priestern wurden auch noch andere magische Bräuche ausgeübt, wie z. B. ein rituelles nächtli-

(1) México (Stadt) und Umgebung

ches Bad, bei dem sie die Stimmen und Bewegungen der Wasservögel nachahmten.

11 km: Die Straße r. führt nach (5 km) **Ixtapalapa**, das einst am S-Ufer der Lagune von Texcoco lag, dort, wo der von Tenochtitlán kommende S-Damm festen Boden erreichte. Die Stadt lag zur Hälfte auf künstlichen Inseln (*Chinampa*), die man dem See abgewonnen hatte.

Im S der Stadt ragt der **Cerro de la Estrella** (Pl. II, F2) empor, auf dem man am Ende des großen Zyklus, d. h. des 52 Jahre zählenden aztekischen Jahrhunderts, das Neufeuer auf dem Leib eines Geopferten entzündete.

Vier Tage vor Ablauf dieses Zyklus lebte die ganze Bevölkerung in der Furcht, den Weltuntergang zu erleben. In der letzten Nacht erreichte diese Furcht ihren Höhepunkt. Bei Einbruch der Dunkelheit wurden in den Tempeln und Häusern sämtliche Feuer gelöscht, während die Kinder und Frauen sich in ihren Häusern einschlossen, die von Kriegern bewacht wurden. Schwangere Frauen verbargen sich in großen irdenen Maiskrügen und bedeckten das Gesicht mit Magueyblättern, um sich vor den Dämonen der Dunkelheit zu schützen. Das Feuer, das auf dem Leib des Geopferten zum Zeitpunkt des Sonnenaufgangs entzündet wurde, sollte das Wiedererscheinen des Tagesgestirns bewirken. Mit dem Aufgang der Sonne nahm die Furcht ein Ende. Fackeln verbreiteten sich in der Stadt, die man auf dem Scheiterhaufen entzündet hatte. Sie trugen das Neufeuer in Tempel und Heime, jubelnd begrüßt von der Bevölkerung, die das alte Geschirr und Mobiliar zerbrach und neue Kleidung anlegte, bevor es beim Abbrennen von Kopalharz Opfergaben darbrachte.

Auf dem Cerro soll in absehbarer Zukunft ein **archäologisches Museum** eröffnet werden.

Im Novemeber 1519 zog *Hernán Cortés* mit seinen Konquistadoren auf dem S-Damm, an dessen Ende sie Moctezuma erwartete, durch Ixtapalapa.

Auf dem Vorplatz der **Pfarrkirche von Ixtapalapa** findet am Karfreitag eine Aufführung der Passionsgeschichte statt, bei der die mitwirkenden religiösen Bruderschaften, die sich aus Indios rekrutieren, durch ihre Tänze und andere Darbietungen der Vorstellung einen unverwechselbaren Charakter verleihen.

19,5 km: Die Straße r. führt ebenfalls nach (11 km) Ixtapalapa.

20 km: Lassen Sie die gebührenpflichtige Autobahn nach Puebla (s. Rte 20) r. liegen und fahren Sie nach l., auf die gebührenfreie Straße in Richtung Puebla und Texcoco.

22,5 km: Biegen Sie l. ab, in die Straße nach Texcoco.

31 km: Die Straße r. führt nach (2 km) **Chimalhuacán**, einem kleinen, einst am O-Ufer der Lagune von Texcoco gelegenen Pueblo, wo man 1939 die Ruinen eines Dorfes aus der archaischen Periode freilegte, das eineinhalb Jahrtausende vom Wasser des Sees bedeckt war. In der Mitte des Ortes begründeten die Franziskaner im 16. Jh. ein **Kloster** mit einem von Olivenbäumen bepflanzten Atrium.

41,5 km: Chapingo; wenn Sie sich l. halten, kommen Sie (nach ungefähr 1 km) zu der in einer Hazienda aus dem 18. Jh. untergebrachten **Landwirtschaftsschule von Chapingo**, wo sich in der Eingangshalle und der Kapelle ★ **Wandgemälde** befinden, die *Diego Rivera* von 1924–1927 schuf *(Öffnungszeiten:* 9–13 Uhr und 15–17 Uhr). Diese Fresken werden allgemein für die charakteristischsten Werke dieses berühmten Künstlers gehalten, der mit *Orozco* und *Siqueiros* als einer der unbestrittenen Meister der nach der Revolution in Mexiko geborenen Wandmalerei gilt. **Die dargestellten Themen, die mehrere Wände bedecken, veranschaulichen die Agrarreform von 1910.** Sie wurden jedoch mit einer solchen Fülle an Details und einer so starken Expressivität ausgeführt, daß es schwerfällt, einen Zusammenhang zu erkennen.

In den Gemälden der Kapelle hat *Diego Rivera* seine Vorstellung von der Zukunft der Menschheit dargestellt, die dank einer tiefgreifenden Reform der Gesellschaftsstrukturen die Gaben der Natur und der durch menschliche Arbeitskraft und die Elemente fruchtbar gemachten Erde für sich zu nutzen weiß. Indem er das Keimen der Natur gleichsetzte mit sozialen Forderungen, die Blüte mit dem bewaffneten Kampf und die Befruchtung mit der idealen Gesellschaft, wie er sie sich vorstellte, hat der Künstler den Symbolismus seines Werks zur höchsten Vollkommenheit geführt. Die Fresken im Amtssitz des Schuldirektors wurden von *Xavier Guerrero* geschaffen, von dem auch mehrere Türfüllungen mit floralen Motiven in der Kapelle stammen, die in einen Unterrichtssaal umgewandelt wurde.

Wenn Sie an der Kreuzung bei km **41,5** nach r. fahren, kommen Sie, nachdem Sie Chapingo hinter sich gelassen haben, zu dem kleinen Pueblo **Huexotla**, wo ein Teil des mächtigen, von Zinnen gekrönten **Walls** erhalten blieb, der den *Teocalli* (heiligen Bezirk) dieses von Texcoco abhängigen Ortes umgab. Innerhalb dieses ehemaligen Sakralbereichs von Huexotla befindet sich ein kleines, 1541 von *Jerónimo de Mendieta* begründetes **Franziskanerkloster**. Das vorgelagerte Atrium erstreckt sich über zwei Ebenen (der höher gelegene Teil wird noch von einer Terrasse beherrscht, die dem Sockel einer vorkolumbischen Pyramide entspricht). Im unteren Teil des Atriums ragt auf einem Sockel ein **skulptiertes Kreuz** aus dem 16. Jh. empor. Der Höhenunterschied zwischen den beiden Teilen des Atriums wird von einer **Monumentaltreppe** ausgeglichen. Auf dem oberen, mit Eukalyptusbäumen, Zypressen und Huejotes bepflanzten Atrium erhebt sich ein weiteres **skulptiertes Kreuz**, das ebenfalls aus dem 16. Jh. datiert.

In Kontrast zu dem schlichten Kloster mit seinem winzigen Kreuzgang (das Obergeschoß wurde im 17. Jh. aufgesetzt) steht die prächtige ★ **Kirche** (17.–18. Jh.) mit ihrer reichen churriguereresken Fassade, die ein schlanker Glockenturm überragt. Beachten Sie im Innern vor allem die aus Stein gemeißelte Kanzel (16. Jh.), eine herausragende Arbeit einheimischer Künstler. Auf der N-Seite der Kirche sieht man noch die Reste einer Offenen Kapelle mit Portikus.

Die am Eingang des Nationalmuseums für Anthropologie aufgestellte Tlalocstatue wurde in einem Steinbruch in der Nähe von **Coatlinchán** gefunden, einem ungefähr 5 km entfernten Pueblo, südöstl. von Huextla. Im 16. Jh. errichteten Franziskaner in diesem Dorf ein kleines **Kloster** (Be-

(1) México (Stadt) und Umgebung

sichtigung), das von den Mönchen des Klosters von Texcoco betreut wurde.

44 km: Texcoco (Hauptplatz). Die in 2.253 m Höhe am Rand eines Beckens gelegene Stadt, das einst von der Lagune von Texcoco ausgefüllt wurde, zählt 25.000 Ew. Texcoco ist ein äußerst **aktives Handwerkszentrum**; man findet dort Glasfabriken (die besichtigt werden können) und Webereien (in San Miguel Chiconcuac), die Sarapes, Rebozos usw. herstellen.

Eine Stadt des Dreibunds. – Texcoco, das von den Chichimeken besiedelt worden war, war in vorspanischer Zeit eine der blühendsten Städte des Tals von Mexiko. Das in Texcoco regierende Herrschergeschlecht führte seine Abstammung auf *Xólotl* zurück, den Anführer der Chichimeken, der den Fall und Untergang von Tula verursachte. Die Stadt wurde vermutlich erst während der Regentschaft ((1298–1357 ?) des vierten Chichimekenkönigs, *Quinatzin Tlaltecatzin*, gegründet, der die Hauptstadt seines Reiches nach Texcoco verlegte.

Nach der Eroberung von Atzcapotzalco, das dieses Gebiet während der zweiten Hälfte des 14. Jh. und im ersten Viertel des 15. Jh. beherrscht hatte, schloß Texcoco mit Tenochtitlán und Tlacopan (heute Tacuba) einen Dreibund, innerhalb dessen die Azteken schon bald ihre Vormachtstellung behaupteten.

Der König, ein Poet und Krieger. – Texcoco erlebte seine Blütezeit unter *Netzahualcóyotl*, bzw. *Nezahualcóyotl* („Fastender Koyote"; 1431–1472), der mit Hilfe der Mexica wieder auf den Thron gelangte, den ihm der König von Atzcapotzalco streitig gemacht hatte. *Netzahualcóyotl* hatte sich tapfer gegen den Usurpator seines Reiches geschlagen und führte Eroberungszüge an. Er war aber auch ein Poet, ein Förderer der Wissenschaften und königlicher Bauherr.

Theoretisch war Texcoco noch am Anfang des 16. Jh. eine freie Stadt und sein König mit dem Tlatoani der Azteken verbündet. Diesem Bund kam jedoch nur mehr eine ehrenvolle Bedeutung zu. *Netzalhualcóyotl* und sein Nachfolger *Netzahualpilli* (1472–1516) versuchten vergeblich, sich der kriegerischen Gesinnung der Azteken zu erwehren, für die sie zahlreiche Beweise, wie zum Beispiel den „Blumenkrieg" hinnehmen mußten. *Netzahualpilli* und *Moctezuma II* mißtrauten einander und die Hinrichtung einer aztekischen Prinzessin wegen Ehebruchs durch den Herrscher von Texcoco verschlechterte die Beziehung zwischen den beiden Herrschern nur noch.

Ein Eifersuchtsdrama lieferte im übrigen den Azteken den Anlaß, sich für den Affront zu rächen, indem sie die Ermordung des Erbprinzen *Huexotzincatzin* durch seinen Vater *Netzahualpilli* nach einer von dessen Konkubinen angestifteten Verschwörung unterstützten. Nach dem Tod von *Netzahualpilli* im Jahre 1516 machten zwei seiner Söhne einander die Nachfolge streitig. Einer der beiden, *Ixtlilxóchitl*, den *Moctezuma II* zugunsten seines Bruders *Cacamatzin* benachteiligt hatte, trug wenig später aus Verärgerung darüber seine Dienste den Spaniern an.

Kurz vor der Belagerung von Tenochtitlán bezogen die Spanier in Texcoco Quartier. Nach der Konquista errichteten die Franziskaner hier ein Kloster. Die angeschlossene Schule wurde von über tausend Indios besucht. Einer der Schüler, *Juan Bautista de Pomar*, ein Nachkomme der Herrscherfamilie von Texcoco, verfaßte – einem Wunsch Philipps II entsprechend – einen Bericht, der Gedichte in Nahuatl aus den drei wichtigsten kulturellen

Mittelpunkten des Nahuagebiets, Chalco, Huexotzinco und Texcoco enthält. 1520 zählte Texcoco 150.000 Ew.; das in Diensten des Königs *Cacamatzin* stehende Personal belief sich auf ungefähr 26.000 Personen. Der Niedergang von Texcoco beginnt am Ende des 16. Jh., ausgelöst vor allem durch die Pest von 1575–1576. Gegen Ende des 18. Jh. ist Texcoco nur noch ein kleiner unbedeutender Marktflecken.

In der Stadt können Sie fast nur die ehemaligen, heute ihrer Bestimmung entzogenen **Gebäude des Klosters** besichtigen, das vermutlich zwischen 1536 und 1545 nahe beim ehemaligen Palast von Netzahualpilli gegründet wurde. Bekanntlich war das Kloster von Texcoco zunächst im Flügel eines Palasts beim Teocalli untergebracht, der 1535 zerstört wurde. Erhalten ist ein Portikus, der als Kapelle diente, daneben die im 17. Jh. wieder aufgebaute **Kirche** (beachten Sie vor allem das N-Portal mit seinen reichen Steinmetzarbeiten), und ein **Renaissance-Kreuzgang** mit übereinanderliegenden Galerien, die von Säulen und Eckpfeilern getragen werden.

Die Umgebung von Texcoco. – **1 – Molino de las Flores** (4 km), eine ehemalige, nach der Konquista errichtete Hazienda. Sie sehen dort mehrere **Kapellen** im barocken Stil, einen schönen Park sowie die Überreste der herrlichen Gärten, die König *Netzahualcóyotl* um seine Sommerresidenz *Texcotzinco* anlegen ließ. Von den prachtvollen Ahuehuetes (Taxodium mucronatum) und den Flamboyant-Bäumen, die des Königs ganzer Stolz waren, ist so gut wie nichts mehr vorhanden. Was man noch erkennen kann, sind in den Fels vertiefte Wasserbecken und Bewässerungskanäle.

2 – Chiconcuac (6 km auf der Straße nach Tepexpan, dann 1 km nach r.). – In diesem Dorf wird Bekleidung aus Wolle hergestellt, **Pullover**, aber auch **Sarapes**, **Jorongos** und **Gabanes**, Kleidungsstücke von unterschiedlicher Größe, die wir unter der Bezeichnung Poncho kennen. Zu den beliebtesten Motiven gehören Tauben und „Fünf Diamanten", ein Mäandermotiv. Dorffest am 29. September.

3 – Papalotla (7 km auf der Straße nach Chiconcuac, dann 5 km nach r.). – Der kleinen Pfarrkirche ist eine Säulenhalle vorgelagert. Sie sehen dort prachtvolle Barockreliefs, die im 18. Jh. ausgeführt wurden.

4 – Tepetlaoztoc (14 km auf der Straße nach Apizaco und Jalapa, dann 10 km nach r.). – In diesem Dorf gründete 1529 *Fray Domingo de Betanzos* über einem Tempel aus vorspanischer Zeit ein **Dominikanerkloster**. Über eine breite, von Eukalyptusbäumen gesäumte Treppe steigen Sie zu der im 18. Jh. umgebauten **Kirche** empor. Im Innern, mit Gemälden und Statuen geschmückte Altarwände. Der **Kreuzgang** mit seinen überdachten Galerien ist gut erhalten (Reste von Wandgemälden); **Brunnen** in einem Arcosolium; die von einer Kuppel überwölbte achteckige **Eremitage** wurde im 16. Jh. von *Domingo de Betanzos* erbaut.

1 M – Nach Chalco, Amecameca und Cuautla

211 km lange Rundfahrt, für die Sie einen Tag benötigen. Für diejenigen gedacht, die sich etwa zehn Tage in der Hauptstadt aufhalten, bzw. jene, die es reizvoll finden, mit der Entdeckung des Tals von Mexiko beim Paso de Cortés zu beginnen, dem Paß zwischen den beiden majestätischen

(1) México (Stadt) und Umgebung

Vulkankegeln des Popocatépetl und des Ixtaccíhuatl, die im O Méxicos am Horizont aufragen.

Sie interessieren sich für:

Kolonialarchitektur: Sie sollten diese Exkursion keinesfalls versäumen. Sie gibt Ihnen Gelegenheit zum Besuch zahlreicher Klöster, die im 16. Jh. gegründet wurden, um die Nahuastämme im SO Mexikos zu christianisieren.

Aussicht von oben: Sie sollten den Paso de Cortés besteigen, wo sich zu Ihren Füßen das Tal von Mexiko ausbreitet.

Schöne Landschaften: Sie werden begeistert sein von dem unvergeßlichen Anblick, der sich Ihnen auf dem Popocatépetl bietet. Der Blick reicht von Amecameca über den im Gebiet von Tlalnepantla angelegten Nationalpark bis nach México.

Von México aus lassen Sie bei km **20** die gebührenpflichtige Autobahn nach Puebla r. liegen, s. Rte 1L.

22,5 km: Fahren Sie auf der gebührenfreien Straße nach Puebla weiter und lassen Sie l. die Straße nach Texcoco liegen.

28,5 km: R. wurden in der Nähe von **Tlapacoyan** die Reste einer Siedlung aus dem Ende der archaischen Epoche freigelegt, u. a. eine sechsstufige Pyramide, Gräber usw.

30 km: Verlassen Sie die gebührenfreie Straße nach Puebla und fahren Sie nach r. in Richtung Chalco und Cuautla.

In einer Entfernung von 3,5 km, auf der Straße nach Puebla, liegt das Pueblo **Ixtapaluca**, nahe der vorspanischen Siedlung **Ixtapaluca Viejo** (l., auf einem Hügel), die bis in die nachklassische Periode (9. Jh.) bewohnt war. Der Haupttempel ragt noch zu einer Höhe von 12 m empor. Dort wurden auch die Reste eines 8 m breiten Ballspielplatzes (*tlachtli*) freigelegt, der zwischen zwei 35 m langen und ungefähr 2 m hohen Mauern angelegt war.

38 km: Chalco, ein friedliches, 20.000 Ew. zählendes Städtchen. Es liegt in einer bis in die Gegend um Xochimilco von Kanälen durchzogenen Ebene.

Chalco war Hauptstadt des von den Chichimeken abstammenden Volkes der Chalca. 1392 wurde sein Herrschergeschlecht von den Atzcapotzalcanern ausgerottet. Später verlor es seine Unabhängigkeit unter *Moctezuma I*, der es dem aztekischen Reich eingliederte. Als die Spanier, nachdem sie den Paso de Cortés überschritten hatten, in der Ebene von Anáhuac auftauchten, boten ihnen die Bewohner von Chalco ihre Hilfe gegen die Mexica an.

Im Zentrum des kleinen Marktfleckens, den ein Kanalsystem mit Xochimilco verbindet, erhebt sich eine **Franziskanerkirche** aus dem 16. Jh., in der Nähe eines heute aufgelassenen Klosters (Kreuzgang). Die Kirche erhielt im 18. Jh. eine Barockfassade.

Von Chalco nach Xochimilco (36 km). – Die Straße nach Xochimilco zweigt r. von der Straße nach Cuautla ab.

11 km: Mixquic, ein Pueblo, umgeben von Kanälen, die die Chinampa gegeneinander abgrenzen. Am **Allerseelentag** (2. Nov.) und in der Nacht vom 1. auf den 2. Nov. finden auf dem Friedhof Totenfeiern statt, bei denen Totenköpfe und Skelette mitgeführt werden, wobei die Teilnehmer sich gegenseitig an Makabrem zu überbieten versuchen. Die an den Friedhofstüren aufgestellten riesigen Skelette aus Pappmaché werden verbrannt, während man zur Beleuchtung der Gräber Kerzen ansteckt (dabei werden Blumen und Lebensmittel geopfert). Die Zeremonie endet in fröhlichem Gesang und Tänzen. Am **Karfreitag**, Markt (Tianguiz) und Fest auf den Kanälen (Blumenschmuckwettbewerb).

14,5 km: San Antonio Tecómitl; kleines, 1581 erbautes Kloster mit Kapelle unter einem Portikus.

19,5 km: Tulyehualco; lassen Sie die Straße nach (2 km) **Tláhuac** l. liegen. Dort befindet sich ein kleines Kloster, das die Dominikaner im 16. Jh. gründeten. – **24,5 km: San Gregorio Atlapulco**.

36 km: Xochimilco (s. Rte 1F).

42,5 km: R., Straße nach (1 km) **Cocotitlán** (auf dem Hauptplatz, kleines Oratorium aus dem 16. Jh.).

50,5 km: Tlalmanalco, ein kleines, 8.000 Ew. zählendes Pueblo, das am Platz einer vorspanischen Siedlung errichtet wurde. Die Tempel seines Teocalli wurden 1525 von den Franziskanern zerstört und das daraus gewonnene Baumaterial für die Errichtung eines **Klosters** verwendet. Neben der von 1585–1591 über einem älteren Heiligtum errichteten Kirche sollten Sie vor allem die * **Offene Kapelle** (1558–1564) besichtigen, **ein Meisterwerk des Plateresktils**. Die heute zerstörte Kapelle schmücken reiche Steinmetzarbeiten an den Archivolten des von vier Säulen und zwei Eckpfeilern getragenen Portikus. Die Klostergebäude auf der r. Seite der Kirche (barocke Altarwand mit Gemälden, die **Baltazar de Echave** zugeschrieben werden) öffnen sich auf einen Portikus, von wo aus man in den Kreuzgang gelangt (Reste von Wandgemälden).

60 km: Amecameca, ein Städtchen mit 20.000 Ew.. Auf dem Hauptplatz erhebt sich eine **Kirche** (schöner barocker Altaraufsatz), die zu einem **Dominikanerkloster** gehörte. Der gut erhaltene Kreuzgang datiert aus der Mitte des 16. Jh.. Sie sollten nicht versäumen, den **Sacromonte** zu besteigen, einen im O der Stadt gelegenen Hügel, auf dem sich ein berühmter Wallfahrtsort befindet (15. bis 22. Febr. und 3. März). Folgen Sie dem grobgepflasterten, mit Gebetsstationen gesäumten Kreuzweg und entdecken Sie dabei den herrlichen * * **Rundblick** auf das Tal von México und den Popocatépetl.

Am Ende der Treppe ragen mehrere Gebäude empor: eine Kirche mit Flachkuppel, eine Marienkapelle und ein Presbyterium. In der **Kirche** ist über dem Altar der **Señor del Sacromonte** aufgestellt, eine Christusstatue in einem Glassarg, der den Eingang zu einer Höhle verschließt, in der (von 1533–1534) der Franziskanermönch *Fray Martín de Valencia* lebte, der in dieser Gegend missionierte. Das Gotteshaus wurde 1584, lange nach dem Tod des Einsiedlers (1534) von den Dominikanern umgebaut. Am 3. März strömen Pilger in hellen Scharen herbei, um den *Señor del Sacromonte* zu verehren. Das religiöse Fest ist aber auch willkommener Anlaß

(1) México (Stadt) und Umgebung

für **volkstümliche Darbietungen** (Lieder und Tänze) und einen auf dem Hauptplatz vor dem Kloster abgehaltenen Markt.

62 km:

▶ R. führt eine nicht asphaltierte Straße (23 km) auf den **Paso de Cortés** (3.580 m). Dort gabelt sich die Straße in Richtung (28 km) *Tlamacas-Paß* (3.882 m; auf den Popocatépetl) und in Richtung (31 km) *Las Minas* (auf dem Ixtaccíhuatl).

Ein auf dem Paso de Cortés errichtetes kleines Denkmal, das den Anführer der Konquistadoren zu Pferd darstellt, erinnert an den Marsch der Spanier nach Tenochtitlán, nachdem sie unter *Hernán Cortés* am 3. November 1519 den Paß überschritten hatten. An dieser Stelle begegnete *Cortés* einem Abgesandten Moctezumas II, Fürst *Tzihuapopola* („Rauchender Dornbusch"), der einen letzten Versuch unternahm, den Anführer der Konquistadoren vom Marsch auf Tenochtitlán abzuhalten. Von diesem Paß aus bot sich den Blicken der Spanier zum ersten Mal das Tal von Anáhuac mit seiner glitzernden Seenlandschaft dar, in der sich die im Mondlicht getauchte Aztekenmetropole wie ein silbernes Schiff ausnahm.

Der zwischen dem Popocatépetl im S und dem Ixtaccíhuatl im N eingebettete Paß ähnelt einem Plateau, auf dem über grauem Tuffstein große schwarze Pinien emporwachsen.

Der 5.439 aufragende Vulkankegel des **Popocatépetl** („Rauchender Berg"), dessen Spitze ewiger Schnee bedeckt, hatte seinen letzten Ausbruch im Jahre 1802. Nach der „Traurigen Nacht" sandte *Hernán Cortés*, bevor er daran ging, Tenochtitlán zu belagern, eine kleine Expedition aus, die den Schwefel beschaffen sollte, der für die Herstellung der Kanonenkugeln benötigt wurde. Hierzu ließ man einen der Soldaten am Seil in den Krater des Vulkans hinab. Der Popocatépetl bildet zusammen mit dem 5.272 m hohen **Itaccíhuatl** („Weiße Dame") den imposanten Gebirgszug der Sierra Nevada. Der Aufstieg auf den Popocatépetl gilt als relativ einfach. Die einzige Schwierigkeit, abgesehen von der Höhe, besteht darin, sich einen Weg über einen mit vulkanischer Asche bedeckten Abhang zu bahnen, bevor man die Felsspitze erklimmt. Ausgangspunkt ist im allgemeinen der Tlamacas-Paß (s. oben), auf dem sich eine Schutzhütte befindet, von der aus man noch in der Dunkelheit aufbricht. Der Aufstieg von El Ventorillo auf der O-Seite ist steiler, führt aber direkt zum Gipfel. Führer finden Sie in Amecameca. Der Aufstieg auf den Vulkankegel des Itaccíhuatl ist wesentlich schwieriger und erfordert Hochgebirgserfahrung.

▶ **68,5 km:** Fahren Sie nach l.

70,5 km: Ozumba, ein ungefähr 8.000 Ew. zählendes Pueblo. Besichtigen Sie dort das ehemalige **Franziskanerkloster**, das im 16. Jh. begründet wurde. Die Kirche wurde im 18. Jh. neu aufgebaut.

In der ehemaligen *Portería* (Pforte), durch die man in die neben der Kirche gelegenen Klostergebäude betritt, sind mehrere **Wandgemälde** aus dem 16. Jh. erhalten (die später ungeschickt restauriert wurden). Sie zeigen *Hernán Cortés* beim Empfang der zwölf Franziskanermönche im Jahre 1524, die von Karl V. zur Christianisierung von Neuspanien entsandt worden waren. Der Anführer der Konquistadoren zog – bald darauf von seinen Begleitern gefolgt – einige hundert Meter auf Knien den Missionaren entgegen, bevor er, barhäuptig, seinen Umhang *Fray Martín de Valencía* zu Füßen legte, der darüber wegschreitend in Mexiko einzog.

Ungefähr 3 km östl. von Ozumba liegt umgeben von Obstgärten mit Sapotill- und Avocadobäumen das Dorf **Chimalhuacán** am Fuß der Sierra Nevada. 1535 begründeten die Dominikaner dort ein **Kloster**. Im Baptisterium zwischen der Kirche und einer Offenen Kapelle, Taufbecken mit einer von Papst Paul III (1534–1549) veranlaßten Inschrift.

Fahren Sie durch Ozumba und nehmen Sie bei der zweiten Gabelung wieder die Straße nach Cuautla auf.

80,5 km: Nepantla. Dort wurde in einer Hazienda, von der nur noch einige Mauern stehen, *Sor Juana Inés de la Cruz* geboren. Auf einer der Wandflächen hatte man Azulejos angebracht, auf denen einige ihrer Gedichte zu lesen waren.

89,5 km: Biegen Sie r. ab auf die Straße nach Yautepec.

91,5 km: Atlatlahuacán, ein kleines Dorf mit einem zwischen 1570 und 1600 errichteten **Augustinerkloster**. Vor der **Kirche** sehen Sie ein weites Atrium mit zwei Oratorien (*posas*). Die schmucklose Fassade der Kirche wird von einem Campanile überragt. L. eine kleine offene Kapelle, hinter der ein später errichteter Turm aufragt. Die Klostergebäude betritt man durch einen Portikus, der zum Kreuzgang führt.

97,5 km: R. **Totolapan**, wo Sie ein **Augustinerkloster** besichtigen können, das 1534 von *Jorge de Avila* gegründet, aber erst später errichtet wurde. Es wurde dann noch einmal umgebaut. Mit seinen Zinnen und trutzigen Mauern wirkt es wie eine Festung. Vor der **Kirche**, kleines Oratorium (**posa**), vor dem sich bei im Freien abgehaltenen Prozessionen die Gläubigen zum Gebet einfanden. L. befindet sich eine **Offene Kapelle**. Zwischen dieser Kapelle und der Kirche öffnet sich die *Portería*, die zu einem **Kreuzgang** führt. In diesem Kloster sind mehrere zwar beschädigte, jedoch meisterhafte **Fresken** aus dem 16. Jh. zu sehen.

Wenn Sie den Ausflug abkürzen möchten, fahren Sie jetzt in Richtung Yautepec (8 km) weiter (von wo aus sie diesen Weg bei km **145** ab Tlayacapan wieder aufnehmen). Wenn nicht, kehren Sie zurück bis zur Straße nach Cuautla.

122,5 km: Fahren Sie zurück zur Gabelung bei km **89,5**.
109,5 km: Biegen Sie nach l.
116 km: Yecapixtla, ein ungefähr 5.000 Ew. zählendes Pueblo. Dort findet am 1. Nov. ein malerischer **tianguiz** (Markt) statt, auf dem die Bevölkerung der ganzen Umgebung zusammenströmt, um Weihgaben zu erwerben, die auf den Gräbern niedergelegt bzw. zur Erinnerung an Verstorbene zu Hause aufgestellt werden.

Es werden vor allem Kerzen in verschiedenen Farben erworben, je nach dem Stand des Verstorbenen. Schwarze Kerzen steckt man auf den Gräbern von Eheleuten bzw. Erwachsenen an, blaue auf den Gräbern von Jugendlichen, grüne für Kinder und weiße für junge Mädchen. Aber auch große irdene Krüge werden erstanden, die mit frischem Wasser gefüllt, neben anderen Lebensmittelgaben auf die Gräber gestellt werden.

In diesem kleinen Marktflecken, der auf eine vorspanische Siedlung zurückgeht, errichteten die Franziskaner 1525 eine bescheidene Einsiede-

(1) México (Stadt) und Umgebung

lei, an deren Stelle 1540 eine mächtige * **Klosterfeste** trat. Sie wurde unter der Leitung des Augustinermönchs *Jorge de Avila* erbaut. Der Kirche ist ein geräumiges Atrium vorgelagert, wo sich kleine Oratorien (*Posas*) befinden.

Die schöne schmucklose Fassade der **Kirche** wallt zwischen zwei mächtigen Strebepfeilern empor und wird von spitzen Zinnen gekrönt. Beachten Sie die überaus kunstvoll aus Stein gemeißelte gotische Rosette über dem mit Engeln, Tritonen und Blumenmotiven geschmückten Portal im platteresken Stil. Auf dem kleinen Giebel, der die beiden Tympanons des Portals überragt, sehen Sie r. ein Wappenschild mit den fünf Wunden des Hl. Franziskus von Assisi und l. ein weiteres Wappen, das ein von Pfeilen durchbohrtes Herz zeigt, das Symbol des Augustinerordens. Im Inneren eine skulptierte Kanzel (16. Jh.); von besonderer Schönheit ist das gotische Rippengewölbe über dem Chor.

Die Klostergebäude öffnen sich auf der r. Seite der Kirche auf einen kleinen Portikus. R. befindet sich eine **Offene Kapelle**. Vom Portikus, bzw. der ehemaligen Portería aus kommt man in den schmucklosen **Kreuzgang** mit seinen von mächtigen Pfeilern getragenen Galerien.

➤ Die Straße führt über Yecapixtla weiter nach (16,5 km) **Ocuituco**, einem Dorf, in welchem die Augustiner 1534 ihr erstes **Kloster** in Neuspanien errichteten. Der äußerst anspruchslosen **Kirche** ist ein Atrium vorgelagert, wo ein Kreuz aus dem 16. Jh. aufragt. Die Kirche wird l. von einem später errichteten hohen Glockenturm überragt. Die Fresken, die das Innere der Kirche schmückten, sind heute stark beschädigt. Sie sollten nicht versäumen, den **Kreuzgang** zu besichtigen, den ein schöner Brunnen (16. Jh.) mit vollplastischen Tierfiguren auf dem Brunnenrand schmückt. Im Obergeschoß des Kreuzgangs sehen Sie im Gewölbe **Wandgemälde**, die sich in sehr schlechtem Zustand befinden. Die ganze Klosteranlage weist zahlreiche, aus Stein gemeißelte Details auf, wie z. B. die Einfassungen der Bögen, die sich auf den Kreuzgang öffnen.

Wenn Sie die Straße über Ocuituco hinaus fortsetzen, kommen Sie nach (7 km) **Tetela del Volcán** am Fuß des Popocatépetl, wo sich ein 1580 begründetes **Augustinerkloster** befindet, das im 17. Jh. umgebaut wurde. Im Kreuzgang sind polychrome **Wandgemälde** aus dem 16. Jh. erhalten.

➤ **122,5 km**: Fahren Sie zurück zur Gabelung bei km **109,5**.
126,5 km: Lassen Sie die (gebührenpflichtige) Autobahn, die von México nach Cuautla führt, liegen.
129,5 km: Verlassen Sie die Straße nach (3 km) **Cuautla** (s. Rte 2B bei km 46) und fahren Sie nach r. in Richtung Cuernavaca.
137 km: Biegen Sie r. ab in Richtung Oaxtepec.
141 km: **Oaxtepec**, ein kleines Pueblo vorkolumbischen Ursprungs. Der unter dem Namen *Huastepec* bekannte Ort wurde von *Moctezuma I Ilhuicamina*, der aus dieser Gegend stammte, bevorzugt. Er ließ sich hier einen Palast errichten und prachtvolle Gärten anlegen, in denen Gewächse aus den heißen Ländern am Golf von Mexiko akklimatisiert wurden.

Im * **Moctezumapark** liegen die Ruinen von Bauwerken aus der aztekischen Epoche. Man sieht dort auch Reliefs, oder besser gesagt, Felszeichnungen. Das von Dominikanern in der ersten Hälfte des 16. Jh. begründete ehemalige Kloster ist heute eine *Landwirtschaftliche Hochschule*. Auf der

l. Seite der Klostergebäude erhebt sich die **Kirche** (gotisches Rippengewölbe), die mit ihrer einen Wehrgang schützenden Brüstung den Anblick einer Festung bietet.

Nahe bei Oaxtepec befindet sich das *Centro de Vacaciónes de Oaxtepec*, ein Urlaubszentrum des Instituts für soziale Sicherheit. Man hat dort den Versuch unternommen, den vergangenen Glanz der von *Moctezuma* angelegten tropischen Gärten neu erstehen zu lassen (Gebühr). Es gibt dort ein Restaurant, einen Swimmingpool, Spielplätze usw.

145 km: Tlayacapan, ein Dorf, wo Sie ein von Augustinern begründetes ★ **Kloster** besichtigen können (es wurde 1572 fertiggestellt). Im Hintergrund eines großen Atriums erhebt sich die **Kirche** mit ihrer von zwei Strebepfeilern eingefaßten und von Zinnen gekrönten schmucklosen Fassade. Im Inneren sehen Sie auf dem Sockel des Altars bei der zum Kreuzgang führenden Türe Reste von **Fresken** des 16. Jh. mit der Darstellung der Leidensgeschichte.

Auf der l. Seite der Kirche gelangt man durch einen Portikus zu dem mit **Fresken** aus dem 16. Jh. geschmückten **De Profundis-Saal**; sie zeigen Szenen aus der Passionsgeschichte und Heilige. Gehen Sie von dort in den **Kreuzgang** mit seinen gotischen Spitzbögen aus zweifarbigem Mauerverband, deren Rippen durch gemalte Blumenmotive hervorgehoben werden. Die Türen der sich auf den Kreuzgang öffnenden Gebäude werden von Rundbögen (skulptierte Türeinfassungen) bzw. Korbbögen auf stabilen Pfosten überfangen.

153 km: Tlalnepantla, ein in einem Nationalpark gelegenes Dorf. Der Park wurde in einem riesigen Wald auf den westl. Ausläufern des Popocatépetl angelegt. Sie werden dort Stellen entdecken, von wo aus sich Ihnen eine herrliche Sicht bietet.

180 km:

R., in einer Entfernung von 3 km, liegt **Milpa Alta**, wo man in der Nacht des 2. Nov. auf originelle Art das Totenfest begeht. In Milpa Alta spricht der größte Teil der Bevölkerung noch Nahua.

193 km: Xochimilco (s. Rte 1F).
211 km: México (Zentrum).

1 N – Nach Chalma

Diese 200 km lange Rundfahrt ist vor allem Anfang Januar, im Februar, August und September lohnend, wenn die Gläubigen zur Wallfahrtskirche von Chalma pilgern.

Sie interessieren sich für:

Wälder und Landschaften im Hochgebirge: Sie sollten diesen an der Cordillera de las Cruces entlang führenden Weg nicht versäumen, um u. a. auch die Lagunen von Zempoala zu entdecken.

Ausfahrt aus México auf der gebührenfreien Straße nach Cuernavaca (Pl. **II**, C4). Von der Weggabelung aus beginnt

(1) México (Stadt) und Umgebung

die Straße zur NO-Flanke des Vulkans Ajusco anzusteigen. Vor Ihnen tauchen der Ixtaccíhuatl, dann der Popocatépetl auf, die beiden höchsten Berge der Sierra Nevada, die die Ebene von Anáhuac im O begrenzt.

Kurz nach der Ausfahrt aus México kommen Sie in der Nähe des **Héroico Colegio Militar** (keine Besichtigung) vorüber, einer Kadettenanstalt, die 1976 von den Architekten *Agustín Hernandéz Navarro* und *Manuel Gonzáles Rul* errichtet wurde.

26 km: An der Stelle, wo sich die Straße in Richtung (1 km) Xicalco und nach (6,5 km) **Ajusco** gabelt, gibt es mehrere Restaurants. Ajusco liegt am Rand eines Waldes, der den Cerro Malinale bedeckt, südl. des Vulkans Xitle, von wo aus sich – vermutlich kurz vor Beginn unserer Zeitrechnung – die Lavaströme ergossen, die die Pyramide von Cuicuilco unter sich begruben und den Pedregal de San Angel entstehen ließen.

51 km: Tres Cumbres (bzw. **Tres Marías**), der höchste Punkt auf der Straße von México nach Cuernavaca.

52 km: Fahren Sie nach r., auf die Straße nach Chalma. Kurz danach kommen Sie in einen herrlichen, ungefähr 3.000 m hoch gelegenen Pinienwald.

66 km: die ****Lagunas de Zempoala**, von grünen Matten umgeben und hohen Bergen eingerahmt; eine einzigartige Schweizer Bergkulisse.

80,5 km: Santa Maria; biegen Sie l. ab.

103 km: Chalma, ein kleiner, an die hundert Ew. zählender Flekken, der am Fuß eines Felsens in einer tiefen Schlucht liegt, in der ein Wildbach fließt. Alljährlich strömen während der ersten fünf Januartage Pilger in hellen Scharen hierher. Sie kommen in alten Autos, zu Pferd, zu Fuß und auf Eselsrücken, um dem „Heiland von Chalma" ihre Reverenz zu erweisen, einem Kruzifix, dem Wunderkräfte nachgerühmt werden. Die meisten Pilger kampieren unter freiem Himmel im Wald, wo bei Einbruch der Nacht Hunderte von Lichtern aufflammen.

Der Ursprung dieser Wallfahrt reicht bis in vorkolumbische Zeit zurück, als man hier in einer Höhle eine Statue des Höhlengottes *Otzoctéotl* verehrte, die 1533 von den Augustinern durch ein Kreuz ersetzt wurde. Der Legende nach soll der Heiland von Chalma auf wundersame Weise und ohne menschliches Zutun den Platz des heidnischen Idols eingenommen haben, zumindest wurde das von den beiden Missionaren behauptet, die mit der Christianisierung dieses schwer zugänglichen Gebietes beauftragt waren. 1683 wurde mit der Errichtung einer Kirche in der Nähe des Klosters und der Höhle ein würdiger Rahmen für das Wunderkreuz geschaffen, das auf dem Altar aufgestellt wurde, wo es sich noch heute befindet.

Auf diesen **Wallfahrten** legen die Pilger den Weg zur Kirche häufig auf Knien zurück, um ein Wunder zu erflehen, das umso eher Aussicht auf Erfüllung hat, je näher beim Kreuz eine Weihegabe niedergelegt wird. Die Tradition erfordert es, daß man im Wildbach, dem wundertätige bzw. therapeutische Kräfte nachgesagt werden, ein Bad nimmt, um anschließend auf den Vorplatz der Kirche zurückzukehren, den man – als Zeichen der Ehrerbietung vor dem Herrn von Chalma – rückwärtsgehend wieder verläßt.

México – Chalma – México

Wie bei allen mexikanischen Festen gibt nicht nur diese Wallfahrt, sondern auch die im Februar, August und September stattfindenden der Bevölkerung Gelegenheit, ihre Begeisterung in Tänzen zum Ausdruck zu bringen, ohne sich vom Gemurmel der Betenden und dem Geknatter des Feuerwerks stören zu lassen.

125,5 km: Kehren Sie nach Santa Maria zurück und fahren Sie geradeaus weiter.
Sie kommen dann durch die Dörfer (137 km) **Coatepec** und (143 km) **Jalatlaco**.
148 km: Verkehrsknoten, von wo aus Sie die Straße nach Tenango bei La Marquesa erreichen (s. Rte 2 bei km 339). Sie fahren weiter in Richtung Mexiko und kommen dabei durch einen der schönsten Tannenbestände in der Umgebung der Hauptstadt. Dort treffen Sie an Wochenenden auf Hunderte von Picknickfans.
167,5 km: **La Marquesa**, Kreuzung auf der Straße von Mexiko nach Toluca (s. Rte 4 bei km 32,5).
170 km: **De las Cruces-Paß**, 3.100 m ü.M. Am 30. Okt. 1810 umzingelten *Hidalgo* und *Allende* an der Spitze einer ungefähr 80.000 Mann starken Revolutionsarmee eine Truppe der Royalisten in der kleinen Ebene beim Paß. *Miguel Hidalgo* zögerte jedoch, nach México zu marschieren. Er zog sich stattdessen nach Guanajuato zurück und verlor damit die Chance, den Vizekönig zu stürzen.
178 km: R., Straße zum Desierto de los Leones; von dieser Kreuzung aus s. Rte 1G ab km 29.
200 km: **México** (Zentrum).

2 – Rundfahrt México–Cuernavaca–Taxco–México

Auf dieser Rundfahrt haben Sie Gelegenheit, drei wesentliche Aspekte der mexikanischen Landschaft kennenzulernen, die Ihnen zweifellos helfen werden, die Wesenszüge des Mexikaners und der mexikanischen Kunst besser zu verstehen. Die üppig wuchernde Vegetation der tropischen Gärten des Morelos, insbesondere in Cuernavaca, erinnert an den prunkvollen Barockstil der Kirche Santa Prisca de Taxco, an die außerordentliche Lebendigkeit der Gefiederten Schlangen des Haupttempels von Xochicalco oder aber auch an den großherzigen Überschwang der Volksseele, die in dem aus dem Morelos stammenden Emiliano Zapata, der Galionsfigur der mexikanischen Revolution, ihren schönsten Ausdruck findet.

Die zerklüfteten Berge in dem kleinen Teil des Guerrero, durch den Sie in der Umgebung von Taxco kommen werden, Berge, die vom Wüten der Elemente zernagt oder von zerstörerischen Wasserläufen in kurzen Zeitabständen durchfurcht werden, zeigen Ihnen das Bild einer unglaublich harten Welt, in der der Mensch in seinen Gefühlen und Reaktionen ganz auf die Natur eingestellt ist.

Die gebändigte Rauheit der Landschaften des Plateaus, das Sie anschließend auf dem Weg zurück nach México durchqueren, wirft gewissermaßen ein Licht auf die Genügsamkeit und methodische Strenge der präkolumbischen Zivilisationen, die sich in diesem Teil Mexikos ausbreiteten. Sie finden in den Bauwerken von Malinalco und insbesondere von Tenango ihren Ausdruck und lassen gleichzeitig die enge Bindung des Menschen an die Natur erkennen.

Diese Rundfahrt, die wegen Taxco zumindest teilweise im Programm der verschiedenen Reisebüros enthalten ist, kann – wenn Sie sich auf das Wesentliche beschränken (Besichtigung von Xochicalco, der Grotten von Cacahuamilpa, der Stadt Taxco, wo Sie übernachten, und von Tenango) – in zwei Tagen durchgeführt werden, obwohl sie es verdiente, daß man drei Tage darauf verwendet (und die erste Nacht in Cuernavaca verbringt).

Sie interessieren sich für:

Archäologie: Sehen Sie sich die * Pyramide von Teopanzolco in Cuernavaca an. * * Xochicalco, das Zeremonialzentrum von * * Malinalco und * * Tenango.

Kolonialarchitektur: Besichtigen Sie die Kirche von * Tepoztlán (s. Rte 2A) und die Kirche * * Santa Prisca in Taxco.

Zeitgenössische mexikanische Malerei: Bewundern Sie die von Diego Rivera im Palast von Cortés in Cuernavaca geschaffenen Fresken.

Cuernavaca

Die Schönheit der mexikanischen Natur: Besteigen Sie den ★★ Cerro del Tepozteco (s. Rte 2A) und steigen Sie in Cuernavaca in einem Hotel mit Garten ab (z. B. im Casino de la Selva, im Jacarandas oder Las Mañanitas); besuchen Sie die ★★ Grotten von Cacahuamilpa und machen Sie sich – wenn Sie die Straßen von ★★★ Taxco durchstreifen – auf die Suche nach den schönsten Aussichtspunkten; halten Sie auf der Straße zwischen Taxco und Tenango beim (km 235,5) ★★ Mirador an.

Gelegenheitskäufe unterwegs: Denken Sie an die zahlreichen Möglichkeiten, die Ihnen die Geschäfte von Cuernavaca bieten, an Taxco und seine Silberwaren, an die Rebozos von Tenancingo, an die Jorongos (kleine Sarapes = gewebte Wolldecken) von Coatepec Harinas.

Feste und Veranstaltungen: Notieren Sie sich den 16. Januar, den Festtag der Hl. Katharina in Tepoztlán (s. Rte 2A), wo auch ein Karneval stattfindet und die Fiesta del Brinco. In Santiago Tianguistengo wird am 25. Juli eine Feria gefeiert.

Straße: 391 km (85 km nach Cuernavaca; 192 km nach Taxco).

Ausfahrt aus México auf der Straße nach Cuernavaca (Pl. **II**, C/D 4). **19** km: Lassen Sie die gebührenfreie Straße nach Cuernavaca (s. Rte 1M) r. liegen und folgen Sie der gebührenpflichtigen (cuota) Autobahn. Wenig später steigt die Straße zum Vulkan **Ajusco** empor; dahinter erblicken Sie die Ebene von Anáhuac, die im O. vom Ixtaccíhuatl und dem Popocatépetl überragt wird.

54 km: Nach der Überquerung des Tres Cumbres-Passes (s. Rte 1M bei km 54) führt die Straße in einer großen, nach O gezogenen Schleife in das Tal von Morelos hinab. Herrliche ★★ **Sicht auf den Popocatépetl** und auf das Tal von Morelos.

70 km: Abzweigung der gebührenpflichtigen Autobahn nach Cuautla.

78 km: Autobahnausfahrt nach (7 km) **Cuernavaca** (über die 1 km von der Autobahn entfernte gebührenfreie Straße nehmen Sie diesen Weg wieder auf). Von dieser Gabelung aus können Sie auch in Richtung Tepoztlán (s. Rte 2A bei km 5,5) weiterfahren.

Cuernavaca, die in einer Höhe von 1.542 m gelegene Hauptstadt des Bundesstaates Morelos (4.964 km^2; 749.000 Ew.), zählt 197.000 Ew. Sie liegt inmitten von Obstplantagen und Gärten, in denen Bougainvilleas und andere tropische Pflanzen wachsen. Diejenigen, die sich nur kurz dort aufhalten, wird Cuernavaca möglicherweise enttäuschen, trotz des Rufes, den die Stadt dank ihres milden Klimas genießt. Um ihren Zauber zu entdecken, muß man in ihre Privatparks oder in die Gärten der besseren Hotels vordringen.

„Am Saum des Waldes". – Cuernavaca, das während der vorspanischen Epoche unter dem Namen Cuauhnáhuac („Am Saum des Waldes") bekannt war, wurde vermutlich im 12. Jh. n. Chr. von einem Chichimekenstamm gegründet. Die Azteken eroberten die Stadt unter der Regentschaft von Itzcóatl (1428–1440). Sein Nachfolger, Moctezuma I. Ilhuicamina, der von einer Prinzessin aus Cuauhnáhuac geboren worden war, erklärte das Gebiet von Cuernavaca zu einem seiner Lieblingsaufenthaltsorte und ließ sich in Huaxtepec (Oaxtepec) einen Palast bauen. Die Herrscher der Azteken besaßen in der Gegend von Cuernavaca und Oaxtepec riesige Parks, wo sie tropische Gewächse aus den Tierras Calientes vom Golf von Mexiko akklimatisiert hatten und in denen sie ihre Geschicklichkeit bei der Jagd auf buntgefiederte Vögel unter Beweis stellten. Bei der Ankunft der Spanier war der Morelos größtenteils von dem Nahua-Stamm der Tlahuica („Erdleute") besiedelt, Nachkommen der Chichimeken, die sich in Cuernavaca niedergelassen hatten.

Cuernavaca, ein Lehnsgut von Hernán Cortés. – Während der Belagerung von Tenochtitlán bemächtigte sich Hernán Cortés der Stadt und steckte sie in Brand. Da Karl V. ihn von der Macht fernhielt, ließ Cortés sich in Cuernavaca einen Palast errichten, in dem er sich – mit Ausnahme der Jahre von 1536–1538, in denen er eine vergebliche Expedition an die Küste der Halbinsel von Kalifornien unternahm – aufhielt, bis zu seiner Abreise aus Mexiko im Jahre 1540. Von Karl V. geadelt – dieser hatte ihn zum Marqués del Valle (de Oaxaca) und Conde de Cuernavaca ernannt – führte Cortés im Morelos den Anbau von Zuckerrohr ein, das die Spanier von den Kanarischen Inseln aus auf den Antillen angepflanzt hatten. Mehrere tausend schwarzer Sklaven wurden deportiert, um in diesen Plantagen zu arbeiten. Da sie aggressiver als die Indios waren, kam es häufig zu Aufständen und gelegentlich führt man die Heftigkeit der aufständischen Bewegung der Bauern des Morelos, insbesondere während der Revolution, auf dieses afrikanische Erbe zurück. Durch ihre Verheiratung mit Indianern und Mestizen wurden die während der Kolonialepoche nach Mexiko gekommenen Schwarzen praktisch assimiliert, ausgenommen in einigen abseits gelegenen Gebieten im SO des Guerrero. Cuernavaca, das während der Kolonialepoche eine blühende Stadt war, wurde zu einem der beliebtesten Aufenthaltsorte. Der vermutlich von französischen Vorfahren abstammende José de la Borda hatte in den Silberminen von Taxco ein Vermögen gemacht und ließ sich hier einen Palast bauen, in dem er 1778 verstarb. Von der Pracht dieser Anlage findet sich ein Überbleibsel in den romantischen Jardínes de Borda (Borda-Gärten), im Herzen der Stadt.

Viva Zapata. – Während der Revolution entstand im Morelos die stärkste Bewegung der aufständischen Bauern, deren Anführer der Mestize und Kleinbauer Emiliano Zapata war. Zapata, der – von der verzögerten Anwendung der Agrarreform enttäuscht – zum Sturz von Porfirio Díaz beigetragen hatte, indem er 1910 zu den Waffen griff, nahm in darauffolgenden Jahr, als Francisco de Madero die Präsidentschaft angetreten hatte, erneut den Kampf auf. Nach dem Sturz von Madero und während der Diktatur von Victoriano Huerta erklärte er sich zum Herren über riesige Berggebiete in den Bundesstaaten Morelos und Guerrero und bedrohte Cuernavaca. Emiliano Zapata sollte die Sierra bis 1919 halten, als er auf der Hazienda de San Juan Chinameca bei Cuautla in einen Hinterhalt gelockt und erschossen wurde. Die Erinnerung an ihn lebt in zahlreichen Volksliedern (corridos) der Peones (Tagelöhner) des Morelos fort.

Palacio de Cortés (Pl. B3). – Von der mit indischen Lorbeerbäumen bepflanzten **Plaza Principal** bzw. **Plaza Morelos** aus gelangen Sie zum **Cuauhnahuac-Museum** im ehemaligen **Palacio de Cortés.** Der vermutlich ab 1532 errichtete Bau wurde später von Cortés eigenem Sohn Martín und ein weiteres Mal im 19. Jh. um-

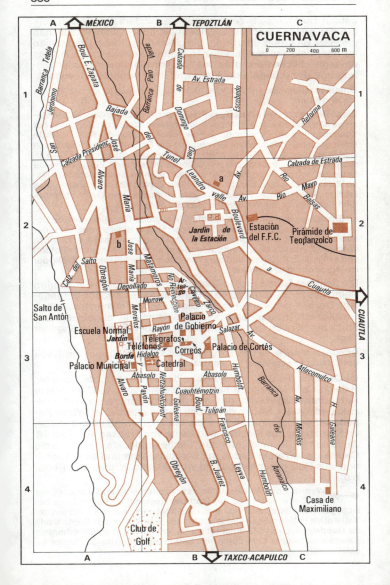

gebaut. Die Frontseite zeigt zwei übereinanderliegende Galerien. Die des ersten Geschosses bildet eine Loggia, von wo aus man die Plaza de Armas überblickt. Die gleiche Anordnung findet man auf der Rückseite des Palastes. Hier öffnet sich die Loggia auf das **unvergleichliche Panorama des Tals von Morelos**, in dessen Hintergrund der schneebedeckte Kegel des Popocatépetl aufragt.

Öffnungszeiten: Sa. und So. von 10.30–19 Uhr; Mo., Di., Mi. und Fr. von 10.30–18 Uhr.

Diego Rivera hat dort ein **riesiges Fresko** gemalt, das **die Geschichte Mexikos und Cuernavacas** nachzeichnet, insbesondere zum Zeitpunkt der Konquista und der Periode, die auf die Niederlassung der Spanier folgte (vorspanische Opferszenen, Szenen, die die Errichtung des Palasts von Cortés wiedergeben, Alltagsleben und Arbeit der Indios in den Zuckerrohrplantagen, Autodafés der Inquisitionstribunals u. a.). Einige Gemälde befassen sich mit dem Unabhängigkeitskrieg, in dessen Verlauf José Maria Morelos sich auszeichnete, mit Emiliano Zapata als Galionsfigur. Diese Fresken wurden unter Präsident Calles im Auftrag von Dwight Morrow, dem Botschafter der Vereinigten Staaten, ausgeführt.

Im Empfangssalon sehen Sie ebenfalls vier große Gemälde, die von *Roberto Cuevas del Rio* stammen. Sie zeigen Miguel Hidalgo, den Vater der mexikanischen Unabhängigkeit, die Belagerung von Cuautla, erfolgreich unterstützt von Morelos, Benito Juarez und andere Anhänger der Reform und schließlich E. Zapata und die Unterzeichner des Plans von Ayala, der die Agrarreform begründete.

Die **Jardines Borda** (Borda-Gärten; Pl. A3) wurden in der zweiten Hälfte des 18. Jh. von José de la Borda im andalusischen Stil angelegt. Der seit langem vernachlässigte Park mit seinen tropischen Gewächsen, seinen barocken Häuschen mit abgeblättertem Stuck atmet noch den romantischen Zauber längst vergangener Tage.

Öffnungszeiten: 9–19 Uhr; So. um 13 und 17 Uhr Aufführung des Juego del Volador ("Fliegerspiel"; s. Papantla, Rte 18, km 284).

La Catedral (Pl. B3). – In der Nähe der Jardines Borda, Ecke Av. Hidalgo/Calle Morelos, erhebt sich die im Jahre 1533 errichtete **Kathedrale**, das ehemalige Gotteshaus des angrenzenden Franziskanerklosters. Neben der Kirche befindet sich eine **Offene Kapelle** mit gotischem Gewölbe, die um 1536–1538 erbaut wurde. Im **Kreuzgang** des Klosters sind Reste von **Fresken** aus dem 16. Jh. zu sehen, die man unter der Tünche entdeckte. Im Atrium die **Capilla de la Tercer Orden** mit Barockfassade und einem schönen, aus Holz geschnitzten und vergoldetem Altaraufsatz (Retablo).

➤ Wenn Sie die Morelosstraße zurückgehen, können Sie an der Ecke der Degolladostraße das **Instituto Regional de Bellas Artes** besichtigen (Gemälde- und Freskenausstellung) und, ungefähr 1 km von der Kathedrale entfernt, Ecke Matamorosstraße, das **Oratorio de Santa Maria de Guadelupe,** das 1538 errichtet wurde, um ein Kreuz zu beherbergen. Dieses Kreuz wurde 1772 durch eine Statue der Virgen de Guadelupe ersetzt.

Cuernavaca

Pyramide von Teopanzolco (Pl. C2). – Zu diesem Bauwerk kommen Sie, wenn Sie, von der Plaza Principal aus, der 1. am Palacio de Cortés entlangführenden **Salazarstraße** folgen. Lassen Sie kurz danach die *Av. Atlacomulco,* durch die Sie bereits gekommen sind, r. liegen und biegen Sie nach r. in die *Calle Galeana,* bei der **Casa de Maximiliano,** der ehemaligen Kaiserlichen Residenz von Maximilian und Charlotte. Das Gebäude wurde 1960 restauriert.

Ungefähr 1 km vom Hauptplatz entfernt biegen Sie nach l. auf den Boulevard a Cuautla. Sie kommen am Bahnhof (Pl. C2) vorüber; unweit von dort hat Siqueiros im **Casino de la Selva** (Pl. a B2) ein riesiges Fresko (in der Kapelle) geschaffen.

Nach dem Bahnhof biegen Sie nach r. in die *Av. Rio Mayo* und ungefähr **2,5 km** vom Stadtzentrum entfernt in die *Rio Balsas-Straße,* an deren Ende sich die **Pyramide von Teopanzolco** („der aufgegebene Tempel") erhebt, die während der aztekischen Epoche auf einer kleinen Anhöhe am Rand des Basaltlavastroms El Texcal errichtet wurde.

Besichtigung: von 8–18 Uhr.

Die Pyramide von Teopanzolco umfaßt in Wirklichkeit zwei übereinander liegende Gebäude. Als Manuel Gamio und José Reygada Vértiz 1921 dort Ausgrabungen durchführten, entdeckten sie unter der ersten Pyramide einen zweiten, noch älteren Bau.

Von der jüngeren Pyramide sind noch Reste des ersten Absatzes mit einer 31 m breiten **Treppe** zu sehen, die von Rampen in zwei Aufgänge geteilt wird. Von der oberen Plattform dieses Gebäudes aus, das auf einer rechteckigen Grundfläche von 50 x 32 m Seitenlänge erbaut wurde, sehen Sie in einem Graben die **mächtige Doppeltreppe** der älteren, besser erhaltenen Pyramide. Wie in Tenayuca endet der obere Teil der Rampe in einer senkrecht aufgesetzten Tafelfüllung. Die Wände der beiden Tempel, die sich auf der zweiten Stufe der Pyramide auf einer Plattform erhoben, ragen noch ungefähr 3 m empor. In der Nähe der Ecke des 1. Tempels (N-Tempel) Spuren von Pfeilern, die vermutlich das Dach trugen. Der S-Tempel, r., wird von Zwischenwänden in zwei Räume unterteilt.

Zu den Gebäuden dieses Zeremonialzentrums gehört ferner der **Tezcatlipoca-Tempel** hinter der Hauptpyramide, der ebenfalls aztekischen Ursprungs ist.

2 A – Von Cuernavaca nach Tepoztlán (Straße: 22,5 km).

Ausfahrt aus Cuernavaca über die Morelo und den Boul. Emilio Zapata (Pl. B1) in Richtung Tepoztlán. – 4,5 km: Verlassen Sie die gebührenfreie Straße nach México und fahren Sie nach r.

5,5 km: Gebührenpflichtige Autobahn von México nach Cuernavaca und Iguala; fahren Sie geradeaus weiter.

22,5 km: **Tepoztlán.** Der ungefähr 1.500 m hoch gelegene Tlahuica-Ort liegt inmitten einer malerischen Felskulisse. Auf einem dieser Felsen, dem Cerro del Tepozteco, erheben sich die Ruinen eines Tempels aus vorspanischer Zeit.

(2) México – Cuernavaca – Taxco – México

☞ Tepoztlán, das von dem nahuasprechenden Stamm der Tlahuica bewohnt wird, wurde von den Chichimeken gegründet, die – wie die Legende versichert – aus Chicomóztoc („Ort der sieben Höhlen") kamen. Der Ort wurde vermutlich um die Mitte des 15. Jh. von den Azteken unterworfen, denen er tributpflichtig war. Man verehrte dort Tepozteco bzw. Tepoztécatl („der aus Tepoztlán"), eine Gottheit der Ernten und des Pulque (Tepoztécatl war einer der vierhundert Pulquegötter). 1521, während der Belagerung von Tenochtitlán, bemächtigten sich die Spanier der Stadt. Viel später gründeten die Dominikaner in Tepoztlán ein Kloster, von dem aus sie die Christianisierung dieses Gebiets unternahmen.

Auf der Plaza befinden sich der Markt und das in ein **Museum** umgewandelte ★ **Dominikanerkloster.** In das Atrium gelangen Sie durch einen Bogen, der sich am Ende der Treppe öffnet. Mit seiner zinnenförmigen Brüstung, seinen Schilderhäuschen und den mächtigen Strebepfeilern auf der O-Seite der Kirche ähnelt das von 1559–1580 erbaute Kloster (die Kirche wurde 1588 fertiggestellt) einer Festung. An den Ecken des Atriums befinden sich kleine Oratorien bzw. **Posas,** vor denen die Gläubigen bei im Freien stattfindenden Prozessionen Halt machten. Auf der r. Seite der Kirche erhebt sich vor der Ruine einer Offenen Kapelle ein **skulptiertes Kreuz** aus dem 16. Jh.

Das Kirchenportal im platereskem Stil wird von zwei Strebepfeilern flankiert, die die beiden nach dem Erdbeben von 1839 restaurierten Türme tragen. Über dem Portal, das von einem Gesims mit verschiedenen religiösen Symbolen überragt wird, sehen Sie im Giebelfeld eine Skulptur der Jungfrau Maria zwischen zwei Heiligen. Noch höher halten zwei Engel eine Tafel, auf der sich vermutlich eine Inschrift befand.

Die einschiffige Kirche wird an der O-Seite von einer Apsis begrenzt, der ein Gewölbefeld mit gotischen Spitzbögen über dem Chor vorgelagert ist. Von der Kirche aus gelangen Sie in den schlichten Kreuzgang, den zweigeschossige Galerien mit Tonnengewölben umgeben und um den sich im Erdgeschoß die Gemeinschaftsräume und im Obergeschoß die meisten Zellen gruppieren. Im Refektorium, ein Becken in einer Wandvertiefung mit Giebel. Von der Loggia an der NW-Ecke im Obergeschoß des Klosters, **sehr schöner Ausblick** auf die zerklüfteten Felsen, die Tepoztlán umgeben.

Der Ort Tepoztlán, in dem noch Nahuatl gesprochen wird, ist bekannt für seine Feste, insbesondere für seinen **Karneval,** der am Sonntag vor dem Faschingsdienstag beginnt (Tanz der Chinelos und der Huehuenches in prächtigen, bestickten Kostümen und Federkopfputz). Während der **Karwoche** (Semana Santa) findet die **Fiesta del Brinco** („Fest der Sprünge") statt, die drei Tage lang dauert und bei der zusammengebundene Tänzer zur Erheiterung des Publikums Sprünge vollführen. Die Teilnehmer tragen bunte Kostüme aus Seide und Federbüsche, manche von ihnen Masken aus rötlichen Pflanzenfasern, um die Konquistadoren nachzuahmen.

Am 16. Januar werden beim **Fest der Hl. Katharina** von verschiedenen Gemeinden aus den Dörfern in der Umgebung von Tepoztlán regionale Tänze aufgeführt. Einer der sehenswertesten ist der Tanz der Apachen, der von Gürteltierpanzern als Musikinstrumenten begleitet wird.

6. Mai: **Feria de Ixatepec** mit dem Tanz der Apachen, der Moros y Christianos und der Pastoras.

Die **Fiesta del Tepozteco** wird in der Nacht vom 7. auf den 8. Sept. auf dem

Tepoztlán

gleichnamigen Cerro gefeiert, auf dem sich ein vorkolumbisches Zeremonialzentrum befindet, sowie in der Nacht des 8. im Ort selbst. Während des Festes, das zu Ehren des Pulquegottes begangen wird, finden Scheinkämpfe zwischen dem König von Tepoztlán und den Herrschern von Cuernavaca, Tlacayapan und Oaxtepec – alle in vorspanischen Kostümen – statt. Im Laufe der Feierlichkeiten wird auch ein Nahuatl-Gedicht vorgetragen, das die Geschichte des Lokalgottes erzählt.

Ungefähr zweieinhalb bis drei Stunden dauert der Fußmarsch von Tepoztlán auf den **Cerro del Tepozteco**, der über Tlatlacuayolan führt; von dort aus geht es auf einem in Stufen ansteigenden Weg einen steilen Hang hinauf. Der Cerro del Tepozteco erreicht ungefähr 600 m oberhalb des Ortes eine Höhe von 2.100 m. Seine Spitze wurde abgetragen, um eine 9 m hohe **künstliche Terrasse** anlegen zu können, zu der man auf zwei Treppen gelangt und auf der ein **Pyramidenbau** mit zwei übereinander gestellten Stufen errichtet wurde, auf der dessen obere Plattform eine heute stark zerstörte Treppe führte. Auf dieser Plattform erhob sich der eigentliche **Tempel** mit einem 6 x 5,20 m großen, nach W geöffneten Vorraum. Von diesem Vorraum aus gelangte man durch einen zwischen Trennwände eingelassenen Eingang in die Cella, in deren Hintergrund sich auf einem Sockel das Götterbild erhob.

Um die N-, O- und S-Seite der Cella zogen sich Steinbänke und teilweise auch um die N- und S-Seite des Vorraums. Von dieser mit **Flachreliefs** geschmückten Bank und den Türpfosten sind einige Fragmente erhalten. Die Verzierungen der Bänke stellten vermutlich Hieroglyphen der vier Himmelsrichtungen und der Vier Sonnen (bzw. Weltalter) dar, die der Nahua-Kosmogonie zufolge unserer Zeit vorausgingen. Auf dem vorragenden Sims der Bänke waren die zwanzig Tageszeichen eingemeißelt. Auf den Türpfeilern sehen Sie verschiedene geometrische Motive: senkrechte Linien, Mäander, gezahnte Verzierungen.

Der Tempel wurde kurz vor der Konquista über einem älteren Heiligtum errichtet, das man anhand einer Steinplatte mit der Hieroglyphe des Aztekenherrschers Ahuizotl, der von 1486–1502 regierte, zeitlich einordnen, genauer gesagt, auf das Ende der Regentschaft dieses Tlatoani datieren kann, da die Hieroglyphe „Zehn Kaninchen" diesem Zeitpunkt entspricht.

Der Gott des Pulque. – Das in der Cella aufgestellte Idol stellte den Gott Tepoztécatl dar, auch Ometochtli („Zwei Kaninchen") genannt, auf den man ein Gärungsverfahren zur Verbesserung des Pulque mit Hilfe von Aguamiel (Agaven- bzw. Magueysaft) zurückführte. Tepoztécatl, der wie die anderen Pulquegötter als ein Mondwesen galt, trug einen Knochenhalbmond als Nasenschmuck; er wurde häufig mit einer halb schwarzen, halb roten Gesichtsbemalung dargestellt, eine Anspielung auf den sichtbaren und dunklen Teil der Mondscheibe. In seiner Eigenschaft als Mondwesen galt Tepoztécatl als Wiedererwecker der Vegetation nach deren Absterben im Winter und wurde so in der Zeit gefeiert, als die Ernte eingebracht war und die Indios ihre Freude in Pulquegelagen zum Ausdruck brachten.

Neben seiner Funktion als Gott des Pulque und der Ernten war Tepoztécatl auch der Theseus der Tlahuica. So wie der athenische Heros sich vom Minotaurus befreit hatte, hatte Tepoztécatl die Stadt Tepoztlán vom Tribut an Menschenopfern befreit, den Xochicalco alljährlich von den Tlahuica in der Gestalt eines alten Mannes forderte, der von einem Drachen verschlungen wurde. In einen Scheiterhaufen verwandelt war es Tepoztécatl gelungen, den Drachen zu bezwingen.

2 B – Von Cuernavaca nach Cuautla (Straße: 46 km).

☞ Ausfahrt aus Cuernavaca auf der Straße nach Cuautla (Pl. C3). – 6 km: Unterführung unter der Straße von México nach Cuernavaca und Iguala.

16 km: Cañón de Lobos.

26 km: **Yautepec.** Der im Tal von Morelos gelegene, ungefähr 12.000 Ew. zählende Ort gehörte Hernán Cortés. In der zweiten Hälfte des 16. Jh. errichtete der Dominikanerpater Lorenzo de la Asunción dort ein **Kloster,** das mit seiner von spitzen Zinnen gekrönten Kirche einer Festung ähnelt. Erhalten blieb eine Offene Kapelle auf der r. Seite der Kirche mit *Posas* kleine Gebetsstationen für die im Atrium abgehaltenen Prozessionen. Nahe bei Yautepec liegen die noch unerforschten Ruinen der alten Tlahuica-Siedlung **Yauhtepec.**

35 km: R. Straße nach (4 km) Oaxtepec (s. Rte 1M, km 137).

36,5 km: Hotel **Hacienda Cocoyoc** (s. Hotelverzeichnis Oaxtepec).

43,5 km: Lassen Sie die Straße nach Amecameca und nach Chalco l. liegen (s. Rte 1M ab km 129,5 in umgekehrter Richtung).

46 km: **Cuauhtla** (s. Rte 23, km 410).

2 C – Zum Tequesquitengo-See und nach Xochicalco (Rundfahrt von 150 km; con Cuernavaca nach Yautepec, S. Rte 2B; ab Yautepec Straße nach Jojutla).

☞ 48 km: **Tlaltizapan.** Fahren Sie in Richtung Zacatepec und lassen Sie linker Hand die Straße nach Cuautla liegen, die nach (7 km) **Las Estacas** (nach 4 km nach l. fahren) führt, wo der Río Yautepec inmitten einer tropischen Vegetationszone mehrere künstliche Seen bildet.

52 km: R. abbiegen.

57,5 km: **Temimilcingo.** In diesem Pueblo befindet sich ein heute stark zerstörtes **Franziskanerkloster** aus dem späten 16. Jh. mit vorgelagertem Atrium, wo sich ein **skulptiertes Kreuz** (mit Passionssymbolen) erhebt. Das l. Schiff der **Kirche** geht auf eine Vergrößerung (1699) zurück, bei der eine **Offene Kapelle** aus dem 16. Jh. in den Bau miteinbezogen wurde. In der O-Galerie des **Kreuzgangs** (an der Apsis der Kirche) sind Reste von Fresken erhalten.

63 km: Zurück zur Gabelung bei km 52 und r. einbiegen.

68 km: **Zacatepec,** ein großer Marktflecken, weiter in Richtung Tlaquiltenango.

72,5 km: **Tlaquiltenango.** Dieses Pueblo, das zu den Ländereien von Hernán Cortés im Tal von Morelos gehörte, florierte dank der Herstellung des Koschenillefarbstoffes.

Die Franziskaner gründeten hier um 1530 ein **Kloster,** das 1540 fertiggestellt wurde. Dieses Kloster wurde 1570 von den Dominikanern übernommen und ging wenige Jahre später wegen der Opposition der Indianer die-

ser Gegend gegenüber den Dominikanern wieder in die Hände der Franziskaner über. Dem Kloster ist ein riesiges Atrium vorgelagert. Dort sieht man (auf der S-Seite der Kirche) drei der vier Kapellen-Posas, die als Prozessionsstationen errichtet wurden. Auf dieser Seite wurde 1552 das schlichte Seitenportal der Kirche aus Bruchsteinen errichtet, dessen sorgfältiger Mauerverband mit dem grobbehauenen Mauerwerk der Kirche kontrastiert. Die Verstärkungspfeiler, die das Kirchenschiff abstützen, wurden erst später, nach einem Erdbeben, eingezogen. Das Hauptportal im plateresken Stil ist ebenfalls in Quadersteine eingefügt.
Neben der Kirche erheben sich die Klostergebäude mit dem von Galerien umgebenen **Kreuzgang**. Dorthin gelangen Sie durch ein vermutlich von den Dominikanern angelegtes Vestibül vor einem Portikus, der als *Portería* (Pforte) diente. Darüber befand sich in Höhe des ersten Klostergeschoßes eine **Offene Kapelle**, die vermutlich vermauert wurde, als man das Vestibül errichtete.
Im Dorf befindet sich ferner der **Rollo**, ein Turm aus der Kolonialepoche (16. Jh.).

77 km: Kehren Sie nach Zacatepec zurück und folgen Sie der Straße nach Tequesquitengo.
83,5 km: **See von Tequesquitengo** im Krater eines erloschenen Vulkans. Um den See führt eine Straße; fahren Sie nach l.
84 km: **Tequesquitengo**, ein Badeort, der sich an dem mit Villen und Sommersitzen gesäumten O-Ufer des gleichnamigen Sees inmitten einer üppigen Vegetation erstreckt, die mit den karstigen Flanken des Kraters stark kontrastiert. Man kann dort das ganze Jahr über schwimmen, Wasserski laufen und fischen.
91 km: **San José Vista Hermosa**.
96,5 km: Fahren Sie nach l. in Richtung Alpuyeca.
102 km: **Alpuyeca** an der Straße von Cuernavaca nach Iguala und Acapulco; fahren Sie weiter in Richtung Taxco (s. Rte 2, km 109).
110 km: Biegen Sie nach r. in Richtung Xochicalco.
113,5 km: **★★Xochicalco** (s. Rte 2, km 117).
125 km: Zurück nach Alpuyeca; weiter auf Rte 2, ab km 109, in umgekehrter Richtung, über Entronque Palmira nach Cuernavaca.
150 km: **Cuernavaca** (s. o., km 78).

Fortsetzung der Rundfahrt México-Cuernavaca-Taxco-México. – 88 km: **Entronque Palmira**, Autobahnausfahrt zum (4 km) Zentrum von Cuernavaca und nach Taxco auf einer gebührenfreien Straße, der Sie von hier ab folgen.

Die gebührenfreie Straße erreichen Sie aber auch von der nächsten, 21 km entfernten Autobahnausfahrt bei Alpuyeca. Um schneller nach Taxco zu kommen, können Sie die gebührenpflichtige Autobahn auch bei der zweiten Ausfahrt verlassen (s. Rte 3, km 128); dieser Weg ist um 23 km kürzer, führt jedoch nicht über Xochicalco.

103,5 km: **Xochitepec**, wo am 6. Jan. mit Tänzen der Moros y Cristianos, der Santiagueros und der Apachen und anderen Darbietungen das Dreikönigsfest begangen wird.
109 km: **Alpuyeca**, ein 4.500 Ew. zählendes Pueblo. Fahren Sie dort weiter in Richtung Taxco.

(2) México – Cuernavaca – Taxco – México

117 km: R. zur (3,5 km) Archäologischen Stätte ★★ **Xochicalco** („Ort des Blumenhauses"), wo eines der interessantesten Zeremonialzentren der mexikanischen Mesa Central freigelegt wurde.

Xochicalco, über dessen Geschichte nicht allzu viel bekannt ist, wurde im 4. bzw. 5. Jh. n. Chr., während der klassischen Periode von Teotihuacán, besiedelt. Später wurde es wieder aufgegeben, möglicherweise infolge einer Niederlage, die Tepoztécatl, der Gott von Teopztlán, der Stadt bereitet hatte bzw. wegen der Unergiebigkeit des Landes um Xochicalco, das nicht mehr genug hergab, um seine Bevölkerung zu ernähren. Wie dem auch sei, die Stelen, die im Zeremonialzentrum emporragten, wurden bei der Aufgabe des Ortes mutwillig zerstört und rot, mit der Farbe des Todes, bemalt. Pater Bernardino de Sahagún besuchte Xochicalco im 16. Jh. und erwähnte es im Prolog seines ersten Buches. Im Jahre 1777 führte Pater Antonio Alzate die ersten Ausgrabungen durch und machte die Öffentlichkeit mit dem heute unter dem Namen „Pyramide der Gefiederten Schlangen" bzw. „Monumento Descubierto" bezeichneten Bauwerk bekannt. Das Gelände wurde im Jahre 1877 von Peñafiel (Monumentos del Arte Antiguo Mexicano) und 1910 von Leopoldo Batres erforscht. Die Ausgrabungen wurden 1934 unter den Auspizien des Instituto Nacional de Antropologia wiederaufgenommen und 1961 unter der Leitung der Archäologen Eduardo Noguera und C. A. Sáenz, der verschiedene Gebäude rekonstruieren ließ, weitergeführt.

Für die mexikanische Archäologie ist Xochicalco von entscheidender Bedeutung, da es auf dem Hochplateau die zeitliche Verbindungsklammer zwischen der toltekischen und der Zivilisation von Teotihuacán einerseits, aber auch jener so verschiedener Kulturen wie der von Teotihuacán, der von Tula, der zapotekischen und des mittleren Maya-Landes bildet.

Öffnungszeiten: 9–18 Uhr.

Vom Parkplatz aus steigen Sie einen oben abgeflachten Hügel hinauf. Von dort bietet sich Ihnen ein ★★ **herrlicher Blick** auf die Berge, die Xochicalco umgeben.

Der Ort. – Die Ruinen liegen in einer Höhe von 1.500 m auf einem Ausläufer des Vulkans Ajusco. Das in seiner NS-Ausdehnung 1.200 m lange und von O nach W ungefähr 700 m breite Zeremonialzentrum umfaßt den Cerro de la Malinche, der sich im W an das Hauptplateau anschließt und auf dem sich die interessantesten Ruinen befinden.

Plaza Inferior (Pl. B/C 3). – Beginnen Sie mit der Besichtigung auf der Plaza Inferior (unterer Platz), auf der sich die Strukturen **C** und **D**, gestufte Pyramidenbauten, erheben. Gebäude D ruht auf der W-Seite auf einer mächtigen Stützmauer, die die Höhendifferenz zwischen dem vorderen und dem rückwärtigen Teil des Bauwerks ausgleicht. Zwischen den beiden Pyramiden befand sich das **Heiligtum der Glyphenstele** (s. Pl. 1), das zwei übereinandergestellte Aufbauten umfaßte. Dort fand man eine 2,92 m hohe und ungefähr 6 t schwere Stele, die Hieroglyphen und Zahlen schmücken. Sie war in einen Schacht eingelassen, in welchem sie nach ihrer Restaurierung wieder aufgerichtet wurde.

Templo de las Estelas (Stelentempel; Pl. C2). – Gehen Sie jetzt r. an der ziemlich zerstörten **Struktur A** vorbei. Sie kommen dann

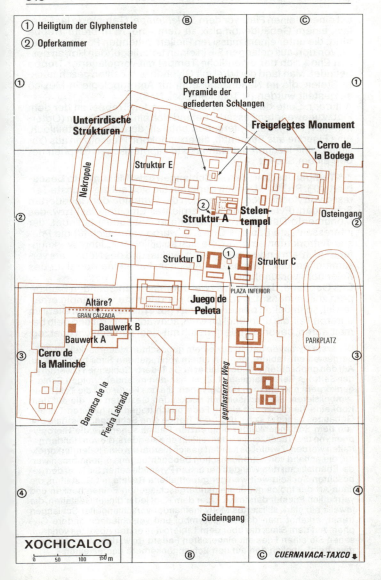

(2) México – Cuernavaca – Taxco – México

auf einen kleinen Platz vor dem *Stelentempel* (Templo de las Estelas), einem Gebäudekomplex zu dem eine 15 m breite Treppe führt, die unter einem massiven Pfeilern ruhenden Portikus endete. Von dort aus gelangen Sie in einen tieferliegenden Hof, an dessen Ende sich der eigentliche Tempel mit vorgelagerter Treppe befindet. Man fand dort drei mit Glyphen und Zahlen geschmückte Stelen, die im Nationalmuseum für Anthropologie in México aufgestellt wurden (s. Tolteken-Saal, Nr.3).

Auf der r. Seite der zum Portikus führenden Treppe, an der dem Platz zugewandten Fassade, befand sich ein kleiner Raum (Opferkammer; Pl. 2), der Opfergaben enthielt, darunter ein Steinjoch, eine Figurine aus Serpentin, einen Jadekopf, Pfeilspitzen aus Obsidian, eine Inschrift mit Nahua- und zapotekischen Glyphen neben einem Skelett.

Tempel der Gefiederten Schlangen bzw. Monumento Descubierto (Pl. B/C 1).

– Danach begeben Sie sich auf die höchste Terrasse von Xochicalco, auf der sich die Pyramide der Gefiederten Schlangen (Pyramide de las Serpientes Emplumadas) bzw. das Monumento Descubierto („das offene Gebäude") befindet, der interessanteste Bau des Ortes. Er wurde vermutlich für die Priester-Astronomen errichtet, die sich anläßlich der „Jahresverknüpfung" (d. h. am Ende eines großen Zyklus) und des Neufeuers versammelten, um – wie es den Anschein hat – eine Korrektur des Kalenders vorzunehmen.

Das Gebäude, das sich aus zwei übereinanderliegenden Baukörpern zusammensetzt, von denen nur der erste vollständig erhalten ist, schmücken **bemerkenswert gut erhaltene Flachreliefs** im unteren Teil, die ursprünglich weiß, schwarz, blau, rot und gelb bemalt waren, bevor man sie gänzlich mit einer Farbschicht überzog.

Die **erste Pyramide** beteht aus einem geböschten Mauersockel mit darübergestelltem Tablero, der von einem vorkragenden Sims bekrönt wird. Auf den geböschten Wänden sind **acht Gefiederte Schlangen** (zwei auf jeder Seite) in Relief dargestellt. Zwischen den mäanderförmigen Schlangenkörpern erkennt man **Hieroglyphen,** die das Feuer und die Zahl Neun symbolisieren. Sie wechseln mit hockenden Gestalten ab, die auf dem Kopf eine Tiermaske mit einem Federbusch tragen. Im hinteren Teil des Gebäudes befindet sich r. und l. der Treppe eine **Schlange.** Innerhalb des von dem Schlangenkörper umgrenzten Raums sehen Sie die **Hieroglyphen** von drei Tageszeichen des religiösen Kalenders, die von Händen gehalten werden. Zweifellos handelt es sich hierbei um eine Kalenderkorrektur, die anhand von astronomischen Beobachtungen vorgenommen wurde. Ebenfalls auf den Wänden der ersten Pyramide sehen Sie über den geböschten Sockeln weit weniger gut erhaltene **Reliefs** mit Gestalten, die nach Art der Indios mit übereinandergeschlagenen Beinen hocken und vermutlich Priester darstellen. Über dem Kopf jeder dieser Gestalten, die jeweils ein stark stilisiertes Motiv ineinander verschlungener Schlangen trennt, erkennt man das Jahressymbol und verschiedene andere Glyphen. Auf dem Sims, der über dem Tablero des ersten Absatzes vorkragt, sehen Sie einen Fries mit eingerollten Federn (bzw. durchtrennten Seemuscheln), ähnlich den auf den Schlangenkörpern dargestellten.

Besteigen Sie anschließend die Plattform, auf der sich die **zweite Pyramide** erhebt, die nur noch aus einem ebenfalls mit **Reliefs** geschmückten, geböschten Sockel besteht. Die Reliefs allerdings sind stark beschädigt. Dieser Sockel umschließt einen fast quadratischen Raum von 10,95 x 10,45 m Seitenlänge, der vermutlich nach oben offen war, daher auch der Name „Monumento Descubierto" (= offen), den man dem Gebäude gab. Auf den Seitenwänden der Pfeileröffnungen sehen Sie einen Koyoten und Symbole des Feuers.

Die unterirdischen Strukturen (Pl. A1). – Begeben Sie sich jetzt zu der heute stark zerstörten **Struktur E** (Pl. B2), um dann den N-Hang des Hügels hinabzusteigen. Wenn Sie sich am Fuß der Mauer, die das Gelände in diesem Teil begrenzt, nach l. wenden, kommen Sie vor den Eingang der **unterirdischen Strukturen** (Untergeschoß), in die man durch eine Felsöffnung gelangt. Sie betreten einen großen Raum, in dessen Hintergrund Sie eine in den Fels gehauene breite Treppe sehen, die von kleinen Absätzen in drei Aufgänge gegliedert wird. Am oberen Ende der Treppe befindet sich eine Galerie, von wo eine weitere, heute versperrte Treppe ihren Ausgang nimmt. Kehren Sie zur Eingangshalle zurück und gehen Sie in den Korridor am Fuß der Treppe l. Der Gang wird allmählich breiter und führt über Stufen in einen 19 m langen, 12 m breiten und 3,50 m hohen Saal mit Pfeilern, die ursprünglich von einer Stuckschicht überzogen waren. In einer Ecke befindet sich ein trichterförmiger Kamin oder Lichtschacht, der für Entlüftung sorgte oder möglicherweise astronomischen Beobachtungen diente. Man hat tatsächlich festgestellt, daß bei Tagundnachtgleichen die Sonnenstrahlen genau durch die obere Öffnung in den Saal fallen. An einigen Stellen erkennt man Spuren einer Bemalung, die die Wände und den Fußboden dieser unterirdischen Räume bedeckte.
In diesem Teil des Hügels gibt es noch andere unterirdische Räume, die noch nicht freigelegt wurden.

Ungefähr 300 m nördl. des Zeremonialzentrums entdeckte man einen **Felsblock**, auf dem an einer kleinen geglätteten Stelle **verschiedene Symbole** eingraviert waren. Die anläßlich der Neufeuerzeremonie eingemeißelte Inschrift bezeichnet den Beginn eines 52-Jahre Zyklus. L. oben erkennt man die Ziffer Eins und r. unten zwei Glyphen, die das Datum dieses Ereignisses wiedergeben („Ein Kaninchen" – „Zwei Schlangen"); darüber befindet sich das Symbol des Feuers.

Juego de Pelota (Pl. B3). – Der Ballspielplatz erstreckt sich zwischen zwei an den Seiten und Enden geböschten Mauern. Der Platz, auf dem *tlachtli* gespielt wurde, hat die Form eines Doppel-„T", dessen Querbalken einander gegenüber liegen. Der mittlere Teil des Spielfeldes wird von zwei an den Längsseiten, am Fuß der geböschten Sockel angelegten Bänken begrenzt. In die Wand jeder der Seitenmauern waren Steinringe eingelassen.

▶ Diejenigen, die sich für eine eingehendere Besichtigung des Geländes interessieren, sollten sich vom Ballspielplatz durch die Gran Calzada zum Cerro de la Malinche (Pl. A3) begeben. In Höhe des Ballspielplatzes befand sich auf der N-Seite der Calzada ein Portikus mit 12 Pfeilern. Noch weiter, ebenfalls entlang der N-Seite (r.), sehen Sie die Reste von 20 kleinen runden Aufbauten, deren Durchmesser ungefähr 2 m betrug und die vermutlich als Altäre dienten.
Auf der l. Seite der 9 m breiten und 51 m langen Calzada liegen die Reste

des **Bauwerkes B,** das mehrere Höfe und zahlreiche durch Gänge miteinander verbundene Säle umfaßt und vermutlich ein Wohngebäude der Priester des Zeremonialzentrums war. Noch weiter, ebenfalls l., liegt das **Bauwerk A,** vermutlich ein Oratorium, am Fuße des **Cerro de la Malinche,** eines künstlichen Hügels mit einer Terrasse in Form einer Pyramidenbasis.

Im NO des Sakralzentrums befindet sich das noch nicht ausgegrabene Ruinenfeld des **Cerro de la Bodega** (Pl. C1/2), das mit dem O-Eingang der Stadt durch eine mit Steinplatten ausgelegte Straße aus vorspanischer Zeit verbunden ist.

132 km: Mazatepec. Das kleine Dorf ist Schauplatz einer Wallfahrt im Zusammenhang mit einer Reihe von Ferias, die am Karfreitag in verschiedenen Dörfern der Bundesstaaten Morelos, Michoacán und México stattfinden.

Die Wallfahrt beginnt am Lichtmeßtag im Dorf Tonatico (s. Rte 2 bei km 255), von hier ziehen die meisten Pilger in das Pueblo San Lucas, in der Nähe von Huetamo (s. Rte 4 bei km 282) im Bundesstaat Michoacán, um dann nach Chalma (s. Rte 1N bei km 103) im Bundesstaat México zurückkehren, um nach Mazatepec, Tepalcingo (s. Rte 23 bei km 390) usw. weiterzupilgern. Die Feria von Mazatepec findet vor der Kirche Santo Señor de la Peña statt.

161,5 km: L. in 200 m Entfernung die in einer Höhe von 1105 m unter dem Cerro de la Corona gelegenen ★★**Grotten von Cacahuamilpa,** die 1835 entdeckt wurden. Die ungefähr 70 km langen Grotten (nur 8 km davon sind erforscht) wurden von zwei Flüssen ausgehöhlt. In den durchschnittlich 40 m hohen Grotten findet man Stalaktiten und Stalagmiten in großer Zahl. Die Anlage ist beleuchtet; der Weg führt durch etwa fünfzehn Säle.

Allgemeine Besichtigung: um 11, 13 und 15 Uhr; außerhalb der angegebenen Zeiten auch Privatführungen.

162 km: Straße von Taxco nach Toluca (s. u., Rte 2 bei km 222).
170 km: Straße nach Cuernavaca (über die gebührenpflichtige Autobahn; s. Rte 3 bei km 128).
192 km: **Taxco.**

★★★**Taxco**(bzw. *Tasco*), das kleine bezaubernde, typische Kolonialstädtchen mit seinen 30.000 Ew. erstreckt sich in einer Höhe von 1.666 m (Zócalo) über mehrere Hügel, überragt von den Kuppeln seiner Kirchen, die sich auf einem ziemlich steilen Hang des Atachi, einem Ausläufer des Cerro de Bermeja, erheben. Durch die auf den Hügeln und der Flanke des Atachi dicht aneinandergedrängten ziegelgedeckten Häuser zieht sich ein wahres Labyrinth von schmalen Gassen und grobgepflasterten Maultierpfaden.
Taxco, dessen Silberminen dem gaskonischen (bzw. aragonesischen) Abenteurer José de la Borda im 18. Jh. ein Vermögen einbrachten, ist seit ungefähr vierzig Jahren wieder ein äußerst aktives Handwerkszentrum, in dem Silber verarbeitet wird. Darüber hinaus ist die Stadt für ihren Markt (vor allem sonntags) bekannt,

der bei der Kirche Santa Prisca, einem der schönsten sakralen Bauwerke Mexikos abgehalten wird.

Die Silberstadt Taxco. – Taxco, das in vorkolumbischer Zeit unter dem Namen Tlaxco (Pelotaspiel) bekannt war, wurde von den Tlahuica besiedelt. Der Ort Taxco el Viejo („Alt-Taxco") befand sich 12 km südl. der heutigen Stadt in der Nähe der Silber- und Zinnminen. Itzcóatl (1428–1440) fiel in das Gebiet der Stadt ein, die unter Moctezuma I. Ilhuicamina dem aztekischen Reich einverleibt wurde, an das es bedeutende Tributleistungen zu entrichten hatte.

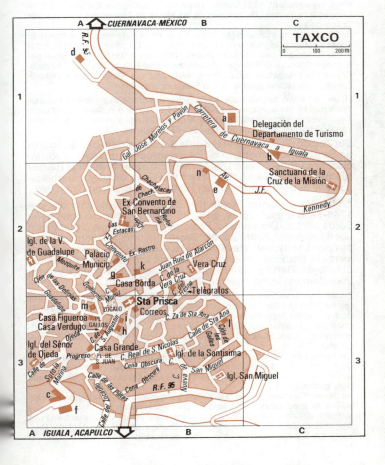

(2) México – Cuernavaca – Taxco – México 348

Den Konquistadoren, die im Jahre 1522 das Gebiet von Taxco erobert hatten, blieben seine unermeßlichen Bodenschätze nicht lange verborgen. Um Geschützteile aus Bronze gießen lassen zu können, ließ Hernán Cortés dort nach Zinn suchen. Dabei stieß man auf Silbervorkommen in den Hängen des Cerro de Bermeja. Aus diesem Feldlager ging die heutige Stadt hervor, die 1529 zum ersten Mal unter dem Ortsnamen El Real de Tetelcingo erwähnt wurde. Es gab dort in ihrer Nähe zwei weitere Bergbaugebiete, Tlaxcotecapan (das heutige Viertel San Miguel) und Acayutla auf der Anhöhe im W der Stadt, in der Gegend der Kirche der Jungfrau von Guadelupe. Die beiden Orte wurden nach und nach von El Real de Tetelcingo vereinnahmt. 1581 wurde El Real de Tetelcingo in den von Pedro de Ledesma verfaßten „Relaciones de las Minas de Taxco" mit dem Namen Taxco belegt.

Im 18. Jh. gelang es José de la Borda, der einigen Autoren zufolge französischer Abstammung war (angeblich wurde er in Oloron-Sainte-Marie oder in der Gascogne geboren), durch den Abbau der in der Nähe der Stadt gelegenen Silbermine San Ignacio unermeßliche Reichtümer zu scheffeln. Er ließ die Pfarrkirche Santa Prisca errichten, ein Kleinod der mexikanischen Barockkunst, und in Taxco Brunnen aufstellen.

Heute arbeiten noch an die 1.500 Silberschmiede in ungefähr hundert Werkstätten der Stadt, wo sie Schmuck, Tafelsilber u. a. herstellen. Das in Taxco verwendete Metall ist eine Kupfer-/Silberlegierung im Verhältnis von 950-980 gr. Silber gegenüber 20-50 gr. Kupfer.

Der **Zócalo** (Pl. A3) oder **Plaza de la Borda,** auf dem sich die Iglesia de Santa Prisca erhebt, ist ein bezaubernder, im Schatten von indischen Lorbeerbäumen gelegener Platz, den ehrwürdige Häuser säumen. Unter ihnen befindet sich das Haus, das der Silberbaron José de la Borda in der ersten Hälfte des 18. Jh. errichten ließ.

★★**Iglesia de Santa Prisca** (Pl. B3). – Die Pfarrkirche, die von 1748-1758 erbaut wurde, geht auf eine Stiftung von José de la Borda zurück. Die barocke Fassade der Kirche gleicht in ihrem überquellenden Schmuck der überreichen Vegetation einer tropischen Landschaft. Das Portal wird von zwei Säulenpaaren flankiert, die graziöse Schlangensäulen mit korinthischen Kapitellen überragen. Darüber ruht ein stark vorkragendes Kämpfergesims, über dem ein kreisbogenförmiger Giebel aufragt.

Zu der harmonischen Ausgewogenheit der Proportionen gesellt sich der reiche Schmuck der Fassade mit einem Flachrelief („Die Taufe Jesu") über dem von einer Papstkrone geschmückten Portal, mit Statuen in den seitlichen Säulenabständen, sitzenden Cherubinen, aus der Pflanzenwelt entlehnten Motiven, Muschelschalen, Wappenschildern und anderen Ornamenten.

Die beiden die Fassade flankierenden Türme sind bis zur Höhe des oberen Gesimses äußerst schlicht gehalten, dann aber umso reicher im churrigueresken Stil geschmückt, so daß man den Eindruck hat, als seien sie aus Holz gedrechselt.

Im Inneren werden die mit Goldfolie überzogenen und bemalten **prachtvollen Altaraufsätze** (Retablos) **im churrigueresken Stil** Ihr Augenmerk auf sich ziehen, deren Aufbau völlig hinter der verschwenderischen Fülle der Statuen und Flachreliefs (Apostel, Evangelisten, Engel, Heilige, Priester), der Blumen- und Früchtemotive zurücktritt.

Das große Giebelfeld über dem Eingang der *Capilla del Padre Jesús* bzw. *Capilla de los Indios* schmückt ein **Gemälde** von **Miguel Cabrera** (1696–1768) mit der Darstellung des Martyriums der Hl. Prisca, die zwischen 268–270 im Kolosseum von Rom auf Anordnung von Kaiser Claudius geköpft wurde. In dieser Kapelle sehen Sie ferner ein von Miguel Cabrera gemaltes Medaillon („Fegefeuer") und churriguereske Altaraufsätze. Werke von M. Cabrera befinden sich auch in der Sakristei.

Spaziergang um den Zócalo. – Gehen Sie die *Calle del Arco* hinunter, die auf der r. Seite der Santa Prisca-Kirche einmündet. Über eine Rampe, von der aus Sie den kleinen *Platz El Toril* überblicken können, auf dem an Markttagen die Händler ihre Waren ausbreiten, kommen Sie zum **Markt,** der besonders am Samstag und Sonntag recht belebt ist. Die Geschäfte und Auslagen verteilen sich über mehrere Etagen. Am unteren Ende des Markts führt die **Calle Real de San Nicolás** (Pl. B3) zum Jardín Guerrero (Guerrero-Garten). Dort erhebt sich die 1713 im barocken Stil wiederaufgebaute **Iglesia de la Santísima** (Pl. B3).

Am anderen Ende der Calle Real de San Nicolás liegt die **Plaza de San Juan** (Pl. A3), wo sich rechter Hand die *Casa Grande* oder *Casa Real* befindet, ein geräumiges Gebäude aus dem 18. Jh., das der *Alcalde* (Bürgermeister) bewohnte und wo sich der Sitz der Königlichen Minengesellschaft von Taxco befand.

Durch die **Calle Progreso** (Pl. A3) und die **Calle de Ojeda** geht es zur **Iglesia del Señor de Ojeda** (Pl. A3), die 1822 auf einem Hügel errichtet wurde; **** herrlicher Blick** auf die Stadt, ebenso von der Soto de la Marina-Straße aus, die sich in Serpentinen auf den Berghang hinaufschlängelt.

Kehren Sie durch die **Calle Real de San Agustín** zurück zum Zócalo, wobei Sie die Casa Grande l. liegen lassen. Diese Straße, die als einzige fast eben verläuft, wird von Andenkenläden und Schmuckgeschäften, daneben aber auch von ehrwürdigen Häusern gesäumt, unter denen sich die sogenannte *Casa Verdugo y Aragonés* (Pl. A3) befindet, die zu Beginn des 18. Jh. errichtet wurde. Wenn Sie jetzt nach l. gehen und unmittelbar hinter der Casa Verdugo nach r., kommen Sie auf die **Plaza de los Gallos** (Pl. A3), die mit ihren weißgetünchten Häusern, den schmiedeeisernen Gittern und dem 1741 von José de la Borda gestifteten Brunnen beinahe andalusisch wirkt.

Weiter durch die schmale Gasse führt der Weg hinauf zur **Iglesia de la Virgen de Guadelupe** (Pl. A2), die 1877 anstelle eines kleinen Gotteshauses aus der ersten Hälfte des 18. Jh. errichtet wurde. Vom Vorplatz der Kirche, herrlicher Blick über die Stadt, auf den Zócalo und die Santa Prisca-Kirche. **Der Blick vom Cerro Atachi,** den man von der Plazuele de Guadelupe aus in 30 Min. zu Fuß erreicht, ist noch eindrucksvoller. Auf dem Weg dorthin kommen Sie durch den Ort **Los Cazahuates,** von wo ein linker Hand abzweigender Weg zur Quelle **El Arenal** führt (ungefähr 1 Std. zu Fuß), deren Wasser seit dem 18. Jh. die Brunnen von Taxco speist.

Auf den Zócalo zurückgekehrt, gehen Sie einen kurzen steilen Weg abwärts, der auf der r. Seite der **Casa Borda**

(2) México – Cuernavaca – Taxco – México

(Pl. A/B2) einmündet und wenige Meter tiefer auf der *Plaza de las Carnicerias* endet. R. zweigt die von alten Gebäuden gesäumte *Calle Juan Ruiz de Alarcon* ab. Beachten Sie r. die Rückseite der Casa Borda und etwas weiter, linker Hand, die **Casa de Villanueva** bzw. **Casa Humboldt** (Pl. **k** in B2), die der Straße eine schöne Fassade im Mudejarstil, geschmückt mit Rankenwerk, Rosetten und anderen Motiven zuwendet. Das im 18. Jh. von Juan de Villanueva errichtete Gebäude beherbergte in einer Aprilnacht des Jahres 1803 den Baron von Humboldt. Das Innere des in ein Hotel umgewandelten Hauses wurde restauriert. Unverändert blieben der hübsche Patio und ein kleiner Brunnen.

> Die Calle Juan Ruiz de Alarcón führt durch das sich im N (linker Hand) erstreckende **Viertel von Chavarrieta,** das seinen Namen der **Capilla des Señor de Chavarrieta** verdankt. Die Kapelle, die ein Kreuz aus dem 17. Jh. beherbergt, erhebt sich auf einem kleinen Platz, wo unter einer schattigen Zypresse ein Brunnen rauscht.

> Durch die *Ex-Conventostraße* kommen Sie zu dem von einem Turm überragenden **Palacio Municipal** (Rathaus; Pl. A2) und zum **Ex-Convento de San Bernardino** (Pl. A/B2), der gegen Ende des 16. Jh. von den Franziskanern gegründet wurde. Das im Jahre 1805 durch einen Brand zerstörte Kloster wurde 1823, ebenso wie die Kirche, im neoklassischen Stil wiederaufgebaut. Kehren Sie von dort zum Zócalo zurück.

> **Ausflug entlang der Straße nach Cuernavaca.** – Jenseits des Ex-Convento de San Bernardino trifft die malerische, kurvenreiche **José Maria Morelos-Straße** ungefähr 400 m von der **Hazienda del Chorillo** (Pl. **d** A1) entfernt, in der Nähe der Ruinen der Silbergießerei, die Hernán Cortés gehörte, auf die Straße nach Cuernavaca. Es sind noch einige Bögen des Aquädukts vorhanden, das Wasser zu der Metallverkleinerungsmühle der Gießerei führte, sowie Reste der Kapelle und des Wohnsitzes, die der Marqués del Valle in Taxco besaß.

> **Ausflug entlang der Straße nach Iguala.** – Nach der Abzweigung der José Maria Morelos-Straße steigt die Straße nach Iguala in die Schlucht am Fuß des Cerro de la Cruz de la Misión hinab. Eine schmale Gasse, die rechter Hand direkt vor der Posada de la Misión (Pl. **b** in C1), einem Hotel in einem alten Kolonialgebäude, abzweigt, bringt Sie zum **Santuario de la Cruz de la Misión** (Pl. C2), einer kleinen Kirche, die 1817 an der Stelle einer vermutlich aus dem 16. Jh. stammenden Kapelle errichtet wurde. Im Innern sehen Sie mehrere **naive Gemälde** und Ex-voto, die nach erfolgter Heilung einem Kreuz zugeeignet wurden, das der Überlieferung nach Heilkräfte besitzen soll. In einer Entfernung von ungefähr 2 km führt die Straße nach Iguala in der Nähe der kleinen, im alten Viertel von Tlaxcotecapan gelegenen **Iglesia de San Miguel** (Pl. B3) vorüber.

> **Fortsetzung der Rundfahrt México-Cuernavaca-Taxco-México.**

222 km: Kehren Sie zur Gabelung bei km 162 zurück, wo Sie nach l. in die Straße nach Toluca einbiegen.

235,5 km: El Mirador: ★★ **einmaliger Blick** auf den Cañón des Rio Amacuzac.

244,5 km: L. (3 km) entfernt, die **Grotten von La Estrella.**
255 km: Tonatico, ein Marktflecken, der mit seinen weißen Häusern und vergitterten Fenstern geradezu andalusisch wirkt. Der Ort ist bekannt für seine Korbwarenindustrie, die sich um eine Kolonialkirche aus dem 18. Jh. konzentriert hat. Tonatico ist Ausgangspunkt der am Karfreitag beginnenden Ferias (s. Mazatepec, Rte 2 bei km 132).
259 km:

L. zum (ca. 20 km) Dorf **Coatepec Harinas,** eine ehemalige Siedlung der Matlazinken, die 1476 von Axayácatl, dem König von Tenochtitlán, erobert wurde. Lokalfest zu Pfingsten. Der Ort ist bekannt für seine Jorongos (kleine gewebte Wolldecken).

261 km: Ixtapan de la Sal, ein von Blumen geschmückter, hübscher Badeort in der Nähe eines Indiodorfes, rechter Hand, etwas abseits der Straße gelegen.
296 km: Tenancingo. Der 17.000 Ew. zählende Ort wurde 1525 gegründet und ist seit der Kolonialzeit bekannt für seine *Rebozos de Bolita* (Schals). Das unter dem Namen **Convento del Santo Desierto de Tenancingo** bekannte Kloster der Karmelitermönche wurde gegen Ende des 18. Jh. errichtet und zu Beginn des 19. Jh. von den Mönchen des bei México gelegenen Convento de Santa Fe bzw. des Convento del Desierto de los Leones übernommen.
306 km:

R. führt die Straße zu den ****Ausgrabungen von Malinalco** und zum gleichnamigen Dorf, in dessen Mitte sich ein 1540 von den Augustinern gegründetes Kloster befindet.
Bevor Sie den Cerro de los Ídolos besteigen, auf dem sich auf einer Terrasse die bedeutendsten Ruinen von Malinalco befinden, sollten Sie das **Kloster** besichtigen und die **Kirche** mit ihrer schmucklosen Platereskfassade. Zu den rechter Hand liegenden Klostergebäuden gehörte die unter einem Portikus (im 19. Jh. zugemauert) angelegte Kapelle. Wenn Sie zur Archäologischen Stätte wollen, verlassen Sie den Ort über das Viertel Santa Mónica. Schlagen Sie vom Hauptplatz aus die Straße nach Tenancingo ein und biegen Sie unmittelbar danach nach l. ab. Für den Weg benötigt man ungefähr 30 Min.

Die Ausgrabungen. – Der Cerro de los Idolos (Hügel der Idole), auf dem sich die **Reste des Zeremonialzentrums von Malinalco** befinden, liegt im NW, ungefähr 225 m oberhalb des Pueblos. Auf der Flanke des Cerro erheben sich mehrere Terrassen, auf denen verschiedene Bauten errichtet bzw. in den Fels geschlagen wurden, die eine Kanalisationsanlage vor Regenwasser schützte. Die Hauptgruppe liegt etwa 125 m über dem Dorf auf einer teils in den Fels geschlagenen, teils auf einer Aufschüttung angelegten Terrasse, die eine Stützmauer sichert.

Im Jahre 1476 bemächtigte sich der König der Azteken, Axayácatl, bei einem gegen Cuauhnáhuac (Cuernavaca) geführten Feldzug der auf dem Territorium der Matlazinken gelegenen Orte Ocuila (Ocuilán de Arteaga), Chalma und Malinalco. Citlacoaci wurde zum Statthalter von Malinalco ernannt. Auf Anordnung von Ahuitzotl begann man im Jahre 9 calli („9 Haus"), d. h. 1501, mit der Errichtung des Zeremonialzentrums.
Nach dem Tod dieses Königs ordnete sein Nachfolger, Moctezuma II. Xo-

coyotzin jährlich neu die Fortsetzung der Arbeiten an, bis zum Jahre 10 acatl („10 Rohr"), bzw. 1515. Das Sakralzentrum war 1521, als Malinalco während der Belagerung von Tenochtitlán von Andrés de Tapia erobert wurde, noch nicht fertiggestellt. Als die Augustiner später ein Kloster errichteten, wurden Teile der Tempel, die nicht in Fels gehauen waren, abgetragen und als Baumaterial wiederverwendet.

Bauwerk VI (s. Pl.). – Der in den Fels gehauene Bau war zum Zeitpunkt der spanischen Konquista unvollendet. Er bestand aus einem Rundbau, der vermutlich als **Versammlungsort der** in Malinalco untergebrachten **Kriegerorden** vorgesehen war, die die Aufgabe hatten, diese Festung zu halten.

Haupttempel (Bauwerk I). – Der vollständig aus einer Felswand herausgehauene Haupttempel von Malinalco war ursprünglich mit einer bemalten Stuckschicht überzogen. In diesem Tempel fand die Weihe der Adler- und Jaguarkrieger statt, Elitetruppen, die ihr Leben in den Dienst des Sonnengottes gestellt und der Verteidigung seiner Tempel gewidmet hatten.
Auf einer breiten, von zwei Rampen eingefaßten Treppe gelangen Sie auf eine schmale, zweistufige Plattform. In der Mitte der Treppe (Pl. **a**) sehen Sie die beschädigte **Statue eines sitzenden Mannes,** die als Bannerhalter diente und r. und l. der Treppe je einen vollplastischen, ursprünglich gelb bemalten **Jaguar** (Pl. **b**) mit schwarzen Flecken. Am oberen Ende der Treppe befindet sich auf beiden Seiten eine starke Mauer, die zusammen mit den beiden der Fassade vorgesetzten Pfeilern das Dach des Tempels trug.
In den runden Tempelraum gelangt man durch einen Eingang in Gestalt eines weit aufgerissenen Schlangenrachens, einer Darstellung des Erdungeheuers mit zwei großen Hakenzähnen über dem Unterkiefer.
R. vom Eingang eine **zusammengerollte Schlange** (Pl. **c**) mit Schuppen in Form von Pfeilspitzen, auf denen man die Reste der Statue eines Adlerkriegers erkennt. L. vom Eingang eine **Kriegstrommel** (tlalpanhuehuetl), die ihren Einlegearbeiten aus Tezontle, einem vulkanischen Gestein nach zu schließen, mit einem Jaguarfell bekleidet war. Auf dieser Skulptur befanden sich noch die Reste einer Statue, die vermutlich einen Jaguarkrieger darstellte.
Der kreisförmige **Kultraum des Tempels,** dessen Durchmesser 5,80 m beträgt, ist mit einer Bank ausgestattet, auf der sich **drei** aus dem Fels herausgeschnittene **Skulpturen** befinden. In der Mitte der Bank sehen Sie ein Jaguarfell mit Kopf und Pranken; r. und l. je einen Adler mit fächerförmig ausgebreiteten Schwanzfedern, den Kopf der Raummitte zugewendet. In der Mitte des Raumes, auf dem Fußboden, ein **Adlerbalg** mit dem Kopf zur Eingangstüre. Die zylindrische Vertiefung dahinter, die ursprünglich ein Dekkel mit einem Durchmesser von 31 cm bedeckte, diente vermutlich als **Cuauhxicalli** bzw. „Adlerschale", in die man die Herzen der Geopferten legte.

Bauwerk II. – Das in unmittelbarer Nähe des Haupttempels auf einer niedrigen Plattform gelegene Bauwerk II wurde restauriert. Der Bau, der die Form einer abstumpften Pyramide hat, ist nach W orientiert, wo sich zwischen zwei Rampen die Treppe befindet.

Bauwerk III war vermutlich der **Tzinacalli,** wo Einäscherungen und verschiedene Deifikationsriten der im Kampf gefallenen bzw. auf den Altären der Feinde der Azteken geopferten Krieger stattfanden. Bekanntlich wurden die Seelen der auf diese Weise ums Leben Gekommenen in Sterne verwandelt. Das Bauwerk besteht aus einem Vorraum und einer runden

Cella. In den Vorraum, in dessen Mitte sich ein **Altar** befand, gelangte man durch einen von Pfeilern geteilten Eingang. Entlang der beiden Seitenwände und um die Rückwand des Vorraums, die vom Eingang in die Cella unterbrochen wird, läuft eine aus dem Fels geschlagene Bank. In diesem Raum entdeckte man Fragmente von Fresken mit der Darstellung von Kriegern, die nach ihrem Tod zu Göttern erhoben wurden. Jede der Gestalten hatte einen Fuß auf den Saum des Nachthimmels gesetzt, der von Adlerfedern und Jaguarfellflecken symbolisiert wurde.

In der **kreisförmigen Cella** befindet sich ebenfalls ein **Altar**, den r. und l. drei flache Steine umgaben, auf denen vermutlich geweihte Gegenstände abgestellt wurden.

Der Sonnentempel (Bauwerk IV). – Das als Sonnentempel identifizierte Bauwerk IV, in welchem jeweils am Ende eines *Tonalpohualli* (des 260 Tage zählenden Jahres des religiösen Kalenders) am Tag 4 Olin („4 Bewegung") das Fest der Sonne oder *Netoniatuhzahualiztli* begangen wurde, erhob sich auf einer Plattform, auf die man über eine an der O-Seite zwischen zwei Sälen gelegene Treppe gelangte. In der ersten Zeit betrat man den eigentlichen Tempel durch einen breiten, auf der Achse der Treppe angelegten Eingang. Dieser Eingang wurde später vermauert und durch zwei Eingänge an der NO- und SO-Ecke ersetzt. Im Inneren trugen **zwei** aus dem Fels geschnittene **Sockel** Holzpfeiler, auf denen das Dach ruhte. Um die S-, W- und N-Wand des Tempels läuft eine **Steinbank**. In der Mitte der W-Wand (gegenüber dem Eingang) erhebt sich ein **Altar**.

318,5 km: Die Straße (die Sie nach México zurückbringt) führt r. nach La Marquesa und l. (0,5 km) ins Zentrum von **Tenango (del Valle)** bzw. **Tenango de Arista)**, einer 1582 von den Spaniern als ★★**Teotenango** („innerhalb der Göttlichen Mauer") gegründeten Stadt, die sich am Fuß eines Felsplateaus erstreckte. Teotenango wurde inzwischen teilweise freigelegt.

Sie sehen die Reste eines bedeutenden Sakralzentrums, das befestigt war. Dort residierten die Mitglieder eines kleinen Herrscherhauses, Personal, das mit Verwaltungsaufgaben betraut war, zahlreiche Priester und ungezählte Handwerker.

Der Weg zur Archäologischen Stätte führt durch die Straße, die gegenüber der Straße nach La Marquesa ihren Ausgang nimmt. Biegen Sie nach 500 m nach r. und 300 m weiter (100 m nach der Kirche) nach l., bis Sie an den Fuß des Felsens kommen, wo Sie sich nach r. wenden. 1,5 km von der Straße entfernt kommen Sie zum Museum (Parkplatz, wo Sie die Eintrittskarte lösen). Sie können aber auch 500 m weiterfahren, bis an den Fuß der ersten Plattformen.

Teotenango und das Tal von Toluca. – Teotenango wurde vermutlich, ebenso wie das ganze Tal von Toluca (bzw. von Matalcingo), um die Mitte des 7. Jh. von einer Bevölkerung besiedelt, die bereits ein Matlazinca-Idiom sprach. Später reichte das Verbreitungsgebiet der Matlazincas bis nach Michoacán im W. In der zweiten Hälfte des 12. Jh. wurde Teotenango (und vermutlich das ganze Tal von Toluca) von Chichimeken-Matlazincagruppen erobert, wodurch es zu tiefgreifenden Veränderungen im sozialen Leben der Stadt kam, die von da an – gestützt auf eine einflußreiche Priesterkaste – von fanatischen Kriegern beherrscht wurde. Um die Mitte des 13. Jh. wurde das Zentrum der Stadt von der Bevölkerung verlassen, während man gleichzeitig eine starke Mauer und neue Viertel errichtete (Süd-Gruppe und Cañada-Gruppe, die noch nicht erforscht wurden).

Die verhängnisvollen Spiele der Politik. – Die Vormachtstellung des Tals von Anáhuac über das Tal von Toluca wurde im 14. Jh. offenkundig, als sich die Matlazinca gezwungen sahen, die Vorherrschaft der Chalca anzuerkennen und später (1415) die der Acolhua, von der sie zwei Jahre danach, nach der Eroberung von Texcoco, König Tezozómoc (von Atzcapotzalco) befreite. Die wieder freien Matlazinken begünstigten die Ausbreitung der Azteken, indem sie ihnen Söldner zur Verfügung stellten, die sich insbesondere an der Eroberung von mixtekischem Gebiet beteiligten. Vermutlich beunruhigt durch den raschen Machtzuwachs der Azteken, suchten die Matlazinca Unterstützung bei den Tarasken des Michoacán. Diese Politik bewirkte eine Spaltung innerhalb des Volkes der Matlazincas in Anhänger dieses Umkehrbündnisses und Aztekentreue. Eine protaraskische Gruppe (Piranda) ließ sich im Michoacán nieder, die sich an den Kämpfen der taraskischen Herrscher gegen die Azteken und das Tal von Toluca beteiligte.

Von der Rivalität zwischen den beiden Gruppen profitierten vor allem die Azteken, die während der Regentschaft von Axayácatl 1474 ins Tal von Toluca einfielen. Der König von Toluca (bzw. Tolocan, ein Ortsname dessen Etymologie sehr umstritten ist und vermutlich „Ort des Stammes der Toluca" bedeutet), Chimaltecuhtli, der den Mexica Beweise seiner Treue gegeben hatte, konnte seinen Thron behalten. Den Herrschern der anderen Fürstentümer wurden jedoch große Tributleistungen auferlegt und vermutlich wurde eine aztekische Garnison in Teotenango eingesetzt. Axayácatl kehrte im Triumphzug nach Tenochtitlán zurück, wo er zahlreiche Gefangene opfern ließ.

Bald danach erhoben sich die Matlazinken und wurden erneut von Axayácatl niedergeworfen. Er beschloß, eine Kolonie der Mexica in Calixtlahuaca, im Tal von Toluca anzusiedeln. Mehrere Fürsten, die die Rebellion angeführt hatten, aber auch zahlreiche andere Kriegsgefangene wurden auf den Altären von Tenochtitlán geopfert.

Zu Beginn der Belagerung von México-Tenochtitlán verhielten sich die Matlazinca abwartend. Eine von Sandoval während der Blockade der Aztekenmetropole ins Tal von Toluca unternommene Expedition veranlaßte sie schließlich, den Spaniern ihre Hilfe anzubieten. Sie beteiligten sich an der Einnahme von Tenochtitlán durch Entsendung eines Truppenkontingents und der Lieferung von Verpflegung. Das Tal von Toluca wurde dann von Gonzalo de Umbría nach Goldminen untersucht. 1522 wurde es erneut vom Proveedor Parillas erforscht, den die Matlazinca bis nach Michoacán führten. Um 1550 an war das Tal von Toluca ständig von den Spaniern besetzt, wie dies die *Relación de Teutenaco* belegt. Im Jahre 1582 wurden die Indios von den Spaniern gezwungen, sich im Tal am Fuß des Plateaus niederzulassen, in einem Gebiet, das keinen natürlichen Schutz bot.

Heute lebt das stark reduzierte Volk der Matlazinca in der Umgebung von Mexicaltzingo, einem Dorf zwischen Tenango und Toluca und im Gebiet von Ocuilán de Arteaga. Es lebt von der Landwirtschaft, der Viehzucht, der Bienenzucht und seinen handwerklichen Erzeugnissen, unter denen kaum noch Stoffe aus Ixtlefasern, Wolle, Baumwolle und Stickereien vertreten sind. Die Matlazinca praktizieren den katholischen Glauben, mit heidnischen Riten vermengt, die allerdings im Schwinden begriffen sind.

Öffnungszeiten: 9–18 Uhr.

Das ***Museum** birgt Architekturfragmente, Stelen und Inschriften aus dem alten Teotenango sowie Skulpturen, unter denen sich die **Statue einer geopferten Frau** (?) befindet, mit Rock und Quechquémitl (Auf der Brust sehen Sie die Höhlung für einen kostbaren Stein.)
Aus Calitlahuaca sehen Sie eine große ****Quetzalcóatl-Statue** in einer seiner Verkörperungen als Windgott Ehécatl, erkennbar an seiner Halbmaske in Gestalt eines Vogelschnabels. Unbedingt ansehen sollten Sie sich auch die aus Holz geschnitzte ***aztekische Trommel** aus Malinalco, die vermutlich den Adler- und Jaguarkriegern der dortigen Garnison gehörte. Sie ist mit Jaguaren und Adlern (mit dem Symbol des Krieges) geschmückt; auf dem oberen Teil sieht man über dem Kopf eines Adlers eine menschliche Maske, möglicherweise ein Symbol der zum Firmament emporsteigenden Sonne.

Die ****Archäologische Stätte.** – Teotenango zeichnet sich durch die architektonische Geschlossenheit seiner Bauten aus, die an Teotihuacán erinnern. Seine Plätze, Plattformen und Pyramidenbauten, die wegen des Gefälles im Gelände unterschiedliche Höhen erreichen, kennzeichnet eine strenge Regelmäßigkeit, deren Erhabenheit und Größe mit der sie umgebenden Landschaft in Einklang steht. Das Gelände, dessen Ausdehnung von N nach S ungefähr 1.5 km und von O nach W 1.2 km beträgt, befindet sich am nördl. Rand des Cerro Tetépetl, der das Tal von Toluca beherrscht und sich nach S in einem riesigen Lavafeld (*malpais*) fortsetzt.

Bei den **Ausgrabungen,** die ab 1971 von mexikanischen Archäologen durchgeführt wurden, konnte ein großer Teil des Kultzentrums (das sogenannte Sistema Norte) freigelegt werden, mit seinen Plattformen, Altären und Oratorien, riesigen Plätzen, Wohngebäuden der Priester, Verwaltungsgebäuden, einem Ballspielplatz, einem Markt usw. Restaurierungen und Wiederaufbauten wurden in der Nordgruppe (Sistema Norte) durchgeführt, die sechs zusammenhängende Komplexe (conjuntos) umfaßt, d. h. Gebäudegruppen, die mit ihren Nebengebäuden und Plätzen eine architektonische Einheit bilden. Zwischen diesen Komplexen befanden sich im allgemeinen die Behausungen des einfachen Volks. Das Vorhandensein von Behausungen auf vulkanischem Boden (*malpais*) läßt Rückschlüsse auf soziale Rangunterschiede zu. Die auf dem Malpais errichteten Häuser waren aus leichtem Material, während die im Sistema Norte gelegenen aus Lehmziegeln (*Adobes*) errichtet waren und sich auf Plattformen befanden. Das Gelände umfaßt zwei weitere, leicht auszumachende Komplexe: das Sistema Cañada und das Sistema Sur.

Charakteristisch sind die pyramidenförmigen Sockel, auf denen sich die Tempel erhoben. Sie bestehen auf der Vorderseite aus drei oder vier übereinander gestellten, sich nach oben hin verjüngenden Stufen, die ursprünglich mit Stuck überzogen waren, auf der Rückseite dagegen aus einer einzigen Schrägmauer. Zu den Tempeln führten meist mächtige Treppen empor, die in Richtung auf die Kultplätze orientiert waren. Von den aus vergänglichem Material errichteten Tempeln ist nichts erhalten. Vermutlich unter dem Einfluß der von den Mexica praktizierten Riten, fanden vor den Treppen der Pyramidensockel, anstelle der den Göttern dargebrachten Opfergaben, Massenbestattungen von Geopferten statt.

Die ältesten Bauten des Sistema Norte, die anhand der vorgefundenen keramik datiert werden konnten, gehen vermutlich auf die Zeit von 750–900 zurück. Die Bauten, die Sie sehen, gehören jedoch hauptsächlich in den Zeitabschnitt zwischen 900 und 1162, in die Blütezeit von Teotenango, vor dem Einfall der Chichimeken-Matlazinca.

Komplex A. – Diesen ausgedehnten Komplex erreichen Sie vom Parkplatz am Ende der Straße aus. Noch davor sehen Sie l. auf einer Stützmauer ein **Relief** mit einem Jaguar und daneben eine **Nahuaglyphe**, die an eine Sonnenfinsternis des Jahres 11 calli („11 Haus"), 1477, erinnert. Komplex A besteht aus einem großen, vertieften Kultplatz, der von Pyramiden und Plattformen umgeben wird.

Ballspielplatz. – Der dahinter liegende **Komplex E** umfaßt einen Ballspielplatz, der aus der Zeit von 900-1162 stammt. Er wurde in der für diese Anlage charakteristischen Form konzipiert. Das Spielfeld (42,90 x 10 m), das ursprünglich mit einer Stuckschicht aus pulverisiertem Bimsstein und Kalk bedeckt war, erstreckt sich zwischen zwei geböschten Sockeln, von denen der nördl. eine Tribüne trägt. Ein zerbrochener Steinring wurde „in situ" belassen. Beim östl. Querbalken des Spielfelds sehen Sie in einem Graben Reste von älteren Bauten.

Temascal. – Auf dem Gelände des Ballspielplatzes wurden auch die Ruinen eines *Temascal*, eines **Dampfbades** freigelegt, das zu dem obenbeschriebenen Komplex gehörte. Die Temascales, in denen man ursprünglich betete und opferte, wurden von Kranken, Verletzten, Schwangeren und Wöchnerinnen aufgesucht, die sich dort auf Matten austreckten, um den Dampf einzuatmen, den man mit Hilfe von Wasseraufgüssen über heiße Steine erzeugte. Sie haben noch heute eine medizinisch-therapeutische Funktion, wobei die Anwendungsdauer jeweils individuell festgelegt wird. In der Nähe des anderen Spielfeldbalkens sehen Sie eine Gruppe von Räumen, in die man vom Dach her gelangte.

Komplex D, der an Komplexe C und E angrenzt, umfaßt eine Plattform mit einer Reihe von Räumen, die sich um Höfe gruppieren, den *Basamento de la Serpiente* (Schlangensockel) mit einem auf der S-Seite vorgelagerten Platz sowie einen Nebentrakt. Der Platz wird im S von einer großen Plattform gesäumt, von der man auf eine tieferliegende Fläche gelangt, auf der sich vermutlich der **Markt** befand.

Am Rand des Lavafeldes (*malpais*) sieht man im W noch ein Stück der mächtigen Mauer, die vermutlich nach dem Einfall der Chichimeken-Matlazinken ins Tal von Toluca errichtet wurde. Später wurde die Mauer über den N- und S-Hang hinaus verlängert.

☛ **Fortsetzung der Rundfahrt México-Cuernavaca-Taxco-México.** – Lassen Sie die Straße nach Toluca (s. Rte 4B ab km 25 in umgekehrter Richtung) liegen und fahren Sie in Richtung La Marquesa.
335 km:

☛ **339 km:** Verkehrsknoten bei Tilapa; dort mündet die Straße nach (45 km) Chalma ein (s. Rte 1N ab km 148 in umgekehrter Richtung).
Vom Verkehrsknoten nach México: s. Rte 1N, von km 148 bis km 200.
391 km: México (s. Rte 1).

3 – Von México nach Acapulco und Zihuatanejo

Acapulco ist ein Teil der mexikanischen Wirklichkeit, eine Realität von internationalem Ruf und Zuschnitt und dies aus Gründen, die dem Kulturtourismus fremd bleiben und doch nicht minder legitim sind, denn dieser Badeort ist zweifellos eine Art Modell. Ein kosmopolitisches, zugegeben, das in dieser Form jedoch nirgendwo anders als in Mexiko existieren könnte.
Inmitten einer der schönsten Landschaften der Erde widmet sich diese Stadt fast ausschließlich der Aufgabe, Vergnügen zu bereiten, angefangen bei den einfachsten bis zu den exzentrischsten Zerstreuungen und dieses Schauspiel ist an sich schon faszinierend genug. Acapulco berauscht das Jet Set. Und warum nicht auch Sie, im Rahmen Ihrer finanziellen Möglichkeiten und Interessen, denn Acapulco ist eine verführerische Stadt, mit all ihrem Gepräge, ihrer üppigen tropischen Vegetation und ihrer prachtvollen Felsküste.
Zihuatanejo, ganz in der Nähe Acapulcos, ist ebenfalls ein Badeort, allerdings noch im Entstehen begriffen. In wenigen Jahren ist sie vielleicht die Antithese zu ihrer anspruchsvollen Rivalin, nicht minder luxuriös, aber ohne den liebenswert anarchistischen Zug Acapulcos.
Vergessen Sie auf der Fahrt nach Acapulco und Zihuatanejo nicht die touristischen Sehenswürdigkeiten der Gebiete, die Sie durchqueren und entnehmen Sie Rte 2 all das, was sich mit Ihrem mexikanischen Zeitplan in Einklang bringen läßt. Sie sollten dabei zumindest Taxco berücksichtigen.

Straße: 413 km (Acapulco) und 654 km (Zihuatanejo) auf der gebührenpflichtigen Autobahn bis Iguala.

Von México bis an den Stadtrand von Cuernavaca: s. Rte 2 bis km 78.

88 km: Entronque Palmira; benutzen Sie die Ausfahrt zum (4 km) Zentrum von **Cuernavaca** und nach Taxco (gebührenfreie Straße; s. Rte 2 bei km 88).

109 km: Ausfahrt nach **Taxco** (s. Rte 2 bei km 109).

128 km: Ausfahrt nach **Taxco** (nach 18 km nehmen Sie Rte 2 bei km 170 auf).

180 km: Ende der gebührenpflichtigen Autobahn, 39 km vor Taxco und 3 km vor **Iguala**. Die ungefähr 57.600 Ew. zählende Stadt (freitags Markt) wurde 1750 gegründet. Augustín de Iturbide unternahm dort durch die Verkündung des Plans der Drei Garantien („Plan von Iguala") am 24. Feb. 1821 einen entscheidenden Schritt auf dem Weg zur mexikanischen Unabhängigkeit.

(3) Von México nach Acapulco und Zihuatanejo

3 A – Von Iguala nach Huetamo

Straße: 198 (Ciudad Altamirano) bzw. 235 km (Huetamo) durch ein Gebiet, in dem die Unterkunftsmöglichkeiten in Hotels äußerst gering sind.

☞ 39 km: Rechter Hand, nicht asphaltierte Straße nach (22 km) **Ixcateopan**. In der Kirche (16. Jh.) dieses kleinen Marktfleckens des Guerrero soll sich einer örtlichen Überlieferung zufolge unter dem Hauptaltar die sterbliche Hülle des letzten Aztekenherrschers Cuauhtémoc befinden, der auf Befehl von Hernán Cortés in einem Wald des Chiapas erhängt wurde. In der Nähe der Kirche, bisher nicht erforschte Ruinen aus vorspanischer Zeit.

58 km: **Teloloapan**.

138 km: **Arcelia**. Von diesem Pueblo aus kann man zur Archäologischen Zone **Los Monos** reiten. Sie umfaßt mehrere auf Plattformen errichtete Pyramidenbauten und Ballspielplätze, die vermutlich aus dem 7. oder 8. Jh. n. Chr. stammen. Nach den dort zu sehenden Skulpturen, die von der einheimischen Bevölkerung „Los Monos", die Affen genannt wurden, hat der Ort seinen Namen erhalten. Für diese Exkursion benötigen Sie von Arcelia aus ungefähr einen halben Tag. Sie können sie aber verkürzen, wenn Sie in Richtung Ciudad Altamirano bis hinter die Brücke über den Rio Poliutla weiterfahren.

151 km: Brücke über den Rio Poliutla in der Nähe der Archäologischen Zone Los Monos, zur Rechten der Straße.

188 km: **Ciudad Altamirano**. Der ungefähr 10.000 Ew. zählende Ort liegt im Tal des Rio Balsas, inmitten einer überschwenglichen tropischen Vegetation. Man kann dort einen ungefähr 30 m hohen **Kolossalkopf** sehen, der Lázaro Cárdenas darstellt.

➡ 6 km vom Rio Balsas entfernt liegt **Coyuca de Catalán,** wo zu Beginn des 15. Jh. ein kleines taraskisches Fürstentum unter Hiripan herrschte.

235 km: **Huetamo**, ein Marktflecken des Michoacán (s. Weg 4 bei km 161,5).

➡ 218 km: **Xilitla**. In diesem Dorf des Bundesstaates Guerrero sollten die Liebhaber der authentischen Volkskunst Halt machen.

Dort kann man in Temperamanier mit kaffeebraunen Motiven bemalte **Töpferware** und chamoisfarbene **Figuren** kaufen, die in Xilitla und im Dorf Ameyaltepec (Guerrero) hergestellt werden. Die beiden Orte sind auch in der Herstellung von „papeles de amate" (Amate-Papier) mit naiven Mustern in harmonischen Gouachefarben spezialisiert.

Hinter Xilitla führt die Straße in ein Tal hinab, das mit unzähligen Säulenkakteen übersät ist.

227 km: Brücke über den Rio Mexcala bzw. Rio Balsas in einer Höhe von 550 m; kurz danach, rechter Hand, das Pueblo Mexcala.

238 km: Sie fahren jetzt in den etwa 20 km langen **Cañón del Zopilote,** die Geierschlucht.

280 km: L. **Chilpancingo**. In der auf einer Höhe von 1.360 m gelegenen Hauptstadt des Bundesstaates Guerrero (64.458 km^2; ungef. 1.942.000 Ew.), die 36.000 Ew. zählt, versammelte sich im 13.

Sept. 1813, mitten im Unabhängigkeitskrieg, der erste Kongreß Mexikos, in dessen Verlauf José Maria Morelos sein politisches Programm vorstellte.

Besichtigen Sie dort die **Casa del Primer Congreso Revolucionario,** ein schlichtes Kolonialgebäude, in welchem diese Versammlung stattfand. Den **Palacio de Gobierno** schmücken **Fresken** von *Luis Arenal, Roberto Cuevas del Rio* und *Gilberto Aceves Navarro,* die die Bedeutung des Kongresses von Chilpancingo für die Geschichte Mexikos, die Reform und die Revolution veranschaulichen. Chilpancingo ist Ausgangspunkt für einen Ausflug (56 km) zu den **✶✶ Grotten von Juxtlahuaca** (s. unten, bei km 291) und der Straße nach Tlapa (s. unten, Rte 3B), die im O des Bundesstaates Guerrero durch ein Berggebiet führt, das, sobald man die Straße verläßt, nur schwer zugänglich ist und wo – wie gelegentlich behauptet wird – wilde Stämme hausen.

3 B – Von Chilpancingo nach Tlapa

Straße: 182 km auf einer teilweise asphaltierten Straße; verlassen Sie Chilpancingo auf der Straße nach Tlapa.

☞ 18 km: **Tixtla.** In diesem Ort wurde **Vicente Guerrero,** einer der Helden des Unabhängigkeitskrieges geboren, der von 1829–1830 zweiter Präsident der Republik Mexiko war und 1831 erschossen wurde, nachdem er Anfang 1830 von Anastasio Bustamante gestürzt worden war. **El Calvario** ist das Viertel der Keramiker.

59 km: **Chilapa.** Der am Ende der asphaltierten Straße gelegene Ort, der ungefähr 12.000 Ew. zählt, ist für seine *Rebozos* und Korbwaren bekannt. Die Augustiner gründeten dort im 16. Jh. ein **Kloster.**

Chilapa ist Ausgangspunkt des Ausflugs (12 km) zu den **Grotten von Acatlán** oder **Oxtotitlán** (in Nahuatl „Ort der Grotten"), die 1968 2 km östl. von Acatlán entdeckt wurden. Nehmen Sie sich in dem Dorf, das von nahuatlsprechenden Indios bewohnt wird und das Sie über eine nicht asphaltierte Straße erreichen, einen Führer.
Die beiden unter einem Felsvorsprung gelegenen Grotten bergen **Felsbilder,** deren älteste der olmekischen Epoche zugeschrieben werden.
Die beiden großen Bilder **an der Wand des Felsvorsprunges** sind die sehenswertesten, allerdings ist das eine ziemlich verblaßt. Im oberen Teil des Vorsprungs erkennt man eine reichgekleidete Gestalt auf dem Kopf eines Jaguargottes, die vermutlich einen Regen- oder Fruchtbarkeitsgott darstellt.
Die erste Grotte (sogenannte **N-Grotte**) birgt mehrere monochrome Gemälde (hauptsächlich in Schwarz), während die zeite Grotte (**S-Grotte**) drei große Figurengruppen überwiegend in Rot enthält. Letztere stammen vermutlich aus der nachklassischen Epoche, die übrigen werden der olmekischen Periode zugeschrieben. Einige Autoren wie zum Beispiel M. D. Coe vertreten die Ansicht, daß diese Gemälde ein Beweis für den Durchzug von Kaufleuten durch dieses abgelegene Gebiet des Guerrero sind, die hier seltene, am Golf von Mexiko nicht vorhandene Materialien suchten, z. B. Jade und Serpentin, und nicht etwa einer Eroberung dieses Gebietes durch die Olmeken.

115 km: Atlixtac, eine Tlapaneca-Siedlung, in der der Tanz der „Moros" von Männern aufgeführt wird, die eine Maske mit Bart und einen mit Blumen geschmückten Frauenhut tragen. Der Tanz der *„Conejos"* erfordert das Tragen von Kaninchenmasken.

182 km: Tlapa, ein Pueblo der Tlapaneken (s. unten), in welchem die Augustiner im 16. Jh. ein **Kloster** gründeten. Die Azteken unterhielten dort eine Garnison, die mit der Überwachung dieses von den Tlapaneken bewohnten Berggebiets und der Eintreibung des von den Herrschern der Mexica auferlegten Tributs beauftragt war.

Die Tlapaneken leben hauptsächlich auf dem Territorium der Landstädte Malinaltepec, Atlamajalcingo und Tlacoapa im S von Tlapa, einem Bergland im Herzen der Sierra Madre del Sur. Die Tlapaneken, die vermutlich aus dem SW der Vereinigten Staaten, wahrscheinlich während des 9. oder 10. Jh. einwanderten, besiedelten ursprünglich ein weit ausgedehnteres Gebiet, sie wurden jedoch von anderen Völkern, insbesondere den Azteken, in die Berge zurückgedrängt.

In den größeren Ortschaften werden die Tlapaneken nach Bundes- oder Staatsgrenzen regiert, in den kleineren Gemeinden gibt es jedoch einen Kaziken oder Ältestenrat. Anläßlich der Amtsübergabe des scheidenden Präsidenten an seinen Nachfolger findet eine feierliche Zeremonie, der sogenannte *„cambio de varas"* (Stabswechsel) statt.

Die Behausungen der Tlapaneken bestehen aus Hütten, die im allgemeinen in der Nähe von bebautem Land bzw. Milpas (Maisfeldern) in einem Korral liegen und aus Baumstämmen (*bajareques*) bzw. in den Niederungen mit wärmerem Klima aus Zweigen errichtet werden; das Dach ist aus Queckenwurzeln (*zacate*), in den Gebirgsgegenden aus Schindeln und in den tropischen Breiten mit Palmblättern bedeckt. Viele Häuser haben ein angebautes Dampfbad, ein aus Steinen und Lehm errichtetes *Temascal*.

Die Tlapaneken leben vom Mais- und Bohnenanbau und, in Tälern mit tropischem Klima sowie im Küstengebiet, vom Kaffee-, Zuckerrohr-, Bananen-und Tabakanbau. Die Viehzucht spielt ebenfalls eine wichtige Rolle für die Wirtschaft der Tlapaneken, desgleichen die Herstellung von Strohhüten, von *Petates* (Matten) usw.

Die Tlapaneken praktizieren den katholischen Glauben, sie haben jedoch Bräuche und Riten aus der vorkolumbischen Epoche bewahrt. So widmen sie noch immer der Erdgöttin, dem Regengott und den Berggöttern einen Kult, die sie auf den Cerros und in Grotten verehren, wo sie, begleitet vom Klang der Trommel und der *Chirimia*, einer Rohrflöte, Kerzen entzünden und Lebensmittelgaben aufstellen. Die heidnischen Riten sind jahreszeitlich gebunden, sie finden statt, um Regen oder eine gute Ernte zu erflehen oder aber auch das Ende einer Epidemie.

Bestattungen sind der Anlaß für ein Festmahl, in dessen Verlauf *Mole de Guajolote* (Truthahn in Molesauce), *Frijoles* (Bohnenkerne) mit Chili, *Tamales* (Maismehlbrot) und ein Schokoladengetränk gereicht werden.

Diese Indios feiern einige katholische Feste, hauptsächlich die der Namensheiligen ihrer jeweiligen Dörfer, die Karwoche (Semana Santa), Fronleichnam und Weihnachten. Diese Ferias werden mit Prozessionen, Tänzen, Musik und Feuerwerk begangen. Der charakteristische Tanz der Tlapaneken ist der Chichipelado, den drei Paare im Jarabeschritt zu den Klängen einer Geige, einer Gitarre und einer Chirimia tanzen.

➡️ Ungefähr fünfzig km nordwestl. von Tlapa befindet sich das Dorf **Olinalá**, das Sie zu Pferd erreichen oder anfliegen können; dort

El Ocotito – Acapulco

werden Lackarbeiten nach dem Rayado-Verfahren hergestellt, wobei nacheinander mehrere Lackschichten aufgetragen werden und sich durch das Entfernen der oberen Schichten Streifenmuster ergeben. Diese Technik ist sehr selten; gelegentlich werden derartige Arbeiten anläßlich der Karfreitagferias auf den Märkten zum Kauf angeboten, hauptsächlich in Tepalcingo. Patrozinium am 4. Okt.

291 km:

Linker Hand, nicht asphaltierte Straße nach (37 km) **Colotlipa,** dem Ausgangspunkt eines Ausflugs zu den ****Grotten von Juxtlahuaca,** zu denen man auf einem 8 km langen, während der Regenzeit nicht befahrbaren Weg gelangt (per Autobus von Chilpancingo aus ungefähr 1 St. 30 Min.; veranschlagen Sie für diese Exkursion mindestens 6 bis 7 St. und nehmen Sie sich in Colotlipa einen Führer).
Die Besichtigung der riesigen, prachtvollen Grotten, die nicht beleuchtet sind (der Aufseher gibt Kerosinlampen aus) ist etwas schwierig und erfordert im gegenwärtigen Zustand eine gute Kondition der Besucher. Neben den eigenartigen geologischen Konkretionen in den zahllosen Räumen dieser Grotten sind auch **Felsbilder** (ungefähr 1.200 m vom Eingang entfernt) zu sehen. Diese aus der olmekischen Epoche stammenden Bilder dürften etwa zur gleichen Zeit entstanden sein wie die der Grotten von Acatlán, die allerdings andere Themen zeigen. Auf dem mehrfarbigen Hauptgemälde erkennt man zwei Gestalten. Die größere, stehend dargestellte hält eine Art Dreizack und trägt einen Federkopfputz (*huipil*), der aus einem Jaguarfell zu sein scheint. Die zweite sitzende Gestalt ist wesentlich kleiner.
Ein zweites Gemälde stellt eine rote Schlange dar, auf dem gegenüberliegenden dritten sieht man einen Jaguar (?).

330 km: El Ocotito.

R. Weg nach (59 km) **Jaleaca** und nach (ungef. 79 km) **Yextla,** unweit dessen in den Grotten der Sierra Madre del Sur **Steinglyphen** und **Felsbilder** entdeckt wurden, die vermutlich aus dem 15. Jh. stammen.

343 km: Tierra Colorada; l., etwas tiefer gelegen, eine kleine Kolonialkirche; zahlreiche kleine Restaurants entlang der Straße.

397 km: Las Cruces; r., Straße nach Pinotepa Nacional (s. Rte 25 bei km 58) und zum Flughafen von Acapulco.

409 km: Costera Miguel Alemán, eine breite Verkehrsader um die Bucht von Acapulco (Orientierungspunkt: der Paseo del Farallón mündet dort gegenüber der Playa Condesa ein; Pl. D2).

413 km: ***Acapulco, die 255.800 Ew. zählende Stadt, liegt in einer geschützten Bucht, an einer Stelle der Küste, an der die Sierra Madre del Sur ihre Ausläufer bis an den Rand des Pazifischen Ozeans schickt. Acapulco, das während der Kolonialepoche der wichtigste Hafen Neuspaniens war, wo die von den Philippinen kommenden Galionen an- und ablegten, ist heute der bedeutendste Badeort Mexikos, dessen bloßer Name die Vorstellung eines Südseeparadieses erweckt.
Abgesehen von einigen Hotels besteht Acapulco sozusagen aus

(3) Von México nach Acapulco und Zihuatanejo

zwei verschiedenen Badeorten, dem der Halbinsel, die die Bucht im W abschließt – von La Quebrada (Pl. A3) mit seinen steilen Felsen bis hin zum Hafen – und dem Teil entlang der Costera Miguel Alemán, der sich an einem Sandstrand der Bucht entlangzieht – vom Hafen bis zum Kap – das die Bucht im O begrenzt. Ersterer umfaßt mehrere kleine Strände (Playa Angosta, Playa del Patal, die Playas Caletilla, Caleta, Larga, Honda und Manzanillo), die meist sehr stark frequentiert, dafür aber auch absolut sicher sind. Sie liegen in einer der schönsten Landschaften mit steil zur Bucht abfallenden, vom Ozean umspülten Felsen und kleinen, von Kokospalmen gesäumten Stränden. Hier reiht sich inmitten von Gärten mit einer üppigen tropischen Vegetation ein Hotel an das andere. Hier und in der Stadt herrscht tagsüber die größte Betriebsamkeit.

Der zweite Badeort an der Costera Miguel Alemán und dem größten Strand bietet einen völlig anderen Anblick mit seinen Hotels, die umso weiter auseinanderrücken, je mehr man sich von der Stadt entfernt. Hier ist wesentlich mehr Platz und die meisten der besseren Hotels haben ihren privaten Strand und Gärten, manche sogar einen kleineren oder größeren Park. Auf diesem, gegenüber der geschützten Bucht von Acapulco weniger stark frequentierten, aber auch nicht so sicheren Strand, gibt es Spitzenluxushotels, die ihren Gästen sogar einen Swimmingpool bieten. In diesem Teil von Acapulco finden Sie weniger das Flair eines europäischen, schon eher das eines amerikanischen Badeorts: Exklusive Nachtclubs und bisweilen horrend teure Luxusrestaurants tragen dort zu einem recht intensiven Nachtleben bei, an dem auch das Centro de los Convenciones seinen Anteil hat.

Das Hotel Las Brisas auf dem Kap, das die Bucht von Acapulco im O abschließt, verfügt über mehrere Swimmingpools und einen ziemlich weit entfernten, etwas tiefer gelegenen Privatstrand, den die Gäste in eigens zur Verfügung gestellten Jeeps erreichen, mit denen sie aber auch Fahrten in die Stadt oder Ausflüge in die Umgebung unternehmen können. Ziemlich außerhalb der Stadt (22 km) liegen weitere Luxushotels zwischen einer riesigen Kokospalmenpflanzung und einem feinen Sandstrand (Playa Revolcadero), der sich endlos nach S ausdehnt. An diesem Strand empfiehlt es sich, nicht außerhalb der bewachten Zone zu baden. Es gibt dort gefährliche Strömungen und vor allem sehr mächtige Wellen, deren Brandung die Rückkehr zum Ufer manchmal unmöglich macht.

Der Ankerplatz der Galeone Manila. – Acapulco („eroberter bzw. zerstörter Ort") wurde nach einem unter König Ahuitzotl (1486–1502) unternommenen Feldzug dem aztekischen Reich eingegliedert. Sehr früh schon errichteten die Spanier dort einen Hafen, von wo aus im Jahre 1532 Hurtado de Mendoza zu einer Expedition entlang der Küsten Neuspaniens aufbrach. Nach der Eroberung der Philippinen war Acapulco Ankerplatz des Galeons „Manila" oder „Nao de China", die Jahr für Jahr wertvolle Schiffsladungen mit Erzeugnissen aus dem Orient herbeischafften. Acapulco

stand auch in Verbindung mit peruanischen Häfen und mit Valparaiso in Chile, woher es Gold und Silber bezog. Die Schiffsladungen wurden dann zum Hafen Veracruz geleitet, wo sie nach Spanien verladen wurden.
Seit dem Beginn des 17. Jh. war auf Acapulco oder vielmehr auf die von den Philippinen kommenden Galeonen das Augenmerk der holländischen und englischen Piraten gerichtet, die häufig vor dem Hafen im Hinterhalt lagen. Der Niedergang Acapulcos begann in dem Augenblick, als 1779 eine neue Schiffahrtslinie über den Indischen Ozean und das Kap der Guten Hoffnung für den Warentransport zwischen Manila und Spanien errichtet wurde.
1811 versuchte José Maria Morelos vergeblich, sich des Hafens zu bemächtigen. Beim zweiten Versuch gelang es ihm, am 20. August 1813 die Stadt zu erobern, die er kurz danach jedoch wieder aufgeben mußte.

Durch die Stadt. – Sie sollten diese ausgedehnte Stadt keinesfalls zu Fuß durchstreifen. Mieten Sie stattdessen einen kleinen offenen Wagen oder benutzen Sie Taxis oder Kutschen. Unter den angebotenen Möglichkeiten stehen eine Minikreuzfahrt in der Bucht oder aufs offene Meer zur Auswahl, auf einer der Yachten, die an der Costera Miguel Alemán, in der Nähe des Fuerte de San Diego (Pl. B3) ablegen.

Was die Strände angeht, haben Sie die Qual der Wahl. Die **Playa Caleta** (Pl. B4) im alten Teil des Badeorts gehört zu den schönsten; von dort aus können Sie an Bord eines Schiffes mit Glasboden auf Entdeckungsfahrt zur **Isla La Roqueta** aufbrechen, vorbei an der in den Fluten versenkten Statue der Jungfrau von Guadelupe. Die bisweilen von gefährlichen Wellen überspülte **Playa Hornos** (Pl. C2) zieht bei Sonnenuntergang eine unübersehbare Menschenmenge an, die das Gitarrenspiel der unendgeltlich spielenden Musikanten oft bis in die frühen Morgenstunden festhält. Die **Playa Condesa** (Pl. D2) gehört zu den meistfrequentierten Stränden. Der Strand der Bucht von Puerto Marqués (Zugang von der Straße nach Pinotepa Nacional) ist nicht nur einer der schönsten, sondern auch der sicherste. Die noch weiter entfernte **Playa Revolcadero**, die sich ins Unendliche verliert, ist vielleicht die hinreißendste, aber die Brandung dort ist gefährlich. Die bei Sonnenuntergang unbeschreiblich schöne **Playa Pie de la Cuesta** (Zugang von der Straße nach Zihuatanejo) ist zum Baden nicht zu empfehlen.

Zu den Ritualen, an denen viele Touristen teilnehmen, gehört die Aufführung des Juego de Volador („Fliegerspiel") um 22.30 Uhr beim Hotel El Presidente (tgl. außer sonntags) und der berühmte Engels- bzw. Aztekensprung von den La Quebrada-Klippen (Pl. A3), den Sie sich von der Terrasse des Hotels El Mirador ansehen sollten (von 21.30–0.30 Uhr stündlich).

Ungeachtet seiner Vergangenheit hat Acapulco nur ein einziges interessantes Bauwerk, **Fuerte de San Diego** (Pl. B3) aufzuweisen, eine zu Beginn des 17. Jh. gegründete Festung mit fünf Bastionen, die 1776 nach einem von Vauban entwickelten System für Festungsbauten rekonstruiert wurde (*Öffnungszeiten:* 9–16.30

(3) Von México nach Acapulco und Zihuatanejo 364

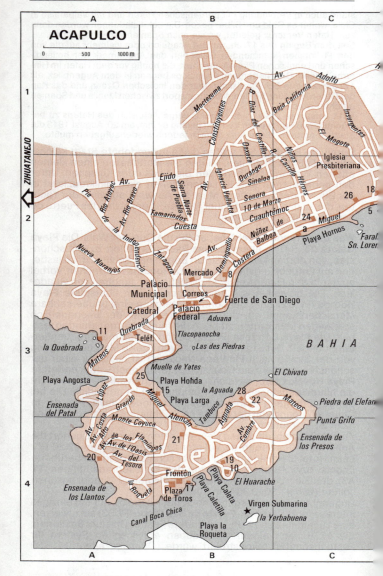

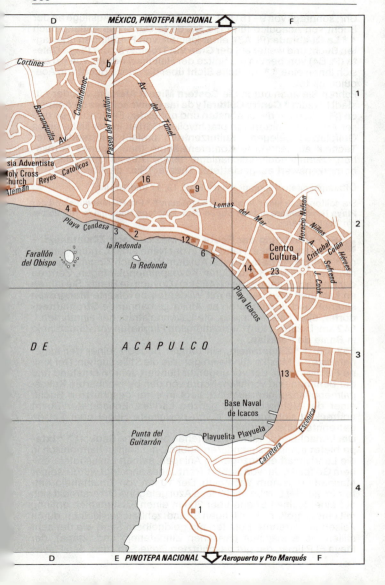

(3) Von México nach Acapulco und Zihuatanejo

Uhr; sonntags von 9–15 Uhr). Einer der schönsten Ausflüge an der Bucht von Acapulco führt die **Av. de la Quebrada** entlang nach ** La Quebrada** (Pl. A3), einer kleinen, von Felsklippen überragten Bucht und weiter auf der **Gran Via Tropical** an der **Playa Caleta** (Pl. B4) vorüber um die Spitze der Halbinsel herum, von wo aus sich Ihnen eine ** herrliche Sicht** über die ganze Bucht von Acapulco bietet.

Fahren Sie auch durch die **Costera Miguel Alemán,** von der Altstadt bis zum * **Centro Cultural y de las Convenciones de Acapulco** (Pl. F2), einer der schönsten und nobelsten Einrichtungen dieser Art. Das inmitten von prachtvollen Gärten in der Nähe eines Golfplatzes gelegene Kulturzentrum umfaßt mit modernster Technik ausgestattete Konferenzräume (hauseigenes Fernsehen, Simultandolmetschanlage usw.), Ausstellungssäle, ein bemerkenswert ausgestattetes Theater (Ruiz de Alarcón).

Öffnungszeiten: Führungen um 11, 12, 13, 17 und 18 Uhr.

Sie sollten auch einen Ausflug (8,5 km) zum ** **Puerto Marwués** und der **Playa Revolcadero** auf der Straße nach Pinotepa Nacional (s. Rte 25 bei km 21) machen.

☛ **Fortsetzung der Route von México nach Zihuatanejo.** –
423 km: Linker Hand, die in der Nähe einer Lagune gelegene ** **Playa Pie de la Cuesta.** Auf dem Weg nach Zihuatanejo fahren Sie ungefähr 3 Std. durch Kokospalmenplantagen, Zentren der Kopragewinnung wie in (453 km) Coyuca de Benitz. Sie fahren an **Lagunen** vorüber, die mit Wildenten bevölkerte **Mangroven** säumen und durchqueren an Afrika gemahnende **Strohhüttendörfer,** über Flüsse hinweg, die Lavendelsträucher einrahmen.

642 km: L. zum (1 km) internationalen **Flughafen** von Zihuatanejo in **Bahía de Petatlan.**

652 km: ** **Zihuatanejo,** ein ruhiger Badeort, einer der angenehmsten in Mexiko, für diejenigen, die die Stille suchen. Der kleine Fischerhafen, der vor ungefähr hundert Jahren entstand und der Bananen und vor allem Kopra von den benachbarten Kokospalmenpflanzungen ausführt, liegt in einer geschützten Bucht, einer der sichersten des ganzen Landes. Entlang der Bucht erstrecken sich mehrere durch bewaldete Hügel oder Felsen getrennte feine Sandstrände.

Der benachbarte, noch im Entstehen begriffene Badeort ** **Ixtapa** bietet einen völlig anderen Anblick, mit seinen harmonisch in die Landschaft einbezogenen Anlagen, seinen Luxushotels, seinem Golfplatz, der von Robert Trent Jones angelegt wurde, seiner Marina und seinem Yachtclub. Der 10 km von Zihuatanejo entfernte, auf der Straße nach Playa Azul gelegene Ort erstreckt sich auf einer kleinen Ebene über 20 km einen Küstenstrich entlang mit einem großen, 6 km langen Strand, zahlreichen kleinen, durch Felsen abgetrennte Buchten mit goldgelbem Sand wie der sehr stillen Playa Majahua (zwischen Zihuatanejo und Ixtapa), der Playa El Palmar, der gut geschützten Playa San Juan, den Playas

Cuata, Quieta, Don Juan, Don Rodrigo usw. unweit einer in ihrer Flora und Fauna unversehrten Lagune.
Die künftige Trassierung einer Direktverbindung zwischen Mexiko und (499 km) Zihuatanejo über (54 km) **Toluca** (s. Rte 4 bis km 64), **Temascaltepec** (133 km; s. Rte 4C bei km 19) und (265 km) **Ciudad Altamirano** (s. Weg 3A bei km 188) wird sicherlich zum Aufschwung dieses hübschen Badeorts beitragen, der in Mexiko als eine Art Pilotprojekt im Bereich der Touristik angesehen wird. Ein Versuch, der bisher als erfolgreich gelten kann.
Zum Wasserskilaufen sollten Sie einen Ausflug zu den Felsinseln machen (die **Moro de los Pericos** ist mit Pelikanen und Möven bevölkert); zum Fischen können Sie Motorboote ausleihen, allerdings ist das Angebot nicht so groß wie in Acapulco.
Mit Hilfe eines Führers können Sie auch interessante Ausflüge ins Hinterland unternehmen, zu den Kokospalmen-, Bananen- und Kaffeeplantagen oder den Mangroven.

4 – Von México nach Toluca, Morelia und Guadalajara

Diese Route, deren unbeschreiblich schöne Landschaften immer wieder eine Offenbarung sind, bringt Sie von México nach Guadalajara. Sobald Sie México verlassen haben, kommen Sie durch ein herrliches Waldgebiet und tauchen zwischen Toluca und Morelia auf der Strecke der „Mil Cumbres" (tausend Gipfel) in verzauberte Wälder und weitgedehnte Berglandschaften ein, denen da und dort aufragende Riesenagaven eine tropische Note verleihen. Sie befinden sich jetzt auf taraskischem Gebiet, das nicht nur durch seine Landschaften gekennzeichnet wird, sondern auch durch die Architektur seiner Gebäude und den liebenswerten Charakter seiner Bevölkerung. Sie sollten sich für diese Strecke, für die man mindestens vier Tage benötigt (davon zwei Übernachtungen in Morelia und eine in Pátzcuaro) Zeit lassen, aber auch nicht allzu weit vom Hauptweg abweichen.

Sie interessieren sich für:

Archäologie: Sie sollten sich von Toluca aus (s. Weg 4 bei km 64) * **Calixtlahuaca** ansehen, mit einem der erstaunlichsten, noch vorhandenen Bauwerke aus der aztekischen Epoche und * * **Tenango** (s. Rte 4B und Rte 2 bei km 318,5) sowie die Tempel bzw. Yácata der Tarasken in * **Tzintzuntzan** (s. Umgebung von Pátzcuaro, 2).

Kolonialarchitektur: besuchen Sie * * **Morelia** (s. Rte 4 bei km 313), eine Stadt, die florentinischer Zauber zu umgeben scheint, und * * **Pátzcuaro** (s. Rte 4 bei km 373,5), eine typische Indiostadt, im Gegensatz zu dem kreolischen Morelia.

Zeitgenössische mexikanische Malerei: Fresken von Clemente Orozco in **Jiquilpan** (s. Rte 4J bei km 57).

Schönheit der Natur: besteigen Sie den * * * **Nevado de Toluca** (s. Rte 4C), wo sich Ihnen ein weitaus prächtigeres Panorama bietet, als auf der Straße von México nach Toluca (auf der direkten Straße bzw. der über Naucalpan führenden: s. Rte 4A) und auf der * * **Straße der Mil Cumbres.** Machen Sie (von Pátzcuaro aus) eine Exkursion zur * * **Isla de Janitzio** auf dem Pátzcuaro-See, dessen Ufer durch die Zerstörung des Wasserpflanzengürtels viel von ihrem einstigen Charme verloren haben. Zu einer der bezauberndsten Strecken gehört auch der * * **Weg von Uruapán nach Playa Azul** (s. Rte 4H).

Gelegenheitskäufe unterwegs: der Michoacán ist einer der Bundesstaaten, der sich durch den Einfallsreichtum eines blühenden Kunsthandwerks auszeichnet. Keramik finden Sie in Pátzcuaro, Valle de Bravo (Bundesstaat Mexiko), Tzintzuntzan, Patambán, Capula usw., Metepec im Bundesstaat Mexiko nicht zu vergessen, eines der Hauptzentren des mexikanischen Kunsthandwerks, das Sie von Toluca aus erreichen. Sarapes und Jorongos finden Sie in Zinacantepec, Rebozos in Cherán, Gegenstände aus gehämmertem Kupfer in Villa Escalante (dem ehemaligen Santa Clara del Cobre), Gitarren in Paracho, Lackarbeiten in Uruapan, Pátzcuaro und Quiroga, Artikel aus geflochtenem Stroh in Tzintzuntzan, Fruchtpaste in Morelia.

In Ihren Kalender eintragen sollten Sie: den 1. Febr. (Fest in Metepec), den Monat Mai (Fest des Hl. Isidro in Metepec), den 24. Juni (Chavinda), den 25. Juli (Jahrestag der Feria von Tianguistengo), den 21. und 22. Okt. (Feier zum Gedenken an die Verfassung von Apatzingán im gleichnamigen Ort), den 1. und 2. Nov. (Totenfeier im Friedhof von Janitzio), den 8. Dez. (Fest der Virgen de la Salud in Pátzcuaro), den Karfreitag (Passionsspiel in Capulhuac).

Straße: 64 km (Toluca), 313 km (Morelia) und 673 km (Guadalajara) durch ein insgesamt welliges Gelände. Rechnen Sie ungefähr eine Stunde von México nach Toluca, viereinhalb bis fünf Stunden von Toluca nach Morelia und ungefähr sechs Stunden von Morelia nach Guadalajara. Eine fast ebenso lange (311 km), weniger kurvenreiche Straße (sie ist auch weniger interessant) führt über Toluca und Tlacomulco (s. Rte 4D bis km 65); rechnen Sie ungefähr dreieinhalb Stunden von Toluca nach Morelia.

Die nachstehend beschriebene Route zwischen México und Toluca benutzt die kürzeste Strecke über den Las Cruces-Paß. Es gibt eine andere, weniger stark befahrene Straße, die über Naucalpan führend mehr nach N verläuft. (s. Rte 4A); bei einer Fahrt von México nach Toluca kann man sie zur Abwechslung auf dem Rückweg benutzen, wobei man gleichzeitig in den Genuß der schönen **★★ Aussicht auf das Tal von Anáhuac** kommt, aber auch die **★★ Hauptroute** bietet nicht weniger dramatische Aspekte.

Ausfahrt aus México auf der Straße nach Toluca (Pl. II, A1),.
30 km: Las Cruces-Paß (s. Rte 1N bei km 170).
32,5 km: La Marquesa.

L., Straße nach (64,5 km) **Chalma** (s. Rte 1N ab km 167,5) und nach (40 km) **Tenango de Arista** (s. Rte 2 bei km 318,5) in der Nähe einer **★★ archäologischen Stätte**.

Kurz nach der Weggabelung erblicken Sie das **★★ Tal von Toluca,** (s. Rte 4C).
46,5 km: L. nach (1,5 km) **Ocoyoacac**, überragt vom Vulkankegel des **Nevado de Toluca**; Lokalfest am 15. Jan. mit Tänzen der Chalmeritos, der Arrieros, der Moros und der Negritos.
47,5 km: Lerma, ein Pueblo, das auf die Herstellung von *Petates* (Matten) aus Palmfasern und Mobiliar aus Palmfasern spezialisiert ist. Kurz nach dem Dorf, Brücke über den *Rio Lerma*.

Der 452 km lange Fluß entspringt in der Umgebung von Almoloya del Rio. Er fließt in den Chapala-See, den er als *Rio Grande de Santiago* wieder verläßt, um in den Pazifischen Ozean zu münden. In vorspanischer Zeit

(4) Von México nach Toluca, Morelia und Guadalajara 370

scheint der Fluß mehrere Namen getragen zu haben. Tezozómoc und Durán bezeichnen ihn mit dem Namen *Quauhpanoayan.* Nach der Konquista wurde er Rio de Matlacingo genannt.

Die Straße führt anschließend durch das **"Industriegebiet"** von Toluca. Die Verwaltungsorgane der hier errichteten Fabriken befinden sich größtenteils in México.
61 km: die Umleitung l. (Paseo Tollocan) gestattet die Umgehung des Zentrums von Toluca.

Wenn Sie geradeaus weiterfahren, kommen Sie ins Zentrum, vorbei an einem kleinen **Museum für Volkskunst** (*Öffnungzeiten:* tgl. außer Mo. 10–12 Uhr und von 16.30–19 Uhr), wo die wichtigsten Erzeugnisse des Bundesstaats Mexiko vertreten sind (die Artikel werden verkauft): Keramik aus Metepec, Korbwaren, Rebozos aus Tenancingo, Sarapes und Jorongos aus Coatepec Harinas und Chiconcuac, Glas aus Texcoco.

64 km: Toluca (Zócalo). Die 139.500 Ew. zählende Hauptstadt des Bundesstaates México (21.414 km^2; 4.661.000 Ew. ohne den Distrito Federal) liegt in einer Höhe von 2.664 m im fruchtbaren Tal von Toluca, südöstl. des Cerro del Toloche bzw. Tolotzín, wo sich der Überlieferung nach der Tempel von Coltzín, der Hauptgottheit der Matlazinken erhob. Infolge der Höhenlage ist das Klima im Winter ziemlich rauh, den Rest des Jahres über aber ziemlich mild. Versäumen Sie nicht, den Markt zu besuchen (vor allem freitags) und Calixtlahuaca in der näheren Umgebung.

Die bedeutenden Funde, die man auf dem Cerro über Tenango de Arista machte, haben unser Wissen über das Tal von Toluca vor der Ankunft der Spanier und die Gegend vertieft, die in der präkolumbischen Epoche das Zentrum des Tals gewesen zu sein scheint. Um 1529 gründeten die Franziskaner in Toluca ein Kloster. Es wurde 1550 von Frater Andres de Castro auf einem von dem ehemaligen Herrscher der Matlazinken Juan Fernando Cortés Coyotzín zur Verfügung gestellten Gelände mit Baumaterialien aus dessen eigenem Palast über den Ruinen eines heidnischen Tempels wiederaufgebaut. Das nicht mehr vorhandene Kloster umfaßte ein Seminar, in dem Franziskanermönche sich mit der schwierigen Sprache der Matlazinken vertraut machten. Die Missionare zwangen die Bewohner des Tales schließlich, Nahuatl zu erlernen, um die Bekehrungen zu erleichtern, so daß heute nur noch von einer kleinen Zahl der Einwohner der Landstadt Mexicaltzingo und im Distrikt von Temascaltepec Matlazinca gesprochen wird.

Auf dem **Zócalo** oder der **Plaza de los Mártires** befindet sich der **Palacio de Gobierno,** der 1872 am Platz der aus der Kolonialepoche datierenden Casa Consistorial errichtet wurde. Gegenüber die **Kathedrale** im neoklassischen Stil aus dem 19. Jh.
Wenn Sie vom Platz aus der Av. Independencia folgen und dann in die erste Straße (Mariano Riva) nach l. einbiegen, kommen Sie zum Hauptmarkt von Toluca (Mercado 16 de Septiembre), vorbei an der **Iglesia del Carmen,** die um die Mitte des 18. Jh. im barokken Stil erbaut wurde (das Innere wurde im 19. Jh. neu gestaltet); r., Capilla de la Tercer Orden.

Toluca und Umgebung

Ein kleines **Museum der Schönen Künste** befindet sich in der Escuela Hidalgo, an der Ecke der General Prim-Straße und dem Garten vor der Iglesia del Carmen.

Auf dem **Markt,** auf dem sich die ganze Woche über, insbesondere aber am Freitag ein reges Treiben abspielt, und der von Otomí und Matlazinken frequentiert wird, gibt es einen eigenen Bereich für Korbwaren aus Lerma und Santa Ana sowie für Erzeugnisse aus Ixtlefasern. Sie finden dort auch Keramik, Sarapes aus Santiago Tianguistengo, Rebozos aus Tenancingo, Obst und Gemüse, Trödler und Lederwaren.

Die Umgebeung von Toluca. – Calixtlahuaca (11 km; 8 km lange Asphaltstraße, dann ein ziemlich schlechter Weg). – Verlassen Sie Toluca auf der Straße nach San Juan del Rio und Querétaro.

8 km: Verlassen Sie die Straße nach Querétaro und biegen Sie auf einen staubigen und holprigen Feldweg ein.

10 km: Nach einer kleinen Kapelle bei einem Friedhof (r.) kommen Sie zum *Dorf Calixtlahuaca;* fahren Sie weiter nach **Almoloya de Juarez**. In dem Ort erhebt sich l. die **Pfarrkirche,** die aus wiederverwendetem Baumaterial einer vorspanischen Siedlung errichtet wurde. Den Sockel des Taufbeckens schmücken Chalchihuites, Darstellungen von Jadescheiben.

11 km: Vor der Brücke über den Rio Calixtlahuaca verlassen Sie den Weg nach Almoloya de Juárez und fahren weiter nach l., zur **** Archäologischen Stätte von Calixtlahuaca** (von *calli* = Haus und *ixtlahuaca* = Ebene oder Gelände, somit „Häuserebene,"), deren Bauten sich auf Terrassen an den Flanken und der Spitze eines Vorgebirges erheben.

Eine Doppelstadt. – In Calixtlahuaca unterscheidet man in der Tat zwei Städte bzw. zwei Viertel. Das mit dem Namen Tecaxis bezeichnete wurde ursprünglich von Matlazinken bewohnt, während im zweiten, Calixtlahuaca, eine aztekische Garnison lebte, die den Auftrag hatte, Tecaxic zu überwachen.

Die von 1930–1938 durchgeführten Ausgrabungen (s. José Garcia Payón: La Zona arqueológica de Tecaxic-Calixtlahuaca y los Matlazincas; México, 1936) haben ergeben, daß die Siedlung Tecaxic seit der archaischen (bzw. vorklassischen) Epoche von einer Bevölkerung besiedelt war, von der so gut wie nichts bekannt ist. Später geriet Tecaxic, wie im übrigen das ganze Tal von Toluca, unter den militärischen und kulturellen Einfluß des Tals von Mexiko, wobei der von den Azteken ausgeübte – wie wir bereits wissen – der stärkste war. Dank mehrerer nachcortesischer Kodizes ist die Geschichte von Tecaxic von der Mitte des 15. Jh. bis zur spanischen Konquista in großen Zügen bekannt. Der langen Reihe innerer Kämpfe zwischen den verschiedenen Matlazinca-Gruppen folgten erbitterte Kämpfe gegen die Azteken.

Ein Bild der Kriegswirren. – 1474 fiel Axayácatl, den König Chimaltecuhtli in die gleichnamige Stadt gerufen hatte, ins Tal von Toluca ein und bemächtigte sich mehrerer Fürstentümer, unter denen sich auch das von Tecaxic befand, die er durch die Auflage von hohen Tributleistungen in Naturalien und an Menschen entleerte. Eine Rebellion, die 1475 ausbrach, veranlaßte die Rückkehr von Axayácatl an der Spitze einer angeblich 32.300 Mann starken Armee. Nach seinem Durchzug lag Tecaxic in Ruinen. Die Bevölkerung widersetzte sich den Repressalien, indem sie die Flucht ergriff. Im gleichen Jahr fand im Tal von Toluca in der Nähe von Xiquipilco eine große

(4) Von México nach Toluca, Morelia und Guadalajara

Schlacht statt. Die Kämpfe, die wie üblich weniger geführt wurden, um zu töten, als um Gefangene zu machen, die auf den Altären der jeweiligen Stammesgötter geopfert werden sollten, waren nichtsdestoweniger mörderisch. Der Anführer des Aufstands, Tlilcuetzpalin, und Axayácatl standen sich eine Zeitlang im Duell gegenüber, in dessen Verlauf der Mexica verwundet wurde. Schließlich trugen die Azteken den Sieg davon und machten 11.070 Gefangene, die in Tenochtitlán geopfert wurden. Axayácatl gründete dann Calixtlahuaca und besetzte es mit aztekischen Kriegern und verbündeten Matlazinken aus Toluca.

Ungeachtet der Präsenz dieser Garnison erhob sich Tecaxic, das sich mit anderen Städten im Tal von Toluca verbündet hatte, 1482 erneut und warf sich auf die von den Mexica in diesem Gebiet eingesetzten Kolonien. Von König Tizoc niedergeworfen, der zum Andenken an seinen Sieg einen riesigen reliefgeschmückten Stein meißeln ließ, hatten die Matlazinken keine andere Wahl, als auf den Altären der Aztekenmetropole ihr Blut zu lassen.

Der letzte Aufstand von Tecaxic fand 1510 während der Regentschaft von Moctezuma II statt, der, um ein für alle Mal Schluß zu machen, die Stadt zerstören ließ. Die Bevölkerung wanderte nach Michoacán ab, von wo aus sie nach der spanischen Konquista wieder zurückkehrte.

Ungefähr 200 m nach der Weggabelung sehen Sie l. die unbedeutenden Reste von Bauten, die sich auf einer großen Plattform erhoben (Monumento XVI). Etwas weiter liegen r. des Weges, der nach Tecaxic führt, die Grundmauern des Gebäudekomplexes, den José Garcia Payón als **Calmecac** (Monumento XVII) bezeichnete. Bekanntlich war der Calmecac bei den Azteken eine Art Kolleg, in welchem den Nachkommen der aztekischen Oberschicht eine höhere Bildung vermittelt wurde.

Die Gebäude dieses Komplexes gruppieren sich um einen großen quadratischen Hof. Vom Weg nach Tecaxic aus überqueren Sie eine große Plattform, von der aus man auf drei breiten, von Rampen gegliederten Treppen in den Hof hinuntersteigt. Nördl. (r.) des Haupthofs erstreckt sich eine weitere Plattform. Dort befanden sich drei Räume, von denen noch Reste vorhanden sind. Auf einer anderen zweigeteilten Plattform, auf die breite Treppen führten, erhoben sich ebenfalls Gebäude.

Im S des Hofs (l.) befinden sich, über mehrere Ebenen verteilt, die verschiedenen Bauphasen entsprechen, Reste von Räumen und Gängen. Die älteste Phase konnte dank der dort gefundenen Keramik auf die toltekische Periode datiert werden. Dieser Komplex den José Garcia Payón als Calmecac bezeichnete, wurde 1510 von Moctezuma Xocoyotzin niedergebrannt.

Vor dem Steinbruch verlassen Sie den Weg nach Tecaxic. Von dort besteigen Sie die Flanke des Cerro de Tenismó, in Richtung eines mächtigen restaurierten Komplexes, der einen Tlaloc-Tempel (Monumento IV) umfaßt, eine Schädelstätte und eine kleine Plattform (Monumento VII).

Der auf einer Plattform aus rotem und schwarzem Tezontle (einem vulkanischen Gestein) errichtete **Tlaloc-Tempel** ist ein an der Basis 19 x 17,90 m langer Pyramidenbau, von dem nur noch eine Stufe und die Reste einer zweiten vorhanden sind. Ursprünglich bestand er aus vier sich nach oben hin verjüngenden 3 m hohen und von Schrägmauern gehaltenen Absätzen. Die Treppe wird von zwei Rampen eingefaßt. Auf der r. und l. Seite der zur Plattform führenden Stufen sehen Sie einen Sockel, auf dem sich vermutlich ein Brasero befand.

Calixtlahuaca

Im NO (wenn man der Treppe den Rücken zukehrt, l.) befindet sich die Plattform des **Monumento VII**, auf die eine breite Treppe führt.

Wenden Sie sich jetzt dem kreuzförmigen Monument zu, dessen östl. Arm in einer halbkreisförmigen Mauer endet. Es ist ein **Schädelaltar**, der während der zweiten Hälfte des 15. Jh. aus porösem vulkanischem Gestein (rotem und schwarzem Tezontle) errichtet wurde. Auf einem niedrigen Sockel erhebt sich eine geböschte Mauer, gekrönt von einem Tablero, aus dem Totenschädel und Kolben herausragen. Im Innern der 9 m langen Anlage zwei Höhlungen, eine in Form eines T, die andere halbrund, die Asche enthielten.

Von hier aus sollten diejenigen, die sich für eine eingehendere Besichtigung interessieren, den Cerro de Tenismó besteigen (ziemlich beschwerlicher Aufstieg auf eine Höhe von 2.975 m, d.h. fast zweihundert Meter Höhenunterschied gegenüber dem Tlaloc-Tempel). Ungefähr 200 m von der Hauptgruppe entfernt liegen die Ruinen der **Monumente V und VI.** Eines der beiden war vermutlich Mixcóatl („Wolkenschlange"), dem Gott der Jägervölker des Nordens und des Nachthimmels geweiht, dessen irdische Vertreter die Chichimeken waren, und der Gottheit des Feuers, dessen Nagual der Hirsch war und mit dem die Azteken die im Kampf Gefallenen oder auf den Altären Geopferten in Verbindung brachten. Die beiden Monumente bestanden aus drei übereinander gestellten Plattformen aus ziemlich grobem Mauerverband, auf dem man einige Hieroglyphen erkennt.

Weiter südl. befinden sich die Monticulos (Erdhügel) der **Monumente VIII und IX.**

Auf der Spitze des Vorgebirges im O erheben sich einige Hügel mit den Ruinen von Bauten, deren Baumaterial teilweise für die Errichtung der Kirche von Calixtlahuaca geplündert wurde. Es gibt dort eine mächtige, 12 m hohe und 50 m lange Stützmauer. An dieser Stelle fand man die Statue der Göttin Coatlicue, die heute im Anthropologischen Nationalmuseum in México zu sehen ist (Mexica-Saal, Nr. 59).

Wenn Sie sich auf das Wesentliche beschränken wollen, gehen Sie von der Tlaloc-Pyramide zu dem im NO ungefähr auf gleicher Ebene gelegenen * **Quetzalcóatltempel** (Monumento III). Der aus vulkanischem Gestein (Andesit) errichtete Tempel, **eines der erstaunlichsten noch vorhandenen Bauwerke aus der aztekischen Epoche**, besteht aus einem Rundbau mit vier übereinander gestellten Stufen, deren senkrechte Wände ein vorkragendes Gesims bekrönt und einer mächtigen, 10 m breiten, von Rampen eingefaßten Treppe, auf der sich ein Altar befindet (4. Stadium). Vor diesem Monument erstreckt sich eine Plattform mit zwei kleinen Vorsprüngen, die die O-Seite einrahmen, in deren Mitte sich – zurückgesetzt über einer Treppe – ein Sockel befindet. Vor der Treppe zwei große Tezontlesockel (4. Stadium), auf denen große Braseros aufgestellt waren. Am Fuß dieses Bauwerks legte man die Statue eines Mannes frei, der mit einem Hüftschurz bekleidet war und eine Halbmaske in Form eines Vogelschnabels trug, ein charakteristisches Attribut des Gottes Ehécatl. Diesem aus dem Land der Huaxteken stammenden Gott, einer der Verkörperungen des Quetzalcóatl, waren Rundtempel geweiht. Im Laufe seiner Geschichte wurde das Quetzalcóatlheiligtum dreimal überbaut. Das Gebäude, das Sie heute sehen, zeigt die dritte Phase des Tempels mit mehreren Resten des vierten Stadiums. Die dritte Überbauung erfolgte nach dem Erdbeben, das 1475 das Tal von Toluca verwüstete.

(4) Von México nach Toluca, Morelia und Guadalajara 374

Die vier übereinander errichteten Baukörper sind sämtlich kreisförmig, mit einer im O angelegten Treppe, und waren mit einer Stuckschicht überzogen. Der erste aus der klassischen Epoche von Teotihuacán (3. bis 6. Jh.) stammende Tempel hatte einen Durchmesser von nur 10 m gegenüber einer Höhe von 5,50 m und zählte, wie man mit Hilfe eines in die N-Flanke getriebenen Tunnels feststellen konnte, fünf Stufen übereinander. Der zweite, mit der Zivilisation der Tolteken zeitgleiche Tempel, dessen Durchmesser 16,50 m bei einer Höhe von 7,50 m betrug, bestand aus vier sich nach oben hin verjüngenden Absätzen mit geböschten Mauern und einer Treppe unter den beiden seitlichen Rampen. Der dritte Bau, den man heute sehen kann, hat einen Durchmesser von 17,30 m und wurde vermutlich zur gleichen Zeit errichtet wie die Pyramide von Tenayuca. Im vierten und letzten Stadium des Tempels schließlich belief sich der Durchmesser auf 22 m, die Höhe auf 12 m.

Ungefähr 300 m weiter östl. befinden sich zwei Pyramidenbauten. Die erste Pyramide (Monumento II) ist aus rotem Basalt und datiert aus der aztekischen Epoche (nach 1475), die zweite (Monumento I), aus unbehauenen Bruchsteinplatten (3.-4. Jh.), wurde zweimal nacheinander wiederaufgebaut, bevor sie nach dem Erdbeben von 1475 vergrößert und mit rotem Basalt verkleidet wurde.

Im Ort **Tecaxic** befindet sich ein **Kloster** (Anf. 17. Jh.) im barocken Stil, das eine Sammlung von Gemälden aus der Kolonialzeit birgt, darunter eine Kreuzabnahme, auf der Sie zwei aztekische Krieger sehen, die in Golgotha Wache halten. Sie stellen einen Adler- und einen Jaguarkrieger dar.

4 A – Von Toluca über Naucalpan nach México

Straße: 79 km; Ausfahrt aus Toluca auf der Straße nach Querétaro.

☞ 3 km: Fahren Sie nach r. in Richtung Naucalpan. Sie durchqueren in gerader Linie das Tal von Toluca und fahren dann aufwärts zum El Guarda-Paß.

33 km: **San Bartolomé Solotepec;** in der Pfarrkirche, ein monumentaler barocker Altaraufsatz mit sechs Gemälden von **José de Ibarra;** diese aus Holz geschnitzte und vergoldete Altarwand wurde 1746 von *Francisco de Olivares* geschaffen.

41,5 km: **Puerto El Guarda**, auf einer Höhe von ungefähr 3.000 m. Von dort fahren Sie abwärts ins Tal von Mexiko. Bei klarem Wetter sieht man die beiden Vulkankegel der Sierra Nevada, den Popocatépetl und den Ixtaccíhuatl.

67,5 km: Verkehrsknoten auf dem Periferico (fahren Sie in Richtung Paseo de la Reforma, um ins Zentrum von México zu kommen).

79 km: **México**.

4 B – Von Toluca nach Tenango

Straße: 25 km; Ausfahrt aus Toluca auf der Straße nach Ixtapan.

☞ 6,5 km: Linker Hand, **Metepec.** (Montags Markt). Der Ort ist Herstellungszentrum einer in Mexiko sehr gefragten Keramik: hochwertige, grünglasierte Haushaltsware, aber auch wunderschöne, vielfarbige Tonfigurinen, die mit Hilfe von Formen hergestellt werden, die sich von

einer Generation zur anderen weitervererben. Sie stellen mit großer Fantasie gestaltete Heiligenfiguren, Tiere, Totenköpfe und Skelette dar, nicht zu vergessen die berühmten Lebensbäume und die gitarrespielenden Sirenen.
Die Figurinen werden aus sehr feinem rotem und leicht sandigem gelbem Ton hergestellt. Die beiden Materialien werden getrocknet, fein gemahlen, durch ein Sieb gestrichen und vermischt, dann mit Wasser vermengt, bis sie gut formbar sind und vor dem Modellieren mit Pflanzenschleim gebunden, den man aus der Plumilla gewinnt. Diese Keramik wird an der Sonne getrocknet, im Ofen gebrannt und schließlich bemalt.
In Metepec sollten Sie ein altes **Franziskanerkloster** aus dem 16. Jh. und seine **Kirche** mit ihrer Barockfassade besichtigen, die im 17. Jh. erneuert wurde.
Am 1. Feb. wird in Metepec ein Lokalfest gefeiert, bei dem Tänze aufgeführt werden, manchmal auch der „Volador". Auch das Fest des Hl. Isidro wird mit großem Gepränge begangen. Aus diesem Anlaß werden die vor die Karren gespannten Ochsen mit Papierblumen und die Joche mit farbigen Motiven aus Sämereien geschmückt. Das Fest findet an einem Dienstag, dem vierzigsten Tag nach dem Ostersonntag statt.
14,5 km: R. nach (4 km) **Calimaya**; ein kleines Pueblo, in welchem sich während der prähistorischen Epoche der Coltzin geweihte Haupttempel der Matlazinken befand. 1560 gründeten die Franziskaner dort ein Kloster mit einer Kuppelkirche und einem sehenswerten Portikus, durch den man die Klostergebäude betritt, die sich um einen Kreuzgang gruppieren.
25 km: **Tenango** (s. Rte 2 bei km 318,5). Der kleine Marktflecken wird von einem Cerro überragt, auf dem die ★★**Ruinen einer vorkolumbischen Siedlung** liegen.

4 C – Von Toluca zum Nevado de Toluca

Straße: 45 km, davon 31 auf einer guten Asphaltstraße, dann eine schwer befahrbare, während der Regenzeit und im Winter unpassierbare Bergstraße. Ausfahrt aus Toluca auf der Straße nach Temascaltepec.

☞ 19 km: Lassen Sie die Straße nach (50 km) **Temascaltepec,** die nach (182 km) **Ciudad Altamirano** weiterführt r. liegen. Dahinter gelangen Sie auf einer noch im Bau befindlichen Straße nach (ungefähr 416 km) **Zihuatanejo** (s. Rte 3 bei km 652).
31 km: Biegen Sie hinter dem Weiler Raices nach l. auf eine nicht befestigte Bergstraße, die auf die N-Flanke des Vulkans führt. Sehr schönes Panorama, das an die Schweizer Berge erinnert.
45 km: Die Straße endet unweit des Kraterrands des ★★★**Nevado de Toluca** oder **Xinantécatl**, in 4.268 m Höhe. Auf dem Grund des Kraters zwei kleine, höchstens 13 m tiefe Lagunen, die von einem Morast getrennt ungefähr 200 m über der Waldgrenze liegen (4.150 m). Der Vulkan des Nevado de Toluca ragt 4.565 m empor; von dort aus hat man einen herrlichen **Panoramablick auf ein weitgedehntes Gebiet.** Jenseits der Cordillera de las Cruces streift der Blick über die Gipfel der Sierra Nevada mit dem Popocatépetl und dem Ixtaccíhuatl, den beiden höchsten Bergen des amerikanischen Kontinents. Im S erblickt man westl. des langgestreckten Tals von Toluca das weitverzweigte orografische System des Guerrero. Im W zeichnen sich die bewaldeten Berge des Michoacán ab, die zusammen mit denen des Guerrero die Kette der Sierra Madre Occidental bilden. Besonders schön ist auch der Blick auf die zwei schimmernden Lagunen.

(4) Von México nach Toluca, Morelia und Guadalajara 376

4 D – Von Toluca nach San Juan del Rio

Straße: 146 km auf einer insgesamt fast eben verlaufenden Straße. Ausfahrt aus Toluca auf der Straße nach Querétaro.

☞ ε km: L., Straße zur (3 km) Archäologischen Stätte von Calixtlahuaca (s. Umgebung von Toluca).

37 km: **Ixtlahuaca**, große Otomí-Siedlung, Zentrum der Sarapes- und Quechquémitles-Herstellung sowie anderer, aus Wolle gewebter Artikel. (Am 3. Mai Fest des Hl. Kreuzes).

Lassen Sie in diesem Dorf die r. abzweigende Straße nach (17 km) **Xiquipilco,** einer 12.000 Ew. zählenden Otomí-Siedlung liegen, die ursprünglich von den Matlazinken bewohnt und während der vorspanischen Epoche Schauplatz von zwei blutigen Schlachten war. Bei der ersten, im Jahre 1464, kam es zur Niederlage der Matlazinken durch die Tarasken und deren Verbündete, die Piranda. Bei der zweiten, 1475, zur Niederschlagung eines Aufstands der Matlazinken durch den Aztekenherrscher Axayácatl.

☞ 40 km: **Santo Domingo**; R. Straße zur (79 km) Autobahn von México nach Querétaro über (48 km) Bucio und (67 km) Jilotepec (s. Rte 8 bei km 81). 15 km von der Autobahn, unter der Sie durchfahren, liegt **Tula.**

65 km: **Atlacomulco**, ein großer Ort, dessen Gemeindegebiet von Mazahua-Indianern bewohnt wird, einem von den Chichimeken abstammenden Volk, das sich unter seinem Anführer Mazahuatl im 9. oder 10. Jh. n. Chr. in diesem Gebiet niedergelassen haben soll.

Die Mazahua unterwarfen sich 1521 Gonzalo de Sandoval. Viel später beteiligten sie sich in der Armee von Miguel Hidalgo am Unabhängigkeitskrieg. Heute wird die Zahl der ausschließlich mazahuasprechenden Indios mit 20.000 angegeben. Sie verteilen sich hauptsächlich auf die Landstädte Atlacomulco, Jocotitlán und San Felipe del Progreso.

Sie leben hauptsächlich von der Landwirtschaft (Mais, Bohnen, Kalebassen), allerdings recht kümmerlich, denn es gibt nur wenige fruchtbare Täler zwischen den kahlen, mit Kakteen und Agaven übersäten Bergen der Sierra de San Andrés. Das Kunsthandwerk der Mazahua ist vielseitig und umfaßt u. a. Gewebe aus Ixtlefasern für die Herstellung von Umhängetaschen, Geldbörsen und Bändern; Strohhüte, Wollstoffe, mit Tier-, Blumenmotiven und Mäandern geschmückte Sarapes.

Sie praktizieren den katholischen Glauben, haben daneben aber auch animistische Riten bewahrt. Die Mazahua feiern die Namensfeste ihrer Ortsheiligen und die wichtigsten katholischen Kirchenfeste, bei denen sie Tänze aufführen, insbesondere Pastorelas, die von Frauen mit Strohhut und Hirtenstab getanzt werden. Beim Tanz der Moros y Cristianos finden Scheinkämpfe zwischen Christen und Mohamedanern statt.

●➡ In Atlacomulco zweigt l. eine asphaltierte Straße nach (182 km) **Morelia** ab. Sie führt über (31 km) **El Oro de Hidalgo,** einen früheren Bergbauort, wo im 18. Jh. eine Goldader abgebaut wurde. Dahinter führt die Straße über (39 km) **Tlalpujahua,** ein Pueblo, das den Zauber der kleinen mexikanischen, dank der Goldminen zu Reichtum gekommenen Kolonialstädte bewahrt hat. Die Straße führt r. an der **Pfarrkirche** aus dem 18. Jh. vorüber; schöne, reliefgeschmückte Barockfassade.

Hinter Tlalpujahua führt die Straße nach Morelia über (81,5 km) **Maravatio.** Etwas weiter (3 km) lassen Sie r. die Straße nach Acámbaro liegen.

113,5 km von Atlacomulco entfernt befindet sich rechter Hand **Ucareo** (s. Rte 4F bei km 146). Nach **136,5** km lassen Sie r. **Zinapécuaro** liegen (s. Rte 4F bei km 155) und fahren auf der Calzada Madero (Pl. D2) nach **Morelia** hinein.

☞ 70 km: Nach Passieren eines Passes führt die Straße in ein häufig überschwemmtes Tal hinab, wo in der Nähe der Milpas (Maisfelder) mehrere Dörfer liegen.

105 km: R. nach (4 km) **San Jerónimo Aculco,** ein stilles Pueblo, dessen große Gebäude mit Innenhof sehr spanisch wirken. Man kann dort ein im Jahre 1540 von den Franziskanern gegründetes **Kloster** besichtigen, das heute dem Augustinerorden als Seminar dient. Im **Atrium** sind drei kleine Posas aus dem 16. Jh. erhalten. Die bäuerliche einfache **Kirche** zeigt eine Barockfassade, die von einem Turm überragt wird.

132 km: Autobahn von Mexiko nach Querétaro (s. Rte 8 bei km 145); fahren Sie in Richtung Querétaro.

142,5 km: Erste Autobahnausfahrt nach San Juan del Rio.

146 km: **San Juan del Rio** (s. Rte 8 bei km 55,5).

4 E – Von Toluca nach Valle de Bravo und Tingambato

Straße: 81 bzw. 142 km; kurvenreiche Asphaltstraße; sehr schöne Landschaften. Ausfahrt aus Toluca auf der Straße nach Morelia.

☞ 10 km: Fahren Sie nach l. Richtung Valle de Bravo.

59 km: L. das Pueblo **Amanalco de Becerra** im Tal von Toluca. Von dort aus dringen Sie in ein Berggebiet vor, das von den Ausläufern der Sierra Madre Occidental gebildet wird.

75 km: L. nach (6 km) **Valle de Bravo.** Der heilklimatische, 8.000 Ew. zählende Kurort liegt in einer Höhe von 1.800 m inmitten einer ****prachtvollen fahlroten Bergkulisse** am Ostufer eines künstlichen Sees, der **Presa Valle de Bravo** oder **Presa Miguel Alemán** (Segeln, Schwimmen, Fischfang). Je nach Jahreszeit schwankt der Wasserstand bis zu dreißig Metern. Bei der Anlage des *Wassersportklubs von Valle de Bravo* hat der Architekt Victor de la Lama dieses Problem genial gelöst. Er konzipierte eine auf Flößen schwimmende Eisenkonstruktion mit einem konisch-zylindrischen Dach. Die ganze Anlage ist durch einen mobilen Steg mit dem Ufer verbunden.

In der Umgebung von Valle de Bravo können Sie Ausflüge zum Felsen von **La Peña** oder **El Risco** unternehmen, der wie ein Wachtposten im Tal aufragt. Sie können sich auch zum 5 km entfernten **Salto de Ferria** begeben, einem eindrucksvollen Wasserfall. Am 3. Mai Lokalfest auf dem Cerro de la Cruz.

76,5 km: R. mündet eine Straße ein, die bei km 120 von der Straße von Mexiko nach Guadalajara über Morelia (s. Rte 4) abzweigt. – 83 km: L. **Staudamm** der Presa Valle de Bravo. – 85 km: R., ein weiterer künstlicher See **(Presa Tilóstoc** oder **Presa Santo Tomás).**

98 km: Wasserkraftwerk von **Ixtapantongo** in der Nähe der **Barranca del Diablo** (Teufelsschlucht). Dort befinden sich **Felsbilder** aus der toltekischen Epoche (sehr schwer zugänglich). Die unter dem Namen ihres Entdeckers **Mateo Saldaña** bekannten Bilder, die vermutlich noch ältere überdecken, stellen Götter des toltekischen Pantheons dar.

(4) Von México nach Toluca, Morelia und Guadalajara

142 km: Tingambato. In dem kleinen Pueblo am Rio Temascaltepec befindet sich ein bedeutendes Wasserkraftwerk. Im Inneren ein Mosaik, das der Architekt Albarrán y Pliego schuf. Das im 16. Jh. gegründete **Kloster** von Tingambato war während der Kolonialepoche eines der reichsten Mexikos, dank seiner Zuckerrohrplantagen, in deren Nähe eine Raffinerie errichtet wurde.

☛ **Fortsetzung der Route von México nach Toluca, Morelia und Guadalajara.** – Ausfahrt aus Toluca auf der Straße nach Morelia.

72 km: L. nach (2 km) **Zinacantepec.** Der Ort hat sich auf die Herstellung von **Jorongos** (kleine gewebte Wolldecken) spezialisiert, die Mäander oder stark stilisierte Hirsch- oder Pferdemotive schmücken. Sie sollten dort das um 1563 gegründete **Franziskanerkloster** besichtigen.

Die **Kirche** mit ihrer platteresken Fassade umfaßt einen Portikus mit einer kleinen Kapelle. Der aus dem 16. Jh. stammende *Retablo* (Altaraufsatz) wurde infolge von Restaurierungen stark verändert. Von dort aus gelangen Sie in die Taufkapelle. Das **Taufbecken** wurde 1581 auf Anregung von Frater Martín de Aguirre geschaffen. Zwischen skulptierten Medaillons sehen Sie volutenförmige Motive über einer Art Blume oder einem Federbusch: sie erinnern an ein präkolumbisches Motiv, wie es auf einem dem Regengott Tlaloc geweihten Fresko von Tepantitla (Teotihuacán) zu sehen ist (die vier oder fünf Punkte in den Voluten symbolisieren Wassertropfen). Den **Kreuzgang** umgeben Holzgalerien. In der Kirche sehen Sie eine aus Stein gemeißelte **Kanzel** aus dem 16. Jh.

73 km: R. Straße nach **Valle de Bravo** (s. Rte 4E).

112 km: R. zum (3 km) Dörfchen **Villa Victoria,** das für seine Kreuzsticharbeiten (Tischtücher, Schürzen, Umhängetaschen) bekannt ist.

120 km: Die Straße l. führt ebenfalls nach (38 km) Valle de Bravo und (96 km) Tingambato (s. Rte 4E bei km 76,5).

128 km: Silva de Bosencheve, Nationalpark mit prachtvollen Koniferen. Die Straße wird kurvenreicher.

138 km: Bei der Ausfahrt aus dem Wald, sehr schöner ★★ **Blick** auf mehrere Bergketten. Die ersten typisch taraskischen Holzhäuser mit Frontportikus beginnen aufzutauchen.

161,5 km: Zitácuaro, eine 40.000 Ew. zählende Stadt des Bundesstaats Michoacán (Töpferware, Tonfigurinen, Holzschnitzarbeiten).

➡ Eine gute Asphaltstraße führt l. nach (176 km) **Huetamo,** einem abgelegenen Dorf an der Grenze zwischen den Bundesstaaten Michoacán und Guerrero, das für seinen **Goldfiligranschmuck** (sonntags Markt) bekannt ist. Dort begründeten französische Soldaten, die von Napoleon III. nach Mexiko entsandt worden waren, um die Sache Maximilians von Habsburg zu unterstützen, ein Geschlecht.

Ciudad Altamirano (s. Rte 3A bei km 188) ist von Huetamo 47 km entfernt.

☛ **169 km: Puerto del Gato** (1.850 m).

172 km: San Felipe de los Alzati (im Atrium der Kirche Kreuz aus dem 16. Jh.); r. Straße nach (26 km) **Angangueo,** ein

8.000 Ew. zählender Grubenort. (Lokalfest am 11. Juli; Umzüge, Pferderennen, Stierkämpfe).
180 km: L. zum (7,5 km) Kurort **★★San José Purúa** am Rande eines eindrucksvollen **Cañón,** in welchem der Rio Tuxpan fließt.
210 km: Ciudad Hidalgo (48.000 Ew.); die **Pfarrkirche** im plateresken Stil ist das Gotteshaus eines im 16. Jh. begründeten Franziskanerklosters (reliefgeschmücktes Taufbecken aus dem 16. Jh.).
216 km:

R. nach (5 km) **San Pedro Atacuaro** (Kirche und Kreuz im Atrium aus dem 16. Jh.) und nach (18 km) **Los Azufres,** ein kleines Pueblo in einem Gebiet mit zahlreichen vulkanischen Erscheinungen. Unweit des Dorfes soll sich der in vorspanischer Zeit von den Otomí besiedelte Ort **Tajimaroa** befunden haben.

1479 wurde Tajimaroa bei einem von König Axayácatl gegen die Tarasken geführten Feldzug erobert und zerstört. Nach einer blutigen Niederlage verloren die Azteken diesen Standort, der von den Tarasken eingenommen wurde. Später, unter Moctezuma II. Xocoyotzin, war es erneut Streitobjekt zwischen Azteken und Tarasken, als der Herrscher der Mexica zweimal nacheinander den Versuch unternahm, ins Territorium der Purépecha einzufallen. Die Tarasken errichteten in Tajimaroa eine mächtige Befestigungsanlage, die die Bewunderung der Konquistadoren fand.

234 km: R., Straße nach (32 km) **Zinapécuaro** (s. Rte 4F bei km 155).
242 km: Mil Cumbres. Von den bewaldeten Bergen der Sierra Madre Occidental aus genießt man eine so **★★★wunderbare Aussicht,** daß man jedem Vorüberkommenden nur empfehlen kann, hier einige Augenblicke zu verweilen. Die bisher wenig kurvenreiche Straße wird nun während eines unendlich lang erscheinenden Abstiegs zu einer wahren Achterbahn.
256,5 km: Puerto Guernica (2.800 m); der l. aus einem Pinienwald einmündende Weg führt zum (3 km) Aussichtspunkt **★★Mirador Atzimba.**
262 km: Hübsche Kolonialkirche im Stil der von taraskischen Künstlern geschaffenen „Iglesitas de Barro".
282 km: Die Straße l. führt ebenfalls nach (182 km) **Huetamo** (s. o., km 161,5) und verläuft ungefähr 100 km durch das malerische Tal des Rio Cuizamala (nicht asphaltierte Strecke).

313 km: ★★Morelia (1 951 m). Die ungefähr 205.000 Ew. zählende Hauptstadt des Bundesstaates Michoacán liegt in einem relativ fruchtbaren Tal. Während der Kolonialepoche führte die Stadt den Namen *Valladolid,* den sie 1828 zu Ehren des in ihren Mauern geborenen Helden der mexikanischen Unabhängigkeit, José Maria Morelos, in Morelia abänderte.
Die aus rosa Gestein erbaute Orchideenstadt Morelia gehört zu jenen Kolonialstädten in Mexiko, die noch ganz das Flair vergangener Zeiten atmen. Von den Hügeln im S der Stadt aus gesehen, scheint Morelia mit ihren hohen Glockentürmen, Kuppeln und Palästen von florentinischem Zauber umgeben.

Die Stadt der Konquistadoren und Gachupines.
– Morelia geht auf ein 1537 von Frater Juan de San Miguel gegründetes Franziskanerkloster zurück, das in der Nähe des Pirandadorfes Guayangareo lag. Bekanntlich hatten die Piranda, die dem Volk der Matlazinken angehörten, auf taraskischem Gebiet vor den Repressalien der Azteken und deren Verbündeten unter den Matlazinken wie zum Beispiel dem König von Toluca, Chimaltecuhtli, Zuflucht gesucht. Die offizielle Gründung der Stadt erfolgte 1541. Antonio de Mendoza, der erste Vizekönig Neuspaniens, gab ihr den Namen Valladolid, weil die Stadt ihn an seinen Geburtsort in Kastilien erinnerte. In der Stadt ließen sich dann „fünfzig noble Familien" aus Spanien nieder, in deren Diensten Tarasken standen, die man aus der Gegend von Pátzcuaro und Tiripetio verpflanzt hatte. Im Gegensatz zum indianischen Pátzcuaro, mit dem es lange Zeit rivalisierte, war Valladolid eine typisch spanische Stadt, in der hauptsächlich Konquistadoren und deren Nachkommen lebten, sowie Neuankömmlinge aus dem Mutterland, sogenannte Gachupines. 1547 wurde Valladolid zur Ciudad (Stadt) erklärt und 1553 wurde ihr ein Wappen zuerkannt.

Die Stadt von J. M. Morelos.
– Die Rivalität zwischen Pátzcuaro und Valladolid äußerte sich in erster Linie in dem kleinlichen Streit über den Bischofssitz im Michoacán. Die Spanier bestanden darauf, Valladolid in den Rang einer Bischofsstadt zu erheben. Der erste Bischof des Michoacán, Don Vasco de Quiroga, der bis zu seinem Tod (1565) die Indios vor den unrechtmäßigen Forderungen der Encomenderos in Schutz nahm, beschloß jedoch, seinen Sitz in Pátzcuaro zu nehmen. 1571, sechs Jahre nach dem Heimgang des Bischofs, wurde den Bewohnern von Valladolid durch Philipp II. Genugtuung zuteil. Valladolid führte ein friedliches Leben, bis zur Unabhängigkeitserklärung des Priesters Miguel Hidalgo, der sich 1810 ohne einen Schwertstreich der Stadt bemächtigte. Nachdem sie wieder in die Hände der Royalisten gefallen war, versuchte ein anderer Priester, der in der Stadt geborene José Maria Morelos, ein geschickter Stratege der aufständischen Bewegung, 1813 vergeblich sie zurückzuerobern, um dort den Sitz seiner Regierung zu errichten. Er wurde von einem anderen Sohn des Landes, Agustín de Iturbide, dem künftigen Kaiser von Mexiko in die Berge des Michoacán zurückgedrängt. Kurz nach der Verkündung der Drei Garantien (Plan von Iguala) zog Agustín de Iturbide, der ins Lager der Unabhängigkeitskämpfer übergewechselt war, im Mai 1821 in die Stadt ein und dehnte seinen Einflußbereich bis nach Jalisco und Guadalajara aus. 1828 legte die Stadt ihren alten Namen ab und war von da an unter dem Namen Morelia bekannt.

Ein Ort der Fischer.
– Der Ortsname Michoacán („Ort der Fischer"), der den Staat bezeichnet, dessen Hauptstadt Morelia ist, wurde vom aztekischen Wort michuaque („Leute, die Fisch haben") abgeleitet, mit dem die Mexica die Tarasken belegten, deren Hauptstadt Tzintzuntzan am Ostufer des fischreichen Patzcuaro-Sees lag. Der Bundesstaat Michoacán, der eine Fläche von 60.093 km^2 bedeckt und 2.826.000 Ew. zählt, erstreckt sich über einen Teil der Sierra Madre Occidental, deren höchste Erhebung der Pico de Tancitaro ist (3.846 m). In diesem Gebiet herrscht eine rege vulkanische Tätigkeit, wie dies der Vulkan Paricutin beweist, der 1943 ausbrach und einige Jahre Lava und Flammen spie, bevor er erlosch.

Zócalo (Pl. B2).
– Der mit indischen Lorbeerbäumen bepflanzte Hauptplatz der Stadt, der **Zócalo** oder **Plaza de los Martires** wird im O von der Kathedrale begrenzt und an den drei anderen Sei-

ten von **Portales** (Arkaden mit Geschäften), die diesem Platz seine architektonische Geschlossenheit verleihen. An der Ecke der *Calle Abasolo,* die auf der W-Seite des Platzes entlangführt, und der Av. **Francisco Madero** sehen Sie ein schönes **Kolonialgebäude** aus dem 18. Jh., in welchem das *Hotel Virrey de Mendoza* (Pl. **c** in B2) untergebracht ist.

Catedral (Pl. B2). – Der Bau der Kathedrale (aus rosa Trachyt) wurde im Jahre 1640 begonnen. Das rein barocke Gotteshaus wurde erst um die Mitte des 18. Jh. fertiggestellt (die beiden Türme, die die Fassade flankieren).

Die Kirche schmücken Flachreliefs, auf denen die Auferstehung (Hauptportal), die Anbetung der Könige (westl. Seitenportal) und die Anbetung der Hirten (östl. Seitenportal) dargestellt ist.
Das Innere wurde Ende des 19. Jh. ohne die Trennwände, die in spanischen Kirchen zwischen Chor und der übrigen Kirche üblich sind, neugestaltet. Im Chor und der Sakristei, Gemälde aus der Kolonialepoche, die *Miguel Cabrera, Juan Rodriguez Juárez* und *Ibara* zugeschrieben werden.

Der Palacio de Gobierno (Pl. B2) gegenüber der Kathedrale ist in einem noblen Kolonialgebäude untergebracht, dem früheren Seminar von Valladolid.

Alfredo Zalce hat dort im großen Treppenhaus **Fresken** geschaffen, die eine Fläche von 500 m² bedecken. Sie stellen Miguel Hidalgo und die anderen Helden der Unabhängigkeitsbewegung dar (José Maria Morelos, Vicente Guerrero) sowie verschiedene Episoden der Geschichte Mexikos von dieser Epoche bis zur Revolution. Auf der r. Wand Emiliano Zapata, Pancho Villa, Venustiano Carranza u. a. Auf der l. Wand der hingerichtete Maximilian von Habsburg mit den Generälen Mejia und Miramón; in der Mitte eine Szene, die den Kampf gegen den Diktator Santa Ana illustriert und l. die Porträts der wichtigsten Urheber der Reform, deren Vorkämpfer Benito Juárez war.
Die **Fresken** im S-Gang zeichnen die wichtigsten Episoden der Geschichte von Morelia nach, von der Ankunft der Franziskanermissionare in Guayangareo bis zur Revolution.

Museo Michoacán (Pl. A/B2). – Das in einem Kolonialgebäude (1775 errichtet und im 19. Jh. um ein Geschoß erhöht) untergebrachte Museum besitzt eine Sammlung präkolumbischer Antiken aus dem Michoacán mit den Zeugnissen der verschiedenen Kulturen, die sich auf mexikanischem Boden ausbreiteten, sowie eine Abteilung für Kolonialkunst.

Öffnungszeiten: tgl. außer Mo. 9-18 Uhr; S. 9-15 Uhr.

Die Sammlung aus diese Gebiet, die **Keramik** und **Figurinen** aus der archaischen Epoche bis in die Zeit des taraskischen Reichs umfaßt, ist besonders bedeutend. Darunter findet man auch Obsidian hergestellte Gegenstände. In der Kunst des Obsidianschneidens zeichnete sich insbesondere das Volk der Purépecha aus. Bekanntlich befand sich die Hauptader dieses Gesteins, das sehr schwer zu schneiden ist, in der Umgebung von Zinapécuara.
Das Museum birgt daneben taraskische **Skulpturen,** darunter einen Thron

aus Stein, Chac-mool Statuen, Gegenstände, die die Kupferverarbeitung veranschaulichen. Aus der Kolonialepoche besitzt das Museum hauptsächlich religiöse Kunstwerke, **Gemälde** und **Skulpturen**.

★ Colegio de San Nicolás (Pl. A/B2). – Folgen Sie dann der **Galeanastraße**. An der Ecke dieser Straße und der Allendestraße befindet sich der **Palacio Municipal** (Pl. A2), ein Gebäude im neoklassischen Stil, (1781). Auf der l. Seite der Galeanastraße ist das Restaurant *Rincón Tarasco* (Pl. **i** in B2) in einem neoklassischen Gebäude des 18. Jh. untergebracht.
Überqueren Sie dann die Av. Francisco Madero (l. befindet sich die **Iglesia de la Merced**, ein Barockbau des 18. Jh.) und gehen Sie auf die ehemalige **Iglesia de la Compañia** (Pl. A1) zu, heute eine Bibliothek, die 1681 von der Gesellschaft Jesu errichtet wurde und zu dem 1540 in Pátzcuaro von Vasco de Quiroga gegründeten **Colegio de San Nicolás** gehörte.

Das im Jahre 1580 nach Morelia (Valladolid) verlegte Colegio, das ein Technisches Institut beherbergt, ist heute der **Universität von Michoacán** angeschlossen, die u. a. eine medizinische Fakultät, eine Fakultät für Kieferchirurgie und eine juristische Fakultät unterhält. Miguel Hidalgo war Dekan dieses Kollegs, bevor er die Kurie von Dolores erhielt. Der große Patio des Kollegs ist von zwei übereinander liegenden Galerien im Barockstil umgeben.

Iglesia de Santa Rosa (Pl. B1). – Auf einem von indischen Lorbeerbäumen beschatteten kleinen Platz erhebt sich die **Iglesia de Santa Rosa** mit ihrer bemerkenswerten Barockfassade (17. Jh.) neben dem Colegio de las Rosas Teresitas.

Im Inneren schöner, aus Holz geschnitzter und vergoldeter Retablo (Altaraufsatz). Beachten Sie auch die geschnitzten Flügel der beiden Portale. Das Portal im neoklassischen Stil, durch das man das Colegio betrat, wurde 1962 restauriert.
Entlang des Platzes erstreckt sich das ehemalige **Colegio de las Rosas Teresitas**, die älteste Musikschule des amerikanischen Kontinents, in der liturgischer Gesang gelehrt wurde. Das sich in einer langen Galerie auf den Platz öffnende Gebäude dient noch seiner ursprünglichen Bestimmung.

Templo de Carmen (Pl. B1). – Um in die ehemalige Klosterkirche (18. Jh.) zu gelangen, gehen Sie durch eine kleine Kapelle. In der heute schmucklosen Kirche sehen Sie noch eine Statue der Jungfrau Maria und des Hl. Josef in Kleidern des 18. Jh.. Von dort begeben Sie sich in den mit Weihnachtssternen bepflanzten Kreuzgang, dessen Schlichtheit Sie bezaubern wird.

Iglesia de San Agustín (Pl. B2). – Wieder auf dem Zócalo, begeben Sie sich in die Hidalgostraße, eine hübsche kleine, für Fußgänger reservierte Straße, an deren Ende die Seitenfassade der Iglesia de San Agustín aus dem 17. Jh. auftaucht, unweit des aufgehobenen Klosters, das Augustinermönche im 16. Jh. gründeten. An der Matamorosstraße, wo sich die Hauptfassade der

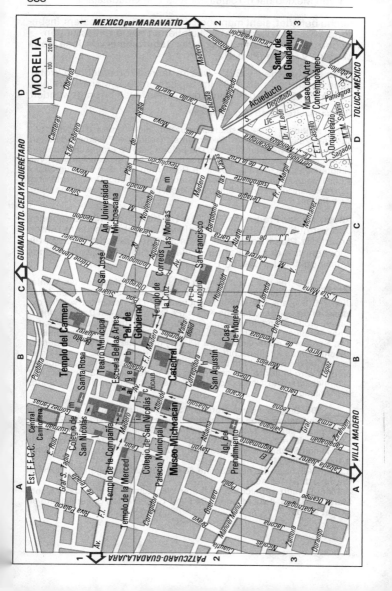

(4) Von México nach Toluca, Morelia und Guadalajara

Kirche befindet, sieht man noch die Reste dieses Klosters, insbesondere schön gearbeitete, skulptierte Fenstereinfassungen. Neben der Kirche befindet sich das **Geburtshaus von José María Morelos y Pavón** (Pl. **h**, B2).

Casa de Morelos (Pl. B2). – Das im Jahre 1758 errichtete Wohnhaus befand sich ab 1801 im Besitz von José María Morelos y Pavón (1765-1815) und wurde dann in ein Museum umgewandelt.

Öffnungszeiten: 9-13 und 16-18 Uhr.

Im Hof sehen Sie l. eine Postkutsche aus der Zeit Maximilians und die 1852 aus Frankreich importierte Sakramentskutsche, die Priester benutzten, um zu den Sterbenden zu eilen. Die beiden Säle im Erdgeschoß bergen weniger interessante Dokumente über den Unabhängigkeitskrieg der Vereinigten Staaten, die Französische Revolution und den Feldzug Napoleons I. nach Spanien. Im 1. Stock Graphikausstellung, Dokumente über den mexikanischen Unabhängigkeitskrieg, Portraits von José María Morelos y Pavón.

Iglesia de San Francisco (Pl. C2). – Die Kirche, die 1531 begonnen und vermutlich 1546 fertiggestellt wurde, erhebt sich im Hintergrund der **Plaza Valladolid**. Die schlichte Fassade überragt ein Glockenturm, dessen Kuppel Azulejos schmücken. Das Gebäude wurde unlängst restauriert.

▶ Im O-Teil der Stadt können Sie noch die **Iglesia de las Monjas** (Pl. D3) mit ihrer schönen Barockfassade besichtigen, ein Aquädukt (Pl. D3) aus der Kolonialepoche, das 1785 errichtet wurde, das **Museum für zeitgenössische Kunst** (Pl. D3; geöffn. von 9 bis 19 Uhr) in einem großen "andalusischen" Garten, den **Bosque Cuauhtémoc**, mit einer Abteilung für Orchideenzucht (Pl. D3, Orquideario) und schließlich den **Santuario de la Guadelupe** (Pl. D3) mit seinem verschwenderisch geschmückten Kirchenschiff. Die Fresken an den Längsseiten des Schiffes stellen die wunderbare Erscheinung der Jungfrau von Guadelupe auf einem Cerro in der Nähe von México dar. In der kleinen Seitenkapelle l. zahlreiche Ex-voto. Naive Bilder und Texte berichten von den Umständen der Heilungen.

▶ **Die Umgebung von Morelia.** – **Santa María de Guido** (4 km). – Am äußersten Ende der Calzada Juárez (Pl. A3), 2 km vom Zentrum entfernt, biegen Sie nach l. auf die Circonvallación (Ringstraße) an der S-Seite des Juárez-Parks. Zweihundert Meter weiter fahren Sie nach r. in eine kleine Straße, die in Serpentinen durch einen Eukalyptuswald führt.
3,1 km: L. **Villa Montaña**.
3,5 km: Verlassen Sie den Camino de los Gatos und biegen Sie nach l. in die José Juan Tablada.
3,9 km: R. führt ein nicht befahrbarer Weg zum (0,1 km) **Kloster Santa María de Guido**, das zwischen 1945 und 1960 von den Benediktinern errichtet wurde.

4 F – Von Morelia nach Cuitzeo und Yuriria

Straße: 35 bzw. 66 km auf einem insgesamt 204 km langen Rundkurs auf schmalen, asphaltierten Straßen. Ausfahrt aus Morelia auf der Straße nach Guanajuato (Pl. C1).

☞ 9 km: Lassen Sie die Straße nach Acámbaro, die Sie auf der Rückfahrt benutzen, r. liegen.

27 km:

● L. nach (11,5 km) **Copándaro**. Im Herzen der von Tarasken besetzten Stadt gründeten Augustinermönche ein **Kloster**. Die platereske Fassade der **Kirche** erinnert an die Kirche von Cuitzeo.

☞ 29 km: Fahrt über einen ungefähr 4 km langen Damm des Cuitzeosees.

35 km: Cuitzeo. In diesem Ort vorspanischen Ursprungs sollten Sie ein um 1551 gegründetes **★ Augustinerkloster** besichtigen. Die **Kirche**, vor der sich ein kleiner Garten befindet, zeigt ein **prachtvolles Portal** im platereseken Stil, das Rosetten, Cherubine, Rankenwerk, Triglyphen und zwei mit Ornamenten überladene Ringsäulen schmücken. Über einer Nische ein durchbohrtes Herz, das Emblem des Augustinerordens. R. erstreckt sich ein langer Portikus mit fünf romanischen Bögen, die auf kannelierten Säulen ruhen. Unter dem vierten Joch dieses Portikus, der vermutlich erst im 16. Jh. errichtet wurde, befindet sich eine große Apsisnische, die vermutlich als Kapelle diente.
Im Kreuzgang des Klosters, den zwei übereinander liegende Galerien umgeben, sind Reste der Freskendekoration erhalten, insbesondere im Treppenhaus.

35,5 km:

● An der Ausfahrt aus dem Fischerort Cuitzeo, l. Straße nach (60 km) Puruándiro über (35 km) **Villa Morelos** (vormals Huango). Die dortige **Pfarrkirche** ist in der Sakristei eines Augustinerklosters aus dem 16. Jh. untergebracht; skulptiertes Kreuz (16. Jh.).

☞ 36 km: 2 km langer Damm über den Cuitzeo-See.
52,5 km: L. nach (2,5 km) **Moroleón**, ein 25.000 Ew. zählendes taraskisches Pueblo, in welchem alljährlich vom 10.-20. Jan. die Gründung des Ortes gefeiert wird.
55 km: Uriangato.
62 km: Verlassen Sie die Straße nach (48 km) **Salamanca** (s. Rte 8 bei km 285) und Guanajuato und fahren Sie nach r.
66 km: Yuriria. In der ehemaligen taraskischen Stadt Yuririapúndaro erhebt sich ein mächtiges **★★ Augustinerkloster**, das zwischen 1555 und 1565 von Frater Diego de Chávez errichtet wurde (*Öffnunszeiten:* tgl. von 9-13 Uhr und von 16-18 Uhr).
Vom riesigen mit indischen Lorbeerbäumen bepflanzten Atrium blickt man auf die prachtvolle mit Ranken, Flechtwerk und Blumenmotiven reichgeschmückte Fassade im platereseken Stil. Die **Kirche**, deren spitze Zinnen ihr das Aussehen einer Festung verleihen, flankiert r. ein mächtiger Turm. Das im Jahre 1815 durch einen Brand beschädigte Gotteshaus wurde restauriert, der aus Holz geschnitzte und mit Blattgold überzogene Altaraufsatz ist jedoch nicht mehr vorhanden. Die Kirche von Yuriria ist eines der seltenen mexikanischen Sakrarien des 16. Jh. mit Querschiff und Flachkuppeln.

(4) Von México nach Toluca, Morelia und Guadalajara

Das Kloster betreten Sie durch einen Portikus, die ehemalige **Portería** (Pforte), die in der Mitte des 17. Jh. umgestaltet wurde. Von dort aus gelangen Sie in den **Kreuzgang** mit seinen beiden übereinander liegenden gotischen Galerien. Beachten Sie die prachtvollen Spitzbogengewölbe und die Schlußsteine der Säulenhallen im Erdgeschoß. Eine mächtige Treppe führt in das von Zellen umgebene Obergeschoß.

96 km: Abzweigung nach (0,5 km) **Salvatierra** (s. u.); fahren Sie nach r. in Richtung Acámbaro, wobei Sie die Straße nach (37 km) Celaya l. liegenlassen (s. Rte 8 bei km 253). **Salvatierra** ist eine 25.000 Ew. zählende Kleinstadt mit mehreren Kirchen, in denen die Virgen de las Luces und der Señor del Buen Despacho verehrt werden, Statuen aus dem 16. Jh. in „pasta de caña".

127 km: **Acámbaro**, eine kleine, 40.000 Ew. zählende Stadt, die um ein 1526 von Franziskanern gegründetes Kloster entstand. Die **Pfarrkirche** auf dem Hauptplatz ist das ehemalige Gotteshaus dieses Klosters, von dem noch ein im 18. Jh. wiederaufgebauter **Kreuzgang** vorhanden ist. Vom Hospital, das Vasco de Quiroga 1532 errichten ließ, steht noch eine **Kapelle**, deren Fassade Sterne und Skulpturen schmücken. Am 4. Juli **Feria de la Virgen de Refugio**.

146 km:

L. nach (18 km) **Ucareo**; dort gründete Frater Juan de Utrera um 1535 ein Augustinerkloster, das er durch den Bau einer noch vorhandenen Zisterne mit Wasser versorgte.

155 km: **Zinapécuaro.** Das 10.000 Ew. zählende Pueblo war in vorspanischer Zeit eine taraskische Grenzstadt mit einem kleinen Fort, das der Vizekönig Antonio de Mendoza auf seiner Expedition gegen die Festung von Mixtón besetzte. Die Franziskaner gründeten dort ein **Kloster**, vermutlich an der Stelle eines vorspanischen Tempels. Dorthin gelangen Sie durch den Bogen am Ende der Treppe. In der Nähe von Zinapecuaro befanden sich Obsidianvorkommen, die bereits vor der Ankunft der Spanier abgebaut wurden.

195 km: Zurück zur Gabelung der Rte 4F.

204 km: **Morelia** (s. Rte 4 bei km 313).

Fortsetzung der Route von México nach Morelia und Guadalajara.

Ausfahrt aus Morelia auf der neuen Straße nach Pátzcuaro und weiter in Richtung Villa Madero (Pl. A3).

Die direkte Straße nach Guadalajara (Pl. A1) führt ebenfalls nach (73 km) Pátzcuaro. 9 km von Morelia entfernt läßt sie l., in einer Entfernung von 5 km, den Kurort **Cointzio** zurück und nach 27 km r. den in einer Entfernung von 2 km gelegenen Ort **Capula,** ein Zentrum der Keramik- und Steingutherstellung. 44 km von Morelia entfernt erreichen Sie auf der Hauptroute **Quiroga** (s. Rte 4 bei km 400).

319 km: Fünfhundert Meter, nachdem Sie die Umfahrungsstraße von Morelia verlassen haben, **touristisches Informationszentrum.**

327 km: Fahrt über den Damm von Cointzio, der einen kleinen künstlichen See staut.

341 km: Die Straße linker Hand nach (23 km) **Villa Madero** führt durch den vorspanischen Ort **Tiripetío**. Dort gründeten die Augu-

stiner 1537 ein **Kloster**, dem eines der ältesten Kollegien des amerikanischen Kontinents angeschlossen war, in welchem die Tarasken von spanischen Lehrmeistern in verschiedene europäische Techniken eingeführt wurden (Maurerhandwerk, Zimmerhandwerk, Metallverarbeitung, Weberei).

349 km: R. die Straße nach (15 km) **Quiroga.**

367,5 km: Eine weitere Straße nach **Quiroga** über **Tzintzuntzan**, die nach einem Abstecher über Pátzcuaro den Hauptweg benutzt. Hinweis: Wenn Sie von Pátzcuaro kommen, gibt die neue Straße nach Morelia nicht diese Richtung an, sondern die nach Tiripetio.

371 km: Kurz vor dem Pátzcuaro-See r. die Straße nach **Uruapan** (s. Rte 4H).

373,5 km: ★ ★ **Pátzcuaro** (Zócalo). Das in einer Höhe von 2.175 m unweit des Pátzcuaro-Sees gelegene Städtchen mit 25.400 Ew. ist einer der schönsten Orte der Welt, zweifellos aber einer der fotogensten. Heute wie zur Kolonialzeit ist Pátzcuaro – im Gegensatz zu Morelia mit seinem typisch spanischen Gepräge – eine indianische, oder besser noch, eine typisch taraskische Stadt.

Von Pátzcuaro können Sie zahlreiche Ausflüge in die Umgebung unternehmen, nach Erongarícuaro, nach Santa Clara del Cobre (heute Villa Escalante), nach Tzintzuntzan, der früheren Hauptstadt der Tarasken, zum Pátzcuaro-See, zumindest aber zur Insel Janitzio, auf der Fischer leben, die Jagd auf den Pecito blanco machen, einen Weißfisch mit zartem, wohlschmeckenden Fleisch und den „Pesito", einen kleinen Geldbetrag, den sie von den Touristen als Gegenleistung dafür erhalten, daß sie mit den berühmten Schmetterlingsnetzen, denen der See seine Berühmtheit verdankt, posieren.

Der „Ort der Steine". – Pátzcuaro (von *petatzecua* = „Ort der Steine") ist eine Siedlung vorspanischen Ursprungs, die vermutlich zu Beginn des 14. Jh. von Curátamo oder noch später von Tariácuri gegründet wurde, der die an den Ufern des Pátzcuaro-Sees lebenden taraskischen Stämme zu einem Dreibund mit den Orten Tzintzuntzan, Pátzcuaro und Ihuatzio zusammenfaßte. Der Ursprung der Tarasken, die zu den übrigen Stämmen des amerikanischen Kontinents keinerlei Beziehung zu haben scheinen, liegt im Dunklen. Bekanntlich wurden die Tarasken (oder Purépecha), die sich im Königreich von Naranján niederließen, von einem Chichimekenstamm unterworfen, mit dem es zu einer Vermischung bzw. Assimilierung der Sieger durch die Besiegten kam.

In Pátzcuaro verehrte man den Haupt- und Stammesgott Curicáveri, eine Sonnen- und Feuergottheit, der man mit dem Schmuck des Sonnengottes ausgestattete Kriegsgefangene opferte. Tariácuri teilte bei seinem Tod (um 1400 etwa) sein Königreich in drei Teile und hinterließ Pátzcuaro seinem Sohn Huiquingare, Tzintzuntzan seinem Neffen Tangaxoan und Ihuatzio für Hiripan. Nach dem Tod von Huiquingare wurde Pátzcuaro den beiden anderen Fürstentümern zugeschlagen, von denen Tzintzuntzan das bedeutendere war.

Die taraskische Liga erlebte ihren Höhepunkt unter Tzitzis Phandáquare, dem Herrscher von Tzintzuntzan, der 1479 eine von Axayácatl angeführte

(4) Von México nach Toluca, Morelia und Guadalajara

aztekische Invasion erfolgreich zurückschlug. Zu Beginn des 15. Jh. sandte der aztekische Tlatoani Moctezuma II. Xocoyotzin zwei neue Expeditionen gegen die Tarasken aus, jedoch ohne Erfolg.

Die Unterwerfung der „Zerrissenen Sandale". – Der Herrscher Tangajoan Tzintzicha, dessen Reich 1522 von Cristóbal de Olid erforscht wurde, trat zum Christentum über. Taraskischer Etikette gemäß, erschien er vor den Spaniern in abgerissener Kleidung, um Hernán Cortés seine Unterwerfung zu bezeugen. Von den Azteken wurde er daraufhin *Caltzontzin* genannt, was wahrscheinlich „Zerrissene Sandale" bedeutet. Einige Jahre danach (1529) besetzte Nuño Beltrán de Guzmán den Michoacán, wo er soviele Massaker beging, daß die Indios in die Berge flüchteten, um dem Tod bzw. der Zwangsarbeit in den Minen oder auf den Encomiendas zu entgehen.

La Ciudad de Michoacán. – Dank der Bemühungen von Vasco de Quiroga, der dadurch, daß er die Tarasken vor den unrechtmäßigen Forderungen der Encomenderos in Schutz nahm, ihr Vertrauen gewinnen konnte und sie neue Techniken lehrte, war Pátzcuaro um 1540 wieder besiedelt. Vasco de Quiroga genoß bei den Tarasken so hohes Ansehen, daß er noch heute Tata Vasco (Vater Vasco) genannt wird. Als erster Bischof von Michoacán gab er Pátzcuaro vor der spanischen Stadt Morelia (Valladolid) den Vorzug und errichtete dort seinen Bischofssitz, was der Stadt die Bezeichnung „Ciudad de Michoacán" eintrug. Im Jahre 1553 bewilligte Karl V. der Stadt ihr Wappen. Nach dem Tod von Vasco de Quiroga gewann Morelia Vorrangstellung und Pátzcuaro hatte vorübergehend einen Niedergang zu verzeichnen.

Plaza de San Agustin (Pl. B2). – Der Platz, der auch **Plaza Bocanegra** oder **Plaza Chica** genannt wird, atmet noch das Flair der Kolonialepoche, mit seinen ehrwürdigen Wohnhäusern und der ehemaligen, inzwischen in eine Bibliothek (Biblioteca Gertrudis Bocanegra) umgewandelten **Iglesia de San Agustín** (Pl. B1). Im Inneren **Fresken** von **Juan O'Gorman**, die die Geschichte des Michoacán darstellen und die moderne Welt in der Sicht eines engagierten Künstlers.

Plaza Principal (Pl. B3). – Der mit hundertjährigen Bäumen bepflanzte größte Platz der Stadt wird von alten Palästen und Säulengalerien umgeben. Der **Palacio Municipal** (Rathaus) rechter Hand ist im ehemaligen Palais der Marqués de Villahermosa de Alfaro untergebracht. Das daneben gelegene Hotel *Los Escudos* befindet sich in der früheren Casa de los Venicia.

Weiter unten mündet die **Ponce de Léon** (Pl. A3) ein, in der sich r. das ehemalige Königliche Zollamt befindet; am Ende dieser Straße erstreckt sich die **Plazuela de San Francisco** (gegenüber der gleichnamigen Kirche), auf der der „mercado de las ollas", der Kochtopfmarkt, abgehalten wird. Die **Kirche** gehörte zu einem um die Mitte des 16. Jh. von den Franziskanern wiederaufgebauten Kloster (der Kreuzgang stammt aus dem Jahre 1577).

Die sich nach W fortsetzende Ponce de Léon führt (3 km) auf den **Estribo**, einen erloschenen Vulkan, von dem aus man die Stadt und den See von Pátzcuaro überblickt.

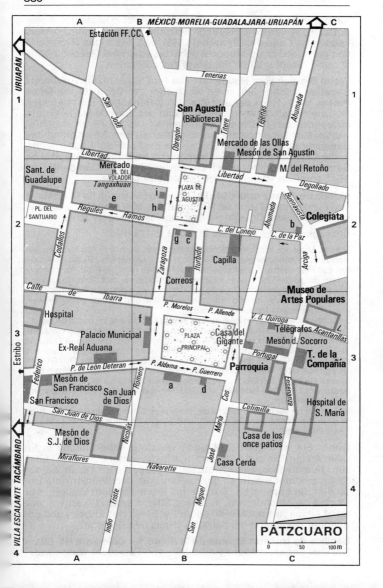

(4) Von México nach Toluca, Morelia und Guadalajara

Auf der Plaza Principal, gegenüber dem Palacio Municipal, befindet sich das schönste Haus von Pátzcuaro, die mit einem Portikus versehene **Casa del Gigante** (Pl. B3), das „Haus des Giganten", das den Condés de Menocal gehörte; im ersten Geschoß polychrome Skulptur eines Soldaten, des „Giganten".

Wenn Sie sich vom Hauptplatz aus zum Museum für Volkskunst begeben, sollten Sie einen Abstecher zur **Casa de los Once Patios**, dem „Haus der elf Höfe" (Pl. C4) machen. Dort befinden sich ein Kunsthandwerkszentrum und das Fremdenverkehrsamt im ehemaligen Convento de Catarinas, der im 18. Jh. errichtet wurde. Man kann dort ein aus der gleichen Epoche stammendes Badezimmer besichtigen. Biegen Sie am Ende der Straße nach l. in die Calle Ensenanza. Sie kommen r. am früheren **Hospital de Santa Maria** vorüber und l. an der **Iglesia de la Compañia**, die 1546 von Don Vasco de Quiroga errichtet wurde.

Museo de Artes Populares (Pl. C3). – Das Museum für Volkskunst und Ethnographie ist in den Räumen des 1540 von Vasco de Quiroga errichteten Colegio de San Nicolás untergebracht.

Öffnungszeiten: tgl. außer Mo. 9-13 und 15-17 Uhr.

Dieses Museum birgt Volkskunstsammlungen aus dem Michoacán: auf Handwebstühlen hergestellte Rebozos aus Bergdörfern, Sarapes, Arbeiten aus Palmblättern, Lackarbeiten aus Peribán (das die Produktion inzwischen eingestellt hat), aus Uruapan, aus Pátzcuaro, aus Quiroga, dessen älteste hier ausgestellte Objekte aus dem 17. Jh. stammen, Keramik, Figurinen, Masken aus Ton und Holz, die bei Festen und Tänzen getragen werden, Gitarren aus Paracho, Spielzeug.
Beachten Sie im letzten Saal einen **Christus am Kreuz** in „pasta de caña", der nach einer im 18. Jh. herkömmlichen, vermutlich jedoch aus vorspanischer Zeit stammenden Technik angefertigt wurde. Die dünne Hülle ist aus Schilfrohr (caña). Sie wurde mit einer Masse überzogen, die man aus pflanzlichem Gummi und pulverisiertem Kalkstein herstellte. Der Gummi ist getrockneter Pflanzenschleim einer Waldorchidee (chivo). Wenn man dieses Gemisch mit Wasser vermengt, erhält man eine dünne Paste, die nach dem Trocknen sehr hart wird und den überzogenen Gegenstand vor Würmern schützt.
Im Hof ein **taraskisches Holzhaus**, das aus einem einzigen Raum besteht, in dem die ganze Familie schläft, und einem Portikus, wo gekocht und gearbeitet wird.

Gehen Sie, wenn Sie das Museum verlassen haben, nach r. in die *Calle Arciga*. Die erste Straße r. (*Calle del General Serratos*) führt zum **Humilladero**, einer Kreuzwegkapelle, die im 16. Jh. an der Stelle errichtet wurde, an der die Tarasken den Spaniern ihre Unterwerfung bezeugten (*skulptiertes Kreuz* mit dem Wappen der Ciudad de Mechuacan). In dieser Straße erblickt man von der Calle Arciga das *Mesón del Angel* (Haus des Engels) und gegenüber die *Mesón del Salvador* (Haus des Retters).

Basilica de Nuestra Señora de la Salud, La Colegiata (Pl. B2). – Der Bau der ehemaligen Kathedrale von Pátzcuaro wurde wahrscheinlich 1543 von Vasco de Quiroga begonnen. Sie wurde jedoch nie fertiggestellt, einmal wegen der Feindseligkeiten der spanischen Behörden, zum anderen wegen der Ambitionen des Bischofs von Michoacán, der eine Kirche für 30.000 Gläubige errichten wollte. In der Kollegiatskirche von Pátzcuaro wird eine Statue der Virgen de la Salud in „pasta de caña" verehrt.

Vom Vorplatz der Kathedrale aus folgen Sie der *Calle Buenavista*. Am Ende dieser Straße sehen Sie an der Kreuzung am Eingang in die Stadt den im 18. Jh. wiederaufgebauten ehemaligen Palacio de Don Antonio Huitzimengari y Mendoza, Sohn des Königs Caltzontzin.

Umgebung. – 1. ★★Isla de Janitzio (4,2 km und 30 Min. für die Überfahrt im Motorboot; die Preise für den klassischen Ausflug zur Isla de Janitzio in Booten zur 25 bis 30 Personen mit eineinhalbstündigem Aufenthalt sind von der Dirección de Turismo festgesetzt. Für Ausflüge zu anderen Inseln empfiehlt es sich, sich vorher mit dem Fährmann zu einigen). – Ausfahrt aus Pátzcuaro auf der Straße nach Morelia (Pl. C1). – **3 km:** Schlagen Sie ungefähr 500 m nach der Posada de Don Vasco die Straße linker Hand zum Kai (muelle) ein.

3,4 km: Bahnhof von Pátzcuaro in der Nähe des **C.R.E.F.A.L.** (Centro Regional de Educación Fundamental para la América Latina), Informationszentrum für die Förderung indianischer Gemeinwesen zur Verbesserung landwirtschaftlicher Anbaumethoden, der Viehzucht usw., im ehemaligen Amtsitz des Präsidenten Lázaro Cárdenas.

3,8 km: Zur Ablegestelle nach l. einbiegen und 100 m weiter nach r.

4,2 km: Schiffsablegstelle an dem in einer Höhe von 2.042 gelegenen **Pátzcuaro-See.** Der ungefähr 20 km lange See hat eine durchschnittliche Breite von 5 km. An die dreißig Fischerdörfer sind an seinen Ufern und auf einigen Inseln verstreut, deren bedeutendste die Isla de Janitzio, die Isla de Pacanda, die Isla de Jaracuaro und die Isla de Técuen sind. Die zuletzt genannte, nur von Mönchen besiedelt, ist vielleicht die schönste. Hauptnahrungsquelle der Einwohner dieser Dörfer ist der *Pescado blanco* (Weißfisch) neben vier anderen Fischarten und Wildenten, die mit einer Harpune mit vier Bambusspitzen (atlatl) erlegt werden.

Als Fortbewegungsmittel dienen den Tarasken große flache Einbäume (teparis). Die *Charruta* wird für den Fischfang eingesetzt. Dabei verwendet man den *Chinchoro*, ein großes Schleppnetz – die größten sind 150 m lang – das zwei mit vier oder fünf Mann besetzte Boote hinter sich herziehen. In der Mitte des Netzes, wo die Maschen enger sind, befindet sich eine Art Beutel, in dem sich die Fische fangen. Die *Cheremuka*, ein anderes Netz, wird ebenfalls häufig benutzt. Das berühmte **Schmetterlingsnetz** (uiripu) wird praktisch nur von den Fischern der Isla de Janitzio und weit weniger häufig als die beiden anderen benutzt.

Von der Ablegestelle geht es zur ★★**Isla de Janitzio**, die zum größten Teil von einem Fischerdorf eingenommen und von einem riesigen Monument aus Stahlbeton überragt wird. Es wurde zu Ehren von José Maria Morelos errichtet und nimmt sich in dieser Umgebung sehr eigenartig aus. Eine Treppe im Inneren führt in den oberen Teil, von wo aus man einen herrlichen Blick über den See hat; auf Gemälden von Ramón Alva de la Canal ist das Leben des berühmten Procér (= historische Persönlichkeit) dargestellt.

(4) Von México nach Toluca, Morelia und Guadalajara 392

Auf der Insel drängen sich malerische ziegelgedeckte Häuser entlang der gewundenen Straßen, deren größte zur **Kirche** führt. Die Haube des Glockenturms schmücken Azulejos. Bei den auf der Insel stattfindenden Prozessionen ziehen die Gläubigen durch die mit Fischernetzen bespannten Straßen.

In der Nacht vom 1. auf den 2. November ist der Friedhof der Isla de Janitzio **Schauplatz einer der berühmtesten Totenfeiern in Mexiko**, die, obwohl sie bei Nacht stattfinden und keine folkloristischen Darbietungen zeigen, sondern Ausdruck der tiefempfundenen Religiösität der Inselbewohner sind, von Touristen überlaufen werden.

Die Feierlichkeiten beginnen eigentlich schon am 31. Oktober oder im Morgengrauen des 1. November mit einer Wildentenjagd auf dem See. Das erlegte Wild dient zur Herstellung eines Gerichts, das zusammen mit anderem Proviant auf den Gräbern aufgestellt wird.

In der Nacht vom 1. auf den 2. November begeben sich die Frauen kurz nach Mitternacht vom Friedhof mit Körben, in denen sie Speisen und Obst, Girlanden und Blumensträuße tragen, mit denen sie die Gräber ihrer verstorbenen Angehörigen schmücken. Die für die Verstorbenen zubereiteten Speisen werden auf den Gräbern aufgestellt, wo man Kerzen entzündet. Dann kommen die Männer auf den Friedhof. Während die Frauen und Kinder in der Nähe der Gräber im Gebet verharren, stimmen sie Totengesänge an, die die ganze Nacht hindurch zu hören sind. Bei Tagesanbruch segnet ein Priester alle Gräber. Die Opfergaben werden entfernt und in der Kirche aufgestellt, wo man inzwischen für die Verstorbenen ohne Angehörige oder ohne Grabstätte einen Bogen errichtet und Kerzen angezündet hat.

2. – * Tzintzuntzan (17,5 km; Ausfahrt aus Pátzcuaro auf der Straße nach Morelia; Pl. C1). – 6 km: Lassen Sie die Straße nach Tiripetio (und Morelia, s. Rte 4 bei km 267,5) r. liegen.
10 km:

L. nach (4 km) **Ihuatzio**, ein kleines, am O-Ufer des Pátzcuaro-Sees gelegenes Pueblo vorspanischen Ursprungs. Dort führte Alfonso Casa Ausgrabungen an einer ehemaligen taraskischen Siedlung durch. Die Ruinen, die wenig Interessantes zu bieten haben, bilden einen riesigen Terrassenkomplex (eine der Terrassen ist 400 m lang und 300 m breit). Man stieß dort auf fünf Yácatas, zwei davon mit rechteckigem Grundriß, während die drei übrigen den in Tzintzuntzan entdeckten Gebäudetyp aufgreifen. Während der Forschungsarbeiten wurde die Statue eines Chac-mool freigelegt.

17 km: **Tzintzuntzan** („Ort der Kolibris"), die ehemalige taraskische Metropole, befand sich auf einem Hügel am O-Ufer des Pátzcuaro-Sees. Wenn Sie sich bei der Einfahrt in den Ort r. halten, kommen Sie zur (1 km) *** Archäologischen Stätte**, wo Sie die Ruinen von fünf Yácatas bzw. Tempelbauten sehen.

Die Hauptstadt des taraskischen Dreibunds. – Tzintzuntzan war eine der drei Städte des von König Tariácuri gegen Ende des 14. Jh. gegründeten taraskischen Dreibunds und vermutlich die bedeutendste der drei Städte, insbesondere nach dem Tod von Huiquingare, dem Herrscher von Pátzcuaro. Tariácuris Erbe, Tangaxoan, gelang eine beachtliche Vergrößerung seines Reiches. Ihm folgte erst Zuanga, dann Tzitzic Phandáquare, auch Characu („Erbprinz") genannt, der 1479 starb. Mit seiner durch ein Pirinda-

Umgebung von Pátzcuaro

Kontingent verstärkten Armee unternahm er eine Expedition nach S und W und unterwarf dort das Reich von Zacatollan, das er zu Tributleistungen verpflichtete, das Reich von Coliman, von Zapotlán, Jalisco und Tonalán, dessen in der Nähe des heutigen Guadalajara gelegene Hauptstadt von seinem König geräumt wurde. Tzitzic Phandáquare führte im O Krieg gegen die Matlazinken (1462) und schlug 1479 bei Tajimaroa eine Invasion der Azteken zurück.

Während der Regentschaft seines Sohnes Zuanga (der zweite dieses Namens; 1479-1519) betraten die Spanier den Boden Mexikos. Der König starb an einer Epidemie, die durch einen Negersklaven des Pánfilo de Narváez verbreitet wurde. Ihm folgte Tangaxoan, der unter dem Namen Caltzontin bekannt wurde und bald danach abdanken mußte.

Nach seiner Ernennung zum Bischof von Michoacán trug sich Vasco de Quiroga mit dem Gedanken, seine Kathedrale in dieser Stadt zu errichten. Wegen der Unsicherheit des Geländes gab er dann jedoch Pátzcuaro den Vorzug. Ungeachtet dessen errichteten die Franziskaner dort eines ihrer bedeutendsten Klöster.

Ein altes Nomadenvolk. – Die Azteken betrachteten die Tarasken als Chichimeken, d. h. Barbaren und ungeachtet ihrer vom Nahuatl so unterschiedlichen Sprache verlegten sie den Ursprung dieses Volkes nach Chicomóztoc, den „Ort der sieben Höhlen", aus dem die sieben Nahuastämme hervorgegangen und gegen Ende des 12. Jh. in Zentralmexiko eingefallen waren. Tatsächlich hatten die Tarasken einige typische Eigenschaften der Nomadenvölker des Nordens bewahrt, sie rauchten zum Beispiel aus tönernen Pfeifen und hatten die Angewohnheit, ihre Nahrung für mehrere Tage zuzubereiten. Möglicherweise hatten die Tarasken diese Gewohnheiten im Laufe ihres langen Zusammenlebens mit den Chichimeken erworben oder aber sie waren seit verhältnismäßig kurzer Zeit erst aus Gebieten im Norden gekommen, wo sie vermutlich ein unbeständiges Nomadenleben geführt hatten. Wenn der Michoacán und die Tarasken mit den wilden Chichimekenstämmen in Berührung kamen, die der Zivilisation der Tarasken einen unauslöschlichen Stempel aufprägten, war dies doch nicht der einzige Einfluß, wie dies mehrere Chac-mool Statuen belegen, die auf taraskischem Gebiet gefunden wurden und die ein für die toltekische Kultur so charakteristisches Element darstellen. Der Einfluß der Gegend des Rio Balsas in Guerrero und der Tierras Calientes des Michoacán dürfte ebenfalls eine große, wenn nicht entscheidende Rolle für die Entstehung der taraskischen Kultur gespielt haben. Es waren vermutlich die Bewohner dieses Tals, die ab dem 10. Jh. n. Chr. die Technik der Metallverarbeitung (Gold, Silber und Kupfer) wahrscheinlich vom Andengebiet her nach und nach in Mesoamerika verbreiteten.

Sicher ist, daß die Tarasken sich der außerordentlichen Bedeutung des Rio Balsas-Beckens bewußt waren. Sie gründeten dort mehrere Garnisonen, die den Aztekeneinfällen die Stirn boten.

Meister der Künste. – Die Tarasken zeichnete ihre große künstlerische Begabung aus, wie dies Pater Bernardino de Sahagún bezeugt, der sie als „Tolteken" bezeichnete, was nach den Worten der aztekischen Gewährsleute des Verfassers der „Historia de las Cosas de la Nueva España" eine ehrenvolle Bezeichnung war, denn die Bewohner von Tula waren in den Augen der Mexica die Erfinder der Architektur, der Bildhauerkunst, der Federverarbeitung. Die Bezeichnung „Tolteke" war für die Mexica zum Gattungsbegriff für ein Kulturvolk geworden, im Gegensatz zu den Chichimeken, den „Barbaren". Die in zwei Gräbern am Fuß einer Yácata in Tzint-

(4) Von México nach Toluca, Morelia und Guadalajara

zuntzan gemachten Funde und die Verwunderung der Augustinermönche vom Klosterkolleg in Tiripetio über die Leichtigkeit, mit der die Tarasken sich europäische Techniken aneigneten, sind ein Beweis hierfür. Die Tarasken taten sich in der Verarbeitung von Kupfer hervor, aber auch von Obsidian und Federn. Noch lange nach der Konquista erhielten sie Aufträge zur Verzierung und Herstellung von religiösen Bildern aus Federn.
Wenn Sie Tzintzuntzan besichtigen, werden Sie feststellen, daß die Tarasken Bauten errichteten, die trotz ihrer Baufälligkeit noch heute erstaunlich sind, wegen ihrer Proportionen und ihrer für Mesoamerika absolut originellen Gestaltung.

In der Mitte des Geländes, das Sie besichtigen, erhebt sich eine riesige, 425 m lange und 250 m breite **künstliche Terrasse**, die an der Flanke eines Berges angelegt wurde; prachtvolle * * **Aussicht** auf den von Bergen umschlossenen See. Auf diese Terrasse führte eine mächtige, ungefähr 100 m breite Rampe.
Im rückwärtigen, der Treppe näher liegenden Teil der Terrasse erhoben sich in einer Reihe nebeneinander gestellt **fünf Yácatas** bzw. **Tempelpyramiden** (die Zufahrtsstraße endet nahe bei Yácata V). Jede Yácata bestand aus einem hohen rechteckigen Baukörper (Yácata V war an der Basis 65,75 m lang und 22,10 m breit) mit zwölf, ungefähr 1 m hohen, sich nach oben hin verjüngenden Stufen. Am Fuß blieb jeweils ein ungefähr 30 cm breiter Gang frei. Eine an der Vorderseite der großen Terrasse angelegte Treppe führte auf die obere, ungefähr 25 m lange, aber nur etwa 1,75 m breite Plattform. Auf der Rückseite jeder Yácata befand sich ein angesetzter elliptischer Baukörper (größter Durchmesser: 28,90 m) mit nach oben zurückspringenden Stufen und ebenso hoch wie der vordere Teil des Baus. Die obere, ebenfalls elliptische Terrasse war mit der Plattform des vorderen Teils der Yácata durch einen breiten Steg verbunden. Nach verschiedenen älteren Zeichnungen zu urteilen, erhob sich auf der elliptischen Terrasse jeder Yácata ein runder Tempel mit einem zylindrischkonischem Palmdach.
Die Yácatas wurden aus flachen, lose übereinander geschichteten Steinen errichtet, die gestufte, aus sorgfältig zugehauenen Steinen errichtete Mauern umgaben. Auf diese erste Schicht, die so hoch war wie ein Absatz, (etwas mehr als 1 m), wurden weitere Steine aufgeschichtet; auch sie waren von Stützmauern umgeben, die die nächsten Absätze bildeten. Den ganzen Kern umgab man mit einem Mantel aus zugehauenen und mit Lehm verbundenen Platten eines vulkanischen Gesteins (xanamu). Als Alfonso Casa (von 1937-1938) und später Jorge Acosta und Daniel Rubin de la Borbolla (1939-1941) dort Ausgrabungen vornahmen, waren diese Bauten nur noch Trümmerhaufen.

Yácata I und insbesondere Yácata V wurden teilweise restauriert, desgleichen die Fassade der großen Terrasse. Am Fuß von Yácata V legte man zwei unversehrte Gräber frei, die mehrere Männer- und Frauenskelette enthielten und zahlreiche Grabbeigaben, darunter Zierat aus Obsidian, tönerne Tabakspfeifen, Haarzangen (die Tarasken praktizierten die Körperenthaarung), Armbänder aus Kupfer, Keramik, Kupfergeräte. Bei den 1974 unter den Yácatas durchgeführten Bohrungen stieß man auf Gebäudereste und vortaraskische Gräber.

Gegenüber dem Eingang zu den Ausgrabungen führt auf der anderen Seite der Quirogastraße der Weg zu einem **Kloster**, das 1570 von den Franziskanern wiederaufgebaut wurde. Das vorgelagerte Atrium liegt im Schatten von hundertjährigen Olivenbäumen, eine Seltenheit in Mexiko, da das Anpflanzen dieser Bäume in Neuspanien verboten war. Auf der N-Seite des Atriums befindet sich die Kapelle des Hospitals, die 1619 angebaut wurde. Die Klostergebäude mit der Capilla de San Lorenzo öffnen sich zur Linken der Kirche.

Das vom 1. bis 7. Februar gefeierte **Christkönigsfest** wurde im 16. Jh. von Don Vasco de Quiroga eingesetzt (Markt, auf dem das heimische Kunsthandwerk zum Kauf angeboten wird: Keramik, handgewebte Stoffe, Korbwaren). Ein weiteres Fest, bei dem Tänze, darunter der Viejitos aufgeführt werden, findet am 22. Februar statt.

Zu **Fronleichnam** (9. Juni) ist es Tradition, Miniaturkeramik und andere Gegenstände des täglichen Bedarfs in Miniaturausgaben zu erstehen. Anläßlich dieses Festes werden Esel und Ochsen mit Bändern und Blumengirlanden geschmückt.

Von Tzintzuntzan nach Guadalajara: s. Rte 4 bei km 391.

3. – * **Villa Escalante** (Santa Clara del Cobre; 19,5 km), s. u. Rte 4G.

4G – Von Pátzcuaro nach Apatzingán

Straße: 193 km; die Straße ist teilweise asphaltiert (auf dem bisher nicht asphaltierten Abschnitt wird bereits gebaut); Ausfahrt aus Pátzcuaro auf der Straße nach Villa Escalante (Pl. A4)

6 km: Von einer Forststraße aus sehr schöner Rückblick auf den Pátzcuarosee.

15,5 km:

L. nach (39 km) **Tacámbaro**; ein 10.000 Ew. zählendes Pueblo, in dem die Franziskaner 1540 ein von Frater Diego de Chávez errichtetes Kloster gründeten. Die Kirche wurde 1667 im Barockstil neu aufgebaut, die Klostergebäude im 19. Jh. umgestaltet.

19,5 km: * **Villa Escalante** (vormals **Santa Clara del Cobre**), ein malerischer, ungefähr 7.000 Ew. zählender Ort und Zentrum der im 16. Jh. auf Veranlassung von Don Vasco de Quiroga entstandenen Kupferverarbeitung. Ursprünglich kam das Metall aus den Minen von Inguarán. Heute werden dort aus dem Ausland importierte Kupferblöcke verarbeitet. Hergestellt wird Haushaltsgeschirr. Am 15. Aug. die **Feria del Cobre,** die mehrere Tage dauert.

21 km: R. nicht asphaltierte Straße zum (11 km) * **Zirahuén-See.** Von dem am Seeufer gelegenen (14 km) Dorf **Zirahuén** aus erreichen Sie (17 km) die Straße von Pátzcuaro nach Uruapan (s. Rte 4H bei km 21).

45 km: Sehr schöner * * **Rundblick** auf die vor Ihnen liegenden Bergketten.

47 km: **Ario de Rosales,** ein großer, typisch taraskischer Marktflecken, hinter dem die Straße zu den Tierras Calientes (heiße Zone) hinabführt.

116 km: **La Huancana,** taraskische Siedlung am Rand der Tierras Calientes.

130 km: R. der von einem Damm gestaute **Zicuiran-See.**

162 km: **Cuatro Caminos,** Kreuzung auf der Straße von Pátzcuaro und Urupan nach Playa Azul und Zihuatanejo (s. Rte 4H bei km 118).

181 km:

(4) Von México nach Toluca, Morelia und Guadalajara

➡ R. nach (17 km) **Parácuaro**. In der Nähe dieses taraskischen Ortes befindet sich **Los Molcajetes**, eine archäologische Zone, die eine 2,5 km lange und 1 km breite Fläche bedeckt; Fundamente von auf Terrassen errichteten Gebäuden und ein weitgehend zerstörtes Zeremonialzentrum. Gegenüber, auf dem Gelände des Ejido Los Bancos, **Steinglyphen** in einer Felshöhle über dem rechten Arm des Río Capiri; man sieht dort eine stark stilisierte anthropomorphe Gestalt, verschiedene von Wellenlinien und Spiralen gebildete abstrakte Motive.

☞ 193 km: **Apatzingán**. In der 45.000 Ew. zählenden Stadt wurde nach dem Kongreß von Chilpancingo im Jahre 1813 eine Verfassung niedergelegt, die José Maria Morelos auf die Ländereien angewendet wissen wollte, die er vom spanischen Joch befreit hatte. Nach der Niederlegung dieser Verfassung war Morelos Stunde bereits vorüber, seine Anhänger waren von den Royalisten in die Berge des Guerrero zurückgedrängt worden. Die Unterzeichnung dieser Verfassung wird am 21. und 22. Okt. feierlich begangen (Harfenwettbewerb und Vorführung einer Pferdedressur).

4 H – Von Pátzcuaro nach Uruapan, Playa Azul und Zihuatanejo

Straße: 60 km (Uruapan), 320 km (Playa Azul) und 435 km (Zihuanatejo) auf einer der schönsten Bergstraßen Mexikos, die durch die Wälder des taraskischen Gebiets und die Tierras Calientes der Küstengebiete des Michoacán und des Guerrero führt. Ausfahrt aus Pátzcuaro auf der Straße nach Uruapan (Pl. A1).

☞ 6 km: R. mündet die Straße nach Quiroga und Morelia ein, die am Bahnhof von Pátzcuaro vorüberführt.
10 km:

➡ R. nach (8 km) * **Erongarícuaro** (sonntags Markt). In diesem hübschen taraskischen Ort lebten während des letzten Krieges André Breton und andere Surrealisten. 1570 errichteten die Franziskaner dort ein **Kloster,** das sich unweit der Kirche auf einen langgestreckten Portikus öffnet. In seiner Mitte befindet sich eine Kapelle, die *Michel Cardoret* unlängst mit **Fresken** schmückte.

☞ 21 km: L. Straße nach (18,5 km) Villa Escalante (s. Rte 4G bei km 19,5), die am * **Zirahuén-See** vorüberführt.
33 km: **Tingambato**.

➡ L. nach (9 km; mittelmäßige Straße) **San Angel Zurumucapeo**. Im Atrium der **Pfarrkirche** (16. Jh.) ein interessantes Kreuz aus dem 16. Jh.; von der fast vollplastischen Christusfigur ist der lebensgroße Torso erhalten. Beachten Sie den Truthahn auf dem Kreuz über dem Schwamm (ein Passionssymbol).

60 km: Die Straße r. führt nach Carapán (s. Rte 4I bei km 76,5), l. nach Playa Azul (s. unten) und geradeaus ins Zentrum (2 km) von **Uruapan**.

Die 109.300 Ew. zählende, in einer Höhe von 1.610 m liegenden Stadt **Uruapan** wurde wahrscheinlich 1532 von Juan de San Miguel, einem Franziskanermönch, gegründet. Die Stadt wurde nach Art eines Schachbretts angelegt. Auf der **Plaza Principal** (Hauptplatz) erhebt sich die * **Guatapara,** die Kapelle des ehemaligen, ebenfalls von Juan de San Miguel errichteten Hospitals (schönes plateresques Portal). Das Hospital mit seinem schönen Patio wurde in ein **Museum für Volkskunst** umgewandelt. *(Öffnungszeiten*: tgl. außer Mo. von 9–13.30 Uhr und von 15.30–17.30 Uhr; So. von 9–12.30 Uhr.) Es birgt eine Sammlung von Lackarbeiten (maques) aus Uruapan, deren Herstellungstechnik dort seit dem 16. Jh. bekannt ist. Dieses etwas aus der Mode gekommene Kunsthandwerk verzeichnet seit einigen Jahren eine Wiederbelebung. Uruapan ist für seine tropischen Gärten bekannt; einer der sehenswertesten öffentlichen Parks ist der * **Parque de la Barranca del Cupatitzio** (6–18 Uhr).

→ 37 km von Uruapan entfernt befindet sich der heute erloschene **Vulkan Paricutin,** der 1943 ausbrach (s. Rte 4I bei km 60,5).

☞ 74 km: R. in einem Wald, die ★★★ **Cascada de la Tzarárcua.** Dieser Wasserfall zählt zu den schönsten in Mexiko. (Rechnen Sie eine Stunde für den Hin- und Rückweg; Pferdeverleih).

94 km: Brücke über die **Barranca Honda**, eine tiefe, von üppiger Vegetation überwucherte Schlucht.

113 km: **Nueva Italia,** eine Siedlung aus jüngerer Zeit, die sich über 3 km an der Straße entlang zieht.

118 km: **Cuatro Caminos,** Kreuzungspunkt auf der Straße von **Pátzcuaro** (l.) nach **Apatzingán** (r.; s. Rte 4G bei km 181).

145 km: Von einem Paß aus erblickt man den riesigen Stausee * **Presa del Infiernillo,** der vom Rio Tepalcatepec und dem Rio Balsas gespeist wird. Nach einer langen Abfahrt führt die Straße am Ufer des Sees entlang, der mit einer Länge von ungefähr 90 km ins Tal des Rio Tepalcatepec hineinreicht und im engen Tal des Rio Balsas eine durchschnittliche Breite von 4 bis 5 km einnimmt. Nach O erstreckt sich der See fast 100 km lang bis unterhalb von Zirándaro ins mittlere Rio Balsas-Becken. Bei einer kurz vor der Überflutung dieses Beckens (1965) durchgeführten Geländeuntersuchung, stieß man auf 126 vorspanische Lagerstätten, von denen 19 untersucht wurden. Diese Untersuchungen haben bestätigt, daß in diesem Gebiet – zu einer für Mesoamerika relativ frühen Zeit – bereits Kupfer und Silber geschmolzen und verarbeitet wurden. Das Tal am Zusammenfluß des Rio Tepalcatepec mit dem Rio Balsas war vermutlich bereits im 10. Jh. n. Chr. ein sehr reges Handelszentrum. In diesem Gebiet vermischen sich kulturelle Einflüsse aus Costa Grande im Guerrero und dem Gebiet von Apatzingán aber auch von entfernteren Gegenden wie dem Pátzcuaro-See, dem Chalapa-See (Jalisco) und dem Tal von Mexiko.

160 km: Die Straße entfernt sich vom See, den hohe schluchtenreiche Berge umgeben. – 180 km: Die Straße führt jetzt über ein von Kakteen übersätes Hochplateau; prachtvoller ★★ **Blick auf die kahle Berglandschaft der Sierra Madre Oriental.**

→ L. zum (43 km) **Staudamm der Presa del Infiernillo,** der mit einer Höhe von 175 m der höchste in Lateinamerika ist.

☞ 197 km: **El Guayabito.** Ab hier, kurvenreiche Strecke.

254 km: **Arteaga.** Die Straße senkt sich an Bananen-, Kaffeeplantagen und Kokospalmenpflanzungen vorüber hinab zur Pazifikküste.

313 km: R. (7 km) **Playa Azul,** kleiner Badeort zwischen der Pazifikküste (schöner feiner Sandstrand zwischen Felsen) und einer Lagunenkette, wo die Jagd besonders ergiebig ist.

→ Von Playa Azul aus können Sie, wenn Sie ein Motorboot mieten, einen Ausflug zum Rio Balsas-Delta machen, das von Tausenden von Wasservögeln bevölkert ist.

(4) Von México nach Toluca, Morelia und Guadalajara

Über eine schmale, per Jeep befahrbare Straße kommt man nach (circa 28 km) **Las Peñas,** wo die Sierra Madre Occidental steil in den Pazifischen Ozean abfällt. Unterwegs fahren Sie durch riesige Kokospalmenpflanzungen, die sich bis an den Rand einer ganzen Kette von feinen Sandstränden erstrecken. Dort sammelt sich das von den Flüssen bei Hochwasser mitgeführte Treibgut, insbesondere Baumstämme, die durch das lange Liegen im Wasser oder an der Sonne manchmal bizarre Formen annehmen. Hinter Las Peñas setzt sich die Straße bis nach (80 km) **Caleta de Campos** fort, einem Fischernest nahe einem Tropenwald.

●▬▶ 325 km:

R. zum (6 km) 30.000 Ew. zählenden, noch im Entstehen begriffenen Hafen **Ciudad Lázaro Cárdenas,** der sich an der Stelle des früheren Dorfes Melchor Ocampo befindet. Er verdankt seine Entstehung Mexikos bedeutendstem Stahlwerk, der **Sidergúrica Lázaro Cárdenas Las Truchas** (Sicartsa). Die mexikanische Bundesregierung investierte 500 Mio. Dollar in das Stahlwerk und die Infrastruktur der Schiffs- und Eisenbahnanlagen und weitere 40 Mio. Dollar in den Hafen, den größten Warenumschlagplatz an der Pazifikküste. (Den Hafen können Schiffe bis zu 80.000 BRT anlaufen.)
Es ist ebenfalls vorgesehen, verschiedene Nebenindustrien (salpeterhaltigen Dünger, Ammoniakalaun, Industriegas, Kokereiteer, Lösungsmittel) an diesen Hüttenkomplex anzuschließen. Die Stadt ist für eine Aufnahmekapazität von über 60.000 Ew. im Jahre 1978 konzipiert.

●▬▶ Am anderen Ufer des Rio Balsas, oberhalb der Ciudad Lázaro Cárdenas, gründete Cristóbal de Olid um 1522 den Hafen **Villa de la Concepción,** an der Stelle des ehemaligen **Zacatula,** wo Hernán Cortés Schiffe für die Erforschung der Pazifikküste bauen ließ.

☞ 333 km: Die Brücke des Staudamms der **Presa La Villita** über den Rio Balsas, ungefähr 13 km oberhalb der Mündung, gewährt Durchfahrt zur Küstenstraße des Pazifik, die nach ihrer Fertigstellung Puerta Vallarta über Zihuatanejo und Acapulco mit Salina Cruz (in der Nähe von Tehuantepec) verbinden wird. Die 58 m hohe Talsperre staut das Wasser eines 42,5 km langen künstlichen Sees bis ungefähr 2 km oberhalb der Presa del Infiernillo.
Jenseits der Talsperre führt die Straße durch endlose Kokospalmenpflanzungen an malerischen, mit Wasservögeln bevölkerten Lagunen vorüber.
425 km: Ixtapa (s. Rte 3 bei km 652).
435 km: Zihuatanejo (s. Rte 3 bei km 652).

☛ Fortsetzung der Route von México über Morelia nach Guadalajara

Ausfahrt aus **Pátzcuaro** auf der Straße nach Morelia (Pl. C1).
379,5 km: Zurück zur Straßengabelung nach Tiripetio und nach Morelia (s. Rte 4 bei km 367,5).
391 km: Tzintzuntzan (s. Umgebung von Pátzcuaro, 2).
400 km: R. nach (1 km) **Quiroga,** das frühere *Cocupao,* ein 7.116 Ew. zählendes Pueblo. Dort gibt es eine Art Bazar, wo Erzeugnisse des heimischen Kunsthandwerks angeboten werden, insbesondere Lacktruhen und Stühle, die dort seit dem 16. Jh. hergestellt werden. Durch die Schaffung einer Industrie mit handwerklichem

Charakter gelang es Don Vasco de Quiroga, die Tarasken an die neue Gesellschaft anzupassen, die aus der Konquista hervorgegangen war.

404 km: Santa Fe de la Laguna. Dort gründete Vasco de Quiroga im Jahre 1534 ein Hospital; kleine Kolonialkirche, in der Gegenstände, die sich im Besitz des ersten Bichofs von Michoacán befanden aufbewahrt werden (Reliquien).

404,5 km: L. ein einsam gelegenes Hotel.

405 km: Die Straße r. führt nach (1 km) **Chupicuaro** (*Wassersportclub von Morelia*).

Die nach zweihundert Metern abzweigende Straße führt nach (2 km) **San Jerónimo Purenciécuaro,** einem taraskischen Dorf, von wo aus eine Straße (1 km) einen kleinen Cerro hinaufsteigt. Von dort ★ ★ **herrlicher Blick auf den See.**

438 km: Zacapu. Die 35.000 Ew. zählende Stadt ist vorspanischen Ursprungs. In ihrer Nähe fand man weniger interessante taraskische Antiken. Die Augustiner gründeten dort um 1540 ein Kloster. Die von Frater Jacobo Daciano wiederaufgebaute Kirche zeigt eine schmucklose plattereske Fassade.

Unweit der Stadt, 1 km nach W, ragt ein Vulkan empor, in dessen Krater sich ein See befand. Bei den in **El Poterero de la Isla** auf der Insel im See (von Alfonso Caso) durchgeführten Ausgrabungen stieß man auf zahlreiche Gräber.

Nahe bei Zacapu legte Carl Lumholtz Gräber frei, von denen eines wegen seines Inhalts besonders interessant war. Es enthielt eine Urne mit Brandresten und eine Anzahl unverbrannt beigesetzter Skelette, die vermuten lassen, daß die Tarasken beim Tod eines Fürsten dessen Frauen und Diener opferten, damit sie ihm ins Jenseits folgten. Die querverlaufenden Einschnitte in den Knochen der Skelette, die wahrscheinlich mit magischen, uns unbekannten Riten zusammenhängen, lassen auf eine sekundäre Bestattung schließen.

Nordöstl. von Zacapu befindet sich in **Mal Pais,** in einem Lavafeldern überzogenen Gebiet, ein taraskisches Zeremonialzentrum mit Yácatas.

464,5 km: R. Straße nach (63 km) La Piedad (s. Rte 7 bei km 164).

469 km: Carapán. Dort zweigt l. die Straße nach Uruapan (s. unten) und Playa Azul ab.

4 I – Von Carapán nach Uruapan

Straße: 74,5 km; insgesamt ziemlich kurvenreich.

27 km: **Cherán; Kirche** aus dem 16. Jh.; dieses taraskische Dorf ist ein Kunsthandwerkszentrum (Rebozos, Umhängetaschen, bestickte Tischtücher).

Von Cherán führt ein l. abzweigender Weg nach (13 km) **Nahuatzén** (Patrozinium am 25. Aug.).

35 km: Aranza (Rebszos aus der Pflanzenfaser *pataqua*).

40 km: Paracho. Die am Fuß des erloschenen Cerro de Paracho gelegene Siedlung zählt 10.000 Ew. Die Stadt ist seit dem 16. Jh. auf die Herstellung

(4) Von México nach Toluca, Morelia und Guadalajara 400

von Gitarren spezialisert. Am 8. Aug. feiert Paracho ein Fest vorspanischen Ursprungs, in dessen Verlauf ein Ochse geschlachtet wird. Aus dem Fleisch bereitet man ein Gericht (*xuripe*), das unter den Teilnehmern aufgeteilt wird.
56,5 km: **Capácuaro,** ein hübscher, typisch taraskischer Ort mit seinen Holzhäusern mit vorgelegtem Portikus und seinen Umzäunungen aus Baumstämmen.
60,5 km:

R. nicht befestigte Straße zum (23 km) **Paricutín,** einem heute erloschenen Vulkan, dessen Ausbruch von dem Indio Dionisio Pulido der Presse mit der humorvollen Erklärung bekanntgegeben wurde, daß sich die Quelle seiner Einkünfte in Rauch aufgelöst habe.
Tatsächlich entstand der Vulkan am 20. Febr. 1943 auf einem Maisfeld (milpa), das der Sohn des Bauern gerade bestellte. Das gewaltige Naturschauspiel, dem warnende Erdstöße vorausgingen, begann mit einer Bodenspalte, aus der schwefelhaltige Dämpfe aufstiegen. Bald danach strömte Lava aus. Unter immer heftigeren Erschütterungen wuchs der Vulkan empor, der seine Umgebung bald um 300 m überragte. Die Lavaströme begruben mehrere Orte unter sich, darunter auch Paricutín, das dem Vulkan seinen Namen verlieh. Über 5000 Menschen veloren ihr Hab und Gut.
Der Feuer und Asche speiende Vulkan erregte die Neugier der einheimischen und amerikanischen Touristen. In Uruapan mußten mehrere Hotels erbaut oder erneuert werden, um den aus allen Richtungen herbeiströmenden Schaulustigen Unterkunft zu bieten. Zum Schauplatz des Geschehens wurde eine Straße angelegt, von wo aus man das Wüten der Elemente beobachten konnte. Pünktlich wie eine Uhr produzierte der Vulkan eine Explosion um die andere, zur vollen Zufriedenheit der Zuschauer. Im Laufe der Jahre wurden die Eruptionen seltener und hörten dann ganz auf. Heute ist der Vulkan erloschen. Sie sollten sich zu Fuß (3 km) dorthin begeben oder in Angahuán (s. u.) ein Reittier mieten und sich eventuell von einem Führer begleiten lassen.
Von dem Naturereignis blieb nichts als ein **Bergkegel** zurück und ausgedehnte **Lavafelder,** die mehrere Dörfer unter sich begruben.
Die Straße nach Paricutín läßt r. das Dorf (20 km) **Angahuán** liegen, mit seiner aus dem Jahre 1562 stammenden Kirche (platereske Fassade). Daneben befindet sich am Fuß eines gedrungenen Turmes eine offene Kapelle Angahuán birgt ein weiteres Bauwerk aus dem 16. Jh., die Kapelle des ehemaligen Hospitals, das zum Augustinerkloster von Zirosto gehörte.

73 km: Die erste Straße nach r. führt ins Zentrum (3 km) von **Uruapan** (s. Rte 4H bei km 60).
76,5 km: R. eine weitere ins Zentrum (2 km) von Uruapan führende Straße, an der Gabelung der Straßen nach (60 km; r.) **Pátzcuaro** und nach (260 km; geradeaus) **Playa Azul** (s. Rte 4H bei km 60).

Hinter Carapán verläuft die Straße sozusagen zwischen zwei Vegetationszonen; l. sehen Sie die bewaldeten Berge des taraskischen Gebiets, r. die kahlen oder mit Mezquites und Kakteen übersäten Berge des Zentralplateaus.
491 km: Linker Hand, **Tangancícuaro.**

Von Tangancícuaro führt ein schlechter, per Jeep befahrbarer Weg nach (20 km ungef.) **Patamban,** Herstellungszentrum einer sehr geschätzten, meist in Auftrag gegebenen grünglasierten Keramik.

506 km: Zamora (1.600 m). Die in einer sehr fruchtbaren Ebene gelegene Stadt zählt 88.000 Ew. Sie wurde 1540 von Vizekönig Antonio de Mendoza gegründet und ist ungeachtet dieser Vergangenheit nicht sonderlich interessant.

4 J – Von Zamora über Sahuayo nach Guadalajara
km:

Straße: 216 km.

3 km: **Jacona.** Der 25.000 Ew. zählende Ort liegt im O einer noch nicht erforschten Siedlung vorspanischen Ursprungs.

Westl. von Jacona legte man zwei Hügelgräber frei. Bei den in **El Opeño,** 5 km südl. von Jacona durchgeführten Ausgrabungen entdeckte man einen Friedhof mit zahlreichen Grabbeigaben, darunter Terrakottafigurinen aus der archaischen Epoche.

24 km: R. nach (2 km) **Chavinda,** wo der Festtag des Hl. Johannes mit einem gemeinsamen Bad im Morgengrauen, mit Pferderennen und Geschicklichkeitsübungen begangen wird, wobei man eine Taube erhaschen muß, die einer der Reiter hält. Nach Einbruch der Dunkelheit zieht ein berittener Fackelzug durch die Straßen der Stadt.
57 km: R. nach (2 km) **Jiquilpan,** Geburtsort des Staatspräsidenten Lázaro Cárdenas (am 18. März findet zu Ehren der von L. Cárdenas veranlaßten Verstaatlichung des Erdöls, die 1938 erfolgte, ein Fest statt). In der **Biblioteca Gabino Ortiz,** die in einer aufgelassenen Kirche eingerichtet wurde, schuf **Clemente Orozco** 1940 eine Reihe von Fresken, die verschiedene Episoden der Revolution darstellen.

Unweit von Jiquilpan wurde in **El Otero** eine vorspanische Siedlung mit Terrassen auf einem kleinen Hügel entdeckt. Unter den Erdhügeln liegen vermutlich die Reste eines Pelotaspielplatzes und verschiedene andere Bauten. Keramik und Bautechnik weisen darauf hin, daß sich dieses Zeremonialzentrum schon außerhalb des taraskischen Gebiets befand, aber Einflüssen des Zentralplateaus unterlag, insbesondere der ältesten Periode von Teotihuacán.

59,5 km: L., Straße nach (220 km) **Colima** (s. Rte 6 bei km 723,5).
65,5 km: **Sahuayo;** l. der Straße, drei Kirchen aus dem 18. Jh.
71 km: R., **Chapala-See.**
82 km: **Cojumatlan;** (ockerfarbene Kirche mit Kuppel).
157 km: R. Straße nach (28 km) **Chapala** (s. Rte 5A bei km 76) und (78 km) **Guadalajara,** streckenweise führt die Straße dabei am N-Ufer des Sees entlang.
179 km: R. Straße nach Colima und Manzanillo (s. Rte 6, ab km 908 in umgekehrter Richtung).
205,5 km: Überqueren Sie den Periférico (r., Zufahrt zum Flughafen). Auf der **Calzada López Mateos** fahren Sie in die Stadt hinein.
211,5 km: **Fuente de Minerva** (Pl. B3). Ins Zentrum der Stadt bringt Sie die **Av. Vallarta,** in die Sie r. einbiegen.
216 km: **Guadalajara** (s. Rte 6).

(5) Guadalajara und Umgebung

Fortsetzung der Route von México über Morelia nach Guadalajara.

Ausfahrt aus Zamora auf der Straße nach La Barca.

512 km: R., Straße nach (47 km) **La Piedad.**
562 km: Briseñas. Kurz danach fahren Sie nach l., wobei Sie **La Barca** r. liegenlassen.
579 km: Jamay, ein 10.000 Ew. zählender Marktflecken am O-Ufer des **Chapala-Sees,** des größten natürlichen Sees von Mexiko.

Der ungefähr 85 km lange und durchschnittlich 27 km breite Chapalasee erstreckt sich in einer Höhe von 1.568 m zwischen zwei kahlen Bergketten. Die nördl. reicht zwischen dem Luftkurort Chapala und Ocotlán bis an die Küste. Der nicht sehr tiefe See wird hauptsächlich vom Rio Lerma gespeist, der westl. von Mexiko im Tal von Toluca entspringt. Sein schlammiges Wasser ist ziemlich fischreich (Pescado blanco, Bagre, Mojarra).

592 km: Lassen Sie r. die Straße ins Zentrum von **Ocotlán** und nach (26 km) **Tototlán** liegen.
609 km: R., in einer Entfernung von 2 km, liegt **Poncitlán.** Dort gründeten die Franziskaner kurz nach der Konquista ein **Kloster.**
641 km: R., Straße nach (18 km) **Chapala** (s. Rte 5A bei km 51).
655 km: L. **Flughafen von Guadalajara.**
662,5 km: Überqueren Sie den **Periférico.**
66 km: R. gebührenpflichtige Autobahn von Zapotlanejo (in Richtung México; s. Rte 7).
Auf der **Av. Jesús Gonzalez Gallo** fahren Sie in die Stadt hinein.
671 km: Direkt vor dem **Park Agua Azul** (Pl. **II,** B4) biegen Sie nach r. in die **Av. R. Michel;** auf ihrer Fortsetzung, der **Av. Corona** (Pl. **II,** B3), kommen Sie dann ins Zentrum.
673 km: Guadalajara (s. Rte 5).

5 – Guadalajara und Umgebung

1.897.300 Ew. – 1.552 m ü. M. – Hauptstadt des Bundesstaates Jalisco (81.058 km^2; 4.008.000 Ew.) – Universitätsstadt – Erzbistum.

Guadalajara, die zweitgrößte Stadt Mexikos, ist die gelungenste Schöpfung auf städtebaulichem Gebiet, die die Spanier mit einer Anlage von vier sich um die Kathedrale anordnenden Plätzen in Mexiko hinterließen. Sie ist vielleicht die mexikanischste aller Städte und verdankt dies zweifellos ihren Mariachi-Kapellen, deren Heimat zu sein sie sich rühmt. Nicht zuletzt aber auch der Schönheit ihrer eleganten Viertel, ihrer Parks und der modernen Architektur der Plaza del Sol und deren Verwaltungsgebäuden. Seit ungefähr vierzig Jahren erlebt die Stadt ein starkes Anwachsen der Bevölkerung, an dem die seit den 60-er Jahren wesentlich gedämpfte Industrialisierung ihren Anteil hat.

Die Geschichte der Stadt

Die verlustreiche Eroberung Großspaniens. – *Nuño Beltran de Guzmán*, der den Vorsitz der ersten Audiencia übernommen und sein Amt zu schlimmstem Machtmißbrauch benutzt hatte, gelang es, seiner Amtsenthebung durch Karl V. zuvorzukommen. 1530 verließ er Mexiko, um die Gebiete im N und W des Michoacán zu erobern. Er wurde zum Beherrscher von Jalisco, das er Großspanien nannte und wo er eine Schreckensherrschaft errichtete. Am 5. Jan. 1532 gründete er in Aguascalientes die Stadt Nochistlán. Dieser Ort wurde im Aug. 1535 aufgegeben; eine neue Siedlung entstand in Tonalá. *Nuño de Guzmán* wurde schließlich vom Vizekönig *Antonio de Mendoza* zurückerobert, zwei Jahre gefangengesetzt und danach aus Mexiko ausgewiesen. Die Regierung der von ihm eroberten Gebiete, die den Namen Nueva Galicia erhielten, wurde *Pérez de la Torre* übertragen. 1541 wurden mehrere spanische Truppen von aufständischen Indianern geschlagen, *Cristóbal de Oñate* mußte eine gegen die Stadt geführte Attacke zurückschlagen. Am 4. Februar 1542 wurde Tonalá aufgegeben und Guadalajara im Tal von Atimapac gegründet.

Die Zeit von Neugalizien. – Guadalajara, das am 8. November 1539 gleichzeitig mit der Ernennung zur Ciudad (Stadt) sein Wappen erhalten hatte, wurde am 10. Mai 1560 die Hauptstadt Neugaliziens. Die Stadt, die sich

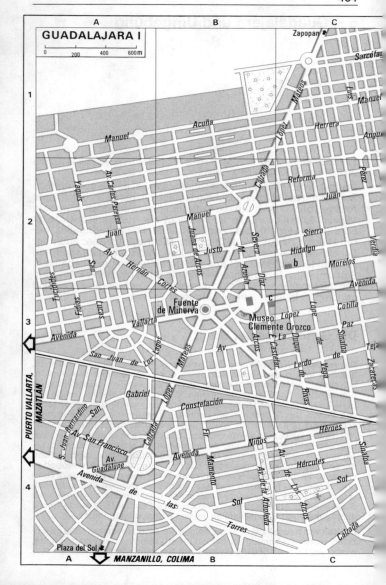

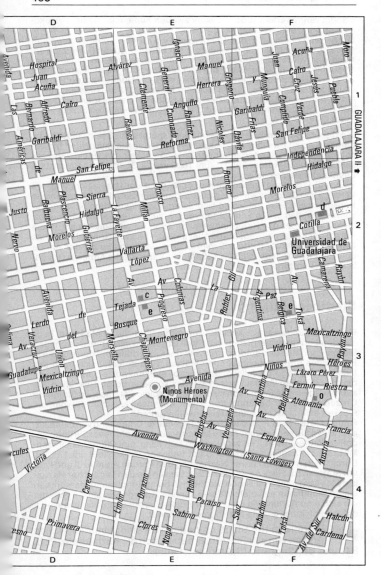

(5) Guadalajara und Umgebung

ständig vergrößerte, wurde Sitz einer zweiten Audiencia, die dem Vizekönig von Neuspanien unterstand.
Nach der Verkündung der Unabhängigkeit durch *Miguel Hidalgo* am 16. Sept. 1810 schloß sich Guadalajara der aufständischen Bewegung an. Nach der Niederlage von *Hidalgo* und *Ignacio Allende* bei *Aculco*, zwischen Mexiko und Querétaro, zog sich *Hidalgo* nach Guadalajara zurück, wo er eine Regierung bildete. *Ignacio Allende*, der Guanajuato den Royalisten überlassen mußte, schloß sich ihm Anfang 1811 an. *Hidalgo* und *Allende* wurden östl. von Guadalajara bei Calderón geschlagen und traten den Rückzug nach N an, während die Armee der Royalisten Einzug in die Stadt hielt.

Die Hauptstadt von Jalisco. – Zehn Jahre später schloß sich Guadalajara dem von *Agustín de Iturbide* proklamierten Plan von Iguala an und trat somit auf die Seite der Anhänger der Unabhängigkeit, die wenige Monate später errungen wurde. Am 21. Juni 1823 wurde Guadalajara Hauptstadt des Bundesstaates Jalisco.
Während fast eines halben Jahrhunderts nach der Unterzeichnung des Vertrags von Córdoba war Guadalajara Zankapfel zwischen Liberalen und Konservativen. 1857 entschied sich *Santos Degollado*, dem bald der Ruf vorauseilte, daß er alle Schlachten verlöre, zugunsten von Benito Juárez, den Vorkämpfer der Reformbewegung. 1858 geriet Guadalajara in die Hände der Konservativen, wurde aber im Okt. 1860 von General Gonzáles Ortega zurückerobert, dem *Benito Juárez* das Kommando der Armee übertragen hatte. Von 1863 bis 1866 lag die französische Armee in Guadalajara in Garnison.

Stadtbesichtigung

Ein Tag in Guadalajara. – Außer im Zentrum, sollten Sie nicht zögern, Taxis zu benutzen (preiswert), denn die Stadt ist sehr ausgedehnt. Besichtigen Sie am Vormittag das Stadtzentrum mit der Kathedrale und den vier, sie in Form eines Kreuzes umgebenden Plätzen. Dort befindet sich auch das Museo del Estado de Jalisco, das eine bemerkenswerte Sammlung von präkolumbischen Antiken aus West-Mexiko beherbergt. Besuchen Sie auch die Iglesia de Santa Mónica und das Hospicio Cabañas, wo Clemente Orozco, einer der bekanntesten Maler der mexikanischen Revolution, Fresken schuf, die als seine Meisterwerke gelten.
Fahren Sie am Nachmittag nach Tlaquepaque (s. Umgebung von Guadalajara, 2), wo Sie sehr angenehm zu Mittag essen können, bevor Sie ihren Andenkenkäufen etwas Zeit widmen und sich dann zum Clemente Orozco-Museum am anderen Ende der Stadt begeben (es schließt um 17 Uhr). Durchstreifen Sie am späten Nachmittag den Parque Agua Azul und kehren Sie dann zur Plaza de Armas zurück. Lassen Sie den Tag auf der Plazuela de los Mariachis ausklingen, wo Sie sich beim Genuß einer Margarita zu einem Ständchen aufspielen lassen können. oder gehen Sie ins Theater, um sich eine Aufführung des Folklore-Balletts anzusehen, vorausgesetzt, daß es sich nicht gerade auf Tournee befindet.

☛ Im Herzen der Stadt, umgeben von einer eindrucksvollen Anlage von vier Plätzen, erheben sich die **Kathedrale** (Pl. **II**, B1) und der **Sagrario** (Sakramentshaus).

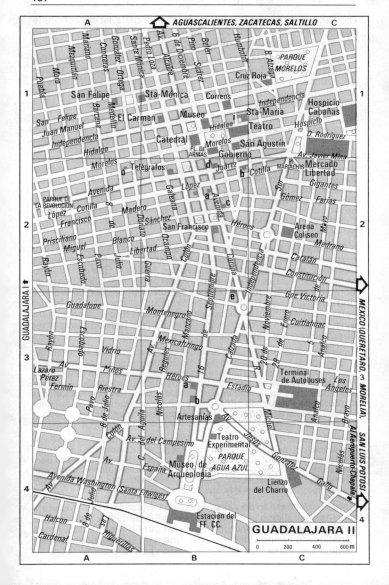

(5) Guadalajara und Umgebung

Die * **Plaza de Armas** (Pl. **II, B**1), der Waffenplatz, ist der schönste dieser vier Plätze. Er wird vom Sagrario, dem Palacio de Gobierno und zwei Ladengalerien eingerahmt.

* **Palacio de Gobierno** (Regierungspalast; Pl. **II, B**1). – Dieses imposante, gleichzeitig churriqureske und neoklassische Gebäude, wurde 1774 fertiggestellt. Es war während der Präsidentschaft von *Benito Juárez* – vom 14. Februar bis 19. März 1858 – offizieller Amtssitz der mexikanischen Regierung.

Nachdem Sie das Hauptportal durchschritten haben, kommen Sie in einen großen Hof mit zwei übereinander liegenden Galerien. R., im Treppenhaus, schuf *Clemente Orozco* 1937 ein riesiges Portrait von *Miguel Hidalgo* in der Mitte eines Wandgemäldes, das den Kampf des mexikanischen Volkes für seine Freiheit, nicht nur während des Unabhängigkeitskrieges, sondern ganz allgemein darstellt: der Künstler hat eine von ihm **politischer Zirkus** genannte Szene festgehalten, auf der man verschiedene Symbole von ausländischen Regierungen sieht.
Ein weiteres **Fresko** von *Orozco* befindet sich im Beratungssaal der gesetzgebenden Versammlung von Jalisco. Es zeigt die bedeutendsten Gesetzgeber und Helden der Unabhängigkeit, der Reform und der mexikanischen Revolution.

* **Catedral** (Pl. **II, B**1). – Begeben Sie sich zu der mit Lorbeerbäumen und einem riesigen Brunnen geschmückten **Plaza de los Laureles,** dem Vorplatz der Kathedrale. Mit dem Bau des nach O gerichteten Gotteshauses wurde 1558 begonnen. Die Konsekration fand am 19. Febr. 1616 statt. Mit ihren gotischen Gewölben und toskanischen Pfeilern, ihren Schmuckelementen im barocken-, Mudejar- und neoklassischen Stil und den stilistisch nicht einzuordnenden Türmen, präsentiert sich die Kathedrale in einer überraschenden Stilvielfalt.

An den Längsseiten des Mittelschiffes öffnen sich mehrere Kapellen, die verschiedene Gemälde schmücken. Das berühmteste von ihnen wird **Murillo** (Atelierbild?) zugeschrieben. Es stellt die Unbefleckte Empfängnis Mariens (**Purísima**) dar und hängt in der Sakristei oberhalb des Eingangs. In der Sakristei sehen Sie noch das Gemälde **„Die streitende Kirche",** das **Cristóbal de Villalpando** 1867 nach einem Stich malte, den er auch als Vorlage für das Gemälde der Triumphierenden Kirche in der Kathedrale von México benutzte.

Gegenüber der Kathedrale wird der „Platz der Lorbeerbäume" vom **Palacio Municipal** begrenzt, einem modernen, im Kolonialstil errichteten Gebäude. Dort schuf *José Guadelupe Zuno* im Ratssaal ein **Fresko** über die Reformbewegung. Die daneben liegende, erst vor kurzem restaurierte **Iglesia del Carmen** (Pl. **II, B**1) gehörte zu einem Kloster. Die einschiffige Kirche zieren große Gemälde aus der Kolonialepoche.

* **Museo del Estado de Jalisco** (Pl. **II, B**1; Museo). – Zum Museum des Staates Jalisco kommen Sie, wenn Sie den Platz überqueren, auf dem die Stadtverwaltung zu Ehren der für Mexiko gefallenen Tapatíos (so nennen sich die Bewohner von Guadalajara) ein Monument mit dorischen Säulen errichten ließ.

Staatsmuseum

Das Museum ist im ehemaligen Konzilsseminar San José untergebracht, das gegen Ende des 17. Jh. mit einem schönen Innenhof mit zwei übereinander liegenden Barockgalerien errichtet wurde.

Öffnungszeiten: tgl. außer Mo. 9–13 Uhr.

Die archäologische Abteilung (Saal 1) befindet sich im Erdgeschoß (durchqueren Sie den Innenhof und beginnen Sie mit der Besichtigung r. hinten), während sich die Gemäldesammlung (Säle 3 und 7), die Säle (9) für Geschichte und Ethnografie (10 und 13) im Obergeschoß befinden. Besichtigen Sie auch die Kirche des früheren Seminars mit ihren Gemälden im Kirchenschiff und auf der Chorempore (Saal 14).

Archäologische Abteilung. – In der chronologisch angelegten Abteilung sehen Sie als erstes ein außerordentlich gut erhaltenes, fast vollständiges **Mammutskelett** aus dem Pliozän, das 1962 in der Gegend von Zacoalán entdeckt wurde.

Daran schließt sich die **Galerie der Vorgeschichte** an, die anhand von in Vitrinen ausgestellten Gegenständen die verschiedenen Phasen der Zivilisationen aufzeigt, die sich im Westen Mexikos entfalteten.

Die Bewohner dieses Gebiets, das Jalisco, Colima, Nayarit, einen Teil von Sinaloa, des Michoacán, Guanajuatos und des Guerrero umfaßte, entwickelten während der vorklassischen bzw. archaischen Periode Zivilisationen, die zweifellos beachtliche Unterschiede aber auch zahlreiche Gemeinsamkeiten aufweisen. El Opeño im Michoacán und Capacha zählen zu den ältesten Siedlungen. Chupícaro im Bundesstaat Guanajuato (der Ort liegt heute unter einem künstlichen See begraben) scheint zu Beginn unserer Zeitrechnung ein Herstellungszentrum für Töpferware gewesen zu sein.

Die Zivilisationen Westmexikos nahmen während der klassischen Periode und noch später – bis zur Ankunft der Spanier – eine außerordentliche Entwicklung, die sich zugleich in der Herstellung von Keramik (Statuetten aus Colima, Jalisco und Nayarit) und in der Architektur (in Ixtlán del Rio, in Ixtepete vor Guadalajara usw.) dokumentierte. Politisch zerfiel dieser Teil Mexikos in mehrere im W des mächtigen taraskischen Reichs gelegene Staaten, deren bedeutendste im 12. Jh. n. Chr. Colima, Zapotlán, Jalisco und Tonalán (bzw. Tactoanazgo) waren, dessen Hauptstadt Tonalá sich unweit der heutigen Hauptstadt von Jalisco befand.

Diese Staaten lebten vom Ackerbau, vom Fischfang und der Jagd und wurden von Kaziken regiert, denen Schamanen zur Seite standen. Die Bevölkerung beging Zeremonien, bei denen Tänzer und Akrobaten auftraten (unter den Statuetten von Colima und Jalisco sind diese beiden Personengruppen vertreten). Während der zweiten Hälfte des 15. Jh. erlebte ein Teil Westmexikos eine von König *Tzitzic phandáquare* angeführte Invasion der Tarasken. Daraufhin wurden im ganzen Land Festungen (Penoles) erbaut, in denen Indios 1541 beim Aufstand gegen die Konquistadoren Zuflucht suchten.

Halten Sie sich, wenn Sie die archäologische Abteilung verlassen, rechts, sie kommen dann in einen zweiten Innenhof. Von dort aus betreten Sie eine **Kirche**, in der Sie einige **Gemälde** sehen, darunter ein flämisches Triptychon.

Kehren Sie dann zum Haupthof zurück, um auf einer monumentalen Treppe zum Obergeschoß hinaufzusteigen. Am Ende dieser Treppe befindet sich der Eingang zu Saal 3, wo die Gemäldegalerie beginnt.

(5) Guadalajara und Umgebung 410

Die Gemäldesammlung zeigt in chronologischer Reihenfolge – von der Malerei der Kolonialepoche (17. Jh.) bis zu den Werken des 20. Jh. – Gemälde von *Echave* und *Juárez*, von *Arteaga*, *Ramírez* und *Lopez Herrera* (Saal 3, erster Abschnitt), von *Juan Correa*, *Cristóbal de Villalpando* und den Gebrüdern *Nocolás* und *Juan Rodríguez Juárez* (Saal 3, zweiter Abschnitt), von *José de Ibarra* und *Miguel Cabrera* (Malerei des mexikanischen Hochbarock, 18. Jh., in Saal 4; Saal 5 ist *José de Ibarra* gewidmet, der in Guadalajara geboren wurde). Der letzte Abschnitt der Gemäldesammlung (Säle 6 und 7) zeigt Werke mexikanischer Künstler des 19. und 20. Jh., darunter Gemälde von *José Maria Estrada* (1838–1865). In dieser Abteilung sehen Sie auch ein **Wandgemälde** von *José Guadelupe Zuno*, das die Eroberung Neugaliziens durch Nuño de Guzmán darstellt.

Die Galerie der Geschichte (Saal 8) dokumentiert die Geschichte des Jalisco von der Konquista über das Vizekönigtum und den Ereignissen nach der Unabhängigkeitserklärung bis zur Revolution von 1910–1917.

Die ethnologische Abteilung (Säle 10–14) enthält Gegenstände aus dem Leben der **Charros,** der mexikanischen Cowboys bzw. Gauchos (Saal 10), der Huichol- und Cora-Indios (Saal 13), wobei mit Hilfe von Puppen eine *Mitote-Zeremonie* vorspanischen Ursprungs aufgebaut wurde.

Auf der Chorempore der **Kirche, Gemälde** des 18. Jh. mit religiöser bzw. profaner Thematik.

Vor dem Verlassen des Haupthofs sehen Sie zur Rechten der großen Treppe einen Saal, wo sakrale Kunstgegenstände, vor allem Goldschmiedearbeiten gezeigt werden.

Iglesia de Santa Mónica (Pl. **II,** B1). – Bevor Sie sich zur Plaza de la Liberación (s. unten) begeben, könnten Sie einen Abstecher zu dieser Kirche machen, die während der zweiten Hälfte des 17. Jh. im barocken Stil errichtet wurde. Das Portal wird von Ringsäulen flankiert, an denen sich Weinlaub emporrankt. Beachten Sie darüber die auf Wappen gestützten steigenden Löwen und die doppelköpfigen Adler.

In unmittelbarer Nähe liegt die **Iglesia de San Felipe Neri** (Pl. **II,** A1); sie zeigt eine schmucklose Barockfassade.

Plaza de la Liberación. – Der Platz der Befreiung hinter der Kathedrale wird vom **Teatro Degollado** (Pl. **II,** C1) gesäumt, dem einstigen Teatro Alarcón, das 1865 erbaut wurde.

Angela Peralta sang dort bei der Eröffnung zur Zeit Maximilians die Lucia de Lammermoor.
Die Kuppel des sich äußerlich im neoklassischen Stil präsentierenden Gebäudes schmückt ein großes **Fresko,** auf dem *Gerardo Suárez* den Vierten Gesang der Göttlichen Komödie von Dante dargestellt hat.

Zur Rechten des Theaters befindet sich die **Iglesia de San Agustín** (Pl. **II,** C1) mit ihrer Barockfassade. Sie gehörte zu einem nicht mehr vorhandenen Kloster aus dem 16. Jh.
L. erhebt sich der **Justizpalast** (plateresker Stil) unweit der **Iglesia Santa Maria de Gracía** (Pl. **II,** C1), die ebenfalls zu einem heute zerstörten Kloster gehörte. Sie sollten dort die in Blau und Gold gehaltene Sakristei besichtigen.

Durch die *Calle de Bélén* oder die *6 de Diciembre,* die r. bzw. l. vom Justizpalast einmünden, kommt man zum Hospital de Belén (Bethlehem), einem massiven Bau im neoklassichen Stil.

*Hospicio Cabañas (Pl. **II,** C1). – Dieses Hospiz wurde 1801 von Bischof Ruiz de Cabañas gegründet und von dem spanischen Architekten Manuel Tolsá im neoklassischen Stil errichtet. Es zählt nicht weniger als 23 Höfe; auf den Haupthof öffnet sich eine heute aufgehobene Kapelle, die ****Fresken** von *Clemente Orozco* (1939) schmücken. Sie gelten als die **Meisterwerke dieses berühmten Künstlers.**

Öffnungszeiten: wochentags von 9–13 und von 15–18 Uhr; sonntags von 9–13 Uhr.

In einer interessanten Vermischung der verschiedenen Religionen vereinen sie die Götter des Nahua-Pantheons, Quetzalcóatl und Huitzilopochtli, aber auch Christus, Jehova und andere Gottheiten. Man erkennt auch die Gestalten von einigen Konquistadoren auf seltsamen apokalyptischen Pferden, die die Opfer der Konquista mit Füßen treten. Auch die Künste, die Literatur (Portrait von Cervantes), die Politik, die Revolution, die Zukunft des Menschen sind dargestellt.

Mercado Libertad (Pl. **II,** C2). – Vom Hospiz begeben Sie sich zum Mercado Libertad, dem in einem zweigeschossigen langgestreckten Gebäude untergebrachten Markt. Korb- und Lederwaren findet man im ersten Stock, wo sich auch kleine Küchen befinden, in denen Tortillas zubereitet werden. Der Teig wird von Hand geknetet und das dabei zu hörende klatschende Geräusch ist so charakteristisch, daß man allein daran Mexiko erkennt. Im Erdgeschoß befindet sich der Markt für Gewürze, Kräuter und Arzneimittel sowie Keramik aus Tonalá.

Plazuela de los Mariachis (Pl. **II,** C2). – Verlassen Sie den Mercado Libertad auf einer der Fußgängerbrücken über die *Javier Mina-Straße* und setzen Sie den Weg in der Mercado-, dann in der *Obregonstraße* fort, in die Sie r. einbiegen. Etwas weiter kommen Sie zu der mit Cafétischen und Stühlen vollgestellten *Plazuela de los Mariachis.* Hier finden Sie sozusagen Tag und Nacht Mariachi-Kapellen in den traditionellen silberbestickten Kostümen der mexikanischen Charros. Die Plazuela wird fortgesetzt von der Vicariostraße, an deren Ende sich die im 18. Jh. errichtete kleine Barockkirche **San Juan de Dios** erhebt.

Iglesia de San Francisco (Pl. II, B2). – Überqueren Sie die **Calzada Independencia** und folgen Sie der breiten abwechslungsreichen **Av. Juárez.** Biegen Sie dann nach r. in die **Av. 16 de Septiembre.** In einer Entfernung von ungefähr 300 m erstreckt sich der mit indischen Lorbeerbäumen bepflanzte **Jardín de San Francisco** (San Francisco-Garten) gegenüber der **Iglesia de San Francisco,** die 1684 im barocken Stil errichtet wurde, an der Stelle eines zu einem Franziskanerkloster gehörenden Gotteshauses, das kurz nach der Konquista von Fray Juan de Gracia gegründet wurde.

(5) Guadalajara und Umgebung

Am anderen Ende der Av. 16 de Septiembre befindet sich die Kirche **Nuestra Señora de Aranzazú** aus dem 17. Jh., die mehrere vergoldete Barockaltäre birgt.

Plaza de la Universidad. – Durch die Av. Colón kommen Sie zum Zentrum zurück, wobei Sie sich r. halten. Nachdem Sie die Av. Juárez überquert haben, kommen Sie auf die *Plaza de la Universidad*, die r. ein Portikus und l. im Hintergrund eine **ehemalige Kirche** im neoklassischen Stil mit griechischem Giebel säumt, das heutige **Telegraphenamt** (Pl. II, B2). Diese ehemalige Klosterkirche wurde 1924 von *Siqueiros* und *Amado de la Cueva* mit **Fresken** geschmückt, zu einer Zeit, als sie der Universität von Guadalajara als Auditorium diente. Auf den Gemälden sind die Revolution und die Agrarreform dargestellt, deren Vorkämpfer *Emiliano Zapata* war.

Parque Agua Azul (Pl. II, B4). – Dieser Park, zu dem Sie im Auto oder Taxi fahren sollten, ist einer der schönsten in Mexiko. Er wurde auf einem Gelände der mexikanischen Eisenbahn angelegt. Es gibt dort eine Experimentierbühne und ein Kulturhaus. Die Kuppel der Bibliothek schmücken **Fresken** von *Gabriel Flores*. In der Eingangshalle und in einem Korridor, weitere **Wandgemälde** von Maior Medina mit der Darstellung der Prometheussage. Sie sehen dort auch eine interessante **Ausstellung der handwerklichen Erzeugnisse des** *Jalisco* (Pl. II, B3; Artesanias) und ein kleines **ethnografisches Museum** (geöffn.: wochentags von 10-19.30 Uhr; sonntags von 11-13 Uhr).

Das archäologische Museum der Universität von Guadalajara ist gegenüber dem Park auf der r. Seite der zum Bahnhof führenden Straße in einem Gebäude untergebracht, dessen Stil an präkolumbische Bauten erinnert. Es birgt Ausstellungsstücke, die bei Ausgrabungen der örtlichen Universität freigelegt wurden. Allerdings ist das Museum die meiste Zeit geschlossen.

★ **Museo Clemente Orozco** (Pl. I, B/C3). – Wenn Sie vom Stadtzentrum aus der Av. Juárez folgen, die von der **Av. Vallarta** fortgesetzt wird, kommen Sie an der 1791 gegründeten **Universität** vorüber (**Fresken** von *Orozco*, auf denen Dantes Hölle dargestellt ist), bevor Sie am **Clemente Orozco-Museum** im früheren Atelier des Künstlers ankommen, wo Gemälde, Skizzen und Kohlezeichnungen ausgestellt sind. (Geöffn. Di. bis Sa. 10-17 Uhr; So. 10-14 Uhr.)

Zu den bemerkenswertesten städtebaulichen Schöpfungen von Guadalajara gehört der in den letzten Jahren entstandene Komplex der **Plaza del Sol**, den man erreicht, wenn man vom Minervabrunnen (Pl. I, B3) aus durch die Calzada López Mateos in Richtung Colima (Pl. I, A4) fährt. Dieser Komplex umfaßt eines der größten Einkaufszentren Lateinamerikas und Verwaltungsgebäude, die von einem 1976 eröffneten 11-geschossigen Turm überragt werden. In diesem Verwaltungszentrum ist das Amt für Öffentliche Erziehung untergebracht, eine Radiostation, die Kulturprogramme ausstrahlt und ein Theater mit 600 Plätzen.

Unweit des Wohngebiets **Las Fuentes** hat man in einem Vorort von Guadalajara in **Ixtepete** einen Pyramidenbau freigelegt und teilweise restauriert, der, auf einer Grundfläche von 44 x 36 m Seitenlänge errichtet, fünfmal überbaut wurde. Die Treppen dieser nach W orientierten Pyramide waren nicht in der Mitte, sondern in der Nähe der Ecken angelegt.

Die Umgebung von Guadalajara. 1 – Zapopan (7,5 km; Ausfahrt Pl. I, C1). Die Calzada Manuel Avila Camacho bringt Sie zur **Basilica de la Virgen de Zapopan**, die gegen Ende des 17. Jh. im barocken Stil errichtet wurde und zu einem Franziskanerkloster gehörte.
Sie sollten das 1541 gegründete, heute zu Guadalajara gehörende Dorf der Chimalhuacan-Indios anläßlich der **Fiesta de la Virgen de Zapopan** (vom 4.-12. Okt.) besuchen. In dem Dorf wird eine wundertätige Marienstatue von *Antonio de Segovia* verehrt, der 1531 bei einem Aufstand der Indios zwischen diesen und Konquistadoren vermittelte. Zwischen dem 13. Juni und dem 4. Okt. ist die Statue nach einem in das Jahr 1734 zurückgehenden Brauch alljährlich für kürzere oder längere Zeit in den verschiedenen Kirchen von Guadalajara einschließlich der Kathedrale „zu Gast" und wird am 4. Okt. in einer feierlichen Prozession in ihre Basilika heimgeholt. Die in Schwarz gekleidete Statue wird von Tausenden von Pilgern und Mariachi-Kapellen auf einem mit Blumen und Papiergirlanden geschmückten Prozessionsweg begleitet. Tänzer mit Helmen und in Harnischen aus silbernem Pappkarton, die die Rüstung von *Cortés'* Soldaten nachahmen sollen, Charros in prächtigen Kostümen, begleitet von Tapatías in farbenprächtigen Rüschenkleidern, mischen sich unter die Menge der Pilger und Schaulustigen. Dazwischen ertönt das Knattern von Feuerwerkskörpern und das Brummen der Lastwagen, die in Umzugswägen verwandelt wurden.

2 – Tlaquepaque (6 km; Ausfahrt auf der Av. Gonzáles Gallo, Pl. II, C4). Reihen Sie sich 2 km hinter dem Park Agua Azul (Pl. II, B4) in die linke Spur ein, um in die Av. Manzanares abzubiegen. Ungefähr 800 m weiter bringt Sie die l. abzweigende Independencia ins Zentrum von Tlaquepaque. Besichtigen Sie in der Independencia Nr. 237 ein kleines **Keramikmuseum** (geöffn. tgl. außer So. 10-16 Uhr), wo die Erzeugnisse des lokalen Kunsthandwerks ausgestellt sind (Glaswaren, Gegenstände aus Kupfer und aus Weißblech, vor allem aber Keramik, die hier seit langer Zeit, lange vor der Konquista, hergestellt wird). Die zahlreichen Geschäfte dieser und der angrenzenden Straßen sind in alten Kolonialgebäuden untergebracht.

3 – Tonalá (14,5 km auf der Straße nach Mexiko – Pl. II, A2 und A4 – über La Piedad). – Dieser Ort ist Herstellungszentrum jener leicht zerbrechlichen, mit zarten Motiven bemalten Figurinen, die in den meisten Andenkengeschäften Mexikos weniger preiswert sind. Diese Keramik tritt in den unterschiedlichsten Formen auf. Die Künstler dieses Ortes bevorzugen jedoch meist Tiermotive.
Tonalá hat sich seit Ende des 19. Jh. auf eine mit Blumen, Tieren und Landschaften verzierte **Keramik** spezialisiert.

4 – ★★Barranca del Rio Grande de Santiago (16 km auf der Straße nach Zacatecas, Pl. II, B4). – Ein ungefähr 100 m nach einem kleinen Café r. abzweigenden Weg führt an den Rand dieser eindrucksvollen Schlucht unweit eines Wasserfalls. Ein anderer, r. ansteigender Weg führt auf eine natürliche Terrasse, von wo aus Sie einen herrlichen Blick über die Schlucht haben.

5 A – Von Guadalajara nach Chapala, Ajijic und Jocotepec

Straße: 51 km (Chapala), 59 km (Ajijic) und 76 km (Jocotepec); Ausfahrt aus Guadalajara auf der Straße nach Chapala (Pl. II, C4).

(6) Rundfahrt Guadalajara

☞ 18 km: R., 1 km entfernt, **Flughafen von Guadalajara**.
23,5 km:

● L., in einer Entfernung von 11 km, **Juanacatlán**. In der Nähe des kleinen Pueblo kann man den Wasserfall ★ **Salto de Juanacatlán** sehen, wo sich das Wasser des aus dem Chapala-See kommenden Rio Grande de Santiago über eine Breite von ungefähr 150 m zwanzig Meter tief in die **Barranca de Oblatos** stürzt.

☞ 27 km:

R., 10 km entfernt, **Cajititlán**; von den Franziskanern erbaute **Kirche** aus dem 18. Jh.

☞ 32 km: L., Straße nach Ocotlán (und Morelia; s. Rte 4, ab km 641 in umgekehrter Richtung).
51 km: **Chapala**, ein Badeort, der für sein mildes Klima bekannt ist. Die kleine 10.000 Ew. zählende Stadt erstreckt sich am N-Ufer des Chapala-Sees; zahlreiche kleine Restaurants (Mariachi-Kapellen), in denen man den Pescado blanco serviert bekommt, einen Weißfisch mit wohlschmeckendem, zartem Fleisch. Ruder- und Motorbootverleih.
In der Nähe des Hauptplatzes von Chapala, der sich unweit der Anlegestelle auf den See öffnet, zweigt r. die Straße nach Jocotepec ab.
59 km: ★ **Ajijic**, ein Fischerdorf, wo bestickte Stoffe hergestellt werden. In dem zauberhaften Ort mit seinen grobgepflasterten Gäßchen befindet sich ein kleines **archäologisches Museum** und eine **regionale Kunsthandwerksschule**.
76 km: **Jocotepec**, ein malerisches, 1528 gegründetes Fischerdorf (sonntags Markt), das bekannt ist für seine **Sarapes** mit harmonisch auf den Untergrund abgestimmten Blumen- und Tiermotiven.

Jocotepec liegt 2 km abseits der Straße von Morelia nach Guadalajara über Sahuayo (s. Rte 4J bei km 157).

6 – Rundfahrt:
Guadalajara – Puerto Vallarta – Manzanillo – Colima – Guadalajara

Diese Route, die keine archäologischen oder baulichen Sehenswürdigkeiten allerersten Ranges aufweist, erfreut sich bei den Touristen, vor allem jenen aus den USA, nicht zuletzt aber auch bei den Mexikanern selbst großer Beliebtheit wegen der abwechslungsreichen Landschaften, die sie durchquert. Erwähnenswert sind die Strände von Bahía Santiago und vor allem Puerto Vallarta mit seiner smaragdgrünen Küste, das außerhalb der Regenzeit einen Besuch lohnt.

Sie interessieren sich für:

Archäologie: Besuchen Sie den Ort Ixtlán del Rio und vor allem das Museum von Colima.

Kunsthandwerk: In den Geschäften von Puerto Vallarta können Sie kunsthandwerkliche Erzeugnisse aus dem ganzen Land erwerben. In La Magdalena finden Sie eine wahre Börse für Halbedelsteine.

Straße: Rundfahrt von insgesamt 945 km auf guten Straßen; rechnen Sie mit 346 km (6 Std.) von Guadalajara nach Puerto Vallarta auf dem (nachstehend beschriebenen) kürzesten Weg, beziehungsweise 219 (3 Std. 30 Min.) und 324 km (5 Std. 45 Min.) von Guadalajara nach Colima und Manzanilla auf der kürzesten Strecke (wenn Sie dem nachstehend beschriebenen Weg ab km 945 in umgekehrter Richtung folgen) und 383 km (6 Std. 45 Min.) von Guadalajara nach Barra de Navidad über Colima und Manzanillo, dagegen nur 295 km auf dem direkten Weg über Autlán.

☞ Ausfahrt aus Guadalajara auf der Straße nach Puerto Vallarta und Tepic (Pl. **I**, A4).
12 km: Periférico von Guadalajara.
29 km:

☞ Linker Hand, **43** km entfernt, liegt **Ameca**, eine 25.000 Ew. zählende Kleinstadt (Zuckerrohranbau). Bei den in diesem Gebiet durchgeführten archäologischen Grabungen wurden zahlreiche Figurinen und Gefäße zutage gefördert.
Auf dieser Straße erreichen Sie auch **Etzatlán** (45 km), wenn Sie 5 km weiter nach l. abbiegen. 16 km von der Gabelung bei km 29 entfernt fahren Sie r., ungefähr 500 m nach dem gleichnamigen Dorf, an der Ausgrabungsstätte **Teuchitlán** vorüber. Die riesige (ungefähr 6 km² große) Ausgrabungsstätte wurde 1972 von Robert Mountjoy und Weigand erforscht. Bei

(6) Rundfahrt Guadalajara

der Untersuchung des Geländes wurden 160 künstliche Hügel festgestellt, die vorkolumbische Bauten bedecken, Höfe und Plätze, Plattformen und am Hang dieser Hügel angelegte Terrassen. Ferner legte man zwei Ballspielplätze frei, wovon der eine der Gruppe **Guachimontón** angehört, der zweite der Gruppe **Loma Alta**. Bei letzterem fand man eine **Felszeichnung** mit der Skizze eines Ballspielplatzes. Der Ort stand während der archaischen Periode und zu Beginn der klassischen Epoche in Blüte, d. h. ungefähr 200 v. Chr. und 350 n. Chr.

In **Etzatlán** befindet sich ein **Franziskanerkloster** (16. Jh.).
Im Kreuzgang der **Kirche** sehen Sie das schönste Zeugnis aus der Kolonialepoche, mit dem dieser kleine Ort aufwarten kann: einen mit Cherubinen und Girlanden geschmückten **Brunnen**. Gegenüber dem Hauptplatz von Etzatlán befindet sich eine kleine **Kirche** aus dem 17. Jh.

61 km: Tequila (10.000 Ew.), das seinen Namen einem in Mexiko berühmten Getränk verlieh. In der Ebene um Tequila erstrecken sich riesige Plantagen, auf denen Mezcal, eine Agavenart gedeiht, die kleiner ist als die Magueyagave. In Tequila befinden sich mehrere Brennereien, die Sie besichtigen können, wenn Sie sich an die Verkaufsgeschäfte am Straßenrand wenden.

In Tequila findet vom 30. November bis 13. Dezember eine **Fiesta zu Ehren der Virgen de Guadelupe** statt. Die Fiesta, die bekannt ist für ihre Stierkämpfe, ihre Tanzdarbietungen und den Auftritt zahlloser Mariachikapellen, erreicht ihren Höhepunkt am 12. Dezember, dem Namensfest der Schutzpatronin Mexikos.

81 km: La Magdalena. Der von der Kolonialzeit geprägte Ort ist ein **Markt für Halbedelsteine** (Opale, Türkise usw.).
82 km: Linker Hand, Straße nach (25 km) **Etzatlán** (s. o.).
128 km: Die Straße führt über einen Paß, von wo aus Sie eine ★★ **herrliche Sicht auf die Berge der Sierra Madre Occidental** haben. Sie verlassen hier den Bundesstaat Jalisco und kommen in den Staat Nayarit. Stellen Sie Ihre Uhr um eine Stunde vor bzw. zurück, wenn Sie in entgegensetzter Richtung fahren. Das gilt nicht, wenn Sie von Puerto Vallarta kommen bzw. dorthin fahren, das ebenfalls in Jalisco liegt.
141 km: Rechter Hand sehen Sie einige unlängst restaurierte Bauten der Ausgrabungsstätte **Ixtlán del Rio**, darunter die Reste eines Rundtempels, der vermutlich dem Windgott geweiht war.

Der Ort scheint seit der III. bzw. IV. Periode von Teotihuacán besiedelt gewesen zu sein (7./8. Jh.). Der Vergleich mit Teotihuacán dient hier lediglich als zeitlicher Bezugspunkt, denn Ixtlán del Rio und der Nayarit unterhielten vermutlich nur mit den Zivilisationen von Colima, von Sinaloa und Sonora und insbesondere mit dem sogenannten Chametla Antiguo kulturelle Beziehungen. Bedeutend waren auch die Anregungen aus dem Nachbarstaat Colima. Sie manifestieren sich vor allem in der figuralen Gestaltung, die in diesem Teil Mexikos besonders formenreich ist. Die Figurinen des Nayarit erscheinen gegenüber den vollkommenen Kunstwerken aus Colima zweifellos plump. Man findet jedoch in ihrer Lebendigkeit und Ausdruckskraft denselben Einfallsreichtum wieder, der zu jener Zeit und in diesem Gebiet des Landes das kunsthandwerkliche Schaffen charakterisierte. Eine der überraschendsten Charakteristika dieser ausdrucksstar-

ken Figurinen ist ihr Hang zur Karikatur, der zuweilen mit abnorm großen Körperteilen oder Geschlechtsorganen auf die Spitze getrieben ist.
Während der darauffolgenden Periode nehmen die Beziehungen von Ixtlán del Rio und des Nayarit mit dem übrigen Mesoamerika vielseitigere Gestalt an. Der Einfluß des Sinaloa besteht auch weiterhin, daneben werden aber auch enge Kontakte zur Zivilisation der Tolteken geknüpft. Die meisten der in Ixtlán del Rio identifizierten Bauten, insbesondere jene mit kreisförmigem Grundriß, die wahrscheinlich dem Windgott geweiht waren, datieren vermutlich aus dieser Periode zwischen dem 10. und dem 12. Jh.
Die Ausgrabungsstätte Ixtlán del Rio, die eine Fläche von 500 x 500 m bedeckt, wurde von E. *Contreras* und *J. Gussinyer* untersucht, die die Fundamente von zwei rechteckigen Gebäuden mit vorgelagerter Säulengalerie entdeckten. Von einem der Gebäude führte ein Weg zum **Rundtempel des Quetzalcoátl**. Zahlreiche Hügel, die unbekannte Bauwerke bedecken, harren noch der Freilegung durch die Archäologen.

143 km: Ixtlán del Rio. Der in einer Höhe von 1.042 gelegene Ort zählt 11.000 Ew.

Im N. von Ixtlán del Rio liegen in der Nähe des Dorfes **Yagila** (zu Pferd in 12 Std. erreichbar) die Reste eines **Zeremonialzentrums**. Zu sehen ist noch ein 44 x 43 m großer Patio mit einer kleinen Plattform im S und einem 10 m hohen (noch nicht freigelegten) Pyramidenbau. Die im Dorf aufragende Basaltstele stammt aus dem Zeremonialzentrum. Yagila liegt in einem Gebiet mit feuchtwarmem Klima, wo Bananen und Kaffee angebaut werden.

156,5 km: Ahuacatlán. In dem Ort befindet sich ein kleines, im 16. Jh. errichtetes Kloster.

In der Nähe des Atriums sieht man einige hundertjährige Olivenbäume, eine Seltenheit in Mexiko, da der Anbau dieser Bäume in Neuspanien verboten war, um dem Mutterland das Monopol der Olivenölherstellung zu sichern. Seit der Unabhängigkeit wurden vor allem in Niederkalifornien und Mittelmexiko Olivenbäume angepflanzt.

167 km: Sie überqueren ein **Lavafeld und vulkanische Schlacke**, die von dem linker Hand aufragenden Vulkan Ceboruco stammen, der vor ca. 60 Jahren ausbrach.
182 km: Lassen Sie die vor Ihnen liegende Straße nach **Tepic** (s. Rte 16 in umgekehrter Richtung ab km 2.137) liegen und fahren Sie am Knotenpunkt in Richtung Puerto Vallarta.
199,5 km: Fahrt über einen ungefähr 1.500 m hohen Paß.
213,5 km: Straßengebührenposten.
215 km: Compostela, ein kleiner, ehemaliger Bergbauort, dessen sehenswerte **Pfarrkirche** 1539 aus vulkanischem Gestein (Tezontle) erbaut wurde.
217,5 km: R. Straße nach (35 km) **Tepic** (s. Rte 16 bei km 2.086).
301 km: R., 3 km entfernt, liegt **Sayulita**, ein Fischerdorf am Pazifischen Ozean, 20 km von **Punta Mita**, wo in einer Entfernung von ungef. 1,5 km vom Strand die **Islas Marietas** (eigenartige Felsformationen) liegen.
318 km: Strand von Huanacaxtle.
321 km: Bucerias.

(6) Rundfahrt Guadalajara

331,5 km: Brücke (gebührenpflichtig) über den Rio Ameca, die zurückführt in den Staat Jalisco.
337 km: Flughafen von Puerto Vallarta.
340 km: An der Einfahrt nach Puerto Vallarta, Ferryboat-Station Niederkaliforniern.
346 km: ★★**Puerto Vallarta** (Zentrum), ein bezaubernder, 60.000 Ew. zählender Badeort, der sich an der Bucht von Banderas am Pazifischen Ozean erstreckt. Der im Hintergrund feinsandiger Strände liegende Ort vermittelt den Eindruck eines verlorengegangenen Paradieses mit seinen ziegelgedeckten Häusern inmitten bewaldeter Hänge.

Puerto Vallarta ist nicht nur wegen seiner Lage und der Schönheit seiner Strände ein Anziehungspunkt, sondern vor allem auch wegen der zahlreichen Unterhaltungsmöglichkeiten, die er bietet. Man kann dort sämtliche Wassersportarten betreiben. Aus dem zur Auswahl stehenden Angebot nennen wir: Fischfang und Exkursionen aufs Meer, Spaziergänge in den malerischen Straßen und das Nachtleben. Zu den Angeboten des Ortes kommen noch die des im N gelegenen **Nuevo Vallarta**, das über einen Yachthafen und einen Golfplatz verfügt.

Die schönsten Strände sind **Mismaloya** und **Yelapa**, der auf einer Insel liegt (Überfahrt auf der Yacht Sombrero in 2 Std.; Abfahrt 9 Uhr, Rückfahrt 17 Uhr). Der beliebteste Strand ist die **Playa del Sol**. Die **Playa del Chino**, die man über die Straße nach Tepic erreicht, ist weniger stark frequentiert.

☛ Auf der Ausfahrt von Puerto Vallarta ★★★ **herrliche Sicht auf die Felsküste von Banderas.**

359 km: **Playa Mismaloya**, der schönste öffentliche Strand in der Umgebung von Puerto Vallarta.
363,5 km: Die Straße entfernt sich vom Meer und führt durch eine von tropischer Vegetation überwucherte Schlucht.
391 km: **El Tuito**, inmitten einer bewaldeten Bergszenerie.
445 km: Die Straße r. führt nach (12 km) **Tomatlán**.
492,5 km: **Gran Bahía de Chamela**, im Bau befindliches Touristenzentrum am Rande eines feinsandigen Strandes.
508 km: R., 1,8 km entfernt, **Playa Blanca** (Club Méditerranée) und **Playa Careyes** mit einem einsam gelegenen Hotel in einer kleinen Bucht.
561 km: Die Straße l. führt nach (290 km) **Guadalajara** über (102 km) **Autlán**, eine ungef. 30.000 Ew. zählende Kleinstadt. Dort wurden mehrere Siedlungen vorspanischen Ursprungs freigelegt, in welchen hauptsächlich Keramik hergestellt wurde.
562,5 km: R., 3 km entfernt, liegt **Melaque**, ein Strand an der Bahía de Navidad.
565 km: R., 3 km entfernt, **Barra de Navidad**, ein Fischerhafen in einer gut geschützten Bucht (Hochseefischfang).
586,5 km: R., in einer Entfernung von 5 km, Flughafen von Manzanillo.
611 km: **Bahía Santiago**, ein hübscher Badeort auf einer Halbinsel, an die eine gutgeschützte Bucht mit feinsandigem Strand angrenzt.

613 km: Salagua, ein weiterer Badeort am Ende eines langen Sandstrandes.
617 km: Playa Azul, Badeort, der sich an einem langen Strand erstreckt.
624 km: R., 3 km entfernt, **Manzanillo** (Zentrum), ein 35.000 Ew. zählender Fischerhafen.

In Manzanillo legten die von den Philippinen kommenden bzw. dorthin segelnden Galionen an. Sehenswert sind die malerischen Viertel der Stadt.
In Manzanillo finden Sie sämtliche Einrichtungen, die für den Hochseefischfang erforderlich sind.

Hinter Manzanillo führt die Straße an der Laguna de Cuyutlán vorüber, die sich über eine Länge von 50 km zwischen dem Ozean und mit Kokospalmen und tropischer Vegetation bedeckten Hügeln erstreckt.
681 km: R., 4 km entfernt, **Tecoman**; 37.000 Ew.; großer Bauernmarkt.
721 km: Lassen Sie r. die über **Tecatitlán** nach (266 km) **Guadalajara** führende Straße liegen.
723,5 km: rechter Hand, Umleitung nach Colima (Guadalajara Via Corta), die durch das Viertel der wichtigsten Hotels führt.
Wenn Sie in der Av. Rey de Coliman geradeaus weiterfahren, kommen Sie ins Zentrum (3,5 km) von **Colima**, der 70.000 Ew. zählenden Hauptstadt des gleichnamigen Bundesstaates (5.205 km^2; 293.000 Ew.), die 1522 von Gonzalo de Sandoval über einer Siedlung vorspanischen Ursprungs gegründet wurde. Colima ist eine hübsche Stadt mit schönen Gärten. Sie erstreckt sich in einer fruchtbaren Ebene, die beherrscht wird vom 3.960 m hohen Massiv des Vulkans von Colima, in dessen Hintergrund der Nevado de Colima (4.328 m) aufragt.

Colima besitzt zahlreiche Gebäude aus seiner kolonialen Vergangenheit. Sie sollten vor allem das Archäologische Museum besichtigen, das sich im Nordteil der Stadt befindet. Sie erreichen es, wenn Sie der *Av. Rey de Coliman* bis zum **Jardín de Núñez** (Núñez-Garten) folgen. Biegen Sie dann nach r. und fahren Sie an der O-Seite des Gartens entlang, dann nach l., entlang der N-Seite, um in die 3. Straße nach r. (*Calle 27 de Septiembre*) einzubiegen. Wenn Sie geradeaus weiterfahren, kommen Sie auf die *Plaza Principal*, auf der sich die **Kathedrale** und der **Palacio de Gobierno** erheben.
Am Ende der Calle 27 de Septiembre befindet sich l., gegenüber der Universität das **Museum**.

Öffnungszeiten: tgl. außer Mo. 9-13 und 16-18 Uhr.

Hinter der Eingangshalle kommen Sie in einen Saal mit Dokumenten, die eine zeitliche Einordnung der Kultur von Colima in den größeren Rahmen der mesoamerikanischen Kulturen erlauben.

Aus zeitlicher Sicht gesehen läßt sich die Kultur von Colima in drei Hauptphasen einteilen. Die Periode Los Ortices-Las Animas (von 200 n. Chr. bis ungef. 850), während der sich diese vielgestaltige Kunst entwickelte, der

(6) Rundfahrt Guadalajara

wir Figurinen verdanken, unter denen sich eine Reihe von Meisterwerken befinden. Während dieser Periode, die mit der von Teotihuacán zusammenfällt, erreichte die Kultur von Colima ihren Höhepunkt. Sie wurde abgelöst von der Periode Armería-Colima (von 850 bis ungef. 1250), die durch den Einfluß der Tolteken bestimmt wurde und schließlich von der Periode Periquillo – von 1250-1521 – dem Zeitpunkt der Eroberung Colimas durch *Gonzalo de Sandoval*, der die Villa de San Sebastián, die heutige Hauptstadt des Bundesstaates Colima gründete.

Sie kommen dann in einen sechseckigen Raum, in dessen Mitte eine Vitrine mit Figurinen und anderen Ausstellungsobjekten steht.
Von dort gehen Sie in Saal 1, wo Sie r., entgegen dem Uhrzeigersinn, mit der Besichtigung beginnen.

Saal 1. – R., in einer Vitrine, Musikinstrumente sowie Figurinen von Tänzern und Musikanten. Ebenfalls r. Figurinen, die Szenen aus dem **Alltagsleben** der Bewohner von Colima darstellen, daneben aber auch kleine Häuser, ein Tempel aus vergänglichem Material, Maissilos usw. Im Hintergrund, eine Sammlung von Gegenständen und Werkzeugen aus Stein, Kupfer und Silber (Verzierungen).

Saal 2. – R. Statuetten, die Mitglieder der Oberschicht darstellen, darunter reichgekleidete Gestalten. L. Figurinen von bewaffneten Kriegern. Im Hintergrund r. Grabbeigaben.

Saal 3. – Statuetten, die Frauen mit Kindern darstellen. R. Gestalten mit Mißbildungen. Im Hintergrund r., Statuetten und verschiedene Gegenstände, die Schmuck und Bekleidung der Bewohner von Colima zeigen.

Saal 4. – R. Figurinen von Fabelwesen, mythologische Tiere, halb Mensch, halb Tiergestalten. R. Zoomorphe Figurinen, die teilweise als Pfeifen Verwendung fanden, haarlose Hunde, die von den Azteken gemästet wurden. Im Hintergrund des Saales, l., Keramik, zum Teil mit aufgesetzten plastischen Verzierungen. Bei einigen Gefäßen handelt es sich um feine Orangekeramik, die aus Teotihuacán stammt.

Saal 5. – R. Tierfiguren. L. Statuetten, die einige der von den Bewohnern Colimas ausgeübten Tätigkeiten zeigen: Träger, eine Frau am Maisstein usw. Im Hintergrund r. Tonware.

Die Niños Héroes-Straße, die vor dem Museum und der Universität vorbeiführt, mündet auf die Av. Emilio Carranza (wenden Sie sich beim Verlassen des Museums nach l.), von wo aus Sie, wenn Sie nach l. biegen, die Via Corta in Richtung Guadalajara wiederaufnehmen. (Fahren Sie jenseits des Rondells in der gleichen Richtung weiter.)

Nach der Gabelung bei km **723,5** führt die **Calzada Pedro Galvan** durch ein schönes Wohnviertel.

725,5 km: Rondell, auf das die Av. Emilio Carranza mündet, eine weitere Zufahrtsstraße zum Museum (s. oben), wenn Sie in die erste Straße nach r. (Niños Héroes) einbiegen.

Kurz danach kommen Sie l., vor den Gebäuden der Neuen Universität (r.) an den Hotels Villa del Rey und Los Candiles vorrüber.

767 km: **Puente Beltrán**, in einer Höhe von 870 m in einer ★ **Schlucht** gelegen, deren Hänge teilweise Magueyagaven bedecken.

810 km: **Ciudad Guzmán,** (vormals Zapotlán), eine 75.000 Ew. zählende Stadt. Sie können dort das kleine **Archäologische Museum** besichtigen, das insbesondere Figurinen aus Colima und

Jalisco, daneben aber auch einige **Gemälde** von **Clemente Orozco** beherbergt. Die **Pfarrkirche** wurde im 19. Jh. am Platz eines Gotteshauses der Franziskaner wiederaufgebaut.

Während der **Feria de Ciudad Guzmán,** die alljährlich vom 22. bis zum 25. Oktober stattfindet, werden sehenswerte Tänze der Sonajeros und der Paixtles von weißgekleideten, Schellen tragenden Tänzern aufgeführt.

836 km: Sayula, ein 16.000 Ew. zählender Ort. Dort fand man in einem Tal das Skelett eines Mammuts, das heute im Museum des Bundesstaates Jalisco in Guadalajara ausgestellt ist.

887 km: Fahrt über den Damm der **Laguna de Zacoalco.**

901,5 km: Acatlán de Juárez. In dem 5.000 Ew. zählenden Ort lassen Sie l. die Straße nach (259 km) Barra de Navidad liegen.

903,5 km: Umleitung von Acatlán de Juárez auf die Straße von Guadalajara (r.) nach Barra de Navidad (l.).

908 km: R. Straße nach **Morelia** (s. Rte 4J in umgekehrter Richtung ab km 179).

934,5 km: Periférico von Guadalajara (zum Flughafen, nach r.).

945 km: Guadalajara (s. Rte 5).

7 – Von Guadalajara über La Piedad nach México (Via Corta)

Straße: 560 km; für Reisende gedacht, die nur wenig Zeit zu ihrer Verfügung haben. Gebührenpflichtige Straße von der Ausfahrt aus Guadalajara bis (37 km) Zapotlanejo und ab Irapuato.

▶ Ausfahrt aus Guadalajara (s. Rte 5) auf der Straße nach México (Pl. **II**, A2 und A4).
7 km: Am Ende der Av. González Gallo beginnt die gebührenpflichtige Straße nach Zapotlanejo.
11 km: Kurz vor dem Straßengebührenposten, Ausfahrt in Richtung Guadalajara und nach Tlaquepaque auf der Av. Revolución (s. Umgebung von Guadalajara, **2**).
27 km: Mirador (Aussichtspunkt) auf eine Schlucht des Rio Grande de Santiago.
37 km: Ende der gebührenpflichtigen Straße, die in der Nähe von Zapotlanejo auf die Straße von Guadalajara nach San Luis Potosí mündet (s. Rte 10A in umgekehrter Richtung ab km 583).
67 km: **Tototlán;** r. Straße nach (26 km) **Ocotlán** (s. Rte 4 bei km 592).
98 km: **Atotonilco el Alto,** ein 25.000 Ew. zählender Marktfleck.
164 km: Folgen Sie der Umleitung über La Piedad.

Rechter Hand, in einer Entfernung von 3 km, liegt **La Piedad,** eine 40.000 Ew. zählende Stadt am Ufer des Rio Lerma. Dort befinden sich mehrere Barockkirchen. Die mit gelben Azulejos verkleidete Kuppel der Pfarrkirche sehen Sie bereits von der Umleitung aus.

▶ Auf dem Gebiet des **Ejido de Zaragoza,** 5 km östl. von La Piedad, befindet sich eine große präkolumbische Siedlung. Sie erstreckt sich an dem vom Rio Lerma umflossenen Nordhang des **Cerro de los Chichimecas.** Es handelt sich hierbei vermutlich um eine ehemalige Festung, die zur Abwehr der vom N eindringenden chichimekischen Nomadenvölker errichtet wurde. Der am höchsten gelegen Bereich diente vermutlich als Zeremonialzentrum. Bisher fanden hier noch keine Ausgrabungen statt.

171 km: R. weitere Straße ins Zentrum (3 km) von La Piedad.
212 knm:

▶ R. Straße nach (7 km) **Corralejo,** dem Geburtsort von *Miguel Hidalgo,* der am 16. September 1810 mit dem berühmten „Grito de Dolores" zur Unabhängigkeit aufrief.

222 km: Abasolo (oder Cuitzeo de Hildago). Das kleine, 10.000 Ew. zählende Städtchen liegt in einer Höhe von 1.700 m in der Nähe radioaktiver Thermalquellen.
252 km: Biegen Sie nach r. auf die Umleitung nach **Irapuato,** wobei Sie l. die Straße ins Zentrum (4 km) der Stadt und nach Guadalajara liegenlassen (s. Rte 8 bei km 303).
257 km: L. weitere Straße ins Zentrum (4 km) von **Irapuato** und nach **Guanajuato.** Wenn Sie auf schnellstem Weg nach Mexiko zurückkehren wollen, fahren Sie an dieser Kreuzung in Richtung **Autobahn** (gebührenpflichtig).
Von km **257** beträgt die Entfernung nach Mexiko **303** km (s. nähere Angaben unter Rte 8 in umgekehrter Richtung ab km 303).
560 km: **México** (s. Rte 1).

(8) México – Querétaro – Guanajuato – S. M. de Allende   424

8 – Von México nach Querétaro, Guanajuato und San Miguel de Allende

Für die Mexikaner stellt diese Route eine Reise zu den Ursprüngen des modernen Mexiko dar, das aus dem Unabhängigkeitskrieg gegen die Spanier hervorging. Dem Touristen dagegen bietet sie eine Fülle von Eindrücken, die sich möglicherweise mit den Vorstellungen decken, die er schon vor Antritt der Reise von diesem Land hatte. In den auf diesem Weg liegenden Kirchen von Tepotzotlán und La Valenciana wird er zudem Höhepunkten der mexikanischen Barockkunst begegnen. Die Kirche von La Valenciana liegt in der Nähe von Guanajuato, wo die Beschaffenheit des Geländes ganze Generationen von bekannten und anonymen Baumeistern zu höchstem Einsatz ihres Könnens anregte. Die gleiche Ideenvielfalt kommt auch in dem in seltener Fülle im Bundesstaat Guanajuato beheimateten Kunsthandwerk zum Ausdruck.

Sie interessieren sich für:

Zeugnisse untergegangener Kulturen: Machen Sie einen Umweg, um das Zeremonialzentrum von Tula mit seinen eindrucksvollen Atlanten zu bewundern (s. Rte 1l bei km 90).
Barocke Baukunst: der verschwenderische Reichtum der Kirchen von Tepotzotlán (s. Rte 1l bei km 40) und La Valenciana wird Sie begeistern. Machen Sie aber auch in Querétaro (besichtigen Sie dort vor allem die Iglesia Santa Clara), in Guanajuato und San Miguel de Allende halt.
In Ihren Kalender eintragen sollten Sie:
24. Juni: St. Johannes-Fest in San Juan del Rio.
31. Juli: Fiesta de la Bufa in Guanajuato.
14. Sept.: Fest des Klosters Santa Cruz in Querétaro.
29. Sept.: St. Michaels-Fest in San Miguel de Allende.
16. bis 24. Dez.: Fiesta de la Navidad in Querétaro.
24. Dez.: Weihnachtsfest in San Miguel de Allende.
Erwähnenswert sind ferner die Entremeses Cervantinos, ein Theaterfestival, dessen Freilichtaufführungen vor und nach der Regenzeit in Guanajuato stattfinden.

Straße: 209 km (Querétaro), 348 km (Guanajuato über Irapuato) und 443 km (San Miguel de Allende). Rechnen Sie von Mexiko nach San Miguel de Allende 270 km auf dem kürzesten Weg. Von Mexiko bis Irapuato, gebührenpflichtige Autobahn.

☛ Von der (Autobahn-)Ausfahrt aus México in Richtung Tula:
s. Rte 1l bis km 53.
65,5 km: Weitere Ausfahrt in Richtung (17 km) **Tula** (s. Rte 1l bei km 90).

➡ In der Nähe des Verkehrsknotens befindet sich **Tepeji del Rio**, wo Sie ein 1588 gegründetes **Franziskanerkloster** besichtigen können. Sie erreichen es vom Hauptplatz aus. Dort führen Stufen zum Atrium hinunter, das von zinnengekrönten Mauern umschlossen wird. Die sehr schlichte **Kirche** öffnet sich in einem Portal an der O-Seite des Atriums. Zur Rechten der Kirche sehen Sie eine **Offene Kapelle.**

☛ **81 km**: Ausfahrt nach (15 km) **Tula** (s. Rte 1l bei km 90) und nach (12 km) Jilotepec (s. unten).

➡ **Jilotepec** ist eine alte Siedlung der Otomí. Nach der Konquista errichteten die Franziskaner dort ein **Kloster**; die Kirche wurde später weitgehend verändert. In der Nähe von Jilotepec kann man ein aus dem 16. Jh. datierendes Kreuz auf einem Sockel sehen, dessen geböschte Wände an aztekische Pyramiden erinnern.

☛ **112 km**: Ausfahrt in Richtung (15 km) Aculco (s. unten).

➡ **Aculco**, mit vollständigem Namen **San Jerónimo Aculco** ist ein friedlicher, ungemein spanisch wirkender Ort. Das im Jahre 1540 von den Franziskanern gegründete **Kloster** dient heute dem St. Augustin-Orden als Seminar. Die Barockfassade der **Kirche** flankiert ein Glockenturm.

☛ **145 km**: Kurz nach dem Autobahngebührenposten, Ausfahrt in Richtung Toluca. (s. Rte 4D in umgekehrter Richtung ab km 132).
155,5 km: Erste Ausfahrt in Richtung (3,5 km) San Juan del Rio (s. unten) und Tequisquiapan (s. Umgebung von San Juan del Rio).

* **San Juan del Rio** ist ein malerischer, ungefähr 20.000 Ew. zählender Ort. Sie finden dort Erzeugnisse des heimischen Kunsthandwerks, vor allem Korbwaren von ausgezeichneter Qualität, aber auch Schnitzarbeiten. Auf dem Hauptplatz und entlang der auf ihn zuführenden Straße erheben sich alte Gebäude aus dem 17. Jh. In den unter Arkaden eingerichteten Geschäften werden Opale aus der Umgebung angeboten. Die **Pfarrkirche** im churriguerskem Stil datiert aus dem 17. Jh. Die **Brücke**, die den Rio San Juan überspannt (auf der Ausfahrt nach Querétaro), wurde 1720 von *Arrieta* erbaut.

➡ **Die Umgebung von San Juan del Rio. – Tequisquiapan** (20 km). – 4 km: Lassen Sie r. die Straße liegen, die von der Autobahn México-Querétaro kommt (s. oben bei km 155,5).

20 km: * **Tequisquiapan**, ein malerisches Otomí-Dorf in einer kleinen Senke, in der Thermalquellen sprudeln. Tequisquiapan ist ein bekanntes Kunsthandwerkszentrum, wo Korbwaren und Sarapes (mit geometrischen oder stark stilisierten Blumenmustern) hergestellt werden.
Sonntags Markt. Oberhalb von Tequisquiapan befindet sich die *Presa El Centenario* (Stausee).

Die Otomí[1] bewohnen ein großes Gebiet, das sich über die Bundesstaaten México, Querétaro, Hidalgo, Guanajuato, Puebla (N O), Veracruz (N W) und Tlaxcala erstreckt. Wegen der Größe des von ihnen besiedelten Gebietes leben die Otomí häufig in Gemeinschaft mit anderen Indios und Mestizen. Ihre Zahl beläuft sich auf ungefähr 300.000. Die Zahl der mit den Otomí verwandten Mazuhua beträgt ungefähr 80.000.

Über **die Ursprünge dieses Volkes** ist wenig bekannt. Einigen Autoren zufolge wurden die Otomí zwischen dem 7. und 12. Jh. von den Gebieten, die sie auf der Mesa Central bewohnten, in Gebirgsgegenden verdrängt, wo sie noch heute anzutreffen sind und die sie, seit ungefähr fünfzig Jahren, allmählich verlassen, um in den Städten zu leben. Im 8. bzw. 9. Jh. vermutlich erlebten die Otomí einen Einfall der Tolteken und im 12. bzw. 13. Jh. den der Chichimeken. Nach einer verhältnismäßig langen Periode der Unabhängigkeit im 12. und 13. Jh. wurden sie von den Mexica bezwungen und erneut in die Berge zurückgedrängt. Zum Zeitpunkt der Eroberung Mexikos war Xilotepec ihre Metropole. Die Otomí unterwarfen sich relativ rasch den Spaniern und trugen zur Befriedung der Chichimeken bei.

Die Nahrung der Otomí besteht aus Mais-Tortillas, Bohnen und bescheidenen Jagderträgen (Wildtauben, Hasen und Nagetiere, in den benachteiligten Gebieten des Mezquital aus Eidechsen und Magueywürmern). Die Otomí sind große Pulquekonsumenten.

Die Behausungen unterscheiden sich je nach Gebiet und Entwicklungsstand der Gemeinschaft. Man findet Hütten aus Baumstämmen und Zweigen, deren Wände und Dächer Magueyblätter oder Schilf bedeckt und solidere Bauten aus Steinen und getrocknetem Schlamm oder luftgetrockneten Ziegeln (adobes).

Das Kunsthandwerk ist vielgestaltig. Die Otomí stellen Korbwaren aus Ixtlefasern her, Keramik und Wollstoffe (vor allem in den Staaten México, Puebla und Hidalgo), die auf sehr alten Handwebstühlen hergestellt werden, weiße und kaffeebraune Möbel (die in San Juan del Rio auf den Markt kommen), Quechquémitles und bestickte Huipiles, Gürtel und Figuren aus Amatepapier, die Schutzgötter darstellen und hauptsächlich aus den Staaten Puebla und Hidalgo stammen.

Die Otomí praktizieren den katholischen Glauben mit heidnischen Bräuchen vermischt. Sie stellen in der Nähe der Milpas (Maisfelder) kleine Idole auf, um gute Ernten zu erzielen und bringen auch der Erdgöttin Opfer dar, die sie in Höhlen oder auf den Cerros aufstellen. Die Otomí glauben an das Erscheinen der Vestorbenen, die sie mit Opfergaben (2. November) zu beschwichtigen versuchen. Sie fürchten Naturerscheinungen wie Orkane, Hagel und Sonnenfinsternis, deren unheilvolle Wirkung sie dadurch zu bannen suchen, daß sie großen Lärm entfalten. Die Otomí nehmen die Dienste der katholischen Priester in Anspruch, vor allem aber die ihrer Magier. Bei religiösen Festen führen sie Tänze auf, die denjenigen anderer Volksstämme auf der Mesa Central ähneln: Tanz der Concheros, der Matachines usw.

Bestattungsriten. – Das Begräbnis von Kindern ist den Otomí ein Anlaß zur Freude. Sie glauben nämlich, daß deren Seelen unmittelbar in den Himmel aufsteigen. Die Bestattungszeremonie wird von Musik begleitet, das verstorbene Kind in Papierkleider gehüllt, die die Kleidung der Konquistado-

---

[1] Cf. Jacques Soustelle, **La famille Otomí-pame du Mexique Central,** Paris, 1937. – J. Soustelle et Weitlaner, **Canciones otomies,** Journal de la Société des Américanistes, Paris, 1935. – Valentin Frias, **Folklore otomí,** Memorias de la Sociedad Antonio Alzate, Bd. XXIV, Mexiko, 1927.

ren imitieren. Beim Begräbnis eines Erwachsenen findet ein Bankett statt, bei dem der Pulque in Strömen fließt. Der Leichnam wird erst dann bestattet, wenn ein Tier am Haus des Verstorbenen vorbeigezogen ist (Nagualismus). Man glaubt, daß dieses Tier den Schutzgeist des Verstorbenen verkörpert und seine Seele ins Jenseits begleitet.

Wenn Sie der malerischen **★ ★ Straße durch die Sierra Gorda** in Richtung Jalpan und Xilitla folgen (s. Rte 10B in umgekehrter Richtung ab km 260), kommen Sie durch eines der von den Otomí bewohnten Gebiete.

☛ **Fortsetzung der Route von México nach Guanajuato.** –
157,5/161 km: Weitere Ausfahrten in Richtung San Juan del Rio.
168 km: Verkehrsknoten in Richtung Acámbaro und Morelia in der Nähe des Hotels La Mansión (s. San Juan del Rio).
204 km: Ausfahrt in Richtung San Luis Potosí (s. Rte 11 ab km 204) und in Richtung (66 km) San Miguel de Allende (s. Rte 8 bei km 443) auf direktem Weg.
208 km: Verkehrsknoten in Richtung (1 km) **★ Querétaro,** der Hauptstadt des gleichnamigen Staates (11.480 km^2; 590.000 Ew.). Die 142.700 Ew. zählende Stadt liegt in einer Höhe von 1.853 m in einem Tal am Eingang des Bajio, der Kornkammer Mexikos. Mit ihren herrschaftlichen Häusern, Brunnen, Kirchen und Klöstern gehört Querétaro zu jenen mexikanischen Städten, die ihr koloniales Erbe fast vollständig bewahren konnten: die kleine Plaza Independencia mit ihrem Garten, ihren alten Häusern mit steinernen Balkons und schmiedeeisernen Gittern stellt sozusagen ein Stück Spanien dar, das nach Mexiko versetzt wurde.

Die Wiege der Unabhängigkeit. – Das in vorspanischer Zeit von den Otomí gegründete Querétaro wurde während der zweiten Hälfte des 15. Jh. in das aztekische Reich eingegliedert. Im Jahre 1531 wurde das Gebiet von Anführern der Otomí aus dem Bezirk Xilotepec für die Spanier erobert. 1655 verlieh König Philipp IV. der Stadt den Titel *Ciudad*. Im 19. Jh. war Querétaro Schauplatz zweier wichtiger Ereignisse: der Verschwörung, die den Aufstand gegen die Spanier im Jahre 1810 einleiten sollte und des Zusammenbruchs des Kaiserreiches im Jahre 1867. Der Gedanke, das Land vom spanischen Joch zu befreien, entstand 1808 in einem literarischen Zirkel in Querétaro, den in Mexiko geborene Spanier gegründet hatten. Anlaß war der Einmarsch der napoleonischen Truppen in Spanien. Die Verschwörung wurde dem Vizekönig enthüllt, der am 13. September 1810 für die Anführer der Bewegung Haftbefehle erließ. Die Frau des Bürgermeisters (*la Corregidora*) benachrichtigte die Verschwörer von der Entdeckung des Komplotts, die daraufhin beschlossen, die Durchführung ihres Vorhabens zu beschleunigen und der Proklamation der Unabhängigkeit auf den 16. September vorzuverlegen.

Das Ende Maximilians. – Anläßlich der amerikanischen Invasion im Jahre 1847 wurde Querétaro Sitz der Regierung, die Verhandlungen mit den Amerikanern in der Hauptstadt aufnahm. 1857 enthoben die in Querétaro versammelten siebzig Mitglieder des Kongresses *Comfort* seines Amtes und ernannten *Benito Juárez* zum Präsidenten der Republik. *Juárez* errichtete dort vorrübergehend seine Regierung, mußte jedoch zu Beginn des Jahres 1858 die Stadt verlassen, da er von den Truppen der Konservativen

(8) México – Querétaro – Guanajuato – S. M. de Allende

verfolgt wurde. Der Bürgerkrieg wütete noch mehrere Jahre zwischen Liberalen und Konservativen, die *Maximilian von Habsburg* die Kaiserkrone antrugen. Dieses Abenteuer endete am 15. Mai 1867 auf dem Cerro de las Campanas mit der Festnahme des Kaisers und seiner beiden Generale, die zusammen mit *Maximilian* am 19. Juni füsiliert wurden. Der von 1916–1917 in Querétaro auf Veranlassung von Venustiano Carranza einberufene Kongreß erarbeitete eine Verfassungsänderung, die insbesondere das System der Ejidos (landwirtschaftlich nutzbarer Gemeinbesitz) betraf.

Von der Gabelung bei km **208** erreichen Sie das Stadtzentrum, wenn Sie der Av. **Epigmenio Gonzáles** (Pl. C3) folgen. Sie wird längs des **Alameda-Parks** (Pl. C2), der sich gegenüber dem Autobus-Terminal erstreckt, von der **Calzada Colón** fortgesetzt.
Nach dem Alameda-Park fahren Sie geradeaus weiter in der **Calle de la Corregidora** (Pl. C2), wo sich ein unterirdischer Parkplatz befindet. L. auf dem Platz ist die **Escuela de las Bellas Artes** (Pl. **i**, C2) in einem Gebäude aus dem 18. Jh. untergebracht. Dort unterzeichnete am 19. Mai 1848 der Kongreß den Friedensvertrag mit den Vereinigten Staaten. Zu Fuß erreichen Sie das **Museo Regional** (Pl. C2), im ehemaligen * **Kloster des Hl. Franziskus.**

Öffnungszeiten: tgl. außer Mo. 10-17 Uhr; So. 10–16 Uhr.

Von dem im Jahre 1540 gegründeten Kloster sind nur wenige Reste erhalten, darunter ein Relief das für die Fassade der 1640 wiederaufgebauten **Kirche** verwendet wurde. Das in der 2. Hälfte des 17. Jh. im Renaissance-Stil wiedererrichtete **Kloster** (es wurde 1698 fertiggestellt) beherbergt **Gemäldesammlungen** des 17., 18. und 19. Jh. (Werke von *Juan Correa, Villalpando, Cabrera, Luis Rodríguez* usw.). Besichtigen Sie den * **Kreuzgang** im Renaissance-Stil mit seiner zweigeschossigen Galerie.

Casa de la Corregidora (Pl. C1). – Halten Sie sich hinter der Iglesia de San Francisco r. und folgen Sie der **Avenida 5 de Mayo,** einer hübschen, Fußgängern vorbehaltenen Straße, die Kolonialgebäude säumen. Das ganze (für Autos verbotene) Viertel durchziehen blumengeschmückte Gassen.
Die Av. 5 de Mayo mündet auf die Plaza Independencia, wo sich l. die **Casa de la Corregidora** befindet. Das in ein Gemeindehaus umgewandelte Palais war Wohnsitz der *Corregidora* Josefa Ortiz de Domínguez, die am 13. September 1810 die Verschwörer von Querétaro von der Aufdeckung ihres Komplotts benachrichtigte. Während der Belagerung der Stadt durch die Truppen von Benito Juárez führte Kaiser Maximilian dort den Vorsitz mehrerer Versammlungen.

Convento de la Cruz (Pl. D1). – Dieses Kloster wurde an der Stelle errichtet, an der 1531 die letzten Kämpfe zwischen den Verteidigern der Stadt und den Spaniern und ihren Verbündeten unter den Otomí stattfanden.

Ein Kreuz, das auf dem von einer Sonnenfinsternis verdunkelten Himmel erschien, soll die Krieger der Chichimeken zur Aufgabe des Kampfes bewogen und ihre Bekehrung zum katholischen Glauben veranlaßt haben.

An dieser Stelle wurde neben einem Steinkreuz eine Kapelle errichtet. Im Jahre 1654 baute man dort eine Kirche und ein Kloster im Barockstil. *Maximilian von Habsburg* richtete dort 1867 sein Hauptquartier ein, mußte jedoch, nachdem er von einem seiner Offiziere verraten worden war, auf dem Cerro de las Campanas Zuflucht suchen, wo man ihn gefangennahm. Gegenüber dem Kloster befindet sich die **Capilla del Calvarito** (Kalvarienkapelle) aus dem 17. Jh., wo der Überlieferung nach im Jahre 1531 – nach der Einnahme von Querétaro – die erste Meßfeier stattgefunden haben soll.

Acueducto (Aquädukt; Pl. D1/2). – Wenn Sie Ihren Weg in der Av. *Ejército Republicano* fortsetzen, kommen Sie am **Panteón de la Cruz** vorüber. Dort befindet sich ein Mausoleum, das 1960 zu Ehren der *Corregidora* errichtet wurde. Sie kommen dann zu den ersten Rundbögen eines Aquädukts aus der Kolonialzeit, das der *Marqués de la Villa del Villar del Aguila* 1726–1735 erbaute.

Iglesia las Teresas (Pl. C2). – Wenn Sie durch die Av. Indenpendencia zur Plaza de la Constitución zurückkehren, kommen Sie an der im 19. Jh. im neoklassischen Stil erbauten **Iglesia de la Merced** vorüber, biegen dann nach l. in die Vergarastraße, um zur Iglesia las Teresas zu kommen, die einst zum Kloster vom Orden der *Hl. Teresa von Avila* gehörte. Die Kirche wurde gegen Ende des 18. Jh. im neoklassischen Stil errichtet. Die korinthischen Säulen der Fassade tragen ein vom Giebel gekröntes Dachgesims.

Iglesia de Santa Clara (Pl. B 2). – Die **Av. Independencia** (Pl. C2) mündet auf die Plaza de la Constitución, die Sie schräg nach r. überqueren, um der **Calle Juárez** zu folgen und dann, in Höhe des Jardín Alvaro Obregón (Pl. C2), der **Calle Madero** (der ersten Straße, die l. nach der Plaza de la Constitución von der Calle Juárez abzweigt).

Entlang dieser Straße, einer der belebtesten der Stadt, sehen Sie l., an der Ecke der Calle Allende, die Barockfassade der **Casa de la Marquesa** (Pl. C2) aus der Mitte des 18. Jh. mit einem schönen Patio, den einst Azulejos schmückten. Sie wurden durch Wandgemälde ersetzt.

Etwas weiter, nach dem Überqueren der Calle Allende, ein kleiner Garten mit einem **Neptun-Brunnen** unter einem 1797 von dem Architekten Tresguerras geschaffenen Bogen.

Das Gärtchen mit dem Neptun-Brunnen bildet das Atrium der **Iglesia de Santa Clara**, die zu einem der reichsten Klöster Mexikos gehörte.

Die schlichte platereske Fassade (erste Hälfte des 17. Jh.) bildet einen wirksamen Kontrast zum überladenen Innern der Kirche mit ihren geschnitzten und vergoldeten Altären im churrigueresken Stil, die dem Gotteshaus seinen strahlenden Glanz verleihen. Tausend Einzelheiten nehmen die Aufmerksamkeit des Betrachters in Anspruch: die vergoldete Kanzel, die Tür zur Sakristei, ein wahres Meisterwerk der churrigueresken Kunst.

Palacio Federal (Pl. C2). – Folgen Sie, nachdem Sie die Kirche ver-

(8) México – Querétaro – Guanajuato – S. M. de Allende

lassen haben, der Calle Allende, wobei Sie l. die Casa de la Marquesa zurücklassen. Ecke Calle Allende/**Pino Suárez** erhebt sich r. der **Palacio Federal de San Agustin** im ehemaligen Augustinerkloster, das von 1731-1743 erbaut wurde.

Beachten Sie die mit Statuen geschmückte und Stuckelementen reich verzierte Fassade der **Iglesia de San Agustin**. Interessant ist auch der **Kreuzgang** mit seiner zweigeschossigen Galerie. Erwähnenswert sind ferner die Reliefs auf den Schlußsteinen im Erdgeschoß sowie im Obergeschoß.

Auf der anderen Seite der Calle Pino Suárez befindet sich die **Casa de los Perros** (Pl. C2), ein ehemaliger Herrensitz, dessen Patio ein prachtvoller Brunnen aus der Kolonialepoche ziert.

Beachten Sie auch die **Wasserspeier** im Hof, eine wahrhaft groteske Sammlung von Tiergestalten. Den Wasserspeiern, die man sowohl im Hof wie entlang der Calle Allende sieht, verdankt der kleine Palacio seinen Namen.

Iglesia de Santo Domingo (Pl. B2). – Wenn Sie der Calle Pino Suárez folgen und r. die San Agustin-Kirche zurücklassen, kommen Sie zur **Iglesia de Santo Domingo**, einem imposanten Bauwerk im Renaissance-Stil, das 1697 errichtet wurde und zu einem 1692 gegründeten Kloster gehörte. Beachten Sie vor allem die schöne Barockfassade der Rosenkranzkapelle.

Iglesia de Santa Rosa (Pl. B2). – Beim Verlassen der Santo Domingo-Kirche gehen Sie nach r. in die Calle Guerrero und biegen dann in die erste r. abzweigende **Calle General Arteaga** ein. Ungefähr 200 m weiter befindet sich r., an der Ecke der **Calle Ezequiel Montes** die im 18. Jh. erbaute **Iglesia de Santa Rosa**.

Im Innern sieht man eine **Orgel** im churrigueresken Stil und mehrere barocke **Altarwände**, die ein Gemälde schmücken. In den ehemaligen Klostergebäuden ist heute ein Hospital untergebracht.

Zurück zur Plaza de la Constitución. – Nach der Besichtigung der Santa Rosa-Kirche biegen Sie nach r. in die Ezequiel Montes, dann wieder r. in die Maderostraße.

Kurz danach kommen Sie an der **Kathedrale** (Pl. B2) vorüber, einem majestätischen Bau, der von 1786-1805 errichtet wurde. Die Fassade ist im barocken und neoklassischen Stil gehalten.

Gegenüber der Kathedrale, auf der anderen Seite der **Calle Ocampo**, befindet sich der **Palacio de Gobierno** (Pl. B2) des Bundesstaates Querétaro im neoklassischen Stil (Ende 18. Jh.). Seine Fassade aus grauem Gestein belebt der warme Rotton des Tezontle (vulkanisches Gestein), der Türen und Fenster einfaßt.

Folgen Sie dann der zwischen Kathedrale und Palacio de Gobierno verlaufenden Calle Ocampo. R., Ecke Ocampo/A. Balvanera, befindet sich die **Iglesia las Carmelitas** (Pl. B2), die von 1800–1802 in der Nähe eines Klosters erbaut wurde, das ein Königliches Kolleg beherbergte.

Wenn Sie der A. Balvanera folgen, kommen Sie auf einen kleinen

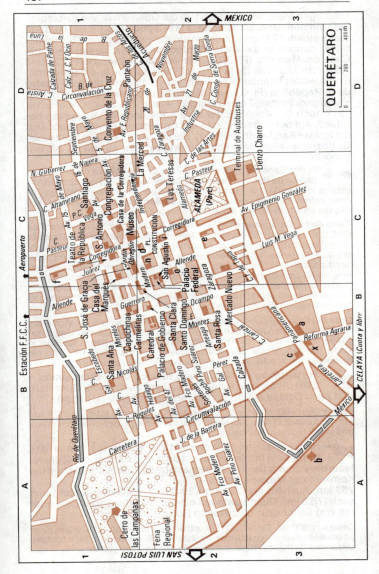

schattigen Platz, wo Sie nach l. in die Guerrerostraße einbiegen. Sie kommen dabei an der **Iglesia las Capuchinas** (Pl. B1) vorüber, die zu einem 1721 gegründeten Kloster gehörte. Wenn Sie unmittelbar danach in die **Calle Hidalgo** einbiegen, sehen Sie r. die **Casa del Marqués** (Pl. B/C1), die vermutlich zwischen 1721 und 1726 vom Marqués de la Villa del Villar del Aguila erbaut wurde. Etwas weiter befindet sich r. das von 1845-1852 erbaute **Teatro de la República** (Pl. C1), wo *Maximilian von Habsburg* 1867 vom Kriegsgericht zum Tode verurteilt wurde. Dort tagte von 1916-1917 auch der Kongreß, der eine Änderung der Verfassung beschloß. Auf der anderen Seite der Corregidorastraße erhebt sich die **Iglesia San Antonio** (Pl. C1), die im Jahre 1700 am Platz eines Gotteshauses wiederaufgebaut wurde, das zu einem Kloster gehörte.

In der Nähe dieser Kirche können Sie die **Iglesia de la Congregación de Nuestra Señora de Guadelupe** (Pl. C1) besichtigen, die einzige in Querétaro während der Kolonialepoche (1680) von Weltgeistlichen errichtete Kirche und die **Iglesia de Santiago** (Pl. C1) im barocken Stil, die im 17. Jh. vom Jesuitenorden erbaut wurde.

Cerro de las Campanas (Pl. A1). – Wenn Sie sich durch die **Av. Morelos** (Pl. B1) auf diese Anhöhe begeben, kommen Sie an der **Casa del Marqués** (Pl. B1) vorüber, die vermutlich zwischen 1721 und 1726 vom *Marqués de la Villa del Villar del Aguila* erbaut wurde. Auf dem Cerro de las Campanas, der die Stadt im O überragt, errichteten die Habsburger 1901 zur Erinnerung an *Kaiser Maximilian*, der hier am 17. Juni 1867 zusammen mit den beiden Generalen *Miramón* und *Mejia* füsiliert wurde, eine **Kapelle**. Ein kleines **Museum** vermittelt einen Überblick über die kurze Regentschaft *Maximilians* und die Wiedererrichtung der Republik.

Casa del Faldón. – Die **Corregidora-Straße** (Pl. C1) führt in die Viertel am N-Ufer des Rio de Querétaro, deren Gassen noch den Zauber längst vergangener Tage atmen. Unweit der **Iglesia de San Sebastian**, einer Barockkirche aus dem Beginn des 18. Jh., befindet sich die Casa del Faldón, ein Kolonialpalais des 18. Jh., das ein Turm im Mudejarstil überragt.

Fortsetzung der Route von México nach Guanajuato. – 210 km: Weitere Autobahnausfahrt nach (2 km) Querétaro und nach **Celaya** auf der gebührenfreien Straße (s. unten).

Die gebührenfreie Straße nach (54 km) Celaya führt über (29 km) **Apaseo El Alto**, das bekannt ist für sein Kunstschmiedehandwerk und seine Holzschnitzarbeiten.

Hinter Querétaro durchquert die Straße die Ebene des **Bajio**, eine breite Senke auf dem mexikanischen Hochplateau, die sich von Querétaro bis nach León im W erstreckt und die Kornkammer Mexikos darstellt.

253 km: Ausfahrt ins Zentrum (8 km) von Celaya (s. unten) und nach (76,5 km) **Guanajuato** auf einer neuen Bergstraße, die über (18 km) Santa Cruz de Juvenito Rosas führt.

Celaya (1.800 m). Die 91.000 Ew. zählende Stadt wurde 1570 von einer baskischen Kolonie gegründet. Im Jahre 1759 wurde dort der Architekt, Maler und Bildhauer *Francisco Eduardo Tresguerras* geboren.

Celaya – Irapuato

Auf dem Hauptplatz befindet sich der **Palacio Municipal**, ein modernes Gebäude, an der Stelle des ehemaligen Calbildo, in welchem *Miguel Hidalgo* mit dem Kommando der Armee beauftragt wurde, die für die Unabhängigkeit Mexikos kämpfte. Von dort aus gelangen Sie zur ehemaligen Plaza de Armas, an der sich die Iglesia de la Tercer Orden, die Iglesia de la Cruz und in der Mitte des Platzes das von Tresguerras entworfene **Monumento a la Independencia** (Denkmal der Unabhängigkeit) erheben. Ecke Miguel Doblado-/Guadelupe Victoria-Straße befindet sich die **Iglesia de San Francisco**, deren Fassade, die beiden Türme und den Hauptaltar Tresguerras umgestaltete. Die **Iglesia de Nuestra Señora del Carmen** stellt das **Meisterwerk im Schaffen von Tresguerras** dar. Sie wurde von 1803–1807 errichtet. *Tresguerras* schmückte die *Capilla del Juico* mit **Fresken**, die das Jüngste Gericht, die Auferstehung des Lazarus und die Beisetzung des Tobias darstellen.

Von Celaya nach (38 km) **Salvatierra** und (133 km) **Morelia**, s. Rte 4F ab km 96 in umgekehrter Richtung.

285 km: Autobahnausfahrt zum (6 km) Zentrum von **Salamanca** (s. unten).

Salamanca, die in der Nähe einer Erdölraffinerie in 1.759 m Höhe gelegene Stadt zählt ungefähr 72.400 Ew. Sie können dort die **Iglesia de San Bartolo** besichtigen mit ihrer reichverzierten Barockfassade und, in der Nähe eines aufgelassenen Klosters mit zwei Kreuzgängen, die **Iglesia de San Agustin** (17. Jh.). Im Innern der Kirche, sehr schöne churriguerske Retablos. Vom 24. Dezember bis 5. Januar, Fiesta de la Navidad.

In Salamanca zweigt eine Straße nach (108 km) **Morelia** ab, die nach 46 km einen von der Hauptstadt des Michoacán (s. Rte 4F bei km 46) seinen Ausgang nehmenden Rundkurs aufnimmt und in der Nähe von (22 km) **Valle de Santiago** vorüberführt (Kirche aus dem Ende des 18. Jh.).

303 km: Ende der gebührenpflichtigen Autobahn (die Arbeiten für ihre Verlängerung in Richtung León und Guadalajara sind bereits im Gang), 4 km vom Zentrum von Irapuato entfernt (s. unten). L. Straße nach Guadalajara über La Piedad (Via Corta; s. Rte 7 ab km 257 in umgekehrter Richtung).

Irapuato, die in einer Höhe von 1.795 m in der Senke des Bajio gelegene Industriestadt wurde 1547 gegründet.
Der **Palacio Municipal** auf dem Hauptplatz präsentiert sich im neoklassischen Stil. Erwähnenswert **El Hospital** mit seiner Barockfassade (18. Jh.) und die **Iglesia de San Francisco**, die Gemälde von *Miguel Cabrera* (die Jungfrau von Guadelupe) und von *Francisco Eduardo Tresguerras* birgt.

308 km: L. weitere Straße ins Zentrum (4 km) von **Irapuato**.
327 km: Lassen Sie die l. abzweigende Straße nach León (s. Weg 15 bei km 338) liegen und biegen Sie nach r. in Richtung Guanajuato.
337 km:

R. Straße nach (12 km) **Silao**, auf der Sie, wenn Sie 7 km von der Gabelung entfernt nach r. biegen, zum (19 km) **Cerro del Cubilete** kommen, dessen Spitze eine riesige Christusstatue krönt, die 1922 von

(8) México – Querétaro – Guanajuato – S. M. de Allende   434

Carlos Olvera aufgestellt wurde. Auf einem hohen Betonsockel, in welchem sich eine Kapelle befindet, ragt die fast 23 m hohe Bronzefigur empor, die von dem Bildhauer *Fidias Elizondo* geschaffen wurde. Im Inneren führt eine Treppe in den Kopf der Statue. Von dort aus, *** * weiter Blick** über die Senke des Bajío, die im S von den bewaldeten Bergen des taraskischen Landes begrenzt wird.

343,5 km: R. Bergstraße (s. Rte 8 bei km 253) nach (84,5 km) **Celaya**.

348 km: *** * * Guanajuato**

Die ungefähr 37.000 Ew. zählende Hauptstadt des gleichnamigen Bundesstaats (30.575 km², 2.760.00 Ew.) liegt in einer Höhe von 2.084 m. Der ehemalige Bergbauort, der es dank seiner reichen Silberadern zu Reichtum brachte, hat aus seiner kolonialen Vergangenheit zahlreiche Gebäude bewahrt. Die Stadt erstreckt sich in einem schmalen gewundenen Tal, das von kakteenübersäten Bergen beherrscht wird. Mit seinen steil ansteigenden Straßen, seinen im Schatten von indischen Lorbeerbäumen liegenden Plätzen und seiner mit jedem Schritt wechselnden Szenerie bietet Guanajuato einen einzigartigen Anblick. Die Stadt ist Sitz einer Universität, deren im Jahre 1955 erstellter weiträumiger Neubau im Kolonialstil sich harmonisch in das Gelände einfügt. Die Stadt führt ein reges Kulturleben und bildet einen Anziehungspunkt für viele Künstler. Alljährlich finden dort vor und nach der Regenzeit Theaterfestspiele statt, die *Entremeses Cervantinos* (entremeses bedeutet wörtlich „Zwischengerichte", die nicht nur bei der einheimischen Bevölkerung, sondern auch bei den in- und ausländischen Touristen begeisterten Anklang finden.

Der „Silberhügel der Frösche". – Während der präkolumbischen Epoche wurde dieses Gebiet von den Otomí besiedelt, die von den Tarasken bezwungen wurden. Die Tarasken nannten den Ort Cuanaxhuata (Froschhügel). Diesen Ortsnamen wandelten die Spanier zunächst in Quanachuato ab und schließlich in Guanajuato. Das Gebiet wurde 1529 von *Nuño Beltrán de Guzmán* erobert. Die ersten Silberminen entdeckte man 1548 und die unter dem Namen Santa Fe de Guanajuato bekannte Stadt wurde zum wichtigsten Förderzentrum des Silbererzes in Mexiko. Die Ader Veta Madre, die von 1760 an abgebaut wurde, bestritt mehrere Jahrzehnte lang ein Viertel der mexikanischen Silberproduktion.

Kurz nach der Proklamation der Unabhängigkeit durch *Miguel Hidalgo* eroberte *Ignacio de Allende* die Stadt. Da Guanajuato jedoch nur schwer zu verteidigen war, trat er beim Anmarsch der Royalisten den Rückzug an. Nach der Hinrichtung von *Miguel Hidalgo, Allende, Jiménez* und *Aldama* wurden die Köpfe der vier zum Tode verurteilten Verschwörer nach Guanajuato gebracht, wo sie bis 1821, als General *Agustín Iturbide* in die Stadt einzog, zur Abschreckung auf den Mauern der Alhóndiga de Granaditas ausgestellt waren. Im Jahre 1858 war Guanajuato etwa einen Monat lang die Hauptstadt Mexikos, als *Benito Juárez* nach dem Staatsstreich von Comonfort dort den Sitz seiner Regierung errichtete.

Die steil ansteigenden Straßen der Stadt und die häufig schwierige Suche nach einem Parkplatz lassen es ratsam erscheinen, Guanajuato zu Fuß zu durchstreifen, mit Ausnahme der teilweise unterirdisch verlaufenden Straße Miguel Hidalgo und der Padre Belaunzarán.

435

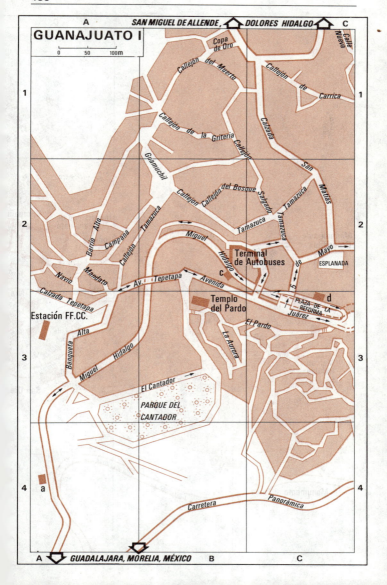

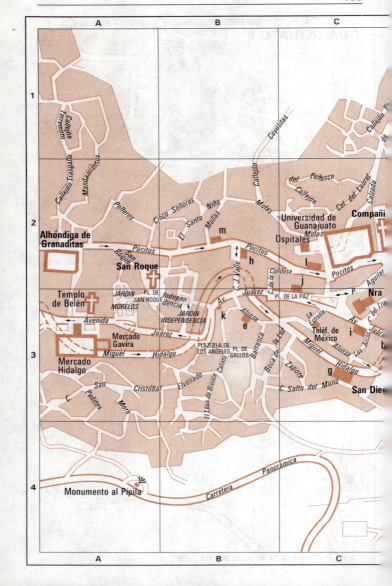

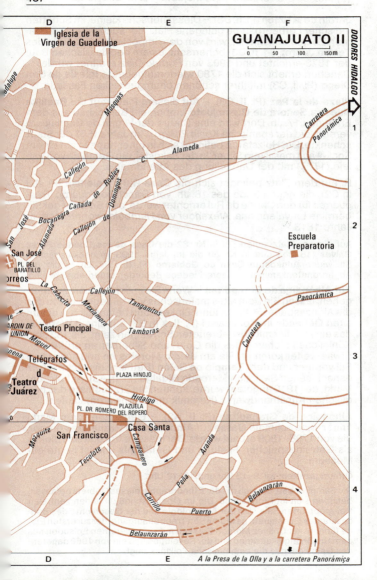

(8) México – Querétaro – Guanajuato – S. M. de Allende 438

Jardín de la Union (Pl. II, D3). – Dieser hübsche kleine, im Schatten indischer Lorbeerbäume gelegene Platz, der auch unter dem Namen Zócalo bekannt ist, wird von dem imposanten Gebäude des **Teatro Juárez** (Pl. II, D3) beherrscht, einem neoklassischen Bau, der 1873 errichtet und 1903 von *Porfirio Díaz* eröffnet wurde. Daneben erhebt sich die 1780 wiederaufgebaute **Iglesia de San Diego** (Pl. II, C3) mit ihrer schönen churriguresken Fassade.

Plaza de la Paz (Pl. II, C3). – Auf diesem Platz ragt die **Basilika Nuestra Señora de Guanajuato** empor, ein Barockbau aus dem Ende des 17. Jh. Dort wird eine Statue der *Virgen de Guanajuato* verehrt, die der spanische *König Philipp II.* im Jahre 1557 der Stadt schenkte. Die Holzstatue befindet sich in einer Kapelle auf einem Sockel aus massivem Silber. In der Sakristei, ein Gemälde von Vallejo (1777) mit der Darstellung des Abendmahls.

R. auf dem Platz befindet sich die **Casa Rul y Valencia** (Pl. II, j in C2), die gegen Ende des 18. Jh. von *Francisco Eduardo Tresguerras* für den Condé de Rul errichtet wurde, den Besitzer der Silbermine La Valenciana. *Alexander von Humboldt* wohnte dort im Jahre 1813.

Auf diesem Platz sehen Sie in Nr. 62 die **Casa de los Condes Pérez Gálves** (18. Jh.) und in Nr. 69 die im Jahre 1900 im neoklassischen Stil wiederaufgebaute **Casa de Gobierno** (Pl. II, i in C3), in der die Abgeordnetenkammer und verschiedene Behörden untergebracht sind.

Zur Alhóndiga de Granaditas. – Wenn Sie in der Av. Juárez weitergehen, lassen Sie l. ein altes malerisches Viertel liegen, durch das die Alonsastraße (Pl. II, B3) führt. Linker Hand befand sich in einem alten Gebäude im Kolonialstil (Pl. II, k in B3) mit einem Wappen, das einen Adler mit ausgebreiteten Schwingen zeigt, bis 1824 ein Königliches Eichamt, das die Gold- und Silberbarren prüfte.
Etwas weiter kommen Sie am **Jardín Morelos** im andalusischen Stil vorüber und dem **Templo de Belén** (Bethlehemskirche). Kurz danach sehen Sie l. den **Mercado Hidalgo** (Pl. II, A3). Auf diesem Markt, der 1910 angelegt wurde, können Sie Erzeugnisse des heimischen Kunsthandwerks (Keramik und Korbwaren) kaufen.

Alhóndiga de Granaditas (Pl. II, A2). – Gegenüber dem Markt führt r. eine schmale Gasse zur **Alhóndiga de Granaditas** empor, die von 1798–1809 erbaut wurde. Der massive trutzige Bau diente als Getreidespeicher, Festung und Gefängnis und ist heute ein **Museum**.

Öffnungszeiten: tgl. 9–13 Uhr und 16–18 Uhr.

Die Sammlungen, die sich mit der **Ethnographie** dieses Gebiets befassen, befinden sich im Erdgeschoß. Die im Obergeschoß um einen zentralen Hof gruppierten Säle sind der **Archäologie** und der **Geschichte** des Bundesstaates Guanajuato gewidmet. Im Treppenaufgang, der zur ersten Etage führt, schuf *Chávez Morado* **Fresken** mit verschiedenen Episoden aus dem Unabhängigkeitskrieg und der Revolution und ein von 1966 datierendes Gemälde, das die einheimische Folklore zeigt.

An den Ecken der Alhóndiga sieht man noch die Haken der Käfige, in denen die Köpfe von *Hidalgo, Allende, Aldama* und *Jiménez* ausgestellt waren. Kurz nach der Proklamation der Unabhänigkeit war die Alhóndiga Schauplatz heftiger Kämpfe zwischen Aufständischen und Royalisten, die sich hier verschanzt hatten. Einem in der Umgebung beschäftigten *Mineur* gelang es schließlich, das Tor zu sprengen und zusammen mit den übrigen Aufständischen die Festung zu stürmen.

Plaza de San Roque (Pl. **II**, A3). – Beim Verlassen der Alhóndiga wenden Sie sich nach l. und gehen dann nach r. durch die **Calle Pocitos**. Etwas weiter führt r. ein Gäßchen zur **Plaza de San Roque**, wo auf dem Vorplatz der gleichnamigen Barockkiche während der **Entremeses Cervantinos** die Bühne aufgeschlagen ist.

Universidad (Pl. **II**, C2). – Kehren Sie nun in die Calle Pocitos zurück, wobei Sie zur Rechten der Kirche den *Callejón los Cantaritos* einschlagen. Auf der l. Seite der Calle Pocitos kommen Sie am **Geburtshaus von** Diego Rivera (Pl. **II, m** in B2) vorüber, dann an der Casa de los *Marqueses de San Juan de Rayas* (Pl. **II, l** in C2), einem schönen Herrensitz von 1692 mit Innenhof, von wo man das Barockportal einer Kapelle sieht.
Wenn Sie in der gleichen Straße weitergehen, kommen Sie schließlich zur **Universität**, die in einem 1955 errichteten weiträumigen Komplex untergebracht ist, der sich harmonisch in seine Umgebung einfügt.

Iglesia de la Compañía (Pl. **II**, C2). – Die neben der Universität gelegene Kirche mit ihrer prachtvollen churriguereresken Fassade wurde von 1747–1765 vom Jesuitenorden errichtet. Die majestätische Tambourkuppel ruht auf zwei übereinander liegenden Säulenkränzen. Im Inneren zwei Gemälde von Miguel Cabrera.

Zurück zum Jardin de la Unión. – Folgen Sie der *Calle del Sol*, dann nach r. dem *Callejón de la Trinidad* und wieder nach r. der *Subida de San José*. Sie kommen jetzt auf die **Plazuela del Baratillo**, auf der sich ein schöner **Brunnen** befindet. Gegenüber der Stelle, an der Sie den Platz betreten haben, setzen Sie den Weg fort durch den *Callejón la Cabecita*, wobei Sie r. das **Teatro Principal** zurücklassen. Ihr Weg führt Sie weiter durch die *Calle de Mexiamora*, die auf einen Platz gleichen Namens mündet. Sie verlassen ihn wieder auf dem *Callejón del Hinojo*. Am Ende dieses Gäßchens gehen Sie nach r. Durch die Sopeñastraße kehren Sie zum **Jardin de la Unión** zurück, wobei Sie unterwegs an der **Iglesia de San Francisco**, einer Barockkirche, vorüberkommen.

Monumento al Pípila (Pl. **II**, A4). – Dieses Monument, von dem aus Sie einen **einmaligen Rundblick** auf die Stadt und ihre prachtvolle Bergkulisse haben, erreichen Sie über schmale gewundene Straßen, die hinter dem Mercado Hidalgo (Pl. **II**, A3) ihren Ausgang nehmen. Wahrscheinlich werden Sie es aber vorziehen, den Weg dorthin auf der *****Panoramastraße** zu fahren, die über eine Länge von ungefähr 24 km praktisch um die ganze Schlucht herumführt, in der sich Guanajuato erstreckt. Sie erreichen diese Straße, wenn Sie der zum Teil unterirdisch, zum Teil im schluchtartigen Bachbett verlaufenden ★★★ **Calle Miguel Hidalgo** mit ihren weit vorragenden oder die Schlucht überspannenden Häusern folgen. An jeder Kurve dieser Straße bietet sich Ihnen ein neuer überraschender Anblick.

An der Ausfahrt der Hidalgostraße biegen Sie nach r. und fahren in der *Calle del Campanero* weiter. Am Ende dieser Straße folgen Sie dem **Paseo de la Presa de la Olla**, der durch ein Wohnviertel führt.

Ungefähr **6 km** vom Zócalo entfernt biegen Sie nach r. auf die **Panoramastraße**, nachdem Sie die **Presa de la Olla** passiert haben, die einen von 1742–1749 angelegten künstlichen See staut.

▶ Auf der r. Seite der Panoramastraße lassen Sie einen zweiten Staudamm (**Presa de San Renovato**) zurück, der 1838 errichtet wurde. Sie kommen dann zu der in einem ehemaligen Jesuitenkloster (Kreuzgang mit Galerien) untergebrachten **Escuela Preparatoria** (Pl. II, F2). Diese Straße mündet nach 10 km, nach dem Passieren eines Bergbaumuseums, auf die Straße nach Dolores Hidalgo.

▶ Vom Pípila-Denkmal aus bietet sich Ihnen ein herrlicher Rundblick auf die Stadt mit der Kuppel der Iglesia de la Compañía als Orientierungspunkt. Im Hintergrund sehen Sie mehrere kleine Dörfer und die Anlage der Silbermine La Valenciana unweit der gleichnamigen Kirche.

Wenn Sie hinter dem Denkmal in der gleichen Richtung weiterfahren, kehren Sie auf der Straße nach México und Guadalajara in die Stadt zurück (Pl. I, A4).

▶ **Die Umgebung von Guanajuato. 1 – ★★ Iglesia de la Valenciana** (4 km auf der Straße nach Dolores Hidalgo; Pl. I, B/C1). – Das auf einem Hügel inmitten einer unvergleichlichen Berglandschaft errichtete Gotteshaus ist ein **Kleinod des mexikanischen Hochbarocks**.

Die vom Besitzer der Silbermine La Valenciana, *Antonio Obregón y Alcocer, Condé de Valenciana* gestiftete Kirche wurde von 1765–1788 aus rosa Gestein errichtet. Die prachtvolle Fassade der dem Hl. Kajetan geweihten Kirche, ein Meisterwerk der churrigueresken Kunst, wird von zwei vorspringenden Türmen flankiert, von denen lediglich der linke fertiggestellt wurde. Die **Fassade** schmücken zu Bündeln angeordnete Pfeiler, Voluten und andere Motive. Die Fenster und Öffnungen in den beiden Türmen vervollständigen die harmonische Ausgewogenheit des Ganzen.

Wenn Sie um den l. Turm herumgehen, zeigt sich Ihnen das westl. Seitenportal, das eine Josefsstatue krönt.

Durch das zweiflügelige geschnitzte **Hauptportal** betreten Sie die Kirche, deren Kuppel auf einem achteckigen Tambour mit zwischen Pfeilern eingelassenen Fenstern ruht. Schiff und Querschiff der Kirche tragen reliefverzierte Tonnengewölbe aus Tezontle (vulkanisches Gestein).

Das geschnitzte und vergoldete **Altarblatt** des Hauptaltars nimmt die ganze Front der Apsis ein. Es ist mit einer verschwenderischen Fülle von Motiven und Nischen geschmückt, die Statuen bergen. Im Querschiff sehen Sie zwei weitere sehr schöne, churrigueresken Altarblätter.

Sie sollten auch die Sakristei, die Taufkapelle und eine weitere Kapelle be-

sichtigen (Zugang vom Querschiff, r.) sowie das **Kloster**, das der Condé de Valenciana für den Theatinerorden erbaute.
In einiger Entfernung unterhalb der Kirche befindet sich die heute stillgelegte Anlage der Silbermine **La Valenciana**, wo von 1760 an die reichsten Silbervorkommen Mexikos abgebaut wurden, die man um die Mitte des 16. Jh. entdeckt hatte. Schwierige Abbaubedingungen hatten die Silberförderung um mehr als zwei Jahrzehnte verzögert.
Ungefähr 200 m entfernt befindet sich die **Boca del Infierno**, der Höllenschlund, ein über 600 m tiefer Schacht, dessen Durchmesser 12 m beträgt. In diesem Schacht zweigen in unterschiedlichen Höhen die Stollen ab, in denen das Silbererz abgebaut wurde.
In der Umgebung des kleinen Pueblo La Valenciana befinden sich noch mehrere **Kirchen aus dem 17. Jh.**, die von ehemaligen Minenbesitzern errichtet wurden. Sie erreichen diese Kirchen auf dem Rückweg zur Stadt von der Panoramastraße aus, die l. von der Straße nach Dolores Hidalgo abzweigt.

2 – Der Friedhof von Guanajuato und Marfil (1,5 bzw. 4 km auf der Straße nach Guadalajara; Pl. I, A4). – 1 km vom Zentrum entfernt zweigt r. die **Calzada de Tepetapa** (Pl. I, A3) ab, die hinter dem Bahnhof zum **Friedhof von Guanajuato** (Panteón Municipal) führt. Die Mumien in den Gängen der Katakomben werden von den einheimischen Führer als "Sehenswürdigkeit" gepriesen.
2,5 km: Fahren Sie nach r. auf die Straße nach Marfil.
4 km: * **Marfil**, ein hübscher, mit seinen ockerfarbenen Kirchen und Kapellen, seinen Zypressen und weißen und gelben Häusern italienisch anmutender Ort. In seiner Nähe befinden sich die Ruinen eines ehemaligen Begbauorts, der nach mehreren Überschwemmungen aufgegeben wurde. Besuchen Sie dort den Park der **Hazienda San Gabriel** und die Kapelle. Die spanische Altarwand aus Elfenbein, Emaille und Gold datiert aus dem 13. Jh.

3 – ★★**Cerro del Cubilete** (30 km auf der Straße nach Guadalajara; s. Rte 8 bei km 337).

☛ **Fortsetzung der Route von México nach San Miguel de Allende**.
– Ausfahrt aus Guanajuato auf der Straße nach Dolores Hidalgo (Pl. I, B/C1).
352 km: ★★ **Iglesia de la Valenciana** (s. Umgebung von Guanajuato, 1).

⟶ 354 km: R. Straße zum (23 km) Cerro del Cubilete (s. Rte 8 bei km 337).

☛ Die Straße führt durch eine fremdartige Berglandschaft hinab auf ein kakteenübersätes Hochplateau.
403 km: ★ Dolores Hidalgo, ein hübsches, 18.000 Ew. zählendes Städtchen, in welchem am Vorabend des 16. September 1810 vom Vorplatz der Pfarrkirche der **"Grito de Dolores"**, d. h. der Aufruf zur Unabhängigkeit ertönte.

Die im churriguereskem Stil errichtete **Pfarrkirche** erhebt sich auf dem Hauptplatz. Ihre reichgeschmückte schöne Fassade flankieren zwei Türme. Auf dem Altarblatt des Hauptaltars sehen Sie ein Gemälde, das die Jungfrau von Guadelupe darstellt.

Auf der N-Seite des Platzes befindet sich die **Casa del Subdelegado**, ein schöner, mit Balkons geschmückter Barockbau aus dem 18. Jh.
Sie sollten auch die 1799 erbaute **Casa de Hidalgo** besichtigen, die von 1804–1810 von *Miguel Hidalgo*, dem Pfarrer von Dolores bewohnt wurde. Das unter Denkmalschutz stehende Haus wurde in ein **Museum** umgewandelt (*Öffnungszeiten*: tgl. 9–13 und 16–18 Uhr; So. 9–13 Uhr). Das Haus birgt Mobiliar aus dem 18. Jh., Portraits und Skulpturen, die Miguel Hidalgo und andere Helden des Unabhängigkeitskampfes darstellen sowie Gemäldesammlungen aus der Kolonialepoche.

An der Ausfahrt aus dem Städtchen sehen Sie – bevor Sie die Straße durch eine weite Ebene führt – ein imposantes Denkmal, das zur Erinnerung an die Aufständischen errichtet wurde.

428 km: R. Straße nach (3 km) **Atotonilco**, dessen **Kloster** (1740–1748) zu einem der beliebtesten Wallfahrtsorte Mexikos wurde.

Das Gotteshaus mit seinen sechs Kapellen schmücken Fresken, die von Miguel Antonio Martinez Pocasangre geschaffen wurden. Beachten Sie die Christusstatue auf dem Hauptaltar; hinter dem Altar, im *Camarín*, Statuen der Jungfrau und der Apostel. In der **Kalvarienkapelle** sehen Sie Statuen, die Szenen der Leidensgeschichte darstellen, im Gewölbe der **Rosenkranzkapelle Fresken**, die die Schlacht bei Lepante zeigen. Besichtigen Sie auch die Capilla de Belén (Bethlehemskapelle), die Capilla Nuestra Señora de Loreto, die Capilla de la Soledad und die Capilla de la Purísima. In der **Sakristei** Gemälde von *Juan Correa* und *Andrés Islas*.

443 km: ★★**San Miguel de Allende** (1.945 m). Die malerische, ungefähr 20.000 Ew. zählende Stadt liegt in einem von Bergen umschlossenen Kessel. Die Stadt steht unter Denkmalschutz und hat so ihr koloniales Gepräge im Wesentlichen bewahrt. Als bevorzugter Aufenthaltsort einer bedeutenden Künstlerkolonie wurde San Miguel de Allende zu einem regen Kunsthandwerkszentrum. Man findet dort Sarapes, Rebozos und Petates (Matten), Gegenstände aus Pappmaché, Keramik, usw.

Wie archäologische Funde zeigen, insbesondere die Entdeckung einer Pyramide vom Typ der taraskischen Yacatas bei Orduña auf der Straße von San Miguel de Allende nach Celaya und ein weiterer Pyramidenbau bei Cañada de la Virgen, siedelten während der vorspanischen Epoche bereits zahlreiche Indiogemeinschaften in der Ebene von San Miguel de Allende. Der Ursprung der Stadt geht auf eine Franziskanermissionsstation zurück, die 1542 von *Juan de San Miguel* gegründet wurde. Siedler aus Tlaxcala ließen sich kurz danach in der von Chichimeken bevölkerten Ebene des Rio de la Laja nieder. Diese wehrhaften Indios führten mehrere Ausfälle gegen den aufblühenden Ort, der 1555 in den Rang einer Ciudad (Stadt) erhoben wurde. In dieser Stadt wurde 1779 *Ignacio de Allende* geboren, der während des Unabhängigkeitskrieges die Armee von *Miguel Hidalgo* anführte. Seit dem 8. März 1862 führt die Stadt den Namen ihres berühmten Sohnes.

Iglesia Parroquia (Pfarrkirche; Pl. B/C2). – Die im neugotischen Stil (1880) errichtete Kirche erhebt sich an der S-Seite der Plaza de Allende.

In der l. Seitenkapelle, ein gekreuzigter Christus taraskischen Ursprungs

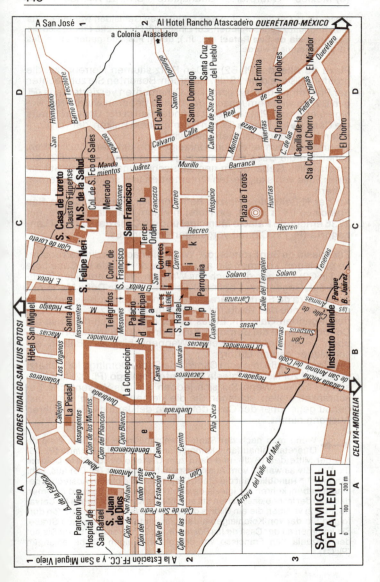

(8) México – Querétaro – Guanajuato – S. M. de Allende

(Cristo de la Conquista). Von den zahlreichen Gemälden werden einige *Juan Rodríguez* zugeschrieben. Zur Linken der Pfarrkirche erhebt sich die kleine **Iglesia de San Rafael** (18. Jh.), deren Fassade gegen Ende des 19. Jh. restauriert wurde.

Plaza de Allende (Pl. B2). – Den Platz säumen Herrensitze, die größtenteils aus dem 18. Jh. stammen. Beachten Sie zur Rechten der Pfarrkirche das mit barocken Ornamenten verzierte Haus (Pl. **g** in B2), in welchem *Ignacio de Allende* geboren wurde. Nur wenige Meter vom Platz entfernt befindet sich in der Umarán-Straße die **Casa de los Perros** (Pl. **h** in B2) mit einem Balkon, der von Konsolen in Hundegestalt getragen wird.
Wenn Sie anschließend im Uhrzeigersinn um den Platz gehen, sehen Sie die **Casa del Mayorazgo de la Canal** (Pl. **f** in B2), ein prachtvolles Gebäude im neoklassischen und barocken Stil mit einer Fülle von skulptierten Ornamenten und schmiedeeisernen Gittern.
An der N-Seite des Platzes befinden sich die **Posada de San Francisco** (Pl. **a** in B2), ein Hotel in einem Kolonialgebäude, der 1736 errichtete **Palacio Municipal** und die **Casa del Mariscal Lanzagorta** (Pl. **j** in C2) mit vorgelagertem Portikus.

Zur Iglesia de San Francisco. – Wenn Sie nach l. in die Correostraße einbiegen, kommen Sie an der **Casa del Conde de Casa Loja** (Pl. **i** in C2) vorüber, die noch das Wappen ihrer ehemaligen Besitzer trägt. Gegenüber l. befindet sich die **Casa de Doña Maria Antonia Petra de Santo y Járegui** (Pl. **m** in C2), ein nobles Gebäude aus dem Ende des 18. Jh. mit zentralem Patio und zwei übereinander liegenden Galerien. Etwas weiter r. öffnet sich die **Casa del Conde del Jaral del Berrio** (Pl. **k** in C2) in einem Barockportal. Darüber, unter einem schweren Wappenschild, ein Balkon mit schmiedeeisernen Gittern.
Die Correostraße, die vom Camino de Santo Domingo fortgesetzt wird, führt zur kleinen **Iglesia de Santo Domingo** (Pl. D2) aus dem späten 18. Jh. Wenn Sie sich jedoch auf das Wesentliche beschränken wollen, schlagen Sie die kleine Straße ein, die l., fast genau gegenüber der Casa del Conde del Jaral del Berrio, ihren Ausgang nimmt.

▶ Wenn man nach der Santo Domingo-Kirche die Calle Real de Querétaro hinauffährt, kommt man zur **Capilla La Eremita** (Pl. D3) aus der Mitte des 18. Jh. und dann zum **Oratorio de los Siete Dolores** (Pl. D3). Etwas weiter, vom Aussichtspunkt **El Mirador** (Pl. D3) aus, sehr schöner **Rundblick** auf die Stadt. Diejenigen, die diesen Abstecher gemacht haben, kehren zur Iglesia de Santo Domingo zurück und kommen dabei an der im neoklassischen Stil errichteten Kalvarienkapelle (**El Calvario**; Pl. D2) vorüber, die ein Bildnis der *Virgen de la Soledad* birgt. Von dort folgen Sie der von Kolonialgebäuden gesäumten San Francisco-Straße. Sie kommen an der Casa de las Postas (in Nr. 28, r.) vorüber, bevor Sie auf der Plazuela San Francisco vor der gleichnamigen Kirche anlangen (Pl. C1).

San Miguel de Allende

► Am Ende des Gäßchens, das Sie von der Casa del Conde Jaral del Berrio eingeschlagen haben, kommen Sie auf die **Plazuela San Francisco**, an deren gegenüberliegender Seite sich die Iglesia de San Francisco erhebt und l. die Iglesia de la Tercer Orden. R., an der Ecke der San Francisco-Straße, ein schöner Barockbau (Pl. I in C2) und, gegenüber, die **Casa de las Postas**, ehemalige Umspannstelle der Postkutschen.

Die **Iglesia de la Tercer Orden** (Pl. C2), die Sie als erste besichtigen sollten, ist ein anspruchsloser Barockbau aus dem 18. Jh., deren Fassade – über einer Statue des Hl. Franziskus – ein Wappen des Franziskanerordens schmückt.

Iglesia de San Francisco (Pl. C1). – Das von 1779-1799 errichtete Gotteshaus zeigt zwei bemerkenswerte Fassaden im churrigueresken Stil, die ein hoher neoklassischer Turm überragt.

Die kalte Pracht des Kircheninneren ist ebenfalls im neoklassischen Stil gehalten; die Gestaltung wird dem Architekten *Tresguerras* zugeschrieben. An den Wänden Gemälde. Eines zeigt den Tod des Hl. Franziskus und wird *Juan Rodríguez* zugeordnet. In der **Sakristei**, deren Tonnengewölbe von Pfeilern getragen wird, die die Statuen der vier Evangelisten schmücken, **Gemälde** von *Juan Correa* (Hl. Gabriel, die Erzengel) und ein Werk von *Salvador Fajardo*, „Verklärung" (1773). Der **Kreuzgang** ist unvollendet. Ein Gang, den ein **Fresko** (Kreuzigung) schmückt, führt zu einem weiteren Kreuzgang, der zu dem im 17. Jh. gegründeten Convento de San Francisco gehörte.

Iglesia de San Felipe Neri (Pl. C1). – Beim Verlassen der Franziskus-Kirche wenden Sie sich nach l., überqueren die *Mesonesstraße* und halten sich auch weiter l. Vor sich sehen Sie die Fassade der Iglesia de San Felipe Neri in einer Front von Sakralbauten entlang der *Insurgentes*. Die Kirche wurde zu Beginn des 18. Jh. am Platz einer Kapelle errichtet, von der noch das Portal aus rosa Gestein erhalten ist. Auf der O-Seite der Kirche von indianischen Künstlern beeinflußte Steinmetzarbeiten.

Die Barockfassade der Kirche zieren Statuen in den Säulenabständen und in einer Nische in der Mitte eines halbkreisförmigen Giebels. Auf den **Altarblättern** im neoklassischen Stil sehen Sie verschiedene Gemälde; auf dem Altar des r. Querschiffes, ein **Gemälde** der Jungfrau von Guadelupe von *Miguel Carera;* die 33 Gemälde, die das Leben des *Felipe Neri* darstellen, werden ebenfalls *Miguel Cabrera* zugeschrieben, vermutlich jedoch zu Unrecht. Beachten Sie in der **Sakristei** über der Verbindungstür zum Chor das Gemälde der *Purisima* (Unbefleckte Empfängnis), ein Werk von *Juan Rodríguez*. Die Kanzel ist mit gepunztem Leder ausgeschlagen. Von der Sakristei aus gelangen Sie zur Gemäldesammlung (**Pinacoteca**), die verschiedene Porträts und andere Gemälde birgt.

Von der Iglesia de San Felipe Neri aus erreichen Sie auch den **Claustro Filipense** (Pl. C1), einen von Galerien umgebenen schmucklosen Kreuzgang.

Santa Casa de Loreto (Pl. C1). – Die sich auf den Callejón de Loreto (Nr. 17) öffnende Kirche weist sich als ein Barockbau aus.

In der Mitte des Gotteshauses befindet sich eine Nachbildung des Heiligen Hauses von Loreto. Zu beiden Seiten führt ein Gang zum *Camarín*, einem achteckigen Raum mit sechs Altären. Die barocken Altarwände (Retablos) schmückt eine Überfülle an floralen Motiven mit Voluten, Rankenwerk und Muschelschalen, aus denen Cherubine, Erzengel und andere Statuen auftauchen.

Iglesia de Nuestra Señora de la Salud (Pl. C1). – Die Kirche öffnet sich neben der Iglesia de San Felipe Neri in einem schönen churriguereskes Portal.

Im Inneren dieses Gotteshauses aus der Mitte des 18. Jh. sehen Sie außer den Retabeln im neoklassischen Stil mehrere Gemälde. Eines zeigt die Jungfrau von Guadelupe von *Antonio Torres*, ein anderes den Hl. Franz Xaver von *Miguel Cabrera* und ein drittes eine Kreuzigungsszene von *Tomás Xavier de Peralta*.

Neben dieser Kirche befindet sich das verfallene ehemalige **Colegio de San Francisco de Sale** (Pl. C1), das 1753 gegründet wurde. Gegenüber breitet sich der **Markt** mit seiner ganzen Farbenpracht aus.

Iglesia de la Concepción (Pl. B1). – Wenn Sie der Insurgentes folgen und l. die Gruppe der Sakralbauten zurücklassen, kommen Sie an der kleinen, im Jahre 1847 wiederaufgebauten **Iglesia de Santa Ana** (Pl. B1) vorüber, biegen dann nach l. in die *Calle Hidalgo,* die Sie auf die Plaza Allende zurückbringt. Auf dem Platz angekommen, biegen Sie nach r. in die Calle Canal und gehen in Richtung **Iglesia de la Concepción** (Pl. B1), deren Bau 1754 begonnen aber erst 1842 fertiggestellt wurde, bis auf die großartige, von einer Marienstatue gekrönte Tambourkuppel im neoklassischen Stil, die 1891 vollendet wurde.

Beachten Sie im Inneren vor allem die schmiedeeisernen Gitter des Chors und den Hauptaltar mit seinem reichverzierten vergoldeten Retabel. In dieser Kirche befinden sich auch zahlreiche Gemälde. Einige von ihnen, die das Leben der Jungfrau Maria darstellen, wurden von *Juan Rodríguez* geschaffen. Zwei Gemälde, die Christus und die Jungfrau zeigen, werden dagegen *Miguel Cabrera* zugeschrieben. Im neoklassischen Kreuzgang sehen Sie Fresken von verschiedenen Schülern der *Escuela de Bellas Artes* und von *Pedro Martinez.*

●▶ Wenn Sie Ihren Weg durch die Calle Canal fortsetzen und dann nach r. in die San Antonio einbiegen, kommen Sie zur **Iglesia de San Juan de Dios** (Pl. A1) mit ihrem churriguereskes Portal. Die Kirche gehörte ursprünglich zu einem im Jahre 1770 gegründeten Hospital. Im Hof ein riesiges Bronzehaupt von *Miguel Hidalgo.*

●▶ Wenn Sie von der Iglesia de la Concepción aus der Dr. Hernandez Macias folgen, kommen Sie am **Gefängnis der Inquisition** (Pl. n in B2) aus dem 18. Jh. vorüber und der **Casa del Inquisidor** von 1780 auf der gegenüberliegenden Straßenseite.

Fast am Ausgang der Stadt erstreckt sich auf der l. Seite der *Calzada de San Antonio* das **Instituto Allende** (Pl. B3) in einem 1735 erbauten Herrenhaus, das 1951 in die der Universität von Guanajuato angeschlossene

Escuela de Bellas Artes umgewandelt wurde (Kurse für Malerei, Bildhauerei, Photographie, Keramik usw.). Im Instituto Allende ist ein Saal für ständige Ausstellungen eingerichtet.

Eine **Besichtigung der Privatgärten** von San Miguel de Allende findet jeden Sonntag um 12 Uhr statt. Ausgangspunkt ist das Instituto Allende (Calle Ancha de San Antonio; Kartenvorbestellung im Hotel Posada de San Francisco und im Parador San Miguel).

Am südl. Stadtrand, Ecke Tenerias/Calle de Recreo (Pl. C3) befindet sich ein **öffentlicher Waschplatz**, wo Sie so manche malerische Szene beobachten können.

Fortsetzung von Rte 8. – Ausfahrt aus San Miguel de Allende auf der Straße nach Querétaro (Pl. D3).
478 km: Lassen Sie l. die Straße nach San Luis Potosí liegen (s. Rte 11 bei km 235).
497,6 km: R. Hotel Jurica (s. Querétaro).
509 km: Am Stadtrand von Querétaro kehren Sie zurück zur Gabelung bei km 204 von Rte 8.
552 km: **San Juan del Rio** (s. Rte 8 bei km 155,5).
632 km: Weggabelung nach (15 km) **Tula** (s. Rte 1J bei km 90).
673 km: Ausfahrt nach **Tepotzotlán** (s. Rte 1J bei km 40).
713 km: **México** (Zentrum).

9 – Von México auf der Via Corta nach Tampico

Die von México nach Tampico führende Via Corta wurde erst vor kurzer Zeit, trotz des Gebirgscharakters der Gegend, den die Straße zwischen Pachuca und Huejutla durchquert, als große Verkehrsachse angelegt. Wegen der außerordentlichen Schönheit der Landschaften der Sierra Madre Oriental kann diese 260 km lange Route für sich allein als Reiseziel angesehen werden. Zusammen mit der Route von Tuxtepec nach Oaxaca (s. Rte 26) gehört dieser Abschnitt zu jenen, die wir Ihnen für Ihre Fahrt durch Mexiko besonders empfehlen. Von zusätzlichem Interesse sind die auf dieser Strecke liegenden Kirchen, die im 16. Jh. von den Franziskanern gegründet wurden, sowie mehrere Baudenkmäler aus der Kolonialzeit im Gebiet von Pachuca (die Klöster von Tepeapulco, Epazoyucan und Singuilucan), unter denen das Kloster von Actopan (s. Rte 1 K) ein wahres Juwel darstellt.

Straße: 490 km; rechnen Sie ungefähr eineinhalb Stunden von México nach Pachuca und ungefähr 6 Stunden von Pachuca nach Tampico auf einer bis nach (328 km) Huejutla sehr kurvenreichen Straße.

☞ Vom Zentrum Mexikos bis zur Gabelung der gebührenpflichtigen Straßen nach Pachuca und Teotihuacán s. Rte 1J bis km 25 (nach Pachuca über Teotihuacán s. Rte 1K bis km 116).

41 km: Ende der gebührenpflichtigen Straße nach Pachuca.
56 km: **Tizayuca** (vor der Pfarrkirche Kreuz aus dem 16. Jh.).
88 km: L., Straße zum ★★**Kloster Actopan** (s. Rte 1K ab km 152) auf der Straße von México über Tamazunchale und Ciudad Victoria nach Monterrey (s. Rte 10 in umgekehrter Richtung ab km 569).
96 km: Kurz nach der Einfahrt in Pachuca fahren Sie in Richtung Real del Monte und Tampico auf der Via Corta zum Zentrum der Stadt, wobei Sie r. die Straße nach Poza Rica und Tulancingo (s. Rte 9B) liegen lassen.
97 km: **Pachuca**, 2.666 ü. M. Die ungefähr 96.800 Ew. zählende Hauptstadt des Bundesstaates Hidalgo (20.870 km²; 1.452.000 Ew.) liegt auf einem von Tälern durchzogenen bewaldeten Plateau, auf welchem seit der Kolonialepoche einige der reichsten Silbervorkommen der Welt abgebaut werden.

Pachuca – Calpulalpan

Das im Jahre 1527 von *Francisco Téllez* gegründete Pachuca wurde das bedeutendste Bergbauzentrum Neuspaniens auf dem Gebiet der Silberförderung. Im Prinzip befanden sich sämtliche Vorkommen im Besitz des spanischen Königs. Wer jedoch eine Mine entdeckte, wurde deren erblicher Besitzer, unter der Bedingung, daß er ein Fünftel (*Quinto real*) des Ertrages an die Königliche Kasse ablieferte.

In der 1670 errichteten **Casa de la Caja** wurde der fünfte Teil der Erträge aus den umliegenden Minen aufbewahrt. In diesem alten Viertel befindet sich auch die **Casa Colorada,** das Rote Haus, das gegen Ende des 18. Jh. für den *Condé de Regla* erbaut wurde. Die **Iglesia de San Francisco** stammt vom Ende des 16. Jh. Im **Historischen Museum** des Bundesstaats (Fresken von *Roberto Cuevas* del Rio in der Eingangshalle) befinden sich Sammlungen, die die Geschichte des Silberbergbaus aufzeigen.

9 A – Von Pachuca nach Calpulalpan

Straße: 72 km über ein von Maguey-Pflanzungen übersätes Plateau.

☞ Wenn Sie von México kommen, zweigt kurz nach der Einfahrt in Pachuca r., vor der Arena, die Straße nach Calpulalpan (und Ciudad Sahagún) ab.

25,5 km: L., 1 km entfernt, **Zempoala;** sehenswert die **Casa de los Portales** und die **Iglesia de Todos los Santos** aus dem 16. Jh. mit ihrer plateresken Fassade und einer Offenen Kapelle mit vorgelagertem Atrium. Der **Kreuzgang** des neben der Kirche liegenden Klosters ist halb verfallen.

29,5/30 km: Verkehrsknoten auf der neuen Straße von México nach Tulancingo und Poza Rica (s. Rte 18 bei km 73).

31 km: R. sehen Sie das im 16. Jh. von Francisco de Tembleque erbaute, über 44 km lange **Acueducto de Tembleque.**

45 km: L., in einer Entfernung von 2 km, **Tepeapulco,** das ehemalige Tepepolco ("Am Großen Berg"), wo man die Reste eines Pyramidenbaus aus der spätklassischen Epoche (8. Jh.) sehen kann. Seine drei nach oben zurückspringenden Stufen sind zum Teil gut erhalten. Auf der Plattform des einstigen Haupttempels erhebt sich ein von den Franziskanern vermutlich um 1527 gegründetes Kloster, dessen Superior eine Zeitlang *Bernardino de Sahagún,* der Verfasser der Geschichte der Angelegenheiten Neuspaniens war. Das im Jahre 1577 wiederaufgebaute Kloster wurde 1627 restauriert. Die Kirche schmückt eine plateresken Fassade. Zu ihrer Rechten öffnen sich die Klostergebäude auf einen Portikus, von dem aus man in den Kreuzgang gelangt. (In der oberen Galerie, Fresken.) Beachten Sie auch das skulptierte Kreuz aus dem 16. Jh. (mit Passionssymbolen).

47 km: **Ciudad Sahagún,** ein ungef. 10.000 Ew. zählendes Industriestädtchen (Renault de Mexiko; Werkzeugmaschinen); im Gymnasium **Fresken** von *Roberto de la Cueva* mit Episoden aus dem Leben von Bernardino de Sahagún.

64 km:

●▶ L. nach (13 km) **Apan,** ein Dorf toltekischen Ursprungs mit einem kurz vor 1569 gegründeten **Kloster.** Die **Kirche** im barocken Stil wurde im 18. Jh. wiederaufgebaut; das Altarblatt des Hauptaltars wird *Lorenzo Rodriguez* zugeschrieben, dem Architekten des Sagrario in México. In der Sakristei **Gemälde** aus dem Ende des 18. Jh.

14 km von Apan entfernt (auf der Straße nach Colonia Morelos) liegt das Dorf **San Isidro Tetlapayac;** Kirche aus dem 18. Jh. mit schönem barok-

(9) México – Tampico　　　　　　　　　　　　　　　　　　　　　450

kem Altaraufsatz und einem Fries über den Pfeilern, die das Hauptschiff begrenzen.

☞ 70,5 km: Straße von Veracruz und Jalapa über Texcoco nach México (s. Rte 19 bei km 344,5), 1,5 km von Calpulalpan entfernt (l.),
72 km: **Calpulalpan** (s. Rte 19 bei km 343).

9 B – Von Pachuca nach Tulancingo

Straße: 48 km auf einer guten, über ein Plateau führenden Asphaltstraße.

☞ Ausfahrt aus Pachuca auf der Straße nach Tuxpan.
17 km: R., 4 km entfernt, liegt **Epazoyucan,** wo Sie ein bemerkenswert gut erhaltenes * **Kloster** aus dem 16. Jh. besichtigen können. Der Ort erstreckt sich auf einer Anhöhe, die den Namen des Regengottes *Tlaloc* trägt. Über dem zu Ehren der Gottheit erbeuten Tempel, von dem eine geböschte Mauer erhalten ist, wurde vermutlich zwischen 1528–1540 eine kleine Kapelle errichtet. Das im Jahre 1540 von den Augustinern gegründete Kloster mit vorgelagertem Atrium erhebt sich auf einer künstlichen Terrasse. Zur Rechten und Linken des Eingangsbogens sehen Sie je eine mit Statuen geschmückte Gebetsstation, vor denen die im Freien abgehaltenen Prozessionen Halt machten. Ein drittes Oratorium sehen Sie im Hintergrund des Atriums r., hinter einem Kreuz aus dem 16. Jh. Zur Linken der schmucklosen Renaissance-Fassade der Kirche befindet sich am Fuß eines Turms eine Offene Kapelle, deren Archivolte Statuen zieren. Beachten Sie in der **Kirche** die Galerie (16. Jh.) über dem ersten Joch des Tonnengewölbes (1701) und Reste von **Wandgemälden** aus dem 16. Jh. Im **Baptisterium** und der **Sakristei** sehen Sie ebenfalls Reste von **Fresken** (Taufe Christi; Kreuzabnahme; Ölberg; Abendmahl, Himmelfahrt u. a. m.). Der während der Revolution zerstörte Kreuzgang wurde restauriert. Beachten Sie in der unteren Galerie die fünf Grisaille-Fresken aus dem 16. Jh. Im Treppenhaus der oberen Galerie befindet sich ein großes Fresko, ebenfalls aus dem 16. Jh.
33 km: R., in einer Entfernung von 8 km, **Singuilucan** (* Augustinerkloster; S. Rte 18 bei km 97).
40 km: R., Straße von México nach Poza Rica (s. Rte 18, bei km 108,5).
48 km: **Tulancingo** (s. Rte 18 bei km 116).

☞ **Fortsetzung von Rte 9.** – nach der Ausfahrt aus Pachuca fahren Sie auf der Straße nach Mineral del Monte nach N.
* * **Weiter Rundblick** über die Stadt, bevor Sie einen Paß überqueren, von wo aus Sie in ein bewaldetes Gebiet kommen.
105,5/108 km: R. **Mineral del Monte,** ein malerisches Bergbaustädtchen mit engen gewundenen Gassen und kleinen Kapellen, die größtenteils aus dem 18. Jh. stammen. Die Stadt entstand in der Nähe einer bedeutenden Silbermine, die noch heute (von der US Smelting and Refining Company) betrieben wird. Ehemaliger Minenbesitzer war von 1739 an *Romero de Terreros*.
118,5 km:

☞ R., 12,5 km entfernt, liegt **San Mifuel Regla,** wo eine ehemalige * * **Hazienda aus dem 18. Jh.,** die *Romero de Terreros, Condé de Santa Maria de Regla* gehörte, in ein Hotel umgewandelt wurde. Auf dieser Hazienda wurde das Silbererz mittels des 1556 in Mexiko eingeführten

Amalgamierungsverfahrens aufbereitet, das den Aufschwung der Silberverhüttung in diesem Land einleitete.

Von San Miguel Regla und dem Nachbardorf (2 km), **San Juan Hueyapan** können Sie zu Pferd Ausflüge unternehmen, namentlich zum großartigen *** * Cañón de la Peña del Aire** oder nach **Santa Maria Regla,** einem Ort in der Nähe einer Hazienda; sie liegt auf dem Grund einer Schlucht, deren Basaltfelsen wie Orgelpfeifen aufragen.

133 km: Atotonilco el Grande, eine Otomí-Siedlung. Auf dem Hauptplatz erhebt sich ein von den Augustinern um die Mitte des 16. Jh. gegründetes Kloster. Im Kreuzgang, dessen Galerien gotische Spitzbogengewölbe tragen, sind noch Fragmente von Wandgemälden aus dem 16. Jh. erhalten. Der an Markttagen sehr lebendige Ort ist ungemein malerisch. Einige der alten Gebäude (z. B. der Palacio Municipal) stammen aus dem 17. oder 18. Jh.

151 km: Einmaliger * * * Blick auf eine großartige, von Erdbeben erschütterte und unendlich verzweigten Cañóns durchfurchte Landschaft, in deren Vordergrund Säulenkakteen aufragen.

163 km:

L., 22 km entfernt, liegt **Metztitlán** („Land des Mondes"), die ehemalige, vom aztekischen Reich unabhängige Hauptstadt eines im Besitz der Nahua und Otomí befindlichen Gebiets. Im Jahre 1481 unternahm der Aztekenherrscher Tizoc eine Expedition gegen Metztitlán, die mit einer Niederlage endete. Die Augustiner errichteten dort auf einer Anhöhe ein **Kloster.**

Vom weiten Atrium aus genießt man eine herrliche Sicht auf die Schlucht, an deren Rand die Stadt erbaut wurde; skulptiertes **Kreuz** aus dem 16. Jh., **Posas** (Gebetsstationen) und, im Hintergrund und zur Rechten der Kirche, zwei **Offene Kapellen** (?).

Im Innern der **Kirche,** die eine schmucklose Platereskfassade ziert, kann man im Chor die Reste von Wandgemälden sehen; die Altarwände stammen aus dem 17. Jh. Im Kreuzgang, Trompe-l'oeil Malerei, die Deckenfelder vortäuscht.

175 km: Metzquititlán, ein in einem tiefen Tal gelegenes Pueblo; am zweiten Freitag der Fastenzeit, Feria del Señor de la Salud.

196,5 km: Zacualtipán (Feria vom 29. Okt. bis 2. Nov.).

199 km:

L., in einer Entfernung von **13** km, **Zoquizoquiapán.** In diesem Ort gründeten die Augustiner eine Niederlassung, die von Mönchen aus Metztitlán besucht wurde.

209,5 km: Wasserfall an einer mit grüner Patina überzogenen Felswand.

230,5 km: Molango, ein Pueblo, das sich inmitten einer ungewöhnlichen Berglandschaft um ein Augustinerkloster gruppiert. Das im 16. Jh. gegründete Kloster erhebt sich am Platz eines Tempels aus vorkolumbischer Zeit, der einer unter dem Namen Mola bekannten Gottheit geweiht war.

253 km: Kurvenreiche Straße am Berghang, mit mehreren hun-

(9) México – Tampico

dert Meter steil abfallenden Felsen, überragt von Berggipfeln mit üppiger Vegetation. Etwas weiter großartige Felslandschaft.
263,5 km: Tlanchinol; verfallene Kirche aus dem 16. Jh., die von Augustinermönchen erbaut wurde.
328,5 km: Huejutla. In diesem Ort gründeten die Augustiner im Jahre 1545 ein **Kloster.** Vom Hauptplatz des Ortes aus, der gleichzeitig Vorplatz der **Kirche** ist, erblickt man eine offene Kapelle. In der Umgebung, in **Huichapa,** Stufenpyramide mit kreisförmigem Grundriß (34 m Durchmesser), auf der sich zwei Altäre erheben.

➤ Eine schlechte, während der Regenzeit nicht passierbare Straße, verbindet Huejutla mit (60 km) **Tamazunchale** (s. Rte 10 bei km 253). Sie führt auch nach (43 km) **Coacuilco** (am 3. Mai, Fiesta de la Santa Cruz) über (30 km) **Orizatlán,** von wo aus Sie per Jeep **Xaltocan** (St. Johannes-Fest am 24. Juni) erreichen.

➤ **371 km: Tempoal,** ein Pueblo mit strohgedeckten Häusern.
438 km: Pánuco, eine Kleinstadt in der Nähe bedeutender Fundstätten der huaxtekischen Kultur der archaischen Epoch (s. Huaxtekisches Museum in Tampico).
439 km: Gebührenpflichtige Brücke über den Rio Pánuco.
453 km: Straße von Tampico nach Ciudad Valles (s. Rte 10).
485 km: Gebührenpflichtige Brücke über den Rio Tamesi.
488,5 km: L., Straße nach (185 km) Ciudad Victoria (s. Rte 12).
490 km: Tampico. Der im Bundesstaat Tamaulipas am linken Ufer des Rio Pánuco nahe der Mündung gelegene Flußhafen zählt 330.000 Ew. Zusammen mit Veracruz ist Tampico der aktivste Hafen Mexikos mit Verbindungen in die USA, Europa und Lateinamerika (Ölexport). Im Hafen liegen eine kleine Trawlerflotte und Fischdampfer mit kleiner Tonnage.

Die Mündung des Rio Pánuco wurde 1519 von den Spaniern entdeckt. Zwei Jahre später führte *Hernán Cortés* eine Expedition in dieses Gebiet, um die dort lebenden huaxtekischen Völker zu unterwerfen. Im gleichen Jahr wurde die erste spanische Stadt im Land der Huaxteken, San Esteban del Puerto (das heutige Pánuco) gegründet. Mit der Verwaltung des Bezirks Pánuco wurde *Nuño Beltrán de Guzmán* beauftragt, der dies zum Anlaß nahm, zwischen San Esteban del Puerto und den Antillen einen schwunghaften Sklavenhandel einzurichten.

1533 wurde der Bezirk in den Rang einer Alcaldia Mayor de Pánuco y Tampico erhoben. In San Luis de Tampico befand sich eine 1530 gegründete Missionsstation. Im Jahre 1560 wurde San Luis de Tampico in den Rang einer *Villa* erhoben. Der noch relativ unbedeutende Ort wurde im 17. Jh. bei einem Einfall der aus dem N. Mexikos kommenden Nomadenvölker zerstört und erst nach dem Unabhängigkeitskrieg im Jahre 1823 wiederaufgebaut. Die schwierigen Anfänge der Stadt Tampico wurden 1829 von den Spaniern bedroht, als *Ferdinand VII.* eine Flotte entsandte, um Mexiko zurückzuerobern.

Während des Krieges zwischen angelsächsischen Siedlern in Texas und Mexiko wurde Tampico vom texanischen General *Zachary Taylor* besetzt, der die Stadt nach dem Friedensschluß räumte. Später besetzten französische Truppen die Stadt, die im Jahre 1866 schließlich abzogen. Unter

Porfirio Díaz nahm der Hafen einen ersten Aufschwung, vor allem dank der Förderung bedeutender Erdölvorkommen durch *Edward L. Doheny*, dem bald danach *Rockefeller* und dann die englische Gesellschaft *Pearson and Sons* folgten.

Tampico hat abgesehen von seinem, allen Häfen eigenen, regen Betrieb wenig Interessantes zu bieten. Die *Plaza de Armas* bzw. der *Zócalo* stellt nichtsdestoweniger einen hervorragenden Beobachtungsposten dar, vor allem bei Einbruch der Dunkelheit, wenn die Menge dort promeniert und der Musik eines der Orchester in den mit Azulejos geschmückten Kiosken im andalusischen Stil lauscht. Auf diesem Platz erheben sich die nicht sonderlich interessante Kathedrale und der Palacio Municipal.

* Huaxtekisches Museum. – 7 km von der Plaza de Armas entfernt (folgen Sie der Straße nach Monterrey und biegen Sie in der Av. Ejército Nacional, ungef. 800 m nach dem Hotel Camino Real, nach r. auf die Strandstraße) können Sie in der Satellitenstadt **Ciudad Madero** ein kleines Museum besichtigen, das dem Lande der Huaxteken, einem der originellsten Gebiete Mexikos gewidmet ist. Sie können sich dort mit der Geschichte, der Kultur und der Folklore seiner einstigen und heutigen Bewohner vertraut machen.

Öffnungszeiten: tgl. außer Mo. 9–12 Uhr.

Verwandte Elemente zwischen Huaxteken und Mayas. – Das Territorium der Huaxteken erstreckte sich von der Sierra de Tamaulipas im N bis zur Mündung des Rio Cazones im S und verbreitete sich im W, wo es die Ausläufer der Sierra Madre Oriental umschloß.

Aus der Sicht der Archäologen geht die Ansiedlung der huaxtekischen Völker auf dem von ihnen bewohnten Gebiet auf das Ende des 1. Jahrtausend v. Chr. zurück (für manche Forscher hat sie am Beginn des 1. Jh. stattgefunden) und erfolgte während der Wanderung der Maya-Völker nach Yucatán, Petén, Chiapas und die Altos von Guatemala usw. (s. hierzu die Keramiksammlung der Vitrinen 3 und 4). Das Huaxtekische gehört tatsächlich zur Familie der Maya-Sprachen und wird derzeit von 50.000 Personen gesprochen, die sich auf zwei Hauptgebiete verteilen: den SO des Bundesstaates San Luis Potosí (Tancanhuitz und Ciudad Valles) und den N des Bundesstaats Veracruz (Tantoyuca, Tancoco, Chontla, Amatlan usw.)., wobei jedoch in beiden Gebieten eine andere Mundart gesprochen wird. Obwohl die Huaxteken in Sprache und physischer Erscheinung (s. Vitrine 1) mit den Maya verwandt sind, entwickelten sie eine eigenständige, sicherlich weniger brillante Kultur als ihre in Yucatán und im Petén ansässigen Vewandten, von denen sie getrennt wurden, bevor sich deren Kultur entfaltete, der jedoch bei der Entstehung der Kulturen des Hochplateaus und in Nordmexiko eine außerordentlich bedeutsame Rolle zukam und deren Einfluß bis in den SO der Vereinigten Staaten, in die Täler des Mississipi und des Ohio ausstrahlte.

Ein Ausstrahlungszentrum religiösen Gedankenguts. – Die Huaxteken scheinen vor allem auf religiösen Gebiet für die Entwicklung der Zivilisationen des Zentralplateaus und Nordmexikos eine hervorragende Rolle gespielt zu haben (s. Vitrine 6 und Statuensammlung). Einige der Hauptgötter des huaxtekischen Pantheons wurden von den Mexica übernommen: *Quetzalcóatl* in seiner Verkörperung als Windgott *Ehécatl*, *Tlazoltéotl*, die Göttin der Liebe und des Geschlechtsaktes, *Xilonen*, die Göttin des Maises, *Teteo innán*, die Göttermutter und *Xochiquetzal*, der Gott der Liebe und der Blumen. In Wirklichkeit reicht der Einfluß dieser Zivilisation in eine weit zurückliegende Epoche, in der – einer Überlieferung zufolge – die Begründer von Teotihuacán vor ihrer Ansiedelung im Tal von Mexiko im Land der Huaxteken gelebt haben sollen. Einer anderen Überlieferung nach wird den Huaxteken ein indirekter Einfluß auf den Fall von Tula zugeschrieben, der beim Zusammenprall der beiden rivalisierenden Parteien erfolgt sein soll. Die Tochter des letzten Königs von Tula, *Huemac*, soll in der Hauptstadt der Tolteken den Bürgerkrieg ausgelöst haben, als sie versuchte, dem Volk einen huaxtekischen Fürsten aufzuzwingen.

Ein Zentrum des Widerstands gegen den aztekischen Imperialismus. – Im 15. Jh. wurde der Ausbreitung der Huaxteken (s. Vitrine 7) durch die Azteken Einhalt geboten, die Militärkolonien im S des huaxtekischen Landes, namentlich in Tochpan (Tuxpan) und Castillo de Teayo einrichteten. Dagegen gelang es den Mexica nicht, dieses unruhige und wehrhafte Volk auf Dauer niederzuwerfen. Sie mußten sich darauf beschränken, ihm Tributleistungen aufzuerlegen. Man weiß, daß zum Zeitpunkt der Konquista die Stadt Tochpan den Azteken einen Jahrestribut von 6.948 Traglasten Umhänge, 800 Traglasten Hüftschurze und die gleiche Zahl Röcke leistete, 800 Traglasten Pfeffer, 20 Bündel Federn, 2 Jadeketten, 2 Ketten aus Türkisen, 2 Türkismosaike und 2 vollständige Kriegerkostüme (s. Vitrinen 2, 5 und 9). Als die Spanier mexikanischen Boden betraten, war das Land der Huaxteken in mehrere kleine unabhängige Fürstentümer unterteilt, die ängstlich auf ihre Souveränität bedacht waren, die sich aber zum Zeitpunkt des aztekischen Einfalls zusammengeschlossen hatten.

Die Kunst der Huaxteken während der präkolumbischen Epoche. – Die von den Archäologen im Land der Huaxteken durchgeführten Forschungen haben einen Beitrag dieses Volkes zur Architektur ermittelt, dem in Mesoamerika eine gewisse Verbreitung zuteil wurde (s. Vitrine 8); ein auf einem kreisförmigen Grundriß errichteter Tempel, den man namentlich in Calixtlahuaca, in der Nähe von Tula, begegnet und der den Azteken als Modell für den Bau ihres Quetzalcóatltempels in Teocalli (Hl. Bezirk) von Tenochtitlán diente. Die ebenfalls eigenständige Bildhauerkunst der Huaxteken (im Museum sind einige Arbeiten zu sehen) weist sich in der vollplastischen Darstellung einer häufig anzutreffenden Erdgöttin mit zylindrisch-konischem Kopfputz aus, den zuweilen ein Strahlenkranz aus Federn umgibt sowie in der Darstellung von Körperdeformationen (s. Vitrine 1). Sie sehen Statuetten mit Schädeldeformationen, die häufig von den Bewohnern des Golfküstengebiets geübt wurden. Beachten Sie auch die stark entwickelten Hüften der weiblichen Statuetten, eine getreue Wiedergabe eines bei huaxtekischen Frauen häufig zu beobachtenden Charakteristikums.

Das Land der Huaxteken während der Kolonialepoche. – Die erste von den Spaniern gegen die Huaxteken gerichtete Expedition führte 1521 der Gouverneur von Jamaica, *Francisco de Garay* durch, was *Hernán Cortés* unmittelbar bewog, die Eroberung dieses Gebiets in Angriff zu nehmen. Von 1530 an wurden die Huaxteken von *Andrés de Olmos* zum christlichen Glauben bekehrt. Während der Kolonialepoche verschrieb sich dieses Gebiet hauptsächlich der Viehzucht. Bis zur Revolution führten die Huaxteken ein Leben am Rande des übrigen Mexiko. Dies gilt teilweise noch heute für abgelegene Landstriche, wo sich vor allem in den Gebirgsgegenden der Sierra Madre Oriental die alten Bräuche erhalten haben, besser als anderswo im NO Mexikos.

Die Huaxteken leben heute wie früher von der Viehzucht und der Landwirtschaft, trotz der erzielten Fortschritte auf dem Gebiet der Erdölförderung bei Pánuco, Tamuín und Tampico. Sie leben auch von kunsthandwerklichen Erzeugnissen, die ihnen bescheidene zusätzliche Erträge einbringen: der Herstellung von Matten aus Palmfasern und anderen Gegenständen, Keramik, Behältern aus Holz (temales), Kalebassen, Korbwaren (canastas), bestickten Textilien, die schon während der vorspanischen Epoche bekannt waren, Decken und Quechquémitles in unzähligen Farben. Mit Ausnahme einiger weniger Orte in der Sierra Madre Oriental ist diese Industrie heute jedoch aufgegeben.

Die Architektur ist durch rechteckige Häuser mit abgerundeten Ecken, in Erinnerung an eine Zeit, als sie noch rund waren. Es gibt nur wenige Dörfer oder Städte, dagegen verstreute Rancherias bzw. Gruppen von Ranchos. Die Behausungen bestehen meist aus einem einzigen Raum, der als Schlaf- und Kochstelle und manchmal sogar als Hühnerstall (corral) dient. Die Einrichtung ist dürftig und beschränkt sich auf Matten zum Schlafen, dreifüssige Bänke (lactem), eine an der Decke befestigte Wiege und einen kleinen Hausaltar, auf dem ein Bild des Schutzheiligen steht.

Die Religion, die von den Huaxteken praktiziert wird, ist ein mit heidnischen Bräuchen vermischter Katholizismus, aber auch die Magier (Zimanes) haben noch großen Einfluß. Während der vorspanischen Epoche standen die Magier in hohem Ansehen und ihre Zauberkräfte sind noch heute gefürchtet. Um das Schicksal zu beschwören, wendet man sich an einen Heilkundigen, der auch Krankheiten der Seele heilt.

Die Feste der Huaxteken sind die des katholischen Kalenders. Sie werden mit Prozessionen und Tänzen begangen, von denen der Volador der bekannteste ist. Dieser Tanz wird auch im Gebiet von Papantla bei den Totonaken aufgeführt und in der Sierra de Puebla, namentlich in Santa Maria de Tlapacoya und im Dorf Pahuatlán.

Ein Brauch, der noch in einigen Gebieten im N des Staates Veracruz sowie bei verschiedenen anderen mesoamerikanischen Völkern praktiziert wird, besteht darin, die Nabelschnur in einer Grube zu vergraben, in die man einen Bananenbaum pflanzt, dessen Früchte von den Kindern der unter einem gemeinsamen Dach hausenden Sippe verspeist werden. Die alten Beisetzungsriten kommen allmählich außer Gebrauch. In einigen abgelegenen Gebieten jedoch stellt man noch immer Beigaben auf die Seite des Verstorbenen, damit er wohlbehalten das Jenseits erreiche: Geldmünzen, einen Eßnapf, eine Jicara zum Überqueren der Flüsse, Maiskolben, um sie den Guajoles (wilden Truthähnen) vorzuwerfen, Sandalen, eine Machete usw.

Beim Betrachten der Vitrinen des Huaxtekischen Museums werden Sie eine interessante chronologisch angeordnete Serie der huaxtekischen Kultur sehen, die Keramik und Figuren von den Ursprüngen bis zur Konquista umfaßt.

In der Vitrine, die dem **Schmuck** gewidmet ist, sehen Sie prachtvolle **Pektorale aus Schildpatt** (die in amerikanischen und europäischen Museen selten vertreten sind) mit Gemmenschnitt, auf denen im allgemeinen zwei Schlangen dargestellt sind, die vermutlich den Tag und die Nacht symbolisieren.

In der der **Religion** gewidmeten Vitrine sehen Sie einen **Pelota-Spieler** mit Bitumenspuren und **Musikinstrumente,** darunter eine Okkarina, eine Pfeife, eine Flöte, Glocken.

Die dem **Krieg** gewidmete Vitrine zeigt Bogen und Pfeile, Speerschleudern (atlatl), Obsidianmesser, Lanzen, Wurfspieße, Beile aus Kupfer, Streitkeulen aus Stein, Schwerter und mit Obsidianklingen gespickte Holzkeulen. Die Krieger trugen zu ihrem Schutz mit Baumwolle gepolsterte Kleidung und Glocken um die Knöchel, die der Abschreckung dienten.

Sie bedeckten ihr Haupt mit gelben Federn und schlugen ihren bezwungenen Feinden den Kopf ab, den sie als Trophäe vorwiesen.
In der der **Kleidung** gewidmeten Vitrine sehen Sie den typischen Quechquémitl, eine Art Umhang aus Baumwolle mit Kreuzstichstickerei und manchmal mit vielfarbigen Fransen.
Unter den **Skulpturen** sehen Sie eine **Statue** aus dem Bundesstaat Veracruz, die einen **Krieger** mit Speerschleuder darstellt, die **Statue einer Gottheit,** vermutlich eine Fruchtbarkeitsgöttin. Die Göttin ist aufrecht stehend mit nackten Brüsten dargestellt, die Hände ruhen auf dem Bauch. Sie trägt eine eigenartige konische Kopfbedeckung, um die sich fächerförmig ein Federkranz (*resplandor*) legt. Beachten Sie auch die Kopie der im Huaxteken-Saal im Nationalmuseum von Mexiko aufgestellten berühmten Skulptur, die in Tamuín gefunden wurde und einen Jüngling, Priester oder den Windgott darstellt, dem die Huaxteken den Namen Ehécatl gaben.
Es folgen mehrere Statuen der Gottheit mit gefalteten Händen und „Resplandor".

10 – Von Tampico über Tamazunchale nach México

Diese ★★★ Route ist wegen ihrer landschaftlichen Schönheit zwischen Tamazunchale und Ixmiquilpan, einer Strecke von fast 250 km Länge, besonders sehenswert. Ab der Ausfahrt aus Tamazunchale durchqueren Sie eine bewaldete, prachtvolle Bergkulisse. Die Straße, die durch ein Tal wieder bergan steigt, führt Sie auf eine Höhe von ungefähr 2.300 m. Tropische Wälder machen Tannen und anderen Nadelhölzern Platz, gefolgt von Kakteen- und Mezquiteflächen. Dann wieder wird die von Sukkulanten übersäte Landschaft – vor allem in den Schluchten des Rio Tula (bei km 434,5) – zu einem wahren Botanischen Garten. Danach fahren Sie über die Mesa Central geradewegs auf die Hauptstadt der Republik zu. Es gibt zwei Nebenstrecken, die eine in Richtung San Luis Potosí und Guadalajara (s. Rte 10A), die andere in Richtung San Juan del Rio (s. Rte 10B), die ebenfalls sehr schön sind, besonders die zweite, die durch die Sierra Gorda führt, eine dünnbesiedelte Berggegend, in die Spanier erst spät vordrangen. Einige auf dieser Strecke liegende Barockkirchen erhöhen noch den Reiz dieser Route.

Sie interessieren sich für:

Archäologie: Besichtigen Sie auf der Vorbeifahrt die Ausgrabungsstätte El Ebano.
Architektur der Sakralbauten der Kolonialepoche: Besuchen Sie einige ★ Kirchen der Sierra Gorda und auf dem Hauptweg das sehenswerte ★★ Kloster Actopan.

Straße: 657 km auf einer Straße mit starkem Gefälle zwischen Tamazunchale und Ixmiquilpan. Rechnen Sie ungefähr zwei Stunden Fahrzeit von Tampico nach Ciudad Valles, zweieinhalb Stunden von dort nach Tamazunchale, vier Stunden nach Zimapán und dreieinhalb bis vier Stunden nach Mexiko.

37 km: Lassen Sie l. die Straße über Pachuca nach México (s. Rte 9 in umgekehrter Richtung ab km 453) liegen.
61 km: El Ebano, ein Pueblo in der Nähe eines Erdölfelds, das sich bis in den Bundesstaat Tamaulipas erstreckt.

In der Nähe von El Ebano hat man 1937 einen Rundbau entdeckt, der als ältester huaxtekischer Tempel (Pánuca-Periode I und II) gilt. Dieser Bau,

(10) Tampico – Tamazunchale – México   458

der vermutlich mit den archaischen Kulturen Mittelmexikos zeitgleich ist, besteht aus einem runden Lehmkörper in Form einer drei Meter hohen Kalotte mit einem Durchmesser von 27 m. Auf dieser Struktur erhob sich vermutlich ein kleines Oratorium aus Holz. Kreisförmige bzw. rechteckige Bauten mit abgerundeten Ecken sind bekanntlich eines der wesentlichen Merkmale der huaxtekischen Architektur, die sich dadurch von den übrigen Bauformen Mesoamerikas unterscheidet. Die auf dem mexikanischen Hochplateau und im Gebiet der Maya ab der toltekischen Epoche errichteten Rundbauten gehen vermutlich auf den Einfluß der Huaxteken zurück. Die außerhalb des huaxtekischen Gebietes errichteten Rundtempel waren vermutlich speziell dem Windgott geweiht, dem die Huaxteken den Namen *Ehécatl* gegeben hatten. Noch heute geben die in diesem Gebiet lebenden Indios den Ecken ihrer Behausungen eine abgerundete Form.

110 km: **Tamuín,** ein 7.000 Ew. zählender Huaxteken-Ort am r. Ufer des gleichnamigen Flusses.

Im SO dieses Ortes, 8 km entfernt, befindet sich die Ausgrabungsstätte **Tamuín** bzw. **El Tamuín** am Ufer des gleichnamigen Flusses (schlagen Sie im Ort die l. abzweigende Straße nach Tancuayalab ein und überqueren Sie den Rio Tamuín). Die vom *Instituto Nacional de Antropologia y Historia* in einem Teilbereich (die Zone bedeckt eine Gesamtfläche von 17 ha) durchgeführten Ausgrabungen haben wenig interessante, weil schlecht erhaltene Bauten zutage gefördert. Die Archäologische Zone umfaßt eine Vielzahl von Erdhügeln (*Monticulos*), die sich um Höfe und Plätze gruppieren. Die Grabungen konzentrierten sich im Wesentlichen auf einen 5 m hohen Sockel, auf dem sich mehrere *Monticulos* erhoben. Man legte u. a. einen niedrigen Sockel frei, der über zwei älteren Bauten einen nach O gerichteten Tempel mit bemalten zinnengekrönten Mauern trug. Von diesem Sockel nahm eine lange schmale Plattform ihren Ausgang, die den Tempel mit zwei Altären verband.

Der ganze Komplex war mit Fresken geschmückt. Dabei handelte es sich sowohl um geometrische (Mäander) wie florale Motive. Auf dem ersten Altar entdeckte man einen Fries mit einer Prozession von elf reichgekleideten, Fächer tragenden Gestalten, die vermutlich Gottheiten oder Priester darstellten. (Cf. W. Du Solier, Primer fresco mural huasteco, Cuadernos Americanos, Bd. XXX, 1946, S. 151–159).

Unter dem Hauptsockel wurden ebenfalls Reste eines älteren rechteckigen Baues entdeckt, der zwei zurückgesetzte, ungleich hohe Stufen umfaßte. Am Fuß der nördl. und südl. Treppenmauer fand man Gräber, deren Wände aus Kieseln und Lehm mit einer Stuckschicht überzogen waren. Die Leichname waren in Hockstellung nach O ausgerichtet.

Die archäologische Zone **Tantoque** in der Nähe von **El Aserradero** im Gemeindebezirk Tamuín wurde von französischen Archäologen untersucht. Dort wurden mehrere von Stützmauern getragene kleine Plattformen freigelegt.

142 km: R. Straße nach Monterrey (s. Rte 12 in umgekehrter Richtung ab km 517), l. nach México (s. unten).

Ciudad Valles, 2 km entfernt, zählt 66.800 Ew. Die 1533 unter dem Namen *Villa Santiago de los Valles de Oxitipa* gegründete Stadt liegt in einer Höhe von 89 m inmitten eines fruchtbaren Anbaugebiets (Rohrzucker; Zitrusfrüchte); Zuckerraffinerie.

Außer einem kleinen **Museum** im Zentrum der Stadt, an der Straße von Nuevo Laredo nach México, hat Ciudad Valles keine Sehenswürdigkeiten zu bieten. Dieses Museum birgt Funde von den benachbarten Ausgrabungsstätten, insbesondere aus Tamuín.

☞ **10 A – Von Ciudad Valles nach San Luis Potosí und Guadalajara** (270 bzw. 619 km auf einer ★★**Bergstrecke** zwischen Ciudad Valles und San Luis Potosí, die im wesentlichen am Osthang der Sierra Madre Oriental verläuft. Rechnen Sie ungefähr viereinhalb Stunden bis nach San Luis Potosí und fünfeinhalb Stunden von San Luis Potosí nach Guadalajara). – Ausfahrt aus Ciudad Valles auf der Straße nach Monterrey, nach 2 km r. abbiegen. 138 km: **Río Verde** in einer Ebene, die hauptsächlich dem Anbau von Mais und Zitrusfrüchten gewidmet ist. 197,5 km: **Santa Catarina.** Hier beginnt der schönste Abschnitt dieser Strecke. – 226 km: **Valle de los Fantasmas**: in der Nähe eigenartige Felsformationen. – 229 km: **Puerto Altamira** (2.900 m); sehr schöne Sicht auf ein Plateau, auf das die Straße hinausführt.

268 km: Kreuzung an der Straße México – Monterrey. Die erste Straße führt nach Monterrey (s. Rte 11, km 409,5); die zweite ins Zentrum von San Luis Potosí (s. Rte 11, km 409,5); die dritte nach Guadalajara (s. u.) und die vierte nach México (s. Rte 11 in umgekehrter Richtung ab km 409,5). Die Straße nach Guadalajara führt im S um San Luis Potosí herum. Sie überqueren dann ein ödes Plateau mit kahlen Felsen; eintönige Landschaft.

352 km: **Ojuelos de Jalisco**; r. Straße nach (86 km) Aguascalientes (s. Rte 15, km 489). – 420,5 km: R. Straße nach León (s. Rte 15, km 403). – 423,5 km: **Lagos de Moreno** (s. Rte 15, km 406). – 425,5 km: R. Straße nach Zacatecas (s. Rte. 15, km 408).

468 km: **San Juan de Lagos,** 26.000 Ew.; ruhige Kleinstadt mit kolonialem Gepräge. Religiöse Feste, das bekannteste vom 20. Jan. bis 5. Feb. und am 2. Feb. Dort wird eine Statue der *Virgen de la Candelaria* verehrt, die 1542 bei einem Aufstand gegen die Spanier von den Chichimeken entführt und viel später wie durch ein Wunder unter dem Boden einer Hütte aufgefunden wurde. Die Statue ist in der Pfarrkirche *(Iglesia Parroquia)* aufgestellt. Bei religiösen Festen pilgern die Gläubigen oft von weither nach San Juan del Rio, um dort zu beten aber auch um sich an Vergnügungen zu erfreuen, die auch für Touristen sehenswert sind; Tänze, Stierkämpfe, Hahnenkämpfe, usw.

Die Festlichkeiten beginnen mit der **Fiesta del Señor de Chipinque** vom 1.–6. August und vom 20. Nov. bis 13. Dez. (vor allem aber am 28. Nov.) zu Ehren der **Nuestra Señora de San Juan de los Lagos**; während dieser Fiesta findet ein Pferde- und Maultiermarkt statt, wobei auch ein reichhaltiges Angebot an Charro-Zubehör angeboten wird: Sättel, Sporen.

Zwischen San Juan de los Lagos und Zapotlanejo werden Sie mehrere kleine Kolonialstädtchen entdecken, die sich um Kirchen gruppieren, deren Kuppel Azulejos schmücken.

☞ 542 km: Kreuzung.

(10) Tampico – Tamazunchale – México

➡️ R. nach (96 km) **Nochistlán**; kleines Bergdorf unweit des berühmten *peñol* (Felsen) de Nochistlán, einer Festung, in der die Indios mehrere Jahre lang den Konquistadoren Widerstand leisteten.

583 km: **Zapotlanejo**, Kleinstadt mit 20.000 Ew. – 584,5 km: gebührenpflichtige Straße (es gibt auch eine gebührenfreie) nach Guadalajara auf der Rte von México über La Piedad (s. Rte 7, km 34,5).
619 km: **Guadalajara** (s. Rte. 5).

➡️ **Fortsetzung der Route 10.** – **187** km: R. am Rand eines Waldes nach **Aquismon**. Der Ort ist an Markttagen besonders malerisch, wenn die huaxtekische Bevölkerung aus der Umgebung herbeiströmt.

Die Frauen tragen bunte *Quechquémitles* oder *Quiskem*, einen kleinen Umhang aus Baumwollstoff mit Kreuzsticharbeit mit geometrischen Motiven und Fransen. Frater Bernardino de Sahagún zufolge trugen die huaxtekischen Frauen bereits in vorcortesischer Zeit diese sehr geschätzten Kleidungsstücke und stellten Mäntel her, die den bezeichnenden Namen *Centzontilmatli*, „Mantel mit tausend Farben", trugen, die bei der Oberschicht der aztekischen Gesellschaft sehr begehrt waren.

190 km: Kreuzung.

➡️ L. zum (14 km auf der Straße nach Tampamolón, nach 9 km l.) **Dorf General Pedro Antonio Santos**, vormals **Tancanhuitz**, unweit einer weitgestreckten archäologischen Stätte, deren Gebäude von NW nach SO nach einem ausgewogenen symmetrischen Plan ausgerichtet sind. Die freigelegten Gebäude sind rund oder rechteckig mit abgerundeten Ecken und bestehen aus übereinander gestellten, sich nach oben verjüngenden Plattformen. Die Plattformen der einzelnen Gebäude sind keine getrennten Baukörper; sie haben im Gegenteil einen gemeinsamen Kern aus Erde und Lehm, um den man mit Hilfe von Steinplatten die verschiedenen Terrassen errichtete. Von seiner kreisrunden Anlage her erinnert eines dieser Gebäude (mit einem Durchmesser von 12 m und einer Höhe von 3 m) an die Pyramide von Cuicuilo bei Mexiko. Wie diese hatte die Pyramide von Tancanhuitz keine Treppe; auf die obere Plattform gelangte man über eine Rampe.

208 km: R. Straße nach Xilitla und San Juan del Rio durch die Sierra Gorda (s. u.).

☞ **10 B – Von Xilitla (km 208) nach San Juan del Río** (280 km auf einer guten, zwischen Jalpan und Puente Peña Blanca [80 km] kurvenreichen Straße; rechnen Sie mit 5 Stunden Fahrt nach San Juan del Río; keine Tankstelle zwischen Xilitla und Vizarrón, d. h. auf einer Strecke von fast 200 km). – **15** km: **Xilitla**, 16.000 Ew., auf einem Vorgebirge, das das Tal des Río Moctezuma beherrscht. Spanische Mönche errichteten im 16. Jh. ein Kloster, um welches sich huaxtekische Völker ansiedelten. Beim Einfall der Chichimeken, einem kriegerischen Nomadenvolk, ergriffen sie im Jahre 1587 die Flucht; wieder in ihr Dorf zurückgekehrt wurden sie 1587 erneut angegriffen und verschanzten sich im

Kloster, das teilweise niederbrannte. – 51 km: Die Straße führt über einen ca. 1.500 m hohen Paß, über den Sie in die Sierra Gorda gelangen. Das nur dünn besiedelte Gebiet weist mit seinen Wäldern und öden Landstrichen, auf denen nur vereinzelt Kakteen wachsen, und seinen in Tälern gelegenen Oasen große landschaftliche Kontraste auf.

Die Sierra Gorda war zunächst von Huaxteken besiedelt, die dort zwischen dem 6. und 12. Jh. die Zeremonialzentren Toluquilla und Las Ranas gründeten; im 12. Jh. wurde sie dann von den Chichimeken erobert, die in zwei Gruppen zerfielen, die eher seßhaften und ziemlich friedliebenden *Pame*, und die *Jonaze*, die umherzogen und so kriegerisch waren, daß die Azteken sie nicht anzugreifen wagten. Ab dem 16. Jh. gelang es Siedlern der *Otomí* und *Nahua*, sich in diesem Gebiet niederzulassen. Aber noch lange danach waren die Jonaze in ihren Sierras unbezwungen, praktisch bis ins 18. Jh., als die Franziskaner dort Missionen einrichteten.

62,5 km: Kreuzung.

R. (22 km auf einer schlechten Fahrspur) das Dorf **Tancoyol**, eines der fünf Dörfer, in welchem Franziskanermissionare eine ★ **Kirche** (1760–1765) im barocken Stil errichteten. Im Atrium *Posas* und eine offene Kapelle.

67 km: **La Langunita**; samstags Markt, der vor allem von den Bauern der Umgebung besucht wird.

L. nach (23 km) **Tilaco**; ★ **Barockkirche** (bemerkenswerte Fassade), 1754–1762 von den Franziskanern errichtet.

77 km: **Landa de Matamoros**, 1000 Ew. Das Innere der von Franziskanern errichteten Kirche (1760–1768) zieren Stuck-Medaillons. – 99 km: **Jalpan; die schönste der fünf Kirchen der Sierra Gorda**. Sie wurde von 1751–1758 erbaut und zeigt eine prachtvolle, mit barocken Ornamenten überladene ★★**Fassade**.

Von Jalpan zweigt r. eine Straße nach (106 km) **Rio Verde** ab (s. Rte 10A, km 138), die in der Nähe von (48 km) **Conca** vorüberführt, einem l. von der Straße gelegenen Pueblo, wo Franziskanermönche 1754–1758 eine **Kirche** errichteten.

127 km: Fahrt über einen 1.500 m hohen Paß nach einer Steigung von ca. 800 m. – 143 km: Paß in 2.325 m Höhe; weiter ★★**Rundblick** auf eine eindrucksvolle Bergszenerie. – 148 km: höchster Punkt dieser Strecke: 2.375 m. – 177 km: **Puente Peña Blanca** in einer Talsohle. – 200,5 km:

L. nach (25 km) **San Joaquín**, eine per Jeep erreichbare Ranchería, von wo aus Sie die Ruinen von Toluquilla und Las Ranas erreichen.

Die **Ruinen von Toluquilla** befinden sich auf einer kleinen Hochebene, die vom NW her zugänglich ist; zwei Ballspielplätze und Pyramidenbauten unter einer dichten Vegetation.

Die Stätte **Las Ranas** umfaßt zwei schmale natürliche Plattformen mit Ballspielplätzen und Pyramidenbauten, die der an der Oberfläche gefundenen Keramik zufolge vermutlich aus der toltekischen Epoche (11. und 12. Jh.) stammen.

(10) Tampico – Tamazunchale – México

☞ 206 km: **Vizarrón**, ein Otomí-Ort, wo die Frauen nach der „Ikat"-Technik Quechquémitles herstellen. Die Kettfäden werden gestärkt und mit Bleistift mit den Motiven versehen, dann erst in mehreren Bädern gefärbt; erst dann werden sie auf den Webstuhl gespannt.
231 km: **Cadereyta** (2.060 m) in einer Ebene, die umso stärker bebaut ist, je mehr man sich San Juan del Río nähert. Bald schon tauchen Weinberge auf, die ausgezeichnete Weine liefern (namentlich den Hidalgo). – 260/261 km: L. **Tequisquiapan** (s. Umgebung von San Juan del Río). – 276 km: L. Zufahrt (2 km) zur Autobahn México–Querétaro (s. Rte 8, km 155,5). – 280 km: San Juan del Río (s. Rte 8, km 155,5).

☛ **Fortsetzung der Rte 10. – 248** km: Mirador (Aussichtspunkt) des Río Moctezuma mit herrlichem ★ ★ **Ausblick** auf das grüne Tal dieses Flusses.
253 km: **Tamazunchale** (119 m), 15.000 Ew., huaxtekische Siedlung, im Tal des Río Moctezuma; kleine Kirche aus dem 16. Jh. (sehr belebter Sonntagsmarkt).
303 km: **Puerto Gavilán** (1.550 m). Kurz danach verläuft die Straße am Berghang. Dörfer, mit Palmblättern gedeckte Häuser auf den Hängen.
348 km: **Jacala**, Pueblo in einem vom Río Quetzalapa bewässerten Becken, umgeben von bewaldeten Bergen.
387 km: R. großartiger ★ ★ ★ **Rundblick** auf die Sierra Madre Oriental (2.250 m).
405 km: **Puerto la Estancia** (2.000 m); eindrucksvolle ★ ★ **Sicht** auf die Bergkulisse.
409 km: R. nach (9 km) **Zimapán**, 5.000 Ew., Bergbauort (1.950 m), der in einem öden Becken eine Art Oase darstellte. In dem Ort, der 1522 gegründet wurde, stehen noch einige interessante Ruinen aus der Zeit, als die kurz nach der Konquista entdeckten Silberminen noch in Betrieb waren; barocke Pfarrkirche *(parroquia)* (17. Jh.); sehenswertes Portal, zweigliedrige Fassade und massiver Glockenturm.
415 km: R. weitere Straße nach (6,5 km) Zimapán.
434,5 km: Brücke über den in einer tief eingeschnittenen Schlucht fließenden Río Tula.
473 km: **Tetzu**; Fabrik für geknüpfte Teppiche mit geometrischen Mustern.
475/476,5 km: L. zum (1 km) kleinen Pueblo **Tasquillo**. Seiner **Kirche** ist ein *Atrium* mit drei kleinen Posas (Gebetsstätten) vorgelagert. Der Komplex wurde im 16. Jh. nach der der Konquista folgenden Bekehrungswelle errichtet.
485 km: R. Straße nach Querétaro (s. u.).

☞ **10 C – Von Ixmiquilpan (km 485) nach San Juan del Rio** (90 km auf einer guten, asphaltierten Straße). – 9 km: Golondrina.

Ixmiquilpan – San Juan del Rio

➡ L. nach (5 km) **Alfajayucan**; kleines Dorf mit nicht besonders interessantem Kloster, das vermutlich zwischen 1576 und 1586 von den Franziskanern gegründet wurde, mit einer befestigten Kirche, deren Glockenstuhl und Kuppel erst nachträglich aufgesetzt wurden. Dem Kloster ist eine Galerie vorgelagert, die vermutlich als offene Kapelle diente, und l. eine Taufkapelle. Die zweigeschossigen Gebäude gruppieren sich im Viereck um einen Kreuzgang.

☞ 45 km: **Huichapan**. In diesem Pueblo findet am 12. April ein großes Lokalfest statt, bei dem Tänze, Serenaden usw. aufgeführt werden. – 83 km: Autobahn México-Querétaro (s. Rte 8, km 148,5). – 90 km: **San Juan del Río** (s. Rte 8, km 155,5).

➡ **Fortsetzung der Rte 10.**

493 km: **Ixmiquilpan**; große (16.000 Ew.) Otomí-Siedlung am Río Tula, den zwei alte Brücken aus der Kolonialepoche überspannen. In dieser ehemaligen Otomí-Metropole errichtete der Augustinermönch Andrés de Mata 1550–1554 ein dem Hl. Andreas geweihtes Kloster.

Das **Kloster von Ixmiquilpan** wurde vom gleichen Architekten nach dem selben Plan wie das von Actopan, allerdings etwas kleiner, erbaut. Bei der Anlage des Atriums mußten die Gebäude berücksichtigt werden, die den Hauptplatz der alten Otomí-Siedlung umgaben. Die Klostergebäude, denen eine Galerie und eine offene Kapelle vorgelagert sind, werden von der **Kirche** flankiert, die bei Angriffen als Zufluchtsort diente.
Die Gemälde (16. Jh.), die man in diesem alten Kloster noch sehen kann, wurden vermutlich von Indios unter der Anleitung von Frater Andrés de Mata geschaffen. Man erkennt Anklänge an die Renaissance im floralen Dekor mit Kriegern, vermutlich Mexica, die einen Drachen, das Symbol des Bösen, bekämpfen. Am oberen Kreuzgang sind **fünf Medaillons** erhalten, die im 16. Jh. auf Amatepapier in Tempera gemalt wurden.
Der montags abgehaltene **Markt** wird hauptsächlich von den Otomís der Umgebung frequentiert.
Feste: Am 3. Mai im Mayo-Viertel (Pastorales, Tanz der Concheros und der Apaches); am 15. August (zwei Wochen vor dem Himmelfahrtstag) wird täglich in einer der Straßen des Viertels ein Blumenteppich ausgelegt; in der Nacht vom 14. auf den 15. feierliche Prozession durch die mit Blumenteppichen geschmückten Straßen. Erwähnenswert ist auch die Fiesta de la Virgen de los Remedios vom 3. bis 8. September in **Los Remedios**, 5 km von Ixmiquilpan entfernt.

➡ Auf einer kleinen Straße, die in Ixmiquilpan ihren Ausgang nimmt, erreicht man (23 km) **Cardonal**, ein weiteres Otomí-Pueblo mit einem Kloster aus dem 16. Jh.; im Atrium skulpturiertes Kreuz (16. Jh.), das indianische Einflüsse zeigt.

534 km: **Actopan**; eines der sehenswertesten ★★**Klöster** Mexikos (s. Rte 1 K, km 152).
560 km: L. Straße nach (10 km) **Pachuca** (s. Rte 9, km 97).
569 km: L. weitere Straße nach (9 km) Pachuca. Von dort, s. Rte 9 in umgekehrter Richtung ab km 88 bis México.
657 km: **México** (s. Rte 1).

11 – Von México nach San Luis Potosí, Monterrey und Nuevo Laredo

Diese Strecke, die die schnellste Verbindung zwischen México und den USA darstellt, bietet nicht die außerordentliche landschaftliche Vielfalt wie die alte Straße über Ciudad Victoria und Tamazunchale (s. Rten 12 und 10), ist jedoch wegen der Städte, die auf dieser Strecke liegen, nicht uninteressant: Querétaro und vor allem San Luis Potosí, sowie Saltillo und Monterrey. Sie sollten auch einen Abstecher nach San Miguel de Allende machen, das abseits dieser Strecke liegt und eventuell Guanajuato besichtigen.

Nach San Luis Potosí führt die Straße durch riesige Gestrüpplandschaften und Steppengebiete mit Aloe- und Mezquitegewächsen, die über eine Länge von mehreren hundert km eine eindrucksvolle Folge langer gerader Linien bilden.

Sie interessieren sich für:

Kolonialarchitektur: Besichtigen Sie San Luis Potosí und die Kathedrale von Saltillo.

Kunsthandwerk: Machen Sie in Santa Maria del Río Halt, wo Sie die schönsten *Rebozos* (Schals) Mexikos finden. Und vergessen Sie die Geschäfte in Saltillo und Monterrey nicht (Silberwaren, preisgünstige Lederarbeiten, Sarapes usw.).

Großartige Landschaften: Fahren Sie zum Cañon de la Huasteca in der Umgebung von Monterrey, der Cascada de la Cola de Caballo und auf die Mesa de Chipinque.

In Ihren Kalender notieren sollten Sie: die *Fiesta de Santo Cristo de la Capella in Saltillo* vom 1. bis 6. August.

Straße: 412 km (San Luis Potosí), 943 km (Monterrey) und 1.178 km (Nuevo Laredo); rechnen Sie mit 6 Std. Fahrt von México nach San Luis Potosí. 5 Std. von dort nach Saltillo, weitere 1–1 1/4 Std. nach Monterrey und 3–3 1/2 Std. von Monterrey nach Nuevo Laredo. Auf der gesamten Strecke nur wenige Höhenunterschiede.

☛ Von México nach Querétaro: s. Rte 8, km 204. Kurz vor der Einfahrt nach Querétaro schlagen Sie r. die Straße nach San Luis Potosí ein.

235 km: L. Straße nach **San Miguel de Allende** und **Guanajuato** (s. Rte 8 in umgekehrter Richtung, km 478).

293 km: L. Straße nach (40 km) **Dolores Hidalgo** (s. Rte 8, km 403).

México – Santa Maria del Rio

▶ R. nach (7 km) **San Luís de la Paz**, 15.000 Ew., 1594 gegründet. Von dort aus führt eine Straße nach (10 km) **Pozos**, einem ehemaligen Bergbauzentrum in der Nähe von Silberadern, die inzwischen stillgelegt wurden. Der kaum 300 Ew. zählende Ort wirkt wie eine Geisterstadt, deren zuweilen mit Wappen geschmückte Häuser, öffentliche Gebäude und Kirchen langsam verfallen.

2 km östl. von San Luís de la Paz liegt **La Misión** in einer Talmulde. Der Ort, der 1554 von Franziskanerpatres gegründet wurde, wird von Chichimeken-Jonaze bewohnt.

Die Jonaze bewohnen Häuser in einer runden Umfriedung, deren Durchmesser ca. 8 m beträgt. Die Behausungen erheben sich auf einem kreisförmigen Grundriß, ihre Mauern sind aus Steinen, mit Erdmörtel verbunden und mit Palm- oder Magueyblättern bedeckt.
Um das Dorf erstreckt sich der *Ejido* (landwirtschaftlich nutzbarer Gemeinbesitz), der sich meist aus Maisfeldern zusammensetzt. Zusammen mit Bohnen und erlegtem Wild bildet der Mais die Hauptnahrung der Indios. Von Juni bis September ernten die Chichimeken-Jonazes Kaktusfeigen, aus denen sie eine süße gallertartige Masse herstellen, die unter der Bezeichnung „Queso de Tuna" bekannt ist.

Die Religion der Jonazes ist der Katholizismus. Daneben halten sie aber noch alte Riten in Ehren, Kranke werden von einem Magier geheilt. Wie die Otomí bestatten sie ihre verstorbenen Kinder unter großer Lärmentfaltung (Knallfrösche) und glauben wie diese, daß die Seelen der Kinder unmittelbar in den Himmel aufsteigen. Die Beisetzung von Erwachsenen dagegen ist ernsthafter und da sie zudem die Rückkehr der Verstorbenen auf die Erde befürchten, beschwichtigen sie sie durch Opfergaben, die am 2. Nov. aufgestellt werden. An diesem Tag werden die Häuser verlassen, damit die Seelen der Verstorbenen dort ungehindert die für sie zubereiteten Speisen einnehmen können.

Die Feste der Jonazes sind die des katholischen Kalenders; sie feiern vor allem den Tag des Hl. Jakobus, Himmelfahrt und den Tag der Virgen de Guadelupe (12. Dez.). Dabei ziehen von Flöten und Trommeln begleitete Prozessionen durch die mit Blumen und Haferbündeln geschmückten Straßen des Ortes. Bei diesen Anlässen werden auch Pferdedressuren gezeigt.

▶ 363 km: L. **Santa María del Río**, ein kleines Pueblo, das für seine Rebozos (Schals) bekannt ist, die als schönste des ganzen Landes gelten. Sie werden noch heute nach einer sehr alten, von den Otomí entwickelten Technik hergestellt.

Die *Rebozos Sanmaritanos* verdanken ihre Berühmtheit dem zu ihrer Herstellung verwendeten Material, ihren Motiven (die meisten sind allerdings gestreift) und ihrer Färbung; am 15. Aug. (Maria-Himmelfahrt), große Feria, bei der Tänze, insbesondere der *„Concheros"* aufgeführt werden.

384 km:

▶ L. nach (22 km) **Villa de Reyes**; Recyclingfabrik für Zeitungspapier, die 85% des Zeitungspapiers unter Zusatz von nur 15% Zellulose zur Wiederverwertung aufbereitet. Gegenwärtig ist Mexiko nach den USA und Japan das dritte Land, das Zeitungspapier im Recycling-Verfahren wiederverwertet.

(11) México – Monterrey – Nuevo Laredo

409,5 km: Straßenkreuzung. Die erste Straße führt nach Ciudad Valles und Tampico (s. Rte 10 A in umgekehrter Richtung, km 268), die zweite nach Monterrey (s. u.), die dritte ins Zentrum von (2,5 km) San Luis Potosí (s. u.) und die vierte nach Guadalajara (s. Rte 10 A, km 268).

★ San Luis Potosí, 273.200 Ew., Hauptstadt des gleichnamigen Bundesstaates (63.241 km²; 1.559.000 Ew.), liegt in 1.877 m Höhe in einer von Kakteen und Mezquitepflanzen übersäten Steppe, wo jedoch in bewässerten Gebieten der Anbau von Baumwolle, Mais und Weizen möglich ist. Trotz der fortschreitenden Industrialisierung hat San Luis Potosí in seinen Vierteln im Zentrum das Flair der Kolonialepoche bewahrt.

Geschichte. – Zum Zeitpunkt der Konquista war das Gebiet von kriegerischen Stämmen besiedelt, die unter dem Gattungsnamen *„Chichimeken"* zusammengefaßt wurden. Die Spanier faßten erst spät auf diesem Teil der Mesa Central Fuß. Um 1589 unternahmen Franziskanermönche die Christianisierung dieses Gebiets und gründeten mehrere Missionsstationen, darunter auch San Luis (1590). Die Entdeckung reicher Silber- und Goldminen lenkte die Aufmerksamkeit der Spanier auf dieses Gebiet. Von da an nannte sich die Stadt *San Luis Potosí*, wobei das letzte Wort den Ortsnamen einer Bergbaustadt in Bolivien aufgriff, der in der Quechua-Sprache „Großer Reichtum" bedeutet.

Nach der Erklärung der Unabhängigkeit im Jahre 1810 in Dolores eroberte ein Mönch namens Herrera die Stadt, die kurz danach von den Royalisten belagert und zurückerobert wurde. Beim Einzug der französischen Truppen in Mexiko, die Maximilian von Habsburg unterstützten, wurde San Luis Potosí 1863 vorübergehend die Hauptstadt Mexikos, als Benito Juárez dort seine Regierung errichtete. Wenig später mußte er sich nach Saltillo und Monterrey zurückziehen und die Stadt fiel in die Hände des französischen Generals Bazaine. Zu Beginn des Jahres 1866 räumten die französischen Truppen die Stadt.

Plaza de Armas (Pl. B2). – Der „Waffenplatz", den der *Palacio de Góbierno*, ein 1770 errichtetes neoklassisches Gebäude und die *Kathedrale* (Pl. C2) säumen, die 1670 anstelle einer barocken Kirche (1592) erbaut wurde, wird größtenteils vom *Jardín Hidalgo* (Hidalgo-Garten) eingenommen.

Iglesia de San Francisco (Pl. B3). – Auf dem Weg zu dieser Kirche durch die Hidalgostraße sehen Sie an der Ecke der Aldamastraße, wo Sie nach l. einbiegen, ein *schönes Kolonialgebäude* mit Balkons und schmiedeeisernen Gittern. Die **San Francisco-Kirche** beim *Jardín Guerrero* besitzt eine barocke Fassade und eine mit blauen und weißen Azulejos geschmückte **Kuppel**. Die Kirche gehörte zu einem Kloster, das 1590 von Franziskanermönchen gegründet wurde.

Am Ende des Jardín Guerrero erheben sich nebeneinander zwei kleine Kirchen: l., der **Sagrado Carazón** und r. die **Iglesia de la Tercer Orden**, beide aus dem 18. Jh.

★ Regionalmuseum (Pl. A3). – Das in einem ehemaligen Franziskanerkloster untergebrachte Museum beherbergt ethnologische Sammlungen und vorspanische Antiken aus dem Land der Huaxteken, u. a. Statuen (Quetzalcóatl in seiner Manifestation als Windgott Ehécatl, Gottheiten mit

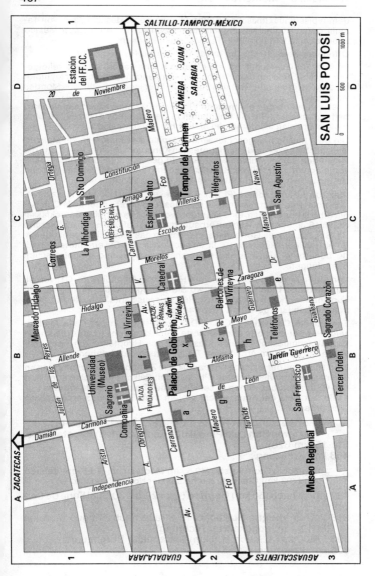

(11) México – Monterrey – Nuevo Laredo

dem typisch huaxtekischen Kopfputz, eine Kopie des Jünglings von Tamuín, deren Original sich im Nationalmuseum für Anthropologie in México befindet, u. a.), Steinjoche, „Palmas" und Figurinen.

Öffnungszeiten: 10–13 Uhr außer Mo. und Di., Fr. 15–18 Uhr.

Im südl. (r.) Querschiff der ehemaligen Kirche sehen Sie eine reliefgeschmückte **Stele** mit dem Symbol von Tamoanchán, wo sich der Mythologie zufolge der junge Gott des Maises mit der jungen Göttin des Mondes vereinigte.

In einer Galerie des ehemaligen Klosterkreuzgangs, **Kunstschmiedearbeiten**; beachten Sie die Steigbügel in Gestalt eines Kreuzes (16. Jh.), die aus Spanien stammen und arabischer Herkunft sind.

Die dem Museum angeschlossene * **Capilla d'Aránzazu** ist ein Meisterwerk der barocken und churriguereresken Kunst vom Beginn des 18. Jh.; die Flügel des Portals wurden aus Mezquite geschnitzt. In dem der Kapelle vorgelagerten Vestibül ein **Kruzifix** aus dem 17. Jh. In der Kapelle und den Nebenräumen Gemälde aus dem 17., 18. und 19. Jh.

Plaza de los Fundadores (Pl. B2). – Auf diesem in der Nähe der Plaza de Armas gelegenen Platz sollten Sie die **Iglesia de Loreto** oder **de la Compañía** (Pl. B1) besichtigen, eine anspruchsvolle Kirche mit einer Barockfassade, im 18. Jh. von den Jesuiten erbaut. Daneben befindet sich der **Sagrario** (Pl. B1), ein kleines Gotteshaus, das sich an das Universitätsgebäude (Pl. B1) anschließt. Dieses im 19. Jh. im neoklassischen Stil errichtete Gebäude beherbergt ein Museum mit archäologischen und ethnologischen Sammlungen.

Von dort aus kommen Sie, an einer Halle bzw. Alhóndiga (Pl. C1) vorbei, zum **Mercado Hidalgo** (Pl. B1), wo Sie Erzeugnisse des einheimischen Kunsthandwerkes kaufen können: *Rebozos* aus Santa Maria del Río, *Sarapes* aus San Luis de la Paz, Korbwaren, Keramik.

Templo del Carmen (Pl. C2). – Das Gotteshaus in der Calle Madero zeigt eine sehenswerte reichverzierte *Barockfassade* (18. Jh.). Die Kreuzkuppel schmücken Azulejos. Das Blatt des Hauptaltars im neoklassischen Stil wird dem Architekten *Tresguerras* zugeschrieben.

Wenn man von der Plaza de Armas der Calle Zaragoza folgt, kommt man an einem alten Kolonialgebäude (Pl. B/C2) mit Balkons und schmiedeeisernen Gittern vorüber, denen es seinen Namen **Balcones de la Virreina** verdankt, zur **Caja del Agua**, einem großen, von *Tresguerras* entworfenen Wasserbecken.

Fortsetzung der Route 11. – 411,5 km: L. Straße ins Zentrum von **San Luis Potosí** und nach (158 km) **Zacatecas** (s. Rte 15, km 620).

468 km: Kreuzung.

L. nach (25 km) **Arista**, (49,5 km) **Moctezuma**, (73,5 km) **Venado** und (93 km) **Charcas**; Kirche aus der Kolonialepoche.

482 km: R. nach (50 km) **Cerritos** (vom 20. bis 30. Juni Feria de San Juan).

518 km: Entronque Huizache; R. Straße nach Antiguo Morelos (s. Rte 12 A in umgekehrter Richtung).

596,5/600 km: L. nach (1,5 km) **Matehuala**; Bergbauort.

606 km: Kreuzung.

L. nach (30 km) **Real de Catorce**, Bergbauort mit kolonialem Gepräge inmitten einer Steppenlandschaft, in der *Peyotl*, ein kleiner halluzinogener Kaktus gedeiht, der Farbvisionen hervorruft.

Wie von verschiedenen Autoren erwähnt, unter denen sich auch der Historiker Bernhardino de Sahagún befindet, wurde diese Pflanze von den aus dem N Mexikos kommenden Nomaden verzehrt, die man als Chichimeken bezeichnete, um ihren Kampfgeist zu stärken, die Müdigkeit zu überwinden und Hunger- und Durstgefühl zu lindern. Der *Peyotl* (Lephophora williamsii) wird noch heute von den Huicholes, einem Indio-Stamm des Nayarit, und den Tarahumaras, die ihm den Namen *Jicuri* gaben, verzehrt. Die Huicholes, in deren Gebiet der Peyotl nicht wächst, unternehmen Pilgerreisen von 43 Tagen, um in den Besitz dieser Pflanze zu gelangen.

727 km: R. Straße nach (97 km) **Linares** (s. Rte 12, km 128).
827 km: **Puerto de las Flores** (2.000 m).
859 km: in Saltillo zweigt l. eine Straße nach **Zacatecas** ab (s. Rte 14 in umgekehrter Richtung, km 692).
860 km: L. zum (1,5 km) Zentrum von Saltillo über die Avenida Juárez.

Saltillo, 205.600 Ew., Hauptstadt des Bundesstaates Coahuila (150.395 km², 1.356.000 Ew.), liegt in einer Höhe von 1.559 m in einem von kahlen Bergen umschlossenen Tal. Saltillo ist bekannt für seine *Sarapes*, die man sowohl als Umhang wie als Decke benutzen kann und deren Herstellung von Siedlern aus Tlaxcala in dieses Gebiet eingeführt worden sein soll.

Geschichte. – Saltillo wurde 1575 von Francisco Urdinola gegründet. Um die Stadt vor Übergriffen der aus dem N Mexikos einfallenden Nomadenstämme zu schützen, siedelte er in diesem Gebiet Pioniere aus Tlaxcala an. Später diente der Ort den Spaniern als Ausgangspunkt für ihre Expeditionen nach N. Nachdem *Miguel Hidalgo* am 16. Sept. 1810 in Dolores zum Aufstand gegen Spanien aufgerufen hatte, wurde Saltillo von den Aufständischen besetzt. Nach ihrer Niederlage zogen sich die Revolutionäre nach Saltillo zurück. Sie wurden jedoch von einem ihrer Offiziere verraten, *Hidalgo* und *Allende*, die beiden Anführer des Aufstandes, wurden verhaftet und den Spaniern überstellt. Eine zeitlang führte Saltillo den Namen der in ihren Mauern geborenen Heldin des Unabhängigkeitskampfes: *Leona Vicario*. Nach der Ausrufung der Unabhängigkeit Mexikos war Saltillo 1824–1836 die Hauptstadt eines Bezirks, der den heutigen Staat Coahuila, Texas und den S der Vereinigten Staaten bis zum Colorado umfaßte.
1846 wurde Saltillo vom texanischen *General Zachary Taylor* eingenommen, der im darauffolgenden Jahr den mexikanischen Truppen unter *General Santa Ana* eine entscheidende Niederlage bereiten sollte. Die Schlacht fand in der Umgebung von Angostura in der Nähe der *Hacienda Buenavista* im N der Stadt statt.
1863 errichtete Benito Juárez, der von den Truppen des Generals Bazaine verfolgt wurde, vorübergehend seine Regierung in Saltillo, bevor er sich nach Texas zurückzog, um von dort wieder nach Mexiko zurückzukehren.
1866 räumten die französischen Truppen die Stadt, in die unmittelbar danach die Armee von Juaréz Einzug hielt.

Auf dem Hauptplatz erhebt sich die *** Kathedrale**. Sie wurde 1746 begonnen, aber erst 1800 fertigestellt. Sie kann als eines der schönsten Bei-

(11) México – Monterrey – Nuevo Laredo

spiele des churrigueresken Stils angesehen werden, denen man im N des Landes begegnet. Auf der anderen Seite des Platzes sehen Sie den **Palacio de Gobierno**, den Amtssitz des Gouverneurs von Coahuila (im Inneren Fresko von *Zarazona*).
Erwähnenswert im Zentrum ist ferner die **Iglesia de San Estebán** (1592). In der Calle Victoria Arizpe können Sie außerdem eine Weberei für Sarapes und eine Silberschmiede besichtigen.

11 A – Von Saltillo nach Piedras Negras (443 km auf einer guten, asphaltierten Straße). – Ausfahrt aus Saltillo auf der Av. President Lázaro Cárdenas.
192 km: Monclova (586 m), 102.100 Ew., Industriestadt. Der im 17. Jh. gegründete Ort war eine zeitlang Hauptstadt von Coahuila, als dieser Staat noch Texas umfaßte. Die *Altos Hornos de México* stellen heute den bedeutendsten Hüttenkomplex Mexikos dar. Hinter Monclova führt die Straße durch eine weitläufige Steppe, in der vereinzelte Weiler und einsame Ranchos auftauchen. –
313 km: Sabinas, 30.000 Ew., (340 m). Von dort aus erreicht man (68 km) die *Presa Don Martín*, einen Stausee.
320 km:

L. nach (35 km) **Múzquiz**, in einem Rinderzuchtgebiet.
Hinter Múzquiz führt die nicht mehr asphaltierte Straße nach (77 km von der Gabelung bei km 123) **Nacimiento**, einem Pueblo in der Nähe der Quelle des Río Sabinas in einer Steppenlandschaft, die zum Teil vom Indiostamm der *Kikapoos* bewohnt wird. Dieser Stamm, der ursprünglich im O der Vereinigten Staaten lebte, wanderte nach Texas, als dieser Staat noch zu Mexiko gehörte und 1849 in diesen Teil von Coahuila, infolge einer Landabtretung der mexikanischen Regierung in Anerkennung der von den Kikapoos gegen die Lipanes und Comanchen geleisteten Hilfe. Der Stamm zählt nur noch einige hundert Menschen (im Jahre 1936 belief sich die Zahl auf 495), die Landwirtschaft betreiben. Einer der charakteristischen Tänze dieses alten Jägervolkes ist die sogenannte „*Danza de la Muerte*" (Todestanz), die zur Erinnerung an den Todestag des letzten Stammesführers aufgeführt wird.

389 km: Morelos.

L. Straße nach (104 km) **Ciudad Acuna** (35.000 Ew.), am r. Ufer des Río Bravo, gegenüber des texanischen Ortes Del Río, unterhalb der **Presa de la Aneistad**, einem Stausee des Río Bravo (Strand von Los Novillos).

443 km: Piedras Negras, 80.000 Ew., am r. Ufer des Río Bravo (Rio Grande in den USA), eines der wichtigsten Tore nach Mexiko; hat für den Touristen kaum Interessantes zu bieten. – Über eine gebührenpflichtige Brücke erreicht man die Stadt **Eagle Pass** (USA) in Texas (durchgehend geöffnete Grenzstation).

Fortsetzung der Route 11. – Bei der Ausfahrt aus Saltillo benutzen Sie eine Straße mit getrennten Fahrspuren.
921 km: Knotenpunkt, bei dem Sie, wenn Sie in Richtung Nuevo Laredo fahren, Monterrey umgehen können.

922 km: Ausfahrt zu den (24 km) **Höhlen von García** (s. Umgebung von Monterrey, 3).
928 km: Ausfahrt zum * **Cañón de la Huasteca** (s. Umgebung von Monterrey, 2). Sie durchqueren dann ein weitgehendes Industriegebiet (Spinnereien, Webereien, Chemische Industrie, Stahl- und Werkzeugindustrie).
943 km: * **Monterrey** (538 m), 1.547.000 Ew., drittgrößte Stadt Mexikos, Hauptstadt des Staates *Nuevo León*. Im O und S (Cerro de la Silla; 1.792 m) wird die Stadt von zwei Bergketten überragt, die zur Sierra Madre Oriental gehören.
Monterrey, eine moderne Stadt, die wenig mexikanisches an sich hat, ist das bedeutendste Industriezentrum im N Mexikos. Seinen Aufschwung verdankt es der *Compañía Fundidora de Fierro Acero de Monterrey*, einem gewaltigen Hüttenkomplex, der zu Beginn des Jahrhunderts hier entstand, mit den Altos Hornos de México und der Sicartsa in Ciudad Lázaro Cárdenas (Michoacán) einer der größten des Landes. Danach ließen sich andere Industrien hier nieder (Textilfabriken, Zigaretten-, Maschinenfabriken usw.), darunter die Brauerei Cuauhtémoc, die mit einem Tagesausstoß von über eineinhalb Millionen Flaschen zu den bedeutendsten zählt.

Geschichte. – Die Stadt wurde von Luis de Carvajal anläßlich einer im Jahre 1584 von den Spaniern gegen die Stämme im NO geführten Expedition gegründet. Über 150 Jahre lang war die Kolonialisierung, die darin bestand, die Indios in *Encomiendas* zusammenzufassen, beständig durch Einfälle der Eingeborenen bedroht. Die Stadt, die nacheinander die Namen *Santa Lucia* und *Ciudad de León* führte, erhielt 1596 den Namen *Ciudad de Nuestra Señora de Monterrey*. Bis gegen Ende des 19. Jh. führte die Stadt ein kümmerliches Dasein. 1846 wurde sie von den Truppen des texanischen Generals Zachary Taylor besetzt und 1864 von französischen Truppen, die Maximilian von Habsburg unterstützten. Als im März 1866 General Bazaine die Stadt räumte, fiel Monterrey in die Hände des Juáristen Escobedo.

Ein halber Tag reicht aus, um die Viertel im Zentrum zu durchstreifen und dem ehemaligen Bischofssitz (El Obispado) einen Besuch abzustatten. Darüber hinaus sollten Sie Exkursionen zum Cañón de la Huasteca und zur Mesa Chipinque machen, wofür Sie einen weiteren halben Tag benötigen.

* **Plaza Cinco de Mayo** (Pl. C-D2). – Dieser Platz, den Sie an der Benito Juárez-Statue erkennen, bezeichnet in etwa die Mitte der Stadt. Er wird vom **Palacio de Gobierno** (Pl. C-D2) aus rotem Sandstein, einem der schönsten Gebäude Monterreys gesäumt. Sie können den Patio im Kolonialstil und die mit Fresken geschmückten Prunksäle besichtigen.
Im Palacio de Gobierno befinden sich der Amtssitz des Gouverneurs und die Verwaltung des Staates Nuevo León, der nach einer Schätzung von 1975 2.060.000 Ew. zählt. Er bedeckt eine Fläche von 65.103 km^2 und erstreckt sich größtenteils über die Ebene, die den Golf von Mexiko säumt, umfaßt aber auch einen Teil der Sierra Madre Oriental. Die nördl. Hälfte dieses Staates im S des Rio Bravo ist eine Buschsteppe, wo Kakteen und Mezquites wachsen. Die südöstl., fruchtbarere Hälfte ist zum Teil bebaut. Trotz seines Mangels an größeren mineralischen Vorkommen ist der Staat

(11) México – Monterrey – Nuevo Laredo 472

Nuevo León vor allem dank Monterrey einer der wohlhabendsten und industrialisiertesten Mexikos.

Ebenfalls entlang der Plaza Cinco de Mayo, gegenüber dem Palacio de Gobierno, erhebt sich der **Palacio Federal** (Pl. Correos, C–D2), ein modernes, von einem Turm überragtes Gebäude, von dem man einen weiten Rundblick auf die Stadt und die karstigen Berge der Sierra Madre Oriental hat, die im O einen Kreisbogen bilden.

Plaza Zaragoza (Pl. C3). – Auf dem vom Gebäude des *Banco Popular* beherrschten Platz spielt sich donnerstags, samstags und sonntags ein reges Treiben ab, wenn gegen Abend Jungen und Mädchen sich unermüdlich zur Musik der Stadtkapelle drehen und dabei flirten und scherzen. Der Platz wird von Geschäften, Restaurants und Hotels gesäumt, r. vom Palacio Municipal und l. von der Kathedrale begrenzt.
Der 1853 im Kolonialstil errichtete **Palacio Municipal** umfaßt einen Innenhof, den eine Galerie umgibt.
Die **Kathedrale** ist ein Musterbeispiel der Barockarchitektur aus dem Ende des 17. Jh. Ihr Bau wurde 1603 begonnen aber erst 1851 vollendet. Lediglich die Barockfassade ist von einigem Interesse. Zwischen der Plaza Zaragoza und der Cinco de Mayo befindet sich die **Fuente Monterrey**, ein Brunnen, der nachts angestrahlt wird.

Bischofspalais (*Obispado*; Pl. Museo, A2). – Wenn Sie den Cerro del Obispado hinaufsteigen, blicken Sie auf das *Lomas*-Viertel in welchem sich einige der schönsten Wohnsitze von Monterrey befinden, und kommen dann zum *Bischofspalais*.
Das ehemalige Bischofspalais, das nacheinander als Festung und Hospital diente, ist heute ein **Museum**. Das 1786 erstellte Gebäude, das den unter einer Dürre leidenden Indios Arbeit gab, umfaßt eine Kapelle mit einer schönen churrigueresken Fassade. Unter den Ausstellungsobjekten befindet sich eine Druckerpresse, die von Pater Mier nach Monterrey gebracht wurde, um darauf Revolutionsmanifeste gegen die Madrider Regierung zu drucken.

An der Ausfahrt aus Monterrey befindet sich auf der Straße nach México über Ciudad Victoria das **Instituto Tecnológico y de Estudios Superiores de Monterrey**, wo Sie in der Bibliothek ein **monumentales Flachrelief** (300 m²) sehen können, das von *Jorge Gonzáles Camarena* geschaffen wurde.

Auf der Straße nach Nuevo Laredo können Sie die Brauerei Cuauhtémoc besichtigen (Mo., Mi., Fr. um 9, 10, 11, 14 und 15 Uhr; Eintritt frei).

Die Umgebung von Monterrey. – 1 – * Mesa Chipinque (20 km; gebührenpflichtige Straße).
Von der Plaza Cinco de Mayo folgen Sie der Zaragoza-Straße bis zur *Av. de la Constitución*, die am Santa Catarina-Kanal entlangführt. Überqueren Sie den Kanal bei der zweiten Brücke (die Doppelbrücke am Ende der Zaragoza-Straße nicht mitgezählt). Nachdem Sie den Kanal überquert und l. die Av. Independencia und dann die Av. Santa Engracia zurückgelassen haben, die zum Golfklub führt, folgen Sie der *Av. Mesa Chipinque*. Auf einer mit Pinien bepflanzten Serpentinenstraße gelangen Sie auf ein Plateau (1.267 m), von dem aus man einen sehr schönen * **Blick** auf Monterrey genießt. Vom *Hotel Chipinque* aus (Restaur., Bar) können Sie zu Fuß oder mit dem Maultier Ausflüge zum Osthang der Sierra Madre Oriental unter-

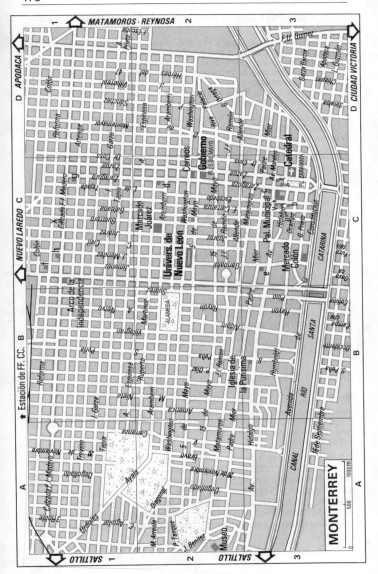

(11) México – Monterrey – Nuevo Laredo

nehmen, bis zu den Quellen (*Manantiales*) und zum *Bosque Encantado*, dem „Zauberwald".

2 – * Cañon de la Huasteca (18 km). Ausfahrt aus Monterrey auf der Straße nach Saltillo (Pl. A 1 und A 3).
15 km: Nachdem Sie ein Industriegebiet durchquert haben, verlassen Sie die Straße mit den getrennten Fahrspuren und folgen der Straße zum Cañon de la Huasteca.
18 km: *** Cañon de la Huasteca,** eine eindrucksvolle Schlucht mit bis zu 300 m senkrecht abfallenden Wänden.

3 – * Grutas de Garcia (45 km; auf der Straße nach Saltillo; Pl A 1 und A 3).
– Folgen Sie der Straße nach Saltillo bis zum Verkehrsknoten bei km 922 der Rte 11, 21 km von Monterrey entfernt.
45 km: *** Grutas de Garcia** (Garcia-Grotten); Parkplatz bei der Talstation der Seilbahn, die Sie zum Eingang der Höhlen bringt (geöff. von 10–17 Uhr; veranschlagen Sie eineinhalb Stunden für die Besichtigung). Die im Jahre 1834 von Pater Juan Antonio de Sobrevilla entdeckten Grutas sind die schönsten Höhlen Mexikos.

4 – * Cascada de la Cola de Caballo (44 km; Ausfahrt aus Monterrey auf der Straße nach Ciudad Victoria; Pl. D3). – 36 km: **El Cercado**; verlassen Sie die Straße nach Ciudad Victoria und fahren Sie nach r. – 41 km: Ende der Fahrstraße, von wo man in 30 bis 40 min. Fußmarsch (bzw. auf Maultieren) den mehrstufigen Wasserfall **Cola de Caballo** (Pferdeschwanz) erreicht. Vom *Hotel Cola de Caballo* kann man Ausflüge in die Umgebung unternehmen. Schwimmbad; Picknickplätze.

Fortsetzung der Route 11. – Ausfahrt aus Monterrey auf der Straße nach Nuevo Laredo (Pl. C1).
966 km: L., Umgehungsstraße um Monterrey, die von der Straße nach Saltillo abzweigt (s. Rte 11, km 921).
1.104,5 km: Kreuzung.

L., Straße nach (58 km) **Anáhuac**, von wo aus man zur (128 km) **Presa Don Martin** kommt, einem 1932 angelegten, fischreichen Stausee.

1.154 km: Kreuzung.

R., Straße nach (230 km) **Reynosa** (s. Rte 13, km 98) über (161 km) **Camargo**, ein Pueblo am r. Ufer des Rio Bravo, den eine internationale Brücke überquert (Einwanderungsbüro und Mexikanischer Zoll am Eingang der Brücke). In der Nähe von Camargo erstreckt sich die **Presa Gómez**, ein Stausee, der 1959 fertiggestellt wurde (Fassungsvermögen 1.080 Mio m³).

1.178 km: **Nuevo Laredo.** Die Schwesterstadt des texanischen Laredo zählt 190.000 Ew. Die im Jahre 1767 gegründete Stadt bietet keine besonderen Sehenswürdigkeiten, ausgenommen für amerikanische Touristen vielleicht, die hier an den alljährlich mehrmals ausgetragenen Stierkämpfen teilnehmen können.
Eine gebührenpflichtige Brücke überquert den Rio Bravo (in den USA: Rio Grande) nach Laredo; durchgehend geöffneter Grenzposten.

12 – Von Monterrey nach Ciudad Valles (México)

Die nach México-City führende, zwischen Monterrey und Ciudad Valles nur wenig interessante Route durchquert zunächst ödes, dann mit üppiger, tropischer Vegetation bedecktes Land und wird nach México von einer anderen Route (10) fortgesetzt.

Straße: 517 km nach Ciudad Valles (1.034 km nach México); rechnen Sie mit dreieinhalb bis vier Stunden von Monterrey nach Ciudad Victoria und ungefähr 3 Stunden von dort nach Ciudad Valles.

☛ Ausfahrt aus Monterrey auf der Straße nach Ciudad Valles (Pl. D3).

36 km: **El Cercado**.

☛ R. Straße zur (5 km) *** Cascada de la Cola de Caballo** (s. Umgebung von Monterrey, 4).

☛ **128** km: **Linares**, 30.000 Ew., ehemaliger Bischofssitz; die Stadt wurde 1712 von Sebastián de Villegas gegründet. Vom 23. bis 25. Feb. findet in Linares eine traditionelle Fiesta statt, deren Ursprung jedoch nicht bekannt ist (Stierkämpfe, Hahnenkämpfe, Pastorales, Theateraufführungen usw.).

☛ In Linares r. (97 km) Straße von Saltillo nach San Luis Potosí und México (s. Rte 11, km 727). Auf dem Weg (42 km) Iturbide und (71 km) Galeana (63 km von Linares r. abbiegen), zwei malerische Dörfer der Sierra Madre Oriental. Auf dieser Strecke sehen Sie in **Los Altares** ein riesiges Flachrelief, das 1962 von Federico Cantú geschaffen wurde und eine Fruchtbarkeitsgöttin, Tiere und Symbole darstellt.
Am 25. Jan. findet in Galeana ein kirchliches Fest statt. Bei dieser Gelegenheit werden Tänze aufgeführt: pastorales und Tanz der „Matachines".

☛ Von Linares nach Ciudad Victoria verläuft die über die Ebene führende Route näher am O-Hang der Sierra Madre Oriental.

284 km: **Ciudad Victoria**. Die 106.000 Ew. zählende Hauptstadt des Bundesstaates Tamaulipas (79.602 km^2; 1.771.000 Ew.) trägt ihren Namen seit 1825 zu Ehren von Guadelupe Victoria, dem ersten Staatspräsidenten von Mexiko. Am 19. März wird dort der Tradition gemäß das Fest des Hl. Josef gefeiert (mit verschiedenen Darbietungen und Tänzen, darunter der „Matachi-

(12) Monterrey – Ciudad Valles

nes"); am 30. Sept. Messe-Ausstellung des Bundesstaates Tamaulipas.
Im Zentrum der nicht besonders interessanten Stadt befinden sich der *Palacio de Gobierno*, die *Kathedrale* und die *Plaza de Armas*.

56 km von Ciudad Victoria auf der Straße nach San Luis Potosí wird in **Jaumave** das Fest des Hl. Isidro begangen (Di. nach Himmelfahrt). Dabei werden von Tänzern, Infanteristen und Kavalleristen Episoden aus der Conquista dargestellt. Um die Mitte des 16. Jh. gründete Frater Andrés de Olmos in Jaumave und im Nachbarort **Palmillas** Missionsstationen, die im 17. Jh. durch einfallende Nomaden zerstört wurden.

198 km von Ciudad Victoria entfernt befindet sich die Grenzstadt **Matamoros** (s. Rte 13). Dorthin führt eine gute Straße über eine Ebene auf der Viehzucht betrieben und Zuckerrohr angebaut wird. Nach 52 km durchquert man **Padilla**, 5.000 Ew., wo im Jahre 1824 Augustin Iturbide, der sich zum ersten Kaiser von Mexiko proklamiert hatte, vor einem Erschießungskommando seine Karriere beendete. Der 1823 aus Mexiko ausgewiesene Iturbide wurde an Bord eines Schiffes in Richtung Europa gebracht. Als er im darauffolgenden Frühjahr mit der Absicht seine Krone zurückzugewinnen an der Küste von Tamaulipas an Land ging, wurde er von den Justizbehörden von Padilla gestellt und auf der Stelle füsilliert.

287 km: Kreuzung.

R., Straße nach (120 km) **Soto La Marina** im NO der Sierra de Tamaulipas, ein kleines Dorf, das 1750 gegründet wurde.
In der Sierra de Tamaulipas durchgeführte Forschungen haben gezeigt, daß diese Gegend bereits im Paläolithikum von Stämmen besiedelt war, die noch keine Keramik kannten, jedoch schon Ackerbau betrieben und Korbwaren herstellten.

322 km: Überquerung des **Wendekreises des Krebses**.
423 km: **Ciudad Mante**, 63.000 Ew., großer Markt, in dessen zwei Raffinerien die örtliche Zuckerrohrproduktion verarbeitet wird (von Nov. bis April).
426 km: R. Straße nach (155 km) **Tampico** (s. Rte 9, km 490).
450 km: **Antiguo Morelos**; r., Straße nach Entronque Huizache auf der Straße von México nach Monterrey über San Luis Potosí, die Sie zu den eindrucksvollen Wasserfällen Cascadas El Salto (s. u.) führt.

☞ **12 A – Von Antiguo Morelos nach Huizache** (200 km auf einer Straße, die die Sierra Madre Oriental überquert, wobei Sie atemberaubende Landschaften entdecken.
30 km: Kreuzung.

R. (11 km) auf einer guten Straße nach ★ **El Salto**, ein eindrucksvoller Wasserfall, der sich aus einer Höhe von sechzig Metern über eine Felswand in einen See inmitten tropischer Vegetation ergießt. Den Abfluß des Sees bildet der von Kaskaden unterbrochene kleine Río El Naranjao. Den Wasserfall erreichen Sie über das Dorf **Latinito**.

Ciudad Victoria – Ciudad Valles

87 km: **Ciudad del Maíz**, 8.000 Ew., mit einem malerischen Hauptplatz (Ayuntamiento, alter Palast mit Patio).
141 km: R. Straße nach (90 km) **Jaumave** (s. Rte 12, km 284) und nach (146 km) **Ciudad Victoria**.
Nachdem Sie die Sierra Madre Oriental überwunden haben, durchqueren Sie eine zerklüftete Landschaft, die verschiedene Kakteen- und Mezquitearten (Zwergeichen) bedecken.
200 km: **Huizache**, an der Straße von México über San Luis Potosí nach Monterrey (s. Rte 11, km 518).

 515 km: R. Straße nach **San Luis Potosí** (s. Rte 10 A).
717 km: **Ciudad Valles** (s. Rte 10, km 142).

13 – Von Matamoros über Monterrey Torreón und Durango nach Mazatlán

Dieser Verbindungsweg von „Küste zu Küste" verläuft durch Gebiete, die hauptsächlich wegen ihrer landschaftlichen Schönheit interessant sind (insbesondere zwischen Durango und Mazatlán).

Straße: 321 (Monterrey), 406 (Saltillo), 685 (Torreón), 944 (Durango) und 1.267 km (Mazatlán) auf einer bis Durango fast eben verlaufenden, dann ab El Salto sehr kurvenreichen Strecke durch die Sierra Madre Occidental. Rechnen Sie mit vier bis viereinhalb Stunden für die Strecke von Matamoros nach Monterrey, ein bis einenviertel Stunden von Monterrey nach Saltillo, mit drei bis dreieinhalb Stunden von Saltillo nach Torreón, drei bis dreieinhalb Stunden von Torreón nach Durango und fünf bis fünfeinhalb Stunden von Durango nach Mazatlán.

Matamoros, 163.500 Ew., erstreckt sich am r. Ufer des Río Bravo, gegenüber der texanischen Stadt **Brownsville** inmitten eines Gebietes, das sich auf den Anbau von Baumwolle spezialisiert hat.

Die im Jahre 1765 gegründete Stadt verdankt ihren Namen einem Priester und Helden der Unabhängigkeitskrieges, der als Leutnant an der Seite von Hidalgo kämpfte. Während des Krieges zwischen Mexiko und den angelsächsischen Siedlern in Texas war sie Schauplatz erbitterter Kämpfe. Im Mai 1846 schlug der texanische General Zachary Taylor, dessen Truppen von Abenteurern aus dem Mississipi-Tal verstärkt worden waren, General Arista nördl. des Rio Bravo und bemächtigte sich der Stadt. Zwei Monate später, nachdem seine Armee durch eine Epidemie dezimiert worden war, verließ Zachary Taylor Matamoros, und begab sich nach Monterrey. Während des Sezessionskrieges wurde die Stadt Zentrum des Waffenschmuggels, wo sich die Konföderierten ausrüsteten. Anläßlich der französischen Intervention hielten die Truppen von Maximilian die Stadt mehrere Jahre besetzt und errichteten ein noch heute zu sehendes Fort. Im Jahre 1876 unternahm Porforio Díaz, der seinen Angriff vom amerikanischen Territorium aus vorbereitet hatte, den Versuch, sich der Stadt zu bemächtigen. Er wurde jedoch zurückgeschlagen und mußte erneut nach Texas flüchten, das er bald wieder verließ, um auf dem Seeweg bei Veracruz und in Oaxaca sein Glück zu versuchen.

Die Stadt, die einen gewissen Wohlstand erkennen läßt, bietet keine sonderlich interessanten Sehenswürdigkeiten. Erwähnenswert sind die Kathedrale und ein Theater, das zur Zeit Maximilians errichtet wurde. Ca. 1 km von der Brücke über den Rio Bravo entfernt liegt ein großer Park

Matamoros – Durango

mit einem künstlich angelegten See (8 500 km^2), einer Ausstellungshalle aus Glas, einem Museum, Theater- und Kinosaal, Läden mit mexikanischem Kunsthandwerk.

> 37 km von Matamoros entfernt erstreckt sich südl. der Mündung des Rio Bravo die **Playa Washington,** ein feinsandiger Strand.

> Ausfahrt aus Matamoros auf der Av. Miguel Hidalgo, einem Teilstück der Straße nach Reynosa.

98 km: Reynosa, 188.000 Ew., am r. Ufer des Rio Bravo (Rio Grande in den USA), eine Industriestadt (Erdölraffinerie) inmitten eines Anbaugebietes (hauptsächlich Baumwolle).

321 km: * **Monterrey** (s. Rte 11, km 943); Einfahrt in die Stadt auf der Straße aus Reynosa (Pl. D1); Ausfahrt auf der Straße nach Saltillo (Pl. A1 und A3).

336 km: Verkehrsknoten zum **Cañón de la Huasteca** (s. Umgebung von Monterrey, 2).

342 km: Verkehrsknoten zu den (24 km) * **Grutas de Garcia** (s. Umgebung von Monterrey, 3).

404 km: R. das Zentrum (2 km) von * **Saltillo** (s. Rte 11, km 860). Hinter Saltillo führt die Straße durch die mit Kakteen übersähte Ebene von Coahuila, die kaum besiedelt ist.

685 km: Torreón (1.148 m), 249.000 Ew., Industriestadt inmitten eines Weizen- und Baumwollanbaugebietes. Torreón, das 1887 gegründet wurde, bietet keinerlei touristische Sehenswürdigkeiten. Während der Revolution 1914 und 1915 war die Stadt Schauplatz heftiger Kämpfe zwischen der Armee von Pancho Villa und dem Diktator Huerta, beziehungsweise General Alvaro Obregón.

692 km: R. Straße ins Zentrum (3 km) von **Gómez Palacio** (s. Rte 15, km 1.006) auf der Straße nach Chihuahua und Ciudad Juárez.

799 km: L. die Straße nach México (s. Rte 15 in umgekehrter Richtung, km 896).

944 km: Durango, 185.000 Ew., Hauptstadt des gleichnamigen Bundesstaates (123.520 km^2; 1.142.000 Ew.), wurde 1563 von Francisco de Ibarra aus Durango (Baskenland) gegründet. Die Stadt erstreckt sich in einer Höhe von 1.913 m in einer fruchtbaren Ebene (Rohrzucker, Mais, Tabak) am Fuße der Sierra Madre Occidental. Wegen der reizvollen Landschaften der Sierra Madre (man sieht dort viele Western-Filmdekorationen), der klaren Atmosphäre und des Lokalkolorits übt Durango auf amerikanische und europäische Regisseure große Anziehungskraft aus.

Im Zentrum der Stadt erhebt sich am **Zócalo** die **Kathedrale,** deren Bau gegen Ende des 17. Jh. begonnen wurde. Vollendet wurde sie jedoch erst 1777. An den Skulpturen der Portale dieses Bauwerks erkennt man den sich entfaltenden Barockstil, der sich langsam steigert, um im churrigueresken Stil seine höchste Vollendung zu finden.

Vom Zócalo aus erblickt man den Glockenturm des **Templo del Sagrario** auf der gegenüberliegenden Seite der Kathedrale. Diese Kirche, die im 18. Jh. vom Jesuitenorden errichtet wurde, gehörte zu einem Seminar (schöner Kreuzgang), in welchem sich jetzt der Sitz der Universität von Durango befindet.

(13) Matamoros – Mazatlán

Der **Palacio de Gobierno** in umittelbarer Nähe des Zócalo (wenden Sie sich beim Verlassen des Sagrario nach l. und an der Ecke des Platzes wieder nach l.) ist in einem Gebäude aus der Kolonialepoche (18. Jh.) untergebracht. Im Patio befinden sich Fresken, die die Reform und die Revolution verherrlichen.

Umgebung von Durango. – In der Nähe der Stadt kann man in der Calle Howard noch einige Filmkulissen und Orte, an denen berühmte Filme gedreht wurden, sehen. Die meisten sind auf der Straße nach Parral zu erreichen (s. Rte 15 A, km 289).
In der Umgebung von Durango können Sie ein Gebiet besuchen, das von Tepehuana-Indios bewohnt wird: **Tepehuanes** im NW (s. Rte 15 A, km 346) oder (82 km) **Mezquital** im SO, in einer sehr trockenen Gebirgsgegend, wo man verschiedene Kakteenarten, Mesquitesträucher, Agaven und andere Dorngewächse findet. Im SSW dieses Pueblo hat sich der *Rio Mezquital* durch einen langen ★★ **Cañón** mit nur wenigen schwer zugänglichen Dörfern ein tiefes Bett gegraben.

Die **Tepehuana**, deren Zahl sich auf 4.000–5.000 beläuft, leben verstreut in dem von den östl. Ausläufern der Sierra Madre Occidental gebildeten Bergland, in den Staaten Chihuahua, Durango und Nayarit. Sie sprechen eine zum Utoaztekischen gehörende Sprache und waren vermutlich Teil jener Nahua-Stämme, die zu einer schwer zu bestimmenden Zeit vom SW der USA nach S wanderten.
Dieser Teil der Sierra Madre Occidental wurde von den Konquistadoren Cristóbal de Oñate, José Angulo und Ginés Vásquez del Mercado erforscht, die harte Kämpfe mit den hier lebenden Indios zu bestehen hatten. Die Tepehuana blieben lange Zeit unbeugsam und griffen die Bergbauanlagen der Spanier und sogar die Stadt Durango an. Als Sie im Jahre 1616 bei einer großen Schlacht empfindlich geschlagen wurden, flüchteten sie in die Berge. Im Laufe des 17. Jh. kehrte im Gebiet nordwestl. von Durango Friede ein, dank der Mönche, die dort missionierten. Das Gebiet im S jedoch befand sich während der Kolonialepoche und bis gegen Ende des 19. Jh. in Aufruhr.

Die Behausungen unterscheiden sich je nach Gebiet. Die Wände der Häuser sind meist aus Steinen oder Adobes (luftgetrocknete Ziegel) errichtet, mit Rahmen aus Zweigen. Die Blätter von Agaven dienen als Dächer. In Gebirgs- und Waldgegenden sind die Behausungen vollständig aus Kiefernstämmen, mit Ausnahme des schilfgedeckten Daches.

Die Herrschaft über die Tepehuana wird von den Kaziken der Dörfer wahrgenommen, die im Nov. vom Ältestenrat mit Zustimmung der mexikanischen Staatsbehörden ernannt werden.

Die religiösen Feste (*Mitotes*) sind an die Jahreszeiten gebunden: (Feiern vor der Regenzeit, im Mai, zum Zeitpunkt der Ernten, im Juli und Sept.; sowie Dankfeiern (Mitote de Dècembre) für die von der Natur im abgelaufenen Jahr erhaltenen Gaben. Die Mitotes dauern zehn Tage und zerfallen in zwei Abschnitte von je fünf Tagen. Während des ersten Abschnitts üben die Tepehuana absolute Enthaltsamkeit. Männer mit blumenbeschmückten Sombreros, Frauen mit Blumen im Haar erflehen durch Fasten und Beten von der „Sonne" und dem Gott der Christen reiche Ernten. Die darauf folgenden fünf Tage sind der Freude gewidmet mit einem Festessen, dem

Tanz um ein Feuer, das Tag und Nacht unterhalten und von einer Geige und einer Trommel, ähnlich dem Teponaxtle der Azteken, begleitet wird.

Fortsetzung der Route 13. – Ausfahrt aus Durango auf der Straße nach Mazatlán. Diese Strecke ist bei drohendem Gewitter weniger empfehlenswert (Erdrutschgefahr am Ende der Strecke über eine Länge von 80 km).

1.094 km: **La Ciudad**, *die Stadt*, in Wirklichkeit eine Ansammlung anspruchsloser Ranchos im Western-Stil.

1.107 km: Beim Überwechseln auf den anderen Hang entdecken Sie das herrliche ★★ **Panorama der Sierra Madre Occidental**, das Sie von verschiedenen Blickwinkeln her über eine Länge von 80 km bewundern können, wobei Sie zwei Pässe in einer Höhe von 1.882 m bzw. 1.922 m überwinden.

1.170 km: Unter den Kiefern zahlreiche kleine Restaurants (8 km weiter das *Hotel Villa Blanca*, das im Notfall als Unterkunft dienen kann).

1.217 km: **Concordia**, ein Dorf in der tropisch-feuchten Ebene am Fuße einer Anhöhe, auf der sich eine Kirche aus der Kolonialepoche erhebt.

1.239 km: Straße von Nogales nach Guadalajara (s. Rte 16, km 1.818).

1.260 km: Umleitung von Mazatlán in Richtung Culiacán, Guaymas, Hermosillo (s. Rte 16 in umgekehrter Richtung ab km 1.798). Ins Zentrum von Mazatlán nach l. fahren.

1.267 km: **Mazatlán** (s. Rte 16, km 1.786).

14 – Von Guadalajara nach Saltillo

Diese Route führt Sie nach Saltillo, der Drehscheibe des Straßenverkehrs zu mehreren Grenzstädten entlang des Río Bravo. Die Strecke verläuft größtenteils durch Wüsten, die vor der spanischen Eroberung Durchzugsgebiet indianischer Nomadenstämme waren, die man mit dem Gattungsnamen Chichimeken belegte. Erwarten Sie hier keine eindrucksvollen präkolumbischen Siedlungen wie in Zentral-Mexiko, ausgenommen vielleicht die Ruinen des rätselhaften La Quemada, oder durch bedeutende Kolonialstätten zu fahren, mit Ausnahme der alten Minenstadt Zacatecas. Die Schönheit der Route liegt in ihren Landschaften, den Schluchten des Río Grande de Santiago bei Guadalajara und den Steppen der Hochplateaus, deren unermeßbare Weite ein Gefühl der Unendlichkeit erweckt.

Straße: 329 (Zacatecas) und 695 km (Saltillo) auf einer insgesamt problemlosen Strecke, ausgenommen zwischen Guadalajara und Zacatecas, wo sie ziemlich kurvenreich verläuft; rechnen Sie mit ca. 4 bis 5 Stunden von Guadalajara nach Zacatecas und Saltillo.

Ausfahrt aus Guadalajara auf der Straße nach Zacatecas und Saltillo (Pl. II, B4).
16 km: R. Zufahrtsstraße zu den ★★**Schluchten des Río Grande de Santiago** (s. Umgebung von Guadalajara, Rte 5).
29 km: Kurz nach der Durchquerung der Schlucht des Río Grande Santiago kommen Sie durch ein Gebiet von außerordentlicher Schönheit mit tiefen Schluchten und zerklüfteten Bergen.
132 km: **Juchipila**, ein Pueblo in der Nähe der eindrucksvollen Barranca des Río Juchipila.
139 km: **Apozol**, (1.169 m), Dorf inmitten von Obstgärten, Zuckerrohr-, Bananen- und Zitrusfrucht-Plantagen.
169 km: **Jalpa**.

L. Straße nach (51 km) **Tlaltenango**, einem Pueblo im Colotlán-Tal, wo man vereinzelt Gruppen von Huicholes-Indianern begegnet, die vermutlich nach der Conquista aus Nayarit zuwanderten, und nach (95 km) **Teul de Ortega**, einem abgelegenen Pueblo. Überreste aus der spätklassischen Epoche, u. a. Figuren des Nayarit-Typs und ein Ballspielplatz.
Teul war ein Sakralzentrum, das wie eine Festung auf einer felsigen Anhö-

he errichtet war. Dort lebten ausschließlich Priester und Personal, das die Tempelanlagen wartete. Ein aus Pissee errichtetes kleines Kloster wurde vermutlich von den Chichimeken zerstört.

 171 km: R. Straße nach (91 km) **Aguascalientes** (s. Rte 15, km 481).

215,5 km: L. Straße zur **Presa El Chique**, einem Stausee mit Wasserkraftwerk. Der fischreiche See erstreckt sich in einer unberührten Schlucht am Rand eines wildreichen (Hirsche, Koyoten, Füchse, Hasen) Bergmassivs.

265 km: **Villanueva**, (1.846 m) 10.000 Ew. zählende Kleinstadt. Seit undenklichen Zeiten wird dort vom 25. Dez. bis 6. Jan. ein großes Lokalfest gefeiert. Am Namensfest des Hl. Taddäus, am 28. Okt., werden Folkloretänze aufgeführt.

279 km: R. zur (3 km) **archäologischen Stätte La Quemada** (bzw. **Chicomóztoc**), eine der bedeutendsten in Nord-Mexiko, auf einer 150 m-Plattform, die vom Cerro de la Quemada, einem Ausläufer der Sierra de las Palomas, gebildet wird. Die aus ziemlich schlechtem Material errichteten, teilweise restaurierten Bauten von La Quemada, insbesondere die Pyramide, sind nicht ganz uninteressant. Gut erhaltene Befestigungsanlagen.

Das legendäre Chicomóztoc. – In seiner um 1650 verfaßten „Historia de la Nueva Galicia" belegt Pater Antonio Tello die Stadt mit dem Namen Tuitlán und beschreibt sie als einen großen verlassenen Ort in einiger Entfernung von Jérez. Verschiedene Historiker wiesen auf diese Ruinen hin und vertreten die Hypothese, daß die Stadt eine zeitlang von den Mexica bewohnt war, bevor sie zu ihrer großen Wanderung aufbrachen, die sie vom sagenumwobenen Aztlán ins Tal von Mexico führen sollte.

Die erste Beschreibung der Ruinen von La Quemada wurde 1826 veröffentlicht. Aber erst 1903 führte Leopoldo Batres die ersten Grabungen durch. Im Jahre 1955 rekonstruierte José Núñez die Pyramide und restaurierte verschiedene andere Gebäude. 1961 fand man Keramik aus der klassischen und nachklassischen Epoche.

Der Bergrücken, auf dem sich die Ruinen von La Quemada befinden, erstreckt sich über eine Länge von 1.500 m von N nach S, steigt von S nach N gleichmäßig an, wo er mit 150 m Höhe die Ebene überragt.

Sie gelangen auf einem 30 m breiten Weg dorthin. Am Beginn erhebt sich r. eine kleine, 10 m hohe Pyramide. Zwei schmälere, kaum noch erkennbare Straßen führten nach N und S. Das andere Ende der Straße wird von zwei Pyramidenbauten flankiert. Die ziemlich schlecht erhaltene r. Pyramide hatte eine Seitenlänge von 18,75 m und ragt noch heute 4 m hoch empor.

Gegenüber dem Eingang, etwas nach r., befindet sich ein Komplex, der als **Catedral** bezeichnet wird, auf einer von Stützmauern getragenen Terrasse. Man erkennt einen großen (67 x 64 m), von niedrigem Mauerwerk umgebenen Hof. Dieser Hof wurde von einer erhöhten Plattform umschlossen.

Auf der O-Seite des Hofes führt eine Tür zu einem **Gebäude mit Säulenhof**. Die Wände ragen noch bis zu einer Höhe von 3 m empor. Die 11 Pfeiler und die Wände wurden aus flachen Steinen errichtet. Die 5 m hohen Pfeiler, deren Durchmesser 2 m betrug, trugen vermutlich ein Dach. Pfeiler und Wände dürften mit einer Stuckschicht überzogen gewesen sein.

(14) Guadalajara – Saltillo

Nach der Besichtigung dieses Innenhofes sollten Sie den Hang hinaufgehen, der zum oberen Teil der Stätte führt. Sie durchqueren eine Zone, die im O von einem **Schutzwall** begrenzt wird. Der ganze Bereich ist ziemlich verfallen.

Weiter oben sehen Sie beim W-Hang (l.) eine Terrasse, die im O, S und W von einer kleinen Mauer und im N von der Stützmauer des höher liegenden Gebäudes begrenzt wird, das man über eine **Treppe** in der 6,80 m hohen geböschten Mauer erreicht.
Die Treppe mündet in einen Hof, der von einer schlecht erhaltenen **Pyramide** beherrscht wird. Im W (l.) öffnen sich in einer schmalen Türe fünf Räume, deren Zweck unbestimmt ist. Die Gebäude auf der O-Seite des Hofes sind stark verfallen.

Eine **Treppe** hinter der Pyramide überwindet den Höhenunterschied zwischen dem Hof der Pyramide und einer weiteren Terrasse, die eine dritte Ebene bildet. Diese Treppe wird von einer 8–10 m hohen Stützmauer getragen. Am Ende der Treppe befinden sich zwei von Mauern umgebene Höfe. Am Ende des Ganges, der an der Treppe seinen Ausgang nimmt, erreichen Sie einen Hof, in welchem sich eine **Pyramide** erhebt. Auf die fünfstufige Pyramide mit ihrer Seitenlänge von 11,70 m gelangte man auf einer an der S-Seite angelegten Treppe. Sie ist heute bereits stark verfallen. Die Gebäude des Ostflügels zählen zu den besterhaltenen von La Quemada. Sie betreten zuerst einen großen quadratischen Saal, auf dessen N-Seite (l. vom Eingang) sich ein Alkoven befindet. Dieser Saal ist von 5 m hohen Mauern umgeben. Ein weiterer Saal schließt sich neben dem Alkoven an. Der Nordflügel, der sich hinter diesem Raum und der Pyramide befindet, umfaßt einen Gang, zu dem man über eine schmale Treppe gelangt, und weitere breite Treppen, die an der NO-Seite des Hofes ihren Ausgang nehmen.

Über eine zweite Treppenflucht gelangt man zu einem Gang, der eine Reihe von stark verfallenen Bauten mit Terrassen und Galerien verbindet. Am W-Hang des Bergrückens sieht man weitere vier Terrassen.

Nach N gelangen Sie nach einem Einschnitt zwischen den beiden höchsten Erhebungen des Cerro de Chicomoztoc zu einem befestigten Hof, der die NW-Seite der Stätte einnimmt. Eine Umfassungsmauer schützte den gesamten inzwischen stark zerstörten Komplex. Der Schutzwall hat hier eine Stärke von 3 m.

Kehren Sie dann zum Eingang zurück und gehen Sie um die Südspitze des Cerro in Richtung O. Über einen schmalen Weg kommen Sie auf einen Platz, auf dem sich das eindrucksvollste Gebäude von La Quemada befindet: die **Votivpyramide**, die 1955 restauriert wurde. Sie umfaßt einen mächtigen Sockel, der die erste Stufe bildet (rund 17 m Seitenlänge), auf den man über eine Treppe gelangt. Darüber erhebt sich ein hoher Pyramidenstumpf, der möglicherweise in einer Spitze endete. Die gesamte Höhe des Bauwerks beträgt 11 m.

In der Umgebung des Cerro de Chicomoztoc befinden sich mehrere Ruinen, darunter eine kleine Pyramide auf dem weiter östl. gelegenen **Cerro del Cuecillo.**

 298 km: Kreuzung.

L., Straße nach (25 km) ★ **Jeréz de Garcia Salinas** (2.190 m), eine ruhige, 25.000 Ew. zählende Kleinstadt im fruchtbaren Tal des Río Colotlán. Mit seinen typisch andalusischen Häusern mit schmiedeeisernen Gittern und blumengeschmückten Patios atmet Jérez noch den Zauber vergangener Tage. Der Überlieferung nach wurde diese Stadt im Jahre 1559 von einer Kolonie von Spaniern gegründet. Die Bewohner der ständig von Indios aus den angrenzenden Bergen überfallenen Stadt waren über die Eröffnung der Straße von México nach Zacatecas im Jahre 1560 hocherfreut. Aus dieser Zeit stammt die **Fiesta des Stadtpatrons San Ildefonso**, die drei Tage (vom 22. bis 24. Jan.) dauert. Zu diesem Anlaß werden Tänze aufgeführt, u. a. die berühmten *Jarabes*, die den andalusischen Seguedillas ähneln.

321 km: R. Straße nach (8 km) ★ **Zacatecas** und **Mexico** (s. Rte 15, ab km 628 in umgekehrter Richtung).
331 km: L. die Straße nach Chihuahua (s. Rte 15, ab km 638).
Sie durchqueren eine endlose, mit Kakteen und Mesquitesträuchern überzogene Steppenlandschaft.
573 km: L. nach (3 km) **Concepción del Oro**, ehemaliger Bergbauort.
692 km: In Saltillo, r. Straße nach **San Luis Potosí** und **Mexico** (s. Rte 11 in umgekehrter Richtung, ab km 859).
Zum Zentrum von Saltillo biegen Sie 1 km weiter nach l., an der Straße nach **Monterrey** (s. Rte 11, km 860) vorbei.
695 km: **Saltillo** (s. Rte 11, km 860).

15 – Von México nach Zacatecas, Chihuahua und Ciudad Juárez

Diese unendlich lange aber prachtvolle Strecke, die Sie in die mexikanische Hauptstadt bringt, bzw. in umgekehrter Richtung ein langsames Abschiednehmen für Reisende in die USA bedeutet, stellt eine Verlängerung der Route 8 dar. Diese Route kann auch als Grundlage für einen vierzehntägigen Aufenthalt im N Mexikos dienen. Sie durchqueren auf dieser Strecke Wüstenstriche der Hochplateaus, Gegenden, durch die die aus dem N kommenden Indios zogen, und berühren dabei die schönsten Gebiete dieses Landes, wie zum Beispiel die phantastischen Cañons de la Tarahumara.

Sie interessieren sich für:

Die Begegnung mit der präkolumbischen Vergangenheit Mexikos: Besichtigen Sie abseits der Hauptroute die Orte La Quemada und Casas Grandes.

Die Bergbauorte der Kolonialepoche: Machen Sie in Zacatecas Halt, oder einen Abstecher nach Parral (s. Rte 15 A), um Santa Barbara und San Francisco del Oro zu besichtigen.

Das Leben der Indio-Gemeinschaften: Durchstreifen Sie zu Pferd oder zu Fuß das Gebiet, das von den Tarahumaras (s. Rten 15 B und 15 C) bewohnt wird oder von Durango aus (s. Rte 15 A und 13) das Gebiet der Tepehuana.

Ungewöhnliche Abenteuer: Fahren Sie mit der Eisenbahn von Chihuahua an den Pazifik, bis nach Los Mochis.

Straße: 620 km (Zacatecas), 1.460 km (Chihuahua) und 1.835 km (Ciudad Juárez) auf der Hauptstrecke; 909 km nach Durango (Rte 15 A ab Zacatecas) und 1.320 km nach Parral (ebenfalls Rte 15 A). Auf sämtlichen Strecken gute Asphaltstraßen, mit Hotels entlang der Via Corta, über die die Hauptroute führt, und ausgezeichneten Unterkunftsmöglichkeiten in den großen Städten.

Von México zur Gabelung der Straßen nach León und Guadalajara (s. Rte 8, km 327).

338 km: Abzweigung nach Silao (s. u.).

2 km entfernt liegt **Silao**, 35.000 Ew. (Lokalfest am 25. Juli, Tag der Stadtgründung); Barockkirchen, größtenteils aus dem 18. Jh.

México – Guadelupe

340 km: L. weitere Straße nach (2 km) **Silao**; r. Straße nach (29,5 km) **Guanajuato** (s. Rte 8, km 348).
352 km: Kreuzung.

▶ R. nach (9 km) **Comanjilla**; ein kleiner Badeort.

361 km: L. nach (4 km) **Léon**, (1.873 m), 483.000 Ew., Industriestadt in der Ebene des Bajío; 1576 gegründet; keine besonderen Sehenswürdigkeiten (Lokalfest am 25. Juli).

Auf dem Hauptplatz *(Plaza de los Fundadores)* die **Kathedrale** (1746 vom Jesuitenorden errichtet) und der **Palacio Municipal**, dessen Fassade Skulpturen schmücken. In der Nähe die **Iglesia de Nuestra Señora de los Ángeles** (schöne Barockfassade).

▶ Von Léon führt eine Straße nach (23 km) **San Francisco del Rincón** (Lokalfest vom 5. bis 10. Dezember), 30.000 Ew. Die Straße, die sich nach (68 km) Ciudad Manuel Doblado fortsetzt, führt etwa 30 km von San Francisco del Rincón entfernt in der Nähe der archäologischen Stätte **La Gloria** vorüber. Man fand dort einen **Gebäudekomplex aus der vorspanischen Epoche**, der den Anblick einer Festung bietet.

▶ **374** km: L. weitere Straße ins Zentrum (10 km) von **Léon**.
403 km: R. Straße nach **San Luis Potosí** (s. Rte 10 A, km 420,5).
406 km: **Lagos de Moreno**, 60.000 Ew. L. **Pfarrkirche** im barocken Stil von 1783; **Convento de las Capuchinas**; **Brücke** aus dem 18. Jh.
408 km: L. Straße nach **Guadalajara** (s. Rte 10 A, km 420,5).
481 km: **Aguascalientes** (1.889 m), Hauptstadt des gleichnamigen Bundesstaates (5.486 km², 411.000 Ew.) mit 217.900 Ew.; ehemalige Kolonialstadt in einer fruchtbaren Ebene (Wein, Obstbäume, Weizen). Die 1575 gegründete Stadt verdankt ihren Namen ihren Thermalquellen.

Auf dem Zócalo erheben sich die **Kathedrale**, ein Barockbau aus dem 18. Jh. und der **Palacio de Gobierno** in einem Barockgebäude des 18. Jh., welches dem Marques de Guadelupe gehörte (im Innern **Fresken** von *Osvaldo Barra*, einem Schüler von Diego Rivera, der weitere Wandgemälde in der Casa de Juventud, dem Haus der Jugend, und im Justizpalast schuf).

In Aguascalientes wird am 25. April (Fest des Hl. Markus) seit 1604 eine zehntägige **Frühlings-Feria** abgehalten (im Parque San Marcos). Serenaden, die von Mariachi-Kapellen bestritten werden, ein Blumenkorso, Stierkämpfe (die Stiere der Hacienda de Las Panuelas, die Sie besichtigen können, sind in ganz Mexiko für ihre Kampfkraft berühmt).

530 km: **Rincón de Romos** (Industrie- und Landwirtschaftsmesse am 17. Jan.). Während der Kolonialepoche wurde in diesem 15 km von **Tepezalá** entfernten Pueblo eine Silbermine abgebaut.
594 km: R. Straße nach (158 km) San Luis Potosí (s. Rte 11, km 409). – **596** km: **Trancoso**; auf der ehemaligen Hacienda erheben sich zwei Kirchen.
613 km: **Guadelupe**; 1707 gegründetes **Convento de Nuestra Señora de Guadelupe**, in ein **Museum** umgewandelt *(Öffnungszeiten:* 9–13 und 15–17 Uhr).

(15) México – Chihuahua – Ciudad Juárez

Kirche (1721 geweiht), schönes Portal im churriguresken Stil. Im Inneren (l. vom Eingang) die mit Gold reichverzierte **Capilla de la Purísima** im neoklassischen Stil. Eines der Gemälde mit der Abendmahlszene wird *Miguel Cabrera* zugeschrieben.

620 km: * Zacatecas (2.235 m). Die 61.000 Ew. zählende Hauptstadt des gleichnamigen Bundesstaates erstreckt sich am Fuß des Cerro de la Bufa. Eine ehemalige Bergbaustadt, die sich aus ihrer etwas narzistischen Versenkung befreien konnte, um dank ihrer Industrialisierung einen neuen Aufschwung zu nehmen, wobei das koloniale Gepräge ihrer alten Viertel erhalten blieb.

Zacatecas wurde im Jahre 1546 von drei Konquistadoren gegründet und entwickelte sich nach der Entdeckung der ersten Silbermine. Ihr Wappen erhielt die Stadt im Jahre 1588 von Philipp II. 1616 gründeten die Franziskaner dort ein Kloster. Während der Revolution im Jahre 1914 war Zacatecas Schauplatz heftiger Kämpfe zwischen den Truppen des Diktators Huerta und von Pancho Villa, der hier seinen größten Sieg davontrug.

Die **Kathedrale** (1730–1760) an der Plaza Hidalgo im Zentrum der Stadt, ist eines der schönsten Beispiele churriguresker Kunst in Mexiko. Längs der Av. Miguel Hidalgo prachtvolle Fassade zwischen zwei Türmen. Das Gotteshaus öffnet sich mit einem dreiflügeligen Portal. Die Kuppel wurde 1836 nach dem Vorbild der Iglesia de Nuestra Señora de Loreto in México erneuert.

Kirche Santo Domingo. – Gegenüber der Kathedrale führt an der Ecke der Plaza Hidalgo, wo der **Palacio de Gobierno** in einem Palast des 18. Jh. untergebracht ist, der Callejón de Veyna zur **Kirche Santo Domingo** (zwischen 1746 und 1749 von den Jesuiten erbaut); schlichte Barockfassade; Eingang über eine monumentale Treppe, die ein Brunnen schmückt. Man betritt die dreischiffige Kirche durch ein reichgeschnitztes Portal; im Inneren schöner, von Galerien umgebener Kreuzgang.

Die Altstadt von Zacatecas. – Vom Platz vor der Kirche Santo Domingo setzen Sie den Weg durch die Calle Dr. Ignacio Hierro fort. Unterwegs sehen Sie, bevor Sie an der zerstörten **Kirche San Augustin** angelangen, alte **Paläste aus dem 18. Jh.** Vor der Kirche gehen Sie nach l. und gleich danach wieder nach r. und überqueren die *Plaza Miguel Auza*, die auf der r. Seite alte Palais mit schmiedeeisernen Gittern säumen.

Geradeaus weiter kommen Sie zum **Jardín Juárez**, wo das *Departamento de Seguridad Pública* in einem Gebäude aus dem 18. Jh. mit Patio untergebracht ist. Dort biegen Sie nach r. in die kleine Straße, die am Ausgang des Jardín Juárez einmündet.

Sie kommen dann zur Av. Hidalgo, wo Sie l. einbiegen, dann r. in die Calle Allende, gegenüber dem **Portal de Rosales**, einer langen Ladengalerie. Etwa 200 m weiter kommen Sie zur Tacuba-Straße, die sich zu einem von alten Gebäuden gesäumten Platz erweitert, den ein Brunnen aus der Kolonialepoche schmückt. Wenn Sie dieser Straße folgen, kommen Sie zum Ausgangspunkt bei der Kathedrale zurück.

Wenn Sie die Straße nach Durango einschlagen und 2,5 km vom Zentrum von Zacatecas nach r. biegen, kommen Sie zu der 1728 auf dem Cerro de la Bufa errichteten **Capilla de la Virgen del Patrocinio** (Kapelle der Schutzpatronin der Bergleute) bzw. **Capilla de los Remedios**. Kurz bevor Sie die Stadt verlassen, führt Sie der Weg unter den Bögen des **Acueducto del Cubo** hindurch, das gegen' Ende des 18. Jh. erbaut wurde.

☞ **15 A – Von Zacatecas nach Durango, Parral und Jiménez** (289 km nach Durango, 700 km nach Parral und 780 km nach Jiménez). – Von Zacatecas zur (78 km) Gabelung der Straßen nach Durango und Chihuahua (Via Corta), s. Rte 15, bis km 649. – 99 km: Wendekreis des Krebses. – 127 km: R. Straße nach (2 km) **Sain Alto** (Lokalfest am 20. Jan.; Tanz der „Las Palmas", der die Begegnung zwischen Moctezuma und Hernán Cortéz darstellt).
165 km: **Sombrerete**, 15.000 Ew., Kleinstadt, 1560 in der Nähe von Silbervorkommen gegründet. Im Jahre 1570 erhielt die Stadt den Namen Villa de Llerena und 1824 den Namen Sombrerete.

Aus ihrer kolonialen Vergangenheit hat Sombrerete einige interessante Bauwerke bewahrt, darunter die **Kirche San Francisco**, die zu einem heute aufgehobenen Kloster von 1562 gehörte, die Kirche Santo Domingo (18. Jh.) mit ihrer churrigueresken Fassade sowie mehrere Gebäude aus der Kolonialepoche. Vom 2. bis 10. Feb. *Fiesta de la Candelaria* (Stierkämpfe, Hahnenkämpfe, Tanzdarbietungen usw).

➥ Von Sombrerete führt eine nicht asphaltierte Straße nach (51 km) **Chalchihuites**, einem Pueblo in der Nähe einer vorspanischen Siedlung, die sich über eine Länge von etwa 20 km hinzieht. Man erkennt noch einige um Plätze und Patios gruppierte Gebäude, aber auch Höhlen, die am Osthang angelegt wurden, und wahre Labyrinthe darstellen.
8 km südwestl. befindet sich die Festung **El Chapín** mit den Festungsanlagen des Cerro Colorado und des Pedregal Moctezuma. Die bedeutendste Gebäudeanlage, die 1908 freigelegt wurde, befindet sich auf dem Gelände der Hacienda *Alta Vista*, wo man die Fundamente eines großen Saales, des sogenannten *Salón de Columnas*, sehen kann (28 auf vier Reihen verteilte Säulen).
Die Ähnlichkeit der Bauten von Chalchihuites mit jenen in La Quemada ist augenfällig. Ungesichert sind bei beiden der Zeitpunkt der Errichtung und die Erbauer.

☞ 289 km: **Durango** (s. Rte 13, km 944). Ausfahrt auf der Straße nach Parral. – 302 km: L. Szenerie, die für den Westernfilm *Howard Street* (Calle Howard) aufgebaut wurde (keine Besichtigung).
304 km: Ein weiterer Western-Drehort, **Chupadero**. – 309 km: L. Weg nach (8,5 km) **La Joya**, einer Ranch, die John Wayne gehörte, am Eingang eine eindrucksvolle Schlucht. – 336 km: R. **El Sauz**, ein ehemaliges Fort, das ebenfalls als Schauplatz für Western-Filme diente. Heute ist es eine Hazienda.
346 km: Kreuzung.

➥ L. Straße nach (14 km) **Canatlán**, (63 km) **Guillermo Prieto** und (117 km) **Santiago Papasquiaro**.
Rund 12 km östl. von Guillermo Prieto befindet sich die sehr fischreiche **Laguna de Santiaguillo**.

(15) México – Chihuahua – Ciudad Juárez

In der Nähe des Seeufers hat man die Überreste einer Siedlung freigelegt, die ins Paläolithikum zurückreicht.

Südl. von Santiago Papasquiaro kommt man nach einem Fußmarsch von 2 bis 3 Std. zur archäologischen Stätte **Sotolitos**, die der Hohokam-Kultur zuzurechnen ist. Man sieht dort eine Anlage, die vermutlich ein Ballspielplatz war.

Jenseits von Santiago Papasquiaro führt die Straße nach (46 km) **Tepehuanes**, in ein abgelegenes Gebiet der Sierra Madre Occidental, wo Tarahumara- und Tepehuana-Indios leben (s. Rte 13, Umgebung von Durango).

☞ 529 km: **Entronque La Zarca** (Tankstelle).

● L. Straße nach (39 km) **El Palmito**, einem Dorf am O-Ufer der **Presa El Palmito**. Der Stausee (1947), der 3.000 Mio m³ Wasser faßt, wird vom Río Nazas gespeist.

☞ 700 km: ★ **Parral** (bzw. **Hidalgo Del Parral**), 68.500 Ew. (1.661 m), inmitten einer ausgetrockneten Berglandschaft.

Das im Jahre 1638 gegründete Parral wurde die Hauptstadt des an Silberminen reichen Bezirks Nueva-Biscaya. Die Stadt wurde von 1864 bis 1866 von französischen Truppen besetzt, die Maximilian von Habsburg unterstützten. Aus dieser Zeit datiert das Fort des Lerro de la Cruz. Dort wurde 1923 Pancho Villa erschossen.

Auf der *Plaza Hidalgo* im Zentrum der Stadt erhebt sich die im Jahre 1710 errichtete **Pfarrkirche** (geschnitzte und mit Gold verzierte Altäre im churriguereskem Stil). Das nicht sonderlich anziehende Parral hat dessen ungeachtet einen unverwechselbaren Charakter. Sie werden das feststellen, wenn Sie zu Fuß die Hauptstraße, die Av. Monclovio Herrera durchstreifen (von der Plaza Hidalgo aus schlagen Sie die Straße r. von der Bank ein und biegen dann nach l.). Die Av. Herrera bringt Sie zu einem kleinen **Museum**, das dem Andenken von *Pancho Villa* gewidmet ist, der an dieser Stelle, 600 m vom Hauptplatz entfernt, erschossen wurde.

Bevor Sie zum Museum kommen, führt eine Gasse hinter einem Platz, auf dem sich zwei Kirchen erheben, zum **Palacio Pedro Alvarado** (1803) in der Nähe des Río Parral; Fassade mit korinthischen Säulen; aus Onyx erbaute Treppe und Barockkapelle; leider geschlossen.

Von der Plaza Hidalgo aus sehen Sie auch den überdachten Markt gegenüber der Kirche, den sie durchqueren. Überschreiten Sie dann den Río Parral und folgen Sie der **Calle Independencia**. Rund 300 m vom Beginn dieser Straße entfernt führt r. eine Calle Dr. Jiménez zur **Kirche de la Virgen del Rayo** (1690–1710), die der Überlieferung nach von einem Indio erbaut wurde, der eine Goldmine entdeckt und im geheimen abgebaut hatte, um den Bau der Kirche zu ermöglichen. Schöne, schlecht erhaltene Fassade.

● **Die Umgebung von Parral. 1 – Santa Barbara und San Francisco del Oro** (56 km hin und zurück). – Ausfahrt aus Parral auf der Straße nach El Vergel; biegen Sie nach 12 km nach l. – 20 km: L. Straße nach (6 km) **Santa Barbara**, 25.000 Ew., ehemalige Bergbaustadt, die 1580 die Hauptstadt von Nueva-Biscaya wurde, das sich bis nach Kalifornien und Texas erstreckte.

4 km von der Gabelung bei km 20 führt r. eine Straße nach **San Francisco del Oro**, einer weiteren Bergbaustadt, die noch heute in Betrieb ist und die wie Santa Barbara im 16. Jh. gegründet wurde.

Zacatecas – Chihuahua

2 – Guadalupe y Calvo (241 km auf der Straße nach El Vergel, 127 km nach dem asphaltierten Streckenabschnitt). – Sie erreichen den im 16. Jh. gegründeten Bergbauort auf einer ab der zweiten Hälfte **★★prachtvollen Bergstraße** durch die Sierra Madre Occidental. Wegen der Abgelegenheit der Gold- und Silberminen von Guadalupe y Calvo, die häufig überfallen wurden, beschlossen die mexikanischen Behörden im Jahre 1843 die Errichtung einer Münze. Die Ausgaben dieser Anstalt wurden im Jahre 1852 eingestellt.

Von Parral nach Estación Creel: s. Rte 15 B in umgekehrter Richtung.

☞ 778 km: Straße von México nach Chihuahua und Ciudad Juárez (s. Rte 15, km 1.239), 2 km von **Jimenéz** nach r.

Fortsetzung der Route 15. – **621 km**: an der Ausfahrt aus Zacatecas, Acueducto del Cubo vom Ende des 18. Jh.
628 km: L. die Straße nach Guadalajara (s. Rte 14, km 321), die Sie zu den Ruinen von **La Quemada** (45 km) führt.
638 km: R. Straße nach **Saltillo** (s. Rte 14, km 331).
683 km: **Fresnillo**, wo r. eine Straße nach (5,5 km) **Plateros** abzweigt (Feria vom 23. bis 26. Dez.).
698 km: L. Straße nach Durango (s. Rte 15 A, km 78).
766 km: **Río Grande**, 13.000 Ew., wurde um 1562 gegründet (Kirche Santa Veracruz aus dem 18. Jh.).
896 km: L. Straße nach **Mazatlán** (s. Rte 13, km 799).
1.003 km: R. Straße nach Torreón, Monterrey und Matamoros (s. Rte 13 in umgekehrter Richtung ab km 692).
1.006 km: **Gómez Palacio**, 92.500 Ew., liegt in einem landwirtschaftlich fruchtbaren Gebiet. Jahrmarkt vom 3. bis 15. Mai.
1.237 km: L. Straße nach **Parral** (s. Rte 15 A, km 778).
1.306 km: **Ciudad Camargo** (27.000 Ew.), Baumwollmarkt.
1.376 km: **Delicias** (57.500 Ew.); vom 1. bis 7. Okt. Baumwoll-Messe mit Stierkämpfen, Pferderennen usw.
1.384 km: **Meoqui**, 13.000 Ew., ehemaliger Grubenort. Am 29. Juni Feria de San Pedro.
1.452 km: Umleitung nach **Chihuahua** (s. u.), 8 km vom Zentrum. R. Straße nach **Ojinaga** und (8 km) zum Flughafen von Chihuahua.

Chihuahua (1.329 m), 336.000 Ew., liegt auf einer Hochebene am Rande einer Bergkette. Industriestadt, aber auch bedeutendes Fleischexportzentrum und Hauptstadt des gleichnamigen Bundesstaates (245.612 km²; 1.961.000 Ew.).

Auf der Spur der Apachen und der Comanchen. – Chihuahua wurde 1709 unter dem Namen *San Francisco de Cuéllar* gegründet, als die nordamerikanischen Provinzen, die bis zu jenem Zeitpunkt unter den Einfällen der Apachen aus Arizona und der Comanchen aus Texas zu leiden hatten, befriedet wurden. Bereits im 16. Jh. hatten die Franziskaner, dann die Jesuiten den Versuch unternommen, Chihuahua und die angrenzenden Gebiete zum christlichen Glauben zu bekehren. Gegen Ende des 16. Jh. besetzten die Spanier das heutige Neu-Mexiko (USA) wodurch ein reger Handelsaustausch zwischen den Indianern in den weiten Ebenen des Nordens und jenen in Mittelamerika begründet wurde. Im Jahre 1680 kam es

(15) México – Chihuahua – Ciudad Juárez

zu einem Aufstand der Indios gegen die spanischen Unterdrücker. Als der Aufstand 1694 niedergeschlagen wurde, war der Weg für die Kolonisierung frei und kurz danach wurde Chihuahua gegründet. Der Reichtum der Stadt kam aus der Viehzucht und dem Abbau der reichen Silberminen, die 1679 entdeckt worden waren.

Der Ursprung der Revolution. – Im Jahre 1811 wurden Miguel Hidalgo und Ignacio Allende, ein weiterer Anführer des Unabhängigkeitskampfes, in Chihuahua hingerichtet.
Nach der Niederlage von Madero bei den Präsidentschaftswahlen von 1910 kam es in Chihuahua zu Vorfällen, die zum Rücktritt von Porfirio Díaz führen und die Revolution einleiten sollten. Abraham Gonzáles, der in Chihuahua Koalitionsführer gegen die Wiederwahl von Porfirio Díaz gewesen war, scharte eine Gruppe von Vaqueros um sich und begann einen Guerillakrieg. Er wurde von Pascual Orozco und dem jungen Pancho Villa unterstützt, einem ehemaligen *Peón* (Tagelöhner) aus Durango, der zusammen mit E. Zapata beim Volk zum Prototyp des Rächers werden sollte (hauptsächlich wegen der Viehdiebstähle auf der Hazienda der Familie Terrazas, der mächtigsten im Staat Chihuahua, die die Landbevölkerung zu Recht für ihr Elend verantwortlich machte). Pascual Orozco, der am 27. Nov. 1910 bei Pedernales den Sieg davongetragen hatte, umzingelte Chihuahua. Dieser Erfolg war ein Signal für den allgemeinen Aufstand gegen den Diktator Porfirio Díaz, der sechs Monate später ins Exil ging.
Die Bewegung der Aufständischen, die zum Bürgerkrieg ausartete, zog die Provinz Chihuahua in den fatalen Sog blutiger Kämpfe. Pancho Villa, der in Chihuahua eine Armee aufgestellt hatte, trat eine Zeit lang als Schlichter im Kampf um die Macht auf. Im Jahre 1913 gebot er praktisch über das ganze Gebiet und die Berge dieses Staates. Gegen Ende des Jahres eroberte er die Stadt und machte sie zu seinem Hauptquartier. 1915 wurde Pancho Villa von Alvaro Obregón geschlagen und flüchtete in die Sierra, von wo er Überfälle bis in die USA führte. Als er im März 1916 die Stadt Kolumbus im Staat Neu-Mexiko angriff, beauftragte Präsident Wilson General Pershing mit einer Strafexpedition nach Chihuahua. Ein noch heute diesseits des Río Bravo beliebtes Lied (*Corrido*) berichtet von den vergeblichen Versuchen des amerikanischen Generals, der Pancho Villa durch Wüsten und Berge verfolgte und dem es nicht gelang, den Banditen einzufangen. 1920 stellte sich P. Villa den mexikanischen Behörden; er erhielt eine Hazienda in Durango, wurde aber 1923 in Parral ermordet.

Auf der **Plaza de Armas** im Zentrum der Stadt befinden sich der **Palacio Municipal** (1907; Fassade 1964 restauriert) und die **Kathedrale** (1717 – 1789; Barockfassade).
Wenn Sie der Calle Libertad folgen, wobei Sie r. den Palacio Municipal zurücklassen, kommen Sie nach 300 m zum **Palacio Federal**, der am 16. Sept. 1910 von Porfirio Díaz eröffnet wurde. Gegenüber befindet sich der von 1941 bis 1947 wiederaufgebaute **Palacio de Gobierno** an der Stelle des 1713 vom Jesuitenorden gegründeten Colegio de Loreto, das später in ein Militärspital umgewandelt wurde. Miguel Hidalgo, Ignacio Allende und die anderen Anführer des Aufstandes wurden hier gefangengesetzt und 1811 hingerichtet. Zwei Straßen weiter, an der Ecke der Calle Libertad und der 15. Straße, erhebt sich die **Kirche San Francisco** (1721), wo sich der einbalsamierte enthauptete Körper von Miguel Hidalgo bis 1823 befand, bevor er nach México überführt wurde.

La Quinta Luz (geöffnet von 9–19 Uhr), das Haus von Pancho Villa, kann besichtigt werden. Sie sehen dort persönliche Andenken, Waffen, Uniformen usw.

15 B - Von Chihuahua über Estación Creel nach Parral

(663 km; zwischen [217 km] Estación Creel und Parral. Fahrt auf der teilweise asphaltierten neuen Carretera Gran Vision; erkundigen Sie sich auf alle Fälle in Estación Creel oder in Parral). – 6 km: Umleitung nach Chihuahua auf der Straße von México nach Ciudad Juárez (s. Rte 15, km 1.452). – 102 km: **Cuauhtémoc**, 25.000 Ew., das ehemalige *San Antonio de los Arenales*, in dem heute Mennoniten leben, die sich 1922 in diesem Gebiet niederließen.

Die Sekte wurde von *Menno Simonis* (1498–1561), einem holländischen Reformator gegründet, und schon bald hatte sie Anhänger im Elsaß, in der Schweiz, in Süddeutschland und in Preußen. Die ersten Mennoniten erkannten außer der Bibel und ihrem eigenen Gewissen keine andere Authorität an. Noch heute verweigern sie die Eidesleistung und den Militärdienst. Die in Ciudad Cuauhtémoc lebenden Mennoniten stammen vermutlich von friesischen Vorfahren ab, die weil sie verfolgt worden waren, im 16. Jh. die Niederlande bzw. Deutschland verlassen hatten, um sich in Ostpreußen anzusiedeln. Da um 1763 Preußen Druck auf diese Gruppe ausgeübt hatte und sie zur Leistung des Militärdienstes heranziehen wollte, zogen die Mennoniten nach Rußland, wo ihnen Katharina II. in der Ukraine Land angeboten hatte. Als im Jahre 1870 in Rußland der Militärdienst eingeführt wurde, waren die Mennoniten neuerlich Druck ausgesetzt. Sie zogen es vor, nach Nordamerika auszuwandern. 1871–1872 ließen sie sich in Kanada in der Provinz Saskatchewan nieder. Im Jahre 1921 beschloß die Gruppe aus Protest gegen die Verletzung eines Abkommens über die Schulpflicht, sich eine neue Bleibe in den Vereinigten Staaten und später in Mexiko zu suchen. 1921 erwarben sie hier 92.000 ha Ödland, das sie nach und nach in Weide- bzw. Ackerland umwandelten.

105 km: Bei der Ausfahrt aus Cuauhtémoc auf der Straße nach La Junta zweigt r. eine Straße nach (165 km) **Gómez Farias** und (347 km) **Nuevo Casas Grandes** ab (s. Rte 15, km 1.617).
149 km: R. die asphaltierte Straße nach (150 km) **Madera**. – 151 km: R. **La Junta**. – 167 km: Lassen Sie r. die Straße nach Tomochic (s. u.) liegen und schlagen Sie l. die schlechte Straße nach San Juanito ein (nachdem Sie sich bei dem Polizeiposten an dieser Kreuzung ausgewiesen haben).

Auf der teilweise asphaltierten Straße erreichen Sie (115 km) die ★★**Wasserfälle von Basaseáchic**, wenn Sie nach 112 km nach l. biegen. Der Fußweg zu den 300 m hohen Wasserfällen dauert 15. Min. Der Anblick dieses Naturschauspiels in einer wildromantischen Schlucht der Sierra Madre wird Sie begeistern. Die Zufahrtsstraße führt ab km 167 durch eine zerklüftete Landschaft.

232 km: **Estación San Juanito** auf der Strecke Chihuahua-Pacifico. Lassen Sie dort r. eine Straße über (101 km) **Basaseáchic** (s. o.) nach (144 km) **Yepachic** liegen.
250,5 km: **Bocoyna**, 9 km von **Sisoguichic** entfernt, eine Gemeinde, deren Gebiet von einer bedeutenden Gruppe der Tarahuma-

ra-Indios bewohnt wird; die im Jahre 1681 gegründete Dorfkirche wurde 1697 von den Indios zerstört und 1707 von dem Jesuitenpater Joseph Neumann wiederaufgebaut.

Kurz nach Bocoyna überqueren Sie den Río Conchos, in dessen Tal mehrere Rancherías der Tarahumaras liegen. An den Ufern des Río Conchos findet man den *Peyote*, einen kleinen Pilz, aus dem die Tarahumaras für bestimmte Zeremonien ein Getränk mit halluzinogener Wirkung zubereiten.

262 km: **Estación Creel**, ein Pueblo, der beim Bau der Eisenbahnlinie von Chihuahua zum Pazifik entstand. Von dort aus können Sie Streifzüge in ein Gebiet unternehmen, das zu den prachtvollsten Berglandschaften Mexikos gehört, wie z. B. zur berühmten **Barranca del Cobre** (Kupferschlucht) und in das von den Tarahumaras besiedelte Gebiet, einem der bedeutendsten Stämme im NW Mexikos. Die Tarahumaras leben dort in manchmal weit voneinander entfernten Ranchos, in Pueblos, die sich um Kirchen aus dem 18. Jh. gruppieren und entlang der Eisenbahnlinie von Chihuahua nach Los Mochis.

Die **Tarahumaras** leben in den Cañóns und Tiefebenen der Sierra Madre Occidental im Bundesstaat Chihuahua und im NW des Staates Durango. Diese unter dem Namen *Serrania de Tarahumara* bekannte Gebirgsgegend wird von Flüssen durchzogen, die eindrucksvolle Schluchten gegraben haben, in denen eine tropische Vegetation wuchert, während die Berge von riesigen Wäldern bedeckt sind. Vor mehreren Jh. besiedelten die Tarahumaras (vermutlich seit dem 6. Jh. n. Chr.) das ganze Gebiet des heutigen Staates Chihuahua, wo sie von der Jagd und den Früchten der Natur lebten. Als sie später den Ackerbau entdeckten, wurden sie seßhaft. Die Spanier, die um 1620 nach Chihuahua kamen, verdrängten die Tarahumaras in die Berge, wo sie noch heute leben. Missionare bemühten sich ziemlich erfolglos um die Bekehrung der Tarahumaras zum katholischen Glauben. Während der nächsten Jh. überschwemmten Spanier und Mestizen das Land, wobei es zu blutigen Zusammenstößen und Aufständen kam, die bis zum Beginn dieses Jahrhunderts andauerten. Seither haben die Tarahumaras Frieden in ihrer Abgeschiedenheit gefunden, die sich als einziges wirksames Verteidigungsmittel erwiesen hat. Ihre Zahl beläuft sich auf ungefähr 60.000.

Sie leben von der Land- und der Forstwirtschaft. Ihre Hauptnahrung besteht aus Maistortillas, Kartoffeln, Bohnen, Kräutern und Pilzen. Zwei bis dreimal jährlich verzehren sie Hirschfleisch. Diese unzureichende und unausgeglichene Ernährungsweise hat zu einer physiologischen Dekadenz dieses Volkes geführt, dessen Widerstandsfähigkeit aber trotzdem erstaunlich hoch ist. Im Alkohol, vor allem im *Tesguino*, einer zehnprozentigen Maisfermentation, suchen sie einen Ausweg aus ihrer Misere. Der *Peyotl* bzw. *Peyote*, der ihnen unter dem Namen *Jícuri* geläufig ist, findet dagegen nur von den Magiern und Medizinmännern Verwendung.

An Behausungen stehen jeder Familie zwei bis drei zur Verfügung. Sie befinden sich zuweilen in Höhlen, die mit einer kleinen Steinmauer oder getrocknetem Schlamm geschlossen werden, meistens werden sie jedoch aus Holz, Steinen oder Pissee errichtet. Ist keine Höhle vorhanden, so befindet sich neben dem Haus ein kleiner Bau aus Steinen oder Holz auf vier Pfählen, in dem Vorräte, vor allem Mais, aufbewahrt werden.

Die Bekleidung der Männer besteht aus einem Hüftschurz (*tagore*) und einem 15–20 cm breiten und 2–2,50 m langen Stoffband aus naturfarbener oder gefärbter Wolle, das um die Hüften geschlungen wird und das mit geometrischen Motiven verziert sein kann. Wenn sie eine Kopfbedeckung tragen, ist es meist ein weißes oder rotes Taschentuch (*colleraca*). Die Frauen tragen eine sackförmige Tunika mit einem Loch für den Kopf und manchmal mit Ärmeln; sie tragen auch lange Röcke aus Wollstoff, die, genäht oder um die Hüften drapiert, von einem Gürtel gehalten werden. Schmuck findet man selten; er wird sowohl von Frauen wie von Männern getragen: Ketten mit Perlen aus Glas, Knochen oder Zacatecernen. Männer wie Frauen tragen manchmal Sandalen.

Die Verwaltung jedes Dorfes und jeder Ranchería obliegt drei gewählten Gouverneuren. Die jeweiligen Amtsträger werden nicht für eine bestimmte Zeit gewählt, sondern solange beibehalten, wie sie ihre Aufgabe zur Zufriedenheit der Mitbürger ausüben. Sie werden von Assistenten unterstützt. Am Sonntagmorgen tritt der Rat geschlossen zusammen, um eventuelle Beschwerden entgegenzunehmen.

Die Religion der Tarahumaras ist der katholische Glaube, dessen Ausübung sich auf wenige Bekundungen beschränken, deren Sinn fast vollständig entgeht. Sie gehen in die Kirche, wo die Götter ihrer Vorfahren an der Seite christlicher Symbole und Heiligen zu finden sind. Sie taufen ihre Kinder und beachten einige andere Glaubensvorschriften. Sie respektieren und verehren manchmal ihre katholischen Priester, nicht so sehr wegen des von ihnen ausgeübten Amtes, denn sie haben ihre eigenen Magier beibehalten, sondern weil sie die Repräsentanten der spanischen Behörden waren und während der Kolonialepoche die einzigen Verteidiger gegen die Übergriffe von Seiten der Weißen und der Mestizen. Die Hauptgottheiten der Tarahumaras sind die Sonne (*Raiénari*), Schutzgottheit der Männer, und der Mond (*Mechá*), Schutzgottheit der Frauen, und eine weitere, *Jicuri* genannte Gottheit, in der mehrere andere zusammenfließen, darunter die bedeutendste, *Umarique*, die aufgehende Sonne, die über der Serrania Tarahumara erscheint, in einem Gebiet, in welchem der *Peyotl* wächst, jener hallizunogene Pilz, der ebenfalls den Namen Jicuri trägt.

Die Tarahumaras glauben an die Unsterblichkeit der Seele, die ihrer Meinung nach sowohl Menschen wie Tieren, Pflanzen und Gegenständen innewohnt und die jenen Völkern unbeseelt erscheinen, die nicht dem Animismus anhängen. Beim Eintritt des Todes verläßt die Seele den Körper, schweift jedoch noch ein Jahr um das Haus bzw. den Ort, an dem der Verstorbene lebte, bevor sie in den Himmel emporsteigt. Noch ein Jahr lang nach dem Tod können die Seelen der Verstorbenen den Frieden der Lebenden durch Krankheiten oder Epidemien stören, indem sie sich in Tiere verwandeln, hauptsächlich in einen Koyoten oder Wolf, um Getreide zu stehlen. Drei Tage nach dem Tod eines Mannes (vier nach dem einer Frau) breitet die Familie die Haut eines Stieres im Haus an der Stelle aus, an der sich der Verstorbene zu seinen Lebzeiten am liebsten aufhielt, und stellt verschiedene Gefäße mit gekochtem Fleisch darauf. Dann beschwört der Magier den Verstorbenen, den Frieden der Hinterbliebenen nicht zu stören. Das Haus wird über Nacht verschlossen, während die Anwesenden zwei bis drei Tage lang feiern, wobei der Tesguino in Strömen fließt. Sobald von dem berauschenden Getränk nichts mehr übrig ist, zieht sich die Gesellschaft zurück. Manchmal bleibt das Haus ein Jahr lang unbewohnt, so-

(15) México – Chihuahua – Ciudad Juárez

fern es nicht zerstört wird. Damit die Seele der Verstorbenen schneller zum Himmel aufsteigt, läßt die Familie von einem Magier eine Zeremonie (*invaame*) feiern, bei der *Matachines*, die Mitglieder einer religiösen Sekte, Tänze aufführen.

Die angesehensten Magier kommen aus einem Dorf namens Narárachic, wohin sie sich vor ihrem Tod zurückziehen, um ihren Schülern ihr Wissen weiterzugeben. Nur die Magier und Medizinmänner verzehren den *Peyotl* (*Lephophora Williamsii*), der von den Tarahumaras als erlesene Speise angesehen wird mit einer Zauberkraft, die gewöhnlich Sterblichen Furcht einflößt. Aus diesem kleinen Kaktus wird ein Getränk hergestellt, das Farbvisionen, ein angenehmes Gefühl der Mattigkeit sowie die Erweiterung der Pupillen und eine Beschleunigung des Herzschlages hervorruft. Es hat nicht den Anschein, als riefe der Verzehr des Peyote bei den Tarahumaras eine Sucht hervor, denn das halluzinogene Getränk wird nicht genommen, um eine momentane Befriedigung zu erzielen, sondern um mit den Göttern in Verbindung zu treten. Manchmal verschreibt der Medizinmann einem Kranken und den bei dieser Zeremonie anwesenden Personen dieses Getränk. Während die Huicholes, die den Peyote ebenfalls einnehmen, einen langen Marsch auf sich nehmen müssen, um in den Besitz dieser Pflanze zu gelangen, können die Tarahumaras ihn in ihrem eigenen Gebiet im Tal des Río Conchos finden, namentlich in der Umgebung von Culimes. Es gibt drei verschiedene Peyote-Arten, die jeweils durch eine Gottheit vertreten sind und diese Trinität geht in einen vierten Gott ein.

Die Tarahumaras feiern **die Feste** des katholischen Kalenders, insbesondere das Patrozinium der einzelnen Gemeinden, Fronleichnam, Himmelfahrt, Weihnachten, hauptsächlich aber die Karwoche, in der der Tanz der „Moros y Cristianos" aufgeführt und Szenen aus der Passionsgeschichte dargestellt werden. Bei all diesen Festen, die von Geigenmusik begleitet werden, führen Matachines in farbigen Kostümen und prächtigem Federkopfschmuck mit Perlen und Spiegeln Tänze auf, während die Vortänzer bei ihren Soli den Rhythmus mit Schellen um ihre Gelenke schlagen. Es werden auch Pastorales aufgeführt.

Neben den christlichen Festen begehen die Tarahumaras rein heidnische Feiern, deren bedeutendste vor der Aussaat und nach der Ernte stattfinden. Es finden ebenfalls Feiern statt, um Epidemien oder ein Unglück abzuwenden.

Das handwerkliche Können der Tarahumara ist bescheiden. Sie stellen *Tenaches* her, eine Art Weihrauchgefäß für ihre Zeremonien, Holzmasken mit Menschen- und Tiergesichtern, Gefäße und Gürtel.

▶ Sie können sich einen Jeep oder ein Reittier mieten aber auch an organisierten Ausflügen teilnehmen, um von Estación Creel aus die berühmten ★★★ **Cañons der Tarahumara** zu entdecken, eines der schönsten Naturschauspiele, die man in Mexiko zu sehen bekommt. Diese Cañons wurden von Flüssen in ein von Kiefern, Zedern und Kakteen bedecktes Hochplateau gegraben. Dieses riesige Erosionsbecken (Höhenunterschiede zwischen 2.100 und 2.700 m) bedeckt eine Fläche von mehreren hundert km^2, wo Bäche und Rinnsale tausende von Schluchten (*Barrancas*) entstehen ließen, die zuweilen von einer tropischen Vegetation überwuchert werden.

Eine der prachtvollsten ist die **Barranca del Cobre**, die Kupferschlucht, die sich über eine Länge von über 50 km hinzieht und in die der Río Urique mehrere hundert Meter tief sein Bett gegraben hat. Zu beiden Seiten dieses Cañons tun sich weitere Schluchten auf. Durch Erdrutsche bedingt entstanden zahlreiche Formationen, die je nach Beleuchtung vom Ockerfarbenen zum Blauen variieren.

Von der Eisenbahnstation **El Divisadero** (s. Rte 15 C, km 354), die Sie nur per Bahn erreichen, haben Sie einen herrlichen Blick auf diese Schlucht und andere vom Río Urique geschaffene Barrancas. Das Pueblo Urique erreicht man am günstigsten von der Station **Bahuichivo** aus (s. Rte 15 C, km 400).

Fortsetzung der Route 15 B. – 282 km: L. nach (4 km) **Cusarare** mit seiner unlängst restaurierten Kirche aus dem 18. Jh.

322 km: Brücke über den Río Urique in einem bewaldeten Tal, wo r. ein Weg nach (ca. 30 km) **La Bufa** und (50 km) **Batopilas** abzweigt, einem weiteren Tarahumara-Pueblo, in dessen Nähe sich die ★★★**Barranca de Batopilas** befindet. Unweit von Batopilas liegt die Silbermine **La Nevada**, wo bis zur Revolution die reichsten Vorkommen Mexikos abgebaut wurden. Die Mine ist nicht mehr in Betrieb.

Die Barranca de Batopilas setzt sich in der ★★**Barranca del Río San Miguel** fort, in der, ebenso wie auf den Anhöhen, Tarahumara-Indios leben. Der Ort **Morelos** ist nur schwer zugänglich.

Von Morelos aus erreichen Sie zu Fuß oder zu Pferd **San Andrés**, eines der wenigen Dörfer oder vielleicht das einzige, in dem noch Tubar gesprochen wird. Die *Tubara* lebten in den Barrancas des Río Verde und des Urique in den Pueblos Concepción Tubares und San Miguel Tubares, wo die Jesuiten Missionsstationen errichteten sowie in San Ignacio und San Andrés. Am Ende des 19. Jh. wurde nur noch in San Andrés Tubar gesprochen.

390 km: **Rocheachic**, ein Tarahumara-Pueblo in der Nähe des Dorfes **Norogáchic** (l. der Straße), wo die beste Tonware der Gegend hergestellt wird.

417 km: **Guachochic** (anspruchsloses, kleines Hotel), ein Tarahumara-Ort. Am 1. und 2. Nov. ist Guachochic Schauplatz einer Totenfeier, bei der der Tanz der Matachines aufgeführt wird.

439 km: **Baquereachic**, eine Tarahumara-Siedlung. – 499 km: **Rancho La Noria**. – 567 km: **Balleza**. – 613 km: Straße von Parral (l.) nach Guadelupe y Calvo (s. Umgebung von Parral, 2). – 651 km: R. Straße nach Santa Bárbara und San Francisco del Oro (s. Umgebung von Parral, 1). – 663 km: **Parral** (s. Rte 15 A, km 700).

15 C – Von Chihuahua nach Los Mochis

Diese Route, die an der Eisenbahnlinie von Chihuahua zum Pazifik entlang verläuft, gehört zu den schönsten Reiseerlebnissen in Mexiko. Mit dem Bau dieser Linie begann man 1903; offiziell eröffnet wurde sie am 23. Nov. 1961. Sie gehört zu den erstaunlichsten Schöpfungen auf dem Gebiet des Eisenbahnbaus. Nachdem die Linie im W von Chihuahua riesige Rinderzuchtgebiete durchquert hat, führt sie ab La Junta durch bewaldete Hügel und schlängelt sich über ein durchschnittlich 2.000 m hohes Hochpla-

(15) México – Chihuahua – Ciudad Juárez 498

teau, auf dem Tarahumara-Indios leben, was dieser Reise einen unbestreitbaren ethnographischen Reiz verleiht. Eine außerordentliche Anziehungskraft haben aber auch die Cañons der Tarahumara, denen die Eisenbahnlinie sich mehrere Male bis an den Rand nähert. In El Divisadero halten die Züge eine zeitlang an, damit man eine der phantastischsten Landschaften der Erde bewundern kann. Es empfiehlt sich, auf der Strecke einen Halt von einem oder mehreren Tagen einzulegen, um die Weite und Schönheit dieser Landschaft so recht zu genießen. Von Estación Creel aus gibt es ausgezeichnete Ausflugsmöglichkeiten, die man im Minibus oder Jeep unternehmen kann. Von El Divisadero und Cerocahui (steigen Sie in Bahuichivo aus), Ausflugsmöglichkeiten zu Fuß oder per Reittier. In all diesen Orten gibt es komfortable Hotels. Zimmerreservierung wird empfohlen. Von Bahuichivo aus unternimmt der Zug eine lange Abfahrt am W-Hang der Sierra Madre Occidental, wobei er an herrlichen Landschaften vorüberfährt und Einblick in tiefe Cañons gewährt, um anschließend durch eine Landschaft zu rollen, die von dichtem Gestrüpp bedeckt ist.

653 km lange Fahrt im *Ferrocarril Chihuahua-Pacifico*, die Sie vorzugsweise im Triebwagen und nicht in einem gewöhnlichen Personenzug zurücklegen sollten. Abfahrt der Triebwägen von Chihuahua: Mo., Di., Do., Fr. und Sa. um 8 Uhr (Ankunft in Creel 12.50 Uhr; Ankunft in El Divisadero von 14.01 bis 14.16 Uhr; Ankunft in Los Mochis um 20.05 Uhr); Abfahrt von Los Mochis: Di., Mi., Fr., Sa. und So. um 9 Uhr (Aufenthalt in El Divisadero von 14.25 bis 14.40; Ankunft in Creel um 15.45 und in Chihuahua um 20.40 Uhr).

Abfahrt der Personenzüge von Chihuahua: Di. und Fr. um 21.50 Uhr, Ankunft um 14.10 Uhr; von Los Mochis: Mo. und Do. um 8 Uhr, Ankunft um 0.50 Uhr. Die Triebwägen sind mit einem erhöhten Aussichtsabteil und einem Speisewagen ausgestattet. Platzreservierung auf der l. Seite auf der Strecke von Chihuahua nach Los Mochis (auf dem Rückweg, r.) empfohlen.

☞ 133 km: **Cuauhtémoc** (s. Rte 15 B, km 102). – 297 km: **Estación Creel** (s. Rte 15 B, km 262). – 354 km: **El Divisadero**; Vom Mirador (Aussichtspunkt) herrlicher ★★★ **Rundblick auf die Barranca del Cobre** sowie auf die tiefen Schluchten der **Barranca de Tararecua** und der **Barranca de Balojaque** mit ihren senkrecht abfallenden Wänden. Wenn Sie nicht beschlossen haben, hier einen Halt von mindestens einem Tag einzulegen, werden Sie ein Naturschauspiel versäumen, das, bedingt durch den Lichteinfall, einen Wechsel des Farbenspiels und der Stimmungen bewirkt. Ihren Aufenthalt können Sie Ausflügen widmen, die Sie zu Fuß oder zu Pferd unternehmen und dabei den Indios einen Besuch abstatten, die Sie bei der Ankunft des Zuges hinter ihren Tacos- und Souvenir-Ständen gesehen haben.

393,5 km: **Cuiteco** (1.700 m), ein von Apfel- und Aprikosenbäumen umgebener Pueblo am Rande eines Cañons; Kirche (Ende 17. Jh.).

400 km: **Bahuichivo** (1.615 m) am Rand einer Schlucht, 15 km von

Cerocahui, 600 Ew., einem friedlichen Pueblo; anspruchslose Kirche (Kolonialepoche). Von dort aus herrlicher ★★★ **Blick auf den Cañon des Rio Urique**, die Rancheria und den gleichnamigen Wasserfall. Vom Cerro Gallegos (2.280 m) ist der Blick auf den Urique-Cañon atemberaubend.

440 km: **Temoris**. – 511 km: **Agua Caliente**, ein Pueblo in der Nähe des Stausees Presa Miguel Hidalgo. Der im Jahre 1956 fertiggestellte Damm staut eine Wassermenge von 2.300 Mio m^3, die für die Bewässerung im Bundesstaat Sinaloa vorgesehen ist.

571 km: **El Fuerte**, 7.000 Ew., ehemalige Bergbaustadt, wurde 1564 von Francisco de Ibarra gegründet und kurz danach von den Indios zerstört. Sie lag auf dem Camino Real (Königsweg) und nahm, als die Spanier dort am Flußufer ein Fort errichteten, den Namen El Fuerte an. Kirche und einige Bauten im Kolonialstil.

653 km: **Los Mochis**, Bahnhof der Linie Chihuahua-Pacifico, 6 km von der Stadt entfernt (s. Rte 16, km 1.357).

Fortsetzung der Route 15. – **1.462** km: R. weitere Straße ins Zentrum (6 km) von **Chihuahua** und l., nach **Cuauhtemoc** (s. Rte 15 B, km 6).

1.472 km: Ende der Umleitung von **Chihuahua**; r. Straße über die Universität ins Zentrum (8 km) der Stadt.

1.617 km: Kreuzung.

L. Straße nach (478 km) **Ciudad Juárez** über (148 km) **Galeana**, wo sich seit 1886 eine Kolonie der Mormonen befindet, die aus Utah kamen, und **Nuevo Casas Grandes**, 6 km von der ★ **archäologischen Stätte Casas Grandes** entfernt, der interessantesten Siedlung im NW Mexikos, die ihre Blüte im Jahre 1000 n. Chr. erlebte.

Ein Kulturzentrum der amerikanischen Oase. – Die Kultur von Casas Grandes ist mit der Kultur der sogenannten amerikanischen Oase verwandt, deren Ursprünge bis zum Beginn unserer Zeit zurückreichen und die sich im SW der USA, hauptsächlich in den Staaten Arizona, Neumexiko, Colorado und Utah entfalten. Die Völker, denen man diese Kultur verdankt, waren bereits seßhaft und betrieben Ackerbau. Die inmitten des riesigen nordamerikanischen Kontinents isolierte Kultur entfaltete sich fast völlig autonom und war nur wenigen Einflüssen aus Mittelamerika ausgesetzt. Geographisch unterteilt man diese Zivilisation in drei Kulturen, die gemeinsame Züge aufweisen, die aber auch insbesondere in der Keramik, in die zahlreiche Formen übernommen wurden, gewisse Eigenständigkeiten zeigen. So unterscheidet man die Hohokam-Kultur, die das Wüstengebiet von Arizona und den Norden Sonoras (Mexiko) überzog, die Kultur von Mogollon im Bergland im SO von Arizona und im SW Neumexikos, und schließlich die Anasazi-Kultur auf den Hochplateaus von Neumexiko und Arizona.

Um das Jahr 1000 n. Chr. fanden in diesem Gebiet große Umwälzungen statt, hervorgerufen durch Völkerbewegungen, deren Ursache unbekannt ist. Daraus entstand eine neue Zivilisation, die sich aus der Verschmelzung der Kulturen von Hohokam, Mogollon und Anasazi bildete, eine Zivilisation, die in Casas Grandes ihren bemerkenswertesten Ausdruck fand. Zur Bewässerung ihrer Länder legten die Bewohner des Gebietes von Casas Grandes Kanäle an, für ihre Götter errichteten sie Pyramiden und Ball-

(15) México – Chihuahua – Ciudad Juárez

spielplätze. Sie selbst bewohnten imposante mehrstöckige Gebäude. Um 1200 wurde der Ort aufgegeben; seine Bewohner flüchteten in die abgelegenen Täler der Sierra Madre Occidental, vermutlich vor den Einfällen kriegerischer Nomadenvölker, wie den Apachen aus dem SW der USA. Unter den Bewohnern von Casas Grandes befanden sich geschickte Handwerker, die ein grünes Gestein zu Schmuckstücken verarbeiteten um *Metates* zum Maismahlen herzustellen. Sie verarbeiteten Schildpatt von der Pazifikküste, Knochen, Kupfer und Jade, die sie zu herrlichen Mosaiken zusammensetzten. Die Töpfer stellten Gefäße in vielfältigen Formen her, ursprünglich monochrome, dann schwarze, weiße und rote, deren ins unendliche abgewandelte Farbenspiel vor allem geometrische Muster und zuweilen stark stilisierte Ornamente zeigte.

In der Mitte der Siedlung befanden sich mehrere Pyramiden und ein Ballspielplatz. Um dieses Zeremonialzentrum gruppierten sich mehrstöckige Häuser, die mit Hilfe von Holzbalken aus Pissee oder luftgetrockneten Ziegeln errichtet waren. Die Gebäude waren im allgemeinen länglich und mit sehr schmalen T-förmigen Türen und Fenstern versehen. Manche der Gebäude konnten im Winter mit einer genialen Zentralheizung geheizt werden.
Von den meisten Gebäuden sind nur noch die Fundamente vorhanden; manche wurden rekonstruiert oder konsolidiert. Der ganze Komplex ist sehr beeindruckend.

➡ Von Nuevo Casas Grandes aus können Sie im Jeep oder zu Pferd zahlreiche Ausflüge zu anderen interessanten archäologischen Stätten unternehmen, insbesondere zum 15 km entfernten, im SW gelegenen **Cerro de Moctezuma**, wo Überreste eines Rundbaus erhalten sind.

Von Nuevo Casas Grandes aus kann man auch den malerischen bewaldeten Tälern des Osthanges der Sierra Madre Occidental einen Besuch abstatten. Sie werden von Flüssen durchzogen, die für die Größe ihrer Forellen bekannt sind.

1.815 km: L. weitere Straße nach (282 km) **Nuevo Casas Grandes** (s. o. km 1.617).
1.818 km: R. **Flughafen** von Ciudad Juárez.
1.826,5 km: R. Straße zum (1,5 km) Club Campestre von Ciudad Juárez und nach (80 km) **El Porvenir** am r. Ufer des Río Bravo.
1.835 km: **Ciudad Juárez**, 514.000 Ew. (1.144 m), gegenüber von **El Paso** (Texas) am r. Ufer des Río Bravo. Das Gebiet der Stadt umfaßt noch eine kleine Enklave am anderen Flußufer. Das ehemalige **Paso del Norte** verdankt seinen Namen dem mexikanischen Staatspräsidenten Benito Juárez, der während der französischen Intervention die Stadt zu seinem Regierungssitz machte.

Ciudad Juárez wurde im Jahre 1659 gegründet. Es lag auf dem Camino de Santa Fe, der von Chihuahua nach Independance in Missouri führte. Von 1864–1866 war es Sitz der konstitutionellen Regierung unter Benito Juárez, die die vorrückenden französischen Truppen aus México und Chihuahua vertrieben hatten.
Während der Revolution erlebte Ciudad Juárez wiederholt bewegte Augenblicke, insbesondere im Jahre 1911, als die Porfirio Díaz-treue Garnison von den revolutionären Truppen unter Orozco und Pancho Villa um-

zingelt wurde. Am 10. Mai kapitulierte die Garnison nach erbitterten Straßenkämpfen; Francisco Madero aber hatte seine provisorische Regierung bereits in der Umgebung der Stadt errichtet. Im Jahre 1913 wechselte Pancho Villa ins Lager der Konstitutionalisten über, die sich dem Diktator Huerta entgegenstellten. Durch Wagemut gelang es ihm, die Stadt ein zweites Mal in seine Gewalt zu bringen: während die förderalistische Armee auf Verstärkung wartete, die per Bahn vom S kommen sollte, kam er ihnen zuvor und seine Truppen drangen auf einem Zug in die Stadt ein.

Ciudad Juárez erscheint wie die mexikanische Ausgabe einer nordamerikanischen Stadt. Ihre Lage an der Grenze verleiht ihr eine gewisse Betriebsamkeit, da die aus den USA kommenden Besucher dort meist eine oder zwei Nächte verbringen. Während des Lokalfestes am 10. August (Feria de San Lorenzo), der Baumwollmesse (vom 7.–16. Sept.) und der Feier der Stadtgründung (5.–12. Dez.) zieht Ciudad Juárez tausende Touristen durch seine Stier- und Hahnenkämpfe, sein Feuerwerk und die von Lebensfreude überschäumenden Darbietungen der mexikanischen Bevölkerung an.

Sie sollten dort die **Kirche de Nuestra Señora de Guadelupe** besichtigen, ein bescheidenes aus Adobes errichtetes Bauwerk, das der Franziskanerpater Garcia, der Gründer der Stadt, bauen ließ; **Centro Cultural y Turistico** mit Sportanlagen, einem Theater und einem Kino; **Museum** mit Funden von Casas Grandes (vor allem Keramik) und Andenken der Geschichte (1911 unterzeichnete Porfirio Díaz seinen Rücktritt unweit der Stadt auf freiem Feld).

16 – Von Tijuana nach Hermosillo, Mazatlán und Guadalajara

Dieses lange Kapitel behandelt den ganzen NW Mexikos. Es führt Sie von Kalifornien bis Guadalajara und beschreibt zwei Reiserouten. Die kontinentale Hauptroute wird durch die berühmte Carreterra Transpeninsular, welche dem Tourismus die gesamte kalifornische Halbinsel erschließt, ergänzt (s. Rte 16 A). Dank des bestens funktionierenden Fährbetriebes über den Golf von Kalifornien besteht die Möglichkeit, an verschiedenen Punkten wieder auf die kontinentale Route zu stoßen.

Die beiden Routen bieten unvergleichliche Reize: Die kalifornische Halbinsel mit ihrer Wüstenlandschaft, in der der Mensch seit Jahrhunderten um das Dasein ringt, wie die geheimnisvollen Wandmalereien in zahlreichen Höhlen (leider nur schwer zugänglich) sowie die verstreuten Missionen der Dominikaner und Jesuiten, errichtet im Zuge der langsamen Christianisierung der Halbinsel, beweisen. Die kontinentale Route über die Altar-Wüste, Hermosillo und Mazatlán ist landschaftlich ebenso interessant, besonders ab Los Mochis, wo die herrlichen Cañyons der Sierra Tarahumara beginnen (s. Rte 15 B). Man findet hier auch Reste der alten Völker, die in diesem Teil Mexikos im Dunstkreis der hochzivilisierten Kulturen der zentralen Hochebene lebten.

Sie interessieren sich für:

Natursehenswürdigkeiten: Reizvolle Landstriche zwischen Tijuana und Mexicali in bergiger Gegend bestückt mit Findlingen sowie in einer an das kalifornische Tal des Todes gemahnenden Wüste. Etwas weiter, in der Altar-Wüste, befinden sich die riesigen Kerzenkakteen.

Ethnologie: Zwischen Caborca und Tepic durchqueren Sie von Eingeborenen besiedelte Gebiete. Die Stämme der Opatas, Seris, Timas, Yaquis, Mayos, Coras und Huicholes haben zumeist ihr überliefertes Brauchtum beibehalten. Im allgemeinen kann man den religiösen Zeremonien beiwohnen, da die Indianer, besonders in dicht besiedeltem Gebiet sowie in den leicht erreichbaren Dörfern, an den Umgang mit Weißen gewöhnt sind. Finden diese malerischen Feste jedoch an abgelegeneren Orten statt, ist es ratsam, sich taktvoll zu verhalten; so ist es zum Beispiel einfacher, an einer christlichen Feier teilzunehmen, als an heidnischen Zeremonien.

Feste: Außer den Festen der Yakis, der Mayos, der Coras und der Huicholes, der Karneval von Mazatlán, die Karwoche von Huajicori, der 24. Juni in Navojoa und Mochicahui, der 7. Oktober in Guasave, sowie die Feria de Tequila.

Straße: 186 km (Mexicali), 868 km (Hermosillo), 1.004 km (Guaymas), 1.361 km (Los Mochis), 1.795 km (Mazatlán, 1.451 km von Tijuana über La Paz, + 16 Stunden Autofähre), 2.987 km (Tepic, 163,5 km von Puerto Vallarta entfernt), und 2.319 km (Guadalajara).
Gute asphaltierte Straßen, wenige Schäden, außer zwischen Tijuana und Tecate und zwischen Tepic und Guadalajara. Wenn Sie die Zollfreizone (Kalifornische Halbinsel N und S, sowie ein Teil von Sonora westl. von San Emetrio; s. km 466) verlassen wollen, benötigen Sie eine Verkehrserlaubnis für Kfz, die Sie gratis an der Grenzstelle von San Emetrio ausgestellt bekommen.

☛ **Tijuana**, 371.000 Ew., 24 km von San Diego (USA), 257 km von Los Angeles, 10 km vom Pazifik entfernt, erstreckt sich entlang der Grenze. Die Innenstadt ist offensichtlich darauf ausgerichtet, die Wochenendkundschaft aus dem Nachbarland anzuziehen. Es gibt Zollfrei-Läden (Avenida Revolución), Souvenir-Geschäfte, Bars, Restaurants, Kunstgalerien, Kabaretts, Stierkampfarenas, eine Pferderennbahn, usw. Alles in allem eine Art **Las Vegas à la Mexicaine**.
Tijuana ist aber auch eine Industriestadt mit einem Ölhafen, einer Meerwasserentsalzungsanlage, gekoppelt mit einem Wärmekraftwerk.

Nach der **Grenzstation Puente México** fahren Sie über den Boulevard de Las Naciones Unidas und die Avenida Juárez an der **Kathedrale** vorbei, und dann r. von der Kathedrale drei Manzanas (Blocks) nach der **Avenida Revolución** bis zum **Centro de Asuntos Turísticos** (Touristenzentrum mit Galerien etc.), und stoßen schließlich auf die mautpflichtige Autobahn von Ensenada.

☞ **16 A – Von Tijuana nach Ensenada, Santa Rosalia und La Paz.**

Die vor kurzem in Rekordzeit fertiggestellte Straße erschließt dem Tourismus die gesamte kalifornische Halbinsel. Die vorher isolierten Gebiete mit ihren kahlen Bergen sowie die von Jesuiten- und Dominikanermissionen bevölkerten Wüsten sind trotz ihrer Kargheit und Monotonie landschaftlich sehr reizvoll. Besonders hervorzuheben sind die eigenartigen *Idria-Columnaris-Kakteen*, die ganze ★ ★ **Landstriche** des Mittelteils der Halbinsel bedecken. Sofern sich die Anzahl der Hotels und gutbefahrenen Straßen, insbesondere zu den wichtigsten Grotten mit ihren geheimnisvollen Wandmalereien, vermehren, sollte einer schönen Fremdenverkehrszukunft dieser Halbinsel nichts im Wege stehen.

Straßen: 108 km (Ensenada), 98 km (Santa Rosalia), und 1.541 km (La Paz); gute asphaltierte Straße mit bereits ansteigendem LKW-Verkehr. Zahlreiche Brücken auf dieser rasch fertiggestellten Straße wurden durch Pontons ersetzt, was vor allem nach starken Regengüssen (eher selten, doch im Sommer manchmal sehr heftig) zu Problemen führt. Die *Transpeninsular* wird regelmäßig von den *Angeles Verdes* befahren, die im Falle ei-

(16) Tijuana – Mazatlán – Guadalajara

ner Panne von großer Hilfe sein können. Tanken Sie bei jeder Tankstelle voll, wenn Sie weniger Reserve als für 150 km im Tank haben.

☞ Ausfahrt aus Tijuana auf die mautfreie Straße in Richtung Mexicali und Tecate, nach 4 km vom Stadtkern nach r. abbiegen, um auf die mautpflichtige Autobahn zu kommen. – 23 km: Anschluß an die mautpflichtige Autobahn von Ensenada. – 26 km: **Rosarito**. – 70 km: **La Misión**; am Straßenrand Ruinen der 1787 gegründeten Dominikanermission *San Miguel Arcangel*. – 98 km: **El Sauzal.**

●→ L. nach (117 km) **Tecate** (s. Rte 16, km 46); Bergstraße mit phantastischem ★★**Blick auf die Sierra de Juárez**.

108 km: **Ensenada**, 105.200 Ew., Badeort an der Bucht von Todos Santos. Bedeutendster Fischerhafen Mexikos; Konservenindustrie. Berühmt wegen seines Klimas und den weitläufigen Sandstränden. Beste Bedingungen zum Sportfischen auf hoher See. Im Hafenviertel gibt es noch einige alte Holzgebäude einer angelsächsischen Kolonie vom Ende des 19. Jh.

Der portugiesische Seefahrer *Rodriguez Cabrillo* entdeckte 1542 die Bucht von Todos Santos, als er auf Geheiß des spanischen Königs eine Erkundungsfahrt von der Südspitze der kalifornischen Halbinsel bis nach Cabo Blanco (Cape Blanco, US-Bundesstaat Oregon, mehr als 500 km nördl. von San Francisco) unternahm. Befriedet wurde die Region erst Ende des 18. Jh., als die Dominikaner hier etliche Missionen gründeten. Nach dem Verlust des Großteils von Kalifornien teilte die mexikanische Regierung die kalifornische Halbinsel in zwei Gebiete. Ensenada wurde die Hauptstadt des nördlicheren, bis man 1915 Mexicali den Vorzug gab (s. Rte 17).

●→ Von Ensenada führt eine asphaltierte Straße (39 km) nach **Ojos Negros**, 6 km von **Real Del Castillo**, einer heute fast völlig verlassenen Minenstadt aus der Zeit des Goldrausches um 1870.
Nach Ojos Negros ist die Straße noch bis **Lázaro Cárdenas** (129 km von Ensenada) durch die Sierra de Juárez asphaltiert. Auf fester Straße geht es weiter (192 km) bis zur Straße von Mexicali nach **San Felipe** (s. Rte 16, km 185,5), 60 km von diesem kleinen Fischerhafen am kalifornischen Golf.

☞ 123 km: Kreuzung.

●→ R. nach (22 km) **La Bufadora**, Aussichtspunkt auf die Punta La Banda mit Blick auf einen **Meeresgeyser**. Möglichkeit zum Fischen und Wassersport.

☞ 153 km: **Santo Tómas** hat sich um eine heute verschwundene, 1791 gegründete Dominikanermission entwickelt. In einer modernen Kapelle befinden sich noch zwei aus dem 18. Jh. stammende Statuen aus der ehemaligen Missionskirche. – 171 km: **La Huerta**, eine von Colchimi-Indianern bewohnte Ranchería. Die Colchimis bevölkerten zur Zeit der Eroberung den Hauptteil der kalifornischen Halbinsel. – 191 km: **San Vincente Ferrer**, Ruinen einer am 20. August 1780 von den Dominikanern gegründeten Mission, die sich auf dem Camino Real, der die verschiedenen kalifornischen Missionen untereinander verband, befunden hat. –

Tijuana – Laguna Chapala

212 km: **San Miguel**, eine von Colchimis bewohnte Ranchería; vormals Sitz einer weiteren Dominikanermission *San Miguel de Enchios*, gegründet am 25. März 1787. – 243 km: **San Telmo**.

➡︎ L. Straße (75 km) zum *Nationalen Astrophysischen Observatorium*, das sich auf dem Pico del Diablo (3.078 m) im ★ ★ **Nationalpark der Sierra de San Pedro Mártir** befindet.

Je mehr Sie nach dem Durchqueren der Wüste an Höhe gewinnen, werden Sie die stetig dichter werdende Vegetation am Westhang der Sierra de San Pedro Mártir bemerken. Wunderschöne Riesenfichtenwälder in der für diese Seehöhe typischen dunkelgrünen Färbung.
Man besucht den Nationalpark am besten zwischen April und Oktober. Im Winter ist auf den Zufahrtswegen mit Schneeverwehungen zu rechnen.
Der Aufstieg auf den **Pico del Diablo** erfolgt üblicherweise über den Osthang von der Wüste San Felipe (600 m Seehöhe) aus. Nur für geübte Bergsteiger zu empfehlen.

265 km: **Vincente Guerrero**, 9 km von der dominikanischen Mission *Santo Domingo Della Frontera*, am 25. März 1787 gegründet.
293 km: Kreuzung.

➡︎ R. nach (6 km) ★ **San Quintín**, kleiner Fischerhafen an der Bucht gleichen Namens. Fischreiche ruhige Gewässer, von Dünen und schönen Sandstränden eingesäumt. Im N dieses angenehmen Rastortes befinden sich von den Dominikanern angelegte Salinen.

351 km: **Rosario de Arriba**, am Rande des *Llanos de Agostín* gelegen, einer riesigen Wüstensteppe mit Kakteen. In der Nähe die Mission **Nuestra Señora Del Rosario De Biñadaco**, am 7. 1. 1774 von den Dominikanern gegründet, heute verfallen. – 407 km: Die verfallene *Mission San Fernando*, 1769 von den Dominikanern gegründet. – 439 km: **San Agostín**, Pueblo am Fuße der Sierra San Pedro Mártir. – 486 km: **San Ignacio**; 10 km weiter östl. befinden sich die Ruinen der *Mission Santa María*, die von den Jesuiten 1767 im Tale von Calagnujuet gegründet wurde. Zu jener Zeit unterzeichnete Karl III. die Ausweisung der Jesuiten aus Neuspanien.

Die **Cuesta del Jaraguay** steigt auf das Zentralplateau der kalifornischen Halbinsel an.

510 km: **Cataviña**, bequemer Rastplatz. Alt-indianische Ranchería am Südhang der Sierra San Pedro Mártir mit zahlreichen *Idria-Columnaris-Kakteen*, deren Stämme bis zu 20 m hoch werden. Man findet sie ebenso am Nordhang des Vulkans der drei Jungfrauen hinter San Ignacio (s. u., km 825), sowie in den Anschwemmungsebenen und an den felsigen Abhängen in den Niederungen von Sonora, besonders im S. von Puerto Libertad.

526 km: **Laguna Chapala**, Pueblo an der Lagune gleichen Namens, wo man Reste prähistorischer Behausungen aus dem Paläolithikum entdeckt hat.

573 km: Kreuzung.

➡︎ L. Straße nach (68 km) **Bahía de los Angeles**; Fischerdorf an der Küste des kalifornischen Golfes, gegenüber der Insel **Angel de la**

(16) Tijuana – Mazatlán – Guadalajara

Guarda (auch hier *Idria Columnaris*). Hervorragendes Fischgewässer (sehr preiswerte Unterkünfte).

☞ 628 km: **Rosarito**.

→ L. zur (25 km; Fahrweg) Mission von **San Borja**, 1762 von den Jesuiten an einem Ort namens *Adac*, wo eine Quelle entspringt, gegründet. Die guterhaltene, bescheidene Kirche wurde zugleich mit einem Spital 1762 erbaut. Die Jesuiten versorgten hier die ansässigen Colchimi-Indianer.

612 km: Kreuzung.

→ R. Straße nach (4 km) **Guerrero Negro**; hübsch gebetteter Rastort am Ende einer kleinen Bucht. Von hier aus kann man über das Meer die *Laguna Ojo de Liebre* erreichen, wo im Winter die Walfische zur Fortpflanzung hinkommen (s. u., km 1.242; Zufahrt auch über schwer befahrbare Landwege möglich).
Nach Guerrero Negro durchquert die Straße die Wüste von Vizcaino. Rechtsab einige Sandpisten, die die Verbindung zu Weilern und Fischerlagern an der Pazifischen Küste herstellen (überwiegend Langustenfang).

710 km: Kreuzung.

→ L. nach (42 km; asphaltierte Straße) **El Arco**. Ausgangspunkt, um die 40 km entfernte *Mission Santa Gertrudis*, 1751 unter der Leitung des kroatischen Paters Konzag von Jesuiten gegründet, zu erreichen (Jeep). Die Kirche erbaute ein blinder indianischer Architekt, namens Andres Comanji. Die Mission liegt in der Nähe einer Quelle, die eine kleine Dattelpalmenoase speist.

Von El Arco aus kann man die **Sierra de San Borja** durchstreifen. Im N befinden sich mit Wandmalereien dekorierte **Höhlen und Felsen** (s. allgemeine Hinweise San Ignacio). 50 km im NNW die **Felsen von Campo de Marte**, die mit Menschendarstellungen in veschiedenen Rotschattierungen bemalt sind.
Die **Sierra San Juan**, im SO von Santa Gertrudis, weist ebenfalls viele Felsmalereien auf.

☞ 824 km: R. bei der Einfahrt von San Ignacio, Straße zum Hotel El Presidente, das in einem Palmenhain gelegen ist.

825 km: **San Ignacio**, kleine Oase eingebettet zwischen den fast vollkommen kargen Bergmassiven der Sierra de San Francisco im N und der Sierra de Guadalupe im S. Im Becken des Arroyo de San Ignacio gelegen, zog dieses kleine Tal die Aufmerksamkeit der Jesuiten an, die hier 1728 eine Mission gründeten, wo die hier lebenden Guaicuras-Indianer von ihnen getauft wurden.

Die 1728 von *Pater Konzag* erbaute, sehr gut erhaltene **Kirche** ist das schönste Beispiel sakraler Baukunst aus der Kolonialzeit der kalifornischen Halbinsel. Bemerkenswert die ausgeschnittenen Schwibbogenverzierungen, die kranzförmigen Zinnen sowie die Dachluken. Im Inneren befinden sich einige Gemälde sowie drei aus Holz geschnitzte vergoldete Altarflügel. Die Oase bringt Datteln, Trauben und Zitrusfrüchte hervor.

San Ignacio bietet sich als Ausgangspunkt für Ausflüge in die **Sierra de San Francisco** und die **Sierra de Guadalupe** an. Es gibt hier eine erhebliche Anzahl von ★★★ **Wandmalereien**, die nur über Eselspfade und mit ortskundigem Führer zu finden sind. Sie benötigen dazu einige Tage Zeit, Proviant und Schlafausrüstung sind ebenso erforderlich (um nähere Auskünfte wende man sich an die Direktion des Hotels El Presidente).

Das erste Mal scheinen die ★★★ **Wandmalereien** der kalifornischen Halbinsel in dem vom Jesuitenpater Francisco Javier Clavijero verfaßten, in Venedig publizierten Werk *Storia della California 1789* auf. 1874 und 1883 erforschte der Holländer *Ten Kate* die Region, gefolgt von den Franzosen *Léon Diguet* (zwischen 1889 und 1905) und *Georges Enguerrand* (1911–1913). In jüngerer Zeit interessierten sich Barbro Dahlgren, Javier Romero und Harry Crosby für die Wandmalereien. Letzterer widmete sich erst kürzlich einer eingehenden Studie an Ort und Stelle (s. *The Cave paintings of Baja California*, Copley Books, 1975, Salt Lake City).

Es ist sehr schwierig, die Entstehungszeit der Wandmalereien und Gravuren festzulegen. Einer indianischen Überlieferung nach wären die Wandmalereien das Werk einer aus dem N gekommenen Riesenrasse gewesen. Diese Theorie bezieht sich wahrscheinlich auf die überdimensionale Größe mancher dieser Menschendarstellungen, die beispielsweise in der Höhle von San Borjita über 2 m groß sind.
Jedenfalls wurden diese Werke magisch-religiösen Inhalts zu verschiedenen Zeiten angefertigt, wie die Übermalungen mancher Szenen beweisen. Sie beziehen sich auf das Leben einer Jäger- und Nomadenkultur, wie sie vor der spanischen Eroberung im S der USA und im N Mexikos weitgehend herrschte. Interessanterweise gibt es nicht die geringsten Parallelen zum künstlerischen Ausdruck der Völker dieses Teils der Neuen Welt.

Die **Sierra de San Francisco** ist ein von saisonbedingten Sturzbächen ausgewaschener Gebirgszug mit vulkanischen Aktivitäten. Dieser wasserlose, unwirtliche Landstrich erreicht eine Höhe von ca. 1500 m. Weitgehend unbewohnt, gibt es einige isolierte Ranchen, die nur auf Trampelpfaden erreichbar sind. **Ausschließlich mit Führer** zugänglich.

Die von San Ignacio aus am einfachsten erreichbaren Wandmalereien sind die des **Arroyo del Parral**, der direkt im N der wunderbaren Palmenoase mündet. 15 km entfernt, am Fuße der **Cuesta de la Higuerita**, befindet sich eine Höhle, in der es eine in rot gemalte Abbildung eines menschlichen Wesens mit ausgestreckten Armen gibt.

20 km weiter, am Fuße des **Cerro de Santa Marta**, befindet sich eine ★★ **Grotte**, deren Malereien sicherlich zu den schönsten der Kalifornischen Halbinsel gehören. Von dem aus merkwürdigen Schlangen mit Hirschköpfen bestehendem Hintergrund heben sich rote und rot-schwarze menschliche Silhouetten ab.

30 km weiter, im Becken des **Arroyo El Batequi**, befinden sich in der **Cueva de la Natividad** Abbildungen von Riesenhirschen im Galopp. Weitere Grotten im Becken des Arroyo El Batequi und des Arroyo ie La Asunción, die in südöstl. Richtung von der Sierra de San Francisco ausgehen, besonders die **Cueva El Batequi** mit ihren überlagerten Darstellungen einer Horde von Tieren und Jägern, die aus verschiedenen Epochen stammen müssen.

Der **Arroyo de San Pablo** an der NW-Flanke der Sierra De San Francisco und der **Arroyo de San Gregorio** an der NO-Flanke beherbergen ebenso Wandmalereien. Die **Cueva Pintada**, 50 km von San Ignacio entfernt, zählt

(16) Tijuana – Mazatlán – Guadalajara

etwa 150 verschiedene Malereien, manchmal bis zu 3 mal überlagert. In der Nähe befinden sich noch die **Grotten de la Soledad** und **de las Flechas**, und etwas weiter oberhalb die **Grotten von El Brinco**.

Die Cueva de San Gregorio im gleichnamigen Arroyo beherbergt eine eindrucksvolle Szene, in der überdimensionale Tierfiguren im Gegensatz zu den mit erhobenen Händen stehenden Menschenfiguren einen starken Eindruck von Bewegung vermitteln.

☞ **Fortsetzung der Rte 16 A.** – Ca. 30 km nach San Ignacio führt die Straße l. an den drei Vulkanen, genannt die drei Jungfrauen, deren N-Hänge mit Idria-Columnaris-Kakteen bewachsen sind, vorbei. – Es folgt nun eine lange Abfahrt (ca. 500 m Höhenunterschied). Sie führt in zahlreichen Serpentinen durch ein beeindruckendes Landschaftsbild an die Küste des Kalifornischen Golfs, bzw. des Cortez-Meeres.
898 km: **Santa Rosalia**, 1868 angelegter Hafen, in dem das in der Umgebung gewonnene Kupfer verschifft wird. Schiffsverbindung von Santa Rosalia nach Guaymas (s. allg. Hinweise, nächtliche Überfahrt 6 Stunden. Einschiffung am Beginn des Pueblos). – 899,5 km: l. Zufahrt zum Hotel Presidente.

928 km: Kreuzung.

➡ 15 km r. von der Straße befinden sich die Ruinen der **Mission San José de Magdalena**, 1745 vom Jesuitenpater Konzag gegründet.

➡ Die Mission von Guadalupe, 40 km im W, wurde 1728 von dem deutschstämmigen Pater Helen gegründet. Heute ist sie verlassen.

961 km: **Mulegé**, kleine Oase an der Küste. In der Nähe die Mission **Santa Rosalia de Mulegé**, 1705 von Pater J. M. Bassaldúa gegründet (r. nach der Brücke über den Río Mulegé); die sehr bescheidene Kirche erhebt sich auf einem das Dorf beherrschenden Hügel. Die Oase von Mulegé produziert Zitrusfrüchte, Datteln, Avocados, Trauben, usw.

30 km von diesem kleinen Hafen, am Beginn der Bahía de la Concepción, befindet sich die **Grotte San Borjita**, die sich auf ein Arroyo am Osthang der Sierra de Guadalupe öffnet. Auch hier **Wandmalereien** von übergroßen (ca. 2 m) menschlichen Wesen mit zumeist erhobenen Armen in rot und schwarz. In dieser Sierra gibt es zahlreiche andere ausgemalte Grotten, besonders in der Nähe der ehemaligen Mission von Guadalupe; sie sind leider nur schwer erreichbar.
Hinter Mulegé führt die Straße entlang der Bahía Concepción, über der sich kahle Berge erheben.

☞ 1.035 km: **Rosario** (r. schlechte Piste nach Comondú, s. u. km 1.095). – 1.078 km: **San Bruno**. Hier wurde 1687 ein bald wieder aufgelöster Pueblo gegründet (Reste einer Kirche und von Befestigungsanlagen).
1.095 km: **Loreto**, Oase und kleiner Hafen, am 20. Oktober 1697 unter dem Namen *Nuestra Señora de Loreto* von Pater Juan Maria Salvatierra gegründet. Er hatte vom Vizekönig die Erlaubnis be-

kommen, das erste Missionierungszentrum von Kalifornien zu errichten. Die Anfänge der Kolonisierung waren sehr beschwerlich, aufgrund der Unwirtlichkeit der Gegend, sowie der feindlichen Einstellung der Eingeborenen. Schließlich setzte sich die Christianisierung durch und Loreto wurde das religiöse und administrative Zentrum der Halbinsel. Die ebenfalls 1697 erbaute **Missionskirche** wurde restauriert.

Von Loreto führt eine Sandstraße (45 km) nach **Comondú**; Oase mit kleiner Kapelle, letzter Überrest der Missionskirche von *San José Comondú*, 1708 durch die Jesuiten zur Missionierung der Guaicuras-Indianer erbaut.

Über die gleiche Sandstraße erreicht man auch (ca. 30 km) **San Javier** (bei km 20 l. abbiegen). In dieser Oase errichtete der aus Italien stammende Pater Maria Piccolo 1699 die *Mission San Francisco Javier*.

Das Portal der 1759 fertiggestellten **Kirche** überspannt ein auf zwei Säulen ruhender Bogen. Im Inneren drei Altarblätter aus vergoldetem Holz aus dem 18. Jh. Der Flügel des Hauptaltars wurde aus México eingeführt; in der Sakristei *Christi Geburt* aus dem 18. Jh.

1.112 km: **Ligui**, in der Nähe der Mission **San Juan Bautista Luigui**, 1705 vom Jesuitenpater J. B. Ugarte errichtet. – 1.123 km: **Puerto Escondido**, Fischerdorf und in der Nähe schöner Sandstrand. – In der Folge überquert die Straße die *Sierra de La Giganta* in Serpentinen. Zwischen wilden Bergen eröffnet sich nach hinten ein herrliches Panorama auf die Küste und die Carmeninsel. Weiters gelangt man in eine mit Kakteen bestückte Wüstenebene.

1.215 km: **Villa Insurgentes** (Tankstelle). Kleine Agrargemeinde mit neuerer Viehzucht. – 1.242 km: **Villa Constitución**, im Tal von Santo Domingo gelegen, die bedeutendste Agrargemeinde der südl. Kalifornischen Halbinsel.

R. nach (45 km; asphaltierte Straße) **San Carlos**, an der Bahía Magdalena. Dieser riesigen Bucht sind Dünenbänke vorgelagert. Im Jan. und Feb. kommen die **Grauwale** zur Fortpflanzung hierher.

Jedes Jahr ziehen sie drei Monate von der Bering-See, wo sie genügend Fett für die lange Reise angesammelt haben, bis in die wohltemperierten und seichten Gewässer der Bahía Magdalena. Hier finden die Jungen gute Wachstumsbedingungen vor, da mit der Flut auch Nährstoffe in die Bucht kommen. Seit 1937 stehen die Grauwale unter dem Schutz der mexikanischen Regierung. Um die Mitte des 19. Jh. zählte man 50 000 Stück, heute 700 bis 800. Die Grauwale wiegen bis zu 35 Tonnen.

1.351 km: **El Cien**; Tankstelle. – 1.441 km: R. zum (3 km) Flughafen von La Paz.
1451 km: **La Paz** (s. Rte 17).

Fortsetzung der Rte 16. – Ausfahrt aus Tijuana auf der Straße nach Tecate und Mexicali.

14 km: Die Straße führt über den Staudamm **Presa Rodríguez** am Río de las Palmas. Der Fluß hat einen kleinen künstlichen See gebildet. Etwas weiter ein neu gepflanzter Olivenhain. Zur Zeit der

(16) Tijuana – Mazatlán – Guadalajara

Kolonialisierung hatte Spanien aus Konkurrenzgründen Mexiko die Anpflanzung von Olivenbäumen untersagt.
Hohe Hügel, auf denen Viehzucht betrieben wird, mit Findlingen bestückt, prägen das eigenwillige **★★Landschaftsbild**.
37 km: Buena Vista. – 46 km: Tecate, 20.000 Ew., Industrieort mit bedeutender Brauerei.

> Im Stadtzentrum r. Straße über El Sauzal nach (127 km) **Ensenada** (s. Rte 16 A, km 108). L. Straße zur Grenzstation von Tecate (geöffnet von 8 bis 24 Uhr).

> **111 km**: Überquerung eines Passes der Sierra de Juárez.

113 km: Die Serpentinenstraße führt in ein kleines Becken ohne Meereszugang. Die ganze Gegend weist interessante **★★Steinformationen** auf, wodurch die Landschaft etwas phantastisch anmutet. – **128 km**: Bei der Abfahrt sehr schöner Panoramablick auf die **Laguna Salada**, in Trockenperioden versandet, nach der Regenzeit salzwasserhältig. Die Lagune liegt in Form eines geschlossenen Beckens in einer Einbruchsmulde unter dem Meeresspiegel. Darauf durchquert man eine vollkommen sterile Ebene. Durch die herrschende Diesigkeit erweckt die Umgebung einen sehr reizvollen Eindruck.
179 km: Umfahrung von **Mexicali**.

L. Straße ins Zentrum von (7 km) **Mexicali**, 392.300 Ew., Hauptstadt der Kalifornischen Halbinsel (71.627 km²; 1.058.000 Ew.). Gegenüber von Calexico erstreckt sich Mexicali entlang der Grenze. Sie ist die mexikanische Version einer typisch amerikanischen Stadt. Weekendtouristen finden hier die üblichen Angebote an Unterhaltung wie Bars, Kabaretts, Souvenir-Shops, während der Saison kann man Stierkämpfe besuchen oder *Jai-Alai* (Ballspiel) spielen.

185,5 km: L. weitere Straße ins Zentrum von (5 km) **Mexicali**.

> R. Straße nach (191 km) **San Felipe**; kleiner Badeort am kalifornischen Golf mit schönem Sandstrand. Bootsverleih zum Hochseefischen. Es gibt hier *Pez marlín* sowie *Totuava*, dessen Fleisch sehr geschätzt wird.

> Sie lassen die Industrievororte Mexicalis (Konservenerzeugung, Mehlfabrik, Zementwerke) hinter sich und durchqueren sodann die fruchtbare Flußebene des Río Colorado, in der viel Baumwolle angebaut wird.

226 km: R. Straße nach **Ciudad Morelos**, großer Agrarmarkt.
238,5 km: Mautpflichtige Brücke über den Río Colorado.
241 km: L. Straße zu einer Grenzstation, an der Demarkationslinie zwischen USA und Mexiko (an der Grenze Immigrationsbüro).
242 km: San Luis Río Colorado, 65.300 Ew., an der Grenze zwischen der sich im N des Kalifornischen Golfes ausbreitenden Wüstensteppe und den bebaubaren Gebieten. Im Mündungsgebiet des Río Colorado lebte bis vor kurzem der Stamm der Colchimi-Indianer, die sich in der Folge zerstreut haben.

Buena Vista – Caborca

264,5 km: Überwachungsstelle für den Obst- und Gemüseverkehr (jegliche Einfuhr von Obst ist untersagt). Man durchquert eine extrem flache Steppe, in der vereinzelt Stachelpflanzen wachsen, sowie die ★★ **Altar-Wüste**, ein felsiges Hügelland. Erst um km 390 tauchen die typischen *Kandelaberkakteen* auf. Es gibt hier auch *Yuccas*, ein Mittelding zwischen Säulenkakteen und Dicotyledonbäumen. Die hier auftretende *Yucca Brevifolia* haben in ihren Stämmen Wasserreserven und ihre Stacheln versehen die Funktionen der Transpiration und der Photosynthese.

438,5 km: L. Straße zur (3 km) Grenze bei *Sonoita* (Arizona), im Nationalpark der Kandelaberkakteen gelegene Kleinstadt (Organ Pipe Cactus National Monument).

439 km: Sonoita, gleichnamige Grenzgemeinde auf mexikanischer Seite.

●━━▶ Im Zentrum von Sonoita r. Straße nach (100 km) **Puerto Penasco**, Badeort am Kalifornischen Golf mit Möglichkeit zum Hochseefischen.

466 km: San Emeterio, Zollstation an der Grenze einer Zollfreizone, die Sie hier verlassen. Durchquerung eines Teils der Altar-Wüste, in dem es eine Vielzahl von Kandelaberkakteen von oft beträchtlicher Größe gibt.

587,5–589,5 km: R. Straße nach (3 km) **Caborca** und nach (103 km) **Desemboque**; kleiner Fischerhafen an der Mündung des Río Concepcíon, in einer Durchgangszone der Seris-Indianer gelegen.

In **Caborca** befindet sich eine der *Nuestra Señora de La Purísima Concepción* geweihte kleine **Kirche**, die zu einer Jesuitenmission aus dem 18. Jh. gehörte. Caborca ist ein wichtiger Markt für Korn und Baumwolle. Die ab 1783 erbaute **Kirche San Javier del Bac** in der Nähe Caborcas weist eine Barockfassade auf.

●━━▶ Unweit Caborcas wurden mehrere **Petroglyphen** mit geometrischen Motiven entdeckt. Man nimmt an, daß sie ab dem 12. Jh. von Pápagos-Völkern geschaffen wurden. Ihre Nachkommen leben noch heute in kleinen zerstreuten Gemeinden auf dem Bezirksgebiet von Caborca.

Die **Pápagos** gehören zum Stamm der *Pimas*. Die Pimas bekamen ihren Namen nach der Eroberung durch die Spanier. Obwohl beide Stämme zur gleichen Rasse gehören, hießen die Pápagos anders, da sie ihr Nomadendasein beibehielten. Heutzutage lebt der Großteil der Pápagos in den USA, im Bundesstaat Arizona, an den Ufern des Rio Gila, in der Nähe der Ruinen von Casas Grandes de Moctezuma (nicht identisch mit Casas Grandes im mexikanischen Bundesstaat Chihuahua). Es ist nicht bekannt, ob diese Bauten von ihren Vorfahren errichtet worden sind. In Mexiko gibt es einige Rancherías der Pápagos in der Nähe von Sonoita und Quitovac, einem kleinen Pueblo an den Goldlagern der Straße von Sonoita nach Caborca, sowie in Pozo Prieto, Saric, usw.

Bis ins 19. Jh. mußten sich die Pápagos den Überfällen der Arizonaapachen zur Wehr setzen. Christianisiert wurden sie von den Jesuiten, unter *Pater Eusebio Kino* im 18. Jh. 1840 versuchten sie einen Aufstand gegen die Weißen, der aber militärisch niedergeschlagen wurde.

(16) Tijuana – Mazatlán – Guadalajara

Die Pápagos sprechen eine Sprache der Nahuagruppe und werden verhältnismäßig groß (Männer 170–174 cm, Frauen 155–157 cm). Außer in den USA, wo sie auf kleinen Höfen Landwirtschaft betreiben, sind sie ihrem Nomadentum treu geblieben und ernähren sich von der Jagd und wilden Früchten. Sie leben in mit Quecke und getrockneter Erde gedeckten Stampfbauhütten.

Trotz der Chistianisierung blieb ihr Glaube heidnisch beeinflußt, mit christlichen Elementen vermischt. Sie glauben an die Unsterblichkeit der Seele und beten die Gestirne an (vor allem die Sonne). Die Toten werden mit ihrer persönlichen Habe, jedoch ohne Waffen bestattet. Einer ihrer Haupttänze ist der *Navaita*, anläßlich von Erntefeiern. Manchmal führen sie auch einen *Skalptanz* mit alten Trophäen auf.

621 km: Altar; kleine Palmenoase.

85 km südöstl. von Altar befinden sich die Ruinen des **Cerro de Las Trincheras** in der kargen Gegend der Altar-Wüste. Sie bilden eine Reihe von konzentrischen Mauern, in unregelmäßigen Abständen um eine felsige Anhöhe angelegt.

695 km: Santa Ana.

L. Straße nach (17 km) **Magdalena** (Kirche San Francisco Javier, Beginn des 18. Jh.) und (109 km) **Nogales** (57.000 Ew., 1.171 m); Souvenirläden auf der Avenida Obregón. Nogales ähnelt anderen mexikanischen Grenzstädten und ist daher auch nicht besonders reizvoll.

854 km: Kreuzung.

L. Straße nach (73 km) **Ures**, Bezirkshauptstadt. In diesem Bezirk leben Ópata-Indianergruppen.

Der Überlieferung nach stammen die **Ópatas**, verwandt mit den Pimas und den Tarahumaras, von den Azteken ab, die vom legendären Aztlán bis zu den Ufern des Texcocosees wanderten. Noch heute erwarten die Ópatas die triumphale Wiederkehr des Aztekenkönigs Moctezuma. Wie ihre Nachbarn, die Tarahumaras, litten auch sie bis ins 19. Jh. unter den Einfällen der Arizona-Apachen. Sie unterwarfen sich ohne viel Widerstand den Spaniern und wurden seit dem 17. Jh. missioniert. Heute nicht mehr sehr zahlreich, leben sie nordöstl. von Hermosillo, zwischen dem Río Sonora, an dem Ures liegt, dem Río Yaqui, und dem Río Bavispe, der ihn im N fortsetzt.

Sie leben von der Landwirtschaft, die sie auf recht fruchtbarem, bewässerten (besonders vom Río Yaqui) Boden betreiben; Korn-, Mais-, Zuckerrüben- und Baumwollanbau, sowie Seidenraupenzucht. Sie ernähren sich vorwiegend von Maiskuchen und grünen Bohnen (Frijoles). Sie ernten die Früchte der *Pitahaya* und *Barbari-Feigenkakteen*. Aus fermentierten Maiskörnern erzeugen sie den *Tesguino*, ein ca. 10 %iges Getränk, aber sie trinken auch *Mezkal*, ein aus destilliertem und gegärtem Agavensaft gewonnenes Getränk. Ihre Behausung sind rechteckige Hütten aus Stein und getrockneter Erde, die mit Zuckerrohr oder Baumästen abgedeckt werden.

Die Ópatas praktizieren die katholische Religion mit starken heidnischen Einflüssen. Vor der Christianisierung war kein Gottglauben vorhanden. Unter der Leitung der Medizinmänner gab es Naturanbetung. Die Ópatas glaubten an die Unsterblichkeit der Seele derjenigen, die in Ehre und Recht gelebt hatten. Im Moment des Todes verläßt die Seele den Körper und begibt sich zu einer riesigen Lagune, wo der Zwerg *Butzu-Uri* sie in Empfang nimmt und sie per Schiff an das Ufer des Sees geleitet. Hier erwartet sie *Vatecom Hoatziqui*, eine Altvordere des Stammes. Erkennt *Vatecom Hoatziqui* die Seele als rein an, so wird sie von ihr unverzüglich verschluckt und erfreut sich ewiger Glückseligkeit in ihrem Bauch. Die „bemalten", d. h. befleckten Seelen hingegen werden in den See geworfen. Die Ópatas tanzen eigene Tänze, wie z. B. den *Taguara*, bei dem Kampfszenen gegen die Apachen dargestellt werden. Der *Jojo* erzählt die Geschichte der Wanderung der Mexica-Völker. Der *Deguinemaca* ist ein Ballet mit Episoden aus der Eroberungszeit, das mit einem dauerhaften Friedensschluß zwischen Ópatas und Spaniern endet. Dieser Tanz wird einmal jährlich aufgeführt. Am Sonntag spielen die Männer *Guachicori* oder *Gomi*, wobei sie ihre Geschicklichkeit und Ausdauer unter Beweis stellen. Diese Laufwettbewerbe erinnern sehr an jene der Tarahumaras.

Hinter Ures gibt es Straßen, die durch das Gebiet der Ópatas führen. Man kann z. B. (103 km) **Arizbe**, ein von den Jesuiten 1648 gegründetes Pueblo, oder (75 km) **Moctezuma**, kleine alte Stadt am Fluß gleichen Namens besuchen. In Moctezuma befindet sich eine liebliche kleine **Kirche** aus dem 17. Jh.; aktives lederverarbeitendes Handwerkszentrum (Sättel und Pferdegeschirr).

868 km: Hermosillo (242.900 Ew., 537 m), in einer weiten, von Orangenhainen bedeckten Ebene. Hermosillo, Hauptstadt des Staates Sonora (182.553 km²; 1.336.000 Ew.) hat in den letzten Jahren einen bedeutenden Aufschwung erfahren, der auf Kosten des typischen Kolonialstils ging.

Geschichte. – Hermosillo wurde 1742 von *Agustín de Vidosola* gegründet. Die Region von Sonora wurde aber bereits 1531 von dem Conquistador *Pedro Almindes Chirino* ausgekundschaftet. Er traf hier auf den Kapitän *Alvaro Nuñez Cabeza de Vaca*, der von Florida aus durch die endlosen Ebenen des S der USA und die Wüsten Neu-Mexikos und Arizonas bis hierher gekommen war. Der Kolonialisierungsversuch der Spanier scheiterte des öfteren an der Feindseligkeit der Eingeborenen, die um 1650 die Spanier aus dem Gebiet von Sonora vertreiben konnten. Befriedet wurde Sonora erst um das Ende des 17. Jh. von den Jesuiten. Allein *Pater Eusebio Kino*, der aus Italien stammte, gründete nicht weniger als 25 religiöse Einrichtungen. Um sie herum bildeten sich meist kleine Ansiedlungen. Während der Revolution war Sonora der erste mexikanische Staat, der den Widerstand gegen die Diktatur des Generals Huerta organisierte. Anfang 1912 übernahm *Alvaro Obregón* das Kommando der konstitutionellen Armee, welche die föderalistischen Truppen, die Huerta treu geblieben waren, aus Sonora vertrieb. Das örtliche Parlament wählte *Venustiano Carranza* zum Präsidenten der verfassungsmäßigen Regierung.

In der Stadt befindet sich das **Museum von Sonora** auf dem Gelände der Universität; archäologische und ethnographische Sammlungen über die verschiedenen Indianerstämme (Seris, Ópatas, Pimas und Yaquis); mumifizierter Körper aus einer Grotte nahe Yecora, einem kleinen Dorf der Sierra Madre Occidental. Das neben der Mumie gefundene steinerne Werkzeug erlaubt eine Datierung aus dem Paläolithikum (ca. 10.000 Jahre vor unserer Zeitrechnung).

Umgebung von Hermosillo. 1 – Bahía Kino (110 km), kleines Fischerdorf in der Nähe des Strandes von Kino Nuevo. Es liegt in einer während der Wintermonate von Seris-Indianern frequentierten Region. Hauptsächlich bewohnen die **Seris** die durch einen engen Kanal (*Estrecho del Infiernillo* – Enge der Hölle) von der Küste Sonoras getrennte *Tiburón-Insel*. Starke Strömungen behindern die Schiffahrt.

Die **Seris** leben ein Nomadenleben, fischen, jagen und sammeln. Die *Tiburón-Insel* wurde 1540 von Fernando de Alarcón entdeckt, der sie auf den Namen Haifischinsel taufte. Im gleichen Jahr landete *Diego de Alacaraz* auf der Insel und sah sich Riesenindianern (möglicherweise Seris) gegenübergestellt, die 17 seiner Soldaten umbrachten. Die verhältnismäßig großgewachsenen Seris (Männer ca. 180, Frauen ca. 173 cm) erhielten ihren Namen von *Pater Andres Perez Rivas*. Die Christianisierungsversuche scheiterten mehrmals, ebenso militärische Angriffe der Spanier. Ende des 17. – Anfang des 18. Jh. gelang es den Jesuiten, mit den Indianern in dauerhaften Kontakt zu treten. Sie traten über, behielten aber den Großteil ihres alten Glaubens bei. Die dauernden Kriege mit den Tepocas, Pápagos und später gegen die Spanier und die Rancheros, sowie Krankheit und Isolierung führten zum Rückgang dieser im Aussterben befindlichen Rasse. Sie zählen nur mehr 300 oder 400 Personen.

Sie leben vor allem vom Fischfang und der Jagd in den wüstenartigen Sierras (Hirsch, Wildschwein, Puma). Aus dem Meer beziehen sie Fische, Weichtiere und Schildkröten (*Cahuamas*). Der Erlös des Fischfangs wird zum Teil zum Ankauf von Grundnahrungsmitteln wie Mais, Kornmehl, Bohnen, Zucker und Alkohol verwendet. Von Juni bis August ernten sie die *Pitahaya*-Kaktusfrucht, die erdbeerartige *Cuabarifrucht*, sowie weitere Wildfrüchte.

Ihr Hausrat beschränkt sich auf das Nötigste, da sie nicht seßhaft sind. Sie erzeugen Korbwaren (*Coritas*) aus Palmen und Wüstenpflanzenfasern (*Torote* und *Ocotillo*), die wasserundurchlässig sind und beige bemalt werden. Ihre Kleidung ist sehr unterschiedlich und besteht hauptsächlich aus gebrauchten Stücken. Die Frauen tragen selbstgemachte Halsketten aus Muscheln, Körnern, Knochenperlen und Schlangenhäuten (*Viboras de Cascabel*). Männer wie Frauen schminken sich das Gesicht in weiß, schwarz, rot, gelb und blau.

Die Seris heiraten nur innerhalb des Stammes. Die Männer zahlen der Familie ihrer künftigen und einzigen Braut eine variable Summe an Naturalien. Stirbt der Ehemann, so kehrt die Witwe in ihren alten Familienverband zurück, der sie wiederum, meist gegen eine geringere Summe, verheiratet. Dieser Brauch ist auch an dem Aussterben der Rasse mitschuld: Die jungen Männer, die zu arm für die Aussteuer einer jungen Braut sind, müssen sich mit einer Witwe oder einer sonst älteren Frau begnügen. Überhaupt genießt die Frau in der Serigesellschaft ein sehr hohes Ansehen.

Der Stamm wird von dem Stärksten und Jagdtüchtigsten angeführt. Der „große Priester", der die Kranken heilt, das Unheil fernhält und durch magische Kräfte versucht die Bedürfnisse des Stammes zu befriedigen, ist ebenfalls eine große Autorität.

Der Glaube der Seris besteht aus einer Mischung ihrer alten Überzeugungen mit christlichen Elementen. Sie beten die Sonne, den Mond und verschiedene Tiergottheiten an. Zu beginn der Pubertät einer ihrer jungen Frauen veranstalten die Seris eine Zeremonie, bei der sie vier Nächte lang zu den monotonen Klängen einer einsaitigen Geige inmitten eines Kreises von ihren Stammesgenossen umtanzt wird. Am Ende der Feierlichkeit wird das junge Mädchen zum Meer geleitet, wo ihr die Haare gewaschen werden, um sie vor bösen Geistern zu schützen. Häufig wird die Geige von einer Frau gespielt; die Seris führen auch Tänze vor dem Aufbruch zur Jagd, zum Fischen, sowie nach erfolgreichem Beutezug auf.

2 – El Novillo (152 km) liegt am Westufer der **Presa del Novillo**, eines künstlichen, fischreichen Stausees des Yaqui oberhalb des Río Moctezuma. Man erreicht den Pueblo über eine Straße, die südl. an der Presa Abelardo Rodriguez vorbei führt. Man fährt durch (90 km) **Mazatán**, unweit von Nácori Grande, wo einige Opatasgruppen leben. In den Dörfern **Suaqui, Tepupa** und **Batuc** im Tal des Río Moctezuma oberhalb des Zusammenflusses mit dem Río Yaqui, leben zum Teil **Pimas-Indianer**, die eine dem Nahuatl, der Atztekensprache, verwandte Sprache sprechen. Heutzutage wird zwischen Hoch-Pima oder Pápago und Nieder-Pima unterschieden. Hoch-Pima herrscht vor allem in der Gegend um Magdalena (Sonora), Sells und Salt River (Arizona) vor; Nieder-Pima, das eigentliche Pima, wird in Onalas, Yecora, Sonora, Yepachic und in Chihuahua gesprochen. Das einzige Fest der Pima findet am 4. Oktober im Dorfe **Maycoba**, wo sich sämtliche Familien der anderen Dörfer versammeln, statt.

Zur Zeit der Eroberung lebten die Pimas als Nomaden zwischen dem heutigen Arizona und dem mexikanischen Sonora. Die Befriedung dieses Gebietes gelang erst Ende des 17. Jh. mit dem Beginn der Chistianisierung durch die Jesuiten. Davor scheiterte *Vázques de Coronado*, vom Vizekönig beauftragt, die Pimas zu unterwerfen, an ihrem Widerstand. Im weiteren Verlauf nahmen die Pimas auf Seite der Spanier an Auseinandersetzungen gegen die Seris und gegen ihre Erbfeinde, die Texas-Commanchen, teil.

Die Pimas leben von der Viehzucht und der Landwirtschaft. Sie bauen Baumwolle, Zuckerrüben, Mais und vor allem Korn an.

Ihre rechteckigen Behausungen in Stampfbauweise beherbergen keine Küche, diese befindet sich überdacht vor dem Haus.

954,5 km: L. Straße nach (141 km) **Bahía Kino** (s. Umgebung von Hermosillo. 1).

1.004 km: R. Straße (1 km) ins Zentrum von ★ **Guaymas**, 72.400 Ew. Wichtiger Fischereihafen ohne besondere Sehenswürdigkeiten;. hauptsächlich Garnelenfischerei, im Winter angenehmer Aufenthaltsort dank des hübschen Strandes von Bocochibampo. Der Hafen mit seinen weißen Häusern, die sich um ein Becken mit ruhigen Gewässern gruppieren, wird durch ein Vorgebirge vom Strand abgetrennt. Um die Bucht herum steigen senkrecht fahlrote Felswände an. Einer der beliebtesten Orte für Hochsee-Sportfischer.

Guaymas, 1769 unter dem Namen Guaymas de Zaragoza gegründet, weist keinerlei Sehenswürdigkeiten auf. 15 km vom Hafen entfernt befindet sich **San José de Guaymas**, eine Jesuitenmission aus dem frühen 18. Jh.

1.076 km: R. Straße nach (5 km) **Vicam**, einer der acht Hauptpueblos der Yaquis, wo sich ihr Zentralrat versammelt. – **1.115** km: Brücke über den Río Yaqui, danach das von Obstgärten umgebene Yaquidorf **Cócorit**.

(16) Tijuana – Mazatlán – Guadalajara

Die Yaquis, deren Wohngebiet in der präkolumbischen Ära bis in den N Sonoras reichte, siedeln heute im Mittelbecken des Yaqui und in der Region von Guaymas bis Ciudad Obregón. Vor dem 12. Jh. weiß man von ihrer Geschichte wenig. Möglicherweise errichteten sie die Bauten des Cerro de las Trincheras. 15 Jahre nach der Eroberung Tenochtitláns, der Hauptstadt des Aztekenreiches, versuchten die Spanier Sonora zu erobern, scheiterten aber am erbitterten Widerstand der Yaquis. 1710 kam es zu einer der bedeutendsten Erhebungen gegen die Spanier; nach anfänglichem Erfolg an den Ufern des Río Tambos, zwischen Tacaipia und Suague, wurden die Yaquis geschlagen und in die Berge der Sierra Madre Occidental zurückgedrängt. Nach über einem Jh. der Unterwerfung erhoben sie sich 1825 neuerlich, als Mexiko die Unabhängigkeit erlangte. Bis zum Beginn unseres Jh. gab es immer wieder sporadische Aufstände, die zur Dezimierung des Stammes beitrugen, der heute nur mehr 10.000 Mitglieder zählt.

Die Yaquis sind relativ hochgewachsen (1,73 m im Durchschnitt), kräftig gebaut, haben gebräunte Haut und volles schwarzes Haar.

Sie leben vorwiegend von der Landwirtschaft und ernähren sich von Weizenkuchen, Bohnen, Rind-, aber auch Pferde- und Eselfleisch, sowie ihrer Jagdbeute. Ihr typisches Gericht ist das *Huacabaqui*, bestehend aus Rindfleisch, Markknochen, Erbsen und frischem Gemüse.

Ihre Behausungen sind Holzhütten, deren Fundamente aus Mezquite- oder Weidenstämmen gefertigt sind. Die meist fensterlosen Trennwände bestehen aus Matten oder zusammengeflochtenem Rohr.

Die Bekleidung der Männer besteht aus Hose oder Schurz, Hemd und im Winter einer Wolljacke zur Feldarbeit. Sie tragen Filzhüte oder einen Sombrero, sowie mexikanische Sandalen (*Huarache*). Die Frauen tragen Rock und Bluse sowie einen langen Wollschal, außerdem schmücken sie sich mit diversen selbstgemachten Ketten und Gehängen.

Die Religion der Yaquis ist eine Mischung aus katholischem Glauben und heidnischen Riten. Ihre Kapellen weisen sowohl heidnische wie christliche Symbole auf. Sie feiern sechs katholische Feste. Weihnachten wird eine ganze Woche lang gefeiert, das wichtigste Fest ist jedoch Ostern, Gloria genannt; die Feierlichkeiten erstrecken sich von Aschermittwoch bis Ostersonntag.

Sehr interessant ist die Rolle der *Temastianes*, der alten Kaste der Zauberer und Auguren, die selbst an den Gottesdiensten teilnehmen. Sie sind außerdem Wunderheiler und bemühen sich durch Zauberei den bösen Geist der Krankheit zu vertreiben.

Es gibt einige religiöse Vereinigungen, deren Mitglieder nach einem Gelübde beitreten, eine der bedeutendsten sind die *Pharisäer*, deren Hauptziel die Bekämpfung des Bösen ist, das die Menschen krank macht. Der Großteil der Mitglieder hat sich nach oder während einer schweren Krankheit zu dieser Vereinigung bekannt. Der Orden der *Ritter* verfolgt ähnliche Ziele und verdankt seinen Namen der Tatsache, daß seine Mitglieder zu Pferd an den Prozessionen teilnehmen. Die Kongregation der *Matachinen* beruht auf dem Gelübde der Eltern oder des Aspiranten selbst, verfolgt ebenfalls religiös-ethische Ziele und beginnt bereits im Jugendalter, wenn nicht in der Kindheit.

Alle diese Vereinigungen liefern die Tänzer für die religiösen und sozialen Feierlichkeiten der Yaquis, zu Begräbnissen (manchmal während mehrerer Tage), sowie zum Jahrestag der Verstorbenen. Der Tag der Toten wird mit einer großen Zeremonie begangen, am Friedhof findet zwischen geschmückten Gräbern ein Festmahl statt, das die ganze Nacht dauert.

Der **Tanz des Hirschen** (*danza del Venado*) ist der berühmteste. Ein Tänzer mit Hirschmaske, dem heiligen Tier der Yaquis und Mayos, steht für das Gute einem oder zwei Tänzern mit Koyotenmasken, die das Böse symbolisieren, gegenüber. Manchmal hält noch ein Tänzer einen Zweig, um den Wald als Ort des Geschehens darzustellen. Mit entblößtem Oberkörper und einem Lendenschurz, der von einem breiten Ledergürtel mit Hirschläufen gehalten wird, hält der Tänzer in jeder Hand eine Maraca. Um die Fußgelenke trägt er aus *Tenabaris* (die getrockneten Früchte einer Pflanze der Umgebung) geformte Glöckchen, die sowohl den Rhythmus bestimmen, als auch das Rauschen des Waldes charakterisieren sollen. Die Koyotentänzer tragen kurze, gebauschte Hosen mit einem Schellengürtel und Lederbändern oberhalb des Knies. Auf den Beinen tragen sie ebenfalls Tenabaris. Zuerst erscheinen die Koyoten auf der Bildfläche. Noch unmaskiert begrüßen sie die Musiker und beginnen, zu den Klängen von Saiteninstrumenten, Harfen und Geigen zu tanzen. Nach neuerlicher Begrüßung der Musiker bedecken sie ihre Häupter mit den Masken und führen noch einige Schritte aus, um alsbald der Hirschmaske die Tanzfläche zu überlassen. Als heiliges Tier begrüßt dieser die Musiker nicht, sondern beginnt sogleich zu tanzen. Die Musik, bestehend aus Schlaginstrumenten, Fünftonflöten und Saiteninstrumenten, mutet recht sonderbar an. In der Folge treten wieder die Koyoten auf und verfolgen den Hirsch, der sich im Wald versteckt um ihren Angriffen zu entgehen. Gestellt, tötet er einen Koyoten, der sich in einen Jäger verwandelt und mit Pfeil und Bogen den Hirsch erlegt. Eine andere Version endet einfach mit dem Tod des erschöpften Hirschen. Während der ganzen Dauer der Aufführung begleitet ein Alter singend das Geschehen.

Die Pascola ist ein weiterer Lieblingstanz der Yaquis. Männer, Frauen und Kinder klopfen sich auf die Brust, werfen die Arme in die Luft und verdrehen dabei die Augen. Die Pascola kann mehrere Stunden bis zur Erschöpfung der Tänzer und der Alkoholvorräte dauern und wird von Gesängen meist anekdotischen Inhaltes begleitet. Sie dient der Unterhaltung.

Verwaltung. – Die Yaquis werden von einem auf ein Jahr von Männern und Frauen des Pueblo gewählten Führer regiert. Für ein Jahr übt dieses Oberhaupt, assistiert durch vier Ratgeber, sämtliche Gewalten über die Gemeinschaft aus, sei es eine Ranchería (Ansammlung von Ranchos), ein Pueblo oder einer der Hauptorte der Yaquis. Es gibt einen Oberrat, eine richtige Zentralregierung, an dem alle Männer und Frauen der acht Hauptpueblos der Yaqui-Nation teilnehmen können. Den Vorsitz führt ein von allen Dorfführern Gewählter, getagt wird traditionellerweise im Pueblo von Vicam.

1.127 km: Ciudad Obregón, 145.000 Ew., großer Agrarmarkt, dessen Wachstum mit der Erschließung des Yaquibeckens zusammenhängt (Staudämme, Bewässerungskanäle).

Ciudad Obregón weist keine Sehenswürdigkeiten auf. Gute Jagdgebiete in der Umgebung, besonders Enten in der Presa Alvaro Obregón (Okt.–Feb.).

44 km nördl. die **Presa Alvaro Obregón**, oder **El Oviachic**, Stausee am Rio Yaqui. Der Damm wurde 1952 fertiggestellt und hat eine Kapazität von 3 Milliarden m^3.

(16) Tijuana – Mazatlán – Guadalajara

1.196 km: Navojoa 50.000 Ew., (36 m), in einer dank Bewässerung fruchtbaren Ebene gelegen, ist eine moderne Stadt nach amerikanischem Muster. Navojoa liegt ungefähr im Zentrum eines Gebietes, das von den Mayos besiedelt wird.

Die Mayos siedeln in den Staaten von Sonora und Sinaloa. Sie sind in Ciudad Obregón, Etchojoa, Huatabampo, Alamos, El Fuerte und Los Mochis zahlreich vertreten. Es wird angenommen, daß die Mayos, wie alle Völker von Sonora, im Zuge der großen Wanderung der Mexica-Nation in diese Gegend kamen. Sie sprechen eine dem Aztekischem verwandte Sprache, die dem Nahua zugeordnet wird.

Die Spanier dürften erstmals 1531 im Laufe der Expedition des Konquistadors Pedro Almindez Chirino auf sie gestoßen sein. Aber erst Vazques de Coronado erforschte 1539 ihr Land. 1610 wurde der Stamm dem spanischen König unterstellt. Die spanische Kolonisierung stieß jedoch bis zur Christianisierung der Provinz durch die Jesuiten unter Pater Eusebio Kino, Ende des 17. Jh. und Anfang des 18. Jh., auf erbitterten Widerstand der Indianer. Nach der Ausweisung der Jesuiten aus Mexiko (1767) übernahmen die Franziskaner die zahlreichen Missionen. Einige Jahre später (1772) erhoben sich die Indianer gegen die Encomenderos, verließen die Missionen und rebellierten mehr als einmal gegen die von den Vizekönigen eingesetzten Autoritäten. Die Encomenderos waren von der spanischen Krone ernannte Landbesitzer, die das Land und die darauf lebenden Indianer eigneten. Nach der mexikanischen Unabhängigkeitserklärung gab es weitere Aufstände, insbesondere 1875 und 1886, als die Mayos sich mit den Yaquis verbanden. Gegen Ende des 19. Jh. gaben die Mayos ihren Kampf auf und widmeten sich der Landwirtschaft im mittleren und unteren Becken des Río Mayo und seiner Zuflüsse, wo sie heute in Frieden leben. Sie nahmen am Bürgerkrieg auf der Seite General Alvaro Obregóns gegen General Huerta teil.

Sie leben hauptsächlich von Landwirtschaft, ernähren sich von Mais- und Kornkuchen, Bohnen, Fisolen, Früchten und Rindfleisch, das sie trocknen und einsalzen. Ihre Lieblingsspeise ist das *Guacavaque*, dem Huacabaqui der Yaqui ähnlich. Sie trinken Kaffee, Mezcal und zwei eigene Getränke, *Atole* aus Maisbrei und Wasser, sowie *Champurro*.

Ihre Behausungen bestehen meist aus zwei durch einen offenen Gang abgeteilten Räumen. Das Fundament bilden Mezquitestämme, die Wände sind aus Matten oder Geflechten, die gut luftdurchlässig sind. Das Dach aus gleichem Material wird zusätzlich von einer Erdmasse beschwert.

Die Mayos begehen ihre **Feste** tanzend: 3. Mai, Fest des heiligen Kreuzes, 24. Juni (Sankt Johannes), 4. Oktober (Hl. Franz) und 12. Dezember (Fest der Jungfrau von Guadalupe), sowie Feierlichkeiten zu Begräbnissen. Wie die Yaquis tanzen sie den Pascola, den Hirschtanz, aber auch einen Koyotentanz, den nur das Stammesoberhaupt ausführen darf. Die Tänzer tragen am Kopf ein mit Federn und Perlen geschmücktes Koyotenfell. In der Hand halten sie Pfeil und Bogen sowie einen Stock, der ein Reittier darstellen soll. Die Schritte werden ohne musikalische Begleitung getanzt, den Rhythmus ergeben die Schreie der Zuschauer.

Der Pascola wird bei den Mayos von vier Männern getanzt, die den Anlässen entsprechende Masken tragen. Die Tänzer tragen einen dreieckigen Lendenschurz mit breitem Ledergürtel, an dem Glöckchen aus Hirschhorn hängen. Um die Fußgelenke haben sie Glockenschlangen aus getrockneten Häuten (*Viboras de Cascabel*).

Navojoa – Los Mochis

Verwaltung. – An der Spitze jedes Mayo-Pueblos steht ein gewählter „*Covanagua*", assistiert von mehreren Beratern. Der *Chicotero* zum Beispiel ist mit der Durchführung der Bestrafung minderer Delikte beauftragt. Die Covanaguas wählen alle zusammen den Stammeshäuptling, der sie bei den mexikanischen Behörden vertritt (auf Lebenszeit).

Im Zentrum von Navojoa zweigt eine asphaltierte Straße nach (53 km) ★ **Alamos** ab;. kleine, malerische Stadt (5.000 Ew.) aus der Zeit der alten Kolonialminenstädte; Silberbergbau.

Auf einem Ausläufer der Sierra Madre Occidental gelegen, wurde es 1750 an der Stelle eines ehemaligen Expeditionslagers, das Vasques de Coronado 1539 errichtete, gegründet. Bald begann man mit der Verwertung der nahegelegenen Silberminen, und gegen Ende des 18. Jh. zählte die Stadt 30.000 Ew. Nach den Mayoaufständen Ende des 19. Jh. und dem Rückgang der Silberpreise mutet sie heutzutage etwas wie eine Geisterstadt an.

Im Zentrum die kleine **Plaza de Armas** mit der **Pfarrkirche** Nuestra Señora de la Concepción (1704), an der Stelle einer 1772 von den Mayos niedergebrannten, von den Jesuiten Ende des 17. Jh. gegründeten Mission.

Die drei anderen Seiten des Platzes werden von Säulengängen eingerahmt. Sehenswert das ehemalige Spital, heutige **Palacio Municipal**, sowie die **Taverne des Esels**, beide Gebäude aus dem 18. Jh., der großen Zeit dieser Stadt.

32 km von Navojoa befindet sich der Pueblo **Etchojoa**, eines der bedeutendsten Mayodörfer, wo zwischen 10. und 20. Mai Feste zu Ehren des Heiligen Geistes mit Hirschtanz und Pascola stattfinden.

1.330 km: Kreuzung.

L. hinter dem Restaurant **Barobampo** befindet sich eine Grotte mit **Petroglyphen**. R. etwas vor dem Restaurant führt ein Weg zum Rancho Barobampo. Nach 5 km gelangt man zu einem Felshügel, der ebenfalls mit Petroglyphen versehen ist. Schwer datierbar, weisen sie magisch-religiöse Inhalte auf.

Zahlreiche weitere Petroglyphen wurden im Staate Sinaloa entdeckt, hier sollen aber nur die wichtigsten angeführt werden. Die einzigen **Wandmalereien** (weiß) der Gegend befinden sich am **Cerro de San José** (Haifisch, eine Hand und geometrische Figuren, Hirsch, die Sonne usw.).Dieser Hügel, im Tal von Rinconada, liegt westl. der Straße und ist über eine Piste erreichbar, die ca. 6,5 km nördl. von Barobampo abzweigt.

1.330 km: Kreuzung.

R. nach 4 km **Los Mochis**, 83.000 Ew., großes Landwirtschaftszentrum; Baumwoll- und Reisexport, Zuckerraffinerie. Eisenbahn nach Chihuahua (s. Rte15 C).

Umgebung: 1. – ★ **Topolobampo**, 24 km entfernt liegt dieser Fischerhafen (Garnelen) an der Endstation der Eisenbahn *Chihuahua al Pacifico*; Lagunenlandschaft, in der man Bootsausflüge, etwa zur Seehund-Insel Farallon, unternehmen sowie Hochseefischen kann.

2. – **Mochicahui** (24 km). – An der Kreuzung bei km 1.357 zweigt die Straße von El Fuerte ab, an dieser Mayopueblo liegt. Am 24. Juni (Hl. Johannes) findet ein großes Fest statt. Die von Musikern begleitete Prozession (Geigen, Harfen, Trommeln, Flöten) zieht, die Statue vorneweg, von der

(16) Tijuana – Mazatlán – Guadalajara

Kirche zum Rio Fuerte. Die Statue wird ins Flußwasser getaucht und der Zug kehrt zur Kirche zurück; dort werden die traditionellen Tänze aufgeführt, es wird getrunken, mit Knallkörpern geworfen und es gibt einige Jahrmarktsbuden mit Glückspielen.
El Fuerte, 52 km entfernt, lohnt einen Ausflug während eines Aufenthaltes in Los Mochis (s. Rte 15C, km 571).

1.415,5 km: Guasave (1 km r.) 7. Okt. Fest mit Tanzdarbietungen; Hirschtanz und Koyotentanz.
1.519 km: Kreuzung.

L. Straße nach Badiraguato, am Weg einige Dörfer mit Petroglyphen. Nach (9 km) **Comanita**, von dort nach (4 km) **La Nanchita**, (12 km) **La Majada de Abajo** und (15 km) **El Guayabito**; r. (3 km von El Guayabito) **La Majada de Arriba**: Petroglyphen mit den verschiedensten Motiven.

1.536,5 km: Kreuzung.

L. Straße zur (26 km) **Presa Adolfo López Mateos** oder **Presa del Humaya**; Stausee zur Bewässerung von 120.000 ha Land, auf denen Zuckerrübe, Baumwolle und Reis angebaut werden.

1.565 km: **Culiacán**, 224.800 Ew., Hauptstadt von Sinaloa (58.488 km^2, 1.540.000 Ew.), liegt in einer reichen Agrarregion. Plaza de Constitucíon mit Kathedrale.

Die Stadt wurde 1535 von Nuño de Guzmán gegründet. In der Umgebung interessante Ausgrabungen aus präkolumbischer Zeit, Spuren von Bevölkerungen, die zu Beginn des 13. Jh. bereits einen hohen Grad an Zivilisation erreicht hatten. Diese von den Nahua abstammenden Völker unterhielten enge Beziehungen mit Zentralmexiko, doch vor der spanischen Eroberung wurden sie durch die kulturell viel niederer stehenden Yaquis und Mayos aus dem N ausgerottet oder vertrieben.

Neben der **Kathedrale** kann man das **Instituto Mexicano de Seguro Social**, einen 24.000 m^2 bedeckenden Neubaukomplex mit Spital, Sozialzentrum, Theater, Schwimmbad und Verwaltungsgebäuden inmitten von Esplanaden und Gärten besuchen.

Von Culiacán führt eine Straße zur (33 km) **Presa Sanalona**, einem 1948 errichteten, vom Rio Tamazula gespeisten Stausee (Kapazität 845 Mio m^3). Vom Damm aus erreicht man das kleine Dorf **Imala**, am rechten Tamazulaufer. Von hier führt ein Weg ins Flußbecken, wo sich einige **Petroglyphen** befinden (Führer nötig).

Der nächstgelegene Strand liegt bei (65 km) **Altata**, einem kleinen Hafen am kalifornischen Golf. **El Dorado**, 82 km entfernt, ist ebenso stark frequentiert.

1.680 km: Kreuzung.

R. Straße nach (18 km) **La Cruz de Elota**. Südl. von diesem Pueblo, in einem Vorgebirge, **Petroglyphen** (man erreicht sie über den Río Elota unterhalb der Eisenbahnbrücke.

1.758,5 km: Ein Meilenstein zeigt an, daß Sie den Wendekreis des Krebses überschreiten. – **1.786** km: Umfahrung von Mazatlán; r. Straße ins Zentrum (9 km).

* Mazatlán, 149.000 Ew., hübscher Badeort auf einer Halbinsel zwischen der Bahia Urias im O und dem Pazifik im W. Die Bahia Urias hat seichte, gut geschützte Gewässer, an denen sich der Hafen befindet. Die Stadt kehrt ihm den Rücken und öffnet sich auf den Pazifik und eine Reihe von Sandstränden.

Die Strände (Olas Altas, Norte, Cangrejo, Gaviotas, Sábalo, Cerritos und Escondida) sind durch eine breite Avenue, die Centenario, verbunden. Mit Ausnahme des ersten Strandes sind alle sehr feinsandig. – Mazatlán ging aus einer Siedlung deutscher Landwirte um die Mitte des 19. Jh. hervor. Bedeutender Fischereihafen (hauptsächlich Königsgarnelen), sowie Exportzentrum. Hochseesportfischer finden hier die besten Bedingungen vor. Der *Pez Marlin* wiegt mitunter 200 bis 300 kg, der *Pez Vela*, eine beliebte Trophäe, ist kaum leichter und seine Rückenflosse erreicht fast die Größe eines Segels, daher auch sein Name.

Mazatlán weist nicht ein einziges sehenswürdiges Monument auf. Altes spanisches Fort in der Nähe des alten Hafens, neugotische „Kathedrale" (1875 begonnen).

Angeblich ist der Leuchtturm auf der Südspitze der Halbinsel der zweithöchste der Welt nach jenem von Gibraltar. Die **Dos Hermanas-Inseln**, zwei Meilen von der Playa Olas Altas entfernt, sind wie die Pajaros-, Lobos- und Venados-Inseln von Pelikanen und Seehunden bevölkert.

Sehr berühmt ist der **Karneval von Mazatlán** mit Faschingsumzug und folkloristischen Tänzen. Nach dem Umzug, der gegen 17 Uhr beginnt, wird auf der *Olas Altas* Promenade bis zum Morgengrauen gefeiert.

1.798 km: R. andere Straße nach (6 km) Mazatlán.
1.818 km: L. Straße nach Durango (s. Rte 13 in umgekehrter Richtung ab km 1.240).
1.873,5 km: Kreuzung.

R. zum Teil asphaltierte Straße nach (35 km) **Chametla**; tausende von Wasservögeln. In der Nähe prähistorische Ausgrabungen aus der Teotihuacán-Periode (1. Jh. n. Chr.).

1.946,5 km: L. nach (2 km) **Acaponeta**, 30 m hoch gelegene Ortschaft, von der man auf ungeteerter Straße das malerische Cora-Dorf **Huajicori** erreichen kann (18 km). Während der Karwoche interessante Darbietungen.

Das Gemeindegebiet von Acaponeta wird von einigen Gruppen der **Cora-Indianer** bewohnt. Im allgemeinen siedeln die Coras in schwer zugänglicher, bergiger Gegend, im NO des Bundesstaats Nayarit, in der Sierra del Nayar, deren Gipfel 1.500 m nicht übersteigen. Die Sierra ist eine ehemalige Meseta, durch Erosion in Plateaus unterteilt, vegetationsarm und spärlich bewaldet, von tiefen Schluchten zerklüftet (Río San Pedro, Río Jesús Maria). Die Wälder bestehen aus Eichen, Steineichen, Mahagoni- und Ebenholzbäumen. In den Obstgärten findet man Pflaumen- und Pfirsichbäume, sowie Breiapfelbäume. Auf den trockensten Böden wachsen eine Fülle von Zwergpalmen (Mezquites), Maguayas und Sotoles (zwei Agavenarten), sowie Pitahayas, Riesenkakteen, deren rosa Frucht von den Coras ob ihrer erfrischenden Wirkung sehr geschätzt wird.

Die Fauna besteht aus Jaguaren, Pumas, Hirschen, Kojoten, Füchsen und

Nabelschweinen, sowie zahlreichen Reptilien wie Glockenschlangen, Coralitos (kleine koralfärbige Schlangen) und den sehr giftigen und agressiven Alakranen.

Die Herkunft der Coras liegt im Dunkel. Ihrer Sprache nach zu schließen zählen sie zur Gruppe der Utoazteken, die einst vom S der USA aus den NO Mexikos eroberten und bis in die zentrale Hochebene vorstießen. Ein Teil der Coras ließ sich in dieser Region nieder, sie wurden jedoch von nachkommenden Völkern verdrängt und zogen sich auf die Anhöhen der Sierra del Nayar, sowie in die Sümpfe der Küstenebene zurück. Die Konquistadoren Nuño de Guzmán und Pedro Almindez Chirino erforschten die Gebiete der Coras im Zuge einer Expedition gegen die Indianer des Zacatecas und unterwarfen sie. Die Sierra del Nayar wurde nicht vor 1581–1582 erobert; die Spanier gründeten hier etliche Pueblos.

Die Geschichte der Coras war bis zum Ende des 19. Jh. eine lange Folge von Aufständen und die Region wurde daher mehrmals von spanischen Feldzügen heimgesucht. Christianisiert wurden sie, nicht ohne Schwierigkeiten, während des 17. Jh. von den Jesuiten. Nach deren Ausweisung gab es erneute Aufstände. Einer der blutigsten und längsten begann 1801, unter der Führung Marianos, und währte bis zum Unabhängigkeitskrieg. Doch auch die Unabhängigkeitserklärung Mexikos setzte den Aufständen kein Ende, sodaß 1854 eine neuerliche Erhebung unter der Führung des berüchtigten Manuel Lozada stattfand. Lozada, der Tiger von Alica, stellte sich 1864 an die Seite Kaiser Maximilians und wurde sogar durch die französische Regierung ausgezeichnet. Der Aufstand endete 1873, als Lozada von den Truppen General Coronas gefangengenommen und hingerichtet wurde.

Sie leben von der Landwirtschaft. Durch die Trockenheit und Kargheit des Bodens beschränken sich die Ernten auf Mais, Bohnen, Kürbis und Baumwolle. Sie essen Maiskuchen, Bohnen, Palmblätter, Pflaumen, Pitahayas und andere tropische Früchte wie Guamuchile, Tejecote usw., viel Fleisch (Hirsch, Hase, Rind) aber auch Flußfische. Ihre Lieblingsspeise ist *Chuina*, eine langgesottene, dickflüssige Suppe aus Rinder- oder Hirschfleisch, Gewürzen und Maisbrei. Normalerweise begnügen sie sich mit Wasser, zu den Festen trinken sie Mezcal oder Tequila.

Sie wohnen in rechteckigen Holzhäusern, die mit Astwerk vierseitig abgedeckt sind. Der Boden besteht aus gestampfter Erde. Ihren Mais lagern sie manchmal in eigenen Silos, *Chipil* genannt.

Handwerk. – Börsen aus Magueye-Fasern, Wollsäcke mit geometrischen Blumenmustern, Gürtel, gestickte Hemden.

Glaube. – Auch die Coras haben ihren alten Glauben mit katholischen Elementen vermengt. In den Andachtsstätten befinden sich in Stein gehauene Statuen ihrer Lieblingsheiligen neben jenen ihrer alten Idole. Sie beten die Sonne, die Sterne und das Wasser an. Sie glauben an die Wiederauferstehung der Toten, beziehungsweise, daß der Tod ein langer Schlaf ist, deswegen legen sie Hausgeräte, Wäsche, ja sogar Geld dem Grab bei. Sie betreiben mit den Verstorbenen Exorzismus, indem sie sich an den großen Priester wenden, da sie meinen, daß der Schlaf des Todes entweder im Himmel oder in der Hölle endet. Nach dem Todeseintritt wird der Kadaver auf dem Boden seines Hauses ausgebreitet und alle Familienmitglieder ziehen sich einen ganzen Tag in die Berge zurück, wo sie sitzend mit zu

Boden gerichteten Augen meditieren. Erst in der Nacht kehren sie mit Fakkeln zu ihrem Haus zurück und beginnen, den Toten auf einem Gestell einzubalsamieren, um ihn in weiterer Folge in einer Grotte oder auf dem Friedhof zu bestatten. Zu Ehren eines verstorbenen Pueblo-Oberhauptes wird in seinem Haus eine Totenwache bei Kerzenlicht abgehalten zu der Kaffee, Mesqual, Tequila und ein Gebräu aus Guyavablättern getrunken wird. Am darauffolgenden Tag wird der Leichnam in die Kirche gebracht, wo ihn der große Priester weiht und anschließend exorziert, um die bösen Geister zu vertreiben.

Die Feste der Coras entsprechen dem katholischen Kalender. Sie haben aber auch einige heidnische Feierlichkeiten beibehalten, besonders vor Beginn der Ernten. Mitten im Maisfeld (Milpa) stehend, beginnt der große Priester die Zeremonie, indem er Asche in die vier Windrichtungen streut, sodann Gebete psalmodiert, begleitet von einer Trommel und einer Schilfrohrpfeife. Währenddessen werden hinter ihm Tänze aufgeführt. Maiskolben, Vorboten der erhofften Ernte, werden kreuzförmig vor den Statuen in den Grotten ausgelegt, ebenso andere Nahrungsmittel und Blumen, während das Blut eines Kalbes vergossen wird. Während die Gläubigen bei Kerzenlicht beten, begießen die jungen Mädchen, die für die Instandhaltung der Kirchen und Kapellen verantwortlich sind, die Götzenstatuen mit geweihtem Wasser. Trotz tiefer Religiosität weisen all diese Feste einen starken heidnischen Einschlag auf. Interessante folkloristische Darbietungen.

Am Karfreitag färben sich die Indianer ihre Körper schwarz ein, bilden zwei Lager und führen, mit Stöcken ausgerüstet, simulierte Kämpfe auf. Am Karsamstag versammeln sie sich vor der Kirche um zu lamentieren. Am Ostersonntag werden die Statuen der Heiligen feierlich zum nächstgelegenen Río geleitet, wo sie gebadet werden. Das ganze Dorf nimmt an der Prozession teil, an der Spitze die Honoratioren, unter ihnen die vier Kapitäne, der Zenturion sowie die Mitglieder der Pharisäerkongregation, die einen mit Buntpapier und Federn geschmückten Dreispitz und buntumwickelte Holzstöcke tragen.

Der **Palma-Tanz** wird ausschließlich von Männern, die lange Palmen tragen, aufgeführt. Am Beginn bilden die Tänzer eine Schlange, die sich, von Geigenklängen begleitet, langsam auflöst und in zwei einander gegenüberstehende Gruppen teilt.

Der **Mitote-Tanz** wird unter der Leitung des großen Priesters um einen Scheiterhaufen herum aufgeführt. Die Zuschauer bilden einen Halbkreis um die Tänzer, die ihre Darbietungen vor einem seltsamen Altar, mit einer nach O (Sonnenaufgang) gerichteten Nische, zum besten geben. Diese Nische ist mit Silber- und Goldmünzen ausgelegt. Vor dem Altar werden Speise- und Blumenopfer dargebracht. Während des Tanzes, der die ganze Nacht andauert, kauen die Tänzer kleine Fleischstücke. Kurz vor Sonnenaufgang verstummen alle und beginnen unter Anleitung des Hohepriesters mit Kniefall zu beten.

Der **Tanz des Bogens** ist dem Palma-Tanz ähnlich. Statt Palmen tragen die Tänzer Bögen und der Rhythmus wird von einer Trommel markiert.

Der **Tanz der Pachitas** wird von jungen Leuten getanzt. Kreisförmig tanzen sie von Haus zu Haus durch die Straßen des Dorfes, angeführt von einer Frau, die eine Standarte mit einem christlichen Heiligen trägt. Der Tanz führt bis zum Gemeindehaus des Dorfes, am Weg werden Früchte und Blumen verteilt. Die recht monotone Musik, die aus alten, eingeborenen Rhythmen und importierten spanischen Weisen besteht, setzt sich aus einer oder mehreren Geigen, dreilöchrigen Schilfrohrpfeifen, einer Holztrommel (*Teponaxtl*) und einer europäischen Trommel zusammen. Die Coras tanzen auch den *Matachinen-Tanz*, der bereits im Abschnitt über die Tarahumaras beschrieben worden ist.

Verwaltung. – Die Coras haben ihre eigene, angestammte Verwaltung beibehalten, die meistens auch die Oberhand über die staatliche mexikanische behält. Die Dörfer werden von einem gewählten Häuptling und seinen Beratern regiert. Die Berater, die *Alguacilen*, die *Majordomes* und die *Acolyten* sind, ebenso wie der große Priester, Medizinmänner und Zauberer. Am 1. Jan. jedes Jahres werden die Häuptlinge feierlich am Kirchplatz in ihr Amt eingesetzt. Die vom großen Priester geweihten Kommandostöcke werden übergeben. Es folgt nun ein Festzug zur Casa Municipal, wo ein Bankett stattfindet, während das Volk die Kirchenglocken läutet und Knallkörper explodieren läßt. Das Fest wird durch den **Tarima-Tanz** abgeschlossen, der nur von den Männern ausgeführt wird. Wie alle anderen Feste der Coras wird auch dieses vom Zenturion, den vier Kapitänen, den drei Leutnants und einem Topil organisiert. Diese Funktionäre gibt es in jedem Pueblo.
Wichtige Entschlüsse werden vom Rat der Alten getroffen, dessen Zusammenkünfte immer recht feierlich sind, da die Coras, wie alle Indianer, sehr traditionsverbunden sind und das Alter ehren.

Um die Pueblos der Coras zu erreichen, benötigt man entweder Esel oder man nimmt von Acaponeta oder Tepic aus ein Flugzeug nach **Santa Teresa**, nahe der Grenze zum Staate Durango, oder nach **Jesús Maria**, im Herzen der Sierra del Nayar am Río del Nayar. Von hier aus gelangt man nach einigen Tagesmärschen quer durch die Täler des Río Jesus Maria und des Río Huaynamota auf die Bundesstraße 15. Am Zusammenfluß der beiden Ríos befindet sich **Huaynamota**, 1614 von den Spaniern gegründet. Etwas weiter vereinigt sich der Río Huaynamota mit dem Río Grande de Santiago, der aus dem Chapalasee südl. von Guadalajara entspringt. Acaponeta und Tepic können auch als Ausgangspunkt für Streifzüge ins Huicholengebiet dienen.

 Fortsetzung der Route 16. – **1.947** km: Kreuzung.

R. asphaltierte Straße nach (13 km) **Tecuala**, dahinter eine Steinstraße nach (38 km) **Playa Novillero** hinter der **Laguna de Agua Brava**, die man mit einem Boot überqueren muß. Sehr hübscher Strand mit feinem Sand, Palmen, Kokosnußbäumen und Wasservögeln in der Lagune.

1.993 km: **Rosamorada**; von zahlreichen Cora-Gruppen bewohntes Dorf.
2.014 km: R. nach der Brücke über den Río San Pedro Straße nach (9 km) **Tuxpan**, 22.000 Ew. In der Nähe hat man Reste von präkolumbischen Bauten entdeckt.
2.029 km: Kreuzung.

R. Straße nach (8 km) **Santiago Ixcuintla** und zur (46 km) ★★ **Playa Los Corchos**, einem der schönsten Strände der Gegend.

17 km nach der Kreuzung führt eine nicht asphaltierte Straße r. (42 km, ab km 2.029) nach **Mexcaltitán**; Pueblo in ★ **schöner Lage** auf einer Insel der

Rosamorada – Tepic

Laguna Mexcaltitán, inmitten eines dichten Waldes gelegen; zahlreiche Wasservögel.

 2.052 km: Kreuzung.

R. Straße nach (36 km) * **San Blas**, malerisches Fischerdorf; in der Nähe sehr feinsandiger Strand.
Nach einer Abfahrt durchqueren Sie einen wunderbaren Kokosnußhain und fahren entlang von Lagunen mit vielen Wasservögeln. 32,5 km nach der Kreuzung zweigt l. eine Straße zum (3 km) * **Strand von Matanchén** ab. Der ebenfalls feinsandige Strand erstreckt sich einige km lang in Richtung (15 km) **Playa de los Cocos**. Diese Steinstraße führt stellenweise an den **Überschwemmungsgebieten von San Blas** entlang. Kurz vor San Blas überquert die Straße einen natürlichen Meerwasserkanal, der nach Ebbe oder Flut jeweils in die entgegengesetzte Richtung strömt. An der Brücke liegen Motorboote, mit denen man Rundfahrten unternehmen kann (2,5 Std.).

San Blas, 4.000 Ew., Fischerdorf mit sehr bunt bemalten Häusern zwischen den Obstgärten und einem langen hellgelben Sandstrand. Während der Kolonialzeit war San Blas ein sehr aktiver Hafen, der besonders mit den Philippinen, einer weiteren Besitzung der spanischen Krone, regen Handel trieb. Jedes Jahr brachte eine spanische Flotte den Tribut dieser entfernten Kolonie in einen Hafen der mexikanischen Pazifikküste. Von dort wurde er über den Landweg nach Veracruz gebracht und weiter nach Spanien verschifft. Diese Schätze erweckten den Neid der englischen, holländischen oder französischen Piraten, die den spanischen Schiffen im Pazifik oder im Golf von Mexiko auflauerten. Daher befestigten die Spanier San Blas und man sieht heute noch auf einem Hügel Überreste. Zur Kolonialzeit hatte San Blas auch eine bedeutende Schiffswerft.

 2.086 km: R. Straße ins (1 km) Ortszentrum von Tepic.

Tepic, 111.700 Ew., Hauptstadt des Staates Nayarit (27.053 km², 661.000 Ew.) liegt 992 m hoch, im W des erloschenen Sangangüey-Vulkans (2.353 m). Inmitten bewaldeter Hügel, Zuckerrohr- und Tabakplantagen in der weiten Ebene östl. des Vulkans hat Tepic trotz eines unverkennbaren Modernismus den Charme seiner Kolonialvergangenheit nicht eingebüßt.

Tepic wurde 1542 unweit des *Nayarit-Pueblo* gegründet. Der Pueblo lag wahrscheinlich im S der Hauptstadt des gleichnamigen Staates. Er war ein kleines unabhängiges Königreich in der präkolumbischen Epoche, bevölkert von Nahuas. Am Rande der Bergregion, die nach der Eroberung zum Schlupfwinkel der Coras und Huicholen wurde, gelegen, vegetierte Tepic gerade wegen seiner exponierten Lage während der Kolonialzeit dahin. Die Stadt war nur ein kleiner Marktflecken, als König Philipp V. von Spanien 1711 ihr den Titel *Noble y Leal Ciudad* verlieh. Aufschwung nahm sie erst nach der Revolution, während der Tepic an das zentralmexikanische Eisenbahnnetz angeschlossen wurde.

Am Hauptplatz, der mit tropischen Bäumen bepflanzt ist und auf dem der unvermeidliche Musikpavillon steht, erhebt sich die 1750 erbaute **Kathedrale** mit ihren drei Kirchenschiffen und den zwei neugotischen Türmen. Die **Kirche de la Santa Cruz** ist ein beliebter Wallfahrtsort der Indianer der

(16) Tijuana – Mazatlán – Guadalajara

Umgebung, besonders der Coras und Huicholen, die in ihren bunten Gewändern in die Stadt kommen, um ihre Erzeugnisse zu verkaufen und ihre Besorgungen zu erledigen. Früher gehörte die Kirche zu einem 1744 gegründeten Franziskanerkloster. Die Pilger verehren hier ein Pflanzenkreuz, das trotz der sonst sehr dürftigen Vegetation in einem kleinen Hof in Form von sehr grünen, hohen Gräsern wächst. Man kann das Kreuz bereits durch eine vergitterte Öffnung an der Nordseite des Kirchenschiffes erkennen. Am Gitter hängen Blumen und sonstige Opfergaben.

●➤ Von Tepic führt eine Straße nach (37 km) **Compostela** an der Straße von Guadalajara nach Puerto Vallarta (s. Rte 6, km 215).

●➤ Von Tepic aus kann man ins Gebiet der **Huicholen** und der Coras vorstoßen. Da es keine Straßen gibt, muß man fliegen und dann zu Fuß oder auf Eseln weiter.

Die Huicholen bewohnen ein weitläufiges, bergiges Gebiet, das den NO von Nayarit bedeckt, aber auch auf die Staaten Zacatecas und vor allem Jalisco übergreift. Man findet sie in der **Sierra de Berberia**, an der Grenze von Nayarit und Jalisco, im N des Río Grande de Santiago und noch weiter nördl. in der **Sierra del Nayar**, wo sie manchmal mit den Coras zusammenleben. In Jalisco leben sie im Tal des Río Bolaños, einem Zufluß des Río Grande de Santiago, von **La Yesca** bis in die Gegend von **Mezquitic**. Auf dem Gemeindegebiet von **Bolaños** befindet sich der Pueblo **Santa Catarina**, aus dem die meisten der Huicholen-Priester stammen. Einige Gruppen leben in Zacatecas in der Gegend um **Colotlán** sowie im Staate Durango auf dem Gemeindegebiet von **Huazamote**. Von allen Huicholen-Gruppen haben jene des Staates **Nayarit** dank ihrer Isolierung ihre alten Riten und Bräuche fast unverändert beibehalten.

Die Berge, in denen die Huicholen wohnen, sind bis zu 2.400 m hoch. Sie bilden kleine Täler und Hochebenen mit subtropischem Höhenklima. Die Vegetation ist reich, es herrscht Nadelwald vor. Es gibt aber auch einheimische Gewächse, wie den *Guallama*, den *Pitahaya*, den *Guamúchil* und den *Guacanamote*. Neben den Dörfern werden Obstbäume gezogen (Pfirsich, Apfel). Die Fauna besteht aus Jaguaren, Pumas, Hirschen, Koyoten, Hasen, Pekaris. An trockenen Stellen gibt es zahlreiche Reptilien (Klapperschlangen, Alacranen, Coralitos). Die Flüsse sind sehr fischreich (Forellen, Lobinas Negras). Es wurden Gold-, Silber-, Eisen- und Bleivorkommen in Nayarit entdeckt, die, wenn überhaupt, nur handwerklich ausgebeutet werden.

Die Herkunft der Huicholen liegt im Dunkel. Vielleicht berichtet der Mythos von Huatakáme (s. u.) in groben Zügen über die Entwicklung des Stammes vom Nomadentum bis zur Seßhaftwerdung mit der Entdeckung und Kultur des Mais.

In den ersten Berichten über Neuspanien scheinen die Huicholen kaum auf. Meist wurden sie mit ihren Nachbarn, den Coras, den Tepehuanes und selbst den Chichimeques verwechselt.

Die Morphologie ihrer Sprache weist auf eine Verwandtschaft mit den Nahuas hin. Vermutlich siedelten die Huicholen erst relativ spät, jedenfalls aber vor der spanischen Eroberung, auf ihrem heutigen Gebiet, nachdem sie von einem stärkeren Volk, wahrscheinlich den Chichimequen, verdrängt worden waren. Ihr vorheriger Siedlungsraum war die Region nördl. von San Luis Potosí, wo sie noch heute hinkommen, um sich Peyote zu besorgen, eine halluzinogene Pflanze, die eine wichtige Rolle bei ihren religiösen Riten spielt.

Die Huicholen

Bis ins 20. Jh. blieb das Gebiet der Huicholen ein Zentrum des indianischen Nationalismus, der sich gegen die Herrschaft der Weißen und Mestizen richtete. Sie konnten ihren rassischen und kulturellen Charakter bewahren, dank ihrer Zurückgezogenheit und trotz einer späten und nicht sehr erfolgreichen Christianisierung. Wie die Coras nahmen auch sie an den Aufständen des 19. Jh. unter der Führung Manuel Lozadas, des Tigers von Alica, teil.

Sie leben von der Landwirtschaft, dem Fischfang, der Jagd und dem Vertrieb ihrer Handwerkserzeugnisse. Die Männer arbeiten ca. während zwei Monaten auf ihrer *Milpa* (Maisfeld) und bestellen ihre eigene Parzelle (*Coamil*). Außerdem bearbeiten sie auch die Gemeindefelder von der Urbarmachung bis zur Ernte. Sie fischen, jagen, arbeiten im Wald, sammeln Honig, aus dem sie Wachs für Kerzen gewinnen, erzeugen Stricke aus Palmenfasern oder *Ixtle* (eine Agavenart). Sie kommen in die Städte um Honig, Käse, Stricke zu verkaufen, und Brot, Zucker, Schokolade und Buntpapier zur Herstellung von Papierblumen zu kaufen.

Die Frauen helfen den Männern zur Haupterntezeit auf den Feldern, dabei tragen sie manchmal ein Kind in einem *Rebozo* am Rücken. Sie kochen, weben und kümmern sich um die Vorbereitung der Festmähler zu religiösen Anlässen. Wenn eine Frau mit ihrem Ehemann reist, so trägt sie die Bündel und die Kleinkinder.

Sie ernähren sich hauptsächlich von Mais und Bohnen, aber auch von Früchten (Pitahaya, Guamuchil, Melonen) und Gemüse (Salat, Kaktusblätter), seltener von Wild und Fisch. Ihr bevorzugtes Gericht besteht aus Maisbrei, der in einer Maiskolbenmühle gekocht wird. Sie trinken Wasser, etwas Kaffee und zu feierlichen Anlässen *Tesguino*, ein niederprozentiges Getränk auf Maisbrei-Basis. Ihre hochprozentigen Alkoholika, der *Sotol* und der *Tememete*, werden aus destilliertem Agavensaft gewonnen. Hochgestellte Persönlichkeiten und die Priester trinken gelegentlich Schokolade.

Sie wohnen auf Ranchen, die sich zu Rancherías zusammenschließen. Ihre Häuser liegen nicht dichtgedrängt beieinander. Es wird behauptet, daß sie die Isolierung einem göttlichen Gesetz zu Folge suchen, um Streitigkeiten zwischen den Frauen zu vermeiden. Sie kommen nur zu religiösen Feiern oder um gemeinsame Verwaltungsfragen zu beraten zusammen. Sie wohnen in rechteckigen Häusern, deren Wände aus Bambus oder Otates gefertigt werden, während die Schrägdächer mit getrockneten Palmen gedeckt sind. Der Boden besteht aus gestampfter Erde. Ein kleines Nebengebäude, der *Chipil*, dient einer oder mehreren Familien als Maissilo.

Ihre Kleidung wird ausschließlich von den Frauen hergestellt. Die Trachten sind von Pueblo zu Pueblo verschieden, weisen jedoch gemeinsame Züge auf. Heutzutage ist jene der Männer aus *Santa Catarina* im Staate Jalisco sicherlich die bemerkenswerteste. Das Hemd (*Rahuarero*) aus besticktem Tuch ist mit geometrischen Figuren und stylisierten Tieren in verschiedenen Farben geschmückt. Das langärmelige Hemd reicht bis zu den Knien und bedeckt zum Teil eine weite, ebenfalls bestickte Tuchhose (*Shaveresh*). An der Taille wird das Hemd von mehreren Woll- und Baumwollgürteln festgehalten. Unter dieser Reihe von Gürteln sind an einem Band bis zu zwölf kleine, gestickte Börsen mit roter Wollquaste aufgereiht. Dieser Gürtel aus kleinen Börsen wird von den Huicholen als *Cosihuire* oder *Queitzaruame* bezeichnet. Ein recht kurzer Überwurf (*Tahuara*) sowie ein gestickter Schal vervollständigen die Tracht. Auf der Brust kreuzen sich die Bänder von zwei Börsen, das eine aus Wolle, das andere aus Baumwolle, ähnlich wie die Börsen geschmückt. Der Hut aus Palmenfasern *(Roporero)* mit Wollquasten, roten Filzstücken an der Krempe und den kleinen Anhängern rundherum, mutet sehr originell an. Auch die Sandalen *(Huaraches)* werden im Pueblo erzeugt.

Das Handwerk obliegt hauptsächlich den Frauen. Sie sticken und weben außerordentlich gut. Hemden, Hosen, Blusen, Röcke, Gürtel, Taschen sowie die Gürtel der kleinen Börsen *(Cosihuire)* werden unter ihren Fingern zu Kunstwerken. Für sie selbst stellen ihre handwerklichen Tätigkeiten, wie auch die Stickereien der Börsen den Ausdruck von magischen Symbolen, Gebeten und Opfergaben für die Götter dar.

Für ihre religiösen Feiern erzeugen sie zahlreiche Gegenstände von besonderer Schönheit. Papierblumen, Kürbisse *(Jicaras)*, Stöcke mit Federn, symbolische Pfeile, verschiedene Gegenstände aus kleinen Hölzchen gefertigt, Votiv- und Ritualgegenstände (fächerähnliche Gebilde aus Baum- oder Wollfäden, die sie *Nama*, *Itari* und *Nearika* – Götteraugen nennen), weiters Nachbildungen von Alltagsgegenständen oder Tieren in Miniatur, die den Göttern geopfert werden. Sie stellen ihre eigenen Maismahlsteine, die Metates, ihre Matten und Keramiken, Seile aus Ixtlfasern und Geigen her. Die „Götteraugen (oder -abbilder)" sind vom täglichen Leben sowie vom Glauben und den Mythen, besonders jenen von Huatakame und Tatehuari, beeinflußt. Sie werden mit Hilfe von Goldfäden auf Holzplatten aufgezogen und mittels Wachs befestigt.

Ihrer Lebensform ist die Polygamie nicht fremd, die Verhältnisse gestatten aber meist nur die Monogamie. Der erste Teil der Hochzeitszeremonie findet auf dem Gipfel eines Berges statt. Bei Einbruch der Dunkelheit werden die Verlobten von ihren Familien, den Freunden und dem Priester (oder Cantador) samt Frau auf den Gipfel des gewählten Berges begleitet. Die Nacht verbringt man mit Gebeten und dem Anhören der Predigten, die der Priester spricht. Bei Sonnenaufgang segnet er die Verbindung der künftigen Eheleute, worauf die Anwesenden mit Beten und Singen fortfahren. Gegen Mittag kehrt der ganze Zug mit den Jungvermählten zur Ranch zurück, wo ein Festmahl stattfindet und anschließend getanzt wird.

Sowohl die monogamen wie die polygamen Verbindungen müssen durch eine Wallfahrt ans Meer bestätigt werden. Am 1. Mai lädt der Häuptling, begleitet vom Priester und zwei Alguacilen, die jungverheirateten Hausstände ein, nacheinander Hand in Hand ins Meer zu steigen. Die Umstehenden halten dabei Kerzen, Maiskolben und andere Ritual- und Kultgegenstände. Sodann exorziert der Priester mit erhobenem Arm, singt und betet. Bei Sonnenaufgang wirft er einen kleinen Kürbis, den man bis dahin unter einer verzierten und bestickten Haube verwahrt hat, ins Meer, worauf die Jungvermählten aus dem Wasser steigen.

Die Frauen erfüllen auch während der Schwangerschaft die häuslichen Pflichten. Zur Geburt erscheint der Cantador in Begleitung seiner Frau um zu helfen. Ein breites Tuch wird um die Taille der Frau gewickelt und man reicht ihr ein Kräutergetränk. Sodann hängt sie sich an eine an einem Deckenbalken befestigte Schnur um die Geburt des Kindes zu erleichtern. Die Nabelschnur wird mit Hilfe zweier Steinmesser abgetrennt. Im Falle einer schweren Geburt zündet der Priester in der Nähe des Hauses einen Scheiterhaufen an und bittet den Gott des Feuers um Unterstützung. Die Verwandten veranstalten unterdessen eine Art Prozession um das Haus herum.

Die Huicholen

Die Huicholen hängen ihrem alten **Glauben** an, obwohl es in fast jedem Pueblo eine Kirche gibt. Der Hauptgott ist der „Große Geist"; manchmal mit der Sonne identifiziert, ist er der Gegenstand zahlreicher Verehrungen. Sie beten aber auch die Götter des Feuers, des Wassers und der Fruchtbarkeit an und huldigen dem Peyotekult. Natürliche Höhlen und kleine Andachtskapellen gelten als Wohnort der Götter. Die Kapellen unterscheiden sich von den Häusern durch einen in der Mitte durchlöcherten, behauenen Stein, der oberhalb der Tür angebracht ist. Durch dieses Loch hat die Gottheit die Möglichkeit zu prüfen, ob im Inneren genügend Opfergaben dargebracht worden sind und es sich daher lohnt, an der Zeremonie teilzuhaben. Am Plafond hängt ein Eichenast und sofern es der Gottheit beliebt, ein Zeichen von sich zu geben, läßt sich ein leises Säuseln getrockneter Blätter vernehmen. Manchmal finden die Zeremonien auch im Freien statt, die geheiligten Höhlen und Kapellen dienen dann als Ruhestätten.

In den Andachtstätten befinden sich aus Stein gefertigte kleine Götzenstatuen sowie zahlreiche Opfergaben wie Lebensmittel und Sonstiges, die von den Göttern Heilung, einen Sohn oder eine gute Ernte erbitten sollen. Unter den Opfergaben findet man mit Perlen geschmückte Kürbisse (*Rukuli*), symbolische Pfeile, Federstöcke, aus Wollfäden hergestellte *Namas*, sowie Nachbildungen von Schildern, welche die Huicholenkrieger zur Verteidigung und zum Schlafen benützten. Bevor sie den Göttern überantwortet werden, benetzt man die Rukulis mit dem Blut eines Tieropfers. Die Huicholen meinen, daß die Götter aus diesen Kürbissen ihr Flehen und Fürbitten trinken. Die Votivpfeile dienen als Symbol für die Kommunikation zwischen den Gläubigen und den Göttern. Manchmal sind diese Pfeile an einen *Nearika* genannten, quadratischen oder kreisförmigen Gegenstand befestigt, der aus Wolle ist und naive symbolische Muster trägt. Das Ganze wird unter das Dach der Kapellen gehängt und man erhofft sich davon eine gute Maisernte, Regen, gute Gesundheit usw.

Die Begräbnisse finden üblicherweise am Sterbetag statt. Der Leichnam wird vom Priester geweiht, im Hof der Ranch zwischen vier Wachskerzen aufgebahrt und dann auf einem Berg, in eine Decke gehüllt, bestattet. Neben ihn legt man einen kleinen mit Tesguino gefüllten Kürbis und eine Machete. Manchmal opfert man den Lieblingshund und legt ihn zu seinem Herrn ins Grab, auf dem ein Kreuz angebracht wird.

Peyote (*Lephophora williamsii*) ist für die Huicholen, wie für die Tarahumaras, eine heilige Nahrung. Bei den Tarahumaras wird dieser kleine halluzinogene Kaktus nur von den Priestern und Heilern konsumiert, die Huicholen hingegen verwenden ihn auf viel breiterer Basis, zumeist in Verbindung mit religiösen Feiern. Sie nennen ihn *Jicuri* und er stellt für ihre Seele eine ebenso wichtige Nahrung dar, wie der Mais für ihren Körper.

Die Tarahumaras finden diesen wertvollen Kaktus auf ihrem Gebiet, die Huicholen müssen eine beschwerliche Reise von über 400 km Luftlinie bis in die Gegend von Real de Catorce im Staate San Luis Potosí auf sich nehmen. Sie treten die Reise meist ab Sept. an; sie dauert ungefähr einen Monat und wird von kleinen sieben- bis fünfzehnköpfigen Pilgergruppen unternommen. Während der ganzen Reise wird gefastet und völlige Keuschheit gehalten. Die Pilger errichten Scheiterhaufen zu Ehren des „Großen Gottes" und jagen in Form eines heiligen Hirschen, der durch Pfeile zur Strecke gebracht werden soll, das Peyote. Nach dem Einsammeln bereiten sich die Pilger auf die Rückkehr vor, indem sie durch Gesänge ihre Heldentaten würdigen und Pfeile in die vier Windrichtungen schießen.

(16) Tijuana – Mazatlán – Guadalajara

Die Heimkehr in die Sierras von Nayarit und Jalisco wird durch ein Fest, das über einen Monat dauert, zelebriert. Während der ganzen Zeit behalten die Pilger ihren Federschmuck und ihre Gesichtsbemalungen auf. Anläßlich der Feiern wird das gesammelte Peyote den Göttern dargebracht, indem die Pilger, ihre Familie und Freunde es zu sich nehmen. Die Pflanze wird als Inkarnation des „Großen Geistes" und des Feuergottes angesehen. Der Überschuß wird manchmal verkauft oder wieder eingepflanzt, um für die Feierlichkeiten des kommenden Jahres zu dienen.

Einige Feste des katholischen Kalenders, wie die Karwoche, werden von den Huicholen auf ihre eigene Art gefeiert. Zivile Feste, wie die Übergabe der Häuptlingswürde am 1. Jan. oder der von den Spaniern eingeführte Karneval, werden von den Huicholen ebenfalls begangen. Ihre religiösen Feierlichkeiten stammen aus der Zeit vor der Eroberung und sind eng an ihre Lebensart und den Wechsel der Jahreszeiten gebunden. Diese Feste finden entweder im Hauptort, in den Andachtsstätten oder im kleinen Kreis in den Häusern (*Jacales*) statt. Es handelt sich dabei um Familienzusammenkünfte, zu denen auch Freunde und Nachbarn geladen werden. Oft wird zur Musik einfacher Instrumente, die von den Huicholen selbst erzeugt werden, getanzt (Geige, Gitarre, Trommel und manchmal auch Gesang). Die Lieder werden in der Lokalsprache gesungen, dies jedoch nur anläßlich der oben besprochenen Zeremonien.

Das Saatfest beginnt mit der Segnung von kleinen Kürbissen, die eine wichtige Rolle in der Liturgie der Huicholen spielen. Um den Einfluß der bösen Geister zu unterbinden, werden Anrufungen und Exorzismen in die vier Windrichtungen gesprochen. Aus einem mit Wasser und Kräutern gefüllten Kürbis (*Bule*) begießt der Priester die Ackergeräte. Das Fest dauert bis tief in die Nacht, man trinkt dabei Tesguino und spielt Musik.

Das Fest des grünen Kürbis findet während der Regenzeit, zu Ehren der Göttin *Nakawe*, statt.

Das Fest der Ernte der ersten Maiskolben ist ebenfalls recht interessant. Neben einem dem Feuergott geweihten Scheiterhaufen wird ein Altar mit einer leeren Nische aufgestellt, die so ausgerichtet ist, daß die ersten Sonnenstrahlen sie treffen. Die im Halbkreis um das Feuer Anwesenden werden vom Priester exorziert. Er singt das **Epos von Huatakame**, der mit dem Bericht der Abenteuer von *Tzikoakáme* beginnt, des ältesten Vorfahren des Stammes, der von seiner Mutter, der Göttin des Wassers des Ostens verlassen, herumstreift und sich von wilden Früchten und Wurzeln sowie der Jagd ernährt. Im weiteren Verlauf wird geschildert, wie Huatakáme sich mit der Tochter des Besitzers des Mais, unserer lieben Schwester Mais-blau, vermählt, sie im fünften Ehejahr durch einen Fehler seiner Adoptivmutter wieder verliert und wieder sein Nomadendasein aufnimmt. Schlußendlich erhält er einige Körner des kostbaren Getreides und kann nun im Schweiße seines Angesichts sein Brot erarbeiten. Diese Episoden spielen auf die Seßhaftwerdung der Huicholen an, sowie auf Hungersnöte, die den Stamm heimsuchten. Es folgt eine Beschreibung der Sintflut, das heißt der kosmischen Auseinandersetzung zwischen der Sonne, dem Feuer und den Göttern der trockenen Jahreszeiten auf der einen, und den Göttinnen der Regenzeit, sowie den Gottheiten der Erde auf der anderen Seite. Weiters wird berichtet, wie das Volk der Huicholen aus der Verbindung Huatakames mit der Schwarzhundfrau hervorging.

Das Fest des verbrannten Mais findet meist zur Wintersonnwende statt

Die Huicholen

und dient dazu, den Schutz der Götter für die Milpas zu erbitten. Bei Einbruch der Dunkelheit zündet der Priester einen Scheiterhaufen an, um den herum die Dorfbewohner zur Musik einer Geige und einer Trommel tanzen. Jeder Tänzer wirft im Laufe der Zeit einen Maisstengel ins Feuer. Bei Sonnenaufgang, nach den Gebeten des Priesters, werden Opfergaben auf den Altar gelegt (Maiskolben, Früchte, Tesguino, Schokolade, Geldstücke).

Das Fest der rohen Tamalen findet anläßlich der Segnung eines Tempels zu Ehren des „Großen Geistes" und des Feuergottes statt.

Ein weiteres sehr interessantes Fest, das Ähnlichkeiten mit der *Danza de los Voladores* der Totonac- und Otomí-Indianer aufweist. Es besteht darin, durch eine magische Operation das Wachstum der Pflanzen auszulösen. Es wird ein Mast aufgerichtet, an dem Schnüre und Gürtel befestigt sind. Als Frauen verkleidete Männer hängen sich daran an und tanzen um den Mast herum, bis sie von einem Phallusträger symbolisch befruchtet werden.

Das bedeutendste erdbezogene Fest ist die **„Opferung".** Ein Rind wird mit einem vom Priester gesegneten Messer geschlachtet. Die Hörner werden mit Papierblumen und Brotkränzen geschmückt. Einer der Teilnehmer verfolgt die anderen, die schreiend vor ihm flüchten, mit dem abgeschnittenen Kopf des Rindes. Das Fleisch wird geteilt und bei Einbruch der Nacht beginnt der nichtendenwollende monotone Tanz zu Klängen von Geigen, Hirschhauttrommeln und Schilfrohrpfeifen. Gegen Mitternacht gibt der Priester das Signal zum Aufbruch zur Jagd auf den Hirschen, der in Wahrheit aber bereits in der Falle gefangen ist.

Regierung. – Die Huicholengesellschaft ist in fünf Gemeinden unterteilt, die ihre eigene Regierung, eigene Tempel und ein eigenes Gebiet haben. Auf dem Territorium jeder Gemeinde befindet sich eine Hauptstadt oder ein Hauptort, wo die Versammlungen und die katholischen Feste abgehalten werden. Die Zusammenkünfte finden in der *Casa Grande* (*Calihuey*) statt. An die Casa Grande schließt ein Raum an, der dem katholischen Ritus geweiht ist, rundherum befinden sich jedoch den heidnischen Göttern geweihte Andachtsstätten.

➤ Von Tepic (oder Acaponeta) aus fliegt man in einen der Pueblos, der mit einer Landepiste ausgestattet ist: **Jesús Maria** am Rande der Sierra del Nayar, **San Martín de Bolaños**, im Tal des gleichnamigen Rios im Staate Jalisco, **Mezquitic**, usw. Man benötigt dafür die Genehmigung des Huicholen-Gouverneurs in Tepic.

➤ **Fortsetzung der Route 16.** – **2.088** km: R. andere Straße nach (2 km) **Tepic** (s. o. bei km 2.086). – **2.137** km: Verbindung zur mautpflichtigen Straße nach Puerto Vallarta (s. Rte 6, km 182).

Von dieser Kreuzung nach Guadalajara, s. Rte 6 in umgekehrter Richtung ab km 182.

2.319 km: **Guadalajara** (s. Rte 5).

17 – La Paz und Umgebung

Hauptstadt der südl. kalifornischen Halbinsel (72.465 km^2; 156.000 Ew.) mit 63.000 Ew. La Paz und den wunderbaren Sandstränden von Cabo San Lucas scheint, seit der Eröffnung der *Transpeninsular*, nach Tijuana, eine aussichtsreiche Fremdenverkehrszukunft zu winken (s. Rte 16 A). La Paz und die Südspitze der kalifornischen Halbinsel sind mit dem Flugzeug oder mit Passagier- und Autofähren von Mazatlán, Guaymas, Topolobampo und Puerto Vallarta aus leicht zu erreichen. Besucher finden hier die spezifische Atmosphäre eines im Aufbau befindlichen Landes am Ende der Welt, das alle Reize der Wüste mit ihren Buschwaldlandschaften, dem weiten Horizont und den Oasen mit der Annehmlichkeit seiner komfortablen Hotels verbinden kann.

In La Paz gibt es Gelegenheit zum Wassersport, Sie können durch die Stadt spazieren oder Ausflüge aufs Meer und ins Hinterland bis Cabo San Lucas unternehmen. Zur Freude der Sportfischer reichhaltige Meeresfauna im Golf von Kalifornien, sowie alle nötigen Einrichtungen zum Sportfischen in La Paz und Cabo San Lucas.

Trauminsel oder heißer Ofen? – Ursprung und Bedeutung des Wortes Kalifornien sind recht umstritten. Manche Autoren meinen, der Name stamme aus einem beliebten Ritterbuch aus dem 16. Jh., *Las Sergas de Esplandian* (die Großtaten Esplandians), in dem eine Trauminsel namens California erwähnt wird. Anderen Kommentatoren meinen Hernando Cortez habe, sich seiner Lateinkenntnisse der Universität von Salamanca entsinnend, das Land *Callida fornax* (der heiße Ofen) getauft. Möglicherweise kommt der Name auch von *Cala* (katalanisch kleine Bucht) und *Fornix* (lateinisch für Bogen), daher die halb-katalanische, halb-lateinische Bezeichnung *Cala y Fornix*, die sich auf die kleine Bucht des Hafens San Lucas beziehen könnte, wo sich ein natürlicher Felsbogen befindet. Die Halbinsel hatte aber noch verschiedene andere Namen: *New Albion, Neu-Albion*, nannte sie der Engländer Sir Francis Drake 1578 oder 1579; *Karolineninsel (Isla Carolina)* nannten sie der Jesuitenpater Scherer und der französische Geograph Nicolas de Fer (1646–1720) in der Meinung, daß es sich um eine Insel handelt.

Das indianische Kalifornien. – Man weiß so gut wie gar nichts von der Geschichte der eingeborenen Bevölkerung vor der Eroberung. Die Wandmalereien, die im Mittelteil der Halbinsel entdeckt worden sind, werden daher noch länger das Geheimnis ihrer Entstehung nicht preisgeben. Es siedelten verschiedene Stämme, die *Pericues* von der Südspitze bis in die Gegend von El Triunfo, in der Nähe von La Paz, die *Guaicuras* etwas weiter nördl. bis in die Gegend von Loreto und San Ignacio, während die *Colchiemis* den ganzen N bis zur Mündung des Rio Colorado bewohnten.

Das Trugbild der Perlen. – Die Geschichte Kaliforniens beginnt mit der Expedition, die Hernando Cortez 1534 vom Hafen von Tehuantepec aus unternahm, mit dem Ziel, im Namen des Spanischen Königs neues Land zu entdecken. Er suchte aber auch nach dem Seefahrer Diego Hurtado de Mendoza, der 1532 von Acapulco ausgehend, nachdem er die Marieninseln entdeckt hatte, möglicherweise Schiffbruch erlitten hatte, ohne an die Küsten der Halbinsel gelangt zu sein. Nach dem Mißerfolg zweier Expeditionen erforschte Cortez persönlich die Bucht von La Paz und die Inseln (1536), kehrte jedoch um, nachdem er auf dieser unwirtlichen Erde fast verhungert wäre. Die Expedition des Francisco de Ulloa (1537–1539) erreichte die Westküste der Halbinsel bis zur Insel Cedros, sein einziges Schiff ging jedoch unter. Das Gerücht, das der Konquistador Alvaro Nuñez Cabeza de Vaca verbreitete, demzufolge die Indianer große Mengen an Perlen aus dem kalifornischen Golf fischen würden, regte den spanischen König an, zwei weitere Flotten, die eine unter Francisco Velasquez Coronado und die andere unter Don Hernando de Alarcón zu entsenden. Zweitere befuhr 1538–1540 den gesammten kalifornischen Golf bis zur Mündung des Río Colorado. Die erste Phase der Entdeckung beendete dann die lange Reise des portugiesischen Seefahrers Rodriguez Cabrillo (1542), von der Südspitze bis zum Cape Blanco im heutigen Staate Oregon in den USA.

Die Zeit der Piraten. – Das Auftauchen der ersten Piraten auf den kalifornischen Gewässern, wo sie versuchten, die reichbeladenen Schiffe von den Philipinen abzufangen, zwang die Vizekönige von Neuspanien das Gebiet zu kolonialisieren. 1578–1579 begann Sir Francis Drake, bald abgelöst von Thomas Cavendish, der am 14. November 1587 die philippinische Flotte vor dem Kap San Lucas angriff. Daraufhin veranlaßte der spanische König Philipp, daß die kalifornischen Häfen bevölkert und befestigt werden, um den englischen Piraten trotzen zu können. Mit dieser Zielsetzung verließ der Kapitän Sebastian Vizcaino 1596 den Hafen von Acapulco mit drei Schiffen voll Soldaten und vier Franziskanern. Im gleichen Jahr landete man in der Bucht von La Paz, sogenannt ob des friedlichen Empfangs der Eingeborenen. Die zu harten Lebensbedingungen verurteilten die Expedition zum Scheitern und man kehrte nach Acapulco zurück, ohne einen Hafen errichtet zu haben.

Die Zeit der Jesuiten. – Dort, wo so viele Expeditionen scheiterten, gelang es den Jesuiten durch Gründung von Missionen, die Indianer zu christianisieren. Die erste Mission wurde 1673 errichtet. Der Hafen San Bruno, etwas später gegründet, mußte ebenso wie La Paz drei Jahre später wieder aufgegeben werden. Hingegen wurden von 1697 bis 1767 neue Missionen errichtet. 1767 wurde der Orden von König Karl dem Dritten aus Neuspanien ausgewiesen. Die am 16. Oktober 1697 gegründete Mission der Jungfrau von Loreto wurde das religiöse sowie das Verwaltungszentrum der Halbinsel, welche die Jesuiten im Namen des Spanischen Königs gemäß den Anordnungen der Vizekönige in Besitz nahmen. 1699 gründete man die beiden Missionen San Juan Bautista Londo und San Francisco Javier. Die Anfänge dieser drei Kolonien waren sehr hart, da sich die Indianer feindlich erwiesen und des öfteren die Einrichtungen überfielen. Obendrein war das Land besonders unwirtlich.

(16) La Paz und Umgebung

Die Mission von La Paz stammt erst aus 1720, mußte dennoch bereits 1745 aufgegeben werden. Mit der Errichtung der Missionen von Todos Santos (1733) und San José del Cabo (1730) war die religiöse Einpflanzung der Jesuiten im südl. Teil der Halbinsel abgeschlossen. Diese wurde 1734 durch einen Aufstand der Pericúes-Indianer erschüttert. Epidemien 1742 und 1748, weitere Erhebungen, wie die der Guaicuras 1743, hinderten die Jesuiten jedoch nicht, ihr Christianisierungswerk langsam bis in den N voranzutreiben. Nach der Ausweisung der Jesuiten setzten die Franziskaner und vor allem die Dominikaner das Werk fort und gründeten ihrerseits weitere Missionen. Heute befinden sich die ertragreichsten Gebiete der Halbinsel dort, wo früher die Missionen erstanden sind.

La Paz wurde um 1800 von Fischern und einigen Siedlern besetzt, doch konnte sich die mexikanische Zentralgewalt erst Ende des 19. Jh. festigen. Im texanischen Krieg wurde es von amerikanischen Truppen besetzt (1847–1848), 1853 eroberte es für kurze Zeit ein amerikanischer Abenteurer namens William Walker.

17 A – Von La Paz nach Cabo San Lucas (215 km über eine gute, asphaltierte, nur während 15 km in der Gegend von San Bartolo etwas beschädigte Straße. Ca. 3 Std. Wegzeit). – 32 km: Kreuzung.

R. nach 54 km (asphaltierter Straße) **Todos Santos**, Fischerdorf an der Pazifikküste, ehemaliger Sitz einer 1733 von Pater Nicolas Tamaral in Puerto de las Palmas gegründeten, später transferierten Mission.

51 km: **El Triunfo**, alte, kleine Minenstadt (540 m). – 58 km: **San Bartolo**, ebenso Minengebiet, heute recht heruntergekommen. – 106 km: Alleinstehendes Hotel (Palmas de Cortez, am Rande eines langen Sandstrandes). – 110 km: **Buenavista**, Ortschaft an der Bahía de Palmas. – 131 km: **Santiago**, Dorf, wo 1721 von Pater Ignacio Maria Napoli eine Mission, die zwanzig Jahre später aufgegeben werden mußte, gegründet worden war. – 134 km: Denkmal auf der Linie des Wendekreises des Krebses. – 138,5 km: R. **Miraflores**, Pueblo in einer ehemals von Pericues bewohnten Gegend (Lederverarbeitung). – 172 km: Flughafen von San José del Cabo. – 182 km: L. **San José del Cabo**, 10.000 Ew., Fischerhafen, dessen Anfänge auf die 1730 erfolgte Gründung einer Jesuitenmission auf einem von den Pericúes besetzten Gebiet zurückgehen. 1737 wurde es auf Befehl des spanischen Vizekönigs der Sitz eines *Presidios*, das heißt eines Kolonialzentrums.

Von den Bauwerken der Mission ist nichts übriggeblieben. – 192,5 km: Mit Strohhütten ausgestatteter Strand. – 202 km: Alleinstehendes Hotel (s. praktische Hinweise Cabo San Lucas). – 208,5 km: Tourismuszentrum von Cabo Bello mit Hotel. – 213,5 km: R. nicht asphaltierte Straße nach (63 km) **Todos Santos** (s. o., km 32), nicht besonders empfehlenswert.

215 km: ★★**Cabo San Lucas**, kleiner Badeort in der Nähe einer beeindruckenden Steilküste. Vom Lusthafen aus können Sie Ausflüge aufs Meer unternehmen oder in einem der frischreichsten Gewässer der mexikanischen Pazifikküste hochseefischen.

18 – Von México über Poza Rica (El Tajín) nach Veracruz

Über eine Strecke, bei der Sie Gelegenheit haben, auf der Durchfahrt Teotihuacán zu besichtigen, gelangen Sie zu den Tierras Calientes des mexikanischen Golfes. Die ★★ sehr schöne Straße ist nur bei der Abfahrt zur Küstenebene etwas schadhaft. Der Beuch von El Tajín alleine rechtfertigt Ihre Wahl dieser etwas umständlicheren Strecke nach Veracruz (oder nach Tampico, sofern Sie auf der Route 18 A weiterfahren wollen). Wenn Sie in Poza Rica übernachten, können Sie am Morgen die Nischenpyramide besichtigen. An Sonntagen können Sie einer Darbietung der Totonac-Indianer beiwohnen; sie spielen gegen 11 Uhr am Hauptplatz dieser Feierstätte des Voladorspiel. Weiter fahren Sie durch grüne Landschaften mit Orangenplantagen, Vanillestauden in der Gegend um Papantla und Kokosnußhainen, entlang der herrlichen Sandstrände in der Gegend von Nautla, bis Sie den großen Hafen von Veracruz erreichen.

Sie interessieren sich für:

Präkolumbische Archäologie: Auf dieser Strecke liegen zwei der wichtigsten mexikanischen Zeremonienstätten, nämlich Teotihuacán und El Tajín. Versäumen Sie nicht einen kleinen Umweg zu den Ruinen von Zempoala, der ersten Stadt, die Cortez und seine Konquistadoren zu Gesicht bekamen, als sie an der Küste des mexikanischen Golfs landeten. Sofern Sie sich ganz besonders für Archäologie interessieren, lohnt sich ein etwas beträchtlicherer Umweg nach Castillo de Teayo.

Kolonialarchitektur: Besichtigen Sie die Kirchen und Klöster von Acolman (s. Rte 1 J), von Epazoyucan (s. Rte 9 B) und von Singuilucan.

Die Annehmlichkeiten der Strecke: Halten Sie bei km 147,5 und kehren Sie in das kleine Wirtshaus La Cabaña ein; vorzüglicher Aufschnitt und Most. Oder kaufen Sie die Äpfel und den Most der Obstgärten, sowie Honig aus der Umgebung von Huachinango, kurz bevor Sie die Stadt erreichen.

Die wichtigsten Feste: Fiesta del Corpus Christi, in deren Verlauf Sie, inmitten einer Menge von Indianern und Mestizen, den Volador-Tanz bewundern können. Am authentischsten ist dieses Fest in Pahuatlán, während der Karwoche.

Straße: 275 km (Poza Rica), 295 km (El Tajín) und 540 km (Veracruz) über

(18) México – Poza Rica – Veracruz

Straßen in sehr gutem Zustand. Rechnen Sie 4,5 Std. Fahrtzeit von México nach Poza Rica und 4,5–5 Std. von Poza Rica nach Veracruz (sofern Sie die Mautstraße ab km 503 benützen).

Von México nach Teotihuacán, s. Rte 1 J.

44,5 km: 4 km vor ★★★**Teotihuacán** verlassen Sie die Mautstraße und fahren in Richtung Tulancingo.

Sie durchqueren eine Hochebene mit **riesigen Magueyeplantagen**. Von Zeit zu Zeit sieht man die getünchten Mauern von alten Haciendas, die während der Revolution zerstört wurden; manche dieser riesigen Landwirtschaftsbetriebe, die aus dem 16. Jh. stammen, gibt es noch heute.

Die Maguey (*Atrovireus Agava*) ist eine Agavenart, die besonders im mexikanischen Altiplano gezogen wird (es gibt davon über dreißig verschiedene Sorten). Jede Pflanze benötigt eine Wachstumszeit von 7 bis 10 Jahren bis zur Reife. Kurz vor der Blüte bekommt sie einen hohen Mittelstengel, mehrere Meter hoch, auf dem zahlreiche, kleine gelbe Blumen wachsen. Jede Pflanze hat nur eine Blüte, nach der sie eingeht. Die Ernte des Magueysaftes findet zur Zeit der Blüte statt. Die Spitze des Stengels wird abgeschnitten (nicht zu früh und nicht zu spät, da die Pflanze sonst sterben würde) und der Sammler, ausgerüstet mit einem Kürbis an dem zwei Schilfrohrpfeifen befestigt sind, pumpt den Saft zwei bis dreimal täglich ab. Jede Pflanze gibt nur einmal im Leben Saft ab, starke Exemplare können aber bis zu 500 Liter liefern. Die Gärung findet dann in nur einem Tag und einer Nacht im Tinacal statt. Das Produkt ist ein ca. sechsprozentiges, recht erfrischendes Getränk, mit sehr ausgeprägtem Geschmack.

Die vierhundert Hasen. – Zur Zeit der Azteken war der Genuß dieses Getränks (*Octli*) streng geregelt. Eigentlich durften davon nur Männer und Frauen über 70 trinken. Die Herkunft des Getränks stammt zweifellos aus sehr früher Zeit, wie etliche aztekische Sagen belegen. Wahrscheinlich aus der Zeit, in der die mesoamerikanischen Völker noch nicht seßhaft waren und vom Sammeln und Jagen lebten. Bei den Mexica ist die Göttin Mayahuel die Inkarnation der Maguey, die Azteken haben eine Unzahl von Göttern des Rausches gehabt, die sie die vierhundert Hasen nannten (*Centzon Totochtin*).

Der Maguey wird auch zur Herstellung von Mezcal und Tequila verwendet. Ein großer Wurm, der auch noch heutzutage gebraten verzehrt wird, ernährt sich auch davon. Die Magueyfaser spielt immer noch eine wichtige Rolle in der Wirtschaft mancher Stämme, besonders bei den Otomí, und dient zur Erzeugung von Stoffen, Taschen, Stricken, usw..

52 km: L. Straße nach (10 km) San Juan Teotihuacán und (3 km) zum archäologischen Fundort Teotihuacán. – **54 km:** R. Straße nach (21 km) Ciudad Sahagún. – **73 km:** Verbindung zur Straße nach Pachuca-Calpulalpan (s. Rte 9 A, km 29,5/30). – **82,5 km:** L. **Hacienda de Arcos**, eine der größten Pulcherías der Region. – **97 km:** R. nach (1,5 km) **Singuilucan**; ★ **Augustinerkloster** (1540).

In der **Barockkirche** (18. Jh.) vergoldetes Holzschnitzaltarblatt (1776–1777), unter dem Chor großes **Ölgemälde** (18. Jh.; Prozession einer lokalen Bruderschaft zu Ehren des Señor de Singuilucan; bemerkenswert wegen der Details über die Tracht dieses kleinen Pueblos des 18. Jh.). Das Kloster besitzt ein wunderschönes **Tor** aus dem 16. Jh., ein anderes führt

Teotihuacan – La Cabaña

zur **Kapelle der Jungfrau von Guadalupe** (17. Jh.); Malereien aus dem 17. und 18. Jh. sowie ein kleiner Holzschnitzaltar mit einer aus Glasspiegeln bestehenden Vorderseite.

108,5 km: L. Straße aus Pachuca (s. Rte 9 B, km 40).
111 km: Satellitentelephonstation.
116 km: Tulancingo, Industriestadt und großer Agrarmarkt in einem Tal mit einer bedeutenden Obsidianmine, die noch in Betrieb ist; Fería de Nuestra Señora de los Angeles am 2. August.

➤ 12 km nach Tulancingo an der Straße nach (9 km) **Cuautepec** befindet sich der Pueblo **Santa María Nativitas** mit einer 1689 erbauten Kirche; barocke Altarblätter, aus Stein gehauene Taufbecken sowie etliche Bilder, darunter ein **Gemälde der Hl. Rosa von Viterbe** von *Pedro Calderon* (1729).

117,5 km: Kreuzung.

➤ L. Straße nach (11 km) **Acatlán**, wo die Augustiner 1545 ein klosterartiges Institut gründeten, dessen Kirche heute verfallen ist. Im Atrium befinden sich drei Kapellen, die von einer Kuppel überdacht werden.

119 km: R. Straße ins Zentrum von Tulancingo.

L. liegt **Huapalcalco**; Ausgrabungen von Cesar Lizardi Ramos und Florencia Müller Jacobs, die Ruinen einiger Gebäude freigelegt haben, deren älteste aus vorklassischer Zeit stammen. Gruppe 4 besteht aus einer künstlichen Plattform, auf der zu veschiedenen Zeiten Schrägmauern mit vertikalen Aufbauten errichtet wurden (eine architektonische Eigenart Teotihuacáns). Auf der Wand einer Pyramide entdeckte man eine 11 m lange Freskenmalerei, ca. 1 m breit (2. Jh. v. Chr.). Sie weist geometrische Motive auf und wurde schutzhalber abgedeckt. Die jüngsten Gebäude gehen auf die Toltekenperiode zurück (Gruppen V und VI).

➤ **124 km: Elabra-Paß** (2.325 m), über den man auf die atlantische Seite gelangen kann (Golf von Mexiko).
130 km: L. Straße nach Acapulco.

➤ Diese Straße führt auch nach (45 km) **Tenango de Doria** (nach 12 km bei Metepec r. abbiegen); Otomí-Dorf, berühmt wegen der Stickereien, die stilisierte Engel, Teufel, menschliche und tierische Wesen sowie magische Symbole aufweisen. Das Dörfchen **Achiotepec**, ca. 40 km weiter, ist nur über Alamo und Ixhuatlan im Staate Veracruz (s. Rte 18, km 12) erreichbar; sehr malerischer **Karneval**.

140 km: L. **Acaxochitlán** (Sonntagsmarkt); Nahua-Pueblo in einer Gegend, wo mehr oder weniger den alten Glaubensformen gehuldigt wird.
147,5 km: La Cabaña, rustikales Restaurant, berühmt für Most und Wurstwaren. Etwas weiter, im Wald, liegt der **El Vado-See**, den man entlangfährt.
151 km: Kreuzung.

➤ L. Piste nach (28 km) **Pahuatlán**, Mestizendorf inmitten eines Nahuagebietes, wo auch die Otomís zahlreich vertreten sind (Pueblos **San Pablito**, 1 Std., und **Zacapehuaca**), wo die Frauen noch eine vor-

(18) México – Poza Rica – Veracruz

spanische Tracht tragen (langer Rock, der mit Hilfe eines bestickten Gürtels festgehalten wird, besticktes Hemd und Quechquémitl, ein besonderes Schultertuch, das nur noch in Santa Ana Hueytlapa, im Staate Hidalgo zu finden ist). Manche Stickereien werden mit Hilfe der *Pespunteadotechnik* hergestellt (sehr feine Falten, auf denen die Motive sozusagen negativ aufgestickt werden).

Das Dorf **San Pablito** hat sich auf Herstellung von Amatepapier aus der Rinde des gleichnamigen Baumes spezialisiert. Auf dem Markt herrscht eine derartige Nachfrage, daß die Leute von San Pablito bis nach Tabasco gehen, um genügend ernten zu können. Die Produktion wird zum größten Teil im Staate Guerrero den Handwerkern von Xilitla verkauft, die sie stilisiert, dem Geschmack der ausländischen Kundschaft gemäß, mit naiven Szenen bemalen.

153 km: Kreuzung.

R. Straße nach (113 km) **Apizaco** (s. Rte 19, km 284) über (40 km) **Zacatlán** (Kirche, 1564).

169 km: Huauchinango, 20.000 Ew., reizvolle, kleine Stadt. Subtropische Vegetation in der Sierra de Puebla. Blumenfest 10.–20. März.

189,5 km: Restaurant und Hotel Mi Ranchito (s. Xicotepec de Juárez).

190 km: Xicotepec de Juárez, 31.000 Ew., kleine Stadt in der Nähe von Wäldern, in denen Orchideen wachsen; bestickte Stoffe. Nun beginnt einer der schönsten Abschnitte der Strecke.

272 km: L. Straße nach Tuxpan und Tampico (s. Rte 18 A, km 3).

275 km: Poza Rica, 135.000 Ew., Industriestadt des Staates Veracruz (61 m), in einer Ebene gelegen, in der sich eines der bedeutendsten Ölvorkommen der mexikanischen Republik befindet. Im Palacio Municipal **Mosaike** des chilenischen Künstlers *Pablo O'Higgins*.

18 A – Von Poza Rica nach Tampico (254 km in einer Flußebene mit herrlicher Tropenvegetation).

3 km: L. Straße von México (s. Rte 18, km 272) nach Tampico.
12 km: Kreuzung.

L. nach (22 km) **Castillo de Teayo**; im Zentrum dreistöckige ★ **Pyramide**, auf der ein noch zum Teil erhaltener rechteckiger Tempel existiert. Sie wurde im Laufe des 15. Jh. von einer aztekischen Militärkolonie mitten im Totonakengebiet errichtet. Im Viertel von La Cruz wurde eine kopflose Statue des Gottes Xipe Totec, die mit einer bei lebendigem Leibe abgezogenen Haut bedeckt war, entdeckt.

Von Castillo de Teayo führt die Straße weiter nach (19 km) **Alamo**, von wo aus eine unasphaltierte Straße nach (62 km) **Ixhuatlán de Madero** führt; Ausgangspunkt für den Besuch von **Achiotepec**, einem Pueblos im Staate Hidalgo; nur mit Jeep erreichbar (s. Rte 18, km 130).

Von Castillo de Teayo kann man auch nach (30 km) **Metlaltoyuca** gelangen; Pueblo in der Nähe der Hochebene von Casco de Piedra; Feierstätte der Huaxteken (fünf Hauptgebäude). Man entdeckte hier auch ein kleines Ballspielfeld mit einem Oratorium auf einer der beiden Plattformen, die das Spielfeld begrenzen.

61 km: **Tuxpan**, 40.000 Ew., Fischerhafen am l. Ufer des Río Tuxpan (Mautbrücke bei der Stadteinfahrt auf der Straße von México), an der Stelle der vorspanischen Stadt *Tochpan* („Ort des Hasen") gelegen. Die Azteken errichteten hier eine Garnison, um die Huaxteken in Schach zu halten.
106 km: **Potrero del Llano.** – 109 km: L. Straße nach (64 km) **Tempoal** (s. Rte 9, km 371). – 133 km: **Naranjos**, in einem stellenweise gerodeten Dschungelgebiet. – 254 km: **Tampico** (s. Rte 9, km 490).

☞ Aus Poza Rica kommend folgen Sie der Straße nach El Tajín.
294 km: L. nach (1 km) ★ ★ ★ **El Tajín,** eine der wichtigsten Ausgrabungsstätten Mexikos, in einem kleinen Tal gelegen, das früher von dichtem Wald bewachsen war. Es mußte gerodet werden, um die Hügelchen und Monumente, insbesondere die Nischenpyramide freizulegen. Man ordnet die Pyramide der Totonakenkultur zu und sie stellt eines der besterhaltenen Gebäude der vorspanischen Epoche dar.

Öffnungszeiten: 9–18 Uhr; So. um 11 Uhr wird das **Volador-Spiel** aufgeführt; Parkmöglichkeit am Eingang, man kann aber auch bis zur Nischenpyramide zufahren.

Die bemerkenswerteste architektonische Leistung der Totonakenkultur. – 1875 entdeckt, war El Tajín schon lange vor der spanischen Eroberung verlassen, daher scheint der Name in keiner ihrer Aufzeichnungen auf. Insofern gibt es keine Angaben über die Geschichte dieser religiösen Stätte. Die Datierungen der Monumente, insbesondere der Nischenpyramide, sind daher recht zweifelhaft, man nimmt jedoch an, daß El Tajín seinen Höhepunkt zur Zeit der klassischen Periode von Teotihuacán erlebt hat. Man bezeichnet die Zivilisation, welche sich im mittleren Teil des Staates Veracruz entfaltet hat, willkürlich nach dem heutzutage dort lebenden Volk als Totonakenkultur, da nichts darauf schließen läßt, daß es sich bei den Erbauern von El Tajín um ihre Vorfahren handelt. Der Ausgrabungsort wurde von Freiherr von Humboldt, Dupaix und Nebel 1836 besucht, die ersten Ausgrabungen wurden aber nicht vor 1934 unternommen, damals unter der Leitung von José García Payón.

Die freigelegte Zone erstreckt sich über ca. 60 ha, zahlreiche Grabhügel sind vollkommen überwachsen. Insgesamt werden es einige hunderte Grabhügel sein, die eine Fläche von ungefähr 1000 ha bedecken, und deren Freilegung ungeheurer Mittel bedürfen würde.

Museum. – In der Nähe des Eingangs gelegen, beherbergt dieses bescheidene Depot verschiedene architektonische Fragmente und Skulpturen, darunter eine mit Relief verzierte **Bodenplatte** (r.), die aus dem Monument IV stammt. Dieses Relief aus der klassischen Epoche ist von großer Bedeutung wegen seiner handwerklichen Qualität und vor allem wegen des abgebildeten Themas, das sich auf das Ballspiel bezieht. Es handelt sich wahrscheinlich um die symbolische Darstellung eines Festes, das anläßlich der periodischen Einsegnung des *Techmalácatl* (die Ringe des Ballspiels) stattgefunden hat.
Man erkennt zwei mit Quetzal-Federn geschmückte Schlangen, deren

(18) México – Poza Rica – Veracruz

Körper einander ein erstes Mal umschlingen und dabei ein 14,5 cm großes, von Blüten umrandetes Loch bilden. Sie umschlingen einander noch ein zweites Mal, bevor sie sich längs der Seiten aufrichten. Ihre Köpfe sind von mit Quetzal-Federn geschmückten Kuhglocken bedeckt, im Hintergrund sieht man ein tempelartiges Gebäude. Den Köpfen nach zu schließen, ist die eine eine Landschlange und die andere eine Wasserschlange. Der Tempel wird symbolischerweise über einem Pfeiler von einer Schildkröte getragen.

Die von den Schwänzen der Reptilien in Schildform (*Chimalli*) gebildete Verzierung ist von drei Pfeilern, die einen Sieg vergegenständlichen sollen, durchbrochen. An beiden Seiten befinden sich zwei reich gekleidete Personen, von Dienern umgeben. Die l. (ein Krieger?) steht in einem von Wellen bewegten Wasserbecken, hält eine Art Papierrolle (?) und ein Steinmesser in Händen. Die r. (ein Priester ?) steht auch im Wasser und hält ebenfalls eine Papierrolle und ein Szepter. Beachten Sie auf der Höhe der l. Hüfte eine Inschrift von Mayazahlen (drei Balken und fünf Punkte = 20). Die Diener tragen eine Weihrauchbörse (*Copal*); neben dem r. außen Darstellung des Zeichens *ollin* (Bewegung).

Zugang über die **Plaza del Arroyo**, die von vier nicht freigelegten Hügelchen begrenzt wird, in der Nähe eines unerforschten Ballspielplatzes.

Südl. Ballspielplatz (s. Pl.). – Etwas weiter kommen Sie an zwei Hügeln vorbei, die ein Spielfeld abgrenzen, bis Sie l. den Eingang des südl. Ballspielfeldes erblicken. Auf den beiden Randmauern, die das Feld eingrenzen, befinden sich **fünf Steinplatten**, auf denen Ritualszenen abgebildet sind.

L. **Auswahl und Einweihung eines jungen Kriegers**, der vor einigen Gottheiten oder Priestern steht, eine davon ist möglicherweise die Göttin Xochiquetzal („stehende Blume"), Göttin der Erde, aber auch der Liebe.

Weiters ein Relief, das wahrscheinlich die **Zeremonie des Neuen Feuers** darstellt; zwei Personen stehen zwischen zwei Gebäuden, zweifellos die beiden Mauern des Ballspielfeldes. Die beiden Spieler tragen einen Gürtel oder ein Joch aus Holz mit einer „Palme" auf der Vorderseite. In der einen Hand halten sie etliche kleine Waffen. Auf der einen Seite erkennt man eine Gottheit, wahrscheinlich Xólotl, in seiner Eigenschaft als Leiter der Sonne während seiner Überfahrt in die Unterwelt.

Das letzte Relief dieser Seite zeigt uns die **Opferung eines Ballspielers**. Von einem Priester auf einem Stein niedergehalten, wird ihm ein Obsidianmesser in die Brust gestochen. Eine vierte Person, r. sitzend, beobachtet die Szene.

Zum Eingang zurückkehrend, bemerken Sie auf der anderen Seite ein weiteres Relief. Es zeigt eine **hockende Gestalt**, die vor einem aus einem Schlangenmaul hervortretenden Menschenkopf kauert.

Kurz vor dem Eingang zeigt uns ein letztes Relief die **Einweihung eines jungen Kriegers**. Auf einem Bänkchen, auf das sich ein *Quetzalcocoxtli*, ein Sonnenvogel, niedergelassen hat, der mit seinen ausgebreiteten Flügeln auf dem Körper des jungen Kriegers zu tanzen scheint, ruht dieser und empfängt so die Segnung des Ballspielgottes Tlachtli. Beachten Sie auf diesem Relief noch ein weiteres Symbol des Sonnengottes in Form eines am Himmelszelt aufgehängten Menschenskeletts.

Monument V. – Im N grenzt das Spielfeld an eine Plattform, auf der

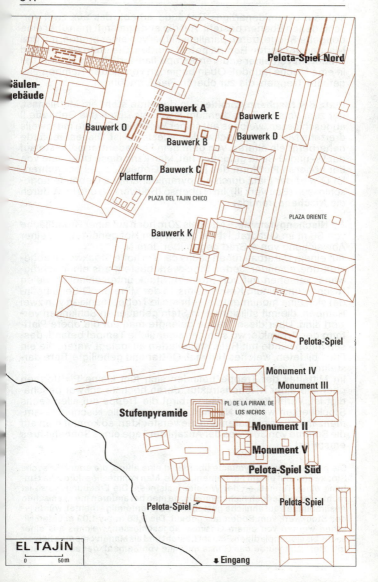

(18) México – Poza Rica – Veracruz

sich ein pyramidenartiges Gebäude erhebt, das aus zwei verschiedenen Ebenen besteht. Auf die erste gelangt man über eine doppelte Stiege, deren parallele Flügel von einer breiten, mit drei Nischen verzierten Rampe geteilt werden. Die erste Rampe wird wiederum von einer anderen Rampe flankiert, die im oberen Teil in eine Nische mündet. Oben beginnen von glatten Rampen eingefaßte Treppen, die zur oberen Plattform führen.

Platz der Nischenpyramide. – In der Mitte steht ein Metallmast, der zum Volador-Tanz dient. Im S wird sie durch das Gebäude II abgeschlossen, welches auf seiner W-, S- und O-Seite mit jeweils dreizehn Nischen je Stockwerk ausgestattet ist. Dieses Gebäude beherbergt ein älteres, von dem man Fassadentreppenreste auf der W- und O-Seite gefunden hat. Man kann diese Überreste von der höheren Plattform des jüngeren Gebäudes aus betrachten. Im O wird der Platz durch ein pyramidenartiges Gebäude abgeschlossen (Bauwerk III), im N ebenso (Bauwerk IV) und im W durch die **Nischenpyramide.**

** Nischenpyramide. – Mehr als 20 m hoch auf einer Grundfläche von 36 m im Quadrat, ist sie gegen den Hof gerichtet, mit einer Abweichung von 4 Grad gegenüber dem N.
Auf einem Unterbau ruhen sechs ca. 3 m hohe Stockwerke abgestuft übereinander. Jedes Stockwerk besteht aus einer Schrägwand, versehen mit von Stock zu Stock unterschiedlich vielen Nischen und einem Kranzgesims. In der Mitte der O-Seite befindet sich eine monumentale, sehr steile Treppe, flankiert von zwei Rampen, die mit stilisierten, in Stein gehauenen Schlangen verziert sind. Über diese Treppe gelangte man auf die obere Plattform der Pyramide, wo sich der eigentliche Tempel befand, dessen Innenwände mit Reliefsteinplatten ausgelegt waren, die ein Fries bildeten, welches Himmel, Götter und geheiligte Tiere darstellten.
Im Mittelteil der Treppe befinden sich fünf kleine Plattformen oberhalb einer Nischenstruktur, deren höchste schwer beschädigt ist. Verblüffenderweise verbirgt die Treppe auf allen sechs Stockwerken weitere Nischen. Wenn man alle Nischen zusammenzählt, die sichtbaren und die versteckten, so kommt man auf die Summe von 365, was der Anzahl der Tage eines Sonnenjahres entspricht.

Die heute sichtbare Pyramide überdeckt eine ältere, die ebenfalls sechs Stockwerke auf einem Fundament zählte. Man konnte dies durch die Grabung eines Tunnels an der W-Seite feststellen. Die Erbauungsweise ist recht originell, jedoch nicht einmalig, da man bei anderen mexikanischen Ausgrabungen auf ähnliche gestoßen ist. Stufenförmig errichtet, wurde jedes Stockwerk vom Boden aus gebaut. Die 0,68 m bis 1,09 m tiefen Nischen werden von einem Gesimse abgeschlossen, welches aus einer sechs bis siebenplattigen Schicht besteht und als Mauervorsprung hervortritt. Befestigt wurde das Ganze mit Hilfe von Zement, der auf Kalkbasis aus pulverisierten Meeresschnecken und Sand hergestellt und manchmal mit Keramikscherben, Fasern und kleingeschnittenen Holzstücken angereichert wurde. Alle Nischen waren dunkelrot ausgemalt, die Sturzbögen in blau gehalten.

El Tajín Chico-Platz. – Sie kommen an einem kleinen, sehr verfallenen Ballspielfeld r. vorbei, von dem nur mehr vier Reliefplatten existieren. Über eine Böschung erreichen Sie eine Terrasse, auf der sich verschiedene Gebäude rund um die Plaza del Tajín Chico befinden.
Vorbei an den Ruinen des Bauwerks K, das eine Schrägwand mit Sturzbögen aufweist, gelangen Sie etwas weiter zu den Überresten des Bauwerks C. Es ist zweigeschossig und weist das klassische Profil eines Schrägmauerbaues auf, gekrönt von einer senkrechten Verblendung, die von einem Kranzgesims überhöht wird.
Daran anschließend das Bauwerk B. Es weist eine doppelreihige Mauer mit übereinanderliegenden Nischen auf und ruht auf einem Fundament, das von einer Mauer mit hervorspringendem Kranzgesims umgeben ist. Diese Mauer schließt eine quadratische Kammer von 9 m Seitenlänge ein, deren Abdeckung von zwei Säulenreihen mit je drei Pfeilern getragen wurde. Gegenüber befinden sich die Ruinen des Bauwerks D, die ein schräges Fundament, das mit geometrischen Reliefs verziert ist, aufweisen. Diese Grundfläche, früher mit Nischen überstockt, war die Einfassung einer rechteckigen Kammer eines unbedeckten Tempels. Gleich daneben liegen die Überreste des Bauwerks E.

Bauwerk A. – Es besteht aus zwei Stockwerken; das erste weist ein hervorspringendes Kranzgesims, eine senkrechte, niedere Blende und eine weitere, etwas breitere, mit Nischen bestückte Blende auf. Man betrat es über eine Treppe auf der S-Seite zwischen zwei griechisch ornamentierten Rampen.

Bauwerk Q. – Interessante, säulengangförmige Struktur mit Säulchen mit 30 cm Durchmesser, die eine terrassenartige Überdachung mit hervorspringenden Kranzgesims trugen. Die Säulchen, die auf einem sehr langgestreckten, rechteckigen Fundament ruhen, waren auf der Innenseite mit Reliefs geschmückt. Später wurden die Zwischenräume bis auf vier Öffnungen (auf der W- und O-Seite) zugemauert.

Säulengebäude. – Sie wenden sich dem Säulengebäude zu (Edificio de las Columnas), einem imposanten, pyramidalen Bauwerk, das, recht verfallen, teils auf Naturboden und teils auf einem künstlich aufgeschütteten Hügel steht. Man erreicht es über heute völlig verfallene Stufen (O- und W-Seite). An der O-Flanke stehen riesige Säulentrommeln mit 1,10 m Durchmesser, die von **Reliefs** geschmückt werden, auf denen Krieger abgebildet sind, darunter Adler-Ritter, Paraden, Menschenopfer, Hieroglyphen eines Kalenders, usw. Diese Säulentrommeln gehörten zu einer Galerie, die sich l. und r. der Treppe der Hauptfassade erstreckte.
Über einen schmalen Pfad, an den Trümmern l. vorbei, gelangt man auf die obere Terrasse, von der man einen Überblick auf die gesamte Anlage hat. Im S befindet sich ein Anbau, **Edificio de los Túneles**, von dem zwei Tunnels an der W-Seite in einen am Fuße der Pyramide, etwas weiter westl. gelegenen großen Hof führten. Im N, W und S wurde dieser Hof von Plattformen begrenzt, auf denen pyramidenartige Bauten standen.
Weiter nördl. und östl. befinden sich andere Hügel mit mindestens einem Ballspielfeld, Pyramidenbauten, Höfen u. a.

(18) México – Poza Rica – Veracruz

Nach El Tajín fahren Sie in der gleichen Richtung weiter.
300 km: L. auf eine kleine Straße abbiegen, die trotz ihres schlechten Zustands mautpflichtig ist.
306 km: * **Papantla**, 30.000 Ew., von Totonaken bewohnter Agrarmarkt, einer der reizvollsten Orte des mexikanischen Golfs. In einer Umgebung von kleinen bewaldeten Hügeln, in denen seit vorspanischer Zeit von den Azteken hochgeschätzte Vanillestauden angebaut werden, gelegen.

Der Volador-Tanz findet alljährlich zur Corpus Christi-Feier statt. Zu den Klängen von Fünfton-Schilfrohrflöten und Trommelschlägen tanzen die Tänzer in roten Hosen, einem weißen Hemd mit einer Art rotem Stern über die Schulter geworfen, einem im Rücken verknoteten roten Tuch, das am Bauch zusammenläuft und einer zylinderförmigen konischen Frisur, die mit Spiegeln und vielfarbigen Bändern geschmückt ist.
Nachdem sie einige Tanzschritte am Fuß des Mastes ausgeführt haben, der üblicherweise ein astloser, 20 bis 30 m hoher Baumstamm ist, klettert der Leiter des Tanzes, von seinen vier Akolyten begleitet, auf die Spitze des Pfostens. Der Aufstieg wird durch Seile erleichtert. Dort ist mit einem Zapfen ein Holzstück befestigt (*Tecomate*), das eine Plattform mit 40 cm Durchmesser bildet, an der mit vier Schnüren ein Holzrahmen festgebunden ist, der wiederum vier um die Spitze des Baumstammes gewundene Seile spannt. Nachdem der Leiter des Tanzes auf dem Tecomate seine Schritte ausgeführt hat, werfen sich die *Voladores* kopfüber, die Beine an einem der vier Seile befestigt, ins Leere, immer größere Kreise ziehend. In Bodennähe machen die vier Vogelmenschen eine Drehung, um auf ihren Füßen zu landen.

Ein Fruchtbarkeitsritus. – Vor der spanischen Eroberung wurde der Volador-Tanz im Zuge von zyklischen Feiern, wahrscheinlich in Verbindung mit dem Kult der Göttin der Erde und der Sonne, aufgeführt. Der geographische Ursprung dieser Zeremonie ist unbekannt. Die Totonaken, Huaxteken, Otomís und die Huicholen haben den Brauch beibehalten. Man findet ihn aber auch in Honduras und Guatemala bei den Chortís, oder in den Altos de Guatemala bei den Quichés, besonders in Chichicastenango (Fiesta del Palo Volador). Der tiefere Sinn dieser Feier ist nach 4 Jh. der Christianisierung nicht einmal mehr den Leitern des Tanzes wirklich gegenwärtig. Die Spanier mußten den Tanz für ein Spiel gehalten haben, da sie ihn anfänglich nicht verboten hatten, trotz der Einwände der Missionare, die ihn als gefährlich ansahen und gewissermaßen nicht Unrecht hatten, da es des öfteren zu Verletzungen mit tödlichem Ausgang kam. Keine Chronik scheint in diesem Tanz Überreste des Heidentums gesehen zu haben, obwohl der Codex Fernández Leal zum Beispiel anführt, daß das Volador-Spiel bei den Azteken in Zusammenhang mit den rituellen Opfern zu Ehren Xipe Tótecs und Tlazoltéotls steht, einer Huatztekengöttin, die die Mexica mit der Göttin der Erde identifizieren, in deren Verlauf ein Gefangener mit Pfeilen getötet wurde.

336 km: L. **Tecolutla**, malerische Totonaken-Ortschaft in der Nähe eines schönen Strandes. Huterzeugung aus Palmfasern in schönem, zarten Grün.
337,5 km: Mautbrücke von Tecolutla.
361,5/365 km: Am Strand alleinstehendes Hotel in einem wunderschönen Kokospalmenhain (s. Nautla).

379 km: R. Straße über Perote nach México (s. u. Rte 18 B) und nach Jalapa.

☞ **18 B – Von km 379 (Nautla) nach Perote** (144 km über eine asphaltierte Straße, kurvig gegen Ende der Strecke). – 16,5 km: **San Rafael**, 5.000 Ew., zum Großteil von Nachfolgern einer französischen Kolonie bewohnt. 1832 kaufte ein aus Dijon stammender Arzt namens *Guenot* Brachland, in weiterer Folge ließ sich die Kolonie nieder; der heutige Wohlstand beruht auf Rinderzucht und dem Anbau von Agrumen.
42 km: **Martínez de la Torre** (25.000 Ew.).

➡ Von Martínez de la Torre aus führt l. eine Straße nach (101 km) **Jalapa** (s. Rte 19, km 109) über (36 km) **Misantla**. In der Nähe dieses Pueblos wurden Reste einer **Totonakenkultstätte** freigelegt. Es handelt sich um pyramidenförmige Bauten mit riesigen Basaltskulpturen, die Schildkröten, Katzen, Meeresschnecken, Krieger, usw. darstellen. Sie wurden zwischen dem 13. und der Mitte des 15. Jh. errichtet, zur Zeit als die Azteken Totonacapan eroberten. Die *Los Idolos* genannte Gruppe besteht aus vier Innenhöfen, die von jeweils fünf rechteckigen Hügeln begrenzt werden. Weiters kann man die Ruinengruppen **La Lima** und **Tapapulum** besichtigen.

☞ 94 km: **★ Teziutlán**, interessante kleine Stadt in schöner Lage. Am Hauptplatz stehen einige alte Kolonialbauten, darunter die Pfarrkirche.

➡ Nach dem Hauptplatz r. Straße nach (96 km) **Oriental**, in der Nähe der (112 km) Straße Veracruz-México über Jalapa (s. Rte 19, km 226,5). Über die selbe Straße kommt man, nachdem man kurz nach (41 km) **Zaragoza** r. abbiegt, zum (58 km) Pueblo **Zacapoaxtla** in der Sierra de Puebla, wo die Nahua, Otomís und Totonaken siedeln, die ihre traditionelle, meist handgefertigte Tracht beibehalten haben.

Nach Zacapoaxtla herrliche **★★ Bergstraße** bis (92 km von Teziutlán) **★ Cuetzalán**; malerischer Nahua-Marktflecken, wo am 4. Oktober der Tanz der Quetzalen aufgeführt wird, eine der spektakulärsten Attraktionen Mexikos. In diesem Dorf mit sehr interessantem Markt sticken die Frauen die wunderschönen *Quechquemitles* (Schultertücher) aus durchsichtigem Gaze, die sie an Markt- und Festtagen tragen.

➡ Von Zacapoaxtla aus kann man auch, indem man nach 25 km l. auf die Straße von Cuetzalán abbiegt, das Dorf (39 km) **Tuzamapán** erreichen, von wo man weiter bis zum (10 km) Pueblo **Huehuetla** gelangen kann, wo das **Volador-Spiel** noch weitgehend seinen geheiligten Charakter beibehalten hat. Der Tanz wird nur zu feierlichen Gelegenheiten, so zum Fest der Jungfrau von Guadalupe aufgeführt.

☞ 106 km: **Jalacingo**; in der Pfarrkirche aus Stein gehauene Taufbecken aus dem 16. Jh. – 120 km: **Altotonga**. Sie fahren auf einem kahlen Plateau, das vom Cofre de Perote-Massiv (4.120 m) beherrscht wird. – 144 km: **Perote** an, der Straße von Veracruz über Jalapa und Texcoco nach México (s. Rte 19, km 164).

(18) México – Poza Rica – Veracruz

381,5 km: Mautbrücke über den Río Nautla.
382 km: L. **Nautla**, kleiner Ort inmitten von Kokospalmen, an der Mündung des gleichnamigen Ríos.

Nautla, früher von den Totonaken bewohnt, wurde von den Azteken unter der Regierung Ahuitzotls (1481–1502) erobert und unter Moctezuma II. mit einer Garnison ausgestattet. Ende 1519 war es der Schauplatz eines ersten Zwischenfalls zwischen Azteken und Spaniern. Es wurden zwei Soldaten von Cortez getötet und dieser verwendete dies als Vorwand, in Tenochtitlán, im Axayacatl-Palast, Moctezuma zu ergreifen.

458,5 km: Atomkraftwerk von **Laguna Verde**.
474,5 km: L. nach (2 km) **Villa Rica**, wo die Spanier kurz nach ihrer Landung am Strand von Chalchiuhcuecán (Veracruz) ihre Flotte in einer Bucht unterstellten. Sie gründeten hier 1519 den Hafen *Villa Rica de Veracruz*, der 1524 an die Mündung des Río Huitzilapán (La Antigua) verlegt wurde und 1589 an den Ort ihrer ersten Landung zurückversetzt wurde. Man sieht noch einige Überreste der Festung und einer Gießerei.
476 km: **Quiahuiztlán**, kleines, bescheidenes Dorf in der Nähe des Cerro de los Metates, auf dessen Gipfel unter dichter Vegetation die Ruinen der vorspanischen Stadt *Quiahuiztlán* liegen. Das anthropolgische Institut der Universität von Veracruz hat hier einige Gräber und Miniaturtempel entdeckt.
496 km: R. nach (3 km) **Zempoala**, um die Mitte des 19. Jh. in der Nähe der Ruinen einer alten Totonakensiedlung gegründet.

Der Handel, Zugpferd des aztekischen Imperialismus. – Der aztekische Einfluß machte sich ab der Mitte des 15. Jh. unter der Regierung Moctezumas I. (1440–1469) in Totonacapan durch die Errichtung von Handelsbeziehungen mit den Totonaken bemerkbar. 1458 war eine militärische Expedition nötig, um die Widerstrebenden zur Tributleistung anzuhalten. Ein 1463 erfolgter Aufstand wurde mitleidlos niedergeschlagen und führte zur Besetzung von einigen Totonakenstädten, unter anderem Zempoala, und zur Errichtung einer Garnison in Cotaxtla. Mehr als 6000 Gefangene wurden nach Tenochtitlán verschleppt, um dort geopfert zu werden und Zempoala und andere eroberte Städte mußten ihre Freiheit mittels eines jährlichen Tributs erkaufen.

Auf den Spuren von Cortez. – Kurze Zeit nach der Landung am Strande von Chalchiuhcuecan, gegenüber der Insel San Juan de Ulúa, an der Stelle des heutigen Veracruz, wurden die Spanier durch Chicomacatl (oder Quahtlachana auf totonakisch) eingeladen, Zempoala zu besuchen, wo sie am 15. Mai 1519 empfangen wurden. Der Häuptling Chicomacatl, daran interessiert, das aztekische Joch abzuschütteln, ließ sich dazu überreden, sich mit den Spaniern zu verbünden. Anläßlich der Rückkehr einer Expedition gegen eine aztekische Garnison, an der auch Krieger aus Zempoala teilnahmen, ließ Hernando Cortez die Götzenbilder in den Tempeln der Stadt zerstören. Am 16. August, nachdem er den Rest seiner eigenen Flotte versenkt hatte, gab Cortez den Befehl zum Aufbruch seiner von totonakischen Trägern und Kriegern begleiteten Armee.
Die von Diego de Velasquez entsandte Expedition gegen H. Cortez unter der Leitung von Panfilo de Narváez landete im Mai 1520 in der Nähe Zempoalas, während der Führer der Konquistadoren in Tenochtitlán weilte.

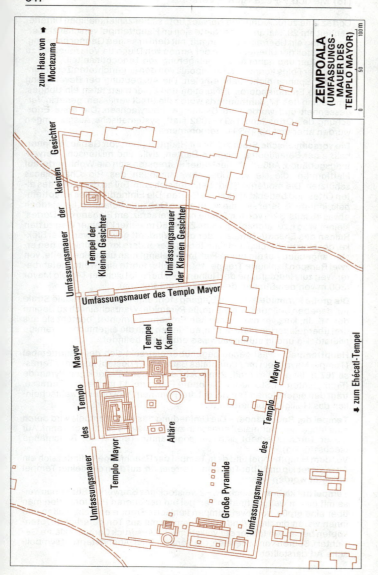

(18) México – Poza Rica – Veracruz

Cortez eilte zurück, und griff Narváez trotz seiner zahlenmäßigen Unterlegenheit am 29. Mai an. Dieser hatte sich im Haupttempel verschanzt. Cortez gelang ein Überraschungsangriff, mit dem er seinen Gegner bezwang. Der Großteil der Überlebenden der Armee von Diego de Velazquez lief zu Cortez über und nahm an der Belagerung von Tenochtitlán teil.
In weiterer Folge konnte sich Zempoala von den angerichteten Zerstörungen der Spanier nicht mehr erholen. Die Ausbeutung der Bevölkerung durch die Encomenderos, Emigration und Epidemien taten ein Übriges. Am Beginn des 17. Jahrhunderts wurde die Stadt verlassen, geriet in Vergessenheit und wurde vom Dschungel überwachsen. Die erste Erforschung des Ortes fand 1891–1892 statt; systematische Ausgrabungen wurden aber erst ab 1939 unternommen.

Die vorspaniolische Stadt zählte elf Hauptgruppen von Gebäuden innerhalb einer Befestigung; religiöse Bauten, zivile und militärische Verwaltungsgebäude. Außerhalb der Mauer erstreckten sich die Wohnviertel auf Plattformen, die vor Überschwemmungen des Río Chachalacas schützten. Die moderne Stadt befindet sich zum Teil an der Stelle des alten Ortes und bedeckt zahlreiche Bauten. Die Einfriedung des Haupttempels, innerhalb derer sich die wichtigsten Gebäude befanden, liegt jedoch etwas abseits. 3 km von der Straße nach Veracruz, am Eingang des Dorfes, kleiner Weg r. zur archäologischen Zone. 50 m weiter l. kleiner Weg zu den Ruinen des **Ehécatl-Tempels**, der dem Windgott geweiht war; zwei Blöcke, der eine rechteckig und fünfstöckig, der andere kreisförmig an den ersten angebaut. Auf das obere Plattform gelangt man über eine breite, von zwei Rampen flankierte Treppe. 150 m weiter führte ein zweiter befahrbarer Weg zur Hauptgruppe der Ruinen. Hier befindet sich der Templo Mayor (300 m von den Straßen des heutigen Städtchens).

Die große Pyramide. – L. vom Eingang steht eine kleine pyramidale Struktur, daneben befindet sich die große Pyramide. Wahrscheinlich zu Beginn des 16. Jh. kurz vor der spanischen Eroberung errichtet, besteht sie aus drei übergelagerten Plattformen, auf denen sich die eigentliche Pyramide (vierstöckig und in stufenbauweise errichtet), befindet.

Haupttempel. – Fast genau gegenüber erstreckt sich der Haupttempel (Templo Mayor), ein monumentales Bauwerk. Er besteht aus einer Terrasse (67 m lang, 40 m breit, 2 m hoch) und einer 13-stöckigen Pyramide (Front; hinten 11 Stöcke). – Die obere Plattform, 11 m über der Terrasse, trägt den eigentlichen Tempel mit drei Kammern, wovon eine wahrscheinlich das Heiligtum beherbergte.

Tempel der Rauchfänge. – Die Umfriedung des Haupttempels wird durch eine lange, sehr schmale Terrasse in zwei ungleiche Hälften getrennt. Auf dieser Terrasse erhebt sich der sogenannte Tempel der Rauchfänge (sechsstöckig).
Vor dem Haupttempel und dem Tempel der Rauchfänge befindet sich ein Altar, viereckig und über Treppen zu erreichen, auf dem ein kleiner Tempel errichtet worden war.

Tempel der kleinen Gesichter. – Zweistöckiges Bauwerk in Stufenbauweise mit einem weitgeöffneten Tempel auf der oberen Plattform, den man über eine große, von zwei Rampen flankierte Treppe erreicht. Außen und innen waren die drei Wände des Tempels mit aus Ton gefertigten Totenköpfen behangen (daher der volkstümliche Ausdruck Caritas = kleine Gesichter). Spuren von Malereien, die Sonne, Mond, Abendstern auf symbolische Art darstellten.

Haus des Moctezuma. – Weiter östl. befindet sich, ebenfalls umfriedet, das Haus Moctezumas, ein viereckiges, zweistöckiges Gebäude. Auf dem oberen Stockwerk steht ein ziemlich verfallener Tempel, der einer unbekannten Gottheit geweiht war.

 Fortsetzung der Rte 18. – **503** km: R. Straße nach Jalapa (s. Rte 19, km 37).

L. Straße nach Chachalapas über (5 km) **Ursulo Galván**, ehemaliges, von den Spaniern 1763 gegründetes Presidio, um aus Florida stammende Yamasis und Apalachen-Indianer anzusiedeln.

509 km: R. **La Antigua**, kleines Fischerdorf an der Stelle des alten Hafens von Veracruz, 1524 gegründet, nachdem Villa Rica de Veracruz aufgegeben wurde. Der Hafen hingegen wurde an einen dritten Ort verlegt, aus dem sich die heutige Stadt Veracruz entwickelt hat. Reizvolle kleine Kapelle, die im 16. Jh., kurz nach der Gründung des Hafens erbaut und 1604 vergrößert wurde. Die Pfarrkirche (Ende 16.–Anfang 17. Jh.) wurde im 18. Jh. restauriert. Hier befindet sich der **Cristo del Buen Viaje**, eine von Cortez mitgebrachte Holzstatue. Am 3. Mai *Fest des Cristo del Buen Viaje* mit anschließendem Volksfest am 4. Mai. Am 1. Sonntag im Oktober Fest der *Rosenkranz-Madonna*, die in einer Kapelle verehrt wird und deren Statue auf einer Bootsfahrt auf dem Río de la Antigua mitgeführt wird.

513 km: In der Nähe einer Mautstelle weitere Straße nach La Antigua, auf der Sie bis Veracruz gelangen.
536 km: Zum Zentrum l. abbiegen.
537,5 km: **Playa Norte**.
538 km: L. **San Juan de Ulúa**.
540 km: **Veracruz** (s. Rte 20, km 429).

19 – Von Veracruz über Jalapa nach Mexico

Der Besuch des Museums von Veracruz in Jalapa ist zweifellos der Höhepunkt dieser Route, die aber auch sonst Interessantes zu bieten hat, so zum Beispiel die reizvolle Unterschiedlichkeit der Landschaftsbilder. Auf die wildwuchernde Vegetation der Ebenen folgen die riesigen Kaffeeplantagen der Gegend um Jalapa, die dichten Riesenfichtenwälder an den Abhängen des Plateaus, die über 2000 m hohen Steppen am Fuße des Cofre de Perote und letztlich die weitläufige Hochebene mit ihren Maguey-Baumreihen und einigen Seen. Der See zwischen Zacatepec und El Carmen weist bei Gewitterhimmel eigenartige Silberspiegelungen und andere Farbreflexe auf.

Sie interessieren sich für:

Die Seele der verschwundenen Zivilisationen: Besuchen Sie das Museum von Veracruz in Jalapa, es ist das interessanteste nach dem Anthropologischem Nationalmuseum in México und das reichste Mexikos an Kunstgegenständen der Totonaken- und Olmeken-Kulturen.

Die Architektur der Christlichen Stiftungen des 16. Jh.: Besuchen Sie das Kloster San Francisco in Tlaxcala (s. Rte 21, km 35).

Die Barockreichtümer Mexikos: Besuchen Sie die Kirche von Ocotlan (s. Rte 21, km 33).

Feste: 1.–15. Aug. Blumenteppichschau in Huamantla zur Vorbereitung von Maria Himmelfahrt; – Karwoche in Jico (oder Xico; s. praktische Hinweise Jalapa, unter der Festrubrik); – Karneval von Tepeyanco (s. Rte 21 A, km 25,5).

Straße: 424,5 km; Ausfahrt auf der Straße (Maut) nach Poza Rica (Pl. A2); die Landstraße (10 km länger) zweigt von der Straße nach México über Córdoba ab.

☛ 37 km: R. die Straße nach Poza Rica (s. Rte 18, in umgekehrter Richtung ab km 503). – **50 km: Tamarindo;** L. mündet die freie Straße von Veracruz nach Jalapa.

☛ Von hier zum (2 km) **Puente Nacional;** Brücke über den Río de La Antigua. In der Nähe, am Ufer des Flusses, Überreste eines kleinen Totonaken-Tempels; eine rechteckige und eine kreisförmige Struktur; er war höchstwahrscheinlich dem Gott des Windes Ehecátl geweiht.

109 km: Jalapa, 155.900 Ew., Hauptstadt des Staates Veracruz (71.896 km²; 4.639.000 Ew.) liegt über mehrere Hügel ausgebreitet (1.375 m) an der Flanke des Cerro de Macuiltépec. Von hier aus eröffnet sich ein bemerkenswerter Panoramablick auf den Cofre de Perote und seine bewaldeten Ausläufer. Jalapa ist der Sitz der Universität von Veracruz und beherbergt als Hauptsehenswürdigkeit ein beachtliches Archäologiemuseum. Es macht Freude, in den verschlungenen Gassen dieser so typischen Kolonialstadt zu spazieren. Weiters zu erwähnen sind die vom Ende des 18. Jh. stammende barocke **Kathedrale**, sowie der **Palacio de Gobierno**, der innen mit Fresken von *Jóse Chávez* Morado ausgestattet ist.

Um zum Staatsmuseum von Veracruz zu gelangen, verläßt man die Umfahrung und folgt der av. 20 de Noviembre.

**Das Museum von Veracruz. – Es liegt l. von der Straße nach México bei der Ausfahrt von Jalapa. Nach dem Nationalmuseum in México ist es das interessanteste Museum der Republik, obwohl sich die Sammlung praktisch auf die Region von Totonacapan und die Kunst der Olmeken beschränkt.

Öffnungszeiten: tgl. außer Mo. 9.30–14 und 15–17.30 Uhr.

Park. – Hier wurden rund um das Museum Skulpturen verschiedenster Herkunft, zum Beispiel riesenhafte Olmekenköpfe mit negroiden Zügen aus San Lorenzo Tenochtitlán, Riesenplastiken aus Misantla (Los Idolos aus der nachklassischen Totonaken-Epoche), Huaxteken-Statuen, darunter die Abbildung einer Göttin der Erde und des Mais, aufgestellt.

1. Gebäude. – **Raum 1** (rund). Wir beginnen die Besichtigung von r.: Die ersten neun Vitrinen enthalten Antiquitäten aus der vorklassischen (oder archaischen) Epoche der Totonaken-Region (Remojadas). Die folgenden acht Vitrinen beinhalten Gegenstände vom Beginn unserer Zeitrechnung bis ins 9. Jh., in der Vitrine 13 beachte man die Bitumenbearbeitung der Figuren (Chapopote); l. in der Vitrine 14 eine Figurine aus Ton, einen Priester mit federgeschmücktem Kostüm und kunstvoll gestalteter Haartracht darstellend.

Wir wenden uns nun den Skulpturen des äußeren Kreises zu:
Der **Monolith 1** ist eine **Cuauhxicalli** (Adlervase), ein Opfergefäß mit Reliefs einer Wasser- oder Erdgottheit (späte Olmekenkultur, 6.–9. Jh.). Die **kleine Stele (7)** stellt einen **bewaffneten Krieger** mit Lanze und Schild (olmekisch; Cerro de las Mesas; 6.–9. Jh.) dar. Ein nicht numerierter Gedenkstein zeigt den **Kopf des Gottes Jaguar** (olmekisch; Sayula; klassische Periode); auch unnumeriert, eine kleine **Affenstatue** aus Basalt (olmekisch). Unter den Skulpturen des inneren Kreises, gegenüber des Eingangs, die **Stele 1** (Olmekenkultur, 15. Jh.) mit Hieroglypheninschrift des Jahres 5 coatl („fünf Schlange") , dem Jahre 1483 unserer Zeitrechnung entsprechend. **Skulptur 10** stellt eine sitzende, kopflose Figur dar, die einen Zeremonienstab hält (klassische Olmekenkultur; 2.–9. Jh.) aus San Lorenzo Tenochtitlán.

Monolith 19 stellt einen Edelmann mit schlangengeschmücktem Umhang dar (olmekisch; Spätklassik, 6.–9. Jh.; Laguna de los Cerros in der Nähe von Acayucan). * **Kolossaler Olmekenkopf**, völlig erhalten, aus San Lorenzo Tenochtitlán. Reproduktion eines Individuums mit negroiden Zügen

(Original im Museum von San Andrés Tuxtla) aus Tres Zapotes. **Monument 11** ist eine Reliefstatue einer sitzenden Gestalt, die einen Zeremonienstab hält.

* * **Statue des Gottes Jaguar** (ohne Nummer) stand ursprünglich auf dem Gipfel des Cerro de San Martín auf einer Plattform. Die Statue wurde wohl im Zuge der Zerstörung der Kultstätte Laguna de los Cerros gegen Ende des 9. Jh. absichtlich entzweit. Dieses Kunstwerk stellt eine hockende Gestalt mit schwerer Haartracht und beindruckender Jaguarmaske dar, vielleicht eine Imitation eines Holzmodells. Die Haartracht weist breite Quetzalfedern und 13 antropomorphe Katzengesichter auf. Diese 13, über die ganze Statue verteilten Katzengesichter wären die Darstellung der 13 Himmel der übernatürlichen Welt. An den Ohrgehängen erkennt man recht verwischte Katzenköpfe, sehr typisch olmekisch. Auf der Brust einfaches Relief eines Olmekenkopfes mit Haartracht. Armbänder an beiden Bizeps sowie unterhalb des r. Knies. Der Gott trägt einen Schurz (Máxtlatl) und hält einen großen Zeremonienstab, auf dem man seinen r. Daumen erkennen kann. In der Mitte des inneren Kreises eine **Riesenskulptur**, wahrscheinlich eine Wald- oder Tiergottheit.

Raum 2. – Cihuatéotl-Statue, Darstellung einer liegenden, im Wochenbett verstorbenen Frau, die in Form eines Sterns die Begleiterin der Sonne wurde (Totonakenkultur; 6.–9. Jh.). In der Vitrine 1 weitere Tonfiguren von liegenden Toten. – *Vitrine 2:* kleine **Figuren von Gottheiten**; r. Skulpturen der Göttin Tlazoltéotl (wörtlich: „Göttin der Unreinheiten"), Erdgöttin der Azteken, aber auch Mondgöttin der Ernten und des Sexualakts huaxtekischer Herkunft; sie wurde auch Tlaelcuani genannt, Verzehrerin der Unreinheiten, vielleicht weil die Ehebrecher den ihr zugetanen Priestern ihre Sünden beichteten. L. in der selben Vitrine Fragment einer **Skulptur von Xipe Tótec** (postklassische Totonakenkultur; 15. Jh.). *Vitrine 3:* **Caras sonrientes** genannte Totonakenfiguren (lächelnde Gesichter).

Vitrine 4: Bemerkenswerte **Palmensammlung** (6.–9. Jh.). – *Vitrine 5:* **Palmen und Steinjoch**. – *Vitrine 6:* **Figur von Mictlantecuhtli**, Herr der neun Höllen (Totonakenkultur; 6.–9. Jh.). – *Vitrinen 7 bis 12:* verschiedene **Keramiksammlungen** und **Figurinen aus Totonacapan**. In der *Vitrine 8* * **zwei Tonköpfe** von bemerkenswerter Realitätsnähe, von Ignacio de la Llave. – *Vitrine 13:* Schmuck, vor allem aus Knochen. Beim Ausgang dieses Raumes beachten Sie die Modelle von Tajín Chico und der Nischenpyramide (El Tajín).

Raum 3. – Beim Eingang **Olmekenurne** (6.–9. Jh), stark restauriert, mit Resten der ursprünglichen Polychromie. – *Vitrine 1:* Keramik mit Metallspiegelungen von der Opferinsel vor Veracruz. Die *Vitrinen 2 bis 6* enthalten Keramiken aus verschiedenen Gegenden des Staates Veracruz (Totonacapan, Huasteca), die *Vitrine 7* Totenköpfe aus Huasteca. – *Vitrine 8:* **Spielzeug** und **Tonfigurinen** aus der Huaxteken-Region. – *Vitrine 9:* herrliche Sammlung von **Tonstatuetten** (olmekisch; 6.-9. Jh.). – *Vitrine 10:* in der Mitte kleine **Figur von Huehuéteotl**, des alten Gottes des Feuers; l. **Kopf von Gipactli**, Monster der Erde; r. Vase mit der Maske eines Greises. Die folgenden Vitrinen enthalten Keramiken oder Figurinen (*Vitrine 12:* polychrome Keramik aus dem 13. Jh.). Nahe des Ausgangs beachten Sie zwei **Statuen** der Göttin Tlazoltáotl (huaxtekisch; 13.–15. Jh.) mit Heiligenscheinfrisur, sowie das Modell des Tempels des Windgottes von Zempoala und eines anderen, mit Masken geschmücktem Heiligtums.

Zweites Gebäude. – Raum 1 (kreisförmig, man beginne die Besichtigung von r.): *Vitrine 1:* Figurinen aus der vorklassischen Epoche aus der Mittelre-

gion von Veracruz (Remojadas-Inferior-Kultur; 15.–1. Jh. v. Chr.). –
Vitrine 3: zwei **Skulpturen,** wahrscheinlich eine Fruchtbarkeitsgottheit (Totonakenkultur, Remojadas Superior I. oder Beginn der klassischen Epoche, 1.–5. Jh. n. Chr.). In der selben Vitrine befinden sich **Räucherpfannen,** auf denen Symbole der Sonnengottheit in Form eines Kreuzes angebracht sind (späte Olmekenkultur; 6.–9. Jh.) und ein Zeremonienarmband mit der Darstellung der Fruchtbarkeitsgöttin (Totonakenkultur; klassische Periode).
Vitrine 4: **Kriegerfiguren** (Totonakenkultur, klassische Periode) und Musikinstrumente. – *Vitrine 5:* **Votiv-Hacke** aus Basaltgestein und Figurinen einer Ackergottheit, Xipe-Tlazolteotl (klassische Totonakenkultur), dekorierte **Palme** mit anthropomorphen Motiven; r. Kopf aus gebrannter Erde mit Darstellung einer Gebiß-Mutilation, die bei den Totonaken und zahlreichen anderen mesoamerikanischen Völkern häufig auftritt.
Vitrine 6: **Fragmente von Wandfresken,** auf denen ockerfarbene Gestalten Xipe-Totec darstellen, während die schwarzen, die eine Muschel tragen, mit Tecsistecatl ident sind (Totonakenkultur, spätklassische Periode; 6.–9. Jh.).
Vitrinen 8 und 9: bemerkenswerte * **Sammlung von Caras sonrientes** (lächelnde Gesichter), Darstellung des Sonnengottes in seiner Verwandlung als Gott des Tanzes und der Musik. – *Vitrine 10:* große **plastische Vase** mit einer Abbildung von Quetzalcoatl (nachklassische Totonakenkultur; 13.–15. Jh.); aus Stein gehauener Kopf, der mit anthropomorphen Zügen das Konzept der Dualität darstellt (Totonakenkultur, 13.–15. Jh.). – *Vitrine 11:* **Cholulteken-Keramik** (aus Cholula) der Olmekenkultur (13.–16. Jh.) auf der Insel der Opfer entdeckt. Es folgen nun mehrere provisorische Vitrinen, die Neuanschaffungen enthalten.
Unter den Skulpturen des äußeren Kreises bemerkenswert ein großer **anthropomorpher Jaguar** (Olmekenkultur; Las Choapas), eine * **Maske des Regengottes,** Riesenskulptur aus Basalt (Olmekenkultur, 6.–9. Jh.; Cerro de las Mesas), eine ** **Statue eines Prinzen** in hockender Stellung mit harmonisch gearbeitetem Gesicht (klassische Olmekenkultur).
Monolith 1 stellt den Gott der Erde und des Regens dar (spätklassische Olmekenkultur); weiters eine große **Tonstatue** der Göttin Cihuateteo (Totonakenkultur 6.–9. Jh.) und eine **Maske des Regengottes** (Olmekenkultur des 6.–9. Jh.).
Eines der schönsten Werke dieses Museums ist die ** **Statue eines Priesters, der ein Kind mit Katzenkopf hält,** typisch olmekisch. Diese Statue stammt aus Las Limas, an der Mündung des Tehuantepec, und wurde aus blaßgrüner Jade gefertigt; die Pupillen sind aus polierten Pyrit-Blättchen. Der Priester sitzt auf den Fersen; auf den Knien und im Gesicht feine Ziselierung. Das Kind ist mit etwas gröberen Zeichnungen geschmückt, trägt ein Brustband und ein Diadem, auf dem man das Zeichen des Sonnengottes erkennt. Der Konservierungszustand ist ausgezeichnet und trotz des Gewichts von 60 kg wurde sie 1970 gestohlen aber wiedergefunden (höhere vorklassische Olmekenkultur; 5.–1. Jh. v. Chr.).
Neben dem Eingang des Raumes 3 **Skulptur einer liegenden Toten** mit Maske auf der Frisur und dem Oberkörper eines Affen. Eine weitere Statue einer liegenden Toten weist eine sehr komplizierte Haartracht auf.
In der Mitte des Raumes Riesenkopf aus San Lorenzo Tenochtitlán aus Andesit (8 t, Olmekenkultur vom Beginn der klassischen Epoche, 1.–5. Jh.).

Raum 2: Skulptur von Chac-mool aus Cotaxtla (15. Jh.) und Kodex-Reproduktionen.

(19) Veracruz – Jalapa – México

Raum 3: ethnologische Ausstellung des Staates Veracruz; sehr schön besticktes Kleid aus Tehuantepec.

Raum 4: ethnologische Ausstellung: Stoffe, Stickereien, Modellpuppen, die Tänze der Guaguas, der Santiaguitos, des Volador usw. darstellen; Vitrinen mit Abbildungen des Karnevals bei den Otomís, den Huaxteken, usw.

Fortsetzung der Route 19. – 112,5 km: Ende der Umfahrungsstraße von Jalapa. – **118** km: R. Straße nach (64 km) **Misantla** (s. Rte 18B, km 42).

164 km: **Perote,** 13.000 Ew., eher ärmliche Stadt und Verkehrsknotenpunkt, von dem l. im Zentrum eine Straße nach Nautla abzweigt (s. Rte 18B, km 144). In der vorspanischen Zeit, aber auch zur Zeit der Kolonie, wurde Perote von einer Festung beschützt; die von den Spaniern errichtete Festung mit viereckigem Grundriß und einer Bastion in jedem Eck heißt **Fuerte de San Carlos.** Die Stadt erstreckt sich auf einer vom Cofre de Perote (4.120 m) überragten Steppe.

189 km: R. **Laguna de Alchichica,** Kratersee auf einem Plateau.

211,5 km: **Zacatepec;** Pueblo, in dem während der Karwoche auf den Straßen Blumenteppiche ausgelegt werden.

R. Straße nach (111 km) **Teziutlán** (s. Rte 18B, km 94) und l. Straße zur (48 km) Autobahn von México und Puebla nach Veracruz (s. Rte 20, km 168) und eine Straße (54 km) von Puebla nach Tehuacán und Oaxaca (s. Rte 21, km 40,5).

226 km: **El Carmen,** 5.000 Ew.

L. Straße nach (56 km) **Amozoc** (s. Rte 21, km 15).

257 km: **Huamantla,** 16.000 Ew., kleine Stadt; Franziskanerkloster (16. Jh.), dessen Kirche im 18. Jh. im churrigueresken Stil wiederaufgebaut wurde. 1.–13. Juli große Landwirtschaftsmesse; 15. August Maria Himmelfahrt mit Blumenteppichprozession *(Xochipetate);* vom 1. bis zum 15. werden Teppiche hergestellt, der Höhepunkt des Festes ist jedoch in der Nacht des 14. auf den 15. August.

284 km: **Apizaco,** 22.000 Ew. (2.408 m).

289,5 km: **Entronque Ocotoxco;** l. Straße nach (15 km) ★ **Tlaxcala** (s. Rte 21A, km 35).

291 km: R. **Yauhquemehcan,** Dorf vorspanischen Ursprungs; Kirche aus dem 18. Jh., San Dionisio geweiht, mit einer von orangen Azulejos überdeckten Kuppel und einer schönen Barockfassade; innen churriguereske Altarblätter.

296 km: R. **Atlihuetzia**; 1555 errichtete, später umgebaute Kirche.

314 km: **Hueyotlipan**; r. Barockkirche aus der Mitte des 18. Jh. in der Nähe der Ruine eines 1585 gegründeten Franziskanerklosters.

320,5 km: Kleines Dorf mit vorspanischen Maissilos (*Cuezcómatl*).

343 km: **Calpulalpan** (Regional-Fest vom 10. bis 20. Juni mit einem **Tiangui**, einem von den Eingeborenen der Sierra de Puebla besuchten Markt mit Lokaltänzen), in der Nähe eines vorspanischen Ortes, **Tecoaque**; unbedeutende Überreste eines Gebäudes vom Ende des 15. Jh., wahrscheinlich ein befestigter Azteken-Stützpunkt an der Grenze des Mexica-Reiches und des Fürstentums von Tlaxcala.

344,5 km: R. Straße nach Apan, auf der man auch (70,5 km) **Pachuca** erreichen kann (s. Rte 9 A in umgekehrter Richtung, ab km 70,5).

380,5 km: **Texcoco** (s. Rte 1 L, km 44).

424,5 km: **México** (s. Rte 1).

20 – Von México über die Autobahn nach Veracruz

An dieser kürzesten Strecke von der Hauptstadt nach Veracruz liegen eine Unzahl von Orten, Städten, religiösen Bauten der Kolonialzeit und Landschaften, die Sie dazu verführen werden, die Mautautobahn (oder Straße) zu verlassen. Sie kommen hier in das Gebiet von Puebla, dessen Barockschätze Sie am besten von dieser Stadt aus besuchen (s. Beginn der Rte 21). Sollten Sie einen zusätzlichen Tag Zeit haben, unternehmen Sie von Puebla aus einen Ausflug von etwa 100 km, der die Routen 21A und 20A kombiniert: Diese Routen durchstreifen einige der charakteristischen Landstriche des mexikanischen Zentralplateaus und geben Einblicke in die großen präkolumbische Vergangenheit (Fresken von Cacaxtla, s. Rte 21A, km 51). Die Strecke führt auch zur berühmten Cholula-Pyramide (s. Rte 20A, km 30) sowie zu zwei der schönsten Klöster Mexikos des 16. Jh. in Tlaxcala (s. Rte 21A, km 35) und in Huejotzingo (s. Rte 20A, km 15). Hinter Puebla verläuft die mautfreie Straße über Tehuacán parallel zur Mautstraße von Veracruz durch reizvolle Pueblos wie Amozoc, Tecali, Tepeaca, Acatzingo, u. a. (s. Rte 21, km 15–km 40,5) die Sie besuchen können, bevor Sie wieder auf die Straße der Rte 20 zurückkehren. Nun beginnt die eindrucksvolle Talfahrt zu den Tierras Calientes, die von der gewaltigen Silhouette des Pico de Orizaba beherrscht wird.

Sie interessieren sich für:

Präkolumbische Archäologie: Besuchen Sie Cholula und besichtigen Sie die Fresken von Cacaxtla, 15 km von San Martín Texmelucan entfernt (s. Rte 21A, km 55).

Kolonialarchitektur des 16. Jh.: Die Klöster von Huejotzingo, Tlaxcala und Tecamachalco.

Mexikanische Barockkunst: Ausflüge mit Ausgangspunkt Puebla, für seine vielfältige Architektur berühmt. Besichtigen Sie die Kirchen von San Francisco Acatepec, Tonantzintla und Ocotlán.

Hauptfeste: Karneval von Huejotzingo.
2. Februar: Fiesta de la Candelaria in Cholula.
5. Mai: Gedenkfeier der Schlacht von Puebla, in verschiedenen Orten des Staates, vor allem aber in Puebla selbst.

México – San Martin Texmelucan

28. August: Fiesta de San Augustín, neben der Kirche gleichen Namens in Puebla.

2. November: Allerseelen in Cholula.

Straße: 127 km (Puebla) und 429 km (Veracruz) über eine Mautautobahn (manchmal nur eine einfache Schnellstraße) zwischen México und Córdoba (Bauarbeiten zur Fertigstellung bis Veracruz). Maut (*Cuota*) wird an mehreren Stellen eingehoben, in *Casetas de Cobro*. Rte 20 C von La Tinaja nach La Ventosa ist eine besonders interessante Verbindung nach Chiapas und Guatemala, da die Berggegend vom „Mixteken-Knoten" und seine kurvenreichen Straßen über Oaxaca vermieden werden kann.

Ausfahrt aus México an der Abzweigung der Maut- (Cuota) und mautfreien Straßen nach Puebla (s. Rte 1L).

20 km: R. auf die Mautstraße nach Puebla.

Um Puebla (117 km) über die mautfreie Straße zu erreichen, s. Rte 1M bis zur Abzweigung der Straße nach Chalco. Weiter über San Martín Texmelucan (74 km, s. u., km 93,5) von wo Sie dann auf die Straße über Cholula nach Puebla fahren (s. u., Rte 20A).

Die Straße ersteigt die Sierra Nevada, im N des Massivs von Ixtaccíhuatl. Man durchquert einen schönen Fichtenwald.

56 km: Puerto del Aire (3.200 m). Die Straße führt über eine bewaldete Hochebene und dann in das Tal von Puebla hinunter.

93,5 km: San Martín Texmelucan, 20.000 Ew.; Sarapes mit geometrischen Zeichnungen (Di. Vormittag Markt). **Kloster** aus dem 17. Jh., dessen Kirche Altarblätter aus dem 17. und 18. Jh. und eine Barockorgel aufweist; die **Pfarrkirche** hat eine churrigiureske Fassade und ebensolche Altarblätter, mit Blattgold verziert. Fest des Lokalheiligen am 11. Nov. mit anschließendem Kirtag (Tänze).

In der Nähe, auf dem Gipfel des **Cerro Xochitécatl**, befindet sich eine Gruppe von drei Pyramiden, die von der Autobahn aus wie Hügel anmuten.

20 A - Von San Martín Texmelucan über Cholula nach Puebla. – 43 km auf einer wunderbar von Eukalyptusbäumen überschatteten Straße zwischen Huejotzingo und Cholula). –

15 km: Huejotzingo, 10.000 Ew., kleine Stadt (Markt Do. und Sa.) vorspanischen Ursprungs (2.100 m); eines der schönsten Franziskanerklöster des 16. Jh., in Mexiko. Berühmter Karneval.

Als Sitz eines Chichimeken-Fürstentums mit Nahuatl-Sprache, war Huejotzingo im Widerstreit mit der Hägemonie der sogenannten Dreier-Allianz (Tenochtitlán, Tacuba und Texcoco). Zwischen den Widersachern wurde in regelmäßigen Abständen der „Blumenkrieg" (*Xochiyaóyotl*) geführt. Auf einem geschlossenen Feld standen sich die beiden Gegner gegenüber, und es ging darum, ohne Mißachtung der Hoheitsrechte der anderen Partei Gefangene zu machen, die dann auf den Altären geopfert wurden. Verehrt wurden vor allem *Comaxtli* oder *Yemaxtli*, ein Stammesgott der Hue-

(20) México – Veracruz

jotzingos, der sie angeblich auf ihren Wanderungen begleitet haben soll und ihnen die Jagd beigebracht hat.
Zur Zeit der Konquista führten Krieger der Huejotzingo die Spanier zur Aztekenhauptstadt. Die Kolonialstadt entwickelte sich ab 1529 um das Franziskanerkloster.

Für die Besichtigung des ****Klosters** durchqueren Sie ein Atrium; in der Mitte ein behauenes Kreuz aus dem 16. Jh. und an den Ecken **„Posas-Kapellen"**, kleine viereckige Betstätten mit pyramidalem Dach, deren Fassaden mit Wappenschildern und skulptiertem Steinband geschmückt sind, das ein mit Reliefs verziertes Giebelfeld einfaßt.

Öffnungszeiten: 9–13 und 15–18 Uhr.

Die festungsartige **Kirche** besitzt ein schönes, bescheiden verziertes Portal. Der Tempel besteht aus einem einzigen Schiff mit einem schönen gotischen Rippengewölbe, vor allem aber dem Chor und der Apsis, in der sich ein großes **Altarblatt** (1586) mit Reliefverzierungen und **Malereien** des flämischen Meisters *Simon Pereyns* befindet. Fragmente von Wandmalereien, grau in grau, an der N-Wand, über der Türe zur Sakristei, auf der Orgel (Mitte des 17. Jh.).
Sie betreten das Kloster durch ein Portal mit zwei Wiegenbögen. Von der Portiersloge kommen Sie in den Vorraum, von wo man in die **Dreifaltigkeitskapelle** gelangt und weiter in den **Kreuzgang** mit einer zweigeschossigen Galerie. In der unteren Galerie befinden sich Fragmente von Wandmalereien, darunter ein Abbild der unbefleckten Empfängnis. Vom Hof aus geht es in die Gemeinschaftsräume, zum Refektorium, in die Küche, die Sakristei und in den De-Profundis-Saal, der noch zum Teil erhaltene Wandgemälde aufweist.

Von Huejotzingo erreicht man über eine eher bescheidene Straße (8 km) **Calpan** („in den Häusern"), ein kleines Dorf, mit einem 1548 gegründeten **Franziskanerkloster.** Vor dem Kloster erstreckt sich ein Atrium, das man durch einen dreigliedrigen Torbogen betritt. Die ärmliche Fassade der Kirche ist mit Skulpturen geschmückt. Im Atrium stehen vier Andachtskapellen, pyramidal überdacht, die jeweils an zwei Fassaden reichlich mit geometrischen und Blumenmustern verziert sind; Reliefs. Im Atrium wurde ein **Brunnen** aus dem 17. Jh. wiederaufgestellt, dessen Bestandteile im Ort verstreut waren. Der zweistöckige **Kreuzgang** des Klosters wurde erst kürzlich restauriert.

30 km: **Cholula** (s. Umgebung von Puebla, Rte 21); Überreste der größten Pyramide der Welt.
43 km: **Puebla** (s. Rte 21). Einfahrt auf der Avenida de la Reforma (Pl. A2).

Fortsetzung der Route 20. – 113 km: **Ocotlan**; r. Kirche mit gelber Kuppel, typisch für die lokale Architektur. R. hinten kann man die große Pyramide von Cholula ausnehmen, die heute nur mehr ein Hügel mit einer Andachtsstätte aus dem 18. Jh. ist.
120,5 km: Autobahnausfahrt nach (6,5 km) **Puebla** (am besten dritte Ausfahrt benützen) und **Tlaxcala** (s. Rte 21A, km 6,5).
127 km: Dritte Abfahrtsmöglichkeit nach (6 km) **Puebla** in der Nähe des Freiheitsdenkmals, das 1962 anläßlich des hundertsten Jahrestages der Schlacht von Puebla errichtet wurde. Wenn Sie

diese Ausfahrt nehmen, so kommen Sie am Weg in das Zentrum an den Forts von Loreta und Guadalupe vorbei (s. Pl. E/F2).
168 km: Ausfahrt nach **Jalapa** und **Tehuacán** (s. Rte 21, km 40,5).

➥ Um nach Jalapa zu fahren, kehren Sie bei (48 km) **Zacatecap** auf die Rte 19 (211,5 km) zurück.

228,5 km: Nach der Überquerung eines 2.425 m hohen Passes folgt eine lange Abfahrt; die Vegetation ändert sich stufenweise.
231,5 km: Aussichtsturm; herrliche Aussicht auf den Fuß des Passes.
264 km: Ausfahrt nach **Ciudad Mendoza**, die erste einer Reihe von Ortschaften, die sich auf der Ebene zwischen Hochplateau und Küste erstrecken.
270/278 km: Kreuzungen mit Abfahrten nach **Orizaba**, 107.200 Ew., bedeutende Industriestadt (Textil, Brauerei, Zement) (1.200 m) im Herzen eines Kaffeeanbaugebietes am Fuße des Pico de Orizaba oder Citlaltépetl (5.569 m) gelegen, eines von ewigem Schnee bedeckten Vulkans, der die höchste Erhebung Mexikos ist. Am Hauptplatz steht die Pfarrkirche, ein mit Kuppeln bedeckter Bau im Kolonialstil.
288 km: Ausfahrt nach **Fortín de las Flores**, 12.000 Ew. (900 m), kleine Stadt umgeben von unvergleichlich schöner Vegetation, unweit des Pico de Orizaba oder Citlaltépetl. Im allgemeinen dauert die gute Saison von Januar bis Mai (von Mai oder Juni bis Ende Sept. Regenzeit, von Okt. bis Ende Dez. feiner, anhaltender Regen).

➥ Am Ende der **Matalarga-Schlucht**, 3 km von Fortín de las Flores (Ausfahrt auf der Straße nach Orizaba, dann r.) ergießt sich ein eindrucksvoller Sturzbach. Unweit des l. Ufers bilden überhängende Taschen auf hohen Zweigen Vogelnester. Auf der anderen Seite des Ríos kann man „Colas de Caballo", Pferdeschwänze sehen, eine eigentümliche Pflanze, die Seidenleitern gleichen, deren Fäden so gespannt sind, wie Spinnennetze. Auf der Höhe des Wasserfalls erstrecken sich weitläufige Kaffeeplantagen, weiter unten Bananenhaine. Manchmal erteilen die Plantagenarbeiter Auskunft über die Pflanzen, zeigen zum Beispiel einen Baum, der aus einer Abschürfung eine blutrote Flüssigkeit absondert; eine andere Pflanze scheidet aus den zerriebenen Blättern violette Tinte aus. Dort, wo die Blätter angewachsen sind, bildet der Platanillo kleine Becken, in denen sich preußisch-blaue Körner befinden, aus denen die Kolibris trinken. Überall gibt es wilde Orchideen, deren Blütezeit in den Mai fällt.

☞ **20 B – Von Fortín de las Flores nach Jalapa** (132 km über eine hervorragende kleine ★★ asphaltierte Straße, die im ersten Teil der Strecke vom Pico de Orizaba beherrscht wird, der früh am Morgen, vor der Wolkenbildung, gut sichtbar ist. Vor Fortín de las Flores und Jalapa durchqueren Sie riesige Kaffeeplantagen). – Ausfahrt aus Fortín de las Flores auf der Straße nach Coscomatepec und Huatusco, die (2 km) unterhalb der Autobahn von México nach Córdoba verläuft. – 23,5 km: **Coscomatepec** (Markt am Mo.), reizvolles Totonaken-Dorf. – 30 km: Durchfahrt durch eine enge Schlucht, die ganz überwuchert ist.

(20) México – Veracruz

45 km: **Huatusco**, 12.000 Ew., Totonakendorf. – 96 km: Brücke über den Río Pescados (450 m) am Ende eines kesselförmigen Tales. – 116 km: Fahren Sie l. in Richtung Coatepec.
132 km: **Jalapa** (s. Rte 19, km 109).

Fortsetzung der Route 20. – **296** km: Ende der Autobahn in der Nähe von **Córdoba**, 100.000 Ew., 1617 gegründet und nach dem Vizekönig Diego Fernández de Córdoba benannt. Am 24. August 1821 unterzeichnete General Augustín de Iturbide mit dem letzten Vizekönig Neuspaniens Juan O'Donojú einen Vertrag über die Unabhängigkeit Mexikos, der aber von Ferdinand VII. nicht anerkannt wurde. Am Hauptplatz befindet sich das bescheidene Palais Zevallos, wo der Vertrag abgeschlossen wurde.

Auf der Straße nach Cuichapa nach (5 km) **Amatlan de los Reyes**, wo am 2. und 3. Mai die *Fiesta del Señor del Santuario* stattfindet.

Unweit von Córdoba befindet sich auch die **Pyramide von Huatusco** aus der Zeit der Azteken (2. Hälfte des 15. Jh.) mit einem recht gut erhaltenen Tempel.

317,5 km: L. kleines **archäologisches Museum von Palmillas**; einige Totonaken-Antiquitäten.
356,5 km: **La Tinaja**; r. Straße nach Ciudad Miguel Alemán und Tuxtepec. Erst kürzlich nach Tuxtepec in Richtung Tehuantepec verlängert, kann man auf ihr rasch Chiapas erreichen. Eine in Bau befindliche Straße bis Acayucan wird die Verbindung zwischen México und Villahermosa verbessern.

20 C – Von La Tinaja nach Tuxtepec und La Ventosa (92 km und 345 km auf guter, asphaltierter Straße; keine Tankstellen zwischen Tuxtepec und [273,5 km] Palomares). –
36 km: **Tierra Blanca**, 36.000 Ew. – 51 km: 23 km r. liegt die **Presa Miguel Alemán**, ein künstlicher See am Fuße der Berge der Sierra de Puebla; der 1955 fertiggestellte Staudamm des Río Tonto hat ein Fassungsvermögen von acht Milliarden m^3.
77 km: Schnurgerade Straße nach (47 km) **Villa Azueta**, die nach Acayucan verlängert werden soll. Nach Tuxtepec r. abbiegen.
78 km: Straße von Veracruz nach Tuxtepec und Oaxaca (s. Rte 26, km 199,5/200). – 85,5 km: Mautbrücke über den Río Papaloapan.
90 km: L. Straße nach (2 km) **Tuxtepec** (s. Rte 26, km 212). – 92 km: Zweite Straße l. ins Zentrum von Tuxtepec.
97 km: Verlassen Sie die Straße nach Oaxaca und fahren Sie l. nach Palomares, 2 1/4–2 1/2 Std. auf einer eher monotonen, zumeist mehr oder weniger gerodete Wälder durchquerenden Straße, an der die Dörfer klein und noch selten sind.
273,5 km: **Palomares**, an der Straße nach **Acayucan** (s. Rte 29, km 254); l. nach (104 km) La Ventosa (nach Tehuantepec und Tuxtla Gutiérrez s. u.). – – 300 km: **Matiás Romero**, 15.000 Ew. – 345 km: **La Ventosa**, auf der Straße nach Tehuantepec und Tapachula (s. Rte 27, km 40) sowie Tuxtla Gutiérrez (s. Rte 27, km 40, weiters Rte 28).

Fortsetzung der Route 20. – Hinter La Tinaja durchquert die Straße eine öde Ebene mit vereinzelten Ranchos.
364 km: L. **Cotaxtla**, kleines Dorf vorspanischen Ursprungs. Man nimmt an, daß es sich um das alte *Cuetlaxtlan* handelt, das 1475 gegen den Aztekenherrscher Axayácatl rebellierte, indem es die Steuereintreiber in ein Haus einsperrte und dieses anzündete.
374 km: Kreuzung.

R. Straße nach (44 km) **Ignacio de la Llave** durch eine Sumpfregion, die den Namen **Mixtequilla** (kleines Mixteken-Land) trägt. Während der Regenzeit wird sie von zahlreichen Flüssen überschwemmt, besonders vom Río Blanco, der in die Lagune von Alvarado mündet.

Während der feuchten Jahreszeit entstehen Sandhügel, die richtiggehende Inseln bilden, darunter zum Beispiel die Insel **Cerro de las Mesas**, eine Olmeken-Ansiedlung, die von einer amerikanischen Expedition unter der Leitung des Bureau of American Ethnology und der National Geographic Society erforscht wurde. Es wurden hier eine Reihe von Terrassen, auf denen sich kleine Hügel befinden, entdeckt und erforscht. Auf diese Art und Weise wurde ein Schatz von 782 kleinen Jadefigurinen entdeckt. Außerdem wurden acht behauene Steinmonumente und fünfzehn Gedenksteine ausgegraben, die zwar in der Tradition der olmekischen Bildhauerkunst stehen, deren Reliefs aber eindeutige Einflüsse aus dem Maya-Land und vom Monte Alban aufweisen. Einer dieser Gedenksteine (Nummer 6) trug eine Hieroglyphenschrift, die es dem Archäologen Sterling erlaubte, sie mit 467 n. Chr. zu datieren. Die gesamten Funde wurden in amerikanische und mexikanische Museen gebracht und Cerro de las Mesas ist heute in archäologischer Hinsicht nicht mehr interessant.

405 km: R. Straße nach **Tuxtepec**, **Oaxaca** (s. Rte 26, km 24) und **Villahermosa** (s. Rte 29). – **416,5 km**: R. Straße nach **Mandinga** (s. u., Umgebung von Veracruz, 1). – **417 km**: **Boca del Río**, kleines Fischerdorf an der Mündung des Río Atoyac.
429 km: ★★ **Veracruz**, 260.500 Ew., am Golf von Mexiko gelegen, ist der bedeutendste Hafen Mexikos. Während der Kolonialzeit war er sozusagen das einzige Fenster Neuspaniens nach Europa und die Zolleinkünfte waren bis ins 19. Jh. die wichtigste Einnahmequelle Mexikos. Es ist eine reizvolle, interessante Stadt, die eine recht kosmopolitische Bevölkerung aufzuweisen hat. In der Nähe des Zócalo herrscht eine Atmosphäre, die an Spanien oder an levantinische Häfen erinnert, mit kleinen Cafés, wo endlos Domino gespielt wird; es gibt ambulante Marimba-Spieler, Muschel- und Schildpattverkäufer und viel Unbekümmertheit und es herrscht ständig leichte Feuchtigkeit.

Die „Rückkehr von Quetzalcóatl". – Am 22. April, dem Karfreitag des Jahres 1519, landeten Cortez und ein Teil seiner Truppen am Strand von Chalchiuhcuecan, gegenüber der Insel San Juan de Ulúa. Moctezuma wußte vermutlich von den Mayas, die mit den Spaniern in Verbindung waren und mit den Azteken Handel betrieben, von den spanischen Flottenbewegungen und entsandte einen Botschafter. An die Rückkehr des Gottes Quetzalcóatl glaubend, der vor Zeiten aus Tula vertrieben worden war und auf dem Ozean im O verschwand, ließ der Aztekenherrscher jenem, den er für einen abgesandten der Gottheit, wenn nicht für den Gott selbst hielt, einen aus Quetzal-Federn bestehenden Kopfschmuck und eine türkise Maske überbringen.

Die Stadt des Wahren Kreuzes (Veracruz). – Nach dem Abzug der Gesandten Moctezumas, beschloss Cortez und seine Begleiter, mit Diego de Velázquez, der die Expedition finanziert hatte, zu brechen und gründeten eine Stadt, *Villa Rica de la Vera Cruz*. Kaum hatten sich die Konquistadoren halbwegs eingerichtet, als ein Kazike aus der benachbarten Totonakenstadt Zempoala eine Delegation entsandte und um einen Besuch bat, den Cortez nicht verabsäumte zu erstatten. Er ließ seine Flotte in der Nähe der Totonakenstadt *Quiahuiztlán* in einer kleinen Bucht wassern, wo nun tatsächlich Villa Rica de la Vera Cruz entstand. Einige Jahre später, 1525, wurde das erste Bethaus in Mexiko an die Mündung des Rio Huitzilapan verlegt, einen Ort, der heute unter dem Namen *La Antigua* (Veracruz) bekannt ist, ca. 30 km nordwestl. des heutigen Hafens. 1589 endlich ordnete der Vizekönig die Verlegung des Hafens an seine heutige Stelle an, nämlich an den kleinen Küstenstreifen, der im Schutze der Insel San Juan de Ulúa liegt. Eine Zeit lang nannte man diese Gründung La Nueva Veracruz, doch Veracruz setzte sich bald als einzige Bezeichnung durch.
Am Beginn der Kolonisierung war Veracruz nur ein Durchgangsort, wo die Schiffe aus Cádix und Sevilla günstige Landungsmöglichkeiten vorfanden, wo man sich aber nicht aufhielt, da die klimatischen Bedingungen unangenehm waren. Als Pater Thomas Gage 1625 hier landete, war Veracruz immer noch eine Siedlung, die ausschließlich aus Holzbauten bestand. Die ersten Steinhäuser wurden erst im 18. Jh. errichtet. Die Handelsgeschäfte wurden im Landesinneren abgewickelt, nachdem ein Vizekönig 1720 in Jalapa, wo das Klima bedeutend erträglicher war, eine jährliche Messe ins Leben rief, die immer nach der Ankunft der Schiffe aus Spanien stattfand.

Handelsflotte und Piraten. – Veracruz zog ab dem 16. Jh. Piraten an. So landeten John Hawkins und Francis Drake, die sich mit Negersklavenhandel beschäftigten, 1561 auf der Insel de Sacrificios, zu einer Zeit, wo der Hafen von Veracruz noch an der Mündung des Río Huitzilapan gelegen war. Vizekönig Enriquez de Almansa, der gerade seinen Posten antrat, ließ ihre Flotte bombardieren. Die englischen Piraten verloren einige Schiffe und gelobten Rache. 30 Jahre lang kämpfte Francis Drake erbittert gegen die spanische Flotte und ihre Häfen. Ab 1580 trieben sich holländische Piraten in der Karibischen See und im Golf von Mexiko herum und machten den Spaniern noch mehr zu schaffen als die Engländer. Im 17. Jh. wimmelte es im Golf von Mexiko von englischen, holländischen und französischen Büffeljägern, die sich auch ständige Stützpunkte einrichteten. 1683 gelang Nicolas Van Horn und Laurent de Gaff ein Überraschungsangriff auf Veracruz und die Stadt wurde 3 Tage lang geplündert. Die Piraterie verlor im 18. Jh. an Bedeutung, doch reizte sie immer noch genügend Abenteurer, so daß die spanische Krone 1746 Befestigungsarbeiten unternahm.

Kriegsschauplatz. – Kraft seiner geographischen Lage konnte Veracruz vom Unabhängigkeitskrieg nicht verschont bleiben. Ende Juli 1821 wurde der letzte Vizekönig Neuspaniens, Juan O'Donojú, der gerade seinen Posten antrat, von General Agustín de Iturbide belagert. In den Reihen der Verteidiger grassierte das Gelbfieber und so sah sich O'Donojú gezwungen, am 21. August den Vertrag von Córdoba zu unterzeichnen, der Mexiko nach zehnjährigen Auseinandersetzungen die Unabhängigkeit gewährte. Die Spanier behielten jedoch eine Festung auf der Insel San Juan

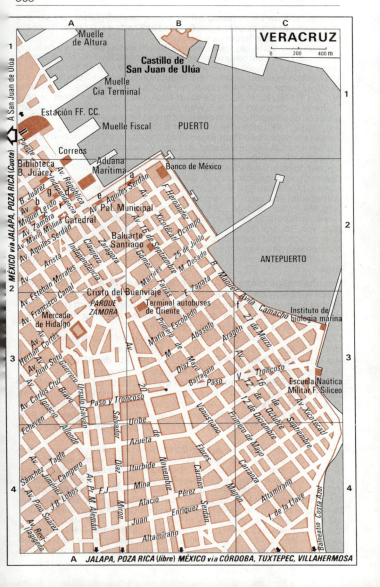

de Ulúa, von wo sie Veracruz immer wieder bombardierten, bis sie sich 1825 auch von hier zurückzogen. Bereits 1822 hatte der General Santa Anna von hier aus die Republik ausgerufen.

1838 bombardierte ein französisches Geschwader, das zur Eintreibung von Schulden insbesondere eines französischen Zuckerbäckers, ausgesandt worden war, das Fort von San Juan de Ulúa und eroberte es.

1847 wurde Veracruz noch einmal besetzt und zwar von General Winfield Scott während des Krieges zwischen Mexiko und den Vereinigten Staaten. Am 7. März kapitulierte die Stadt nach einem Bombardment und der Eroberer konnte sich auf den Weg nach México machen. Veracruz, das während des Bürgerkriegs in den Händen der Partisanen um Benito Juárez war, wurde 1862 noch einmal das Opfer einer ausländischen Aggression, als es von spanischen Truppen und französischen und englischen Kontingenten besetzt wurde. Wieder war der Vorwand die Begleichung von Schulden, die Benito Juárez unmöglich auftreiben konnte, da er mit unüberwindbaren Geldschwierigkeiten konfrontiert war. Bald zogen sich Spanier und Engländer zurück, die von Napoleon III. entsandte Armee, welche Maximilian und die Konservativen unterstützte, wurde hingegen beibehalten und versuchte einen ersten Angriff auf Puebla, der aber mißlang. Maximilian landete 1864 in Veracruz und setzte von hier aus seine Reise nach México per Eisenbahn fort. Schlußendlich wurde es 1867 im März von General Bazaine im Stich gelassen und damit auch Maximilian seinem Schicksal überlassen. Im April 1914 wurde es von Interventionstruppen des amerikanischen Präsidenten Woodrow Wilson, der versuchte, den Diktator Huerta zu stürzen, eingenommen und einige Monate gehalten.

Die ehemalige **Plaza de Armas** oder **Zócalo** (Pl. A2) im Herzen der Stadt wird von zwei Galerien, dem Palacio Municipal und der Parroquia begrenzt. Besonders an Sommerabenden wird dieser kleine, reizvolle Platz von der Bevölkerung, die hier frische Luft schnappt und sich unterhält, frequentiert.

Die Nuestra Señora de la Asunción geweihte **Pfarrkirche** („Catedral"; Pl. A2) wurde 1734 im Kolonialstil erbaut.

Auf der **Plaza Gutiérrez Zamora** befindet sich die **Kirche del Santo Cristo del Buen Viaje** (Pl. A/B2, im 16. Jh. gegründet).

Ein kleines **Regionalmuseum**, das geschichtliche Dokumente der Stadt und vorspanische Antiquitäten beherbergt, wurde im **Baluarte Santiago** (Pl. A/B2) eingerichtet, einer ehemaligen Bastion der 1746 errichteten Stadtmauer. Im Garten, der das Fort umgibt, wurden Artilleriegeschütze aus San Juan de Ulúa aufgestellt.

Am Hafen befindet sich die **Juárez-Bibliothek** in einem alten Glockenturm einer Kirche (Pl. A2). In ehemaligen Klostergebäuden wurde ein Hotel untergebracht. Man schifft sich neben dem Zollamt (Aduana; Pl. A2) ein, um auf die **Insel San Juan de Ulúa** zu gelangen (Pl. B1), wo die Spanier ab 1528 ein Arsenal, ein Warnlicht und eine Kapelle errichteten. 1537 ließ der Vizekönig Antonio de Mendoza einen befestigten Turm erbauen. Die heute sichtbaren Gebäude wurden unter großen Opfern zwischen 1746 und 1771 errichtet. Zu dieser Zeit war in Spanien Karl V. an der Macht. Die Festung San Juan de Ulúa war zweifellos das grauenhafteste Gefängnis Neuspaniens, man sieht noch die Zellen, die bei starker Flut unter Wasser standen. Unweit der Insel wurde ein Schatz gehoben (ein Teil der von Cortez verschickten Beute?). Die seit 1975 sichergestellten Objekte bestehen aus einem goldenen Halsband, Geschmeide und Goldbarren, die von den Azteken in Coyoacán, heute ein Stadtteil Méxicos, geschmolzen wurden.

Die **Isla Sacrificios**, auf der die Spanier Menschenopfer entdeckten, war während der vorspanischen Epoche der Sitz einer Opferstätte. Man erreicht sie per Schiff vom Hauptkai aus (an So. stündliche Abfahrten vom Malecón, gegenüber des Hotels Emporio).

Umgebung von Veracruz. 1 – **Mandinga** (20 km). – Kleines Fischerdorf, wo man am Rande der Lagune unter Strohdächern vorzügliche Garnelen essen kann. 13,5 km nach dem Stadtzentrum auf der Straße nach México und Villahermosa l. abbiegen. Weiter auf dem Boulevard Manuel Avila Camacho, einer hübschen Promenade entlang von Kokospalmen und feinsandigen Stränden. Es gibt hier fast überall Haifische, daher lasse man unbedingt die nötige Vorsicht walten. Der **Mocambo-Strand** oder **Playa de Oro**, an dem Sie 9 km vom Zentrum vorüberkommen, ist ebenfalls sehr angenehm, um sich im Schatten der Kokospalmen niederzulassen.

2 – Camerone (Villa Tejeda; 71 km). – Ausfahrt aus Veracruz auf der Straße über Córdoba nach Mexico (Pl. A/C4); zweigen Sie nach 9 km r. auf die mautfreie Straße nach Jalapa ab.

21 km: L. auf die Straße nach Soledad de Doblado abbiegen.

48 km: **Soledad de Doblado**, am Ende der asphaltierten Straße.

71 km: **Villa Tejeda**, das alle Fremdenlegionäre unter dem Namen **Camerone** kennen. Hier widersetzten sich der Kapitän Danjou und seine 61 Männer einen ganzen Tag lang, in einer Hacienda umzingelt, den mehr als 2000 Partisanen Benito Juárez'. Als sich diese Kompanie des 1. Regiments der Fremdenlegion mit den militärischen Ehren ergab, zählte sie nur mehr drei Mann. Ein 1965 durch General Koenig enthülltes Monument gedenkt dieser Schlacht.

21 – Von Puebla über Tehuacán nach Oaxaca

Von den beiden Hauptverbindungen von México nach Oaxaca ist diese, über Puebla, kürzer und viel weniger kurvenreich als die alte Straße über Cuautla (s. Rte 23). Auch in kultureller Hinsicht ist sie anders. Beide Routen sind landschaftlich besonders schön (Bergland) und architektonisch und ethnologisch interessant. Diese hier führt Sie jedoch in das Wunderland der farbenfrohen Architektur der Gegend um Puebla. Wenn Sie für diese Reise drei Tage erübrigen können, zwei davon für Puebla und Umgebung, werden Sie den blühenden Reichtum der pueblanischen Barockkunst des 18. Jh. und einige Zeugnisse der präkolumbischen Vergangenheit dieses Teiles von Mexiko kennenlernen (s. Einleitung Rte 20).

Straße: 111 km (Tehuacán) und 351 km (Oaxaca) auf guter asphaltierter Straße; Ausfahrt aus Puebla auf der Straße nach Tehuacán (Pl. F4); die Beschreibung der Hauptroute kommt nach Puebla und Umgebung und den Rten 21A und 21B. Fahrtdauer ca. 1.45 Std. Puebla-Tehuacán und 4.30–5 Std. Tehuacán-Oaxaca.

★★★ **Puebla**, 850.000 Ew., Hauptstadt des gleichnamigen Staates (33.995 km^2 3,5 Mio Ew.), liegt in 2.161 m Höhe in einem sehr fruchtbaren Hochtal, das von hohen Bergen eingeschlossen ist (Cerro de la Malinche im O). Puebla ist für seine farbenfrohe Kolonialarchitektur berühmt; die meisten Kirchenkuppeln der Stadt sind mit mehrfarbigem Email verkleidet, auch viele Mauern sind verziert. In den letzten zehn Jahren hat sich die Stadt stark entwickelt und ist heute eine ausgewogene industrialisierte Provinzhauptstadt.

Die Stadt der Engel. – Puebla wurde 1531 im *Cuetlaxcoapan*-Tal („dem Ort, wo die Schlangenhäute gegerbt werden") unter dem Namen *Ciudad de los Angeles* gegründet. Sie ist seit 1539 Bischofssitz und es entstanden zahlreiche Klöster. In der 2. Hälfte des 17. Jh. nahm die Stadt mit Bischof Juan de Palafox y Mendoza einen großen Aufschwung.
Um die Mitte des 19. Jh. fanden in Puebla Kämpfe zwischen den mexikanischen Streitkräften und der Armee des amerikanischen Expeditionskorps statt, das unter General Winfield Scott 1847 die Herrschaft über die Stadt erlangte. Am 5. Mai 1862 schlug General Laurencez' Versuch, sich Loretos und Guadalupes zu bemächtigen fehl. Seitdem ist der 5. Mai in Mexiko ein

Feiertag. Am 16. März 1863 wurde die Stadt neuerlich von General Forey belagert und mußte zwei Monate später kapitulieren. Nach dem Abzug der Franzosen wurde Puebla am 4. April 1867 von General Porfirio Díaz zurückerobert.

Ein Tag in Puebla. – An einem Vormittag besichtigen Sie zu Fuß vom Zócalo aus das Zentrum. Gegen Mittag fahren Sie mit dem Taxi auf den Festungshügel (Antiken im Museum des Staates Puebla). Genießen Sie dann ein richtiges pueblanisches Gaumenfest zu mittag. Unternehmen Sie am Nachmittag eine 36 km lange Rundfahrt zu einer Anzahl von berühmten mehrfarbigen Bauwerken. (s. Umgebung, Rückfahrt über Cholula.)

Zwei Tage in Puebla. – 1. Tag: s. o.; – 2. Tag: kombinierter Ausflug (Rten 21A und 20A). Nehmen Sie einen Umweg von ca. 40 km auf sich (Autobahn nach México ab San Martin Texmelucan) und halten sie in Puerto del Aire (s. Rte 20, km 56) Mittagsrast, bevor Sie über Rte 20A über Huejotzingo und Cholula nach Puebla zurückkehren.

Der ★★**Zócalo** (Pl. C3, auch **Plaza de la Constitución**) ist das sehr lebendige Zentrum der Stadt; Boutiquen unter Galerien und Portalen.

Die ★**Kathedrale** (Pl. D4, Renaissance) wurde 1588 begonnen und erst 1649 vollendet.

Öffnungszeiten: 9–12 und 15–18 Uhr.

Das **N-Portal** an der Seite des Platzes ist mit Statuen der vier spanischen Könige verziert: Karl V., Philipp II., Philipp III. und Philipp IV.; über der Archivolte die spanischen königlichen Wappen. An der **Hauptfassade** im W schönes barockes **Mittelportal** (1664).
Das Innere der zweitgrößten Kathedrale Mexikos besteht aus fünf parallelen Schiffen, die von einem breiten Querschiff durchzogen werden; **Chorgestühl** (1722, Holz und Perlmutt, Onyx und Elfenbein). Der neoklassische **Hauptaltar** stammt von *Manuel Tolsá* und der barocke Altar der **Capilla Real** vom Sevillaner *Martínez Montañés* (17. Jh.); an diesem Altar Gemälde von *Pedro García Ferrer* (1583–1660), der auch die Kuppel schuf.

Die ★**Palafox-Bibliothek** (Pl. C4) wurde 1646 von Bischof Juan de Palafox gegründet und ist in einem Gebäude des ehemaligen Bischofspalastes untergebracht (Fischgrätmuster aus roten Ziegeln und emaillierte Fayence-Fliesen).

Öffnungszeiten: Mo.–Fr. 9–15 Uhr, Sa. 9–14 Uhr und So. 10–13 Uhr.

Sie ist mit Mobiliar aus dem 17. Jh. eingerichtet (Altar aus vergoldetem Holz); 50.000 Werke, einige Inkunabeln, mehrsprachige Bibel aus dem 16. Jh. (chaldäisch, hebräisch, griechisch und latein), ein 1584 in Antwerpen gedruckter Atlas, usw.

Die **Kirche de la Compañía** (Pl. D4) wurde 1767 geweiht, im Jahr der Ausweisung der Jesuiten aus Mexiko; chirruguereske Fassade und Kuppel mit blau und weiß emaillierten Fliesen.

In der Sakristei sieht man die Stelle, wo der Legende zufolge die Legendenfigur *China Poblana* begraben sein soll; diese mongolische oder indische Prinzessin soll von Piraten entführt und als Sklavin verkauft worden und gegen Ende des 17. Jh. auf einem Schiff von den Philippinen in Aca-

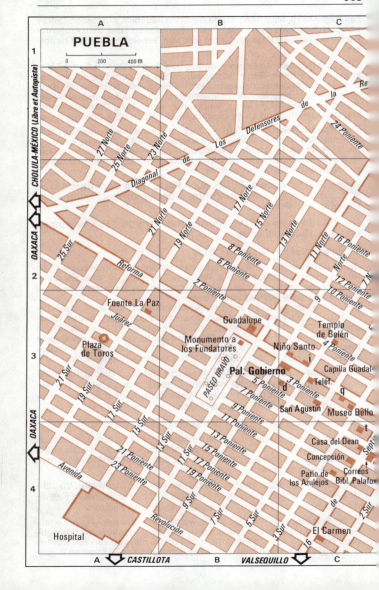

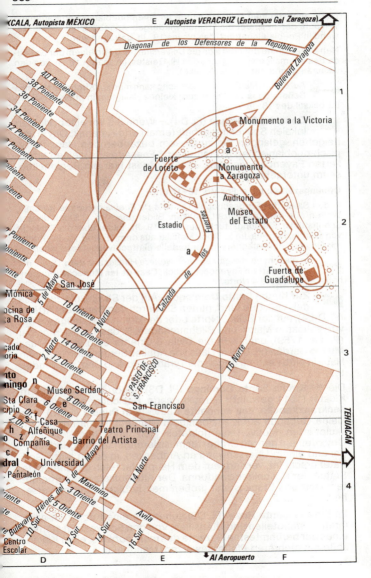

(21) Puebla – Tehuacán – Oaxaca

pulco angekommen sein; sie wurde an einen pueblanischen Kaufmann verkauft, der ihr später die Freiheit wiedergab. Angeblich hat sie ein Gewand in Puebla eingeführt, das bis ins 19. Jh. getragen wurde.

Neben der Kirche befindet sich die *Universität* (Pl. D4) in einem der Gebäude des ehemaligen Kollegiums des Hl. Geistes, im späten 16. Jh. von den Jesuiten gegründet (Patio, Kapelle).

Auf der av. Manuel Avila Camacho kann man zur **Kirche de Nuestra Señora de la Luz** gelangen; kleines Heiligtum in pueblanischem Barockstil des 18. Jh.

Casa del Alfeñique (Pl. D4). – Wenn Sie vor einem kleinen lokalen Souvenirgeschäft (emaillierte Keramik, Onyx) vorbeigehen, gelangen Sie zu diesem bezaubernden Haus im typisch pueblanischen Stil mit einer ★ **Fassade** aus kleinen emaillierten Fayencefliesen (18. Jh.). Heute ist hier ein Regionalmuseum untergebracht.

Öffnungszeiten: tgl. außer Mo. 10–17 Uhr.

In den Sälen des Erdgeschoßes *Talavera de Puebla* genannte Keramik, Waffen aus der Kolonialzeit, Antiken, Bilder, usw. Im 1. Stock diverse Schriftstücke, Kleidungsstücke aus dem 19. Jh., Bilder über die Schlacht von Puebla, Porträts. Im 2. Stock Mobiliar aus dem 18. und 19. Jh., Küche mit Originalgegenständen. In der Kapelle blattgoldverkleideter Altar.

In diesem Viertel gibt es noch weitere Häuser aus dem 18. Jh. mit einmailliertem Fayenceschmuck; **Casa de las Muñecas** (Puppenhaus) an der Calle 4 Norte.

Zur Kirche Santo Domingo. – Auf der Straße, die zur Casa del Alfeñique führt, gehen Sie durch den **Barrio del Artista** (Pl. D-E4), auf der Calle 8 Norte oder der kleinen Paralellgasse davor; seltsame Maler- und Bildhauerläden. R. das Teatro Principal (Pl. E4; 1759), dann r. in die Calle 6 Oriente einbiegen. R. das **Museo Serdán** (Pl. D3) im Haus von Aquiles Serdán, der 1910 sein Haus in eine Festung gegen die Tyrannei Porfirio Díaz' verwandelte.

Die ★★ **Kirche Santo Domingo** (Pl. D3) gehörte einst zu einem Kloster (1611 geweiht); Barockfassade. Besichtigen Sie die **Rosenkranzkapelle, das schönste Bauwerk in Puebla** (1690). Das kleine Gebäude auf kreuzförmigem Grundriß ist mit unzähligen skulptierten Motiven (vergoldetes Holz und Stuck, Marmor, Onyx), einem ganzen Orchester musizierender und singender Engel und einem Überschwang an Arabesken, in deren Mitte Gott Vater erscheint, verziert; auf dem Hauptaltar reich geschmückte Statue der Rosenkranzmadonna. Der Altaraufsatz aus vergoldetem Holz und Stuck ist mit großen mehrfarbigen Statuen versehen.

Im **Kloster Santa Rosa** (Pl. D3) sehen Sie eine Küche mit allen ihren Bestandteilen und Utensilien. Von den Schwestern stammt eines der berühmtesten Rezepte des *mole poblano*, einer Kakaosoße mit mehreren Pfeffergewürzen, Mandeln u. a.

Das ★ **Kloster Santa Mónica** (Pl. D3) wurde 1609 gegründet und 1680, als es ein Kolleg beherbergte, umgebaut. Trotz der Reformgesetze, die 1857 die Schließung der Klöster verfügten, kamen die Nonnen bis 1934 immer wieder zurück. In diesem Jahr wurden sie endgültig verjagt und das Kloster in ein Museum umgewandelt; Sammlungen aus anderen geheimen Klöstern Pueblas.

Öffnungszeiten: tgl. 10–16 Uhr, Sa. bis 14 Uhr.

Eingang Calle 18 Poniente 203, durch ein einfaches Haus. Die Tür zum Kloster ist durch einen Schrank getarnt. Im Büro der Oberin Statue des Hl. Thomas von Aquin. Sie durchqueren eine Reihe von Zellen mit verschiedenen Sammlungen (Stickereien, Kultobjekte).

Zurück in den ersten Raum und von da in eine lange Galerie mit Gemälden aus der Kolonialzeit (Pueblanische Schule). Sie durchqueren nun eine weitere Reihe von Zellen und ein Bad und gelangen in die Kapelle mit **Gemälden** von *Villalobo, Espinosa* u. a. Vor dem Eingang in die Sakristei kleiner churrigueresker Altaraufsatz, Holz und Stuck mit Blattgold. In der Sakristei besteht die ursprüngliche Einrichtung. Eine versteckte Türe führt über die obere Galerie in die 1751 geweihte **Kirche**. Die Krypta ist in ein Beinhaus umgewandelt. Durch zwei Säle mit ausgestellten Nonnengewändern gelangt man in einen ersten Patio mit dichter Vegetation. Besichtigen Sie anschließend die Küche; Keramikeinrichtung, azulejo-verkleideter Herd; von hier gelangt man in den **Hauptkreuzgang**, dessen Wände und Bögen völlig mit emaillierten Fayencefliesen bedeckt sind. Im 1. Stock, im ersten Saal Malereien auf Samt, wahrscheinlich aus der Mitte des 19. Jh. Im folgenden Saal sakrale Objekte, in einem weiteren Volkskunst.

Das Museum beherbergt außerdem eine **Skulpturensammlung**, darunter eine mehrfarbige **Jungfrau mit dem Kind**, *Martínez Montañés* zugeschrieben. Schließlich kommen noch ein Saal mit Truhen und Schreibtischen, ein Saal mit Porzellan und ein letzter Salon mit verschiedenen von den Nonnen hergestellten Nippes.

Ausgang durch eine Geheimtüre auf die Straße.

In der Nähe des ehemaligen Klosters liegt die **Kirche San José** (Pl. D2; 18. Jh., barock) mit bewundernswerter Kuppel aus blauer, gelber und oranger Fayence.

▶ Auf einem weiteren Spaziergang vom Zócalo aus können Sie etliche weniger interessante Kirchen (dennoch bezaubernde Azulejos) und einige Häuser entdecken. Beginnen Sie in der **Casa del Dean** (Pl. C4; Haus des Dekans, 1580), einem schönen Beispiel der weltlichen Renaissance-Architektur.

Auf der av. 16 de Septiembre jenseits der Casa del Dean gelangt man zur **Kirche de la Concepción** (Pl. C4; am Hauptaltar Malereien aus dem frühen 19. Jh. von Francisco Morales) und zum **ehemaligen Carmel-Kloster** (Pl. C4); sehenswert die Capilla de la Tercer Orden (18. Jh.), reich mit emaillierten Fliesen verziert.

Von der Casa del Dean gelangt man auch zum **Bello-Museum** (Pl. C3; calle 3 Poniente); Sammlungen von Gemälden, Keramik, Schmiedeeisen, Möbel (Öffnungszeiten: 10–17 Uhr). In der selben Straße etwas weiter die **Kirche San Augustín** (Pl. C3; 1629, barock). Gegenüber, auf Nr. 512, Haus aus dem 16. Jh.; schöne Fassade mit skulptiertem Türsturz.

(21) Puebla – Tehuacán – Oaxaca

An der av. de la Reforma die **Kirche de la Guadelupe** (Pl. B3), deren Fassade zur Gänze mit Ziegeln und Fliesen bedeckt ist (18. Jh.).
Von dort über die av. de la Reforma zurück zum Zócalo. R., an der Ecke der calles 7 Norte und 4 Poniente, der **Templo de Belén**, eine bezaubernde kleine Kirche mit Ziegelfassade.

➤ Am südl. Ende der calle 3 Sur das **Haus der Storchen**; schöne platereske Fassade aus dem späten 16. Jh. (1687 restauriert).

➤ **Zu den Festungen.** – Fahren Sie mit dem Taxi auf die Anhöhe über dem NO der Stadt, vorbei an der **Kirche San Francisco** (Pl. E3), 1551 von den Franziskanern errichtet; im 18. Jh. Anbau eines churriguereskes Portals an der Fassade. Schönes platereskes Portal am Seiteneingang (Calle 10 Oriente). Die einschiffige Kirche verfügt über ein Gewölbe mit gotischen Rippen; die Innenausstattung wurde im 19. Jh. erneuert. Im Vorraum der Sakristei Gemälde von *Cristobal de Talavera* (1731).
Kurz danach steigen Sie die S-Flanke des Hügels hinauf, wo am 5. Mai 1862 die Kämpfe stattfanden, die mit der Niederlage der französischen Armee endeten.

Loreto-Festung (Pl. E2). – Sie wurde im frühen 19. Jh. errichtet und umfaßt eine der Hl. Jungfrau von Loreto geweihte Kirche (spätes 17. Jh., barock) über der **Casa Santa**, einer Nachbildung des Heiligen Hauses in Nazareth. Die Kirche der Jungfrau von Guadelupe in der gleichnamigen Festung wurde 1862 zerstört.

★ **Staatsmuseum von Puebla.** – Zwischen den Festungen Loreto und Guadelupe (Pl. F2) liegt das Museum in einem modernen Bau; Ethnologie- und Antikensammlungen, vor allem ★★ **olmekische Statuetten** (Präklassik). In der aztekischen Abteilung **Chacmool Statue** aus Tlaxcala (*Öffnungszeiten:* tgl. außer Mo. 10–17 Uhr).
In der Nähe das **Siegerdenkmal** (Pl. F1).

➤ **Umgebung. 1.** – **Totimehuacán** (10 km Richtung Valsequillo; Pl. B–C4). – Im Mittelpunkt des Ortes ein toltekisches Zeremonialzentrum, das drei Pyramiden umfaßte; sie waren Toniatuh (Sonnengott), Mextli (Mondgott) und dem Morgenstern geweiht. Unter den Kirchen befinden sich die **Kirche Santa Catalina** (einige Gemälde), die **Kirche San Juan Bautista** (auf dem Unterbau der Pyramide errichtet) und die **Pfarrkirche** (17. Jh.; einige mehrfarbige Holzstatuen). Die Kirche des ehemaligen Franziskanerklosters fiel 1958 einem Erdbeben zum Opfer.
In der Nähe von Totimehuacán hat eine deutsche Mission Ausgrabungen getätigt: **Tepalcayo**.

2. – **Acatepec, Tonantzintla und Cholula** (Rundfahrt von 36 km). – Ausfahrt aus Puebla auf der Straße nach Oaxaca (Pl. A2 und A4).
12,5 km: **Tlaxcalancingo**, kleines Dorf l. von der Straße; ★ **Kirche** aus dem 18. Jh., eines der schönsten Exemplare der farbigen pueblanischen Architektur; seitliche, völlig mit roten Ziegeln und Azulejos verzierte Fassade; l. eleganter Turm mit Azulejokuppel und kleiner Laterne.
16 km: r. die ★★ **Kirche San Francisco Acatepec**, ein weiteres Glanzstück der lokalen Architektur; Fassade aus Ziegel und Azulejos, weißer Glockenturm. Im Inneren sehenswerte Altäre (barock, Holz und Stuck, vergoldet oder mehrfarbig, 18. Jh.).

Gegenüber der Kirche weiter auf der Straße nach Cholula.
17,5 km: r. **Observatorium von Tonantzintla** (1942).
18 km: l. * **Kirche Santa María Tonantzintla**; im Inneren überschwengliche mehrfarbige und zum Teil blattvergoldete Verzierungen (18. Jh.; *Öffnungszeiten:* 9–13 und 15–17 Uhr).
22 km: * **Cholula**, 20.000 Ew., wo sich einst eines der wichtigsten Nahua-Heiligtümer befand, ist eine der ehrwürdigsten Städte des alten Mexiko. Einem Brief von Hernando Cortez an Karl V. zufolge gab es dort nicht weniger als 400 Türme (Pyramiden); auch heute sagt man, die Stadt zähle so viele Kirchen, wie das Jahr Tage.

Eine Wiege der Zivilisation. – Cholula war schon in der vorklassischen Zeit besiedelt, also vor dem Beginn unserer Zeitrechnung. Die Region stand unter dem Einfluß der olmekischen Zivilisation. Seit dem hohen Altertum verehrte man die gefiederten Schlangen und die Stadt wurde bis zum Beginn der toltekischen Zeit von Hohepriestern regiert.
In der toltekischen Zeit war Cholula ein wichtiges Kulturzentrum. Zu den olmekischen Einwohnern gesellten sich nahua-sprechende Tolteken. Diese wurden von den Olmeken unterdrückt und wanderten zum Teil nach Mittelamerika aus. Die nicaraguanischen Pipilen sollen ihre Nachkommen sein. Cholula und Umgebung gerieten später unter toltekische Herrschaft. Die Olmeken wurden schließlich verjagt. Manche Autoren sehen diese Olmeken als Mixteken an, deshalb wird diese Kultur Mixteca-Puebla genannt.
Während der aztekischen Epochen wurde in Cholula ein Goldschmiedemarkt abgehalten. Ab dem 14. Jh. wurde mehrfarbige Keramik hergestellt. 1519, beim Marsch von Cortez auf Tenochtitlán, befürchtete der Anführer der Konquistadoren einen Hinterhalt und ordnete ein Massaker an, dem 3.000–6.000 Menschen zum Opfer fielen. Cholula erholte sich nie von diesem Gemetzel und vor allem von der Pestepidemie der Jahre 1544–1546.

Auf dem *Hauptplatz*, an der Stelle des ehemaligen Tempels der gefiederten Schlange, erhebt sich das **Kloster San Gabriel**. Seine von den Franziskanern 1549 begonnene und 1552 geweihte Kirche ist eines der größten mexikanischen Gotteshäuser des 16. Jh.; einschiffiger Bau mit plateresкem Portal; gotische Rippengewölbe.
Beim Kirchenhaupt befindet sich die **Capilla Real**, ein weitläufiger Bau mit neun offenen Schiffen, die mit kleinen Kuppeln mit Laternen gedeckt sind. Sie erinnert an die Moschee von Cordoba, wurde 1540 errichtet und im 17. Jh. restauriert. Sie öffnet sich auf ein großes Atrium; an drei Ecken **Posas-Kapellen**.
400 m weiter, auf einem Hügel, das Heiligtum **Santuario de los Remedios** (18. Jh.). Dieser Hügel ist eigentlich eine ehemalige **Pyramide**, der größte Bau der Welt, der eine Fläche von 17 ha bedeckte, 475 m Seitenlänge hatte und 60 m hoch war. Heute ist davon nur eine Erhöhung mit mehr oder weniger regelmäßigen Formen übrig. Die Pyramide diente eine Zeit lang als Steinbruch: die von hier entfernten Materialien dienten dem Häuserbau in Cholula. Nicht weniger als 8 km Tunnels mußten für diesen riesigen Bau gegraben werden. Man kann sich also vorstellen, daß er mehrere Pyramidenheiligtümer umfaßte; das erste stammte aus der klassischen Epoche von Teotihuacán. In einem kleinen **Museum** beim Eingang Modell der verschiedenen aufeinanderfolgenden Strukturen. Einige der Tunnels können besichtigt werden; **Wandmalereien.**

Öffnungszeiten: 10–17 Uhr.

(21) Puebla – Tehuacán – Oaxaca

Von den zahlreichen **Festen** (25. Juli, 6.–9. Sept. und 2. Nov.) ist jenes am 2. Feb. (Fiesta de la Candelaria) das malerischste.

36 km: Rückkehr nach Puebla auf der av. Juárez und der Straße aus Cholula (Pl. A1–2).

3. – San Miguel Canoa (24 km; Ausfahrt auf der Straße nach Tehuacán, Pl. F4, dann l. in die av. Hidalgo, ca. 1 km nach der Kirche San Francisco). – In dieser Ortschaft am Fuße des Cerro de la Malinche werden reich bestickte Hemden für Männer und Frauen hergestellt. Ca. 4,5 km vor dem Ort durchquert die Straße **Manzanillo**; Ausgrabungen großer Terrassen und eines Ballspielplatzes (*tlachtli*). 700 m östl. ein weitläufigerer Ballspielplatz, der von ca. 10 kleinen Hügeln umgeben ist. Die Ruine des Zeremonialzentrums von Manzanillo stammt vermutlich aus der klassischen Periode.

☞ **21 A – Von Puebla nach Tlaxcala und San Martín Texmelucan** (35 km und 70,5 km, Rundfahrt von 106,5 km, wenn man auf der Autobahn nach Puebla zurückfährt, 113,5 km über Cholula, s. Rte 20A). – Ausfahrt aus Puebla auf der Straße nach Tlaxcala (Pl. D1). – 6,5 km: Autobahnkreuz (s. Rte 20, km 123,5). – 17,5 km: **Santo Toribio**; l. typisch pueblanische, mit Azulejos verzierte Kirche. – 21,5 km: **Zacatelco**; l. Kirche mit Kuppel, orange Azulejos.

➤ R. Fahrweg nach (5 km) **San Antonio Acuamanala**; Kirche aus dem 18. Jh.; churrigueresk Fassade mit weißen Mörtelskulpturen; im Inneren schöner barocker Altaraufsatz.

☞ 25,5 km: r. das Dorf **Tepeyanco** (Karneval am Di. nach dem Aschermittwoch); im Zentrum des Pueblo ein **Kloster**, 1554 von den Franziskanern gegründet; im Atrium Posas-Kapellen (Altar zur Aufstellung des Allerheiligsten) aus dem 17. Jh. Die **Kirche** entstand um 1558, sie wurde jedoch im 16. Jh. umgebaut und mit einem Gewölbe versehen; offene Kapelle mit heute verfallenem Portikus.

33 km: L. die Straße nach Cacaxtla (s. u., km 37) und r. **Ocotlan** (Lokalfest am 14. Juli), für seine zoomorphe Keramik berühmt. ★★**Kirche** aus dem 18. Jh. mit einer der schönsten churrigueresken Fassaden Mexikos; zwei azulejo-verzierte Türme mit Spitzenwerk aus Stein. Im Inneren churrigueresk Altaraufsätze mit bemalten oder vergoldeten Statuen.

35 km: ★ **Tlaxcala**, Kleinstadt mit 12.000 Ew., Hauptstadt des gleichnamigen Staates, (4.027 km^2, ca. 511.000 Ew.), die in der prähispanischen Zeit die Hauptstadt eines Nahuatl-Fürstentums war, das sich seit der Mitte des 15. Jh. in das aztekische Reich eingenistet hatte.

Ein unbesiegbarer Staat. – Tlaxcala wurde um die Mitte des 14. Jh. von chichimekischen Völkerschaften unter dem Namen Tlatepotzca gegründet; sie waren aus Texcoco gekommen und setzten sich auch in Ocotelolco, Quiahuiztlan und Tizatlan fest. Mit diesen drei weiteren Orten ging Tlaxcala eine Föderation ein.
Als die Mexica in der 2. Hälfte des 15. Jh. ihre Herrschaft gefestigt und die östl. Territorien bis zum Golf von Mexiko besetzt hatten, wurden Tlaxcala

und ihre Verbündeten von ihren Häfen abgeschnitten und lebten beinahe 40 Jahre in einem belagerungsähnlichen Zustand. Die Tlaxcalteken verzichteten lieber auf Salz, als sich zu unterwerfen. 1502 versuchte Moctezuma Xocoyotzin vergeblich, ihren Widerstand zu brechen. Sie fanden schließlich eine Art modus vivendi, indem sie geschlossene, nicht der Eroberung dienende Kämpfe veranstalteten. Sie wollten nur Gefangene, um sie ihren Göttern opfern zu können.

Die treue Verbündete der Spanier. – Die Konquistadoren wurden hier sehr schlecht aufgenommen. Die Tlaxcalteken lieferten ihnen drei blutige Schlachten, die sie schließlich verloren. Cortez erkannte die Rivalität zwischen ihnen und den Azteken, und bot den Tlaxcalteken eine Allianz an. Trotz aller Schwierigkeiten blieben sie den Spaniern immer treu und pflegten in ihren Ortschaften deren Verletzte. Bis zum Beginn der Belagerung von Tenochtitlán war die Stadt das spanische Hauptquartier (1521). In Tlaxcala wurden die ersten Eingeborenen getauft, die vier Senatoren der kleinen Republik.
Karl V. befreite die Stadt von den Steuern. Ab 1524 ließen sich die ersten franziskanischen Missionare hier nieder.

Außer einigen Ruinen an der Stelle der ehemaligen Nachbarstadt Tizatlan besitzt Tlaxcala keinerlei Überreste aus der prähispanischen Zeit.
Auf dem Hauptplatz, der **Plaza de la Constitución**, mit der erhaltenen, von den Spaniern angelegten Esplanade, die alten *Casas Reales;* **Palacio Municipal** (1550) und **Palacio de Gobierno** an der Stelle der ehemaligen Capilla Real (um die Mitte des 19. Jh. zum Teil abgerissen); **Pfarrkirche** mit roter Ziegelfassade mit einigen emaillierten Keramikfliesen.
Verlassen Sie den Platz an der NO-Ecke (hinten r. mit dem Rücken zur Kirche) und gehen Sie gleich nach einem weiteren kleinen Platz r. und 100 m weiter l. zum ehemaligen ★ **Kloster San Francisco**, 1536 oder 1537 von den Franziskanern gegründet. Die Gebäude, die heute zu besichtigen sind, gehören zum dritten hier gegründeten Kloster. Am Ende eines gepflasterten Weges gelangen Sie durch einen dreifachen Bogen (mit dem Glockenturm r. verbunden) in das **Atrium**. L. öffnet sich eine Säulenvorhalle mit drei Jochen, die in einen Vorraum führt; von hier in einen kleinen **Kreuzgang** mit zwei übereinanderliegenden Galerien.
Die Kirche neben der Säulenvorhalle wurde im 17. Jh. wiederaufgebaut (mit Ausnahme des Portals). Im Inneren die **schönste Mudejardecke Mexikos** (17. Jh.); in der Capilla del Tercer Orden Taufbecken, das der Taufe der vier Senatoren gedient haben soll (1520). In der Sakristei Gemälde von *Diego de Borgraf* (**Hl. Theresa mit dem Jesuskind**).
Man durchquert anschließend das Atrium und gelangt zur Treppe, die fast gegenüber des Kirchenportals mündet; zwei parallele Läufe, die an einem Absatz enden, wo sich eine Kapelle mit gotischen Gewölben öffnet. Die Fassade dieser herrlichen Kapelle umfaßt drei Strahlenbögen und wurde 1539 vollendet. Von den alten Posas-Kapellen des Atriums ist nur mehr eine erhalten.

Umgebung. 1. – Tizatlan (4 km). R. der Straße nach San Martín Texmelucan liegen einige Reste des **Palastes von Xicoténcatl** und mehrerer religiöser Bauten. Hier wurde ein kleiner, mit Malereien versehener Tempel entdeckt. Auf einem Altar eine Reihe von 13 viereckigen Motiven mit Darstellungen der Selbstopferung und einiger Gottheiten.
Auf einem zweiten Altar fand man verschiedene Hieroglyphen (Jadeplättchen oder chalchihuites, Totenköpfe, Herzen, usw.) und die Darstellungen

(21) Puebla – Tehuacán – Oaxaca

von Tetzcatlipoca, Mictlantecuhtli oder Tlahuizcalpantecuhtli, des Sterns des Schäfers (Planet Venus), einen Totenkopf in den Händen haltend. Unter den Ruinen des Palastes befinden sich eine **Kirche** und eine **offene Kapelle** aus dem 16. Jh. Der Überlieferung nach hätten Cortez und seine Gastgeber am Tag nach deren Konvertierung in einem Hof des Xochiquétzal-Tempels ein leuchtendes Kreuz erblickt.

2 – Santa Ana Chiautempan (12 km). Vom Autobahnkreuz Ocotoxco (2 km vom Zentrum) führt eine Straße in dieses Dorf, wo vom 25. Juli–6. Aug., vor allem jedoch am 26. Juli die Schutzheilige gefeiert wird.

☞ 37 km: Zurück zur Kreuzung von Cacaxtla (s. o., km 33).
49 km: **Tlatlahuica**; r. abbiegen; – 50 km: **Nativitas**. – 53,5 km: R. abbiegen, 1 km weiter dann l. abbiegen.
55 km: Einfahrt zum **archäologischen Komplex von Cacaxtla**, der sich über 1,5 km erstreckt; gut erhaltene **Wandmalereien.**

Öffnungszeiten: tgl. außer Mo. 10–17 Uhr (Wandmalereien nur 10–13 Uhr).

Die 1971 begonnenen Ausgrabungen haben ergeben, daß die Zone in der präkolumbischen Epoche vom 2. Jt. v. Chr. bis ca. 850 n. Chr. bewohnt war. Die Besiedlung begann in der Tzompantepec-Phase (1700–1200 v. Chr.) mit Völkerschaften, die sich der Landwirtschaft widmeten. In der darauffolgenden Periode (Tlatempa, 1200–800 v. Chr.) wurde die Besiedlung dichter und einiges deutet schon auf das Bestehen gewisser religiöser Bauten hin (Figurinen des alten Feuergottes Huehuéteotl).
In der Texoloc-Phase (800–300 v. Chr.) nahm die Siedlung weiter an Bedeutung zu; technische Fortschritte im Bereich der Bewässerung. Man fand Plattformen aus Erde und Tempelfundamente.
Huehuéteotl wurde noch angebetet, und die ersten Darstellungen des Regengottes Tláloc tauchen auf. Die Handelskontakte mit dem Becken von México, dem Tehuacán-Tal, Veracruz und dem Golf von Mexiko weiteten sich bis zur Pazifikküste Guatemalas aus.
300 v. Chr.–100 n. Chr. erlebte die Region ihre Blütezeit. Die Entwicklung der Städte Cholula und vor allem Teotihuacán begann auch Cacaxtla zu beeinflussen (vor allem 100–600 n. Chr.). Ab 600 traten größere Veränderungen ein, sowohl die Verteilung der Völkerschaften als auch das kulturelle Leben betreffend, vor allem im Zusammenhang mit dem langsamen Niedergang der teotihuacanischen Metropole. Die Handelsbeziehungen mit den anderen Regionen Mittelamerikas wurden schwächer. In Xochitéatl, Cacaxtla und Atlachino (ca. 1,5 km nordöstl. von Cacaxtla) entstanden Festungen mit hohen Plattformen und tiefen Gräben. Es gab aber auch palastähnliche Komplexe mit Wandmalereien und Stuckreliefs. In diese spätklassische Periode (600–900) fallen die 1975 entdeckten Fresken. Der Komplex von Cacaxtla wurde um 850 verlassen und erst im 16 Jh. neuerlich besiedelt.

Die **Wandmalereien** befinden sich an der N-Grenze von Cacaxtla in der Nähe von **San Miguel del Milagro**, l., 1,5 km von der Straße von Xochitécatl nach Santa María Nativitas. Die 1975 von Bauern entdeckte Komposition enthält 8 Farbtöne auf einer Stuckunterlage (600–750). Auf rotem Grund sieht man eine Figur (König oder Gottheit?) mit einem großen Zeremonienstab aus Schlangen. Sie ist zwischen Maispflanzen (l.) und einer Glyphe (l. oben) aus Händen und Fußspuren, einem gefiederten Auge (darunter), einer Ara (r.), einer Reihe von Strichen und Punkten (unter der Ara) und einer gefiederten Schlange (unten) dargestellt. Das alles ist von Wassertieren und Blumen eingerahmt. Der Körper der Figur ist schwarz bemalt, das Gesicht dunkelgrau und der Kopf erscheint im Schnabel eines Raubvogels.

☞ Zurück zur Kreuzung bei km 53,5; r. abbiegen, und nach 9 km l. in Richtung San Martín Texmelucan.

70,5 km: Autobahnkreuz auf der Straße México–Córdoba, neben **San Martín Texmelucan** (s. Rte 20, km 93,5).

☞ **21 B – Von Puebla nach Izúcar de Matamoros** (72 km; Ausfahrt auf der Straße nach Oaxaca, Pl. A2 und A4). – Von Puebla nach Acatepec: s. o., Umgebung von Puebla.

34 km: **Atlixco**, bezaubernde Kleinstadt mit 30.000 Ew. Der angenehm schattige Zócalo ist von alten Kolonialbauten gesäumt (typisch pueblanischer Stil, Ziegeln und Azulejos). In der Pfarrkirche (16. Jh., später umgebaut) in den beiden Armen des Querschiffes alte Altaraufsätze aus dem späten 18. Jh. und Malereien.

Das **Hospital San Juan de Dios** (1581) wurde um die Mitte des 18. Jh. umgebaut; Patio mit Brunnen (18. Jh.).
An der Seite des Cerrito de San Miguel über der Stadt das ehemalige **Franziskanerkloster** (16. Jh.). Die festungsartige Kirche besitzt eine strenge plateresken Fassade. Im Inneren gotische Gewölbe. Die Klostergebäude öffnen sich durch eine fünfarmige Säulenvorhalle; von hier gelangt man in den Kreuzgang; vom Atrium schöner Blick auf die Stadt.

➤ Von Atlixco führt eine Bergstraße nach (15 km) ***Tochimilco**; kleines malerisches Dorf an der S-Flanke des Popocatépetl. Auf dem Platz mit sehenswertem Brunnen aus dem 16. Jh. ein **Franziskanerkloster** aus dem 16. Jh.; Kirche mit strenger Renaissance-Fassade. R. führt ein Portikus, der früher eine offene Kapelle beherbergte, zum Kreuzgang mit zwei Galerien. Außerhalb der Ortschaft die Kirche **El Calvario** (spätes 17. Jh.) auf den Fundamenten eines prähispanischen Tempels. Die Materialien wurden für den Kirchenbau wiederverwendet. Eingang durch ein elegantes neoklassisches Portal mit abgeschnittenem Sturz in ein Atrium. An der Fassade über dem Portal ein Renaissance-Fenster und darüber eine Nische.

☞ 48 km: Kreuzung.

➤ R. ziemlich schlechter Fahrweg nach (14 km) **Huaquechula**; Bergdorf mit einem 1551 von den Franziskanern gegründeten Kloster. **Kloster** und **Kirche** wurden zum Teil mit prähispanischen Materialien aus einem benachbarten Zeremonialzentrum errichtet. Eingang über ein Atrium, das im the O von der plateresken Kirchenfassade begrenzt ist; sehr schöne **skulptierte Verzierungen** am Giebelfeld über dem **Portal**. Besichtigen Sie auch das nördl. Seitenportal (l.) mit Relief des thronenden Christus. Im Inneren schöne skulptierte **Altaraufsätze**.
R. der Kirchenfassade befand sich eine offene Kapelle. Weiter r. liegen die Klostergebäude.

☞ 72 km: **Izúcar de Matamoros**, 2 km von der Straße Oaxaca–México (s. Rte 23, km 345).

(21) Puebla – Tehuacán – Oaxaca

Fortsetzung der Route 21. – Ausfahrt aus Puebla auf der Straße nach Tehuacán (Pl. F4; auf der Autobahn nach Veracruz, Pl. F1, könnten Sie 40 km schneller zurücklegen, s. Rte 20, km 127–168).

15 km: **Amozoc**, 10.000 Ew., für seine *Charrería*-Ausrüstungen (mexikanische Reiter) berühmt: Sporen, Bügel, Pistolen, Macheten mit Silberschmuck.

32,5 km: Straßenkreuzung.

R. nach (11 km) **Tecali**; kleiner Ort bei Onyx- und Marmorsteinbrüchen; * **Kirche** des ehemaligen Franziskanerklosters mit schönem Renaissanceportal; im Inneren steinerne Taufbecken (16. Jh.).

Auf der selben Straße kann man nach (8 km; r. abbiegen) **Cuauhtinchan** (Adlernest) fahren; gut erhaltenes **Franziskanerkloster** (1569). Die festungsartige **Kirche** beherbergt einen sehr schönen Altaraufsatz aus dem späten 16. Jh. R. der strengen Fassade mit zwei Türmen befinden sich eine offene Kapelle und ein Portikus zu den Klostergebäuden. In der Galerie des unteren **Kreuzgangs Verkündigung** (16. Jh.) mit zwei prähispanischen Symbolen, Adler und Jaguar.

34 km: **Tepeaca** (großer Markt am Fr.), Kleinstadt an der Stelle oder in der Nähe der befestigten Etappe *Segura de la Frontera* auf dem Weg nach Veracruz (Hernando Cortez).

Auf dem Hauptplatz der ehemalige Wachturm (**Rollo**; 1. Hälfte des 16. Jh.) maurischen Charakters mit doppelten Bögen; die Details sind jedoch der Renaissance zuzuordnen.
Vom Platz gelangt man in das Atrium eines * **Franziskanerklosters** (dreifaches Portal aus dem 16. Jh.; dreifache Giebelfelder). Die festungsähnliche Kirche (ab 1540) ist von einem Wehrgang umgeben. Im hohen Schiff gotische Gewölbe. In den Seitenbögen trompe-l'œil-gemalte Altaraufsätze. Der Hauptaltar (neoklassisch) und die Galerie darüber wurden im 19. Jh. hinzugefügt. Aus Puebla kommend am Platz entlang Ziegel- und Azulejofassade der Reiseresidenz der Vizekönige.

40,5 km: Kreuzung.

L. nach (54 km) **Zacatepec**, an der Straße Veracruz-Jalapa-México (s. Rte 19, km 211,5) über (10,5 km) **Acatzingo** (großer Markt am Di.); altes **Kloster** (16. Jh.). In der **Kirche** steinerne **Taufbecken** (16. Jh.) im Stil der Eingeborenen. Auf dem selben Platz Kirche aus dem 18. Jh. mit zwei Türmen und Kuppel; schöner barocker Altaraufsatz.

43 km: Kreuzung.

R. nach (67 km) San Juan Ixcaquixtla über (32 km) **Molcaxac;** von hier führt ein nur mit Jeep befahrbarer Weg nach (30 km) **Huatlatláucha**; armseliges Dorf, in dem Spielzeug aus Palmenfasern hergestellt wird. 1566–1570 gründeten Franziskaner ein **Kloster;** die **Kirche** mit Mudejarelementen an der Fassade besitzt noch ihr Dach mit **mehrfarbigem Dachstuhl aus Holz** (16. Jh.). Im **Kreuzgang** mit zwei Galerien Fragmente von **Wandmalereien** aus dem späten 16. Jh.

55 km: **Tecamachalco**; Franziskanerkloster; 1557 vollendete **Kir-**

Amozoc – Coxcatlán

che mit gotischen Rippengewölben unter der Chorgalerie, mit **Malereien** von *Juan Gerson* (od. *Jerson*; 1562) versehen. Schöne **offene Kapelle** auf der Höhe des 1. Stocks des Klosters.

56,5 km: Kreuzung.

➤ L. Straße nach **Morelos Cañada** über (8 km) **Tuzuapán**; von hier kann man l. nach (16 km) **Quecholac** weiterfahren; **Kirche del Carmel**, Renaissance (spätes 16. Jh.) mit eingeritzten Grafitti an der Fassade.

70 km: Tlacotepec, am Fuße eines von einer Kirche mit gelben Azulejos gekrönten Hügels. Maguey-Plantagen.

105 km: R. eine Straße nach Tehuacán.

109 km: Verlassen Sie die Straße nach Veracruz; r. abbiegen.

111 km: Tehuacán, 58.000 Ew. (1.668 m), in der Nähe von Thermalquellen mit radioaktiver Wirkung; Mineralwasser.

Die Stadt entwickelte sich ab 1658 um ein Franziskanerkloster. Erhalten ist die dem Hl. Franziskus geweihte **Kirche** (Retabel mit Malereien aus dem 18. Jh.). Sehenswert ist auch die **Kirche del Carmen** mit Azulejo-Kuppel (18. Jh.).

In der Calle 1 Norte 209 befindet sich das **Museum des Tehuacán-Tales;** archäologische Sammlungen; man vermutet, daß hier vor tausenden Jahren begonnen wurde, Mais anzubauen; Vitrine mit „prähistorischen" Maiskörnern aus der Coxcatlán-Grotte.

➤ Von Tehuacán kann man nach (121 km) **Huajuapan de León** weiterfahren; gute Straße auf dem Weg von México nach Oaxaca (s. Rte 23, km 198); am Weg zahlreiche Dörfer mit Kirchen mit Azulejokuppeln. Kurz vor (22 km) **Zapotitlán** gelangt man nach der Durchquerung eines Erosionsbeckens in ein Tal; die Berge sind mit Kandelaberkakteen und Echinokakteen bewachsen, die kleinen Ballons mit Stacheln gleichen. Wenn Sie nicht bis Oaxaca weiterfahren wollen, empfehlen wir einen Ausflug bis nach Zapotitlán, um dieses besonders **sehenswerte Naturschauspiel** zu erleben.

➤ Von Tehuacán kann man auch nach (54 km) **Ciudad Mendoza** fahren (s. Rte 20, km 264) an der Autobahn México-Córdoba (und Veracruz; nehmen Sie die bezeichnete Straße, s. u. km 109) über den (30 km) **Acultzingo-Paß** (2.000 m); **wunderbare ★ ★ Aussicht** auf die Orizaba-Ebene, die vom höchsten Berg Mexikos, dem Citlaltépetl (5.569 m) überragt wird. In weniger als 15 Min. geht die Straße vom Steppenplateau in den tropischen Überreichtum der Orizaba-Ebene über.

☛ **122 km:** Kreuzung.

➤ Nach der Überquerung des Río Salado bei **Tehuacán Viejo** (verfallenes Franziskanerkloster) führt r. eine Straße nach (10 km) **Chilac** (sehr interessante religiöse Feste am 1. und 2. Nov.). In der Gegend von Chilac leben einige **Popoloca**, den Otomí verwandte Indianer. Sie sind zwar katholisch, unterstehen jedoch dem Einfluß der lokalen Hexenmeister.

☛ **152 km: Coxcatlán,** Dorf an der Stelle einer prähispanischen Siedlung im breiten Tal des Río Salado; Zuckerrohr. In der Vorgeschichte war dieser Teil Mexikos der Schauplatz einer für die Zukunft ausschlaggebenden technischen Neuerung, des Maisanbaus (s. Museum des Tehuacán-Tales in Tehuacán).

178 km: Teotitlán del Camino, Dorf prähispanischen Ursprungs mit 7.000 Ew., wo sich vermutlich ein Observatorium für den Planeten Venus befand.

Die Bedeutung der Beobachtung dieses Planeten im antiken Mexiko ist bekannt. Er wurde *Citlálpol* (großer Stern) genannt. Wahrscheinlich hat die Venus-Periode der Berechnungen des großen 52-jährigen mesoamerikanischen Zyklus beeinflußt (von den Azteken *xiuhmolpilli,* Verbindung der Jahre, genannt). Alle 8 Jahre des Solarzyklus (5 Perioden der Venus-Berechnung) feierten die Azteken ein seltsames Fest zu Ehren von Xochiquétzal; in dessen Verlauf vermieden sie, ihre Speisen zu würzen, um ihnen Zeit zu geben, sich auszuruhen, denn sie dachten, die Gewürze schmerzten die Nahrungsmittel. Das Fest äußerte sich in Tänzen, deren Teilnehmer Tier- und Nährpflanzenmasken trugen, sowie in einem Schlangentanz mit lebenden Reptilien, der heute noch von den Mazateken ausgeführt wird (s. u.)

Die Mazateken. – Sie leben in einem großen, bergigen Gebiet in Oaxaca und Puebla. Von ihrem Ursprung ist nichts bekannt. Die Mazateken waren Tributäre der Mixteken und später der Azteken, nach den ersten Siegen Moctezumas über einige ihrer Könige. Um das Tal zu bewachen, errichteten die Mexica in Teotitlán del Camino und in Tuxtepec Festungen. 1950 gab es noch 50.000 Eingeborene, die ausschließlich mazatekisch sprachen, eine Sprache der olmeko-otomangischen Gruppe. Die Dörfer werden nach den modernen Gesetzen von gewählten Beamten verwaltet, in den entlegenen Dörfern jedoch herrschen noch die katholischen Priester, evangelischen Pfarrer und die Zauberer. Diese kleinwüchsigen Indianer (1,55–1,60 m) leben vor allem in den höheren Regionen in strohgedeckten Hütten und in den wärmeren Regionen in Bambushütten.

Sie leben vom Anbau von Mais, Bohnen und Kalebassen, und in den warmen Gebieten von Zuckerrohr, Kakao, Tabak, u. a. Sie stellen Huipiles mit tier- und pflanzenförmigen sowie geometrischen Motiven her, Röcke, die bis zu den Knöcheln reichen und am Saum mit Tieren, vor allem Hirschen und Pferden, verziert sind. Die Frauen ölen ihr Haar mit Mameykernöl und flechten es in kleine Zöpfe mit blauen und roten Bändern. Die männliche Bekleidung ist viel einfacher und weiß, das durch einen farbenfrohen Gürtel noch hervorgehoben wird.

Die Religion dieses Volkes besteht aus einem mit Aberglauben durchsetzten Katholizismus. Es verehrt einige Tiere, vor allem den Jaguar, die Schlange, den Adler, u. a. In den entlegenen Pueblos wird das religiöse Leben von den Zauberern bestimmt, in Übereinstimmung mit dem antiken aztekischen Kalender.

Die Feste des christlichen Kalenders werden gefeiert, vor allem die Karwoche. Während in den Kirchen die Gottesdienste abgehalten werden, stehen die Frauen an der Schwelle ihrer Häuser und klopfen mit Stäbchen auf eine Art Trommel aus einer umgekehrten Kalebasse. Während der „Zeremonie der Dunkelheit" werden die Trommelschläge lauter und die Gemeinde in der Kirche verstummt, klopft auf den Boden und stößt schrilles Geschrei aus, um die bösen Geister zu verjagen.

188 km: L. **San Juan de los Cues**; der Name weist auf die Nähe der noch nicht erforschten prähispanischen Siedlung hin.
209 km: Kreuzung.

↦ L. nach (6 km) **Quiotepec** am r. Ufer des Río Grande, im Herzen der mazatekischen Region.

Östl. von Quiotepec, in den Distrikten Concepción Pápalo, Santa María Pápalo, Teutila, u. a., also im Tal des Río Quiotepec und seiner Nebenflüsse, lebt ein eingeborenes Volk, die **Cuicateken** (etwa 20.000, oft mit Mazateken vermischt). Man findet sie auch im W, immer noch im N des Staates Oaxaca. Sie stammen vielleicht von toltekischen Emigranten ab und kämpften an der Seite der Azteken gegen die Mixteken. Zum Zeitpunkt der spanischen Eroberung zogen sie sich in die Gebirge zurück, wo sie sich noch heute befinden. Sie leben von der Landwirtschaft und einem ziemlich hochentwickelten Kunsthandwerk; vor allem in Teutila werden schöne *huipiles* aus weißem Leinen mit Stickereien hergestellt (zoomorphe, florale oder geometrische Motive, letztere gleichen den griechischen). Die Töpferwaren aus **Santos Reyes Pápalo** werden von Hand modelliert und nach einer prähispanischen Technik gebrannt.

↦ **232 km**: **Cuicatlán**, l. am Fuße eines rötlichen Felsens über dem Río Grande.
251 km: **Dominguillo** (750 m); die Straße steigt an.
301 km: **La Carbonera**; Paß (2.150 m).
317 km: Straße von Oaxaca über Cuautla nach México (s. Rte 23, km 34).
319 km: **Huitzo**; **Dominikanerkloster** aus dem 16. Jh. in der Nähe eines unerforschten archäologischen Komplexes.
341 km: L. **San Pablo Etla**; **Dominikanerkloster** aus dem 16. Jh. Neben der **Kirche** mit strenger plateresker Fassade ein Portikus zum **Kreuzgang**. Großer Markt am 1. April.
345 km: R., jenseits von (1 km) **San Jacinto Animas**, nach (3 km) **Atzompa**; sehr interessantes Kunsthandwerk: Tonfiguren, mit feinen Blumenmotiven verziert, Töpferwaren und Figurinen aus grün lackierter Erde.
348 km: Umleitung der Straße nach Tehuantepec (s. Rte 24) nach l. (Zufahrt zu den Hotels Victoria und Misión de los Angeles).
351 km: **Oaxaca** (s. Rte 22).

22 – Oaxaca und Umgebung

Hauptstadt des Staats Oaxaca (94.211 km², 2.641.000 Ew.) mit 114.600 Ew. (1.545 m), Universitätsstadt. Die Stadt ist von hohen Bergen umgeben und war ein Brennpunkt der Kultur des alten Mexiko; sie wurde von der demographischen und industriellen Expansion noch nicht erfaßt, die so viele mexikanische Städte überschwemmt hat. Sie blieb eine typische Provinzstadt mit kolonialem Charme im Herzen einer der schönsten Landschaften Mexikos. Diese Stadt, in der vor allem an Samstagen einer der belebtesten und buntesten Märkte von ganz Mexiko stattfindet, ist im übrigen ein wichtiges Handwerkszentrum, wo die Indianer der Umgebung, fast ausschließlich Zapoteken, die von ihnen erzeugten Produkte, vor allem grün glasierte Keramiken und besonders fein gearbeitete Korbwaren, verkaufen.

Zu Ehren des Vollblutzapoteken Benito Juárez und des Indianers Porfirio Díaz wird Oaxaca auch gerne *„Cura de los Patriotas",* Wiege der Patrioten, genannt.

Geschichte der Stadt

Das Oaxaca-Tal war die **Wiege verschiedener Kulturen,** die in mehreren Epochen, von Völkern, deren Ursprung unbekannt bleibt, entwickelt wurden. Im 7. und 8. Jh. v. Chr. wurde Monte-Albán von präzapotekischen Stämmen erobert. Die Phase Monte-Albán I läuft zeitgleich zu den archaischen (oder vorklassischen) Kulturen des Tales von México, ist mit der Kultur der Olmeken verwandt und über das gesamte Gebiet des Staates Oaxaca verbreitet. Neue Eroberervölker aus Chiapas oder Guatemala entwickelten in der zweiten Monte-Albán Periode eine typisch zapotekische Kultur und vermischten sich mit den alten Einwohnern.

Ihren Höhepunkt erreichte die **zapotekische Kultur** in der 3. Monte-Albán Phase (wahrscheinlich im 4. bis 7. Jh. n. Chr.), unter dem Einfluß von Kulturen der Maya und von Teotihuacán. Die 4. Monte-Albán Periode ist für die zapotekische Kultur eine Epoche des Verfalls. Unter dem Druck der neueingewanderten Mixteken wird Monte-Albán immer schwächer, während Mitla an Einfluß gewinnt. Während der letzten, 5. Monte-Albán Periode, um 1400, entwickelte sich die Stadt zu einer Nekropole, in der sich die mixtekischen Häuptlinge im Inneren alter Gräber beerdigen ließen. Zwischen Zapoteken und Mixteken herrschten durch 3 Jh. heftige Vormachtkämpfe.

Die 2. Hälfte des 15. und das erste Viertel des 16. Jh. sind durch ständige Kämpfe der jetzt verbundenen Zapoteken und Mixteken gegen die Azteken gekennzeichnet. Moctezuma I., Axayacátl und Ahuitzotl führten Eroberungskriege, denen sich zunächst die Mixteken zu beugen hatten. Unter der Herrschaft Moctezumas I. wurde im Oaxaca-Tal eine Militärkolonie errichtet.

Das zapotekische Gebiet wurde immer mehr auf die gebirgige Gegend im NO des Staates Oaxaca und auf die Landenge von Tehuantepec zurückgedrängt.

1521 wurde die Gegend um Oaxaca von Spaniern unter der Führung von Diego de Ordáz, der einen befestigten Posten unter dem Namen Antequera gründete, erobert.

Karl V. übertrug die Herrschaft von „Neuspanien" dem Konquistadoren Cortez, der mit dem Titel Marques del Valle de Oaxaca ausgezeichnet wurde.

Bedeutende Staatsmänner sind im Staate Oaxaca geboren, so Benito Juárez (1806), der hier Rechtsanwalt war, bevor er an die Spitze des mexikanischen Staates trat; auch Profirio Díaz war Rechtsanwalt, und vor seiner Präsidentschaft Gouverneur des Staates Oaxaca.

Besichtigung der Stadt.

Mindestens **zwei Tage** benötigt man für einen nur oberflächlichen Besuch der Stadt und der wichtigsten Ausgrabungsstätten im Oaxaca-Tal (Mitla und Monte-Albán sowie die dazwischenliegenden Orte und Landschaftsstreifen). Eine besondere Attraktion bietet die Stadt zur Zeit des Festivals Guelaguetza (s. praktische Hinweise, Rubrik Feste), mit einer Vielfalt an Kostümen und einer der reichsten Folkloren von Mexiko.

Ein Spaziergang durch die Stadt führt an tausenden Verlockungen vorbei, die dem Autofahrer entgehen würden. Zócalo (Pl. B3) ist der zentral gelegene Ausgangspunkt des Spaziergangs, er befindet sich in der Nähe des Marktes. Es ist einer der typischsten Provinzplätze von Mexiko. Von der Terrasse eines Kaffeehauses oder von dem hübschen Park aus können Sie das bunte Treiben beobachten: Städter, Bauern und Händler, die Ihnen die unglaublichsten Waren anbieten. Sie alle sind ein deutlicher Beweis dafür, daß das Leben im Staate Oaxaca um nichts leichter ist, als in anderen Gebieten des Landes.

Nach der Besichtigung der um den Platz gelegenen Gebäude begeben Sie sich zum Kloster Santo Domingo (Pl. C2) und zu den Sammlungen des Museums des Staates Oaxaca, und danach zum Museum Rufino Tamayo (Pl. B2). Bevor Sie zu Ihrem Ausgangspunkt zurückkehren, begeben Sie sich auch noch zum Markt, der vor allem an Samstagen sehr interessant ist.

Sie interessieren sich für:

Präkolumbische Kunst: Besuchen Sie das Staatsmuseum von Oaxaca, und das Museum Rufino Tamayo. Gehen Sie bis Monte-Albán hinauf. Hier befindet sich in einer fantastischen Lage inmitten fahlroter Berge eines der wichtigsten Gebiete des Oaxaca-Tales. Beachten Sie die strenge Anordnung der Pyramiden. Fahren Sie auch auf kleinen Umwegen über Dainzú und Yagul nach Mitla.

Kolonialarchitektur: Besichtigen Sie die Kirche Santo Domingo, wo sich in einem gotischen- und Renaissancerahmen im Inneren gleich einem tro-

(22) Oaxaca und Umgebung

pischen Regenwald ein üppiger Barockstil entfaltet. Besuchen Sie auch die in der Nähe gelegene Kirche von Cuilapan.

Handwerk: Besuchen Sie nicht nur den Markt, sondern auch die in der Nähe der Stadt gelegenen Orte San Bartolo Coyotepec (s. Rte 22A, km 12), wo Handwerker aus *barro negro* (schwarzer Erde) Figurinen und Töpfe formen, Atzompa (s. Rte 21, km 345), das Zentrum der grün glasierten Keramiken und Figurinen, sowie Mitla und Teotitlán del Valle, die auf die Anfertigung von Sarapes und Rebozos spezialisiert sind.

Folklore: Wohnen Sie, wenn möglich, einem der *Lunes del Cerro* oder *Guelaguetza* bei, einem anläßlich des Kirchweihfestes der Stadt stattfindenden Federtanz. Begeben Sie sich sonntags gegen 11 Uhr auf den Vorplatz der Kirche von Teotitlán del Valle, oder fliegen Sie mit einem kleinen Flugzeug nach Yamlag.

☞ Auf der S-Seite des Zócalo, des Zentrums der sich im rechten Winkel kreuzenden Straßen, erhebt sich der **Palacio de Gobierno** (Pl. B3, neuklassischer Stil, Anf. 19. Jh.). Am Beginn der calle Miguel Cabrera, nach einem der bedeutendsten mexikanischen Maler aus der Kolonialzeit benannt, steht die **Kirche la Compañía** (Pl. B3), ein kleines Kloster mit barocker Fassade (im 17. Jh. von den Jesuiten errichtet).

Die Kathedrale (Pl. B3) wurde 1544 von den Dominikanern errichtet und in der ersten Hälfte des 18. Jh. fertiggestellt. Beachten Sie die Barockfassade mit Reliefskulpturen und Statuen. Das Innere der Kathedrale wurde nach dem Grundriß einer Basilika gestaltet, deren drei Schiffe einst von einem Holzdach, das auf Monolithsäulen ruhte, überdacht waren und nach den Renovierungsarbeiten verschwanden.

Zur **★★Kirche Santo Domingo** gelangen Sie durch die calle 5 de Mayo (Pl. B/C2). Richten Sie am Weg dorthin ihre Aufmerksamkeit auf einige Beispiele bürgerlicher Baukunst des 17. und 18. Jh.: Robust gebaute Häuser (aus Angst vor Erdbeben) aus Bausteinen von hoher Qualität, die leicht zu meißeln und mit einer Patina überzogen sind. Die meisten dieser Häuser besitzen schmiedeeiserne Gitter und Balkons.

Die **Kirche Santo Domingo** (Pl. C2, von den Dominikanern errichtet) war Teil eines Klosters (zwischen 1550 und 1600 errichtet) und dient als Staatsmuseum von Oaxaca.

Die **äußere Fassade** (barock) gleicht einem riesigen geschnitzten Altar, der zwischen zwei Türmen (35 m) steht. Aus Furcht vor Erdbeben wurden die Mauern der Kirche, die wie eine Festung aussieht, verstärkt. Die Kirche ist eines der schönsten Beispiele barocker Architektur in Mexiko. Beachten Sie über dem Domportal die Statuen des Hl. Domenikus von Guzmán, des Gründers eines dominikanischen Ordens, und des Hippolyt, der eine Kirche hält.

Das Innere, das ein lateinisches Kreuz bildet, ist reich mit Stuckmotiven, Wandmalereien, Reliefs und Bildern ausgestattet: es ist eines der bemerkenswertesten Zeugnisse barocker Kunst in Mexiko. Über dem Hauptportal befindet sich die Tribüne der Kirchenchorsänger, sie bildet den Chor.

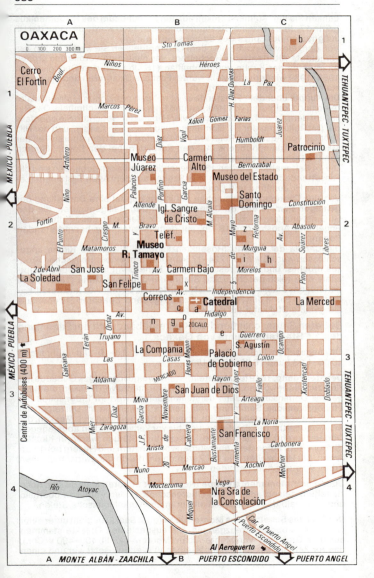

Lenken Sie Ihre Aufmerksamkeit auf den **Stammbaum des Hl. Domenikus** (Mitte 17. Jh.); bei seiner Restaurierung nach 1900 wurde die Figur der Hl. Jungfrau an der Spitze des Baumes hinzugefügt.

Von dem Gewölbejoch unter dem Chor entdecken Sie weiter hinten das vergoldete **Altarblatt des Hochaltars**, das nach dem Vorbild des großen Altarblattes der Kirche von Yanhuitlán (15. Jh.) von den Dominikanern 1956–1959 wiederhergestellt wurde. Fast alle Skulpturen und Malereien stammen aus dem 17. und 18. Jh.

Die Kuppel über dem Fensterkreuz ist mit geometrischen Motiven, Malereien und Skulpturen von Heiligen und Engeln reich geschmückt. Das Relief auf dem Gewölbezwickel stellt vier Päpste dar. Beachten Sie ebenfalls die Darstellungen der Hll. Domenikus und Franz von Assisi r., und der Hll. Thomas von Aquin und Raimond von Peñafort l. auf dem oberen Teil der Mauer des Triumphbogens. Auf den Eckbildern bei den Bogen, Figuren von Hll. Dominikanerinnen.

Die 14 **Seitenaltäre** wurden 1869 beschädigt, erhalten geblieben sind die Fassettendecken mit Fresken über Szenen aus dem Alten Testament (Leben der Hl. Jungfrau und Christi).

Von der **Chorempore** aus sehen Sie in der Kuppel eine Darstellung der **geistigen Familie des Hl. Domenikus** mit den Heiligenfiguren, die den Hl. Geist empfangen. Beachten Sie bitte die Malereien des 17. Jh. und die Engel und Apostel des 18. Jh. auf dem Eckstein der hervortretenden Bogen.

Die **Capilla del Rosario** (Rosenkranzkapelle), die an die Kirche angeschlossen wurde, wurde 1724–1734 in der Form eines lateinischen Kreuzes errichtet und 1964 restauriert. Sie beherbergt inmitten des Hauptaltars eine reich geschmückte **Statue der Jungfrau Maria** (18. Jh.) und darüber das Bildnis der Jungfrau Maria, dem Hl. Domenikus und der Hl. Katharina von Siena den Rosenkranz zurückgebend. Beachten Sie ebenfalls die gefaßte Stukkatur auf der Kuppel.

Betreten Sie anschließend die Klostergebäude mit der Sammlung des ★★ **Staatsmuseums von Oaxaca.**

Öffnungszeiten: tgl. außer Mo. 10–14 und 16–19 Uhr, Führungen 10.30–11.30 und 16.30–17.30 Uhr.

Der Kreuzgang, 1619 fertiggestellt, ist ein zweigeschossiges Gebäude mit Kreuzrippengewölben. Auf den Pfeilern Fragmente von Fresken, die Heilige des Dominikanerordens darstellen. Sehenswert im Erdgeschoß die **ethnographische Sammlung** von Oaxaca; gehen Sie im Uhrzeigersinn durch die verschiedenen Hallen, in der letzten befinden sich **Masken,** die Ackerbaugottheiten darstellen, und bis vor kurzem noch in abgelegenen Dörfern verehrt wurden. Diese Masken und Statuen waren in Kirchen (Strohhütten) aufgestellt, und wurden von Priestern und Heilern bei deren Arbeit, bei Hochzeiten und bei Zeremonien, die der landwirtschaftlichen Arbeit vorausgehen, getragen.

Über eine ★ **Monumentaltreppe** (Reste einer früheren Malerei sind noch zu sehen) gelangt man in das Obergeschoß. In den Vorhallen oberhalb und unterhalb des Aufgangs Skulpturen und vorkolumbische Stelen.

Der Saal des Schatzes des Monte-Albán (oder Saal 2) beginnt unter einer Galerie des oberen Kreuzganges. Die ausgestellten Objekte stammen aus dem Grab Nr. 7 von Monte-Albán (Monte-Albán III, 100–400 v. Chr.), das zur Zeit der Mixteken (Monte-Albán V) wiederbesetzt war und einen wahrhaftigen Schatz mit mehr als 500 Objekten mixtekischer Kunst in sich verschloß, der erst 1932 entdeckt wurde. Beachten Sie vor allem eine * **Totenmaske** aus Gold mit Brustschild. Die Hieroglyphen schildern ein Ereignis, das sich an einem Tag „2 Obsidianmesser" zwischen den Jahren „11 Haus" und „12 Wind" ereignete. Bemerkenswert auch der stark herausgearbeitete **Kopfschmuck** oberhalb der Maske. Richten Sie Ihre Aufmerksamkeit weiters auf die **Objekte aus Bergkristall** (Schalen, Ohrgehänge usw.), auf eine * **Goldmaske des Gottes Xipe Tótec** in der Form eines Kriegerkopfes (erkennbar an der Frisur), dessen Gesicht mit der Haut eines geopferten Mannes bedeckt ist, und auf Nasen- und Ohrringe und andere Schmuckstücke: Halsketten, Armbänder, eine wunderschöne **Sammlung von geschnitzten Vogel- und Jaguarknochen** mit Miniaturmotiven von Tieren. Beachten Sie auch den mit Türkisen besetzten * **Schädel.** In mehreren Vitrinen Werke aus Bergkristall, Bernstein und Obsidian, Türkis, Gagat, Perlen, Perlmutt, Knochen und eine * **Vase** aus Marmor.

In den Sälen 3–5 (anschl. an die archäologische Ausstellung) sind die Funde von Monte-Albán I (800–300 v. Chr.) bis zur Periode Monte-Albán V, sowie jene von Yagúl und Tlacolula aufbewahrt.

In Saal 3 ist vor allem die * **Statuette des Gelehrten von Cuilapan** (Monte-Albán II) bemerkenswert, mit den Zeichen „13 Wasser" auf der Kopfbedeckung und „13 Obsidianmesser" auf der Brust. In Saal 4 **Holzmaske mit Türkismosaik;** sie ist die Reproduktion einer im Nationalmuseum für Urgeschichte und Ethnographie in Rom ausgestellten Maske.

Eine **ethnographische Ausstellung** wurde in der langen Galerie, in die der monumentale Treppenaufgang mündet, eingerichtet. Verschiedene Volksstämme des Staates Oaxaca sind der Reihe nach dargestellt.

Beenden Sie den Besuch mit den **Sammlungen religiöser Kunst** im gleichen Stockwerk. Der Schwerpunkt der Sammlungen liegt auf der Geschichte des Dominikanerordens in Mexiko.

Das ** **Museum prähispanischer Kunst oder Rufino-Tamayo-Museum** (Pl. B2, Calle Morelos 503) befindet sich in einem ehemaligen kolonialen Wohnsitz mit einem Patio. Ausgestellt sind hier hervorragende Werke, vor allem irdene Figuren aus verschiedenen Kulturen und Gebieten Mexikos, die der Maler *Rufino Tamayo* durch 20 Jahre hindurch gesammelt und seinem Heimatstaat vermacht hat. Die Figurinen aus westl. Kulturen Mexikos zählen zu den interessantesten, so das **Ballspiel** in der Vitrine im Blauen Saal. Weiters gibt es eine kleine Anzahl von ausgewählten Figuren aus dem Gebiet der Maya und der Huaxteken. Um die Zeitfolge einzuhalten, beginnen Sie I.

Öffnungszeiten: tgl. außer Di., 10–14 und 16–19 Uhr.

Auf dem Rückweg zum Ausgangspunkt Zócalo gelangt man auf indirektem Wege über die **Kirche San Felipe** zur **Kirche de la Soledad** (San Felipe: Barockfassade 17. Jh., im Inneren geschnitzte vergoldete Altarblätter 18. Jh.). In die Kirche de la Soledad, die der Schutzheiligen der Stadt geweiht ist, gelangt man über Stiegen durch ein von einem Säulengang umgebenes Atrium. Sie ist eine der Kuriositäten der Stadt, dank ihrer **Fassade,** die einem geschnitzten barocken Altarblatt gleicht, und der **Statue der Hl. Jungfrau der Einsamkeit.** Sie ist in einem Reliquienschrein auf-

(22) Oaxaca und Umgebung

bewahrt, der mit einem prunkvollen, mit Edelsteinen bestickten schwarzen Samtmantel ausgekleidet ist.

Der so wichtige und malerische **★★Tiangui** (Markt; Pl. Mercado, B3) erstreckt sich über mehrere *manzanas* (Häuserblöcke) und bietet praktisch **alle handwerklichen Produkte** aus dem Gebiet zum Verkauf. Mehrere Gebäude sind überdacht; eines davon beherbergt eine große Anzahl von kleinen Kantinen für die ärmeren Leute der Umgebung.

In der näheren Umgebung des Marktes gibt es noch drei sehenswerte Kirchen: **San Juan de Díos** (Pl. B3), **San Francisco** (Pl. B4) und **San Agustín** (Pl. C3); bescheidenere Heiligtümer des 17. und des 18. Jh.

Vom Cerro el Fortín aus, auf der Straße, die von México nach Tehuantepec und Guatemala führt, hat man einen wunderschönen ★**Blick** auf die Stadt mit ihren zahlreichen Kirchen und Kuppeln.
Das **Freiluftamphitheater,** in dem Folklore-Aufführungen der *Lunes del Cerro* oder *Guelaguetza* aufgeführt werden, befindet sich nahe dem Hotel Victoria.

Ausflug nach Monte-Albán.

Straße: 9 km auf einer sehr schmalen und kurvenreichen Straße; Ausfahrt aus Oaxaca Pl. A/B4.

★★★**Monte-Albán** ist eine der erstaunlichsten archäologischen Stätten der vorkolumbischen Mexiko. **In einem großartigen Rahmen** erstreckt sich auf dem Gipfel des etwa 2.000 m hohen Berges ein **Zeremonialzentrum,** das hauptsächlich aus einem weiten Platz (Plaza Central) besteht, der von vielen Gebäuden und Plattformen umgeben ist, die aber nur einen kleinen Teil des archäologischen Gebietes (40 km²) ausmachen.
Dieser Vorplatz (NS-Ausdehnung: 300 m, OW: 200 m) entstand künstlich, einerseits durch das Planieren des Gipfels und andererseits durch das Aufschütten von Terrassen. Die Bodengestaltung hat die Richtung einiger Bauten (z. B. N- und S-Plattformen) bestimmt. Die Nüchternheit der architektonischen Linien harmoniert in ihrer Strenge mit dem kolossalen Rahmen, in dem die Gebäude errichtet wurden. Die strengen Linien wurden in der vorkolumbischen Zeit durch ihre Vielfarbigkeit gemildert.

Öffnungszeiten: 8–18 Uhr.

Den Rundgang l. beginnend, gelangen Sie zunächst zum **Ballspielplatz** (Pelota-Spiel), der in Form eines doppelten T errichtet wurde, wobei die senkrechten Linien einander gegenüber liegen, und der von zwei Terrassen umgeben ist. Vom Hauptplatz erreichte man ihn über eine breite Treppe zwischen zwei Rampen. Die Randsteine an der Einfassung des Geländes sind abgeschrägt, mit einer schmalen, ebenfalls abgeschrägten Bank. In den NO- und SW-Ecken gibt es Nischen, deren Zweck fraglich ist (vielleicht dienten sie als Male, oder auch als Aufstellungsort für Götterstatuen).

Auf der **O-Seite des Platzes,** längs der W-Fassade des Ballspielplatzes, befinden sich einige Pyramiden aus den letzten Monte-Albán Epochen, und etwas zurückgesetzt eine Reihe von Plattformen, von denen eine einen Palast **(El Palacio)** trägt, dessen Teile sich um einen Zentralpatio gruppieren. Unter dem Boden dieses Hofs befand sich ein kreuzförmiges Grab. Alle diese Gebäude konnten über eine Stiege zwischen zwei Rampen vom Zentralplatz aus erreicht werden.

In der Mitte der **Esplanade** stehen vier Bauten: Die drei ersten sind aneinander angeschlossen und bilden eine NS-Plattform (100 m). Auf der Terrasse des Hauptgebäudes steht ein zweiteiliger Tempel in den man über eine breite Treppe auf der O-Seite (von zwei Rampen flankiert) gelangt.

Die zwei anderen Gebäude (Bauwerke G und I) sind symmetrisch angeordnet. Die Randsteine der Fundamente des ersten sind senkrecht, die des zweiten abgeschrägt. Auf jedem der Fundamente steht ein Tempel mit Vor- und Haupthalle.

Seiner Gestalt und seiner Richtung wegen ist das **Bauwerk J** viel origineller als die anderen. An der Vorderseite hat es die Form eines hohen Massivs mit drei jeweils zurückweichenden, viereckigen Geschossen, an dessen Hinterseite sich eine strebepfeilerartige Konstruktion anschließt, deren Spitze (mit 45° nordöstl. Abweichung) genau in der Hauptachse liegt. Über eine an der O-Seite des viereckigen Massivs gelegenen Treppenflucht erreichte man die obere Plattform. Ein gerader, mit Steinplatten ausgelegter Gang durchquert das Gebäude in einem nordwestl. Winkel von 17°.

Das heute sichtbare Gebäude ist das Ergebnis von mehreren überlagerten Konstruktionen, deren letzte aus der 2. Monte-Albán Periode stammt (etwa 3. Jh. v. Chr.). Bei einem der Wiederaufbauten wurden **skulptierte Fliesen** mit „Tänzern" aus einem Bau der 1. Periode (Beginn u. Z.) freigelegt. Auf der Hinterseite des Baues, in der Form eines Strebepfeilers, gibt es **Fliesen mit Inschriften,** deren Hieroglyphen zu einem bestimmten Zeitpunkt mit einer Kalkschicht überdeckt wurden (es handelt sich vielleicht um eine Liste der von den Zapoteken eroberten Dörfer).

Die S-Seite der Esplanade ist zum größten Teil durch eine riesige Plattform begrenzt, die ursprünglich auf einer quadratischen Fläche geplant war (S-Plattform). Man erreicht sie über eine Monumentaltreppe an der N-Seite (40 m breit). Ungefähr in der Mitte liegt eine pyramidenförmige Anhöhe, und nahe der SO-Ecke ein weiterer Bau.

Auf der S-Seite der Plattform befinden sich auf einem langen Grat mehrere Anhöhen; in 600 m Entfernung umgibt eine Gruppe von Erdhügeln (bekannt unter dem Namen **„System 7 Hirsche",** s. die behauene Schwelle mit dem Zeichen 7 Hirsch) einen rechtwinkligen Platz.

Von der südl. Plattform kommt man, wenn man in Richtung W-Seite der Esplanade geht, an einer Grabsäule (Stele I, Pl. b) vorbei, die an Ort und Stelle konserviert wurde. Sie ist mit **Reliefs und Hieroglyphen,** in zwei Kolonnen aufgeteilt, geschmückt: r. Piktogramme und Zahlen. Die Ziffern aus einem Zwanzigersystem bestehen aus Strichen und Punkten (vermutl. aus der vorolmekischen oder vormaya Zeit, kurz v. Beg. u. Z.). Auf der l. Seite der Grabsäule, oberhalb einer horizontalen Hieroglyphenreihe, die Darstellung eines Berges, auf dessen Gipfel ein mit einer hohen Tiara gekrönter Jaguar steht.

Im südwestl. Eck der Esplanade befindet sich eine Anhöhe (Hügel M), ein Bau, der zunächst aus einem rechteckigen zweigeschössigen Gebäude besteht; das erste schräg auf einer Grundmauer, das zweite senkrecht und mit von Friesen umgebenen Feldern geschmückt. Eine Stiege erlaubt den Zugang zur oberen Plattform, von der man über eine Treppenflucht in einen von Mauern umgebenen Hof (Pl. d) absteigen kann, in dessen Mitte sich eine kleine Betkapelle befindet. Von dort gelangt man schließlich über eine Stiege zur obersten Plattform, einem Pyramidenbau von vier jeweils zurückweichenden Geschossen. Auf der Terrasse befindet sich ein einzelliger Tempel.

Der Tempel der „Tänzer" (los Danzantes) liegt weiter nördl. und besteht aus zwei jeweils zurückweichenden, übereinanderliegenden Massiven, auf einer Fläche von 30x60 m. Auf der oberen Plattform (9 m über dem Boden) steht ein zentraler quadratischer Bau mit einem kleinen Hof und zwei kleinen Tempeln. Das heute sichtbare Gebäude ist das Ergebnis eines Wiederaufbaus aus der Epoche Monte-Albán III-B, von einem Gebäude aus der 1. Periode von Monte-Albán. Dieses Gebäude besaß eine etwa 3 m hohe Terrasse, erreichbar über eine Stiege, wo **Orthostaten mit Reliefs** stehen, die negroide Gestalten vom Olmekentypus zeigen, und die man, ihrer verschiedenen Posen wegen, Tänzer genannt hat. Nahe der SO-Ecke dieses Monuments sieht man mehrere **skulptierte Steinfliesen** mit Hieroglyphen und Piktogrammen.

Die W-Seite der Esplanade. – Zwischen dem Hügel M und dem Monument der Tänzer wurden die **Stelen 12 und 13 mit Hieroglypheninschriften** (Monte-Albán I) entdeckt.
Entlang der O-Seite der Esplanade gelangt man zunächst zu einer Konstruktion mit dem Namen **System IV**, und genau der gleichen Anordnung wie Flügel M, und anschließend zu der Plattform N, vorbei an der hohen Stele 18 (Pl. f), die vermutlich aus Monte-Albán II stammt. Zwischen dem System IV und der nördl. Plattform sind einige niedrige Plattformen mit Wohngebäuden freigelegt worden.

Im N ist der Mittelplatz durch eine riesige **Plattform** begrenzt (**N-Plattform,** 12 m hoch, über einen Stiegenaufgang zwischen zwei breiten Rampen, insgesamt 37,8 m breit, erreichbar). In der Längsachse steht ein **kleiner Altar mit behauenen Steinen.** Am

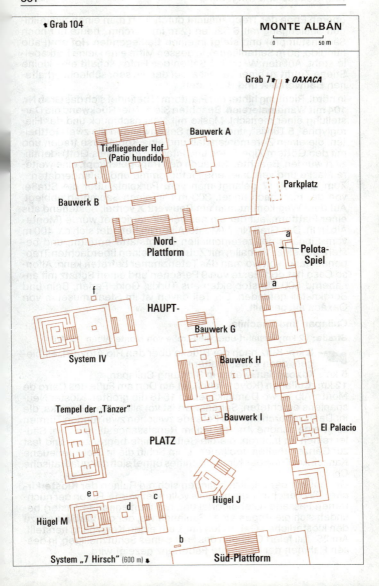

oberen Ende der Treppenflucht durchquert man einen zweireihigen Säulengang mit 6 Säulen (2 m im Durchm., heute nur noch Säulenstümpfe) und steigt in einen **tiefliegenden Hof** ab (Patio hundido, 50 m Seitenlänge), in dessen Mitte eine kleine Betkapelle steht. Auf den W- und O-Seiten des Hofes schafft eine kleine Stiege Zutritt zu einer Terrasse, auf der die sehr schlecht erhaltenen **Bauwerke A und B** standen.

In nördl. Richtung hinter der Plattform N befindet sich das **Grab Nr. 104 mit Wandmalereien**. Beachten Sie auf der Rückwand die Darstellung einer menschl. Maske mit Nasenschmuck und der Hieroglyphe „5 Türkis", und auf den Seitenwänden die zwei Gottheiten, die einen Zeremonienstab und eine Kopalbörse tragen und mit den Göttern Xipe Tótec und Pitao Cozobi (Mais-Gott) identifiziert wurden. Beachten Sie auch den **Papageienkopf**, eine weitere Maske und verschiedene Pictogramme und Kalenderdaten.

Zum **Grab Nr. 7** gelangt man vom Parkplatz über die Straße, von der man nach ungef. 300 m l. in einen Saumpfad abbiegt. Auf dem Weg kommt man am **Bauwerk X** vorbei, bestehend aus einer Plattform, auf der ein riesiger Bau errichtet wurde (Monte-Albán II). Das Grab Nr. 7 (Monte-Albán III) befindet sich ca. 400 m vom Eingang der zeremoniellen Hauptstätte entfernt, und besteht aus einer Vorhalle, mit Zutritt über einen überdachten Treppenaufgang, von wo man das Totenzimmer betreten kann. Alfonso Caso hat dort Reste von 9 Personen und einen Schatz mit annähernd 500 Kunstobjekten aus Türkis, Gold, Perlen, Bein und Bergkristall gefunden. Ein Teil davon ist im Staatsmuseum von Oaxaca ausgestellt.

Cuilapan und Zaachila

Straße: 12 km; Ausfahrt über die Straße von Monte-Albán (Pl. A/B4).

3 km: Kurz nach der Brücke über den Río Atoyac l. einbiegen, dann etwas weiter r.

5 km: Xoxocotlan, weiter in Richtung Cuilapan.

12 km: Cuilapan (Koyotenfluß), ist ein Dorf am Fuße des Cerro de Monte-Albán, wo Dominikaner ab 1548 die größten Klöster Neuspaniens errichteten. Sehenswert ist vor allem die ★ **Basilika**, die ihr Dach verloren hat. Die Fassade zwischen zwei runden Türmen zeigt eine schöne Anordnung im Renaissancestil; die zwei Säulenreihen im Inneren, die die Seitenschiffe begrenzen, sind fast zur Gänze erhalten geblieben. L. im Schiff die in Stein gehauene Kanzel. Am Ende des Kirchenschiffes öffnet sich der quadratische Chor.

Gegenüber der Basilika befinden sich die Ruinen der **Klosterkirche** (OW gerichtet), die niemals vollendet wurde. R. von der nüchternen Fassade (Giebelportal und darüberliegende Fenster) befinden sich die Bogen eines Säulengangs, der die Verbindung zu den klösterlichen Gebäuden rings um einen Kreuzgang herstellt. Am 25. Juli feiert Cuilapan das Fest seines Schutzheiligen, in dessen Rahmen der berühmte Federtanz gezeigt wird.

18 km: Zaachila (Do. Markt) war die letzte Hauptstadt eines zapotekischen Königreichs. Bei Ausgrabungen wurde nahe der Hauptanhöhe eine kleine Struktur freigelegt und restauriert. Im Haupthof der wichtigsten Gruppe hat man zwei Gräber entdeckt, deren Fassade mit Mäandern geschmückt sind. Sie stammen aus einer Periode, da Zaachila von Mixteken besetzt war. Die darin aufgefundenen Opfergaben sind im Anthropologischen Nationalmuseum von México ausgestellt.

Mitla

Straße: 40 km; Ausfahrt auf der Straße nach Tehuantepec.

☛ 5 km: R. vorbei an der Straße nach Guelatao (und Tuxtepec, s. Rte 26, in umgekehrter Richtung, ab km 430).
10 km: Santa María del Tule; eine Riesenzypresse (Taxodium mexicanum) steht l. neben einer Kirche. Ihr Alter wird auf 2000 Jahre geschätzt.
18 km: R. nach (2 km) **Tlacochahuaya**; **Kirche** (16. Jh.), der ein Atrium mit kleinen Kapellen vorgebaut ist. In den Betkapellen fanden „*encuentros*" statt, Prozessionen, bei denen Psalmen gesungen wurden. In der Kirche, die zu einem dominikanischen Kloster gehörte, sind vergoldete Altarblätter, in Holz geschnitzt, und Wandmalereien zu sehen.
20,5 km: L. nach (4,5 km) **Teotitlan del Valle**, aus der vorkolumbischen Zeit. Das kleine Dorf, gruppiert um eine Kirche (Ende 16. oder Anfang 18. Jh.), ist wegen seiner „sarapes" bekannt. Mehrmals im Jahr, und vor allem in der Karwoche, kann man hier den **Federtanz** bewundern.
21 km: R. nach 1 km beginnt die **archäologische Zone von Dainzú** mit mehreren Strukturen, Plattformen, Plätzen und einem Ballspielplatz. Der Archäologe Ignacio Bernal legte hier einen breiten **Pyramidenbau** frei, der aus drei Massiven mit senkrechten Wänden besteht.

Die Fassade des Baues (vermutlich aus der Periode Monte-Albán II) ist mit **Flachreliefsteinplatten** belegt. Von den 41 sichergestellten Fliesen stellen 33 maskierte Personen in bewegten Stellungen dar (es handelt sich um **Ballspieler**, Arme und Beine sind geschützt). Man vermutet, daß die Personen auf 4 weiteren Platten **Gottheiten des Ballspiels** darstellen. 2 davon erscheinen in Form eines in einen Menschen verwandelten Jaguars, der einen Jaguarkopf opfert, auf den 2 anderen sind Menschen abgebildet, die eine Fackel halten. In jeder der beiden Gruppen ist eine Person mit Maske zu sehen. Auf den vier restlichen Fliesen erscheinen Hieroglyphen.
Auf dem Gipfel des Cerro, an den das Gebäude angebaut ist, befinden sich zahlreiche **Petroglyphen**, die zum Großteil Köpfe darstellen.

28,5 km: Ein kleines pyramidenförmiges Kloster r. markiert das archäologische Gebiet von **Lambityeco** („zahlreiche Hügel"), das aus der gleichen Zeit wie Monte-Albán III und V stammt, und das sich bis Tlacolula ausdehnt.

(22) Oaxaca und Umgebung

30,5 km: R. **Tlacolula** (Sa. Markt), kleine zapotekiche Stadt, 15.000 Ew.; Pfarrkirche (16. Jh.); Lokalfest am 2. So. im Okt.

33,5 km: L. zum (1,5 km) archäologischen Gebiet von ★ **Yagul**.

Das Gebiet liegt auf einer Anhöhe, die das Oaxaca-Tal beherrscht und war seit der ersten Periode von Monte-Albán bewohnt. Seine Blütezeit erlebte es während der vierten Periode (Monte-Albán IV).
Nahe dem Ende der Straße liegen ein restaurierter **Ballspielplatz**, und ein wenig weiter zwei große Höfe, die früher von auf Plattformen errichteten Tempeln umgeben waren. In der Mitte des östl. Hofes liegen die Reste einer Kapelle, unter der östl. Plattform wurde ein dreiteiliges Grab eingerichtet, dessen Fassade mit Flachreliefs von zwei Köpfen geschmückt ist.
Auf der W-Seite des Spielplatzes erstreckt sich ein Patio (36 x 30 m) im N, r., von einer Plattform begrenzt, die eine breite Konstruktion trägt. Das Bauwerk trägt den Namen *Sala del Consejo* (Ratssaal).
Etwas weiter oben auf dem Hügel sind mehrere Konstruktionen stufenweise aufgebaut: Eine davon ist eine Gruppe von Wohngebäuden, bestehend aus sechs Patios, die von Zimmern umgeben sind (El Palacio).
Auf dem Gipfel des Vorgebirges (der Aufstieg ist ziemlich mühsam) sind einige Wandflächen einer Festungsmauer zu sehen.

40 km: Verlassen Sie die Straße von Tehuantepec (s. Rte 24, km 40).

43,5 km: **Mitla**, 7.500 Ew.; beachten Sie am Weg die Webereien (Rebozos und Sarapes).

Im Dorf kann man ein kleines **Museum zapotekischer Kunst** besuchen, wo ehemalige Privatsammlungen mit zapotekischen und mixtekischen Antiquitäten, vor allem Figurinen, ausgestellt sind. Am 31. Dez. feiern die Zapoteken von Mitla die *Fiesta de la Cruz de Petición*, während der die Einwohner des Dorfes sich um ein großes Lagerfeuer versammeln, das rings um ein aufgerichtetes Kreuz angelegt wird. Die Leute unterbreiten Gott ihre Wünsche für das angehende Jahr in Form von Miniaturobjekten, die aus Strohhalmen, Samen und Zuckerrohrstücken gebastelt sind.

44 km: Archäologisches Gebiet von ★★ **Mitla**, nahe der Gruppe des Priesters. Das Gebiet umfaßt fünf abgetrennte Gruppen, die jedoch nach einer gemeinsamen Orientierung angeordnet sind. Außer der Gruppe des Priesters findet man einige 100 m südl. eine Gruppe von sehr gut erhaltenen Säulen, weiters die Arroyo-Gruppe (Fluß), 200 m westl. gelegen, nahe der Adobes-Gruppe (an der Sonne getrocknete Ziegel) und schließlich die S-Gruppe.

Der Einfluß der mixtekischen Kultur in Mitla war sehr stark, wenn nicht vorherrschend.

Öffnungszeiten: 9–17 Uhr.

Die Anfahrtstraße endet nahe der **Kirche**, die auf dem Platz des südl. Hofs der **Gruppe des Priesters** steht. Im N erstreckt sich ein zweiter Hof, der von recht gut erhaltenen Gebäuden umgeben ist (beachten Sie die mit Mäandern verzierten und mit Friesen eingesäumten Flächen). Weiter nördl. gelangt man über einen schmalen Korridor in einen kleinen Hof.

Tlacolula – Mitla

Bei der **Säulengruppe** finden Sie die gleiche Anordnung wieder. Die Gruppe befindet sich hinter dem kleinen Markt neben der Kirche und wird durch zwei große Patios, die durch einen Winkel vereinigt sind, gebildet. In der Mitte des ersten Patios (50 x 40 m) steht eine kleine Betkapelle. Der Hof ist von Plattformen umgeben, die im W und im O quadratische Gebäude tragen. Man betrat sie über die S-Seite, wo sich vermutlich eine Stiege befand. Die Treppe im N verschafft Zutritt zu einer Plattform, von der man durch eine der drei Türen in eine große Halle gelangt. Das Dach über dem mittleren Teil, das von einem Säulengang gestützt wurde, gibt es nicht mehr.

Begeben Sie sich vom Säulen-Saal durch einen sehr engen, niedrigen und dunklen Korridor in einen kleinen, von vier Säulen umgebenen Hof (**Patio de las Grecas**). Die Mauern des Hofes und die Innenwände der Säle sind mit geometrischen Mustern geschmückt (u. a. Mäander aus kleinen, ineinander verschachtelten geschnitzten Steinen).

Kehren Sie anschließend in den ersten Hof zurück und von dort in den zweiten Hof, mit der gleichen Anordnung und einem kreuzförmigen **Grab** unter der nördl. und östl. Plattform, das man durch eine Tür des Patios erreichte. Die Gänge sind mit großen Steinfliesen belegt. Der über dem N-Grab befindliche Gang mußte, da er zusammenbrach, von einer Säule gestützt werden.

Die **Arroyo-Gruppe** ist zwar kleiner, aber ähnlich wie die zwei anderen Gruppen angeordnet. Die zwei weiteren Gruppen (**Adobes** und **Süd**) bestehen aus einem einzigen Hof, um den Anhöhen angelegt wurden, eine davon, auf der O-Seite der S-Gruppe, ist pyramidenförmig.

☛ Etwa 8 km von der archäologischen Zone von Mitla entfernt befindet sich auf dem Gelände der kleinen **Hacienda de Xaaga** ein kreuzförmig angelegtes Grab mit Mäandern.

☛ **Ausflug nach Yalalag.** – Per Flugtaxi gelangen Sie von Oaxaca in die verschiedenen Pueblos in den Bergen im NO des Staates, die über Straßen nur schwer erreichbar sind, so auch nach Yalalag, einer zapotekischen Stadt am Fuße des Cerro del Zempoaltépetl. Die **Häuser der Stadt sind mit Wandmalereien geschmückt**, die Frauen tragen schöne lange Gewänder, bestehend aus einem Rock und einem Huipil aus weißer Baumwolle, das vorne waagrecht mit einem kleinen weißen Zopf besetzt und l. und r. von einer Bordüre aus kleinen bunten Karos begrenzt ist. Die Bordüre findet man auch seitlich und auf der Rückseite des Kleidungstükkes. An Festtagen wird das Gewand durch einen ausgearbeiteten turbanförmigen Kopfschmuck mit dicken schwarzen Wollzöpfen ergänzt. Am 2. Februar findet die **Fiesta de la Candelaria** (Lichtmeß) statt.

Yalalag ist für filigranen **Silberschmuck** berühmt, insbesondere für die Kreuze, die Mütter ihren Töchtern zur Hochzeit schenken.

☞ **22 A - Von Oaxaca nach Puerto Angel** (250 km:, bis Miahuatlán asphaltiert, anschl. Bergstraße mit einigen schwierigen Passagen und einer wunderschönen Sicht während der Abfahrt zur Pazifikküste). – Ausfahrt auf der Straße nach Puerto Angel (Pl. B/C4).

(22) Oaxaca und Umgebung

12 km: Coyotepec (Santa María und San Bartolo); das Pueblo ist wegen seiner Töpferwaren und Figürchen aus schwarzem Ton (San Bartolo) bekannt; besuchen Sie das Atelier von Doña Rosa, die Ihnen zeigen wird, wie Töpfe unter ihrer Hand, nach alter Methode, ohne Drehscheibe Gestalt annehmen. San Bartolo feiert seinen Schutzheiligen, den Apostel Bartholomäus, am 23. und 24. August mit Tänzen. Bei dem *Tanz der Jardineiros* tragen die Tänzer sehr feine Holzmasken mit europäischen Zügen und schmücken sich mit schillerndem Lametta und Perücken aus Sisal.

15 km: Kreuzung.

➤ R. Straße nach (12,5 km) **Zimatlán de Alvárez**, die bis **Pinotepa Nacional** (264 km, s. Rte 25, bei km 429) weiterführt. Sie wird nach **Sola de Vega** (78 km) sehr schwer befahrbar, führt aber durch eine der schönsten ★**Landschaften** von Mexiko.

32 km: Ocotlán de Morelos (Fr. Markt), wo qualitativ hochstehende Figurinen aus Ton erzeugt werden. – **98,5 km: Mihuatlán de Porfirio Díaz.** – **104 km: Tamazulapán;** von hier steigt die Straße bis zum Paß der Sierra Madre del Sur, anschl. lange Abfahrt zur Pazifikküste. – **238 km: Pochutla** (29. Juni Kirchweihfest) an der Straße nach Acapulco (s. Rte 25 in umgekehrter Richtung, ab km 497). – **243 km:** Straße l. nach **Salina Cruz** und **Tehuantepec** (s. Rte 25, km 502).

250 km: Puerto Angel (s. Rte 25, km 502).

23 – Von Oaxaca über Cuautla nach México

Seit der Eröffnung der Straße von México über Tehuacán nach Oaxaca ist diese Route nur noch wenig befahren. Ein großer Teil der Strecke ist sehr kurvenreich und führt durch eine wunderschöne gebirgige Gegend. Ergreifend schön sind die Klöster vom Beginn der Kolonialzeit bei der Abzweigung der Straße von Pueblo nach Tehuacán und Nochixtlán. Die etwas von der Hauptstraße abgelegenen Gebiete, die von Amuzgos, Tricos, Mixteken und Chocos bewohnt werden, sind vom Standpunkt der Ethnographie interessant zu sehen.

Sie interessieren sich für:

Den nüchternen Baustil der Kolonialzeit: Besuchen Sie die Klöster Yanhuitlán, San Pedro y San Pablo Teposcolula, von Coixtlahuaca, von Tepalcingo, von Zacualpan de Amilpas, und nicht zu vergessen die Klöster in der Gegend von Cuernavaca (s. Rten 1M und 2).

Handwerk: Halten Sie in Acatlán. Der Pueblo ist vor allem wegen seiner Töpfereiprodukte und Figurinen berühmt; der Künstler Herón Martinez hält surrealistische Fantasmen der mexikanischen Volksseele in Ton fest.

Straße: 523 km über eine kurvenreiche Straße zwischen Oaxaca und Huajapan de León und von dort ungef. 4 Std. nach México.

Ausfahrt aus Oaxaca bei der Abzweigung der Straße von Oaxaca über Tehuacán nach Puebla (s. Rte 21 in umgekehrter Richtung, km 351–km 317).
34 km: R. Straße nach Tehuacán (s. o.).
104 km: Nochixtlán, Ort aus der vorkolumbischen Zeit, (Ruinen der Terrassen nahe des Ortes auf den Hügeln von Pueblo Viejo und von Tinducarrada).

Von Nochixtlán führt eine Piste (r. bei der Ausfahrt über die Straße von México) nach (12 km) **Chachoapan**; Dorf, das gemeinsam mit Yacuita und Nochixtlán das mixtekische Königreich von Tilantongo bildete. Das antike Chachoapan wurde auf dem **Cerro Yucuñudahui** entdeckt. Bei den von Dr. Alfonso Caso geleiteten Ausgrabungen sind ein **Ballspielplatz** (Tlachtli, sehr baufällig) und ein **Tempel**, Tlalóc genannt (sehr schlecht erhalten) sowie eine Anhöhe, (**Mogote Grande**, von Schatzsuchern stark verwüstet) freigelegt worden.

(23) Oaxaca – Cuautla – México

Bei **Yucunoo** oder **Cerro Negro**, das von einem Hügel gebildet wird, der sich an den Cerro de Yucuñudahui anschließt, sind auf einer Anhöhe Reste eines Tempels freigelegt worden und in einem weiteren Hügel ein Grab. Das Grab wird über eine Treppe betreten, die in einen kreuzförmigen Vorsaal mündet, von dem man in einen quadratischen Saal gelangt und weiter in die Totenkammer, deren Holzdach erhalten blieb. Der Eingang war mit riesigen Steinplatten mit der Darstellung des Regengottes versperrt.

105,5 km: Kreuzung.

L. führt die Straße von Yodocono über das Dorf hinaus nach **Tilantongo** (25 km) dem einstigen Sitz des Königreiches des oberen Mixtekenlandes. Die dort gefundenen mixtekischen Arzneibücher schildern die Geschichte des Dorfes von seiner Gründung 692 n. Chr. bis zur spanischen Eroberung.

1455 fielen die Azteken unter der Regierung von Dzahuindanda in das Königreich ein. Nach zwei blutigen Niederlagen überfielen die Mexica gemeinsam mit ihren Untertanen und Verbündeten (die Armee wird auf 200.000 Krieger, begleitet von 100.000 *tlamenes* [Trägern], geschätzt) das obere Mixtekenland. Dzahuinanda wurde trotz Unterstützung geschlagen, verlor seine Hauptstadt, die zerstört wurde, mußte sich ergeben und wurde später hingerichtet.

Tilantongo ist der Ausgangspunkt für den Besuch von **Monte Negro**, einem Berg, der sich etwa 400 m über dem Tal von Tilantongo erhebt und auf dem die **Ruinen einer vorkolumbischen Stadt** des oberen Mixtekenlandes, die zeitlich mit der ersten Periode von Monte-Albán zusammenfällt, liegen. Die Mehrzahl der freigelegten Gebäude liegen an einer langen Straße auf Plattformen, um rechtwinkelige Patios. Im NO dieser großen Gruppe stoßen Sie nach ungef. 40 m auf vier Tempel. Die Untersuchung der dort gefundenen Keramiken ergab, daß die Gegend von Monte Negro während eines kurzen Zeitabschnittes von Völkern unbekannter Herkunft besiedelt war.

119 km: **Yanhuitlán**, 8.000 Ew.; das **Kloster** und die dazugehörige **Kirche** liegen auf einer künstlich angelegten Terrasse, die aus den Materialien eines nahegelegenen vorspanischen Klosters besteht, das vor der Errichtung der Kirche (1550) abgerissen wurde.

Öffnungszeiten: 10–18 Uhr (das Kloster), die Kirche ist vormittags geöffnet, die Öffnungszeiten sind jedoch nicht festgelegt.

Die **Kirche** hat eine bemerkenswerte platereske Fassade. Sie ist einschiffig mit einem gotischen Rippengewölbe, verlängert von einer Apsis mit einem großen vergoldeten Holzaltar, der mit **Malereien und Skulpturen** geschmückt ist. Die Galerie unter dem ersten Gewölbejoch des Schiffes wird von drei großen Korbbogen getragen; beachten Sie die **Facettendecke** dieser Galerie, eine der schönsten von Mexiko. Über der Portería, der Pförtnerloge, an deren Eingang sich ein Korbbogen erhebt, gelangt man in die ehemaligen Klostergebäude. In dem Saal vor dem Kreuzgang eine **Sammlung von gefaßten Holzstatuen.** Der **Kreuzgang**, in dessen Mitte sich eine majestätische Zypresse erhebt, stellt einen von zweistöckigen Säulengängen umgebenen Patio dar, wovon jener im Erdgeschoß von Spitzbogengewölben mit hängendem Schlußstein gebildet wird. Im Treppenhaus, das zum ersten Stockwerk führt, ist ein **Fresko** des 16. Jh. mit dem Hl. Christophorus, der das Jesukind trägt, zu beachten. In einigen Zellen kann man mehrere **Statuen** aus der Kolonialepoche betrachten, die aus verschiedenen Klöstern der Gegend von Oaxaca stammen, ebenso wie Photographien von einigen Denkmälern.

Im Ort selbst ist das **Haus des Kaziken** zu sehen, eine typische koloniale Wohnstätte (16. oder 17. Jh).

133 km: L. nach (3 km; Straße nach Pinotepa Nacional, s. u. Rte 23A) **San Juan Teposcolula** mit einer kleinen dominikanischen **Kirche**, die zu dem Kloster von San Pedro und San Pablo Teposcolula (einem 13 km entfernt liegenden Dorf, s. u.) gehört.

☞ **23 A – Von km 133 (Teposcolula) nach Pinotepa National** (267 km auf einer nicht asphaltierten Bergstraße, die relativ schlecht zu befahren ist, die aber während der Fahrt durch die Sierra Madre del Sur wunderschöne Landschaften bietet. Die Straße führt durch Gebiete die von verschiedenen Völkern besiedelt waren, Mixteken, Tricos und Amuzgos).

13 km: **San Pedro y San Pablo Teposcolula**, im 16. Jh. ein Dörfchen mit blühendem Handel, dank seiner Seidenraupenzucht, die von den Dominikanern eingeführt wurde. Von dem **Kloster**, das mehrere Male von Erdbeben erschüttert wurde, bestehen nur noch die Kirche, wiedererrichtet aus den Materialien des ursprünglichen Klosters aus dem 16. Jh., und vor allem die Ruinen einer * **offenen Kapelle** (1570); diese merkwürdige, einzigartige Struktur ist ungeachtet ihres schlechten Zustands eine der größten Sehenswürdigkeiten der religiösen Baukunst im Mexiko des 16. Jh.. Beachten Sie den Grundriß und die Skulpturen im reinsten platerisken Stil, mit einigen Unachtsamkeiten in der Ausführung. Diese Kapelle enthält eine **doppelte Säulenhalle** mit einem sechseckigen Raum in ihrer Mitte, der seinerzeit durch eine Kuppel, von der nur noch einige Trümmer übriggeblieben sind, überdeckt war, bei der man noch die Rippen am Scheitelpunkt mit hängendem Schlußstein erkennen kann: ein Zugeständnis an die Gotik in einer Renaissance-Umgebung. Die Kuppel war von vier starken rechtwinkeligen Pfeilern gestützt, zwei davon hinter der Hinterwand der zweiten Galerie und zwei über Rundbögen zu Fassadenvorsprüngen verlängert.

22 km: **Yolomécatl**; kleines dominikanisches Kloster des 16. Jh. mit Ruhealtären. – 53 km: **Santa María Asunción Tlaxiaco**, ein Dorf im Herzen des oberen Mixtekenlandes, wo die Dominikaner um 1550 ein Kloster gründeten. Besuchen Sie die Klosterkirche Mariae Himmelfahrt, ein nüchternes Gebäude im platerisken Stil mit gotischen Rippengewölben.

Das obere Mixtekenland ist eine sehr gebirgige Gegend, wo die Sierra Madre Oriental und die Sierra Madre Occidental zusammenlaufen und so drei Berghänge bilden. Das Klima ist rauh, der Boden nicht sehr fruchtbar. Im SW, in den Distrikten von Putla und Juxtlahuaca, sowie im O, im Distrikt von Etla, erstreckt sich **das untere Mixtekenland**, ein Gebiet von Hochebenen; eingeschnitten von Flüssen, abgetrennt von Senkungen, mit warmem, feuchtem Klima und gedeihender Landwirtschaft (Mais, Bohnen, und sogar Zuckerrohr und Tabak in den wärmeren Tälern). Weiter im S befindet sich das zur Küste gehörige Mixtekenland, bis zur Pazifikküste tropisches Gebiet, bekannt unter dem Namen **Costa Chica**, die kleine Küste, wo auf den großen Ebenen Zuckerrohr, Baumwolle, Kaffee und Kakao angebaut werden. Diese verschiedenen Gebiete werden von Mestizen, vor allem Mixteken, aber auch von anderen indianischen Stämmen (Tricos und Amuzgos) bewohnt.

Die Herkunft der Mixteken ist äußerst ungewiß. Den Berichten von Pater Bernardino de Sahagún zufolge kamen sie gleichzeitig mit den Zapoteken aus der Gegend von Pánuco, nach anderen Berichten jedoch stammen sie aus der Grotte von Chicomóztoc und haben den Staat Oaxaca, wo sie heute leben, unter der Führung von Mixtecatl erreicht. Die Mixteken vermischten sich mit anderen Rassen und wurden in drei Königreiche geteilt: Tutotepec im S, Achiutla in der Mitte und Coixtlahuaca im N, das den Jahrbüchern zufolge von Cuauhtitlán 1064 von toltekischen Überläufern gegründet wurde.

Im 15. Jh. stießen die Mixteken mit den Azteken, die ihr Gebiet bis zur Landenge von Tehuantepec ausdehnen wollten, zusammen. 1458 versagte der König von Coixtlahuaca, Atonaltzin, den Azteken das Recht auf Handel, was unmittelbar zum Krieg führte.

Moctezuma I. schloß seinem Gebiet das Königreich von Coixtlahuaca an, danach erweiterte Axayácatl die Eroberungszüge seines Vorgängers auf das Königreich von Achiutla. Zu Beginn des 16. Jh. wurden die Mixteken Tributpflichtige der Mexica, stiegen das Oaxaca-Tal hinab, zerstörten Zaachila und besiegten die Zapoteken. Zur gleichen Zeit rebellierten sie gegen den aztekischen Herrscher Moctezuma II. Die Azteken mußten anschließend den Spaniern erbitterten Widerstand leisten und wurden 1527 endgültig von den Konquistadoren unter der Leitung von Cortez geschlagen. Heute werden die Mixteken auf 200.000 Menschen geschätzt.

Die Wohnstätten im oberen Mixtekenland setzen sich aus drei Haupttypen zusammen: *Adobe* mit Schilf- oder Ziegeldach, oder aus Mauerwerk mit einer Terrasse. Im unteren Mixtekenland begegnet man vor allem Strohhütten mit Adobewänden und Bambus- oder Schilfdächern mit 2 Schrägen, oder auch Bambuswänden, deren Dichte vom jeweiligen Klima abhängt. In jedem der drei Gebiete besteht die mixtekische Behausung aus zwei Räumen mit einer angeschlossenen Küche und einem Kornsilo.

Auch **die Trachten** sind vom Klima abhängig. Eine der interessantesten ist die des unteren Mixtekenlandes, bestehend aus einem Hemd und einer mit geometrischen und Tiermotiven bestickten Hose. Gelegentlich wird der Hemdzipfel zwischen den Beinen durchgezogen und mit dem Gürtel solcherart befestigt, daß in dem somit entstandenen Sack Dinge aufbewahrt werden können.

Die von den Mixteken ausgeübte Religion weist in manchen Gegenden, wo man noch Gottheiten des Windes, Vekton, und des Todes verehrt, Reste heidnischer Züge auf. Die Eingeweihten legen nachts Nahrungsmittel als Opfergaben in Höhlen, wo Götzenbilder des Windgottes aufgestellt sind. Der *Nagualismus* ist noch stark verbreitet; er beruht darauf, daß jedem Lebewesen bei der Geburt ein Doppelgänger, im allgemeinen ein Tier, mitgegeben wird. Der Zauberer ist Heiler und Regenmacher. Er bewirkt den Regen, indem er dem Gott des Windes ein Huhn opfert. Begräbnisse sind Anläße für verschiedene Festlichkeiten. So beruht die selstsamste Zeremonie darauf, daß beim Ableben eines Kindes ein Hochzeitsball, unter der Teilnahme eines „Ehegatten", veranstaltet wird. Die Eltern des Toten beten neun Tage an der Stelle, wo die Leiche gefunden, und ein Kreuz aus Kalk gezogen wurde. Am Ende des neunten Tages wird der Kalk eingesammelt und auf den Totenacker geworfen. Die Beerdigungen werden im allgemeinen von einem Orchester begleitet.

Die Festtage der Mixteken sind die des katholischen Kalenders, insbesondere die Karwoche und die Feiern der Schutzheiligen ihrer Städte. Taufen, Hochzeiten sowie die Einsegnung des Saatguts (am 2. Feb. und am 2. Nov.) sind ebenfalls Freudentage. Am 1. Jan. wird die Übergabe des Kommandostabs, anläßlich der Erneuerung der Gemeinderäte, gefeiert. Es bilden sich Festzüge, die nachher durch die Straßen ziehen und sich schließlich unter Blumenbögen in die Kirche begeben. Den Gemeinderäten, die nach dem Gesetz der Republik zusammengesetzt sind, steht mitunter ein Ältestenrat gegenüber, und in sehr entlegenen Dörfern sogar ein Kazike. Sie üben einen großen Einfluß auf die Gemeinde aus.

Die bevorzugten Tänze der Mixteken sind der *Santiaguitos* und der Tanz des *Koyoten*, pantomimische Darstellungen von Tieren, die das Geflügel im Hühnerhof verschlingen. An der Küste ist der Einfluß von Gemeinschaften ehemaliger schwarzer Sklaven, die Zuflucht auf der Costa Chica gefunden haben, sehr bedeutend.

Das Handwerk ist vertreten durch **Wollgewebe** (Sarapes und Decken, vor allem in Tlaxiaco), **Keramik** (in Acatlán, Nduaxico, nahe von Tlaxiaco, wo man sehr feine orangefarbene Töpferwaren herstellt, in Tonaltepec bei Nochixtlán) und durch **Korbwaren**. Erwähnenswert sind noch Waren aus *Glanz- und Wildleder*, von Mestizen hergestellt, ebenso die *Filzhüte von Tlaxiaco* und **hölzerne Gegenstände** aus Silacayoapan, in einem schwer zugänglichen Tal westl. von Tlaxiaco.

☞ Jenseits von Tlaxiaco durchqueren Sie das Tal des Río Santo Domingo, das von den Tricos bewohnt ist. Die Frauen dieser einheimischen Rasse tragen für gewöhnlich auf dem Kopf eine halbe Kalebasse mit geometrischen und floralen Motiven. 114 km: **Putla de Guerrero**, in dem grünenden Tal eines Zuflusses des Río Verde im Herzen des Gebietes der Tricos. Vom 6. bis 8. Sept. *Fiesta de las Calendas* mit einem Festzug allegorischer Wagen und Belustigungen, die an den Karneval erinnern.

Die Tricos sind Verwandte der Popolaca in Veracruz, der Nachkommen der Olmeken. Sie sind in einer gebirgigen Gegend mit kaltem Klima, aber auch in mehreren kleinen Tälern mit tropischem Klima angesiedelt, wo sie Agrumen, Bananen, Kaffee, Zuckerrohr, Mais, Piment und Flaschenkürbisse anbauen. Mesquiten, Palmen, Kakteen und Agaven gehören zur Vegetation dieser Gegend.
In jedem Dorf herrscht ein Kazike, der sich bei Streitfragen an die Gemeinderäte wendet. Die Tricos sind fanatische Katholiken, sie feiern vor allem die Karwoche, Fronleichnam, Allerseelen und die Feiern ihrer Schutzheiligen, die sie mit Sprengkörpern, alkoholischen Getränken, Messen und Novenen begehen.
Die Sprache der Tricos wurde in die Gegend der olmekischen Sprache ge-

(23) Oaxaca – Cuautla – México

reiht. Es ist eine tonale Sprache, von der man fünf verschiedene Ausdrucksformen kennt.
Die Frauen tragen lange, weite Huipiles mit Querstreifen und Längsbordüren in verschiedenen Farben, reich geschmückt bei unverheirateten Frauen, die zwei Zöpfe mit bunten Bändern tragen, im Gegensatz zu Verheirateten, die nur einen tragen. Zu der Tracht gehört ein halbkürbisförmiger Kopfschmuck mit geometrischen oder floralen Mustern. Die Hemdenstoffe werden auf sehr einfachen Webstühlen hergestellt.

☞ 160 km: L. **Zacatepec**, ein Pueblo des unteren Mixtekenlandes, das von den Tacuates bewohnt wird. Die Tracht ist vorspanischer Herkunft und besteht aus einem Hemd und einer Hose, die mit floralen und geometrischen Mustern und Tierformen bestickt sind.
186 km: **San Pedro Amuzgos**, 700 Ew., inmitten von Bananen- und Zuckerrohrplantagen, in einer Gegend, die von Indianern der Amuzgos-Rasse besiedelt ist.

Die Amuzgos bilden eine Völkergruppe unbekannter Herkunft. Sie wohnen heute an der Costa Chica und in den Staaten Oaxaca und Guerrero, und stammen vielleicht wie die Mixteken aus dem Gebiet von Panuco. Ihre Sprache ist tonal und gehört zu der Gruppe der olmeko-otomangen Sprachen.

Die Wohnstätten sind Hütten aus Adobewänden auf einem Rahmen aus Holzpflöcken, mit einem bis zu 3 m hohen Dach mit 2 Schrägen aus Unkraut. Die Amuzgos schlafen in Hängematten (*tapextle*).
Sie leben von der Landwirtschaft (Mais, Bohnen, Piment, Flaschenkürbisse, Zuckerrohr, Baumwolle, Tabak), von der Bienenzucht, aber auch von Handarbeit (bestickte Huipiles, Baumwollstoffe, Filzhüte mit Bändern, von den Frauen handgeformte Töpferwaren).

Die Regierung der Gemeinden liegt in Händen der Gemeinderäte, die nach dem Gesetz der Republik zusammengesetzt sind, und die in sehr entlegenen Dörfern dem Kaziken untersteht.

Die Religion der Amuzgos ist der Katholizismus, doch sind etliche vorspanische Bräuche erhalten geblieben. Nach jeder Geburt werden Mutter und Kind von einem Zauberer zu einer Kreuzung geführt, wo sie auf das erste vorbeikommende Tier, „Tona", warten, d. h. auf das *Nagual* des Neugeborenen. Wenn der Zauberer das Tier entdeckt hat, zieht er am Boden drei Kreuze aus Dornen und drei Kreuze aus Asche. Das Kind wird zur Taufe in die Kirche gebracht. Die Amuzgos feiern die Karwoche, Fronleichnam, Allerseelen (am 2. Nov.) und die Tage der Schutzheiligen. Religiöse Feste sind meist Anlaß für Märkte, die bis zu drei Tagen dauern können; die Dörfer sind mit bunten Girlanden geschmückt, während Altäre improvisiert werden, auf denen man Räucherwerk (*Kopal*) und Kerzen abbrennt. Die üblichsten Tänze sind der *Jarabe*, die *Petenera* und der *Tanz des Tigers*, die sich vermutlich vom Totem herleiten.

☞ 260 km: L. nach (18 km) **Pinotepa de Don Luis** (s. Rte 25, km 286). – 262 km: Straße von Acapulco nach Tehuantepec (s. Rte 25, km 281).
267 km: **Pinotepa Nacional** (s. Rte, 25, km 286).

Fortsetzung der Rte 23. – 145 km: R. **Tejupán**; Kirche aus dem 16. Jh., gehörte zu einem heute zerstörten Kloster (im Atrium Ruhealtäre, vermutlich aus dem 17. Jh.).

Von Tejupán gelangt man auf einer Straße nach (24,5 km) **San Juan Bautista Coixtlahuaca**, 400 Ew., das bis zur Hälfte des 15. Jh. die Hauptstadt des oberen Mixtekenlandes war und von den Azteken erobert wurde.

1520 von Hernando Cortez eingenommen, war sie im Gegensatz zu vielen vorkolumbischen Dörfern Mexikos eine blühende Stadt, dank der Erzeugung von Cochenille und der Seidenraupenzucht, die von den Dominikanern, die hier 1544 ein Kloster gründeten, eingeführt wurden. Die Seidenindustrie ging gegen Ende des 16. Jh. wegen der Seidenimporte aus China und den Philippinen über den Hafen von Acapulco zugrunde, und die Stadt entwickelte sich mehr und mehr zu einem armseligen Dorf zurück.

Das * **Dominikanerkloster,** eines der großartigsten Mexikos, steht auf einer künstlichen Terrasse. Die **Kirche** (1576), mit einer bemerkenswerten **Fassade** im plateresken Stil, ist über dem Portal mit einer Rosette versehen. In der Kirche befindet sich l. die Ruine einer offenen gotischen Kapelle.
An der „**Inguitería**" genannten Stelle im W des Dorfes, wurden auf dem Gipfel eines Hügels die **Reste eines religiösen Zentrums der Mixteken** (aus der letzten Entwicklungsphase dieser Zivilisation, 15. Jh.) gefunden. Es wurden zwei benachbarte Höfe entdeckt, die von Plattformen und pyramidenförmigen Strukturen gesäumt werden. Andere Ruinen liegen auf dem Abhang des Hügels, wo viele verschiedenartige Gräber freigelegt wurden.

Im Distrikt von Coixtlahuaca, der sehr gebirgig und ausgedörrt ist, und wo Mesquiten, weiße Sapotillenbäume, Lorbeerbäume und Eichen wachsen, leben etwa 2.000 Nachkommen der **Chochos**, oder **Chuchones**, oder **Chochulteken**.

Die Chochulteken kamen im Laufe des 7. Jh. u. Z. in den Staat Oaxaca. Sie wurden Tributpflichtige der Mixteken, später, unter der Regierung von Ahuizotl (1486) der Mexica.
Sie leben in der Hauptsache von der Landwirtschaft (Mais, Bohnen und Piment), sind aber auch Handwerker (Erzeugung von Matten aus Palmenfasern, Sombreros, Erzeugnisse aus Sisal). Sie wohnen in Holzhütten. Ihre Religion ist eine Mischung aus heidnischen und katholischen Bräuchen. Die Chochulteken verehren noch die Gottheiten des Windes, des Regens und des Berges. Die Totenwachen sind Anlaß für ein Bankett, bei dem ein Orchester von Violonisten, Flötisten und Trommlern spielt. Am Tag nach dem Ableben wird die Leiche unter Musikbegleitung auf den Friedhof gebracht. Die Gebete werden während der neun darauffolgenden Tage fortgesetzt, nach deren Ablauf die Sterbestelle mit einem Kalkkreuz gezeichnet wird.

155,5 km: **Tamazulapan**, ein bescheidenes Dorf in der Nähe eines vorspanischen Gebietes im N. Es besteht aus mehreren Terrassen und verschiedenen Gebäuderesten, die noch nicht erforscht wurden.
198 km: **Huajuapan de León**; r. zweigt eine Straße nach Tehuacán

ab (121 km, s. Rte 21, km 111). Etwa 20 km vor Tehuacán durchqueren Sie einen erstaunlichen Kaktuswald.
206 km: *Paradero turístico*, ein für Picknicks eingerichteter Ort. Neben Mesquiten kann man bereits auch Kandelaberkakteen sehen.
261 km: **Acatlán**, 10.000 Ew., Mixteken und Mestizen, bekannt für seine besonders phantasievollen Keramiken und Figurinen aus Schwarzerde. Sobald man den Ort betritt, sieht man r. einen Laden, in dem diese Keramiken verkauft werden. Weiter oben auf der Anhöhe findet man einige Töpferateliers, die man besichtigen kann. *Herón Martínez*, einer der bekanntesten Künstler Mexikos, hat sein Atelier in der letzten Straße r., die nach México führt, nach dem Ortsausgang noch 200 m. Sie sehen sich in eine Fabelwelt surrealistischer und wunderbarer kleiner Figuren und Lebensbäume versetzt, die zu erschwinglichen Preisen verkauft werden.
345 km: R. nach (2 km) **Izúcar de Matamoros**, 25.000 Ew., an der Stelle einer vorkolumbischen Stadt, in einer Zuckerrohrgegend. Am 27. Juli, Jakobstag, wird eine Episode eines spanischen Ritterromans des 16. Jh. gezeigt: *Florisel de Niquea* von Feliciano de Silva. Das Hauptgeschehen findet während der Belagerung von Konstantinopel statt.

Auf dem Hauptplatz, der sich an der Stelle seines Vorgängers aus vorkolumbischer Zeit befindet, sieht man einen **Brunnen** (16. Jh.). Von diesem Platz gelangt man durch ein doppelbögiges Portal in ein Atrium mit Ruhealtären und einem alten **Dominikanerkloster**, dessen Bau Mitte des 16. Jh. begonnen wurde. L. von der von zwei Türmen flankierten **Kirche**, wovon der eine im churrigueristischen Stil ein Zubau des 18. Jh. ist, befindet sich eine **offene Kapelle** mit einem Gewölbebogen, der in einer für die Zeit kühnen Spannweite endet. Oberhalb der Kapelle wurde eine Galerie errichtet, wo während der Gottesdienste im Freien die Musikanten und Sänger Platz nehmen sollten. Oberhalb des ersten Drittels des einzigen Schiffes der Kirche, gedeckt mit durch Schlußsteine abgeschlossenen Bögen, erstreckt sich eine gegen den Chor offene Galerie, von wo man die für die Sänger bestimmte große Nische errreichen konnte.

●▶ Von Izúcar de Matamoros nach Puebla: 72 km (s. Rte 21, km 72).

☛ **383** km: R. nach (1 km) **Jantetelco**; **Pfarrkirche** aus der 2. Hälfte des 16. Jh. Die Kirche ist von einem Kreuzgang flankiert, der von der üppigen Tropenvegetation überwuchert wurde. Das Pfarrhaus von Don Mariano Matamoros wurde in ein Museum umgewandelt.

●▶ L. führt die Straße von Atotonilco nach (5 km) **Jonacatepec**, (Kloster aus dem 17. Jh.) und (17 km) **Tepalcingo**, 6.000 Ew., in dem sich eine 1780 errichtete **Kirche** befindet; wilde churriguereske *** Fassade**, geschmückt mit Skulpturen aus der Passion. Am 18. März ist Tepalcingo der Schauplatz eines wichtigen Festes, das mit Volkstänzen und Opfern von Keramikfigürchen (Tiere und verschiedene Fruchtbarkeitssymbole) begangen wird. Das Fest ist von einem Jahrmarkt begleitet. In gleicher Weise feiert man dort eine wichtige Wallfahrt, die einen Teil der Feste des Karfreitags darstellen; die Pilger kommen aus Michoacán, Guerrero, den Puebla-Provinzen, Morelos, Querétaro und Guanajuato. Unter Umständen kann man einzigartige Lackarbeiten aus einem kleinen, kaum erreichbaren Guerrero-Dorf erstehen.

▶ 2 km vor Jantetelco: Straßengabelung. 6 km vor der Abzweigung des km 390: **Chacalcingo** (40 Min. zu Fuß vom **Cerro de la Cantera**, einem hohen Hügel, etwa 300 m oberhalb der Ebene. Am Fuße dieser Anhöhe befinden sich 2 kleine Anhöhen mit Trümmern aus der klassischen Epoche. An den Seiten des Hügels kann man in Felsenhöhlen **rote Petroglyphen** und **Reliefs** sehen; der Zugang ist jedoch schwierig und nur für Schwindelfreie zu empfehlen. Die etwa 30 Petroglyphen haben in den 25 Jahrhunderten unter den Wetterunbillen sehr gelitten. Die ältesten stammen von Olmeken, oder von Völkern unter olmekischem Einfluß (9. Jh. v. Chr.). Die Reliefs (Nr. 1,2,7 und 8) können zwischen 600 und 400 v. Chr. geschaffen worden sein.
Vom Gipfel des Cerro, weiter Blick auf die vom Popocatépetl behrrschte Morelos-Ebene.

▶ Von der Kreuzung bei km 390 führt die Straße von Amayuca nach (8 km) **★ Zacualpan de Amilpas**; malerisches Dorf mit **Augustinerkloster** und **Kirche** aus dem 16. Jh. Man tritt durch ein Portal im Kolonialstil (Ende 18. Jh.; mit zwei Öffnungen) in ein Atrium ein. In den vier Ecken Ruhekapellen, im Kreuzgang gibt es **Wandmalereien** (im 19. Jh. renoviert) sowohl im unteren als auch im oberen Stockwerk. In der Kirche bemerkenswerte Altäre aus geschnitztem, vergoldetem Holz (Higinio López, 1. Drittel des 19. Jh.).

Über Zacualpan de Amilpas hinaus führt die Straße nach **Tlacotepec** (4 km) und nach **Tetela del Volcán** (16 km, s. Rte 1, km 116) über eine schwer befahrbare Piste.

▶ Von Zacualpan de Amilpas kann man gleicherweise über eine schlechte Bergstraße nach (17 km) **Hueyapan** fahren, indem man in Tlacotepec r. abbiegt. Aus der **Kirche** dieses lieblichen Dorfes stammt eine gefaßte Holzstatue, ein typisch mexikanisches Kunstwerk, das ebenfalls Higinio López zugeschrieben wird und im Nationalmuseum des Vizekönigs von Tepotzotlán steht.

▶ **440 km: Cuautla**. Die Stadt hat 17.000 Ew. und eine Thermalstation in 1.273 m Höhe im Morelos-Tal und ist für ihr mildes Klima und ihre subtropische, üppige Vegetation bekannt; vom 19. bis 25. Feb. Kirchweihfest; am 30. Sept. Gedenkfeiern an die Aufhebung der Belagerung königlicher Truppen (1812).
413 km: L. Straße nach **Cuernavaca** (s. Rte 2B, km 43).
416 km: Verlassen Sie die Straße nach **Chalco** (s. Rte 1M, km 126,5) und nehmen Sie die Autobahn nach México. – **423,5** km: Ausfahrt nach **Oaxtepec** (2 km, s. Rte 1M, km 137). – **432** km: Ausfahrt nach **Yautepec** (7 km, s. Rte 2B, km 26). Sie fahren anschließend den Fuß des Cerro de Tepotztlán (s. Rte 2A) entlang.
453 km: Autobahn México – Cuernavaca. Vom Zubringer nach México: s. Rte 2 in umgekehrter Richtung, ab km 70.
523 km: **México** (s. Rte 1).

24 – Von Oaxaca nach Tehuantepec

Diese wunderschöne Bergstraße verläuft durch Sierras, wo die Vegetation in der Hauptsache aus Kandelaberkakteen besteht und wo Maguey-Felder die Hügel blau und grün färben. Sie führt durch ein schwach besiedeltes Gebiet. Vom archäologischen Standpunkt aus ist nur das Oaxaca-Tal von Interesse, es ist eine Übergangsstrecke zwischen Zentralmexiko und dem Land der Mayas.

Sie interessieren sich für:

Archäologie: Beachten Sie, daß Sie vor Verlassen des Oaxaca-Tales an mehreren Ausgrabungsstätten vorbeifahren: Dainzú, Yagul und vor allem Mitla sind die interessantesten davon (s. Rte 22, Ausflug nach Mitla).

Straße: 252 km auf sehr kurvenreicher Straße; Sie müssen von Oaxaca nach Tehuantepec mit 5–5.30 Std. rechnen.

▶ **Von Oaxaca nach Mitla:** s. Rte 22, Ausflug nach Mitla.
40 km: L. Straße nach Mitla.

46,5 km: Matatlán; kleines Dorf, wo wie in Mitla am 31. Dez. die *Fiesta de la Cruz de Petición* gefeiert wird. Kurz danach steigt die Straße an und verläßt das Tal von Oaxaca. – **69 km:** Von einem Paß herrliches Panorama auf die Berge der Sierra Madre del Sur. – **124 km:** Kurz nach der Ausfahrt aus einer Schlucht der Weiler *El Gramal*.

▶ L. Straße nach (8 km) **Nejapa**; altes befestigtes Dorf, um 1560 errichtet; etwas später wurde ein Dominikanerkloster gegründet; in der Nähe des Klosters, das heute anderweitige Verwendung findet, steht die Kirche (1560, im 17. Jh. umgebaut).

185 km: R. außergewöhnlich schöne ★ **Sicht** auf die Sierra Madre del Sur. – **203,5 km:** Brücke über den Río Tequisistlán; kurz danach liegt r. in einer wahrhaftigen Palmenoase das Dorf **Tequisistlán** mit einer robusten Kirche (16. Jh.), von den Dominikanern nahe einer Mission auf einem von den **Chontales** besetzten Gebiet errichtet.

Die Chontales, auch **Tequistlateken** genannt, ähneln mehreren einheimischen Gruppen NW-Mexikos, besonders den Seris, aber auch Gruppen

Mittelamerikas z. B. den Xincas. Ihr Ursprung ist daher sehr umstritten. 1374 bildeten die Chontales ein Königreich, das gegen Mixteken und Zapoteken kämpfte; von letzteren wurden sie 1436 unterworfen.

Die Chontales sind auf einem Teil der Sierra Madre del Sur angesiedelt der sich auf dem Gebiet der Gemeinden von *Yautepec, Tehuantepec* und *Tequisistlán* bis zur pazifischen Küste hin erstreckt und wo sie vor allem von der *Landwirtschaft* (Mais, Bohnen, Piment usw.) und von *Handwerksprodukten* (vor allem Hängematten aus Sisal, Baumwolle, Palmenfasern und Korbwaren) leben. An Festtagen tragen die Frauen einen bestickten Huipil und eine Mantille, an gewöhnlichen Tagen ein weißes Hemd, eine Perkalbluse und einen roten, blauen oder braunen Rock mit weißen senkrechten Streifen oder mit Blumenmuster.

Die **Häuser** sind je nach Gebiet rechtwinkelig, aus Adobe oder Schilf mit bis zu 3 m hohen Dächern aus Palmen oder Unkraut. Die Möbel beschränken sich auf ein Bett oder eine Matte, in Küstengegenden auf eine Hängematte.

Die Chontales von Oaxaca sind gläubige Katholiken mit Bräuchen aus der vorspanischen Zeit: Tote werden vor der Beerdigung gebadet. Ihre Festtage sind im großen und ganzen die der Katholiken (Dreikönigsfest, Karwoche, Fronleichnam, Johannistag, 2. Nov. und Weihnachten), aber sie feiern auch den Tag des Tequix, am 22. Sept., also den Herbsthöhepunkt.

220 km: Jalapa del Marqués; armseliges Dorf mit einer bescheidenen Dominikanerkirche (16. Jh.), die zu einem Kloster gehörte.
222,5 km: Straße l. zur **Presa Benito Juárez;** der künstlich angelegte See ist von weitem zu sehen. – **250 km:** Straße r. nach **Salina Cruz** (17 km, s. Rte 25, km 683).
252 km: Tehuantepec, 15.000 Ew., auf Hügeln und in Schluchten inmitten einer üppigen tropischen Vegetation gelegen. Tehuantepec („Berg des Tigers") soll seit der Eröffnung des Panamakanals und der damit verbundenen allmählichen Senkung seines Hafens viel von seiner Schönheit eingebüßt haben.

Die Ortschaft ist vorkolumbischen Ursprungs und wurde 1469 von Axayácatl eingenommen. Nach der Eroberung durch die Spanier fiel die Stadt in den Besitz von Cortez, der dort Schiffe bauen ließ.

Tehuantepec zählt sechzehn Bezirke; jeder besitzt seine eigene Kirche. Sie sind aber, einschließlich der Kirche des ehemaligen Dominikanerklosters (1544), vom Standpunkt der Architektur aus uninteressant. Von der 1892 zur Kathedrale erhobenen Klosterkirche sind das Gewölbe und die Kuppel aus dem 16. Jh. erhalten geblieben.

Bei einem Spaziergang durch die Stadt kann man die graziöse und selbstbewußte Haltung der Frauen von Tehuantepec beobachten, typisch für Mexiko, ein Ergebnis der vielseitigen Rassenmischung, die ihren Höhepunkt zu einer Zeit fand, als Tehuantepec ein von Seeleuten aller Nationen überlaufener Hafen war. Zur Zeit der Feiertage des 1. Jan., des 20.–25. Jan. (Kirchweihfeste der Viertel San Sebastian und Laborio) und des 31. Mai – 29. Juni (Kirchweihfeste der Viertel Guichevere und Vishana) tragen die Frauen von Tehuantepec reichbestickte Trachten mit riesigem

(24) Oaxaca – Tehuacantepec

Kopfschmuck, der sich auf beiden Seiten des Gesichts wie Albatrosflügel entfaltet und auf dem Rücken in kunstvollem Plissee fällt.
Die Gewänder der Frauen bestehen aus einem sehr kurzen Huipil (braun, rot, violett oder schwarz, mit großen Blumen in Girlanden aus goldenen oder bunten Seidenfäden gestickt) und einem Samt-, Seiden- oder Satinrock, der mit einem gestärkten Plisseevolant besetzt ist, der an den Kopfschmuck erinnert. Zu der Tracht werden filigrane Ohrgehänge, Armbänder und Halsketten aus Gold oder aus Münzen getragen.
Bei Festen wird in kleinen Pavillons aus Bambus mit Palmendach getanzt, die eigens für diesen Anlaß neben dem Haus des Majordomos errichtet werden. Getanzt werden moderne Tänze, aber auch Tänze der *Ilonoras,* der *Tortugas* (Schildkröte) und des *Zandungas,* bei dem die stolze und herausfordernde Frau von ihrem Tanzpartner verführt werden soll. Gegen Abend unterbricht man die Tänze und begibt sich, bloßfüßig, in einer Prozession zur lokalen Kirche.

Etwa 25 km von Tehuantepec befindet sich im Gebirge die archäologische Zone von **Guiengola** (zu Pferd erreichbar). Es wurden dort zwei große Pyramiden auf einer Plattform, auf der zwei Ballspielplätze liegen, gefunden. Unterhalb dieses Komplexes sind Ruinen eines Palastes, wahrscheinlich der des Königs Cosijoeza, freigelegt worden; mehrere Gärten und Terrassen mit Sicht auf die Ebene von Tehuantepec. Die Schlucht, durch die man nach Guiengola gelangt, war von mit Türmen befestigten Mauern verteidigt. Man weiß, daß der König Cosijoeza dort den Einfall der Azteken abwehren konnte. Sein Sohn, Cosijopii, schloß mit Hernando Cortez ein Bündnis zur Bekämpfung der Mixteken, der Erbfeinde der Azteken. Er wurde Juan Cortés Cosijopii getauft.

25 – Von Acapulco nach Tehuantepec

Diese Reise führt durch zauberhafte Tropenlandschaften und ist vor allem von großem völkerkundlichen Interesse. Die Costa Chica wird von mehreren, sehr verschiedenartigen Gruppen von Eingeborenen bewohnt, die dem Brauchtum ihrer Vorfahren noch innig verhaftet sind und Fremden gegenüber großes Mißtrauen, manchmal sogar Feindseligkeit zeigen. Nur mangelhaft ausgebaute Unterbringungsmöglichkeiten.

Straße: 702 km über die Costera del Pacifico, gut ausgebaute Asphaltstraße bis (497 km) Pochutla; von hier bis (683 km) Salina Cruz Straße in Bau (es empfiehlt sich, in Puerto Angel oder Tehuantepec Erkundigungen über den Straßenzustand einzuholen).

☛ Ausfahrt aus Acapulco auf der Straße nach Pinotepa Nacional (Pl. F4).
7 km: L. auf die ****Carretera Escénica** abbiegen; schöner Panoramablick auf die Bucht von Acapulco.
11,5 km: R. Abzweigung zur Playa La Concha und zu einer Aussichtswarte mit *****Blick** auf die Bucht von Acapulco und, im Hintergrund, die Bergkette der Sierra Madre del Sur.
12,5 km: Lohnender Abstecher in die *Bucht des Puerto Marqués;* bewaldete kleine Hügel erheben sich hinter Kokospalmenhainen und Sumpfgebieten mit zahlreichen Wasserpflanzen.
16 km: L. Abzweigung zur (17 km) Kreuzung von Las Cruces, auf der Straße von México nach Acapulco; r. Abzweigung nach (1,2 km) **Puerto Marqués,** kleiner Fischerhafen und Badeort in einer Bucht, die sich zum Meer hin nur durch eine schmale Wasserstraße öffnet. Bevor man Puerto Marqués erreicht, fährt man entlang der **Gärten von Puerto Marqués** (Besichtigung möglich) mit verschiedenen Tropenpflanzen in einem Kokospalmenhain.
27 km: L. Abzweigung zum (2,5 km) **internationalen Flughafen von Plan de los Amates.**
58 km: L. mündet die Straße aus Las Cruces auf der Route von México nach Acapulco.
79 km: San Marcos, Dorf der Costa Chica; wichtigster Wirtschaftszweig ist die Herstellung von Kopra.
121 km: Cruz Grande, Strohhüttendorf; von hier zweigt l. eine Stra-

(25) Acapulco – Tehuantepec

ße zum Dorf (rd. 35 km) **Ayutla de los Libres** ab, in dem 1854 Juan Alvarez und Ignacio Comonfort einen Plan zum Sturz der Diktatur von Santa Anna ausarbeiteten.
178,5 km: Fahrweg *(brecha)* l. nach (27 km) **San Luis Acatlán;** alte Bergarbeitersiedlung, in der das Fest des Hl. Johannes am 24. Juni mit alten Tänzen *(Tlacololeros, Huisquistles, Moros y Cristianos,* usw.) gefeiert wird.
204 km: **Los Tubos.**

●➡ L. Abzweigung nach (16 km) **Ometepec,** 6.000 Ew., vorwiegend von Amuzgos bewohnt; Feste in der Karwoche.
Von dieser ehemaligen Bergarbeitersiedlung führt eine nur für Jeeps befahrbare Straße nach (20 km) **Igualapa,** wo am dritten Fastensonntag besonders prunkvolle Feierlichkeiten stattfinden.

233,5 km: **Cuajinicuilapa,** 3.000 Ew.; die runden Strohhütten des Dorfes erinnern an die Hütten afrikanischer Dörfer. Tatsächlich stammen die Bewohner des Dorfes von Bantus ab, die in der Kolonialzeit nach Mexiko deportiert wurden und sich nach ihrer Freilassung in diesem schwer zugänglichen Teil der Costa Chica niederließen. Auch in dem rund 20 km entfernten Dorf **San Nicolás** lebt eine Bevölkerung gleichen Ursprungs.
246 km: Die Straße führt unmittelbar an der Ausgrabungsstätte von **Cola de Palma** im Bereich der Stadt **El Ciruelo** vorbei.

Hier wurden mehrere **Terrassen** aus dem klassischen Zeitalter freigelegt (60–80 m lang und 3 m hoch), eine Gruppe von anthropomorphen **Götzenbildern** aus Quarzgestein gemeißelt und eine große anthropomorphe **Statue** aus Basaltgestein.

281 km: L. nach **Oaxaca** (s. Rte 23A, km 262).
286 km: **Pinotepa Nacional** (So. Markt), großes Dorf im Staat Oaxaca an einem Verkehrsknotenpunkt im Küstengebiet der Mixteca mit gemischtrassiger Bevölkerung: Mixteken, Chatinos, Amuzgos, Nachkommen von Negersklaven, usw. In der Karwoche werden hier die prächtigsten Feste von ganz Mexiko gefeiert.

●➡ Von Pinotepa Nacional fährt man Richtung Oaxaca (s. o.) und biegt nach 2 km r. ab auf eine nur für Jeeps befahrbare Straße zum (25 km) Dorf **Pinotepa de Don Luis,** das von Mixteken bewohnt wird. Malerische Karnevalsfeste. Die Frauen dieses und der umliegenden Dörfer sind im allgemeinen nur mit einem knöchellangen Rock bekleidet. Nur an Sonn- und Festtagen tragen sie einen Baumwolloberteil mit Kreuzstichstickerei und Röcke aus geblümtem Perkal.

316 km: L. **Jamiltepec** in tropischer Umgebung, von Mixteken und Chatinos bewohnt.
352 km: L. nach (5 km) **San Pedro Tututepec,** am Fuße der südlichen Ausläufer der Sierra Madre del Sur; vorwiegend von Chatinos bewohnt.

Die Chatinos: Ihre Herkunft ist unbekannt, sie kamen jedoch vermutlich gleichzeitig mit den Zapoteken ins Land. Ihre dem Zapotekischen verwandte Sprache gehört zur olmeko-otomangischen Gruppe.

Sie leben hauptsächlich von Landwirtschaft und Kleingewerbe (aromatisierte Kokosseife, Stickereien usw.). Als Behausung dienen in der Küstenregion mit tropischem Klima Strohhütten mit Schilfwänden; in den höheren Regionen der Sierra Madre del Sur sind die Behausungen fester gebaut, meist aus in der Sonne gebrannten Ziegeln mit Strohdächern.
Ihre **Religion** ist ein mit zahlreichen heidnischen Elementen gepaarter Katholizismus, in dem auch zahlreiche Spuren der Kultgebräuche der Vorfahren erhalten sind. Magische Kulthandlungen bei verschiedenen Anlässen werden von Zauberern ausgeführt (Baumpflanzungen bei Geburten, Totenkult am 1. und 2. Nov., Tieropfer, usw.) gehören zum Brauchtum.
Heute leben die Chatinos vor allem in Santa Catarina Juquila, im ONO von San Pedro Tututepec, sowie in den umliegenden Dörfern.

429 km: ★★**Puerto Escondido,** kleiner Fischerhafen in einer Bucht; im Hintergrund erheben sich mit tropischüppiger Vegetation bedeckte Hügel. Puerto Escondido, der Versteckte Hafen, mit an Klarheit kaum zu überbietendem Wasser an der Pazifikküste, gehört zu den jüngst entdeckten Touristenparadiesen Mexikos. Das Hotelwesen ist qualitativ hochwertig, jedoch noch wenig ausgebaut. Der Strand von Puerto Angelito zählt zu den schönsten dieser Gegend.

497 km: Pochutla; l. Abzweigung nach (238 km) **Oaxaca** (s. Rte 22A, in umgekehrter Richtung, ab km 238).

502 km: R. nach (7 km) ★★**Puerto Angel,** kleiner Fischerhafen in einer außergewöhnlich schönen tropischen Umgebung, die an die Südseeparadiese erinnert. Herrliche Sandstrände und kristallklares Wasser.

Nach der Straßengabelung wird die Straße nach ihrer Fertigstellung quer durch eine wild-schöne Landschaft führen, mit nur wenigen Siedlungen, die von dem Bergmassiv der Sierra Madre del Sur beherrscht werden.

683 km: Salina Cruz, Hafenstadt mit 21.500 Ew., in der Meerenge von Tehuantepec.

Von hier auf einem schlechten Fahrweg zum (6,5 km) **Strand La Ventosa,** an einer, wie der Name bereits sagt, starken Winden ausgesetzten Küste; einige mittelmäßige Restaurants.

686 km: Kreuzung.

R. an der Ausfahrt von Salina Cruz zweigt eine schlechte Sandstraße nach (28 km) **San Mateo del Mar** ab, einem armseligen Dorf, auf einer Dünenkette gelegen, in dem die schönsten Umhänge von ganz Mexiko hergestellt werden. Sie sind mit geometrischen Motiven und stilisierten Tierdarstellungen bestickt. Auf dem weißen, durchsichtigen Gaze kommt der purpurfarbene Faden – die Farbstoffe werden aus den Muscheln des Pazifiks gewonnen – besonders schön zur Geltung.

700 km: L. Straße nach **Oaxaca** (s. Rte 24, in umgekehrter Richtung, ab km 250).

702 km: Tehuantepec (s. Rte 24, km 252).

26 – Von Veracruz über Tuxtepec nach Oaxaca

Diese ★★★**Route** ist eine der sehenswertesten in ganz Mexiko. Die reizvolle Sumpflandschaft mit seltenen Wasserpflanzen erinnert an die Camargue, mit dem Unterschied, daß man hier statt der Tierherden eine große Zahl von Wasservögeln antrifft, die das Gebiet zwischen dem unteren Papaloapan-Tal und Tlacotalpan bevölkern; bevor man nach Tuxtepec kommt, fährt man durch eine liebliche Landschaft mit Strohhüttendörfern mit auffallend üppigem Blumenschmuck und bunt bemalten Eingangstüren.
Besonders reizvoll ist auch die Fahrt durch die Berge ab Tuxtepec. Die Straße führt an zahlreichen Stellen direkt über die Felsen, die von baumhohen Farnen und Lianen verdeckt sind, die sich wie ein riesiger Vorhang über die Felsen legen. Auf den Anhöhen, neben den verstreut liegenden Hütten der mestizischen oder indianischen Bauern, strecken oft abgestorbene Bäume ihre verdörrten Äste anklagend in den Himmel, wodurch die Landschaft einen pathetisch-tragischen Charakter erhält. Ab Ixtlán de Juárez fährt man durch eine großartige Bergwelt. Vom letzten in 2.600 m Höhe gelegenen Paß La Cumbre erreicht man in einer schwindelerregenden Talfahrt das Oaxaca-Tal. Mit dieser Mutprobe endet eine abwechslungsreiche Fahrt über Berg und Tal durch ein Gebiet, das vom Aufeinandertreffen verschiedener Bergketten geprägt wird und in fast gleicher Entfernung vom Atlantik und dem Pazifik, inmitten des Staates Oaxaca, liegt.
Der Reiz dieser Fahrt liegt vor allem in der landschaftlichen Schönheit der Gebiete, sie kann aber auch vom menschlichen Aspekt her Interessantes bieten, wenn man sich die Mühe macht, etwas abseits von der Straße gelegene Dörfer in der Umgebung von Tuxtepec zu besuchen, die vorwiegend von mazatekischen und mixtekischen Indianern bewohnt sind; in der Umgebung von Ixtlán und Guelatao de Juárez trifft man vor allem auf Zapoteken.

Straße: 212 km von Veracruz nach Tuxtepec, rd. 4 Std. Fahrzeit, dann 223 km von Tuxtepec nach Oaxaca, 7–8 Std. auf einer stellenweise sehr engen, aber asphaltierten Straße.

 Ausfahrt aus Veracruz auf der Straße nach Villahermosa (Pl. A/C4) und über Córdoba nach México.

Veracruz – Tuxtepec

24 km: Die Abzweigung r. über Córdoba nach México (s. Rte 20 in umgekehrter Richtung ab km 405) läßt man unbeachtet.

73 km: Alvarado, malerische kleine Stadt und Fischerhafen an der Einmündung eines natürlichen Kanals, der die Lagune von Alvarado mit dem Meer verbindet und dem Río Papaloapan als Abfluß dient; schöner Blick auf die Küstenregion im S; Pfarrkirche aus dem ausgehenden 18. Jh.

74 km: Mautbrücke über den Río Papaloapan.

85 km: Buena Vista, wo der Río Papaloapan überquert werden mußte. Vor Fertigstellung der Brücke gab es einen regelmäßigen Fährbetrieb.

89 km: Hier verläßt man die Straße nach Villahermosa (Rte 29, km 89) und zweigt r. auf die Straße zur Mautbrücke über den Río Papaloapan ab.

108 km: *Tlacotalpan, eines der malerischsten Dörfer Mexikos mit strohgedeckten Häusern, die in zarten Farben wie rosa, himmelblau und hellrot bemalt sind. Diese reizende Siedlung liegt am l. Ufer des Río Papaloapan, das von Wurzelbäumen und Kokospalmen gesäumt wird. Von Tlacotalpan aus kann man den Río Papaloapan mit Motorbooten aufwärts fahren; Umsteigstelle in Chacaltianguis.

Tlacotalpan ist berühmt für sein Mariä-Lichtmeß-Fest am 2. Feb.; die Feierlichkeiten beginnen jedoch bereits Ende Jan. und dauern eine ganze Woche. Hier werden der Bamba und der Huapango getanzt, deren Rhythmen von Saiteninstrumenten angegeben werden; diese Tänze können, wie der Jarana in Yucatán, stundenlang dauern.

153 km: Cosamaloapan, kleine Stadt mit 30.000 Ew. in einer Schlinge des Río Papaloapan, wo ebenfalls Bamba und Huapango getanzt werden, vor allem anläßlich der Feria vom 6.–12. Dez.

199,5/200 km: R. Abzweigung nach **Tierra Blanca** (s. Rte 20C in umgekehrter Richtung ab km 78).

207,5 km: Mautbrücke.

212 km: L. nach (2 km) **Tuxtepec,** 30.000 Ew., ehemals *Tochtepec,* das zum Zeitpunkt der spanischen Eroberung zum Aztekenreich gehörte. Die Stadt verfügte vor der spanischen Eroberung über große Reichtümer an Kautschuk, Quetzal- und Papageienfedern, Kakao, Goldschmuck und Kristall. Das Gebiet, das zur Zeit der Aztekenherrschaft den Namen *Anáhuac Xicalanco* („Meeresküste von Xicalanco") trug, stand unter dem Schutz einer starken Garnison. Porfirio Díaz wurde hier 1828 geboren.

214 km: Kreuzung.

R. Abzweigung nach **Jalapa de Díaz** und nach (35 km) **San Lucas Ojitlán** (Fähre über einen künstlichen See), inmitten der Chinantla, einer Gebirgsregion mit üppiger Tropenvegatation, deren Bewohnerinnen eine noch aus der vorkolumbischen Zeit stammende Tracht tragen, deren wunderschöne Handstickerei geometrische Blumen- und Tiermotive zeigt.

(26) Veracruz – Tuxtepec – Oaxaca

Kurz nach der Straßengabelung bei km 214 läßt man l. eine Straße nach (1 km) **Tuxtepec** (s. o.) liegen.

219 km: L. nach **Palomares** (Richtung Chiapas; s. Rte 20C, km 97).

232 km: **Chiltepec,** kleines Dorf in der Chinanteca mit Stroh- und Bambushütten, inmitten einer üppigen Tropenvegetation.

261 km: **Valle Nacional** (Fest des Schutzpatrons am 19. März), ein großes Dorf am Fuße der Berge; hier beginnt die Straße bergwärts zu führen und wird ab (265 km) **San Mateo Yetla** sehr steil.

331,5 km: **Machín,** bescheidene Siedlung an einem rund 2.650 m hohen Paß, von wo die Straße talwärts durch ausgedehnte Wälder führt. Die über und über mit Moos bedeckten Bäume bieten einen seltenen Anblick.

371 km: **Ixtlán de Juárez,** ein Dorf aus der Zeit vor der spanischen Eroberung, das früher *Iztitlán* hieß und von den Azteken unter Moctezuma II. erobert wurde. Heute ist Ixtlán de Juárez eine hübsche Siedlung mit einer Pfarrkirche, deren Fassade im churrigueresken Stil (18. Jh.) wie ein Altarblatt verziert ist.

●━▶ Von Ixtlán de Juárez führt ein schlechter Bergpfad nach (50 km) **Betaza** und nach (78 km) **Villa Alta;** aus dieser Gegend stammt das Volk der Zapoteken, das vor allem in den Tälern Etla, Tlacolula und Cimatlán beheimatet ist, die alle in das Oaxaca-Tal münden.

374 km: **Guelatao de Juárez,** Geburtsort von Benito Juárez (Gedenktag am 21. März), in einer großartigen Bergwelt gelegen.

408 km: **La Cumbre,** 2.600 m hoher Paß, über den man in das Oaxaca-Tal gelangt.

430 km: Straße von Oaxaca nach Tehuantepec (s. Ausflug nach Mitla, Rte 22, km 5).

435 km: **Oaxaca** (s. Rte 22).

27 – Von Tehuantepec nach Tapachula

Diese Route über eine der beiden Straßen nach Guatemala (die nachstehend beschriebene ist die weniger interessante, aber die kürzere) bietet außer dem Anblick von Palmen- und Kokospalmenhainen in der Küstenebene am Fuße der Sierra Madre de Chiapas wenig Interessantes.

Sie interessieren sich für:

Archäologie: Kurz vor der Grenze zwischen Mexiko und Guatemala liegt die Ausgrabungsstätte von * Izapa.

Naturschönheiten: Das Hinterland von Tapachula mit ausgedehnten Kaffee- und Bananenplantagen ist von wilder Schönheit.

Straße: 420 km auf ebener Straße am Fuße der Sierra Madre de Chiapas; 6.30–7 Std. Fahrzeit zwischen Tehuantepec und Tapachula.

26 km: Juchitán, 25.000 Ew., berühmt für seine anmutigen Frauen, die anläßlich großer Festlichkeiten (religiöse Feste, Hochzeiten usw.) eine der schönsten Trachten Mexikos tragen. Auf dem Markt am Hauptplatz kann man schön bemalte Kürbisse finden. Festtage vom 13.–20. August (*Vela de Agosto*), mit Prozessionen, Blumenopfern und Tänzen (Zandungas, lloronas und Tortugas) und am 3. Sept. (Vela Pineda).
40 km: La Ventosa; l. mündet die Straße nach (176 km) Acayucan, 1 km vor der Straße von Veracruz nach Villahermosa (s. Rte 29, km 254) ein und nach (345 km) La Tinaja, auf der Straße von México über Puebla und Córdoba nach Veracruz (s. Rte 21C in umgekehrter Richtung ab km 345).
132 km: L. Straße nach Tuxtla Gutiérrez (s. Rte 28, km 132).
176 km: Arriaga, kleine Stadt in einer Ebene mit üppiger tropischer Vegetation.
199 km: Tonalá.

R. Straße nach (17 km) **Puerto Arista,** einem Fischerhafen am Pazifischen Ozean; Strand.
Auf einem Hügel am Rande einer Lagune wurden die Überreste einer großen Siedlung mit von Plattformen und Pyramiden umgebenen Plätzen aus der Zeit vor der spanischen Eroberung entdeckt. Die Stadt lag am Verbindungsweg zwischen Tehuantepec und der Provinz Xoconusco, der von

den Mexica-Kriegern benutzt wurde. Diese Siedlung entwickelte sich außerhalb des Einflußbereiches der aztekischen Kultur, es wurden jedoch Skulpturen gefunden, die an jene von Monte Albán oder, in manchen Details, an jene aus dem Siedlungsraum der Olmeken erinnern.

379 km: Huixtla.

➤ L. Abzweigung nach (57 km) **Motozintla,** Dorf in der Sierra de Chiapas, in einem von rd. 3–4.000 Maya-Indianern bewohnten Gebiet, deren Sprache – *Motosintlek* – der Mam-Gruppe angehört.

399 km: Kreuzung.

➤ R. nach (27 km) **Puerto Madero,** ein im Rahmen des Entwicklungsprogrammes für das Gebiet der Chiapas im Ausbau befindlicher Hafen.

420 km: Tapachula, 72.800 Ew., in einer verführerisch schönen tropischen Umgebung (136 m), in einer vom Vulkan Tacaná (4.060 m) beherrschten Ebene, einem Ausläufer der Sierra Madre de Chiapas, gelegen.

➤ Ab Tapachula führt die Nationalstraße 200 *(Carretera Panamericana)* bis nach (19 km) **Puente Talismán,** der mexikanischen Grenzstadt an der durch den Río Suchiate gebildeten Grenze zwischen Mexiko und Guatemala (von Puente Talismán nach Ciudad Guatemala, s. Rte 1, Guatemala). 12 km nach Tapachula führt die Straße durch die Ausgrabungsstätten von ★ **Izapa**. Sie umfassen mehr als hundert künstliche Erdhügel, einige von eindrucksvoller Höhe, die rund um Plätze angelegt wurden und in denen sich Tempel, Ballspielplätze, Altäre und Plattformen befanden.
Einige Funde der N-Gruppe (l. von der Straße), darunter ein Ballspielplatz, wurden teilweise restauriert. Zur S-Gruppe gelangt man auf einer 1 km langen, asphaltierten Zufahrtstraße: hier sind einige mit Skulpturen verzierte Stelen zu sehen, die auf ihren ursprünglichen Plätzen neben den Altären aufgestellt wurden. **Stelen des „Lebensbaumes" und des „Geköpften"** (auf der zwei Personen dargestellt sind, die eine mit dem Kopf des besiegten Gegners in der Hand, der zu ihren Füßen liegt; bemerkenswert ist der überreiche Federkopfschmuck der dargestellten Person), sowie Reliefs mit Darstellungen von einem Krokodil, einem Skelett usw.
Das Gebiet von Izapa wurde bereits in der vorklassischen (oder archaischen) Zeit besiedelt und blieb es bis zur klassischen und dem Beginn der postklassischen Epoche (10.–11. Jh. n. Chr.).

28 – Von Tehuantepec nach Tuxtla Gutiérrez, San Cristóbal de las Casas und Ciudad Cuauhtémoc

Diese Route, die vorwiegend durch den Staat Chiapas führt, ist eine der faszinierendsten in Mexiko. Ein Besuch von Chiapas gehört zum Reiseprogramm durch die Mayaländer und gibt einen Überblick über die kulturelle und ethnologische Vielfalt dieser Zivilisation, die in der Zeit vor der spanischen Eroberung zu den höchstentwickelten Mittelamerikas zählte. Die Baudenkmäler der Chenes- und Puuc-Kulturen auf der Halbinsel Yucatán unterscheiden sich stark von jenen in Chiapas, wo selbst wieder starke Gegensätze zwischen dem heißen und feuchten Tiefland mit seinen dschungelartigen Wäldern und dem Hochland, das bereits den Altos von Guatemala ähnlich ist, herrschen. Diese Gegensätze kommen sowohl in der Landschaft und den Bauten, als auch in den Menschen zum Ausdruck. In Chiapas, wie auch im Hochland von Guatemala, werden von den Volksgruppen der Tzeltales und der Tzotziles, die um San Cristóbal de las Casas ansässig sind, zahlreiche Traditionen der Maya-Kultur weiterhin gepflegt.

Die Vielfalt dieser Gebiete wird auf einer Reise von der Landenge von Tehuantepec nach San Cristóbal de las Casas und weiter zu den Lagunen von Montebello und von Chiapa de Corzo nach Villahermosa oder von San Cristóbal de las Casas nach Palenque – diese Straße ist jedoch während der Regenzeit nicht zu empfehlen – deutlich.

Sie interessieren sich für:

Archäologie: Museum des Staates Chiapas in Tuxtla Gutiérrez und die Fundstätten von Toniná und Chinkultic.

Folklore: In den Dörfern der Tzotziles und Tzeltales in der unmittelbaren Umgebung von San Cristóbal de las Casas haben die Indianer ihre ursprüngliche Identität behalten.

Naturschönheiten: Diese Route führt durch einige der landschaftlich schönsten Teile Mexikos. Man sollte es nicht versäumen, zu dem Sumidero bei Tuxtla Gutiérrez zu fahren und auf Nebenstraßen das Land zwischen Chiapa de Corzo und San Cristóbal de las Casas und Villahermosa oder zwischen San Cristóbal und Palenque zu entdecken. Empfehlenswerter Ausflug zu den Lagunen von Montebello.

(28) Tehuantepec – Ciudad Cuauhtémoc

Straße: 292 km (Tuxtla Gutiérrez), 376,5 km (San Cristóbal de las Casas) und 548 km (Ciudad Cuauhtémoc). Rd. 5 Std. von Tehuantepec nach Tuxtla Gutiérrez, rd. 2 Std. von Tuxtla Gutiérrez nach San Cristóbal de las Casas und rd. 3 Std. nach Ciudad Cuauhtémoc. In der Trockenzeit braucht man von Tuxtla Gutiérrez nach Villahermosa rd. 7 Std. (290 km) und von San Cristóbal de las Casas über Ocosingo nach Palenque ebenfalls rd. 7 Std. (207 km).

Ausfahrt aus Tehuantepec an der Straßengabelung nach Tapachula und Tuxtla Gutiérrez (s. Rte 27 bis km 132).

189,5 km: R. Abzweigung nach (47 km) **Arriaga** (s. Rte 27, km 176).

255 km: Ocozocoautla, ein kleines Dorf, das früher *Javepagouay* hieß und zur Zeit der spanischen Eroberung die Hauptstadt eines der vier Zoken-Fürstentümer war.

Die Zoken besiedelten weite Teile der Staaten Oaxaca, Chiapas und Tabasco. Sie sind ein den Mayas verwandter Stamm und wurden möglicherweise von den aus dem S kommenden Chiapaneken unterworfen. Im 15. Jh. spaltete sich das Zokenreich von Teopatán in vier Fürstentümer mit den Hauptstädten Quechula, Mezcalapa (ehem. Guatehuay), Zimatán und Ocozocoautla auf. 1484 wurden sie von den Azteken unterworfen und tributpflichtig (Baumwolle, Kakao, Jaguarfelle, Federn, lebende Vögel usw.). Nach der spanischen Eroberung (1524) unterwarfen sich die Zoken ohne Schwierigkeiten und halfen den Eroberern, die Chiapaneken zu unterwerfen. Die rund 15.000 Zoken leben heute verstreut zwischen dem Gebiet um Tuxtla Gutiérrez bis nach Tabasco, im Umkris von Teapa, und bis in den Staat Oaxaca (San Miguel Chimalapa, San Martín Chimalapa und Niltepec). Sie leben vorwiegend von Mais, Bohnen (*frijoles*) und Kürbissen, bauen aber auch Kakao (um Pichucalco), Kaffee, Reis und Zuckerrohr im Tiefland von Chiapas. Aus dem Weben und Sticken von Blusen und Tuniken (*enredos*) und aus der Herstellung von Keramik fließen ihnen Nebeneinnahmen zu.

Die katholische Religion wurde von ihnen sehr rasch angenommen, sie behielten jedoch eine Reihe von heidnischen Bräuchen bei. So opfern sie nach wie vor ihrem Schutzpatron die ersten geernteten Früchte und nehmen bei Erkrankungen noch gerne die Hilfe eines Medizinmannes in Anspruch. Hochzeiten und verschiedene religiöse Feste, vor allem in der Karwoche, der Tag des Hl. Kreuzes (3. Mai), Corpus Christi und der Karneval (vor allem in Tuxtla Gutiérrez) bieten ihnen willkommene Gelegenheiten zu ausgelassenen Festen mit alten Tänzen und Feuerwerken.

290 km: Kreuzung.

L. zur (55 km) **Presa de Mal Paso** (od. Presa Netzahualcóyotl; s. Rte 29, km 435), die die Bewässerung der Küstengebiete von Veracruz und Tabasco zwischen Lázaro Cárdenas und Villahermosa sichert.

292 km: Tuxtla Gutiérrez, 81.000 Ew., Hauptstadt des Staates Chiapas (74.415 km^2; 1.908.000 Ew.), 356 m hoch in einem fruchtbaren Agrarland (Zuckerrohr, Kaffee und Tabak) gelegen. Eine moderne Stadt ohne Sehenswürdigkeiten mit Ausnahme des **★ Museums von Chiapas** in der Avenida Central, am Beginn der Straße nach Tehuantepec, unmittelbar neben dem Hotel Bonampak.

Öffnungszeiten: tgl. außer Mo 8.30–14 Uhr.

Tehuantepec – Chiapa de Corzo

Im ersten Saal sind **Skulpturen** aus der vorklassischen Epoche der Olmeken zu sehen, eines Mayastammes aus Chiapas, Fragmente von Mayabauten, Altäre in Form von Tierkörpern mit Männerköpfen usw. Sehenswert sind vor allem eine auf indianische Weise sitzende **Männerstatue**, deren Sockel mit verschiedenen auf den Regen Bezug nehmenden Motiven verziert ist (Jotaná; lokale Zivilisation, beeinflußt von der zentralamerikanischen Zivilisation; klassische Periode, 900–1519), und der **„Tänzer von Izapa"** mit einer Jaguarmaske, einem viereckigen Kopfschmuck mit einem in den Rücken fallenden Schleier und Schellen an den Knöcheln, die beim Tanzen den Rhythmus geben sollen (Izapa; Olmekenkultur).

Im zweiten Saal befinden sich **Keramiksammlungen**, kleine **Mayafiguren**, darunter einige von der Insel Jaina, **Stempel für die Körperbemalung**, Fragmente von bemalten Stoffen, Joche und „Palmas" aus dem Gebiet der Totonaken. Bemerkenswert ist ein Tonzylinder, den Sonnengott mit einer Jaguarmaske darstellend; dieser Kopf ruht auf einem anderen, kleineren, der die Erde symbolisiert: dieses seltsame Maya-Kunstwerk entstand zwischen 300 und 900 n. Chr. aus gekneteten und gebranntem Ton. Im 1. Stock ist eine Ausstellung von sakralen Kunstgegenständen aus der Kolonialzeit, Bildern usw. von mäßigem Interesse zu sehen; unmittelbar neben dem Eingang, bemerkenswerter **geschnitzter Altar** aus dem 16. Jh. von einem eingeborenen Künstler (*Chiapa de Corzo*).

Umgebung von Tuxtla Gutiérrez. – Der *** **Sumidero** (23 km; Ausfahrt Richtung San Cristóbal de las Casas und 2 km nach dem Stadtzentrum l.), der wahrscheinlich eindrucksvollste Cañyon von Mexiko, den man vom Endpunkt der Straße von einer natürlichen Terrasse aus betrachten kann. In einer Tiefe von rd. 1.800 m fließt der Río Chiapa, eingebettet zwischen seinen beiden, mit einer undurchdringlichen Vegetation bedeckten Ufern.

Fortsetzung der Rte 28. – **294 km**: Abzweigung l. zum (21 km) *** **Sumidero** (s. o.).

300 km: Kreuzung.

R. nach (90 km) **La Concordia;** Dorf auf einer Halbinsel in dem großen Stausee *Presa de la Angostura*, der erst kürzlich durch den Bau des Staudammes im Oberlauf des Río Grijalva entstanden ist, einem Fluß im Herzen der Sierra Madre del Sur, dessen nutzbar gemachte Wasser rd. 100.000 ha Land in den Talbecken von Chiapa de Corzo und Tuxtla Gutiérrez bewässern und außerdem zur Stromerzeugung herangezogen werden.

302 km: R. Aussichtspunkt auf die * **Schlucht des Río Chíapa** (od. Grijalva) flußaufwärts vom Sumidero.

306/308,5 km: R. zum (1,5 km) Zentrum von **Chiapa de Corzo**, einer kleinen Stadt mit 15.000 Ew., die 1528 von Diego de Mazariego an der Stelle einer vorspanischen Siedlung gegründet wurde, deren Überreste unter den kleinen Hügeln am Stadtausgang verborgen liegen (eine kleine Pyramide wurde restauriert und befindet sich bei km 308,5).

Auf dem Hauptplatz seltsamer **Brunnen** (1565), ein großer achteckiger Aufbau mit einer Kuppel, aus Ziegeln gefertigt, der an die Turm-Laterne der Kathedrale von Zaragoza in Spanien erinnert. Sehenswertes **Lackmuseum** mit schönen Lackarbeiten aus Holz oder Kürbissen (*Jicaras* od.

(28) Tehuantepec – Ciudad Cuauhtémoc

Jicalpestles, wenn sie sehr groß sind) mit Blumenmotiven, die an die Stickereien an den Trachten der Frauen von Tehuantepec erinnern. Vom Hauptplatz gelangt man zu einer ehemaligen **Dominikanerkirche** aus dem 16. Jh., die früher zu einem 1547 vom Bischof von Guatemala, Fray Marroquín, gegründeten Kloster gehörte.
Vom 20.–24. Januar wird in Chiapa de Corzo ein Fest zu Ehren des Hl. Sebastian gefeiert; gleichzeitig findet eine Handelsmesse statt.

311,5 km: Kreuzung.

R. Abzweigung nach (35 km) **Acalá** und (106 km) **Venustiano Carranza** (ehem. San Bartolomé de los Llanos), ein Dorf, dessen weibliche und männliche Bewohner eine seltsame, reich bestickte Tracht tragen. Die Zufahrt führt entlang des Oberlaufes des Río Grijalva (od. Río Chiapa) und des nördl. Ufers der Presa de la Angostura durch das Bergland der Sierra Madre del Sur.

314 km: Die Straße steigt langsam an und führt in zahlreichen Kurven zu einem 825 m hohen Paß.
326 km: L. Straße nach **Pichucalco** (und Villahermosa; s. u.).

28 A – Von km 326 (Chiapa de Corzo) nach Villahermosa
(256 km auf einer guten, asphaltierten Straße, von der man herrliche Ausblicke auf die Berge der Sierra Madre del Sur hat; Aussichtswarte El Caminero, 100 km nach der Straßengabelung; für die Fahrt muß man ab der Straßengabelung rd. 5–5 1/2 Std rechnen). – **26 km: Soyaló.**

L. Abzweigung nach (75 km) **Copainalá** (kleine Kirche eines ehemaligen Klosters aus dem 16. Jh.) und (88 km) **Tecpatán** (Ruine der Kirche eines Dominikanerklosters, 1575).

58 km: Kreuzung.

R. Abzweigung nach (33 km) **Simojovel de Allende**; vorwiegend von Chamulas – und Tzotzilindianern bewohntes Dorf im Tacotalpa-Tal. In diesem Dorf beschäftigt sich ein Dutzend Männer mit der Verwertung von Bernstein, einem fossilen Harz, in dem man bisher 75 verschiedene Arten von Insekten aus dem Miozän und der Kreidezeit gefunden hat. Diese Bernsteinvorkommen wurden bereits in der vorkolumbischen Zeit und sogar vor Beginn unserer Zeitrechnung abgebaut und später von den Tzotzilen und Zoken gehandelt, die es bis Yucatán verkauften. Der Bernstein aus Chiapas war auch während der Kolonialzeit sehr begehrt, aber wegen der schwierigen Abbaubedingungen und vor allem wegen der äußerst mühsamen Bearbeitung ist die Produktion heute rückläufig. Man fertigt daraus vor allem Zigarettenspitzen, Anhänger und Perlen (vor allem die Familien Eudoxio Molina und Domínguez haben sich in diesem Gewerbe einen guten Namen gemacht).

Nach der Straßengabelung von Simojovel verläuft die Fahrt vorwiegend durch Nadelwälder. – 100 km: **Aussichtswarte El Caminero.** r.; herrlicher ★★**Blick** auf die dem Atlantik zugewandte Seite der Sierra Madre. Auf dieser Fahrt ist vor allem der jähe Wechsel in der Vegetation ein Erlebnis: die dem Atlantik zugekehrte Seite des Gebirges ist mit einer immer dichter werdenden Vegetation bedeckt und am Straßenrand kann man wilde

Strelitzia mit ihren herrlichen, an Papageienfedern erinnernden Blüten sehen. – 150,5 km: Brücke durch eine enge Schlucht, durch die ein **wasserfallartig fließender Wildbach** stürzt. – 176 km: **Pichucalco**, 6.720 Ew.; großes Strohhüttendorf in einer hügeligen Landschaft mit üppiger Vegetation.
200 km: R. nach (4 km) **Teapa**, Eisenbahnstation; Ausgangspunkt für den Ausflug zu den *Höhlen von Cocaná* (ausgebaute Höhlen, die mit Führern besichtigt werden können; *Öffnungszeiten* tgl. 10–17 Uhr.)
Nach Teapa führt die Straße wieder auf die (48 km) Straße von Villahermosa nach Palenque und Campeche (s. Rte 30, km 38).

Östl. von Teapa, in den Gemeinden *Tacotalpa* und *Jalapa*, leben Chontal-Indianer, die man auch in anderen Gemeinden im mittleren Tabasco (Nacajuca, Centla, Macuspana, u. a.) antrifft.

Die **Chontal-Indianer** entstammen von ihrem Typ und ihrer Sprache her vermutlich einer Mischung mit Tolteken, die sich bereits in vorspanischer Zeit vollzogen hat und später, im 15. und zu Beginn des 16. Jh., mit den Mexicas fortgesetzt hat. 1519 leistete der Häuptling Talezcoob, der in Onchualco residierte, der Landung der Spanier an der Küste von Tabasco Widerstand. Nach der Unterwerfung des Stammes wurden die Spanier mit zahlreichen Geschenken verwöhnt, worunter sich auch die Sklavin Malinche befand, die später die Geliebte und Dolmetscherin von Hernando Cortez wurde.
Die Chontal-Indianer leben von ihren Agrarprodukten (Mais, Bohnen, Zuckerrohr, Tabak, Kakao usw.), sind aber auch geschickte Handwerker und stellen weithin begehrte Strohhüte her.
Ihre **Behausungen** sind rechteckige Strohhütten mit Bambuswänden oder auch aus Ästen gefertigten Wänden, die mit Palmen- oder Strohdächern gedeckt sind.
Ihre **Religion** ist eine Mischung aus Christentum und heidnischen Bräuchen. Sie glauben an Seelenwanderung und Medizinmänner. Die Feste der Schutzheiligen werden mit Tänzen (vor allem der *Jarana*) und Knallkörpern gefeiert.

Nach Teapa führt die Straße durch weitläufige Bananen- und Kautschukplantagen.
256 km: **Villahermosa** (s. Rte 29, km 489).

Fortsetzung der Rte 28. – Unmittelbar nach der Straßengabelung führt die Straße steil bergauf durch einen Nadelwald und bietet stellenweise sehr schöne Ausblicke auf die Sierra Madre de Chiapas.
368 km: Paß (2.140 m). – 374 km: Umfahrung von San Cristóbal de las Casas. Der südl. Ast (r.) führt zur Straße nach Comitán (7 km) und am Hotel Molino de la Alborada (r., 4 km) sowie an einer Landepiste vorbei.
376,5 km: **San Cristóbal de las Casas**, 35.000 Ew., in einer Hochebene (2.113 m) gelegen. 1528 von Diego de Mazariego gegründet, verdankt die Stadt ihren Namen dem Hl. Christoph, dem lokalen Schutzpatron und Bartolomeo de las Casas, einem

(28) Tehuantepec – Ciudad Cuauhtémoc 622

spanischen Prälaten des Diminikanerordens und Beschützer der Indianer, der ab 1544 Bischof von Chiapas war.

San Cristóbal, eine hübsche, ehemalige Provinzstadt der Kolonialzeit mit zahlreichen Adelshäusern in der Nähe des Zócalo und seinen vorwiegend mit rosa Ziegeln gedeckten Häusern, liegt etwas abseits vom Touristenpfad. Für alle jene, die sich für die Folklore der Eingeborenen und vor allem für Völkerkunde interessieren, ist die Stadt jedoch eine der interessantesten des Landes. Der Markt der Stadt wird vor allem von Maya-Indianern besucht, den Tzotzilen, die mit einigen anderen Stämmen aus dem NW Mexikos, wie den Huicholen und den Tarahumaras, zu jenen Eingeborenenstämmen gehören, die ihre Eigenständigkeit am besten bewahrt haben. Die Eingeborenengemeinden werden von verschiedenen Organisationen der UNESCO und der UNICEF geschützt.

Zócalo. – Obwohl ohne besondere architektonische Sehenswürdigkeiten, ist San Cristóbal eine reizende ehemalige Kolonialstadt mit niedrigen Häusern und zahlreichen Kirchen. Auf dem Zócalo (Plaza 31 de Marzo) erhebt sich die im 16. Jh. erbaute **Kathedrale** mit zahlreichen Barockaltären, einer vergoldeten, holzgeschnitzten Kanzel und einem Deckengebälk im Mudéjar-Stil.

An der Ecke der Straßen Francisco Madero und Insurgentes, genau gegenüber der Kathedrale, ist ein hübsches **Patrizierhaus** aus dem 16. Jh. mit einer Sirenenstatue zu sehen; etwas weiter, in der Calle Insurgentes, die *Posada San Francisco* in dem ehemaligen Palais der Grafen von Tobilla (16. Jh.) mit Fassade im平lateresken Stil.

Kirche Santo Domingo. – Über die Calle 20 de Noviembre gelangt man vom Zócalo zum Stadtrand und zur Kirche Santo Domingo, die 1547 von Francisco Marroquín, dem ersten Bischof von Guatemala, gegründet wurde, dem Chiapas in Abwesenheit von Fray Bartolomeo de las Casas unterstand. Die 1560 fertiggestellte Kirche hat eine Barockfassade und weist im Inneren einige schöne geschnitzte und vergoldete **Holzaltäre** auf.

Der Markt. – An der parallel verlaufenden Calle General Utrilla wird der Markt abgehalten (tgl. außer So.), einer der sehenswertesten in Mexiko. Hier kann man die eingeborenen Indianer in ihren sehr unterschiedlichen Trachten sehen, allerdings tragen auch sie immer mehr gewöhnliche Kleidung, vor allem die Männer. Auf dem Markt sind auch kaum mehr Artikel des lokalen Kunsthandwerkes (wie Strohhüte, Lederartikel (Taschen und Börsen) und bestickte Gürtel zu finden, die man besser in der Calle Real de Guadalupe, die auf den Zócalo mündet, kauft.

Casa Na Bolom. – Von der Plaza 31 de Marzo geht man durch die Calle Real de Guadalupe mit zahlreichen Boutiquen, eine fast bazarartig wirkende Einkaufsstraße, in der alle Artikel des lokalen Kunsthandwerks zu finden sind, und zweigt l. in die Calle Vicente Guerrero ab; am Stadtrand, r. auf Nr. 31, entdeckt man ein kleines **Museum**, das die Sammlungen des Franz Blom († 1963), eines Ethnologen und Forschers dänischer Herkunft beherbergt, der 1922 seine erste Reise nach Chiapas unternam und sich in San Cristóbal de las Casas niederließ. In der dem Museum angeschlossenen Bibliothek finden sich zahlreiche ethnologische und archäologische Werke über das vorkolumbische Amerika, die von der Witwe des Forschers, Gertrude Blom, betreut wird.

Umgebung von San Cristóbal de las Casas. – Die Stadt ist ein idealer Ausgangspunkt für Ausflüge in das Siedlungsgebiet der Tzotzilen, die vor allem zum Zeitpunkt von Festen lohnend sind (s. praktische Hinweise).

Von San Cristóbal führt ein Fahrweg (Abzweigung an der Stadtausfahrt r. von der Straße Richtung Tuxtla) nach (10 km) **Zinacantán** (nach 8 km l. abzweigen), nach (10 km) **San Juan Chamula** (nach 8 km r. abzweigen) und nach (26 km) **San Andrés Larraínzar**, drei von Tzotzilen bewohnten Dörfern. Hier errichteten die Dominikaner im 16. Jh. eine Missionsstation, deren Kirche erhalten und Mittelpunkt aller religiösen und zivilen Feste ist. Anläßlich der Feste in San Andrés Larrainzar (Karwoche, 2. u. 30. Nov.) wird 12 Stunden lang ununterbrochen getanzt. Filmen und photographieren sollte man nur mit Einverständnis der Betroffenen, das allerdings selten gegeben wird.

Die Tzotzilen leben in der Umgebung von San Cristóbal de las Casas (ehem. *Huezacatlán*, Nahua-Übersetzung von Jovel Zotalem) und sind eines der größten Eingeborenenvölker von Mexiko, dem eine demographische Weiterentwicklung möglich war. Im 15. Jh. wurden die Tzotzilen ebenso wie ihre Nachbarn, die Zoken und Tzeltales, von den Azteken unterworfen (1484). Sie führten einen erbitterten Kampf gegen die Spanier und erhoben sich wiederholt gegen die Fremdherrschaft, zum letzten Mal 1911.

Die Tzotzilen leben in und um mehrere Dörfer, deren bedeutendste *Zinacantán* (Nahua-Bezeichnung für Tumbalá Zotalem, zu dt. „Ort der Fledermäuse"), *Chamula* (ein Name, den mehrere Dörfer tragen und dem der Name eines Schutzpatrons vorangestellt wird), *Mitontic*, *Pentalhó* und *Simojovel de Allende* sind.

Die Behausungen bestehen aus auf rechteckigem Grundriß aufgebauten Mauern aus Astwerk mit zwei- oder vierflächigen Dächern, die manchmal bis zu 4 m hoch gebaut werden und oft mit einem umgestürzten Krug gekrönt werden (bei pyramidenförmigen Dächern). Jedes Haus verfügt über einen großen Saal, Speise- und Schlafzimmer, und, als Anbau, über Küche und manchmal ein *Temascal* (Dampfbad).

Sie leben vorwiegend von ihren Feldfrüchten. Sehr arbeitsam, sind die Tzotzilen von früh bis spät auf ihren Feldern beschäftigt, und ihr stark entwickelter Gemeinschaftssinn läßt sie auch einen gewissen Wohlstand erreichen (vor allem im Vergleich mit anderen Volksgruppen).

Das Handwerk ist hoch entwickelt und die wichtigsten Artikel sind Töpfereiwaren, bei denen weniger auf ästhetische Formen als auf Strapazfähigkeit geachtet wird, Strohsombreros, gegerbte Felle (zur Erzeugung von Taschen, Sandalen usw.), Wollsachen, Baumwollstoffe. Die von den Tzotzilen angefertigten Stickereien, vor allem Kreuzstich, und die auf Webstühlen aus vorspanischer Zeit gewebten Stoffe sind von beachtenswerter Qualität.

Von großem Interesse sind die **Trachten**, die von den Tzotzilen getragen werden. Sie variieren nicht nur von Dorf zu Dorf, sondern geben auch Aufschluß über die soziale Stellung der Einzelnen.

Die Tzotzilen sind Katholiken und die Priester haben einen gewissen Einfluß auf ihre Gemeinden. Gleichzeitig bringen sie Heiligenbildern eine bis zum Fanatismus reichende Verehrung entgegen; das gleiche gilt auch für das Kreuz, in dem sie möglicherweise den Lebensbaum der alten Mayas oder ein kreuzförmiges Symbol, das in Palenque und in anderen Siedlungen des Usumacinta-Beckens gefunden wurde, verehren.

Die von den Tzotzilen gefeierten **Festtage** sind nicht die des weltlichen Kalenders (außer in den Schulen), sondern die religiösen Feste der katholischen Kirche, vor allem der Karneval, die Karwoche, das Fest des Hl. Kreuzes (3. Mai), die Feste verschiedener Heiliger und Schutzpatrone, an denen für gewöhnlich die Markttage stattfinden.

☞ **28 B – Von San Cristóbal de las Casas nach Ocosingo und Palenque** (207 km auf einer Bergstraße, deren Asphaltierungsarbeiten bis 1981 abgeschlossen werden sollten; ist das nicht der Fall, so ist die Straße während der Regenzeit unbefahrbar). – Ausfahrt auf der Straße nach Comitán. – 11 km: Abzweigung l. nach Ocosingo. – 52 km: **Oxchuc**, Tzeltal-Dorf. – 96 km: **Ocosingo**, Dorf in waldreicher Gegend mit vorwiegender Tzeltal-Bevölkerung; daher sein Name *Yasbili* (Grüner Wald) in der Tzeltal-Sprache.

Die Tzeltalen leben vorwiegend in der Umgebung von Ocosingo; die rund 40.–45.000 Tzeltalen haben einen deutlichen mongolischen Einschlag, einen runden Kopf, vorstehende Backenknochen, wulstige Lippen, eine breite Nase und geschlitzte Augen. Die ersten Kontakte mit den Spaniern verliefen durchaus friedlich und verschlechterten sich erst, als die Eroberer im Namen des Königs von Spanien von den Tzeltalen und Tzotzilen jenen Tribut einheben wollten, den die beiden Stämme bis dahin den Azteken geleistet hatten. Erst mit Intervention von Luis Marín gelang die völlige Unterwerfung. 1527 erhoben sich neuerlich gegen die Eroberer, und Hernando Cortez beauftragte Diego de Mazariego mit der Niederschlagung der Revolte. In späterer Zeit kam es noch wiederholt zu Aufständen von seiten dieser beiden Stämme.

Die Behausungen liegen meist inmitten der Felder. Der äußere Anblick der Strohhütten variiert von Region zu Region, vor allem je nach Klima. In der Umgebung von Ocosingo, Coapilla und Chilón findet man mit Schindeln oder Blättern gedeckte Häuser, in den wärmeren Gegenden werden Palmen zum Hausbau verwendet (Aguatengo, Las Rosas). Die Dächer der Hütten in Chanal, Oxchuc, Tenango u. a. sind pyramidenförmig und vor allem in der Umgebung von Oxchuc mit einem umgestürzten Krug gekrönt. Jedes Haus besteht im allgemeinen aus einer Küche und einem großen Raum, der als Speise- und Schlafzimmer dient; in diesem meist spärlich eingerichteten Raum befindet sich auch ein Hausaltar. Am Eingang werden oft Amulette angebracht, die dazu dienen sollen, böse Geister vom Haus fernzuhalten: Kiefer von Stachelschweinen, Schwänze von Gürteltieren usw.

Die Tzeltalen leben vorwiegend vom Ackerbau, betreiben jedoch auch Obstbau, Jagd und Fischfang und üben verschiedene Handwerke aus (Töpferei, Weberei, Korbflechterei). Besonders beliebt sind die Korbwaren aus Bachajon, wogegen Amatenango del Valle, Sibacá und Tenango vor allem in der Keramikerzeugung spezialisiert sind (die schönsten Keramiken stammen aus Tenango). In Tenejapa werden Blusen und *Enredos* (Tuniken) reich bestickt und Strohsombreros hergestellt.

Die Tzeltalen sind Katholiken, nehmen aber nach wie vor die Hilfe von Medizinmännern in Anspruch, wenn sie krank sind, und glauben an die enge Verbindung zwischen jedem einzelnen Individuum und einem bestimmten Tier (*Nagualismus*). Einige der katholischen Festtage, vor allem der Karneval (Verwendung von Masken) werden gefeiert. Anläßlich von Begräbnissen werden alte Tänze zum Klang von Gitarren und Flöten getanzt.

14 km von Ocosingo entfernt (l. beim Friedhof, dann nochmals l.; Wegweiser ab der 3. Kreuzung) liegen die ★★**Ausgrabungsstätten von Toniná**, der ehemals größten Stadt der Altos de Chiapas. Die Ausgrabungen wurden 1928 begonnen, und die wichtigsten Fundstücke befinden sich in einem kleinen Museum.

Toniná, ein Kultzentrum an der Westgrenze des Siedlungsraumes der Mayas in klassischer Zeit, erlebte seine Blütezeit in der Mitte des 7. Jh. und Ende des 9. Jh., war jedoch bereits in vorklassischer Zeit besiedelt. Seine Bewohner verließen es 909; ab 1000 wurde hier wieder gesiedelt, bis die Gegend 1250 endgültig verlassen wurde. Die Ausgrabungen förderten vor allem Stelen zutage, deren älteste aus dem Jahr 495 n. Chr. stammt, aber auch Skulpturen in erhabener Arbeitsweise, wodurch der Fundstätte innerhalb der Maya-Kultur der klassischen Zeit eine besondere Bedeutung zufällt.

Die Lage. – Die Fundstätte liegt am Fuße eines Hügels, eines Ausläufers der Sierra, die das Ocosingo-Tal im N und O begrenzt, und erstreckt sich bis zu dem begradigten Gipfel des Hügels. Der S-Hang weist sieben Terrassen auf, auf denen sich zahlreiche Bauwerke drängen (besonders auf den oberen Terrassen). Auf der 3. und 4. Terrasse des O-Hanges lag ein Palastviertel. Am Fuße des Hügels, an einer Esplanade, liegen ebenfalls mehrere Bauten. Wohnviertel liegen im SO, O und W, wobei in den beiden letztgenannten Fällen Behausungen auf Plattformen errichtet wurden.

Esplanade. – Hier liegen ein großer **Tempel** und zwei **Ballspielplätze** (ein größerer und ein kleinerer). Der kleinere Platz mit vier datierten Altären wurde restauriert; er befindet sich direkt am Fuße des Hügels, wogegen der größere am O-Rand der Esplanade liegt.

Der große Ballspielplatz. – Er hat die Form eines „I" und ist 72,30 m lang. Auf diesem Platz hat man zwei steinerne Kreismarkierungen gefunden, eine in der Mitte, eine im N (jene im S hat man nicht entdeckt). Unter jedem dieser „Tore" wurden kreisrunde Gräben entdeckt, in denen Klingen aus Obsidian und Jadeteilchen gefunden wurden. Die Markierung in der Mitte ist mit der **Skulptur einer sitzenden Person** verziert, die einen Zeremonienstab hält und am Rande des Ringes mit Glyphen versehen ist. Unter den Fundstücken befinden sich die Fragmente von mindestens drei Stelen, ein tierähnlicher Monsterkopf und sechs Statuen von knienden Gefangenen, ein häufig wiederkehrendes Thema in der Ikonographie von Toniná, die aus der Böschungsmauer am Rand des Platzes herausgemeißelt waren; darunter befanden sich mit Skulpturen geschmückte Tafeln.

An den beiden Enden des „I" befanden sich Anbauten. Den südl. Anbau könnte man über eine Treppe vom Platz her erreichen, die von acht Pfeilern getragen wurde und zu vier kleineren zum Platz hin geöffneten Räumen führte. Auf dieser Seite befanden sich auch mehrere andere Einrichtungen, darunter ein Kanalnetz und, ein wenig abseits, ein *Temascal* (Dampfbad), wo sich die Spieler reinigen und ihre Wunden pflegen konnten oder auch vor dem Spiel rituelle Waschungen vornehmen konnten.

Die Akropolis. – Auf der **ersten Terrasse** befinden sich mehrere Hügelchen; hier wurde eine Stele gefunden. Bei den Ausgrabungsarbeiten in der SW-Ecke stieß man auf mehrere Behausungen, denen drei um einen Patio gruppiert waren. Im Keller fand man ein Grab, am Eingang zu einem Raum: in diesem befanden sich Töpferwaren aus der jüngeren Klassik; Gefäße zur Aufbewahrung von Nahrungsmitteln, Steinkisten, ein Mühlstein und eine Walze zum Zerdrücken der Maiskörner wurden in einem an-

(28) Tehuantepec – Ciudad Cuauhtémoc

grenzenden Raum gefunden, von dem man annimmt, daß er einen zu der Wohnung nebenan gehörenden Laden beherbergte.

Auf der **zweiten Terrasse** sind die Ruinen einiger pyramidenförmiger Gebäude zu sehen. Auf der **dritten Terrasse** befinden sich wieder einige Hügel und im O der **Templo del Dintel de Madera**, ein Gebäude mit zwei Gewölbegalerien, in dem man einen Türsturz aus dem Holz des Breiapfelbaumes fand und der jenem von Tikal (Guatemala) ähnlich ist.

Auf der **fünften Terrasse** wurden zahlreiche Fragmente von Skulpturen gefunden, die vor allem kriegerische Szenen und Gefangene darstellen, mit Inschriften, die auf diese kriegerischen Ereignisse Bezug nehmen. Auch ein Maya-Grab mit einem aus einem Steinblock gefertigten Sarkophag konnte freigelegt werden. Bisher konnten nur dieser und ein ähnlicher Sarkophag in Palenque gefunden werden. Die bedeutendsten Tempel wurden auf der **sechsten** und am Rande der **siebenten Terrasse** gefunden. Das größte Bauwerk von Toniná, das als **Tempel 1** bezeichnet wird, ist eine riesige **Stufenpyramide** mit 30 m Seitenlänge und einer Höhe von 19 m, die den eigentlichen Tempel trägt; dieser heute ziemlich verfallene Tempel verfügte über zwei überhängende Gewölbekammern. Den Tempel erreichte man über vier Treppen, an deren Seiten große Stuckmasken aufgestellt waren, die Jaguarköpfe darstellten. Der Jaguar wurde möglicherweise als Herr der Welt, Schutzherr der Zahl 7 und in Zusammenhang mit Tod und Krieg verehrt.

Auf der **sechsten Terrasse** wurden mehrere sehr interessante Funde gemacht, die jedoch wissenschaftlich noch nicht voll ausgewertet wurden, darunter ein **Grab** mit den Überresten von vier Erwachsenen. Etwas höher liegt ein Gebäude, **Haus A** genannt, das teilweise restauriert wurde.

Im O von Toniná liegt **Quexhil** mit den Ruinen einer Mayasiedlung; die hier gefundene älteste Stele stammt aus dem Jahr 692 n. Chr.

Fortsetzung der Rte 28 B. – Nach Ocosingo führt die Straße vorwiegend durch Wälder. – 120 km: Kreuzung.

L. nach (5 km) **Bachajon**; Tzeltal-Dorf, in dem Anfang März ein Karneval stattfindet; während der fünftägigen Feierlichkeiten findet auch die Zeremonie des **Cambio de Varas** statt, der Austausch von Amtsinsignien zwischen dem ehemaligen und dem neu gewählten Vorsitzenden der Dorfverwaltung. Interessante Trachten und Gebräuche. Hinter Bachajon führt die Straße zu den Dörfern (19 km) **Chilón**, (31 km) **Yajalón** und (58 km) **Tila**; ganz in der Nähe liegen die Ruinen eines Maya-Dorfes, in dem eine Stele aus dem Jahr 685 n. Chr. gefunden wurde.

Ein Weg zweigt r. zwischen Chilón und Tila nach (58 km von der Straßengabelung bei km 120) **Tumbalá** ab, wo die Dominikaner im 16. Jh. ein kleines Kloster gründeten.

Nach der Straßengabelung bei km 120 führt die Straße talwärts über die zum Atlantik hin abfallende Seite der Sierra de Chiapas mit einer sehr dichten Vegetation; während der Fahrt bieten sich herrliche Ausblicke. – 199 km: Straße vom Dorf Palenque (2 km r.) zu den Ausgrabungsstätten von **Palenque** (l.). – 207 km: **Palenque** (Ausgrabungsstätte; s. Rte 30, km 114).

Fortsetzung der Rte 28. – Ausfahrt aus San Cristóbal de las Casas in Richtung Comitán.

379 km: R. S-Umfahrung (7 km nach der Straßengabelung bei km 374 und 3 km vom Hotel Molino de la Alborada).

Bachajon – Comitán

386 km: R. ★ **Höhlen von San Cristóbal** mit interessanten Kalkbildungen.
387,5 km: L. Straße nach **Ocosingo** (s. Rte 28 B, km 11).
408 km: **Teopisca**, ein Dorf, in dem die Dominikaner im 16. Jh. eine Kirche erbaut haben (schöner vergoldeter Schnitzaltar mit Statuen und Malereien).
412 km: Kreuzung.

▶ R. Straße nach **Villa Las Rosas** und (63 km) **Venustiano Carranza** (s. Rte 28, km 311,5) im Tal des Río Grijalva (od. Chiapa), teilweise vom Stauwasser der Presa de la Angostura (s. Rte 28, km 300) überschwemmt. Vor der Überschwemmung wurden hier Ausgrabungen unternommen, die einige vorkolumbische Spuren zutage förderten, darunter vor allem einen Ballspielplatz in Acapulco.

▶ **413** km: R. **Amatenango**; in diesem Dorf werden Töpferwaren aus weißem Ton mit ockerfarbenen Motiven hergestellt.
Die Fahrt führt weiter über ein hügeliges Hochland mit ausgedehnten Nadelwäldern; auf den Lichtungen sind Milpas (Maisfelder) angelegt.
463 km: **Comitán**, kleine Stadt mit 20.000 Ew. (1.569 m), inmitten einer von Indianern der Maya-Rasse, die Chanabal sprechen, bevölkerten Region. Im Stadtpark befindet sich eine **Stele** aus Trinataria. In dem kleinen **Museum Casa de la Cultura** sind einige Antiquitäten der Region zu sehen, vor allem aus Chinkultic; Stuckfragmente, Stele Nr. 18, die gegenüber dem Ballspielplatz, der hier gefunden wurde, entdeckt wurde und ein schönes Beispiel für die Skulptur der klassischen Periode darstellt.

Ab 2. Feb. feiert Comitán den ganzen Monat hindurch **San Caralampio** mit zahlreichen Prozessionen, Blumengaben und Tänzen. Die Fiesta zu Ehren des Hl. Firmin findet in dem unter dem besonderen Schutz dieses Heiligen stehenden Stadtviertel innerhalb und außerhalb der Kirche statt. Besondere Zeremonien finden auch am 1. und 2. Nov. zum Gedenken an die Toten statt.

Auf einem Hügel am Ende des Tales im SO der Stadt wurde bei **Tenam** eine Stele gefunden, die toltekischen Einfluß aufweist und vermutlich aus derselben Epoche stammt wie die Funde in Chichén Itzá. Auch eine **sechsstöckige Stufenpyramide** und eine weitere, kleinere Pyramide wurden freigelegt.

▶ Von Comitán führt eine schlechte Straße nach (20 km) **Socoltenango**; in der Pfarrkirche befindet sich ein Bild der Virgen de la Candelaria, dem Wunderkräfte nachgesagt werden.

475 km: L. Landepiste von Comitán.
478 km: L. Zufahrt zu den ★ ★ ★ **Lagunen von Montebello** in einem National-Park (s. u., Rte 28 C).

☞ **28 C – Von km 478 (Comitán) zu den Lagunen von Montebello** (36 km zur Einfahrt in den Nationalpark; insgesamt 115 km, Hin- und Rückweg ab der Straßengabelung bei km 478, davon 80 km asphaltierte Straße, der restliche Teil ist gut befahr-

(28) Tehuantepec – Ciudad Cuauhtémoc

bar, zu allen Lagunen und zur Ausgrabungsstätte von Chinkultic [insgesamt 4–5 Std.]; Autobus ab Comitán). – 30,5 km: L. führt ein Weg durch eine Hazienda zu den (2 km) ***Ausgrabungen von Chinkultic** (*Öffnungszeiten:* tgl. 8–17 Uhr); mehrere Hügel sind um einen Ballspielplatz gruppiert (Gruppe C); ein zweiter Komplex erstreckt sich am Fuße einer Akropolis, zwischen zwei Seen; von der Akropolis, die in einer landschaftlich reizvollen ****Umgebung** liegt, erblickt man einen natürlichen Krater mit steilen Wänden inmitten einer üppigen Tropenvegetation.

Der Ballspielplatz ist ziemlich schlecht erhalten, sein Grundriß jedoch deutlich erkennbar. Mehrere Stelen, zum Teil zerbrochen.

Vom Parkplatz geht man 7–8 Min. zur Akropolis; der Weg führt über eine Brücke über einen kleinen Fluß, der die Lagune von Tepancuapan l. und die Lagune von Chanujabab r. verbindet. Auf einer Terrasse erhebt sich eine 8 m hohe **Stufenpyramide**, die möglicherweise aus der klassischen Periode stammt.

In 10 Min. kann man bis zum höchsten Punkt der Akropolis aufsteigen, die mit den Bauten auf der unterhalb gelegenen Terrasse eine Einheit bildete. Der Aufstieg kann während der Regenzeit auf dem feuchten Erdreich problematisch sein. Am höchsten Punkt, rd. 60 m über der Erde, befindet sich eine **Pyramide** (Struktur 1), der ein Altar vorgelagert ist und eine zweite **Pyramide** (Struktur 2), die etwas kleiner ist und am Rande eines Steinkraters liegt.

Die Hauptpyramide wurde vor nicht langer Zeit restauriert und erreicht eine Höhe von 8 m. In ihr sind zumindest zwei Bauwerke aus verschiedenen Epochen vereinigt, die einander ergänzen und teilweise überschneiden.

☞ 36 km: Eingang zum **Nationalpark der ***Lagunen von Montebello** mit sechzehn kleinen Lagunen, inmitten von Wäldern, von denen jede, je nach ihrer Lage, eine verschiedene Wasserfärbung aufweist.

Ein 3 km langer asphaltierter Weg (ab Straßengabelung bei km 36) führt l. zu den **Lagunas de Colores**, die die verschiedensten Färbungen aufweisen, vom zarten Blau der **Laguna Agua Azul** bis zum tiefen Violett der **Laguna Agua Tinta** über das smaragdgrüne Wasser mit opalisierenden Spiegelungen der **Laguna Esmeralda**.

Der r. Weg (14 km) führt zu einer anderen Gruppe von Lagunen, die weiter auseinander liegen und oft sehr versteckt mitten im Wald auftauchen (befahrbare Wege). Die erste, die **Laguna de Montebello** (l. 400 m abseits des Weges) 4 km von der Straßengabelung entfernt, erstreckt sich in 1.485 m Höhe in einer traumhaft schönen Umgebung; man sollte sich das unvergleichliche Schauspiel dieser Lagunen nicht entgehen lassen und bis zu den **Dos Lagunas** (14 km) vordringen, vorbei an der schönen **Laguna Tziscao** (r. nach 9,5 km).

🕼 **Fortsetzung der Rte 28.** – 512 km: **Copanabastla**, ein Dorf, in dem die Dominikaner im 16. Jh. ein Kloster gründeten; die Kirche weist eine schöne **Fassade** im platteresken Stil auf.

548 km: **Ciudad Cuauhtémoc**, nahe der Grenze zwischen Mexiko und Guatemala. Nach Ciudad Cuauthémoc führt die Straße noch 4 km weiter bis zur Grenze (vom guatemaltekischen Grenzposten La Mesilla nach Huehuetenango und Guatemala: s. Rte 3, Guatemala, in umgekehrter Richtung).

29 – Von Veracruz nach Villahermosa

Von Veracruz nach Villahermosa führt die Straße den Golf von Mexiko entlang durch die Ebene, wo sich schon im zweiten Jahrtausend vor unserer Zeitrechnung die Zivilisation der Olmeken entfaltete, die vermutlich auf alle späteren Zivilisationen in Mittelamerika von großem Einfluß war. Die bedeutendsten Siedlungen der Olmeken sind manchmal schwer zugänglich, wie San Lorenzo Tenochtitlán, und sind vor allem weitaus weniger spektakulär als die Ruinen der Mayasiedlungen oder des Zentralhochlandes, jedoch gestattet der Besuch der Museen und vor allem der archäologischen Ausgrabungen in La Venta, unmittelbar vor Villahermosa, einen Blick auf einige der erstaunlichsten Leistungen der vorkolumbischen Epoche, darunter vor allem die rätselhaften Kolossalköpfe, die für die gesamte Bildhauerkunst der Olmeken bezeichnend sind. Villahermosa ist außerdem das Touristenzentrum der gesamten Golfregion. Die Industriekomplexe der Region Minatitlán – Coatzacoalcos zeigen das moderne Mexiko, dessen Erdölreichtum aus den Staaten Veracruz und Tabasco ein zweites Texas werden ließen.

Sie interessieren sich für:

Vorkolumbische Archäologie: Sehenswert sind die Museen von Santiago Tuxtla und Villahermosa; letzteres beherbergt hauptsächlich Skulpturen der Olmeken, die aus den Siedlungsgebieten der Mayas stammen, vor allem aus der klassischen Periode. Einen Besuch der Ausgrabungen von La Venta, vor den Toren von Villahermosa, sollte man ebenfalls nicht versäumen. Von Villahermosa aus werden Rundflüge über die mitten im Dschungel liegenden Mayasiedlungen veranstaltet, vor allem nach Bonampak, ganz in der Nähe von Siedlungen der Lacandon-Indianer und nach Yaxchilán, entlang des Río Usumacinta, eines der schönsten Flüsse Mexikos. Es lohnt sich auch, Palenque (s. Rte 31), rund 2 Autostunden von Villahermosa entfernt, zu besuchen.

Die üppige Tropenlandschaft: Die grünen Wälder in der Umgebung von San Andrés Tuxtla und des Catemaco-Sees mit seinem opalisierenden Wasser, die riesigen Bananen-, Zuckerrohr- und Kakaoplantagen zwischen Coatzacoalcos und Villahermosa verfehlen niemals ihre Wirkung.

Straße: 489 km auf einer guten, ebenen Straße, außer im Gebiet des Catemaco-Sees, die jedoch sehr stark befahren wird. Eine Direktverbindung für

(28) Veracruz – Villahermosa

Reisende aus México zwischen Tuxtepec und Acayucan ist in Bau (s. Rte 20 C, km 199,5/200). Von Veracruz nach Acayucan muß man mit rd. 4 Std. und von hier nach Villahermosa mit rd. 3 Std. 30 Min. Fahrzeit rechnen.

👉 Von Veracruz zur Gabelung der Straßen nach Oaxaca und Villahermosa: s. Rte 26, bis km 89.

116 km: Angel R. Cabada.

👉 R. führt ein Weg über Zamora nach (23 km) **Tres Zapotes**, ein Dorf, in dem sich ein 8 Tonnen schwerer **Olmekenkopf** befindet, der von einer benachbarten Fundstätte im engen Tal des Arroyo Huayapan stammt, wo man mehrere Köpfe dieser Art, mit Reliefs geschmückte Stelen, Überreste einer Kultstätte mit verschiedenen kleinen Hügelchen, die geometrisch rund um einen Patio angeordnet waren, u. a. gefunden hat.

144 km: Santiago Tuxtla, 20.000 Ew., inmitten der Region Tuxtlas, die besonders reich an Spuren aus der Vorzeit ist, die jedoch für Touristen kaum interessant sind. In einem kleinen ★ **Museum** sind verschiedene Fundstücke ausgestellt, die aus dieser Gegend, vor allem aus Tres Zapotes, stammen.

161,5 km: San Andrés Tuxtla, hübsche kleine Stadt mit 35.000 Ew. in einer hügeligen, bewaldeten Umgebung mit zahlreichen Bananenplantagen, die sich südl. des Vulkans San Martín erstrecken. In dieser Region gibt es zahlreiche vulkanische Erscheinungen, wie Lavaströme (*Tezontle*) und Krater, in denen sich kleine Seen befinden, wie die *Laguna Encantada* unweit der Stadt.

165 km: Sihuapan, in der Nähe einer vorspanischen Siedlung (in der Nachbarschaft von Matacapan) aus der Zeit der Teotihuacán-Zivilisation, die aus rund sechzig kleinen, auf mehrere Gruppen verteilten Hügeln besteht.

171 km: ★ Catemaco, kleine Stadt mit 11.700 Ew. am W-Ufer des Catemaco-Sees, umgeben von Wäldern, wodurch sich auf der Wasserfläche opalisierende Reflexe bilden, die den See zu einem der schönsten Mexikos machen.

254 km: R. nach (1 km) **Acayucan**.

Diese große Ortschaft ist ein wichtiger Verkehrsknotenpunkt, von dem eine in Bau befindliche Straße nach Villa Azueta eine direkte Verbindung nach Tuxtepec und La Tinaja (auf der Strecke von México über Córdoba nach Veracruz) ermöglicht.

Acayucan ist außerdem der Ausgangspunkt der Straße quer über die Landenge von Tehuantepec, bis (183 km) **La Ventosa** (s. Rte 27, km 40) über (104,5 km) **Palomares**, wo die neue Straße aus Tuxtepec einmündet (s. Rte 20 C, km 273,5).

Das Kanalprojekt. – Die Idee, durch die Landenge von Tehuantepec einen Kanal zu bauen, um den Golf von Mexiko mit dem Pazifik zu verbinden, kam bereits im 18. Jh. auf. In der Folge interessierten sich Baron Humboldt und verschiedene britische und amerikanische Ingenieure für diese Projekte, bis zum Bau des Panama-Kanals durch Ferdinand von Lesseps. Obwohl der Kanal den Vorteil hätte, den Seeweg zwischen der O- und W-Küste der USA wesentlich zu verkürzen, blieb er nur ein Projekt.

275 km: Jaltipan.

In diesem Dorf soll Doña Marina, die Dolmetscherin und Geliebte von Hernando Cortez, von den Azteken *Malintzin* genannt, geboren worden sein. Nach Bernal Díaz del Castillo war *Malinche* (die spanische Schreibweise von Malintzin) die Tochter eines Stammeshäuptlings, die nach dessen Tod von ihrer Mutter als Sklavin nach Tabasco verkauft wurde, wo sie die Maya-Sprache erlernte. In der Umgebung von Jaltipan gibt es bedeutende Schwefelvorkommen.

292,5 km: Muiatitlán, 95.000 Ew., Industriestadt (Erdöl- und Schwefelraffinerie) inmitten einer Anschwemmebene.

Rd. 45 km Luftlinie im SW von Minatitlán, am Ufer des Río Chiquito, eines Nebenflusses des Río Coatzacoalcos, liegt die Ausgrabungsstätte von **San Lorenzo Tenochtitlán**, die nur vom Fluß her zu erreichen ist (rd. 60 km). Die bedeutendsten Funde wurden auf einer Plattform 5 km vom Fluß entfernt gemacht, die zwischen von einer üppigen Vegetation überwucherten Schluchten liegt. Es wurden Überreste einer bedeutenden **Kultstätte** sowie von Wohnsiedlungen gefunden. Nach exakten wissenschaftlichen Untersuchungen lag die Blütezeit dieses Siedlungsgebietes in der Zeit zwischen 1200 – 900 v. Chr., in der danach benannten San Lorenzo-Epoche. Den Funden nach zu schließen, wurde hier jedoch bereits vor 1200 v. Chr. gesiedelt.

Nach Minatitlán beginnt eine ausgedehnte Industriezone, die sich auf rund 40 km erstreckt (Raffinerie, Petrochemie). **313 km:** L. nach (3 km) **Coatzacoalcos**, Industriehafen mit 97.000 Ew., an der Mündung des gleichnamigen Flusses, in einer Region, in der Bernal Díaz del Castillo, der Autor der Wahren Geschichte der Eroberung Neu-Spaniens, eine Komturei bekommen hatte. Coatzacoalcos ist ein bedeutender Exporthafen (Erdöl, Schwefel, Tropenfrüchte), der zu Beginn des 20. Jh. gebaut wurde, als man noch an die Verwirklichung des Kanalprojektes zwischen den beiden Meeren dachte.

316 km: Mautbrücke über den Río Coatzacoalcos. Man fährt an dem Industriekomplex von *Pajaritos* vorbei und erreicht dann eine hügelige Urwaldregion, in die von Zeit zu Zeit kleine Lichtungen gerodet werden, um den Anbau von Bananen, Zuckerrohr und Mais zu ermöglichen. In der Landschaft verstreut liegen kleine Bauernhäuser aus Bambus und Palmen. Erdölpumpstationen sind über das gesamte Gebiet verstreut.

359 km: Kreuzung.

L. nach (4 km) **Campo La Venta**, eine kleine Siedlung an der Stelle eines Erdölfeldes, in der Nähe der Ausgrabungsstätte **La Venta**, wo man eine kreisrunde **Pyramide** mit einem Durchmesser von 128 m und einer Höhe von 30,5 m gefunden hat (unbedeutende Reste an Ort und Stelle), olmekische Kolossalköpfe, Altäre und verschiedene Skulpturen einer Kultstätte, die teilweise mit Hilfe der Originalbauten in der Nähe von Villahermosa wiederaufgebaut wurde (s. Rte 29, km 486). Die ersten Bauten in La Venta stammen aus dem Jahr 1000 v. Chr. und um 500 v. Chr. wurde die Siedlung bereits wieder verlassen.

435 km: Cárdenas, 23.000 Ew.

(29) Veracruz – Villahermosa

➥ R. nach Cárdenas führt die Straße nach (21 km) **Huimanguillo**, weiter nach (55 km) **Morelos** und (118 km) **Raudales**, am N-Ufer der Presa de Mal Paso (od. Presa Netzahualcóyotl), einem 300 km² großen Stausee. Mit einem Mietboot kann man von Raudales aus in 4 bis 5 Std. den See überqueren und den Río Grijalva, in dem es an manchen abgeschiedenen Stellen noch Krokodile gibt, hinauffahren.

➥ L. an der Stadtausfahrt Straße nach (38 km) **Comalcalco**; sie führt weiter bis (99 km) zur Straße von Campeche über Ciudad del Carmen nach Villahermosa (s. Rte 31, km 326).

Die Straße nach Comalcalco führt in unmittelbarer Nähe einer ehemaligen Maya-Siedlung vorbei, die heute zum Teil unter einer undurchdringlichen Vegetation verschwunden ist und zum Teil restauriert wurde. 1960 wurde hier ein **Gebäude** freigelegt, dessen Treppe mit Stuckmasken geschmückt war und dem man daher den Namen *Edificio de los Mascarones* gab.

19 km von Comalcalco entfernt liegt **Paraiso**, ein reizender kleiner Ort in tropischer Umgebung, unweit von **Ceiba**, einem einfachen Fischerdorf an einem feinen Sandstrand (*Playa El Limón*).

➥ 486 km: R. an der Stadteinfahrt von Villahermosa archäologische ★ **Ausgrabungen von La Venta** mit einigen Skulpturen, Kolossalköpfen und Altären (s. o., km 359).

Öffnungszeiten: tgl. außer Di. 8.30–17 Uhr.

Vom Eingangstor geht man geradeaus (zu Fuß; r. befindet sich ein Parkplatz) und läßt einen l. abzweigenden Weg unbeachtet.

L. großer **Altar** (I), 30 t schwer, stark beschädigt, mit der Darstellung eines Affen. Etwas weiter, nach einer Strohhütte (l.) **Skulptur**, einen in den Himmel schauenden Affen darstellend (II.). R. vom Weg **kleine Jaguarskulptur** (III) aus Basalt; l., fast gegenüber, großer **Fisch aus Serpentin** (IV). Kurz danach folgt man dem Weg l.

Altar (V) mit Skulpturen, eine in einer Nische sitzende Gestalt darstellend (Hochrelief), darunter ein Jaguarmaul; zu beiden Seiten Motive in Serpentinenform. Etwas weiter r. **Mosaik,** eine sehr stilisierte **Jaguarmaske** darstellend (VI). Dann, r., die sogenannte **Stele des Königs** (VII), eine Gestalt mit Szepter und besonders kunstvoller Frisur.

Man folgt einem geraden Weg, an dessen Ende ein **olmekischer Kolossalkopf** (VIII), 20 t, mit negroiden Zügen steht. Man geht einige Meter zurück und wendet sich nach r. L. **Stele eines Bärtigen** (IX), der ein Monster erwürgt. Mehrere Altäre mit Skulpturen und eine **Stele** aus Serpentin mit Hieroglyphen, vermutlich Zahlen darstellend (XI).

R. die **Stele einer Göttin** (XIV), wahrscheinlich die älteste Skulptur dieser Sammlung. Weitere Skulpturen, Stelen und Mosaike. Mehrere Kolossalköpfe.

Entlang der **Laguna de las Ilusiones**, die die archäologischen Ausgrabungen und den Park Tabasco im S begrenzt, liegen die Universitätsstadt von Tabasco, das Theater und mehrere Spiel- und Sportplätze.

➥ 486,2 km: Kreisverkehr, in den die Straße von Frontera einmündet (s. Rte 31 in umgekehrter Richtung ab km 378).

487,5 km: Hier verläßt man die Straße, die zur Mautbrücke über den Río Grijalva führt, über den auch die Straße nach Campeche (Palenque) über Escárcega (s. Rte 30) führt, und biegt r. zum Stadtzentrum von Villahermosa ab.

489 km: Villahermosa, 132.000 Ew., Hauptstadt des Staates Tabasco (25.337 km^2; 93.400 Ew.). Obwohl bereits 1598 gegründet, weist die Stadt keine sehenswerten Bauten auf. Ein Besuch im Museum von Tabasco und der Ausgrabungen von La Venta sollte jedoch nicht versäumt werden (s. o. km 486).

Ab der Kreuzung des Malecón, einer breiten Promenade am l. Ufer des Río Grijalva und der Calle Madero, der Hauptgeschäftsstraße der Stadt, folgt man einige Meter dem Fluß und biegt dann r. in die schmale Calle Vicente Guerrero, die zum * **Museum von Tabasco** führt, einem der interessantesten Museen Mexikos. Hier sind vor allem Fundstücke der Olmeken- und Maya-Zivilisation von verschiedenen Ausgrabungsstätten in Tabasco zu sehen.

Öffnungszeiten: tgl. außer Mo. 10–13 und 17.30–20 Uhr.

Saal 1: Olmekenskulpturen aus Basalt von La Venta aus dem ersten Jahrtausend v. Chr.

Saal 2 (vorklassische Kulturen 1. Jt. v. Chr.): **Keramiken** kleine Statuen, **Skulptur eines Ringers** aus Terrakotta. Mehrere der hier ausgestellten kleinen Figuren stammen aus Tlatilco im Zentralhochland, unweit von México (1. Jt. v. Chr.). In einer Einzelvitrine schöne **Basaltskulptur**, die an den Ringer von Minatitlán erinnert (800–700 v. Chr.).

Saal 3 (Zivilisation von Teotihuacán): Figuren, Masken, Gepräge, Keramik; Kopf des alten Feuergottes (Huehuetéotl).

Saal 4 (Azteken): in einer Vitrine, kleine Statue des Gottes der Vegetation **Xipe Tótec** aus Stein, Fragment (14. Jh.).

Saal 5 (im Stock): im Lord Kingsborough-Saal **Reproduktionen aus Arzneibüchern**.

Saal 6: Töpferwaren und Figuren der sogenannten westmexikanischen Kultur (Jalisco, Nayarit, Colima).

Saal 7: Altertümer aus dem Reich der Totonaken, vor allem sogenannte **Caras Sonrientes**, lächelnde Gesichter, Darstellungen der Sonne als Gott des Tanzes, der Musik und der Freude. Auf einem * **Palma** aus Basalt, Darstellung einer Gottheit mit den Flügeln einer Fledermaus (am rückwärtigen Teil dieser schönen Skulptur ist das **Relief eines Ritter-Adlers**, der einen Menschenkopf hält, zu sehen).

Saal 8: Keramiken und **Graburnen** der Zapoteken- und Mixtekenzivilisation.

Saal 9: Altertümer der Maya-Zivilisation: Figuren aus Jonuta, der Insel Jaina usw. L. vom Eingang * **Fragment eines Gefäßes** mit der Darstellung einer Palastszene, deren Stil an die Malereien von Bonampak erinnert. Dieses bemerkenswerte Werk kommt wahrscheinlich aus dem Usumacinta-Tal und stammt aus dem 7. Jh. Die schönsten **Terrakottafiguren** befinden sich im r. Teil des Saales (vom Eingang) und stammen vorwiegend von der Insel Jaina. Schöne Terrakottaköpfe aus dem Usumacinta-Tal.

Saal 10: Kunstgegenstände der Mayakultur, darunter bemerkenswerte * **Masken** aus feinem Mörtel (zu beiden Seiten der Tür), die aus den Trümmern eines Palastes in Palenque geborgen wurden (7. Jh.). L. vom Ausgang * **„Brasero"** aus Terrakotta, den Sonnengott auf einem mit einer

Sonnenmaske geschmückten Thron darstellend, mit einem riesigen Kopfschmuck und einer weiteren Maske, an deren Seiten Quetzalfedern herausragen.

Saal 11: Stelen mit Flachreliefs.

Saal 12: Kopien der Fresken von Bonampak (s. Beschreibung des Maya-Saales im Museum für Anthropologie in México). In einem Alkoven, **steinerner Sarkophagdeckel** mit Glyphen von der Fundstätte in El Tortuguero.

Auf den Besuch von Villahermosa sollte unbedingt ein Besuch der **Ausgrabungen von La Venta** (s. o., Rte 29, km 486) anschließen.

Villahermosa ist gleichzeitig (wie auch Tuxtla Gutiérrez und San Cristóbal de las Casas) ein ausgezeichneter Ausgangspunkt für Besichtigungsrouten zu den toten Städten am Río Usumacinta, deren interessanteste, außer Palenque, Yaxchilán und Piedras Negras in Guatemala sind. Im Dschungel des Usumacinta-Beckens befinden sich einige der schönsten Beispiele der Maya-Zivilisation, sowohl auf dem Gebiet der Architektur als auch der Malerei, wie die Fresken von Bonampak, deren Qualität sich allerdings sehr verschlechtert hat, seit man sie 1946 entdeckte. Alle diese Städte, mit Ausnahme von Bonampak, das weitgehend freigelegt wurde, liegen unter einem undurchdringlichen Mantel tropischer Vegetation. Im Dschungel von Chiapas liegen mit großer Sicherheit noch unbekannte Überreste früherer Zivilisationen, von denen von Zeit zu Zeit einige unter großen Mühen freigelegt werden. Für die Völkerkundler bietet das Usumacinta-Becken ein besonders reiches Betätigungsfeld, da hier die Lacandons leben, ein von den Mayas abstammendes Volk, deren Vorfahren vor mehr als eintausend Jahren die rätselhaften Städte errichteten, in die sie vor der Unterdrückung durch die Spanier oder durch andere Indianerstämme flüchteten.

Umgebung von Villahermosa. 1. – ★★**Yaxchilán.** – Besichtigung nur per Flugzeug; Landepiste direkt neben den Ruinen. Flugzeit rd. 50 Min.
Die Ruinen von Yaxchilán liegen am l. Ufer des Río Usumacinta, dessen mäanderartiger Verlauf hier die Grenze zwischen Mexiko und Guatemala markiert. Dieser majestätisch dahinfließende Fluß, der an dieser Stelle eine Breite von 200 m erreicht, hat mehrere der direkt am Ufer gelegenen Bauten mitgerissen. Die Stadt selbst lag auf einer ein wenig erhöhten Plattform zwischen dem Fluß und einer Hügelkette, auf der ebenfalls Bauten errichtet wurden. Die üppige Tropenvegetation dieser Gegend hat in vielen Fällen die Steine überzogen und dadurch gelockert und zum Verfall der Bauten beigetragen.

Zwischen Palenque und Tikal, dem Zentrum der Mayakultur in Petén (Guatemala) gelegen, befand sich Yaxchilán am Schnittpunkt der beiden bedeutenden Kulturkreise. Dieser Umstand findet vor allem in der Architektur von Yaxchilán ihren Ausdruck, die jener von Palenque und Tikal durchaus ebenbürtig ist. Die Hochblüte von Yaxchilán nimmt man im 6. und 7. Jh. unserer Zeitrechnung an, also gleichzeitig mit jener von Palenque.

Die bedeutendste Gebäudegruppe liegt beidseitig eines großen Platzes, parallel zum Fluß, zwischen zwei Wohnvierteln; möglicherweise liegen jedoch auf der guatemaltekischen Seite des Flusses noch weitere Wohnviertel. Von den Gebäuden dieses **Sektors I**, der seine Blütezeit vor allem Ende des 8. und Anfang des 9. Jh. erlebte (spätklassische Zeit), sind vor allem ein **Ballspielplatz** (Struktur 14) zu erwähnen, dessen „Tore" man ge-

funden hat, die **Struktur 20** in der Mitte des Platzes, vor der sich drei Stelen befinden und die **Struktur 19**, der sogenannte **Labyrinth**, dem ein Altar aus der Mitte des 8. Jh. vorgelagert ist.
In dem senkrecht dazu angelegten **Sektor II** sind vor allem die **Struktur 33**, der sogenannte Quetzalcóatl-Tempel, die **Strukturen 35 und 36** mit Treppen, auf denen Hieroglypheninschriften gefunden wurden, zu erwähnen. Die Bauwerke der **Sektoren III und IV** sind wahrscheinlich die ältesten dieser Anlage.

2. – Bonampak und Lacanjá. – Diesen Ausflug unternimmt man per Flugzeug ab Villahermosa, Tuxtla Gutiérrez oder San Cristóbal de las Casas und im Auto (130 km durch den Wald) ab Palenque. Man kann ihn auch mit einem Besuch der Ruinen von Yaxchilán kombinieren. Man muß mit rd. 1 Std. Flugzeit von Villahermosa bis Bonampak rechnen und anschließend rd. 10 Min. von Bonampak nach Lacanjá, einem von Lacandons bewohntem Dorf. Von den erwähnten Orten oder von dem rund 45 Flugminuten von Bonampak entfernt gelegenen Palenque kann dieser Doppelausflug durchaus in einem Tag unternommen werden.

Das Ausflugsflugzeug landet in unmittelbarer Nähe der **Ausgrabungen von Bonampak.** Die Anlage und die Malereien wurden 1946 von Charles Frey und Giles Healey entdeckt. Nach den Malereien zu schließen, war Bonampak ein kleines Maya-Fürstentum, das von Priestern und Mitgliedern einer Militäraristokratie regiert wurde.

Die Ruinen liegen auf einer kleinen Anhöhe im Tal des Río Lacanjá, einem Nebenfluß des Río Usumacinta. Ein großer rechteckiger Platz wird von mehreren Bauwerken umgeben. In der Mitte steht eine fast 7 m hohe **Stele**, die leider gebrochen ist. Sie zieren ein **Relief** mit der Darstellung eines reich gekleideten Priesters mit außergewöhnlichem Kopfschmuck und mehrere Hieroglyphen.
R. ist der berühmte **Tempel der Malereien** zu sehen, dessen Innenräume mit Fresken bemalt waren (s. Rte 1 A, Anthropologisches Museum, Maya-Saal, Beschreibung der Fresken).
Hier sind noch die mit zarten Skulpturen verzierten **Türstürze des Heiligtums** zu sehen, das vermutlich aus dem 8. Jh. stammt.

Ungefähr 10 Flugminuten von Bonampak entfernt liegt **Lacanjá**, an den Ufern des gleichnamigen Flusses, von einigen Lacandon-Familien bewohnt, Nachfahren einer Volksgruppe, die wahrscheinlich aus dem N Yucatáns eingewandert ist und von anderen Mayastämmen, die selbst auf der Flucht vor den Spaniern waren, in die Tierras calientes von Chiapas verjagt wurden. Man weiß, daß diese Flüchtlinge sich des Landes der echten Lacandons bemächtigten, einen Chol-Dialekt sprachen und von diesem ihren Namen ableiteten.

Die Lacandons. – Obwohl nicht sehr zahlreich, besiedeln sie ein Gebiet von 9.000 km^2, das von dichtem Urwald bedeckt ist und sich von der Gegend um Tenosique im N bis zum Río Lacantún im S erstreckt und im O vom Río Usumacinta und im W vom Río Jatalé begrenzt wird. Auf dieser Fläche leben kaum zwei- bis dreihundert Lacandons, aufgeteilt auf kleine Gruppen mit zwei oder drei Familien. Die Hütten sind rechteckig und haben keine Zwischenwände (das Klima ist heiß und feucht) und sind mit einem Palmendach versehen. Die Hängematte ist der bedeutendste Einrichtungsgegenstand in der Lacandon-Hütte und dient gleichzeitig als Bett und Sitzgelegenheit. Die Tempel-Hütten und heiligen Höhlen sind mit

Töpfereiwaren, Weihrauchspendern (*Kur*), Symbolen und Darstellungen von Gottheiten der Lacandons ausgestattet. Außerdem finden sich hier kleine Brettchen, auf die das *Kopal* gelegt wird, Palmwedel zur Verbreitung des Weihrauchduftes, Federbesen zur Reinigung und bemalte Kürbisse, in denen Lebensmittel und Getränke den Göttern geopfert werden. Sie leben vor allem von Ackerbau, Obstanbau und vom Sammeln wilden Honigs, der Jagd (Hirsche, Wildschweine, Affen etc.) und vom Fischfang. Geben die Felder nicht mehr den gewünschten Ertrag, roden die Lacandons neue Flächen im Urwald; ist die neue Ackerfläche zu weit von ihrem Dorf entfernt, geben sie es auf und gründen in der Nähe des neuen Arbeitsplatzes ein neues.

Ihre handwerkliche Tätigkeit umfaßt vor allem Töpferei und die Herstellung von Weihrauchgefäßen durch die Männer und das Weben von Stoffen durch die Frauen. Die Techniken und Geräte, die zum Spinnen, Weben und Färben verwendet werden, haben sich seit der vorspanischen Epoche praktisch nicht verändert.

Ihre Religion ist eine rein heidnische, da sie in einer schwierig zugänglichen Region leben und bis zum Ende des 19. Jh. keinen Kontakt mit der Außenwelt hatten.

In dem von den Lacandons besiedelten Land befinden sich auch einige **Ruinen ehemaliger Maya-Siedlungen**, wie **Tzendales**, in der Nähe des gleichnamigen Flusses, einem Nebenfluß des Río Lacantún (die älteste hier gefundene Stele stammt aus dem Jahr 692 n. Chr.) und **Santa Elena Poco Uinic**, mit einer großen, von Pyramiden gesäumten Esplanade. Das Aufspüren dieser Ruinen ist jedoch bereits als Expedition zu bezeichnen und hat mit Tourismus kaum mehr etwas zu tun.

30 – Von Villahermosa über Escárcega (Palenque) nach Campeche

Diese lange Reise durch eine ausgedehnte Weidelandschaft mit einigen spärlichen Wäldern und wenigen Dörfern wäre zweifellos monoton, könnte man nicht entweder die Erinnerung oder die Vorfreude auf die Bauwerke von Palenque genießen, die dem Dschungel im wahrsten Sinn des Wortes entrissen wurden und zum großen Teil sehr gut erhalten oder restauriert sind und sich von jenen in Uxmal und Chichén Itzá wesentlich unterscheiden.

Straße: 150 km (Palenque) und 451 km (Campeche). Für die Strecke Villahermosa–Palenque muß man, auf guter Asphaltstraße, rd. 2 Std. rechnen, von Palenque nach Campeche rd. 5.30 Std.

➤ 1,5 km vom Stadtzentrum von **Villahermosa** überquert man die Mautbrücke über den Río Grijalva (s. Rte 29, km 487), auf der die Straße über Escárcega nach Campeche beginnt.

31,5 km: Kreuzung.

➤ L. Abzweigung nach (32 km) **Ciudad Pémex**, kleine Siedlung und Erdölgewinnungszentrum. Nach Ciudad Pémex führt die Straße weiter nach (89 km) **Jonuta**, einem kleinen Dorf am r. Ufer des Río Usumacinta, wo sich bereits in klassischer Zeit eine Mayasiedlung befand, deren kleine Statuen mit jenen von der Insel Jaina zu den schönsten der Maya-Zivilisation gehören.

38 km: Die Straße nach Jalapa, r., führt zur (48 km) Straße nach Tuxtla Gutiérrez und von Chiapa de Corzo nach Villahermosa (s. Rte 28 A, km 200).

45,5 km: Kreuzung.

➤ L. nach (8,5 km) **Macuspana**, großes Dorf inmitten einer Region, in der der Chontal-Dialekt *Yokotan* gesprochen wird.

Die Choles leben in den Gemeinden Macuspana, Salto de Agua, Tila usw.; bei einer Zählung im Jahr 1950 kam man auf 19.000 einsprachige Chole-Indianer, die Gesamtzahl dieses Maya-Volksstammes liegt jedoch weitaus höher. In der vorspanischen Zeit lagen die Choles meist mit ihren Rivalen, den Quichés, einem anderen Maya-Stamm, in Fehde und sie werden bereits im Popol Vuh erwähnt. Sie gehörten wahrscheinlich zusammen mit den anderen derzeit in Chiapas lebenden Stämmen der Tzotzilen, Tzeltalen, und Tojobalen (wie auch der „historischen" Lacandon, die man nicht

(30) Villahermosa – Escárcega – Campeche

mit jenen Volksgruppen verwechseln darf, die eigentlich aus Yucatán stammen, auch Mayas sind und heute unter diesem Namen bekannt sind) zu den Ureinwohnern und Begründern der Zivilisation des Usumacinta–Beckens.

Sie leben vor allem in den Flußebenen der Staaten Tabasco und Chiapa und bestreiten ihren Lebensunterhalt durch Ackerbau und Viehzucht. Sie stellen Strohsombreros, Korbwaren, Keramik, Sandalen usw. her. Außerdem arbeiten sie teilweise noch als Knechte auf den Kaffee- und Zuckerrohrplantagen.

Ihre Religion ist eine Mischung aus Katholizismus und heidnischen Bräuchen. Sie haben jedoch nur wenig Kontakt mit katholischen Priestern und feiern von den christlichen Festen lediglich das Fest des Hl. Kreuzes (3. Mai) und des Señor de Tilá. Sie sind sehr abergläubisch und begehen Ereignisse wie Sonnen- oder Mondfinsternis mit vielen, sehr lauten Zeremonien.

R. Abzweigung zum Bahnhof von Macuspana, auf der man auch nach **El Tortuguero** gelangt, ein kleines Maya-Dorf in einer Schleife des Río Macuspana. In dem Dorf, von dem unbedeutende Reste erhalten sind, wurde 645 n. Chr. die erste Stele errichtet.

114 km: R. Straße nach (28,5 km) **Palenque** und (36 km) zu den **Ausgrabungen von Palenque** (s. u.). 28 km nach der Straßengabelung zweigt r. eine Straße nach San Cristóbal de las Casas ab (s. Rte 28 B in umgekehrter Richtung ab km 199).

★★★ **Palenque**, eine Maya-Siedlung auf sanften Hügeln inmitten einer dichten Tropenvegetation, die die Stadt, nachdem sie im 10. Jh. von ihren Bewohnern verlassen wurde, überwuchert hat, ist eine der größten archäologischen Sehenswürdigkeiten Mexikos. Die bisher freigelegten Teile (ein Viereck von rd. 500 x 300 m) sind nur ein Bruchteil der alten Maya-Siedlung, die sich tief in den Urwald hinein, möglicherweise auf einer Länge von 6 bis 8 km erstreckt.

In Palenque sind mehrere Bauwerke der klassischen Maya-Architektur zu sehen, die sich von jenen in Uxmal oder Chichén Itzá stark unterscheiden und jenem Zivilisationskreis zuzuordnen sind, dessen Mittelpunkt in Petén (Guatemala) lag. Die politische Bedeutung von Palenque war offensichtlich zweitrangig, was sich zwar nicht in der Qualität der architektonischen Schöpfungen ausdrückt, jedoch in ihrer Größe. In Palenque findet man keine Monumentalbauten wie in Uxmal, Chichén Itzá, Kabah und Sayil, dafür kann sich der Besucher hier an außerordentlich schönen Stuckarbeiten erfreuen, die in der gesamten vorspanischen Epoche Amerikas nicht ihresgleichen finden. Eine zweite Besonderheit von Palenque ist eine Krypta in einer Tempelpyramide, wodurch der Tempel der Inschriften den Pharaonengräbern vergleichbar wird. Die Reliefs auf dem Sarkophag und dem Grabgewölbe sind von außerordentlicher Schönheit.

Die Befestigten Häuser. – Der Name Palenque ist die spanische Übersetzung eines Maya-Ortsnamens (genauer *Palekano* im Chol-Dialekt), *Otulum* („Befestigte Häuser").

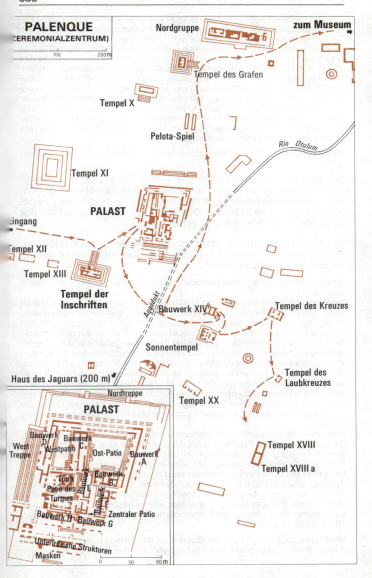

(30) Villahermosa – Escárcega – Campeche

In Ermangelung historischer Unterlagen kann die Vergangenheit von Palenque lediglich aus den archäologischen Funden rekonstruiert werden. Es ist bekannt, daß der Raum von Palenque bereits vor unserer Zeitrechnung besiedelt war, die sich hier entfaltende Zivilisation ihre Blütezeit jedoch erst im 6. Jh. erreichte. Sie wurde wahrscheinlich Ende des 10. Jh. durch vom Golf von Mexiko her eindringende Volksstämme zerstört. Diese benützten die Tempel und Paläste einige Zeit als Zufluchtstätte, bevor sie sie wieder verließen und diese in der Folge vom Urwald überwuchert wurden. Palenque wurde bereits im 18. Jh. in verschiedenen Reiseberichten erwähnt und war sowohl im 19. als auch im 20. Jh. Ziel mehrfacher Forschungsreisen. Die ersten Instandsetzungsarbeiten der kostbaren Funde wurden 1940 unternommen. 1952 schließlich wurde die Krypta im Tempel der Inschriften entdeckt.

Öffnungszeiten: 7–17.30 Uhr; Museum: 9–13 und 14–17 Uhr; Gräber: 8–17 Uhr.

Unmittelbar nach dem Eingang liegt eine Terrasse, r., mit mehreren Tempeln, deren erster, der **Tempel XII**, auf einem seiner Pfeiler ein **Stuckrelief** aufweist. Etwas weiter entfernt liegt der Tempel XIII, in ziemlich verfallenem Zustand, in dem man unterhalb der Opferstelle ein Grab freigelegt hat.

Der ★ ★ ★ Tempel der Inschriften. – Er befindet sich am höchsten Punkt einer 21 m hohen Pyramide, die teilweise an einen natürlichen Hügel angebaut wurde.

Ursprünglich bestand die **Pyramide** aus acht Stufen, wurde aber später verändert.
Den eigentlichen Tempel mit zwei parallel verlaufenden Galerien, deren nördl. gegen den Platz hin gerichtet ist, betritt man durch eine Säulenhalle. Er liegt auf einer podiumartigen Erhöhung, über die eine Treppe führt, deren neun Steinstufen von Seitenrampen und mit Skulpturen geschmückten Tafeln begrenzt werden. **Die Pfeiler der Eingangshalle** sind mit Stuckreliefs geschmückt, die Männer und Frauen mit Kindern in den Armen darstellen, das Gesicht mit einer Maske, wahrscheinlich jener des Regengottes, bedeckt und mit einem seltsam serpentinenförmigen Bein. Die Rückenwand der Eingangshalle und des Mittelraumes der zweiten Galerie sind mit großen **Hieroglyphentafeln** verkleidet, insgesamt 620, aus denen man eine ununterbrochene Zeitfolge von rund zehn Katunen (Zeitraum von etwas weniger als 20 Jahren nach dem Maya-Kalender) herauslesen konnte.
Unter einer Bodenplatte im Mittelraum wurde 1949 eine **Treppe** entdeckt, die in das Innere der Pyramide führt. An ihrem Ende fand man einen Gang, dessen Ausgang zugemauert war. Vor der zugemauerten Stelle stand eine Truhe mit Opfergaben (Jadeperlen, eine Perle, Ohrgehänge, Tongeschirr, Muscheln mit roter Farbe). Dahinter fand mein eine kleine Grabstätte mit den Gebeinen von fünf oder sechs Kindern, die geopfert worden sind, um den in der Krypta begrabenen Toten, vermutlich einen sogenannten *Halach uinic* (Priester-König) in das Jenseits zu begleiten. Hier fand man auch hinter einer dreieckigen Wandplatte den Zugang zur **Krypta**, die 1952 geöffnet wurde.

Die Krypta liegt ungefähr in der Querachse des Tempels, rund 25 m unter dessen Boden, ist 9 m lang und 4 m breit und ist mit einem 7 m hohen Dekkengewölbe in typischer Maya-Bauweise überspannt. Die Wände sind mit **Stuckreliefs** bedeckt, neun Priester darstellend, die zweifellos die neun Welten der Hölle symbolisieren und mit den Attributen der Sonne und des Regengottes ausgestattet sind.

Der ★★**Sarkophag** ist aus einem Stück, mit Skulpturen an den Seitenwänden und 3 m lang, 2,10 m breit und rund 1 m hoch. Das Grab ist mit einer riesigen Platte (3,80 x 2,20 m) abgedeckt und das Ganze ruht auf sechs kleinen Steinprismen, von denen jene an den Ecken ebenfalls mit Reliefs verziert sind. Im Sarg befand sich das Skelett eines 40–50 Jahre alten Mannes, dessen Leiche in ein rotes Leichentuch gehüllt war, von dem man nur noch Farbreste entdeckt hat. Wände und Boden des Sarkophags waren ebenfalls mit roter Farbe eingelassen, in der man Zinnober festgestellt hat. Unter dem Sarkophag fanden sich Gefäße, die zweifellos Opfergaben an Lebensmittel beinhaltet haben und zwei herrliche Stuckköpfe, die zu den wertvollsten Ausstellungsstücken des Anthropologischen Museums von México gehören.

Vom Tempel der Inschriften begibt man sich zum Palast (El Palacio); l. sieht man den **Tempel XI**, von dem lediglich die pyramidenförmige Grundmauer erhalten ist, die von der üppigen Vegetation überdeckt wird.

★★**Der Palast.** – Auf einer künstlichen, trapezförmigen Plattform von rund 10 m Höhe, 100 m Länge und 80 m Breite befinden sich mehrere Bauwerke, die als Palast bezeichnet werden, und die in mehreren Etappen auf den Grundmauern älterer Gebäude errichtet wurden.

Im S des Palastes (r.) liegen mehrere parallel verlaufende Galerien, die als Subterráneos (Untergeschoße) bezeichnet werden und vermutlich die ältesten Bauwerke hier sind. Sie waren mit den übrigen Gebäudeteilen durch drei Treppen verbunden. Hier entdeckte man drei große Tische aus Stein, davon zwei aus einem Stück.

Über die Treppe im W gelangt man zu dem die W-Seite des Palastes beherrschenden **Turm**. Im **Patio de la Torre**, einem von vier Innenhöfen des Palastes, erhebt sich ein hoher Turm mit fast quadratischem Grundriß (7 m x 7,50 m), dessen vier Meter hohe Grundmauern an den Ecken mit Pfeilern verstärkt sind. Möglicherweise handelt es sich hier um eine Art Sternwarte.

Im **Bauwerk D**, l. von der großen Treppe, befinden sich außergewöhnlich schöne ★**Flachreliefs**, Meisterwerke der Bildhauerkunst von Palenque. Schöne Reliefs auch im Bauwerk C. Im Bauwerk E weisen die beiden parallel verlaufenden Galerien die sogenannten Maya-Gewölbe auf. Eine Treppe (Pl.) führt zu den Subterráneos.

Vom Hof E gelangt man in den anderen Flügel des Palastes, in dem sich der bedeutendste Teil der Gebäude befindet: eine **Treppe, deren Stufen mit Hieroglyphen und deren Seitenwände mit Skulpturen verziert sind.** Skulpturen sind auch auf der Stützmauer der kleinen Terrasse zu sehen. Die Pfeiler waren auf dieser Seite mit Flachreliefs in Rot, Blau, Grün und Schwarz geschmückt, während sich auf dem Schrägdach Reliefs von Personen und grotesken Masken befanden, von denen einige Reste übriggeblieben sind.

Im Bauwerk A sind ebenfalls herrliche Stuckreliefs zu sehen, die jeweils eine Person, vermutlich einen *Halach Uinic* mit den Insignien seiner Würde, einem langen Szepter, auf dem man den Gott mit der großen Nase erkennt, darstellen.

Man verläßt den Palast über die große Treppe im W, über die man gekommen ist, und wendet sich nach l. Man überquert den Río Otulum, ein kleines Flüßchen, das hier durch ein Aquädukt kanalisiert war. Das Aquädukt besteht aus großen Steinblöcken und ist teilweise offen, teilweise gedeckt; die Gewölbedecke ist stellenweise eingebrochen.

★ **Bauwerk XIV.** – Ein kleiner Tempel im südl. Teil der archäologischen Zone, der kürzlich restauriert wurde und aus einer niederen Plattform und zwei übereinander gelagerten, stufenförmig angeordneten Bauteilen, sowie einem Betraum mit drei Kammern und einer Säuleneingangshalle besteht.

Im Tempel befindet sich eine herrliche ★ ★ **Flachreliefttafel** im unverkennbar feinen Stil der Bildhauerkunst von Palenque der klassischen Periode; die Tafel befindet sich zwischen zwei Säulen mit Hieroglyphen (die Inschrift stammt aus dem Jahr 636). In der Mitte des Reliefs wird eine Opferszene dargestellt.

★ **Sonnentempel.** – Er erhebt sich auf einem pyramidenförmigen, vierstöckigen Fundament. Der eigentliche Tempel besteht aus zwei parallel verlaufenden Galerien.

An der Fassade **Darstellungen von Personen** aus Stuck und Hieroglyphen. Einige Teile der dekorativen Verkleidung des vierflächigen Daches sind noch erhalten. Im Inneren, an der Wand der zweiten Galerie, befindet sich eine **Wandtafel** auf der, zwischen Hieroglyphen und zwei opfernden Priestern, das Symbol der Sonne in Form eines Schildes, das von zwei sitzenden Gestalten gehalten wird, dargestellt ist. Aus den mit Hieroglyphen bedeckten Säulen konnte man ein Datum des Maya-Kalenders ablesen, das dem Jahr 642 n. Chr. entspricht.

★ **Tempel des Kreuzes.** – Er erhebt sich am höchsten Punkt einer Pyramide an der N-Seite der Terrasse vor dem Sonnentempel. Er verdankt seinen Namen einer Platte mit der Skulptur eines Kreuzes, die im letzten Raum des Tempels gefunden wurde.

★ **Tempel des Laubkreuzes**. – Er liegt etwas weiter südl. und weist den gleichen Grundriß auf wie die beiden anderen Tempel.

Im Inneren befindet sich eine **Platte mit einer Skulptur**, die an das Relief im Sonnentempel erinnert, mit dem Unterschied, daß das Sonnenemblem hier durch ein Laubkreuz (Maisblätter) ersetzt wird, das mit Menschenköpfen verziert ist. Aus den Inschriften wurde das Jahr 692 n. Chr. herausgelesen.

Im S, am Abhang eines Hügels, wurden zwei nebeneinander liegende **Tempel** (XVIII und XVIII-A) freigelegt, unter denen sich Gräber befanden, mit einer Krypta unter dem zweiten Tempel. In dieser Krypta wurden die Gebeine eines jungen Mannes von etwa 20 Jahren und einer Frau gefunden, die vermutlich geopfert wurde, um den Mann ins Jenseits zu begleiten. Entsprechend den Bestattungsgewohnheiten, die an die Königsgräber von Ur in Mesopotamien erinnern, wurden noch weitere Menschen geopfert, vermutlich Diener, deren Leichen am Eingang der Krypta lagen. Die Krypta selbst war mit einer Steinplatte verschlossen.

Im W, südl. des Sonnentempels, liegt die Ruine des **Tempels XXI**, in dem man ebenfalls ein Grab entdeckte, das allerdings bereits geplündert war.

Palenque

Noch weiter im W, am Hang eines Hügels, liegt ein kleiner Tempel, der als **Haus des Jaguars** bezeichnet wird. Aus den erhaltenen Fragmenten eines Reliefs ist ein Priester mit dem Oberkörper eines Jaguars, auf einem Thron sitzend, ersichtlich. Eine Treppe führt in eine Krypta.

Vom Tempel des Laubkreuzes (oder vom Haus des Jaguars) geht man zum Palast zurück, um anschließend den nördl. Teil der Ausgrabungen zu besichtigen.

Pelota-Spiel. – In der Mitte zwischen dem Palast und der N-Gruppe liegen die Überreste eines Ballspielplatzes, der aus zwei Plattformen bestand, die außen stufenförmig angelegt waren und im Inneren Schrägwände aufwiesen; dazwischen lag der Spielplatz.

L. davon liegt der **Tempel X**, von dem lediglich die Grundmauern erhalten sind.

Tempel des Grafen. – Direkt neben der Terrasse (l.) mit den Tempeln der N-Gruppe liegt der Templo del Conde, der so benannt wurde, da er angeblich Frédéric Waldeck (der in Wirklichkeit Baron war), einem Archäologen, der sich zwei Jahre in Palenque aufhielt, als Residenz gedient hatte. Die pyramidenförmigen Grundmauern werden von einer Terrasse begrenzt, die man über eine sehr steile Treppe erreichen kann.

Der Tempel, dessen Bauweise für die Architektur von Palenque besonders typisch ist (Galerie mit drei Öffnungen, pyramidenförmiges Dach und ornamentartiger Dachabschluß), weist die klassische Raumordnung auf; ein Mittelraum, flankiert von zwei kleinen Räumen. Unter dem Boden der Eingangshalle fand man drei Gräber mit noch gut erhaltenen Opfergaben und einigen wenigen Gebeinen. Von der ehemaligen dekorativen Wandverkleidung aus Stuck sind noch einige Reste auf den zwei Fassadenpfeilern erhalten.

Tempel der N-Gruppe. – Im N, auf einer langen Terrasse mit schräg abfallenden Seitenwänden, liegen die Überreste von fünf Bauwerken, die von O nach W ausgerichtet sind. Sie stammen aus verschiedenen Epochen und jeder Neubau erforderte eine Vergrößerung der Terrasse.

★ Museum. – Das Museum besteht aus einem einzigen Saal und beinhaltet die Funde aus den umliegenden Ruinen. Neben dem Eingang, **Stele** aus dem Tempel des Kreuzes mit der Darstellung einer Gestalt über einer Hieroglyphe. Auf einem Bildschirm ist eine archäologische Karte der Maya-Länder zu sehen und, gegenüber, ein Plan von den Ausgrabungen von Palenque.

Man beginnt den Museumsbesuch gegen den Uhrzeigersinn nach r.: Fragment eines *Ichtyolithen* oder fossilen Fisches aus dem Tertiär. – **Stele mit Hieroglyphen**, aus denen man das Datum 783 n. Chr. herauslesen konnte. In einer Vitrine **Votivhacken** der Totonaken und **Joche** aus Stein, zerbrochen, 10. Jh. (Periode der Besetzung von Palenque durch ein vom Golf von Mexiko her eingedrungenes Volk). – **Stele** mit Skulpturen.
Am Boden **Metates** (Mahlsteine für den Mais), **Mörser** aus Ton. Mehrere Stelen aus den Tempeln XXI und XVIII.

(30) Villahermosa – Escárcega – Campeche

Sammlung von kleinen Tonfiguren (Priester, Krieger, manche mit Maske). – **Keramik**. – **Reliefs** mit Darstellung von Sklaven. – **Relief eines Schreibers**, das am Fuße des großen Turmes des Palastes gefunden wurde und eine kniende Gestalt darstellt, die in der r. Hand eine Papierrolle hält und in der l. einen Gegenstand, der eventuell ein Schreibgerät sein könnte. – **Relief eines Redners**, Darstellung ebenfalls kniender Gestalt, die die Hand an den Mund führt, als wollte sie rufen.

Mehrere hohle Zylinder aus Ton, die als **Masken** zu erkennen sind und deren Verwendung ungeklärt ist. – Fragmente von Gebäuden. – Gegenstände aus Jade, Perlmutter, Muscheln und Obsidian. – **Hieroglyphen** vom Tempel XVIII. – **Reliefs** vom Palast mit der Darstellung einer Opferszene. Eines der herausgelesenen Daten entspricht dem Jahr 720 n. Chr.

Die archäologischen Ausgrabungen von Palenque stellen nur einen kleinen Teil der vorspanischen Stadt dar. Die meisten Gebäude außerhalb des Zentrums sind ziemlich verfallen und von der Vegetation überdeckt. Die wichtigste Gruppe, die sogenannte Gruppe 4, liegt etwas vor dem Eingang zur Ausgrabungsstätte.

In der Umgebung von Palenque können Ausflüge in den Wald unternommen werden (nur mit Führer), zu den Wasserfällen von Misoljá und Motiepá, zu den Schluchten des Río Chacamax, den Lagunen von Catazaja usw.

Fortsetzung der Rte 30. – **134,5** km: Kreuzung.

R. Straße nach Emiliano Zapata, die auch nach (85 km) **Tenosique** führt, einem Dorf im Tal des Río Usumacinta, das 1540 von den Spaniern gegründet wurde und ein Vorposten im Urwald von Tabasco und Chiapas war. Am 20. Jan. wird das Fest des Hl. Sebastian mit dem Tanz *El Pocho* gefeiert, an dem mehrere Dutzend Tänzer, in drei Gruppen eingeteilt, teilnehmen: die *Pochoveras*, im allgemeinen alte Frauen mit großen blumengeschmückten Sombreros, die *Cojoes*, mit Masken und grotesken Hüten und die *Tigres*, die manchmal mit Pumafellen geschmückt sind.

145 km: Mautbrücke über den Río Usumacinta, einen der schönsten Flüsse Mexikos, der rund 100 km flußaufwärts die Grenze zu Guatemala markiert.
154,5 km: Kreuzung.

R. nach (25 km) **Balancán** (Feiertage am 25. April und 5. Mai).

274 km: Kreuzung.

L. Straße nach (58 km) **Sabancuy** und zur (60 km) Straße von Campeche über Ciudad del Carmen nach Villahermosa (s. Rte 31, km 131). Die Fahrt führt durch eine friedliche Sumpflandschaft mit zahlreichen Wasservögeln. Hinter Sabancuy kommt man auf eine Straße, die am Grund einer Lagune erbaut wurde, deren Wasser an den Böschungen eine seltsame blutrote Farbe aufweist.

299,5 km: Abzweigung r. nach (1 km) **(Francisco) Escárcega**, großes Dorf in einer noch nicht lange besiedelten Gegend, und **Chetumal** (s. Rte 36 in umgekehrter Richtung ab km 276). – Die Fahrt führt weiter durch ein hügeliges, mit dichtem Buschwald bedecktes Gelände.
384 km: **Champóton**, vorspanischen Ursprungs, weist außer sei-

ner für eine Tropensiedlung typischen Atmosphäre nichts Sehenswertes auf.

Das Dorf hieß früher *Champutun* und war die Hauptstadt eines kleinen Fürstentumes der Couohes. Im März 1517 landete hier eine spanische Expedition, die jedoch von den Eingeborenen angegriffen wurde und nur mit Mühe wieder die Schiffe erreichen konnte. 1537 wurde eine Missionsstation errichtet. 1541 wurde von hier aus der dritte Eroberungsfeldzug gegen Yucatán unternommen.

Bei der Ausfahrt aus Champóton l. Abzweigung nach Villahermosa über Isla Aguada und Ciudad del Carmen (s. Rte 31 ab km 67).

401,5 km: Kreuzung.

R. zu den (48 km) **★★Ausgrabungen von Edzná** (auch von der Straße Campeche – Mérida über Uxmalaus zu erreichen; s. Rte 31, km 45).

409,5 km: **Si Ho Playa**, Hotel am Meer (sehr mittelmäßiger Strand).

445 km: **Lerma**, Fischereizentrum und Schiffbau; die malerischen Häuser des Ortes erstrecken sich über mehr als einen Kilometer am Meer entlang.

446 km: Revolutionsdenkmal an der Stadteinfahrt von Campeche.

451 km: **Campeche**, 88.700 Ew., Hauptstadt des gleichnamigen Staates (50.852 km², rd. 306.000 Ew.), der 1858 von der Provinz Yucatán getrennt und eigenständig wurde. Campeche ist eine reizende Stadt, die viel von ihrem Charakter einer typischen Stadt der Kolonialzeit bewahrt hat: Stadtmauer aus dem 17. und 18. Jh., bemalte Häuser mit Schmiedeeisengittern und Gipsskulpturen. Die Stadt erlebte ihre Blütezeit im 19. Jh. als wichtigster Ausfuhrhafen für das Holz von Campeche, aus dem man in Europa und Nordamerika einen Farbstoff, das Hämatein, gewann. Die Bedeutung der Gegend liegt heute in den reichen Erdölvorkommen dieser Provinz.

Brückenkopf der spanischen Eroberer Yucatáns. – Die 1531 gegründete Stadt diente den spanischen Eroberern im 16. Jh. als Ausgangspunkt für ihre Entdeckungs- und Eroberungsreisen in neue, unbekannte Länder, vor allem nach Yucatán, das endgültig 1546 erobert werden konnte.

Die Stadt wurde der größte Hafen Yucatáns und bald Zielscheibe zahlreicher Piratenangriffe. Im 17. Jh. wurde Campeche von Piraten erobert und ein Massaker unter seiner Bevölkerung angerichtet. Erst der Bau der Stadtmauern, der 1704 abgeschlossen wurde, machte die Stadt wieder sicher.

Am **Hauptplatz** (Pl. B2) oder Platz der Unabhängigkeit, die **Kathedrale de la Concepción** (Pl. B2) mit einer schlichten Barockfassade. Der Bau der Kirche wurde 1540 begonnen und erst 1705 fertiggestellt. Vom Platz geht man zu den **Stadtwällen** (1668–1704), die eine Gesamtlänge von 2.536 m hatten. Sie waren mit mehreren Bastionen (*Baluartes*) befestigt. Die Bastionen und einige Stücke der Wälle sind erhalten geblieben. Die *Baluarte de la Soledad* wurde als **★ Archäologisches Museum** ausgebaut (Pl. B2; *Öffnungszeiten*: tgl. 9–14 Uhr und 15–21 Uhr, So. von 9–12 Uhr).

(30) Villahermosa – Escárcega – Campeche

Im Park, am Fuße der Stadtmauer auf der Seite zum Meer, Stelen und Flachreliefs der Mayakultur von verschiedenen Fundstätten des Staates Campeche.

Golf von Mexiko – Saal. – R. in der Eingangshalle, große Stele aus Edzná. Unter den Exponaten in diesem Saal befinden sich auch ein schönes Steinjoch, eine Palme und eine Votivhacke der Totonakenkultur.

Maya-Säle. – Stelen, mit Hieroglyphen bedeckte Säulen aus der Stadt Xcalumkin, Fragmente von Bauten aus Chunhuhú. Die Eingangstür zum zweiten Saal ist mit Flachreliefs aus Xcalumkin geschmückt. L. Säule mit Skulpturen aus Bakná und drei Atlanten (Stützen eines Altars) aus Chunhuhú. Im dritten Saal, Sammlung von kleinen Figuren, Gegenständen aus Stein (vor allem aus Obsidian), aus Perlmutter usw. Gegenüber dem Eingang, kleine Statue von der Insel Jaina.

Am Ausgang des Museums wendet man sich nach r. in die Calle 8. Man kommt an der **Puerta de Mar** (Pl. B2), ein sich zum Meer hin öffnendes Stadttor mit einem Wachturm, und am **Edificio Poderes** (Pl. B2) oder Palacio de Gobierno vorbei, ein ultramodernes Gebäude, dessen zwei Fassaden mit Mosaiken bedeckt sind und das Sitz der Staatsverwaltung ist. Daneben liegt ein viereckiger Bau, dessen außergewöhnliche Architektur sofort ins Auge springt: das *Kongresshaus*, in dem die Abgeordneten des Staates Campeche zusammentreten.

Zwischen diesen beiden Gebäuden und dem Meer liegen mehrere sehr moderne Bauten, darunter vor allem ein wie ein Betonzelt wirkendes Gebäude, das als Versammlungs- und Theatersaal dient.

Der **Baluarte San Carlos** (Pl. A2) aus dem 16. Jh. beherbergt heute das Fremdenverkehrsamt und ein **Waffenmuseum** (*Öffnungszeiten:* tgl. außer So: 9–11 Uhr und 17–21.30 Uhr).

In der Nähe der Baluarte San Carlos liegt das **Instituto Campechano** (Pl. B2), das 1859 gegründet wurde.

Die **Puerta de Tierra** (Pl. B3), ein ehemaliges Stadttor, war durch die Bastion San Francisco befestigt.

Im W der Stadt liegt die **Kirche San Francisco** (Pl. D1), die zu einem 1546 gegründeten Kloster gehörte, das zerstört wurde. Auf dem Platz vor dieser Kirche soll der Seelsorger der Expedition des Francisco de Córdoba 1517 die erste christliche Messe auf amerikanischem Boden gelesen haben. Eine Säule, r. in der Ecke der Eingangshalle der Kirche, die von den Franziskanern errichtet wurde, erinnert an dieses Ereignis. Etwas weiter, an der Avenida de las Palmas, entlang der Küste, liegt der **Pozo de la Conquista**, der über eine Quelle erbaut wurde, an der Francisco de Córdoba 1517 angeblich seine Wasservorräte auffüllte.

Von Campeche aus können mehrere Ausflüge unternommen werden, deren interessantester zu den Ruinen der Mayastadt Edzná (s. Rte 32, km 45) führt. Ein Besuch der **Insel Jaina**, die nur wenige Kilometer vor der Küste, rd. 80 km im N von Campeche liegt, ist nur mit einer Sondergenehmigung erlaubt, die nur in seltenen Fällen gewährt wird. Hier konnten die Ruinen eines kleinen Maya-Dorfes freigelegt werden, dessen älteste ausgegrabene Stele das Datum 652 n. Chr. trägt. 1964 wurden auf der Insel äußerst wertvolle Opfergaben in Gräbern gefunden, vor allem kleine von Hand aus oder mittels Model geformte Figuren, Tonwaren, Miniaturgeschirr usw. Aus den Funden konnte man schließen, daß Jaina, zusammen mit Jonuta im Mündungsgebiet des Río Usumacinta, zu den bedeutendsten Zentren der Modellierkunst der Maya-Länder zählte.

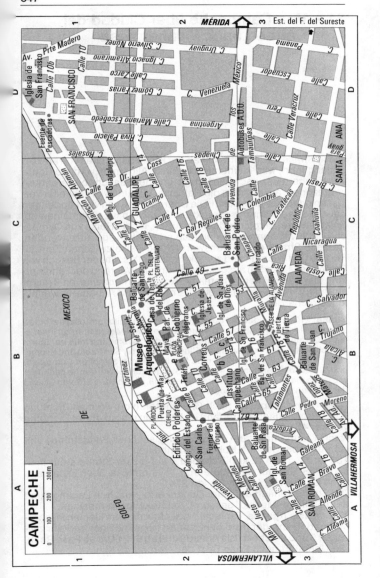

31 – Von Campeche über Ciudad del Carmen nach Villahermosa

Diese Straße, die unmittelbar an der Küste des Golfes von Mexiko entlang führt, wird kaum mehr benützt. Allgemein wird die Route von Villahermosa nach Escárcega (und der Besuch von Palenque) vorgezogen, auf der man die Halbinsel Yucatán viel schneller verlassen oder erreichen kann. Die Überquerung von vier Landengen oder Ríos auf Fähren schreckt die Touristen im allgemeinen ab. Sollte es Ihre Zeitplan jedoch erlauben, für die Reise von Campeche nach Villahermosa eineinhalb oder zwei Tage aufzuwenden, ist diese Straße empfehlenswert für die Reise zwischen Zentralmexiko und Yucatán und zurück; keinesfalls sollte der Besuch von Palenque (s. Rte 30) ausgelassen werden. Während der Fahrt entlang der Küste bieten herrliche Kokospalmenhaine an Traumstränden, vor allem zwischen Champotón und Aguada, abwechslungsreiche Bilder.

Straße: 210 km (Ciudad del Carmen) und 381 km (Villahermosa) auf guter, asphaltierter Straße mit der Überquerung von zwei Meerengen zur Insel Isla del Carmen – mit einer Unterbrechung der Verbindung muß bei Sturm gerechnet werden – und von zwei Ríos (San Pedro y San Pablo und Usumacinta). Bei normalem Verkehr muß für die Strecke zwischen Campeche und Ciudad del Carmen mit 4 bis 5 1/2 Std. gerechnet werden, je nachdem wie lange man auf die erste Fähre warten muß, und mit 4–5 Std. von Ciudad del Carmen nach Villahermosa.

Von Campeche nach Champotón (von wo man Richtung Isla Aguada weiterfährt) s. Rte 30 in umgekehrter Richtung von km 451 bis km 384.

Nach Champotón fährt man entlang schöner Sandstrände mit schattenspendenden Kokospalmenhainen.

132 km: L. nach (2 km) **Sabancuy**; auf dieser Straße stößt man auch (58 km) auf die Route von Villahermosa über Escárcega nach Campeche (s. Rte 30, km 274).

Die Straße verläuft auf einer Dünenkette zwischen Lagunen und dem Golf von Mexiko, gesäumt von Kokospalmenhainen.

173 km: Isla Aguada, Fährschiff zwischen diesem kleinen Fischerdorf und (5 km) der Insel del Carmen (regelmäßiger Verkehr zwischen 5 und 20 Uhr ab Isla Aguada und ab 6–21 Uhr ab Paso Real). Die Überfahrt nach **Paso Real** dauert rund 45 Min.

Campeche – La Selva

▶ 4 km in NW von Paso Real liegt die prähispanische Siedlung von **Pozas de Ventura**, bestehend aus einigen Plattformen und auf natürlichen Hügeln angelegten Plätzen. Eine weitere antike Stätte liegt bei **Los Guarixes**, an der O-Spitze der Insel, in der Nähe von Barra de Puerto Real; hier wurden kleine einzelstehende Hügel gefunden und kleine Sandpyramiden, die mit Stuckarbeiten verziert waren.

▶ **210 km: Ciudad del Carmen**, Fischerhafen (Riesengarnelen) 35.000 Ew., an der W-Spitze der Insel del Carmel gelegen, die von 1558–1717 unter dem Namen Isla de Tris bekannt war und gefürchteten Piraten als Schlupfwinkel diente. Vom 15.–31. Juli finden Festlichkeiten zum Gedenken an die Vertreibung der letzten Piraten am 16. Juli 1717 statt; seither ist die Virgen del Carmel die Schutzpatronin der Insel.

Die Insel del Carmel gehörte zur prähispanischen Provinz Acalan, an der Grenze von Anáhuac Xicalanco oder Nonoalco, deren Kaufleute praktisch ein Monopol im Handel zwischen dem Aztekenreich und Yucatán ausübten. Der Handel wurde mit Booten betrieben, die bis zu 60 Mann Besatzung aufnehmen konnten und erstreckte sich bis in das Gebiet von Panama.

Man verläßt die Isla del Carmel mit dem Fährschiff (Abfahrt alle 2 Std. von 6–20 Uhr; 7–19 Uhr in umgekehrter Richtung). Nach 30 Min. Überfahrt erreicht man **El Zacatal** auf der anderen Seite des Kanals, der die Laguna de Términos und den Golf von Mexiko miteinander verbindet.
216 km: Leuchtturm in der Nähe des Dorfes **Xicalango**, dessen Name an die gleichnamige Provinz erinnert, deren Bewohner die "Menschen des Kautschuks und des Salzwassers" (*Olmeca Uixtotin*) genannt wurden und zur Zeit der spanischen Eroberung zwischen den Azteken und den Mayas als Vermittler dienten.
278 km: Fähre über den Río San Pedro y San Pablo (rd. 15 Min. Überfahrt; regelmäßiger Fährbetrieb von 5–21 Uhr).
301 km: Frontera, 15.000 Ew., am r. Ufer des Río Usumacinta, der in prähispanischer Zeit große Bedeutung als Transportweg hatte. Sollte eine Übernachtung unbedingt nötig sein, so ist am ehesten das Hotel San Agustín zu empfehlen.
Im Hafen befindet sich die Anlegestelle des Fährschiffes über den Río Usumacinta, einen der schönsten Flüsse Mexikos, an dessen Ufern zahllose Wasserpflanzen wuchern (Dauer der Überfahrt: rd. 15 Min.; ununterbrochener Fährdienst von 5–21 Uhr).
Man durchquert eine weite Ebene, die aus den Ablagerungen des Río Grijalva entstanden ist und stellenweise noch Sumpflandschaft aufweist, die mit dichtem Urwald abwechselt. Die Einheimischen, Mestizen und Chontal-Indianer (Mayas), bedienen sich zur Fortbewegung hauptsächlich einsitziger Boote.
326 km: R. Abzweigung nach **El Paraiso** entlang der Küste und nach **Comalcalco** (s. Rte 29, km 435), von wo aus man zur (38 km) Straße Veracruz–Villahermosa gelangt.
361 km: L. Badeort (Strand in der Lagune) **La Selva** (Rest.).

(31) Campeche – Ciudad del Carmen – Villahermosa 650

378 km: An der Stadteinfahrt von Villahermosa, 200 m von den Ausgrabungen von La Venta (km 486) entfernt, Straße Veracruz-Villahermosa (s. Rte 29, km 486,2).
381 km: **Villahermosa** (s. Rte 29, km 489).

32 – Von Campeche über Uxmal nach Mérida

Die Reise von Campeche über Uxmal nach Mérida führt zu den bedeutendsten antiken Stätten Yucatáns, darunter die toten Städte von Edzná, Sayil, Labná, Kabah und Uxmal (die man unbedingt besichtigen sollte) sowie zahlreichen anderen mehr oder weniger interessanten, die den beiden Maya-Kulturkreisen Puuc und Chenes zuzuordnen sind und sich von allem in Palenque Gesehenen deutlich unterscheiden. Besucher dieser historischen Stätten werden immer wieder von der großen Vielfalt der Maya-Zivilisation überrascht. Im Vergleich mit dem Usumacinta-Becken mit den Städten Palenque und Yaxchilán oder dem Hochland von Chiapas weist Yucatán seine eigene Physiognomie auf. Bereits die Landschaft hier ist anders: keine dichten Wälder wie an den Ufern des Usumacinta oder im guatemaltekischen Petén oder auch im östl. Teil der Halbinsel Yucatán, sondern dichter, hoher Buschwald, der ebenfalls kaum zu durchdringen ist. Keine Flüsse und sehr wenige Erhebungen von geringer Höhe in weiten Ebenen. Die Mayas gründeten ihre Städte in der Nähe natürlicher Brunnen – Chenes genannt –, die sich durch den Einbruch der Kalkschicht, die das Land hier bedeckt, bilden und den Zugang zu unterirdischen Wasseradern ermöglichen. Auch die modernen Siedler mußten sich dieser Notwendigkeit beugen und Namen wie Hopelchén, Dzibalchén, Bolonchén („Neun Brunnen") usw. legen davon beredtes Zeugnis ab.

Die Bewohner dieser Dörfer weisen eine erstaunliche Ähnlichkeit mit den Darstellungen der Skulpturen von Palenque oder den in den Museen zu sehenden Statuen auf. Trotz der starken Rassenmischung weist die Bevölkerung von Yucatán noch immer einige der für die alten Mayas typischen somatischen Merkmale auf. Die Dörfer mit ihren Stroh- und Bambushütten, inmitten üppiger Obst- und Gemüsegärten, sind überaus malerisch, ebenso wie das unnachahmliche Schauspiel, das sich in den Straßen darbietet. Besonders auffallend ist hier die Kleidung der Frauen, die in ihren bestickten, vielfärbigen Gewändern und ihren Rebozos (Schals) den bekannten russischen Puppen ähnlich sind.

Straße: 175,5 km (Uxmal) und 254 km (Mérida) auf einer guten, meist ziemlich geraden Straße. Von Campeche nach Uxmal muß man ohne die zahl-

(32) Campeche – Uxmal – Mérida

reichen Aufenthalte rd. 2 Std 45 Min. rechnen und rd. 1 Std. von Uxmal nach Mérida. Es gibt auch eine neue, kürzere Verbindung (193 km) von Campeche nach Mérida (s. Rte 32 A), für die man weniger als 3 Std. benötigt, die jedoch nicht zu den archäologisch interessanten Fundstätten führt.

Ausfahrt aus Campeche Richtung Mérida (Pl. D2/3).
31 km: L. Straße über die Via Corta nach Mérida (s. u. Rte 32 A) und r. über Uxmal nach Mérida.

32 A – Von km 31 (Campeche) über die Via Corta nach Mérida (162 km auf einer guten Straße durch eine dürre Buschlandschaft, vorbei an einigen wenigen Dörfern, die früher an der Camino Real lagen). – **38/42 km**: L. **Pomuch**, ein Dorf, dessen Häuser teilweise mit Baumaterial aus der prähispanischen Siedlung **Xcochac**, 12 km östl. von hier, erbaut wurden.
45 km: L. nach (2 km) **Hecelchakán**, verschlafenes Dorf, das jedoch am Hauptplatz, l. neben der Pfarrkirche, über ein kleines **Museum** verfügt, in dem wenige, doch äußerst interessante kleine Statuen von der Insel Jaina zu sehen sind. In dem reizenden Innenhof des Hauses aus der Kolonialzeit sind Stelen, Säulen mit Skulpturen und Türstürze von den verschiedenen Fundstellen der Umgebung zu sehen. Zu sehen ist auch das Modell eines Maya-Dorfes der prähispanischen Zeit mit seinem Kultzentrum.

Zu den prähispanischen Stätten in der Umgebung von Hecelchakán zählen **Kocha**, 12 km westl., wo man Stelen mit Darstellungen von Maya-Priestern und Bauwerke mit Säulen gefunden hat, weiters **Xcalumkin** oder **Holactun**, rd. 20 km im O, Maya-Dorf aus dem 8. Jh. mit mehreren Bauten im Puuc-Stil, **Cumpich**, ebenfalls rd. 20 km im O mit einem Cenote oder natürlichen Brunnen, sowie Begräbnishügel und **Almuchil**, etwas südl. von Cumpich, ehemalige Maya-Siedlung mit Bauten im Puuc-Stil. Für diese Ausflüge ist es angezeigt, in Hecelchakán einen Führer und einen Jeep zu mieten.

48 km: **Hacienda de Blanca Flor**, Ruine, mit einer Kapelle aus dem 18. Jh. – **70 km**: L. **Calkini**, kleine Stadt mit 8.000 Ew. (Fest des Hl. Isidor im Mai), in der die Franziskaner eine Missionsstation errichteten, die 1555 oder 1561 in ein **Kloster** umgewandelt wurde und unter dem besonderen Schutz des Hl. Ludwig von Toulouse stand. Ruine der ehemaligen Kapelle und kleiner Kreuzgang aus dem 16. Jh. mit zweischiffiger Galerie, sowie ein weiterer, etwas größerer Kreuzgang aus dem 17. Jh. und ein Refektorium (17. Jh.) mit einem breiten Tonnengewölbe.
78,5/81 km: R. **Becal**, 5.000 Ew., Korbwaren (Huano) und Strohhüte. – **100,5 km**: R. **Maxcanu**, bemalte und gefärbte Tonwaren; die gebrannten Tonwaren werden mit einem Farbstoff gefärbt, der aus der Rinde hier wachsender Tropenbäume gewonnen wird.
105 km: Abzweigung r. nach (30 km) **Muna** (s. Rte 32, km 192). – **136 km**: Hacienda Poxila . – **146 km**: Uman, an der Straße von Campeche über Uxmal nach Mérida (s. Rte 32, km 238).
162 km: **Mérida** (s. Rte 33).

Campeche – Hopelchén

**Fortsetzung der Route 32. – 39 km: Tikimul.
45 km: Kreuzung.**

R. Abzweigung nach (18,5 km) **★★Edzná** oder **Etzná**, Ausgrabungen und Ruinen eines Kultzentrums der Maya des Gebietes der Chenes (von *Chen*, natürlicher Brunnen in der Maya-Sprache), dessen älteste Stele das Datum 672 n. Chr. aufweist (Stele Nr. 18).
Etzná (*„Haus der Grimassen"* oder *„der Gesichter"*) bestand aus mehreren Gebäudegruppen, von denen sich einige noch unter der dichten Urwaldvegetation befinden, und einem Kultzentrum rund um einem rechteckigen Hof (160 m l, 100 m b).
Der wichtigste Bau ist die **★★Pyramide** mit viereckigem Grundriß mit 60 m Seitenlänge. Sie besteht aus fünf stufenförmig übereinander liegenden Teilen. Auf der obersten Terrasse befindet sich ein Tempel. Das außergewöhnliche an dieser Pyramide sind die Gewölbegalerien in jedem Stockwerk. Die Pyramide stammt aus verschiedenen Bauperioden, wobei die ältesten Teile aus sorgfältig zurechtgehauenen Steinen bestehen und die jüngsten aus in eine Art Kalkmörtel getauchten Steinen.
Im NW dieser wichtigsten Gebäudegruppe hat man die Reste eines Ballspielplatzes gefunden.

88 km: Hopelchén, großes Dorf (Feste vom 6.–12. Dez. mit Tänzen, Stierkämpfen usw.); Kirche aus dem 16. Jh. mit Festungscharakter.

Eine Abzweigung r. vom Platz führt nach (41 km) **Dzibalchén**, ein kleines Dorf, in dessen unmittelbarer Nähe **San Pedro** mit den Ruinen eines Maya-Dorfes mit Bauten im Chenes-Stil liegt.

Entlang der Straße von Hopelchén nach Dzibalchén liegen noch weitere Maya-Ausgrabungen, darunter jene von **Dzehkabtun**, r., 7 km von Hopelchén entfernt und von **El Tabasqueño**, l. von der Straße, 6 km vor Dzibalchén.

In **Dzehkabtun** konnten mehrere Bauten im Puuc-Stil, die rund um Patios angelegt waren, ausgegraben werden.
Die Bauten von **El Tabasqueño**, die auf einem kleinen Hügel liegen, ähneln den Chenes-Bauten und vor allem den Bauten von Río Bec, obgleich sie über keine Seitentürme verfügen. Die Tür von einem der Gebäude von El Tabasqueno ist mit zwei serpentinenförmigen Motiven geschmückt.

Rund 15 km im SSW von Dzibalchén liegen die Ausgrabungen von **Hochob**, dessen Bauten im Chenes-Stil auf einem natürlichen Hügel, dessen Spitze zu einer Terrasse begradigt wurde, liegen. Die wichtigsten Gebäude liegen rund um einen 80 m langen und 40 m breiten Patio. An der N-Seite, neben einer ★ 6 m hohen Pyramide, liegt das am besten erhaltene Bauwerk: ein **★Tempel**, bestehend aus drei Kammern, der mittlere von einem First in Form eines Gitterwerkes überhöht war. Das Tor erinnert an eine stark stilisierte Maske. Die gesamte Fassade ist mit serpentinenförmigen Ornamenten bedeckt, die für die Chenes-Architektur charakteristisch sind.

Nach Dzibalchén führt die befahrbare Straße bis nach (19 km) **Iturbide**, ein Dorf im W von **Dzibilnocac** und eine der größten Fundstätten der Chenes-Zivilisation mit Bauten aus dem Ende der klassischen Epoche, darunter ein turmartiger Tempel, dessen Dekoration mit jener des Tempels von Hochob völlig identisch ist und auch das gleiche Tor, in Form eines gähnenden Rachens einer stilisierten Maske, aufweist.

25 km im NW von Iturbide liegt die Ruinenstätte von **Santa Rosa Xtampak**, eines Maya-Dorfes aus dem 8. Jh. (klassische Epoche). Unter den Funden sind vor allem einige Stelen erwähnenswert, darunter eine (Nr. 5) mit dem Datum 9.15.19.0.0., was dem Jahr 750 n. Chr. entspricht.

119 km: 1 km l. liegen die ★ **Höhlen von Xtacumbilxuna** mit mehreren *Cenotes* (od. *Chenes*), unterirdischen Wasserflächen, die man über eine Wendeltreppe erreicht.
122 km: **Bolonchén de Rejón** (*Bolonchén* = „Neun Chenes", d. h. Neun Brunnen, die auf dem Hauptplatz sichtbar sind).
125 km: Kreuzung.

Auf der Weiterfahrt passiert man die Ruinenstätte von **Kichmool**, wo noch keine Ausgrabungen vorgenommen wurden; die Gebäuderuinen sind mit Friesen mit vertikal angeordneten Motiven und mit Masken über den Toren versehen. Man gelangt schließlich zu der r. von der Straße gelegenen archäologischen **Ausgrabungsstätte von Itzimté**, die erst vor kurzem erforscht wurde. Fast alle hier freigelegten Bauten sind im Puuc-Stil errichtet, woraus man ableitet, daß diese Siedlung die südl. Begrenzung der Puuc-Zone war. Die Puuc-Architektur weist sich durch eine größere Zurückhaltung beim Fassadenschmuck aus als der Chenes-Stil und verwendet vorwiegend geometrische Motive.

146 km: Ein Bogen im Kolonialstil (19. Jh.) überspannt die Straße an der Grenze der Staaten Campeche und Yucatán.

Im SO der Grenzlinie zwischen den beiden Staaten, rd. 20 km von der Straße entfernt (zur Besichtigung müssen ein Jeep und ein Führer gemietet werden) liegt die Ruinenstätte von **Chacmultún**, die durch eine Schlucht zwischen zwei Hügelketten in zwei Teile geteilt wird. Auf dem im NW gelegenen Hügel mit dem Namen Chacmultún erhoben sich drei Gebäude, deren am besten erhaltenes eine für den Puuc-Stil typische Fassade mit einem breiten Fries aus Halbsäulen zwischen zwei Gesimsen aufweist. Auf der der Schlucht am nächsten liegenden Ruine sind Reste von Wandmalereien zu sehen.
Auf der anderen Seite der Schlucht liegen zwei weitere Ruinengruppen auf den Hügeln **Xeth Pool** und **Cabal Pak**.

148,5 km: R. führt ein Weg zu mehreren Ruinenstätten (s. u. Rte 32 B), die zwar sehr interessant, jedoch nur mit Jeeps zu erreichen sind (der Weg ist für Pkw's vor allem nach Regen so gut wie unbefahrbar). Da sich der Staat Yucatán sehr bemüht, sein kulturelles Erbe zu pflegen, ist eine Verbesserung der Lage in naher Zukunft nicht auszuschließen. Erkundigungen in Uxmal einholen.

32 B – Von km 148,5 (Kabah) nach Sayil, Xlapak und Labná (5 km, 13 km und 17 km durch dichten Buschwald. Für die Miete eines Jeeps, s. Praktische Hinweise von Uxmal). – 5 km: ★ **Ruinenstätte von Sayil**; bemerkenswert restaurierter ★★ **Palast**. Die Fassade des riesigen Baues ist rund 85 m breit und besteht aus drei stufenförmig übereinander liegenden Geschossen.

Der oberste Teil des Gebäudes war über eine breite Treppe an der S-Seite, mit Blick auf die Straße nach Labná, zugänglich.

R. zweigt ein Weg von der Straße nach Labná, fast genau gegenüber der Palasttreppe, zu dem rd. 400 m entfernt liegenden Tempel El Mirador ab.

L. vom Tempel führt ein Weg zu einem phallischen Symbol (rd. 100 m), einer stark beschädigten Skulptur. Auf dem Rückweg zum Palast sieht man 30 m von El Mirador entfernt einen Weg nach r., der zu einer stark beschädigten Stele führt (500 m).

13 km: R. vom Weg, versteckt unter der Vegetation, liegt die Ruinenstätte von **Xlapak**.
Der bedeutendste der sehr stark verfallenen Bauten ist ein **Palast** mit einer 20 m breiten Fassade, der aus zwei verschiedenen Epochen stammt. In der Dekoration dominiert der Regengott Chac.

17 km: * **Labná** in der Nähe des Dorfes Xul (s. Rte 32 C, km 39,5), eine teilweise von dichtem Buschwald bedeckte Ruinenstätte; freigelegt wurden zwei Gruppen von Gebäuderuinen, die miteinander durch eine gepflasterte Straße verbunden sind. Man beginnt die Besichtigung mit der S-Gruppe, die von einer hohen Pyramide mit einem Tempel dominiert wird. Sehenswert ist der sogenannte * **Bogen von Labná**, der ursprünglich zu einem Gebäude gehörte, das die beiden quadratischen Höfe trennte. Der Bogen besteht aus zwei Flügeln, die miteinander durch einen sehr hohen Bogen, der durch Mauervorsprünge gebildet wird, verbunden sind.

Ein **El Mirador** genannter Tempel mit pyramidenförmiger Grundmauer wurde erst kürzlich restauriert und ist über eine S-Treppe zu erreichen. Er war ursprünglich auf dieser Seite mit einem gitterförmigen First versehen.

Die N-Gruppe wird * **El Palacio** genannt und besteht aus einem umfangreichen Gebäudekomplex mit drei Höfen, die sich nach S hin öffnen. Interessante Säulenfriese, stilisierte Masken, serpentinenförmige Motive. An der W-Ecke, auf dem Fries, ein weit aufgerissenes Schlangenmaul mit einem Menschenkopf zwischen den Kiefern.

☛ **Fortsetzung der Rte 32.** – **153,5 km:** Die Straße führt durch die * * **Ruinenstätte von Kabah**, die fast einen Kilometer lang von O nach W verläuft (*Öffnungszeiten:* 6–18 Uhr).

R. liegt die eindrucksvolle Fassade des Gebäudes * * **Codz Poop** („Eingerollter Zopf"), die mit unzähligen stilisierten Masken geschmückt ist (rund 300). Der Codz Poop liegt auf einer Terrasse und ist im unteren Teil mit einer Reihe von Masken verziert, ein für die Puuc-Architektur ungewöhnliches Stilelement. Vom Boden bis zum ersten Gesimse liegen, über einer Zierreihe, drei Reihen von Masken. Darüber ist wieder eine Reihe mit vorspringenden geometrischen Ziermotiven zu sehen, die wiederum von drei weiteren Reihen mit Masken abgelöst wird. Den Abschluß bildet neuerlich eine Reihe mit Ziermotiven. Der Gesamtanblick ist von außerordentlicher

(32) Campeche – Uxmal – Mérida

Wirkung, und diese Fassade gehört zu den schönsten Beispielen der Maya-Architektur, die bisher bekannt sind.
Im Inneren weist dieser Bau zwei parallel verlaufende Reihen mit fünf Räumen auf, die mit Scheingewölben überdeckt sind und sich auf zwei verschiedenen Ebenen befinden. Über der Mittelmauer erhebt sich ein gitterförmiger First von fast 3 m Höhe mit rechteckigen Öffnungen. Vor einer Tür, die zwei Räume der ersten und zweiten Galerie miteinander verbindet, befindet sich ein Absatz in der Form eines eingerollten Rüssels, den man mit einem eingerollten Teppich vergleichen könnte und von dem das Gebäude den Namen Codz Poop erhielt.

Etwas weiter von hier liegt das **Teocalli con Edificio encima** (eine Kultstätte mit einem Gebäude), ein zweistöckiger Bau, dessen Erdgeschoß bereits sehr verfallen ist.

Rd. 500 m im NO liegt **Tercera Casa**, ein nur karg geschmückter Bau mit einer Galerie und fünf Gewölben.

Auf der anderen Straßenseite ist der **Gran Teocalli**, die große Opferstätte, ein zylindrisch-konischer Hügel, zu sehen.

Auf derselben Straßenseite, nur etwas mehr im W (1 km), liegen weitere Ruinen rund um einen Hof (**Cuadrángulo del Oeste**) mit Säulenfriesen und stilisierten Masken verziert.

Nicht weit von hier, im N liegen der **Tempel der Griechen**, mit griechischer Dekoration, und der **Tempel der Türstürze**, in dem mehrere Türstürze aus dem Holz des Breiapfelbaumes mit Schnitzereien erhalten sind; im Inneren, Spuren von mit roter Farbe gemalten Händen.

163 km: Santa Elena.

Ein Weg zweigt l. gegenüber dem Friedhof Santa Elena zur (2 km) **Ruinenstätte von Mul-Chic** ab, einem kleinen Kultzentrum, in dem man Spuren von **Wandmalereien** entdeckt hat, die eine Prozession von Priestern und Kampfszenen, sowie das Massaker von Gefangenen darstellen; die Malereien stammen möglicherweise aus dem 7. Jh. Dieser Bau wurde später mit einem fünfgeschossigen Gebäude überbaut. Um dem Oberbau die nötige Stütze zu geben, wurde der Tempel mit den Malereien mit Aufschüttmaterial angefüllt, nachdem man das Dach entfernt hatte.

175,5 km: L. 500 m zum Eingang der ★★★ **Ruinenstätte von Uxmal** mit einigen der bedeutendsten Bauten der Puuc-Architektur, die eine besonders reiche Dekoration aufweisen und oft mit Friesen aus geometrischen Motiven oder solchen in Form von „Jalousien" und stilisierten Masken abgeschlossen sind.
Die Architekten und Bauherren von Uxmal gestalteten das Kult- und zweifellos auch Verwaltungszentrum ihrer Hauptstadt mit prachtvollen Bauten im traditionellen Maya-Stil aus, der über die Region der Chenes aus Petén in Guatemala herkam. In der Mosaikkunst erreichten die Künstler von Uxmal eine seltene Vollkommenheit, was umso bemerkenswerter ist, als die Motive sehr unterschiedlich und vielfältig waren. Zahlreiche Gebäude waren mit Mosaiken bedeckt.
Die Ruinen von Uxmal liegen in einem breiten Tal, das von einer

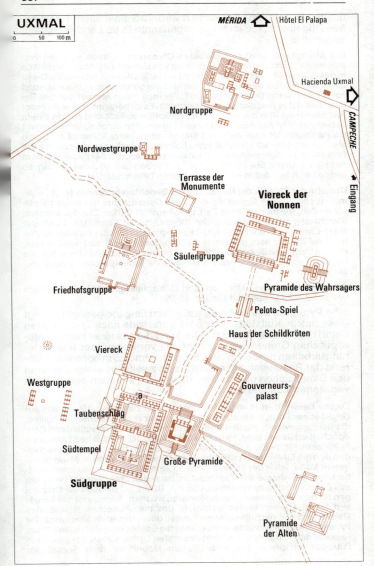

dichten Vegetation überwuchert wird, im S einer kaum 100 m hohen Hügelkette, die im N das sogenannte Puuc-Land (Bergland) begrenzte.

Die Atomphysik korrigiert die alten Chroniken. – Nach jüngsten Forschungsergebnissen fällt die Gründung von Uxmal („Drei Mal") vermutlich in das 6. Jh. n. Chr. und seine Blütezeit in die Spätklassik (600–900). Diese neue Chronologie wird durch Auswertung der gefundenen Keramiken und noch mehr durch Daten unterstützt, die man durch Messungen der Radiokohlenstoffs erzielte. Es ist bekannt, daß sich dieser Radiokohlenstoff in der Atmosphäre radioaktiv auflädt, und zwar in einem berechenbaren Ausmaß. Wird er von Lebewesen aufgenommen, nimmt die Radioaktivität nach dem Tod dieses Lebewesens konstant ab. Durch Messungen der Radioaktivität eines hölzernen Türsturzes im Tempel 1 der Pyramide des Wahrsagers konnte man feststellen, daß der Baum, von dem das Holz stammt, 569 n. Chr. aufhörte zu leben (auf 50 Jahre genau). Es handelt sich in diesem Fall um das älteste bestimmte Datum.

Uxmal in der Chronik der Mayas und der Berichterstatter des 16. Jh. – Uxmal ist somit keine Gründung der Xiúes-Dynastie aus der maya-toltekischen Zeit, wie man es lange Zeit, allerdings mit starken Zweifel, annahm. Gleichzeitig ist der Ursprung der Xiúes-Dynastie umstritten. Nach der Maya-Chronik aus der Kolonialzeit soll Uxmal von einem gewissen *Ah Zuitok Tulul Xiú* aus dem mexikanischen Hochland gegründet worden sein, dessen Vorfahren über denselben Weg hierhergekommen sein sollen wie Kukulkán und die Itzaes. Andere Maya-Texte widersprechen jedoch dieser Version.

Öffnungszeiten: 6–17 Uhr; Ton- und Lichtspiele um 19 Uhr in Spanisch und um 21 Uhr in Englisch (Dauer: 45 Min.).

★ ★ ★ **Pyramide des Wahrsagers.** – Dem Eingang gegenüber liegt diese riesige Kultstätte, deren Hauptfassade nach W weist (man betritt die Ruinenstätte von O her) und die aus einer hohen, halbeliptischen Grundmauer besteht, die vor Beginn der Restaurierungsarbeiten rund 85 m lang, 50 m breit und 35 m hoch war. Während der Restaurierungsarbeiten sind zweifelos einige Fehler in den Dimensionen unterlaufen, da der Bau in einem bereits stark verfallenen Zustand war.

Dieses Bauwerk ist in mehr als einer Hinsicht interessant: erstens auf Grund seiner Form, mehr aber noch wegen der verschiedenen Techniken, die hier angewandt wurden und von denen man auf verschiedene Bauepochen schließen kann, zwischen dem 6. und 10. Jh., das heißt zwischen Spätklassik (600–900 n. Chr.) und Postklassik. In dieser Pyramide verbinden sich die Einflüsse der Stilrichtungen Puuc, Chenes und, in etwas geringerem Maße, jener der Tolteken (nur im Tempel, der den Bau krönt sichtbar), sowie Einflüsse aus Teotihuacán, nach den drei Regengottmasken aus Zentralmexiko zu schließen, und aus Tláloc, auf die man bei Grabungen an den Grundmauern gestoßen war, wo man Jahressymbole freigelegt hat, die jenen in der Metropole des mexikanischen Hochlandes ähnlich sind. Ein (unzugänglicher) Tunnel, der in das erste Stockwerk der Pyramide gegraben wurde, ermöglichte die Entdeckung der rückwärtigen Fassade des Tempels 1, das heißt des ersten Opferraumes, der ganz dem Puuc-Stil entsprach, mit einer glatten Mauer auf dem Sockel der

Grundmauer, einem mit Flachreliefs verzierten Gesims und einem Säulenfries, Masken des Gottes Chac usw. Zu diesem Bauwerk gehört auch der hölzerne Türsturz (etwa 569 n. Chr., auf 50 Jahre genau).

Auf der rückwärtigen Fassade der Pyramide (O) führt eine schmale Treppe mit sehr hohen Stufen (eine Kette gibt beim Aufsteigen Halt) ohne Seitengeländer direkt zu der am höchsten Punkt der Pyramide gelegenen Terrasse mit dem Tempel.

Die Besteigung der **Hauptfassade** (im W) ist weniger eindrucksvoll, da hier ein Zwischenabsatz eingebaut ist (auch hier bietet eine Kette Sicherheit); eine rekonstruierte Treppe führt zu dem schmalen Treppenabsatz am Fuße des Oberteiles der Pyramide. Genau gegenüber der ersten Stufen liegt der Eingang zu einem Gebäude, dem sogenannten **Chenes-Gebäude** (früher Tempel IV), das an den zweiten Stock des Pyramidensockels angebaut ist. Im Inneren befinden sich zwei Räume, die man durch eine Tür betritt, die sich im gähnenden Mund einer Maske des Gottes Chac befindet, dessen Zähne rund um den Türsturz zu sehen sind. Die übrige Fassade ist mit zahlreichen kleineren Masken verziert. Zu beiden Seiten des Chenes-Gebäudes führen Treppen zur obersten Terrasse der Pyramide und zum Tempel.

★★★ **Viereck der Nonnen** (Pl. *Cuadrángulo de las Monjas*). – Von der Pyramide des Wahrsagers begibt man sich in den Hof dieses weitläufigen, restaurierten Baues. Er besteht aus einem viereckigen Mittelhof von 65 × 45 m, der von vier Gebäuden umgeben ist. Jenes im N (r. wenn man den Hof von der der Pyramide des Wahrsagers am nächsten gelegenen Ecke betritt) kann man über eine breite Treppe zwischen zwei Säulengängen betreten.

Der S-Bau (l.) besteht aus zwei aufeinanderfolgenden Reihen von Räumen, die durch eine querlaufende Gewölbepassage getrennt sind und dadurch nach außen mit dem Hof verbunden sind, wodurch sich der Eindruck einer monumentalen Eingangshalle ergibt. Auffallend unter den Fassadendekorationen sind Darstellungen von Maya-Hütten mit Palmendächern, auf denen als Abschluß Masken zu sehen sind.

Über dem Hauptor des **W-Baues** bemerkt man auf der Hofseite einen Thron; die darauf sitzende Gestalt ist verschwunden. Auch über den beiden Seiteneingängen befanden sich etwas kleinere Throne, ebenfalls mit sitzenden Gestalten. Das Gebäudefries ist mit übereinandergelagerten Masken, die besonders fein gearbeitet wurden, verziert; auch hier finden sich wieder die Darstellungen der Maya-Strohhütten.

Der N-Bau ist mit seiner erhöhten Lage und durch die Fassadenornamente für die Puuc-Architektur charakteristisch und auch der bedeutendste der vier Bauten. Er wurde als erster entdeckt und das mittels Radiokohlenstoffanalyse bestimmte Datum eines hölzernen Türstockes ergab das Jahr 893 (± 100). Ein auf einem anderen Holzfragment bestimmtes Datum ergab das Jahr 653. Unter den Motiven der Verzierungen finden sich wieder die bereits erwähnten Darstellungen von Maya-Hütten, aber auch menschliche Gestalten, Vögel, Affen, Schlangen, Chac-Masken und geometrische Motive.

Der O-Bau weist ebenfalls interessante Verzierungen auf. Neben den bereits erwähnten Motiven sind hier auch Schlangenköpfe und Eulenmasken zu sehen.

(32) Campeche – Uxmal – Mérida

Ballspielplatz. – Man verläßt den Hof durch das große Gewölbetor und gelangt auf eine Terrasse, von der eine nicht mehr erhaltene Treppe in der Breite des gesamten S-Flügels ganz hinunter führte. Rund 60 m weit entfernt liegen die Ruinen eines kleinen Ballspielplatzes, dessen Spielfläche 34 x 10 m betrug.

* Haus der Schildkröten (*Casa de las Tortugas*). – Über eine ziemlich steile Böschung erreicht man eine große Terrasse mit weiteren Gebäuden. Man beginnt die Besichtigung dieses Teiles der Ausgrabungen am besten mit dem Haus der Schildkröten, dessen N-Fassade, zwischen zwei vorspringenden Zierreihen, mit kleinen Säulchen und auf dem oberen Gesimse mit stilisierten Darstellungen von Schildkröten verziert ist.

** Palast des Gouverneurs (*Palacio del Gobernador*). – Hinter dem Haus der Schildkröten überquert man eine sehr breite Esplanade, die auf einem 12 m hohen Mauersockel angelegt wurde. Im westl. Teil der Terrasse liegt der Palast des Gouverneurs, der auf einem zweistöckigen Mauersockel mit abgeschrägten Wänden errichtet wurde. Er mißt an der Basis 122 m x 27 m und ist 7,80 m hoch.

Dieser Bau gilt als das bedeutendste Beispiel der Puuc-Architektur: er besteht aus drei Teilen, die durch zwei Gewölbepassagen getrennt werden, die eine Verbindung zwischen den beiden Terrassen vor und hinter dem Gebäude herstellen. Der Palast war vermutlich der Sitz der Verwaltung des Xiúes-Reiches.

Im oberen Teil der Fassade ist ein schönes, breites Fries aus Steinmosaik zu sehen. Über dem Haupttor des Mittelflügels des Palastes ist wieder das bereits aus dem Viereck der Nonnen bekannte Motiv zu sehen: eine menschliche Gestalt mit einem riesigen Kopfschmuck aus Federn auf einem Thron. Unter den weiteren Motiven sind vor allem die bereits bekannten Maya-Hütten, Schlangen (hier in schlängelnder Bewegung dargestellt), Masken und geometrische Motive zu erwähnen.

Am Fuße der Palastterrasse, an der W-Seite, befindet sich ein Gebäude im Chenes-Stil, mit modelliertem Stuck verziert.

* Große Pyramide. – Die N-Fassade dieser Pyramide wurde 1972/73 restauriert. Eine Monumentaltreppe führt zum eigentlichen Tempel am höchsten Punkt der neunstufigen Pyramide (Gesamthöhe 30 m).

Die Fassade des Tempels ist mit fliegenden **Aras** (*Guacamayos*), Symbolen des Feuers und möglicherweise der Sonne und mit **Masken** des Gottes Chac verziert; aus einer dieser Masken, an der r. Ecke, ragt aus dem weitaufgerissenen Mund ein Menschenkopf oder möglicherweise auch der Kopf einer Gottheit. Der Eingang zum Mittelraum befindet sich in einer **riesigen Maske** von 3,20 m Breite und 1,96 m Höhe; hier entdeckte man ein Grab und einige Opfergaben.

Von der kleinen Terrasse vor dem Tempel genießt man einen herrlichen Blick auf die gesamte Ruinenstätte und vor allem die Pyramide des Wahrsagers, die bei Sonnenuntergang in einem unbeschreiblich schönen Lichteffekt erscheint.

L. liegt der **Taubenschlag** (*El Palomar*), Gebäude mit einem gitterförmigen Steinaufbau, wodurch sich eine Ähnlichkeit mit einem Taubenschlag ergibt. Dieser Aufbau ist in seiner Art einzigartig im W Yucatáns und ein völlig stilfremdes Element in der Puuc-Architektur.

Im S des Palomar liegt ein weiteres Viereck, die **Südgruppe**, mit einem Haupthof, um den mehrere Ruinen freigelegt wurden; ungefähr in seiner Mitte sind die Ruinen des S-Tempels (*Templo Sur*) zu sehen.

Weitere weniger bedeutende Ruinen sind der **Tempel des Friedhofs**, l. vom Viereck der Nonnen, die **Säulengruppe** zwischen dem Tempel des Friedhofs und dem Viereck der Nonnen und dahinter die **Ruinen der N-Gruppe** (*Grupo Norte*), sowie die **Pyrámide de la Vieja** (*Pyramide der Alten*), wahrscheinlich eines der ältesten Bauwerke von Uxmal.

Im SO der Ruinenstätte sind die Überreste eines großen Bassins (**Aguada**) zu sehen, in dem das Regenwasser aufgefangen wurde; es ist die einzige Wasserversorgungsquelle von Uxmal, wo es keine natürlichen Brunnen gab. Uxmal verfügte über mehrere solcher Wasserbecken.

Auf dem Rückweg zum Eingang der Ruinenstätte kommt man an der anderen Seite des Palastes des Gouverneurs vorbei und kann von hier die **Hauptfassade** mit etwas Abstand betrachten, wodurch sich die **nüchterne Schönheit** ihrer Linienführung voll entfalten kann. Auf einer kleinen Plattform mit vier Stufen, Skulpuren mit dem vorderen Körperteil wilder Tiere.

Fortsetzung der Rte 23. – **190** km: Man überquert hier die Hügelkette, die die Puuc-Region im N begrenzt; von hier fällt der Blick auf die weite Ebene im N Yucatáns.

192 km: Muna; r. Straße nach Chetumal (s. Rte 32 C) und l. nach (17 km) Opichén und (30 km) zur Straße Campeche-Mérida (Via Corta; s. Rte 32A, km 105).

Opichén liegt ganz in der Nähe der Ruinenstätte von **Oxkintok**, wo man die älteste bekannte Maya-Inschrift (475 n. Chr.) im nördl. Yucatán gefunden hat. Dieses Gebiet wurde wahrscheinlich von Einwanderern aus Petén und vielleicht auch aus dem Tal des Rio Usumacinta im 5. Jh. n. Chr. kolonisiert.

32 C – Von Muna nach Felipe Carrillo Puerto (222 km auf gut asphaltierter Straße).

Nachdem man rund 50 km durch ein dicht besiedeltes Land mit sanfter Tropenlandschaft gefahren ist, in der sich Strohhüttendörfer mit Obstplantagen abwechselten, beginnt sich das Landschaftsbild unvermittelt zu ändern: weite Wälder und verlassene Landstriche, die sichtlich langsam wieder besiedelt werden. Dieses Gebiet wurde in der Folge des sogenannten Kastenkrieges in der zweiten Hälfte des 19. Jh. verlassen, in dem sich die Mayas ein letztes Mal vergeblich gegen die von der politischen Führung in México angeordneten Föderalisierung auflehnten.

22 km: Ticul, 15.000 Ew., kleine Stadt mit andalusischen Häusern (Festtag am 3. April; Volkstänze, Corridas usw.); das Dorf ist für seine bemalten Tonwaren, schönen Strohhüte und Handstickereien bekannt.

(32) Campeche – Uxmal – Mérida

39 km: Oxkutzcab, 8.000 Ew., (10.–16. Aug. Messe, Volkstanzvorführungen).

➤ 7 km r., Richtung Xul, liegen die * **Höhlen von Loltún** (Besichtigung möglich); außer interessanten Steinbildungen auch **Reliefs** (Krieger, späte Vorklassik?; 1200–600 v. Chr.), **Malereien**, die jedoch in den meisten Fällen nur mehr schwach sichtbar sind (Handabdrücke, Tiere, Personen mit Maya-Profil, geometrische Motive usw.) und **Wandinschriften**.

➤ L. nach (10 km) **Mani**, ein Maya-Dorf mit 2.000 Ew., das nach der Zerstörung von Mayapán 1441 zur Hauptstadt des Xiúes-Reiches wurde und in dieser Funktion Uxmal ablöste. Die Franzisikaner errichteten hier eines der größten **Klöster** von Yucatán. Mit dem Bau wurde vermutlich 1548 begonnen. Neben der Kirche (Atriumkreuz aus dem 16. Jh.) liegt eine offene Kapelle, die von einem Gewölbe von mehr als 8 m Spannweite überdacht wird und die direkt an das noch gut erhaltene Klostergebäude angebaut wurde. 1562 ließ Diego de Landa, der zweite Bischof von Yucatán, hier öffentlich eine Reihe von historischen Dokumenten in Hieroglyphenschrift verbrennen. Die *Chronik von Mani*, eines der fünf Bücher von Chilam Balam („Jaguarpriester"), war in der Maya-Sprache abgefaßt, jedoch in lateinischen Buchstaben, und wurde im 16. Jh. von ehemaligen Kultpriestern verfaßt.
In Mani ist auch noch die Residenz von Francisco de Montejo Xiú zu sehen, die in der Mitte des 16. Jh. für Ah Kukum Xiú errichtet wurde, der den Spanier in ihrem Lager in Tihó (Mérida) besuchte und sich zum Christentum bekehrte.

Nach Mani führt die Straße bis (22 km) **Teabo** und (27 km) **Chumayel**, wo Chilam Balam drei seiner fünf Bücher schrieb. Von diesen beiden Dörfern führt eine schlechte Landstraße nach (11 km) **Mayapán**, einem Dorf in unmittelbarer Nähe der **Ausgrabungen**: auf einer Fläche von rd. 4 km², die größtenteils von einer Mauer umgeben ist, fand man Reste von mehr als 3.500 Gebäuden und 20 *Cenotes* (Brunnen).

Ungefähr in der Mitte der Anlage befanden sich zwei Kultzentren. Den Überlieferungen der Mayas zufolge wurde diese Stadt 1007, nach der Eroberung von N-Yucatán, vom König von Tula, Kukulkán (das ist der Maya-Name für Quetzalcóatl) gegründet. Die von ihm begründete Dynastie der Cocomes beherrschte neben Mayapán die Städte Chichén Itzá und Uxmal, die sich in einer Union zusammenschlossen. Diese Union zerfiel 1194 nach Auseinandersetzungen zwischen den Städten und von diesem Zeitpunkt an beherrschten die Cocomes ganz N-Yucatán, wobei sie die Stammesfürsten der Mayas zwangen, in Mayapán zu leben, darunter auch die Xiús-Prinzen aus Uxmal. 1441 kam es zu einer Erhebung der unterdrückten Städte unter der Führung von Ah Xupán aus Uxmal, in deren Verlauf die Stadt Mayapán eingenommen und die Familie der Cocomes getötet wurde.

Von den bereits ziemlich verfallenen Bauwerken von Mayapán, die außerdem von einer üppigen Vegetation weitgehend überwuchert werden, sind vor allem der **Kukulkán-Tempel** und der **Caracol**, ein Tempel mit kreisrundem Grundriß, zu erwähnen. In Mayapán gab es nur wenige große Tempel, dafür war so gut wie jedes Privathaus mit einer Hauskapelle ausgestattet. In manchen dieser Kapellen bewahrte man Harzmasken und die Totenköpfe der verstorbenen Prinzen der Cocomes-Aristokratie auf. In einer

Grabhöhle fand man die Reste von zwei Prinzen und die Skelette von 41 Personen, die geopfert wurden, um die beiden Prinzen ins Jenseits zu begleiten.

☞ 39,5 km: Asphaltierte Straße r. nach (26 km) **Xul**, in der Nähe der Ausgrabungen von Labná (s. Rte 32 B, km 17).
82 km: Kreuzung.

► Die Straße nach **Becanchén**, r., führt nach 25 km bei der **Rancho de San Pablo** vorbei, in deren unmittelbarer Nähe, 2,5 km nördl., archäologische Ausgrabungen unter einer dichten Vegetation verborgen liegen. Man fand hier die Überreste eines Kultzentrums der Maya, sowie jene von Behausungen, in denen sich die Stile Puuc und Chenes vereinten.

☞ 87 km: **Tzucacab**; an der Ortsausfahrt l. Straße nach (16 km) Peto.

► **Peto**, Stadt mit 10.000 Ew., die vor allem häufig von den Chicleros besucht wird, jenen Männern, die in den umliegenden Wäldern jene Gummiart gewinnen, die für die Erzeugung von Kaugummi benötigt wird. Turbulente Festtage vom 26.–31. Dez.

☞ 111,5 km: **Santa Rosa**; auch von hier Straße (l.) nach (21 km) Peto. – 121 km: Grenzkontrollposten (für den Verkehr in die andere Richtung); etwas weiter, r., ein kleines, nettes Café (*Coctelería Hawai*) mit frischen Getränken.
164,5 km: Kreuzung.

► Straße r. nach (78 km) **Valle Hermoso**, die auf die Straße (103 km) **Cancún-Chetumal** stößt (s. Rte 35, km 313). Die Fahrt führt über (32 km) **Tampak**, unweit einer Maya-Siedlung, mit mehreren Bauten aus der Spätklassik und der Nachklassik, allerdings unter dichter Vegetation.

☞ 182 km: Kreuzung.

► R. 12 km zur **Laguna Kana**, einer Lagune in unmittelbarer Nähe archäologischer Ausgrabungen aus der Maya-Zeit (**Kana**), am N-Ufer, mit einem Kultzentrum, in dem man Reste von Tempeln aus der Spät- und Nachklassik, sowie ein Observatorium gefunden hat. Die unter einer üppigen Vegetation versteckte Ruinenstätte wurde noch nicht ausgewertet.

☞ 222 km: **Felipe Carrillo Puerto**, an der Straße Cancún-Chetumal (s. Rte 35, km 236), von wo man ebenfalls nach (150 km) **Valladolid** (s. Rte 34, km 164) gelangen kann.

► **Fortsetzung der Rte 32.** – 222 km: **Hacienda Yaxcopoil**, l.; Sisalverwertung für die Herstellung von Textilfasern (Besichtigung möglich).
238 km: Uman, von wo l. die Via Corta nach Campeche abzweigt (s. Rte 32 A, in umgekehrter Richtung ab km 146).
249 km: Flughafen von Mérida (r.). Nicht weit davon, Stadteinfahrt auf der Avenida de los Itzaes, von der r. die Calle 59 zum Stadtzentrum führt.
254 km: Mérida (s. Rte 33).

33 – Mérida und Umgebung

Hauptstadt des Staates Yucatán (38.508 km^2, 922.000 Ew.), 285.000 Ew. (8 m), Universitätsstadt, Erzbistum. In der Ebene im nördl. Teil der Halbinsel Yucatán, an der Stelle der ehemaligen Maya-Stadt Tihó gelegen, wird Mérida oft als *Ciudad Blanca (Weiße Stadt)* bezeichnet. Im milden Klima dieser Region gedeiht eine prachtvolle Vegetation, die Mérida, zusammen mit den Reizen einer ehemaligen Provinzstadt der Kolonialzeit, eine angenehme Atmosphäre verleiht. Erst der kürzlich erfolgte Bau der Straße von Villahermosa über Escárcega nach Campeche hat Yucatán aus seinem Dornröschenschlaf erlöst, in den es, vorher nur von einer veralteten Eisenbahnlinie, einigen Fluglinien und der Küstenstraße über Ciudad del Carmen erschlossen, versunken war, wobei die Befahrung letzterer vom Verkehr der Fähren, die bei Sturm stillgelegt wurden, abhängig war. Die Entwicklung der letzten Jahre ging auch an der Stadt nicht spurlos vorbei.

Geschichte. – Mérida wurde am 6. Januar 1542 (nach dem julianischen Kalender) von Francisco de Montejo, genannt Mozo (um ihn von seinem Vater Adelantado zu unterscheiden), gegründet, der zweimal ohne Erfolg versucht hatte, Yucatán zu erobern. Die Stadt wurde an der Stelle der alten Maya-Stadt *Tihó* errichtet. Sie erhielt ihren Namen nach der gleichnamigen spanischen Stadt, da die Bauten, die die Eroberer hier vorfanden, jenen sehr ähnlich waren, die die Römer in der ehemaligen Hauptstadt Lusitaniens errichtet hatten. 1542 bot der mächtigste Stammesfürst N-Yucatáns, Ah Kukum Tutul Xiú den Spaniern ein Bündnis an und ließ sich zwei Monate später taufen. Die Pyramiden des alten Tihó wurden abgetragen und als Baumaterial für die ersten Bauten der neuen Stadt verwendet. Der zweite Bischof von Mérida, Diego de Landa, ging mit seiner Schrift *Relación de las cosas de Yucatán (Bericht über die Ereignisse in Yucatán)* in die Geschichte ein, aber auch durch die Verbrennung kostbarer Maya-Handschriften in Hieroglyphenschrift, sowie die Vertreibung heidnischer Indianer aus dieser Gegend. Er starb 1579.

König Philipp III. von Spanien zeichnete die Stadt 1605 mit dem Titel „Muy Noble y muy Leal Ciudad" aus und verlieh ihr 1618 ihr Wappen. 1648 fiel ein Großteil ihrer Bevölkerung wie auch des gesamten Landes einer Gelbfieberepidemie zum Opfer, nachdem von der W-Küste Afrikas die ersten schwarzen Negersklaven in das Land gebracht worden waren.

Der Kastenkrieg. – Mérida, weit entfernt von der Hauptstadt gelegen, nahm an den Kämpfen des Landes für seine Unabhängigkeit lange Zeit praktisch nicht teil und lebte am Rande der Geschichte Neu-Spaniens. Ab 1847 bis zum Ende des 19. Jh. tobte im NO Yucatáns jedoch ein heftiger Bürgerkrieg, der durch aufständische Maya-Stämme ausgelöst wurde. Die Revolte wurde erst 1901 nach der Einnahme von Chan Santa Cruz und Bacalar, im derzeitigen Staat Quintana Roo, durch Regierungstruppen niedergeschlagen.

Außerhalb des Stadtzentrums, wo man am besten zu Fuß geht (vor allem auf der Plaza de Armas) oder mit der Kutsche fährt, ist es angezeigt, ein Taxi zu nehmen, vor allem um zum Archäologischen Museum zu gelangen. Der Markt von Mérida gehört zu den sehenswertesten von Mexiko. Von Mérida aus kann man ganz leicht jeweils in einem Tagesausflug nach Uxmal und Chichén Itzá fahren und deren Ruinenstätten besichtigen.

▶ ***Plaza Mayor** (Pl. B3). – Die Straßen von Mérida wurden schachbrettartig vom Stadtzentrum aus angelegt, das die Plaza Mayor, ehemals Plaza de Armas, bildet. Der Stadtplan wurde vom Gründer der Stadt, Francisco de Montejo, gezeichnet.
Rund um den Platz liegen einige der bedeutendsten Baudenkmäler der Stadt, allen voran die **Kathedrale** (Pl. B3) an der O-Seite des Platzes. Die schattenspendenden indischen Lorbeerbäume machen den Platz zu einer der bevorzugten Promenaden der Bewohner von Mérida, die hier vor allem bei Einbruch der Dunkelheit spazieren gehen.

Die Kathedrale wurde 1561–1598 von *Pedro de Aulestia* und *Juan Miguel de Agüero* erbaut. Architektonisch ist der Bau wenig interessant, am ehesten noch die dem Platz zugewandte Barockfassade mit drei Portalen. Im Inneren, Kassettengewölbe im Renaissancestil; r. über dem Seitenportal, ein Gemälde, den Besuch des Stammesfürsten Tutul Xiú im Lager des Francisco de Montejo in Tihó, darstellend. L. vom Hauptaltar, **Kapelle Cristo de las Ampollas**, mit einer Holzstatue aus dem 16. Jh. aus Ichmul, die besonders verehrt wird. Die Statue wurde von Eingeborenen aus dem Holz eines Baumes geschnitzt, den die Indianer der Sage nach mehrmals brennen gesehen hatten, an dem jedoch nicht die geringsten Verbrennungsspuren zu sehen waren. Bei einem Brand der Kirche von Ichmul wurde die Statue geschwärzt und ist seither mit Hitzeblasen bedeckt. Daher der Name Cristo de las Ampollas (Christus der Blasen).

Der **ehemalige erzbischöfliche Palast** (Pl B3) war von der Kathedrale durch eine Straße (Pasaje de la Revolución) getrennt. Dem Palast, der seit 1915 nicht mehr Sitz des Erzbischofs ist, war ein Seminar angeschlossen; über dem Eingang (Calle 58, Nr. 501–C) sind die Statuen einer Rosenkranzmadonna und des Hl. Ildefonso zu sehen, des Schutzpatrons der Kirche und des Seminars. Darüber das Wappen des Erzbischof von Mérida.

Der **Palacio Montejo** (Pl. B4) wurde 1549 von Francisco de Montejo el Mozo (dem Jüngeren) begonnen und wird heute noch von seinen Nachfahren bewohnt. Dieses schöne Palais weist eine sehenswerte Fassade im plateresken Stil mit Skulpturen der Konquistadoren auf, eine Hellebarde haltend und mit dem Fuß auf dem Kopf eines behaarten Mannes mit einem Knüppel stehend, ein beliebtes mittelalterliches Motiv, weiters verschiedene Büsten und Köpfe (von Adelantado, seiner Gemahlin und seiner Tochter Catalina de Montejo), Wappen usw. (*Öffnungszeiten:* Mo.–Fr. 10–12 und 16–18 Uhr).

Der Kathedrale gegenüber liegt der **Palacio Municipal** (Pl. A3), ein Bau aus dem 16. Jh. mit zwei übereinanderliegenden Galerien und einem Uhrturm. Der **Palacio Ejecutivo** (Pl. Palacio de Gobierno, B3) wurde 1892 an der Stelle des Palastes des Generalkapitäns von Yucatán erbaut.

Markt (Pl. *Mercado*; B4). – Wird tgl. außer So. abgehalten; kaufen kann man hier vor allem Artikel aus Sisal (*henequén*), insbesondere Hängematten, aber auch bestickte Kleidungsstücke; eine Augenweide sind die farbenprächtigen Stände mit Früchten, Gemüse und Wild. Bei einem Gang durch den Markt sollte man vor allem den Bauern und Bäuerinnen aus der Umgebung von Mérida Beachtung schenken, die hier ihre Ware anbieten, da sie trotz Rassenmischung noch stark mit den Darstellungen auf den Flachreliefs und den Maya-Statuen übereinstimmen; in manchen abseits gelegenen Gebieten, vor allem in Quintana Roo, wo es in geringerem Maße zur Rassenvermischung kam, haben die Eingeborenen die somatischen und kulturellen Merkmale ihrer prähispanischen Vorfahren unverfälscht erhalten.

Betrachtet man die Lebensmittelläden und besucht man einige der kleinen Gasthäuser, wird man feststellen können, daß sich die Ernährungsgewohnheiten der einheimischen Bevölkerung seit vorspanischer Zeit in nichts geändert haben. Grundnahrungsmittel sind nach wie vor grüne Bohnen und Mais, die in Form von *Atole, Pozole* und *Tamales* genossen werden. *Pozole* ist ein Getränk, das aus gestoßenem Mais, der in Zuckerwasser aufgelöst und mit Chili und Salz gewürzt wird, hergestellt wird. Die Tamales werden ohne Fett aus Maisteig mit Gewürzen gebacken; manchmal wird dazu auch Schweinefleisch, das in einem Bananen- oder Maisblatt eingerollt gebacken wird, gegesssen. Eines der beliebtesten Getränke ist *Balché*, das aus in Wasser gegorenem Mais hergestellt wird und mit der Rinde eines Baumes, der Balché heißt, abgeschmeckt wird.
Besucht man den Markt oder die Dörfer zu den Festtagen, wird man feststellen können, daß vor allem die Frauen noch gerne ihre alten, bunten Trachten tragen.

Bei Fahrten durch das Land stößt man immer wieder auf Dörfer, die ausschließlich aus Strohhütten bestehen. Die Hütten haben im allgemeinen abgerundete Seitenwände und ein hohes Stroh- oder Palmendach, das in der Mitte oft bis zu drei Meter hoch ist. Die Wände bestehen häufig aus Bambus oder ineinander verschlungenen Holzlatten. Die Einrichtung umfaßt nur das Nötigste, im allgemeinen Bänke, einen Tisch, einen hölzernen Waschzuber (die Maya-Frauen und die Mestizinnen sind von peinlichster Sauberkeit und verwenden ihre meiste Zeit auf die Zubereitung der Nahrung und die Reinigung) und Hängematten (wenn die Mayas auf Reisen gehen, nehmen sie ihre Hängematte mit). In der Maya-Gesellschaft nimmt die Frau eine bevorzugte Stellung ein und ist Eigentümerin der Gemeinschaftsgüter.
Die Feldarbeit, die auf Grund des steinigen Bodens auf der Halbinsel Yucatán wenig ertragreich ist, wird ausschließlich von Männern geleistet. In den waldreichen Gebieten von Quintana Roo und Campeche wird *Latex* oder *Chicle* aus dem kleinen Breiapfelbaum gewonnen (*Chico zapote*). Diese Gummiart wird exportiert und zur Herstellung von Kaugummi verwendet. Das Handwerk ist relativ wenig entwickelt, und jede Familie erzeugt nur die

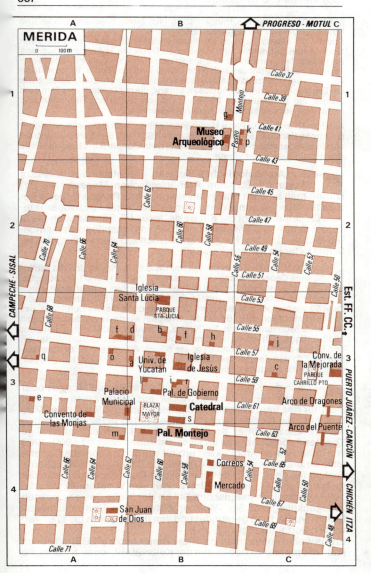

notwendigen Güter wie Hängematten (aus Sisal), Kleidungsstücke und Keramikwaren für den Eigenbedarf.
Sowohl die Mayas als auch die Mestizen sind Katholiken, aber die alten heidnischen Gebräuche sind in manchen Gebieten, vor allem in Quintana Roo, noch fest verwurzelt. Die Medizinmänner (*H-men*) und heidnische Priester (*Ak Kin*) erfreuen sich noch immer ihrer Vorrechte. Feste werden vor allem bei Hochzeiten gefeiert sowie anläßlich kirchlicher Festtage wie am Tag des Hl. Johannes und des Hl. Lorenz, die mit Tänzen, vor allem dem *Jarana*, mit musikalischer Begleitung durch Guitarren, Trommeln und manchmal auch Akkordeons begangen werden.

Auf dem Rückweg zur Plaza Mayor empfiehlt sich ein kleiner Umweg über die **Kirche San Juan de Dios** (Pl. A/B4), die 1607–1625 im Barockstil erbaut wurde und der einzige Rest des **Klosters de la Monjas** (Pl. A3) ist, das Ende des 16. Jh. gegründet wurde.

Zum Archäologischen Museum. – Geht man von der **Plaza Mayor** (Pl. B3) zum **Archäologischen Museum** (Pl. C1) kommt man an dem reizenden kleinen Platz **Parque Cepeda Peraza** (r.) vorbei, wo im allgemeinen einige *Calesas* (Kutschen) stehen. Gegenüber liegt die **Kirche de Jesús** (Pl. B3), die auch „de la Tercer Orden" genannt wird und 1618 vom Jesuitenorden errichtet wurde (l. vom Hauptaltar, bemerkenswerter vergoldeter Schnitzaltar im plateresken Stil).

Direkt neben der Kirche, in der Calle 59, befindet sich die **Bibliothek Cepeda Peraza** (*Öffnungszeiten:* tgl. 8–12 und 14–22 Uhr, So. 8–12 Uhr), die 1867 von General Manuel Cepeda Peraza gegründet wurde und mehr als 15.000 Bände umfaßt. Geht man von der Bibliothek durch die Calle 59 weiter, gelangt man zum **Convento de la Mejorada** (Pl. C3), das von den Franziskanern Ende des 17. Jh. erbaut wurde. Heute befinden sich hier Sozialwohnungen, nur die Kirche, ein sehr bescheidener Bau, der 1640 fertiggestellt wurde, wird noch benützt. In diesem Stadtviertel, an den Ecken der Calles 50 und 61 sowie 50 und 60 stehen der **Drachenbogen** (Pl. C3) und der **Brückenbogen** (Pl. C4), Bauten aus der Kolonialzeit, die früher die Stadt im O begrenzten.

Nach der Kirche de Jesús liegt r. der *Parque Morelos* oder *Parque de la Madre*, (Kopie aus Carraramarmor einer Skulptur des französischen Bildhauers Lenoir, Allegorie der Mutterschaft, die für den Jardin du Luxembourg in Paris geschaffen wurde). Gleich hinter dem Park befindet sich das ehemalige **Theater Peón Contreras** im klassizistischen Stil, das 1900–1908 von italienischen Architekten erbaut wurde (Treppe aus Carrara-Marmor und Fresken in der Kuppel von italienischen Künstlern). Fast genau gegenüber des ehemaligen Theaters, an der Ecke der Calles 60 und 57, liegt die **Universität von Yucatán** (Pl. B3), die 1938 im spanisch-maurischen Stil an der Stelle des ehemaligen Jesuitenkollegiums San Pedro errichtet wurde. Das Jesuitenkollegium wurde 1618 gegründet und von den Jesuiten bis 1767 verwaltet; Portal (Barock; 17. Jh.).
Etwas weiter kommt man zum **Park Santa Lucia** (Pl. B3) mit einem Platz mit mehreren Bögen aus der Kolonialzeit, wo sich früher die

Endstation für die Postkutschen befand, und zur **Kirche Santa Lucia** (Pl. B3), die 1575 erbaut wurde.

Das ★ ★ **Archäologische Museum** (Pl. C1) liegt am Paseo de Montejo, der durch das elegante Viertel der Hauptstadt Yucatáns führt und im Kellergeschoß des Palais des Generals Cantón eingerichtet wurde, einem schönen Bau vom Beginn dieses Jahrhunderts. Das Museum wurde jedoch 1979 geschlossen und die Sammlungen im ehemaligen Kloster San Sebastián aufbewahrt, wo sie leider nicht besichtigt werden können. Die Schätze dieser Sammlungen geben einen umfassenden Überblick über die Maya-Kultur. Sie beinhalten Fundstücke von den bedeutendsten Ruinenstätten des Landes.

●➡ Ergänzend zur Stadtbeschreibung sind noch der **Park de las Amércas** (über den Paseo de Montejo und die Avenida Colón zugänglich) mit verschiedenen amerikanischen Pflanzenarten und, an der Stadteinfahrt aus der Richtung Campeche kommend, der **Park del Centenario** (Pl. A3) mit einem kleinen Zoo, in dem verschiedene in Yucatán heimische Tiere zu sehen sind.

●➡ **Umgebung von Mérida. 1. – ★ Dzibilchaltun** (25 km; gute Straße; Ausfahrt Richtung Progreso; Pl. C1). – 3 km: Am Ende des Paseo de Montejo, **Nationaldenkmal**, ein monumentaler Bau in einem den Mayabauten ähnlichen Stil (1956).

6 km: Abzweigung r. nach Motul (s. u. 3). – 10 km: **Cordemex**, große Seilerei (Sisalteppiche). – 18 km: Man zweigt r. von der Straße nach (13 km) Progreso ab.

Progreso ist eine Hafenstadt mit 20.000 Ew. an der N-Küste der Halbinsel Yucatán; 5 km davon entfernt, auf einer Küstenstraße entlang eines schönen Sandstrandes zu erreichen, liegt der Badeort **Chicxulub**. Von 15.–30. April, Festtage von Progreso, mit Regatten, Blumenkorso auf dem Meer, Volkstänzen. Ab Chicxulub führt ein einfacher Fahrweg bis nach (40 km) **Puerto Telchac**, einem kleinen Fischerdorf (Fest am 4. Okt.).

23 km: Eingang in die **Ruinenstätte von ★ Dzibilchaltun** (*Öffnungszeiten: tgl. 6–17 Uhr*); die Ruinen liegen in einem weitläufigen Naturpark verstreut. Mehrere Kultzentren waren früher durch breite Straßen verbunden; die Reste der hier gefundenen Bauten stammen aus der Blütezeit der ersten Städte von Petén (Guatemala) im 5. Jh. n. Chr. Ein kleines **Museum** (neben dem Pförtnerhaus) gibt einen Überblick über Architektur (Photos der bedeutendsten Gebäude) und Keramikkunst der verschiedenen Perioden. In der Mitte der Ruinenstätte, umgeben von prachtvoller Vegetation, ist ein **Cenote** zu sehen, der direkt an zwei Vierecke mit verschiedenen Bauten (Plattformen, Terrassenbauten, Pyramiden mit Tempel) anschließt. 1590 wurde hier eine kleine Kapelle errichtet.

500 m von hier liegt die **Gruppe der Muñecas** (der Puppen), die aus einer großen, 250 m langen und 100 m breiten Plattform und mehreren Gebäuden besteht. Das bedeutendste Gebäude der Gruppe ist ein Heiligtum auf einem hohen Sockel, den man über vier Treppen besteigen kann und auf dem der eigentliche Tempel steht. Dieser Bau, den man mit einem der ältesten Bauten von Uaxactún (Guatemala), der Pyramide VII-Sub, vergleichen kann, wurde nach der Errichtung von einem anderen, jüngeren Tempelbau überdeckt. Hier wurden mehrere kleine Figuren (oder Puppen) aus

(33) Mérida und Umgebung

Terrakotta gefunden, die ziemlich unbeholfen modelliert waren und verschiedene deformierte Gestalten, wie Buckelige, Zwerge usw., darstellen.

2. – Sisal (52 km; Ausfahrt Pl. A 3). – Dieses kleine Dorf war in der Kolonialzeit der Hafen von Mérida. Nach 28 km zweigt eine asphaltierte Straße nach (58 km) **Celestún** ab, ein kleines Fischerdorf, in dem vom 8.–12. Dez. Feierlichkeiten zu Ehren der Hl. Jungfrau von Guadalupe stattfinden.

3. – Motul (43 km auf der Straße nach Progreso. s. o., 1). – Malerische kleine Stadt mit 15.000 Ew., ehemalige Hauptstadt der Peches; großes Fest zu Ehren des Hl. Herz Jesu während des ganzen Monats Juni. Weitere Feste vom 8.–16. Juli zu Ehren der Virgen del Carmen (vor allem am 16.) bei denen der *Jarana*, der Volkstanz Yucatáns getanzt wird, der eine Abart der aragonischen Jota ist. Die Franziskaner erbauten hier ein **Kloster** (Ende 16.–Mitte 17. Jh.). L. liegen die Klostergebäude, r. die Kapelle.

➤ Von Motul führt eine asphaltierte Straße nach (27 km) **Puerto Telchac** (s. o. 1).

➤ Nach Motul führt die Straße bis (59 km) **Dzilam de Bravo**, einem kleinen Hafen an der N-Küste Yucatáns, der von Adelantado 1534 auf dem Gebiet der Cheles gegründet wurde, aber bereits kurz danach wieder aufgelassen wurde.

4. – Acanceh (22 km; Ausfahrt Richtung Puerto Juárez, Pl. C4, und r. vor der Ausfahrt aus Mérida). – In diesem Dorf, das an der Stelle und mit dem Baumaterial einer prähispanischen Siedlung errichtet wurde, sind in einem Park am Hauptplatz die Überreste einer **Pyramide** zu sehen, deren Grundriß an den Templo de las Muñecas von Dzibilchaltun erinnert, sowie jene des sogenannten **Palacio de los Estucos**, Palast der Stukkaturen, in dem noch Fragmente eines Frieses zu sehen sind, das mit **Flachreliefs** aus Gips (Affen, Adler, mythologische Tiere) verziert war.

➤ 8 km nach Acanceh liegt **Tecoh**, das man über eine gute Straße erreicht. Tecoh war zum Zeitpunkt der spanischen Eroberung die Hauptstadt der Cheles (20.–25. Mai, *Feria de las Hamacas*; Tänze aus Yucatán).

34 – Von Mérida nach Chichén Itzá und Cancún

Der Norden Yucatáns, dessen etwas eintönige Busch- und Waldlandschaft sich nur wenig vom NW-Teil der Halbinsel zwischen Campeche und Mérida unterscheidet, weist dennoch eine Besonderheit auf: er ist, vor allem im W, wesentlich dichter besiedelt. Hier finden sich alte Städtchen mit versteckten Reizen, wie Izamal und Valladolid und natürlich die Ruinenstätte von Chichén Itzá, eine der faszinierendsten archäologischen Fundstätten, in der sich Stilelemente der Maya-Architektur und der Architektur des mexikanischen Zentralplateaus zu einer hochinteressanten Synthese vereinigen. Nach Valladolid entstand an der Küste des Karibischen See ein neuer Anziehungspunkt: Cancún. Hier wurde in einem Badeort, in einer Umgebung, die an die Südseeparadiese erinnert, ein kühnes städtebauliches Konzept verwirklicht. Cancún, neben den Badeorten Isla Mujeres und Isla Cozumel, verfügt bereits über einen internationalen Flughafen und wird Mérida als Drehscheibe des Fremdenverkehrs bald Konkurrenz machen. Bald wird man sich nicht mehr auf kurze Ausflüge in die Umgebung von Mérida und Palenque beschränken müssen, sondern wird eine Rundreise durch Yucatán unternehmen können, die in nicht allzu ferner Zukunft auch auf Petén (Guatemala) und Chiapas ausgedehnt werden wird können, um einen Gesamtüberblick über die Welt der Mayas zu bekommen. Dazu muß aber zuerst das Straßennetz in Belize und Guatemala weiter ausgebaut werden.

Straße: 121 km (Chichén Itzáo) und 334 km (Cancún) auf guter, asphaltierter Straße durch endlose Wälder zwischen Valladolid und der Küste. Man muß rd. 1 Std. 45 Min. von Mérida nach Chichén Itzá und rd. 3 Std. nach Cancún rechnen.

Ausfahrt aus Mérida Richtung Puerto Juárez (Pl. C4).
47,5 km: **Hoctún** (Fest am 29. Sept.).

L. nach (24 km) * **Izamal**, 20.000 Ew., ein Städtchen mit den Reizen einer verträumten Provinzstadt der Kolonialzeit. Es liegt an der Stelle einer Maya-Stadt gleichen Namens, deren Existenz uns aus den Büchern von Chilam Balam bekannt ist. Hier wurden der oberste Gott *Izamná* und der Sonnengott *Kinichkakmó* verehrt, dessen Pyramide gegenüber dem Franziskanerkloster liegt. In der Stadt gab es rund ein Dutzend solcher Kultstätten, die jedoch verschwunden oder nur mehr in Form kleiner Hügel vorhanden sind.

(34) Mérida – Chichén Itzá – Cancún

Der erste christliche Altar von Izamal stand in einem heidnischen Tempel, lange bevor 1553–1561 von Juan de Mérida das große * **Franziskanerkloster** erbaut wurde, das auch heute noch zu besichtigen ist; der Kirche, **Santuario de la Virgen de Izamal**, ist ein überhöhtes Atrium vorgelagert; auch alle andern Klosterbauten sind erhöht gebaut, da sie auf dem Sockel eines Maya-Tempels errichtet wurden. Die wundertätige Muttergottes von Izamal, die 1558 aus Guatemala nach Yucatán kam, wurde durch eine Kopie ersetzt, nachdem das Original bei einem Brand 1829 zerstört wurde. Das Kloster wird derzeit restauriert und soll nach Abschluß der Arbeiten als Museum sakraler Kunst wiedereröffnet werden. Ton- und Lichtspiele sind geplant.

Feste des Hl. Ildefonso (3. April), des Hl. Kreuzes (3.–5. Mai) und der Virgen von Izamal (15. Aug.).

51,5 km: Xocchel (Fest am 24. Juni), reizendes Indianerdorf inmitten von Sisalplantagen, dessen Hütten in den Obstgärten versteckt liegen.

68 km: Kantunil, altes Maya-Dorf, das früher mit Izamal durch eine Straße verbunden war. Abzweigung l. nach (18 km) **Izamal**.

81 km: Kreuzung.

R. nach (18 km) **Sotuta**, altes Maya-Dorf; auf dem Weg liegt (10 km) **Tibolón**, ein kleines Dorf, in dem der letzte Prinz der Cocomes das Massaker seiner Familie überlebt hat (1441); er gründete hier ein kleines Fürstentum.

94 km: Libre Unión (*Cenote*); r. Abzweigung nach (18 km) **Yaxcabá**, kleines Dorf mit einer Pfarrkirche aus dem 17. Jh.; interessante Fassade mit drei Türmen.

118,5 km: Pisté; von hier zweigt l. eine Straße nach (17 km) **Dzitas** ab (Fest vom 16.–21. Januar; Jarana-Tanz); mehrere Hotels (s. Praktische Hinweise Chichén Itzá).

121 km: ★ ★ ★ Chichén Itzá, riesige Ruinenstätte mit mehr als 300 ha. Die ehemalige Maya-Stadt lag in einer Ebene, die im N durch Rodungen kahl war und im S von einer üppigen Vegetation überwuchert wird.

Die Entstehung von Städten und Dörfern im N Yucatáns erklärt sich durch das Vorhandensein von natürlichen Brunnen oder *Cenotes* (auch *Chenes*), denn in diesem Gebiet gibt es keinen einzigen Fluß. Durch den stellenweisen Einbruch der Kalkdecke bildeten sich natürliche Schächte, die den Zugang zu unterirdischen Wasservorkommen ermöglichten, die durch das durch die poröse Oberfläche eindringende Regenwasser gespeist werden. In Chichén Itzá gab es zwei solcher *Cenotes*, ohne die die Stadt nicht bestehen hätte können.

Chichén Itzá ist vor allem deswegen besonders interessant, weil hier zwei Perioden der Geschichte der Maya-Kultur vertreten sind, nämlich jene vor der toltekischen Invasion (Gruppe S, 6.–10. Jh. n. Chr.) mit Bauwerken, die dem Puuc-Stil sehr ähnlich sind, und die sogenannte maya-toltekische Periode, in der neue religiöse und architektonische Vorstellungen entwickelt wurden. In der Architektur herrschte in dieser Zeit ein sehr nüchterner Stil vor, der sich aus der Verschmelzung der bodenständigen Kunst mit jener der Tolteken aus dem mexikanischen Hochland ergab. Der toltekische Einfluß drückt sich vor allem in den gewundenen Säulen aus, in dem Motiv der Federnschlange in den Ornamenten, den abgeschrägten Mauern u. a.

Geschichte. – Nach einer Handschrift aus Chumayel wurde *Chichén Itzá* („am Rande des Brunnens der Itzaes") nach dem Maya-Kalender im *Katún 8 Ahau* gegründet, was der Zeit 435–455 unserer Zeitrechnung entspricht; das älteste in Chichén Itzá gefundene Datum ist jedoch 879 n. Chr. Anderen Quellen zufolge soll die Stelle, an der Chichén Itzá erbaut wurde, 455 von den Itzaes, einem aus dem S eingewanderten Maya-Stamm, vermutlich aus Petén, entdeckt und ab 514 besiedelt worden sein.

692 sollen die Itzaes die Stadt wieder verlassen haben und sich in das Gebiet von *Champotón* (*Chakanputún*) zurückgezogen haben. Unter der Führung von *Acatl Quetzalcóatl*, dem aus seinem Königreich verjagten König von Tula, kamen sie 987 hierher zurück. Es läßt sich nicht eindeutig feststellen, ob die Itzaes, die Chichén Itzá rund zwei Jahrhunderte hindurch regierten, tatsächlich Tolteken waren, oder Mayas aus dem SW Yucatáns, die Quetzalcóatl oder besser Kukulkán (wörtliche Übersetzung in die Maya-Sprache von Quetzalcóatl oder „Schlange mit den Quetzalfedern") gefolgt waren, um ein Gebiet neuerlich zu besetzen, das sie drei Jahrhunderte vorher verlassen hatten. Die Stadt wurde 1533 kurzfristig von den Spaniern besetzt.

Öffnungszeiten: 6–13 Uhr; Innenräume des Tempels der Krieger: 10–11 Uhr und 14–15 Uhr; Tempel der Tiger: 11–12 und 15–16 Uhr; Pyramide des Kukulkán od. El Castillo: 12–13 und 16–17 Uhr; die Eintrittskarte ist auch für die Besichtigung der Bauwerke und für die S-Zone der Ruinenstätte gültig.

★★★ **Pyramide des Kukulkán** (Pl. Schloß; C 3). – Man beginnt die Besichtigung der Ausgrabungen in ihrem nördl. Teil l. von der Straße Mérida-Cancún mit der Pyramide des Kukulkán, genannt El Castillo (das Schloß); der viereckige Bau (55,50 m Seitenlänge) mit leicht abgerundeten Ecken besteht aus neun Stockwerken, die stufenförmig angeordnet sind; den Abschluß bildet der eigentliche Tempel, der über vier Treppen erreichbar ist.

Am unteren Ende der Rampen zu beiden Seiten der Treppen sind riesige **Schlangenköpfe** zu sehen. Der Hauptraum des Tempels öffnet sich gegen N mit einer **Säulenhalle** mit drei Öffnungen, die jeweils von zwei schlangenförmigen Säulen, einem für die **toltekische Architektur** charakteristischen Element, begrenzt werden. Der Kopf der Schlange bildet den Säulenfuß, der Körper den Schaft und der Schwanz das Säulenkapitell.

Jede Treppe bestand aus 91 Stufen, wodurch sich ingsgesamt mit dem Treppenabsatz zur obersten Plattform 365 Stufen ergaben, die den 365 Tagen des Jahres entsprechen. Dieser Bau überdeckte eine andere, weitaus ältere Pyramide, in deren Tempel man einen **steinernen Thron** in Form eines Jaguars, **Jaguarreliefs**, die jenen von Tula ähnlich sind, sowie **Schlangen- und Blumenreliefs** fand.

★★ **Pelota-Spiel** (Pl. B2). – Man durchquert den W-Teil der großen Esplanade und kommt zum Ballspielplatz (in Chichén Itzá gibt es

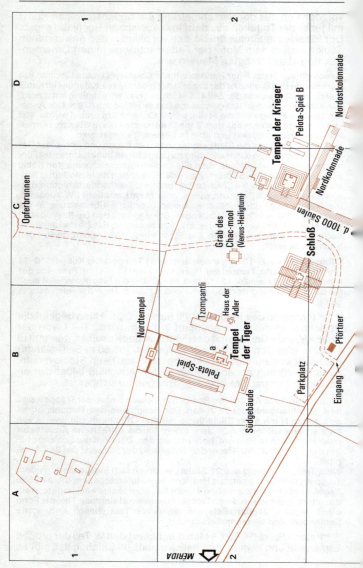

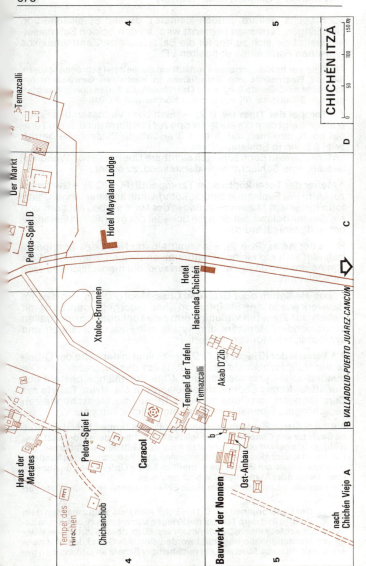

(34) Mérida – Chichén Itzá – Cancún

noch sechs weitere, jedoch kleinere), dessen Spielfläche von zwei langen Terrassen begrenzt wird; an den beiden Schmalseiten weitet sie sich zu der für die Ballspielplätze Zentralmexikos typischen Form eines doppelten „T".

Am Fuße der beiden Terrassen verläuft ein Bankett mit schrägen Mauern, die mit **Flachreliefs von Ballspielern in kostbaren Gewändern** geschmückt sind. Darstellung einer Opferszene. Südl. des Spielplatzes liegen das S-Gebäude (Pl. B2) und der Nordtempel (Pl. B1).

★★**Tempel der Tiger** (Pl. B 2). – Nach dem Verlassen des Spielplatzes steigt man die steile Treppe zur Plattform mit diesem Tempel hoch, den man durch eine dreischiffige Säulenhalle betritt; zwei Säulen in Schlangenform.
Im Inneren sind noch schwach sichtbare Überreste von Wandmalereien, eine Schlachtszene darstellend, zu sehen.

★ **Mauer der Totenköpfe oder Tzompantli** (Pl. B/C 2). – Geht man zur Mitte der Esplanade zurück, kommt man an einer langen Plattform mit einem Mauervorsprung in der Mitte vorbei, auf dem sich ein Gestell befand, auf dem die Schädel der geopferten Gefangenen aufgespießt wurden.

Haus der Adler (Pl. B 2). – In unmittelbarer Nähe des Tzompantli befindet sich ein kleines Oratorium, an dessen Wänden **Reliefs** von Adlern und Jaguaren zu sehen sind, die menschliche Herzen verschlingen.

Venus-Heiligtum oder Grab des Chac-Mool (Pl. C 2). – In diesem Bauwerk wurde eine Skulptur von Chac-Mool gefunden. Es ist mit Reliefs des Planeten Venus in Form eines gefiederten und Krallen aufweisenden Monsters dargestellt, mit Federnschlangen und symbolischen Motiven verziert.

★★**Tempel der Krieger** (Pl. C/D 2). – Er liegt in der Mitte der O-Seite der Hauptesplanade des nördl. Teiles der Ausgrabungen. Die quadratische Pyramide mit rund 40 m Seitenlänge besteht aus vier stufenförmig übereinandergelagerten Massiven. **Reliefs** mit Darstellungen von Personen und Tieren, die Menschenherzen verschlingen. Obenauf steht der eigentliche Tempel.

Auf der obersten Plattform, vor dem eigentlichen Tempel, befindet sich eine **Skulptur von Chac-Mool**, zweifellos eine Gottheit, deren Identität aber nicht restlos geklärt ist (es könnte sich um den Gott der Fruchtbarkeit, des Feuers oder auch des Agavenbranntweins, also Texcatzontécatl handeln) mit einer Schale am Bauch, die vermutlich für die Opfergaben an Agavenbranntwein oder Menschenblut bestimmt war.
Die Fassade ist mit Masken im Puuc-Stil und mehreren Hochreliefs verziert.

Der Opferbrunnen (Pl. C 1). – Folgt man dem Weg zwischen dem Castillo und dem Tempel der Krieger, kommt man zu diesem natürlichen Schacht mit einem Durchmesser von 60 m, dessen 20 m hohe Wände von Menschenhand begradigt worden sind. Am Grund des Brunnens wurde mit Hilfe von Tauchern ein reichhaltiger Schatz an Opfergaben gefunden: goldene Platten mit gehämmerten Reliefs, Schellen aus Kupfer, Gold und Silber, Schmuck aus Jade, Bergkristall und Bernstein, Skulpturen aus Knochen oder Elfenbein, deformierte Schädel, verstümmelte Zähne usw. sowie die Skelette von 13 Männern, 8 Frauen und 21 Kindern zwischen eineinhalb und zwölf Jahren, die vermutlich in Notzeiten (Hungersnot, Dürre, Epidemien, verlorene Kriege usw.) dem Regengott (Chac) geopfert worden sind. Nach den Gegenständen zu schließen, die in dem Brunnen gefunden worden sind, dürften die Menschenopfer vom 7. Jh. n. Chr. bis zur Eroberung durch die Spanier stattgefunden haben. Bekannt ist, daß Prinz Napot Xiú 1536 ermordet wurde, als er sich von der Hauptstadt seines Reiches Mani nach Chichén Itzá begab, um hier zur Abwendung der spanischen Gefahr Opfer darzubringen.

Gruppe der Tausend Säulen (Pl. C/D 3). – Geht man zum Eingang des N-Teils der Ausgrabungen zurück, kommt man an Säulenhallen vorbei, die einen quadratischen Hof umschließen.

Grab des Hohepriesters (Pl. A/B 3). – Auf der anderen Seite der Hauptstraße liegt der südl. Teil der Ausgrabungen. Man beginnt die Besichtigung mit dieser ziemlich verfallenen Pyramide, deren oberste Plattform mit dem Tempel über vier Treppen zu erreichen ist.

Im Tempel befindet sich die mit großen Steinen bedeckte Öffnung eines Brunnens, in dem sieben Gräber mit Skeletten und Grabbeigaben gefunden wurden.

Tempel des Hirschen (Pl. A4). – Geht man den Weg hinter der Pyramide weiter, sieht man r. die Ruinen des **Hauses der Metates** (Mahlsteine für Maiskörner) und jene des Tempels des Hirschen; Gewölbebau mit drei Räumen, der vermutlich aus dem 7. Jh. stammt und bis zur Zeit der spanischen Eroberung benützt wurde.

Chichanchob (Pl. A 4). – Etwas weiter sind die Überreste eines Ballspielplatzes (E; Pl. B 4) zu sehen (drei Skulpturentafeln an den Banketten); weiter r. liegt das sogenannte Chichanchob (was soviel wie „Kleine Löcher"" oder „Kleine Rote" bedeuten kann).

An der Fassade sind **Masken des Gottes Chac** zu sehen; gitterförmige Ornamente am First. Die Auffindung einer Phallusstatue gab zu der Vermutung Anlaß, daß in Chichén Itzá zur Zeit der Maya-Toltekenherrschaft ein Eroskult praktiziert wurde, der mit dem sogenannten Volador aus der Huasteca (dazu s. Papantla, Rte 18, km 306), vergleichbar ist. An anderen Orten Yucatáns wurden gleichfalls phallische Darstellungen gefunden, und in einem Reisebericht von Diego de Landa wird ein Tanz, der *Nahua*, erwähnt, der eindeutig erotischen Charakter aufwies und aus der prähispanischen Zeit stammt.

★ Caracol (Pl. B 4). – Dieser eindrucksvolle Bau, einer der bedeutendsten von Chichén Itzá, scheint als **Observatorium** gedient zu haben. Der Name wurde dem Bau aufgrund der Wendeltreppe im Inneren des Turms gegeben.

Tempel der Tafeln (Pl. B 4). – Am Fuße des Caracol liegt dieses Heiligtum, von dem nur wenig erhalten ist. **Reliefs** an den Seitenwänden.

Neben dem Tempel befand sich ein Dampfbad (Temazcalli; Pl. B 4).

„Die unbekannte Schrift" (Pl. Akab D'Zib; B 5). – Weiter im O befinden sich die Ruinen eines mächtigen, quadratischen Baues. An einem Türsturz im Inneren wurde eine **Hieroglyphenschrift** entdeckt, die dem Gebäude den Namen gab. Dieser Bau scheint aus der vortoltekischen Periode zu stammen.

„Die Kirche" (Pl. b in A 5). – Dieser freistehende Bau in der Nähe des Gebäudes der Nonnen ist der erste einer Reihe von besonders reich verzierten Bauten im ältesten Teil von Chichén Itzá. Die Verzierungen bestehen aus **griechischen Ornamenten, Masken** des Gottes Chac und den vier *Bacabs*, den Himmelsträgern in Form von Krabben, Gürteltieren, Schnecken und Schildkröten.

Ost-Anbau (Pl. A 5). – An der O-Seite des Gebäudes der Nonnen befindet sich dieser Bau, dessen **Hauptfassade** überaus reich verziert (übereinanderliegende Masken, stilisierte Schlangen, geometrische Ornamente, auf einem Thron sitzende Personen) und ein besonders eindrucksvolles Beispiel der Puuc-Architektur ist.

* Bauwerk der Nonnen (Pl. A 5). – Der mächtige pyramidenförmige Bau besteht aus einem 10 m hohen Sockel mit rechteckigem Grundriß und abgerundeten Ecken, den man über eine breite Treppe besteigt. Auf der ersten Terrasse befindet sich ein Tempel, der zu einem späteren Zeitpunkt aufgestockt wurde. Der oberste Tempel ist ziemlich schlecht erhalten. Auch hier wurde, wie bei anderen Bauten, ein neues Gebäude über ein älteres gebaut. Durch ein aus dem Sockel des neueren Baues herausgesprengtes Loch ist die Mauer des älteren Gebäudes zu sehen.

Chichén Viejo (Pl. A 5). – An der r. Seite des Bauwerks der Nonnen (wenn man zur Fassade gewendet steht) zweigt ein Weg in den Wald ab. Er führt (1 km) zu einer Gruppe von Ruinen aus der frühesten Periode von Chichén Itzá, vor dem Eindringen der Tolteken. Manche Gebäude wurden restauriert, so der **Tempel der Anfangsserie**, über dessen Eingang das älteste in Chichén Itzá gefundene Datum eingraviert ist. Die **Atlanten** am Eingang weisen bereits typisch toltekischen Einfluß auf. Es ist angezeigt, für die Besichtigung, die teilweise durch den Dschungel führt, die Dienste eines Führers in Anspruch zu nehmen (Anfrage am Haupteingang). Zu den bedeutendsten Bauten zählt der **Templo de los Dinteles**, ein für die Puuc-Architektur typischer Bau, der restauriert wurde: **Maskenfries** (Chac) an der Fassade, „Jalousien" und kleine Säulen zwischen zwei Mauervorsprüngen. **Hieroglypheninschriften** über den Türen.

Xtoloc-Brunnen (Pl. B 4). – Auf dem Weg am Caracol vorbei gelangt man zu diesem zweiten natürlichen Brunnen, zu dessen Wasserspiegel man über einen Fußsteig hinuntersteigen kann.

Umgebung von Chichén Itzá. – *** Höhlen von Balancanche** (6 km; auf der Straße Richtung Valladolid und Cancún und l. nach 5 km; Führungen um 8,9,10,14,15 und 16 Uhr). – In diesen Höhlen, die in der Toltekenzeit als unterirdisches Heiligtum dienten, fand man zahlreiche Opfergaben für den Regengott Chac, vor allem Weihrauchgefäße und Kohlenbecken.

Fortsetzung der Rte. 34. – 126 km: L., 1 km, **★ Höhlen von Balancanche** (s. o.).

153 km: Cuncunul (Fest des Hl. Sebastian am 24. Juni, Tanzveranstaltungen).

164 km: Valladolid, 34.000 Ew., 1542 gegründet; 1544 wurde die Stadt jedoch an die Stelle des alten *Zaci*, des religiösen Zentrums der Cupules verlegt, wo sie sich noch heute befindet. Die beiden Cenotes (Brunnen), um die herum die Stadt entstanden ist, befinden sich heute im Vorort Sisal und der zweite, Santa Ana genannt, in der Nähe des Stadtzentrums.

In dem Vorort Sisal gründeten die Franziskaner ein **Kloster** (1552–1560). Die einfache einschiffige **Kirche** hat den Charakter einer Festung (Zinnen). Barockaltar in der Apsis.

Von Valladolid führt eine Asphaltstraße nach (51 km) **Tizimín**, 25.000 Ew., wo von 30. Dez.–6. Jan. eines der beliebtesten Feste von Yucatán zu Ehren der Hl. Drei Könige stattfindet. Die Franziskaner gründeten hier im 16. Jh. ein Kloster. Auf dem Weg hierher kommt man durch (38 km) **Calotmul**, kurz vor Tizimín; in der Pfarrkirche schöner Altar; Cenote.

Rd. 16 km nördl. von Tizmin liegt **Aké** (eindrucksvolle Ruine eines **El Palacio** genannten Gebäudes, das über eine 40 m breite Treppe zu besteigen ist; Säulenreste); hier lieferten sich 1528 Spanier und Mayas eine erbitterte Schlacht, die zur vorübergehenden Unterwerfung der Stämme dieser Region führte.

Eine andere Straße ab Valladolid führt nach (150 km) **Felipe Carrillo Puerto** (s. Rte 32 C, km 222 und Rte 35, km 235) über (22,5 km) einen Aussichtspunkt in unmittelbarer Nähe der **Überreste einer Straße aus der Mayazeit**, die man allerdings unter dem Mantel der dichten Vegetation nur schwer sehen kann.

242 km: Nuevo X-Can; Abzweigung r. nach (50 km) **Cobá** (s. Rte 35, km 138,5).

275 km: Leona Vicario, in der Nähe einer kleinen Ruinenstätte (1,5 km im SO); Ruinen im Ort.

In der Umgebung von Leona Vicario gibt es mehrere Ruinenstätten, vor allem im NW, zwischen der Straße nach Puerto Juárez und der N-Küste Yucatáns und im SO, zwischen derselben Straße und der Karibikküste. Diese noch unerforschten Stätten sind sehr schwer zugänglich und von geringerer Bedeutung.

282 km: Zollstation.

323 km: L. nach (2 km) **Puerto Juárez**, Hafen an der Karibischen See, von wo man in einer Überfahrt von 45 Min. die Isla Mujeres (s. u.) erreicht.

★★Isla Mujeres, sehr schöne Badeinsel, eines der Tropenparadiese von Mexiko mit Kokospalmenhainen, umspült von dem klaren, blauen Wasser der Karibik. Die Insel wurde von dem spani-

(34) Mérida – Chichén Itzá – Cancún

schen Seefahrer Francisco Hernández de Córdoba so benannt, nachdem er festgestellt hatte, daß die meisten Tempel Göttinnen geweiht waren. Er legte hier 1517 an.

Die Insel ist 8 km lang und 4 km breit (1.500 Ew.); an der W-Küste Sandstrände mit blaßgelbem, fast weißem Sand, der durch den Zerfall der Korallenriffe entsteht. Die guten Hotels der Insel verfügen über eigene Schwimmbäder, will man aber im Meer baden, so sollte man dies an der W-Küste tun, wo das Meer ruhig ist (**Coco Beach** im N des Hafendammes ist empfehlenswert). Wasserskifahren, Unterwasserjagd in den sehr fischreichen Korallenbänken oder Hochseefischerei (Barracudas, Schwertfische, Heilbutte) sind ebenfalls möglich.

Im N-Teil der Insel, den man per Schiff in 20 Min. von der Hotelsiedlung (500 m südl. des Leuchtturmes) erreicht, befinden sich die **Ruinen eines Kultzentrums** aus dem Ende der Klassik. In diesem Teil der Insel ist die **Playa el Garrafón** der schönste Strand mit unglaublich feinem Sand; die Bucht wird durch eine Korallenbank gegen das offene Meer hin abgeschirmt, wodurch sich hier tausende Fische wie in einem Unterwasserzoo tummeln. Ausflüge mit Glasbooten. Sehenswert ist auch die **Hacienda del Pirata Mundaca**, die Ende des vergangenen Jahrhunderts erbaut wurde. An der N-Spitze der Insel liegt der **Tempel Ix Chel**, ein typischer Mayabau mit falschen Gewölben aus Mauervorsprüngen; möglicherweise befand sich hier ein Observatorium. Vom Hafen gehen Schiffe zur Insel **Contoy**, einem Vogelparadies, das man in rd. 2 Std. 30 Min. erreicht. Für den Ausflug muß man einen Tag rechnen.

Fortsetzung der Rte 34. – 325 km: **Cancún (Stadt)**, Verwaltungs-, Geschäfts- und Wohnzentrum, völlig neu erbaut, in unmittelbarer Nachbarschaft des Seebadeortes.

334 km: * **Cancún**, Badeort in ** **außergewöhnlich schöner Lage**, die sich durch einen 20 km langen und stellenweise 400 m breiten Dünengürtel ergibt, der sich zwischen mehreren Lagunen und der Karibischen See erstreckt. Die Korallenbänke, die zauberhafte Unterwasserflora und die bunten Fische in ihrer unüberschaubaren Vielzahl lassen hier bei einem Blick in die Tiefe fast impressionistische Bilder entstehen. Das glasklare Wasser erlaubt es stellenweise, bis 40 m tief auf den Meeresgrund zu blikken. Der schmale Küstenstreifen besteht aus einer ununterbrochenen Reihenfolge von kleinen Buchten mit herrlichen Sandstränden aus pulverisiertem Korallensand, den Gezeiten und Wind hierher gespült haben. Die hellgelben, fast weißen Sandstrände werden von schlanken Palmen gesäumt, die den nötigen Schatten spenden und die meist sehr gediegene, moderne Architektur der Bauten gut zur Geltung bringen oder aber auch Ruinen alter, kleiner Mayastätten verstecken.

Orakel aus dem Computer. – Der Ausbau von Cancún für den Fremdenverkehr wurde in Angriff genommen, nachdem genaueste Computerberechnungen den Ort unter mehreren anderen in Frage kommenden als den günstigsten ausgewiesen haben. Geplant ist, bis zum Jahr 2000 rund 10.000 Betten zu schaffen, um jährlich eine Million Touristen beherbergen zu können. Es soll damit an der O-Küste Mexikos ein attraktives Fremdenverkehrszentrum entstehen, um das bereits hoffnungslos aus allen Nähten platzende Acapulco zu entlasten.

Die Stadt (**Ciudad Cancún**), die als Wohn- und Schlafstätte für das in den Hotels und anderwärts benötigte Personal dient, wurde im nötigen Abstand von den Stränden angelegt, damit ihr Wachstum nicht behindert wird. Die Stadt ist für 70.000 Menschen geplant.

Neben den vielfältigen sportlichen Möglichkeiten, die von Schwimmen, Bootsfahrten oder Fischen am Meer über Wasserski (vor allem in den Lagunen Nichupté und Bojórquez) und Tennis bis zu Golf reichen (der Golfplatz von Cancún zählt zu den schönsten der Welt), können auch Ausflüge ins Landesinnere oder an die Küste Quintana Roo, vor allem nach Tulum, Cobá, den Wassergärten von Xel Ha, zu den Inseln Cozumel (s. u.) und Mujeres und zu den Ausgrabungen einer **Ruinenstätte aus der Mayazeit** unternommen werden. Die hier freigelegten Pyramidenbauten stammen aus der späten Postklassik. Die Ruinenstätte liegt rd. 45 Min. zu Fuß vom derzeitigen Ende der Straße entfernt (gleichfalls 45 Min. vom Club Méditerranée entfernt, jedoch Richtung Badeort).

★★**Isla Cozumel** (Anreise per Schiff oder Flugzeug, s. Praktische Hinweise). – Die 45 km lange und höchstens 18 km breite Insel in der Karibik liegt rund 20 km vor der O-Küste Yucatáns. Außer einem einzigen Dorf, **San Miguel** an der W-Küste, gibt es hier ausschließlich Natur in Form einer üppigen Vegetation, schöner Sandstrände mit Palmen, zweier Lagunen mit kristallklarem Wasser und eines sehr angenehmen Klimas.

In vorspanischer Zeit war die Insel zusammen mit Chichén Itzá und Izamal eines der größten **Wallfahrtszentren** der Mayas, die hier in einem großen Tempel die Mondgöttin Ixchel verehrten. Die Insel wurde 1518 entdeckt. Ein Jahr später landete hier Hernando Cortez, der sämtliche heidnische Idole in dem Heiligtum zerstören ließ. 1527 diente die Insel als Ausgangspunkt für den ersten Eroberungszug nach Yucatán unter der Leitung von Francisco de Montejo. Sie diente in der Folge bis in das 18. Jh. Piraten als Schlupfwinkel.

Im Palacio Municipal auf dem Hauptplatz nahe der Anlegestelle (Malecón) befindet sich ein kleines **Museum** (*Öffnungszeiten:* tgl. 8–13 Uhr) mit einigen Antiquitäten, vor allem Keramiken und kleinen Figuren aus verschiedenen Fundstätten auf der Insel und aus einem vor der Küste gesunkenen spanischen Schiff.

Im **Aquarium** in der Nähe der Anlegestelle im Hafen sind die meisten Fischarten der Karibik vertreten.

➤ Mit einem gemieteten Fahrrad oder mit dem Boot können zahlreiche Ausflüge unternommen werden, vor allem zur **Lagune Chancanab**, 9 km südl. von San Miguel, zur **Playa de San Francisco**, 16 km südl. Hinter San Francisco, in der Siedlung **El Cedral**, Mayaruinen.

➤ An der O-Küste, 30 km von San Miguel auf der Carretera Transversal (oder 50 km auf der Straße über die Playa de San Francisco) entfernt liegt die **Ruinenstätte von Buenavista**.

➤ Die bedeutendsten Mayaausgrabungen befinden sich in **Aguada Grande**, an der N-spitze der Insel, in **Janan**, zwischen dem Leuchtturm von Punta Molas (im N) und El Real, und in **Miramar**, rd. 6 km vom Leuchtturm und 3 km nördl. von San Miguel de Cozumel, hinter den Hotels am Strand El Pilar.

35 – Von Cancún nach Chetumal

Der zügige Ausbau des Straßennetzes im östl. Teil der Halbinsel Yucatán erschloß dem Tourismus ein riesiges Gebiet, das noch vor einigen Jahren nur im Rahmen einer Dschungelexpedition zu bereisen war. Zahlreiche archäologisch interessante Ruinenstätten konnten bereits freigelegt werden, es gibt jedoch höchstwahrscheinlich noch einige weitere zu entdecken. Die bedeutendsten sind Tulum und Cobá, die leicht zu erreichen sind. Einige andere Ruinenstätten, die allerdings weniger bedeutend sind, sind nach wie vor schwierig zu erreichen. Die Straße nach Chetumal verläuft entlang der Karibikküste bis Tulum, ein verlorenes und wiedergefundenes Paradies mit den Wassergärten von Xel Ha, denen eine vielversprechende Zukunft offen steht.

Straße: 390 km auf guter Asphaltstraße, häufig durch dichten Dschungel. Nach Tulum rd. 1 Std. 45 Min. und nach Chetumal weitere 3 Std. 15 Min.

9 km: Am Ende der breiten Straße zwischen dem Meer und den Lagunen Nichupté und Bojórquez, die den Badeort mit Ciudad Cancún verbinden, zweigt man bei der Stadteinfahrt l. ab.
22,5 km: Kreuzung.

L. Abzweigung zur **Punta Nizuc** und zum (8 km) **Club Méditerranée**.

23 km: Straßenkreuzung mit Zufahrt zum (2,5 km) internationalen **Flughafen** von Cancún.
43,5 km: L. nach (1 km) **Puerto Morelos** (Fährboote zur Insel Cozumel, Fahrzeit 2 Std.).
68,5 km: L. **Strand Capitán Laffitte** (kleines Restaurant, Kabinen, Miete von Taucherausrüstungen), nach dem berühmten französischen Korsaren Jean Laffitte benannt, der 1781 in Port-au-Prince geboren wurde und Anführer aller Seeräuber der Karibischen See war, bevor er sich im zweiten Unabhängigkeitskrieg in den Dienst der Amerikaner stellte.
75,5 km: L. **Playa del Carmen** (Schiffe zur Isla Cozumel um 6, 12 und 18 Uhr im Anschluß an den Autobus aus Mérida und Cancún; Fahrzeit 1 Std. 15 Min.).
92,5 km: Kreuzung.

R. im dichten Dschungel (Führer am Strand von **Pamul**) Überreste eines Maya-Kultzentrums mit mehreren Terrassen (Spuren von Malereien).

95,5 km: Kreuzung.

L. im Dschungel, in der Nähe von zwei Lagunen, Mayaruinen von **Chakalal** mit einem kleinen, gut erhaltenen Tempel.

112 km: L. nach (1 km) **Akumal**, feiner Sandstrand in einer paradiesisch schönen Bucht mit schlanken Palmen; Ausflüge mit einem Glasboot entlang der Küste.

122 km: L. nach (1 km) ★★**Xel Ha**, Erholungszentrum (*Öffnungszeiten*: 7–17 Uhr; Eintrittsgebühr) mit einer Restaurant-Bar, an einem der schönsten Plätze der Küste. Mehrere kleine Lagunen mit kristallklarem Wasser (manche von ihnen werden teilweise durch Süßwasser gespeist), die ein überaus reichhaltiges **natürliches Aquarium** bilden und miteinander durch Kanäle und unterirdische Grotten verbunden sind. Hier kann man die gesamte Palette der Tropenfische der Karibik bewundern. Die archäologischen Ausgrabungen von Xel Ha umfassen einige Ruinen (vor allem eine großen **Pyramide** nach der Straßengabelung bei km 122, r. von der Straße nach Chetumal) und einen kleinen, überschwemmten Tempel.

132,5 km: L. Ruinen von **Tancah**, gegenüber *Cenote* (Brunnen; r. von der Straße).

136,5 km: L. (1 km) Eingang zur Ruinenstätte von ★★**Tulum**, einer toten Maya-Stadt, die als jenes *Zamá* identifiziert wurde, das Juan de Grijalva sah, als er 1518 eine Expedition entlang der O-Küste Yucatáns unternahm, und das er mit Sevilla verglich.

Tulum wurde möglicherweise in der klassischen Periode, also im 6. Jh. n. Chr. gegründet (das älteste hier gefundene Datum entspricht dem Jahr 564); da jedoch keine Bauwerke aus der Zeit vor dem 12. oder 13. Jh. gefunden wurden, ist diese Annahme zweifelhaft. Die Stadt war bis 1544 besiedelt. Sie wurde nach der Eroberung des NO Yucatáns durch die Spanier verlassen, ihre Bauten waren jedoch bei Ankunft der ersten Forschungsexpedition (1916–1922) noch ziemlich gut erhalten.

Öffnungszeiten: 7–17 Uhr.

Die Stadtmauer. – Wie ihr moderner Name aussagt (Tulum bedeutet „Mauer" oder „Befestigung"), war die Stadt durch eine Ringmauer an drei Seiten geschützt, an der vierten bildeten die 12 m hohen Steilklippen einen natürlichen Schutz. Der umschlossene Raum erstreckte sich auf 380 m von N nach S und 165 m von O nach W.

Der Stadtwall, der zwischen 3 und 5 m hoch und 6 m dick ist, besteht aus Steinen und weist fünf Tore auf. Im NO-Tor befanden sich zwei Räume. Auf dem Rundweg auf der Mauer standen mehrere kleine Tempel mit nur einem Raum (der NW-Tempel ist mit einem Fries griechischer Ornamente verziert).

Struktur 20. – Tempel oder Palast; die Bestimmung des Gebäudes ist ungeklärt; es bestand aus zwei parallel verlaufenden Galerien, in deren rückwärtiger sich ein kleiner Tempel befand. Daneben lag eine Terrasse mit einem kreuzförmigen Grab in der Mitte, in dem man ein Skelett und Grabbeigaben fand. Gegenüber, im W (man betrat den Bau von O), lag eine kleine Plattform, die vielleicht einen Altar oder die Stele Nr. 2 trug, die vermutlich aus dem 13. Jh. stammt.

Tempel der Fresken (s. Pl.). – Der noch sichtbare Bau war das Ergebnis des Ausbaues einer ursprünglich viel kleineren Struktur, die mit **Wandmalereien** verziert war, die teilweise erhalten sind.

Großer Palast. – Dieser mächtige Bau auf einer Plattform besteht aus einem Flügel mit zwei parallel verlaufenden Galerien, deren eine mit einer Kolonnade sich gegen S hin öffnet, und einem zweiten Flügel, der möglicherweise später angebaut wurde.

Innere Mauer. – Man geht anschließend zur höchsten Erhebung der Ruinenstätte mit dem Castillo, dem bedeutendsten Bau von Tulum. Er beherrscht einen großen Hof, der von Mauern und Terrassen umgeben ist, auf denen sich wieder Gebäude erheben. Alle diese Bauten, ebenso wie jene zu beiden Seiten einer von N nach S verlaufenden Achse durch die Anlage, waren in einem 17-gradigen Winkel gegen O ausgerichtet. Die Terrasse in der Mitte, die man über zwei Treppen erreichen konnte, diente möglicherweise als Bühne für rituelle Tänze.

Tempel des herabsteigenden Gottes. – L. in einer Ecke der Innenmauer steht dieser kleine, seltsame Tempel auf einer hohen Plattform. Im Unterschied zu anderen Tempeln sind die Mauern hier nicht abgeschrägt, sondern so gebaut, daß der obere Teil überhängt.

Über dem Tor befindet sich eine Nische mit einem **Hochrelief**, den herabsteigenden Gott darstellend, ein Motiv, das in Tulum sehr häufig verwendet wurde und auch im *Popol Vuh*, dem heiligen Buch, einer Art Bibel der Mayas aus Guatemala und Honduras, erwähnt wird, wo er als Vampir oder Camalzotz dargestellt wird, der vom Himmel herabgestiegen ist, um Hunahpu, dem Helden der Quichés, den Kopf abzuschlagen. Die Fassade wies **Malereien** auf, die möglicherweise aus dem 12. Jh. stammen, ebenso wie jene im Tempelinneren mit Darstellungen der Sonne, der Venus, der Sterne und verschiedener Opferszenen.

Das Schloß. – Dieses mächtige Bauwerk entstand im Laufe der Jahrhunderte durch ständige Zu- und Anbauten an einen ursprünglich viel kleineren Bau. Die ältesten Teile dieses Tempels befinden sich zu beiden Seiten der Treppe zur obersten Plattform, somit an den N- und S-Flügeln des Gebäudes.

Tempel der Anfangsserie. – In unmittelbarer Nähe dieses Heiligtums wurde eine Stele mit dem Datum 564 n. Chr. gefunden.

➔ Im südl. Teil der Ausgrabungen sind die **Struktur 13** und ein **kleiner Tempel** (Struktur 54) sehenswert.

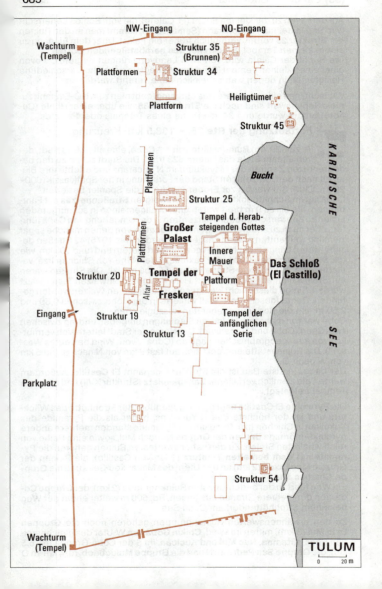

(35) Cancún – Chetumal

Auf dem Weg zu der kleinen Bucht (Pl. Caleta), die vom Schloß beherrscht wird und in der man baden kann (Sandstrand), kommt man an den Ruinen der **Struktur 25** vorbei, vermutlich früher ein Palast. Über dem Eingang zu einem kleinen Tempel, **Stuckrelieb des herabsteigenden Gottes**.
Die Bucht der Caleta wird von zwei Landvorsprüngen begrenzt, wovon einer einen kleinen Tempel (**Struktur 45**) trägt; in der Nähe, verschiedene Heiligtümer, in denen wahrscheinlich Idole verehrt wurden.

Wünscht man eine genauere Besichtigung, geht man zum NO-Eingang zurück. Sehenswert sind noch die **Strukturen 35**, die über einer Höhle (Cenote) erbaut wurde und **34**, die Ruine eines Tempels oder Palastes.

▶ **Fortsetzung der Rte 35. – 138,5 km: Kreuzung.**

▶ R. zur (39 km) Ruinenstätte von ★★ **Cobá**, eine alte Mayastadt, deren älteste Stele das Datum 623 trägt. Die Stadt zählte zu den bedeutendsten Zentren der Mayakultur im N Yucatáns und erlebte ihre Blütezeit nach dem derzeitigen Stand der Forschung in der Spätklassik (600-900 n. Chr.). Sie war bis zur Eroberung durch die Spanier besiedelt.
Cobá lag im Schnittpunkt eines weitverzweigten **Straßennetzes** mit Fahrbahnen, die bis zu 9 m breit waren und im allgemeinen in schnurgeraden Linien zu den verschiedenen Kultzentren in der Umgebung von Cobá führten, aber auch zu anderen Städten in N-Yucatán, von denen manche sogar ziemlich weit entfernt lagen. Insgesamt wurden (bis 1975) 42 Straßen gezählt, deren Länge zwischen einigen hundert Metern und rund 100 km, wie die Straße zwischen Cobá und Yaxuná, in der Nähe von Chichén Itzá, variierte. Eine 20 km lange Straße verband Cobá mit Ixil. Die Straßen waren auf Steinwällen angelegt, die mit Hilfe riesiger Steinwalzen festgewalzt wurden. Einige dieser noch weniger als 5 t wiegenden Walzen wurden gefunden. Der aufgeschüttete Wall variierte in der Höhe zwischen 0,50 und 2,50 m, um die Bodenunebenheiten auszugleichen.
Cobá war von mehreren kleineren Siedlungen umgeben und lag zwischen zwei Seen (*Cobá* und *Macanxoc*). Der Name der Stadt leitete sich vermutlich von ihrer geographischen Lage ab (Cobá: „vom Wind bewegtes Wasser"). Die Ruinenstätte erstreckt sich auf fast 9 km von N nach S und 5 km von W nach O.
Der bedeutendste Bau ist die Struktur I, genannt **El Castillo**. Außerdem wurden ein ziemlich verfallener **Ballspielplatz** (Struktur XVII) und mehrere Tempel freigelegt.

Die **Pyramide El Castillo** liegt genau gegenüber der Strohhütte des Wächters und ist der höchste Bau N-Yucatáns, höher als die Pyramide des Kukulkán in Chichén Itzá. Rund um die Pyramide standen mehrere andere pyramidenförmige Bauten der Gruppe Nohoch Mul, sowie eine Reihe von reich verzierten Stelen. Zu den sehenswertesten Ruinen gehören die **Pyramide mit dem bemalten Türsturz** (1 km von Castillo), die Ruinen der **Gruppe Macanxoc** (2 km) an den Ufern des Macanxoc-Sees und die **Gruppe Chumuc Mul**.
Ein Weg führt zu der bedeutendsten Ruinengruppe (2 km), der **Gruppe Cobá**, von der mehrere Straßen ausgehen. Rd. 500 m weiter endet der Weg bei einem Strohhüttendorf am Cobá-See.

Zu den erwähnenswerten Ruinengruppen gehören noch die **Gruppen Dzib Mul** (3 km), mitten im Wald, **Chikin Cobá**, am W-Ufer des gleichnamigen Sees, **Kitamna**, **Nuc Mul** und **Kucicán**, im S der Cobá-Gruppe (rd. 5,5 km), die **Gruppe San Pedro** im N und die **Gruppe Mulucbaob**, rd. 4 km im O des Macanxoc-Sees. Von Cobá gelangt man nach rd. 50 km auf die Straße Mérida-Cancún (s. Rte 34, km 242).

➡ Fortsetzung der Rte 35. – **162,5** km: Kreuzung.

➡ L. Abzweigung (bei einem kleinen Restaurant) zu den Ruinenstätten von **Xlapak** und **Muyil**, zwei kleinen Maya-Städten an der **Lagune Chun Yoaxche**. Der kurze Ausflug in den Wald unter Führung eines Kindes aus dem benachbarten Dorf ist eine willkommene Abwechslung auf der ziemlich monotonen Fahrt nach Chetumal.

➡ **236** km: **Felipe Carrillo Puerto**, 6.000 Ew., an einer Straßenkreuzung, von der r. die Straße nach Muna abzweigt (s. Rte 32 C, in umgekehrter Richtung ab km 222) und nach (150 km) Valladolid.

In diesem Dorf wird seit 1850 ein Kreuz verehrt, das die eingeborenen Priester angeblich zum Sprechen brachten, als sie zum Kampf gegen die mexikanische Regierung aufriefen. 1887 wollte der Stammesoberste dieser Region, Chan Santa Cruz, das Gebiet mit der englischen Kolonie Belize vereinen. Ein Abkommen zwischen Mexiko und England fixierte die Grenzlinie jedoch weiter im S. Chan Santa Cruz wurde gefangen genommen und damit die Revolte der Mayas, unter dem Namen Krieg der Kasten in die Geschichte eingegangen, endgültig niedergeschlagen.

➡ Außer den an der Straße von Muna nach Carrillo Puerto (s. Rte 32 C, km 164,5 und 182) erwähnten Ruinenstätten, sind im dichten Dschungel dieser Gegend noch weitere verborgen, wie **Las Milpas**, 3 km im N von km 5 der Eisenbahnlinie von Vigia Chico, in der Bucht von Ascension, nach Felipe Carrillo Puerto; weiter im S liegen **Tupak**, **Chacmool** oder **Santa Rosa**. Weitere Maya-Ruinen auf einer Insel im N der Bucht von Ascension sind **Chencomac**, **San Francisco**, **Recodo San Juan**, **Chamax**, **San Miguel de Ruz**.

➡ **246** km: R. zur (8 km) **Laguna Ocom**.

300 km: L., kurz nach der Abzweigung der Straße nach Chacchoben, mächtige **Maya-Pyramide** (sehr verfallen) des Kultzentrums von **Nohbek**.

313 km: R. Abzweigung nach (25 km) **Vallehermoso** und (103 km) zur Straße Muna-Felipe Carrillo Puerto (s. Rte 32 C, km 164,5).

351 km: **Bacalar**, Dorf am W-Ufer des ★★**Bacalar-Sees**, den man bereits seit einiger Zeit l. der Straße sieht. Eine Straße führt den See entlang direkt zum Cenote Azul (s. u.).

Der rund 50 km lange und 5–6 km breite See mit herrlichem, türkisblauem Wasser liegt im Herzen der ehemaligen Maya-Provinz *Ziyancaán Bakhalal*, die nach der Maya-Chronik von den Itzaes besiedelt wurde, die im Jahr Katún 6 Ahau (entspricht 435–455 n. Chr.) aus Petén hierher gekommen waren. Das Dorf Bacalar wurde 1544 unter dem Namen *Villa de Salamanca de Bacalar* von Francisco de Montejo d. J. gegründet, jedoch im 17. Jh. wieder verlassen. Unweit des Dorfes errichteten die Spanier am W-Ufer des Sees in der ersten Hälfte des 18. Jh. die **Festung San Felipe de Bacalar** zum Schutz gegen die englischen Piraten aus Belize. Die Festung wurde im Laufe der Aufstände der Mayas von diesen mehrmals eingenommen und schließlich bis 1901 gehalten.

355,5 km: Abzweigung l. zum ★ **Cenote Azul**; herrlicher azurblauer Wasserspiegel von rund 50 m Tiefe in der Nähe des Bacalar-Sees.
371 km: R. Abzweigung nach Escárcega (s. Rte 36, km 19).
382 km: R. Abzweigung nach (3 km) **Subteniente López** und (4,5 km) zur **Grenze** zwischen Mexiko und Belize oder Britisch Honduras (Belize ist gleichzeitig der Name der Hauptstadt). Diese Straße stellt die Verbindung zum Straßennetz dieser Region her und führt über (18 km) **Corozal** (s. Rte 4 C, km 370,5, Guatemala).
390 km: Chetumal, 35.000 Ew., ehemals *Chactemal*, in einer Bucht gleichen Namens gelegen; Hauptstadt von *Quintana Roo* (50.350 km²), der am dünnsten besiedelten Provinz Mexikos (107.000 Ew.). Die moderne Stadt weist keinerlei Sehenswürdigkeiten auf und dient vorwiegend als Ausgangspunkt für Expeditionen in den umliegenden Urwald, zum Bacalar-See (sehr schön) oder nach Belize. Ausflügler aus Mérida kommen hierher, um billig einzukaufen.

●➤ An der Bucht von Chetumal liegen zahlreiche Ruinenstätten. 14 km im N von Chetumal liegt **Oxtancah**, 13 km im N, gegenüber der **Insel Temelcab**, liegt die ehemalige Festungsstadt **Ichpaatun** und 20 km im N, an einem Strand gegenüber der N-Spitze der Insel Temalcab, **Nohuchmul**.

36 – Von Chetumal nach Escárcega

Auf einer völlig neu angelegten Straße durch ein riesiges Urwaldgebiet, in dem **es noch mehr alte Maya-Ruinen gibt als Einwohner**, durchfährt man eine der ärmsten Provinzen Mexikos. Die Namen der armseligen Siedlungen längs der Straße, wie Constitución, Esperanza, Justicia Social, la Libertad, vermitteln einen Eindruck von der sozialen Stellung und den Zielen der hier lebenden Bauern. Die meisten der hier lebenden Menschen sind Landarbeiter, die ihr Stück Land buchstäblich aus dem Urwald herausbrennen und sich durch nichts entmutigen lassen. Die Region trägt bezeichnenderweise den Namen *Peor es Nada*, was soviel wie „es gibt nichts Schlimmeres" heißt.

An dieser Strecke liegen zahlreiche völlig unerforschte Ruinenstätten wie **Xpuhil**, **Becán**, **Chicamna** und **Silvituk** ganz nahe an der Straße. Ein Umweg zu den kürzlich freigelegten Ruinen von * **Kohunlich** in einer zauberhaften Waldlandschaft lohnt sich.

Straße: 276 km auf guter Asphaltstraße (keine Hotels). Vor Verlassen von Chetumal oder Escárcega Benzin nachtanken!

☞ **19 km:** Bei km 8 führt eine Straße nach Belize; man fährt l. Richtung Escárcega (nach Cancún s. Rte 35, in umgekehrter Richtung ab km 371).
60 km: Kreuzung.

☞ L. asphaltierte Straße nach (9 km) * **Kohunlich**; rund 2 km² große Ruinenstätte in einem sehr schönen * **Naturpark** mit üppiger tropischer Vegetation, der durch selektive Rodungen angelegt wurde.
L., unmittelbar nach dem Eingang (rd. 300 m vom Parkplatz), erhebt sich eine kleine **Akropolis** mit einem pyramidenförmigen Tempel, von der man einen schönen * **Blick** auf die Ruinenstätte und den umliegenden Wald hat.
Das interessanteste Bauwerk ist die * **Pyramide der Masken**, rund 14 m hoch mit einem Tempel als Abschluß. Zu beiden Seiten einer 8,5 m breiten Monumentaltreppe, die zur Spitze führt, sind jeweils drei riesige **Stuckmasken** zu sehen, die einen eindeutig olmekischen Einfluß aufweisen und zweifellos Darstellungen des Sonnengottes sind.

88 km: Grenzstation (Richtung Chetumal–Escárcega).
121 km: Kreuzung.

(36) Chetumal – Escárcega

→ Auf einem Fahrweg in Richtung **Laguna Soh** zur (17 km) Ruinenstätte **Puerto Rico**, die nur über einen sehr schlechten Weg zu erreichen ist, der bei einem Forstbetrieb am Ufer der Laguna Soh beginnt. Auffallendstes Bauwerk ist ein zylinderförmiger Turm ohne Türen, dessen Bestimmung ungeklärt ist.

122 km: R. Ausgrabungen von **Xpuhil**, sehr schlecht erhaltene Ruinen unter einer üppigen Vegetation, deren Ausmaße jedoch annehmen lassen, daß es sich um eine bedeutende Siedlung handelte.

Die Besichtigung der Ruinenstätten von **Chicaná** und **El Hormiguero** (s. u., km 130,5), von **Calakmul** (rund 40 km im SW) und von **Rio Bec** (rd. 40 km im O im Staat Quintana Roo) bleibt, solange der Ausbau des Straßennetzes stark zu wünschen übrig läßt, beschwerlich.

128 km: R. von der Straße liegen die Ausgrabungen von **Becán**; die hier freigelegten Ruinen weisen die gleichen Charakteristika auf wie jene von Xpuhil.

130,5 km: Ruinenstätte von **Chicamná** mit dem restaurierten *★ Gebäude II*, das für den Baustil von Rio Bec typisch ist, mit Türmen und Skulpturen, in denen die Hauptthemen der Mayakunst und die Masken des Gottes Itzamná eine große Rolle spielen.

→ Rd. 20 km im SW von Chicamná liegt **El Hormiguero**, an dessen Freilegung gearbeitet wird und das ebenfalls den Rio Bec-Stil repräsentiert.

205 km: **Constitución**.
220 km: L. nach (1 km) **Silvituk**, mit einem der besten Jagdgebiete Yucatáns (Hirsche, Wildschweine); nehmen Sie in Excárcega einen Führer. In der Nähe des Dorfes auf einem kleinen Hügel liegen die Ruinen einer prähispanischen Siedlung.
275 km: **Escárcega** (*Francisco Escárcega*), tropisches Western-Dorf mit Holzhäusern, Restaurants und Cafés, die vorwiegend von den Ranch- und Forstarbeitern der Umgebung besucht werden.
276 km: **Straße Villahermosa–Campeche** (s. Rte 30, km 299,5).

GUATEMALA

A. EINFÜHRUNG
I. Land und Leute
Von **Henri Enjalbert**
Direktor des geographischen Instituts – Universität Bordeaux III.

Christoph Columbus war nur an der Küste von Honduras auf Zentralamerika gestoßen. Die genauere Erforschung jener Gebiete, die heute die 6 mittelamerikanischen Republiken bilden, fand erst von Panama einerseits und von Mexiko andererseits aus statt; was die Spanier zu der Schlußfolgerung veranlaßte, daß die pazifische Seite der Isthmus-Regionen für die menschliche Besiedlung geeigneter seien als die karibische Seite.

Die beiden Küsten Guatemalas. – Für diesen Gegensatz gibt es klimatische Gründe: die Passatwinde aus ONO führen dazu, daß die Regenfälle auf der atlantischen Küste gleichzeitig häufiger und kräftiger sind als auf der Pazifikküste. Diese ausgiebigeren Regenfälle auf der karibischen Küste führten natürlich gleichzeitig zu einer dichteren Vegetation – dem Urwald – und einer heißen und gleichzeitig sehr feuchten Atmosphäre.

Dieses Wetter herrscht praktisch das ganze Jahr über, so daß eigentlich weder die Indianer, noch die Spanier jemals dauerhaft in diesem Gebiet siedelten. Dafür diente es immer schon als Unterschlupf für Seeräuber und Korsaren. Die Spanier verzichteten schon bald auf eine kostenaufwendige militärische Sicherung und Verteidigung dieser Gebiete und beschränkten sich darauf, Ausländern den Zutritt zu verwehren. Sie konnten auch weder die Engländer noch die schwarzen oder „braunen" Sklaven, die mehr oder weniger frei waren, daran hindern, Britisch Honduras zu kontrollieren. Gerade weil dieser Sektor der karibischen Küste so wenig besiedelt war, entschlossen sich übrigens die Bananen-Gesellschaften der Vereinigten Staaten gegen Ende des 19. Jh., hier ihre Bananenplantagen anzusiedeln.

Der Kontrast zur Pazifikküste, die als gutes, stark bevölkertes und wirtschaftlich besonders aktives Land gilt, ist natürlich enorm. Von Panama bis zum mexikanischen Soconusco ist das ganze Land ausgerüstet, organisiert, beschäftigt, was dazu führte, daß die Hochebenen im Inneren bald mit der Pazifikküste Kontakt aufnahmen.

Die Überlegenheit der **Pazifikküste** ist vor allem auf das Klima zurückzuführen, das sich hier in zwei stark unterschiedlichen Jahreszeiten ausdrückt, einer trockenen Jahreszeit von November bis April, die genausolang ist wie die Regenzeit von Mai bis Oktober. Die natürliche Vegetation wäre hier der trockene, helle Wald und die Savanne, wenn sie nicht vom Menschen fast überall in landwirtschaftliche Flächen verwandelt oder für die Viehzucht herangezogen worden wäre. Die Landschaften, die entstanden sind, wirken gleichzeitig offen und einladend. Da die Luftverhältnisse im allgemeinen sehr verträglich sind, ist die Bevölkerung sehr dicht und das städtische und ländliche Leben sehr entwickelt.

Guatemala (und Salvador, sowie ein kleiner Teil von Honduras) wurde stärker besiedelt als die anderen Länder Zentralamerikas von Nicaragua bis Panama. Die indianische Bevölkerung, die der Maya-Welt nahestand und am Vorabend der spanischen Eroberung stark von den Azteken beeinflußt war, war auch tatsächlich kulturell wesentlich stärker entwickelt, als jene der Länder im SO. Die Spanier bedienten sich dieser Erbschaft und organisierten Guatemala – das auch die Hauptstadt erhielt – und Salvador mit mehr Methode und mit mehr Aufwand als die aufgeriebenen Länder von Honduras bis Panama.

Der natürliche Rahmen. – Die mächtige Kette der guatemaltekischen Vulkane, die zu den lebendigsten der Erde gehören, umfaßt Gipfel, die zwischen 3.000 und 4.000 m liegen. Unter den Vulkanen liegen die tieferen Gebirge Zentralguatemalas, die 3.600 m hohen Altos Cuchumatanes; die temperierten Median-Plateaus und die trockenen Senken mit den Steppenlandschaften Motaguas bilden ein riesiges geographisches Ensemble mit einer Vielfalt an temperierten, tropischen Landschaften, die nur Mexiko in vergleichbaren Abstufungen zwischen Veracruz, México City und Acapulco zu bieten hat. Die vulkanischen Krater – oder Stauseen – liegen auf zwei verschiedenen Ebenen, jener dem Europäer fremden Ebene der tropischen Vegetation und jener durchaus gewohnten Ebene – Tannen und Eichen – der temperierten Gebiete.

Das indianische Land. – Guatemala ist nicht nur sehr stark indianisch besiedelt, seine Bevölkerung ist auch besonders eng ihren Traditionen, ihrer Sprache und ihren Gebräuchen treu geblieben. In der prähistorischen Zeit lebten mehr als 2 Mio.Indianer auf den Plateaus und in den Senken der zentralen guatemaltekischen Region. Trotz dieser Einschränkung aber ist es wichtig, die entscheidende Bedeutung der ersten spanischen Einflüsse in diesem Land anzuerkennen.

Im 16. Jh. wurde das indianische Land erstmals von Missionaren bereist. Dabei kam es erstmals zu einer Synthese der indianischen Traditionen und der spanischen Einflüsse, die absorbiert wurden. Somit muß alles, was man als Lokalkolorit bezeichnet, Trachten, Gesänge, Spiele, Wohn- und Lebensformen, also das gesamte indianische Folklore, innerhalb der einheimischen spanischen Tradition des ausgehenden 16. Jh. gesehen werden, was natürlich die außergewöhnliche Originalität dieser Volksgruppe um nichts mindern soll. Bartolomé de Las Casas, der spanische Dominikaner, hatte das Überleben dieser Originalität zu sichern versucht und die Prinzipien, die er im guatemaltekischen Chiapas und Verapaz angewandt hat, gehen von diesem doppelten kulturellen Erbe aus, das noch heute alle jene fesselt, die sich für die indianische Vergangenheit interessieren. Letztlich hat man „drei Kulturen" vor sich: die tote Kultur von Tikal und den archäologischen Zentren von Petén, die lebendige, aber archaische der vom Hispanismus gezeichneten indianischen Welt, auf die man in Chichicastenango trifft und schließlich die lebendige, aber diesmal sehr moderne des hispano-amerikanischen Gebietes in den Städten und gemischtrassigen Landgegenden, wie etwa in Ciudad de Guatemala und seiner Umgebung. Bei dieser 3. Kultur hat man übrigens eine besondere Möglichkeit, direkt das spanische Erbe zu erfassen, indem man die prachtvollen Ruinen von Antigua, der reichen, im Jahre 1773 zerstörten und verlassenen Hauptstadt besichtigt.

Das „Ladino"-Phänomen. – Bezüglich der hispano-indianischen Zivilisation, die heute im gesamten spanisch-sprechenden Lateinamerika vorherrscht, ist es notwendig, die ursprünglichen Züge des „Ladino"-Sektors im SO-zentralen Guatemala (und im gesamten Salvador) zu unterstreichen. Es handelt sich dabei um ein altes indianisches Land; es wurde aber nicht von Seiten der Missionare etwa nach dem Muster der Rassentrennung in Einheimische und Einwanderer geteilt, sondern dieser Sektor wurde sofort und direkt von der spanischen Verwaltung in die Hand genommen.

Das Land wurde in neue Städte, Ortschaften und Dörfer umstrukturiert, in Gemeinden evangelisiert, ohne daß die lokalen Dialekte erhalten worden wären, mit spanischen Einwanderern durchsetzt und wirtschaftlich durch die Einführung der Viehzucht und der europäischen landwirtschaftlichen Techniken verändert und in Richtung einer spekulativen Produktion insbesondere des Naturindigo geführt, womit diese Region sehr bald komplett hispanisiert war. Der „Ladino", der hier lebt, ist ein entwickelter Mischling, der spanisch spricht und keine direkten Bindungen mehr zur indianischen Vergangenheit seines Landes hat.

Wenn man das Spanien des 16. Jh. kennt, so wundert man sich nicht, daß die ladinische Gesellschaft sich aus hierarchischen Klassen zusammensetzt: an der Spitze eine Aristokratie, die mehr spanisch als indianisch war; sie raffte mit dem Ziel der Schaffung von Großgrundbesitz so viel Land an sich, wie sie nur konnte. Die Erhaltung dieser Vorherrschaft wurde insbesondere durch die Bevölkerungsexplosion zum Problem, die den Hunger der Kleingrundbesitzer und Landarbeiter nach eigenem Grund gesteigert hat. Sie bilden die niedere Klasse der Ladinos. Sie ist häufig mehr indianisch als spanisch, wenngleich die indianischen Fundamente auch hier aus dem Blickfeld verschwunden sind. Zwischen der Aristokratie und der Volksklasse gibt es sämtliche Abstufungen einer Mittelklasse, die aus Händlern und Angehörigen von Dienstleistungsberufen besteht. Diese Klasse ist besonders aktiv und gebildet und hat den starken Wunsch, sich auf das Niveau der Aristokratie hinzubewegen. Sie ist mobil und verlegt sich in Richtung der städtischen Zentren oder in die Pionierzonen.

Der guatemaltekische Ladino hat ein sehr starkes Gefühl für die Originalität seiner Kultur gegenüber seiner Umwelt: ein indianisches Land und nordamerikanische oder europäische Geschäftsgruppen, wie man sie überall in Zentralamerika findet. Er weiß, daß er kämpfen muß, um nicht unter ausländische Herrschaft zu gelangen; daher kommt auch sein Unternehmungsgeist und seine Freude an der Politik.

Er ist auf seine hispano-indianische Vergangenheit stolz. Ohne die fernen Ursprünge etwa der Maya-Kunst zu verwerfen, ist er besonders an die Tradition des 16. und 17. Jh. und an die Denkmäler aus dieser Zeit gebunden.

Guatemala ist nicht nur indianisch und Ladino gleichzeitig. Es ist auch atlantisch und pazifisch, Pionierstaat und doch wieder Bananenrepublik, somit gleichsam ein Extrakt des gesamten Zentralamerika, nicht nur in bezug auf die Verschiedenartigkeit seines natürlichen Rahmens und den Reichtum seiner Vergangenheit, sondern es wirkt auch wie ein halbherziges Mexiko, ohne aber diesen selben nordamerikanischen Stempel des Modernismus zu tragen.

Wenn man Antigua, die 1773 aufgelassene Hauptstadt besichtigt und sie mit dem „neuen Guatemala" der derzeitigen Hauptstadt vergleicht, darf man nicht vergessen, daß die eine wie die andere inmitten riesiger Gebiete lagen, von denen heute Chiapas, Salvador und Britisch Honduras abgetrennt worden sind. Bekanntlich gibt es ständig Reklamationen der guatemaltekischen Regierung, die der englischen Besatzungsmacht gegenüber ihr Besitzrecht auf Britisch Honduras geltend macht.

Ein stark bevölkertes Land. – Trotz dieser Verluste ist Guatemala ein großes Land; es bedeckt eine Fläche von 109.000 km^2 und ist damit nach Nicaragua und Honduras das drittgrößte Land Zentralamerikas. Mit seiner Bevölkerung von 6 Mio. steht es sogar an der Spitze.

Die durchschnittliche Bevölkerungsdichte wäre theoretisch 55 Ew./km^2. Da aber in Guatemala 2/5 des Landes, Petén, ein großer Teil von Izabal und der Süden von Verapaz völlig menschenleer sind, ist diese Zahl nichtssagend. In den Gebieten von Montagua (NO), bei Salvador (SO), der großen Küstenebene und ihrer Boca Costa am Pazifik herrscht etwa die angeführte Bevölkerungsdichte. Die Region der Hauptstadt und der zentralen und nordwestl. Plateaus hingegen, also das indianische Land, bringen Zahlen von 300 Ew./km^2, ein in Lateinamerika einzigartiges Pulverfaß.

Petén: riesig und leer. – Guatemala ist ein Land der Kontraste, nicht nur bei der Bevölkerung, sondern noch viel mehr die physischen Gegensätze betreffend. Die riesige tropische Urwaldebene des Petén überschreitet im NW und im N die guatemaltekische Grenze.

Auf dem Flug von Mérida nach Ciudad de Guatemala erblickt man unter sich einen 350 km langen dichten Urwald. Das gesamte Mittelstück ist auch nicht entwässert, erst gegen O kann das Wasser durch den Kalkstein in Richtung zum Grenzfluß Río Usumacinta abfließen. In der Landesmitte bilden riesige Lagunen Wasserflächen inmitten tropischer Wälder. Dieses heiße und feuchte Klima ist für den Menschen nicht sehr vorteilhaft. In der Maya-Zeit war Petén aber besiedelt (grandiose Ruinen in Tikal und Uaxactún im N der Provinzhauptstadt Flores). Im W liegen die Überreste der Mayakunst auf den beiden Ufern des Usumacinta oder in unmittelbarer Nähe, auf guatemaltekischer Seite, in Piedras Negras, auf der anderen, mexikanischen, in Yaxchilán und Bonampak. Man ist hier im Lande der „toten Zivilisationen". Doch noch im 16. Jh. wurde es von Cortez durchquert. Kurz darauf folgten die ersten Missionare, die das Land im 17. Jh. wieder aufgeben mußten. Erst gegen Ende des 19. Jh. wagten sich Holzfällergruppen in das westl. Petén, von wo das wertvolle Holz in Richtung Tabasco und zur Golfküste geflößt wurde. Später bemühte sich Guatemala, die Kolonialisierung in den südl. Sektor von Petén voranzutreiben. So wurden

Straßen durch den Urwald gebaut, die nicht nur die Pioniere befördern, sondern auch zu den archäologischen Fundstellen führen sollten.

Verapaz. – In den mittelhohen bewaldeten Bergen von Verapaz konnte die Maya-Bevölkerung besser überleben. Die Flüsse verlieren sich hier in den Felsklüften der Kalksteinketten und tauchen erst viel weiter in Richtung NO wieder in Form von Quellen auf. *Bartoloméo de Las Casas* erhielt von den spanischen Autoritäten die Genehmigung, dieses ganze Land am Rande des Zentralplateaus für die Missionstätigkeit zu reservieren. Er gab ihm den Namen Verapaz, wahrer Frieden.

Der Erfolg der Missionen war beschränkt, festigte aber den indianischen Charakter des Landes. Erst viel später, um die Mitte des 19. Jh., als deutsche und guatemaltekische Kaffeepflanzer ihre Kaffeeplantagen eröffneten und dafür mehr oder weniger freiwillig eine große Zahl von Arbeitskräften rekrutierten, wurde die indianische Einheit stark beeinträchtigt. Heute nimmt Verapaz auf den fruchtbaren Hängen und Tälern rund um die Hauptstadt Cobán entlang der Straßen ständig neue Pioniere auf.

Los Altos Cuchumatanes. – Im W von Verapaz erhebt sich das Kalksteinmassiv der Altos Cuchumatanes. Sie gleichen einem bergigen Viereck mit Seitenlängen von 35 und 65 km und einer Höhe von bis zu 3.600 m. Ein kaltes Gebiet, das einigen Bergregionen Mitteleuropas nicht unähnlich ist.

Infolge des feucht-kalten Klimas sind die Eichen und Tannen stets von Moos bedeckt. Auf den Höhen und zwischen den Felsen weiden Schafherden, in den Tälern werden Kartoffel gepflanzt. Auch diese kalten Gebiete sind schwach besiedelt. Wenn man im N gegen San Juan Ixcoy hinunter kommt, stößt man auf temperierte Gebiete, deren indianische Bevölkerung, die ziemlich abgeschnitten gelebt hat, vor gar nicht langer Zeit die ersten nordamerikanischen Missionen kommen gesehen hat; neben der Evangelisierung geht es hier vor allem um sanitäre und wirtschaftliche Unterstützung.

Das überbevölkerte indianische Land. – Im S der Altos, diesem Wasserschloß, dem rundum prachtvolle Quellen und Wasserfälle entspringen, liegt das indianische Zentralplateau Guatemalas. Hier wie im Chiapas von San Cristóbal oder im mexikanischen Oaxaca sind die Indianer, direkte Nachfolger der Mayas, eng an die kleinsten Feldparzellen gebunden.

Leider halten die Böden in diesen temperierten Gebieten nicht. Die sturzbachartigen Regenfälle durchpflügen sie und verwandeln die Felder in *„Malpais"*, schlechte Böden. Die kleinen Weizen-, Kartoffel- oder Maisparzellen werden regelrecht von der Erosion gefressen.
2 Mio Indianer leben hier in geschlossener Einheit, die weder durch die Anwesenheit der Spanier, noch durch jene der kreolischen Guatemalteken ernsthaft beeinträchtigt werden konnte. Sicherlich gibt es in den Städten wie Huehuetenango und Quezaltenango bereits Handel und europäisierte Verwaltung; doch auf dem Lande sind die Ortschaften noch rein indianisch.

Die Kette der großen Vulkane. – Gegen NW reicht das indianische Land bis zur vulkanischen Kette, die auf dem inneren Plateau thront. Die kleinen Felder der indianischen Gemeinden reichen kaum bis über die ersten Hänge hinauf. Der dichte Bergwald bildet einen Wall. Dadurch ist die Vulkankette eine Grenze; sie trennt das alte Guatemala mit seinen kalten und temperierten Gebieten von der heißen und neuen Küstenebene.

Vom Tacana (4.000 m) an der mexikanischen Grenze, bis zum Escuintla am Pazifik, reihen sich zwölf große Vulkane (200 km). Sie bilden eines der schönsten vulkanischen Ensembles der Welt. Es ist stark asymmetrisch; während die Berge auf der indianischen Seite 2.000 m nicht übersteigen, erreichen sie auf der Küstenseite Höhen bis zu 3.500 m. Ihr höchster Gipfel, der Tajamulco (4.200 m) im NW, ist gleichzeitig der höchste Berg Mittelamerikas. Die bekanntesten Vulkane des Landes sind hingegen jene im SO: Fuego (3.920 m, das Feuer) und Agua (3.760 m, das Wasser). Die dichte tropische Vegetation der Vulkane reicht bis auf etwa 2.000 m hinauf (die Boca Costa). In diesen Wäldern haben Deutsche und Guatemalteken zur Jahrhundertwende Kaffeeplantagen angelegt. Mit den verarbeitenden Betrieben bilden diese Plantagen eine der drei hochwertigen Kaffeegruppen Mittelamerikas (neben Salvador und Costa Rica).

Antigua und Ciudad de Guatemala. – Auf dem anderen Hang, auf halbem Weg zwischen dem Atitlán-See und Escuintla, wurde im 16. Jh. nach einigem Zögern die Hauptstadt Mittelamerikas, Santiago de Guatemala, errichtet.

In einem temperierten und außergewöhnlich fruchtbaren Becken am Fuße des Fuego wurde diese Stadt bald zu einer der größten (150.000 Ew.), schönsten und reichsten Städte Spanisch-Amerikas. Unglücklicherweise lag sie genau auf der Erdbebenlinie Guatemalas. 1773 kam es auch zu einem Erdbeben, bei dem die Stadt zerstört wurde. Ihre grandiosen Ruinen sind für Amerika, was Pompeji für Italien ist. Der Standort der neuen Hauptstadt wurde gründlich ausgewählt, ihre Struktur in großem Stil entworfen. Nach klassischen städtebaulichen Mustern wurde ein großmaschiges Netz mit barocken Baudenkmälern auf einem Plateau in einem temperierten Gebiet an einer Wasserscheidelinie entworfen. Die Stadt bildet den Kreuzungspunkt der Straßen über Motagua zur Karibik, über Escuintla zum Pazifik, über Jutiapa nach Salvador und über Totonicapan ins norwestl. indianische Gebiet. Die Metropole nahm in den letzten Jahren rasant an Bevölkerung zu und zählte 1975 bereits 850.000 Ew.

Das Ladino-Land. – Das Stadtzentrum und die ersten Vororte auf dem Plateau sind ladinisch. Mehr und mehr aber werden die Elendsviertel, die sich in die Talmulde fressen, indianisch. Das Ladino-Land bedeckt den gesamten SO Guatemalas.

In Richtung Jutiapa, Jalapa und Santa Rosa dringt man bereits in salvadorianisch anmutendes Gebiet. Ein Dutzend mittelhohe Krater beherrschen ein temperiertes Plateau. Wie in Salvador wurde die Bevölkerung von den Spaniern in Städten, Ortschaften und Dörfern zusammengefaßt. Große Viehzucht- und Ackerbaubesitze bedecken den besten Boden. Einige isolierte Indianergruppen konnten allerdings überleben. Sie sind zahlreicher als in Salvador, aber nicht mehr so unberührt wie im NW Guatemalas. Das lebendige und dynamische ladino-guatemaltekische Land hat nicht nur die Hauptstadt mit vielen interessanten Akzenten bereichert, sondern auch die Besiedlung und Urbarmachung des tiefen Motagua-Tales und der pazifischen Küstenebene beschickt.

Das Motagua-Tal. – Eher überraschend kommt bei der Ausfahrt aus Ciudad de Guatemala in Richtung Motagua-Tal der rasche Abfall der Straße in eine trockene Landschaft, die von Kakteen und stacheligem Buschwerk beherrscht wird und an die mexikanische Landschaft von Tehuacán oder Tehuantepec erinnert.

Man ist hier relativ gut vor dem aus dem NO kommenden *Passat* geschützt, der seine Regenwolken schon über dem Golf von Honduras entleert hat. Dieses wüstenhafte Guatemala erhält sein Wasser von den umliegenden Bergen, was kleinere Bewässerungsanlagen und extensive Viehzucht, teils von Ziegen, teils von Rindern, ermöglicht hat.

Stromabwärts wird das Klima feuchter, und man stößt wieder auf heiße Gebiete karibischen Typs. Man gelangt nun in die Bananen-Zone. Hier hat die United Fruit eine ihrer mächtigen Kolonien gegründet, die bei Bananera durch eine Eisenbahn mit dem Atlantikhafen Puerto Barrios verbunden war.

Die große tropische Ebene des Pazifiks. – Viel eher noch als Izabal oder Verapaz gilt die Küstenebene am Atlantik als die Pionierzone Guatemalas. Sie ist riesig groß: 250 km lang und 40 – 60 km breit.

Sie setzt sich im mexikanischen Soconusco und im salvadorianischen Sonsonate fort, verliert aber dort an Weite. Sie teilt sich in ein Vorgebirge, die **Boca Costa** (Tor der Ebene), die tiefere und eigentlich angeschwemmte Ebene selbst und schließlich die Lagunen und Dünen am Pazifik.

Die Boca Costa war schon früh um die Städte Coatepeque, Retalhuleu, Mazatenango und Escuintla besiedelt. Auf dem Piedmont entwickelte sich traditionsgemäß eine spekulative Landwirtschaft (Kakao, Indigo, Zuckerrohr). Mitte des 19. Jh. fand die „Kaffeerevolution" statt, die auf den gegenüberliegenden Berg übergriff. Gleichzeitig verwandelte die Boca Costa ihre Weiden in moderne Zuckerrohrfelder.

Erst mit etwas Verspätung auf Nicaragua und Salvador begann auch Guatemala 1955 die Küstenebenen für die Baumwollzucht zu benützen. Das geschah aber von Anfang an im großen Stil, so daß die Produktion jährlich über 100.000 t liegt.

Dieser Fortschritt ging teilweise auf Kosten der Bananenplantagen der ehemaligen United Fruit, deren Plantagen von verschiedenen Parasiten und Krankheiten befallen wurden. 1930 verlegte sie daher das Hauptgewicht ihrer Produktion aus der Gegend von Motagua in den breitesten Teil der Küstenebene, bei Tiquisate. Dafür wäre es notwendig gewesen, neben San José und Champerico einen weiteren Pazifikhafen samt Eisenbahnlinie zu eröffnen.

Die technisch hervorragend ausgerüstete riesige Plantage von Tiquisate war 1950 eine der bedeutendsten der Erde und produzierte jährlich 250.000 t Bananen. Diese Bananen mußten aber über den Karibischen Hafen Puerto Barrios exportiert werden, weil die United Fruit ihr Versprechen über den Bau eines dritten Pazifikhafens nicht gehalten hatte. 1952–54 drohte die Regierung den Plantagen mit Verstaatlichung. Aber bis 1964 vollzog die United Fruit von sich aus ihren Rückzug aus den mittlerweile ebenfalls befallenen Plantagen.

Die größte Spekulation findet zur Zeit auf dem Gebiet der Viehzucht statt. Bis 1935–40 war die Rinderzucht sehr extensiv gewesen. Im Laufe des Zweiten Weltkrieges und infolge der starken Preissteigerungen für Rindfleisch wurde sie aber mehr und mehr nach salvadorianischem Vorbild umgestellt und auf die Gräserzucht spezialisiert. Qualitätsfleisch hat einen zweifachen Markt: die Hauptstadt und die USA.

Landwirtschaftliche Probleme. – Wenige Regionen Mittelamerikas haben eine vergleichbare wirtschaftliche Entwicklung wie Boca Costa und die guatemaltekische Küstenebene oder die bergige Kaffeezone durchgemacht. Übrigens sollte man in diese Expansionsbetrachtung auch die Hauptstadt einschließen, die alle Aktivitäten der Region bestimmt und auch von ihnen profitiert. Da der Rest des Landes, insbesondere das indianische Gebiet stark hinter dieser Entwicklung zurückgeblieben ist, verwundert es nicht, daß sich zwischen den ländlichen und den städtischen Gegenden stärkere soziale Spannungen entwickelt haben.

Im landwirtschaftlichen Bereich war es zu einer völlig überraschenden Entwicklung gekommen, als sich die Regierung im Zweiten Weltkrieg entschloß, die deutschen Güter zu beschlagnahmen. Plötzlich sah sich der Staat im Besitz einer ganzen Reihe großer Kaffeeplantagen, und mußte gut ein Drittel der Kaffeeproduktion des Landes verwalten. Dieses improvisierte Management war freilich nicht restlos befriedigend.
1951 kamen mit Colonel Arbenz die Vertreter einer radikalen Agrarpolitik an die Macht, die auch schon 1952 die Rechte der United Fruit stark beschnitten hatte. Doch im Land herrschte schon bald Bürgerkriegsstimmung und die Krise wurde schließlich von der Invasion Colonel Castillo Armas von Honduras kommend endgültig losgetreten. Die Regierung wurde gestürzt, ein Großteil der Verstaatlichung wurde rückgängig gemacht. Seit damals herrscht häufig ein gespanntes Klima. Nach Nicaragua, das im Jahre 1972 von einem schweren Erdbeben heimgesucht wurde, wurde auch Guatemala im Septemeber 1974 durch die Folgen des selben Zyklons im NO stark verwüstet. Wenige Wochen darauf kam es auch in der Vulkankette zu neuen Ausbrüchen, die zahlreiche Dörfer unter einem Ascheregen verschwinden ließ. Schließlich kamen bei einem weiteren schweren Erdbeben im Februar 1976 22.000 Menschen ums Leben.

Die Entwicklung des Fremdenverkehrs. – Die nordamerikanischen und europäischen Touristen scheinen sich in Guatemala recht wohl zu fühlen. Jedenfalls werden sie jedes Jahr zahlreicher.

Das ist nicht verwunderlich: Tikal und der Atitlán-See, Chichicastenango und Antigua, die Hauptstadt und der Amatitlán-See sind so prachtvolle Ensembles, daß der Genuß des Reisenden in diesem Land, der Zauber der Entdeckung und der Exotik nur an wenigen Orten der Erde überboten werden können. Dem Fremdenverkehr in Guatemala winkt jedenfalls noch eine große Zukunft.

Die Industrie und die Hoffnung Erdöl. – Aus dieser Entwicklung ist eine ständige Verbesserung der Außenhandelsbilanz zu erwarten. Gleichzeitig aber ist Guatemala bemüht, auch eine eigenständige Industrie aufzubauen, um Arbeitsplätze zu schaffen und Kapitalabflüsse zu bremsen.

Trotz einer Bevölkerung von 6 Mio. Ew. ist der Inlandsmarkt noch sehr schwach, aber durchaus auf dem Weg der Erweiterung. Ab 1958–62, als das Projekt eines mittelamerikanischen Gemeinsamen Marktes geboren wurde, geht es mit der guatemaltekischen Wirtschaft aufwärts. Denn das Land hatte schon bald Hoffnung, einen Teil seiner Produktion an Honduras zu verkaufen. Multinationale Konzerne haben großzügig im Lande investiert. Alte Betriebe (Zuckererzeugung, Brauereien, Ölerzeugung) wurden renoviert, neue kamen hinzu: Löskaffee, Trockenmilch, Fruchtsafterzeugung. Die konzentrierten Futterstoffe für die intensive Viehzucht werden in inländischen Betrieben erzeugt.

Holzverarbeitende, Papier- und Kartonfabriken sowie ein Stahlwerk schossen aus dem Boden. Zwei Raffinerien für die Verarbeitung importierten Rohöls schufen die Grundlage für den gesamten Bereich der Petro- und Düngemittelindustrie. Ferner verfügt Guatemala über eine Zement- und eine Autoreifenindustrie.

Das teilweise Scheitern des mittelamerikanischen Gemeinsamen Marktes brachte für die guatemaltekische Wirtschaft einige Rückschläge. Auch die steigenden Ausgaben für Erdöl und Maschinen aus dem Ausland wirkten sich nachteilig aus. Aber immerhin gibt es so etwas wie eine industrielle Grundstruktur im Lande und natürlich in vorderster Linie die erfolgreichen Ölbohrungen in Rubelsanto im NO des Landes im Jahre 1974, die zu großer Hoffnung Anlaß geben.

II. Zeittafel

1519 Hernán Cortez legt an der Küste des mexikanischen Golfes an.
1521 Die Spanier nehmen Tenochtitlán (Mexiko) ein.
1523 Expedition von Cortez nach Honduras, wo ein Aufstand des Leutnants *Cristóbal de Olid* niedergeschlagen wird. Der Conquistador durchquert Petén, kehrt aber auf dem Seeweg wieder nach Mexiko zurück.
1524–1530 Auf Befehl von Cortez erobert **Pedro de Alvarado** die hohen Gebiete und die Pazifikküste; nach und nach fallen die wichtigsten Stämme (Quichen, Tzutuhilen, Cakchiquelen, Pokomamen, Mamen, Ixilen u. a.).
Er verteilt Grund und die darauf lebenden Indianer (encomiendas) an die Eroberer und richtet indianische Kolonien ein. Der Dominikaner **Bartolomeo de Las Casas** setzt sich für die Rechte der Indianer gegen die *encomenderos* ein. Mit mehr oder weniger Erfolg beginnen Franziskaner, Augustiner und Dominikaner mit der Evangelisierung der Indianer.
1527 Santiago de los Caballeros de Guatemala (heute **Antigua Guatemala**) wird gegründet. Die Stadt wurde 1543 ein zweites Mal gegründet und Hauptstadt der Generalkapitanerie von Guatemala (1544). Eine soziale Zwischenklasse zwischen den unter der Oberhoheit der Missionare stehenden Indianern und der aus der Eroberung hervorgegangenen Aristokratie entsteht nach und nach durch Mischung: es sind die christianisierten, mehr oder weniger hispanisierten **Ladinos**, die die Traditionen ihrer Väter verloren haben.
1773 Santiago de los Caballeros de Guatemala wird bei einem Erdbeben zerstört und ist nicht mehr (1775) Hauptstadt (**Ciudad de Guatemala** wird 1775 gegründet).
1821 Unabhängigkeitserklärung (14. September).
1822–1839 Agustín de Iturbide, ein ehemaliger royalistischer General, der zu den mexikanischen Aufständischen übergelaufen ist, proklamiert sich zum Kaiser von Mexiko; bis 1823 gehört Guatemala zu diesem ephemären Reich. Chiapas verlangt den Anschluß an Mexiko. Guatemala erhält unter dem Namen Vereinigte Provinzen von Mittelamerika seine Unabhängigkeit zurück, aber die von **General Morazán** geschaffene Föderation zerbricht 1839 in fünf Staaten (Guatemala, Salvador, Honduras, Nicaragua, Costa Rica).
1839–1865 Rafael Carrera, ein indianisch-schwarzer Mischling, führt das Land unter dem Titel eines Präsidenten (ab 1854 auf Lebenszeit) in totalitärer Weise.
1873–1885 Guatemala wird von **General Justo Rufino Barrios**, einem aufgeklärten Despoten, regiert, der erfolglos versucht, die Föderation der mittelamerikanischen Staaten wiederzubeleben. Unter seiner Regierung werden Straßen, Eisenbahnen, Hafenanlagen gebaut und die Kaffeeproduktion steigt.
1898–1920 Diktatur von **Manuel Estrada Cabrera**, „*el Señor Presidente*".
Der Einfluß der USA wird vorherrschend (die United Fruit übernimmt

große Teile des unteren Motagua-Tales um dort Bananen zu Pflanzen).

1931–1945 Diktatur von **General Jorge Ubico**; der Einfluß US-amerikanischer Konzerne auf Wirtschaft und Politik des Landes nimmt weiter zu. Während des Zweiten Weltkrieges werden Güter von Deutschen beschlagnahmt, darunter zahlreiche Kaffeeplantagen. Am 20. Okt. 1945 wird General Ubico von einer Studentenrevolte gestürzt.

1945–1951 Unter Präsident **Juan Arevalo** finden zahlreiche Sozialreformen statt, es wird geplant, weitere Verstaatlichungen im Bereich der Privatwirtschaft durchzuführen.

1951–1954 Radikalisierung der Agrarreform unter Präsident **Colonel Jacobo Arbenz Guzmán**, der auch den Besitz der United Fruit einbezieht (Gesetz vom 15. Juni 1952). Bürgerkriegsstimmung. Honduras gestattet den Exil-Guatemalteken, eine Invasionstruppe aufzustellen, Polen bewaffnet die Regierung. Am 18. Juni 1954 findet die Invasion unter Colonel Carlos Castillo Armas statt, der den Präsidenten stürzt und einen großen Teil der Verstaatlichungen rückgängig macht.

1957 Colonel Armas, der 1954 zum Präsidenten gewählt wurde, wird ermordet. **General Ydigoras Fuentos** folgt ihm nach, wird aber 1963 durch **Colonel Enrique Peralta Azurida** gestürzt. Die Parteientätigkeit wird aufgehoben, aber in mehreren Gebieten des Landes treten ab 1962 Guerrilleros in Aktion. 1963 werden die diplomatischen Beziehungen zu Großbritannien wegen der Britisch-Honduras-Frage abgebrochen.

1966 Bei Präsidentschaftswahlen wird der Kandidat der Revolutionären Partei (an sich eher gemäßigt), **Julio César Méndez Montenegro,** gewählt.

1970–1974 Der gewählte Präsident **Carlos Arana Osorio** wendet einen neuen Sozial- und Wirtschaftreformplan mit liberaler Gesinnung an.

1974–1978 General Kjell Eugenio Laugerud ist Präsident.

Feb. 1976 Bei einem schweren Erdbeben kommen rund 22.000 Menschen ums Leben.

Seit 1978 ist **R. Lucas García Präsident**.

B. IHRE REISE

Die Hinweise für Ihre Reise durch Mexiko gelten, was die Reisezeit, den Zoll, Devisen, Kreditkarten und Ihr Reisegepäck betrifft, auch für Guatemala.

Anreise. – Auch hier gelten die selben Fluglinien wie für Mexiko, da Sie am Besten von dort mit verschiedenen Linien (*Aviateca, Mexicana de Aviación, Taca, Panam*, usw.) nach Guatemala weiterfliegen.

Um mit dem **Autobus** oder dem **Auto** nach Guatemala zu gelangen, fahren Sie von Mexiko aus am besten über die Straßen von Tapachula (s. Rte 27) oder Ciudad Cuauhtémoc (s. Rte 28). Guatemala ist aber auch über Petén und Britisch Honduras (s. Rte 4 C, Guatemala) mit dem Straßennetz von Yucatán verbunden. Die für Mexiko abgeschlossene Autoversicherung gilt in Guatemala nicht. Sie müssen daher in Tapachula (Mex.) oder Huehuetenango (Guat.) eine Vesicherung für die Dauer Ihres Aufenthaltes abschließen (lassen Sie Ihre mexikanische Versicherungspolizze bei der Aus- und bei der Einreise vom mexikanischen Zoll abstempeln, um in Mexiko eine Prämienermäßigung für die Dauer Ihrer Abwesenheit zu erhalten). Die Einreiseformalitäten können mitunter recht langwierig sein, es ist ratsam, nur in der normalen Geschäftszeit an der Grenze zu erscheinen, da sonst eine zusätzliche Gebühr verrechnet wird.

Einreisebestimmungen. – Wenden Sie sich bitte an das jeweilige guatemaltekische Konsulat oder an die Fluglinie, bei der Sie gebucht haben, um eine **Touristenkarte** ausgestellt zu bekommen. Für die Besichtigung von **Copán** (Honduras) von Chiquimula in Guatemala aus (s. Rte 4 B), ist ein (gebührenpflichtiger) **Passierschein** notwendig, den Sie an der Grenze erhalten und der 48 Std. gültig ist. Für die Durchquerung von Britisch Honduras s. Rte 4 C.

Gruppenreisen. – Zahlreiche Programme europäischer Veranstalter.

Sehenswertes in Guatemala. – Eine **Karte der wichtigsten Sehenswürdigkeiten** wird es Ihnen ermöglichen, Ihre Reise in die interessantesten Gebiete zu planen.

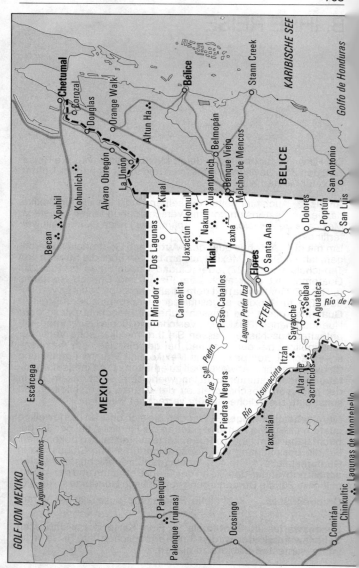

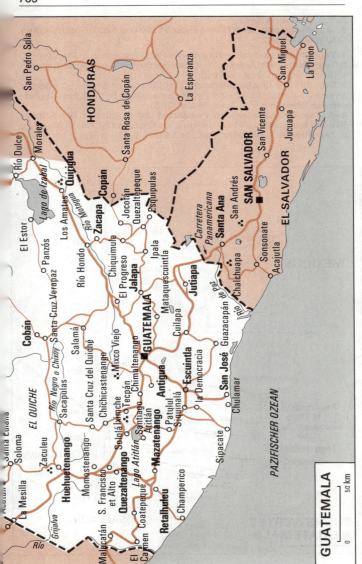

Einige Reisevorschläge.
8-Tage-Programm (ca. 800 km auf der Straße und ein Hin- und Rückflug Guatemala–Petén).

1. Tag: Ciudad de Guatemala (oder einfach Guatemala; s. Rte 2).
2. Tag: Guatemala-Antigua (ca. 60 km mit Besichtigung der Umgebung; s. Umgebung von Guatemala, 2).
3. Tag: Antigua-Chichicastenango (am besten an einem Do., So. oder gar an einem Feiertag; ca. 120 km). Bei der Gelegenheit Besichtigung der **Ruinen von Iximché** (s. Rte 3, km 54 bis 126,5).
4.–5. Tag: Chichicastenango-Panajachel und Ausflüge an den **Atitlán-See** und seine Ufer (ca. 250 km; s. Rte 3, km 126,5 bis 129,5, dann Rte 3 B7).
6. Tag: Panajachel-Guatemala über die alte Straße (s. Rte 3, km 68).

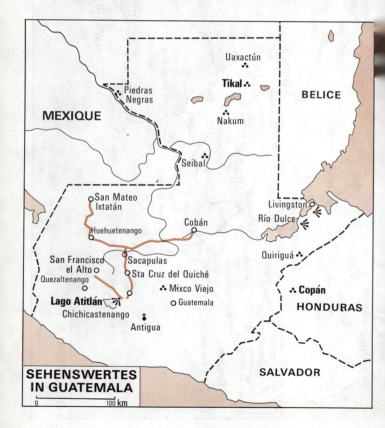

7. Tag: Guatemala–Flores (mit dem Frühflug), dann Ausflug nach **Seibal** (s. Rte 4, km 467).
8. Tag: Flores-Tikal im Wagen (ca. 70 km; s. Rte 4 von km 479 bis 535), Rückflug nach Guatemala mit dem Abendflug.

Zwei-Wochen-Programm (ca. 2.350 km auf der Straße; während der Regenzeit ist es vorteilhaft, einen Land Rover zu mieten, der zwar wesentlich teurer ist als ein normales Auto, aber Ihnen auch die Fahrt nach Copán und

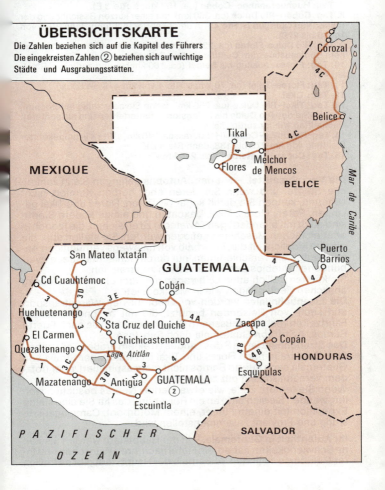

ÜBERSICHTSKARTE
Die Zahlen beziehen sich auf die Kapitel des Führers
Die eingekreisten Zahlen ② beziehen sich auf wichtige Städte und Ausgrabungsstätten.

Petén ermöglicht; wenn Sie sparen wollen, ist es sinnvoll, am 8. Tag nach Guatemala zurückzufahren und das Auto zu wechseln).

1.–5. Tag: s. 8-Tage-Programm.
6. Tag: Panajachel–Huehuetenango mit einem Umweg über **Quezaltenango, San Francisco el Alto** (Fr. Markt) und **Momostenango** mit einer Besichtigung der Ruinen von **Zaculeu** bei Huehuetenango (ca. 200 km; s. Rte 3 von km 129,5 bis 256).
7. Tag: Huehuetenango–Cobán (ca. 160 km; s. Rte 3 E).
8. Tag: Cobán–Río Dulce (ca. 350 km), mit einer kurzen Besichtigung der Ruinen von **Quiriguá** (s. Rte 4 A in umgekehrter Richtung, dann Rte 4 von km 85 bis 279).
9. Tag: Río Dulce–Flores (ca. 220 km; s. Rte 4 von km 279 bis 467) mit einem Bootsausflug zum **Castillo de San Felipe** in der Früh.
10. Tag: Flores; Ausflug bis **Seibal** (ca. 160 km hin und zurück; s. Rte 4, km 467).
11. Tag: Flores–Tikal (ca. 70 km; s. Rte 4 von km 479 bis 535).
12. Tag: Tikal.
13. Tag: Tikal–Río Dulce (ca. 260 km); wenn Sie sehr zeitig aufbrechen, können Sie vom Río Dulce bis Livingston hinunterfahren und am späteren Nachmittag wieder zurück sein.
14. Tag: Río Dulce–Copán (Honduras; ca. 240 km; s. Rte 4 in umgekehrter Richtung von km 279 bis 138, dann Rte 4 B).
15. Tag: Copán–Guatemala, (ca. 240 km).

Die Verkehrsmittel. – Mit dem **Autobus** gelangen Sie in zahlreiche Städte, und wenn Sie deren eher herben Komfort nicht scheuen, können Sie damit sogar bis Petén, Flores und Tikal gelangen. Petén, Flores, Tikal, Uaxcatún und einige andere Städte sind auch mit **Inlandsflügen** (*Aviateca*) zu erreichen, die jedoch in eher einfachen Maschinen geflogen werden. Sie stellen aber die einzige Möglichkeit dar, innerhalb von halbwegs vernünftigen Anreisezeiten die verschiedenen, nur durch schlechte Straßen verbundenen Pueblos und Kulturstätten zu erreichen.

Sie können freilich auch **Leihwagen** mit oder ohne Chauffeur zu ähnlichen Bedingungen wie in Mexiko mieten.

Die Eisenbahnlinien werden vor allem für den Warentransport und kaum von Reisenden benützt, die mit besonders langen Fahrtzeiten rechnen müssen (6 Std. von Guatemala nach Puerto Barrios, 7 Std. von Guatemala nach San José).

Das Straßennetz ist im S des Landes zu einem großen Teil asphaltiert. Die Straße nach Flores und Tikal ist zwar ab der Straße von Guatemala nach Puerto Barrios nicht mehr asphaltiert, aber trotzdem verhältnismäßig gut zu befahren.

Wenn Sie fernere Ziele, wie etwa Piedras Negras besuchen wollen, wenden Sie sich bitte an ein Reisebüro, das für Sie eine kleine Expedition mit einem Führer, einem Motorboot, Campingausrüstung und Proviant zusammenstellen wird.

Ihr Aufenthalt in Guatemala. – In der Hauptstadt werden Sie keine Schwierigkeiten haben, ein Hotel nach Ihren Wünschen und Ihrer Geldbörse zu finden. Außerhalb der Hauptstadt gibt es freilich

entsprechend weniger gute Hotels, aber etwa in Antigua Guatemala oder in Chichicastenango bieten sie doch einen recht gemütlichen Aufenthalt. Wenn Sie sich mit sehr bescheidenem Komfort zufriedengeben, finden Sie im ganzen Land eine Unzahl kleiner und wirklich besonders billiger Hotels.
Für Guatemala gelten für die **Benützung von Wasser** die selben Hinweise wie für Mexiko.
Die guatemaltekische Währung ist der **Quezales**, dessen Kurs genau jenem des US-Dollars entspricht. Der Quezales ist in *Centavos* unterteilt.

Feiertage und Feste. – Sie werden mit großer Wahrscheinlichkeit während Ihres Aufenthaltes irgendwelche Stadt- oder Dorffeste erleben. Für die genauen Daten s. Praktische Hinweise. Die Märkte der Indianer- oder Ladinodörfer sind meist außergewöhnlich bunt.

Einkäufe. – Genaueres erfahren Sie im Textteil, aber es kann vorweggenommen werden, daß Sie vor allem von den **Webstoffen** der indianischen Pueblos der Altos de Guatemala, von den **Teppichen** und Decken (Momostenango, Atitlán-See, Quezaltenango), der **Töpferei** (Quezaltenango, Rabinal, Totonicapán), den **Holzartikeln** (Totonicapán), Schächtelchen und **Masken** der Tänzer (Chichicastenango, Santa Cruz del Quiché, Atitlán-See), den Gebrauchsgegenständen aus tropischen Hölzern von Petén (in den Läden Guatemalas), sowie von den schönen **Silber-** (Cobán), **Jade** und **Obsidian**-Artikeln (Chichicastenango, Santa Cruz del Quiché) fasziniert sein werden. Die Läden der Hauptstadt sind übrigens tgl. außer So. von 9–12.30 Uhr und von 15–19 Uhr geöffnet.
Die Banken sind Mo.–Fr. 8.30–12.30 und 14–16 Uhr geöffnet.

C. REISEROUTEN DURCH GUATEMALA

1 – Von El Carmen (Puente Talismán) nach Ciudad de Guatemala

Diese Zufahrtstraße zur guatemaltekischen Hauptstadt führt großteils durch eine Landschaft herrlich blühenden tropischen Buschwerks und ist zwar die schnellste, aber nicht unbedingt die interessanteste Verbindung zwischen Mexiko und Ciudad de Guatemala. Sie führt weit an der pazifischen Küste vorbei und am Gegenhang des imposanten vulkanischen Massivs entlang, das über die Küstenebene ragt, in der sich der Atitlán-See, der als einer der berühmtesten auf Erden gilt, befindet.

Sie interessieren sich für:

Archäologie: Besichtigen Sie im Vorüberfahren die prähispanischen Ausgrabungsstätten rund um Santa Lucia Cotzumalguapa und vor allem die Statuen und Kolossalköpfe, die im Park des Hauptplatzes von La Democracia liegen.

Das Schauspiel einer nahezu unberührten Natur: Fahren Sie von den Badeorten Chulamar oder Iztapa mit dem Boot durch den Chiquimulilla-Kanal, ein Wasservögelreservat.

Straße: 284 km auf einer guten Straße bis Escuintla und während dem Großteil der Auffahrt zum Plateau über eine Straße mit geteilter Fahrbahn, bis man nach etwa 40 km das Stadtautobahnnetz von Ciudad de Guatemala erreicht. Einfahrt in die Stadt über die Straße von Escuintla (Pl. A6). Rechnen Sie mit etwa 3.30 Stunden von der Grenze nach Escuintla und mit weiteren 1–1.30 Std. oder länger, je nach Verkehrsaufkommen, zwischen Escuintla und Ciudad de Guatemala.

Die Grenzformalitäten (wenn möglich während der üblichen Amtsstunden) erledigen Sie am Grenzposten **El Carmen** an der Ausfahrt der Talismán-Brücke (s. Rte 27, Mexiko) über den Río Suchiate.

9,5 km: Kreuzung.

L. Straße nach (36,5 km) **Esquipulas Palo Gordo** (Mitte Januar religiöses Fest für den Señor de Esquipulas, ein hölzernes Heiligenbild; zur Stadt Esquipulas am anderen Ende der Republik Guatemala im Staat Chiquimula finden regelmäßig Wallfahrten statt) und nach (43 km) **San Marcos** (Fest des Hl. Markus, Mitte April), einer größeren Bergstadt, dem Hauptort des gleichnamigen Bezirkes (3.791 km², 380.000 Ew.), von wo man nach (88 km) **Quezaltenango** (s. Rte 3, km 187) gelangt.

65 km: Coatepeque, Landwirtschafts- und Viehzuchtzentrum (Mitte März einwöchiger Zuchttiermarkt, Volkstänze).
98 km: Kreuzung.

➤ L. nach (3 km) **El Asintal,** ein Pueblo, hinter dem sich (8 km) die Ausgrabungsstätte **Abaj Takalik** befindet, die sich über die *Fincas Buenos Aires, San Isidro Piedra Parada* und *Santa Margarita* erstreckt, wo man Kaffee züchtet. Abaj Takalik war vom frühen vorklassischen Zeitalter bis zum jungen postklassischen, also von 1500 v. Chr. bis gegen 1100 n. Chr. besiedelt. Man fand hier Skulpturen, die mit Ausnahme des Monuments 1 (Steininschrift mit Glyphen) alle vom Ende des jungen vorklassischen bzw. dem Beginn des protoklassischen Zeitalters (300–200 v. Chr.) stammen. Um alle diese Monumente zu finden, muß man in El Asintal einen Führer anheuern. Unter den Skulpturen findet man **dickbäuchige Personen** (Monumente 3 und 8) wie in La Democracía, eine Figur mit am Rücken gefesselten Händen (Monumente 5 und 10), einen **Kolossalkopf** (Monument 7, nahe dem Büro Finca Santa Margarita), eine **hockende Figur** mit negroidem Aussehen (Monument 9 vor dem Haus des Besitzers der Cinca San Isidro Piedraparada), **zoomorphe Skulpturen** (Altar 2), **Stelen** und **Altäre**.

➤ **107,5 km: San Sebastián,** ein Pueblo in 5,5 km Entfernung von **Retalhuleu,** einer Stadt mit 45.000 Ew., der Hauptstadt des gleichnamigen Bezirkes (1.798 km²) und 45 km vom Hafen **Champerico.**
109 km: L. Straße nach **Quezaltenango** (s. Rte 3 C in umgekehrter Richtung ab km 57).
122,5 km: *Motel San Bartolo* (s. Praktische Hinweise Mazatenango).
127 km: Mazatenango, stark bevölkerte Hauptstadt der Provinz Suchitepéquez (1.408 km²) mit 30.000 Ew.

➤ R. nach (19 km) **Tiquisate;** Pueblo inmitten weiter Bananenplantagen, die der *United Fruit Company* gehörten. In den 50er Jahren war diese Bananenplantage eine der produktivsten auf der Welt, mit rund 250.000 t Jahresernte; später wurde sie aber von Krankheiten befallen, und erst seit 1964, nunmehr in den Händen lokaler Grundbesitzer, produziert sie wieder Bananen.

173,5 km: Straße l. nach (36 km) **San Lucas Tolimán** am Rande des Atitlán-Sees (s. Rte 3B, km 48), über das Río-Madre-Vieja-Tal, wo die Straße während der Regensaison quasi unbenützbar ist.
196 km: Santa Lucía Cotzumalguapa, größere Ortschaft in 355 m Höhe, auf einer Ebene mit Zuckerrohrplantagen.

➤ In der Umgebung dieses Pueblos befinden sich 3 Ausgrabungsstätten: **Bilbao** (0,5 km), **El Castillo** (3 km) und **El Baul** (4 km), die alle über die Straße nach Yepacapa erreichbar sind. Sie umfassen zahlreiche Tumulí aus der vorklassischen Periode (800–200 v. Chr.) bis ins 9. oder 10. Jahrhundert. Eine der ältesten Skulpturen scheint die **El Baul-Stele** zu sein, mit einer Inschrift aus dem 7. Bactún (Zeitalter zwischen dem 8. und dem 4. Jh. v. Chr.). Viele der Werke spiegeln den Einfluß Teotihuacáns wieder, insbesondere mit göttlichen Darstellungen, die einige der Charakteristika des Gottes Tláloc aufweisen. Zur Besichtigung der Stätten ist eine

(1) El Carmen – Ciudad de Guatemala

Genehmigung bei der *Finca Pantaleon* (Skulpturen- und Keramiksammlung), 3 km von Santa Lucia an der Straße nach Guatemala, zu erwirken; es ist auch sinnvoll, einen Führer mitzunehmen.

205 km: Siquinalá.

Vom Zentrum dieser Ortschaft führt eine Straße r. nach (9 km) **La Democracía**, mit einem kleinen **Museum** am Hauptplatz, in dem Sie ★ **Kolossalstatuen** dickbäuchiger Personen, oder **Köpfe** in ebenfalls erstaunlicher Größe besichtigen können, die vermutlich aus der vorklassischen Zeit stammen. Die Denkmäler von La Democracía haben keinerlei stilistische Ähnlichkeiten mit den berühmten olmekischen Köpfen.

228 km: Escuintla, 62.000 Ew., Hauptort des gleichnamigen Bezirkes (4.384 km²; 300.000 Ew.), landwirtschaftlicher Markt mit einer Zuckerraffinerie, in der die lokale Rohrzuckerproduktion verarbeitet wird.

Puerto San Jóse, 50 km von Escuintla, der wichtigste guatemaltekische Hafen an der Pazifikküste, liegt nahe bei den Badeorten (9 km) **Chulamar** und (13 km) **Iztapa**, die zwischen der Pazifikküste und dem ★★ **Chiquimulilla-Kanal** liegen, der von zahlreichen Wasservögeln umschwirrt ist und durch eine atemberaubende tropische Vegetation fließt. Dieser rund 100 km lange natürliche Kanal ist von Sibicate bis Barra del Jiote nahe der Grenze zu Salvador beschiffbar. Das Ferienzentrum **Likin**, zwischen Puerto San José und Iztapa (s. praktische Hinweise Iztapa), ist der angenehmste Badeort Guatemalas.

228,5 km: Straße l. nach (38 km) **Antigua Guatemala** (s. Umgebung von Ciudad de Guatemala, 2), am Fuße des Agua-Vulkans r. und des Fuego-Vulkans l. vorbei.

244 km: Palín (Mi. und Fr. Markt) zwischen dem Agua-Vulkan l. und den beiden Gipfeln des Pacaya-Vulkans (2.544 m und 2.514 m) r.; von den Franziskanern im Jahre 1560 gegründete **Kirche**. Palín ist für seine *Webstoffe* und seine sehr bunten *Huipiles* bekannt, die von den Frauen der Ortschaft noch getragen werden.

256 km: Amatitlán, Luftkurort und Ferienzentrum für die Bewohner von Ciudad de Guatemala, die seinen See und seine Thermalquellen schätzen. Der in prachtvollem bergigem Rahmen gelegene See am Fuße des Pacaya-Vulkans dürfte in der vorhispanischen Zeit ein heiliger See gewesen sein, in dem man die Opfergaben an die Götter des Regens und an die Jaguargötter versenkte, um bessere Ernten zu erbitten und den Zorn der Götter von der Erde abzulenken. Im Rahmen größerer Tauchaktionen fand man zahlreiche Kultgegenstände aus der Mitte des ersten vorchristlichen Jt.

284 km: Ciudad de Guatemala (s. Rte 2).

2 – Ciudad de Guatemala und Umgebung

1.128.000 Ew.; 1.470 m Höhe; Universitäten; Erzbistum. Hauptstadt der Republik Guatemala und Regierungssitz.

Die relativ junge (Ende des 18. Jh.) Stadt Ciudad de Guatemala (oder einfacher Guatemala) ist eine beachtlich große Stadt für dieses kleine Land. Hier lebt rund ein Viertel der Gesamtbevölkerung des Landes, sie stellt auch den Hauptabsatzmarkt für Industrie-und Handelsgüter dar, was auch ihre außergewöhnliche Anziehungskraft auf arbeitsuchende Landbevölkerung erklärt. Sie sichert sich den Löwenanteil der Finanzgeschäfte und monopolisiert den Großteil der intellektuellen Tätigkeit der Nation mit ihrer Regierungsverwaltung, den 4 Universitäten, den Zeitungen sowie den Verlagshäusern. Die Stadt liegt in einer prachtvollen Gegend, am Rande eines im Nordteil, wo die alten Viertel mit den niedrigen Häusern im Kolonialstil liegen, tief durchpflügten Plateaus. Aus der Luft betrachtet bietet sie ein erstaunlich aktives und modernes Bild mit Stadtautobahnen, rechtwinkeligen Hauptstraßen mit schattenspendenden Pinien, Eukalyptusbäumen und Jakaranden in den Wohnvierteln im Süden, sowie den einfachen und etwas düsteren Bauten des städtischen Zentrums. Ein Spaziergang durch die Stadt kann diesen Eindruck freilich nur bestärken.

Diese mit ihrer perfekt lateinamerikanischen Stimmung für den Europäer so fremdartige Stadt bietet einen angenehmen Aufenthalt, wird aber den Besucher, der nur über begrenzte Zeit verfügt, nicht lange fesseln können, da sie völlig ohne nennenswerte Baudenkmäler ist und auch ihr archäologisches Museum, dessen Sammlungen die glorreiche präkolumbische Vergangenheit des Landes widerspiegeln, seit mehreren Jahren geschlossen ist. Guatemala ist daher nicht viel mehr als die touristische Drehscheibe dieses liebenswerten Landes.

Geschichte. – Eine königliche Charta, die am 27. September 1775 von Karl III. von Spanien in seinem Palast La Granja unterzeichnet wurde, befahl die Verlegung der Hauptstadt des Königreiches Guatemala von *Santiago de los Cabelleros* (heute *Antigua Guatemala*) an eine Stelle des Las Vacas-Tales, an der sie sich heute befindet. Diese Entscheidung, die die *Terronistas*, die Anhänger einer Beibehaltung der Hauptstadt im Panchoy-Tal und die *Traslacionistas*, die für die Verlegung der Hauptstadt eintraten, einan-

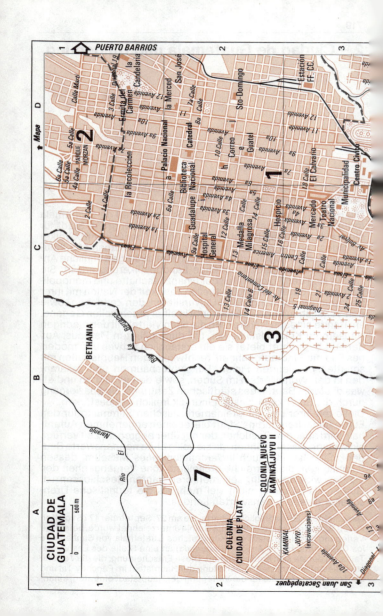

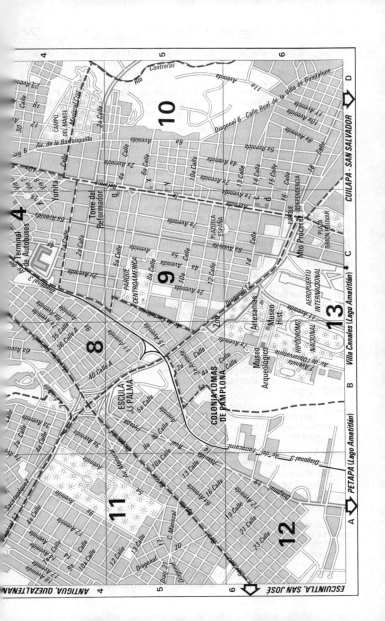

(2) Ciudad de Guatemala und Umgebung

der gegenüberstellte, wurde als Folge der Zerstörung der ehemaligen Hauptstadt bei dem schrecklichen Erdbeben im Jahre 1773 gefällt. Aber auch Guatemala wurde von den späteren Erdbeben, jenen der Jahre 1917 und 1918, die den Wiederaufbau zahlreicher schwerbeschädigter Bauten notwendig machten, nicht verschont. Auch das Erdbeben vom Februar 1976, das vor allem im mittleren Teil des Landes stark verspürt wurde, hat an mehreren Bauten der Hauptstadt seine Spuren hinterlassen.

☛ Wenn Sie (im Taxi) von den Villenvierteln (im S) über die majestätische *Avenida de la Reforma* ins Zentrum der Stadt fahren, werden Sie erkennen, daß die Stadt nach einem Schachbrettmuster mit niedrigen Häusern errichtet wurde (vor allem die alten, die vermeintlich erdbebensicher waren).

Das ist zum Beispiel beim hypermodernen, recht gut gelungenen **Bürgerzentrum** der Fall. Es umfaßt die Bauten des **Teatro Nacional** (Pl. C 3), der **Stadtverwaltung** (Pl. C–D 3) I., des **Crédito Ipotecario Nacional**, der mit Reliefs von *Carlos Merida, Roberto Gonzales* und *Efraím Recinos* geschmückt ist, und den **Corte Suprema de Justicia** (Obersten Gerichtshof).

Der **Zentralpark**, neben dem Nationalpalast (Pl. D2), der Kathedrale und der Nationalbibliothek bietet ein recht hübsches Bild des Guatemala von seinerzeit.
Die Kathedrale (Pl. D2), die ab 1782, aber vor allem in der ersten Hälfte des 19. Jh. errichtet wurde, trägt noch heute deutliche Spuren des Erdbebens von 1917. **Der Nationalpalast** (Pl. D2), der unter der Diktatur von Jorge Ubico (1931–1944) an Stelle eines alten Palastes und des Jahrhundertpalastes (1921; 1925 abgebrannt) errichtet wurde, ist nicht weiter erwähnenswert. Im Inneren, wo die Büros des Staatspräsidenten untergebracht sind, kann man Fresken von *Alfredo Gálvez Suárez* und eine kleine archäologische Schau besichtigen.

☛ Wenn Sie sich für Details interessieren, gehen Sie in den **Minerva-Park** mit der **Reliefkarte von Guatemala** (Pl. Mapa, D1) aus Marmor, die im horizontalen Maßstab von 1:10.000 und im vertikalen Maßstab von 1:2.000 gehalten ist.

☛ Wenn Sie ein wenig in die Höhe steigen wollen, gehen Sie bis zur **Einsiedelei del Carmen** (Pl. D1), einem bescheidenen Oratorium aus dem Jahre 1620, das nach den Beben von 1917 und 1918 neuerrichtet wurde, und von dem Sie eine herrliche * **Aussicht** auf die Stadt genießen.

☛ Um in den **La Aurora-Park** im S mit den Museen zu gelangen, fahren Sie am besten mit dem Taxi durch die 6. Straße, die Hauptverkehrsstraße, an der sich sämtliche Luxusboutiquen der Stadt befinden. Unterwegs erkennen Sie r. zwischen der 18. und der 21. Straße den **Hauptmarkt**, der eine kleine Fahrtunterbrechung wert ist.

Sie gelangen auch am kleinen **Museo del Traje indigena** im **Instituto Indigenista Nacional** (6. Straße, 1–22) vorbei, wo Kostüme ausgestellt sind, die noch heute von den guatemaltekischen Indianern und Indianerinnen getragen werden.
In der Nähe des Flughafens und des Pferderennplatzes befinden sich der **Tiergarten** (Pl. Zoo, B–C5), das **archäologische Museum** (Pl. Museo, B6), das **Geschichte- und Kunstgeschichtemuseum** (Pl. Museo Hist., C6), das

Naturgeschichtliche Museum, sowie der **Handwerksmarkt** (Pl. Artesanias, C6), der an sich nicht besonders sehenswert ist.
Alle diese Museen befinden sich in Bauten, die deutliche Spuren des Erdbebens von 1976 tragen. Die Sammlungen des Archäologischen Museums umfassen Antiquitäten von Kaminaljuyu, einer sehr bedeutenden Grabungsstätte in einem Vorort der Stadt (s. u., Umgebung 1), Mayastelen und Skulpturen aus Petén, Reliefs und Skulpturen aus der Region von Santa Lucia Cotzumalguapa, u. a.

☞ **Umgebung von Guatemala. 1 – *Kaminaljuyu** (Pl. A3). –
7 km vom Ortszentrum in einem Vorort können Sie einen **archäologischen Park** besichtigen, der die Fundstücke aus einer präkolumbischen Ortschaft etwa aus der vorklassischen Zeit (800–200 v. Chr.) ausstellt, die später Hauptstadt eines Maya-Fürstentums gewesen ist, und vor allem in der klassischen Epoche, also im 4.–6. Jh. n. Chr., unter dem starken Einfluß Teotihuacáns aufblühte. Nur ein kleiner Teil der Stätte konnte wissenschaftlich erforscht werden, da die Stadt hier schon sehr früh (in den dreißiger Jahren) begonnen hatte sich auszubreiten.

Sie sehen hier **rundbossige Skulpturen** und **reliefgeschmückte Stelen**, alle aus der vorklassischen bis protoklassischen Epoche (200 v. bis 200 n. Chr.), womit Kaminaljuyu ein echtes Freiluftmuseum ist, wenn auch ein Großteil der Fundstücke in private oder öffentliche Sammlungen gewandert sind. Im l. Teil des Parks (der Haupteingang liegt am Ende der 23. Straße der Zone 7), kann man unter dem Schutz eines Hangars die zarten Konturen der **sonnengetrockneten Ziegel des Palangana-Tempels** (der Name entspricht einer Kulturphase) erkennen, der aus Plattformen, die über Stufen erreichbar sind, besteht; die klassische Architektur kann den starken Einfluß von Teotihuacán nicht verleugnen. Unter diesen Bauten aus dem 4.–6. Jh. fand man ältere **Gräber**; in den von Archäologen gegrabenen Stollen kann man **Skelette** ansehen, die in ihrer ursprünglichen Haltung belassen wurden.
Ein weiteres Ausgrabungsfeld, dessen verschiedene, übereinandergelagerte Bauten ebensovielen architektonischen Phasen entsprechen, liegt r. vom Haupteingang.
Am östl. Ende (l., wenn man hineingeht) des Parks unter einem Dach erkennt man die ***Rundbossenskulptur einer dickbäuchigen Person**, die an die Skulpturen von La Democracía in der pazifischen Küstenebene von Guatemala erinnert. Die Figur, die wesentlich feiner ausgearbeitet ist als jene in La Democracía, dürfte aus dem 2. Jh. v. Chr. stammen.
Eine **Adoben-Struktur** im S des Parks ist über und über mit Obsidiansplittern und tönernen Götterstatuen verziert.

☞ **2 – **Antigua Guatemala** (40 km; Ausfahrt auf der Straße nach Quezaltenango, Pl. A4 und l. nach 26 km). – Diese Stadt mit 20.000 Ew., die den Charme einer kleinen Kolonialstadt bewahrt hat, liegt in 1.530 m Höhe inmitten von Gemüsegärten und Plantagen, deren idyllische Schönheit noch durch einen Rahmen von Vulkanen und felsigen Bergen ergänzt wird. Antigua wurde 1942 zum kontinentalen Denkmal erklärt, aber 1976 von den Erdbeben stark hergenommen, bei dem die ohnehin schlecht erhaltenen Ruinen noch weitere schwere Schäden erlitten. Die

(2) Ciudad de Guatemala und Umgebung

Stadt hat aber dadurch nicht von ihrer Anziehungskraft und ihrem Charme verloren, die ihren gepflasterten Straßen durch bescheidene Häuserreihen mit kleinen Vorgärtchen und den pathetisch mächtigen Kloster- und Kirchenruinen innewohnen.

Im atemberaubenden Rhythmus der Beben. – Antigua Guatemala wurde 1527 von Jorge de Alvarado unter dem Namen *Santiago de los Caballeros de Guatemala* gegründet, nachdem Pedro de Alvarado 1524 bei seinem Versuch gescheitert war, die Hauptstadt in Iximché zu gründen. Die Hauptstadt wurde Sitz der Hauptmannschaft von Guatemala, deren Rechtssprechung von Chiapas bis Honduras und Nicaragua gültig war. Der Dominikanermönch *Fray Betanzos* gründete ein Kloster, und sein Nachfolger *Fray Marroquín* wurde der erste Bischof der Stadt. Der älteste Stadtteil, das heutige *Ciudad Vieja*, wurde 1541 unter einem Schlammstrom aus dem Agua-Vulkan begraben. So zog man ein wenig weiter nach N, wo Santiago de los Caballeros 1543 offiziell ein zweites mal gegründet wurde. Während ihrer gesamten Geschichte wurde die Stadt immer wieder von Erdstößen erschüttert und einige der Bauwerke wurden bis zu achtmal neuerrichtet. Das Sankt-Michael-Beben von 1717 war besonders stark und machte den Neubau fast der gesamten Stadt notwendig. Das Sankt-Martha-Beben von 1773, das von unglaublicher Heftigkeit war, veranlaßte die spanische Krone, einen neuen Sitz für die Hauptstadt zu suchen. Santiago war also in der Folge nicht mehr Hauptstadt, wurde aber nicht von seiner gesamten Bevölkerung verlassen.

Wenn man die Geschichte der Stadt kennt, so ist man nicht weiter erstaunt, daß die Architektur hier vor allem der Notwendigkeit nach Standfestigkeit nachkommt. So wurden die Mauern immer stärker und mit jeder Renovierung und jedem Wiederaufbau die Türme etwas niederer (wenn sie nicht überhaupt weggelassen wurden); der Eindruck der Schwerfälligkeit wurde durch die Verwendung heller Farben, oder, wie bei der Kirche San Francisco, durch eine reiche Verzierung der Fassade bekämpft. Im 18. Jh. war Antigua eine der schönsten Barockstädte Amerikas, und das hauptsächlich dank ihrer Kirchen und Klöster. Es sind noch einige Überreste von Kirchenfassaden sichtbar, aber von den prunkvollen Innendekorationen, die den Ruhm der Stadt im 18. Jh. begründen, ist kaum noch etwas erhalten, was insbesondere bei San Francisco schmerzhaft ist, wo Wände und Gewölbe sorgsam restauriert wurden, ohne aber durch das Gold des Barock und die Skulpturen wieder jenen alten Glanz auszustrahlen.

Trotz der Beben, die die Kathedrale und das bischöfliche Palais zerstörten, hat die **★ Plaza de Armas** im Stadtzentrum mit ihren Gärten und Kolonialbauten sehr viel Charme bewahrt. Bemerkenswert ist die doppelte Galerie des **★ Palastes der Generalhauptmänner von Guatemala**, in dem die Vertreter der Krone bis 1773 lebten. Der Bau wurde 1543 errichtet und mehrmals umgebaut (zuletzt 1763–64). Über dem Haupttor Bourbonen-Wappen mit dem Namen Karls III. von Spanien.

Wenige Schritte vom Platz an der 5. Straße (Sie gehen r. an der Kathedrale vorbei) können Sie die **★ Universität von San Carlos** besichtigen, in der heute das Kolonialmuseum (*Öffnungszeiten:* 9–12 und 14–18 Uhr) untergebracht ist; der Bau stammt aus dem Jahre 1763. Die Schönheit des **Kreuzganges** mit den vielpassigen Bögen und dem Brunnen wird auch Sie bezaubern. Im Museum Sammlung von religiösen Gemälden und Skulpturen aus dem 17. und 18. Jh. Etwas weiter, in der 5. Straße l., Gedenktafel am Haus des Bernal Díaz del Castillo, der als Conquistador mit Cortez angekommen war und die *Verdadera Historia de la conquista de Nueva España* verfaßt hat.

Gegenüber der Universität befindet sich die beeindruckende Ruine der **Kathedrale** (1542), die mehrmals umgebaut wurde, bevor sie das Erdbeben von 1773 zerstörte; 1780–1820 gab es zaghafte Restaurierungsversuche, aber nur die **Capilla de San José** an der Plaza de Armas wurde auch fertiggestellt. In der Krypta ist Bernal Diaz del Castillo (†1581) begraben.

An der Plaza de Armas, gegenüber des Palastes der Generalhauptmänner, befindet sich das **Rathaus** oder **Ayuntamiento**, das 1743 mit zwei Galeriegeschoßen und einem städtischen Museum wiedererrichtet wurde.

Sie folgen der 5. Straße, r. am Palast der Generalhauptmänner vorbei, und gelangen zur **Kirche San Augustín** (3. Cuadra oder Häuserblock r.) aus dem Jahre 1615, die ebenfalls 1773 und 1917 beschädigt wurde, aber über eine schöne, etwas düstere **Barockfassade** mit Skulpturen verfügt. Eine Cuadra weiter, r., die **Casa de la Polvora** (18. Jh.), eines der schönsten Wohnhäuser der Stadt.

Von der Plaza de Armas folgen Sie l. vom Ayuntamiento der 5. Straße, über die der **Arco de Santa Catalina** (1694; im 19. Jh. restauriert) führt. Eine Cuadra (Häuserblock) weiter, die **Kirche Nuestra Señora de las Mercedes**, ein ehemaliger Klosterzubau (teilweise erhaltener * **Kreuzgang** mit Brunnen), die 1850–55 mit einer mächtigen Kuppel im barocken Stil wiedererrichtet wurde. Sie biegen vor der Kirche nach r., lassen r. in der ersten Straße Kirche und Kloster Santa Teresa (1773 zerstört) und biegen r. in die zweite Straße. Bei der zweiten Cuadra r. die **Kirche Nuestra Señora del Carmen**, deren schöne Fassade das Erdbeben von 1773 überdauert hat.

Gehen Sie wieder ein Stück zurück und biegen Sie r. in die erste Straße ein. L. die **Kirche de las Capuchinas** (1736 vollendet) mit einer sehr einfachen barocken Fassade, an ein ehemaliges Kloster angegliedert.

Am Ende der Straße stoßen Sie l. auf **Kirche und Kloster Santo Domingo**, beide 1664 entstanden und 1773 zerstört. Der Brunnen im Kreuzgang stammt aus dem Jahre 1618. Etwas weiter, jenseits einer Promenade, die **Kirche de la Candelaria** mit einer Fassade aus dem Jahre 1722, die einem neoklassischen Altarblatt nachempfunden ist.

Sie biegen nun r. in die erste Straße ein, dann nach l. in den zweiten Häuserblock und gelangen zum **Kloster Nuestra Señora de la Concepción** (1577), das mehrmals wiedererrichtet, aber 1773 endgültig zerstört wurde. Das gewaltige Ensemble strömt mit seinen wild überwucherten Mauern den Duft einer fernen Vergangenheit aus.

Sie biegen nun l. in die 2. Straße und gelangen zur Ruine des **Klosters de Santa Clara** (1700), das ebenfalls 1773 vernichtet wurde; Überreste eines Kreuzganges mit doppelter Galerie.

(2) Ciudad de Guatemala und Umgebung

Sie gehen in die 1. Straße zurück, biegen nach r. und besichtigen das
* **Kloster San Francisco** (1544). Die 1714 wiedererrichtete **Kirche** hat unter den Beben von 1917 und 1918 stark gelitten; düsteres Inneres in großzügigen Proportionen. Vom zerstörten Kloster ist vor allem ein Teil des Kreuzganges mit einem Monumentalbrunnen erhalten.

Sie gehen aus der Kirche hinaus und biegen zwei Mal nach l. Sie erreichen die erste Straße, biegen noch einmal nach l. und stehen vor der * **Kirche Escuela de Cristo**, die zu den schönsten der Stadt zählt und Mitte des 19. Jh. wiedererrichtet wurde. Am Ende der Promenade, der Straße folgt, befindet sich der **Calvario** (1720), ein dreifaches Campanileportal mit zahlreichen Skulpturen.

3 km von Antigua über die Straße nach Chimaltenango die **Kirche Nuestra Señora de la Asunción de Jocotenango** aus dem 16. Jh., mehrmals restauriert.

5 km von Antigua über die Straße nach Escuintla der **Standort der ersten Stadt** (1527 am Fuße des Agua-Vulkans gegründet), die heute den Namen **Ciudad Vieja** trägt. Der Agua-Vulkan (3.752 m) ragt etwa 1.500 m über das Tal hinaus und ist bis in 2.000 m Höhe von Tannen und Eichen bedeckt. An seinen Hängen die Ruine des **Palastes des Bischofs Marroquín**, des ersten Prälaten Antiguas, sowie der **Kirche San Juan del Obispo** (16. Jh.). – 8 km: Man erreicht die kleine Ortschaft * **Aguas Calientes**, wohl eine der bezauberndsten des Panchoy-Tales; günstige und besonders schöne Webstoffe.

3 – *Mixco Viejo (46 km; rund 2 Std. für die Hinfahrt, 2.30 Std. für die Besichtigung). – Ausfahrt auf der Straße nach San Juan Sacatepéquez (Pl. A3). – 19 km: **San Pedro Sacatepéquez** (Fest des Namenspatrons am 29. Juni), ein Pueblo, das ebenso wie sein Nachbarort (23 km) **San Juan Sacatepéquez** (Fest am 24. Juni) für seine Webstoffe berühmt ist.

R. nach (5 km) **San Raimundo** (Fest Ende Januar, eine ganze Woche lang; So. Markt), ein indianisches Pueblo, das ebenfalls für seine Webstoffe und seine Umhänge berühmt ist; Kirche aus dem 18. Jh.

31 km: Kreuzung.

R. Straße nach (50 km) **Rabinal** (Fest am 20. bis 25. Januar), von *Achis-Indianern* bewohntes Dorf (linguistische Gruppe der Quiché), das für sein präkolumbisches Ballett-Drama, das *Rabinal-Achí*, bekannt ist, das beim Fest des Namenspatrons aufgeführt wird (es handelt von einem gefangenen Prinzen, der von seinen Gegnern geopfert werden soll). Jenseits von Rabinal gelangt man nach (70 km) **Salamá** (s. Rte 4A, km 47,5).

46 km: **Mixco Viejo**, eine archäologische Zone, die von einem Hügel aus das Tal des Río Motagua in der Nähe der Einmündung des Río Pixcayá überragt. Sie befinden sich in einer besonders schönen ** **Berglandschaft** mit zahlreichen (großteils restaurierten) Überresten eines befestigten Zeremonienzentrums aus der postklassischen Epoche, das dem Maya-Stamm der *Pokomamen*, die von einer kriegerischen Kaste beherrscht wurden, als Hauptstadt diente.

Mixco Viejo, das nicht vor dem 13. Jh. entstanden sein dürfte, liegt an einer natürlich geschützten und für die damaligen Verhältnisse uneinnehmbaren Stelle. Zu dieser Zeit lebten hier *Cakchiqueles-Indianer* (Hauptstadt Iximché) und *Quiché-Indianer* (Hauptstadt Utatlán), beide zum Maya-Volk zählend und besonders kriegerisch. Die kulturell weniger entwickelten Mayas der Altos de Guatemala unterhielten recht regelmäßige Beziehungen zu den Völkern des zentralmexikanischen Plateaus, manche ihrer Häuptlinge gaben sich sogar eine toltekische Herkunft. 1525 hatte der Conquistador Pedro de Alvarado die größten Schwierigkeiten, nach einmonatiger Belagerung und einem offenen Kampf gegen Pokomamen, die Festung einzunehmen. Die Bevölkerung Mixco Viejos wurde in die Umgebung der nunmehrigen Hauptstadt verschleppt.

Mixco Viejo soll jüngeren Forschungsergebnissen zufolge eine der größten Städte des guatemaltekischen Altiplanos gewesen sein. Die Stadt erstreckt sich über den Gipfel einer Anhöhe inmitten mehrerer Kuppen, von denen jede ein Viertel trägt, mit eigenen religiösen Bauten, großen Plätzen und Terrassen. Insgesamt zählt man 15 solcher Gebäudegruppen, die 120 Strukturen umfassen (Plattformen, neun Tempel, Pyramiden, Ballspielplätze, Altäre, usw.).

Gruppe D. – Über eine Bresche am Ende der Zufahrtsstraße gelangen Sie in eine unerforschte Zone mit rund 15 **Tumuli**. Mehrere Stufen führen l. zu einer Esplanade, wo ein **Modell der Stadt** angefertigt wurde. Etwas weiter r. bildet eine Kuppe das Wohnviertel mit einer dreistöckigen **Pyramide** (Gruppe D), die mit kleinen Fliesen verziert ist.

Gruppe C'. – Der Hauptweg, der von Treppen mehrmals unterbrochen wird, führt zu einem gegenüberliegenden Teil der Stadt. Zuerst sehen Sie eine **Pyramide** (B x3), die früher durch einen Tempel gekrönt wurde. Danach gehen Sie am Fuße einer imposanten **Mauer** vorbei (Gruppe B) und erreichen die Gruppe C', die zwei kleine Anhöhen umfaßt, von denen man ein herrliches Panorama entdeckt.

Gruppe C. – Etwas weiter gelangen Sie zum Fuße einer Terrasse, am höchsten Punkt des Ortes, wo verschiedene Bauten der Gruppe C stehen. Die wichtigsten davon, die über eine breite Esplanade verstreut liegen, gehören zu den bemerkenswertesten der Stadt, sowohl wegen ihrer Lage, als auch wegen des **Stucks**, der früher sogar bemalt war. Vor einer großen rechteckigen **Plattform** (C2) auf zwei Niveaus steht die sehenswerte **Pyramide C1**, die drei verschiedene architektonische Phasen wiederspiegelt (was die Restaurierung noch unterstreicht). Zwischen Pyramide und Plattform erkennt man **drei Strukturen**, deren eine den Altar trug. Hinter der großen Pyramide erstreckt sich ein Platz. Das Gebäude ganz r. (**Struktur C8**) war einmal eine Residenz, hinter deren reichverstuckten Mauern möglicherweise der Hohepriester lebte. Ein weiterer Platz erstreckt sich hinter der Plattform C2. Hier sieht man einen großen runden Brunnen aus gebranntem Ton, in dem vermutlich das Kopal-Harz gebrannt wurde.

Wenn Sie über eine der beiden Treppen von der Plattform C2 hinunter gehen, erreichen Sie eine andere Gebäudegruppe mit einer **kleinen Pyramide**, die vielleicht die bestproportionierte von Mixco Viejo ist. Auch sie ist mit Steinplatten belegt und dürfte Verteidigungscharakter besessen haben.

Gruppe E. – Von hier aus gelangen Sie zur Gruppe E, die weiter im O, jenseits einer Bresche in der Stützmauer der Terrasse dieses Ensembles liegt. Hier sehen Sie die **Pyramide E1** jenseits einer **Plattform** (E4). Hinter der Pyramide eine weitere **Plattform** (E6) über einer Schlucht; auch sie dürfte Verteidigungscharakter besessen haben. Platten aus gebranntem Ton lassen den ehemaligen Standort von Häusern erahnen.

Gruppe B. – Sie gehen nun zur Gruppe B zurück, deren lange Stützmauer Sie entlanggegangen sind, um zur Gruppe C' zu gelangen. Eine **Allee mit einem Altar** führt an einer **Plattform** (B8, l.) und einem **Ballspielplatz** (r.) vorbei. Die Plattform, zu der die vier Treppen führen, überragt den Graben im W. Der Ballspielplatz, dessen Feld in T-Form angelegt ist, ist auf allen Seiten von Mauern umgeben. Nur im N öffnet er sich auf einen Platz mit mehreren Bauten, darunter der **doppelten Pyramide** (B3, r.) und einer weiteren **Pyramide** (B6, l.) die stark beschädigt ist.

Gruppe A. – Ein Stück weiter erreichen Sie die Gruppe A, die aus zahlreichen Strukturen, insbesondere einem **Ballspielplatz** (Struktur A11, l.) und einer **Steinpyramide** (A1) besteht.

San Salvador, die Hauptstadt der Republik Salvador, ist 261 km von Guatemala (Ausfahrt Pl. D6) entfernt. Der Weg führt über (101 km) **Jutiapa** (Lokalfest am 10. Nov.) und die Grenze (158 km).

3 – Von Ciudad de Guatemala nach La Mesilla (Atitlán-See, Chichicastenango und Quezaltenango)

Diese Fahrt durch das Hochland von Guatemala wäre es wert, sich dafür acht Tage Zeit zu nehmen. In den Indio-Dörfern scheint die Zeit im 16. und 17. Jh. stehengeblieben zu sein, als sich die Anpassung ihrer vorspanischen Glaubenswelt an das Christentum vollzog, das von zahlreichen Missionaren verkündet wurde, die, wie vor allem Bartolomeo de Las Casas, als Vermittler zwischen den von dem überfallsartigen Eindringen einer ihnen völlig fremden Zivilisation geschlagenen und verstörten Mayas und den Konquistadoren auftraten, deren einzige Sorge darin bestand, ihre Eroberungen möglichst gewinnbringend auszubeuten. Chichicastenango, die Dörfer um den Atitlán-See, ein Wunderwerk der Natur vor einer phantastischen Kulisse von Vulkanen, San Francisco el Alto, Momostenango, San Mateo Ixtatán und zahlreiche andere Dörfer, werden dem an der Kultur der Eingeborenen dieses Teiles von Guatemala, ihrem Handwerk und ihren Festen interessierten Besucher wertvolle Einblicke gewähren, jedoch nur in den seltensten Fällen echte menschliche Kontakte bieten. Zu den Sehenswürdigkeiten dieser Strecke gehören unter anderem die Ruinenstätten von Iximché und Zaculeu.

Straße: 118 km (Atitlán-Panajachel), 144,5 km (Chichicastenango), 202 km (Quezaltenango), 261 km (Huehuetenango) und 341 km (La Mesilla) auf guter Asphaltstraße, die ab Guatemala bis zur Abzweigung der Straße nach Quezaltenango sehr kurvenreich ist. Rd. 2.30 Std. nach Panajachel, 3 Std. nach Chichicastenango, 4–4.30 Std. nach Quezaltenango, 5–5.30 Std. nach Huehuetenango und rd. 7 Std. nach La Mesilla, ohne Zwischenaufenthalte gerechnet.

☞ **Ausfahrt aus Guatemala Richtung Quezaltenango** (Pl. A4).
26 km: San Lucas Sacatepéquez (Fest des Schutzpatrons am 18. Okt.), ein Dorf mit präkolumbischer Zeit mit einer Kirche aus der Kolonialzeit. L. zweigt eine Straße nach (14 km) **Antigua Guatemala** ab (s. Umgebung von Guatemala, 2).
33 km: R. **Santiago Sacatepéquez** (Fest des Schutzheiligen am 25. Juli).
46 km: L. schöner ★★**Ausblick** auf die Vulkane Agua (l.), Acate-

(3) Ciudad de Guatemala – La Mesilla

nango (r.) und, im Hintergrund, Fuego, die das Tal von Panchoy beherrschen, in dem Antigua Guatemala liegt.

54 km: Chimaltenango (sonntäglicher Markt), 15.000 Ew., Kreisstadt der gleichnamigen Provinz (2.020 km², 200.000 Ew.), 19 km von Antigua (s. Umgebung von Guatemala, 2).

➤ R. nach (19 km) **San Martín Jilotepeque** (Sonntagsmarkt; Fest des Schutzheiligen am 11. Nov.); ein malerisches Dorf, dessen Frauen eine schöne, hier gewebte Tracht tragen.

68 km: Kreuzung.

➤ L. Abzweigung nach (2 km) **Patzicía** (Fest des Schutzheiligen am 25. Juli) und nach (50 km) **Atitlán** (Panajachel; s. Rte 3 B, km 33) auf der alten, sehr engen und kurvenreichen Straße, von der man jedoch während der Talfahrt reizvolle ★★**Ausblicke** auf den Atitlán-See genießt.

87 km: Tecpán (Fest des Schutzheiligen am 4. Okt.); Ausgangspunkt für Ausflüge zur Ruinenstätte von ★ **Iximché** (4 km l.), einer Festungsstadt, die ab dem 15. Jh. Hauptstadt des Mayastammes der *Cakchiqueles* war. Sie wurde von einer Kaste aggressiver Krieger regiert, die in andauerndem Krieg mit den Quiches und den Tzutuhiles lagen, die das O- und S-Ufer des Atitlán-Sees besiedelten. 1524 wurde Iximché von Pedro de Alvarado erobert und zu seiner ersten Hauptstadt gemacht, bevor er sich später im Tal von Panchoy niederließ.

Öffnungszeiten: 9–16 Uhr.

Iximché wurde im 15. Jh. auf einem natürlichen Felsen angelegt, jedoch durch Wälle und Gräben an der am meisten bedrohten Seite noch weiter befestigt. Innerhalb der Festungswälle befanden sich sechs Plätze, die von Gebäuden und Plattformen umgeben waren. Beim Eingang r. Ballspielplatz. L. am Ende des Weges liegt der Haupttempel in ziemlich gut erhaltenem Zustand (Spuren von Wandmalereien), sowie ein kleines Oratorium. An der N-Seite des Platzes B liegt ein großer Palast mit einem Innenhof, in dem sich mehrere Altäre befanden.

126,5 km: Los Encuentros; r. Abzweigung nach Quiché, d. h. nach Chichicastenango und Santa Cruz del Quiché (s. u.).

☞ **3 A – Von Los Encuentros nach Santa Cruz del Quiché und Sacapulas**

Straße: 18 km (Chichicastenango), 30 km (Santa Cruz del Quiché) und 76 km (Sacapulas) auf einer herrlichen Bergstraße, nicht allzu kurvenreich, durch sehr schöne Nadelwälder, in denen Bromelien und Orchideen gedeihen. Von Zeit zu Zeit ergibt sich ein Ausblick auf die Sierra de los Cuchumatanes, die höchste Bergkette von Guatemala, an deren Fuße Sacapulas erbaut wurde.

18 km: ★★★ **Chichicastenango**, 2.700 Ew., (2.090 m), ist das wahrscheinlich berühmteste Dorf Mittelamerikas. Am wenigsten interessant ist der Besuch des Dorfes an gewöhnlichen Wochentagen ohne Markt oder sonstigen Festlichkeiten. Der Besucher kann an einem solchen Tag lediglich die Reize eines typischen

Dorfes der Kolonialzeit mit bunten oder geweißten Häusern genießen, zwischen denen sich enge, mit Kopfsteinpflaster belegte Gassen schlängeln. Wesentlich mehr bietet das Dorf an ★★**Markttagen** (Do. und So.), wenn es von unzähligen Bauern und Kaufleuten aus der Umgebung – manche von ihnen kommen aus sehr entlegenen Dörfern – aufgesucht wird.

Hier empfiehlt sich der Kauf von Decken, bestickter Kleidung, Gürteln und Taschen, die in den Bergdörfern gewebt wurden, Jadeketten, Silberschmuck, Lederartikel, Holzmasken (die jedoch nur in den seltensten Fällen wirklich alt sind, außer in den Antiquitätenläden), Töpferwaren, bemalte Schachteln und Kästchen usw. In der Menge sind die Einwohner von Chichicastenango an ihrer Tracht leicht zu erkennen: die Frauen tragen ein Oberteil mit einem Kragen, dessen Stickereien (Blumen- und geometrische Motive) strahlenförmig angeordnet sind und einen blaugestreiften Rock mit horizontalen Stickereien; die Männer tragen schwarze, unter dem Knie mit einem roten Band gehaltene Hosen, einen schwarzen Oberteil mit roter Stickerei und ein rotes, um den Kopf gebundenes Tuch.

Von ganz besonderem Interesse ist ein Besuch in Chichicastenango ★★★**an Festtagen** (s. praktische Hinweise). An solchen Tagen scheint hier die Luft im Lärm der schreienden Menge und Knallkörper zu erzittern. Ein Fest in Chichicastenango muß man, wie der Hl. Thomas, der Schutzheilige des Dorfes, gesehen haben um es zu glauben. Der Ort hieß früher Chaviar und wurde seit dem 15. Jh. von den Cakchiqueles besiedelt. Nach der Einnahme von Utatlán 1524 durch Pedro de Alvarado wurde er von den Quichés besiedelt, die noch heute den Kern der Bevölkerung ausmachen, vor allem in den Hüttensiedlungen der Umgebung; in Chichicastenango selbst lebt eine bedeutende Gruppe von Mestizen.

Kirche Santo Tomás. – Die Kirche wurde 1540 als Teil eines Klosters erbaut und steht auf dem Hauptplatz des Ortes. Ihre architektonische Bedeutung ist gleich Null, vor allem seit sie nach dem Erdbeben von 1976 wegen Einsturzgefahr gestützt werden muß. Die Kirche ist jedoch als ein Ort außergewöhnlicher Heiligenverehrung mit fast heidnischem Gepräge berühmt. Nur wenige Schritte von dem lärmenden Menschengewimmel des Marktes entfernt, schwenken hier die *Chuchqajau* auf den Stufen der Kirche ihre zu Weihrauchkessel umfunktionierten Konservenbüchsen, denen Schwaden von Kopalrauch entsteigen, um die Aufmerksamkeit der Gläubigen auf sich zu ziehen. Diese seltsamen Priester mit düsteren Mienen bieten sich als Fürsprecher bei den Heiligen an, um Heilung zu erflehen, um eine Geburt oder eine gute Ernte zu erbitten oder um Unheil abzuwenden.

Man kann die Kirche betreten, um die Chuchqajaus bei ihren Gesprächen mit den Bittstellern zu beobachten.

Ein weiteres interessantes Element des religiösen Lebens von Chichicastenango sind die **Prozessionen der Ordensbrüderschaften** – der Ort zählt insgesamt vierzehn – anläßlich des Festes des Schutzheiligen, dessen Statue feierlich zum Hause desjenigen getragen wird, der zum *Alkalden* oder Oberhaupt der Kongregation ernannt wurde. Trommelwirbel, Flötengebläse und Knallkörperlärm begleiten die Prozession. In diesen Festen, die zwar mit den Symbolen des Christentums begangen werden,

(3) Ciudad de Guatemala – La Mesilla

kommen ganz deutlich die alten heidnischen Gebräuche zum Durchbruch. Vier Jahrhunderte nach der Christianisierung Guatemalas sind die echten Katholiken noch immer in der Minderheit.
Diese finden sich vor allem in dem der Kirche angeschlossenen Kloster, in dem die Mitglieder der Ordensbrüderschaften jeden Sonntag um 8 Uhr der Messe beiwohnen.

Das Stadtmuseum (Museo Municipal). – Am Marktplatz, unweit der Kirche Santo Tomás, befindet sich ein kleines Museum (*Öffnungszeiten:* 8–12 Uhr und 14–17 Uhr) mit Jadegegenständen, Töpfereiwaren, Weihrauchgefässen und anderen Antiquitäten aus präkolumbischer Zeit, die von einem Priester namens Rossbach zusammengetragen worden sind; außerdem Sammlung handwerklicher Erzeugnisse.

Der Kirche Santo Tomás gegenüber liegt die kleine **Kapelle El Calvario**, bei der an Markttagen die Holzwarenhändler ihren Standplatz haben.

Pascual Abaj. – Von der Kirche Santo Tomás geht man die Straße von der Ecke des Platzes weiter, die in einen Vorort von Chichicastenango führt. Nach wenigen Schritten biegt man r. ab und kommt zum Ortsende, wo man durch ein Maisfeld und den Hof eines Bauernhauses geht, um schließlich am Fuße eines bewaldeten Hügels anzugelangen, wo sich, rd. 1 km vom Hauptplatz entfernt, ein **Freiluftoratorium** befindet, das den Namen **Pascual Abaj** oder **Turkaj** trägt. Die Indios verehren hier ein Götzenbild, aus Stein grob zugehauen, vor dem die Chachqajau, von Weihrauch umnebelt, ihre heiligen Handlungen vollziehen und manchmal in Ausübung ihres Amtes als Fürsprecher auch ein Huhn opfern.

Von der Straße, die zum Hotel Maya Inn führt, sieht man auf der anderen Seite einer malerischen Schlucht die **Gräber** des Friedhofs von Chichicastenango, der einen Besuch wert ist.

Fortsetzung der Route 3 A. – 30 km: **Santa Cruz del Quiché**, 7.500 Ew., Provinzhauptstadt von Quiché (8.494 km^2; rd. 300.000 Ew.); Marktplatz vor der Pfarrkirche aus der Kolonialzeit (Markt Do. und So.).

Rd. 3 km entfernt (Richtung San Antonio Ilotenango, dann l.) liegt die **Ruinenstätte Utatlán**, einstmals Hauptstadt von Quiché, dem Herrschaftsbereich des mächtigsten Mayastammes im Hochland von Guatemala vor der spanischen Eroberung der *Quichés*. Die Stadt glich einer Zitadelle, die durch sie umgebende Schluchten über eine natürliche Befestigung verfügte und den Stammeshäuptlingen und Priestern als Wohnstätte diente. Sie verfügte über Paläste und Tempel, die jedoch nach der Einnahme der Festung durch Pedro de Alvarado 1524 zerstört wurden.

38 km: **San Pedro Jocopilas** (Fest des Schutzheiligen am 29. Juni).
76 km: **Sacapulas**, an der Straße von Huehuetenango nach Cobán (s. Rte 3 E, km 56), am Fuße der Sierra de Chuchumatanes, im Tal des Río Negro; Kirche aus der Kolonialzeit mit Barockornamenten, die früher zu einem 1553 gegründeten Dominikanerkloster gehörte; Markt am Do. und So.

Fortsetzung der Rte 3. – 129,5 km: Abzweigung l. nach Sololá und Atitlán (s. u.)

3 B – Von km 129,5 zum Atitlán-See

Diese Fahrt zu einem der schönsten Seen der Welt, der eingebettet zwischen Vulkanen, steilen Felsabbrüchen und grünen Hängen mit Maisfeldern und Dörfern liegt, ist besonders eindrucksvoll, vorausgesetzt, daß die Reise in der schönen Jahreszeit (zwischen November und April) unternommen wird. Die nachstehend beschriebene Strecke führt nicht nur nach Panajachel, dem Fremdenverkehrszentrum der Region an den Ufern des Sees (gute Hotels), sondern weiter bis zum Ende der Straße in einige reizvolle Indio-Dörfer. Neben den landschaftlichen Schönheiten der Strecke bietet die Fahrt auch ethnographisch und rein menschlich interessante Aspekte.

Straße: 17 km (Panajachel), 50 km (San Lucas Tolimán), 66 km (Santiago Atitlán), 89 km (San Pedro la Laguna) und 100 km (San Pablo la Laguna) auf einer manchmal engen und die gesamte Strecke hindurch kurvenreichen Straße. 30 Min. bis zur Straßenkreuzung in Panajachel, dann rd. 3.30 Std. von Panajachel nach San Pablo la Laguna.

9 km: **Sololá** (Fest am 15. Aug. mit Jahrmarkt und religiösen Veranstaltungen, Tänzen und Festlichkeiten), 5.000 Ew. (4.080 m), Hauptstadt der gleichnamigen Provinz (2.171 km^2; 160.000 Ew.), Bischofssitz; der Ort wurde 1547 am Rande eines Hochplateaus gegründet, von dem man einen weiten Blick über den See hat; in unmittelbarer Nähe liegt die vorkolumbische Siedlung **Tzoloyá**, die einst von den *Cachiqueles* bewohnt war. Der **Markt** (Di. und Fr.) wird von den Bewohnern der um den See liegenden Dörfer besucht, die oft in ihren schönen, alten Trachten kommen. Die Sonntagsmesse bietet Gelegenheit, die originellen Trachten der Einwohner von Sololá zu bewundern und die Ordensbrüderschaften auf ihrem Kirchgang, angeführt von ihrem Alkalden im schwarzen Umhang, zu beobachten.

8 km zum Cakchiqueles-Dorf **Concepción** (Fest am 12. Dez.), das man auf einem Fahrweg erreicht; herrliche **✶✶ Ausblicke** auf den Atitlán-See; Barockkirche, 1621.

Noch reizvoller ist die Strecke von Sololá nach (6 km) **San José Chacayá** (Fest am Dienstag der Karwoche), einem kleinen Dorf mit einer Kirche aus der Kolonialzeit. Der Weg führt durch die Schlucht des Río Quincab mit rauschenden Wildbächen und Wasserfällen und bietet liebliche Ausblicke auf Felder und Strohhütten, eingebettet in Nadelwälder. Nach San José führt die Straße weiter nach (14 km) **Santa Lucia Utatlán** (Fest des Schutzheiligen am 13. Dez.), einem Quiché-Dorf, das man nach einer schönen Fahrt durch Nadel- und Eichenwälder erreicht und nach (24 km) **Santa Clara la Laguna** (Fest des Schutzpatrons am 12. Aug. mit Tänzen und dem Volador-Spiel, das an einen alten Fruchtbarkeitsritus erinnert, der im *Popol Vuh* erwähnt wird) sowie nach **Santa María Visitación** (Fest am 2. Juli), zwei vorwiegend von Quichés bewohnte Dörfer, hoch über dem Atitlán-See gelegen. In allen diesen Dörfern ist man immer wieder von der Vielfalt und der Pracht der Trachten fasziniert.

12 km: **Aussichtswarte**, über einen kleinen Umweg zu erreichen; eindrucksvoller **✶ ✶ ✶ Weitblick auf den Atitlán-See**, die umliegenden Vulkane und grünen Hügel. Im Vordergrund

erhebt sich der mächtige **Vulkan Tolimán** (3.102 m), der teilweise den Vulkan **Atitlán** (3.505 m) verdeckt, der 1853 zum letzten Mal ausgebrochen ist; r. davon der **Vulkan San Pedro** (2.975 m), der bereits erloschen ist und zum S-Ufer des Sees steil abfällt. Etwas weiter weg die **Cueva del Brujo**, eine Höhle, die den Indios als Kultstätte dient.

R. von der Straße, in geringer Entfernung, liegt das Cakchiqueles-Dorf **San Jorge la Laguna** in einem kleinen Tal des Río Quincab.

16 km: Im Tal angelangt, führt r. eine Straße zu mehreren Hotels in Panajachel und mündet in einen Weg, der nach (7 km) **Santa Cruz la Laguna** führt, einem einfachen Dorf der Cakchiquel, in dem die Frauen eine besonders schöne Tracht tragen (roter Oberteil mit gelben Bändern).

17 km: **Panajachel**, 3.500 Ew., Kurort am Seeufer in schöner landschaftlicher Umgebung, in der sich See- Wald- und Berglandschaft zu einem stimmungsvollen Bild vermischen. Die 1567 erbaute Pfarrkirche mußte in der Folge mehrerer Erdbeben – das letzte ereignete sich 1962 – mehrmals wiederaufgebaut werden. Mit vorzüglichen Hotels ausgestattet wurde Panajachel zu einem Fremdenverkehrszentrum und dient vor allem als Ausgangspunkt für Ausflüge zum See (regelmäßiger Schiffsverkehr) und seinen Ufern (zu Fuß oder mit dem Auto).

Der Atitlán-See, dessen maximale Tiefe auf 450 m geschätzt wird, erstreckt sich über 130 km² in einer Höhe von 1.540 m in einem von Vulkangestein gebildeten Becken. Seine Ufer sind fast durchwegs stark zerklüftet, vor allem im N, wo die Ausläufer des Vulkanplateaus mit eindrucksvollen Steilküsten direkt in den See abfallen.

Der Wasserspiegel des Sees fällt und steigt je nach der Ausgiebigkeit der Regenfälle (auf einen Zeitraum von dreißig Jahren berechnet). Der See weist starke Strömungen auf und wird häufig von starken Winden aufgewühlt; der häufigste dieser Winde ist der *Xocomil*, der von S nach N bläst. Bei Fahrten auf dem See sollte man sich nach den Fischern richten: solange ihre aus Baumstrünken gefertigten Boote auf dem See zu sehen sind, droht kaum Gefahr. Die Beute der Fischer besteht hier aus einigen in Mittelamerika in diesen Höhenlagen sehr bekannten Fischarten, aber auch in aus Europa importierten und hier ausgesetzten Arten, unter anderem dem Karpfen, der aus Deutschland kam und hier gut gedeiht, sowie sehr begehrten Süßwasserkrabben.

Zum Zeitpunkt der spanischen Eroberung war diese Gegend, so wie heute noch immer, von den Indianerstämmen der *Tzutuhiles* (S-Ufer), *Cakchiqueles* (NO-Ufer) und *Quichés* (NW-Ufer) bevölkert. Pedro de Alvarado fiel 1524 in Guatemala ein und besiegte die drei Stämme, deren Uneinigkeit untereinander einen gemeinsamen Kampf gegen den Eindringling verhindert hatte. Die Dörfer rund um den See, außer Panajachel und San Lucas Tolimán, haben ihren ursprünglichen Charakter bewahrt, sowohl was ihre Lebensweise betrifft, die von ihrer landwirtschaftlichen (Obst, Mais, Bohnen, Tomaten) und handwerklichen Tätigkeit bestimmt wird, als auch in bezug auf ihre Religion und ihre Sprache (jedes Dorf spricht noch heute seine alten Dialekte). Es machen sich allmählich jedoch auch hier Anzeichen einer tiefgreifenden Veränderung bemerkbar, deren Wurzeln in der

Schulpflicht (wodurch vor allem der Gebrauch des Spanischen gefördert wird), in den Saisonarbeiten auf den großen Plantagen und den damit verbundenen Arbeitskräftebewegungen und dem Militärdienst liegen, der einer Bevölkerungsvermischung ebenfalls förderlich ist.

●━━▶ Von Panajachel führt eine aus den steil zum See abfallenden Felsen herausgehauene Straße zu dem Dorf (5 km) * **Santa Catarina Palopó** (Fest am 24.–26. Nov.); das Dorf, dessen Häuser rund um den Hauptplatz mit der Pfarrkirche verstreut liegen, ist von Obstgärten umgeben. Die Frauen dieses Dorfes weben besonders schöne Gürtel, Taschen und Kleidungsstücke in rot und weiß, die man überall rund um den See findet.

Von hier erreicht man ein weiteres Cakchiqueles-Dorf (10 km), **San Antonio Palopó** (Feste am 13. Juni und 10. Sept., Jahrmarkt), in einer landschaftlich sehr reizvollen **★★Umgebung** am Ufer des Sees, am Fuße von terrassenförmig angelegten Feldern.

●━━▶ Von Panajachel begibt man sich mit dem Schiff zu den Cakchiqueles-Dörfern **San Marcos la Laguna** (Fest des Schutzheiligen am 25. April), auf einem Hügel über dem See gelegen, dessen Ufer hier mit Rosengärten bedeckt sind, **Tzununá**, in einer Bucht verstecktes Dorf mit Bambushütten und **Santa Cruz la Laguna**, das jedoch auch auf dem Landweg zu erreichen ist (s. u., km 16).

☞ **Fortsetzung der Rte 3 B.** – Will man weitere Ausflüge an den Ufern des Atitlán-Sees unternehmen, verläßt man Panajachel in Richtung Guatemala; die Straße führt durch eine Ebene mit Kaffeeplantagen und Obstgärten, bevor sie wieder in die Berge führt.

24 km: L. in 2.020 m Höhe das Dorf **San Andrés Semetabaj** (Markt jeden Di.; Fest vom 28. Nov.–1. Dez.), das von Cakchiqueles-Indianern und Mestizen bewohnt wird; es befindet sich an der Stelle einer vorspanischen Siedlung, von der noch einige kleinere Hügel in der Nähe des Friedhofes Zeugnis ablegen. Kirche aus der Kolonialzeit (17. Jh.) mit eleganter Barockfassade, allerdings mit starken Rissen. Von hier erreicht man das eindrucksvoll schöne N-Ufer des Atitlán-Sees, das durch die bis ins Wasser reichenden Ausläufer der Berge in zahlreiche kleine Buchten unterteilt wird.

27 km: *Aussichtswarte* mit ★★★ **Blick auf den See**.

32 km: *Aussichtswarte Marío Méndez Montenegro*; ebenfalls herrlicher ★★★ **Blick** auf den Atitlán-See und die umliegenden Vulkane.

33 km: L. zweigt die alte Straße von Guatemala zum Atitlán-See ab; sie trifft bei km 34 auf die Panamericana und führt über Patzún und Patzicía (s. Rte 3, km 68).

43 km: ★★ **Blick** auf den **Vulkan Tolimán** und das SO-Ufer des Sees.

48 km: L. Abzweigung nach **Patulul** und (34 km) zur Straße von El Carmen nach Ciudad de Guatemala (s. Rte 1, km 173,5) durch das Tal des Río Madre Vieja (diese Straße kann nach starken Regenfällen unpassierbar werden).

50 km: **San Lucas Tolimán** (Fest des Schutzheiligen am 18. Okt.);

5.000 Ew., hoch über dem See gelegener Ort am Fuße des Vulkans Tolimán, dessen tieferliegende Hänge entweder für Kaffeeplantagen genutzt werden oder bewaldet sind. Reges Handelszentrum (Markt am Di., Fr. und So.); San Lucas ist zusammen mit Panajachel am stärksten von den Einflüssen der Außenwelt verändert worden. In den Bambushütten am Seeufer werden besonders schöne Webereien hergestellt. Von San Lucas aus kann man die **Vulkane Tolimán und Atitlán** besteigen; vom Biwak auf dem Gipfel des letzteren genießt man einen faszinierend schönen Ausblick und kann einen herrlichen Sonnenaufgang erleben.

56 km: **Cerro de Oro**, Fischerdorf, von Cakchiqueles und Tzutuhiles bewohnt, am Fuße des gleichnamigen Vulkans (1.860 m), auf dem der Sage nach die Tzutuhiles beim Eindringen der Spanier einen Schatz versteckt hätten. In einer Bergtour (rd. 1 Std.) kann man ihn besteigen.

66 km: **Santiago Atitlán** (Fest Ende Juli), größtes Tzutuhil-Dorf (12.000 Ew.) in einer schmalen Ebene am O-Ufer einer tiefen und geschützten Bucht am Fuße der Vulkane Tolimán und Atitlán. In präkolumbischer Zeit lag hier die Hauptstadt des *Tzutuhul-Reiches*, von der auf der anderen Seite der Bucht einige Überreste entdeckt wurden. Santiago Atitlán ist ein Zentrum der Handwerkskunst, vor allem die von den Frauen des Ortes gewebten Oberteile, Gürtel, Hosen und Taschen werden auf dem Markt (tgl., aber vor allem Fr.) angeboten. In der Nähe des Hauptplatzes steht die 1568 erbaute Pfarrkirche.

Nach Santiago Atitlán beginnen dichte Nadelwälder, die den Fuß der Vulkane Santa Clara und San Pedro bedecken und bis zum Wasser reichen.

89 km: **San Pedro la Laguna** (Fest am 29. Juni), ein weiteres Tzutuhil-Dorf (4.500 Ew.) am S-Ufer des Sees. Hier werden vor allem Teppiche geknüpft, die Maya-Motive tragen.

92 km: **San Juan la Laguna** (Fest des Schutzheiligen 23.-26. Juni).

110 km: **San Pablo la Laguna** (Fest des Schutzheiligen 23.–25. Jan.); Tzutuhil-Siedlung mit 2.000 Ew., hoch über dem See gelegen. In San Pablo ist vor allem die Erzeugung von Seilen und Hängematten aus Agavenfasern beheimatet.

Fortsetzung der Rte 3. – 154 km: **Nahualá**, 2.000 Ew.; die Einwohner dieses Dorfes halten mit großer Bestimmtheit an ihren alten Bräuchen, darunter vor allem an der Zauberei fest. Es heißt, daß hier Mestizen und Fremde nachts nicht geduldet werden. Der Markt bietet schöne Trachtenkleidung (weiß mit Stickereien mit Tiermotiven), Kopfbedeckungen (*Tzutes*), Gürtel und Maismühlsteine.

169 km: 2.900 m hoher Paß. Während der Talfahrt schöner ★★**Fernblick** auf die Vulkane Zunil und Santo Tomás, l.

187 km: Große Kreuzung; l. eine Straße Richtung Quezaltenango (s. u., Rte 3 C) und r. eine nach (12 km) Totonicapán.

Totonicapán (Fest am 29. Sept.), 8.000 Ew., Kreisstadt der gleichnamigen Provinz (1.086 km^2; 60.000 Ew.), gehörte früher zum Reich der Quichés, wurde jedoch später von Einwanderern aus Tlaxcala (mexikanisches Hochland) besiedelt, die mit der Armee von Pedro de Alvarado hierher kamen. Jeden Do. und So. Markt (Trachten, Töpfereiwaren, Masken, Holztruhen).

3 C – Von km 187 nach Quezaltenango und Mazatenango

Straße: 13 km (Quezaltenango) und 75 km (Mazatenango) auf guter Asphaltstraße, Mautpflicht zwischen Quezaltenango und der Abzweigung der Straße von El Carmen nach Ciudad de Guatemala; rd. 20 Min. bis in das Stadtzentrum von Quezaltenango und 1.30 Std. nach Mazatenango.

4 km: **Salcajá** (Fest am 24. Aug).
9 km: R. Abzweigung nach (4 km) **Quezaltenango**, 268.000 Ew., Hauptstadt der gleichnamigen Provinz (1.951 km²); die Stadt ist vorspanischen Ursprungs und liegt in einer Höhe von 2.330 m in einer von den Vulkanen Zunil und Santo Tomás im SO und, etwas weiter weg, dem Vulkan Santa María beherrschten Hochebene. Der Santa María brach 1902 zum letzten Mal aus und zerstörte mit einem gleichzeitigen Erdbeben die Stadt. In der sehr geschäftigen Stadt, die als Zentrum der Quiché-Kultur angesehen werden kann, sind vor allem der **Palacio Municipal** (Neoklassik), die **Kathedrale** mit einer durch starke Risse beschädigten Barockfassade und das **Stadtmuseum** neben der Kathedrale mit interessanten archäologischen und ethnologischen Sammlungen sehenswert. Ein Ausflug auf den sogenannten **El Baul** (die Truhe) vermittelt einen schönen Blick auf die Stadt und die dahinter liegenden Berge. – 22 km: **Zunil**, am Fuße des gleichnamigen Vulkans; kleine Kirche aus der Kolonialzeit. – 27 km: **Aguas Amargas**, kleiner Kurort mit Thermalquellen. – 27,5 km: *Mautstelle*. Je näher man der Küstenregion kommt, desto üppiger wird die Vegetation. – 57 km: Straße Ciudad de Guatemala – El Carmen, in der Nähe von Retalhuleu (s. Rte 1, km 109) nach der Mautstelle (Kartenkontrolle).
75 km: **Mazatenango** (s. Rte 1, km 127).

Fortsetzung der Hauptroute. – **187,5** km: L. nach (1 km) **San Cristóbal Totonicapán** (Fest des Schutzheiligen am 25. Juli).
187,5 km: R. nach (1 km) **San Francisco el Alto** (Fest des Schutzheiligen 1.–6. Okt., am 4. Okt. großer Jahrmarkt), 2.500 Ew. (2.565 m), an der höchsten Stelle des Tales von Quezaltenango gelegen.

Auf dem Hauptplatz vor der kleinen, strahlend weißen Kirche aus der Kolonialzeit, findet freitags **einer der faszinierendsten Märkte Guatemalas** statt, zu dem die Bewohner der umliegenden Dörfer in langen Prozessionen die Bergstraße heraufströmen. Auf einer Esplanade etwas oberhalb des Hauptplatzes findet ebenfalls am Freitag in einem unbeschreiblichen Gemisch von Lärm und Farben der **Viehmarkt** statt, wo die Quiché-Indios in ihren malerischen Trachten ihre mageren Rinder, Schweine und Truthähne feilbieten oder in Freiluftkantinen beisammensitzen.

(3) Ciudad de Guatemala – La Mesilla 738

Die Straße führt nach San Francisco el Alto weiter nach (15 km) **Momostenango** (Fest des Schutzheiligen 21. Juli–4. Aug.), 5.200 Ew. (Quichés), in 2.170 m Höhe; hier werden die schönsten Decken von Guatemala gewebt. Nicht weit von der Fabrik befinden sich die * **Riscos**, interessante Steinformationen, die an die Kapuzenträger der spanischen Karprozessionen erinnern.

In der Umgebung von Momostenango (Ort der Altäre) liegen zahlreiche kleine Hügelchen aus der vorspanischen Zeit, die als Altäre benützt werden, an denen die Bewohner der Umgebung am Ende jeder Periode von 260 Tagen, die dem alten Tzolkín-Kalender der Mayas entspricht, Tonwaren zerbrechen.

256 km: R. nach (5 km) **Huehuetenango**, 35.000 Ew., Hauptstadt der gleichnamigen Provinz (7.400 km²; 335.000 Ew.), hübsche Stadt in einer bewaldeten Hügelregion am Fuße der Sierra Cuchumatanes, die vorwiegend von Mames-Indianer bewohnt wird.

4 km vom Stadtzentrum entfernt liegt das Kultzentrum * **Zaculeu**, das man am besten mit dem Taxi oder mit dem Autobus Ruinas erreicht, da der Weg dorthin ziemlich schwer zu finden und außerdem die Straße sehr staubig oder schlammig ist (je nach Jahreszeit). In einer sehr idyllischen Umgebung am Ufer eines Flusses liegen mehrere **Tempel** auf pyramidenförmigen Fundamenten und ein kleiner **Ballspielplatz**.

Zaculeu wurde am Beginn der klassischen Periode, um 600 n. Chr. gegründet, die Gebäude, deren Überreste zu sehen sind, stammen jedoch aus der postklassischen Periode und weisen einen starken Einfluß der Einwanderer aus dem mexikanischen Hochland auf. Die Siedlung wurde nach der Belagerung durch Pedro de Alvarado 1525 verlassen.

Kleines **Museum** mit Keramiken, Graburnen, einer mit Sgraffiti versehenen Schiefertafel, Jadeschmuck usw.

3 D – Von Huehuetenango nach San Mateo Ixtatán

Diese Strecke ist vor allem wegen der völlig unverfälscht gebliebenen Eingeborenendörfer (was im Hochland von Guatemala fast immer der Fall ist) interessant, die von Mayas der Sprachgruppe der Mames bewohnt werden. Die landschaftliche Schönheit der Hochgebirgslandschaft mit herrlichen Nadel- und Eichenwäldern machen diese Reise ebenfalls zum Erlebnis. Besonders empfehlenswert ist es, früh am Morgen aufzubrechen, um von der Aussichtswarte in der Nähe des Dorfes Chiantla einen herrlichen * * * Rundblick auf die Sierra de Cuchumatanes zu genießen, bevor sich die Wolkendecke schließt, die die Gegend von Huehuetenango schon vormittags bedeckt (vor allem während der Regenzeit).

Straße: 95 km auf einer im allgemeinen sehr kurvenreichen Straße, vor allem auf der Bergfahrt über den S-Hang der Sierra de Cuchumatanes und auf dem letzten Stück der Strecke, durch die Hochtäler am Fuße der Gebirgskette; keine Asphaltstraße, jedoch leicht befahrbar.

5 km: **Chiantla** (Fest 28. Jan.–2. Feb., vor allem am letzten Tag); r. Abzweigung nach Sacapulas und Cobán (s. Rte 3 E, km 5). Hier beginnt eine eindrucksvolle Bergfahrt über die S-Seite der *Sierra los Cuchumatanes*, einer Kette der Sierra Madre, wo man sehr rasch auf eine Höhe von mehr als 2.500 m gelangt, in der sich ein trostlo-

Huehuetenango – Sacapulas

ses, von Winden gepeitschtes Hochplateau erstreckt, das von Kaktuswäldern und bizarren Felsformationen aufgelockert wird, deren Entstehung auf dem durch den Wind ausgelösten Erosionsvorgang beruht.

24 km: Kreuzung.

L. nach (18 km) **Todos Santos Cuchumatán**, Mame-Dorf in 2.450 m Höhe, nur über einen schmalen Weg zu erreichen, der nach dem La Ventosa-Paß in einen **Cañyon** zwischen zwei Bergketten der Sierra de Cuchumatanes hinunterführt. Das Dorf liegt an der Straße, die in vorspanischer Zeit die Hochebenen von Guatemala und Chiapas miteinander verbunden hat; in seiner Umgebung befinden sich mehrere Ruinenstätten aus der postklassischen Periode. Dorffest mit religiösen Zeremonien und Tänzen am 1. Nov.

56 km: **San Juan Ixcoy** (Fest des Schutzheiligen am 24. Juni), Chuj-Dorf, Indios der Sprachgruppe der Mames.

63 km: Kreuzung.

L. Abzweigung nach (26 km) **San Miguel Acatán** (Fest des Schutzheiligen 25.–30. Sept., vor allem am 29.), weiteres Chuj-Dorf an der N-Seite der Sierra de Cuchumatanes.

66 km: **Soloma** (Fest 26.–30. Juni, vor allem am 29.) Chuj-Dorf über dem Tal eines Nebenflusses des Río Usumacinta.

77 km: **Santa Eulalia**, Chuj-Dorf, Fest 8.–13. Feb. mit einem großen Jahrmarkt und religiösen Zeremonien, vor allem am 12.

95 km: **San Mateo Ixtatán** (Fest des Schutzheiligen 17.–21. Sept., vor allem am 21.), bekannt für schöne Webereien; kleine Kirche aus dem 18. Jh., die durch ihre Pastellfarben und ihre kleinen Statuen wie ein Spielzeug aus Terrakotta in Naturgröße wirkt.

3 E – Von Huehuetenango nach Cobán

Eine andere Route, die vorwiegend durch ein Tal am Fuße der Sierra de Cuchumatanes führt und einen Vergleich mit den Dörfern der Indios in der Hochebene von Guatemala ermöglicht, in denen sich seit dem 16. und 17. Jh. praktisch nichts geändert hat. Auch hier sind die landschaftlichen Reize Grund genug, um die Fahrt zu unternehmen.

Straße: 156 km auf einer vorwiegend kurvenreichen und nicht asphaltierten Straße.

5 km: **Chiantla** (s. Rte 3 D, km 5). – 23 km: **Aguacatán**; in diesem Dorf spricht man das sogenannte *Aguateca*, einen Dialekt der Mame-Gruppe. Fest mit Tänzen 40 Tage nach Ostern (*Moros y Cristianos*); Prozessionen und andere religiöse Zeremonien. – 56 km: **Sacapulas**, von wo eine Straße nach Santa Cruz del Quiché und Chichicastenango abzweigt (s. Rte 3 A in umgekehrter Richtung ab km 76). – 63,5 km: Kreuzung.

L. auf einer Bergstraße nach (18 km) **Nebaj** (Fest am 15. Aug.; Markt Do. und So.), ein Ixil-Dorf (Sprachgruppe der Mames) an der N-Seite der Sierra de Cuchumatanes, in einer Region, in der sich in vorspanischer Zeit zahlreiche Kontakte zwischen den Mayas aus Petén und dem

(3) Ciudad de Guatemala – La Mesilla

Hochland von Guatemala ergaben; die Webarbeiten des Dorfes sind berühmt. Ausgrabungen im Tal des Río Acul, rd. 10 km im W von Nebaj, brachten Ruinen der spätklassischen (ab 700 n. Chr.) Zeit bis zur spanischen Eroberung zutage, die in diesem Gebiet um 1530 erfolgte. In der bedeutendsten Ruinenstätte **Baschuc** wurde ein kleiner **Ballspielplatz** freigelegt.

Von Nebaj gelangt man nach (12 km) **San Juan Cotzal** (Fest des Schutzheiligen 22.–25. Juni, vor allem am 24.), ein ebenfalls von Ixiles-Indianern bewohntes Dorf (berühmt für seine Webearbeiten) und nach (16 km) **Chajul**, ein Ixil-Dorf, das nach der spanischen Eroberung von den Dominikanern gegründet wurde, vermutlich an der Stelle einer früheren Siedlung.

67,5 km: **Cunén** (Fest 1.–4. Feb., vor allem am 2.), wo die Dominikaner die Quichés-Indianer nach der spanischen Eroberung sammelten. – 87 km: **Uspantán**; hier wurde den spanischen Eroberern erbitterter Widerstand geleistet; sie mußten hier 1530 eine Niederlage hinnehmen und konnten das Dorf schließlich einige Monate später erobern. Fest 6.–10. Mai mit Aufführung des *Baile de la Conquista*, des Tanzes der Eroberung, in dem dieses geschichtliche Ereignis erzählt wird. – 112 km: **Chixoy**, in dem grünen Tal des gleichnamigen Flusses, einem jener Wasserläufe, die schließlich den Río Usumacinta bilden. – 134 km: **San Cristóbal Verapaz** (Fest 21.–26. Juli mit Tänzen, die mit Masken aufgeführt werden). – 140 km: **Santa Cruz Verapaz** (s. Rte 4 A, km 115); r. Straße nach Ciudad de Guatemala.
156 km: **Cobán** (s. Rte 4 A, km 131).

Fortsetzung der Rte 3. – 263 km: R. weitere Straße nach (9,5 km) **Huehuetenango** (s. km 256) über die Ruinenstätte von Zaculeu.
274 km: **San Sebastián Huehuetenango**, Dorf der Mames-Indios (Fest 18.–20. Jan., vor allem am 18. mit folkloristischen Darbietungen, vor allem den Tänzen Moros y Cristianos, der Eroberung, des Hirsches usw.).
285 km: **Colotenango**, Mame-Dorf (Fest 15. Aug.).
341 km: **La Mesilla**, guatemaltekische Grenzstation unweit von **Ciudad Cuauhtémoc** (s. Rte 28 Mexiko, km 548) an der Straße nach San Cristóbal de las Casas.

4 – Von Ciudad de Guatemala nach Flores und Tikal (Copán und Quiriguá)

Diese Strecke ist hin und zurück in rund acht Tagen zu bewältigen und führt zu einigen der bedeutendsten Ruinenstätten der Mayakultur: Copán in Honduras, unmittelbar an der Grenze, Quiriguá und Petén mit zahlreichen, fast unbekannten und ganz selten freigelegten Ruinenstätten, die daher schwer zugänglich sind (Tikal ist eine Ausnahme) und Zeugnis von einer überaus vitalen Zivilisation in diesem südlichen Teil der Halbinsel Yucatán ablegen. Nach Tikal sollte man unbedingt auf der Straße fahren und nicht, wie es so oft geschieht, mit dem Flugzeug, da allein die Fahrt durch die endlosen Wälder von Petén, die, sobald man den Río Dulce überschritten hat, völlig unbewohnt sind, das Geheimnis um das Erlöschen dieser Zivilisation deutlich macht, die unzählige Städte und Kultzentren hervorgebracht hat, die heute auf einem fast menschenleer gewordenen Gebiet vom Dschungel überwuchert sind.

Straße: 492 km (Flores) und 535 km (Tikal, nicht über Flores) auf einer Asphaltstraße bis (Carretera del Atlántico) zur Straßengabelung nach Puerto Barrios und nach Petén, 249 km von Guatemala entfernt, anschließend auf einer gut befahrbaren Steinstraße, die nur nach schweren Regenfällen und Gewittern durch tiefe Wasserlöcher und umgestürzte Bäume stellenweise schwierig zu passieren sein kann. Bis zur Abzweigung der Straße nach Zacapa (und Copán) muß man rd. 2.30 Std. rechnen, dann rd. 1.30 Std. nach Quiriguá, 1.30 Std. über den Río Dulce (Überfahrt erfolgt auf einer Fähre), 5–5.30 Std. vom Río Dulce nach Flores und schließlich rd. 1.30 Std. nach Tikal. Von den Ruinenstätten dieser Strecke liegt Copán 236 km von Guatemala entfernt (rd. 5.30–6.30 Std. je nach Jahreszeit) und Quiriguá 210 km (rd. 4 Std.). *Aviateca* fliegt regelmäßig Puerto Barrios, Flores und Tikal (täglich) an, ebenso wie einige andere Orte in Petén, vor allem Uaxactún.

☛ Ausfahrt aus Guatemala Richtung Puerto Barrios (Pl. D 1); kurz nach der Stadtausfahrt erreicht man die Mautstelle.

25 km: El Chayal, in der Nähe der Obsidianminen, die bereits seit vorspanischer Zeit ausgebeutet werden und aus denen zahlreiche Opfergaben in den Krypten oder Opfergabenbehältern bei den Stelen von Copán, Tikal und anderen Orten von Petén stammen. Auf einer sehr kurvenreichen Straße fährt man in das Tal des Río Motagua.

54 km: Kreuzung.

(4) Ciudad de Guatemala – Tikal 742

➤ R. auf einer sehr kurvenreichen Bergstraße nach (41 km) **Jalapa**, 20.000 Ew., Kreisstadt des gleichnamigen Landkreises (1.912 km²; 130.000 Ew.), am Fuße des Vulkans Jumay.

85 km: L. Abzweigung nach Salamá und Cobán (s. u.).

☞ 4 A – Von km 85 nach Cobán

Straße: 131 km auf einer guten Straße, im allgemeinen sehr kurvenreich, über Berge und durch Täler mit großen Kaffeeplantagen. Landschaftlich sehr schöne Fahrt über die N-Seite des Hochtals des Río Motagua und durch die Baja und die Alta Verapaz.

☞ **47,5 km**: Kreuzung.

➤ L. nach (5 km) **San Jerónimo** (Fest des Schutzheiligen 27. Sept. –1. Okt., vor allem am 30. Sept.); Dorf der Baja Verapaz im Tal von Salamá, in dem vorwiegend Kaffee und Tomaten angebaut werden; Ausgrabungen förderten Überreste einer vorklassischen Siedlung aus der 1. Hälfte des 1. Jt. v. Chr. zutage (kleines **Museum**, eigentlich mehr ein Depot, in dem Stelen, Tonwaren, verschiedene Gegenstände aus Obsidian und Jade aufbewahrt werde). 16 km von der Straßengabelung liegt **Salamá**, 5.000 Ew., Kreisstadt des Landkreises Baja Verapaz (3.535 km²; 90.000 Ew.); Fest des Schutzheiligen 17.–21. Sept.

☞ **79 km**: **Purulhá** (Fest 10.–13. Juni, vor allem am 13.).

97 km: L. nach (3 km) **Tactic**, Dorf der Alta Verapaz (Fest 15. Aug.)

115 km: **Santa Cruz Verapaz**; l. Abzweigung nach San Cristobál Verapaz und **Huehuetenango** (s. Rte 3 E in umgekehrter Richtung ab km 140); Fest 1.–4. Mai mit Prozessionen, Tänzen, darunter *Chuntos*, Hahnenkämpfe usw.

131 km: **Cobán**, 46.000 Ew. (1.330 m), Sitz eines Bischofs und Kreisstadt von Alta Verapaz (8.707 km²; 280.000 Ew.), in schöner Lage inmitten von riesigen Kaffeeplantagen; die Stadt besteht seit der zweiten Hälfte des 19. Jh. und ist vorwiegend von Kekchés-Indianern und Mestizen bewohnt, verfügt jedoch auch über eine sehr aktive europäische Minderheit, vor allem deutschen Ursprungs. Cobán ist für seinen Silberschmuck berühmt, einen Gewerbezweig, der hier bereits seit der Kolonialzeit blüht.

Von hier kann man einen Ausflug zu den ★★ **Höhlen von Lanquín** unternehmen, in der Nähe des gleichnamigen Dorfes (Fest des Schutzheiligen 22.–28. Aug., vor allem am 26.); die 55 km lange Fahrt führt über eine Serpentinenstraße am Fuße der Sierra de Chama.

➤ **Fortsetzung der Rte 4**. – Nach der Abzweigung der Straße nach Cobán fährt man durch das Tal des Río Motagua weiter, in dem reichlich Kakteen wachsen, die zu den beiden mit Nadelwäldern bedeckten Bergketten in seltsamem Kontrast stehen.

102 km: **San Cristóbal Acasaguastlán** (Fest des Schutzheiligen 25. Juli).

122 km: **Teculután** (Fest 4.–7. Feb., vor allem am 5.).

138 km: Río Hondo. R. Straße nach Zacapa und Chiquimula, auf der man auch zur Ruinenstätte von Copán in Honduras gelangt (s. u.).

4 B – Von km 138 (Zacapa) nach Copán

Straße: 98 km auf einer guten Asphaltstraße bis zur Straßengabelung nach Jocotán, dann mittelmäßige, kurvenreiche Straße bis Copán. Regelmäßiger Autobusverkehr von Guatemala nach Chiquimula, von wo ein Autobus (*Transportes Vázquez*) um 11 Uhr zur Grenze zwischen Guatemala und Honduras abfährt. Von der Grenze bis zu der Ruinenstätte verkehrt ein Minibus mit Anschluß an den Autobus aus Chiquimula. Für die Rückfahrt ist es am besten, den Minibus bis zur Grenze zu benützen und dann den Autobus nach Chiquimula. Man kann in Copán Ruinas einen Passierschein lösen, das Visum in Guatemala (Konsulat von Honduras) ist jedoch billiger. Reisebüros organisieren diese Reise in zwei bis drei Tagen ab Guatemala.

10 km: L. **Zacapula**, im Tal des Río Motagua, am Rande einer Bergregion, die lange Zeit den in den sechziger Jahren hier sehr aktiven Guerilleros als Unterschlupf diente.

30 km: Chiquimula, 20.000 Ew., Kreisstadt des gleichnamigen Landkreises (2.554 km^2; 200.000 Ew.).

39 km: Man zweigt l. von der Straße nach (43 km) **Esquipulas** ab, dem berühmtesten Wallfahrtsort von Guatemala, zu dem die Gläubigen während der ersten Hälfte des Monats Januar und vor allem am 15. strömen, um den Señor von Esquipulas, eine Statue vom Ende des 16. Jh. zu verehren, die in einer großen Basilika aufgestellt wurde.

56 km: Jocotán, ein von *Chortis-Indianern* bewohntes Dorf im Tal des Río Camotán; schöne Tropenvegetation; Fest des Schutzheiligen am 25. Juli.

58 km: Camotán (Fest des Schutzheiligen am 8. Dez.), ebenfalls ein Chorti-Dorf.

84 km: El Florido, guatemaltekische Grenzstation und 4 km weiter Grenzposten von Honduras.

96 km: Copán Ruinas, 5.000 Ew., im 19. Jh. gegründet. Zu besichtigen sind die Ruinen und ein kleines Museum.

97,5 km: Flughafen von Copán (Linienflüge mehrmals wöchentlich ab Tegucigalpa, der Hauptstadt von Honduras).

97 km: Nicht weit von der Straße erblickt man die * * * **Stele 5**, um 706 datiert, mit zwei Gestalten, einer auf jeder Seite, die einen Zeremonienstab halten und Glyphen an den Seiten. Zu beiden Seiten der Stele Altäre mit Hieroglyphen. Rund fünfzig Meter davon entfernt steht die * **Stele 6** aus dem Jahr 682, mit einer Gestalt an der Hauptseite, die eine schwere Tiara trägt, auf der man die Symbole, die für das zentralmexikanische Hochland charakteristisch waren, erkennt (Teotihuacán; klassische Periode); die anderen Stelen sind mit Hieroglyphen bedeckt.

98 km: Eingang zur **Ruinenstätte von** * * * **Copán**, einer der bemerkenswertesten Fundstätten Mittelamerikas, die auch das **Alexandrien der Maya-Welt** oder das **Athen der Mayas** genannt wurde. Copán liegt in dem kleinen Tal eines Zuflusses des Río Motagua, des Río Copán, in einer Höhe von 620 m. Hier sind die meisten Stelen und skulpturengeschmückten Bauten zu sehen, die teilweise mit umfangreichen Inschriften in Hieroglyphen versehen sind, wodurch Copán zu einem der bedeutendsten Zentren der Maya-Kunst wurde.

Das Alexandrien der Maya-Welt. – Die älteste aus Copán bekannte Stele stammt aus dem Jahr 460 n. Chr.; es besteht jedoch kaum ein Zweifel, daß die Siedlung noch älter ist. Die Ruinen wurden erstmals in einem 1576 an Philipp II. von Spanien gerichteten Brief erwähnt, wurden jedoch in Europa und den USA erst nach mehreren Expeditionen 1834 und 1839 bekannt.

Öffnungszeiten: tgl. 8–12 und 14–17 Uhr.

Man erreicht die wichtigsten Teile der Ruinenstätte auf einer von mehreren Tumuli gesäumten Allee. Bevor man das Zeremonienzentrum erreicht, bemerkt man entlang des Weges Überreste eines Drainagesystems mit einem kleinen Kanal, der früher mit dem Río Copán verbunden war, sowie einer Gruppe von Gebäuden, die bei der Anlage der Landepiste des Flughafens weichen mußten.

** Plaza Mayor (Pl. B 1). – Dieser an drei Seiten von 75 m breiten Treppen umgebene Hof ist ein wahrer **Freiluftsalon der Mayaskulptur der „Schule von Copán"**. In präkolumbischer Zeit diente der Platz möglicherweise der Abhaltung religiöser Zeremonien in Anwesenheit größerer Menschenmassen. Den Besucher überrascht vor allem die außergewöhnliche Schönheit der ***** Skulpturen**, die von fast barocker Üppigkeit sind, und neun Stelen aus Vulkangestein zieren, die in dem Hof aufgestellt waren; dazu kommen mehrere mit Skulpturen verzierte **Blöcke**, die als Altäre gedient haben könnten und eine kleine **Krypta**, in der Opfergaben (Keramik, Jadeperlen, Knochenketten, Gegenstände aus Gold usw.) gefunden wurden.

Auf den 3 bis 4 m hohen Stelen sind ein oder zwei Personen dargestellt, in kostbarer Kleidung mit schweren und besonders schön herausgearbeiteten Tiaren auf den Köpfen, sowie den Insignien der Macht; an den Seitenwänden befinden sich Hieroglyphen, von denen manche Aufschluß über den Mayakalender Tzolkin geben. Die wichtigsten Stelen sind die Stelen A, 4, B, C, D, F (alle Pl. B1) und H (Pl. B2).

Neben mehreren, ebenfalls reichlich mit Skulpturen verzierten Altären, ist die **** Hieroglyphentreppe** (Pl. C2/3) sehenswert. Sie besteht aus 63 Stufen und einer zu beiden Seiten verlaufenden Rampe, die mit Reliefs und Hieroglyphen geschmückt ist. Auf jeder zehnten Stufe wurde die **Statue eines Würdenträgers** errichtet. Diese sitzen auf Thronen und tragen einen Kopfschmuck, aus dem der Einfluß von Teotihuacán im mexikanischen Hochland ersichtlich ist. Die Treppe führt zu einem **Tempel**, der im Inneren mit einem herrlichen **** Fries** von Hieroglyphen und Menschenmotiven verziert ist.

Sehenswert sind weiters der *** Ballspielplatz** (Pl. Pelota-Spiel, B/C2, restauriert), die **Akropolis**, die sich 38 m über den Río Copán erhebt, dessen Wasser die O-Seite stark unterwaschen haben, und der 70 m lange und 33 m breite **Westplatz** (Pl. B 3).

** Tempel 11, auch **Tempel der Inschriften** (Pl. B 3) genannt, liegt zwi-

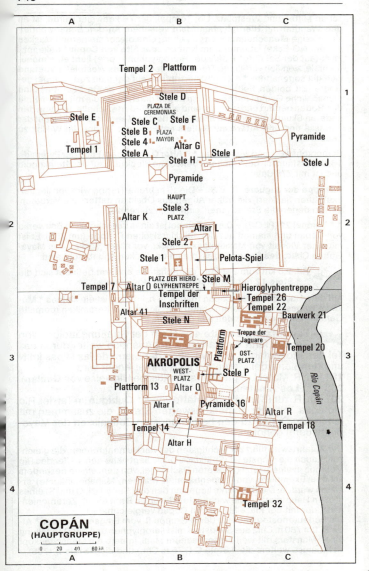

schen Mittel- und Westplatz. Der Tempel, der 763 geweiht wurde, ist an den Wänden mit **Hieroglyphentafeln** versehen. An den Seitenwänden sind riesige **Menschenmasken** zu sehen; eine dieser steinernen Masken (an der NO-Ecke) ist unter dem Namen „**der Alte von Copán**" bekannt. Im N (auf der Seite des Hofes der Hieroglyphentreppe) liegt eine monumentale, ziemlich verfallene Treppe. An der Seite des Westplatzes befand sich die sogenannte ★★**Zuschauertribüne**, auf der man zum Tempel gelangte. Zu beiden Seiten der Treppe steht eine **große Skulptur**, eine menschliche Gestalt mit negroiden Zügen darstellend, die mit einem Knie den Boden berührt und in einer Hand eine gefiederte Schelle hält. Von den anderen Skulpturen sind vor allem **drei riesige Meeresschnecken** auf der Terrasse und **drei Altäre mit Reliefs** am Fuße der Treppe, im W-Hof, zu beachten.

Bemerkenswert sind weiters der ★★ **Altar Q** (Pl. B 3) am Fuße der Pyramide 16; der erstaunlich gut erhaltene behauene Block ruht auf vier Steinkugeln und ist mit 776 datiert.

★ **Treppe der Jaguare** (Pl. C 3). – Die 16 m breite Treppe wird von Jaguarskulpturen flankiert, die früher Augen aus Obsidian hatten (die Vertiefungen, in denen die Steine lagen, sind noch zu sehen).

★★ **Tempel 22** (Pl. C 3). – Dieser Tempel ist eines der schönsten Bauwerke von Copán und stammt aus der spätklassischen Periode (um 765). Er ist mit einer Vielfalt von Masken geschmückt, vor allem Masken des Maya-Gottes Chac, des Regengottes, die an den Ecken angebracht sind.

➡ Rd. 2,5 km vom Zentrum der Kultstätte entfernt befindet sich die ★★ **Stele 12** mit bemerkenswerten **Hochreliefs**.

Auf dem Hauptplatz von Copán Ruinas, d. h. im Dorf, ist ein kleines ★ **Museum** zu besichtigen; Sammlungen von Skulpturen, Keramiken (bemalte Gefäße) und Gegenständen aus Obsidian.

☞ **Fortsetzung der Rte 4.** – Nach der Straßengabelung von Zacapa führt die Carretera del Atlántico weiter durch das Tal des Río Motagua, das zwischen der Sierra de las Minas im N und der Sierra del Merendón im S immer enger wird.
181 km: R. Motel Longarone (s. Praktische Hinweise von **Gualán**).
203 km: Los Amates.
207 km: R. zur (3 km) Ruinenstätte von ★★ **Quiriguá** im Tal des Río Motagua, mit sehr bemerkenswerten Stelen, die zusammen mit jenen von Copán zu den bedeutendsten Zeugnissen der Maya-Bildhauerei gehören.

Der Zufahrtsweg führt zur wichtigsten der vier Ruinengruppen, die gleichzeitig auch die jüngste ist (Spätklassik). Sie liegt nahe dem l. Ufer des Río Motagua in einem jetzt gerodeten Dschungel, von dem einige besonders schöne Exemplare von Tropenbäumen (Palmen, Mahagonibäume) erhalten wurden. Die Bauwerke liegen an den drei Seiten (N, O und S) eines großen Hauptplatzes, die wichtigsten davon im S mit einem Zeremonienplatz, der mit der Plaza Mayor von Copán vergleichbar ist.
Die bedeutendsten Bauteile der N-Gruppe (l. vom Eingang) sind der ★ **Altar B**, um 780 n. Chr., aus Sandstein mit Hieroglyphen und der Darstellung eines Monsters mit weit aufgerissenem Maul, in dem ein Menschenkopf sichtbar ist, weiters die ★ **Stele C** (775 n. Chr.) und die ★ **Stele D** (766).

Auf dem **Mittelplatz** sind mehrere Stelen sehenswert, darunter die höchste von Quirigua (10,5 m), die ****Stele E** (bei Altar B). Daneben l. ****Stele F** und etwas weiter ***Altar G** (785 n. Chr.). Zum südl. Teil des Platzes hin liegt die ***Stele H** (751 n. Chr.), die älteste dieser Ruinenstätte.

Auf dem **Zeremonienplatz** wurden mehrere Altäre gefunden, deren bedeutendster der ****Altar P** (um 795 n. Chr.) ist; er stellt ein Fabelmonster dar, das in seinem Maul eine im Türkensitz sitzende Person zu halten scheint, die eine reich geschmückte Tiara trägt.

Von zahlreichen anderen Bauwerken im O und NO sind nur mehr kleine Hügelchen übrig geblieben.

249 km: Kreuzung.

Die Carretera del Atlántico führt geradeaus nach (48 km) **Puerto Barrios**, 25.000 Ew., Hauptstadt der Provinz Izabal (8.975 km²; 80.000 Ew.), dem wichtigsten Hafen von Guatemala in der Bucht von Amatique an der Karibischen See. Die Stadt wirkt wie ein großes Western-Dorf in tropischer Umgebung und verdankt ihre Existenz allein der ehemaligen United Fruit Company, einer nordamerikanischen Gesellschaft des 19. Jh., die hier ab 1901 die Hafenanlagen ausbaute und 1904 die Eisenbahn zwischen Guatemala und der Atlantikküste baute.

Nachdem man l. auf die Straße nach Petén abgezweigt ist, die von hier an nicht mehr asphaltiert ist, überfährt man alsbald einen Sattel zwischen zwei Gebirgsmassiven der Montanas del Mico, der kaum 1.000 m hoch ist.

279 km: **Río Dulce, Fährboot (7–24 Uhr; Brücke in Bau) über den gleichnamigen Fluß, ein herrlicher Wasserlauf zwischen der wie eine Mauer aufragenden üppigen Tropenvegetation, der den Izabal-See mit seinen von Wurzelbäumen überwachsenen Ufern mit der Karibischen See verbindet.

Río Dulce mit einer Reihe gut ausgestatteter Hotels ist die letzte Etappe vor Flores und dient als beliebter Ausgangspunkt für Ausflüge zu Wasser zum ***Castillo de San Felipe** (rd. 2 Std. mit dem Schiff hin und zurück, inklusive Besichtigung), eines Forts in romantisch-tropischem Rahmen, das von den Spaniern im 17. Jh. erbaut wurde, um den Izabal-See vor Piraten zu schützen, und nach **Livingston** (2–3 Std. mit dem Schiff), einem kleinen Hafen im Mündungsgebiet des Río Dulce in der Bucht von Amatique, wo man sich plötzlich nach Afrika versetzt glaubt: dieser Ort am Ende der Welt ist tatsächlich von Schwarzen besiedelt, Nachkommen von Sklaven, die von den Spaniern und den Engländern in den karibischen Raum gebracht worden sind. In Río Dulce oder Livingston kann man auch Boote zu einem beschaulichen Fischereiausflug auf dem Izabal-See, dem Fluß oder in der Bucht von Amatique mieten.

317 km: Vértice Gracias a Dios, ein Vermessungszeichen am Berührungspunkt der Grenzen von Belize und Guatemala, hinter dem man sich bereits in der Provinz Petén befindet, einem dünn besiedelten Gebiet, das jedoch immer mehr erschlossen wird; der Urwald ist hier stellenweise sehr dicht und verdeckt, einem Leichentuch gleich, unzählige alte Mayastädte.

365 km: Ausgangspunkt einer in Bau befindlichen Straße l. Richtung Cobán.

(4) Ciudad de Guatemala – Tikal

384 km: Poptún, kleines Dorf auf einem Kalkplateau. – **392 km: Machaquilá**, kleine Siedlung, hinter der man in einer Furt den Río Machaquilá überquert (für Pkw's ist die Durchfahrt vor allem in der Regenzeit nicht unproblematisch).
407 km: R. nach (2 km) **Dolores**, rd. 3 km von der Ruinenstätte von Ixpone.
452 km: L. nach (7 km) **El Pacay**, in der Nähe der Ruinenstätte von Ixpone.
467 km: Kreuzung.

▶ L. Abzweigung nach (23 km) **Santa Elena** und (25 km) **Flores**, eine interessante kleine Siedlung mit rd. 4.000 Ew. (zusammen mit Santa Elena), Hauptstadt der Provinz Petén (36.033 km²; 65.000 Ew.), auf einer kleinen Insel im **See Petén Itzá** gelegen und mit dem S-Ufer durch eine Straße verbunden. Flores ist ein freundliches Städtchen mit bunten Häusern rund um die Kirche und Sitz einer Regierungskommission zur Erschließung von Petén. Die Gegend um den See Petén Itzá wurde von den Spaniern erst 1697 erobert.

Von diesem Ort aus kann man Ausflüge nach Petén unternehmen; den Fremden stehen einige Hotels zur Verfügung, wovon eines sogar ausgezeichnet ist und wo man Landrover mieten kann, um zu den schwer zugänglichen Ruinenstätten wie Seibal (s. u.), Yaxhá Nakum, Xunantunich (s. Rte 4 C), ja sogar nach Tikal zu fahren, wo allerdings die Beherbergungsmöglichkeiten vor allem in der Hauptreisezeit beschränkt sind.

▶ **Ausflug nach Seibal** (76 km, davon 15 km Fahrweg, der, je nach Jahreszeit, nach Sayaxché sehr schlecht sein kann). – Fahrt durch ein waldreiches Tiefland, stellenweise gerodet, in dem der Seibal, der in Guatemala am häufigsten vorkommende Baum, und Mahagonibäume vorherrschen; auf einer vorsintflutlichen Fähre überquert man anschließend den Río de la Pasión und erreicht das Dorf (61 km) **Sayaxché**, Brückenkopf der Kolonialisierung des Tales und Ausgangspunkt für Schiffsfahrten nach Piedras Negras (s. Kapitel Abseits der bekannten Pfade). Die Weiterfahrt erfolgt auf einem Fahrweg durch ein hügeliges Gebiet bis zu einem der schönsten ★★ **Naturparks** von Guatemala mit einer großen Vielfalt an Palmen, darunter die *Phytelephas*, aus der man das *Corozo* oder pflanzliche Elfenbein gewinnt; außerdem befindet sich hier ein **Kultzentrum** mit einer bemerkenswerten Sammlung an mit **Flachreliefs** geschmückten Stelen, die aus einem sehr feinkörnigen und harten Stein gehauen wurden, wodurch sich auch ihr ausnehmend gut erhaltener Zustand erklärt. Zu den sehenswertesten Stelen gehören die ★★ **Stele 10** im N (das Wächterhaus liegt im W) und die ★ **Stele 9** (als Fragment erhalten) im W.

▶ Rd. 15 km (Luftlinie) von Sayaxché entfernt liegt die **Ruinenstätte von Aguateca**. Man erreicht sie am besten zu Wasser (vor allem bei Hochwasser) unter Führung eines Ortskundigen auf dem Río Petexbatún, einem Zufluß des Río de la Pasión, wobei man die Laguna Petexbatún (5 km lang) quert und (wenn es der Wasserspiegel erlaubt) auf dem Flüßchen Aguateca weiterfährt. Nach rd. 2 km quert man einen Teich mitten im Wald und rd. 1,5 km im W dieses Teiches liegt die Ruinenstätte. In einer schönen Waldumgebung befinden sich hier einige interessante Stelen.

Im W des Petexbatún-Sees liegen die Ruinenstätten von **Tamarindo** (rd. 3 km) und **Dos Pilas** (rd. 10 km; Stelen).

Fortsetzung der Route 4. – 479 km: L. ebenfalls Abzweigung nach (12 km) **Santa Elena** und (14 km) **Flores** (s. u.). **498** km: R. Abzweigung nach Ciudad Melchor de Mencos, auf der man auch zu den Ruinenstätten von Yashá und Nakum gelangt; die Straße führt durch Belize und findet in Chetumal wieder Anschluß an das mexikanische Straßennetz (s. u.).

4 C – Von km 498 nach Ciudad Melchor de Mencos, Belize und Chetumal

Diese Fahrt durch das Gebiet des ehemaligen Britisch Honduras, Belize, wird, sobald die Straßenverbindungen gut ausgebaut sind, eine Rundreise in die verschiedenen Provinzen des alten Mayareiches, Yucatán, Petén, Altos de Guatemala und Chiapas ermöglichen. Die Reise durch den Tropenwald von Belize an der Küste der Karibischen See, einstmals beliebter Schlupfwinkel französischer und englischer Seeräuber, bevor das Land 1862 zur Kronkolonie wurde und den Namen Britisch-Honduras erhielt (bis 1964), erinnert stark an Afrika. Das Land wurde von schwarzen Sklaven aus Jamaika bevölkert, die im 17. Jh. hierher gebracht wurden, um die Wälder auszubeuten. Lange Zeit von der Welt völlig vergessen und abgeschieden von jeder Entwicklung, bieten die Dörfer und auch die Hauptstadt von Belize den malerischen Anblick der Antillendörfer, hinter dem sich jedoch eine krasse Unterentwicklung verbirgt, die der Bevölkerung immer stärker zum Bewußtsein gebracht wird. Wie auch in Petén verbergen sich unter der dichten Vegetation des Urwaldes noch zahlreiche Ruinen aus der Mayazeit, die jedoch nur sehr schwer zugänglich sind, mit Ausnahme von Xantunich und Altunha.

Straße: 68 km (Ciudad Melchor de Mencos), 207 km (Belize), 357 km (Corozal) und 383 km (Chetumal). Für die Einreise nach Belize ist es manchmal notwendig, den Besitz einer bestimmten Geldsumme nachzuweisen (1976: 200 Dollar), sowie die Möglichkeit, das Land auch wieder verlassen zu können (Fahrzeug, Fahrkarte). Zur Einreise benötigt man einen gültigen Reisepaß und ein Impfzeugnis gegen Pocken, sowie eine Touristenkarte, die man an Grenzposten erhält. Es gibt Autobuslinien zwischen Flores und Ciudad Melchor de Mencos, an der Grenze, und zwischen Benque Viejo und Belize (Straße in Bau, 1979) und zwischen Belize und Corozal, 26 km von Chetumal entfernt, wohin man mit dem Taxi oder einem Autobus gelangt (dreimal wöchentlich, im allgemeinen Mo., Mi. und Sa.).

Nach der Abzweigung der Straße nach Tikal führt die Strecke nach Ciudad Melchor de Mencos entlang eines Ausläufers des Kalkplateaus, das den größten Teil von Süd-Belize bedeckt.
35 km: Kreuzung.

L. (10 km), am Ende einer befahrbaren Straße, liegt das S-Ufer der **Laguna Yaxhá**, die von der Laguna Sachab durch eine schmale Landzunge getrennt wird. Von hier kann man mit dem Boot zur **Insel Topoxte** fahren (rd. 30 Min. vom S-Ufer des Yaxhá-Sees). Unter der Leitung eines ortskundigen Führers sollte man die 1904 hier entdeckten **Maya-Ruinen** besichtigen. Die bedeutendsten Ruinen liegen im südl. Teil der Insel, weitere Spuren der Maya-Zivilisation sind auch im N und auf den kleinen Inseln **Cante** und **Paxte** zu sehen.

(4) Ciudad de Guatemala – Tikal

Nach dem Ende der ausgebauten Straße führt ein Weg auf dem schmalen Landsteg zwischen den Seen Yaxhá und Sachab, der jedoch während der Regenzeit für Fahrzeuge unbenützbar ist, zu den Ruinen von ***Yaxhá**, rd. 5 km vom N-Ufer des gleichnamigen Sees entfernt. Diese ehemalige Maya-Siedlung (1.–9. Jh.) umfaßte neun Hauptgruppen mit insgesamt rund 500 Bauwerken und war damit neben Tikal die größte Siedlung von Petén. Die meisten Bauwerke sind nur mehr in Form von Hügeln erhalten. In der gesamten Anlage der Siedlung sowie in einigen der Stelen (z. B. Nr. 11) macht sich der Einfluß von Teotihuacán bemerkbar.

Rd. 13 km (Luftlinie) im N von Yaxhá (rd. 20 km auf einem nur für Jeeps befahrbaren Weg, jedoch nicht in der Regenzeit; rd. 6 Std. hin und zurück und rd. 2 Std. Besichtigung) liegt die Ruinenstätte von **Nakum** mitten im Wald. Unter Führung eines Ortskundigen findet man den Zugang auf den letzten 5 km, nachdem man den Río Holmul in einer Furt durchquert hat. Die meisten Gebäude sind ziemlich verfallen oder nur mehr in Form von Hügeln sichtbar. Am * **Tempel A** aus der spätklassischen Zeit, an der O-Seite des großen rechteckigen Platzes, den man als erstes erreicht, sind noch Teile der **Giebelornamente** erhalten.

Fortsetzung der Rte 4 C. – 68 km: **Ciudad Melchor de Mencos**; von hier aus werden die Erschließungsarbeiten in Petén geleitet; die Stadt wird von Aviateca (einmal wöchentlich) angeflogen und liegt unmittelbar an der Grenze zwischen Guatemala und Belize.

72 km: **Benque Viejo**, erstes Dorf in Belize, rd. 4 km von der Ruinenstätte von **Xantunich** gelegen (Richtung Belize, nach 2 km überquert man den Río Belice auf einer Fähre und geht dann zu Fuß weiter). Die Siedlung war seit der vorklassischen Zeit bewohnt und erlebte ihre Blütezeit gegen Ende der klassischen Epoche (600–900 n. Chr.). Der Zugangsweg führt direkt zum **Castillo**, dem bedeutendsten Bauwerk der Ruinenstätte. Es gibt Anzeichen, die darauf hindeuten, daß die Siedlung nach einem Erdbeben aufgegeben wurde.

207 km: **Belize**, Hauptstadt des gleichnamigen Staates, auch Britisch-Honduras genannt, der seit 1964 über eine interne Autonomie verfügt. Sehenswert sind ein **archäologisches Museum**, sehr schöne **Sandstrände** in der Umgebung und die **Turneffe-Inseln**, ein Korallenatoll rund fünfzehn Seemeilen vom Hafen entfernt.

Verkehrsbüro: Regents Street 12.
Hotels: *Bellevue*, Southern Shore 5; *Fort George*, Marine Parade 2; *Golden Dragon*, Queen Street; *Palms Motel*, Western Road.
Die Landeswährung ist der Britisch-Honduras-Dollar.

262 km: L. von der Straße nach Corozal liegt die Ruinenstätte von * **Altunha** in einem Naturpark mit schönen Phytelephas-Palmen. Die bereits aus vorklassischer Zeit stammende Siedlung erlebte in der Klassik bis zum 9. Jh. ihre Blütezeit und wurde dann verlassen. Aus dieser Zeit stammen auch die eindrucksvollen Bauten (Tempel, Paläste, Altäre), die seit 1964 rund um zwei Plätze restauriert wurden (A und B); die gesamte Ruinenstätte umfaßt rund 300 Hügel, unter denen ehemalige Bauten liegen. Die Siedlung wurde

lange Zeit als bedeutungslos angesehen – der Name Althuna ist modern – bis man überraschenderweise reiche Schätze an Opfergaben (Schmuck, Gegenstände aus Jade und Obsidian) in zwei Gräbern entdeckte, die sich in zwei pyramidenförmigen Tempeln auf den Plätzen A und B befanden. In einem Grab der Gruppe F wurden auch Gegenstände gefunden, die einen deutlichen Einfluß von Teotihuacán aufweisen.

311 km: **Orange Walk.** – 357 km: **Corozal**, kleiner Exporthafen für tropische Gehölze.

370,5 km: Grenze zwischen Belize und Mexiko, 4,5 km von der Straße Cancún–Chetumal (s. Rte 35, Mexiko, km 382).

383 km: **Chetumal** (s. Rte 35, km 390).

Fortsetzung der Rte 4. – **500** km: Abzweigung l. nach (46 km) **Santa Elena** und (48 km) **Flores** am N-Ufer des Petén-Itzá-Sees.

503 km: Von einer bewaldeten Anhöhe genießt man einen schönen Blick auf den See.

535 km: ✶✶✶**Tikal**, inmitten eines dichten Dschungels gelegen, der sich vor den Ausgrabungsarbeiten einem grünen Leichentuch gleich über die Überreste dieser außerordentlich interessanten Maya-Siedlung breitet, deren zahlreiche Tempel und "Paläste" von der Größe einer Zivilisation zeugen, deren Untergang nach wie vor ungeklärt und Gegenstand einander widersprechender Hypothesen ist. Die Großartigkeit mancher Bauten Tikals und die eindrucksvollen architektonischen Leistungen regen zweifellos die Phantasie an und flößen dem Betrachter einen fast religiösen Respekt ein.

Die archäologische Zone von Tikal liegt in einem 576 km² großen Naturpark mit einigen der schönsten Bäume der Welt: *Ceiba-*, der heilige Baum der Mayas, *Zapote-*, dessen Holz von den Mayas für Baubalken und Türstöcke in den Tempeln und Palästen verwendet wurde und dessen Saft zur Erzeugung von Kaugummi von den Chicleros geerntet wird, *Lucuma-*, der eine eßbare Frucht liefert (Mamey oder Sapote), *Mahagonoi-Bäume* und verschiedene Arten von Palmen, sowie eine Reihe anderer Tropenpflanzen, die von einem undurchdringlichen Lianendickicht umgeben werden, das teilweise sogar Stacheln aufweist. In diesem Urwald leben an die dreihundert Arten von Vögeln, Affen und im dichten Dschungel auch Jaguare, Ozelote, Pumas, Wildschweine, Hirsche und Schlangen, darunter die giftige Korallenschlange, die jedoch sehr versteckt lebt.

Die Mittelzone der Ruinenstätte (rd. 9 km²) ist von weniger bedeutenden Ruinen umgeben, wie **Chikin Tikal** (rd. 2,5 km im W der Plaza Mayor), **Uolantún** (5 km im SO), **El Encanto** (rd. 10 km im NO), um die die Landbevölkerung siedelte, die mit der Zeit immer weiter ziehen mußte, wenn der Boden verbraucht war. Auf diese Weise umfaßte schließlich das Gebiet, das zu Tikal gehörte, rund 160 km².

Allein in dem mittleren Teil der Ruinenstätte schätzt man die Anzahl der Bauten auf rund 3.000 (die meisten davon sind nur mehr in Form eines kleinen Hügels sichtbar), die jedoch ihrerseits wieder andere, vorher erbaute, überdecken, wodurch in Wahrheit drei- oder viermal mehr Bauten existierten, als an der Oberfläche sichtbar sind. Im Frühjahr 1981 wurden zahlrei-

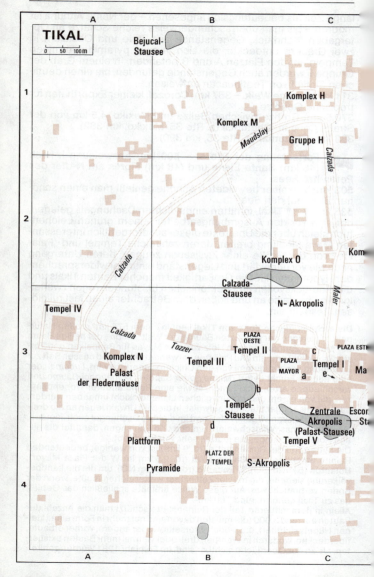

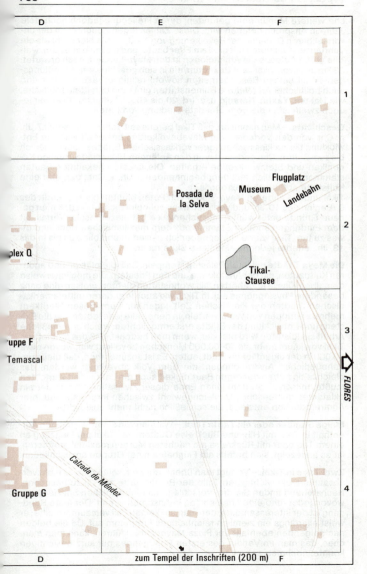

(4) Ciudad de Guatemala – Tikal

che weitere Monumente gefunden, deren Freilegung jedoch noch viele Jahre in Anspruch nehmen wird. Diese Zahlen legen Zeugnis von der unvorstellbaren Dynamik der Bevölkerung von Tikal ab, die hier mehr als ein Jahrtausend hindurch mit großem Eifer baute, und lassen ermessen, welche große Aufgabe die Archäologen in den Maya-Ländern noch erwartet. 23 km im N von Tikal liegt **Uaxactún**, ein in sich geschlossenes Siedlungsgebiet mit seinen Besonderheiten sowohl religiöser, ästhetischer und auch politischer Art. Weitere Ruinenstätten gibt es in unmittelbarer Nähe, wie **Nakum**, **Yaxhá**, **Naranjo** u. a. (rd. 20 bis 40 km Luftlinie), Tikal war jedoch zweifelsfrei die bedeutendste Siedlung von Petén.

Geschichte. – Man nimmt an, daß Tikal bereits seit dem 6. oder sogar 7. Jh. n. Chr. von den Vorfahren der Mayabevölkerung besiedelt war. Die Entwicklung bis zur klassischen (oder vorklassischen) Epoche hat vermutlich bis zum 3. Jh. n. Chr. gedauert. Von den Anfängen Tikals sind nur einige Keramiken und Steinwerkzeuge erhalten. Die ältesten bekannten Bauten stammen vermutlich aus dem beginnenden 2. Jh. v. Chr., darunter eine Kultstätte auf der Nordakropolis.

Tikal und die anderen Maya-Städte von Petén blühten bis zum Ende des 9./Beginn des 10. Jh. und verfielen dann sehr plötzlich, ohne daß man genaue Gründe dafür wüßte; möglicherweise hat dieser rasche Verfall mit dem Eindringen anderer Stämme aus dem mexikanischen Hochland etwas zu tun. Tikal wurde später neuerlich besiedelt und blieb es bis in das 13. Jh., erlebte jedoch keine neue Blüte mehr.

Die Maya-Städte mit ihren Palästen, Tempeln, Ballspielplätzen und anderen Kultbauten, die der Aristokratie und den Priestern, die möglicherweise derselben Klasse angehörten, als Wohnstätten dienten, weisen eine ganz besondere Physiognomie auf. In Tikal, wie auch in anderen mittelamerikanischen Städten der klassischen Zeit, lagen rund um diesen Stadtkern mehrere Gruppen von Wohnvierteln, in denen alle jene lebten, die die Existenz und Entwicklung der Städte erst ermöglichten; welch unermeßliche Arbeit sie leisteten wird erst klar, wenn man bedenkt, daß das Gebiet von Tikal von kaum mehr als 50–60.000 Menschen bevölkert war, wovon etwa 10.000 in der eigentlichen Stadt lebten. Es ist anzunehmen, daß diese ungeheuerlichen Anstrengungen, die dem Volk abverlangt wurden, das gleichzeitig neben der regen Bautätigkeit auch die Landarbeit verrichten mußte, mitschuld an dem jähen Ende dieser Zivilisation sind, in der ein eklatantes numerisches Ungleichgewicht zwischen ihrer Zahl und ihrer Agrarproduktion entstand, die schließlich nicht mehr ausreichte.

Einige Stunden oder ein Tag in Tikal. – Will man von einem eintägigen Aufenthalt in Tikal mit Hin- und Rückreise Guatemala –Tikal per Flugzeug an einem Tag oder mit Rückreise am nächsten Morgen maximal profitieren, ist es angezeigt, sich bereits am Flughafen einer Gruppe anzuschließen.

Zwei Tage in Tikal. – Verfügt man über mehr Zeit, sollte man es nicht versäumen, die wichtigsten Teile der Ruinenstätte zu Fuß zu besuchen. Nachstehend finden Sie drei Vorschläge für einen solchen Spaziergang, wovon jeder rund einen halben Tag in Anspruch nimmt. Der erste Rundgang ist der interessanteste, den man auf keinen Fall versäumen sollte; er weist allerdings ein ziemlich reichhaltiges Programm auf. Da die beiden nachfolgenden ebenfalls zur Plaza Mayor zurückführen, kann man manches, das man im Verlauf des ersten Rundganges nur kurz besichtigen konnte, nochmals sehen.

I – Die Plaza Mayor und ihre Umgebung

Rundgang: 3,5 km; Hin- und Rückweg ab Museum (unweit der Landepiste) auf guten Wegen (befahrbar) in 3 bis 3.30 Std.

Kurz nach Verlassen der Landepiste dringt man bereits in den Urwald ein; die Wege werden durch ständige Instandhaltungsarbeiten von der üppigen Urwaldvegetation freigehalten. Nach 5 Min. zu Fuß ab der *Posada de la Selva* biegt man in einem Weg r. ein.

★ **Komplex Q** (Pl. D 2). – R. liegen zwei sogenannte **Zwillingspyramiden**, d. h. zwei völlig gleiche Pyramiden, die auf einer großen Plattform (rd. 2 ha) erbaut wurden. In Tikal hat man bisher noch sechs weitere Pyramidengruppen dieser Art entdeckt, die teilweise restauriert wurden.

Der Rundgang führt über den **Komplex R** (P. C 2), die **Calzada Maler** (Pl. C 2/3) und den Westplatz (Pl. B 3) zur **Plaza Mayor**. Unmittelbar davor kommt man an einer **Pyramide** (Pl. b, B 3) vorbei, in deren Fundament man mittels eines Tunnels ein **Grab** mit zahlreichen Opfergaben (Statue eines schlafenden Jaguars aus Jade, Gefäß mit Jademosaiken, zahlreiche Gefäße, darunter mehrere mehrfarbige) freigelegt hat.

★★★ **Plaza Mayor** (Pl. C 3). – Sie wurde von den Archäologen so genannt, weil sie im Herzen der bedeutendsten Gruppe von Tikal liegt; der Platz ist bei weitem nicht der größte der Anlage (rd. 1 ha), wird jedoch von den sehenswertesten und am besten erhaltenen Baudenkmälern von Tikal gesäumt (mehr oder weniger restauriert).
Im Hintergrund des Platzes erhebt sich auf einem schwindelerregend hohen, pyramidenförmigen Fundament der **Tempel I**. L. liegt die **Nord-Akropolis**; die Anhäufung von Tempeln, Altären und Stelen an diesem Ort gibt Anlaß zu der Vermutung, daß sich hier der Mittelpunkt des sakralen Lebens von Tikal befand.
R. auf einem Hügel entdeckte man die interessanteste Gruppe von Palästen, die man je in einer Mayasiedlung gefunden hat. Mehrere Schichten übereinanderliegender Steinverkleidungen des Platzes beweisen ihr hohes Alter. Man schätzt, daß die älteste dieser Schichten aus dem Jahr 150 v. Chr. und die jüngste aus dem Jahr 700 n. Chr. stammt.

★★ **Tempel I** (Pl. C 3). – Er wird auch als **Tempel des Großen Jaguars** bezeichnet und ist das zweifellos schönste und eindrucksvollste Heiligtum von Tikal mit geradezu majestätischen Proportionen. Das pyramidenförmige Fundament besteht aus neun (eine bei den Mayas geheiligte Zahl) stufenförmige übereinanderliegenden Massiven. Der Tempel wurde um 700 n. Chr. erbaut und diente einem Herrscher von Tikal als Tempel und Grab; seine sterblichen Überreste wurden mit reichen Opfergaben in einer hohen **Krypta** beigesetzt, die durch einen Zufall entdeckt wurde, als man in das Fundament einen Gang bohrte. An seiner W-Seite führt eine steile Treppe (Ketten dienen als Aufstiegshilfe) zum eigentlichen Tempel, dessen Dachgiebel 45 m über der Plaza Mayor liegt.

Die **Krypta** unter der Pyramide (4 m H, 4,5 m L und 2,4 m B), von der es eine Nachbildung im Museum gibt, befindet sich in einem Graben 6 m unter der Plaza Mayor und wurde vor dem Bau der Pyramide angelegt. In ihr fand man das Skelett einer relativ großen Gestalt, die auf einer Bank auf einer aus Jadeperlen und Muscheln bestehenden Matte lag. Daneben standen Keramik- und Alabastergefäße, Behälter aus Muscheln von der Pazifikküste, Gegenstände aus Knochen, davon manche mit Hieroglyphen.
Der eigentliche Tempel besteht aus drei Kammern und stammt vermutlich aus der Zeit um 700 n. Chr. Unter dem Tempel wurde 1958 eine Grabkammer entdeckt, die in der postklassischen Zeit als Kultstätte gedient hat (13. Jh.).

Tempel II (Pl. B 3). – Er ist einige Jahre älter als der gegenüberliegende Tempel I und wird auch **Tempel der Masken genannt. Diese Bezeichnung verdankt er den beiden großen Masken, die zu beiden Seiten der Treppe sichtbar sind. Im Inneren des oberen Tempels, der rund 42 m hoch ist, befinden sich **Maya-Sgraffiti** aus der klassischen und postklassischen Zeit, darunter die Darstellung des Massakers eines Gefangenen durch eine mit einer Maske verdeckten Person mit einer Lanze.

**Stelen und Altäre. – Sie sind am Fuße der Terrasse der Akropolis Nord in zwei Reihen angeordnet und stammen aus der klassischen und postklassischen Epoche. Einige der Stelen sind mit Skulpturen verziert, andere wieder glatt. Die Stelen waren ursprünglich mit roter Farbe bemalt, die teilweise an vor der Witterung geschützten Stellen noch sichtbar ist. Die Stelen sind mit Hieroglyphen und Daten versehen.

*Nord-Akropolis (Pl. C 3). – Auf einer Fläche von rund 1 ha drängten sich gegen Ende der klassischen Periode nicht weniger als sechzehn Tempel auf verschiedenen Ebenen; darunter konnte man die Spuren von etwa hundert älteren Bauten feststellen, die in der Zeit zwischen 200 v. Chr. bis 800 n. Chr. errichtet wurden. Bei jedem Neubau wurde die alte Konstruktion mit Erde zugeschüttet, sodaß die Plattform der obersten Akropolis 12 m über der Plaza Mayor und 9 m über dem Boden zu liegen kommt. Die heute sichtbaren Tempel stammen zum größten Teil aus der Zeit zwischen 500 und 800 n. Chr., d. h. aus der klassischen Epoche.

**Zentrale Akropolis (Pl. C 3). – Während die Nord-Akropolis Tempel und andere sakrale Gebäude umfaßte, bestand jene der Mitte aus vermutlich palastähnlichen Residenzen, die sich auf einer Fläche von 1,5 ha erstreckten, ebenfalls auf verschiedenen Ebenen. Sie ist etwas niedriger als die N-Akropolis und bestand aus sechs Patios auf verschiedenen Ebenen, die von niedrigen Bauten, vermutlich Palästen umgeben waren, die durch Labyrinthe und Gänge miteinander verbunden waren. Die Bauten stammen aus der Zeit zwischen dem 4. und 9. Jh. n. Chr.

★★Ostplatz (Pl. C 3). – Er liegt hinter dem Tempel I und bildet in gewissem Sinne den Vorraum zur eigentlichen Kultstätte. In ihm mündeten drei der bedeutendsten Straßen von Tikal: jene die zur Plaza Mayor führte und jene, die sie mit den Kultzentren im N (Calzada Maler) und im SO (Calzada Méndez) verbanden. Sie wird von der Mittelakropolis und der mächtigen Pyramide des Tempels I beherrscht; um sie herum liegen noch weitere Bauten, die zu den wichtigsten von Tikal gehörten.

Vom Ostplatz geht man zu den Hotels und zur Landepiste auf der Calzada Maler und dem Hinweg zurück, sofern man zu Fuß unterwegs ist oder, wenn man mit dem Auto fährt, über die Calzada Méndez und einen Weg, der rd. 200 m r. vom Platz abzweigt. Man kann jedoch einen Übergang zu dem folgenden Rundgang herstellen, indem man die Calzada Maler bis zu ihrem Ende geht.

II – Der Nordteil der Ruinenstätte

Kurzer Rundgang von rund 1 1/2 Std. über die Straßen Maler und Tozzer, der, wenn man früh am Morgen unterwegs ist, die Gelegenheit bietet, einige der Tiere dieses schönen Naturparkes zu beobachten. Vor allem bekommt man hier Affen und eine Vielfalt bunter Vögel zu sehen, man darf jedoch nicht damit rechnen, den Quetzal, diesen herrlichen grün-goldenen Vogel mit rotem Bauch und langem Schwanzgefieder zu sehen, der von den alten Indio-Zivilisationen als heilig verehrt wurde, ebenso wenig wie Jaguare, Ozelote, Pumas, Wildschweine und Hirsche oder Schlangen, die weit abseits im Dickicht hausen.

Von dem modernen Dorf Tikal folgt man der Route des Rundganges I bis zur Calzada Maler, wo man nach den Komplexen Q und R r. abzweigt.

Geht man geradeaus weiter, erreicht man den **Komplex O** (Pl. C 2), ebenfalls ein Kultzentrum mit Zwillingspyramiden, das 731 n. Chr. geweiht wurde.

Auf dem Weg über die **Calzada Maler**, die in Wahrheit nichts anderes als ein schmaler, unbefahrbarer Weg ist, kommt man an einer Felsformation vorbei, auf der ein **großes Relief** aus der spätklassischen Zeit zu sehen ist, das zwei Gefangene zwischen zwei Hieroglyphensäulen darstellt, ein in der Mayakunst sehr beliebtes Motiv.

Der Rundgang führt zuerst zum **Komplex P**, der zur **Gruppe H** gehört (Pl. C 1) und aus Zwillingspyramiden besteht und zum **Komplex M** (Pl. B 1), ebenfalls mit Zwillingspyramiden, die jedoch ziemlich verfallen sind, bevor man den **Tempel IV** (Pl. A 3) erreicht.

Tempel IV. – Der am Ende der **Calzada Maudslay** gelegene Tempel ist das mächtigste Bauwerk von Tikal und wird auch Tempel der zweiköpfigen Schlange genannt; er ist 64,60 m hoch und damit das höchste bekannte Bauwerk Amerikas der vorspanischen Epoche. Von der obersten Plattform der Pyramide, die jedoch schwierig zu erreichen ist, hat man, besonders am Spätnachmittag, wo sich die besten Lichtverhältnisse ergeben, einen traumhaft schönen ★★**Blick** auf die Ruinenstätte von Tikal, ihre zahllosen Tempel und „Paläste", die wie Inseln aus dem Dschungel ragen.

Komplex N (Pl. A 3). – Auf der **Calzada Tozzer** geht man Richtung Plaza Mayor. Unmittelbar neben dem Sockel des Tempels IV liegt r. der **Komplex N**, eine weitere Kultstätte mit Zwillingspyramiden aus dem Jahre 711. Innerhalb der Mauern sind eine mit Skulpturen verzierte ★★**Stele** (Nr. 16) sehenswert und ein ★★**Altar** (Nr. 5), der mit der Stele verbunden ist und zu den bedeutendsten Funden von Tikal zählt. Sein Oberteil ist rund und mit sehr schönen Reliefs geschmückt: in einem Kreis von Glyphen sind zwei federngeschmückte Priester dargestellt, die l. und r. von einem Altar stehen, auf dem ein menschlicher Schädel und Knochen liegen.

Palast der Fledermäuse (Pl. A 3). – Auch Palast der Fenster genanntes Bauwerk aus der spätklassischen Epoche.

Tempel III (Pl. B 3). – Auch **Tempel des Jaguar-Priesters** genannt, vermutlich 810 n. Chr. erbaut, wie man einer Hieroglypheninschrift auf einer Stele zu entnehmen glaubt. Auf einem hölzernen Türsturz im Inneren ist eine dicke Gestalt, eingehüllt in ein Jaguarfell zu sehen, zu deren beiden Seiten Würdenträger stehen.

Man quert anschließend den Westplatz (s. erster Rundgang) und erreicht wieder die Plaza Mayor.

III – Der Südteil der Ruinenstätte

Rundgang von 2–2 1/2 Std. zu Fuß oder mit dem Auto, zumindest bis zum Tempel der Inschriften, den man sehr gut mit dem Rundgang II (in umgekehrter Richtung) kombinieren kann.

Rd. 1 km von den Hotels entfernt liegt, auf der **Calzada Méndez** zu erreichen, der Tempel der Inschriften. Die Straße ist rd. 60 m breit und 800 m lang und wurde in der spätklassischen Epoche an der Stelle einer älteren Straße angelegt.

★**Tempel der Inschriften** (Pl. E 4). – Dieses Heiligtum wurde nach den Hieroglypheninschriften benannt, die sich an den Seiten und der Rückwand der Giebelverzierung befinden, die eine Höhe von 12 m erreichen. Der Tempel stammt aus der spätklassischen Zeit, nach der Inschrift auf einer Stele am Fuße der Treppe zu schließen, aus dem Jahr 766. Am Fuße der Pyramide sind eine Stele zu sehen (Nr. 21), die restauriert wurde (sehr schöne **Hieroglyphen**) und ein Altar (Nr. 9) mit der Darstellung eines Gefangenen.

Gruppe G (Pl. D 4). – L. von der Calzada Méndez Richtung Ostplatz, rd. 450 m nach dem Tempel der Inschriften, erhebt sich ein **großer Palast** aus der spätklassischen Periode mit einem Innenhof, den man durch einen gewölbten Gang erreicht. In den Räumen l. sind noch Reste von Wandmalereien zu sehen, im rückwärtigen Teil des Gebäudes, den man durch eine riesige Maske betritt, sind Spuren von Wandinschriften erhalten.

Sehenswert sind außerdem der **Tempel V** (Pl. C 4) aus dem Jahr 700 n. Chr., die **Südakropolis** (Pl. B/C 4) – die auf rund 2,2 ha verstreut liegenden Ruinen wurden noch kaum erforscht – und der **Ballspielplatz** (Pl. d, B 4) mit drei Spielflächen.

Weiter im W erhebt sich eine riesige **Pyramide** (Pl. B 4) aus der Spätklassik, deren oberste Plattform über vier Treppen an den Seiten zu erreichen ist, die von monumentalen Masken eingerahmt werden.

****Museum** (Pl. F 2). – In der Nähe der Landebahn gelegen; sehenswert sind mehrere **Stelen** und **Altäre** aus Tikal, sowie Gegenstände aus den Gräbern, darunter vor allem kostbarer **Schmuck** und kleine **Statuen aus Jade**.

Umgebung von Tikal. – ****Uaxactún** (23 km auf einem schlechten Waldweg, der von Juni–Februar unbefahrbar ist und außerhalb dieser Zeit für normale Pkw's nicht empfehlenswert ist; man kann die Ruinen mit dem Flugzeug ab Guatemala über Carmelita erreichen, Linienflüge dreimal wöchentlich; für einen Fußmarsch muß man rd. 5 Std. rechnen, es gibt weder Hotels noch Restaurants). – In einer Lichtung des Dschungels von Petén wurde die Landepiste ganz in der Nähe eines Dorfes von Chicleros und Holzfällern angelegt und liegt praktisch mitten in dem Ruinenfeld einer Mayasiedlung, die 1926 entdeckt und erforscht wurde. Seither wurden jedoch weite Teile wieder vom Urwald überwuchert und außerdem große Schäden durch Schatz- und Antiquitätensucher verursacht. Zur Besichtigung braucht man unbedingt einen ortskundigen Führer.

In der **Gruppe E**, in unmittelbarer Nähe der Landebahn, ist eine interessante **Gruppe von vier Bauwerken** zu sehen, die als Observatorium dienten. Die ältesten Teile, die sogenannte **Struktur E–VII sub**, stammen aus dem Jahr 200 v. Chr., d. h. aus dem Ende der vorklassischen Epoche. Diese Pyramide wurde vor nicht langer Zeit restauriert (Masken auf der Treppe). Sehenswert sind weiter die **Gruppe A** mit einer Akropolis (Struktur A–V), **Stelen und Altäre** auf der **Plaza Mayor** und die mächtige **Struktur A–XVIII** aus dem Beginn der klassischen Epoche, die teilweise restauriert wurde.

Abseits der bekannten Pfade

Aufgrund des mangelhaft ausgebauten Straßennetzes in Petén können manche Ruinenstätten nur mit dem Flugzeug ab Guatemala erreicht werden; von den Landebahnen aus kann man mit einem ortskundigen Führer und vorausgesetzt, daß man bereit ist, schwierige Bedingungen ähnlich wie bei Expedition auf sich zu nehmen, in den Dschungel vordringen; zu beachten ist auch die Wahl der Reisezeit: am geeignetsten ist die Zeit von Januar bis April/Mai (vor allem die Monate März und April), zu meiden ist auf alle Fälle die Regenzeit. Eine Fahrt nach Piedras Negras ist nur mit dem Boot möglich (oder Floß) und führt über den Río de la Pasión (ab Sayaxché bei Flores) und den Río Usumacinta. Die Reisebüros organisieren solche

(4) Ciudad de Guatemala – Tikal

Reisen, die zwischen 8 und 10 Tagen dauern (am besten im Monat März, bei niedrigem Wasserstand), man sollte jedoch nicht außer Acht lassen, daß sie expeditionsähnlichen Charakter haben und wirklich nur für Wagemutige geeignet sind.

1 – Dos Lagunas. – Ein einsames Dorf im Urwald rd. 40 km im N von Uaxactún; wird regelmäßig von Aviateca angeflogen (einmal wöchentlich) und dient als Ausgangspunkt für Fahrten zu einigen Ruinenstätten. **Naachtún** liegt 35 km im NW (3–5 Tage Fußmarsch), nur auf Dschungelpfaden zu erreichen, rd. 1,5 km im S der Grenze zwischen Guatemala und Mexiko. Mehrere Gruppen von Plattformen, Höfen und Pyramiden sind fast ausschließlich nur mehr als Hügel sichtbar und werden von der üppigen Urwaldvegetation überwuchert. Die eindrucksvollste Konstruktion ist eine 33 m hohe **Pyramide** mit einigen Stelen und Altären.

Rund 10 km im OSO von Naachtún (1 bis 2 Tage Fußmarsch) liegt **La Muralla**, das 1925 von einem Chiclero entdeckt wurde. Benannt wurde es nach der langen Mauer mit Fenstern, die mit zahlreichen **Stuckreliefs** verziert ist. Mehrere Höfe, Plattformen und Pyramiden (nur mehr als Hügel sichtbar) werden von dichtem Urwald verdeckt.

Rd. 50 km im O liegt die Ruinenstätte **El Mirador**, die 1926 entdeckt wurde und sehr ausgedehnt zu sein scheint. Sichtbar ist eine große, rd. 75 m hohe **Pyramide**. Zwei Straßen verbanden El Mirador mit anderen Mayastädten, von denen **Nakbe**, 13 km im SO, die nächste war.

2 – Carmelita. – Rd. 30 km im SW (2–4 Tage Fußmarsch) liegt das Dorf **Carmelita**, das regelmäßig von Aviateca (im Prinzip D., Do. und Sa.) angeflogen wird und an der Fluglinie Guatemala–Uaxactún liegt.

3 – Altar de Sacrificios. – Diese relativ kleine Ruinenstätte liegt am l. Ufer des Río de la Pasión, rd. 1,5 km flußaufwärts von der Einmündung des Río Salinas. Man erreicht sie mit dem Boot ab Sayaxché, einem Dorf, zu dem man auf der Straße von Flores (s. Rte 4, km 467) gelangt. Man muß ungefähr 4 1/2 bis 6 Std. Bootsfahrt rechnen, je nach Stärke des Motors. Die Reise über den 100–200 m breiten Río de la Pasión bietet Gelegenheit, Alligatoren zu beobachten. Die Ruinen von Altar de Sacrificios, die von der mittleren Vorklassik (900–600 v. Chr.) bis zu Beginn der Postklassik (10. Jh. n. Chr.) bewohnt waren, liegen auf einem Felsen 6–10 m über dem Fluß (je nach Wasserstand).
Die Ausgrabungen umfassen drei Bautengruppen, A, B und C. Die bedeutendsten Funde wurden in der **Gruppe A** gemacht (**11 Stelen**, davon 9 mit Skulpturen, und 13 Altäre). Die Stelen stammen aus der Zeit zwischen 475 und 770 n. Chr. Der größte Bau der gesamten Anlage liegt in der **Gruppe B** und ist als pyramidenförmiger Hügel zu sehen.

4 – ★ Piedras Negras. – Die Zufahrt zu dieser Ruinenstätte mitten im Dschungel des Tales des Río Usumacinta, an der Grenze von Mexiko, weit flußabwärts von Yaxchilán (Mexiko) ist nur mit dem Boot oder Floß möglich; man sollte die Reise nur bei niedrigem Wasserstand, am besten im Monat März, unternehmen, da zu diesem Zeitpunkt die Strömung weniger stark ist. Es handelt sich hier um eine echte kleine Expedition von 8–10 Tagen hin und zurück, die man dementsprechend vorbereiten muß, da es unterwegs nicht die geringste Möglichkeit gibt, sich zu versorgen. Ausgangspunkt dafür ist Sayaxché (s. Rte 4, km 467, Umgebung von Flores).

Die Ruinen liegen am r. Flußufer in einer Gegend, die zusammen mit Yaxchilán und vor allem Palenque die schönsten Beispiele für die große Geschicklichkeit geliefert hat, mit der die Mayas Stein und Holz bearbeitet haben. Leider überwuchert der Urwald die Ruinenstätte völlig und die Skulpturen mußten in verschiedene Museen gebracht werden. Die meisten befinden sich in Ciudad de Guatemala, dessen Museum zur Zeit geschlossen ist. Es gibt hier **Tempel** auf Pyramidenfundamenten, **Ballspiele** und mehrere **Femascales** (Dampfbäder).

HOTELVERZEICHNIS UND PRAKTISCHE HINWEISE

Hotelverzeichnis Mexiko und praktische Hinweise

Nach jedem Ortsnamen befindet sich in Klammern die Abkürzung des jeweiligen Bundesstaates.

Ags.: Aguascalientes
B. C.: Baja California
B. C. S.: Baja California Sur
Camp.: Campeche
Chiap.: Chiapas
Chih.: Chihuahua
Coah.: Coahuila
Col.: Colima
Dgo.: Durango
Gro.: Guerrero
Gto.: Guanajuato
Hgo.: Hidalgo
Jal.: Jalisco
Méx.: México
Mex. D. F.: México, Bundesdistrikt
Mich.: Michoacán
Mor.: Morelos
Nay.: Nayarit
N. L.: Nuevo León
Oax.: Oaxaca
Pue.: Puebla
Q. R.: Quintana Roo
Qro.: Querétaro
Sin.: Sinaloa
S. L. P.: San Luis Potosí
Son.: Sonora
Tab.: Tabasco
Tamps.: Tamaulipas
Tlax.: Tlaxcala
Ver.: Veracruz
Yuc.: Yucatán
Zac.: Zacatecas

Die Auswahl und Einstufung der in unserer Liste angeführten Hotels ist mit Sorgfalt und Gründlichkeit vorgenommen worden. Begreiflicherweise war es nicht möglich (und auch gar nicht beabsichtigt), sämtliche Beherbergungsbetriebe aufzuzählen, wohl aber wurde eine ausgewogene Auswahl der verschiedenen Kategorien getroffen. Da die Preise sich von Saison zu Saison ändern, wurde auf Preisangaben verzichtet; aus der Einstufung des Hotels kann der Benützer den ungefähren Preisrahmen ableiten.

Dem Namen des Hotels ist seine Kategorie vorgestellt:

- L Luxusklasse
- I Hotel erster Klasse
- II Hotel für gehobene Ansprüche
- III Gute Mittelklasse
- IV für einfache Ansprüche

Unter dem jeweiligen Ortsnamen finden Sie die entsprechende Telephonvorwahl (Tel. Vw.). Zusätzlich bringt das Hotelverzeichnis eine Reihe von praktischen Hinweisen, die für den Reisenden nützlich sind: die Adressen der Informationsstellen, die Verkehrsmittel, besondere handwerkliche Fertigkeiten, Veranstaltungen und religiöse Feierlichkeiten.

Die Blauen Führer nehmen keine Anzeigen an. Die Einschaltung der erwähnten Betriebe ist völlig kostenlos. Wir bitten die Leser, uns ihre eigenen Eindrücke und Empfehlungen mitzuteilen; wir sind jederzeit bereit, unsere Hotelliste aufgrund dieser Empfehlungen zu ergänzen und, wo nötig, abzuändern.

Hotelverzeichnis (Mexiko) 766

ABASOLO (Gto.)
Tel. Vw. 462

Hotel:
II **Balneario La Caldera,** 5, de Mayo y Guerrero, Tel. 300-20; (Reservierungen unter 521-23-02 in México); Thermalbad, **Z** 45.

ACÁMBARO (Gto.)
Tel. Vw. 457

Hotel:
Posada Virrey de Mendoza, Juárez 49, **Z** 25.

ACAPONETA (Nay.)
Tel. Vw. 325

Hotel:
IV **Plaza,** Morelos 2, Tel. 25, **Z** 37.

ACAPULCO (Gro.)
Tel. Vw. 748

Information: OST (Pl. b, E1), Costera Miguel Alemán 253; –
Delegación de Turismo (Pl. a, C2), Costera Miguel Alemán; –
Informationsbüro an der Stadteinfahrt.

American Express: Costera Miguel Alemán 709-A, Tel. 410-95.

Hotels und Motels:
L **Acapulco Continental** (Pl. 4, D2), Costera Miguel Alemán, Tel. 409-09, **Z** 431.
L **Acapulco Country Club,** Playa Revolcadero, Tel. 420-00, (Reservierungen unter Tel. 566-22-11 in México), **Z** 200.
L **Acapulco Princess,** Playa Revolcadero, Tel. 431-00, (Reservierungen unter Tel. 566-22-11 in México), **Z** 777.
L **Hyatt Regency** (Pl. 13, F3), Costera Miguel Alemán 666, Tel. 428-88 (Reservierungen unter Tel. 511-72-50 in México), **Z** 751.
L **Las Brisas** (Pl. 1, E4), Straße nach Puerto Marqués, Tel. 416-50 (Reservierungen unter Tel. 250-51-44 in México); Jeepvermietung; **Z** 250.
L **El Presidente** (Pl. 2, E2), Costera Miguel Alemán, Tel. 417-00 (Reservierungen unter Tel. 566-77-77 in México), **Z** 381.
I **Acapulco Imperial,** Costera Miguel Alemán 251, Tel. 229-50 (Reservierungen unter 528-91-79 in México), **Z** 100.
I **Acapulco Malibu** (Pl. 6, E2), Costera Miguel Alemán 20, Tel. 410-70 (Reservierungen unter 545-70-75 in México), **Z** 80.
I **Condesa del Mar** (Pl. 3, E2), Costera Miguel Alemán, Tel. 423-55 (Reservierungen unter 566-77-77 in México), **Z** 505.
I **Elcano** (Pl. 7, E2), Av. de las Palmas, Tel. 419-50 (Reservierungen unter 521-16-81 in México), **Z** 140.
I **Las Hamacas** (Pl. 8, B2), Costera Miguel Alemán 239, Tel. 261-61 (Reservierungen unter 528-65-65 in México), **Z** 165.

Abasolo – Acapulco

- I **Paraíso Marriott** (Pl. 5, C2), Costera Miguel Alemán, Tel. 241-40 (Reservierungen unter 533-62-15 in México), **Z** 408.
- I **Ramada Inn,** Puerto Marqués.
- I **Ritz Acapulco** (Pl. 29, D2), Costera Miguel Alemán, Tel. 408-40 (Reservierungen unter 525-16-65 in México), **Z** 141.
- I **Villa Vera Racquet Club** (Pl. 9, E2), Lomas del Mar 35, Tel. 403-33, **Z** 40.
- II **Auto Ritz** (Pl. 18, C2), Av. Magallanes, Tel. 219-22 (Reservierungen unter 525-16-65 in México), **Z** 108.
- II **Boca Chica** (Pl. 17, B4), Playa Caletilla, Tel. 260-14, **Z** 45.
- II **Caleta** (Pl. 10, B4), Playa de Caleta, Tel. 248-00 (Reservierungen unter 545-26-71 in México).
- II **Club de Pesca** (Pl. 15, B3), Costera Miguel Alemán, Tel. 262-90 (Reservierungen unter 514-00-13 in México), **Z** 125.
- II **El Matador** (Pl. 16, E2), Playa la Condesa, Tel. 432-90, **Z** 200.
- II **El Mirador** (Pl. 11, A3), Quebrada 74, Tel. 211-11 (Reservierungen unter 514-27-10 in México), **Z** 128.
- II **Holiday Inn** (Pl. 12, E2), Costera Miguel Alemán 1260, Tel. 404-10 (Reservierungen unter 533-12-36 in México), **Z** 366.
- II **Maris** (Pl. 27, C2), Av. Magallanes, Tel. 228-00 (Reservierungen unter 566-23-77 in México), **Z** 77.
- II **Posada del Sol** (Pl. 14, F2), Costera Miguel Alemán 1390, Tel. 410-10 (Reservierungen unter 546-08-09 in México), **Z** 185.
- III **Costa Azul,** Horacio Nelson y Parque Norte, Tel. 419-29, **Z** 29.
- III **El Tropicano,** Costera Miguel Alemán 510, Tel. 411-00, **Z** 128.
- III **Embassy** (Pl. 23, F2), Costera Miguel Alemán 494, Tel. 402-73, **Z** 102.
- III **Lindavista** (Pl. 19, B4), Playa Caleta, Tel. 227-83, **Z** 48.
- III **Los Flamingos** (Pl. 20, A4), Av. Adolfo López Mateos, Tel. 206-90, **Z** 47.
- III **Los Norteños** (Pl. 21, B4), Av. López Mateos, Tel. 220-32 (Reservierungen unter 523-17-66 in México), **Z** 37.
- III **Los Pericos** (Pl. 25, A3), Costera Miguel Alemán 78, Tel. 203-01, **Z** 44.
- III **Pozo del Rey** (Pl. 22, B3), Gran Via Tropical, Tel. 222-03, **Z** 22.
- III **Quinta Rosa** (Pl. 24, C2), Vasco Núñez de Balboa 15, Tel. 225-92 (Reservierungen unter 513-44-47 in México).

Restaurants:
Außer den Restaurants in den Hotels gibt es entlang der ganzen Costera Miguel Alemán zahlreiche Restaurants mit herrlicher Aussicht.

- L **Armando's Palace,** Costera Miguel Alemán, Tel. 412-33; luxuriöser Rahmen, internationale und mexikanische Küche.
- L **Coyuca 22,** Tel. 234-68; luxuriöser Rahmen mit außergewöhnlicher Aussicht, Langustenspezialitäten; reservieren.
- I **Portofino,** Costera Miguel Alemán, Tel. 211-44; in einer palladinischen Villa; italienische Küche.

Hotelverzeichnis (Mexiko)

- II **Armando's,** Quebrada 7, Tel. 218-87; internationale und italienische Küche.
- II **Canzone del Mar,** Costera Miguel Alemán, Tel. 400-37; internationale und italienische Küche.
- II **Normandie,** Costera Miguel Alemán, Tel. 238-68; französische Küche.
- III **Carlos'n Charlies,** Costera Miguel Alemán, Tel. 400-39; Fisch.
- III **El Patio,** Costera Miguel Alemán; mexikanische Küche, Mariachis.
- III **Hong Kong,** Costera Miguel Alemán; chinesische Küche.
- III **Morocco,** Costera Miguel Alemán; Garnelenspezialitäten.
- III **Mi Casa,** Costera Miguel Alemán; mexikanische Küche.

Postamt: Costera Miguel Alemán (*Correos* in B3, *Telefonos* in A3).

Autovermietung: Hertz de Acapulco, Costera Miguel Alemán 1945, Tel. 405-65 und am Flughafen, Tel 204-73; – *Renta de Auto Avis,* Costera Miguel Alemán, Tel. 420-07 und am Flughafen, Tel. 416-33; – *Volkswagen de Acapulco,* Diego Hernández de Mendoza y Almendros.

Flughafen: Plan de los Amates, 29,5 km auf der Straße nach Pinotepa Nacional.

Fluglinien: Aeroméxico, Costera Miguel Alemán 286, Tel. 213-13; – *Aeronaves de México,* Escudero y Miguel Alemán, Tel. 502-13-13, am Flughafen Tel. 504-03-03; – *Mexicana de Aviación,* Costera Miguel Alemán 1252, Tel. 468-90; – *Western Airlines,* Costera Miguel Alemán.

Schiffahrt: Agencia Maritima del Pacifico, Costera Miguel Alemán, neben dem Zollamt.

Autobus: Ab *Central Camionera* Linien *Estrella de Oro, Lineas Unidas del Sur México* mit Luxusbussen nach Cuernavaca, México, Zihuatanejo, usw.

Sport: Hochseefischerei; – Unterseefischerei (Miete von Ausrüstung und Booten in der Bucht von Acapulco); – Fallschirmspringen, Costera Miguel Alemán; – Tennis.

Veranstaltungen: Stierkämpfe am So. nachm., Plaza de Toros, Caletilla; die Corridas werden auf Plakaten angekündigt; – *Jai Alai,* von Nov. bis Mai tgl. 21 Uhr, Frontón Jardín de Caletilla.

AGUASCALIENTES (Ags.)
Tel. Vw. 491

Hotels:
- I **Motel Medrano Continental,** José María Chávez 904, Tel. 555-00, **Z** 70.
- II **Francia,** Plaza Principal 113, Tel. 560-80, **Z** 90.
- II **Parador San Marcos,** José María Chávez 701, Tel. 554-05, **Z** 28.
- II **Paris,** Plaza Principal Norte, Tel. 511-21, **Z** 65.
- II **Río Grande,** José María Chávez 101, Tel. 512-51, **Z** 45.
- III **Motel Internacional,** José María Chávez 1111, Tel. 527-77, **Z** 16.

Acapulco – Bahía Santiago

- III **Motel La Jolla,** José María Chávez, Tel. 587-22, **Z** 21.
- IV **Imperial,** 5 de Mayo 106, Tel. 516-64, **Z** 28.

Autobus: Von der *Central Camionera* die Linien *Estrella Blanca, Flecha Amarilla, Omnibus de México, Transportes Chihuahuenses* nach Guadalajara, León, México, Quéretaro, San Juan de los Lagos, San Luis Potosí, Zacatecas, usw.

Feste: Fest de la San Marcos, 10 Tage ab 25. April.

AJIJIC (Jal.)
Tel. Vw. 376

Hotels:
- I **Camino Real,** Paseo del Prado 20, Tel. 524-58 (Reservierungen unter Tel. 26-19-41 in Guadalajara).
- III **Rancho Santa Isabel.**

Handwerk: Spitzen, Stoffe, Stickereien.

ALAMOS (Son.)
Tel. Vw. 642

Hotels:
- I **Casa de los Tesoros,** Alvaro Obregón 10, Tel. 10, **Z** 15.
- II **Los Portales, Z** 11.
- III **Alamos**

Einkäufe: Handwerk von Mayos-Indianern, Sarapes, Masken usw.

Feste: 7 km von Alamos an der Straße nach Navojoa befindet sich das Pueblo La Aduana; Fest am 20. Nov., Mayo-Tänze.

ALVARADO (Ver.)
Tel. Vw. 297

Hotel:
IV **Miami,** Straße nach Veracruz, Tel. 301-59, **Z** 11.

APATZINGÁN (Mich.)
Tel. Vw. 453

Hotel:
Tapachula, José María Morelos y Pavón 14 Ote, Tel. 401-48, **Z** 20.

BAHÍA SANTIAGO (Col.)
Tel. Vw. 437

Hotels:
- L **Las Hadas,** Rincón Las Hadas, Tel. 300-00 (Reservierungen unter 514-05-96 in México), **Z** 200.
- III **Casablanca Alamar,** Olas Altas 34, Tel. 12, **Z** 44.
- III **Playa de Santiago,** Tel. 302-70, **Z** 107.
- IV **Anita,** Tel. 11, **Z** 102.

IV Marlyn, Tel. 201-07, **Z** 22.
IV Motel San Pedrito, Playa de San Pedrito, Tel. 205-35.

Restaurant:
III Eldorado

Sport: Golf Club de Santiago, 5 km Richtung Barra de Navidad.

BUCERÍAS (Nay.)
Tel. Vw. 436

Hotel:
III Hotel Playa de Bucarías.

BUENAVISTA (B. C. S.)
Tel. Vw. 566

Hotels:
II Rancho Hotel Buena Vista, Z 45.
II Palmas de Cortez

CABORCA (Son.)
Tel. Vw. 637

Hotels:
III Motel el Camino, Tel. 204-66, **Z** 59.
IV Motel Amelia, Quiroz y Mora, esquina calle 11, Tel. 93-96, **Z** 74.

CABO SAN LUCAS (B. C. S.)
Tel. Vw. 648

Hotels:
I Cabo San Lucas, Rancho El Tule, **Z** 83.
I Hacienda (Reservierungen unter 545-70-75 in México), **Z** 67.
I Hyatt (in Bau), 6,5 km Richtung La Paz, 125 **App.**
I Finisterra (Reservierungen unter 775-06-58 in Los Alamitos, Kalifornien, USA; – im Hotel Los Arcos in La Paz, Tel. 200-24).
III Mar de Cortez, Lázaro Cárdenas y V. Guerrero, **Z** 30.

Fähre: nach Puerto Vallerta am Mi. und So. (Fahrt 18 Std.)

CAMPECHE (Camp.)
Tel. Vw. 981

Information: OST (Pl. e, A2), Baluarte San Carlos.

Hotels:
I El Presidente (Pl. d, B2), av. Ruíz Cortines, Tel. 622-33.
II Baluartes (Pl. a, B2), av. Ruíz Cortines, Tel. 28-94, **Z** 102.
III Colonial (Pl. c, B2), calle 14, Nr. 122, Tel. 622-22, **Z** 31.
III López (Pl. b, B2), calle 12, Nr. 189, Tel. 633-44, **Z** 39.
III Señorial, calle 10, Nr. 230, Tel. 642-55, **Z** 7.

Restaurants:
- **III Miramar,** calles 8 y 61, Tel. 28-83.
- **IV La Perla,** calles 57 y 10.

Postamt: Correos, calle 49; – *Telegrafos,* calle 57.

Fluglinie: Aeroméxico, calle 8, Nr. 281, Tel. 638-42.

Eisenbahn: Ferrocarril del Sureste, 2,5 km vom Zentrum an der calle Veracruz (Pl. D3); Züge nach Mérida, Palenque, Villahermosa und México.

Autobus: Autobuses de Oriente nach Ciudad del Carmen, Mérida Villahermosa, usw.

Handwerk: Schildpatt, zum Teil mit Perlmutteinlagen, Stickereien, Goldschmiedearbeiten.

Feste: Karnaval; – Fería de la San Román in der 2. Septemberhälfte; – 4-13 Okt. Fest des Hl. Franziskus von Assisi.

CANCÚN (Q. R.)
Tel. Vw. 988

Hotels:
- **L Camino Real,** Punta Cancún, Tel. 301-00; (Reservierungen unter 545-65-30 in México), **Z** 251.
- **L Hotel Club de Golf Presidente,** Tel. 302-00 (Reservierungen unter 518-00-40 in México), **Z** 200.
- **L Garza Blanca** (Reservierungen unter 546-55-19 in México), **Z** 56.
- **I Aristos Cancún,** Tel. 300-11 (Reservierungen unter 533-05-60 in México), **Z** 229.
- **I Cancún Caribe,** Tel. 301-25 (Reservierungen unter 533-41-12 in México), **Z** 205.
- **I Carrousel Cancún,** Tel. 303-88 (Reservierungen unter 543-40-14 in México), **Z** 111.
- **I Club Méditerranée,** Punta Nizoc (Reservierungen unter 533-48-00 in México), **Z** 300.
- **I Hotel Suite Dos Playas,** Tel. 305-00 (Reservierungen unter 687-14-42 in México), **Z** 141.
- **I Playa Blanca** (Reservierungen unter 511-34-89 in México), **Z** 70.
- **I Maya Caribe** (Reservierungen unter 525-58-93 in México), **Z** 34.
- **I Villas Tacul** (Reservierungen unter 528-60-85 in Mexiko).
- **II Bojórquez,** Tel. 301-55 (Reservierungen unter 585-57-44 in Mexiko), **Z** 24.
- **III Hotel Plaza Caribe,** Tulún, Tel. 303-60, **Z** 112.

Restaurants:
- **I Retro 1900,** Handelszentrum El Parián in Cancún-Strand.
- **II Giuseppe,** Manzana 3, in Cancún-Stadt; ital. Küche.

Autovermietung: Avis am Flughafen; – *Budget Rent a car,* av. Uxmal, Lotes 7 y 9; Club Méditerranée und Flughafen; – *Hertz* im Hotel Parador und am Flughafen.

Flughafen: 25,5 km vom Zentrum auf der Straße nach Chetumal.

Fluglinien: Aeroméxico, av. Tulum Lote 29, Lokale 7 und 8, Tel. 303-61; – *Mexicana de Aviación,* av. Uxmal 08, Tel. 306-59.

Schiffahrt: ab Puerto Juárez nach Isla Mujeres; nach Cozumel s. praktische Hinweise Isla Cozumel.

Autobus: Tag und Nacht alle 30 Min. Cancún-Stadt – Cancún-Strand; – ab *Central Camionera* die Linie *Ado-Ado* nach Chetumal, Mérida, Valladolid.

Strände: Balneario Chac-Mool (in der Nähe Hotel Aristos), 10-18 Uhr, Kabinen, Duschen; – Balneario Tortuga (in der Nähe Hotel Maya Caribe), 10-18 Uhr, Kabinen, Duschen.

Sport: Golfplatz Pok-ta-Pok, 9 oder 18 Löcher, Schwimmbad, Tennis; – Wasserski in der Lagune von Nichupté; – Tauchen und Fischen.

CARDENAS (Tab.)
Tel. Vw. 937

Hotel:
III **Conti,** Morelos 327, Tel. 202-00, **Z** 40.

CATAVIÑA (B. C.)
Tel. Vw. 532

Hotel:
II **El Presidente**

CATEMACO (Ver.)
Tel. Vw. 679

Hotels:
III **Berthangel,** Madero 1, Tel. 29-30-36, **Z** 23.
III **Playa Azul,** Tel. 300-01, **Z** 77.
IV **Catemaco,** Carranza 8, Tel. 300-45, **Z** 20.

CELAYA (Gto).
Tel. Vw. 461

Hotels:
IV **Gómez,** Morelos 101, Tel. 2-00-01, **Z** 61
IV **Motel Campestre,** Carretera Panamericana 264, Tel. 2-09-29, **Z** 39.

Autobus: von der *Central Camionera* (Tel. 200-02) die Linien *Anáhuac, Transportes Chihuahuenses, Tres Estrellas de Oro, Ómnibus de México* in die Städte Guadalajara, Irapuato, León, México, Querétaro, Silao, usw.

Spezialitäten: Cajeta oder *Dulce de Celaya,* Milchkaramel in Flaschen oder Bonbons.

Feste: Berühmte Posadas (16.-25. Dez.), intime Prozessionen.

CEROCAHUI (Chih.)
Tel. Vw. 524

Hotel:
III **La Misión** (Reservierungen im Hotel Santa Anita, Los Mochis, Sinaloa, Tel. 2-00-46).

CIUDAD ACUÑA (Coah.)
Tel. Vw. 877

Hotels:
II **Motel Los Alpes,** av. Guerrero, Tel. 231, **Z** 38.
III **Motel Las Vegas,** av. Guerrero, Tel. 204-23, **Z** 29.

CIUDAD DEL CARMEN (Camp.)
Tel. Vw. 938

Hotels:
IV **Jet,** Tel. 580, **Z** 20.
IV **Motel Lino's,** bld. Aviación, Tel. 205-66, **Z** 20.

Fluglinie: Aeroméxico, calle 26 y calle 33, Tel. 211-18.

CIUDAD JUAREZ (Chih.)
Tel. Vw. 161

Information: OST, av. Lerdo.

Hotels:
I **Camino Real,** Centro Comercial Pronaf, Tel. 300-47 (Reservierungen unter 525-90-81 in México), **Z** 150.
I **Rodeway Inn,** Lincoln y Coyoacán, Tel. 313-10, **Z** 82.
II **San Antonio,** 16 de Septiembre 634 Oriente, Tel. 253-30, **Z** 52.
II **Motel Sylvia's.** 16 de Septiembre 1977 Oriente, Tel. 224-00, **Z** 83.
III **Continental,** Lerdo 178 Sur, Tel. 226-10, **Z** 64.
III **De Luxe,** Lerdo y Galeana, Tel. 222-10, **Z** 71.
III **Motel Flamingo,** bei km 6 der Panamericana, Tel. 252-08, **Z** 43.
III **Plaza,** Ugarte 239, Tel. 268-61, **Z** 40.
IV **Imperial,** V. Guerrero 154, Tel. 235-65, **Z** 38.
IV **Koper,** Juárez 124 Norte, Tel. 226-20, **Z** 39.

Flughafen: 17 km auf der Straße nach Chihuahua.

Fluglinie: Aeroméxico, av. Lincoln 759, Tel. 380-89.

Eisenbahn: Estación de los Ferrocarriles Nacionales de México, südl. der Stadt über die av. 5 de Febrero.

Autobus: von der *Central Camionera* die Linien *Omnibus de México, Transportes Chihuahuenses,* usw. nach Chihuahua, Durango, El Paso, Guanajuato, México, Querétaro, San Luis Potosí, Zacatecas, usw.

Automobilclub: 16 de Septiembre 1110 Oriente, Tel. 257-17.

Veranstaltungen: Arena mit 10.000 Plätzen 6 km vom Zentrum (Corridas jeden Sonntag April bis Dez.).

Feste: 10.-20. August Fest der Baumwolle: Ausstellung der Regionalprodukte, Corridas, Bälle, usw.; – 4. Dez.: Fest der Hl. Barbara; – 5.–12. Dez., Feste zur Erinnerung an die Stadtgründung.

Hotelverzeichnis (Mexiko) 774

CIUDAD LÁZARO CÁRDENAS (Mich.)
Tel. Vw. 743
Hotel:
III Las Truchas, Carretera Lázaro Cárdenas, Z 48.

CIUDAD MANTE (Tamps.)
Tel. Vw. 123
Hotels:
III Mante, Guerrero 500 Poniente, Tel. 209-90, Z 36.
IV Los Arcos Courts, Tel. 208-70, Z 28.
IV Naola, Juárez 203 Oriente, Tel. 207-50, Z 62.

CIUDAD OBREGÓN (Son.)
Tel. Vw. 641
Hotels:
II Motel Valle Grande, Miguel Alemán y Tetabiate, Tel. 409-70, Z 96.
III Motel Costa de Oro, Miguel Alemán y Allende, Tel. 417-75, Z 81.
III Motel San Jorge, Miguel Alemán 929 Norte, Tel. 369-90, Z 60.

Fluggesellschaft: Aeroméxico, No Reelección 509 Oriente, Tel. 353-16.

Autobus: von der *Central Camionera* die *Autotransportes Tres Estrellas de Oro* nach Guadalajara, Guaymas, Hermosillo, Los Mochis, Mazatlán, Tepic, usw.

CIUDAD VALLES (S. L. P.)
Tel. Vw. 138
Hotels:
II Covadonga, 11 km an der Straße nach México, Tel. 206-08, Z 61.
III San Fernando, an der Straße México-Laredo Norte 5, Tel. 201-84, Z 60.
III Valles, an der Straße México-Laredo Norte 36, Tel. 200-50, Z 62.

Fluglinien: Aeroméxico, Juárez 214, Tel. 217-27; – *Mexicana de Aviación,* selbe Adresse.

Autobus: von der *Central Camionera* die *Transportes del Norte* nach Ciudad Victoria, México, San Luis Potosí, Tampico, usw.

CIUDAD VICTORIA (Tamps.)
Tel. Vw. 131
Hotels:
III Motel Panorámico, Simón Bolívar y Guatemala, Tel. 231-30, Z 38.
III Motel San Antonio, Tel. 203-11, Z 50.
III Sierra Gorda, Straße México-Laredo, Z 100.
IV Los Monteros, Hidalgo 962 Oriente.
IV Motel El Jardín, Tel. 211-24, Z 15.

Fluglinie: Aeroméxico, Juan B. Tijerina Sur 120, Tel. 204-80.

Autobus: von der *Central Camionera* die Linien *Estrella Blanca, Ómnibus de México, Transportes del Norte,* usw., nach Ciudad Mante, Matamoros, México, Monterey, Tampico, usw.

COATZACOALCOS (Ver.)
Tel. Vw. 921

Information: OST, Zaragoza 301, Tel. 204-44.

Hotels:
II **Valgrande,** Hidalgo 207, Tel. 216-24, **Z** 62.
III **Motel Gireya,** Zaragoza 2000, Tel. 204-64, **Z** 30.

Flughafen: 21 km in Richtung Minatitlán.

Fluglinie: Mexicana de Aviación, Corregidora 401 A, Tel. 200-12.

Autobus: von der *Central Camionera* die Linien *Ado-Ado, Lineas Unidas México Sureste* nach Campeche, Cancún, Chetumal, Ciudad del Carmen, Merida, Palenque, Villahermosa, Veracruz, usw.

COBÁ (Q. R.)
Kein tel. Selbstwählverkehr. Verbindung über Telephonzentrale (02).

Hotel:
I **Villa Arqueologica,** Reservierungen in México, Tel. 514-49-95 und 533-48-00, **Z** 42.

COLIMA (Col.)
Tel. Vw. 331

Hotels:
II **Los Candiles,** an der Straße nach Guadalajara.
II **Villa del Rey,** Straße nach Guadalajara.
III **Motel Cisteño,** Straße nach Manzanillo, 7 km vom Zentrum, **Z** 13.

Restaurant:
IV **La Cabaña,** Straße nach Manzanillo

COMANJILLA (Gto.)
Tel. Vw. 511

Hotel:
II **Balneario de Comanjilla,** Tel. 200-91, **Z** 91.

CÓRDOBA (Ver.)
Tel. Vw. 271

Hotels:
IV **Manzur,** av. 1 y calle 3, Tel. 225-11, **Z** 68.
IV **Marina,** av. 2 y calle 11, Tel. 226-00, **Z** 44.
IV **Palacio,** av. 3 y calle 2, Tel. 221-88, **Z** 78.
IV **Virreinal,** av. 1 y calle 5, Tel. 223-77, **Z** 64.

Hotelverzeichnis (Mexiko) 776

CUAUTLA (Mor.)
Tel. Vw. 735

Hotels:
- II **Posada El Asturiano,** Straße Mexico – Oaxaca 124, Tel. 211-74 (Reservierungen unter 532-47-13 in México), **Z** 24.
- III **Granada,** Defensa del Agua 34, Tel. 200-63.
- III **Vasco,** San Martín 40, Tel. 214-00, **Z** 104.

CUERNAVACA (Mor.)
Tel. Vw. 731

Hotels:
- I **Casino de la Selva** (Pl. a, B2), Leandro Valle 1001, Tel. 247-00 (Reservierungen unter 535-56-30 in México), **Z** 300.
- I **Las Mañanitas** (Pl. b, A2), Ricardo Linares 107, Tel. 246-46, **Z** 15.
- II **Arocena Holiday,** Paseo del Conquistador, Tel. 308-00, **Z** 27.
- II **Casa de Piedra,** Cuautla-Straße 629, Tel. 207-66, **Z** 15.
- II **Las Quintas,** Las Quintas 107, Tel. 247-47, **Z** 35.
- II **Posada Arcadia,** Leyva 200, Tel. 202-20, **Z** 15.
- II **Posada Jacarandas,** Cuauhtémoc 805, Tel. 246-40, **Z** 65.
- II **Villa del Conquistador,** Paseo del Conquistador 134, Tel. 323-65 (Reservierungen unter 516-04-83 in México), **Z** 54.
- III **Del Parque,** Jardín Juárez 2, Tel. 247-50, **Z** 40.
- III **Posada San Angelo,** Cerrada de la Selva 100, Tel. 246-64, **Z** 14.
- III **Posada Tlaltenango,** Emiliano Zapata 77, Tel. 325-25, **Z** 12.
- IV **Los Canarios,** Morelos 713 Norte, Tel. 300-00 (Reservierungen unter 546-35-39 in México), **Z** 105.

Restaurants:
- II **Las Mañanitas,** Ricardo Linares 107; sehr gute mexikanische Küche in einem herrlichen Park mit tropischen Vögeln.
- III **Casa Cárdenas,** Hidalgo 4
- III **Château Paulet René,** Atzingo II; Schweizer Spezialitäten.
- III **La India Bonita,** calle Morrow 6-B

Postamt: Correos y Telégrafos, av. Hidalgo (Pl. B3).

Autobus: Autos Pullman de Morelos nach Cuautla, Grutas de Cacahuamilpa, México, Oaxtepec, usw.; – *Lineas Unidas del Sur* nach Acapulco, Grutas de Cacahuamilpa, Ixtapan de la Sal, Lázaro Cárdenas, México, Pinotepa Nacional, Puerto Escondido, Taxco, Toluca, usw.; – *Portello de Morelos* nach México, u. a.

Eisenbahn: Bahnhof des FF.CC. (Pl. C2).

CULIACÁN (Sin.)
Tel. Vw. 671

Hotels:
- I **Econhotel Executivo,** Madero y A. Obregón, Tel. 278-00, **Z** 225.
- II **Los Caminos,** Colegio Militar y Bld Leyva Solano, Tel. 237-00, **Z** 51.

II **Los Tres Rios,** Straße nach Los Mochis, **Z** 52.
III **El Mayo,** Madero 623, **Z** 48.
III **Motel San Luis,** Straße nach Mazatlán, **Z** 26.

Fluglinie: Aeroméxico, Antonio Rosales 77 Poniente, Tel. 224-60.

Autobus: von der *Central Camionera* die Linien *Autotransportes Tres Estrellas de Oro, Transportes del Pacifico,* usw. nach Ciudad Obregón, Guadalajara, Guaymas, Los Mochis, Mazatlán, México, Puerto Vallarta, usw.

CHAPALA (Jal.)
Tel. Vw. 376

Hotel:
III **Chula Vista Country Club**

Sport: Golfplätze *Chapala Country Club* und *Chula Vista;* Wasserski, Fallschirmspringen, Yachtclubs.

CHETUMAL (Q.R.)
Tel. Vw. 983

Information: OST, Alvaro Obregón 241, Tel. 209-42.

Hotels:
I **El Presidente,** av. Juárez, Tel. 212-07.
III **Continental Caribe,** av. Héroes 171, Tel. 211-00.
IV **Maria Dolores,** av. Alvaro Obregón 183, Tel. 508, **Z** 25.

Fluglinie: Aeroméxico, Carmen Ochoa de Merino 6-B, Tel. 203-14.

Autobus: Autotransportes del Caribe, av. Héroes y Efrain Aguilar, Tel. 207-40.

CHICHÉN ITZÁ (Yuc.)
Tel. Vw. 107

Hotels:
I **Hacienda Chichén Itzá,** 0,6 km von den Ausgrabungen auf der Straße nach Valladolid, Tel. 4 (Reservierungen unter 192-12 in Mérida), **Z** 18.
I **Mayaland,** 0,3 km von den Ausgrabungen auf der Straße nach Valladolid, (Reservierungen unter 192-12 in Mérida), **Z** 60.
I **Villa Arqueologica,** am Eingang der Ausgrabungen, Tel. 2 (Reservierungen unter 533-48-00 in México), **Z** 42.
II **La Palapa,** 2 km auf der Straße nach Mérida.
II **Pirámide Inn,** 2 km auf der Straße nach Mérida.
IV **Dolores Alba,** 3 km auf der Straße nach Valladolid, **Z** 10.
IV **La Picuda,** 2,5 km auf der Straße Mérida – Pisté.
IV **Posada Novelo,** 2,5 km auf der Straße Mérida – Pisté.

Autobus: von Mérida Tagesausflüge mit der *Unión de Camiones de Yucatán.*

Hotelverzeichnis (Mexiko)

CHIHUAHUA (Chih.)
Tel. Vw. 141

Hotels:
- I **El Presidente,** Libertad 9, Tel. 268-83 (Reservierungen unter 557-88-22 in México), **Z** 120.
- II **Motel Mirador,** av. Universidad 1309, Tel. 251-87
- II **Posada Tierra Blanca,** av. Independencia y Ninos Héroes, Tel. 500-00 (Reservierungen unter 566-56-66 in México), **Z** 64.
- III **del Cobre,** Progreso y Décima, Tel. 516-60, **Z** 72.
- III **del Real,** Victoria 100, Tel. 288-86.
- III **Motel Nieves,** av. Tecnológico y Ahuehuete, Tel. 325-16, **Z** 55.
- III **Victoria,** av. Juárez y Colón, Tel. 288-93, **Z** 130.
- IV **Reforma,** Victoria 809, Tel. 258-08, **Z** 50.

Restaurants:
- II **La Calesa,** av. Juárez y Colón, Tel. 285-55.
- III **La Hacienda,** av. Reforma, Tel. 202-00; gegrilltes Fleisch
- III **La Parrilla,** Victoria 420, Tel. 559-63; gegrilltes Fleisch
- III **Steak,** Aldama 12, Tel. 558-56.

Reisebüro: Wagons-Lits Cook, Victoria 126, Tel. 240-16.

Autovermietung: Avis, av. Universidad 1703, Tel. 300-32 und Libertad 9, Tel. 222-88; – *Hertz,* Victoria 319, Tel. 252-00.

Flughafen: 16 km auf der Straße nach Ojinaga, Tel. 252-87.

Fluglinie: Aeroméxico, Victoria 106, Tel. 271-98.

Eisenbahn: Estación de los Ferrocarriles Nacionales de México (Linien von Ciudad Juárez und México), Zugang über av. Colón, Tel. 300-93; – *Estación del Ferrocarril de Chihuahua al Pacifico* (nach Creel und Los Mochis), Méndez y Calle 22-A, Tel. 204-13.

Autobus: von der *Central Camionera* die Linien *Estrella Blanca, Ómnibus de México, Transportes Chihuahuenses, Transportes Monterrey,* usw. nach Cuauhtémoc, Ciudad Juárez, Durango, El Paso, Guanajuato, Mazatlán, México, Monterrey, Parral, Torreón, Saltillo, usw.

Handwerk: Arte Popular de México, Aldama 710 B; – *Mercado de las Artesanias Mexicanas,* Victoria 506 und Aldama 519.

CHILPANCINGO (Gro.)
Tel. Vw. 747

Hotels:
- III **Motel San Antonio,** alte Straße México-Acapulco, km 273, Tel. 233-05, **Z** 15
- IV **Posada Meléndez,** Juárez 50, Tel. 237-18, **Z** 31.

CHOLULA (Pue.)
Tel. Vw. 22

Hotel:
- I **Villa Arqueologica,** inmitten der Ruinen, Tel. 47-15-08 (Reservierungen unter 533-48-00 und 514-49-95 in México), **Z** 42.

CHUPÍCUARO (Mich.)
Kein tel. Selbstwählverkehr. Verbindung über Telephonzentrale (02).

Hotel:
IV Motel Chupicuaro, sehr schön gelegen.

DURANGO
Tel. Vw. 468

Hotels:
I **El Presidente,** 20 de Noviembre 257, Tel. 104-80 (Reservierungen unter Tel. 557-98-22 in México), **Z** 100.
III **Campo México Courts,** 20 de Noviembre Ext. Oriente.
III **Casablanca,** 20 de Noviembre 811 Poniente, Tel. 135-99, **Z** 45.
III **Durango,** 5 de Febrero 103 Oriente, Tel. 155-80, **Z** 100.
III **Motel Los Arcos,** Verlängerung 20 de Noviembre 2204 Oriente, Tel. 70-01, **Z** 44.
III **Reforma,** 5 de Febrero y Madero, Tel. 131-60, **Z** 100.
III **Roma,** 20 de Noviembre 705 Poniente, Tel. 201-22, **Z** 55.
IV **Huicot,** Bruno Martínez Norte 165, Tel. 134-50, **Z** 95.
IV **Paris San Carlos,** Constitución Sur 200, Tel. 122-40, **Z** 29.
IV **Posada San Jorge,** Constitución 102 Sur, Tel. 148-66, **Z** 25.

Fluglinie: Aeroméxico, Juárez 201 C Sur, Tel. 128-13.

Autobus: Von der Central Camionera die Linien *Autobus Estrella Blanca, Ómnibus de México, Transportes Chihuahuenses, Transportes del Norte* nach Chihuahua, Mazatlán, México, Monterrey, Parral, Torreón, Zacatecas, usw.

Handwerk: Glasbläsereien.

Feste: Fiesta de San José de Tizonazo, seit 1616, mit Handelsausstellung, Hahnenkämpfen, „Matachinas"-Tänzen. Vom 8.–13. Juli Unabhängigkeitsfeiern.

EL DIVISADERO (Chih.)
Kein tel. Selbstwählverkehr. Verbindung über Telephfonzentrale (02).

Hotels:
III **Cabañas Divisadero** (Reservierungen: Bolivar 303, Apt. 661, Tel. 233-62 in Chihuahua), sehr schön gelegen am Rande des Canons; herrliche Sicht auf die Baranca del Cobre.
III **Posada Barranca,** km 625,5 der Eisenbahn Chihuahua al Pacífico; beim Zugführer melden (Reservierungen Calle 23 Nr. 2505 in Chihuahua, Tel. 318-93), Kamine in den Zimmern, Ausflüge zu Pferd.

EL FUERTE (Sin.)
Kein tel. Selbstwählverkehr. Verbindung über Telephonzentrale (02.)

Hotel:
II **Posada** (Reservierungen im Hotel Santa Anita, Apt. 159, Los Mochis, Sinaloa, Tel. 200-46).

Hotelverzeichnis (Mexiko) 780

ENSENADA (B.C.)
Tel. Vw. 768

Information: OST, Primera 768, Tel. 831-21.

Hotels:
- I **Estero Beach,** Tel. 910-00.
- I **La Pinta,** Paseo Bucaneros in Floresta, Tel. 926-01 (Reservierungen unter 395-03-33 in México), **Z** 56.
- I **Ramada, Z** 100.
- II **Motel Cortes,** López Mateos 1089, Tel. 823-07, **Z** 62.
- III **Motel Siesta Inn,** López Mateos y Alvarado 914, Tel. 815-81.

Fluglinie: Aeroméxico, López Mateos 330, Tel. 819-87.

Autobus: von der *Central Camionera* die Linien *Cía Autotransportes Tres Estrellas de Oro* nach Mexicali, México, Tecate, Tijunana, usw.

ESCÁRCEGA (FRANCISCO) (Camp.)
Tel. Vw. 981

Hotel:
María Isabel, av. Justo Sierra 127, Tel. 45, **Z** 20.

ESTACIÓN CREEL (Chih.)
Kein tel. Selbstwählverkehr. Verbindung über Telephonzentrale (02).

Hotel:
- III **Parador de la Montaña,** Tel. 5 (Reservierungen unter 220-62 in Chihuahua).

FORTÍN DE LAS FLORES (Ver.)
Tel. Vw. 271

Hotel:
- I **Ruíz Galindo,** Calle 7 Nr. 210, Tel. 225-55 (Reservierungen unter 546-89-29 in México), **Z** 153.

GÓMEZ PALACIO (Dgo.)
Tel. Vw. 171

Hotels:
- II **Campo Turista El Campestre,** Bd. Miguel Alemán 151, Tel. 427-81, **Z** 41.
- III **Monarrez,** Francisco Madero, Tel. 411-99.

GUADALAJARA (Jal.)
Tel. Vw. 36

Information: OST, *Palacio de Gobierno* (Pl. II, B1), Tel. 13-66-91; – *Delegación del Gobierno del Estado de Jalisco,* Convento del Carmen (Pl. II, B1), Juárez 638, Tel. 13-01-56; – *Informationsbüro am Flughafen,* Tel. 35-84-55.

American Express: Edificio Condominio B-1, Tel. 12-19-91.

Hotels:
- **L Camino Real,** Vallaría 5005, Straße nach Mazatlán 7 km vom Zentrum, Tel. 21-72-17 (Reservierungen unter 545-65-30 in México), **Z** 200.
- **L El Tapatío,** Bd. Aeropuerto 4275, Tel. 35-60-50 (Reservierungen unter 525-30-10 in México), **Z** 207.
- **L Guadalajara Sheraton** (Pl. II, b, B3), av. Niños Heroes, Tel. 12-51-51 (Reservierungen unter 525-90-60 in México), **Z** 222.
- **I Guadalajara Marriott** (Pl. II, a, B3), av. Niños Héroes, Tel. 12-51-51 (Reservierungen unter 546-02-53 in México), **Z** 222.
- **I Holiday Inn** Pl. I, A4), Plaza del Sol, López Mateos 2500, Tel. 21-24-00 (Reservierungen unter 511-99-80 in México), **Z** 208.
- **I Plaza del Sol Econhotel** (Pl. I, A4), Plaza del Sol, Mariano Otero y López Mateos, Tel. 21-05-15 (Reservierungen unter 514-27-10 in México), **Z** 200.
- **II Fenix** (Pl. II, a, B2), av. Corona 160, Tel. 14-57-14 (Reservierungen unter 533-11-48 in México), **Z** 236.
- **II Genova** (Pl. II, b, B2), av. Juárez 123, Tel. 13-75-00 (Reservierungen unter 523-51-59 in México), **Z** 140.
- **II Gran Hotel** (Pl. I, b, C2), Morelos 2244, Tel. 15-09-66, **Z** 95.
- **II Morales** (Pl. II, C, B2), av. Corona 243, Tel. 13-29-62, **Z** 101.
- **III California Courts** (Pl. I, c, E3), av. Vallarta 2525 Tel. 15-75-75, **Z** 55.
- **III Internacional** (Pl. II, o, A2), Pedro Moreno 570, Tel. 14-83-16, **Z** 88.
- **III Malibu,** av. Vallarta 3993, Tel. 21-75-17, **Z** 200.
- **III Motel Posada del Sol,** av. A. López Mateos Sur 4205, Tel. 21-01-71, **Z** 54.
- **III Nueva Galicia** (Pl. II, e, B3), av. Corona 610, Tel. 14-87-80.
- **IV Del Parque** (Pl. I, d. F2), av Juárez 845, Tel. 25-42-81, **Z** 77.
- **IV Motel Isabel** (Pl. I, e, F3), Montenegro 1572, Tel. 25-60-50, **Z** 25.
- **IV Mendoza** (Pl. II, i, B1), av. Carranza, Tel. 13-46-46 (Reservierungen unter 521-47-68 in México), **Z** 104.

Restaurants:
- **L Lafayette,** Hotel Camino Real, Vallarta 5005, Tel. 21-72-17, internat. Küche.
- **I Chez Pierre,** av. España 2095, Tel. 15-14-77, franz. und internat. Küche.
- **I La Fuente,** Holiday Inn, López Mateos 2500, Tel. 21-24-00, internat. Küche.
- **I Le Trianon,** Vallarta 1543, Tel. 16-40-95, franz. Küche.
- **I Recco,** Libertad 1973, Tel. 25-07-24, ital. Küche.
- **II Carnes Asadas,** Tolsá 510, Tel. 25-68-75, und Terraza Chapultepec, av. Chapultepec 189, Tel. 25-05-90; gegrillte Fleischspezialitäten.
- **II Casa de los Perros,** av. Alcalde 225, Tel. 14-35-00; Holzkohlengrill, Mariachis.
- **II Cazadores Américas,** av. Las Américas 759, Tel. 15-88-78; Holzkohlengrill, Mariachis.
- **II Chalet Gourmet,** av. Las Américas 925, Tel. 16-91-61; internat. Küche, Fischspezialitäten.

II **Chalet Suizo,** av. Hidalgo 1983, Tel. 15-71-22.
II **Colombo,** av. López Mateos 131, Tel. 15-79-06, ital. Küche.
II **La Copa de Leche,** av. Juárez 414, Tel. 13-17-42; eines der ältesten Restaurants der Stadt, internat. Küche.
II **Le Bistrot,** Vallarta 1275, Tel. 25-82-39.
III **El Caballo Blanco,** av. López Mateos 700, Tel. 21-32-63; mexikanische Küche, Mariachis.
III **El Delfín Sonriente,** Niños Héroes 2229, Tel. 16-02-16; internat. Küche, Fisch.
IV **Marisco Mexcaltitlán,** Hospicio 138 B, Tel. 17-22-23; mexikanische Küche, Spezialitäten aus Mexcaltitlán, einer Ortschaft im Nayarit.
IV **Los Ocho Soles,** Independencia 281, Tel. 35-39-29; mexikanische Küche in hübschem lokalem Rahmen.

Postamt: Correos (Pl. II, B1), Venustiano Carranza 16, geöffnet 9–13 und 15–18 Uhr unter der Woche, 9–13 Uhr Sa. und So.; – *Telegrafos* (Pl. II, A/B2), Plaza de la Universidad.

Reisebüros: Wagons Lits Cooks, av. Vallarta 1447, Tel. 25-80-33; – Halle des Hotel Marriott, s. o.

Autovermietung: Avis, av. Niños Héroes 942, Tel. 12-34-51, od. am Flughafen, Tel. 35-81-90; – *Budget Rent a car* Arrendadora de Jalisco, 16 de Septiembre 746, Tel. 12-32-32; – *Hertz,* Niños Héroes 9, Tel. 12-20-32, od. am Flughafen, Tel. 35-89-89; – *National Car Rental,* av. Niños Héroes 938, Tel. 12-48-20, od. am Flughafen Tel. 35-84-05; – *Odín,* 16 de Septiembre 742, Tel. 14-74-21, od. am Flughafen, Tel. 35-97-22.

Parkplätze: Estacionamiento Central, 16 de Septiembre y av. Juárez; – Plaza de los Laureles (Tiefgarage).

Flughafen: 19 km vom Zentrum Richtung Chapala.

Fluglinien: Aeroméxico, av. Corona 196, Tel. 13-69-90 und av. Vallarta 1445, Tel. 25-15-15; – *Air France,* 16 de Septiembre 340-1, Tel. 14-36-06; – *Canadian Pacific Air,* Halle des Hotels Fenix (s. o.), Tel. 35-93-10; – *Hughes Airwest* (nach Tucson, Phoenix, Los Angeles, San Francisco, Las Vegas, u. a.), Vallarta 1526, Tel. 30-02-60; – *Mexicana de Aviación,* av. 16 de Septiembre 495, Tel. 13-22-22, od. Plaza del Sol, Zona F, Local 8, Tel. 35-98-21 und av. González Gallo 1900, Tel. 21-15-50.

Eisenbahn: Estación de Pasajeros (Pl. II, B4); – Reservierungen av. Colón 49, Tel. 12-51-86 (Öffnungszeiten: tgl. 9–13 und 15–17 Uhr, So. und feiertags 9–12 Uhr).

Autobus: Estrella Blanca, Central Camionera, nach Mazatlán, México, Laredo, Puerto Vallarta, Tampico, Torreón, Tuxpan; – *Flecha Amarilla,* Central Camionera, nach Colima, Guanajuato, Manzanillo, Morellia, Uruapan (Schalter 3 und 4, Tel. 17-33-90); – *La Alteña,* Central Camionera, nach Guanajuato, über León nach México, San Miguel de Allende, u. a.; – *La Piedad,* Central Camionera, (Schalter 37, Tel. 17-36-84) nach Colima, Guanajuato, Manzanillo, México, Morelia, Pátzcuaro, Uruapan, usw.; – *Ómnibus de México,* Central Camionera (Schalter 1 und 2) nach Chihuahua, Ciudad Juárez, Colima, Guanajuato, México, Monterrey, Piedras Negras, San Luis

Potosí, Torreón, Zacatecas; – *Transportes del Norte,* Central Camionera (Schalter 7, Tel. 17-79-22) nach Matamoros über Saltillo, Monterrey über Zacatecas, San Juan de los Lagos, usw.; – *Transportes del Pacífico,* Central Camionera (Schalter 8, Tel. 17-16-36) nach Mazatlán, Guaymas, Mexicali, Puerto Vallarta; – *Transportes Norte de Sonora,* Central Camionera (Tel. 17-20-97 für 1. Kl. und Tel. 17-23-41 für 2. Klasse) nach Matamoros. México, Reynosa, Tampico, Tijuana, u. a.; – *Tres Estrellas de Oro,* Central Camionera (Tel. 17-40-72) nach Morelia, León, Mazatlán, Puerto Vallarta, Querétaro, Tijuana, u. a.

Sport: Arena *Coliseo,* Insurgentes y Medrano (Boxen); – *Guadalajara Country Club,* av. Las Américas Norte (Golf 18 Löcher); – *Club de Golf Atlas,* an der Straße nach Chapala; – *Santa Anita Golf Club,* Straße nach Nogales; – *Bosques de San Isidro,* Straße nach Zacatecas (27 Löcher, Profi-Platz); – *Plaza de Gallos La Tapatía* über die Calzada Revolución, Hahnenkämpfe So.-Mi. 19.30 Uhr; – *Plaza El Progreso,* Dionisio Rodríguez (Stierrennen an einigen So., 16 Uhr, s. Plakate); – *Basketball-Stadion,* Calzada Independencia Norte (Fußball); – *Tennis* im Club Deportivo de Guadalajara.

Einkäufe: in ganz Jalisco gibt es noch viele verschiedene handwerkliche Gegenstände; Glas, Eisen, Schmiedeeisen, Copal-Harz, Schachbretter aus Knochen, Schmuck aus Gold und Silber, Keramik aus Tonala, bunte Papierblumen, Stickereien, und vieles andere.

Feste: am 29. Juni Fest des *San Pedro Tlaquepaque* und vor allem am 4. Okt. das Fest der *Virgen de Zapopan.*

GUANAJUATO (Gto).
Tel. Vw. 473

Information: OST (Pl. II, e, B3), Aloso 54.

Hotels:

I **Castillo de Santa Cecilia,** 1,5 km vom Zentrum an der Straße nach Dolores Hidalgo (Pl. I, B/C1), Tel. 2-04-77 (Reservierungen unter 510-33-98 in México und 44-11-31 in Monterrey), **Z** 100.

I **Parador San Javier,** Plaza Aldama 92, Zufahrt über die Straße nach Dolores Hidalgo (Pl. I, B/C1), Tel. 2-06-26, **Z** 100.

II **Hacienda de Cobos** (Pl. I, c, B2), Subterránea P. Hgo 3, Tel. 2-03-50, **Z** 30.

II **Real de Minas** (Pl. I, a, A4), Nejayote 17, Tel. 2-14-60 (Reservierungen unter 514-23-60 in México), **Z** 175.

II **Valenciana,** 2,5 km auf der Straße nach Dolores Hidalgo (Pl. I, B/C1), Tel. 2-07-99, **Z** 44.

III **Hostería del Frayle** (Pl. II, c, D3), Sopeña 3, Tel. 2-11-79, **Z** 33.

III **Motel de las Embajadoras,** Parque Embajadoras, Tel. 2-00-81, **Z** 19.

III **Motel Villa de la Plata,** 3,5 km nach Dolores Hidalgo (Pl. I, B/C1), Tel. 2-11-71, **Z** 12.

III **Posada Santa Fe** (Pl. II, a, D3), Jardín de la Unión 12, Tel. 2-00-84, **Z** 45.

III **San Diego** (Pl. II, b, C3), Jardín de la Unión 1, Tel. 2-13-00, **Z** 43.

III **Villa Goerne,** Paseo de la Presa, Tel. 2-02-79, **Z** 16.

Hotelverzeichnis (Mexiko) 784

Postamt: Correos (Pl. II, D2), Ayuntamiento 1; – *Telégrafos* (Pl. II, D3); – *Telefonos de México* (Pl. II, C3).

Bahnhof: Estación del FF.CC. (Pl. I, A3), Calzada de Tepetapa.

Autobus: Terminal de Autobuses (Pl. I, B/C2) nach Dolores Hidalgo, Ciudad Juárez, Guadalajara, Irapuato, León, México, Morelia, San Miguel de Allende.

Handwerk: Sarapes, majolikaartige Keramik, skulptierte Objekte aus Stein und Holz, Schmiedeeisen, Korbwaren, Silber, Kupfer, Messing.

Feste: außer den *Entremeses Cervantinos* werden in Guanajuato zahlreiche Feste gefeiert; – *Fiesta de la Presa de la Olla* (Hl. Johannes) am 16.–24. Juni; – *Fiesta de la Bufa* am 30. Juli zu Ehren des Hl. Ignazius von Loyola. In der Weihnachtszeit mehrere Prozessionen.

GUASAVE (Sin.)
Tel. Vw. 687

Hotel:
III **Del Rosario,** Corregidora 525, Tel. 2-00-03, **Z** 70.

GUAYMAS (Son.)
Tel. Vw. 622

Hotels:
I **Playa de Cortes,** Bahía Bacochibampo, Tel. 2-01-21, **Z** 150.
II **Motel Crestón,** Straße nach San Carlos, Tel. 2-01-11, **Z** 23.
II **Motel Valle Grande Triana,** Bahía de San Carlos, Tel. 29, **Z** 33.
II **Posada de San Carlos,** Bahía de San Carlos, Tel. 15, **Z** 56.
III **Casa Móviles de San Carlos,** Bahía de San Carlos, Tel. 35, **Z** 34.
III **Motel Armida,** García López, Tel. 2-30-50, **Z** 57.
III **Motel Guaymas Inn,** Internationale Straße, **Z** 24.
III **Motel Miramar Beach,** Playa de Bacocchi bampo, Tel. 2-00-36, **Z** 91.
IV **Motel Las Playitas,** Straße zum Varadero Nacional, **Z** 35.
IV **Motel del Puerto,** Yanez y Calle 19, Tel. 2-34-08, **Z** 45.

Restaurants:
III **Chato's Steak House,** Aquiles Serdán y Calle 23.
III **Tecate,** Aquiles Serdán 219.
Kleine Restaurants an der Bucht.

Autovermietung: Budget Rent a Car, Rentatur, Aquiles Serdán y Calle 11, Tel. 2-15-10.

Fluglinie: Aeroméxico, Madero 410, Lokal A.

Fähre: zur Kalifornischen Halbinsel am Di., Do. und So.

Eisenbahn: Estación del Ferrocarril del Pacífico in Empalme, 10 km in Richtung Mazatlán.

Autobus: von der *Central Camionera* die Linien *Autotransportes Tres Estrellas de Oro, Transportes Norte de Sonora* nach Culiacán, Mazatlán, Hermosillo, México.

Fischerei: Wettbewerbe im Mai, mitte Juli und Sept.

GUERRERO NEGRO (B.C.)
Kein tel. Selbstwählverkehr. Verbindung über Telephonzentrale (02).

Hotel:
- **I El Presidente,** Tel. 05-65-35 in Ensenada (Reservierungen unter 518-00-40 in México), **Z** 30.

HERMOSILLO (Son.)
Tel. Vw. 621

Information: OST, Eusebio Francisco Kino 1005.

Hotels:
- **II Gandara,** Padre Kino y Ramón Corral, Tel. 444-14, **Z** 100.
- **II Internacional,** Rosales y Morelia, Tel. 328-20, **Z** 110.
- **II Motel Bugambilla,** Padre Kino 712, Tel. 389-20, **Z** 56.
- **II Motel Valle Grande,** Padre Kino y Ramón Corral, Tel. 445-70, **Z** 102.
- **III Anza,** Plutarco Elías 66 Poniente, Tel. 219-60, **Z** 102.
- **III Kino,** Pino Suárez 151 Sur, Tel. 345-99, **Z** 92.
- **III Motel El Encanto,** Colonia Pitic, Tel. 372-50, **Z** 41.

Fluglinien: Aeroméxico, Serdán y Rosales, Tel. 209-28; – *Mexicana de Aviación,* A. Rodríguez 120, Tel. 432-50.

Eienbahn: Estación del Ferrocarril del Pacífico, Straße nach Nogales.

Autobus: von der *Central Camionera* die Linien *Autotransportes Tres Estrellas de Oro, Transportes del Norte de Sonora, Transportes del Pacífico* nach Guaymas, Mazatlán, México, Nogales, Tijuana, usw.

Feste: in *Villa de Seris,* einer Vorstadt von Hermosillo, am 24. Juni Volksfest zu Ehren des Hl. Johannes.

HUAJUAPAN DE LEÓN (Oax.)
Tel. Vw. 953

Hotel:
García Peral am Hauptplatz, Tel. 15, **Z** 40.

HUAUCHINANGO (Pue.)
Tel. Vw. 776

Hotel:
IV Rex, bei km 191 der Straße México-Tuxpan, Tel. 52, **Z** 20.

IGUALA (Gro.)
Tel. Vw. 733

Hotels:
- **IV La Cabaña,** Straße México-Acapulco, km 170, Tel. 203-00, **Z** 10.
- **IV María Luisa,** Ruíz Cortínez 65, Tel. 205-97, **Z** 22.
- **IV San Luis,** Ruíz Cortínez 13, Tel. 206-09, **Z** 50.

IRAPUATO (Gto.)
Tel. Vw. 462

Hotels:
- **II Motel Flamingo,** Díaz Ordaz 72, Tel. 6-36-66, **Z** 42.

Hotelverzeichnis (Mexiko) 786

III **Motel Florida,** Verlängerung av. Guerrero, Tel. 6-10-68, **Z** 26.
III **Real de Minas,** Portal Carillo Puerto 5, Tel. 6-23-80, **Z** 75.

Feste: Erinnerungsfeste vom 5.–12. Jan.; – jährliche Erdebeermärkte am 23. Feb.

Spezialität: getrocknete, mit Zucker glasierte Erdbeeren, *frescas cristalizadas.*

ISLA COZUMEL (Q.R.)
Tel. Vw. 988

Information: OST, Palacio Municipal.

Hotels:
L **El Presidente,** südl. von San Miguel, Tel. 203-33 (Reservierungen unter 518-40 in México), **Z** 192.
I **Cabañas del Caribe,** Playa Santa Pilar, Tel. 200-72 (Reservierungen unter 521-47-68 in México), **Z** 60.
I **El Cozumeleño,** Playa Santa Pilar, Tel. 200-50 (Reservierungen unter 511-90-59 in México), **Z** 60.
II **Caribe Isleño,** Melgar 27, Tel. 201-22, **Z** 25.
II **Cantarell,** Playa de San Juan, Tel. 201-44, **Z** 108.
II **Man-Xel Ha,** südl. von San Miguel, Tel. 201-45.
II **Mara,** Playa de San Juan, Tel. 203-00, **Z** 50.
II **Maya Cozumel,** Calle 5 a Sur Nr. 4, Tel. 200-11, **Z** 32.
III **Antillano,** Tel. 203-96.
III **Barracuda,** Rafael E. Melgar, Tel. 200-02, **Z** 20.
III **Malibu,** Tel. 203-15.
III **Mesón del Peregrino.**
IV **Posada del Zorro.**

Restaurants:
II **Fernando's Steak House,** Malecón Norte; Steaks und Langusten vom Holzkohlengrill.
III **El Portal.**
III **Pepe's,** Hauptplatz.
III **Playa San Francisco.**

Flughafen: 3 km vom Malecón de San Miguel.

Fluglinien: Aerolineas Bonanza (Tel. 102-41 in Mérida), kleine Flugtaxis Cozumel – Tulum – Mérida – Cancún; – *Aeroméxico,* av. Rafael E. Melgar 27, Tel. 202-51; – *Mexicana de Aviación,* av. Rafael E. Melgar 21, Tel. 201-57.

Schiffe: Cozumel-Puerto Morelos (s. Rte 35, km 43,5) für Autos und Passagiere in 2 Std.

Ausflüge: Glasbodenboote zwischen San Miguel und Playa de San Francisco in 1 Std. vom Anlegeplatz; Abfahrt 10 h.

Strände: Playa de San Juan, südl. von San Miguel (Luxushotels); – *Playa San Francisco,* 16 km von San Miguel, der schönste Strand; Zufahrt mit Auto oder Boot; kleines Restaurant (Langusten); – *Playa Janun,*

kleiner einsamer Strand nach der Playa de San Francisco; – noch
weiter die *Playa de Palancar* mit schwarzem Korallenriff.

Sport: Tauchen, Hochseefischerei (Bootsvermietung), Wasserski,
Yachting.

ISLA MUJERES (Q.R.)
Tel. Vw. 988

Information: OST, *Edificio Aeroméxico,* Tel. 200-44.

Hotels:
- I **Posada del Mar,** Playa Norte, Tel. 201-98 (Reservierungen unter 511-90-59 in México und 138-38 in Mérida); **Z** 48.
- I **Zazil Ha,** Punta Norte, Tel. 210-47 (Reservierungen unter 521-47-68 in México und 142-33 in Mérida), **Z** 70.
- II **Roca Mar,** Tel. 201-01 (Reservierungen unter 184-95 in Mérida), **Z** 20.
- III **Martínez,** Madero 14, Tel. 201-54, **Z** 15.
- III **Rocas del Caribe,** Madero 2, Tel. 200-11 (Reservierungen unter 148-05 in Mérida), **Z** 26.

Fluglinie: Aeronaves del Mayab, Calle 60 Nr. 486, Tel. 198-17; tgl. Flüge nach Mérida.

Schiffe: s. Puerto Juárez.

Sport: Unterwasserfischerei, Hochseefischerei, Tauchen.

ITXTAPA (Gro.)
Tel. Vw. 971

Hotels:
- L **El Presidente,** Tel. 420-13.
- I **Aristos,** am Strand, Tel. 422-67, **Z** 308.
- I **Ixtapa Pacifico Holiday Inn,** am Strand.

Restaurants:
- I **Los Caracoles,** Hotel El Presidente, Tel. 420-13.
- II **El Lago-Palma Real Golf Club,** Tel. 422-80.

IXTAPAN DE LA SAL (Mex.)
Tel. Vw. 724

Hotels:
- I **Ixtapan,** Nuevo Ixtapan, Tel. 1 bis 4.
- II **Kiss,** Jacarandas y B. Juárez, Tel. 20, **Z** 22.
- III **Casa Raue,** 5 de Febrero 514, Tel. 9 und 50, **Z** 43.
- III **Lolita,** calle de los Olmos, Tel. 33, **Z** 30.
- IV **Ideal,** Jacarandas Sur 809, Tel. 69, **Z** 26.

JALAPA (Ver.)
Tel. Vw. 281

Hotels:
- III **María Victoria,** Zaragoza 6, Tel. 7-56-00, **Z** 114.

IV Estancia, Julián Carrillo 11, Tel. 7-46-50, **Z** 15.
IV Salmones, Zaragoza 24, Tel. 7-54-31, **Z** 75.

Bahnhof: Züge nach México und Veracruz.

Feste: 1.–6. Mai große *Handelsmesse* (seit 1720). In der Umgebung Heiligenfest in *Naolinco* (20 km, Asphaltstraße ab Banderillas) und Karwochenfeiern in *Jixco* oder Xico (22 km); ab Gründonnerstag wachen Indianer aus den umliegenden Bergen drei Tage lang um eine liegende Christusstatue.

JIMÉNEZ (Chih.)
Kein tel. Selbstwählverkehr. Verbindung über Telephonzentrale (02).
Hotel:
III Motel Florido, Juárez, Tel. 204-00, **Z** 22.

JIQUILPAN (Mich.)
Tel. Vw. 353
Hotel:
III Palmira, Lázaro Cárdenas Sur 200, Tel. 90, **Z** 30.

JUCHITÁN (Oax.)
Tel. Vw. 971
Hotels:
IV Del Río.
IV Gonzanelly.

Handwerk: Schmuck von sehr guter Qualität, Korbwaren aus geflochtenen Palmenblättern, Kalebassen, usw.

KINO NUEVO (Son.)
Tel. Vw. 624
Hotel:
IV Motel Kino Bay (Wohnwagen).

Autobus: tgl. Verbindung nach Hermosillo mit *Autobuses Castellanos*.

LA PAZ (B.C.S.)
Tel. Vw. 682

Information: OST, am Hauptplatz, Tel. 211-99.
Hotels:
I Presidente, 3 km Richtung Santa Rosalía, Tel. 238-44 (Reservierungen unter 395-03-33 in México), **Z** 256.
II Econotel, 3,5 km Richtung Santa Rosalía, Tel. 240-00 (Reservierungen unter 514-27-10 México), **Z** 120.
II Los Arcos, Alvaro Obregón 498, Tel. 227-44, **Z** 30.
II Posada de la Misión, Obregón 220, Tel. 218-88, **Z** 8.
III Calafia, 3 km Richtung Santa Rosalía, Tel. 211-39, **Z** 28.

Jalapa – León

- III **Guaycura,** 4 km nach Santa Rosalía, Tel. 202-18, **Z** 29.
- III **La Posada de la Paz,** 3,5 km Richtung Santa Rosalía, Tel. 206-63, **Z** 25.
- III **Perla,** Obregón 150, Tel. 207-77, **Z** 100.

Restaurants:
- III **Tepepan,** Obregón y Allende, Tel. 219-99.
- III **Los Barcos,** Obregón y 16 de Septiembre, Tel. 211-95.

Reisebüros: Mar de Cortéz, Obregón 25 Sur, Tel. 222-68; – *Operadora de Viajes Sudcalifornia,* Obregón 25b, Tel. 222-68; – *Viajes Baja Internacional,* Obregón 2110.

Autovermietung: Avis, am Flughafen, Tel. 218-13 und av. Allende 247a, Tel. 214-48; – *Budget Rent a Car, Autrentas del Bermejo,* Obregón 10, Tel. 210-97; – *National Car Rental,* av. Revolución y Allende, Tel. 221-04.

Flughafen: 13 km Richtung Santa Rosalía.

Fluglinien: Aeroméxico, av. 5 de Mayo y Belisarío Domínguez, Tel. 200-91; – *Aerolineas del Pacífico,* av. Independencia y. B. Domínguez, Tel. 201-72; – *Hughes Airwest,* Obregón 220, Tel. 211-22.

Schiffahrt: Caminos y Puentes Federales de Ingreso, av. Independencia 107b, Tel. 228-18; – *Linea mexicana del Pacífico,* av. Mutualismo 104-115, Tel. 204-10; – *Autofähre nach Mazatlán,* av. Independencia 107a, Tel. 201-09; – *Naviera del Pacífico,* av. Sinaloa y Playa Sur, Tel. 212-00.

Autobus: Autobus Estrella Blanca, Automotores de Baja California, Automotores de California nach Cabo San Lucas und Santa Rosalía, usw.

Fischerei: Bootsvermietung im Hafen, Taucherausrüstungen.

LA PIEDAD (Mich.)
Tel. Vw. 352

Hotels:
- III **Motel Cerro Grande,** km 2 der Straße La Piedad-Guadalajara, Tel. 2-08-54, **Z** 40.
- IV **Posada de San Sebastián,** Morelos y bd. Lázaro Cárdenas, Tel. 2-12-80, **Z** 30.

LEÓN (Gto.)
Tel. Vw. 471

Hotels:
- I **Real de Minas,** López Mateos, Tel. 436-77 (Reservierungen unter 514-23-60 in México), **Z** 140.
- II **Condesa,** Portal Bravo 14, Tel. 311-20 (Reservierungen unter 510-07-50 in México), **Z** 120.
- II **León,** Madero 113, Tel. 410-50 (Reservierungen unter 533-11-48 in México), **Z** 91.
- II **Motel La Estancia,** López Mateos y Estrella, Tel. 310-85 (Reservierungen unter 533-11-48 in México), **Z** 91.

Hotelverzeichnis (Mexiko)

- III **Gena,** López Mateos 613 Poniente, Tel. 420-49.
- III **Mitla,** Carretera León-Silao 112, Tel. 358-25, **Z** 52.
- III **Motel Calzada,** Héroes 107, Tel. 384-80, **Z** 25.
- IV **Frances,** Portal Aldama 7, Tel. 320-07, **Z** 40.

Flughafen: 12,5 km Richtung Irapuato.

Fluglinie: Aeroméxico, Madero 407, Tel. 348-01.

Eisenbahn: Estación de los Ferrocarriles Nacionales de México, im S der Stadt.

Autobus: von der *Central Camionera* die Linien *Anáhuac, Estrella Blanca, Flecha Amarilla, Ómnibus de México, Norte de Sonora, Tres Estrellas de Oro* nach Aguascalientes, Chihuahua, Ciudad Juárez, Guadalajara, Guanajuato, México, Querétaro, San Juan de los Lagos, San Luis Potosí, Zacatecas, usw.

Handwerk: Lederverarbeitung.

LINARES (N. L.)
Tel. Vw. 621

Hotel:
- II **San José,** Hidalgo 101 Sur, Tel. 200-25, **Z** 20.

LORETO (B.C.S.)
Tel. Vw. 496

Hotels:
- I **El Presidente,** Francisco I. Madero (Reservierungen unter Tel. 521-4048 in México, Tel. 903-398-30-01 in Ensenada, Tel. 213-657-51-62 in Los Angeles), **Z** 49.
- II **Misión de Loreto,** Adolfo López Mateos, **Z** 65.
- III **Club Deportivo de Vuelos,** Zaragoza y California, **Z** 32.

LOS MOCHIS (Sin.)
Tel. Vw. 681

Hotels:
- II **Florida,** I. Ramírez y G. Leyva, Tel. 212-00.
- II **Motel Posada Real,** G. Levya y R. Buelna, Tel. 223-73, **Z** 40.
- II **Santa Anita,** G. Levya y Hidalgo, Tel. 200-46, **Z** 133.
- III **Beltrán,** Hidalgo Poniente 281, Tel. 200-12, **Z** 53.
- IV **América,** Ignacio Allende Sur 655, Tel. 213-55, **Z** 50.

Fluglinien: Aerolineas del Pacífico, Levya Sur 271, Tel. 211-86, Flüge nach La Paz; – *Aeroméxico,* Hidalgo Poniente 429, Tel. 202-22.

Autobus: von der *Central Camionera* die Linien *Norte de Sonora, Transportes del Pacífico, Tres Estrellas de Oro* nach Guaymas, Guadalajara, Mazatlán, México, Mexicali, Puerto Vallarta, Tijuana, usw.

Eisenbahn: Ferrocarril de Chihuahua al Pacífico, Estación Mochis, 10 km, Tel. 208-40; für Platzreservierungen in der Stadt; Viajes Flamingo, Hidalgo Poniente 419, Hotel Santa Anita, Tel. 216-13.

MANZANILLO (Col.)
Tel. Vw. 333

Hotels:
- III **Los Ruiseñores,** Playa de San Pedrito, Tel. 646, **Z** 28.
- IV **Colonial,** México 100, Tel. 43-519, **Z** 40.
- IV **Motel San Pedrito,** Playa de San Pedrito, Tel. 535, **Z** 24.

Fluglinien: Aeroméxico, Centro comercial Carillo Puerto, Tel. 217-11; – *Mexicana de Aviación,* av. México 382, Tel. 219-71, tägl. Flüge nach Guadalajara und México.

Eisenbahn: 2 Züge tägl. nach Guadalajara.

Autobus: von der *Central Camionera* die Linie *Transportes Unidos de la Costa* tägl. Verbindung nach Guadalajara.

MARTÍNEZ DE LA TORRE (Ver.)
Tel. Vw. 232

Hotels:
- IV **Blanco,** av. Avila Camacho 171, Tel. 1-71, **Z** 39.
- IV **Central,** av. Avila Camacho 202, Tel. 2-80, **Z** 60.
- IV **Del Árbol,** Xavier Mina 23, Tel. 98, **Z** 23.

MATAMOROS (Tamps)
Tel Vw. 891

Hotels:
- I **Holiday Inn,** Alvaro Obregón 249, Tel. 236-00 (Reservierungen unter 533-66-01 in México), **Z** 120.
- III **México,** Abasolo 123, Tel. 208-56, **Z** 16.
- III **Ritz,** Matamoros y Siete, Tel. 211-90, **Z** 100.

Fluglinien: Aeroméxico, Alvaro Obregón 21, Tel. 200-62.

Eisenbahn: Estación de los Ferrocarriles Nacionales de México am Westrand der Stadt.

Autobus: von der *Central Camionera* die Linien *Estrella Blanca, Cristóbal Colón, Omnibus de México, Oriente, Transportes del Norte* nach Ciudad Victoria, México, Monterrey, Tampico Reynosa, usw.

MATEHUALA (S.L.P.)
Tel. Vw. 488

Hotels:
- II **Las Palmas Holiday Inn,** km 617 auf der Straße nach México, Tel. 12, **Z** 94.
- III **El Pedregal,** km 620 auf der Straße nach México, Tel. 54, **Z** 20.
- III **Motel El Dorado,** km 615 auf der Straße México–Monterrey, Tel. 174, **Z** 42.
- IV **Motel Oasis,** km 617 auf der Straße nach México, Tel. 142, **Z** 26.

MAZATLÁN (Sin.)
Tel. Vw. 678

Information: Del. Dep. de Turismo, Olas Atlas; – OST, Palacio Municipal.

Hotelverzeichnis (Mexiko)

Hotels:
- I **Camino Real,** Punta del Sábalo, Tel. 232-22 (Reservierungen unter 545-65-31 in México), Z 160.
- I **El Cid,** av. Camarón Sábalo, Tel. 175-40 (Reservierungen unter 546-01-00 in México und unter 22-41-44 in Guadalajara), Z 120.
- I **Las Gaviotas,** Tel. 144-99, Z 300.
- I **Hacienda Mazatlán,** av. del Mar y calle Flamingos, Tel. 169-89, Z 64.
- II **Azteca Inn,** Camarón Sábalo, Tel. 167-49, Z 74.
- II **Aqua Marina,** av. del Mar 110, Tel. 137-40, Z 96.
- II **Cabinas al Mar,** av. del Mar Norte 123, Tel. 157-55, Z 29.
- II **De Cima,** av. del Mar, Tel. 141-19, Z 150.
- II **Holiday Inn,** av. Camarón Sábalo 696, Tel. 262-22, Z 206.
- II **La Palapa,** Camarón Sábalo 696, Tel. 211-88, Z 350.
- II **La Siesta,** Olas Atlas 11, Tel. 126-40, Z 59.
- II **Las Jacarandas,** av. del Mar 2500, Tel. 156-26, Z 44.
- II **Motel Cantamar,** Camarón Sábalo, Tel. 150-28, Z 40.
- II **Playa del Rey,** Camarón Sábalo 51, Tel. 175-20, Z 166.
- II **Playa Mazatlán,** Playa Las Gaviotas, Tel. 244-44, Z 222.
- II **Posada de San Pelayo,** av. del Mar 1111, Tel. 175-01, Z 106.
- III **Casa Blanca,** Albatros 206, Tel. 58-22, Z 15.
- III **Las Arenas,** av. del Mar, Tel. 200-48, Z 35.
- III **Las Palmas,** Camarón Sábalo, Tel. 230-22, Z 12.
- III **Motel Costa de Oro,** Camarón Sábalo, Tel. 211-66, Z 50.
- III **Motel Flamingos,** Internationale Straße, Tel. 23-54, Z 30.
- III **Posada Santa Fe,** Camarón Sábalo, Tel. 156-27, Z 42.

Restaurants:
- I **Lafitte,** Hotel Camino Real, Punta del Sábalo.
- II **El Capitán,** av. del Mar y Flamingos; Meeresfrüchte.
- II **Copa de Leche,** Olas Atlas Sur; Garnelen.
- IV **El Marinero,** 5 de Mayo Norte, Tel. 176-82; Meeresfrüchte.

Autovermietung: Avis, Flughafen, Tel. 214-87, und av. Camarón Sábalo 1000, Tel. 205-33. – *Budget Rent a Car,* Arrendadora Mazatlán, Camarón Sábalo, Tel. 210-00. – *Odin,* Flughafen und Centro Comercial Plaza, Tel. 153-48. – *National Car Rental,* Flughafen.

Fluglinien: Aeroméxico, av. del Mar 117, Tel. 178-04. – *Mexicana de Aviación,* Paseo Claussen 101 B, Tel. 130-96.

Fähre: nach La Paz: Verlängerung der calle Carnaval; Muelles Fiscales, Tel. 170-20, Mo.–Sa.

Eisenbahn: Estación del Ferrocarril del Pacífico nach México.

Autobus: von der Central Camionera die Linien Autobuses *Tres Estrellas de Oro, Transportes del Pacífico, Transportes del Norte,* usw. nach Culiacán, Durango, Chihuahua, Ciudad Juárez, Guadalajara, Mexicali, México, Nogales, usw.

Veranstaltungen: Fr. abend: *Friday Fandango,* kreolische Feier mit Feuerwerk;

Sport: Golf, 9 und 18 Löcher; Entenjagd; Surfen.

Mazatlán – Mérida

MELAQUE (Jal.)
Kein tel. Selbstwählverkehr. Verbindung über Telephonzentrale (02).

Hotel:
III **Melaque, Z** 256.

MÉRIDA (Yuc.)
Tel. Vw. 992

Information: OST, Itzeas 490 Ecke Calle 59, Tel. 301-23.

American Express: Barbachano Travel Service, Halle des Hotels Panamericana, Calle 59 Nr. 455, Tel. 176-40.

Hotels:
I **El Castellano,** (Pl. f, A3), Calle 57 Nr. 5 B, Tel. 301-00, **Z** 174.
II **Cayre,** Calle 70 Nr. 543, Tel. 116-53, **Z** 100.
II **Colón,** (Pl. a, B3), Calle 62 Nr. 483, Tel. 179-80, **Z** 36.
II **El Cortijo,** Calle 54 Nr. 365, Tel. 231-00, **Z** 50.
II **Hacienda,** Calle 81 A Nr. 709, Tel. 116-80, **Z** 68.
II **Maria del Carmen,** Calle 63 Nr. 550, Tel. 111-27, **Z** 93.
II **Montejo Palace,** (Pl. g, B1), Paseo de Montejo 483, Tel. 116-41, **Z** 90.
II **Paseo de Montejo,** (Pl. k, C1), Calle 56 A Nr. 482, Tel. 190-33.
II **Panamericana,** (Pl. c, C3), Calle 59 Nr. 455, Tel. 189-60.
III **Mérida,** (Pl. b, B3), Calle 60 Nr. 491, Tel. 175-00, **Z** 110.
III **San Luis,** (Pl. e, A3), Calle 61 Nr. 534, Tel. 175-80, **Z** 40.
III **Sevilla,** (Pl. m, A4), Calle 62 Nr. 511, Tel. 152-58, **Z** 45.
IV **Caribe,** (Pl. r, B3), Calle 59 Nr. Tel. 192-32, **Z** 56.
IV **Del Prado de Mérida,** Calle 67 Nr. 464, Tel. 114-30, **Z** 32.
IV **Flamingo,** (Pl. h, B3), **Z** 58.
IV **Gran Hotel,** (Pl. i, B3), Calle 60 Nr. 496, Tel. 176-20, **Z** 36.
IV **Montejo,** (Pl. d, B3), Calle 57 Nr. 507, Tel. 145-90, **Z** 20.
IV **Reforma,** (Pl. l, B3), Calle 59 Nr. 508, Tel. 179-20, **Z** 43.
IV **Palacio,** (Pl. j, C3), Calle 54 Nr. 478, Tel. 173-61, **Z** 28.

Restaurants:
II **Continental Alberto,** (Pl. o, A3), Calles 64 und 57, libanesische Küche.
II **Las Espuelas,** (Pl. p, C1), Paseo de Montejo 442, Tel. 252-30; Holzkohlengrill.
III **Carillón,** Calle 1 b Nr. 271, Tel. 230-11; lokale und internationale Küche.
III **Los Tulipanes,** Calle 42 Nr. 462 A, Tel. 209-67.
III **Siqueff,** (Pl. q, A3), Calles 59 und 68, Tel. 158-59; lokale, internationale und libanesische Küche.
IV **El Cedro del Libano,** Calle 63 Nr. 508, Tel. 101-39; libanesische Küche.
IV **El Conejo Burgués,** Calle 7 Nr. 214; tägl. Abendessen Sa. und So. auch Mittagessen; italienische Küche.
IV **Creezy Lobster,** Calles 60 und 58; Meeresfrüchte und Holzkohlengrill.

Hotelverzeichnis (Mexiko) 794

Postamt: Correos y Telégrafos, (Pl. B4), Calles 56 und 65.

Reisebüros: Barbachano, Paseo de Montejo 476-3, Tel. 187-30; – *Barroso,* Calle 55 Nr. 478 A, Tel. 144-65; – *Francimex,* Calle 61 Nr. 511, Tel. 115-14; – *Wagons-Lits-Cook,* Calle 60 Nr. 466-I-D, Tel. 120-32.

Autovermietung: Avis, Calle 59 Nr. 441, Tel. 107-99 und am Flughafen Tel. 160-25; – *Budget Rent a car,* Paseo Montejo 478 A, Tel. 319-91 und am Flughafen Tel. 140-01; – *Car Rental,* Calle 60 Nr. 481 und am Flughafen, Tel. 108-08; – *Hertz,* Calle 55 Nr. 479, Tel. 180-20, Paseo de Montejo, Tel. 311-13 und am Flughafen Tel. 138-28; – *Odin,* Calle 59 Nr. 506, Tel. 319-03.

Flughafen: 6 km in Richtung Campeche (Pl. A3).

Fluglinien: Aeroméxico, Calle 60 esq. Calle 57, Tel. 366-44; – *Aerovias Caribe,* Calle 60 Nr. 459, Tel. 340-78; – *Aviateca,* Paseo de Montejo 476, 3, Tel. 187-30; Flüge nach Guatemala und New Orleans; – *Bonanza,* Calle 60 Nr. 487, Tel. 107-33; Lufttaxi; – *Lufthansa,* Paseo de Montejo 481 Nr. 494 A, Tel. 274-97; – *Mexicana de Aviación,* Calle 58 Nr. 500, Tel. 127-80; – *Pavan,* Calle 61 Nr. 496, Tel. 143-21.

Eisenbahn: Estación del Ferrocarril del Sureste, (Pl. C3), Calles 48 und 55, Tel. 359-44.

Autobus: von der Station in der Calle 62 nach Progreso, dem nähesten Badeort; – die Linie *Autotransportes de Oriente,* Calle 69 und Calle 62 fährt nach Cancún, Chichén, Itzá, Chiquita, Espito, Izamal, Playa del Carmen, Puerto Morelos, Tulum und Valladolid; – von der *Central Camionera* nach Campeche, Chetumal, México, Puerto Juárez, Veracruz, Villahermosa usw.

Handwerk: Stickereien, Goldfiligranschmuck, usw.

MEXICALI (B.C.)
Tel. Vw. 565

Hotels:
I **Holiday Inn,** Benito Juárez, Tel. 813-00, Z 124.
II **Lucerna,** Benito Juárez 2151, Tel. 810-01, Z 114.
III **Motel Cosmos,** Justo Sierra 1493, Tel. 811-55, Z 36.
III **Motel La Siesta,** Justo Sierra 899, Tel. 813-48, Z 67.

Fluglinien: Aeroméxico, Madero 635, Tel. 225-25; – *Mexicana de Aviación,* Obregón 1257, Tel. 266-77.

Eisenbahn: Estación del Ferrocarril Sonora-Baja California, Ulises Irigoyen.

Autobus: von der *Central Camionera* die Linien *Transportes del Pacífico, Tres Estrellas de Oro,* etc. nach Guadalajara, Guaymas, México, Nogales, Tijuana etc.

MÉXICO (Mex. D.F.)
Tel. Vw. 5

Information: OST (Pl. V, x, D2), avenida Juárez 92, Tel. 585-30-66; – Mariano Escobedo 726.

American Express: Hamburgo 75, Zona Rosa, Tel. 533-03-80.

Hotels:

- **L Camino Real** (Pl. IV, a, A3), Mariano Escobedo 700, Tel. 545-69-60, **Z** 700.
- **L Continental México** (Pl. V, b, B2), Paseo de la Reforma 166, Tel. 518-07-00, **Z** 384.
- **L El Presidente** (Pl. V, a, A3), Hamburgo 135, Tel. 525-00-00, **Z** 128.
- **L El Presidente Chapultepec** (Pl. III, a, B1), Campos Eliseos 218, Tel. 250-77-00, **Z** 753.
- **L Maria Isabel-Sheraton** (Pl. IV, c, C3), Paseo de la Reforma 325, Tel. 525-90-60, **Z** 850.
- **I Alameda** (Pl. V, o, D2), av. Juárez 50, Tel. 518-06-20, **Z** 350.
- **I Alfer** (Pl. V, t, D2), Revillagigedo 18, Tel. 518-09-20, **Z** 149.
- **I Aristos** (Pl. V, e, A3), Paseo de la Reforma 276, Tel. 533-05-60, **Z** 360.
- **I Del Prado** (Pl. V, e, D2), av. Juárez 70, Tel. 518-00-40, **Z** 600.
- **I Fiesta Palace** (Pl. V, r, C2), Paseo de la Reforma 80, Tel. 566-77-77, **Z** 630.
- **I Holiday Inn** (Pl. V, x, B3), Liverpool 155, Tel. 533-35-00, **Z** 238.
- **I Holiday Inn Aeropuerto** (Pl. I, a, F3), bd Puerto Aéreo 502, Tel. 762-40-88, **Z** 238.
- **I Monte Cassino** (Pl. V, f, A3), Génova 56, Tel. 525-15-80, **Z** 129.
- **I Reforma** (Pl. V, t, B2), Ecke Paseo de la Reforma und Paris, Tel. 546-96-80, **Z** 270.
- **II Bamer** (Pl. V, c, D2), av. Juárez 52, Tel. 521-90-60, **Z** 111.
- **II Casa Blanca** (Pl. V, a, C2), Lafragua 7, Tel. 566-32-11, **Z** 200.
- **II Del Paseo** (Pl. V, d, A3), Paseo de la Reforma 208, Tel. 525-76-00, **Z** 100.
- **II Diplomático** (Pl. II, a, C1), Insurgentes Sur 1105, Tel. 563-60-66, **Z** 105.
- **II Escargot** (Pl. II, h, C1), Philadelphia et Oklahoma Tel. 523-61-47), **Z** 44.
- **II Grand Hotel Ciudad de México** (Pl. V, s, F2), 16 de Septiembre 82, Tel. 510-40-40, **Z** 120.
- **II Internacional Havre** (Pl. V, r, A3), Havre 21, Tel. 533-23-00.
- **II Maria Cristina** (Pl. V, i, A2), Rio Lerma 31, Tel. 546-98-80, **Z** 75.
- **II Montejo** (Pl. V, j, A3), Paseo de la Reforma 240, Tel. 511-98-40, **Z** 58.
- **II Parioli** (Pl. IV, s, C2), Rio Póo 108, Tel. 533-01-54.
- **II Plaza Vista Hermosa** (Pl. V, u, B2), Insurgentes et Sullivan, Tel. 546-45-40, **Z** 102.
- **II Residencial Londres** (Pl. V, k, A3), Londres 101, Tel. 511-96-49.
- **III Beverly** (Pl. II, e, D1), Nueva York 301, Tel. 523-60-65, **Z** 73.
- **III Dawn Motor Hotel** (Pl. I, d, A2), auf der Straße nach Querétaro, 12,5 km vom Zentrum, Tel. 527-22-65, **Z** 42.
- **III De Cortés** (Pl. V, g, D1), Hidalgo 85, Tel. 585-03-22, **Z** 27.
- **III De Carlo** (Pl. V, c, C1), Plaza de la República 35, Tel. 535-49-46, **Z** 110.
- **III Del Ángel** (Pl. IV, n, C3), Río Lerma 154, Tel. 533-10-32, **Z** 100.

Hotelverzeichnis (Mexiko)

- III **El Emporio** (Pl. V, v, B2), Paseo de la Reforma 124, Tel. 566-77-66, **Z** 176.
- III **El Romano** (Pl. V, n, D2), Humboldt 55, Tel. 510-88-00, **Z** 154.
- III **Francis** (Pl. V, b, C2), Paseo de la Reforma 64, Tel. 566-02-66, **Z** 76.
- III **Frimont** (pl. V, q, C1), Jesús Terán 335, Tel. 546-25-80, **Z** 76.
- III **Genève** (Pl. V, b, A3), Londres 130, Tel. 525-15-00, **Z** 378.
- III **Gillow** (Pl. V, u, E2), Isabel la Católica 17, Tel. 518-14-40, **Z** 100.
- III **Gin** (Pl. V, m, A2), Eufrates 3, Tel. 566-20-77, **Z** 28.
- III **Jardín Amazonas** (Pl. V, h, A2), Amazonas 73, Tel. 533-59-50, **Z** 40.
- III **Jena** (Pl. V, x, C1), Jesús Terán 12, Tel. 566-02-77, **Z** 114.
- III **Luma** (Pl. V, n, B3), Orizaba 16, Tel. 511-97-20, **Z** 117.
- III **Majestic** (Pl. V, a, F2), Madero 73, Tel. 521-86-00, **Z** 85.
- III **Meurice** (Pl. V, c, B3), Marsella 28, Tel. 566-07-00, **Z** 47.
- III **Milán** (Pl. V, i, B4), Alvaro Obregón 94, Tel. 584-02-22, **Z** 76.
- III **Premier** (Pl. V, d, B2), Milán et Atenas 72, Tel. 566-27-00, **Z** 88.
- III **Regis** (Pl. V, i, D2), avenida Juárez 77, Tel. 518-08-00, **Z** 350.
- III **Ritz** (Pl. V, b, E2), Madero 30, Tel. 518-13-40, **Z** 140.
- III **Romfel** (Pl. V, a, D2), Revillagigedo 35, Tel. 510-45-30, **Z** 75.
- III **San Francisco** (Pl. V, j, D2), Luis Moya 11, Tel. 521-89-60, **Z** 142.
- III **Shirley Courts** (Pl. IV, a, A2), Sullivan 166, Tel. 566-33-33, **Z** 95.
- III **Stella Maris** (Pl. V, o, A2), Sullivan 69, Tel. 566-18-66, **Z** 110.
- III **Versalles** (Pl. V, e, C2), General Prim 59, Tel. 456-93-00, **Z** 55.
- IV **Arizona** (Pl. V, g, B1), Gómez Farías 20, Tel. 546-28-55, **Z** 48.
- IV **Canada** (Pl. V, o, F2), avenida 5 del Mayo 47, Tel. 585-25-00, **Z** 84.
- IV **Castropol** (Pl. V, b, F3), Pino Suárez 58, Tel. 522-19-20, **Z** 86.
- IV **Coliseo** (Pl. V, c, E2), Bolívar 28, Tel. 518-10-60, **Z** 115.

Restaurants:
- L **Del Lago,** Parc de Chapultepec, Tel. 515-95-85; französische und internationale Küche.
- L **Fouquet's,** Hotel Camino Real, Mariano Escobedo 700, Tel. 531-72-79; französische Küche.
- L **Hacienda de los Morales,** Vásquez de Mella 525, Tel. 540-32-25; französische und internationale Küche.
- L **San Ángel Inn,** Palmas 50, Tel. 548-45-14; französische und mexikanische Küche, Buffet.
- I **Ambassadeurs,** Paseo de la Reforma 12, Tel. 546-64-35; französische Küche.
- I **Azulejos,** Hotel Camino Real, Mariano Excobedo 700, Tel. 545-69-60; Buffet.
- I **Champs Elysées,** Reforma y Amberes, Tel. 514-04-50; französische und mexikanische Küche.
- I **Château de la Palma,** Providencia 726, Tel. 423-18-00; internationale Küche.
- I **Delmonico's,** Londres 87, Tel. 514-70-03; internationale und französische Küche.
- I **Del Prado,** Hotel Del Prado, av. Juárez 70, Tel. 518-00-40; mexikanische und internationale Küche.

- I **El Nueve,** Londres 156, Tel. 514-43-87; französische und italienische Küche.
- I **Focolare,** Hamburgo 87, Tel. 511-26-79; italienische Küche.
- I **Jena,** Morelos 110, Tel. 535-73-93; internationale Küche.
- I **La Calesa de Londres,** Londres 102, Tel. 533-66-25; internationale Küche.
- I **La Cava,** Insurgentes Sur 2465, Tel. 548-42-75; internationale Küche.
- I **Les Moustaches,** Rio Sena 88, Tel. 533-33-90; französische Küche.
- I **L'Estoril,** Génova 75; französische Küche.
- I **Mauna Loa,** San Jerónimo 240, Tel. 548-68-84; chinesische und exotische Küche.
- I **Richelieu,** Paseo de la Reforma 336; französische Küche.
- I **Sir Winston Churchill's,** Avila Camacho 67, Tel. 520-00-65; französische und englische Küche.
- II **Chalet Suisse,** Niza 37, Tel. 511-75-29.
- II **Jardin del Ángel,** Florencia 32, Tel. 525-16-32; mexikanische Küche.
- II **La Casserole,** Insurgentes Sur 1880, Tel. 524-71-90; französische Küche.
- II **La Pergola,** Genova et Londres, Tel. 511-30-49; italienisches Restaurant.
- II **Muralto,** Madero 1, Tel. 521-77-51; mexikanische und internationale Küche.
- II **Normandie,** Niza 5, Tel. 533-09-06; französische Küche.
- II **Passy,** Amberes 10, Tel. 511-02-57; französische Küche.
- II **Prendes,** 16 de Septembre 10, Tel. 585-41-99; internationale Küche, Spezialitäten vom Huhn.
- II **Rincón Gaucho,** Insurgentes Sur 1162, Tel. 575-92-21; argentinisches Restaurant.
- II **Rivoli,** Hamburgo 123, Tel. 528-77-89; internationale Küche.
- III **Anderson's,** Reforma 400, Tel. 511-51-87; internationale Küche.
- III **Café Tacuba,** Tacuba 28, mexikanische Küche.
- III **Círculo del Sureste,** Lucerna 12, Tel. 535-27-04; mexikanische Küche.
- III **Loredo,** Hamburgo 29, Tel. 566-35-33; mexikanische Küche.
- III **Luau,** Niza 38, Tel. 525-74-74; chinesische Küche.
- III **Caballo Bayo,** avenida Conscripto 360, Tel. 589-30-00; mexikanische Küche.
- III **Fonda del Recuerdo,** Bahía de las Palmas 39, Tel. 545-72-60; mexikanische Küche, Spezialitäten aus Veracruz.
- III **La Poblanita,** Netzahualcóyotl 165 B, Tel. 518-29-36; mexikanische Küche.
- III **Las Cazuelas,** Colombia 69, Tel. 522-06-89; mexikanische Küche.
- III **Los Panchitos,** Oriente 170 n° 240, Tel. 571-41-09; mexikanische Küche.

Banken: Tgl. 9–13 Uhr, Sa. und So. 9–12 Uhr 30. Die Wechselstube am Flughafen ist durchgehend geöffnet: *American Express,* Hamburgo 75; – *Banco Comercial Mexicano,* Isabel la Católica et Uruguay 55; –

Banco de Londres y México, Bolívar et 16 de Septiembre; – *Banco de Atlántico,* Venustiano Carranza 46-48; – *Banco de Comercio,* Venustiano Carranza 44; – *Banco Nacional de Comercio Exterior,* Carranza 32; – *Banco Nacional de México,* Isabel la Católica 44.

Postamt: *Hauptpostamt,* Tacuba et Ruiz de Alarcón (Pl. V, Correo Mayor, E2); tgl. 8–24 Uhr, Sa. und So. 8–20 Uhr. *Bezirkspostämter* in den Stadtvierteln. – *Telegramme:* internationaler Service (Pl. V, g, D2), Independencia 44 (8–24 Uhr geöffnet); – Inlands-Service (Pl. V, x, E1), Tacuba 8.
Telephon: Ferngespräche (Pl. V, u, D2), Victoria.

Autovermietung: *Avis Mexico,* Reforma 322, Tel. 511-46-43; – verschiedene andere Filialen in der Stadt; – Internationaler Flughafen, Tel. 540-31-28. – *Budget Rent a car,* Reforma 60, Tel. 566-79-23); – Hamburgo 71, Tel. 533-04-50; – Internationaler Flughafen, Tel. 762-09-00. – *Hertz,* Versalles 6, Tel. 566-00-99; – Internationaler Flughafen, Tel. 762-89-77. – *National Car Rentals,* Reforma 506, Tel. 511-47-03; – Internationaler Flughafen, Tel. 511-10-80. – *Odin,* Reforma 219, Tel. 566-05-55.

Wohnwagenvermietung (Betten, Küche, Eisschrank, WC, etc.): *Remolques Canguro,* Cordillera 45, Col. Las Áquilas, Tel. 593-07-33. – *Trailers Mexicanos SA,* M. Cervantes Saavedra 15, Tel. 531-87-99. – *Vehiculos Recreativos SA,* Gabriel Mancera 1315, Col. de Valle, Tel. 536-32-17.

Flughafen: Internationaler Flughafen (Pl. I, F3), 6 km vom Stadtzentrum (Zócalo), Tel. 571-32-45.

Fluglinien: *Aerolineas Argentinas,* Paseo de la Reforma 46, Tel. 566-13-44; – *Aeroméxico,* Paseo de la Reforma 64, Tel. 566-08-00; – *Air France,* Paseo de la Reforma 76, Tel. 546-91-40; – *Alitalia,* Niza 12, Tel. 533-12-40; – *Avianca Transportes,* Paseo de la Reforma 195, Tel. 566-85-88; – *Braniff International,* Paseo de la Reforma 381, Tel. 514-78-29; – *British Airways,* Paseo de la Reforma 332, Tel.533-63-75; – *Canadian Pacific Airlines,* Paseo de la Reforma 87, Tel. 546-95-40; – *Cia Mexicana de Aviación,* av. Juárez et Balderas 36, Tel. 585-26-66; – *Iberia Lineas Aéreas de España,* Paseo de la Reforma 24, Tel. 566-40-11; – *KLM,* Paseo de la Reforma 87, Tel. 566-00-22; – *Lufthansa,* Paseo de la Reforma 76, Tel. 566-03-11; – *Panamerican Airlines,* Paseo de la Reforma 35, Tel. 566-26-00; – *Sabena,* Paseo de la Reforma 87, Tel. 535-31-80; – *Swissair,* Hamburgo 66, Tel. 533-63-63; – *Texas International Airlines,* Paseo de la Reforma 325-11, Tel. 533-16-05; – *Western Airlines,* Paseo de la Reforma 51, Tel. 533-20-00.

Schiffahrtslinien: Autofähren nach Niederkalifornien um 16 Uhr; Auskunft: Baja California 272, Tel. 564-62-37 und 564-50-33, Klappe 186 und 187.

U-Bahn: 3 Linien mit insgesamt 52 km sind in Betrieb (V. Plan I bis V): Observatorio-Zaragoza; Linda Vista-Tlatelolco-Hospital General Zapata; Tacuba-Tasqueña.

Stadtautobusse: Zahlreiche Linien, *delfines* (Kleinbusse) und *ballenas* (Großraumbusse), sowie Straßenbahnen, Omnibusse und U-Bahn.
Taxis: Die Taxis mit Zähler sind ziemlich billig. Es gibt auch Mietwägen

México

mit Fahrer auf Bestellung, der Preis ist im Voraus auszuhandeln. *Peseros* sind Kollektivtaxis, mit fixer Strecke (sehr günstig); nach 17 Uhr Schwierigkeiten, Taxis jeglicher Art zu finden.

Überlandautobusse: Greyhound de México (nach den USA und Canada), Paseo de la Reforma 27, Tel. 535-42-00; – *Cristóbal Colón,* Ignacio Zaragoza 38, Tel. 542-43-54, nach Guatemala, Salvador und dem übrigen Mittelamerika; – *Anáhuac,* av. de los 100 Metros 4907, Tel. 587-52-09, nach Querétaro, San Luis Potosí, Monterrey; – *Autobuses de Occidente,* Dr Lavista 27, Tel. 578-63-00 und av. de los 100 Metros 4907, Tel. 567-19-17, nach Morelia, Guadalajara, Uruapan, Colima, Manzanillo; – *Autobuses de Oriente,* av. de los 100 Metros 4907, Tel. 546-74-48, nach Córdoba, Jalapa, Puebla, Veracruz, Villahermosa, etc.; – *Autobuses Estrella Blanca,* av. de los 100 Metros 4907, Tel. 587-52-31, nach Ciudad Juárez, Chihuahua, Durango, Guadalajara, Mazatlán, Monterrey, Morelia, Nuevo Laredo, Poza Rica, Puerto Vallarta, Querétaro, Reynosa, San Luis Potosí, Tampico, Toluca; – *Autos Pullman de Morelos,* Taxqueña 1320, Tel. 587-57-77, nach Cuernavaca, Oaxtepec, Cuautla, Grutas de Cacahuamilpa. – *Autotransportes Tres Estrellas de Oro,* av. de los 100 Metros 4907, Tel. 587-04-00, nach Guadalajara, Manzanillo, Nogales, Pátzcuaro, San Luis Potosí, Tijuana, etc.; – *Estrella de Oro,* Tlalpan 2205, Tel. 549-85-20, nach Acapulco, Zihuatanejo; – *Flecha Amarilla,* av. de los 100 Metros 4907, Tel. 567-86-88, nach Querétaro, San Luis Potosí, Guanajuato, Guadalajara, Morelia, San Miguel de Allende, Uruapan, Manzanillo; – *Lineas Unidas* des Sur, Taxqueña 1320, Tel. 672-32-33, nach Cuernavaca, Grutas de Cacahuamilpa, Ixtapan de la Sal, Toluca, Taxco, Acapulco, Zihuatanejo, Lázaro Cárdenas, Pinotepa Nacional, Puerto Escondido; – *Lineas Unidas México Sureste,* Fray Servando 350, Tel. 542-42-10, nach Campeche, Ciudad del Carmen, Chetumal, Mérida, Vilahermosa; – *Omnibus de México,* Insurgentes Norte 42, Tel. 535-90-05, nach Chihuahua, Ciudad Juárez, Durango, Guadalajara, León, Querétaro, Saltillo, San Luis Potosí, Tepic, Zacatecas; – *Transportes Chihuahuenses,* B. Diaz 10, Tel. 535-56-81, nach Querétaro, San Luis Potosí, Zacatecas, Chihuahua, Ciudad Juárez, El Paso, Durango, Guanajuato; – *Transportes del Norte,* av. de los 100 Metros 4907, Tel. 587-55-11, nach Monterrey, Laredo, San Luis Potosí, Durango, Mazatlán, Reynosa, Tampico, etc.; – *Transportes del Pacífico,* av. de los 100 Metros 4907, Tel. 587-53-10, nach Guadalajara, Nogales, Mexicali, Tijuana, Mazatlán, Los Mochis, Guaymas, Hermosillo, Puerto Vallarta, Manzanillo; – *Transportes Norte de Sonora,* av. de los 100 Metros 4907, Tel. 587-55-66, nach Morelia, Querétaro, Guadalajara, Mazatlán, Puerto Vallarta, Los Mochis, Guaymas, Hermosillo, Tijuana, Uruapan, Manzanillo, San Luis Potosí, San Miguel de Allende, Guanajuato.

Botschaften und Konsulate: Bundesrepublik Deutschland, Lord Byron 737, Tel. 545-66-55; Österreich, Campos Eliseos 305, Tel. 540-34-15; – *Schweiz,* Hamburgo 66, Tel. 533-07-35.

Handwerk: Silber, Schmuck, Holzschnitzereien, Keramik, Malereien auf Holzrinde, Stickereien.

Veranstaltungen: Stierrennen: El Toreo, an der Autostraße nach Querétaro; – *Plaza Aurora,* Autostraße nach Puebla; – *Plaza México*

(Hauptarena), San Antonio, San Antonio y Holbein, über Insurgentes
Sur; – *Charriadas* (Rodéos, Paraden); – *Rancho del Charro,* Ejército
Nacional; – *Rancho Grande de Villa* (Pl. I, E2), Straße nach Pachuca;
– *Rancho la Tapatia,* im Chapultepec-Park.
Jai-Alai (Pelota-Spiel) *Frontón Metropolitano,* Bahía Todos Santos
190, tgl. bis 16.30 Uhr; – *Frontón México,* Plaza de la República,
tgl. bis 19.30 Uhr.

Sport: Pferderennen: Hipódromo de las Américas (Pl. I, B3), Di., Mi., Sa.
und So. *Golf: Club Campestre de la Ciudad de México,* an der
Autostraße von Tlalpan; – *Bellavista,* Autostraße nach Querétaro; –
Club México, bei Tlalpan; – *La Hacienda,* über die Autostraße nach
Querétaro.

MINATITLÁN (Ver.)
Tel. Vw. 922

Hotels:
II **Mina,** Justo Sierra 99, Tel. 417-76, **Z** 26.
III **Del Trópico,** Hidalgo el turbide 47, Tel. 400-78, **Z** 45.
III **Oasis,** Hidalgo 46, Tel. 403-53, **Z** 71.

MONCLOVA (Coah.)
Tel. Vw. 863

Hotels:
II **Chulavista,** av. Frontera 100, Tel. 302-11, **Z** 57.
III **Doris,** V. Carranza 207, Tel. 300-29, **Z** 50.
III **Gil Cantu,** V. Carranza 211, Tel. 304-11, **Z** 40.
IV **San Cristóbal,** Cuauhtémpoc 223, Tel. 309-63, **Z** 20.

MONTERREY (N.L.)
Tel. Vw. 83

Information: OST: Emilio Carranza 730 Sur, Tel. 912-83.

Hotels:
I **Ambassador** (Pl. a, C3), Hidalgo y Galeana, Tel. 42-20-40
  (Reservierungen: Tel. 521-47-68, México), **Z** 256.
I **Gran Hotel Ancira** (Pl. b, C3), pl. Hidalgo, Tel. 43-13-56
  (Reservierungen: Tel. 521-40-48, México), **Z** 300.
I **Holiday Inn,** av. Universidad 101, Tel. 52-24-00, **Z** 182.
II **Motel Anfa,** Straße nach Laredo, Tel. 52-18-00, **Z** 106.
II **Centro Hotelero Rio** (Pl. e, C3), Padre Mier 194 Poniente,
  Tel. 42-21-90, **Z** 240.
II **Ramada Inn,** Colonia Topo Chico, Tel. 52-22-70, **Z** 153.
III **Colonial** (Pl. i, C3), Hidalgo Oriente 475, Tel. 43-67-95, **Z** 105.
III **El Paso Autel** (Pl. d, C2), Zaragoza Norte 130, Tel. 40-06-90, **Z** 60.
III **Favorita** (Pl. h, C1), Madero Poniente 345.
III **Gran Hotel Yamallel** (Pl. g, C1), Zaragoza 912 Norte, Tel. 75-35-98,
  Z 104.

México – Morelia

- III **Monterrey** (Pl. c, C3), Morelos y Zaragoza, Tel. 43-51-20 (Reservierungen: 521-47-68, México), **Z** 100.
- III **Motel Royal Courts**, av. Laredo 314, Tel. 52-58-68, **Z** 21.
- IV **Motel Alamo**, J. Espronceda 100 Col., Tel. 52-58-90, **Z** 40.
- IV **Quinta Avenida** (Pl. x, C1), Madero Oriente 243, Tel. 75-65-65, **Z** 52.
- IV **Hol Rey** (Pl. t, C3), Morelos Oriente 620, Tel. 42-48-48, **Z** 20.
- IV **Regis**, Jiménez 1105 Norte, Tel. 75-27-76, **Z** 27.
- IV **Roma**, Straße nach Ciudad Mier und Reynosa, Tel. 54-02-71.
- IV **San Antonio** (Pl. s, C3), Corregidora 611 Oriente, Tel. 43-10-50.
- IV **Son Mar** (Pl. f, C1), av. Universidad 1211 Norte, Tel. 75-44-00.

Restaurants:
- II **Chipps** (Pl. v, C3), Escobedo y Morelos.
- II **La Luisiana**, pl. Hidalgo 530 Oriente; Spezialitäten vom Huhn und Meeresfrüchte.
- II **Santa Rosa,** pl. Hidalgo.
- IV **El Gaucho,** Arroyo Seco 100; Grillspezialitäten.
- IV **El Corral,** gegenüber des pl. Hidalgo; Grillspezialitäten.
- IV **El Pastor,** Madero y Bolivar; Grillspezialitäten.
- IV **Sanborns** (Pl. v, C3), Morelos y Escobedo.

Postamt: Correos (Pl. D2), pl. Cinco de Mayo; – *Telégrafos,* pl. Cinco de Mayo.

Flughafen: 22,5 km außerhalb.

Fluglinien: Aeroméxico, Padre Mier y Cuauhtémoc, Tel. 40-87-66; – *Mexicana de Aviación,* Padre Mier 1243 Poniente, Tel. 43-22-55.

Eisenbahn: Estación de los Ferrocarriles Nacionales de México, Calzada Victoria y Nieto (Pl. A–B1).

Autobus: von der *Central Camionera* beim Arco de la Independencia die Linien *Autobuses Blancos Flecha Roja, Autobuses Anáhuac, Transportes del Norte, Transportes Frontera* nach Cuauhtémoc, Ciudad Juárez, Ciudad Victoria, Durango, Mazatlán, México, Nuevo Laredo, Saltillo, Tampico, San Luis Potosí, usw.

Führungen: International Turist Service, Hidalgo y Galeana, zum Besuch der Stadt und ihrer Umgebung.

Veranstaltungen: Stierkämpfe auf der plaza de Monterrey (Straße nach Nuevo Laredo), von Nov. bis März (Corridas formales); – *Mexikanische Rodéos* (So. morgens), Rancho del Charro, Huajuco (Straße nach Reynosa, Villa Guadalupe, 4 km von Monterrey).

Handwerk: Objekte aus Papiermaché, Papierblumen, Glasbläsereien, schmiedeeiserne Objekte.

MORELIA (Mich.)

Tel. Vw. 451

Information: OST (Pl.x, B1), Nigromante 79, Tel. 2-37-10.

Hotels:
- I **Villa Montaña**, Patzimba, Col. Vista Bella, Tel. 2-25-88, **Z** 47.

Hotelverzeichnis (Mexiko) 802

- II **Posada de la Soledad** (Pl.b, B1), Zaragoza et Ocampo, Tel. 2-18-88 ((Reservierungen: Tel. 525-90-81, México), **Z** 60.
- III **Alameda** (Pl.a, B1), Guillermo Prieto et Madero, Tel. 2-20-23 (Reservierungen: Tel. 512-78-49 in México), **Z** 75.
- III **El Presidente** (Pl.m, C2), Aquiles Serdán 647, Tel. 22-26-66 (Reservierungen: Tel. 512-78-49, México), **Z** 90.
- III **Villa San José**, Eréndira 55, Col. Vista Bella, Tel. 2-25-81, **Z** 16.
- IV **Acueducto** (Pl.d, D3), Acueducto 25, Tel. 2-20-20, **Z** 36.
- IV **Casino** (Pl.e, B1), Portal Hidalgo 229, Tel. 2-02-87, **Z** 50.

Restaurants:
- IV **Rincón Tarasco** (Pl.i, B2).
- IV **Sandor's**, Madero 427 B.

Postamt: Hauptpostamt (Pl. Correos, C2), Madero et Belisatio Domínguez.

Autovermietung: Budget Rent a car, Lázaro Cárdenas 1700, Col. Chapultepec, Tel. 2-19-12.

Autobus: von der *Central Camionera* (Pl. B1), nach Guadalajara, México, Pátzcuaro, Uruapan, etc.

MORELOS (Coah.)
Kein tel. Selbstwählverkehr. Verbindung über Telephonzentrale (02).

Hotel:
- IV **Motel Maria Isabel,** Tel. 218, **Z** 9.

MÚZQUIZ (Coah.)
Tel. Vw. 861
Hotel:
- III **Motel Los Ángeles,** Tel. 603-00, **Z** 9.

NAUTLA (Ver.)
Tel. Vw. 782
Hotels:
- IV **El Palmar,** Straße nach Poza Rica.
- IV **Estrella,** Straße nach Poza Rica.
- IV **Playa Paraíso,** Straße nach Poza Rica.

NAVOJOA (Son.)
Tel. Vw. 642

Hotels:
- II **Motel El Rancho**, Carretera Internacional, km 1788, Tel. 200-04.
- III **Motel del Río**, Pesgueira, **Z** 40.

Feste: In *Etchojoa* (32 km) 10.–20. Mai das *Fest des Hl. Geistes; Tänze* der Mayo-Stämme.

Morelia – Oaxaca

NOGALES (Son.)
Tel. Vw. 631

Hotels:
- III **Olivia**, Obregón 125, Tel. 222-00, **Z** 54.
- IV **Fray Marcos de Niza**, Obregón y Campillo, Tel. 651, **Z** 115.

Autobus: von der *Central Camionera* die Linien *Autotransportes Tres Estrellas de Oro, Transportes del Pacifico* nach Guaymas, Mazatlán, México, Tijuana, etc.

Feste: 3.–5. Mai *Blumenfest* und bunter *Jahrmarkt*.

NUEVO LAREDO (Tamps.)
Tel. Vw. 871

Hotels:
- II **Hacienda Motor Hotel**, av Reforma, Tel. 205-90, **Z** 72.
- II **Motel Morocco**, Obregón 3702, Tel. 211-50, **Z** 24.
- II **Motel Nuevo Laredo**, av. Guerrero 2719, Tel. 202-38, **Z** 30.
- III **Don Antonio Motel**, Gonzáles 2435, Tel. 211-40.
- III **Motel Fiesta**, Ocampo 559, Tel. 247-37, **Z** 19.
- III **Motel Las Vegas**, Arteaga 3115, Tel. 220-30, **Z** 17.
- III **Motel Villa Real**, Iturbide 4123, Tel. 247-25, **Z** 34.
- III **Nuevo Hotel Reforma**, Guerrero 822, Tel. 262-50, **Z** 39.

Fluglinie: Mexicana de Aviación, Heróes de Nacataz 2445, Tel. 220-52.

Eisenbahn: Estación de los Ferrocarriles Nacionales de México, Madero y Guerrero.

Autobus: von der *Central Camionera* die Linien *Autobuses Estrella Blanca, Autotransportes Tres Estrellas de Oro, Transportes del Norte* nach Ciudad Victoria, México, Monterrey, Reynosa, Tampico, Saltillo, San Luis Potosí.

OAXACA (Oax.)
Tel. Vw. 951

Information: OST (Pl.x, B2), Independencia y Garcia Vigil, Tel. 919-51.

Hotels:
- I **Santa Catalina** (El Presidente), Pl.z, C2, 5 de Mayo, Tel. 606-11 (Reservierungen unter 557-88-22 in México), **Z** 147.
- I **Villa Arqueologica**, (Reservierungen unter 533-48-00 in México), **Z** 42.
- II **Calesa Real**, (Pl. B2), García Vigil 306, Tel. 655-44, **Z** 77.
- II **Victoria**, Panamerikanische Straße, Tel. 626-33 (Reservierungen unter 250-06-55 in México), **Z** 151.
- II **Misión de los Ángeles** (Pl.b, C1), Porfirio Díaz 102, Tel. 22-40, **Z** 28.
- II **Señorial** (Pl.o, B3), Portal Flores 6, Tel. 639-33, **Z** 91.
- III **Mesón del Rey** (Pl.n, B3), Trujano 212, Tel. 600-33, **Z** 22.
- III **Margarita**, Madero 1254, Tel. 640-85 (Reservierungen unter 521-47-68 in México), **Z** 33.
- IV **Marqués del Valle** (Pl.a, B3), Portal de la Clavería, Tel. 636-95, **Z** 112.
- IV **Monte Albán** (Pl.c, B3) Alameda de León 1, Tel. 627-77, **Z** 19.

IV Plaza (Pl.g, B3), Trujano 112, Tel. 628-00, **Z** 19.
  Francia, 20 de Noviembre 212, Tel. 648-11, **Z** 43.
  Principal, 5 de Mayo 208, Tel. 62-53, **Z** 22.
  Ruiz, Bustamante 103, Tel. 636-60, **Z** 38.

Restaurants:
II Santa Catalina, 5 de Mayo, Buffet zu Mittag.
III Azador Vasco, (Pl.o, B3), Portal Flores (Zócalo).
III Marqués del Valle, Zócalo.

Postamt: Corréos y Telégrafos (Pl. B3), Independencia; – *Teléfonos* (Pl. tel. B2).

Fluglinien: Aeroméxico, av. Hidalgo 513, Tel. 637-65; *Mexicana de Aviación*, Portal Márquez del Valle 4, Tel. 657-96.

Eisenbahn: Estación de los FF.CC., Madero.

Autobus: Autobuses Turísticos, J. P. García 704: dreimal tgl. Monte Albán hin und zurück; – *Lokalautobusse* von der Ecke Calle Las Casas und Mier y Terán: Fahrten nach Mitla; – von der *Central de Autobuses* (Pl. A3) die Linien *Autobuses Unidos, Autobuses de Oriente, Ómnibus Cristóbal Colón* nach México, Puebla, Tapachula, Tehuantepec, Tuxtla.

Feste: in Oaxaca die *Lunes del Cerro*, oder *Guelaguetza* (Opferkopf), an den beiden letzten Mo. im Juli; – *Pfarrfest Santo Domingo* (4. Aug.); – *San Ramón* (31. Aug.) mit Tierweihe; – *San Rafael* (22.–24. Okt.); – *Fest der Virgen de la Soledad* (16.–18. Dez.) mit Wagenparaden, Feuerwerken, Tänzen; – 23. Dez.: *Noche de los Rábanos* (Radieschennacht).
In der Umgebung die Feste von Cuilapan (25. Juli), Coyotepec (23. Aug.) und Mitla (31. Dez.), sowie die Karwoche von Teotitlán und der Karneval von Zaachila.

Handwerk: Sa. einer der faszinierendsten Märkte Mexikos; sehr schöne lackierte Keramik, Sarapes, Rebozos, Huipiles, Messing, Edelsteine und Goldfiligran.

OAXTEPEC (Mor.)
Tel. Vw. über Ortsnetz Cuautla, 735.

Hotel:
I Hacienda Cocoyoc, Straße Cuernavaca-Cuautla (4,5 km von Oaxtepec Richtung Cautla), Postfach 300, Tel. 13-90, **Z** 141.

ORIZABA (Ver.)
Tel. Vw. 272

Hotels:
II Trueba, Oriente 6 y Sur 4, Tel. 521-44, **Z** 60.
IV Gran Hotel de France, Oriente 6 y Sur 5, Tel. 523-11, **Z** 54.
IV Pluviosilla, Poniente 7 Nr. 163, Tel. 553-00, **Z** 94.

Oaxaca – Pátzcuaro

PACHUCA (Hgo).
Tel. Vw. 771

Hotels:
IV Noriega, Matamoros 305, Tel. 2-50-00, **Z** 37.
   De los Baños, Matamoros 205, Tel. 2-25-31, **Z** 62.

Autobus: von der *Central Camionera* die Linien *Estrella Blanca, Ómnisbus de México, Transportes del Norte, Tres Estrellas de Oro* nach México, Molango, Poza Rica, Querétaro, Tampico, Tuxpan.

PALENQUE (Chiap.)
Tel. Vw. 934

Hotels:
I   Villa Arqueologica (Reservierungen unter 533-48-00 in México), **Z** 42.
III Motel Chan-Kah, 5,5 km von den Ausgrabungen, **Z** 15.
III Palenque, av. 5 de Mayo 15, Tel. 501-03.

Restaurant:
Chan-Kah, 5,5 km von den Ausgrabungen.

Autobus: Von Villahermosa zahlreiche Busse nach Palenque, vor allem der Linie *Ado*, Abfahrt von Villahermosa um 8 Uhr, Ankunft 17 Uhr.

PARAÍSO (Tab.)
Tel. Vw. 933

Hotel:
II Centro Turistico El Paraiso, Comonfort y 5 de Mayo, Tel. 4, 35 Bungalows.

PARRAL (Chih.)
Tel. Vw. 152

Hotels:
III Adriana, M. Herrera y Colegio 2, Tel. 225-70, **Z** 75.
IV El Camino Real, Straße nach Durango, **Z** 23.

Restaurant:
   Moreira, Maclovio Herrera y Jesús Garcín, Tel. 210-70.

Autobus: Von der *Central Camionera* die Linien *Ómnibus de México, Transportes Chihuahuenses* nach Chihuahua, Ciudad Juárez, Ciudad Obregón, Durango, Los Mochis, Mazatlán, México, usw.

Feste: am 25. Juli *Santiago-Fest* mit Prozessionen, Pferderennen, Hahnenkämpfen. Weihnachten und Neujahr (20. Dez.–6. Jan.).

PÁTZCUARO (Mich.)
Tel. Vw. 454

Information: OST, Casa de los Once Patios, Tel. 212-14.

Hotelverzeichnis (Mexiko) 806

Hotels:
II **Mesón del Gallo**, Dr. Cross 20, Tel. 474 ((Reservierungen unter 542-22-08 in México), **Z** 25.
II **Posada de Don Vasco**, av. de las Americas 450, Tel. 27 (Reservierungen unter 525-90-81 in México), **Z** 70.
III **Mesón del Cortijo**, av. Alvaro Obregón, Tel. 295, **Z** 23.
III **Posada de la Basilica** (Pl.b, C2), Arciaga 6, Tel. 108, **Z** 17.
III **Posada de San Rafael** (Pl.a, B3), Plaza Principal, Tel. 270.
IV **Los Escudos** (Pl.f, B3), Portal Hidalgo 73, Tel. 38, **Z** 20.
IV **Motel San Carlos**, av. Caltzonzin, Tel. 349, **Z** 10.
De la Concordia (Pl.h, B2), Plaza de San Agustín.
Dolatri (Pl.c, B2), Plaza de San Agustín, Tel. 143.
Pátzcuaro (Pl.e, A2), Ramos 9, Tel. 207.
Posada de la Rosa (Pl.i, B2), Plaza de San Agustín.

Restaurants:
III **Hostería de San Felipe**, av. de las Américas.
IV **Don Pepe**, bei der Anlegestelle.
IV **El Gordo**, av. Lázaro Cárdenas.
IV **El Patio**, Plaza Vasco de Quiroga.
IV **Las Redes**, av. Lázaro Cárdenas.

Bahnhof: 3,5 km vom Zentrum Richtung Quiroga (Pl. A1).

Autobus: Autotransportes Tres Estrellas de Oro, Hotel Dolatri, Plaza de San Agustín, Tel. 143; – *Autobuses de Occidente,* Mesón de San Agustín, Calle Titere und Plaza de San Agustín, nach Guadalajara, Morelia, Quiroga, Uruapan, Villa Escalante, usw.

Handwerk: Lackarbeiten, Sarapes, Stickereien. Am Di., Do. und Fr. und So. Markt. Auf der Plazuela de San Francisco Mercado de las Ollas (Kochtopfmarkt) und in der Calle José María Cos der Eselsmarkt.

Feste: 5.–7. Jan. *Fiesta de los Santos Reyes* in Tzintzuntzan; – 25.–27. Jan. *Fest des Schutzheiligen der Insel Pacanda;* – 1.–7. Feb. *Fiesta del Cristo Rey* in Tzintzuntzan; – 3. Mai *Fiesta de la Santa Cruz* in Pátzcuaro; 21.–29. Mai *Frühlingsfest* auf der Insel Janitzio; – 19. Juni *Fiesta del Sagrado Corazón* im Viertel Ibarra de Pátzcuaro; – 12.–16. Aug. *Jahrmarkt* in Villa Escalante; – 29. Sept. *Fiesta de la San Miguel* im gleichnamigen Viertel in Pátzcuaro; – 4. Okt. *Fest des Viertels San Francisco* in Pátzcuaro; – in der Nacht vom 1.–2. Nov. *Totenfest* auf der Insel Janitzio; – 8. Dez. *Fiesta de la Virgen de la Salud* in Pátzcuaro; 16.–24. Dez. *diverse Prozessionen.*

PIEDRAS NEGRAS (Coah.)
Tel. Vw. 876
Hotels:
II **La Quinta Motel**, E. Carranza 1205, Tel. 221-02, **Z** 44.
II **Motel California**, E. Carranza 1006, Tel. 224-53, **Z** 44.
III **Autel Rio**, Padre de las Casas 121 Norte, Tel. 208-20, **Z** 46.
III **Motel 57**, E. Carranza 805, Tel. 212-20, **Z** 73.
III **Santos**, Hidalgo 314 Norte, Tel. 203-64, **Z** 43.

Autobus: Von der *Central Camionera* die Linie *Autobuses Anáhuac* nach Ciudad Acuña, Monterrey, Monclova, Sabinas.

PLAYA AZUL (Col.)
Kein tel. Selbstwählverkehr. Verbindung über Telephonzentrale (02).

Hotels:
- II **Rancho Luna Motel**, km 4 der alten Straße nach Santiago (Reservierungen unter 16-02-95 in Guadalajara).
- III **Bungalows Angelica**, km 4 der alten Straße nach Santiago, **Z** 10.
- III **Bungalows La Joya**, **Z** 9.
- III **Bungalows La Posada del Capitán**, **Z** 6.
- IV **La Posada**, km 2 der alten Straße nach Santiago, **Z** 18.

PLAYA AZUL (Mich.)
Kein tel. Selbstwählverkehr. Verbindung über Telephonzentrale (02).

Hotels:
- III **Delfín Bungalows**, Plaza Principal, **Z** 10.
- IV **Motel La Loma**, **Z** 50.
- IV **Playa Azul**, Lázaro Cárdenas, **Z** 16.

PLAYA BLANCA (Jal.)
Kein tel. Selbstwählverkehr. Verbindung über Telephonzentrale (02).

Hotel:
- I **Club Méditerranée** (Reservierungen unter 533-48-00 in México).

PLAYA CAREYES (Jal.)
Kein tel. Selbstwählverkehr. Verbindung über Telephonzentrale (02).

Hotel:
- II **Playa Careyes** (Reservierungen unter 16-72-84 in Guadalajara), **Z** 77.

POZA RICA (Ver.)
Tel. Vw. 782

Hotels:
- III **Poza Rica**, av. 2 Norte, Tel. 2-02-00 (Reservierungen unter 566-36-11 in México), **Z** 70.
- IV **Juárez**, bd. Adolfo Ruiz Cortínez 133, Tel. 2-02-11, **Z** 19.
- IV **Santander**, Ruiz Cortínez 408. Tel. 2-04-24, **Z** 33.
- **Auto Hotel Manantial**, km 20 der Straße México-Tuxpan.

Autobus: Autobuses Estrella Blanca, Ómnisbus de México nach México, Papantla, Tampico, Veracruz, usw.

PUEBLA (Pue.)
Tel. Vw. 22

Information: OST (Pl.a, F1), av. 5 Oriente, Tel. 46-12-85.

Hotelverzeichnis (Mexiko) 808

Hotels:
- I **Hostal de Velasco** (Pl.n, C3), av. 8 Oriente 213, Tel. 297-50 (Reservierungen unter 548-86-64 in México), Z 17.
- II **Gilfer** (Pl.x, D3), 2 Oriente 11, Tel. 42-98-00, Z 92.
- II **Lastra** (Pl.a, E2), Los Fuentes, Tel. 42-46-30, Z 54.
- II **Mesón del Ángel**, Hermanos Serdán 807, erste Autobahnabfahrt aus México kommend, Tel. 42-48-70 (Reservierungen unter 525-20-76 in México), Z 90.
- III **Del Portal** (Pl.o, D4), Avila Camacho 205, Tel. 46-02-11, Z 55.
- III **Nuevo Hotel Royalty** (Pl.b, C3) Portal Hidalgo 8, Tel. 247-40.
- III **Spa Agua Azul**, Verlängerung 11 Sur, Tel. 249-00.
- IV **Colonial** (Pl.c, D4), Calle 4 Sur 105, Tel. 249-50, Z 71.
- IV **Gran Hotel** (Pl.q, C3), Reforma 315, Tel. 122-04.
- IV **San Miguel** (Pl.d, C3), 3 Poniente 721, Tel. 248-60, Z 52.
- IV **Señorial** (Pl.e, D3), 4 Norte 602.
- IV **Motel Siesta**, Humboldt 312, Tel. 257-07, Z 10.
- IV **Paris** (Pl.h, C3), av. 2 Oriente 202, Tel. 234-18.

Restaurants:
- III **Sanborns** (Pl.i, D3), av. 20 Oriente 6.
- IV **Chesa Veglia** (Pl.s, C3), 2 Oriente.
- IV **El Parrián** (Pl.r, D4), 2 Oriente 415.

Postamt: Correo Central, av. 16 de Septiembre y 5 de Oriente, (Pl. C4).

Autovermietung: Budget Rent a Car, C. Montoto SA, Juárez 1703, Tel. 41-26-50.

Eisenbahn: Ferrocarriles Nacionales de México, 11 Norte 1009.

Autobus: Von der Central Camionera die Linien Autobuses de Oriente, Autobuses del Sureste, Autobuses Fleche Roja, Autobuses Estrella Roja nach México, Oaxaca, Tehuacán, Tlaxcala, Veracruz, usw.

Handwerk: Verglaste Keramik, Glas, Schmiedeeisen, bewegliche Fische aus Silber und Perlmutt, Fayence, Süßigkeiten aus Bataten.

PUERTO ÁNGEL (Oax.)
Kein tel. Selbstwählverkehr. Verbindung über Telephonzentrale (02).

Hotel:
- IV **Angel del Mar**, Playa del Panteón, Z 20.

PUERTO ESCONDIDO (Oax.)
Tel. Vw. 958

Hotels:
- I **Rancho El Pescador**, Straße nach Acapulco, Tel. 43 (Reservierungen unter 626-92 in Oaxaca), Z 14.
- I **Viva Puerto Escondido**, Tel. 201-33 (Reservierungen unter 687-13-66 in México), Z 100.
- II **Paraíso Escondido**, Alfonso Pérez Gazga, Tel. 44 (Reservierungen unter 762-11-81 in México), Z 29.
- III **Bungalows Villa Marinera**, Quinta Santa Olga, Colonia Marinero, Z 17.

Puebla – Puerto Vallarta

- III **El Mirador**, Tel. 31, **Z** 40.
- III **Las Palmas**, Alfonso Pérez Gazga, Tel. 30, **Z** 20.
- III **Nayar**, Alfonso Pérez Gazga, Tel. 13, **Z** 25.
- IV **María Luisa**, **Z** 15.

PUERTO JUÁREZ (Q.R.)

Kein tel. Selbstwählverkehr. Verbindung über Telephonzentrale (02).

Hotel:
IV **Isabel**, **Z** 39.

Schiffahrt: 4 mal tgl. Autofähre nach Isla Mujeres (45 Min.).

PUERTO PEÑASCO (Son.)

Tel. Vw. 638

Hotel:
IV **Motel Playa Hermosa.**

PUERTO VALLARTA (Jal.)

Tel. Vw. 322

Information: OST, Libertad 152 y Morelos, Tel. 217-14.

American Express: Viva Tours, Paseo Presidente Diaz Ordaz 652, Tel. 225-61.

Hotels:
- L **Camino Real**, Ausfahrt Richtung Manzanillo, Tel. 200-02 (Reservierungen unter 545-65-30 in México), **Z** 250.
- I **Holiday Inn**, Straße nach Tepic, Tel. 2-17-00 (Reservierungen unter 511-99-80 in México), **Z** 234.
- I **Los Pelicanos**, Straße zum Flughafen, Tel. 219-15 (Reservierungen unter 514-27-10 in México), **Z** 197.
- II **Delfin**, Tel. 2-03-87, **Z** 102.
- II **Playa de Oro**, Paseo de las Garzas, Tel. 2-03-48, **Z** 182.
- II **Posada Vallarta**, av. de las Garzas, Tel. 2-14-59 (Reservierungen unter 528-78-96 in México), **Z** 252.
- III **Hacienda del Lobo**, 5 km Richtung Tepic, Tel. 2-04-11, **Z** 39.
- III **Marisol**, Playa del Sol, Tel. 2-13-65, **Z** 95.
- III **Río**, Morelas 28, Tel. 2-03-66, **Z** 48.
- III **Rosita**, Paseo Díaz Ordaz 1, Tel. 2-00-33, **Z** 105.
- IV **Encino**, Hidalgo 5, Tel. 2-00-51, **Z** 27.
- IV **Garza Blanca**, Playa Palo María, Tel. 2-10-23 (Reservierungen unter 546-55-19 in México).
- IV **Mesón de los Arcos**, Insurgentes 202, Tel. 2-02-34 (Reservierungen unter 564-77-50 in México), **Z** 50.

Restaurants:
- I **La Perla**, Hotel Camino Real, Tel. 2-00-02.

Hotelverzeichnis (Mexiko)

- I **Los Arcos**, Hotel Posada Vallarta, Tel. 2-04-59, mexikanische und internationale Küche.
- II **Garza Blanca**, Hotel Garza Blanca, Tel. 2-02-48.
- II **La Fonda del Sol**, Morelos 54, Tel. 2-07-42.
- III **Bernardo's**, Lázaro Cárdenas 174, Tel. 2-09-99.
- III **Daiquiri Dick's**, Olas Altas 246, Tel. 2-05-66.
- III **La Iguana**, Lázaro Cárdenas 167, Tel. 2-01-05.
- III **La Margarita**, Juárez 166, Tel. 2-02-15, mex. Küche.
- IV **Chez Elena**, Tel. 2-01-61, nur abends.
- IV **Crazy Turtle**, Pino Suárez 130.

Autovermietung: National Car Rental, Flughafen und Hotel Playa del Rey, Tel. 1-75-20; – *Odin*, Flughafen und Tel. 1-53-48.

Flughafen: 11 km Richtung Tepic.

Fluglinien: Aeroméxico, av. Juárez 255, Tel. 2-00-31; – *Mexicana de Aviación*, av. Juárez 202, Tel. 2-17-07; – *Hughes Airwest*, Independencia 5, Tel. 2-14-22.

Schiffahrt: Fähre nach Cabo San Lucas, 18 Std., Di. und Sa. (Mi. und So. in der anderen Richtung).

Autobus: Von der *Central Camionera* die Linien *Estrella Blanca, Norte de Sonora, Transportes del Pacífico* nach Hermosillo, Guaymas, Mazatlán, México, Tepic, Tijuana.

QUERÉTARO (Qro.)

Tel. Vw. 463

Information: OST (Pl.x, B3), Panamerikanische Straße.

Hotels:
- I **Jurica**, 11 km in Richtung San Luis Potosí, Tel. 2-10-81 (Reservierungen unter 550-33-00 in México), **Z** 50.
- II **Real de Minas**, Panamerikanische Straße km 312, Tel. 2-05-01, **Z** 44.
- II **El Retiro**, Autobahn México-Querétaro, km 195, Tel. 2-22-21, **Z** 25.
- III **Casa Blanca** (Pl.a, B3), Panamerikanische Straße km 221, Tel. 2-11-34, **Z** 46.
- III **Flamingos** (Pl.c, B3), Panamerikanische Straße km 221, Tel. 2-09-72, **Z** 46.
- III **Impala** (Pl.e, C2), Zaragoza y Colón 1, Tel. 2-25-70, **Z** 106.
- IV **Del Marqués** (Pl.f, C1), Juárez Norte 104, Tel. 2-04-14, **Z** 70.
- IV **El Barón** (Pl.b, A3), Car. Constitución, Ruta 57, Tel. 2-15-74, **Z** 33.
- IV **Gran Hotel de Querétaro** (Pl.d, B2), Madero Oriente 6, Tel. 2-01-24, **Z** 65.

Bahnhof: Estación FF. CC. (Pl. B1); Züge nach Guadalajara, León, México, Monterrey, Nuevo Laredo, Saltillo, San Luis Potosí, usw.

Autobus: Von der *Central Camionera* (Pl.C-D2) nach Guadalajara, Guanajuato, México, Monterrey, usw.

Feste: 14. Sept. Fest im Kloster des Hl. Kreuzes; – 16.–24. Dez. malerische *Weihnachtsfeierlichkeiten* mit verschiedenen originellen Ritualen.

Puerto Vallarta – Saltillo

REYNOSA (Tamps.)

Tel. Vw. 892

Hotels:
- II **Engrei**, Straße nach Monterrey, km 213, Tel. 2-29-40, **Z** 47.
- II **Motel Villa Fontana**, Guadalajara y Sinaloa, Tel. 2-04-83, **Z** 34.
- II **Motel Virrey**, bd. Hidalgo, Tel. 2-25-30, **Z** 31.
- II **San Carlos**, Hidalgo 970 Norte, Tel. 2-12-80, **Z** 75.
- III **Amelia**, F. Madero y G. Ortega, Tel. 2-19-85, **Z** 29.
- III **Mirtabel**, P. Elías y Avila Camacho, Tel. 2-25-90, **Z** 29.
- III **Riviera**, Pedro J. Méndez y Hidalgo, Tel. 2-16-74, **Z** 38.

Fluglinie: Aeroméxico, Allende 675, Tel. 2-11-15.

Autobus: Von der *Central Camionera* die Linien *Ado-Ado, Anáhuac, Estrella Blanca, Transportes del Norte, Tres Estrellas de Oro* nach Ciudad Victoria, Matamoros, México, Monterrey, Nuevo Laredo, usw.

ROSARITO (B. C.)

Kein tel. Selbstwählverkehr. Verbindung über Telephonzentrale (02).

Hotel:
- II **Rosarito Beach**, km 27 der Straße Tijuana-Ensenada, Tel. 113, **Z** 76.

SABINAS (Coah.)

Tel. Vw. 861

Hotels:
- II **Motel Tres Caminos**, Tel. 2-12-11, **Z** 57.
- IV **Gran Hotel Sabinas**, Tel. 2-00-21, **Z** 40.

SALAGUA (Col.)

Kein tel. Selbstwählverkehr. Verbindung über Telephonzentrale (02).

Hotel:
- I **Paraíso Mar Motel**, Lote 15, **Z** 12.

SALAMANCA (Gto.)

Tel. Vw. 464

Hotel:
Trevi, Hidalgo 221, **Z** 44.

Handwerk: Wachsfigurinen.

Feste: 24. Dez.–5. Jan. Weihnachtsfeiern (Posadas).

SALTILLO (Coah.)

Tel. Vw. 841

Information: OST, av. Coss y M. Acuna, Tel. 3-75-44.

Hotelverzeichnis (Mexiko) 812

Hotels:
- I **Camino Real**, Carretera 57, km 865, Tel. 3-81-90 (Reservierungen unter 545-65-30 in México), **Z** 88.
- II **Arizpe Sainz**, Victoria 418, Tel. 3-80-00, **Z** 53.
- II **Campo Turista Rancho El Morillo**, Straße nach Buenavista, Tel. 3-38-54, **Z** 13.
- II **Motel Estrella**, bd. Constitución y Francia, Tel. 2-10-42, **Z** 38.
- II **Motel La Fuente**, Carretera 57, km 869, Tel. 3-69-90, **Z** 35.
- II **San Jorge**, Manuel Acuña 240 Norte, Tel. 3-06-00, **Z** 36.
- III **Motel El Paso**, Constitución Norte, Tel. 3-61-00, **Z** 31.
- III **Premier**, Allende Norte 566, Tel. 3-81-80, **Z** 46.

Restaurants:
- III **San Luis Inn**, Abbot y Padre Flores.
- IV **La Canasta**, Constitución y Michoacán; Holzkohlengrill.
- IV **Restaurant Principal**, Allende y Alesio Robles; Zicklein

Postamt: Correos y Telégrafos, calle Victoria.

Bahnhof: calle Acuña.

Autobus: Von der *Central Camionera* die Linien *Autobuses Anáhuac, Autobuses Blancos Flecha Roja, Transportes del Norte* nach Guadalajara, México, Monterrey Nuevo Laredo, Torreón, Zacatecas, usw.

Feste: 1.–6. Aug. Feiern der *Capilla del Santo Cristo* in der Kathedrale; – 12.–20. Aug. *Jahrmarkt* und Ausstellung.

SALVATIERRA (Gto).
Tel. Vw. 466
Hotel:
- IV **Posada Santa Mónica**, 2 km Richtung Celaya, Tel. 269, **Z** 22.

SAN ANDRÉS TUXTLA (Ver.)
Tel. Vw. 294
Hotel:
- II **del Parque**, Madero 5, Tel. 309, **Z** 50.

SAN BLAS (Nay.)
Tel. Vw. 321
Hotels:
- IV **Los Flamingos**, Juárez 105, **Z** 27.
- IV **Posada Bucanero**, Juárez 75, Tel. 1, **Z** 33.
- IV **Posada Morales**, Tel. 23, **Z** 30.

SAN CRISTÓBAL DE LAS CASAS (Chiap.)
Tel. Vw. 967
Hotels:
- I **Villa Arqueologica** (Reservierungen unter 533-48-00 in México), **Z** 42.

II **Molino de la Alborada**, Lomas de San Cristobal, 3 km vomZentrum **Z** 11.

III **De Ciudad Real**, Plaza de Marzo 31, Tel. 8-10-87, **Z** 35.

III **Español**, 1 de Marzo 15, Tel. 8-02-03, **Z** 35.

III **Santa Clara**, Insurgentes 1, Tel. 395, **Z** 23.

Casa Na Bolom, Vincente Guerrero 31, Pension von Frau Gertrude Blom; zu den Mahlzeiten Gelegenheiten zu Gesprächen mit Ethnologen, Anthropologen und Soziologen.

Flughafen: Flugtaxis für Ausflüge; Information: Guadelupe 8, Tel. 397 und 470.

Autobus: Vom *Terminal Cristóbal Colón* Verbindungen (1. Kl.) nach Ciudad Cuauhtémoc, México, Tapachula und Tuxtla Gutiérrez; – vom *Terminal de la Cooperativa Tuxtla*, Verbindungen (2. Kl.) nach Ciudad Cuauhtémoc, Comitán, Ocosingo, Tapachula, Tuxtla Gutiérrez, usw.; vom *Terminal Tranportes Lacandonia*, Lokalverbindungen nach Bachajón, Ocosingo, Yajalón, usw.

Feste: 20. Jan. Hl. Sebastian in Chamula; – *Karneval* in *San Juan Chamula* und *San Andrés Chamula*; – *Karwoche* in San Juan Chamula und San Andrés Chamula; – 22.–25. Juni *Hl. Johannes in San Juan Chamula*; – 28.–31. Aug. *Fest der Santa Rosa bei den Chamulas*; – 19.–21. Sept. *Hl. Matthäus in San Mateo Chamula*; – 5.–8. Okt. *Rosenkranzfest*; – 1.–2. Nov. *Allerheiligen*; – 31.Dez.–3.Jan. *lokale Chamula-Zeremonien*.

SAN FELIPE (B.C)
Kein tel. Selbstwählverkehr. Verbindung über Telephonzentrale (02).

Hotel:
III **Riviera**.

Fluglinie: Aeroméxico, OST.

SAN IGNACIO (B.S.C.)
Kein tel. Selbstwählverkehr. Verbindung über Telephonzentrale (02).

Hotel:
II **El Presidente**, **Z** 30.

SAN JOSÉ DEL CABO (B.C.S.)
Tel. Vw. 684

Hotel:
I **Cabo San Lucas**, 13 km in Richtung La Paz, **Z** 83.

Restaurants:
Terrazas del Mar, am Strand gelegen.

SAN JOSÉ PURÚA (Mich.)
Tel. Vw. über Ortsnetz Zicacuaro, 725.

Hotel:
I **Spa San José Purúa** (Reservierungen unter 585-43-44 in México).

Hotelverzeichnis (Mexiko) 814

SAN JUAN DE LOS LAGOS (Jal.)
Tel. Vw. 378

Hotels:
IV   **Motel Las Palmas**, Straße nach Barra de Navidad, **Z** 24.
    Casa Blanca, Vicente Guerrero 18, **Z** 98.
    Franco, Morelos 20, **Z** 44.

Handwerk: Stickereien und Spitzen.

SAN JUAN DEL RÍO (Qro)
Tel. Vw. 467

Hotels:
I   **La Mansíon**, bei km 161 der Autobahn von Querétaro, (Reservierung unter 566-43-66 in México), **Z** 110.
IV   **Motel La Paloma**, Juárez Pte 94 (20-01--01) **Z** 22.

Handwerk: Halbedelsteine.

SAN JUAN HUEYAPAN (Hgo)
Kein tel. Selbstwählverkehr. Verbindung über Telephonzentrale (02).

Hotel:
II   **Hacienda de San Hueyapan**.

SAN LUIS POTOSÍ (S.L.P.)
Tel. Vw. 481

Information: O.S.T.: av. 5 de Mayo y Francisco Madero.

Hotels:
I   **Motel Cactus**, Méxicostraße, Tel. 218-72, (Reservierungen unter 566-09-33 in México), **Z** 89.
II   **Panorama**, (Pl.a, B2), av. Carranza 315, Tel. 217-77, **Z** 140.
III   **Motel Imperial**, Straße nach México, km 426-6, Tel. 293-11, **Z** 52.
III   **Motel Sands**, Straße nach México, km 423, Tel. 274-87.
III   **Motel Tuna**, av. de los Poetas 200, carretera 80, Tel. 312-07, **Z** 54.
IV   **Concordia**, (Pl.b, C2), M. J. Othón y Moleros, Tel. 206-66.
IV   **De Gante**, (Pl.c, B2), 5 de Mayo Nr. 140, Tel. 214-92, **Z** 42.
IV   **Filher**, (Pl.e, C2), av. Universidad 375, Tel. 215-62, **Z** 50.

Restaurants:
III   **Veralles**, (Pl.f, B2), V. Carranza y Allende, mexikanische Küche.
I   **La Lonja**, (Pl.g, B3), Madero y Aldama.

Postamt: Correo central, – Telegraphenamt, 5 de Mayo y Universidad
Bahnhof: Estaction de los Ferrocarriles Nationales de México

Autobus: Von der *Central Camionera* die Linien *Anáhuac, Autobuses Blancos, Flecha Roja, Estrella Blanca, Ómnibus de México, Transportes del Norte,* usw.

Feste: Die *Karwoche* mit der „*Prozession des Schweigens*", die am Karfreitag stattfindet.

SAN MIGUEL DE ALLENDE (Gto)
Tel. Vw. 465

Information: O.S.T.: Im Rathaus, Tel. 217-47.

Hotels:
- III **Hacienda Taboada Spa,** Straße nach Dolores Hidalgo, km 8, Tel. 208-50, (Reservierungen unter 544-38-02 in México).
- II **Posada de San Francisco,** (Pl.a, B2), Plaza Principal, Tel. 2-00-72, **Z** 56.
- II **Rancho Atascadero,** ca. 1 km vom Zentrum durch die Santo Domingostraße, Tel. 2-02-06, **Z** 42.
- III **Colonial,** (Pl.d, B2), Canal 21, Tel. 2-00-44.
- III **Mesón de San Antonio,** Mesones 80, Tel. 2-05-80, **Z** 16.
- III **Casas Vista Hermosa,** (Pl.p, B2), Cuna de Allende 11, Tel. 2-04-37, **Z** 36.
- III **La Siesta,** Carretera de San Miguel Allende nach Celaya, Tel. 2-02-07, **Z** 36.
- III **Parador San Miguel,** Ancha de San Antonio 20, Tel. 2-03-92, (Reservierungen unter 533-05-60 in México).
- III **Villa Jacaranda,** Aldama 53, Tel. 2-10-15.
- III **Villa Santa Mónica,** Juárez 5, Tel. 2-05-87, **Z** 9.
- IV **Parador del Cortijo,** Rancho el Cortijo, nach 11 km auf der Straße nach Dolores Hidalgo.
- IV **Posada Carmina,** Cuna de Allende 7, Tel. 2-04-58.
- IV **Posada de las Monjas,** Canal 37, Tel. 2-01-71.

Restaurants:
- IV **Hostería del Parque,** Aldama 1.
- IV **Quinta Loreto,** Callejón Loreto 13.

Postamt: Zentralpost (Pl. B1) – *Telegraphenamt* (Correos, Pl. C2)

Autobus: Von der *Central Camionera* die Linien *Flecha Amarilla Norte de Sonora* usw. nach Dolores Hidalgo, Guadalajara, Querétaro, San Luis Potosí.

Handwerk: Sarapes, Schmiede, Eisen, Kupfer.

Feste: 29. Sept. – Fest zu Ehren des *Stadtpatrons, Weihnachtsfeierlichkeiten* vom 16.–25. Dez.

Am 1. Fr. im März *Feria des Señor de la Conquista.* Prozessionen zu *Ostern* (2 Wochen vor Ostersonntag Überstellung des *Señor de la Columna* vom Heiligtum von Atotonilco, s. Rte 8, km 428,5). Die kleine Kapelle San Antonio oder Casa Colorada ist ein beliebter Wallfahrtsort (17. Jan. Tierweihe).

Hotelverzeichnis (Mexiko)

SAN MIGUEL REGLA (Hgo.)
Kein tel. Selbstwählverkehr. Verbindung über Telephonzentrale (02).

Hotel:
I **Hacienda San Miguel Regla**, Z 41.

SAN QUINTÍN (B.C.)
Kein tel. Selbstwählverkehr. Verbindung über Telephonzentrale (02).

Hotel:
I **El Presidente**, Z 60.

SANTA ROSALÍA (B.C.S.)
Tel. Vw. 685

Hotel:
IV **Central**, Plaza 4, Z 15.

Schiffahrt: Fähre *Muelle de la Aduana*, Tel. 2-00-13, nach Guaymas in 6 Std.

SI-HO PLAYA (Camp.)
Kein tel. Selbstwählverkehr. Verbindung über Telephonzentrale (02).

Hotel:
IV **Si-Ho-Playa** (Reservierungen unter 6-30-52 in Campeche und 536-01-95 in México).

TAMAZUNCHALE (S.L.P.)
Tel. Vw. 136

Hotel:
IV **Motel Quinta Chilla**.

TAMPICO (Tamps.)
Tel. Vw. 121

Information: OST, *Palacio Municipal*, 1. Stock, Plaza de Armas.

Hotels:
I **Camino Real**, Hidalgo 2000, Tel. 3-11-01 (Reservierungen unter 545-65-30 in México), Z 100.
II **Holiday Inn**, Carr. Nacional, km 2,2, Tel. 3-30-50 (Reservierungen unter 533-66-01 in México), Z 129.
II **Inglaterra**, Díaz Mirón 116 Oriente, Tel. 2-44-70 (Reservierungen unter 546-01-00 in México), Z 126.
III **Colonial**, F. Madero 210 Oriente, Tel. 2-76-76, Z 138.
III **Motel San Antonio**, Hidalgo 3317, Tel. 3-01-65, Z 77.
IV **Posada del Rey**, Madero y Muelle, Tel. 2-36-00, Z 40.

IV Sevilla, Rivera 300 Oriente, Tel. 2-31-34, **Z** 75.

IV Tampico, Carranza 513 Oriente, Tel. 3-30-50, **Z** 80.

Restaurants:

III Elite, Díaz Mirón y Muelle.

IV Norteñito, Madero 108 Oriente.

IV El Taquito, Aduana 209 Norte; mex. Spezialitäten.

Fluglinie: Mexicana de Aviación,, Díaz Mirón 104 Oriente, Tel. 2-10-51.

Bahnhof: am Hafen, am Ende der Calle Aduana.

Autobus: Von der *Central Camionera* die Linien *Ado-Ado, Estrella Blanca, Ómnisbus de México, Oriente, Transportes del Norte* nach Durango, Laredo, México, Monterrey, Matamoros, Saltillo usw.

TAPACHULA (Chiap.)
Tel. Vw. 962

Hotels:

I Lomas Real, Tel. 6-14-40 (Reservierungen unter 521-86-00 in México), **Z** 62.

II Motel Kamico, Straße Tapachula–Talismán, km 2, Tel. 6-26-40, **Z** 55.

III Monaco, Primea Calle Poniente 18, Tel. 14-90, **Z** 44.

IV Fenix, av. Norte 19, Tel. 14-64, **Z** 51.

IV Guizar, av. Norte 27, Tel. 11-65, **Z** 51.

IV San Francisco, av. Central Sur 94, Tel. 14-54, **Z** 40.

Fluglinie: Aeroméxico, Norte 2, Tel. 6-20-50.

Eisenbahn: 416 km nach Ixtepec, in 10.45 Std.

Autobus: Von der *Central Camionera* die *Autobuses del Sureste* und *Ómnibus del Sureste* nach México, Oaxaca, Tehuantepec, usw.

TAXCO (Gro.)
Tel. Vw. 732

Information: OST (Pl. B1) an der Stadteinfahrt, aus Richtung Cuernavaca.

Hotels:

I De la Borda (Pl.a, B1), Straße nach Iguala, Tel. 2-00-25 (Reservierungen unter 564-96-80 in México), **Z** 160.

I Holiday Inn, Lomas de Taxco, Tel. 2-13-00 (Reservierungen unter 533-15-50 in México), **Z** 165.

II Motel Loma Linda (Pl.e, B2), av. Kennedy 52, Tel. 2-02-06, **Z** 70.

II Posada de la Misión (Pl.b, C1), Cerro de la Misión, Tel. 2-00-63 (Reservierungen unter 518-00-40 in México), **Z** 100.

I Rancho Taxco (Pl.f, A3), Soto la Marina, Tel. 2-00-04, (Reservierungen unter 525-82-12 in México), **Z** 60.

II Victoria (Pl.c, A3), Soto la Marina, Tel. 2-00-10 (Reservierungen unter 525-82-12 in México), **Z** 80.

III Real de Taxco (Pl.i, B3), Cuauhtémoc 2, Tel. 2-01-39, **Z** 30.

Hotelverzeichnis (Mexiko) 818

III **Santa Prisca** (Pl.j, A3), Cena Obscuras 1, Tel. 2-00-80, **Z** 36.
IV **Meléndez** (Pl.h, A3), Cuauhtémoc 6, Tel. 200-06, **Z** 41.

Restaurants:
III **Alarcón** (Pl.m, A3), Palma 2; mex. Küche.
III **Las Terrazas** (Pl.n, B2), av. J. F. Kennedy.
IV **Cielito Lindo**, Zócalo; mex. Küche.

Postamt: Pl. B3, Corréos.

Autobus: Von der *Central Camionera* die Linien *Autobuses Estrella de Oro, Lineas Unidas del Sur*, usw., nach Acapulco, Cuernavaca, Iguala, México, usw.

Handwerk: am Markt am So. Korb- und Töpferwaren, Silber.

Feste: 8. Jan. *Feria de Santa Prisca*; – 24. Feb. Fest auf dem Vorplatz der Kirche del Señor de Ojeda; – 4. März Feria de la Vera Cruz (Tänze); – 8. März Tecomatentänze, Feuerwerk auf dem Platz der Kapelle del Señor de Chavarrieta; – 3. Mai Fest auf dem Vorplatz der Kirche Cruz de la Misión. Prozessionen in der Nacht auf Karfreitag.

TECATE (B.C.)
Kein tel. Selbstwählverkehr. Verbindung über Telephonzentrale (02).

Hotels:
III **Motel El Dorado**, Juárez 1100, Tel. 4-11-01, **Z** 42.
III **Motel San Carlos**, Juárez 700, Tel. 4-10-86, **Z** 20.

TECOMAN (Col.)
Tel. Vw. 332

Hotel:
I **Real Motel** an der Stadteinfahrt, aus Manzanillo kommend, Tel. 4-01-00, **Z** 40.

TEHUACÁN (Pue.)
Tel. Vw. 238

Hotels:
II **Gran Hotel Spa Peñafiel**, **Z** 200.
III **México**, Avila Camacho 101, Tel. 2-23-19, **Z** 80.

TEHUANTEPEC (Oax.)
Tel. Vw. 971

Hotels: (sehr mittelmäßig):
  Calli, Straße nach Juchitán.
  Tehuantepec, Straße nach Juchitán, Tel. 3, **Z** 48.

Handwerk: bemalte Kalebassen, sehr zerbrechliche Tonfiguren.

Taxco – Tijuana

TELOLOAPAN (Gro.)
Tel. Vw. 736

Hotel:
IV **Cuauhtémoc**, 5 de Mayo, Tel. 6, **Z** 15.

TEOTIHUACÁN (Méx.)
Tel. Vw. 959

Hotel:
I **Villa Arqueologica** (Reservierungen unter 533-48-00 in México), **Z** 42.

TEPIC (Nay.)
Tel. Vw. 321

Hotels:
III **Motel La Loma**, Paseo de la Loma 301, Tel. 2-92-22, **Z** 30.
III **Sierra de Alica**, México 180 Norte, Tel. 2-03-22, **Z** 60.
IV **Imperial**, México 208 Norte, Tel. 2-01-09, **Z** 43.
IV **San Jorge**, Lerda 124 Poniente, Tel. 2-17-55, **Z** 39.

TEQUISQUIAPAN (Qro.)
Tel. Vw. 467

Hotels:
I **Rio**, Tel. 3-00-15 (Reservierungen unter 566-20-83 in México),**Z** 58.
II **Cortijo La Querencia**, Tel. 111, **Z** 25.
III **Balneario San Alberto**, Guillermo Prieto 14 Sur, Tel. 3-02-68, **Z** 20.
III **Delicias**, Tel. 301, **Z** 23.
III **Maridelfi**, Tel. 52, **Z** 24.

TIERRA BLANCA (Ver.)
Tel. Vw. 274

Hotel:
IV **Castellanos**, Juárez 300, Tel. 142, **Z** 26.

TIJUANA (B.C.)
Kein tel. Selbstwählverkehr. Verbindung über Telephonzentrale (02).

Information: OST, av. Guanajuato 375, Tel. 5-36-63.

Hotels:
I **El Conquistador**, bd. Agua Caliente 700, Tel. 6-48-01, **Z** 100.
I **Palacio Azteca**, av. 16 de Septiembre, Tel. 6-53-02. **Z** 111.
I **Ramada**, bd. Agua Caliente, Tel. 3-86-50, **Z** 200.
I **Royal Inn**, bd. Agua Caliente, Tel. 6-50-03, **Z** 200.

Hotelverzeichnis (Mexiko)

II **Country Club**, Tapachula 1, Tel. 6-23-01, **Z** 103.
II **Conjunto Plaza Santa Maria**, Straße nach Ensenada, Tel. 5-81-86, **Z** 250.
III **Caesar**, Revolución y Calle 5, Tel. 5-16-06, **Z** 80.
III **Motel la Mesa**, bd. Díaz Ordaz, Tel. 6-15-48, **Z** 79.
III **Motel la Sierra**, Straße nach Ensenada, Tel. 6-16-08, **Z** 64.
III **Padre Kino**, bd. Agua Caliente, Tel. 6-42-06, **Z** 57.
IV **Misión del Sol**, Maldonado y Culiacán, Tel. 5-60-06, **Z** 70.

Restaurants:
IV **Mérida Cafetería**, Madero 341.
IV **Rodeo**, bd. Agua Caliente; mex. Küche.
IV **Uruapan**, Straße nach Tecate; mex. Küche.

Fluglinie: Aeroméxico, Revolución 1236, Tel. 5-44-01.

Autobus: Von der *Central Camionera* die Linien *Autotransportes Tres Estrellas de Oro, Transportes de Baja California, Transportes del Pacifico, Transportes de Sonora* nach Ensenada, Mexicali, México, usw.

Geldwechsel: an der Grenze und in den Banken, es werden aber überall US.$ angenommen.

Verantaltungen: 4 mal wöch. *Jai Alai* am *Frontón Palacio*; im Sommer *Corridas* am So., 16 Uhr, Juni–Sept.; – *Pferderennbahn* Agua Caliente, Sa. und So. ab mittag, ganzjährig; 2. Augustwoche *Messe*.

TOLUCA (Mex.)
Tel. Vw. 721

Hotels:
III **Del Rey**, Straße nach México, Tel. 5-36-55, **Z** 35.
III **Plaza Morelos**, Aquiles Serdán 115, Tel. 5-92-00, **Z** 38.
III **San Carlos**, Portal Madero 210, Tel. 5-40-17.

Autobus: Von der *Central Camionera* die Linien *Estrella Blanca, Autotransportes de Pasajeros Flecha Roja, Cooperativa de Transportes México-Toluca, Lineas Unidas del Sur* nach Ixtapan, México, Morelia, usw.

TOPOLOBAMPO (Sin.)

Schiffahrt: In der Saison Fähren nach Loreto und zur Kalifornischen Halbinsel (Santa Rosalía).

TORRÉON (Coah.)
Tel. Vw. 171

Hotels:
I **Palacio Real**, Morelos 1280 Poniente, Tel. 6-00-00, **Z** 120.

II **Del Paseo**, Morelos y Fuentes, Tel. 2-41-60, **Z** 70.
II **Motel Paraíso del Desierto**, bd. Independencia y Jimenez, Tel. 6-11-22, **Z** 104.
II **Río Nazas**, Morelos y Treviño, Tel. 2-61-71.
III **Arriaga**, Hidalgo y Cepeda, Tel. 2-05-33, **Z** 34.
III **Calvete**, Juárez y Corona, Tel. 2-51-02, **Z** 80.
IV **Posada del Rey**, Valdes Carillo 333 Sur, Tel. 6-00-12, **Z** 40.

Fluglinie: Aeroméxico, Morelos 1384 Poniente, Tel. 2-56-90.

Autobus: Von der *Central Camionera* die Linien *Estrella Blanca, Ómnisbus de México, Transportes Chihuahuenses, Transportes del Norte* nach Chihuahua, Durango, México, Monterrey, Saltillo, usw.

TULANCINGO (Hgo.)
Tel. Vw. 775.

Hotel:
IV **Colonial**, av. Juárez, Tel. 3-02-88, **Z** 66.

TUXPAN (Ver.)
Tel. Vw. 783

Hotels:
III **Los Mangos**, Independencia 100, Tel. 4-02-20.
III **Plaza**, Juárez 39, Tel. 4-09-38, **Z** 57.
III **Posada del Campanario**, 5 de Febrero 9, Tel. 4-06-55, **Z** 23.
IV **Florida**, Juárez 23, Tel. 4-02-22, **Z** 61.

TUXTEPEC (Oax.)
Tel. Vw. 287

Hotels:
II **El Rancho**, Tel. 141.
IV **Mirador**, Independencia 1.
IV **Tuxtepec**, Matamoros 2, Tel. 234, **Z** 34.

Restaurant:
II **El Pesebre** (Hotel El Rancho); Fischspezialitäten.

TUXTLA GUTIÉRREZ (Chiap.)
Tel. Vw. 961

Information: OST, Stadteinfahrt aus Tehuantepec kommend.

Hotels:
II **Bonampak**, bd. Belisario Domínguez 180, Tel. 2-02-01, **Z** 100.
II **Posada del Rey**, 1 a Oriente Norte 310, Tel. 2-28-71, **Z** 44.
III **Balun Canan**, Central Oriente 944, Tel. 2-30-48, **Z** 38.

Hotelverzeichnis (Mexiko) 82:

IV Guizmar, 1 a Oriente Sur 114, Tel. 2-10-54, **Z** 36.
San Carlos, 1 a Oriente Norte 229, Tel. 2-03-16, **Z** 37.

Flughafen: 7 km in Richtung Tehuantepec.

Fluglinien: Aeroméxico, av. 14 de Septiembre Oriente 214, Tel. 2-21-55; – *Mexicana de Aviación*, Central Poniente 206, Tel. 2-00-20; – *Flugtaxis* für Ausflüge nach Bonampak, Yaxchilán, Ocosingo, Lacanja, Auskünfte am Flughafen.

Autobus: Von der *Central Camionera* die Linien *Cristóbal Colón, Omnibus del Sureste* usw. nach Cuauhtémoc, Juchitán, México, Oaxaca, Puebla, Tehuantepec, usw.

Feste: 21.–16. Apr. *Regionalmarkt*; – 13.–16. Aug. *Himmelfahrt* mit Hahnenkämpfen, Feuerwerken, ua.: – 8.–14. Dez. *Fest und Handelsmesse zu Ehren der Virgen de Guadelupe*.

URUAPAN (Mich.)
Tel. Vw. 452

Hotels:
II El Tarasco, Independencia 2, Tel. 2-16-80, **Z** 55.
II Pie de la Sierra, 4 km in Richtung Carapán, Tel. 2-15-10, **Z** 43.
III Victoria, Cupatitzio 11, Tel. 2-15-00, **Z** 63.
IV Hernández, Portal Matamoros 19, Tel. 2-16-00, **Z** 50.
IV Villa de las Flores, E. Carranza 15, Tel. 2-01-84, **Z** 29.
Paricutín, B. Juárez 295, Tel. 2-03-03, **Z** 37.

Autobus: Von der *Central Camionera* die Linien *Autotransportes La Piedad, Norte de Sonora* u. a. nach Apatzingán, Guadalajara, Morelia, usw.

Handwerk: Lindenholzobjekte.

Feste: 24. Juni *Fest des Hl. Johannes* mit div. Darbietungen.

UXMAL (Yuc.)
Kein tel. Selbstwählverkehr. Verbindung über Telephonzentrale (02).

Hotels:
I Villa Arqueologica (Reservierungen unter 533-48-00 in México), **Z** 42.
II Hacienda Uxmal, Tel. 192-19 in Mérida, **Z** 80.
III La Palapa, 1,5 km Richtung Mérida.

Jeepvermietung: Bei den Hotelportiers oder bei Luciano Carillo im Gemischtwarenladen von Santa Elena (s. Rte 32, km 163).

VALLADOLID (Yuc.)
Tel. Vw. 965

Hotels:
III El Mesón del Marqués, Calle 39 Nr. 203, Tel. 6-20-73.

… Tuxtla Gutiérrez – Veracruz

- I **María de la Luz**, Calle 42 Nr. 195, Tel. 6-20-71.
- I **San Clemente**, Calles 41 y 42 Nr. 206, Tel. 6-20-65.
- V **Zaci**, Calle 44 Nr. 191, Tel. 6-21-67, **Z** 40.

VALLE DE BRAVO (Mex.)
Tel. Vw. 726

Hotels:
- I **Hotel Golf Avandaro**, Tel. 52 (Reservierungen unter 536-77-26 in México), **Z** 50.
- II **Los Arcos**, Tel. 13, **Z** 25.
- II **Posada Rincón del Bosque** (Reservierungen unter 575-50-44 in México), **Z** 14.
- III **Hotel Montiel**, Tel. 2-00-04 (Reservierungen unter 533-47-55 in México), **Z** 50.

VERACRUZ (Ver.)
Tel. Vw. 293

Information: OST, *Palacio Municipal* (Pl.i, A2), Tel. 2-16-13.

Hotels:
- II **Diligencias** (Pl.c, A2), Independencia 1115, Tel. 2-01-80, **Z** 152.
- II **Emporio** (Pl.a, B2), Paseo del Malecón, Tel. 2-00-20 (Reservierungen unter 566-77-66 in México), **Z** 200.
- II **Veracruz** (Pl.b, A2), Independencia 1069, Tel. 2-00-80 (Reservierungen unter 521-47-68 in México), **Z** 126.
- III **Colonial de Veracruz** (Pl.g, A2), Lerdo 117, Tel. 2-01-93, **Z** 215.
- III **Mocambo**, Playa de Oro, 9 km in Richtung Alvarado, Tel. 3-15-00 (Reservierungen unter 546-04-77 in México), **Z** 50.
- III **Oriente** (Pl.d, A2), Miguel Lerdo 20, Tel. 2-01-00, **Z** 57.
- III **Ruíz Millán** (Pl.e, A2), Malecón, Tel. 2-01-87, **Z** 48.
- III **Villa del Mar**, Avila Camacho, Tel. 2-02-27, **Z** 85.
- IV **Castellán**, bd. Avila Camacho, Tel. 2-44-15, **Z** 59.
- IV **Prendes**, Independencia 1074, Tel. 2-01-53, **Z** 35.

Restaurants:
- III **La Diligencia**, Zócalo.
- III **Prendes**, Zócalo.

Postamt: Pl. A1, *Correos*.

Reisebüros: Villa Rica, 5 de Mayo 63, Tel. 2-11-52; – *Wagons-Lits Cook*, 5 de Mayo 1076, Tel. 2-22-57.

Flughafen: in Las Bajadas, 11,5 km in Richtung Jalapa.

Fluglinien: Aeroméxico, Zamora 282, Tel. 2-73-00; – *Mexicana de Aviación*, 5 de Mayo y Serdán, Tel. 2-22-42.

Schiffahrt: Cia Transatlántica Española, 5 de Mayo 63, Tel. 224-17; – *Reinert SA*, Independencia 39, Tel. 2-41-95; – *Servicios Interoceánicos*, Emparan 19, Tel. 2-19-07; – *Ward Line de México*, Morelos 37, Tel. 2-22-02.

Hotelverzeichnis (Mexiko)

Eisenbahn: Bahnhof Pl. A1; *Fahrkartenabholung* am Zócalo (Hotel Diligencias, Pl.c, A2); Öffnungszeiten der Büros: tgl. 9.30–12 und 14.15–16.15 Uhr, an Sonn- und Feiertagen 10-13 Uhr (Tel. 2-25-69).

Autobus: Von der *Central Camionera* (av. Salvador Díaz Mirón y Jalapa) die *Autobuses Unidos* nach Chetumal, México, Puebla, Tehuacán, Tuxtepec, Villahermosa u. a.; – *Autobuses de Oriente* nach Campeche, Jalapa, Mérida, Oaxaca, Poza Rica, Tampico u. a.

Handwerk: Schildpatt, schwarze Korallen, Stickereien.

Feste: Karneval; wenn Ostern sehr früh fällt, findet der Karneval aus Witterungsgründen erst nach Ostern statt.

VILLAHERMOSA (Tab.)
Tel. Vw. 931

Information: OST, Malecón; *Caseta de Turismo* an der Einfahrt aus Veracruz.

Hotels:
- II **Maya Tabasco**, 2 km Richtung Veracruz, Tel. 2-11-11, **Z** 140.
- II **Olmeca**, Reforma 304, Tel. 2-00-22, **Z** 68.
- III **Manzur**, Madero 422, Tel. 2-24-99, **Z** 116.
- III **María Dolores**, Aldama 104, Tel. 2-22-11.
- IV **Palma de Mallorca**, Madero 516, Tel. 2-01-44, **Z** 36.
- IV **Ritz**, Madero 1113, Tel. 2-16-11, **Z** 72.
- IV **San Diego**, 27 de Febrero 13, Tel. 2-10-77, **Z** 47.

Restaurants:
- I **Maya Tabasco**, 2 km in Richtung Veracruz; Spezialität: Piguas, Riesen-Süßwasserkrebse.
- II **Olmeca**, Reforma 304; Piguas.
- III **Alrio**, Hotel Manzur, 2. Stock.
- III **Los Azulejos**, Juárez 612.
- IV **Los Faroles**, Malecón 1015; Grillspezialitäten.
- IV **Los Pepes**, Madero 610; regionale Spezialitäten.

Postamt: Correo Mayor, Aldama y Lerdo de Tejada; – *Telephon:* Juárez 573.

Fluglinien: Aeroméxico, av. Malecón 1611, Tel. 2-15-28; – *Mexicana de Aviación*, Madero 109, Tel. 2-11-69; – *Flugtaxis* für Ausflüge in Gegenden, die man mit Pkw oder Jeep nicht erreichen kann; Auskunft am Flugplatz.

Autobus: Von der *Central Camionera* die Linien *Ado* nach Palenque und *Autobuses de Oriente, Lineas Unidas México Sureste* nach Campeche, Champotón, Ciudad del Carmen, Mérida, usw.

XICOTEPEC DE JUÁREZ (Pue.)
Kein tel. Selbstwählverkehr. Verbindung über Telephonzentrale (02).
Hotel:
- II **Mi Ranchito**, Straße nach México, **Z** 16.

XOCHITEPEC (Mor.)
Kein tel. Selbstwählverkehr. Verbindung über Telephonzentrale (02).

Hotel:
II **Real del Puente**.

ZACATECAS (Zac.)
Tel. Vw. 492

Information: OST, López Mateos 108, Tel. 1-01-70.

Hotels:
II **Aristos**, Lomas de la Soledad, Tel. 2-17-88 (Reservierungen unter 533-05-60 in México), **Z** 102.
III **Motel del Bosque**, Cinturón Panorámico, Tel. 2-07-45, **Z** 45.
III **Posada de la Moneda**, Hidalgo 413, Tel. 2-08-81, **Z** 36.
IV **Colón,** López Velarde 208, Tel. 2-04-64.

Autobus: Von der *Central Camionera* die Linien *Ómnibus de México, Transportes Chihuahuenses* u. a. nach Chihuahua, Ciudad Juárez, Durango, El Paso, Guadalajara, Guanajuato, San Luis Potosí, Tampico, usw.

Feste: 27.-31. Aug. traditionelles Fest nahe des Cerro de la Bufa; – 31. Dez. Messen, Prozessionen, Tänze.

ZAMORA (Mich.)
Tel. Vw. 351

Hotel:
III **Fenix**, Madero Sur 401, Tel. 2-02-66.

ZIHUATANEJO (Gro.)
Tel. Vw. 743

Hotels:
II **Catalina**, Playa la Ropa, Tel. 4-21-37, **Z** 28.
II **Irma**, Playa de la Madera, Tel. 4-20-25, **Z** 30.
II **Sotavento**, Playa la Ropa, Tel. 4-20-32, **Z** 48.
III **Posada Caracol**, Playa de la Madera, Tel. 4-20-35, **Z** 52.
IV **Bungalows Pacificos**, Cerro de la Madera, Tel. 4-21-12, **Z** 6.

Restaurants:
III **Canalma**, 5 de Mayo, Tel. 4-20-03; Fisch.
III **La Trotuga y la Rana,**, Juan Alvárez y 5 de Mayo; Langusten und Fisch.

Fluglinien: Aeroméxico, Juan Alvárez 34, Tel. 4-20-18; – *Mexicana de Aviación*, Paseo del Pescador, Tel. 4-22-08.

Autobus: Die Linien *Estrella de Oro, Lineas Unidas del Sur* nach Acapulco, Cuernavaca, México u. a.

Strände: Playa Carritzo, 6 km in Richtung Ixtapa, l. am Fuße eines Hügels; – *Playa Quieta*, feiner Sandstrand; – *Playa las Gatas*, Boote ab Zihuatanejo.

Sport: Taucherschule Playa de las Gatas; – Hochseefischerei; – Entenjagd in den Lagunen und Hirsche in den Bergen nördl. der Stadt.

ZIMAPÁN (Hgo.)
Tel. Vw. 772

Hotels:
III **La Fundición**, in einer ehemaligen Silberschmelze.
III **Posada del Rey**, an der Kreuzung des Straßenkm. 409.

ZITÁCURO (Mich.)
Tel. Vw. 725

Hotels:
IV **Lorenz**, Tel. 3-09-91, **Z** 20.
   Salvador, Tel. 3-11-07, **Z** 17.

Hotelverzeichnis und Praktische Hinweise Guatemala

Nach jedem Ortsnamen befindet sich in Klammern die Abkürzung des jeweiligen Bundesstaates.

A. V.:	Alta Verapaz	Jal.:	Jalapa
B. V.:	Baja Verapaz	Jut.:	Jutiapa
Chim.:	Chimaltenango	Quez.:	Quezaltenango
Chiq.:	Chiquimula	Sac.:	Sacatepéquez
El. P.:	El Progreso	Sol.:	Sololá
El. Q.:	El Quiché	S. M.:	San Marcos
Esc.:	Escuintla	Such:	Suchitepéquez
Guat:	Guatemala	Tot.:	Totonicapán
Hue.:	Huehuetenango	Zac.:	Zacapa
Iz.:	Izabal		

AMATITLÁN (Guat.)
Tel. Vw. 0330

Hotel:
II **El Rocarena** (Reservierungen unter 033-337 in Guatemala), **Z** 6.

Feste: 1.–7. Mai

ANTIGUA GUATEMALA (Sac.)
Tel. Vw. 0320

Information: OT, Plaza de Armas.

Hotels:
I **Antigua**, Callejón San José el Viejo, Tel. 032-331, **Z** 60.
II **Posada Don Rodrigo**, 5 a av. Norte 9, Tel. 032-291, **Z** 30.
III **Cortijo de las Flores**, Ciudad Vieja, Tel. 032-285, **Z** 27.
III **Casa del Patio**, 5 a av. Norte 35, **Z** 8.
IV **Aurora**, 4 a calle Oriente 16, Tel. 032-217, **Z** 16.
IV **Rosario Lodge**, El Rosario 36, Tel. 032-217, **Z** 8.

Handwerk: Schmuck, Jade, indianische Stoffe.

Feste: in *Antigua* im Feb., am 1. Fr. der Fastenzeit, in der Karwoche und am 25. Juli.; – in *Santa Maria de Jesús* 1.–5. Jan.; – in *Santa Catarina Barahona* 15. Jan; – in *San Antonio* am 20. Jan.; – in *Santiago Sacatepéquez* 25. Juli; – in *Jocotenango* 15. Aug.; – in *Pastores* 8.–11. Sept. (San Dionisio Aereopajita); – in *San Miguel Dueñas* 26. Sept.– 2. Okt.; – in *Ciudad Vieja* 5.-9. Dez.

Veranstaltungen: Do. großer Markt, Mo. und Sa. kleinere Märkte; – im Circulo Musical Antigua Sa. und So. *Barockmusikkonzerte.*

COATEPEQUE (Quez.)
Tel. Vw. 0751

Hotels:
IV **Virginia**, Straße zum Pazifik, **Z** 12.
    Europa, Calle 4-01, Zone 1.

Autobus: Autopullmans Galgos nach Ciudad de Guatemala, Mazatenango u. a.

COBÁN (A. V.)
Tel. Vw. 0511

Hotels:
III **La Posada**, **Z** 11.
III **San Juan Acala**, **Z** 6.
IV **Chipi Chipi**, **Z** 18.
IV **Central**, **Z** 9.

Feste: 1.–6. Aug. Festival mit Volkstänzen; – in *Santa Cruz Verapaz* Folklorefest und Feierlichkeiten zu Ehren der Santa Cruz 1.–4. Mai; – in *San Juan Chamelco* Regionalfeste und Fest des Hl. Joh. d. T. 21.–24. Juni; – in *San Pedro Carchá* 24.–29. Juni; – in *San Cristóbal Verapaz* Folklorefest und Fest des Santigo Apostól 20.–25.Juli; – in *Tactic* Fest der Virgen de la Asunción 11.–16. Aug.

CHAMPERICO (Ret.)
Tel. Verbindung nur über Zentrale (121).

Hotel:
    Miramar, **Z** 16.

Feste: 4.–8. Aug.

CHICHICASTENANGO (El Q.)
Tel. Vw. 0561

Hotels:
I **Maya Inn**, **Z** 30.
III **Maya Lodge**, **Z** 8.
IV **Pensión Chuguila**, **Z** 20.

Autobus: tgl. Verbindung nach Ciudad de Guatemala, Panajachel, Santa Cruz del Quiché u. a.

Feste: in *Chichicastenango* finden die schönsten Feste 15.–31. Dez. statt, vor allem am 21., Fest des Hl. Thomas mit Jahrmarkt, Tänzen und Darbietungen; – in *Chinique* 13.–19. Jan. Fest des Señor de Esquipulas; – in *Patzitzé* 6.–10. Feb. Fest der Virgen de Candelaria; – in *San Pedro Jocopilas* 27.–30. Juni Fest des Apostels Petrus; – in *Santa Cruz del Quiché* 14.–19. Aug. Fest der Santa Elena de la Cruz; – in *Chiché* 25.–28. Dez. Fest des Hl. Thomas.

Handwerk: am Markt am Do. und So. Silberschmuck, Kupfer, Huipiles und Stickereien.

CHIQUIMULA (Chiq.)
Tel. Vw. 0420

Hotel:
IV **Chiquimulja**, Tel. 387, **Z** 12.

Autobus: Rutas Orientales nach Ciudad de Guatemala und Esquipulas.

Feste: Virgen del Tránsito 11.–18. Aug.

CHULAMAR (Esc.)
Tel. Verbindung über Zentrale (121).

Hotels:
I **Club Chulamar**, Puerto San José, Tel. 6-26-14, **Z** 52.
I **Balneario Chulamar**, Puerto San José, Tel. 2-68-54, **Z** 10.
III **Viñas del Mar**, Puerto San José, **Z** 17.

ESCUINTLA (Esc.)
Tel. Vw. 0380

Hotels:
II **Motel Texas**, Tel. 038-250, **Z** 19.
IV **Sarita**, Tel. 038-341, **Z** 26.

Autobus: Autopullmans Galgos nach Coatepeque, Ciudad de Guatemala, Mazatenango, El Carmen u. a.

Feste: Fest der *Virgen de la Concepción* 6.–15. Dez.

FLORES (Petén)
Tel. Vw. 0811

Hotels:
II **Maya Internacional**, Santa Elena, **Z** 12.
II **Itzá**, **Z** 22.
  Petén, **Z** 9.

Autobus: Fuente del Norte nach Ciudad de Guatemala, Tikal, usw.

Hotelverzeichnis (Guatemala)

Feste: Handwerksausstellung und Feiern zu Ehren des Señor de Esquipulas 12.–15. Jan; – in *San José* Feierlichkeiten 10.–19. März; – in *San Benito* rel. Feierlichkeiten 1.–9. Mai; – in *Sayaxché* 5.–13. Juni Fest des Hl. Antonius v. Pádua; – in *Santa Ana* 18.–26. Juli; – in *San Andrés* 21.–30. Nov.

GUALÁN (Zac.)
Tel. Verbindung über Zentrale (121).

Hotel:
Posada Doña María, km 181 der Straße zum Atlantik, Z 22.

Feste: 5.–9. Mai Fest des Erzengels Michael.

GUATEMALA, Ciudad de (Guat.)
Tel. Vw. 02

Information: OT (Pl. a, D2), 6 av. 5–34, Zone 1, Tel. 2-40-15; Öffnungszeiten: Mo.–Fr. 8.30–17 Uhr, Sa. 8–12 Uhr.

American Express: Clark Tours, Edificio El Triángulo, 7 av. y calle Mariscal Cruz, Zone 4, Tel. 6-02-13.

Hotels:
- I **Biltmore** (Pl.d, C6), 15 calle y av. Reforma, Zone 10, Tel. 680-221, **Z 118**.
- I **Camino Real** (Pl.c, C6), 14 calle y av. Reforma, Zone 10, Tel. 681-271, **Z 300**.
- I **Conquistador Sheraton** (Pl.b, C4), Vía 5, 4-68, Zone 4, **Z 100**.
- I **Ritz** (Pl.h, D2), 6 a av. „A" 10-13, Zone 1, Tel. 8-16-71, **Z 200**.
- II **Del Centro**, 13 calle 4-55, Zone 1, Tel. 8-12-81, **Z 60**.
- II **Guatemala Internacional**, 6 a av. 12-21, Zone 1, Tel. 8-44-41, **Z 90**.
- II **Motel Plaza** (Pl.f, c4), Vía 7, 6-16, Zone 4, Tel. 6–23–37, **Z 55**.
- II **Panamerican**, 9 a calle 5-63, Zone 1, Tel. 2-68-07, **Z 60**.
- III **Casa de Huéspedes Ticum**, 5 a av. 1-47, Zone 9, Tel. 6-20-09, **Z 10**.
- III **Maya Excelsior**, 7 a av. 12-46, Zone 1, Tel. 8-27-61, **Z 7108**.
- IV **Chalet Suizo**, 14 calle 6-18, Zone 1, Tel. 8-63-71.
- IV **Colonial**, 7 a av. 14-19, Zone 1, Tel. 2-67-22, **Z 41**.
  Centro América, 9 a av. 16-38, Zone1, Tel. 2-69-17, **Z 63**.
  Mansión Casa Shaw, 8 a av. 12-75, Zone 1.
  Pensión la Posada, 7 a av. 5-41, Tel. 2-70-12.

Restaurants:
- II **Charles**, 6 av. 14-04, Zone 9, Tel. 6-01-51; franz. Küche.
- II **Normandy**, 7 a av. 15-51, Zone 9, Tel. 6-28-65.
- II **Petit Suisse**, av. La Reforma 6-67, Zone 10, Tel. 6-29-04.
- II **Red Lion**, av. La Reforma 7–45. Zone 10, Tel. 6-21-52.
- III **La Colombe d'Or**, av. La Reforma 3–87, Zone 10, Tel. 6-21-52.

Flores – Guatemala

- **III La Hacienda**, 16 calle 16-19, Zone 9, Tel. 6-09-95.
- **III La Querancia**, av. La Reforma 15-02, Zone 9; Fleisch.
- **IV Bologna**, 10 a calle 6-20, Zone 1, Tel. 8-11-67; ital. Küche.
- **IV Delicias del Mar**, Ruta 4, 4-33, Zone 4, Tel. 6-24-55; Fisch.
- **IV El Mandarín**, 7 a av. 7-78, Zone 4, Tel. 6-25-38; chin. Küche.
- **IV El Parador**, 12 calle 4-09, Zone 9, Tel. 6-77-54; guatemaltekische Spezialitäten.

Banken: American Express: 7 av. 6-53, Zone 4; – *Banco de América*, 5 a av. 10-55, Zone 1, Tel. 8-29-86; – *Banco de Guatemala*, 7 a av. 22-01, Zone 1, Tel. 8-32-81 bis 89).

Postamt: Ecke calle 12 und 7 a av., Zone 1 (Pl.D2, *Correo*).

Reisebüros: Clark Tours, Edificio El Triángulo, 7 a av. y calle Mariscal Cruz, Zone 4, Tel. 6-02-13; – *ECA Tours*, 12 calle 3-72, Zone 1, Tel. 2-63-08; – *IATA*, 5 a av. y 12 calle, Zone 1, Tel. 2-68-80; – *Mayaland Travel*, 12 a calle 4-63, Zone 1, Tel. 2-67-64; – *Maya Tours*, 4 a av. 12-27, Zone 1, Tel. 2-09-56; – *Gray Line*, Hotels Camino Real und Biltmore Tel. 8-00-51.

Autovermietung: Avis, 12 calle 2-73, Zone 9, Tel. 6-74-30; – *Budget Rent a car*, av. La Reforma 15-00, Zone 9, Tel. 6-15-46; – *Hertz*, 19 calle 7-07, Zone 1, Tel. 8-02-02 und Flughafen Tel. 6-17-11; Filialen in den Hotels Camino Real, Conquistador, Panamerican, Ritz.

Flughafen: am S-Rand der Stadt (Pl. C6).

Fluglinien: Air France, Edificio El Triángulo, Zone 4, 11. Stock, Tel. 6-53-75; – *Air Panama*, 10 a calle 3-00, Zone 1, Tel. 8-53-35; – *Aviateca*, 10 a calle 6–30, Zone 1, Tel. 8-13-31; – *Copa* (Panama), 7 a av. 6-52, Zone 4, Tel. 6-69-52; – *Iberia*, 10 a calle 6-80, Zone 1, Tel. 2-11-74; – *KLM*, 5 a av. y 12 calle, Zone 1, Tel. 2-20-13; – *Lufthansa*, 3 a calle 6-13, Zone 9, Tel. 6-01-12; – *Mexicana de Aviación*, 12 calle 4-55, Zone 1, Tel. 8-65-71; – *Panamerican World Airways*, 6 a av. 11-15, Zone 1, Tel. 8-21-81; – *Sabena*, Edificio Maya, Zone 4, Tel. 6-40-92; – *Sahsa* (Honduras), 4 a av. 9-38, Zone 1, Tel. 2-70-58; – *Swissair*, 13 calle 5-41, Zone 1, Tel. 2-68-25; – *Taca*, 10 a calle 5-00, Zone 1, Tel. 8-00-61.

Flugtaxi: Quetzalcoátl Air, Aeropuerto La Aurora, Tel. 6-35-76.

Eisenbahn: Ferrocarriles de Guatemala (Pl.d, D3); Auskunft 18 a calle y 10 a av., Zone 1, Tel. 8-30-37; Züge nach Puerto Barrios und Puerto San José.

Autobus: Fuente del Norte, 17 calle 9-08, Zone 1, Tel. 8-60-94, nach Flores, Puente Barrios, Quiriguá, Río Dulce; – *Galgos*, 7 a av. 19-44, Zone 1, Tel. 2-38-68, nach Quezaltenango, México; – *La Preciosa*, 15 calle 3-37, Zone 1, Tel. 2-73-91, nach Antigua; – *Rápidos Zaculeu*, 9 calle 1-42, Zone 1, Tel. 2-28-58, nach Huehuetenango, La Mesilla; – *Rutas Lima*, 8 calle 3-63, Zone 1, Tel. 2-18-28, nach Chichicastenango, Huehuetenango, La Mesilla, Panajachel, Santiago Atitlán; – *Transportes Cóndor*, 19 Calle 2-01, Zone 1, Tel. 2-85-04, nach Huehuetenango, La Mesilla; – *Transportes Guerra*, 19 calle 8-54, Zone 1, Tel. 8-29-17; – *Transportes Melva*, Autobusbahnhof, Zone 4, Büro 8, Tel. 6-20-81, nach San Salvador; –

Hotelverzeichnis (Guatemala)

Transportes Rebuli, 20 calle 3-42, Zone 1, Tel. 8-65-05, nach Chichicastenango, Panajachel, Santiago Atitlán; – *Transportes Satic,* 9 a av. 18-38, Zone 1, Tel. 2-70-41, nach Escuintla, Puerto San José; – *Transportes Unión del Pacifico y las Patojas,* 9 a av. 18-38, Zone 1, Tel. 2-70-41, nach El Carmen, Puente Talismán, Flores, Puente Barrios, Quiriguá, Río Dulce.

Stadtbesichtigung: Guatemala Sight-Seeing, 11 calle 6-35, Zone 1, Tel. 8-00-51.

Handwerk: Holz, Keramik, Stickereien, Stoffe, Antiken.

Feste: 14.-16. Aug.

HUEHUETENANGO (Hue.)
Tel. Vw. 0641

Hotels:
IV **Pensioń Astoria**, 4 a av. 5-49, Zone 1, **Z** 14.
IV **Zaculeu**, 5 a av. 1-14, Zone 1, **Z** 17.

Feste: In *Chiantla* 28. Jan.–2. Feb. Fest der Virgen de Candelaria; – In *Aguacatán* Feste 40 Tage nach der Karwoche.

IZTAPA (Esc.)
Tel. Verbindung nur über Zentrale (121).

Hotel:
I **Turicentro Likin** (Reservierungen unter 2-10-36 in Guatemala-City), **Z** 32.

Feste: 20.–25. Okt. (Hl. Rafael).

LIVINGSTON (Iz.)
Tel. Verbindung nur über Zentrale (121).

Hotels:
IV **Del Mar**, **Z** 14.
    La Casa Rosalda.

Feste: Rosenkranzmadonna 24.–31. Dez.

MAZATENANGO (Such.)
Tel. Vw. 0720

Hotel:
    Roma, Tel. 072-389, **Z** 11.

Autobus: Autopullmans Galgos nach Coatepeque, C. de Guatemala, El Carmen, usw.

Feste: Im Feb. Karneval, Handwerksmesse, Corridas u. a.

PANAJACHEL (Sol.)
Tel. Vw. 0

Information: OT an der Hauptstraße, neben der Texaco-Tankstelle.

Hotels:
- II **Atitlán**, Z 44.
- II **Bungalows El Aguacatal**, Z 5.
- II **Camino Real**, Santa Catarina Palopó, Z 17.
- II **Tzanjuyú**, Z 32.
- III **Cacique Inn**, Z 29.
- III **Galindo**, Z 20.
- III **Monterrey**, Z 40.
- III **Playa Linda**, Z 15.
- III **Regis**, Z 18.
- IV **Palacio Maya**, Z 24.
- IV **Riva Bella**, Z 6.
- IV **Visión Azul**, Z 7.

Restaurants:
Comedor Hsieh; vegetarisch.
Comedor Asia; chin. Küche.
Comedor Ramírez; guatemaltekische Küche.
La Laguna.
Nuestra Costa.

Autobus: Transportes Higueros nach Quezaltenango, C. de Guatemala u. a.; – *Transporte Figueroa* nach Quezaltenango; – *Transportes Masheña* nach Chichicastenango, San Lucas Tolimán und Santiago Atitlán; – *Transportes Rebuli* nach C. de Guatemala und Sololá.

Schiffahrt: Mo.–Sa. Verbindungen nach San Lucas Tolimán; – vom Hotel Tzanjuyú tgl. Verbindung nach Santiago Atitlán um 9 Uhr; – Vom Strand Di., Fr. und So. 4 Uhr und 15.30 Uhr nach San Pedro La Laguna.

Handwerk: Web- und Stickereiarbeiten, Decken, Teppiche, Kerzen, Korbwaren, Ornamente aus geflochtenem Stroh, Trigos genannt.

Feste: 23.–25. Jan. Fest des Apostels in *San Pablo La Laguna*; – 23.–26. Apr. in *San Marcos La Laguna*; – 22.–24. Apr. *San Jorge Mártir*; – 8.–10. Mai rel. und Folklorefeste in *Santa Cruz la Laguna*; – 12.–14. Juni in *San Antonio Palopó*; – 23.–26. Juni in *San Juan la Laguna*; – 27.–30 Juni in *San Pedro la Laguna*; – 1.–3. Juli Corridas in *Santa María Visitación*; – 14.–24. Juli in *Santiago Atitlán*; – 10.–13. Aug. rel. und Folklorefest in *Santa Clara la Laguna*; – 11.–17. Aug. Handwerksausstellung in *Panajachel*; – 18. Okt. San Lucas; – 23.–26. Nov. in *Nahuatlá*; 25. Nov. in *Santa Catarina Palopó*; – 28. Nov.–1. Dez. in *San Andrés Semetabaj*.

PUERTO BARRIOS (Iz.)
Tel. Vw. 0480

Hotels:
- III **del Norte**, Z 36.

IV Casa del Viajero, Z 17.
Español, Z 17.
Gran Quinto, Z 11.

Feste: 16.-22. Juli.

QUEZALTENANGO (Quez.)
Tel. Vw. 061

Information: OT, Plaza Central.

Hotels:
III del Campo, 4 km, an der Kreuzung der Straßen nach Guatemala und Retalhuleu, Tel. 061-20-64, Z 50.
III Pensión Bonifaz, 4 a calle 10-50, Zone 1, Tel. 061-42-41, Z 50.
III Quezalcoátl Inn, 4 a calle 14-09, Zone 3, Tel. 061-49-01, Z 11.
IV Modelo, 14 a av. A2-31, Zone 1, Tel. 061-27-15.

Autobus: Autopullmans Galgos nach C. de Guatemala.

Feste: 29. Jan.-3. Feb. Fest der Virgen de Candelaria in *Cuca, Flores Costa* und *Quetzaltenango*; – 30. Apr.-5. Mai Fest des Niño de la Cruz in *La Esperanza*; – 1.-3. Mai in *Cajolá*; 21.-25. Juni in *Olintepeque*; – 28.-30. Juni in *Almolonga*; – 12.-16. Aug. Virgen de los Ángeles in *Cantel*; – 22.-28 Aug. Corridas in *Salcajá*; – 12.-28. Sept. Blumenspiele, Pferderennen und Freiheitsfest in *Quetzaltenango*; – 29. Sept. in *San Miguel Sigüila*; – 7.-12. Nov. in *San Martín Sacatepéquez*; – 22.-28. Nov. in *Zunil*.

RETALHULEU (Ret.)
Tel. Vw. 0710

Hotel:
Modelo, Z 7.

Autobus: Autopullmans Galgos nach C. de Guatemala, Escuintla, Mazatenango, El Carmen u. a.

Feste: 6.-12. Dez. Virgen de la Concepción.

RÍO DULCE (Iz.)
Keine Telephonverbindung. Radioverbindung wird über Telephonzentrale (172) hergestellt.

Hotels:
II Del Río, Reservierungen unter 6-00-16 in C. de Guatemala, Z 12.
II Turicentro Marimonte, Tel. 48-17-03, Z 23.
III Catamaran Island.

Autobus: Transportes Fuente del Norte nach C. de Guatemala, Quiriguá u. a.

RÍO HONDO (Zac.)
Tel. Verbindung nur über Zentrale (121).

Puerto Barrios – Tikal

Hotels:
IV **Motel Longarone**, km 126 der Atlantikstraße, **Z** 22.
    Motel Río, km 136 der Atlantikstraße, **Z** 6.

Feste: 24.–28. Feb. Virgen de Candelaria.

SALAMÁ (B. V.)
Tel. Vw. 0351

Hotel:
   Tezulutlán, 4 a av. 5-96, Zone 1, **Z** 16.

Feste: 20.–25. Jan. Rel.- und Folklorefeste in *Rabinal*; – 10.–13. Juli in *Purulhá*; – 21.–24. Juni in *San Juan Chamelco*; – 20.–25. Juli in *Cubulco*; – 25.–29. Sept. in *San Miguel Chicaj*; – 27. Sept.–1. Okt. in *San Jerónimo*.

SAN SEBASTIÁN (Ret.)
Keine Telephonverbindung.

Hotel:
IV **La Colonia**, km 178 der Pazifikstraße, **Z** 30.

Feste: 17.–22. Jan. rel.- und Folklorefeste.

SANTA LUCÍA COTZUMALGUAPA (Esc.)
Tel. Vw. 0745

Hotel:
III **Caminotel Santiaguito**, **Z** 9.

Autobus: Autopullmans Galgo nach C. de Guatemala.

Feste: 21.–29. Dez. Weihnacht, Blumenfest und Corridas.

SOLOLÁ (Sol.)
Keine Telephonverbindung. Radioverbindung wird über die Telephonzentrale (172) hergestellt.

Hotel:
   Letona.

Autobus: nach C. de Guatemala, Panajachel, Quezaltenango u. a.

Handwerk: gewebte Taschen aus weißer und schwarzer Wolle.

Feste: Di. und Fr. Markt; – Jahrmarkt 28.–31. März.

TIKAL (Petén)
Keine Telephonverbindung. Radioverbindung wird über Telephonrentrale (172) hergestellt.

Hotels:
IV **Posada de la Selva**, **Z** 22.
IV **Tikal Inn**, **Z** 9.

REGISTER

Abasolo (Gto), 423
Acalá (Chiap.), 620
Acámbaro (Gto), 386
Acanceh (Yuc.), 670
Acaponeta (Nay.), 521
Acapulco (Gro), 361
Acatepec (Pue.), 572
Acatlán (Hgo), 537
Acatlán, Höhlen von (Gro), 359
Acatlán (Pue), 604
Acatlán de Juárez (Jal.), 421
Acatzingo (Pue.), 578
Acaxochitlán (Hgo), 537
Acayucan (Ver.), 630
Achiotepec (Hgo), 537
Acolman, Kloster San Augustín (Mex.), 299
Actopan (Hgo), 316
Aculco (Mex.), 425
Acultzingo, Paß, 579
Aguada Grande (Q.R.), 681
Aguascalientes (Ags), 487
Ahuacatlán (Nay.), 417
Ajijic (Jal.), 414
Ajusco (Mex.D.F.), 330
Aké (Yuc.), 679
Akumal (Q.R.), 683
Alamo (Ver.), 538
Alamos (Son.), 519
Alfajayucan (Hgo), 463
Almoloya de Juárez, 371
Almuchil (Camp.), 652
Alpuyeca, 341
Altar (Son.), 512
Altar-Wüste (Son.), 511
Altata, 520
Altixtac, 359
Altotonga (Pue.), 454
Alvarado (Ver.), 613
Amanalco de Becerra, 377
Amatenango (Chiap.), 627
Amatlan de los Reyes (Ver.), 560
Ameca (Jal.), 415
Amecameca (Mex.), 325
Amozoc (Pue.), 578
Amuzgos-Indianer, 602
Anáhuac (N.L.), 474
Angahuán (Mich.), 400
Angangueo (Mich.), 378
Angel de la Guarda (B.C.), 506
Angel R. Cabada, 630
Antiguo Morelos (Tamps), 476
Apan (Hgo), 449
Apaseo el Alto (Gto), 432

Apatzingán (Mich.), 396
Apaxco (Mex.), 318
Apizaco (Tlax.), 554
Apozol, 482
Aquismón (S.L.P.), 460
Aranza (Mich.), 399
Arcelia, 358
Ario de Rosales (Mich.), 395
Arista, 468
Arizbe (Son.), 513
Arriaga, 615
Arteaga (Mich.), 397
Atetelco (Mex.), 314
Atitalaquia (Hgo), 318
Atlatlahuacán (Mor.), 327
Atlacomulco (Mex.), 376
Atlihuetzia (Tlax.), 554
Atlixco (Pue.), 577
Atlixtac (Gro), 359
Atotonilco (Gto), 442
Atotonilco el Alto (Jal.), 422
Atotonilco el Grande (Hgo), 451
Autlán (Jal.), 418
Ayutla de los Libres (Gro), 610
Atzacoalco (Mex.D.F.), 316
Atzompa (Oax.), 581
Axapusco (Mex.), 314
Azcapotzalco (Mex.D.F.), 286
Azteken, 83

Bacalar (Q.R.), 687
Bachajon (Chiap.), 626
Bahía de los Ángeles (B.C.), 505
Bahía Kino (Son.), 514
Bahía Magdalena (B.C.S.), 509
Bahía Santiago (Col.), 418
Bahuichivo (Chi.), 498
Balancán (Chiap.), 644
Balancanche, Höhlen von (Yuc.), 678
Barobampo (Sin.), 519
Barra de Navidad (Jal.), 418
Barranca del Cobre (Chih.), 498
Barranca del Diablo, 377
Barranca del Río Grande de Santiago (Jal.), 413
Barranca de Oblatos (Jal.), 414
Basaseáchic, Wasserfälle (Chih.), 493
Batopilas (Chih.), 497
Batuc, 515
Becal (Camp.), 652
Bécan, 690
Becanchén, 663

Betaza, 614
Boca del Río, 561
Bocoyna (Chih.), 493
Bolonchén de Rejón (Champ.), 654
Bonampak (Chiap.), 635
Bosencheve, Wald von (Mich.), 378
Brisénas, 402
Brownsville, 478
Bucerias (Nay.), 417
Buenavista (B.C.S.), 534
Buenavista, Ruinenstätte von (Q.R.), 681
Buena Vista (Ver.), 613

Cabal Pak, 654
Caborca (Son.), 511
Cabo San Lucas (B.C.S.), 534
Cacahuamilpa, Höhlen von (Gro), 346
Cacaxtla (Pue.), 576
Cadereyeta, 462
Cajijitlán (Jal.), 414
Calakmul (Camp.), 690
Caleta de Campos, 398
Calkini (Camp.), 652
Calimaya (Mex.), 375
Calixtlahuaca (Mex.), 371
Calpan (Pue.), 558
Calpulalpan (Tlax.), 554
Camanjilla, 487
Camargo (Tamps.), 474
Camerone (Ver.), 565
Campeche (Camp.), 645
Campo la Venta, 631
Canatlán, 489
Cancún (Q.R.), 680
Cañón de la Huasteca, 474
Cañón del Zapilote, 358
Capácuaro (Mich.), 400
Capitán Laffitte (Q.R.), 682
Capula (Mich.), 386
Carapán (Mich.), 399
Cárdenas (Tab.), 631
Cardonal (Hgo), 463
Casa de Morelos (Mex.), 316
Casapán, 399
Casas Grandes (Chih.), 499
Cascada de la Tzasáscua, 397
Cascadas de la Cola de Caballo, 474
Castillo de Teayo (Ver.), 538

Cataviña (B.C.), 505
Catemaco (Ver.), 630
Ceiba (Tab.), 632
Celaya (Gto.), 432
Celestun (Yuc.), 670
Cenote Azul (Q.R.), 688
Cerocahui (Chih.), 499
Cerritos, 468
Cerro de la Malinche, 297
Cerro de las Mesas (Ver.), 561
Cerro de las Trincheras (Son.), 512
Cerro del Cubilete (Gto.), 433
Cerro de San José (Sin.), 519
Cerro Xochitecatl, 557
Cerro Yucuñudahui (Oax.), 597
Ch..., siehe am Ende von C.
Ciudad Acuña (Coah.), 470
Ciudad Altamirano (Gro.), 358
Ciudad Camargo (Chih.), 491
Ciudad Cuauhtémoc (Chiap.), 628
Ciudad del Carmen (Camp.), 649
Ciudad Guzmán (Jal.), 420
Ciudad Hidalgo (Mich.), 379
Ciudad Juárez (Chih.), 500
Ciudad Lázaro Cárdenas (Mich.), 398
Ciudad Madero (Tamps.), 453
Ciudad Mante (Tamps.), 476
Ciudad Mendoza (Ver.), 559
Ciudad Morelos (Son.), 510
Ciudad Obregón (Son.), 517
Ciudad Pémex, 637
Ciudad Sahagún (Hgo), 449
Ciudad Valles (S.L.P.), 458
Ciudad Victoria (Tamps.), 475
Coacuilco (Hgo), 452
Coatepec Harinas (Mex.), 351
Coatlinchán (Mex.), 321
Coatzacoalcos (Ver.), 631
Cobá (Q.R.), 686
Cocona-Grotte (Tab.), 621
Cócorit (Son.), 515
Cocotitlán (Mex.), 325
Cofre de Perote (Ver.), 554
Cointzio-Damm (Mich.), 386
Coixtlahuaca (Oax.), 603
Cojumatlan (Mich.), 401
Cola de Caballo (N.L.), 474
Cola de Palma (Oax.), 610
Colchimis-Indianer, 533
Colima (Col.), 419

Colotlipa, 361
Comalcalco (Tab.), 632
Comanjilla (Gto), 487
Comanita, 520
Comitán (Chiap.), 627
Comondú (B.C.S.), 509
Compostela (Nay.), 417
Concá (Qro), 461
Concepción del Oro (Zac.), 485
Concordia, 481
Constitución, 690
Contoy, 680
Copainalá (Chiap.), 620
Copanabastla (Chiap.), 628
Copándaro (Mich.), 385
Copilco (Mex.D.F.), 277
Cora-Indianer, 521
Córdoba (Ver.), 560
Corralejo (Gto), 422
Cortés-Paß, 326
Cosamaloapan (Ver.), 613
Cosomatepec, 559
Cotaxtla (Ver.), 561
Coxcatlán (Pue.), 579
Coyoacán (Mex. D.F.), 273
Coyotepec (Oax.), 595
Coyuca de Catalán (Gro), 358
Cozumel, Isla (Q.R.), 681
Creel (Chih.), s. Estación Creel, 494
Cruces, De la, Paß (Mex.), 331
Cruz Grande, 609
Cuajinicuilapa (Gro), 610
Cuatro Caminos (Mich.), 395
Cuauhtémoc (Chih.), 493
Cuauhtinchán (Pue.), 578
Cuautepec (Mex.), 537
Cuautitlán (Mex.), 318
Cuautla (Mor.), 605
Cuernavaca (Mor.), 333
Cuetzalán (Pue.), 545
Cuicateken-Indianer, 581
Cuicatlán (Oax.), 581
Cuicuilco (Mex. D.F.), 280
Cuilacán, 520
Cuilapan (Oax.), 592
Cuiteco (Chih.), 498
Cuitzeo (Mich.), 385
Cuitzeo de Hidalgo (Gto), 423
Culiacán (Sin.), 520
Cumpich (Camp.), 652
Cuncunul (Yuc.), 679

Chachoapan (Oax.), 597

Chacmool (Q.R.), 687
Chacmultún (Yuc.), 654
Chakalal (Q.R.), 683
Chalcatzingo (Mor.), 605
Chalchihuites (Zac.), 489
Chalco (Mex.), 324
Chalma (Mex.), 330
Chamax (Q.R.), 687
Chamela, Gran Bahia de (Jal.), 418
Chametla (Sin.), 521
Champotón (Camp.), 644
Chamula (San Juan) (Chiap.), 623
Chan Santa Cruz (Q.R.), 687
Chapala (Jal.), 414
Chapala-See, 402
Chapingo (Mex.), 321
Charcas (S.L.P.), 468
Chatinos-Indianer, 610
Chavinda (Mich.), 401
Chencomac (Q.R.), 687
Cherán (Mich.), 399
Chetumal (Q.R.), 688
Chiapa de Corzo (Chiap.), 619
Chicamná, 690
Chichén Itzá (Yuc.), 690
  Bauwerk der Nonnen, 678
  Caracol, 677
  Chichanchob, 677
  Chichén Viejo, 678
  „Die Küche", 678
  Tempel der Tafeln, 677
  Ost-Anbau, 678
  „Die unbekannte Schrift", 678
  Xtoloc-Brunnen, 678
Chicxulub (Yuc.), 669
Chicomóztoc (Zac.), 483
Chiconcuac (Mex.), 323
Chihuahua (Chih.), 491
Chilac (Pue.), 579
Chilapa (Gro), 359
Chilón, 626
Chiltepec, 614
Chilpancingo (Gro), 358
Chimalhuacán (Amecameca) (Mex.), 327
Chimalhuacán (Texcoco) (Mex.), 320
Chinantla (Oax.), 613
Chinkultic (Chiap.), 628
Chochulteken-Indianer, 603
Choles-Indianer, 637
Cholula (Pue.), 573

Mexiko

Chontal-Indianer, 621
Chuchones-Indianer (Chochulteken), 603
Chumayel (Yuc.), 662
Chupadero, 489
Chupicuaro (Mich.), 399
Churubusco-Kloster (Mex.D.F.), 282

Dainzú (Oax.), 593
Delicias (Chih.), 491
Desemboque (Son.), 511
Doendó, Cruz de (Mex.), 425
Dolores Hidalgo (Gto), 441
Dominguillo, 581
Dos Hermanas-Inseln, 521
Durango (Dgo), 479
Dzehkabtun (Camp.), 653
Dzibalchén (Camp.), 653
Dzibilchaltún (Yuc.), 669
Dzibilnocac (Camp.), 654
Dzilam de Bravo (Yuc.), 670
Dzitas (Yuc.), 672

Eagle Pass (USA), 470
Edzná (Camp.), 653
Ejido de Zarapota, 422
Elabra-Paß, 537
El Arco (B.C.), 506
El Arenal (Hgo), 316
El Carmen, 554
El Cercado, 474
El Chapín (Zac.), 489
El Cielito, 297
El Ciruelo (Oax.), 610
El Corral, 297
El Divisadero (Oax.), 498
El Dorado, 520
El Ebano (S.L.P.), 457
El Fuerte (Sin.), 499
El Guayabito (Sin.), 520
El Hormiguero, 690
El Mirador, 351
El Novillo (Son.), 515
El Ocotito, 361
El Opeño (Mich.), 401
El Oro de Hidalgo (Mex.), 376
El Otero (Mich.), 401
El Palmito (Dgo), 490
El Salto (S.L.P.), 476
El Sauz, 489
El Tabasqueño (Camp.), 653
El Tajín (Ver.), 539
El Tortuguero (Tab.), 638

El Triunfo, 534
El Tuito, 418
El Zacatal (Camp.), 649
Ensenada (B.C.), 504
Entronque Huizache, 468
Entronque La Zarca, 490
Entronque Ocotoxco, 554
Epazoyucan (Hgo), 450
Erongarícuaro (Mich.), 396
Escárcega (Francisco) (Camp.), 690
Estación Creel (Chih.), 494
Etchojoa (son.), 519
Etzatlán (Jal.), 415
Etzná (Camp.), 653

Felipe Carrillo Puerto (Q.R.), 687
Fortín de las Flores (Ver.), 559
Francisco Escárcega (Camp.), 644
Fresnillo (Zac.), 491
Frontera (Tab.), 649

Galeana (Chih.), 499
Galeana (N.L.), 475
Garcia, Grutas de (N.L.), 474
General Pedro Antonio Santos (S.L.P.), 460
Golondrina, 462
Gómez Palacio (Dgo), 481
Guachochic (Chih.), 497
Guadalajara (Jal.), 403
Guadalupe (B.C.S.), 487
Guadalupe (Zac.), 508
Guadalupe y Calvo (Chih.), 491
Guaicuras-Indianer, 533
Guanajuato (Gto), 434
Guasave (Sin.), 520
Guaymas (Son.), 515
Guelatao de Juárez (Oax.), 614
Guerrero Negro (B.C.), 506
Guiengola (Oax.), 608
Guillermo Prieto (Dgo), 489

Hecelchakán (Camp.), 652
Hermosillo (Son.), 513
Hidalgo del Parral (Chih.), 490
Hochob (Camp.), 487
Hoctún (Yuc.), 671
Holactun (Camp.), 652
Hopelchén (Camp.), 653
Huajicori, 521
Huajuapan de León (Oax.), 603

Huamantla (Tlax.), 554
Huapalcalco (Hgo), 537
Huaquechula (Pue.), 577
Huasteca, Cañon de la (N.L.) 474
Huatláuhca (Pue.), 578
Huatusco (Ver.), 560
Huauchinango (Pue.), 538
Huaxteken-Indianer, 455
Huaynamota, 524
Huehuetla (Pue.), 545
Huejotzingo (Pue.), 557
Huejutla (Hgo), 452
Huetamo (Mich.), 378
Huexotla (Mex.), 321
Hueyapan (Mor.), 605
Hueyotlipan (Tlax.), 554
Huichapa (Hgo), 452
Huichapan (Hgo), 463
Huicholes-Indianer, 526
Huitzo (Oax.), 581
Huixtla, 615
Huizache, Entronque (S.L.), 468

Ichpaatun (Q.R.), 688
Ignacio de Llave, 561
Iguala (Gro), 357
Igualapa (Ometepec) (Gro), 610
Ihuatzio (Mich.), 392
Imala, 520
Irapuato (Gto), 433
Isla Aguada (Camp.), 648
Isla Cozumel (Q.R.), 681
Isla de Janitzio, 391
Isla Mujeres (Q.R.), 679
Isla Sacrificios (Ver.), 656
Iturbide (N.L.), 653
Itzimté (Camp.), 654
Ixcateopan (Gro), 358
Ixhuatlán de Madero, 538
Ixmiquilpan (Hgo), 463
Ixocha, 652
Ixtapa (Gro), 366
Ixtapalapa (Mex. D.F.), 320
Ixtapaluca (Mex.), 324
Ixtapan de la Sal (Mex.), 351
Ixtapantongo (Mex.), 377
Ixtepete (Jal.), 412
Ixtlahuaca (Mex.), 376
Ixtlán de Juárez, 614
Ixtlán del Río (Nay.), 416
Izamal (Yuc.), 671
Izapa (Chiap.), 616
Izúcar de Matam. (Pue.), 604

Jacala, 462
Jacona, 401
Jaina, Insel (Camp.), 646
Jalacingo (Pue.), 545
Jalapa (Ver.), 551
Jalapa del Marqués (Oax.), 607
Jalatelaco, 331
Jaleaca, 361
Jalpan (Qro), 461
Jaltipan (Ver.), 631
Jamay, 402
Jamiltepec, 610
Janan, 681
Janitzio, Insel (Mich.), 391
Jantetelco (Mor.), 604
Jaumave (Tamps), 476
Javepagouay (Chiap.), 618
Jérez de García Salinas (Zac.), 485
Jesús Maria (Nay.), 524
Jilotepec (Mex.), 425
Jiménez (Chih.), 491
Jiquilpan (Mich.), 401
Jocotepec (Jal.), 414
Jonacatepec (Mor.), 604
Jonaze-Indianer, 465
Jonuta (Tab.), 632
Juanacatlan, Wasserfall (Jal.), 414
Juchipila, 482
Juchitán (Oax.), 615
Juxtlahuaca-Grotten (Gro), 361

Kabah (Yuc.), 655
Kana (Q.R.), 654
Kantunil (Yuc.), 672
Kichmool (Camp.), 654
Kikapoos-Indianer, 470
Kino Nuevo (Son.), 514
Kocha (Camp.), 652
Kohunlich (Q.R.), 689

La Antigua (Ver.), 549
La Barca (Jal.), 402
Labná (Yuc.), 655
La Bufa (Chih.), 497
La Bufadora (B.C.), 504
La Cabana, 537
Lacanja, 635
La Carbonera, 581
La Ciudad, 481
La Concordia, 619
La Cruz de Elota (Sin.), 520
La Cumba, 614

Mexiko 844

La Estrella, Grotte, 351
Lagos de Morenos (Jal.), 487
La Gloria (Gto), 487
La Huerta (B.C.), 504
Laguna Chapala (B.C.), 505
Laguna de Alchichica, 554
Laguna Ixana, 663
Laguna Ocom, 687
Laguna Verde, Atomkraftwerk (Ver.), 546
La Huancana, 395
La Joya, 489
La Langunita, 461
La Machín, 614
La Magdalena (Jal.), 416
La Majada de Abajo (Sin.), 520
La Majada de Arriba (Sin.), 520
La Marquesa, 369
Lambityeco (Oax.), 593
La Misión (B.C.), 504
La Misión (S.L.P.), 465
La Nanchita (Sin.), 520
Landa de Matamoros (Qro), 461
La Paz (B.C.S.), 532
La Piedad (Mich.), 422
La Quemada (Zac.), 483
La Tinaja (Ver.), 560
La Ventosa (Oax.), 615
Las Estacas (Mor.), 340
Las Milpas (Q.R.), 687
Las Peñas, 398
Las Ranas, 461
Latinito, 476
Léon, 487
Leona Vicario (Q.R.), 679
Lerma (Camp.), 369
Lerma (Mex.), 645
Libre Unión (Yuc.), 672
Ligui (B.C.S.), 509
Linares (N.L.), 475
Loltún, Grotten (Yuc.), 662
Loreto (B.C.S.), 508
Los Altares (N.L.), 475
Los Arcos del Sitio (Mex.), 291
Los Azufres (Mich.), 379
Los Cruces, 361
Los Guarixes, 649
Los Milpas, 687
Los Mochis (Sin.), 519
Los Molcajetes (Mich.), 396
Los Monos (Gro), 358
Los Remedios, 463
Los Tubas, 610

Macuspana (Tab.), 637
Magdalena (Son.), 512
Malinalco (Mex.), 351
Mal Paso, Presa de (Chiap.), 618
Mandinga (Ver.), 565
Maní (Yuc.), 662
Manzanillo (Col.), 419
Manzanillo (Pue.), 574
Maravatio, 376
Marfil (Gto), 441
Martínez de la Torre (Ver.), 545
Matalarga-Schlucht, 559
Matamoros (Tamps.), 478
Matatlán (Oax.), 606
Matehuala (S.L.P.), 468
Mateo Saldaña (Mex.), 377
Matias Romero, 560
Matlazinca-Indianer, 354
Maxcanú (Camp.), 652
Mayapán (Yuc.), 662
Maycoba (Son.), 515
Mayos-Indianer, 518
Mazahua-Indianer, 376
Mazateken-Indianer, 580
Mazatepec (Mor.), 346
Mazatlán (Sin.), 521
Melaque (Jal.), 418
Meoqui (Chih.), 491
Mérida (Yuc.), 664
   Archäologisches Museum, 669
   Convento de la Mejorada, 668
   Kathedrale, 665
   Kloster de las Monjas, 668
   Kirche San Juan de Dios, 668
   Markt, 666
   Palacio Ejecutivo, 666
   Palacio Municipal, 666
   Palais, ehem. erzbischöfl., 665
Mesa Chipinque (N.L.), 472
Metepec (Mex.), 374
Metlatoyuca (Pue.), 538
Metzquititlán (Hgo), 451
Metztitlán (Hgo), 451
Mexcaltitán (Nay.), 524
Mexicali (B.C.), 510
México (Mex. D.F.), 145
   Abgeordnetenkammer, 254
   Arena El Toreo, 287
   Arena Mexicoplatz, 273

Mexiko

Atzcapotzalco, 286
Aztekenstadion, 281
Basilika der Jungfrau
  von Guadelupe, 269
Bibliothek von Mexico, 257
Botanischer Garten, 279
Brunnen des Bartolomäus
  de las Casas, 254
Capilco, 277
Coyoacan, 273
Cuilcuilco, 280
Denkmal Alvaro Obregon, 274
  – Ninos Heroes, 198
  – La Raza, 266
  – Der Unabhängigkeit
    (Engelssäule), 198
Gesundheitsministerium, 198
Hauptpost, 255
Haus der Delphine, 276
  – des Marschalls Castilla, 275
  – des Mayorazgo de
    Fagoaga, 275
  – des Obispo Madrid, 275
Hipodrom der Americas, 287
Hotel Continental Mexico, 197
Hotel Maria Isabel, 198
Institut, Politechnisches, 286
  – für soziale Sicherheit, 198
Kapelle der Auferstehung, 260
  – der Concepción
    Cuecopan, 255
  – der Concepción
    Tequipehuán, 271
  – von Manzamores, 259
  – von San Candelaria, 259
  – von Las Rosas, 270
  – von San Agustín
    Zoquiapan, 260
  – von San Antonio, 273
  – von San Francisquito, 260
  – von San Jeronimito, 259
  – von Santa Crucita, 260
  – von Santa Cruz
    Tultenco, 260
  – von Tepeyac, 270

Kirche von El Buen Tono, 257
  – de la Concepción, 255
  – de la Concepción
    Ixnahualtongo, 260
  – de la Medalla Milagrosa, 282
  – de Nuestra Senora de
    los Angeles, 263
  – de Nuestra Senora de
    Monserrata, 261
  – de Nuestra Senora de
    la Piedad, 283
  – de Nuestra Senora de
    la Valvanera, 259
  – de la Purisima, 262
  – de San Agustín de las
    Cuevas, 281
  – de San Bernadino, 284
  – de San Diego, 256
  – de San Felipe Neri, 257
  – de San Fernando, 256
  – de San Francisco
    Tepito, 271
  – de San Hipolito, 256
  – de San Jeronimo, 261
  – von San José, 257
  – von San José de García, 259
  – de San Juan Bautista, 274
  – de San Juan de Dios, 255
  – de San Kosmas, 286
  – de San Lorenzo, 255
  – de San Miguel Arcangel, 261
  – de Santa Ana, 270
  – de Santa Clara, 255
  – de la Santa Cruz
    Acatlan, 260
  – Santa Maria de
    Redonda, 263
  – de la Santa Veracruz, 255
  – Santiago Tlatelolco, 266
  – del Santo Cristo de la
    Agonia de Limpias, 282
  – de Santo Tomas la

Mexiko

Palma, 260
– Virgen de los Remedios, 287
Kloster del Carmen, 275
– de la Merced, 254
– Nuestra Senora del Carmen, 285
Kulturzentrum Isidro Fabela, 275
Las Vizcaines, 262
Markt de la Lagunilla, 263
– de la Merced, 259
– de San Juan, 202
Mixcoac, 273
Museum Alvar y Carmen T. de Carillo Gil, 275
– Anahuacalli, 281
– de la Charreria, 261
– Frida Kahlo, 274
– historisches, 282
– für moderne Kunst, 254
– für religiöse Kunst, 270
– der Stadt México, 258
Nationalmuseum für Anthropologie, 199
– für Ethnologie, 247
– für Geschichte, 252
Nationalschule de Maestros, 286
Olympiastadion, 279
Palais de Marques de Buenvista, 256
– de Mineria, 255
Paseo de la Reforma, 197
Park von Chapultepec, 198
– Hundido, 273
Pedegral de San Angel, 276
Pfarrkirche San Pablo El Nuevo, 260
Pinacoteca, Virreinal, 256
Platz Garibaldi, 255
– Morelos, 255
– de las Tres Culturas, 263
Poliforum Cultural Siqueiros, 272
Pyramiden Santa Cecilia Acatitlan, 269
– von Tenayuca, 267
Samstagsmarkt, 275
Santa Fe de Mexico, 285
Schloß von Chapultepec, 251
Secretario de los Comunicaciones, 282
Senatorenkammer, 255
Spital de Jesus Nazareno, 258
– de la Raza, 266
Statue des Tlaloc, 198
Straße Manuel Villalongin, 197
Tacuba, 286
Teatro Insurgentes, 273
Tlalpan, 281
Tlatelolco, 263
Unabhängigkeitsstadt, 276
Universität, 277
Xochimilco, 284
Zentrum, medizinisches, 283
Zitadelle, 257

Mezquital (Dgo.), 480
Mihuatlan de Porfirio Diaz, 596
Mil Cumbres (Mich.), 379
Milpa Alta (Mex. D.F.), 329
Minatitlán (Ver.), 631
Mineral del Monte (Hgo), 450
Miraflores (B.C.S.), 534
Miramar, 681
Misantla (Ver.), 545
Mitla (Oax.), 594
Mixcoac (Mex. D.F.), 273
Mixquiahuala (Hgo), 318
Mixquic (Mex. D.F.), 324
Mixteken-Indianer, 600
Mixtequilla (Ver.), 561
Mochicahui (Sin.), 519
Moctezuma (Son.), 513
Moctezuma, Cerro de (Chih.), 500
Molango (Hgo), 451
Molino de las Flores (Mex.), 323
Monclova (Coah.), 470
Monte Albán (Oax.), 588
Montebello-Lagune (Chiap.), 628
Monte Negro (Oax.), 598
Monterrey (N.L.), 471
Morelia (Mich.), 379
Morelos (Coah.), 470
Morelos (Chih.), 497
Morelos Canada, 579
Moroleón (Gto), 385
Motozintla (Chiap.), 616
Motul (Yuc.), 670
Mujeres, Isla (Q.R.), 679
Mul-Chic (Yuc.), 656

Mulegé (B.C.S.), 506
Muna (Yuc.), 661
Muyil (Q.R.), 687
Múzquiz (Coah.), 477

Nacimiento (Coah.), 470
Nácori Grande (Son.), 515
Nahuatzén, 399
Naranjos, 539
Nativitas, 576
Nautla (Ver.), 546
Navojoa (Son.), 518
Nayar, Sierra del, 625
Nejapa (Oax.), 606
Nepantla (Mex.), 327
Nevado de Toluca (Mex.), 375
Nochistlán (Zac.), 460
Nochixtlán (Oax.), 597
Nogales (Son.), 512
Nohbek (Q.R.), 687
Nohuchmul (Q.R.), 688
Norogáchic (Chih.), 497
Nuestra Señora del Rosario de Biñadaco (B.C.), 505
Nueva Italia (Mich.), 397
Nuevo Casas Grandes (Chih.), 499
Nuevo Laredo (Tamps.), 474
Nuevo X-Can, 679

Oaxaca (Oax.), 582
  Kathedrale, 584
  Kirche Santo Domingo, 584
  Museum prähispanischer Kunst (Rufino-Tamayo-Museum), 587
  Palacio de Gobierno, 584
  Park Santa Lucia, 668
  Parque Cepeda Peraza, 668
  Plaza Mayor, 665
  Theater Peón Contreras, 668
  Universität von Yucatán, 668
Oaxtepec (Mor.), 328
Ocosingo (Chiap.), 624
Ocotlán (Pue.), 574
Ocotlán (Tlax.), 558
Ocotlán de Morelos (Oax.), 596
Ocoyoacac (Mex.), 369
Ocozocoautla (Chiap.), 618
Ocuituco (Mor.), 328
Ojinaga, 491
Ojitlan (Oax.), 613
Ojo de Liebra,

Laguna (B.C.S.), 506
Olinalá (Gro), 360
Ometepec (Gro), 610
Ópatas-Indianer, 512
Opichén (Yuc.), 661
Oriental, 545
Orizaba (Ver.), 559
Orizatlán (Hgo), 452
Otomi-Indianer, 426
Otumba (Mex.), 314
Oxchuk, 624
Oxkintok (Yuc.), 661
Oxkutzcab (Yuc.), 662
Oxtancah (Q.R.), 688
Oxtotipac (Mex.), 315
Oxtotitlán, Grotte (Gro), 359
Ozumba (Mex.), 326

Pachuca (Hgo), 448
Padilla (Tamps), 476
Pahuatlán (Pue.), 537
Palenque (Chiap.), 638
Palmillas (Tamps.), 476
Palmillas (Ver.), 560
Palomares, 560
Pamul (Q.R.), 683
Pánuco (Ver.), 452
Papagos-Indianer, 511
Papalotla (Mex.), 323
Papantla (Ver.), 544
Paracho (Mich.), 399
Parácuaro (Mich.), 396
Paraiso (Tab.), 632
Paricutín (Mich.), 400
Parral (Chih.), 490
Paso de Cortés, 326
Paso Real, 648
Patambán (Mich.), 400
Pátzcuaro (Mich.), 387
Pátzcuaro-See (Mich.), 396
Pericúes-Indianer, 533
Perote (Ver.), 554
Pesacho, 399
Peto (Yuc.), 663
Pichucalco (Chiap.), 621
Piedras Negras (Coah.), 470
Pimas-Indianer, 515
Pinotepa de Don Luis (Oax.), 610
Pinotepa Nacional (Oax.), 610
Pisté (Yuc.), 672
Plan de las Amates, 609
Plateros (Zac.), 491
Playa Azul (Col.), 419

Mexiko 848

Playa Azul (Mich.), 397
Playa Blanca (Jal.), 418
Playa Careyes (Jal.), 418
Playa del Carmen (Q.R.), 682
Playa Mismaloya (Jal.), 418
Playa Norte, 549
Playa Novillero, 524
Playa Washington (Tamps.), 479
Pochutla (Oax.), 611
Pomuch (Camp.), 652
Poncitlán (Ja.), 402
Popocatépetl, 326
Popoloca-Indianer, 579
Potrero de Llano, 539
Poza Rica (Ver.), 537
Pozas de Ventura (Camp.), 649
Pozos (Gto.), 465
Presa Abelardo Rodríguez (Son.), 515
Presa Adolfo López Mateos (Sin.), 520
Presa Alvaro Obregón (Son.), 517
Presa Benito Juárez, 607
Presa de la Amistad (Coah.), 470
Presa del Humaya (Sin.), 520
Presa del Infiernillo (Mich.), 397
Presa del Novillo (Son.), 515
Presa de Malpaso (Chiap.), 618
Presa Don Martín (Coah.), 474
Presa El Chique (Zac.), 483
Presa El Oviachic (Son.), 517
Presa El Palmito (Dgo.), 490
Presa Gómez (Tamps.), 474
Presa de la Angostura (Chiap.), 619
Presa La Villita (Mich.), 398
Presa Miguel Hidalgo (Sin.), 499
Presa Sanalona (Sin.), 520
Progreso (Yuc.), 669
Puebla (Pue.), 566
Puente Beltrán (Jal.), 420
Puente Nacional (Ver.), 550
Puente Pena Blanca, 461
Puente Talismán (Chiap.), 616
Puerto Altamira, 459
Puerto Ángel (Oax.), 611
Puerto Arista (Chiap.), 615
Puerto del Aire, 557
Puerto del Gato, 378
Puerto de la Flores, 469

Puerto el Guarda, 374
Puerto Escondido, 611
Puerto Gavilan, 462
Puerto Guernica, 379
Puerto Juárez (Q.R.), 679
Puerto La Ceiba (Tab.), 632
Puerto la Estancia, 462
Puerto Madero (Chiap.), 616
Puerto Marqués (Gro.), 609
Puerto Morelos (Q.R.), 682
Puerto Peñasco (Son.), 511
Puerto Rico (Q.R.), 690
Puerto Talismán, 616
Puerto Telchac (Yuc.), 669
Puerto Vallarta (Jal.), 418
Putla de Guerrero, 601
Punta Nizuc, 682

Quecholac (Pue.), 579
Quemada, La (Zac.), 483
Querétaro (Qro.), 427
Quexhil (Chiap.), 626
Quiahuiztlan (Ver.), 546
Quiotepec (Oax.), 581
Quiroga (Mich.), 387

Randales, 632
Real de Catorce (S.L.P.), 469
Real del Castillo (B.C.), 504
Recodo San Juan (Q.R.), 687
Remedios, Los (Hgo), 463
Reynosa (Tamps.), 479
Rincókn de Romos (Ags.), 487
Río Bec (Camp.), 690
Río Grande (Zac.), 491
Río Grande de Santiago, Barranca del (Jal.), 413
Río Verde (S.L.P.), 459
Rosamorada (Nay.), 524
Rosario (B.C.S.), 508
Rosario de Arriba (B.C.), 505
Rosarito (B.C.), 506

Sabancuy, 644
Sabinas (Coah.), 470
Sahuayo (Mich.), 401
Sain Alto (Zac.), 489
Salamanca (Gto), 433
Salina Cruz (Oax.), 611
Saltillo (Coah.), 469
Salvatierra (Gto), 385
San Agostin (B.C.S.), 505
San Andrés (Chih.), 497

San Andrés Larrainzar (Chiap.), 623
San Andrés Tuxtla (Ver.), 630
San Ángel Zurumucapeo (Mich.), 396
San Antonio Acuamanala (Tlax.), 574
San Bartolo (B.C.S.), 534
San Bartolomé Solotepec (Mex.), 374
San Blas (Nay.), 525
San Borja (B.C.), 506
San Borjita, Grotte, (B.C.S.), 508
San Bruno, (B.C.), 508
San Carlos (B.C.S.), 509
San Cristóbal, Höhlen von (Chiap.), 627
San Cristóbal de las Casas (Chiap.), 621
San Emeterio (Son.), 511
San Felipe (B.C.), 505
San Felipe de los Alzati (Mich.), 378
San Fernando (B.C.), 505
San Francisco (Q.R.), 687
San Francisco, Sierra de (B.C.S.), 506
San Francisco del Oro (Chih.), 490
San Francisco del Rincón (Gto.), 487
San Gregorio Atlapulco, 325
San Ignacio (B.C.S.), 505
San Isidro Tetlapayac (Hgo.), 449
San Jacinto Animas, 581
San Javier (B.C.S.), 509
San Javier del Bac (Son.), 511
San Jerónimo Aculco (Mex.), 377
San Jerónimo Purenciécuaro (Mich.), 399
San Joaquín, 461
San José Comondú (B.C.S.), 509
San José del Cabo (B.C.S.), 534
San José de Magdalena (B.C.S.), 508
San José Purúa (Mich.), 379
San José Vista Hermosa (Mor.), 341
San Juan Bautista Coixtlahuaca, 603

San Juan Bautista Ligüi (B.C.S.), 509
San Juan de los Cues (Pue.), 581
San Juan de Ulua, 549
San Juan Chamula (Chiap.), 623
San Juan de los Lagos (Jal.), 459
San Juan del Río (Qro.), 425
San Juan Hueyapan (Hgo.), 451
San Juan Teotihuacán (Mex.), 316
San Juan Teposcolula, 599
San Lorenzo Río Tenco (Mex.), 318
San Lorenzo Tenochtitlán (Ver.), 631
San Luis Acatlán (Gro.), 610
San Lucas Ojitlán, 613
San Luis Río Colorado (Son.), 510
San Luis de la Paz (Gto.), 465
San Luis Potosí (S.L.P.), 466
San Marcos, 609
San Martin de Bolanos, 531
San Martin Texmelucan (Pue.), 557
San Mateo del Mar (Oax.), 611
San Mateo Yetla, 614
San Miguel (B.C.), 505
San Miguel Canoa (Pue.), 574
San Miguel de Allende (Gto.), 442
San Miguel Ruz (Y.R.), 687
San Miguel Regla (Hgo.), 450
San Nicolas, 610
San Pablito (Pue.), 537
San Pablo Etla (Oax.), 581
San Pedro, 653
San Pedro Amuzgas, 602
San Pedro Atarácuaro (Mich.), 379
San Pedro Martín, Nationalpark der Sierra (B.C.), 505
San Pedro Tututepec (Oax.), 610
San Pedro y San Pablo Teposcolula (Oax.), 599
San Quintín (B.C.), 505
San Rafael (Ver.), 545
San Telmo (B.C.), 505
San Vicente Ferrer (B.C.), 504
Santa Ana (Son.), 512

Mexiko

Santa Ana Chiautempan (Tlax.), 576
Santa Bárbara (Chih.), 490
Santa Catarina, 459
Santa Clara del Cobre (Mich.), 395
Santa Clara Coatitla, 316
Santa Domingo, 376
Santa Elena Poco Uinic (Chiap.), 656
Santa Fe de la Laguna (Mich.), 399
Santa Fe de México (Mex. D.F.), 285
Santa Gertrudis (B.C.), 506
Santa María (B.C.), 505
Santa María Asunción Tlaxiaco, 599
Santa María de Guido, 384
Santa María del Río (S.L.P.), 465
Santa María del Tule (Oax.), 593
Santa María Nativitas (Hgo), 537
Santa Maria Regla, 451
Santa Maria Tonantzintla (Pue.), 573
Santa Rosa (Q.R.), 663
Santa Rosalía (B.C.S.), 508
Santa Rosalía de Mugelé (B.C.S.), 506
Santa Rosa Xtampac (Yuc.), 654
Santa Teresa, 524
Santiago (B.C.S.), 534
Santiago Ixcuintla (Nay.), 524
Santiago Papasquiaro (Dgo.), 489
Santiago Tianguistengo (Mex.), 356
Santiago Tuxtla (Ver.), 630
Santo Domingo de la Frontera (B.C.), 505
Santo Tomás (B.C.), 504
Santo Torribio (Tlax.), 574
Santos Reyes Pápalo (Oax.), 581
Satagua, 419
Sayalo, 620
Sayil (Yuc.), 654
Sayula (Jal.), 421
Sayulita (Nay.), 417

Segura de la Frontera (Pue.), 578
Seris-Indianer, 514
Sierra Gorda, La, 461
Si-Ho Playa (Camp.), 645
Sihuapan (Ver.), 630
Silao (Gto), 486
Silvituk (Camp.), 690
Simojovel de Allende (Chiap.), 620
Singuilucan (Hgo.), 536
Sisal (Yuc.), 670
Sisoguichic (Chih.), 493
Socoltenango (Chiap.), 627
Sola de Vega, 596
Soledad de Oblado, 565
Sombrerete (Zac.), 489
Sonoita (Son.), 511
Soto la Marina (Tamps.), 476
Sotolitos (Dgo.), 490
Sotuta (Yuc.), 672
Suaqui (Son.), 515
Subteniente López (Q.R.), 688
Sumidero (Chiap.), 619

Tacámbaro (Mich.), 395
Tacuates-Indianer, 602
Tacuba (Mex. D.F.), 286
Tajimaroa (Mich.), 379
Talapa de Díaz, 613
Tamarindo, 550
Tamazulapan (Oax.), 603
Tamazunchale (S.L.P.), 462
Tampak (Q.R.), 663
Tampico (Tamps.), 452
Tamuín (S.L.P.), 458
Tancah (Q.R.), 683
Tancanhuitz (S.L.P.), 460
Tancoyol (Qro), 461
Tangancicuaro, 400
Tantoque (S.L.P.), 458
Tapachula (Chiap.), 616
Tarahumara-Indianer, 484
Tarahumara, Cañons de (Chih.), 496
Tasquillo (Hgo), 462
Taxco (Gro), 346
Teapa (Tab.), 621
Tecali (Pue.), 578
Tecamachalco (Pue.), 578
Tecate (B.C.), 510
Tecaxic (Mex.), 374
Tecoaque (Tlax.), 555
Tecoh (Yuc.), 670

Mexiko

Tecolutla (Ver.), 544
Tecoman (Col.), 419
Tecpatán (Chiap.), 620
Tecuala, 524
Tehuacán (Pue.), 579
Tehuacán Viejo (Pue.), 679
Tehuantepec (Oax.), 607
Tejupán (Oax.), 603
Teloloapan (Gro), 358
Temalcab, Insel (Q.R.), 688
Temoris (Chih.), 499
Temimilcingo (Mor.), 340
Tempoal (Ver.), 452
Tenam (Chiap.), 627
Tenancingo (Mex.), 351
Tenango de Arista (Mex.), 352
Tenango de Doria (Hgo.), 537
Tenango del Valle (Mex.), 352
Tenochtitlán (Mex. D.F.), 415
Tenosique (Tab.), 644
Teopancalco (Mex.), 315
Teopisca (Chiap.), 627
Teotenango (Mex.), 352
Teotihuacán (Mex.), 300
Teotitlán del Camino (Oax.), 580
Teotitlán del Valle (Oax.), 593
Tepalcayo, 572
Tepalcingo (Mor.), 604
Tepantitla (Mex.), 314
Tepeaca (Pue.), 578
Tepeapulco (Hgo.), 449
Tepehuanes (Dgo.), 490
Tepehuana-Indianer, 480
Tepeji del Río (Hgo.), 425
Tepetlaoztoc (Mex.), 323
Tepexpan, Museum von (Mex.), 298, 316
Tepeyanco (Tlax.), 574
Tepezalá (Ags.), 487
Tepic (Nay.), 525
Teposcolula (Oax.), 599
Tepotzotlán (Mex.), 327
Tepozteco, Cerro del (Mor.), 339
Tepoztlán (Mor.), 337
Tepupa, 515
Tequesquitengo (Mor.), 341
Tequesquitengo, See von, 341
Tequila (Jal.), 416
Tequisistlán (Oax.), 606
Tequistlateken-Indianer, 606
Tequisquiapan (Qro.), 425
Tetela del Volcán (Mor.), 328

Tetitla (Mex.), 314
Tetlapayac, 449
Tetzu, 462
Teuchitlán (Jal.), 415
Teul de Ortega (Zac.), 482
Teutila (Oax.), 581
Texcoco (Mex.), 322
Texcotzingo (Mex.), 323
Teziutlán (Pue.), 545
Tiangui, 583
Tibolón (Yuc.), 672
Ticul (Yuc.), 661
Tierra Blanca (Ver.), 560
Tierra Colorado, 361
Tikimul, 653
Tijuana (B.C.), 503
Tila (Chiap.), 626
Tilaco (Qro.), 461
Tilantongo (Oax.), 598
Tingambato (Mich.), 378
Tiripetio (Mich.), 886
Tixtla (Gro.), 359
Tizatlan (Tlax.), 575
Tizayuca (Hgo.), 448
Tlacochahuaya (Oax.), 593
Tlacolula (Oax.), 594
Tlacopan (Mex. D.F.), 286
Tlacotalpan (Ver.), 613
Tlacotepec (Pue.), 579
Tláhuac (Mex. D.F.), 325
Tlahuelipa (Hgo.), 318
Tlalmanalco (Mex.), 325
Tlalnepantla (Mex.), 329
Tlalpan (Mex. D.F.), 281
Tlalpujahua (Mich.), 376
Tlaltenango (Zac.), 482
Tlaltizapan, 340
Tlamaco (Mex.), 318
Tlanchinol (Hgo.), 452
Tlapa (Gro.), 360
Tlapacoyan (Mex.), 324
Tlapaneken-Indianer, 360
Tlaquepaque (Jal.), 413
Tlaquiltenango (Mor.), 340
Tlatelolco (Mexico D.F.), 263
Tlatlahuica, 576
Tlaxcala (Tlax.), 574
Tlaxcalancingo (Pue.), 572
Tlaxiaco (Oax.), 599
Tlayacapan (Mor.), 329
Tochimilco (Pue.), 577
Todos Santos (B.C.S.), 534
Toluca (Mex.), 370
Toluquilla (Qro.), 461

Tomatlán, 418
Tonacatepec, 604
Tonalá (Jal.), 413
Tonantzintla (Pue.), 573
Tonatico (Mex.), 351
Toniná (Chiap.), 625
Topolobampo (Sin.), 519
Torreón (Coah.), 479
Totimehuacán (Pue.), 572
Totolapan (Mor.), 327
Totonaken-Indianer, 225
Tototlán, 422
Tres Cumbres (Mor.), 330
Tres Marías (Mors.), 330
Tres Zapotes (Ver.), 630
Tricos-Indianer, 601
Tula (Hgo.), 291
Tulancingo (Hgo.), 537
Tulpetlac (Mex.), 316
Tultepec (Mex.), 318
Tultitlán (Mex.), 318
Tulum (Q.R.), 683
Tulyehualco, 325
Tumbalá (Chiap.), 626
Tupak (Q.R.), 687
Tuxpan (Nay.), 539
Tuxpan (Ver.), 524, 538
Tuxtepec (Oax.), 613
Tuxtla Gutiérrez, 618
Tuzamapán, 545
Tuzuapan, 579
Tzeltales-Indianer, 624
Tzendales (Chiap.), 623
Tzintzuntzán (Mich.), 387
Tzotziles-Indianer, 623
Tzucacab (Yuc.), 663

Ucareo (Mich.), 386
Uman (Yuc.), 663
Ures (Son.), 512
Uriangato, 385
Ursulo Galván (Ver.), 549
Uruapan (Mich.), 396
Uxmal (Yuc.), 656

Valenciana, 441
Valladolid (Yuc.), 679
Valle de Bravo (Mex.), 377
Valle de los Fantasmas, 459
Valle de Santiago (Gto.), 433
Valle Hermosa, 633, 687
Valle Nacional (Oax.), 614
Venado, 468

Venustiano Carranza (Chiap.), 620
Veracruz (Ver.), 561
Vicam (Son.), 515
Villa Alta (Oax.), 614
Villa Constitución (B.C.), 509
Villa de la Concepción, 398
Villa de Reyes (S.L.P.), 465
Villa Escalante (Mich.), 395
Villa Insurgentes (B.C.S.), 509
Villahermosa (Tab.), 633
Villa Las Rosas, 627
Villa Morelos (Mich.), 385
Villanueva (Zac.), 483
Villa Rica (Ver.), 546
Villa Tejeda (Ver.), 565
Villa Victoria (Mex.), 378
Vincente Guerrero (B.C.), 505
Vizarrón (Qro.), 462

Xaaga (Oax.), 595
Xaltocan (Hgo.), 452
Xcalumkin (Camp.), 652
Xcochac (Camp.), 652
Xel Ha (Q.R.), 683
Xety Pool, 654
Xicalango (Camp.), 649
Xicotepec de Juárez (Pue.), 538
Xilitla (Gro.), 358
Xilitla (S.L.P.), 460
Xiquipilco (Mex.), 376
Xlapak (Yuc.), 687
Xocchel (Yuc.), 672
Xochicalco (Mor.), 341
Xochimilco (Mex. D.F.), 284
Xochitepec (Mor.), 341
Xolalpan (Mex.), 315
Xoxocotlan, 592
Xpuhil (Camp.), 690
Xtacumbilxuna, Höhlen von (Camp.), 654
Xuexotla, 321
Xul, 663

Yagila (Nay.), 417
Yagul (Oax.), 594
Yalalag (Oax.), 595
Yanhuitlán (Oax.), 598
Yaquis-Indianer, 516
Yauhquemehcan (Tlax.), 554
Yautepec (Mor.), 340
Yaxcabá (Yuc.), 672
Yaxchilán (Chiap.), 634

Yayahuala (Mex.), 314
Yecapixtla (Mor.), 327
Yepachic (Chih.), 493
Yextla (Gro.), 361
Yocchel, 672
Yolomécatl (Oax.), 599
Yucunoo, 598
Yucuñudahui, Cerro (Oax.), 597
Yuriria (Go.), 385

Zaachila (Oax.), 593
Zacapehuaca (Pue.), 537
Zacapoaxtla (Pue.), 545
Zacapu (Mich.), 399
Zacatecas (Zac.), 488
Zacatelco (Tlax.), 574
Zacatepec (Pue.), 340, 554, 602
Zacatlán (Pue.), 538
Zacatula (Gro.), 398
Zacuala (Mex.), 314
Zacualpan de Amilpas (Mor.), 605
Zacualtipán (Hgo.), 451
Zamora (Mich.), 401
Zapopan (Jal.), 413
Zapotitlán, 579
Zapotitlán (Jal.), 420
Zapotlanejo, 460
Zaragoza, 545
Zempoala (Hgo.), 546
Zempoala (Ver.), 449
Zempoala, Lagunas de (Mex.), 330
Zihuatanejo (Gro.), 366
Zimapán (Hgo.), 462
Zimatlán de Alvárez, 596
Zinacantepec (Mex.), 378
Zinapécuaro (Mich.), 386
Zirahuén (Mich.), 395
Zitácuro (Mich.), 378
Zokes-Indianer, 618
Zoquizoquiapán (Hgo.), 451
Zuicantán, 623
Zumpango (Mex.), 318

GUATEMALA

Abaj Takalik, 717
Aguacatán (Hue.), 739
Aguas Amargas (Quez.), 737
Aguas Calientes (Sac.), 726
Aguateca (Petén), 748
Altar de Sacrificios (Petén), 760
Amatitlán (Guat.), 718
Antigua Guatemala (Sac.), 723
Atitlán-See (Sol.), 733

Baschuc (El Q.), 740
Bilbao (Esc.), 717

Camotán (Chiq.), 743
Cante, 749
Carmelita (Petén), 760
Cerro de Oro (Sol), 736
Ciudad Melchor de Mencos (Petén), 750
Ciudad Vieja (Sac.), 726
Coatepeque (Quez.), 717
Cobán (A.V.), 742
Colotenango (Hue.), 740
Concepción (Sol.), 733
Cuchamatanes, Sierra los (El Q.), 738
Cunén (El Q.), 740

Chajul, 740
Champerico (Ret.), 717
Chiantla (Hue.), 738
Chichicastenango (El Q.), 730
Chikin Tikal (Petén), 752
Chimaltenango (Chim.), 730
Chiquimula (Chiqu.), 743
Chiquimulilla (Esc.), 718
Chixoy (A.V.), 740
Chulamar (Esc.), 718

Dolores (Petén), 748
Dos Lagunas (Petén), 760
Dos Pilas (Petén), 748

El Asintal, 717
El Baul (Esc.), 717
El Carmen (S.M.), 716
El Castillo (Esc.), 717
El Chayal (Guat.), 741
El Florido (Chiq.), 743
Escuintla (Esc.), 718
Esquipulas (Chiq.), 743
Esquipulas Palo Gordo (S.M.), 716

Flores (Petén), 748

Gualán (Zac.), 746
Guatemala, Ciudad de (Guat.), 719

Guatemala

Archäologisches Museum, 722
Corte Supreme de Justicia, 722
Einsiedelei Del Carmen, 722
Geschichte- und Kunstgeschichtemuseum, 722
Handwerksmarkt, 723
Hauptmarkt, 722
Instituto Indigenista Nacional, 722
Kathedrale, 722
La Aurora-Park, 722
Minerva-Park, 722
Nationalpalast, 722
Naturgeschichtliches Museum, 723
Teatro Nacional, 722
Tiergarten, 722
Zentralpark, 722

Huehuetenango (Hue.), 738

Iutiapa, 728
Ixcún (Petén), 748
Iximché (Chim.), 730
Ixpones (Petén), 748
Iztapa (Esc.), 718

Jalapa (Jal.), 742
Jocotán (Chiq.), 743
Jocotenango (Sac.), 726
Jutiapa (Jut.), 728

Kaminaljuyu (Guat.), 723

La Democracia (Esc.), 718
Laguna Sachab (Petén), 749
Laguna Yaxhá (Petén), 749
La Mesilla (Hue.), 740
La Muralla (Petén), 760
Languín, Höhlen von (A.V.), 742
Likin (Esc.), 718
Livingston (Iz.), 747
Los Amates (Petén), 746
Los Encuentros (So.), 730

Macha Quilá (Petén), 748
Mazatenango (Such.), 717
Mixco Viejo (Chim.), 726
Momostenango (Tot.), 738

Naachtún (Petén), 760
Nahualá (Sol.), 736
Nakbe (Petén), 750

Naranjo (Petén), 754
Nebaj (El Q.), 739

Palín (Esc.), 718
Panajachel (Sol.), 734
Patalul, 735
Patzicía (Chim.), 730
Paxte (Petén), 749
Petén Itzá, See, 748
Piedras Negras (Petén), 760
Poptun (Petén), 748
Puerto Barrios (Iz.), 747
Puerto San José (Esc.), 718
Purulhá (B.V.), 742

Quezaltenango (Quez.), 737
Quiriguá (Iz.), 746

Rabinal (B.V.), 726
Retalhuleu (Ret.), 717
Río Dulce (Iz.), 747
Río Hondo (zac.), 743

Sacapulas (El Q.), 732, 739
Salamá (B.V.), 742
Salcaya, 737
San Andrés Sematabaj (Sol.), 735
San Antonio Palopó (Sol.), 735
San Cristóbal Acasaguastlán (El Q.), 742
San Cristóbal Totonicapán (Tot.), 737
San Cristóbal Verapaz (A.V.), 740
San Felipe, Castillo de (Iz.), 747
San Francisco el Alto (Tot.), 737
San Jerónimo (B.V.), 742
San Jorge la Laguna (Sol.), 734
San José Chacaya (Sol.), 733
San Juan Cotzal, 740
San Juan Ixcoy (Hue.), 739
San Juan la Laguna (Sol.), 736
San Juan Sacatepéquez (Guat.), 726
San Lucas Sacatepéquez (Sac.), 729
San Lucas Tolimán (Sol.), 735
San Marcos (S.M.), 716
San Marcos la Laguna (Sol.), 735
San Martín Jilotepeque (Chim.), 730
San Mateo Ixtatán (Hue.), 739
San Miguel Acatán (Hue.), 739
San Pablo la Laguna (Sol.), 736

Guatemala/Belize/Honduras

San Pedro Jocopilas (El Q.), 732
San Pedro la Laguna (Sol.), 736
San Pedro Sacatepéquez (Guat,), 726
San Raimundo (Guat.), 726
San Sebastián (Ret.), 717
San Sebastián Huehuetehango (Hue.), 740
Santa Catarina Palopó (Sol.), 735
Santa Clara la Laguna (Sol.), 734
Santa Cruz del Quiché (El Q.), 732
Santa Cruz la Laguna (Sol.), 734
Santa Cruz Verapaz (A.V.), 740, 742
Santa Elena (Petén), 748
Santa Eulalia (Hue.), 739
Santa Lucia Cotzumalguapa (Esc.), 717
Santa Lucia Utatlán (Sol.), 733
Santa Maria Visitación (Sol.), 733
Santiago Atitlán (Sol.), 736
Santiago Sacatepéquez (Sac.), 729
Sayaxché (Petén), 748
Seibal (Petén), 748
Siquinalá (Esc.), 718
Sololà (Sol.), 733
Soloma (Hue.), 739

Tactic (A.V.), 742
Tamarindo (Petén), 748
Tecpan (Chim.), 730
Teculután (Zac.), 742
Tikal (Petén), 751
  Akropolis-Nord, 756
  Akropolis-Süd, 759
  Akropolis-Zentrale, 756
  Ballspielplatz, 759
  Calzada Maler, 755
  Gruppe G, 758
  Gruppe H, 757
  Komplex M, 757
  Komplex N, 758
  Komplex N, 758
  Komplex O, 757
  Komplex P, 757
  Komplex Q, 755
  Komplex R, 755
  Museum, 759
  Ostplatz, 757
  Palast der Fledermäuse, 758
  Plaza Major, 755
  Tempel I, 755
  Tempel II, 756
  Tempel III, 758
  Tempel IV, 757
  Tempel V, 759
  Tempel der Inschriften, 758
Tiquisate (Esc.), 717
Todos Santos Cuchumatán (Hue.), 739
Topoxte, Insel (Petén), 749
Totonicapan (Tot.), 736
Tzoloyá, 733
Tzununa (Sol.), 735

Uaxactún (Petén), 759
Uolantún (Petén), 751
Uspatán (El. Q.), 740
Utatlán (El. Q.), 732

Vertice Gracias a Dios, 747

Yaxhá (Petén), 750

Zacapula (Zac.), 743
Zaculeu (Hue.), 738
Zunil (Quez.), 737

BELIZE (BELICE)

Althuna, 750

Belize, 750
Benque Viejo, 750

Corozal, 751

Turneffe-Inseln, 750

Xantunich, 750

HONDURAS

Copán, 743
Copán Ruinas, 743